MANFRED GÖRTEMAKER

Geschichte der Bundesrepublik Deutschland

Von der Gründung
bis zur Gegenwart

VERLAG C.H.BECK MÜNCHEN

Die Deutsche Bibliothek – CIP-Einheitsaufnahme

Görtemaker, Manfred:
Geschichte der Bundesrepublik Deutschland : von der Gründung bis zur Gegenwart / Manfred Görtemaker. – München : Beck, 1999
ISBN 3-406-44554-3

ISBN 3 406 44554 3

© C. H. Beck'sche Verlagsbuchhandlung (Oscar Beck) München 1999
Satz: Fotosatz Janß, Pfungstadt
Druck- und Bindearbeiten: Ebner, Ulm
Gedruckt auf alterungsbeständigem säurefreiem Papier
(hergestellt aus chlorfrei gebleichtem Zellstoff)
Printed in Germany

INHALT

Vorwort 11

Erster Teil
DIE GRÜNDUNG DER BONNER REPUBLIK
Seite 15

1. Interregnum: Neubeginn oder Restauration? 15
   Das Ende des Dritten Reiches *16* – Deutschlandplanungen der Alliierten *19* – Die Herrschaft der Sieger *24* – Leben in den Trümmern *28* – Neubeginn einer politischen Kultur *31* – Kalter Krieg in Deutschland *34* – Errichtung der Bizone *37* – Währungsreform und Blockade Berlins *40* – Versöhnung mit den Siegern im Westen *43*

2. Das Grundgesetz 44
   Der Auftrag zur Staatsgründung *45* – Vom Rittersturz zum Niederwald *50* – Verfassungskonvent in Herrenchiemsee *56* – Der Parlamentarische Rat *59* – Das Provisorium nimmt Gestalt an *65* – Entscheidung für Bonn als Regierungssitz *71* – Die Ratifizierung des Grundgesetzes *74* – Das Wahlgesetz *75* – Der Bundestagswahlkampf 1949 *78*

3. «Im Anfang war Adenauer» 83
   Der Alte von Rhöndorf *86* – Bildung der «Kleinen Koalition» *94* – Die Nebenregierung auf dem Petersberg *101* – Die Kanzlerdemokratie *106* – Parlament und Parteien *109* – Bund und Länder *114*

Zweiter Teil
WIRTSCHAFT UND GESELLSCHAFT
Seite 119

1. Das gelungene Wagnis der Marktwirtschaft 119
   Der Auftrag von Potsdam *120* – Reparationen und Demontagen *123* – Zonenverschmelzung und deutsche Wirtschaftseinheit *127* – Der Wirtschaftsrat der Bizone *129* – Der Kartoffelkrieg *134* – Einflüsse des Marshall-Plans *136* – Ludwig Erhards langer Weg zur «Blitzkarriere» *141* – Erhards doppelter Handstreich *146* – Das Konzept der sozialen Marktwirtschaft *152* – Zahlen des «Wirtschaftswunders» *156*

2. Die Entstehung der Mittelstandsgesellschaft 159
   Demographische Verwerfungen *160* – Wandlungen in der Sozialstruktur *165* – Eingliederung der Vertriebenen und Lastenausgleich *168* –

Wohlstand für alle? *172* – Modernisierung und Lebensveränderung *174* – «Nivellierung» oder Schichtung? *177* – Die egalitäre Dynamik des Wirtschaftswunders *181*

3. Die «skeptische Generation» 182
Unglückliche Jugend *184* – Halbstarken-Bewegung und Rock'n Roll *186* – Die Herrschaft der Alten *188* – «Ohne mich» und «Kampf dem Atomtod» *189* – Strukturwandel und Verschulung *193* – Alltagsnormen und Lebensgefühle *196*

Dritter Teil
WIEDERAUFLEBEN DER KULTUR
Seite 199

1. Schuldfrage und Neuorientierung 199
«Ein schwieriges Vaterland» *199* – Das Erbe Hitlers *201* – Revolutio humana *203* – Deutsche Schuld oder historische Zwangsläufigkeit? *205* – Eskapismus und Geschichtslosigkeit *207* – Die Kulturpolitik der Besatzungsmächte *208* – Kulturpolitik des Antifaschismus *212* – Emigration und Remigration *214*

2. Kulturelle Neuansätze 217
Rückbesinnung als Neubeginn *217* – Die Neuordnung des Rundfunks *220* – Neuanfang der Presse *224* – Das Zeitschriften-Paradies *229* – Kahlschlagliteratur und «Gruppe 47» *236* – Vom Neuen Realismus zum Ungegenständlichen *239* – Musikalischer Traditionalismus und Trümmerfilme *243* – Wiederaufbau der Hochschulen und Universitäten *246*

3. Kulturelle Restauration 249
Auswirkungen des Kalten Krieges *250* – Amerikanisierung und «Westernisierung» *253* – Der «Kongreß für kulturelle Freiheit» in Berlin *255* – Die Mission des Abendlandes *258* – Intellektuelle im Abseits *260* – Die Kunst der bürgerlichen Mitte *263* – Kultur zwischen Elitismus und Kommerz *265* – Die «restaurierte Moderne» *268*

Vierter Teil
ENTSCHEIDUNG FÜR DEN WESTEN
Seite 271

1. Adenauers Politik der Westintegration 271
Alternativen der deutschen Außenpolitik *272* – Demontagen und Ruhrkontrolle *280* – Die Saar-Frage *286* – Der Schuman-Plan *289* – Korea-Krieg und Wiederbewaffnung *294* – Vom Pleven-Plan zur EVG *300* – Die Stalin-Note 1952 *305* – Hoffnung auf Entspannung *310* – Die Berliner Außenministerkonferenz 1954 *315* – Scheitern der EVG und Pariser Verträge *320*

2. Das Ende der Ära Adenauer 328
Die Genfer Gipfelkonferenz 1955 *329* – Adenauer in Moskau *333* – Aufbau der Bundeswehr *338* – Die Gründung der EWG *348* – Chruschtschow-Ultimatum und Mauerbau *355* – Die Präsidentschaftskrise 1959 *365* – Das Godesberger Programm der SPD *371* – Probleme mit Kennedy *378* – Die «Spiegel»-Affäre *381* – Aussöhnung mit Frankreich *386* – Der Rücktritt *389*

3. Die Kanzlerschaft Erhards 391
Der «Volkskanzler» *392* – Neuanlauf in der Ostpolitik *395* – Das Scheitern der MLF *401* – Initiative in der Europapolitik *405* – Probleme im Nahen Osten *409* – Die «Formierte Gesellschaft» *413* – Kritik aus den eigenen Reihen *418* – Die «Friedensnote» vom 25. März 1966 *423* – Lastenteilung und Devisenausgleich *427* – Der Weg in die «Krise» *431* – Der Sturz Erhards *434*

4. Die Große Koalition 437
Die Rolle Herbert Wehners *438* – Kabinett der Gegensätze *443* – Überwindung der Rezession *447* – Konzertierte Aktion und Globalsteuerung *450* – Notstandsgesetze: Gefahr für die Demokratie? *453* – Abschied vom Mehrheitswahlrecht *457* – Stagnation in der Ostpolitik *461* – Im Schatten des Atomsperrvertrages *467* – Die Erneuerung der FDP *470*

Fünfter Teil
UMGRÜNDUNG DER REPUBLIK
Seite 475

1. Aufbruch und Veränderung 475
Jugendrebellion und Neue Linke *475* – Vom antiautoritären Protest zur politischen Opposition *479* – Studentenbewegung und APO *482* – «1968» *485* – Heinemanns Wahl zum Bundespräsidenten *491* – Bildung der sozialliberalen Koalition *496* – Willy Brandt: «Mehr Demokratie wagen» *501* – Kanzler des anderen Deutschland *506* – Die Planung der Reformpolitik *516* – Theoriediskussion in der SPD *519*

2. Neue Ostpolitik und Entspannung 525
Die Erstarrung der Deutschlandfrage *525* – «Wandel durch Annäherung» *530* – Der Weg zu einer neuen Politik *534* – Verhandlungen mit Moskau und Warschau *537* – Das Viermächte-Abkommen über Berlin *544* – Mißtrauensvotum und Ratifizierung der Ostverträge *550* – Die Verträge mit der DDR *556* – Plebiszit für die neue Ostpolitik *562*

3. Tendenzwende 563
Reformpolitik im Dilemma *564* – Resignation bei Möller und Schiller *567* – Ölkrise und «Ende des Wachstums» *571* – Der Rücktritt Willy Brandts *573* – Helmut Schmidt: Macher statt Visionär *578* – Ökonomische Krisenbewältigung als Programm *581* – Bedrohung durch Extremismus und Terrorismus *584* – Niedergang der Entspannung *588* – Ende einer Ära *592*

Sechster Teil
ZEITGEIST IM WANDEL
Seite 597

1. Die postindustrielle Gesellschaft 597
   Aufbruch in die Postmoderne *598* – Beispiel Architektur und Stadtplanung *599* – Auf dem Weg zur Dienstleistungsgesellschaft *600* – Wissenschaft und Technologie *601* – Die neuen Medien *604* – Arbeitsmarkt und Beschäftigung *607* – Generatives Verhalten und Bevölkerungsstruktur *611* – Gesellschaft zwischen Risiko und Erlebnis *614* – Der überforderte Staat *617*

2. Neue soziale Bewegungen 620
   Wertewandel und Alternativkultur *621* – Das Ende der Reformeuphorie *626* – Bürgerinitiativen als Korrektiv *628* – Ökologie und Anti-Atom-Protest *631* – Die neue Frauenbewegung *634* – Spontis und Autonome *637* – Die alternative Szene *641* – Die neue Friedensbewegung *645* – Die Partei der Grünen *648* – Konservative Gegenströmung? *650*

3. Kultur zwischen Engagement und Selbstbezogenheit 652
   Wider die «affirmative» Kultur *653* – Vom Konstruktivismus zum Neodadaismus *655* – «Neuer deutscher Film» und emanzipiertes Theater *661* – Aufbruch und «neue Subjektivität» in der Literatur *666* – Hunger nach Bildern *670* – Widerstand der Ästhetik *672* – Von der Avantgarde zur musikalischen «Mitte» *676* – Vom Überleben des Schriftlichen *680* – Fragen an das 21. Jahrhundert *682*

Siebenter Teil
EINHEIT UND NEUBEGINN
Seite 687

1. Rückkehr der Union an die Macht 687
   Die konservative Wende *688* – Aufstieg in der Provinz *690* – Personelle Weichenstellungen *692* – Die Erneuerung der Union *695* – Kohl zwischen Strauß und Schmidt *697* – Der Weg ins Kanzleramt *702* – Wende in der Wirtschaftspolitik *704* – Kontinuität in der Außenpolitik *706* – Affären und Pannen *709* – Besuch Honeckers in Bonn *713*

2. Der Zusammenbruch der DDR 715
   Entspannung und Abgrenzung *716* – Aufbruchstimmung in Polen und Ungarn *719* – Der Gorbatschow-Faktor *720* – Die Selbstisolierung der DDR *722* – Selbsttäuschung und falsche Signale *723* – Massenflucht und Demonstrationen *725* – Der Sturz Honeckers *726* – Krenz und Modrow übernehmen *728* – Die Öffnung der Mauer *730*

3. Der Weg zur Einheit 733
   Modrows Plädoyer für eine Vertragsgemeinschaft *734* – Kohls «Zehn-Punkte-Plan» *736* – Die Erfahrung von Dresden *738* –

Inhalt 9

«Deutschland, einig Vaterland» *739* – Ankündigung der Währungsunion *742* – Die Volkskammerwahl vom 18. März 1990 *744* – Währungsunion und Debatte über Artikel 23 *748* – Unbehagen und Unsicherheit im Ausland *752* – Die «Zwei-plus-Vier»-Verhandlungen *755* – Anerkennung der polnischen Westgrenze *759* – Einigung im Kaukasus *762*

4. Kärrnerarbeit und neue Perspektiven 767
«Blühende Landschaften» *768* – Ernüchterung nach dem Rausch *770* – Vereinigungskrise: Ein Staat, zwei Gesellschaften *772* – Wiedervereinigung der Kultur *777* – Das entgrenzte Europa *780* – Neue Verantwortung in der Außenpolitik *783* – Der Vertrag von Maastricht *785* – Von der Bonner zur Berliner Republik *787*

ANHANG

Anmerkungen 791

Ausgewählte Literatur 885

Abkürzungen 895

Personenregister 899

VORWORT

Die deutsche Geschichte nach 1945 war über vierzig Jahre lang die Geschichte einer geteilten Nation. Am Beginn stand die staatliche Spaltung als Folge der Niederlage des Dritten Reiches und der Entfremdung der Siegermächte im Ost-West-Konflikt. Es folgten Jahrzehnte der Konfrontation, in denen zwei deutsche Staaten existierten, die gezwungen waren, im Kalten Krieg getrennte Wege zu gehen. Seit 1990 ist Deutschland politisch und wirtschaftlich wieder vereint, wenn auch territorial geschmälert um die ehemaligen deutschen Ostgebiete jenseits von Oder und Neiße, jedoch integriert und akzeptiert in einem Europa, das alte Gräben zu überwinden trachtet und neue Brücken schlägt – im Westen ebenso wie nach Osten.

Die Spaltung, die mit Hitler ihren Ausgang nahm, bedeutete für Millionen von Menschen nicht nur die Trennung von Familien, Freunden und Besitz, sondern auch den Verlust von Heimat und Geschichte. Es entstanden zwei deutsche Staaten und zwei Gesellschaften, die bald ein relatives Eigenleben führten: die Bundesrepublik mit der Rückendeckung der Westmächte und dem dynamischen Schub einer freien Marktwirtschaft, die den Aufbau einer stabilen parlamentarischen Demokratie und eines prosperierenden Sozialstaates in einem sich integrierenden Westeuropa erlaubte; die DDR im Schatten der repressiven Sowjetunion und unter dem Druck einer Parteidiktatur, die weder freie Wahlen noch größeren innen- oder außenpolitischen Spielraum zuließ. Erst die innere Aufweichung der kommunistischen Orthodoxie in Osteuropa in den achtziger Jahren, die durch den Machtantritt Michail Gorbatschows 1985 in der Sowjetunion maßgeblich gefördert wurde, schuf die Voraussetzungen für einen Wandel, der mit der «Wende» von 1989 auch die DDR erfaßte. Das Wirken der Bürgerbewegungen, Massenflucht und Massendemonstrationen zwangen nun eine hilflose und von der Sowjetunion allein gelassene SED-Führung, die Mauer zu öffnen und ein freies Votum der Bevölkerung über ihre Zukunft zu akzeptieren. Die Wahlen zur Volkskammer vom 18. März 1990 sowie die Entscheidung des ersten frei gewählten Parlaments der DDR vom 23. August 1990 über den Beitritt der fünf neuen Länder Ostdeutschlands zum Geltungsbereich des Grundgesetzes waren Marksteine auf dem Weg zur deutschen Wiedervereinigung, die am 3. Oktober 1990 Wirklichkeit wurde.

Das vorliegende Buch unternimmt den Versuch, einen Teil – genauer: den westlichen Teil – dieser Geschichte Deutschlands nachzuzeichnen, wobei es dem Leser überlassen bleiben mag, darüber zu befinden, ob es sich hier um den wichtigeren oder unmaßgeblicheren Teil der deutschen Gesamtgeschichte dieser Zeit gehandelt hat. Die Geschichte Ostdeutschlands – bzw.

der DDR bis 1989/90 – wird jedenfalls nur in dem Maße einbezogen, in dem sie für die Entwicklung der Bundesrepublik von Bedeutung war. In dieser Beschränkung liegt ein Problem, das zumindest einer Begründung, wenn nicht gar einer Rechtfertigung bedarf.

Die Umstände der Wiedervereinigung in der Form eines «Beitritts» der ostdeutschen Länder nach Artikel 23 des Grundgesetzes bestimmten die Bundesrepublik dazu, über die Zäsur des Jahres 1989/90 hinaus zum strukturbildenden Element der deutschen Nachkriegsgeschichte zu werden. Das «Provisorium Bundesrepublik» wurde zum Kontinuum, während das «Modell DDR» – von deutschen Kommunisten gemeinsam mit Stalin ins Werk gesetzt und von der Sowjetunion vier Jahrzehnte lang am Leben erhalten, aber vom überwiegenden Teil der Bevölkerung von Anfang an ungeliebt und abgelehnt – Episode blieb und in einer hinteren Lade im großen Schubkasten der Vergangenheit verschwand. Damit ist nicht gesagt, daß man nunmehr auf die Behandlung der DDR-Geschichte verzichten könnte. Gerade weil die DDR gescheitert ist, stellt sich die Frage nach Funktion und Mißerfolg des SED-Regimes um so dringender. Der hohe theoretische Anspruch, einen im Vergleich zur Bundesrepublik und zu früheren deutschen Herrschaftssystemen «besseren» deutschen Staat zu schaffen, bedarf im Hinblick auf seine fehlgeschlagene Realisierung einer genauen Untersuchung. Außerdem haben die 16 Millionen Ostdeutschen einen Anspruch darauf, zu erfahren, wofür sie einen großen Teil ihrer Lebens- und Schaffenskraft eingesetzt haben. Dies ist jedoch ein gesondertes Thema, das eigene methodische Zugänge und einen tiefen Blick in die Quellen des SED-Staates erfordert. Die vorliegende Darstellung wäre überfordert, wenn sie versuchen wollte, diesen zweiten «Sonderweg» der deutschen Geschichte, der in der DDR vier Jahrzehnte lang hinter Stacheldraht und Mauer beschritten wurde, ebenfalls noch einzubeziehen.*

Davon unberührt bleibt selbstverständlich die Beziehungsgeschichte zwischen den beiden deutschen Staaten. Es ist undenkbar, eine Geschichte der Bundesrepublik zu schreiben, ohne das Verhältnis zum anderen deutschen Staat mitzubedenken. Nahezu alles, was in der Bundesrepublik nach 1949 geschah, war direkt oder indirekt auf die DDR – den ideologischen Gegner, machtpolitischen Rivalen und sozialökonomischen Antipoden – bezogen. Innen- und Außenpolitik, Wirtschaft und Gesellschaft, aber auch der kulturelle Bereich wurden maßgeblich vom innerdeutschen Spannungsverhält-

---

* Als erster «Sonderweg» gilt bekanntlich die Abkoppelung Deutschlands von der westeuropäischen Entwicklung im Gefolge der gescheiterten Revolution von 1848 und die Restauration konservativ-monarchischer und obrigkeitsstaatlicher Denkweisen und Strukturen, die in der Reichsgründung «von oben» unter Führung Bismarcks und im Wilhelminismus ihren Ausdruck fanden und zum Teil auch das Versagen der Weimarer Republik sowie das Abgleiten in den Nationalsozialismus erklären.

nis beeinflußt. Daraus ergibt sich die Notwendigkeit, bundesrepublikanische Geschichte mit deutsch-deutscher Analyse zu verbinden – ohne allerdings, aus den genannten Gründen, zwangsläufig in jedem Einzelfall den feinen Verästelungen der DDR-Entwicklung nachspüren zu müssen.

So mag diese Geschichte der Bundesrepublik denn auch im Osten Deutschlands interessierte Leser finden, ohne daß deren Erwartungen in bezug auf eine deutsche Gesamtgeschichte enttäuscht werden. Tatsächlich hat die Bundesrepublik in den vergangenen Jahrzehnten eine eigene Legitimität entwickelt, die mit der Wiedervereinigung noch gewachsen ist: Sie hat sich nicht nur über ein halbes Jahrhundert hinweg als «Bonner Republik» bewährt, sondern reicht in den Kernelementen ihrer Verfassungs- und Gesellschaftsordnung, den außenpolitischen Eckpfeilern von Westbindung und europäischer Integration sowie den Wesenszügen ihrer Eliten und politischen Kultur nach der Verlegung des Regierungssitzes vom Rhein an die Spree in die «Berliner Republik» hinüber und bildet damit zugleich die Grundlage der künftigen Entwicklung Deutschlands. Dem muß auch die Geschichtsschreibung Rechnung tragen. Die vorliegende *Geschichte der Bundesrepublik Deutschland* versteht sich deshalb nicht als Beschreibung einer abgeschlossenen Epoche, sondern als Zwischenbilanz. Zu fragen ist insbesondere, wodurch die Bundesrepublik über fünfzig Jahre hinweg eine so erstaunliche Stabilität erlangt hat, daß sie – nach den vorangegangenen Brüchen der deutschen Geschichte des 19. und 20. Jahrhunderts – über die Wende von 1989/90 hinaus eine geradezu natürliche Kontinuität bewies. Zu fragen ist aber auch, wie sich die Veränderungen auswirken werden, die sich nicht nur in Deutschland selbst, sondern vor allem jenseits der nationalen Grenzen mit der Einführung einer gemeinsamen europäischen Währung, der Osterweiterung der Europäischen Union, der Globalisierung von Politik und Wirtschaft sowie der weitgehenden Öffnung der Grenzen am Beginn des neuen Jahrtausends ergeben.

«Past is Prologue» – Vergangenheit ist Vorgeschichte – steht als Motto über dem Nationalarchiv der USA in Washington. Auch die bisherige Entwicklung der Bundesrepublik in den ersten fünfzig Jahren ihres Bestehens ist in diesem Sinne nur als Ausgangspunkt ihres weiteren Weges zu verstehen. Die Kenntnis dieser Vergangenheit ist Voraussetzung für die Orientierung in der Zukunft.

Erster Teil
DIE GRÜNDUNG DER BONNER REPUBLIK

1. Interregnum: Neubeginn oder Restauration?

In der Nacht vom 28. zum 29. April 1945, als das Regierungsviertel in Berlin bereits dem pausenlosen Trommelfeuer der unaufhaltsam näherrückenden russischen Angriffsspitzen ausgesetzt war, heiratete Adolf Hitler im Bunker der Reichskanzlei seine langjährige Freundin, die ehemalige Fotoassistentin seines Leibfotografen Hoffmann, Eva Braun. Während draußen vor der Tür die Welt unterging und Tausende von Soldaten und Zivilisten einem längst sinnlos gewordenen Morden zum Opfer fielen, fand hier, hinter meterdicken Wänden aus Stahlbeton tief unter der Erde, noch eine richtige Hochzeitszeremonie statt: mit dem Gauamtsleiter und Stadtrat von Berlin Walter Wagner als zugelassenem Standesbeamten, den Trauzeugen Joseph Goebbels und Martin Bormann und einem Hochzeitsmahl, bei dem neben den Trauzeugen die Generäle Hans Krebs und Wilhelm Burgdorf, Luftwaffenadjutant Nicolaus von Below, Frau Goebbels sowie Hitlers Sekretärinnen und seine Diätköchin Fräulein Manzialy erschienen.

Als die Hochzeitsgesellschaft zu vorgerückter Stunde auseinanderging, zog sich Hitler mit seiner Privatsekretärin Gertrud Junge zurück, um ihr sein privates und sein politisches Testament zu diktieren, das er um vier Uhr morgens im Beisein der Zeugen Goebbels, Bormann, Burgdorf und Krebs unterzeichnete. Das Dokument war ein Zeugnis irrealer Vermessenheit und Selbstgerechtigkeit. Hermann Göring und Heinrich Himmler wurden darin aller Staatsämter enthoben und aus der Partei ausgestoßen, weil sie «durch geheime Verhandlungen mit dem Feinde», die sie ohne Wissen Hitlers und gegen seinen Willen abgehalten hätten, angeblich Hochverrat begangen hatten. Großadmiral Dönitz wurde zum Reichspräsidenten und Oberbefehlshaber der Wehrmacht ernannt, Goebbels als neuer Reichskanzler vorgeschlagen. Eine detaillierte Kabinettsliste, die Hitler Dönitz mit auf den Weg gab, sollte die Gewähr dafür bieten, «dem deutschen Volk eine aus ehrenhaften Männern zusammengesetzte Regierung zu geben, die die Verpflichtung erfüllt, den Krieg mit allen Mitteln weiter fortzusetzen». Zum Schluß wurde die Nation von Hitler noch ein letztes Mal «zur peinlichen Einhaltung der Rassegesetze und zum unbarmherzigen Widerstand gegen den Weltvergifter aller Völker, das internationale Judentum», aufgerufen.[1]

Das Ende des Dritten Reiches

Wie es zu dieser Zeit tatsächlich um das Reich bestellt war, hatte Bormann wenige Stunden zuvor, am Abend des 28. April, Großadmiral Dönitz in einem Funkspruch an dessen Stabsquartier «Forelle» bei Plön mitgeteilt. Seine Botschaft, in der er nicht nur Göring und Himmler, sondern auch die verantwortlichen militärischen Führer des Oberkommandos der Wehrmacht, Keitel und Jodl, der Untreue bezichtigte, endete mit der nüchternen Feststellung: «Die Reichskanzlei ist bereits ein Trümmerhaufen!»[2]

Im Führerbunker herrschte zu dieser Zeit eine teils verzweifelte und deprimierte, teils pathologisch erregte Weltuntergangsstimmung, nachdem sich am 27. April herumgesprochen hatte, daß die für den Entsatz von Berlin vorgesehene Armee Wenck, deren Spitzen sich bis Ferch am Schwielowsee durchgekämpft hatten, zu schwach sein würde, um das Gebiet südlich von Potsdam zu halten oder gar bis in das Zentrum Berlins durchzubrechen. Hilfe von außen war also nicht mehr zu erwarten. Ein Ausbruchversuch aller Besatzungskräfte nach Südwesten, der vom letzten Kampfkommandanten Berlins, General Weidling, vorgeschlagen worden war, um der Stadt und ihren Bürgern wenigstens den Endkampf zu ersparen, wurde von Hitler abgelehnt. Im Bunker, in dem sich noch immer etwa 300 bis 500 Mann befanden, bemühte man sich daher, den unabwendbar gewordenen Untergang mit harter Arbeit oder Alkohol zu verdrängen.[3]

Hitler indessen erging sich in Wutausbrüchen und Haßtiraden über den Verrat Görings und Himmlers und ließ noch am Abend des 28. April, unmittelbar vor seiner Heirat mit Eva Braun, den wegen Fahnenflucht bereits degradierten SS-Obergruppenführer Hermann Fegelein im Garten der Reichskanzlei hinrichten. Fegelein, ein Schwager Eva Brauns, der sich heimlich aus dem Führerbunker davongeschlichen hatte und bald darauf in seiner Charlottenburger Wohnung aufgegriffen worden war, wurde nicht nur als Deserteur, sondern auch als angeblicher Mitwisser oder sogar Beteiligter der Himmlerschen Geheimkontakte zu den Westmächten verurteilt, in denen der Reichsführer SS laut Meldungen des britischen Rundfunks nach Gesprächen mit dem Grafen Bernadotte im Schwedischen Konsulat in Lübeck einen Separatfrieden angeboten hatte.

Am 30. April, zwischen 15 und 16 Uhr, als die Lage völlig aussichtslos geworden war, richtete Hitler die Waffe dann auch gegen sich selbst: In seinen Privaträumen im Bunker der Reichskanzlei setzte er seinem Leben mit eigener Hand ein Ende. Eva Braun tötete sich gleichzeitig durch Gift. Anschließend wurden die Leichen der beiden, in Decken gehüllt, im Garten der Reichskanzlei mit Benzin übergossen und verbrannt.

Großadmiral Dönitz erfuhr davon erst 24 Stunden später, am Nachmittag des 1. Mai, als Bormann und Goebbels in einem Funkspruch dem neuen deutschen Staatsoberhaupt den Tod Hitlers mitteilten. In der Zwischenzeit hatte Goebbels – nunmehr als Nachfolger des toten Führers ein «hilflos

1. Interregnum: Neubeginn oder Restauration?

anmutender Reichskanzler ohne Reich und Funktion»[4] – noch vergeblich versucht, durch General Krebs einen Waffenstillstand mit den Russen zustande zu bringen. Gemeinsam mit Bormann hatte er einen Brief an den «Obersten Befehlshaber der Streitkräfte der Sowjetunion» verfaßt und Stalin gegenüber darin schmeichlerisch erklärt, ihm werde «als erstem Nichtdeutschen» mitgeteilt, daß Hitler am 30. April den Freitod gewählt und in seinem Testament durch Gesetzeskraft Dönitz, Goebbels und Bormann die Macht übergeben habe. Bormann sei beauftragt, einen vorläufigen Waffenstillstand auszuhandeln, «was für Friedensverhandlungen zwischen den Mächten, die die größten Verluste erlitten haben, notwendig» sei.[5] Der Brief war am 1. Mai um vier Uhr morgens von General Krebs in der vorgeschobenen Kommandostelle der 8. sowjetischen Gardearmee am Schulenburgring nahe dem Flughafen Tempelhof dem Generalobersten Wassilij Tschuikow übergeben worden, der sich daraufhin sogleich telefonisch mit seinem Vorgesetzten, Marschall Schukow, in Verbindung gesetzt hatte. Schukow wiederum informierte Stalin, dessen Antwort am späten Vormittag eintraf: entweder allgemeine Kapitulation bzw. Kapitulation von Berlin oder Wiederaufnahme des Sturms auf das Regierungsviertel. Da General Krebs sich nicht bevollmächtigt sah, Kapitulationsverhandlungen zu führen, nachdem seine Bemühungen um einen Waffenstillstand gescheitert waren, kehrte er unverrichteter Dinge in den Bunker zurück. Auch eine zweite Delegation, die Goebbels unter Führung eines Obersten nach Tempelhof entsandte, weil er meinte, daß General Krebs nicht entschieden genug die Entschlossenheit der Deutschen deutlich gemacht habe, im Falle einer Ablehnung des vorläufigen Waffenstillstandes den Kampf bis zur letzten Patrone fortzusetzen, erreichte nichts: Goebbels' Bemühungen um einen Separatfrieden mit den Russen blieben stecken, noch ehe sie in das Stadium von Verhandlungen gelangt waren.

Erst als die Aussichtslosigkeit des Unterfangens deutlich wurde, ließ Goebbels Dönitz wissen, daß der Führer «verschieden» sei. Anschließend unterzeichnete er das Schlußprotokoll der letzten Lagebesprechung im Bunker, in deren Verlauf er es der Bunkerbesatzung anheimstellte, einen gewaltsamen Ausbruchversuch zu unternehmen, und zog sich in sein kleines Arbeitszimmer zurück, um sein Tagebuch – «die Aufzeichnung … eines gewaltigen Selbstbetruges», wie Ralf Georg Reuth in seiner Goebbels-Biographie bemerkt[6] – zu beschließen. Einige Stunden später ordnete er zusammen mit seiner Frau Magda an, daß seine fünf Kinder mit Morphium eingeschläfert und danach mit Zyankali-Ampullen getötet wurden; Magda selbst soll die gläsernen Ampullen im Mund der Kinder zerdrückt haben. Noch am selben Abend setzten auch Joseph und Magda Goebbels ihrem Leben mit Zyankali ein Ende. Ihre mit Benzin übergossenen Leichen wurden, wie diejenigen Hitlers und Eva Brauns, im Garten der Reichskanzlei, nur wenige Meter vom Notausgang des Bunkers entfernt, verbrannt, wo sie am 2. Mai gegen 17 Uhr von den heranrückenden sowjetischen Truppen entdeckt wurden. Bormann unternahm im letzten Moment noch einen gewaltsamen Ausbruchversuch, kam dabei aber ums Leben. Die Generäle Krebs und Burgdorf, die bis zuletzt mit Hitler in der Reichskanzlei ausgeharrt hatten, begingen Selbstmord.

Damit war das Schicksal des Deutschen Reiches besiegelt. Zwar dauerten die Kämpfe in Berlin vereinzelt noch bis in die Nachtstunden des 3./4. Mai an, und die Gesamtkapitulation der deutschen Truppen erfolgte in zwei Etappen sogar erst am 7. Mai – um 2.41 Uhr – im Hauptquartier General Eisenhowers in Reims und am 9. Mai – um 0.16 Uhr – im sowjetischen Hauptquartier in Berlin-Karlshorst. Aber dieser doppelte Kapitulationsakt war nur der formelle Schlußstein unter ein Ende, das mit dem Tod Hitlers und dem Untergang der Reichskanzlei faktisch bereits Tage zuvor gekommen war. Auch der Umstand, daß die Regierung Dönitz noch bis zum 23. Mai amtierte, ehe sie mitsamt ihren militärischen Stäben von britischen Truppen verhaftet und in die Gefangenschaft überführt wurde, änderte daran nichts. Die vorrangige Aufgabe von Dönitz bestand ohnehin nur darin, Zeit zu gewinnen: für die Flucht einer möglichst großen Zahl von Zivilisten und Soldaten aus Kurland und der Weichselmündung nach Westen; für die hinhaltend kämpfende Heeresgruppe Weichsel in Mecklenburg, die einen riesigen Strom von Flüchtlingen aus Pommern, Mecklenburg und Stettin vor sich her schob und das von Briten und Amerikanern besetzte Gebiet in Norddeutschland erreichen sollte; und für die noch in Böhmen stehende, mehr als 1,2 Millionen Soldaten zählende Heeresgruppe Mitte unter Generalfeldmarschall Schörner, die sich in einem Wettlauf mit der Zeit ebenfalls nach Westen bewegte, um russischer Gefangenschaft zu entgehen und sich den Amerikanern in Bayern zu ergeben.

Die herrschende Staats- und Völkerrechtslehre in der Bundesrepublik hat später mit der kasuistischen Unterscheidung zwischen «Rechtsfähigkeit» und «Handlungsfähigkeit» behauptet, das Reich habe rechtlich nie aufgehört zu bestehen. Durch die Kapitulation der deutschen Streitkräfte am 7. bzw. 9. Mai 1945 habe es lediglich seine «Willens- und Handlungsfähigkeit» eingebüßt.[7] Tatsächlich bedeutete diese juristische Interpretation kaum mehr als ein rechtsdogmatisches Denkspiel. In Wirklichkeit hatte Hitler hoch gepokert und das Reich verspielt, wie General de Gaulle eine Woche nach Unterzeichnung der Kapitulation in einer Rede vor der französischen Assemblée Consultative unmißverständlich feststellte: «Deutschland, in seinem Traum von der Herrschaft bis zum Fanatismus hingerissen, hat den Krieg so geführt, daß der Kampf materiell, politisch und moralisch ein totaler Kampf war. Der Sieg mußte daher ein totaler Sieg sein. Das ist geschehen. Insofern sind der Staat, die Macht und die Doktrin, ist das Deutsche Reich zerstört.»[8]

Hitler selbst hatte es nicht anders gewollt. In einer Einschätzung der Folgen des bevorstehenden Endes war er im März 1945 sogar noch einen Schritt weiter gegangen, indem er gegenüber Reichsminister Speer – nach dessen

Überlieferung – erklärt hatte: «Wenn der Krieg verlorengeht, wird auch das Volk verloren sein. Dieses Schicksal ist unabwendbar.» Es sei nicht notwendig, so Hitler, «auf die Grundlagen, die das Volk zu seinem primitivsten Weiterleben braucht, Rücksicht zu nehmen». Im Gegenteil sei es besser, «diese Dinge selbst zu zerstören», denn das Volk hätte sich «als das schwächere erwiesen».[9] Bereits Mitte der zwanziger Jahre hatte er in *Mein Kampf* prophezeit, Deutschland werde «entweder Weltmacht oder überhaupt nicht sein».[10] Da die Welteroberung nicht gelungen war, schien die eigene Vernichtung jetzt nur konsequent.

Die Gegner Hitlers mochten sich dessen radikaler, bis zur Selbstzerstörung reichender sozialdarwinistischer Denk- und Betrachtungsweise zwar nicht anschließen. Doch in dem Maße, in dem Deutschland nicht nur einen Krieg um Macht und Einfluß führte, um dem Reich eine hegemoniale Sonderstellung in Europa zu verschaffen, sondern einen hemmungslosen völkischen Ausrottungsfeldzug startete, um die eroberten Gebiete zu «germanisieren», nahmen auch die Kriegsziele der Alliierten einen qualitativ neuen Charakter an. Während es in der Atlantik-Charta vom 12. August 1941 noch geheißen hatte, Ziel sei «die endgültige Zerstörung der Nazityrannei», um einen Frieden zu erreichen, der allen Nationen die Möglichkeit gebe, «in Sicherheit innerhalb ihrer eigenen Grenzen zu leben», und die Gewähr dafür biete, «daß alle Menschen in allen Ländern der Welt ihr Leben frei von Furcht und Mangel leben können»[11], wurde auf der amerikanisch-britischen Konferenz von Casablanca am 24. Januar 1943 von Präsident Roosevelt mit Zustimmung Churchills bereits die Forderung nach «bedingungsloser Kapitulation» (unconditional surrender) erhoben.[12] Damit wurde nicht nur eine militärische Übergabe – wie im herkömmlichen Völkerrecht –, sondern eine staatlich-politische Totalkapitulation verlangt, bei der die Siegermächte sich das Recht vorbehielten, eine Friedensregelung nach eigenem Gutdünken ohne Mitspracheögmlichkeit des Besiegten zu treffen. Dementsprechend hieß es in der Kapitulationsurkunde vom 7./9. Mai 1945, daß Deutschland sich «allen Forderungen, die ihm jetzt oder später auferlegt werden», vorbehaltlos unterwerfe. Deutschland war zum Spielball der Alliierten geworden.

Deutschlandplanungen der Alliierten

Durch den Krieg starben insgesamt schätzungsweise 66 Millionen Menschen. Auf russischer Seite waren 20,6 Millionen Opfer (und davon 7 Millionen Zivilisten) zu beklagen. In Polen waren es 4,52 Millionen (mit 4,2 Millionen zivilen Personen), in Frankreich 820 000 (davon 470 000 Zivilisten) sowie in Deutschland 5,25 Millionen (mit 500 000 Zivilisten). Auch die Deutschen hatten damit für die Politik ihrer Führung bitter gebüßt. Aber sie waren nicht nur Opfer, sondern auch Täter. Und die Alliierten schienen entschlossen, sie für das Unrecht, das sie anderen zugefügt hatten, hart zu bestrafen.

Dabei stand die Schuld der Deutschen diesmal außer Frage. Während der Erste Weltkrieg trotz der in Artikel 231 des Versailler Vertrages behaupteten deutschen «Alleinschuld» nicht von den Deutschen allein ausgelöst worden war – auch wenn sie ihn durch ihren «Griff nach der Weltmacht» (Fritz Fischer) maßgeblich mitverursacht hatten –, lag die Verantwortung für den Zweiten Weltkrieg gänzlich beim Reich.[13] Zudem ließen die Kombination des Ersten und des Zweiten Weltkrieges sowie die ungewöhnliche Kraftanstrengung, zu der sich das deutsche Volk im Kaiserreich wie im Nationalsozialismus bei der Verfolgung verbrecherischer Ziele fähig gezeigt hatte, den Schluß zu, daß Militarismus und eine besondere Form der Aggressivität zu den Wesensmerkmalen des deutschen Volkscharakters zählten. Hinzu kamen das Ausmaß und die Ungeheuerlichkeit der Verbrechen, die unter dem NS-Regime verübt worden waren. Eine schonende Behandlung durch die Siegermächte wäre somit nicht als Ausdruck der Menschlichkeit, sondern als Belohnung für begangene Untaten erschienen.

Die Alliierten gelangten daher schon früh zu der Auffassung, daß drastische Maßnahmen ergriffen werden müßten, um das Risiko, das von einem unkontrollierten deutschen Potential ausging, zu beseitigen. Bereits im Vorfeld der Konferenz von Teheran erklärte der amerikanische Präsident Franklin D. Roosevelt im Oktober 1943 gegenüber seinem Außenminister Cordell Hull, daß er in bezug auf Deutschland «entschieden für eine Aufteilung in drei oder mehr staatsrechtlich völlig unabhängige Staaten» sei. Den neuen deutschen Staaten solle «jede militärische Betätigung, einschließlich der Ausbildung von Soldaten, und jegliche Rüstungsindustrie verboten werden». Ostpreußen sollte von Deutschland abgetrennt, alle «gefährlichen Elemente» der Bevölkerung sollten «zwangsweise ausgesiedelt» werden. Außerdem, so Roosevelt, solle Deutschland «Reparationen in Arbeitskräften und industriellen Ausrüstungen» leisten.[14]

Der britische Außenminister Anthony Eden äußerte sich, ebenfalls 1943, ganz ähnlich. Auf einer Außenministerkonferenz der USA, Großbritanniens und der Sowjetunion vom 18. bis 30. Oktober in Moskau, die der Vorbereitung des Gipfeltreffens der «Großen Drei» in Teheran diente, ließ er verlauten, seine Regierung sehe «den Fortbestand eines geeinten Deutschland nicht gerne, sondern zöge eine Aufteilung in verschiedene getrennte Staaten vor, insbesondere ein abgetrenntes Preußen». Sie werde deshalb «jede separatistische Strömung in Deutschland unterstützen». Der sowjetische Außenminister Wjatscheslaw Molotow bemerkte an gleicher Stelle pauschal, die UdSSR gebe «allen Maßnahmen ihre volle Zustimmung, die Deutschland für die Zukunft unschädlich machen».[15]

Auf der Teheraner Konferenz vom 28. November bis 1. Dezember 1943 wurde diese Linie bestätigt, ohne daß zu diesem frühen Zeitpunkt, als das Kriegsende noch in weiter Ferne lag, bereits Beschlüsse gefaßt worden wären. Präsident Roosevelt sprach davon, daß es seiner Meinung nach sehr wichtig sei, «im deutschen Bewußtsein den Begriff vom ‹Reich› nicht ste-

1. Interregnum: Neubeginn oder Restauration?

henzulassen, und daß eben dieser Begriff aus der deutschen Sprache gestrichen werden müßte». Stalin erwiderte, daß es nicht genüge, das Wort auszumerzen; das Reich selber müsse «unfähig gemacht werden, die Welt jemals wieder in Krieg zu stürzen». Wenn die Alliierten nicht die «strategischen Positionen» in ihrer Hand behielten, die notwendig wären, um jegliches Wiederaufbrechen des deutschen Militarismus zu verhindern, dann hätten sie «ihre Pflicht nicht erfüllt». Churchill schlug ebenfalls weitreichende Kontrollmaßnahmen vor. Neben der territorialen Zergliederung des Reiches nannte er dabei «eine ständige Überwachung der Deutschland noch verbleibenden Industrie» sowie das Verbot jeglicher Luftfahrt, zivil wie militärisch, und die vollständige Auflösung des deutschen Generalstabs – was Stalin «in scherzhafter Weise» zu der Anregung veranlaßte, der Generalstab müsse nicht nur aufgelöst, sondern «liquidiert» werden. Die ganze Schlagkraft der mächtigen Armeen Hitlers hänge von «etlichen fünfzigtausend Offizieren und Sachverständigen» ab; wenn man sie bei Kriegsende festnehme und erschieße, wäre Deutschlands «militärische Kraft für immer gebrochen». Churchill reagierte empört: Lieber lasse er sich selbst «an Ort und Stelle in den Garten hinausführen und erschießen», als seine und seines Volkes Ehre durch eine solche Niedertracht zu beschmutzen. Roosevelt dagegen versuchte, die Sache ins Lächerliche abzubiegen: Nicht 50 000, sondern nur 49 000 seien zu erschießen. Doch erst als Churchill, immer noch aufgebracht, den Raum verließ und Stalin und Molotow hintereilten, um ihm lachend zu versichern, natürlich habe es sich nur um einen Scherz gehandelt, war die Situation einigermaßen gerettet, und der Rest des Abends verlief angenehm.[16]

Tatsächlich waren die Sowjetunion und die Westmächte in ihren Plänen zur Behandlung Nachkriegsdeutschlands gar nicht weit voneinander entfernt. Allen ging es um die vollständige und dauerhafte Entwaffnung Deutschlands sowie um die Zerstörung seines wirtschaftlichen Kriegspotentials. Alle wollten jegliche organisatorischen Erscheinungsformen des Nationalsozialismus und damit die Wurzeln des Militarismus in Deutschland beseitigen – einschließlich der Verfolgung und Bestrafung derjenigen Deutschen, die Verbrechen gegen die Menschlichkeit begangen oder an der Vorbereitung, Auslösung und Durchführung des Angriffskrieges mitgewirkt hatten. Und gemeinsam war man der Auffassung, daß zu diesem Zweck eine militärische Besetzung durch die Siegermächte auf unbestimmte Zeit notwendig sei. Bei der Frage der territorialen Zerstückelung, die in Teheran ebenfalls im Prinzip noch unstrittig gewesen war, wichen die Meinungen jedoch bald voneinander ab, da insbesondere Churchill und die britische Regierung bereits 1944 zunehmend zu der Einsicht gelangten, daß vielleicht schon bald ein einheitliches Deutschland als Gegengewicht gegen die übermächtige Sowjetunion auf dem europäischen Kontinent benötigt werde. So erklärte Churchill im Mai 1944, daß die Beziehungen zur Sowjetunion nach der Niederlage Deutschlands keinen wirklichen Frieden, sondern lediglich «einen verlängerten Waffenstillstand» erlauben würden.[17] Und in einer Lagebeurteilung des britischen Generalstabs zur voraussichtlichen Entwicklung nach dem Ende der Feindseligkeiten hieß es im Juli 1944 mit Blick auf Deutschland und die Sowjetunion: «Die zwei europäischen Länder, die eine ernsthafte Bedrohung unserer strategischen Interessen darstellen könnten, sind ein wiedererrichtetes Deutschland und Rußland ...; falls Rußland uns gegenüber feindselig wird, ist Deutschland das einzige Land, dessen geographische Lage, Bevölkerungsmacht und Ressourcen geeignet wären, jene Hilfe bereitzustellen, die für die Bewahrung unserer Position ausschlaggebend sein könnte.»[18]

Auch wenn die britische Regierung noch über das Kriegsende hinaus am Bündnis mit der Sowjetunion festhielt, sah sich Churchill durch solche Überlegungen doch veranlaßt, auf der Konferenz von Jalta im Februar 1945 die von Stalin vorgeschlagene Diskussion über eine Aufteilung Deutschlands zu unterbinden und entsprechende Beschlüsse durch Überweisung der Angelegenheit an eine «Zerstückelungskommission» zu verhindern. Das Verhalten der Sowjetunion nach dem Vormarsch der Roten Armee in Osteuropa – nicht zuletzt gegenüber Polen – hatte Spuren hinterlassen. Mißtrauen zeichnete sich ab. Der Kalte Krieg warf seine Schatten voraus. Bereits die European Advisory Commission (EAC), die zwischen den Gipfeltreffen von Teheran und Jalta 1944 in London getagt hatte, war nur mehr in der Lage gewesen, sich auf einen Vorschlag zur Einteilung Deutschlands in Besatzungszonen zu einigen, der in Jalta von den Regierungschefs gebilligt wurde. Zu einer Konkretisierung der Zerstückelungsideen kam es dagegen nicht mehr.

Ähnliche Differenzen bestanden auch beim Thema Reparationen. Hier waren es vor allem die USA, die nach den Erfahrungen des Versailler Vertrages und den daraus resultierenden Stabilitätsproblemen der Weimarer Republik zur Zurückhaltung mahnten, während die Sowjetunion und Großbritannien sowohl Lieferungen aus laufender Produktion als auch Demontagen ganzer Betriebe forderten, um Wiedergutmachung für die durch Deutschland verursachten Kriegsschäden zu erhalten und die deutsche Wirtschaft zu schwächen. Angesichts des Ausmaßes der Zerstörungen in der UdSSR war die Haltung Moskaus in dieser Frage sogar verständlich. Das vorherrschende britische Motiv, durch Eingriffe in das deutsche Wirtschaftspotential einen lästigen Konkurrenten auf dem Weltmarkt auszuschalten, vermochte indessen weniger zu überzeugen. Lebhaft erinnerte man sich in den USA an die zwanziger Jahre, als man mit dem Dawes-Plan 1924 und dem Young-Plan 1929 umfangreiche Kredite hatte bereitstellen müssen, um die nach dem Ersten Weltkrieg zerrüttete deutsche Wirtschaft zu unterstützen. Selbst die deutschen Reparationen waren dadurch indirekt von den USA bezahlt worden.

Mit Finanzminister Henry Morgenthau gab es jedoch auch innerhalb der amerikanischen Regierung einen einflußreichen Befürworter einer weitgehenden Entindustrialisierung Deutschlands. Sein im September 1944 vorgelegtes *Programm zur Verhinderung der Auslösung des Dritten Weltkrieges durch Deutschland* – besser bekannt unter der Bezeichnung «Morgenthau-Plan» – faßte «die Verwandlung Deutschlands in ein Land ins Auge, das in erster Linie einen landwirtschaftlichen und ländlichen Charakter» haben sollte.[19] Es ging von der Annahme aus, daß eine landwirtschaftlich strukturierte Gesellschaft weniger kriegerisch sei als ein industriell entwickeltes Land mit Schwerindustrie und der Möglichkeit zu eigener Rüstungsproduktion. Das wirksamste Mittel, die Friedfertigkeit eines Volkes zu garantieren, so Morgenthau, bestehe darin, ihm die Versuchung zu nehmen, die in der Fähigkeit zum Mißbrauch seiner Möglichkeiten liege.[20]

Tatsächlich gelang es Morgenthau auf einer Konferenz in Quebec am 15. September 1944, Roosevelt und Churchill zur Unterschrift unter seinen Plan zu veranlassen. Zwar meinte Churchill nach der ersten Lektüre spontan, bei der Verwirklichung des Planes würde Großbritannien «an einen Leichnam gekettet sein». Aber Großbritannien benötigte dringend einen 6,5-Milliarden-Dollar-Kredit von den USA und war deshalb auf die Unterstützung Morgenthaus angewiesen. Churchill und sein Außenminister Eden, der an den Verhandlungen in Quebec ebenfalls teilnahm, befanden sich somit in einem Dilemma. Rückblickend notierte Churchill dazu in seinen Memoiren: «Anfänglich opponierte ich heftig gegen diesen Gedanken. Aber der Präsident und Morgenthau – von dem wir so viel verlangen mußten – drängten so hartnäckig, daß wir am Ende einwilligten, den Plan zu prüfen.»[21]

Allerdings konnte Morgenthau sich letztlich doch nicht durchsetzen, weil praktisch alle Experten in Washington und London darin übereinstimmten, daß eine Entindustrialisierung nur dazu führen würde, Deutschland die Möglichkeit zur Ernährung der eigenen Bevölkerung zu nehmen. Wer deutsche Lebensmittelimporte verhinderte, indem er die Produktion exportfähiger Industriegüter, deren Erlös zur Bezahlung der Importe notwendig war, unmöglich machte, mußte gleichzeitig sagen, wie er sich das physische Überleben der Deutschen vorstellte. Im amerikanischen State Department, aber auch im War Department und ebenso im britischen Foreign Office fürchtete man daher, selbst in die Pflicht genommen zu werden, wenn die Deutschen im Falle zu hoher Reparationsleistungen oder einer Entindustrialisierung nicht mehr in der Lage waren, die Versorgung der eigenen Bevölkerung sicherzustellen. Aus diesem Grunde hatten der amerikanische Außenminister Cordell Hull und Kriegsminister Henry Stimson den Morgenthau-Plan bereits bei seiner Vorlage im Cabinet Committee on Germany am 6. September scharf kritisiert. Gemeinsam wirkten sie nun auf Roosevelt ein, seine Unterschrift von Quebec zurückzunehmen. Dabei machten sie nicht nur sachliche Gründe geltend, sondern wiesen auch auf die im November 1944 anstehenden Präsidentschaftswahlen hin. Insbesondere Hull warnte, wenn die Öffentlichkeit vom Morgenthau-Plan erführe und der Präsident mit diesem Plan in Verbindung gebracht würde, dürften sich für seine Wiederwahl ernste Schwierigkeiten ergeben.[22]

Als der Plan wenig später tatsächlich in die Öffentlichkeit gelangte und jene negative Resonanz fand, die Hull prophezeit hatte, blieb Roosevelt nichts anderes übrig, als seine Unterschrift am 22. September wieder zurückzuziehen. Verärgert schrieb er wenig später an seinen Außenminister: «Niemand beabsichtigt, aus Deutschland ein völlig landwirtschaftliches Land zu machen, und doch hat jemand das der Presse offenherzig serviert. Ich wünschte, wir könnten ihn erwischen und dafür züchtigen.»[23]

Hull indessen hatte sein Ziel erreicht. In Jalta waren danach nicht nur die in Teheran noch ausgiebig verhandelten Zerstückelungsideen, sondern auch die gemeinsamen Reparationsforderungen vom Tisch. Der sowjetische Vorschlag, wenigstens die deutsche Schwerindustrie um 80 Prozent zu reduzieren, war ebensowenig durchzusetzen wie Stalins Forderung, die Gesamtsumme der deutschen Reparationen auf 20 Milliarden Dollar festzusetzen, von denen 10 Milliarden an die UdSSR gehen sollten. Um Moskau wenigstens ein Stück weit entgegenzukommen, wurde zwar im Schlußdokument der Jalta-Konferenz ein Betrag von 20 Milliarden «als Verhandlungsgrundlage» genannt. Ein gültiger Reparationsbeschluß war dies jedoch nicht. Vielmehr wurde die Angelegenheit – wie die Zerstückelungsproblematik – zur weiteren Beratung an eine Kommission übergeben, die bis zum nächsten Gipfeltreffen der Regierungschefs eine entscheidungsreife Vorlage erarbeiten sollte. Beide Kommissionen nahmen sogleich ihre Arbeit auf, konnten sich aufgrund der inzwischen eingetretenen Spannungen zwischen Ost und West aber nicht mehr auf eine gemeinsame Linie verständigen.[24]

Die Herrschaft der Sieger

Ungeachtet der Differenzen, die in den Deutschlandplanungen der Alliierten immer offenkundiger zutage traten, lebte der Geist des Morgenthau-Plans dennoch weiter fort, als die Herrschaft der Sieger begann. Seine Grundgedanken fanden ihren Niederschlag unter anderem in der Direktive JCS 1067 der Vereinigten Stabschefs der amerikanischen Streitkräfte vom 26. April 1945, die vom neuen Präsidenten Harry S. Truman am 11. Mai genehmigt wurde und als Grundlage der amerikanischen Besatzungspolitik in Deutschland diente. Der amerikanische Militärgouverneur in Deutschland wurde darin angewiesen, die Deutschen mit unnachgiebiger Härte zu behandeln:

«a) Es muß den Deutschen klargemacht werden, daß Deutschlands rücksichtslose Kriegführung und der fanatische Widerstand der Nazis die deutsche Wirtschaft zerstört und Chaos und Leiden unvermeidlich gemacht haben, und daß sie nicht der Verantwortung für das entgehen können, was sie selbst auf sich geladen haben.

b) Deutschland wird nicht besetzt zum Zwecke seiner Befreiung, sondern als besiegter Feindstaat. [...] Bei der Durchführung der Besetzung und Verwaltung müssen Sie gerecht, aber fest und unnahbar sein. Die Verbrüderung mit deutschen Beamten und der Bevölkerung werden Sie streng unterbinden.

c) Das Hauptziel der Alliierten ist es, Deutschland daran zu hindern, je wieder eine Bedrohung des Weltfriedens zu werden. Wichtige Schritte zur Erreichung dieses Zieles sind die Ausschaltung des Nazismus und Militarismus in jeder Form, die sofortige Verhaftung der Kriegsverbrecher zum Zwecke der Bestrafung, die industrielle Abrüstung und Entmilitarisierung Deutschlands mit langfristiger Kontrolle des deutschen Kriegspotentials und die Vorbereitungen zu einem späteren Wiederaufbau des deutschen politischen Lebens auf demokratischer Grundlage ...»[25]

Die Besatzungspolitik der Alliierten war danach von vier großen D's bestimmt: Demilitarisierung, Denazifizierung, Dezentralisierung und Demokratisierung. Während die Bevölkerung den Abbau des militärischen Apparats der Wehrmacht und die Zerschlagung der organisatorischen Strukturen der NSDAP eher distanziert und mit Gleichgültigkeit zur Kenntnis nahm, wobei selbst die Entlassung von Millionen Soldaten aus Wehrdienst und Gefangenschaft und deren Übergang ins Zivilleben im Gegensatz zur Weimarer Republik keine nennenswerten politischen Probleme bereitete, entwickelten sich die anderen Bereiche bald zu kontroversen Themen der Nachkriegspolitik, die auch zwischen den Besatzungsmächten umstritten waren.

Vor allem die Entnazifizierung erwies sich als schwierige bürokratische Prozedur, die sich nicht darauf beschränkte, den öffentlichen Dienst und die Wirtschaft von Funktionären und Mitgliedern der NSDAP zu säubern, sondern den Anspruch erhob, die deutsche Gesellschaft insgesamt vom Geist des Nazismus zu befreien. Dabei taten sich die Amerikaner besonders hervor, die eine rigorose und intensive Gesinnungsprüfung jedes einzelnen zu betreiben suchten, während Briten und Franzosen behutsamer verfuhren und ihr Augenmerk auf die Säuberung der Spitzenstellungen von NS-Funktionären konzentrierten. So wurden bis zum Frühjahr 1946 allein in der amerikanischen Zone 120000 als gefährlich eingestufte Personen interniert. Den amerikanischen Besatzungsbehörden kam dabei der Umstand zugute, daß sie in einer Münchner Papierfabrik die Zentralkartei der NSDAP entdeckt hatten. Sicherheitseinheiten und Militärpolizei verfügten damit über persönliche Daten, die es ihnen ermöglichten, systematisch gegen Funktionäre und Anhänger des NS-Regimes vorzugehen und Serienverhaftungen («automatic arrests») – d. h. Festnahmen ohne staatsanwaltliche Einzelfallprüfung – vorzunehmen.

Ebenfalls auf Drängen der USA wurden die Mechanismen dieser Entnazifizierungspraxis am 12. Januar 1946 durch die Direktive Nr. 24 des Alliierten Kontrollrats formal auf ganz Deutschland ausgedehnt. Danach mußten alle Mitglieder der NSDAP, «die ihr aktiv und nicht nur nominell» angehört hatten, sowie Personen, «die den Bestrebungen der Alliierten feindlich gegenüberstehen», aus Ämtern und verantwortlichen Stellungen entfernt werden. Im öffentlichen Bereich betraf dies jeden, der nicht nur «gewöhnliche Arbeit» in untergeordneter Stellung verrichtete. Einbezogen waren aber auch privatwirtschaftliche Unternehmen, Verlage, die Presse, der gesamte Erziehungsbereich und sogar Religionsgemeinschaften.

Zugleich mit der Vereinheitlichung waren die USA bestrebt, die Entnazifizierungspraxis in deutsche Hände zu legen. Dazu wurde am 5. März 1946 für die US-Zone ein «Gesetz zur Befreiung vom Nationalsozialismus und Militarismus» erlassen, das auch als Test für die Demokratiefähigkeit der Deutschen angesehen wurde, wie die amerikanische Militärregierung bei der Einführung deutlich machte: «Sollte sich das Gesetz als ein Fehlschlag erweisen, so würde das bedeuten, daß das deutsche Volk noch nicht reif ist, die Scherben seiner politischen Vergangenheit selbst zu beseitigen.»[26] Eigene «Befreiungsministerien» bei den Länderregierungen waren nun für die Durchführung der Entnazifizierung verantwortlich. Für die Verfahren selbst wurden in der US-Zone 545 Spruchkammern mit 22 000 Mitgliedern eingerichtet. Grundlage der Überprüfung war ein Fragebogen mit 131 Fragen, den jeder Deutsche, der älter als 18 Jahre war, auszufüllen hatte. Von der Beantwortung und Überprüfung hing wesentlich die Einstufung als Hauptschuldige, Belastete, Minderbelastete, Mitläufer oder Entlastete ab. Die Spruchkammern konnten Sühnemaßnahmen aller Art, zumeist mit finanziellen Auswirkungen, verhängen. Sie reichten von der Einweisung in ein Arbeitslager, der Einziehung des Vermögens, Arbeitsbeschränkung und Verlust der bürgerlichen Ehrenrechte (Aberkennung des Wahlrechts) bis zu Geldstrafen. Bereits bis zum Sommer 1946 gaben 1 613 000 Personen einen Fragebogen bei den zuständigen Stellen der amerikanischen Militärregierung ab. 373 762 von ihnen verloren daraufhin ihren Arbeitsplatz. Verurteilte hatten allerdings das Recht, Berufung einzulegen, so daß die Verfahren sich nicht nur langwierig gestalteten, sondern oft auch unbefriedigend verliefen. Was sie politisch und moralisch bewirkten, insbesondere bei der Masse der «kleinen» Parteigenossen, blieb umstritten.

Den Vorschriften des Gesetzes schlossen sich die beiden anderen westlichen Besatzungsmächte 1947 in ihrer Entnazifizierungspraxis an. Im Februar 1950 wurde die Entnazifizierung in Westdeutschland endgültig abgeschlossen. In der sowjetischen Besatzungszone war sie bereits im Februar 1948 für beendet erklärt worden. Hier schaltete man unter dem Deckmantel der «Entnazifizierung» allerdings nicht nur ehemalige Nazis, sondern auch politische Regimegegner aus und leitete zugleich eine umfassende gesellschaftliche Neuordnung mit der vollständigen Beschlagnahme des landwirtschaftlichen Großgrundbesitzes und Enteignungen im Bereich der Groß- und Mittelindustrie ein, die mit einem allgemein verstandenen «Antifaschismus» gerechtfertigt wurden.

Ein besonderes Kapitel war die Verfolgung von Kriegsverbrechern, die sich der «Verschwörung gegen den Frieden», «Verbrechen gegen den Frieden», der Verletzung des Kriegsrechts und der Kriegsbräuche – also Kriegsverbrechen im engeren Sinne – bzw. Verbrechen gegen die Menschlichkeit schuldig gemacht hatten. Viele von ihnen waren in den Wirren des Kriegsendes untergetaucht und wurden nun von den Alliierten gesucht, um sie vor Gericht zu stellen. Zu ihrer Aburteilung wurde bereits am 8. August 1945 das internationale Militärtribunal in Nürnberg als Einrichtung der vier im Alliierten Kontrollrat vertretenen Mächte geschaffen. Am 20. November 1945 wurde vor diesem Gericht der Prozeß gegen die sogenannten «Hauptkriegsverbrecher» – 24 ehemalige hohe und höchste Repräsentanten des Deutschen Reiches – eröffnet. Die Urteile wurden am 30. September und 1. Oktober 1946 verkündet. 12 Angeklagte (einschließlich des abwesenden Martin Bormann, von dem man damals nicht wußte, ob er noch lebte) wurden zum Tode verurteilt, 7 erhielten Haftstrafen, 3 wurden freigesprochen. Robert Ley hatte vor Prozeßbeginn Selbstmord verübt, Gustav Krupp von Bohlen-Halbach war wegen schwerer Erkrankung prozeßunfähig gewesen. Die Freisprüche für den ehemaligen Reichskanzler Franz von Papen, den Reichsbankpräsidenten und Wirtschaftsminister Hjalmar Schacht sowie Hans Fritzsche, Ministerialrat in Goebbels' Propagandaministerium, wurden gegen den Protest der sowjetischen Vertretung durchgesetzt.

Von 1946 bis 1949 folgten noch weitere 12 Prozesse, die – ebenfalls in Nürnberg – aufgrund einer Ermächtigung des Kontrollrates vom 20. Dezember 1945 in eigener Zuständigkeit von den Amerikanern durchgeführt wurden. Diese Verfahren richteten sich gegen Juristen, Ärzte, Industrielle (Flick, IG Farben, Krupp), Angehörige des Auswärtigen Amtes (Wilhelmstraßenprozeß), das Oberkommando der Wehrmacht und höhere SS-Funktionäre. Zu Prozessen in nationaler Zuständigkeit kam es in der britischen, französischen und sowjetischen Zone sowie u. a. in Polen, Jugoslawien, Norwegen und den Niederlanden. Insgesamt wurden dabei im westlichen Teil Deutschlands – einschließlich der Urteile des Internationalen Militärgerichtshofes – 5025 Personen verurteilt. Von 806 Todesurteilen wurden 486 vollstreckt. Die Zahl der Verfahren in der SBZ wird auf etwa 45000 geschätzt. Die Gesamtzahl der im Ausland verurteilten NS-Verbrecher dürfte zwischen 50000 und 60000 liegen.

Deutsche Gerichte, die seit Ende 1945 ihre Tätigkeit allmählich wieder aufnahmen, waren an der Verfolgung von Kriegsverbrechen und anderer politisch motivierter Straftaten aus der Zeit des Nationalsozialismus zunächst nicht beteiligt. Ihre Befugnisse, die nur schrittweise erweitert wurden, beschränkten sich anfangs auf einfache Straftaten, die von Deutschen an Deutschen oder Staatenlosen begangen worden waren. Erst mit dem «Überleitungsvertrag» von 1955 erhielt die Bundesrepublik die volle Gerichtshoheit, so daß nun auch deutsche Gerichte Kriegsverbrechen und andere politische Straftaten aus der Zeit des nationalsozialistischen Regimes verfolgen konnten. Das Aufspüren von Schuldigen und die Bemühungen um Sühne zogen sich noch über Jahrzehnte hin, wie die Tätigkeit der eigens für diese

Zwecke eingerichteten Ludwigsburger Zentralstelle zeigt, die am 1. Dezember 1958 ihre Arbeit aufnahm.

Als problematisch wurden auch die wirtschaftlichen Strafmaßnahmen der Siegermächte nach 1945 empfunden. Die Entflechtung der deutschen Industrie sowie die Entnahme von Reparationen, einschließlich Demontagen, führten rasch zu einer Situation, in der Deutschland sich als unfähig erwies, seine Bevölkerung aus eigener Kraft zu ernähren. Um der drohenden Hungersnot zu begegnen, lieferten allein die USA bis 1949 Nahrungsmittel sowie Düngemittel und Saatgut für die deutsche Landwirtschaft im Wert von 1,52 Milliarden Dollar. Die amerikanische Militärregierung in Deutschland stützte sich dabei auf ein Schlupfloch in der Direktive JCS 1067, die zwar ein Verbot enthielt, zur «Aufrechterhaltung der Stärke der deutschen Wirtschaft beizutragen», aber Hilfeleistung zuließ, wenn es galt, «Seuchen und Unruhen» zu verhindern. Darüber hinaus wurden über die 1945 von 22 privaten und kirchlichen Wohlfahrtsorganisationen gegründete Gesellschaft «CARE Incorporated» insgesamt neun Millionen CARE-Pakete aus den USA nach Deutschland verschickt, um den Deutschen beim Überleben zu helfen, die meisten in der Notzeit zwischen 1946 und 1949, die letzten aber noch 1962 nach Berlin.

Mit privaten CARE-Paketen und offiziellen Nahrungsmittellieferungen allein war den Problemen der deutschen Wirtschaft jedoch nicht beizukommen. Deutschland war kein reines Agrarland und würde es nie werden. Die Bevölkerungsdichte war zu hoch; der Platz reichte nicht aus, um die Menschen ausreichend versorgen zu können – nach dem riesigen Zustrom der Flüchtlinge und Vertriebenen und dem Verlust der vorwiegend landwirtschaftlichen Gebiete im Osten schon gar nicht. Bereits in einem Kommuniqué des amerikanischen Außenministeriums vom 12. Dezember 1945 wurde dieser Tatsache Rechnung getragen und deshalb jede Absicht bestritten, «der deutschen Wirtschaft bleibende Beschränkungen aufzuerlegen». Vielmehr beabsichtigten die USA, «dem deutschen Volk zu gestatten..., seine eigenen Produktionsmittel weiter zu entwickeln und einen höheren Lebensstandard zu erarbeiten». Einschränkungen gebe es nur insofern, als es gelte, «nach Maßgabe eines späteren Friedensvertrages, die Herstellung von Waffen zu verhindern».[27] Es sollte jedoch noch mehr als ein weiteres Jahr vergehen, ehe die USA und Großbritannien mit dem Zusammenschluß ihrer beiden Zonen zur «Bizone» zum 1. Januar 1947 aus dieser Absichtserklärung erste Schlußfolgerungen zogen. Bis dahin bestand für die deutsche Bevölkerung kaum Aussicht, das Ruinenleben beenden und einen wirklichen Neuaufbau beginnen zu können.

Leben in den Trümmern

Die persönliche Situation der meisten Menschen in Deutschland nach der Niederlage war schwierig, oft katastrophal. Millionen Deutsche lebten buchstäblich in Trümmern. In den Großstädten war mehr als die Hälfte des

1. Interregnum: Neubeginn oder Restauration?

Wohnraumbestandes von 1939 durch die Flächenbombardements der Alliierten und die Kampfhandlungen vor Kriegsende zerstört worden. Zugleich wuchs die Bevölkerung auf dem Territorium der drei Westzonen durch Flucht und Vertreibung bereits 1945/46 um 12 Prozent auf 44 Millionen an, wobei den 13,7 Millionen Haushaltungen dieses Gebietes nur 8,2 Millionen Wohnungen gegenüberstanden, die zudem großenteils noch Kriegsschäden aufwiesen. Da es sich hierbei um Durchschnittszahlen handelt, die auch die Situation auf dem Lande und in den kleineren Orten einschließen, wo die Wohnverhältnisse wesentlich besser waren als in den Metropolen, kann man ermessen, wie die Lebensverhältnisse vieler Menschen in den Großstädten tatsächlich aussahen.[28] Oft blieb nur die Wahl zwischen einem provisorischen Lagerleben und vagabundierender Obdachlosigkeit. Wenn jemand das Glück hatte, über eine eigene, einigermaßen intakte Wohnung zu verfügen, konnte er sicher sein, dieses Glück bald mit anderen teilen zu müssen: Einquartierungen waren an der Tagesordnung. Entsprechend überbelegt war der verfügbare Wohnraum – mit allen daraus resultierenden Einschränkungen für die Betroffenen, denen nichts anderes übrig blieb, als in der Stunde der Not buchstäblich enger zusammenzurücken.

Weitere Erschwernisse ergaben sich durch Engpässe bei der Versorgung mit Energie und Nahrungsmitteln. Das Transportwesen war durch die Bombardierungen – vor allem im letzten Kriegsjahr – und den Stillstand der Wirtschaft nach 1945 fast völlig zusammengebrochen. Soweit in der Landwirtschaft überhaupt schon wieder etwas angebaut wurde, gelangte es meist nicht direkt zum Verbraucher in den Städten, sondern verblieb auf dem Lande, wo es von den Kunden selbst im Tauschhandel erworben werden mußte. «Hamstern» wurde zum Überlebenskampf; der Schwarzmarkt blühte. Gas und Elektrizität waren aufgrund zerstörter Produktionsanlagen und geborstener Leitungen zunächst ebenfalls kaum vorhanden. Dunkelheit und Kälte untergruben Lebensmut und Gesundheit der Menschen ebensosehr wie der Hunger und die verzweifelte Suche nach Nahrung, die vor allem in den Städten den Alltag beherrschte, um wenigstens das Existenzminimum zu sichern.

Die 1936 vom Völkerbund verabschiedeten Richtsätze, wonach ein Mensch selbst bei völliger Ruhe 1600 Kalorien pro Tag benötigte und bei achtstündiger Arbeitszeit wenigstens 3000, wurden in Deutschland erst 1948 annähernd wieder erreicht. Im Sommer 1945 brachte es ein Münchner durchschnittlich nur auf 1300, ein Stuttgarter auf 1000 und ein Kumpel aus dem Ruhrgebiet sogar nur auf 700 bis 800 Kalorien.[29] Untergewicht, erhöhte Anfälligkeit für Krankheiten und die Gefahr von Seuchen waren die Folge. So lag das Durchschnittsgewicht männlicher Erwachsener Mitte 1946 in der amerikanischen Zone bei etwa 51 Kilogramm und sank in der folgenden Zeit sogar noch weiter ab. In Köln erreichten Ende 1945 nur zwölf Prozent der Kinder das ihrem Alter entsprechende Normalgewicht. In Hamburg litten Ende 1946 über 10000 Personen an Hungerödemen.[30]

Wie schwierig die Lage in der Hansestadt schon ein Jahr zuvor war, schilderte der Hamburger Autor Hans-Erich Nossack in einem Brief an seinen Berliner Schriftstellerkollegen Hermann Kasack unter dem Datum des 30. November 1945:

«Vor allem aber ist da die Kälte, die Gedanken verwirren sich darüber, man vergißt das meiste. Es ist kaum zu schildern und eigentlich auch nicht nötig, was wir im November schon unter der Kälte auszustehen hatten. Heizmaterial kommt nicht zur Verteilung. Die meisten Menschen laufen mit geschwollenen Fingern und offenen Wunden umher, und es lähmt alle Tätigkeit. Unser Tag beginnt um $^1/_2 6$ Uhr. Von 8 bis 3 Uhr halte ich im Geschäft aus – erst ab 3 Uhr gehn die Verkehrsmittel wieder –, bin dann aber auch so erfroren, zumal ich nur zwei Scheiben trocknes Brot mitnehmen kann, daß ich kaum mehr gehen kann. Und dann beginnt ein harter Kampf um die U-Bahn. Inzwischen hat meine Frau morgens Stunden gegeben, eilt mittags eine Stunde weit, um das Essen aus der Volksküche zu holen, worauf wir mangels Gas, Elektrizität und Kochgelegenheit angewiesen sind. Gegen 3 Uhr macht sie auf der Brennhexe unser Essen warm, dadurch wird das Zimmer ein wenig verschlagen. Zwischen 5 und 6 Uhr versuche ich zu schlafen, um einen Vorhang vor den bisherigen Tag zu ziehen und die fehlenden Kalorien gleichzeitig zu ersetzen. Später nehmen wir noch etwas Teeartiges und einen kleinen Imbiß zu uns, und sitzen uns dann arbeitend bei einer 15-Watt-Kerze gegenüber. Ich selbst sitze in Decken gehüllt noch bis 1 Uhr auf, um dann erfroren ins Bett zu kriechen. Da haben Sie ein Durchschnittsleben.»[31]

Besonders schlecht erging es den Flüchtlingen und Vertriebenen, die aus Ostmitteleuropa völlig mittellos in den Westen gelangten. Schon ihre hohe Zahl machte eine angemessene Unterbringung und Versorgung in dem zerstörten Land unmöglich. Bis Ende 1946 waren bereits 5,6 Millionen Vertriebene in die drei westlichen Besatzungszonen geströmt. Ihre Zahl stieg bis 1950 auf über 7,5 Millionen. Am Ende waren es über 12 Millionen. Von einer überforderten Verwaltung nach häufig wechselnden und schwer durchschaubaren Kriterien auf Städte und Landgemeinden verteilt und dort zumeist in provisorischen Lagern untergebracht, waren sie oft über Jahre hinweg auf Unterstützung durch Wohlfahrtsorganisationen angewiesen, ehe ihre Eingliederung in Arbeitswelt und Gesellschaft gelang. Dem Verlust von Heimat, Besitz und Beruf folgte so die langjährige soziale Entwurzelung, die nach dem Leidensweg von Vertreibung und Flucht eine zusätzliche, oft schwer erträgliche Härte bedeutete.

Dennoch führte die wirtschaftliche und soziale Katastrophe nach dem Zusammenbruch des Dritten Reiches nicht zu einer politischen Radikalisierung der Deutschen, wie von vielen befürchtet und von manchen erhofft.[32] Physische und psychische Erschöpfung ließen ein Aufbegehren der Menschen – in welcher Richtung auch immer – nicht zu. Die zerrüttete, weithin desorganisierte Gesellschaft mit Millionen von Geschlagenen und Entwurzelten, die hungernd und frierend ums nackte Überleben rangen, war jeglicher Ideologie überdrüssig. Die Anwesenheit der Besatzungsmächte tat ein übriges, den Spielraum einzuengen. Der Wiederbeginn deutscher Politik war daher kein Massenphänomen und erst recht nicht das Werk einer neuen Generation im Aufbruch, sondern fast immer eine Angelegenheit Älterer, die auf Erfahrungen aus der Weimarer Republik oder sogar dem Kaiserreich zurückgreifen konnten und nun die Verpflichtung spürten, den Zusammenbruch des Hitler-Regimes als Ausgangspunkt für eine bessere Zukunft zu nutzen.

Neubeginn einer politischen Kultur

Die Tatsache, daß die neuen politischen Eliten im Nachkriegsdeutschland nahezu ausnahmslos der älteren Generation angehörten, läßt die Frage, ob es angesichts der totalen Niederlage 1945 eine «Stunde Null» gegeben habe, müßig erscheinen: Man kam gar nicht umhin, personell und politisch an frühere Zeiten und Erfahrungen anzuknüpfen. Die jüngste Vergangenheit machte die Hoffnung auf einen unbelasteten Neubeginn ohnehin zu einer Illusion. Der düstere Schatten Hitlers lastete auf allen Deutschen. Selbst jene, die bei Kriegsende noch gar nicht geboren waren, wurden von ihm erfaßt. Allerdings besaßen die Besatzungsmächte Informationen über Deutsche, die als unbelastet galten und für Verwaltungsaufgaben geeignet schienen. Die Sowjetunion hatte sogar eigens Exilkommunisten in Moskau geschult, die nach der Kapitulation Deutschlands die Schlüsselpositionen besetzten; darüber hinaus wurden aber auch Sozialdemokraten, Zentrumsleute sowie Demokraten und Parteilose verwendet, die sich in der Hitler-Zeit als – im sowjetischen Sinne – zuverlässige «Antifaschisten» erwiesen hatten.

Die amerikanischen Besatzungsbehörden operierten mit «Weißen Listen», die vom Geheimdienst zusammengestellt worden waren und auf denen vor allem Geistliche und Honoratioren mit bürgerlichem Hintergrund vermerkt waren. Engländer und Franzosen bevorzugten ebenfalls Kräfte aus dem konservativen Lager: Politiker aus der Weimarer Zeit, Anwälte, leitende Angestellte aus der Wirtschaft, Geistliche, aber auch Beamte, die von den Nationalsozialisten entlassen worden waren oder sich bereits in Pension befanden. Insgesamt rekrutierte sich die neue Verwaltung hauptsächlich aus dem politischen und administrativen Personalbestand der Weimarer Republik. Nur wenige jüngere Politiker begannen hier ihre Karriere. Zu ihnen gehörten der erste Nachkriegs-Oberbürgermeister von Stuttgart, Arnulf Klett, der hier bis zu seinem Tod 1974 im Amt blieb, sowie die Landräte von Schongau und Tuttlingen, Franz Josef Strauß und Fritz Erler.

Da die Neuordnung des politischen Lebens in Deutschland zunächst vollständig unter alliierter Kontrolle erfolgte, waren die Spielräume der Deutschen ohnehin begrenzt. So schuf die Sowjetische Militäradministration (SMAD) mit ihrem Befehl Nr. 2 bereits am 10. Juni 1945 die Voraussetzungen für die Zulassung «antifaschistisch-demokratischer Parteien» in der SBZ. Die Gründung der KPD geschah hier nur einen Tag später, gefolgt von der Liberal-Demokratischen Partei (LDP), der SPD und der CDU. Am 14. Juli 1945 bildeten die vier Parteien, durchaus freiwillig, einen «gemeinsamen Ausschuß», in dem sie «unter gegenseitiger Anerkennung ihrer Selbständigkeit», wie es hieß, «die Bildung einer festen Einheitsfront der antifaschistisch-demokratischen Parteien» betrieben, «um mit vereinter Kraft die großen Aufgaben zu lösen».[33] Warum die Parteien in der SBZ (als sogenannte «Blockparteien») «Einig im Ziel – einig im Willen» sein wollten, wie das Motto einer Kundgebung der Parteiführer im August 1945 hieß, erläuterte der LDP-Vorsitzende Waldemar Koch: «Neu ist insbesondere die Ausrichtung der vier Parteien. Sie geht nicht mehr auf Kampf gegeneinander, nicht in erster Linie um Gewinnung von Wählern und Stimmen. Vielmehr ist die Grundrichtung die Herstellung der einheitlichen Front. Sie richtet sich eindeutig gegen den Nationalsozialismus ... Das positive Ziel ist die gemeinsame Arbeit am Wiederaufbau Deutschlands.»[34] In der Praxis geriet die «Einheitsfront der antifaschistisch-demokratischen Parteien», der sogenannte Antifa-Block, allerdings rasch unter die Kontrolle von SMAD und KPD und wurde zu einem ihrer wichtigsten Instrumente bei der Durchsetzung ihrer Strategie. In den Westzonen grenzte sich die SPD unter Kurt Schumacher dagegen strikt von den Kommunisten ab.

Die am 17. Juni 1945 in Köln gegründete rheinische CDU, die über die Konfessionsgrenzen hinweg alle gesellschaftlichen Gruppen im Sinne einer «Unions- und Volkspartei» vertreten wollte, kündigte den «Wiederaufbau unseres Vaterlandes» auf dem «unerschütterlichen Fundament des Christentums und der abendländischen Kultur» an. Sie unterschied sich damit deutlich von der Berliner CDU unter Andreas Hermes, Jakob Kaiser und Ernst Lemmer, die eine «Ordnung in demokratischer Freiheit» auf der Basis eines «christlichen Sozialismus» anstrebte und die Sozialisierung der Bodenschätze, des Bergbaus und anderer Schlüsselindustrien forderte. Ähnliche Ziele wie die Liberaldemokratische Partei, die sich in Berlin konstituiert hatte und sich vorbehaltlos zur «freien Wirtschaft» ohne Sozialisierungsforderungen bekannte, verfolgten auch die am 18. September von Reinhold Maier und Theodor Heuss gegründete Deutsche Volkspartei (DVP) in Württemberg und die am 30. November in Bayern gebildete Freie Demokratische Partei (FDP) unter Thomas Dehler, die sich am 11./12. Dezember 1948 in Heppenheim (Bergstraße) unter dem Vorsitz von Heuss zur FDP zusammenschlossen. Einen Sonderfall bildete die bayerische Christlich-Soziale Union (CSU), die am 13. Oktober 1945 in Würzburg und am 8. Januar 1946 in München mit stark föderalistischen und konservativen Zielsetzungen gegründet wurde. Sie bekannte sich «zur ewigen Gültigkeit des christlichen Sittengesetzes» und verfocht in der Nachfolge der Bayerischen Volkspartei vor allem die innerstaatliche politische, wirtschaftliche und kulturelle Autonomie Bayerns.

Die Aktivitäten, die von den Politikern und Parteien entwickelt wurden, fanden zunächst ganz im Rahmen der Gesetze und Verordnungen des Alliierten Kontrollrats statt, der sich aus den vier Militärgouverneuren zusammensetzte und eine einheitliche Verwaltung Deutschlands gewährleisten sollte. Dazu kam es jedoch nicht. Zwar sah das Protokoll der Potsdamer Konferenz vom 2. August 1945 vor, daß «einige wichtige zentrale deutsche Verwaltungsabteilungen errichtet werden, an deren Spitze Staatssekretariate stehen, und zwar auf den Gebieten des Finanzwesens, des Transportwesens, des Verkehrswesens, des Außenhandels und der Industrie».[35] Aber die Bildung dieser Staatssekretariate scheiterte, weil vor allem Frankreich, das an der Potsdamer Konferenz nicht teilgenommen hatte und daher auch an dem Beschluß über die deutschen Zentralverwaltungen nicht beteiligt gewesen war, seinen Widerstand geltend machte.[36] Die Entwicklung in den einzelnen Zonen verlief danach uneinheitlich. Während in der SBZ Zentralstellen eingerichtet wurden, die in ihrem Aufbau annähernd den geplanten Staatssekretariaten entsprachen, wurde die Verwaltung in der französischen Zone völlig dezentralisiert; Kontakte unter deutschen Politikern oberhalb der Länderebene wurden von den Franzosen nicht zugelassen. Die USA und Großbritannien beschritten dagegen einen Mittelweg. So wurde in der amerikanischen Zone nach einer Länderneugliederung von der Militärregierung im Oktober 1945 eine ständige Konferenz der Ministerpräsidenten von Bayern, Württemberg-Baden und Groß-Hessen eingerichtet. Innerhalb dieses «Länderrates» trafen sich die Ministerpräsidenten Wilhelm Hoegner (ab 1947 Hans Ehard), Reinhold Maier und Karl Geiler (ab 1947 Christian Stock) in der Regel einmal im Monat in Stuttgart, um die Gesetzgebung und die wirtschaftlichen Notmaßnahmen in den süddeutschen Ländern zu koordinieren.[37] Während sich der Länderrat so in den Jahren 1945 und 1946 zur wichtigsten deutschen Institution in der amerikanischen Zone entwickelte und mit immer mehr Kompetenzen ausgestattet wurde, bevorzugte die britische Militärregierung zentrale deutsche Organe mit lediglich beratender Funktion. Erst die Einberufung eines «Zonenbeirates» im Frühjahr 1946, der sich aus Partei-, Länder-, Provinzial- und Gewerkschaftsvertretern sowie aus Fachleuten für einzelne Wirtschaftszweige zusammensetzte, bedeutete einen Schritt in Richtung einer deutschen Mitsprache, auch wenn der Beirat formell wiederum nur beratende Kompetenzen besaß. Er löste als zonales Organ die Konferenz der Chefs der Länder und Provinzen der britischen Zone ab, die sich schon im Sommer 1945 auf Initiative deutscher Länder- und Parteipolitiker gebildet hatte. Der Beirat, der einmal im Monat tagte, war eine Mischform aus Parlament (Parteivertreter), Bundesrat (Länderchefs), ständischer Vertretung (Gewerkschafts- und Konsumgenossenschaftsvertreter) und Kabinett (Leiter der Zentralämter). Wichtige Politiker, die später im Deutschen Bundestag wieder aufeinandertreffen sollten, gaben hier ihr «parlamentarisches Debüt» – unter ihnen Konrad Adenauer, Kurt Schumacher und der Kommunist Max Reimann.[38]

Kalter Krieg in Deutschland

So sehr die Alliierten sich in dem Ziel der Bestrafung Deutschlands einig waren, so unterschiedliche Vorstellungen besaßen sie über die inhaltliche Konkretisierung und die generelle Richtung ihrer Besatzungspolitik. Dabei verliefen die Fronten keineswegs nur zwischen der Sowjetunion auf der einen und den Westmächten auf der anderen Seite. Zumindest am Anfang nahm vor allem Frankreich eine sehr eigenständige Haltung ein. Es hatte zwar den Potsdamer Beschlüssen am 7. August 1945 in Noten an die Regierungen der USA, Großbritanniens und der UdSSR grundsätzlich zugestimmt, zugleich aber Vorbehalte geltend gemacht, die erkennen ließen, daß man in Paris weiterhin Grenzkorrekturen und sogar die Zerstückelung Deutschlands wünschte. Was dies im einzelnen hieß, wurde am 14. September 1945 deutlich, als die französische Zustimmung zur Errichtung der in Potsdam beschlossenen deutschen Zentralverwaltungen von der Bedingung abhängig gemacht wurde, daß die linksrheinischen Gebiete und das Ruhrgebiet von Deutschland abgetrennt würden.[39] Natürlich wußte man in Paris, daß diese Forderungen gegenüber den anderen Besatzungsmächten nicht durchsetzbar waren. Die erwartete Ablehnung bot Frankreich jedoch einen willkommenen Anlaß, das Instrument des Kontrollrats, in dem Beschlüsse nur einstimmig gefaßt werden konnten, zu nutzen, um die Einrichtung der auf der Potsdamer Konferenz beschlossenen Zentralverwaltungen zu blokkieren, die als Keimzellen einer künftigen deutschen Zentralregierung dienen konnten.[40]

Die Sowjetunion hatte es danach leicht, unter Hinweis auf die französische Obstruktionspolitik im Kontrollrat in der eigenen Besatzungszone vollendete Tatsachen zu schaffen, auch wenn die nun getroffenen Maßnahmen ohnehin geplant und durch intensive Schulung deutscher Exil-Kommunisten in Moskau längst vorbereitet worden waren. Dazu gehörten ab September 1945 eine Bodenreform, die Verstaatlichung der Schwer- und Schlüsselindustrien, die Umgestaltung des Bildungswesens sowie schließlich im April 1946 die Zwangsvereinigung von SPD und KPD zur SED, mit der ein grundlegender politischer Systemwandel in Ostdeutschland eingeleitet wurde. Zwar blieb das im Frühsommer 1945 etablierte Mehrparteiensystem formal erhalten; de facto wurde jedoch eine Einparteiherrschaft errichtet, in der die in der SED zusammengeschlossenen Kommunisten nach bewährter Tradition kommunistischer Kaderpolitik sämtliche Schlüsselpositionen besetzten.[41] Die Sowjetische Besatzungszone (SBZ) wurde damit frühzeitig strukturell von den westlichen Besatzungszonen isoliert. Ostdeutschland begab sich – unter sowjetischem Druck, aber mit maßgeblicher Unterstützung deutscher Kommunisten – auf einen zweiten deutschen «Sonderweg», der erst 1989/90 endete.

Mit der 1944 in der EAC vereinbarten «Einheitlichkeit des Vorgehens der Oberbefehlshaber in ihren jeweiligen Besatzungszonen» waren diese Maß-

1. Interregnum: Neubeginn oder Restauration? 35

nahmen indessen kaum in Einklang zu bringen.[42] Allerdings fügte sich die später als «Sowjetisierung» bezeichnete Umgestaltung Ostdeutschlands nahtlos in das Gesamtbild der fortschreitenden Errichtung eines sowjetischen Imperiums in Osteuropa ein. Die Westmächte hatten daher bereits zur Jahreswende 1945/46 allen Anlaß, die Entwicklung im sowjetischen Machtbereich mit Skepsis zu betrachten. Deutschland war innerhalb weniger Monate vom Modellfall alliierter Kooperationsfähigkeit zum Testfall für den sich anbahnenden Ost-West-Konflikt geworden.

George F. Kennan, seit Juli 1944 Gesandter an der amerikanischen Botschaft in Moskau, hatte diese Entwicklung früh vorausgesehen. In einem Brief an Charles Bohlen, US-Diplomat wie Kennan selbst und Mitglied der amerikanischen Delegation in Jalta, schlug er bereits im Januar 1945 vor, die Kooperation mit der Sowjetunion aufzugeben und Europa zwischen Sowjets und Amerikanern aufzuteilen.[43] Im Sommer 1945 bemerkte er dazu ergänzend, die in Potsdam getroffenen Vereinbarungen zur Vier-Mächte-Kontrolle seien «abwegig und undurchführbar». Die Amerikaner seien in Deutschland «Konkurrenten der Russen». Wo es um wirklich wichtige Dinge gehe, solle man daher «in der Kontrollkommission keinerlei Zugeständnisse machen».[44] Wörtlich erklärte Kennan: «Die Idee, Deutschland gemeinsam mit den Russen regieren zu wollen, ist ein Wahn. Ein ebensolcher Wahn ist es, zu glauben, die Russen und wir könnten uns eines schönen Tages höflich zurückziehen, und aus dem Vakuum werde ein gesundes und friedliches, stabiles und freundliches Deutschland steigen. Wir haben keine andere Wahl, als unseren Teil von Deutschland, den Teil, für den wir und die Briten die Verantwortung übernommen haben, zu einer Form von Unabhängigkeit zu führen, die so befriedigend, so gesichert, so überlegen ist, daß der Osten sie nicht gefährden kann ...»[45]

In amerikanischen Regierungskreisen fand Kennans unbequeme Stimme im Sommer 1945 allerdings noch wenig Gehör. Insbesondere Außenminister James F. Byrnes zögerte lange, gegenüber der Sowjetunion auf Kollisionskurs zu gehen. Noch im Januar 1946, als Präsident Truman in einem Brief an seinen Außenminister bereits erklärte, er habe es satt, «die Sowjets in Watte zu packen»[46], setzte Byrnes seine Bemühungen um Kompromisse mit Moskau fort, wurde dafür nun aber schon mit Appeasement-Vorwürfen überhäuft. Offenbar waren die Zweifel am sowjetischen «good will» inzwischen auch in den USA erheblich größer geworden. Gegenüber seinem französischen Amtskollegen Georges Bidault erklärte Byrnes daher vor Beginn der Pariser Außenministerkonferenz im Mai 1946 ebenso resigniert wie einsichtig, die amerikanische Öffentlichkeit sei «nicht länger bereit, [den Sowjets] Zugeständnisse in wichtigen Fragen zu machen».[47] Bidault reagierte überraschend hart: Er riet Byrnes, Festigkeit gegenüber den Sowjets zu zeigen; sonst werde man bald «die Kosaken auf der Place de la Concorde» haben.[48]

In London, wo man ebenfalls lange an der Gemeinsamkeit der alliierten Deutschlandpolitik festgehalten hatte, rechnete man spätestens seit Anfang

1946 nicht nur mit der Möglichkeit einer deutschen Teilung, sondern stellte sich in den internen Überlegungen auch bereits ganz unverhohlen darauf ein. Vor allem die britischen Stabschefs plädierten für eine grundsätzliche Revision der britischen Deutschlandpolitik. In einem Memorandum vom 5. April 1946 forderten sie unmißverständlich: «... unsere langfristige Politik in bezug auf Deutschland muß in vollem Umfang der Tatsache Rechnung tragen, daß Rußland ein sehr viel gefährlicherer potentieller Feind ist als Deutschland; sie kann deshalb nicht allein unter dem Gesichtspunkt gestaltet werden, ein Wiederaufleben der Bedrohung durch Deutschland zu verhindern.»[49]

Ganz ähnlich äußerte sich wenig später, am 3. Mai 1946, Außenminister Ernest Bevin in einer Kabinettsvorlage, in der er bemerkte, die «russische Gefahr» sei «inzwischen mit Sicherheit genauso groß, möglicherweise noch größer, als die Gefahr eines wiedererstarkten Deutschland».[50] Am schlimmsten aber, so Bevin, «wäre ein wiedererstarktes Deutschland, das gemeinsame Sache mit Rußland macht». Daher solle man so schnell wie möglich die Westzonen ohne Rücksicht auf sowjetische Störmanöver wiederaufbauen.[51]

Winston Churchill, seit den Tagen der Potsdamer Konferenz im Sommer 1945 Oppositionsführer im Unterhaus und daher weniger zur politischen Rücksichtnahme gezwungen als die Regierung, machte aus dieser Einsicht, die nun doch – entgegen den ursprünglichen Intentionen der Besatzungspolitik – auf die staatliche Teilung Deutschlands hinauslief, auch öffentlich kein Hehl. Am 5. März 1946 erklärte er dazu in Fulton im amerikanischen Bundesstaat Missouri: «Wir müssen der Tatsache ins Auge sehen, daß so, wie die Dinge gegenwärtig stehen, zwei Deutschlands im Entstehen sind: das eine mehr oder weniger organisiert nach dem russischen Modell bzw. im russischen Interesse, das andere nach dem der westlichen Demokratie.»[52]

Nach dem Scheitern der Pariser Außenministerkonferenz, auf der Byrnes noch einmal einen Vertragsentwurf vorlegte, der speziell für Frankreich und die Sowjetunion eine 25jährige Sicherheitsgarantie gegen erneute deutsche Aggressionen vorsah, erkannte schließlich auch der amerikanische Außenminister, daß sein Drängen auf Kompromisse in der Deutschlandpolitik vergeblich war. Die Gegenforderungen, die Außenminister Molotow in Paris präsentierte – Reparationen in Höhe von 10 Milliarden Dollar, Beteiligung der Sowjetunion an einer internationalen Ruhrkontrolle und Umstrukturierung der deutschen Wirtschaft nach dem Vorbild der Sowjetzone[53] –, ließen keinen Zweifel an den sowjetischen Absichten. Wenn sie erfüllt wurden, würde Moskau nicht nur direkte Mitsprachemöglichkeiten in den westlichen Besatzungszonen erhalten, sondern auch dem Ziel einer kommunistischen Umgestaltung Westdeutschlands ein gutes Stück näherkommen. Der stellvertretende amerikanische Militärgouverneur in Deutschland, Lucius D. Clay, der nach Paris geholt worden war, um der US-Delegation die Sorgen der amerikanischen Militärregierung vorzutragen, legte daher bereits nach Abschluß der ersten Gesprächsrunde eine Denkschrift vor, in der er erklärte, nach einjähriger Besatzung seien die Zonen «zu luftdichten Territorien geworden, nahezu ohne jeden Austausch von Waren, Personen und Ideen». Jeden Augenblick könne es «zu einer galoppierenden Inflation mit einer Lähmung des Wirtschaftslebens kommen». Daher, so Clay, schlage er die wirtschaftliche Vereinigung seiner Zone mit der britischen Zone vor – trotz «völliger Klarheit über die politischen Implikationen».[54]

Errichtung der Bizone

Damit war der Weg für die Bildung zweier deutscher Staaten vorgezeichnet. Byrnes bot noch vor Abschluß der Pariser Außenministerkonferenz am 11. Juli 1946 die Zusammenarbeit mit jeder anderen Zone an, «um deutsche Verwaltungseinrichtungen für die Verwaltung unserer Zonen als wirtschaftliche Einheit zu schaffen».[55] Sein Zusatz, daß dabei die Viermächteregierung unberührt bleibe und jeder Zone der Beitritt freistünde, war formal korrekt, aber politisch bedeutungslos, weil es Byrnes bei seinem Vorschlag nach dem offenkundigen Scheitern der Vier-Mächte-Verwaltung nur um die Verschmelzung der amerikanischen und britischen Zone, vielleicht unter späterer Einbeziehung der französischen Zone, ging. In einer programmatischen Rede des amerikanischen Außenministers am 6. September 1946 in Stuttgart wurde dieser Zusammenhang deutlich. Byrnes verkündete darin nicht nur die Errichtung der «Bizone» zum 1. Januar 1947, sondern trat auch «für die baldige Bildung einer vorläufigen deutschen Regierung» ein, da es bisher nicht geglückt sei, eine «ausgeglichene Wirtschaft in ganz Deutschland herbeizuführen» und die «notwendigen deutschen Zentralverwaltungskörper» zu schaffen. Die Schranken zwischen den Besatzungsgebieten und die damit verbundene wirtschaftliche Not dürften nicht unnötig weiterbestehen; seine Regierung könne die Verantwortung dafür nicht übernehmen. Byrnes schloß seine Ansprache mit den richtungweisenden Worten: «Das amerikanische Volk wünscht, dem deutschen Volk die Regierung Deutschlands zurückzugeben. Das amerikanische Volk will dem deutschen Volk helfen, seinen Weg zurückzufinden zu einem ehrenvollen Platz unter den freien und friedliebenden Nationen der Welt.»[56]

Ein amerikanisch-britisches Regierungsabkommen über das «Vereinigte Wirtschaftsgebiet», wie die Bizone offiziell hieß, wurde am 2. Dezember 1946 durch die Außenminister Byrnes und Bevin unterzeichnet. Dabei war allerdings bereits erkennbar, daß eine bloß wirtschaftliche Vereinigung unter Verzicht auf begleitende politische Maßnahmen erhebliche Probleme mit sich brachte, die sich zum Beispiel aus der unterschiedlichen Entnazifizierungspraxis und den strukturellen Gegensätzen zwischen dem föderalistischen Prinzip in Süddeutschland und dem zentralistischen Verwaltungsaufbau in der britischen Zone ergaben. Da man zu diesem Zeitpunkt eine Viermächtevereinbarung über ganz Deutschland noch immer nicht gänzlich ausschließen mochte, kamen Schritte zu einer politischen Vereinigung jedoch zunächst nicht in Betracht.[57]

Erst nach einem erneuten Treffen der Außenminister der Vier Mächte im März/April 1947 in Moskau, das wiederum keinen Fortschritt in der Deutschlandfrage brachte, wurde von den USA und Großbritannien die Entscheidung getroffen, der Bizone eine politische Struktur zu verleihen. Zu diesem Zweck wurden der Frankfurter Wirtschaftsrat und ein Exekutivrat gebildet, die Vorformen eines Parlaments und eines Kabinetts darstellten. Analog zur Verschärfung des Ost-West-Konflikts zwischen der Sowjetunion und den Westmächten wurden damit nun zunehmend Maßnahmen zur Integration der beiden Teile Deutschlands in die entstehenden Machtblöcke ergriffen.

Ein Wegbereiter des Umschwungs war wiederum George F. Kennan, der bereits im Februar 1946 – damals noch als Botschaftsrat an der amerikanischen diplomatischen Vertretung in Moskau – die Truman-Administration in einem «langen Telegramm» vor dem seiner Meinung nach expansiven und autoritären Sowjetregime unter Stalin warnte. Dessen Ziel sei es, die «traditionellen Lebensgewohnheiten und das nationale Ansehen» der USA zu zerstören. Kennan, der bald darauf zum Leiter des Planungsstabs im US-Außenministerium avancierte und seine Analyse im Juli 1947 unter dem Pseudonym «X» in der Zeitschrift *Foreign Affairs* zusammenfaßte, forderte deshalb eine «Eindämmungspolitik» (policy of containment), um Demokratie und westliche Lebensform gegen den vordringenden Kommunismus zu schützen.[58]

Entsprechend den Empfehlungen Kennans wurde die Politik der amerikanischen Regierung gegenüber der Sowjetunion nun grundsätzlich revidiert, nachdem Präsident Truman bereits seit seiner Amtsübernahme im April 1945 in realistischer Einschätzung der sowjetischen Absichten den Boden der unbedingten Rooseveltschen Kooperationsbemühungen mit der UdSSR schrittweise verlassen hatte. Auslöser der prinzipiellen Neuorientierung der amerikanischen Politik war die Situation in Griechenland und der Türkei, wo Untergrundbewegungen operierten, die nach amerikanischer Auffassung von Moskau gesteuert waren und einen kommunistischen Umsturz planten. Präsident Truman verkündete deshalb am 12. März 1947 vor dem amerikanischen Kongreß den Grundsatz, daß Griechenland, der Türkei und allen «freien Völkern», die vom Kommunismus bedroht würden, amerikanische Unterstützung zugesichert werde (Truman-Doktrin). Jede Nation, so Truman, müsse in Zukunft zwischen westlicher Demokratie und Kommunismus wählen – also zwischen einer Lebensweise, die sich auf den Willen der Mehrheit, freie Wahlen und Freiheit vor politischer Unterdrückung gründe, und einer Lebensweise, die auf dem Willen einer Minderheit beruhe, den diese der Mehrheit durch Terror und Unterdrückung aufzwinge.[59]

Der amerikanische Präsident hatte damit erstmals von einer Zweiteilung der Welt in ein westlich-demokratisches und ein östlich-kommunistisches

1. Interregnum: Neubeginn oder Restauration? 39

System gesprochen. Der Konflikt zwischen den USA und der Sowjetunion war nun nicht mehr nur ein Kampf um Macht und Einfluß, sondern auch ein Ringen um die Durchsetzung politischer, wirtschaftlicher und ideologischer Ziele, die miteinander grundsätzlich unvereinbar waren – also eine weltanschauliche Auseinandersetzung, für die der amerikanische Publizist Walter Lippmann noch 1947 den Begriff «Kalter Krieg» prägte.[60] Damit ging eine Verstärkung des amerikanischen Engagements insbesondere in Europa einher, die nicht zuletzt in der Vorlage des «Marshall-Plans» im Juni 1947 zum Ausdruck kam. Mit diesem «Europäischen Wiederaufbauprogramm» (ERP = European Recovery Program) sollte Europa finanziell geholfen werden, um die westlichen Demokratien unanfälliger gegen sowjetische Einflußnahme zu machen. Truman-Doktrin und Marshall-Plan waren daher, in den Worten Präsident Trumans, «die zwei Hälften derselben Walnuß».[61] 17 westeuropäische Länder – darunter die drei westlichen Besatzungszonen in Deutschland und die Westsektoren Berlins –, die sich 1948 in der Organisation für Europäische wirtschaftliche Zusammenarbeit (OEEC) zusammenschlossen, erhielten im Rahmen dieses Programms bis 1952 amerikanische Wirtschaftshilfe in Höhe von mehr als 13 Milliarden Dollar.[62] Zur Begründung seines Programms erklärte US-Außenminister Marshall am 5. Juni 1947 in der Harvard University: «Unsere Politik ist nicht gegen irgendein Land oder eine Doktrin, sondern gegen Hunger, Armut, Verzweiflung und Chaos gerichtet. Ihr Zweck soll es sein, die Weltwirtschaft wiederherzustellen, um das Entstehen politischer und sozialer Verhältnisse zu ermöglichen, unter welchen freie Institutionen existieren können. Jede Regierung, die willens ist, bei der Aufgabe des Wiederaufbaus mitzuwirken, wird ... seitens der Regierung der Vereinigten Staaten volle Unterstützung erfahren.»[63]

Die Länder Osteuropas, denen die USA ebenfalls Hilfe angeboten hatten, mußten allerdings im Sommer 1947 auf Druck Moskaus die Teilnahme am Marshall-Plan ablehnen, nachdem einige von ihnen bereits zugesagt hatten. Der sowjetische Außenminister Molotow brandmarkte den Plan als «imperialistisch» und als amerikanischen Einmischungsversuch in die inneren Angelegenheiten anderer Staaten.[64] Die offizielle Antwort des Kreml auf die Containment-Politik Washingtons folgte allerdings erst im September 1947 auf der Gründungskonferenz des «Kommunistischen Informationsbüros» (Kominform) – der Nachfolgeorganisation der 1943 aufgelösten Komintern – in Schreiberhau im Riesengebirge. Andrej Shdanow, Leningrader Sekretär der KPdSU und einer der engsten Mitarbeiter Stalins, formulierte hier in einer programmatischen Rede, die als unmittelbare Reaktion auf die amerikanische Eindämmungsstrategie gelten konnte, die «Zwei-Lager-Theorie», wonach sich seit Kriegsende zwei Lager unversöhnlich gegenüberstünden: das «imperialistische und antidemokratische» Lager unter Vorherrschaft der USA einerseits und das «antiimperialistische und demokratische» Lager unter Führung der Sowjetunion andererseits. Die Vereinigten Staaten, so Shdanow, seien bestrebt, alle kapitalistischen Länder in einem Block zu organisieren, um aggressive, gegen die Sowjetunion gerichtete Pläne zu verfolgen. Deshalb sei es die Pflicht der «demokratischen» Länder, sich auf einen Kampf für den Sieg des Kommunismus vorzubereiten.[65]

Die Verkündung der Zwei-Lager-Theorie in Verbindung mit der Wiederbelebung der kommunistischen Weltbewegung in Gestalt des Kominform war ein unmißverständliches Zeichen, daß auch die Sowjetunion jetzt offiziell von der Zusammenarbeit mit den Westmächten Abschied genommen hatte und zu ihrem weltanschaulichen Grundsatzkonflikt mit den kapitalistischen Ländern zurückgekehrt war. Das Kominform sollte alle kommunistischen Parteien zu einer großen Kraftanstrengung vereinigen und sie als «Parteien neuen Typs» in ein Blocksystem eingliedern, dessen Hauptmerkmal die unbedingte Unterordnung unter die Vorherrschaft der KPdSU war. Den osteuropäischen Ländern wurden darüber hinaus bilaterale Beistands- und Freundschaftspakte aufgezwungen, um sie auch vertraglich eng an Moskau zu binden, während Jugoslawien, das unter Tito eine eigenständige Linie gegenüber der Stalinschen Politik beibehalten hatte, bereits im Sommer 1948 wieder aus dem Kominform ausgeschlossen wurde. Im Januar 1949 dehnte die UdSSR ihre Blockpolitik schließlich mit der Gründung des Rates für gegenseitige Wirtschaftshilfe (RGW) ebenfalls auf den ökonomischen Bereich aus, um in Osteuropa eine auf die Sowjetunion ausgerichtete Großraumwirtschaft zu schaffen.[66]

In Mitteleuropa, an der Schnittstelle zwischen Ost und West, eskalierte der Gegensatz, der in diesen Entwicklungen zum Ausdruck kam, dadurch bald immer mehr zum offenen Konflikt. Dies galt sowohl für den kommunistischen Umsturz, der im Februar 1948 in der Tschechoslowakei stattfand und in Westeuropa die Gründung des Brüsseler Paktes hervorrief, als auch für die Zuspitzung der Lage in Deutschland, wo im März 1948 mit dem Scheitern von Vier-Mächte-Verhandlungen über eine gemeinsame Währungsreform in ganz Deutschland und dem Beschluß der Westmächte über die Durchführung einer separaten Währungsreform in den drei Westzonen und in Berlin eine Auseinandersetzung begann, die wenig später, im Juni 1948, zur ersten massiven Konfrontation im Kalten Krieg führen sollte: der Berlin-Krise.

Währungsreform und Blockade Berlins

Die Durchführung einer Währungsreform war 1948 eine unabdingbare Voraussetzung für die Beteiligung der drei westlichen Besatzungszonen am Marshall-Plan. Die Nationalsozialisten hatten den Krieg mit Hilfe der Notenpresse finanziert und gleichzeitig die inflationäre Geldvermehrung seit 1936 durch Preis- und Lohnstopp, Zwangssparen und die Rationierung der Konsumgüter verschleiert. Die deutsche Währung war daher 1945 praktisch ruiniert: 300 Milliarden Reichsmark, die sich nach Kriegsende in Umlauf befanden, stand kaum ein Warenangebot gegenüber. Dennoch wurden staatliche Gehälter und Steuern weiterhin in Reichsmark gezahlt. Zusätzlich gab es seit August 1946 für den Geschäftsverkehr zwischen alliierten und deutschen Stellen von den Siegermächten gedrucktes «Besatzungsgeld», das nicht in Reichsmark umgetauscht werden konnte. Wichtigstes Zahlungsmittel waren jedoch Zigaretten, für die man auf dem «Schwarzen Markt» nahezu alles erhalten konnte. Deutschland war «in den archaischen Zustand der Naturalwirtschaft zurückgefallen».[67] Der Publizist und Wirtschaftsfachmann Gustav Stolper, der 1933 in die USA emigriert war, beschrieb diese Verhältnisse nach einer Reise, die er im Frühjahr 1947 als Mitglied einer amerikanischen Delegation unter Führung des ehemaligen Präsidenten Herbert Hoover unternahm, um sich ein Bild über die wirtschaftliche Situation in Deutschland und Österreich zu machen, in anschaulichen Worten: «Der größte Teil der Schwarzmarktgeschäfte besteht aus Tauschhandel von Waren aus zweiter Hand, angefangen von alten kostbaren Pelzmänteln bis zu Kochtöpfen und abgelegten Schuhen und Galoschen, gegen Zigaretten, Schokolade, Kartoffeln oder Mehl. In den großen Städten besonders im Westen sind organisierte Tauschmärkte Tag und Nacht geschäftig, auf denen einfach alles gehandelt werden kann, mit Einschluß von Eisenbahnfahrkarten für Fernzüge (für die man Spezialerlaubnis braucht), interzonalen Pässen oder anderen gefälschten Papieren, die zur Erlangung amtlicher Vorteile nützlich sein könnten. Die Menschenmenge in diesen verwüsteten Städten ist ewig auf der Wanderschaft.»[68]

Da diese Verhältnisse für jedermann untragbar waren, wurden bereits seit 1945 auf alliierter wie auf deutscher Seite nicht weniger als 250 Pläne für eine Währungsreform geschmiedet.[69] Eine Lösung war jedoch zunächst nicht in Sicht, da eine Währungsumstellung eine Entscheidung über die künftige deutsche Wirtschaftsordnung voraussetzte und ebenfalls weitreichende Konsequenzen für die wirtschaftliche und politische Einheit Deutschlands haben würde. Als sich aber die Perspektive einer Beteiligung der drei westlichen Besatzungszonen am Marshall-Plan abzeichnete, duldete die Angelegenheit keinen weiteren Aufschub. Verhandlungen mit der UdSSR über eine gemeinsame Währungsreform in ganz Deutschland scheiterten allerdings an der sowjetischen Forderung, neben einer Notenpresse unter Aufsicht der Vier Mächte in Berlin eine weitere separate Notenpresse unter alleiniger sowjetischer Kontrolle in Leipzig zu erhalten. Die Londoner Außenministerkonferenz der Vier Mächte im Herbst 1947, auf der die Differenzen in der deutschen Frage nicht mehr zu überbrücken waren, wurde schließlich am 15. Dezember 1947 ergebnislos abgebrochen. Die USA, Großbritannien, Frankreich und die Benelux-Staaten kamen daher am 23. Februar 1948, ebenfalls in London, zur ersten Sitzungsrunde einer Sechs-Mächte-Konferenz zusammen, die bis zum 6. März andauerte und auf der empfohlen wurde, ein föderatives Regierungssystem in Westdeutschland zu errichten und es am Marshall-Plan sowie an der Ruhrkontrolle zu beteiligen. Zugleich verzichtete Frankreich unter amerikanischem Druck auf eine Fortsetzung seiner eigenständigen Politik gegenüber Deutschland und der UdSSR. Der sowjetische Militärgouverneur Sokolowskij verließ daraufhin am 20. März unter Protest gegen die Empfehlungen der Londoner Sechs-Mächte-Konferenz den Alliierten Kontrollrat in Berlin, der damit als oberstes Organ der Vier-Mächte-Verwaltung in Deutschland seine Funktion verlor und nie wieder tagte.[70]

Die Westmächte dagegen beschritten nunmehr konsequent den eingeschlagenen Weg zur Gründung eines westdeutschen Staates. Die erste Etappe dorthin war die Währungsreform, die in ihren technischen Details seit dem Frühjahr 1948 von den Alliierten und den entsprechenden deutschen Dienststellen vorbereitet wurde. Gegen erneuten heftigen sowjetischen Protest wurde am 18. Juni 1948 durch Gesetz der drei Militärregierungen die Umstellung der Währung von Reichsmark auf Deutsche Mark mit Wirkung vom 20. Juni 1948 verkündet. Als die Sowjetunion anschließend die Ostwährungsreform unter Einschluß Berlins anordnete und Verhandlungen zwischen Finanzexperten der Vier Mächte über eine gemeinsame Währungsreform in Berlin (die Einführung einer «Bären-Mark») am 22. Juni ergebnislos endeten, wurde die westliche Währung auch in Berlin eingeführt.

Für die Sowjetunion war diese Ausdehnung der westlichen Währungsreform auf Berlin Anlaß, die Blockade des Westteils der Stadt anzuordnen. Unter dem Vorwand «technischer Störungen» sperrten die östlichen Behörden Ende Juni und Anfang Juli 1948 die Bahn-, Straßen- und Binnenschifffahrtsverbindungen zwischen West-Berlin und Westdeutschland und stellten auch die Stromversorgung ein. Nur die Luftverkehrswege nach Westen blieben offen. Der amerikanische Militärgouverneur Lucius D. Clay berichtete später, als er gemeinsam mit seinen britischen und französischen Kollegen am 3. Juli das sowjetische Hauptquartier aufgesucht habe, sei ihnen dort mitgeteilt worden, «die technischen Schwierigkeiten würden so lange anhalten, bis wir unsere Pläne für eine westdeutsche Regierung begraben hätten».[71] Tatsächlich hatte die Sowjetunion den Druck auf Berlin bereits vorher in dem Maße verstärkt, in dem die Konfrontation zwischen Ost und West zunahm: zunächst, seit Ende 1947, durch eine «schleichende Blockade» – fein abgestufte Behinderungen im Berlin-Verkehr –, dann durch den Boykott der gemeinsamen politischen Verwaltung mit dem Auszug der sowjetischen Vertreter aus dem Kontrollrat am 20. März und aus der für Berlin zuständigen Alliierten Kommandantur am 16. Juni 1948; erst Ende Juni und Anfang Juli war schließlich die Blockade der Stadt verhängt worden. Die Sowjetunion wollte also eine westdeutsche Staatsgründung, die mit der Währungsreform eingeleitet wurde, verhindern, um die deutsche Frage offenzuhalten und vielleicht doch noch in sowjetischem Sinne zu entscheiden. Die prekäre geopolitische Lage Berlins wurde dabei nur als Hebel eingesetzt, um den Westen zu zwingen, zu den Grundlagen der Vier-Mächte-Verantwortung zurückzukehren, bzw. im Falle der endgültigen Teilung Deutschlands die Situation um Berlin im sowjetischen Sinne zu bereinigen und die Stadt, die wie ein «Fremdkörper» in der sowjetisch besetzten Zone lag, in die SBZ zu integrieren.

Versöhnung mit den Siegern im Westen

Die sowjetische Absicht, die Westmächte über die Blockade Berlins zu einer deutschlandpolitischen Kursänderung zu bewegen, erwies sich jedoch als Bumerang. Die Blockade vergrößerte nur die Solidarisierung im Westen und förderte vor allem die amerikanische Bereitschaft, sich für Deutschland und Berlin zu engagieren. Sie war nicht nur eine Bewährungsprobe, bei der es galt, der sowjetischen Expansion, die man auch in anderen Teilen Deutschlands und der Welt beobachten konnte, Einhalt zu gebieten, sondern ebensosehr die Auseinandersetzung zwischen dem sowjetischen Goliath und dem Berliner David, bei der man sich ohne Zögern auch gefühlsmäßig dem vermeintlich Schwächeren zuneigte.[72] Tatsächlich schienen die Berliner auf verlorenem Posten: unschuldige Opfer der politischen Umstände, die nicht nur von den Deutschen selber, sondern auch von den Siegermächten des Zweiten Weltkrieges mitzuverantworten waren. Daß die Bevölkerung, die sich zuvor für den Westen entschieden hatte, gleichwohl um den Erhalt ihrer Unabhängigkeit und Freiheit kämpfte und in schwierigster Lage standhielt, trug ihr die Bewunderung und den bleibenden Respekt der Westmächte, in erster Linie der Amerikaner, ein. Viele im Westen fühlten sich mit den Berlinern auf eine emotionale Weise verbunden, die mit den Erfordernissen der Machtpolitik allein nicht zu erklären war. Umgekehrt wandelten sich die westlichen Besatzungsmächte während der Blockade im Bewußtsein der West-Berliner zu Schutzmächten, deren Hilfeleistung ein enges Vertrauensverhältnis entstehen ließ.[73]

Diese Hilfe bestand vor allem in der auf Initiative des amerikanischen Militärgouverneurs Lucius D. Clay eingerichteten «Luftbrücke», für die aus aller Welt Transportmaschinen nach Deutschland beordert wurden und über die in der Zeit der Blockade bis Mai 1949 der gesamte Nachschub zur Versorgung der Stadt eingeflogen werden mußte. Die westlichen Alliierten stützten sich dabei auf die Tatsache, daß es 1944/45 zwar nicht zu schriftlichen Regelungen der westlichen Zugangsrechte nach Berlin gekommen war, wohl aber im November 1945 und Oktober 1946 zu genauen flugtechnischen Absprachen über die Abwicklung des Luftverkehrs, die von der Sowjetunion auch während der Blockade nicht angetastet wurden. So konnten die vom Berliner Volksmund bald als «Rosinenbomber» bezeichneten alliierten Flugzeuge von Juni 1948 bis Mai 1949 in mehr als 270 000 Flügen 1,83 Millionen Tonnen Versorgungsgüter nach Berlin bringen, davon 63 Prozent Kohle, 28 Prozent Lebensmittel und 9 Prozent Industriegüter. Sogar Teile für ein komplettes Kraftwerk – das heutige «Kraftwerk Reuter» – wurden auf diese Weise nach Berlin geschafft, um die Stromversorgung, wenigstens stundenweise, wiederherzustellen. Für die Transportkosten der Luftbrücke von etwa 200 Millionen Dollar kamen die amerikanischen und britischen Steuerzahler auf. 78 Angehörige der alliierten Luftstreitkräfte und des deutschen Hilfspersonals verloren bei dem Unternehmen ihr Leben. Als die Blockade ihr Ziel, die Westmächte in der Deutschlandfrage zum Nachgeben zu zwingen oder sie aus Berlin zu vertreiben, längst verfehlt hatte und die Lebensfähigkeit West-Berlins nicht entscheidend beeinträchtigt worden war, verpflichtete sich die Sowjetunion schließlich im sogenannten «Jessup-Malik-Abkommen», das am 4. Mai 1949 in New York unterzeichnet wurde, die verhängten Beschränkungen auszusetzen.[74]

Berlin war zum Symbol der westlichen Selbsthauptung gegen die Sowjetunion geworden. Von nun an galt der Satz: Wenn Berlin fiel, waren auch Paris, London und Washington bedroht. Entscheidenden Anteil daran hatte der zum Oberbürgermeister gewählte Ernst Reuter, der wegen eines sowjetischen Vetos gehindert wurde, sein Amt zu übernehmen. Reuter mobilisierte nicht nur die Berliner Bevölkerung, sondern schuf auch Vertrauen bei den Westmächten. Als Militärgouverneur Clay ihm am 25. Juni 1948 – dem Tag, an dem die Weichen für die Luftbrücke gestellt wurden – sagte, die Alliierten seien bereit, zu helfen so gut sie könnten, freilich unter der Voraussetzung, daß Reuter ihm erklären könne, die Berliner Bevölkerung werde alle Prüfungen bestehen und zu den Alliierten halten, antwortete Reuter, «ohne mit der Wimper zu zucken»: «Herr General, es kann überhaupt keine Frage sein, wo die Berliner stehen; die Berliner werden für ihre Freiheit eintreten und werden jede Hilfe, die ihnen geboten wird, dankbar annehmen.»[75]

An dieser Konstellation änderte sich während des gesamten Kalten Krieges – und darüber hinaus – nichts mehr. Immer wieder wurden die westlichen Garantien für die Sicherheit Berlins bekräftigt und durch Besuche von Repräsentanten der Westmächte in der Stadt unterstrichen. Die Sowjetunion hatte sich der westlichen Entschlossenheit und insbesondere dem Gewicht, das die USA seit dem Herbst 1946 zunehmend in die Waagschale der europäischen Politik warfen, beugen müssen, zugleich jedoch ungewollt zur Versöhnung zwischen Siegern und Besiegten im Westen beigetragen.[76]

2. Das Grundgesetz

Die Blockade Berlins war untrennbar mit der Entscheidung zur Teilung Deutschlands verbunden. Ihre Beendigung war nicht nur dem Umstand zuzuschreiben, daß sie sich für Stalin aufgrund der Luftbrücke als unwirksam und sogar als kontraproduktiv erwiesen hatte. Von zentraler Bedeutung war auch die Tatsache, daß mit der Verabschiedung des Grundgesetzes der Bundesrepublik Deutschland im Parlamentarischen Rat am 8. Mai 1949 einer der wichtigsten Gründe für die Blockade entfallen war. Diese Entwicklung hatte sich lange, praktisch seit Herbst 1946, angekündigt, war aber erst mit dem Scheitern der Londoner Außenministerkonferenz der Vier Mächte vom November und Dezember 1947 in ein konkretes Stadium gelangt. Denn hier bestätigte sich, was sich schon in Moskau im Frühjahr 1947 abgezeichnet hatte: daß eine Übereinkunft zwischen der Sowjetunion und den Westmächten in der deutschen Frage nicht mehr möglich war. In London erörterten Marshall und Bevin daher schon am 6. Dezember nur noch das taktische Problem, wann und auf welche Weise das öde Schauspiel des Austausches monotoner Monologe mit ihrem sowjetischen Amtskollegen Molotow ohne Gesichtsverlust beendet werden könne.[77] Der französische Außenminister Bidault schloß sich diesen Überlegungen zwei Tage später an.[78] Am 15. Dezember gingen die Konferenzteilnehmer schließlich auseinander, ohne einen Termin für eine neue Begegnung vereinbart zu haben. Der in Potsdam 1945 eingesetzte «Rat der Außenminister» war damit gescheitert und hörte nach Abbruch der Londoner Verhandlungen praktisch auf zu bestehen.[79] An seine Stelle traten Konferenzen und Gremien, denen es nicht länger um Kompromisse zwischen den Vier Mächten, sondern um separate Lösungen für die SBZ und die drei Westzonen ging.

Nach dem Ende des Vier-Mächte-Treffens, aber noch in London sprachen Marshall und Bevin am 17. und 18. Dezember 1947 bereits mit Bidault über die Vereinigung der französischen Zone mit der Bizone und die politische Zukunft des westlichen Besatzungsgebiets.[80] Vor allem Amerikaner und Briten hatten es eilig: Bis zum Sommer 1948 wollten sie die Westzonen in ein staatliches Gebilde umgewandelt sehen und eine provisorische westdeutsche Regierung installieren. Parallel dazu sollte die deutsche Währung reformiert und Westdeutschland in das westliche Wirtschaftssystem einfügt werden, das man mit Marshall-Plan-Mitteln stabilisieren wollte. So beschwor der britische Außenminister Bevin am 22. Januar 1948 im Unterhaus die Vision einer wirtschaftlich wie politisch eng verbundenen westlichen Staatengemeinschaft, in der Westdeutschland einen angemessenen Platz erhalten müsse.[81] Außenminister Marshall hoffte, daß dieser Integrationsprozeß noch im Laufe des Jahres 1948 abgeschlossen werden könne.[82] Sogar die Aufnahme Westdeutschlands in ein westliches Verteidigungsbündnis («eventual participation of Western Germany in security measures») wurde von Marshall und seinen Beratern im amerikanischen Außenministerium schon im Februar 1948 ins Auge gefaßt.[83]

Der Auftrag zur Staatsgründung

Großbritannien und die USA hatten somit aus der dramatischen Verschlechterung ihrer Beziehungen mit der Sowjetunion seit 1945 auch in bezug auf Deutschland ihre Schlüsse gezogen. Wenn es nur nach ihnen gegangen wäre, hätte der Auftrag zur westdeutschen Staatsgründung sofort erteilt werden können. In Paris gab es jedoch nach wie vor Bedenken, die bereits im Herbst 1946 eine französische Beteiligung an der westlichen Zonenverschmelzung verhindert hatten. Zwar wurde auch in Frankreich eine Stabilisierung West-

europas ausdrücklich gewünscht, um der sowjetischen Bedrohung zu begegnen. Aber das Bedürfnis nach Sicherheit vor Deutschland war nicht weniger ausgeprägt als die Sorge vor Rußland, so daß die französische Regierung sich verpflichtet fühlte, ihre Zustimmung zum Anschluß der französischen Besatzungszone an die Bizone und ihre Mitwirkung bei der westdeutschen Staatsgründung von der Bereitschaft der USA und Großbritanniens abhängig zu machen, vier Kernforderungen zu erfüllen, die die französische Deutschlandpolitik seit 1945 bestimmt hatten:
1. die definitive Anerkennung des französischen Anspruchs auf das Saarland;
2. die Internationalisierung und alliierte Besetzung des Ruhrgebiets, bei nur nomineller deutscher Beteiligung, auf unbestimmte Zeit;
3. die Organisation des westdeutschen Staates als lockeres Konglomerat der Länder der drei Westzonen nach dem Vorbild des – für Frankreich angenehm schwachen – Deutschen Bundes in der ersten Hälfte des 19. Jahrhunderts; sowie
4. die dauerhafte Entmilitarisierung des neuen Staates.[84]

In den USA und Großbritannien stießen diese Forderungen auf ein unterschiedliches Echo. Während man bereit war, über die Abtretung des Saargebietes mit sich reden zu lassen, und die Frage der Entmilitarisierung vorerst keine aktuelle Bedeutung zu besitzen schien, standen die französischen Vorstellungen über das Ruhrproblem und die Organisation Westdeutschlands als Konföderation in einem schroffen Gegensatz zur Notwendigkeit, ein politisch und wirtschaftlich funktionsfähiges modernes Staatswesen zu errichten. Auf der schon erwähnten Sechs-Mächte-Konferenz, die am 23. Februar 1948 in London begann, prallten diese unterschiedlichen Standpunkte aufeinander. Das Treffen fand jedoch nicht auf Außenministerebene, sondern zwischen den in der britischen Hauptstadt akkreditierten Botschaftern der beteiligten Länder statt. Lediglich die britische Delegation wurde von dem für Deutschland zuständigen Staatssekretär im Foreign Office, Sir William Strang, geleitet. Dies hatte den Vorteil, daß die Differenzen zwischen den Westmächten auf diplomatischem Parkett ausgetragen werden konnten und nicht sofort zu politischen Grundsatzfragen ausuferten. Tatsächlich löste das zähe Festhalten des französischen Botschafters René Massigli an Positionen, die von amerikanischer und vor allem britischer Seite mit verständnisloser Empörung als ebenso unvernünftig wie unrealistisch angesehen wurden, keine nachhaltige Verstimmung zwischen Frankreich und den anderen Konferenzteilnehmern aus.[85] Dazu trug allerdings auch der Umstand bei, daß die politische, wirtschaftliche und militärische Schwäche Frankreichs nach dem Zweiten Weltkrieg – mit labilen inneren Verhältnissen und einem zunehmend unruhiger werdenden Kolonialreich – auf Dauer kein starrköpfiges Verhalten gegenüber den Verbündeten zuließ. Man war in Paris auf die Hilfe Großbritanniens und der USA angewiesen und sah sich deshalb zu einem Balanceakt gezwungen, bei dem die Vorteile einer

2. Das Grundgesetz 47

eigensinnigen französischen Interessenpolitik gegen die Nachteile einer möglichen außenpolitischen Isolierung im Westen abgewogen werden mußten.[86] Im Zweifel siegte dabei die Einsicht, daß für Frankreich schon viel gewonnen war, wenn die USA und Großbritannien gewisse Abstriche an ihrer deutschlandpolitischen Konzeption vornahmen und das Tempo der Entwicklung verlangsamten.

Darüber hinaus wirkte sich aber auch die Entwicklung des Ost-West-Konflikts zunehmend stärker auf die französische Haltung gegenüber Deutschland aus. So konnten Sir William Strang und der amerikanische Botschafter in London, Lewis W. Douglas, ebenso wie die Militärgouverneure Robertson und Clay schon zu Beginn der Londoner Konferenz mit einiger Überzeugungskraft auf die Gefahr aus dem Osten verweisen, die doch das eigentliche Problem darstelle, nicht dagegen das «geschlagene, entwaffnete, verarmte und obendrein halbierte Deutschland».[87] Dieses Argument gewann allerdings erst richtig an Gewicht, als die Kommunisten in der Tschechoslowakei durch einen «kalten Staatsstreich» am 25. Februar 1948 die Alleinherrschaft übernahmen und die ČSR endgültig zum Satelliten Moskaus degradierten und Stalin seit März 1948 Druck auf Tito ausübte, um Jugoslawien ebenfalls in sein Imperium einzugliedern. Nun schienen die Franzosen sichtlich beeindruckt: Ohne konstruktives und rasches Handeln der Westmächte war Ähnliches vielleicht auch in Deutschland zu befürchten; Hammer und Sichel würden dann womöglich bald am Rhein zu sehen sein.[88] Der Leiter der Politischen Abteilung im französischen Außenministerium, Maurice Couve de Murville, der am 7. April General Clay in Berlin besuchte, mutmaßte daraufhin sorgenvoll, seiner Meinung nach sei «ein Krieg mit der Sowjetunion in den nächsten zwei oder drei Jahren unvermeidlich ... – und das kann schon dieses Jahr heißen».[89]

Von amerikanischer Seite wurde dazu befriedigt vermerkt, Couves Haltung gegenüber der deutschen Frage habe eine «substantielle Entwicklung» durchlaufen. Frankreich sei jetzt bereit, sich für eine deutsche Teilnahme an der Eröffnungssitzung des Council of European Economic Cooperation einzusetzen, das die Vergabe der Marshall-Plan-Gelder koordinieren sollte und aus dem später die OEEC hervorging.[90] Diese Konjunktur der französischen Kompromißbereitschaft galt es zu nutzen. Das amerikanische Außenministerium und Botschafter Douglas stellten daher eine Verlängerung und Verstärkung der amerikanischen militärischen Präsenz in Aussicht, um Frankreichs Sicherheitsbedürfnis sowohl gegenüber der sowjetischen Bedrohung als auch gegen eine mögliche deutsche Gefahr zu stärken.[91] Die Reaktion darauf war überraschend positiv – nicht nur in Paris, sondern ebenso in anderen westeuropäischen Ländern, die sich davon eine maßgebliche Verbesserung der politischen, wirtschaftlichen und militärischen Stabilität in Westeuropa versprachen. Die USA fanden daher bald auch selber immer mehr Gefallen an dem Gedanken. Eine nordatlantische Militärallianz würde die Effektivität der Containment-Politik erhöhen und das amerikanische Gewicht in Europa stärken. Das Problem, daß die amerikanische Verfassung eine Beteiligung an Militärbündnissen in Friedenszeiten nicht zuließ, wurde im Juni 1948 mit der Verabschiedung einer von dem republikanischen Senator Arthur H. Vandenberg eingebrachten Entschließung durch den Kongreß gelöst, die es den USA erstmals in ihrer Geschichte ermöglichte, bereits im Frieden Verträge über militärische Beistandsverpflichtungen abzuschließen, wie es am 4. April 1949 mit dem Nordatlantikvertrag zur Gründung der NATO schließlich geschah.[92]

Die Bedenken in Paris gegen eine westdeutsche Staatsgründung wurden jedoch nicht nur durch amerikanische Sicherheitsgarantien, sondern auch durch die Bereitschaft Washingtons, französische Wünsche in der Ruhrfrage zu berücksichtigen, gemildert. Bereits am 20. Februar 1948 schrieb Außenminister Marshall in diesem Zusammenhang an Douglas, «die notwendigen Beschränkungen der deutschen Kontrolle der Ruhr ... würden für die Deutschen sehr viel leichter zu akzeptieren sein, wenn dies im Rahmen einer größeren Westeuropäischen Union geschähe, zu deren Realisierung andere westeuropäische Länder ebenfalls in der einen oder anderen Form substantielle Beiträge leisten würden».[93] Marshall lehnte also die von den Franzosen geforderte Kontrolle der Ruhrressourcen nicht rundweg ab, wollte sie aber innerhalb integrierter europäischer Institutionen verwirklicht sehen, um Frankreich entgegenzukommen, ohne die Einbeziehung Deutschlands in die neue westliche Zusammenarbeit durch problematische «Siegerdiktate» zu gefährden.

In der Frage der Beteiligung Deutschlands an gemeinsamen westlichen Verteidigungsmaßnahmen ließ die Regierung in Washington dagegen nicht mit sich reden. Wie Großbritannien und die Benelux-Länder, so waren auch die USA der Auffassung, daß zumindest die Option einer deutschen Teilnahme offengehalten werden müsse, auch wenn Frankreich deswegen noch Ende Mai 1948 mit der Sprengung der Londoner Konferenz drohte. Man kam Frankreich nur insoweit entgegen, als die USA und Großbritannien versprachen, die militärische Besetzung Deutschlands für längere Zeit aufrechtzuerhalten. Die USA sicherten sogar zu, ihre Besatzungstruppen nicht ohne vorherige Zustimmung der französischen Regierung aus Deutschland abzuziehen. Allerdings wurden diese Garantien auf die Zeit der direkten Besatzungsherrschaft begrenzt. Danach sollte über das Problem der Sicherheit vor Deutschland neu verhandelt werden. So lehnte Marshall einen Drei-Mächte-Vertrag über die Entwaffnung und Entmilitarisierung Westdeutschlands, dem er sich von Anfang an verweigert hatte, am 11. Mai abermals ab und stellte in unmißverständlichen Worten gegenüber Douglas fest, daß es den Vereinigten Staaten «unmöglich» sei, sich im französischen Sinne auch noch für die «post-occupation period» zu verpflichten.[94] Zugleich scheute sich Marshall nicht, Frankreich mit einer Kürzung oder gar Sperrung vorgesehener ERP-Mittel zu drohen, falls Paris sich in der deutschen Frage weiter unnachgiebig zeigte.

2. Das Grundgesetz

Am Ende war es daher neben der Zuspitzung des Ost-West-Konflikts eine Mischung aus militärischen Garantien, wirtschaftlichem Druck und der Vision einer europäischen Integration, die Frankreich veranlaßte, einer westdeutschen Staatsgründung – wenn auch murrend – zuzustimmen. Dennoch brauchte man in Paris mit dem Ergebnis der Londoner Verhandlungen nicht gänzlich unzufrieden zu sein. Immerhin war es gelungen, den französischen Anspruch auf das Saargebiet durchzusetzen und das Procedere der Staatsgründung zu verändern: Statt sofort eine provisorische westdeutsche Regierung einzusetzen und erst dann die Ausarbeitung einer Verfassung folgen zu lassen, wie die USA und Großbritannien es gewünscht hatten, um noch im Sommer oder spätestens im Herbst 1948 eine handlungsfähige deutsche Regierung zu haben, wurde die Reihenfolge nun umgekehrt und damit – aus der Sicht Frankreichs – Zeit gewonnen.

So endeten die Londoner Botschaftergespräche am 1. Juni 1948 mit Vereinbarungen, die in einem Kommuniqué unter dem Datum des 2. Juni als «Londoner Empfehlungen» den Regierungen der sechs Mächte übermittelt wurden und den Auftrag zur Gründung eines westdeutschen Staates enthielten. Zu diesem Zweck sollten die Militärgouverneure der Drei Mächte mit den Ministerpräsidenten der westdeutschen Länder ein Treffen abhalten, um diese zu autorisieren, eine Verfassunggebende Versammlung zur Ausarbeitung einer Verfassung einzuberufen, die dann von den beteiligten Ländern gebilligt werden sollte. Die Verfassung selbst sollte «nicht das zentralisierte Reich wiederherstellen», sondern «eine bundesstaatliche Regierungsform» schaffen, die geeignet sein würde, «in angemessener Weise die Rechte der jeweiligen Staaten zu schützen, für eine angemessene Zentralgewalt zu sorgen und die Rechte und Freiheiten des einzelnen zu garantieren». Darüber hinaus sahen die Empfehlungen die Mitgliedschaft Westdeutschlands in der Organization for European Economic Cooperation (OEEC) – und damit seine Beteiligung am Marshall-Plan – sowie die Errichtung einer «internationalen Behörde zur Kontrolle der Ruhr» vor, der die USA, Großbritannien, Frankreich, die Benelux-Staaten und Deutschland angehören sollten. Dabei wurde ausdrücklich vermerkt, daß die Ruhrbehörde «nicht die politische Trennung des Ruhrgebietes von Deutschland» bedeute.[95]

Nach Billigung durch die beteiligten Regierungen wurden die Empfehlungen am 7. Juni noch einmal in einem «zweiten» Kommuniqué zusammengefaßt und veröffentlicht, bevor sie am 1. Juli bei einem Treffen der Militärgouverneure mit den Ministerpräsidenten der westdeutschen Länder in Frankfurt offiziell übergeben wurden – zusammen mit zwei weiteren Dokumenten, in denen die Alliierten ihre Vorstellungen zur Gründung eines Weststaates zusätzlich präzisierten. In den drei «Frankfurter Dokumenten» ging es um

1. die Einberufung einer verfassunggebenden Versammlung, die spätestens am 1. September zusammentreten und eine Verfassung für den zu gründenden Weststaat ausarbeiten sollte;

2. das Problem der innerdeutschen Ländergrenzen, verbunden mit der Aufforderung an die Regierungschefs, über die bestehende Länderabgrenzung zu beraten und, falls gewünscht, begründete Änderungsvorschläge zu unterbreiten;
3. Leitsätze für ein Besatzungsstatut, das die Alliierten für notwendig hielten, um die Beziehungen der Drei Mächte zu einer künftigen deutschen Regierung zu regeln.[96]

Die Länderchefs waren damit direkt in die Gestaltung des neuen westdeutschen Staates einbezogen. Bereits ein Jahr zuvor, im Juni 1947, hatten sie auf Einladung des bayerischen Ministerpräsidenten Hans Ehard in München über Maßnahmen beraten, die – wie es im Einladungsschreiben Ehards vom 7. Mai 1947 hieß – «den alliierten Militärregierungen in Vorlage gebracht werden sollen, um ein weiteres Abgleiten des deutschen Volkes in ein rettungsloses wirtschaftliches und politisches Chaos zu verhindern»[97], und so den immer wieder betonten Gedanken einer ihnen zukommenden «Treuhänderschaft» für das Ganze unterstrichen. Nicht zufällig hatte dabei Bayern die Initiative ergriffen: Zu einer Zeit, da von anderer Seite verstärkt die «Parlamentarisierung» der überregionalen Körperschaften angestrebt wurde, gingen von München wesentliche Impulse für ein föderalistisches Gegengewicht mit eigenen Institutionen aus, die vor allem bei der amerikanischen Besatzungsmacht auf positive Resonanz stießen. Insofern griffen Londoner Empfehlungen und Frankfurter Dokumente jetzt, ein Jahr später, nur eine schon bestehende Tendenz auf, die Länder in die Verantwortung für die Gründung des westdeutschen Staates einzubeziehen. Allerdings waren die Ministerpräsidenten hinter der konzeptionellen Entwicklung zurückgeblieben, die sich inzwischen angesichts des Kalten Krieges bei den Alliierten, vor allem den USA und Großbritannien, vollzogen hatte. Deren Gedanke einer nach Westeuropa integrierten westdeutschen Zentralmacht mit bundesstaatlichen Kompetenzen und Einrichtungen war ihnen noch immer fremd. Ihre Überlegungen bewegten sich vielmehr in den Bahnen einer politisch und wirtschaftlich möglichst vorteilhaft ausgestalteten «Trizone», die sie gegenüber «den Generalen» einmütig durchzusetzen gedachten.[98]

Vom Ritterszurz zum Niederwald

Die Konferenz der Ministerpräsidenten zur Beratung der Frankfurter Dokumente begann am 8. Juli 1948 im Koblenzer Hotel Rittersturz, einem beliebten Ausflugsziel oberhalb der Stadt. Drei Tage lang debattierte man hier über die Angebote und Forderungen der Alliierten. Wer jedoch geglaubt hatte, die Vorstellungen der Siegermächte im Sinne einer westdeutschen Staatsgründung würden freudige Zustimmung auslösen, sah sich getäuscht. Die Stimmung war gedrückt, Bestürzung und Unsicherheit kennzeichneten die Atmosphäre. Schon in den ersten Reaktionen auf die Veröffentlichung der Londoner Empfehlungen am 7. Juni war diese Ablehnung zum Ausdruck gekommen. In der SPD beklagte man die Absicht, «den Ländern den entscheidenden Einfluß auf die künftige staatliche Lebensform Deutschlands zu geben», und meinte, das mitgeteilte Programm sei «ein in wesentlichen Punkten unzureichendes Mittel, Deutschland in dem Grade, wie es offenbar beabsichtigt ist, in seiner politischen und wirtschaftlichen Konsolidierung zu helfen».[99] Der Vorsitzende der CDU in der britischen Zone, Konrad Adenauer, stellte mit Blick auf die von den Alliierten vorgeschlagenen Beschränkungen sogar «für alle Deutschen, gleichgültig welcher Partei sie angehören», die Frage, «ob sie es vor ihrem Gewissen und vor ihrem Volk verantworten können, weiter mitzuarbeiten an einer immer stärker sich auswirkenden dauernden Einengung der Freiheit». Wenn nicht «entschlossen mit dem bisherigen System gebrochen» werde, sehe er «mit Sicherheit den Zeitpunkt herangekommen, an dem den Deutschen nichts anderes übrigbleibt, als durch Verweigerung der Mitarbeit wenigstens ihre Ehre vor der Nachwelt zu retten».[100]

Auch die Ministerpräsidenten waren, als sie sich auf dem Rittersturz versammelten, uneins, wie in der Angelegenheit zu verfahren sei. Zwar hatten die Militärgouverneure die Zeit seit dem 7. Juni genutzt, um den Länderchefs und teilweise auch der deutschen Öffentlichkeit die Grundsätze der Londoner Empfehlungen zu erläutern und beruhigend zu wirken. Ein enger Berater Clays, James K. Pollock, der zuvor der leitende amerikanische Beamte beim Stuttgarter Länderrat gewesen war, hatte sich sogar auf eine Rundreise durch die Westzonen begeben, um Barrieren gegen die westliche Lösung der deutschen Frage abzubauen. Genutzt hatte es nicht viel, zumal auch die Übergabe der alliierten Dokumente im Frankfurter I. G. Farben-Hochhaus am 1. Juli nicht in gelockerter, freundschaftlicher Runde, sondern auf französisches Betreiben in zeremonieller Form und frostiger Atmosphäre erfolgt war.[101] Gleichwohl hatte sich Reinhold Maier, Ministerpräsident von Württemberg-Baden und bei dieser Gelegenheit Sprecher der deutschen Delegation, bei den Militärgouverneuren bedankt und um Bedenkzeit gebeten. Rundweg ablehnen konnte man die alliierten Vorschläge kaum. Aber die Grundzüge des Besatzungsstatuts, die im dritten Dokument umrissen waren, erschienen mit einer freiheitlichen Verfassung und der Gründung eines neuen Staates – da hatte Adenauer völlig recht – absolut unvereinbar. Zwar sollten den Deutschen einige Befugnisse in Gesetzgebung, Verwaltung und Rechtsprechung gewährt werden. Ausgenommen waren jedoch die Außenbeziehungen und die Überwachung des Außenhandels sowie die Kontrolle über die Reparationen, den Stand der Industrie, Dekartellisierung, Abrüstung, Entmilitarisierung und Teilbereiche der wissenschaftlichen Forschung. Außerdem behielten sich die Alliierten die Möglichkeit vor, die gewährten Rechte der deutschen Selbstverwaltung bei Fehlverhalten wieder zu entziehen. In Dokument 3 hieß es dazu unmißverständlich: «Die Militärgouverneure werden die Ausübung ihrer vollen Machtbefugnisse wieder aufnehmen, falls ein Notstand die Sicherheit bedroht, und um nötigenfalls die Beachtung der Verfassungsbestimmungen oder des Besatzungsstatuts zu sichern.»[102]

Dennoch setzte sich bei den Ministerpräsidenten die Auffassung durch, daß es vernünftig sei, die Frankfurter Dokumente trotz aller Bedenken als Grundlage weiterer Gespräche zu akzeptieren. Vor allem die Bürgermeister von Bremen und Hamburg, Wilhelm Kaisen und Max Brauer, plädierten dafür, keine Zeit mehr zu verlieren. Allerdings zeigte sich schon in der Generaldebatte am Beginn des Treffens auf dem Rittersturz, daß niemand eine «definitive Staatsbildung», also einen «Weststaat», und eine verfassunggebende Nationalversammlung nach dem Vorbild Weimars wünschte, weil damit zwangsläufig die Spaltung Deutschlands vertieft würde. Insbesondere Carlo Schmid, damals stellvertretender Staatspräsident von Württemberg-Hohenzollern, argumentierte zugunsten eines «Provisorium-Konzepts»: Zwar habe das deutsche Volk aller Besatzungszonen den Willen, in Einigkeit, Recht und Freiheit in einem gemeinsamen Hause zu leben. Sollte im Westen Deutschlands jedoch ein Staat geschaffen werden, dann werde die östliche Besatzungsmacht als Gegenmaßnahme einen ostdeutschen Staat ins Leben rufen. Solange sich die vier Besatzungsmächte über das endgültige politische Schicksal Deutschlands nicht einig seien, bedeute jede rechtliche Verfestigung des Status quo eine Belastung für die Politik, die das Ziel verfolge, die deutsche Spaltung aufzuheben. Daher müsse, was immer man jetzt schaffe, «den Charakter eines Provisoriums haben», das nur so lange in Geltung bleiben solle, bis das ganze Volk die Möglichkeit habe, «gemeinsam den Staat aller Deutschen zu errichten».[103]

Andererseits stellte sich die Frage, ob man angesichts der Ost-West-Konstellation noch länger um die Errichtung einer Organisation, die – in den Worten des bayerischen Ministerpräsidenten Ehard – «über den Ländern so etwas Ähnliches wie eine Regierungsgewalt schafft», herumkommen würde. Darin liege vielleicht sogar eine Chance, meinte Ehard: «Wir werden doch so etwas wie eine Verfassung haben müssen ... Wir kommen so einen Schritt vorwärts. Wir können damit wieder zum Sprecher werden und können uns allmählich an den Anfang eines souveränen Staates hinarbeiten.»[104] Deshalb, so rief Ehard seinen Ministerpräsidentenkollegen zu, müsse man die gebotene Chance nützen: «Sind Sie der Meinung, in einem Monat oder in zwei Monaten, oder in einem Jahr sei die Situation besser, und es sei gut, so lange zu warten und bis dahin nichts zu tun, dann müssen Sie ‹Nein!› sagen. Wollen Sie das aber nicht, dann nennen Sie das, was geschaffen werden soll, wie Sie wollen. Nennen Sie es Verfassung oder Grundgesetz oder Statut oder Weststaat oder Bundesrepublik oder westliches Besatzungsgebiet ...»[105]

Es war Max Brauer gewesen, der zuvor den Begriff «Grundgesetz» in die Debatte eingeführt hatte, an dem nun auch andere Gefallen fanden. Überhaupt: Begriffe waren wichtig, um den Provisoriumscharakter der bevorstehenden Entscheidungen zu unterstreichen. Als man am zweiten Tag, dem 9. Juli, darangig, die Stellungnahmen zu den Frankfurter Dokumenten schriftlich zu fixieren, befand sich unter den Ministerpräsidenten niemand, der für die Einberufung einer «Nationalversammlung» votiert hätte, um eine «Verfassung» ausarbeiten zu lassen. Statt dessen sollte ein von den Landtagen der Länder zu beschickender «Parlamentarischer Rat» ein «Grundgesetz» und ein «Wahlgesetz» verabschieden, um auf diesem Wege zu einer Staatlichkeit zu gelangen, die schon bei der Namensgebung auf ihren vorläufigen Charakter den allergrößten Wert legte. Carlo Schmid betonte indessen, daß es sich beim Grundgesetz nicht nur im Wortsinn, sondern auch in der Substanz nicht um «die Verfassung für einen Staat in Westdeutschland», sondern lediglich um «ein Organisationsstatut für ein die drei Zonen umfassendes Verwaltungsgebiet Westdeutschland» handele. Die «wirkliche Verfassung» Westdeutschlands werde das von den Alliierten geplante Besatzungsstatut sein, das demzufolge auch schon vor Einberufung des Parlamentarischen Rates in Kraft gesetzt werden müsse, damit dieser wisse, wie weit er in der Ausgestaltung des Organisationsstatuts mit den von deutschen Stellen auszuübenden Kompetenzen gehen könne.[106]

Doch als die Stellungnahmen der Ministerpräsidenten zu den drei Frankfurter Dokumenten am 10. Juli schließlich vorlagen und zusammen mit einer «Mantelnote» noch am selben Tag von Koblenz zu General Clay nach Frankfurt übermittelt wurden, verwandelte sich der Erfolg der Bedenkenträger gegen eine klare Weststaatsentscheidung auf dem Rittersturz rasch in einen Pyrrhussieg. Auch Carlo Schmid mußte bald erkennen, daß die Besatzungsmächte «durchaus einen, wenn auch nur fragmentarischen, so doch der Substanz nach ‹richtigen› westdeutschen Staat» wollten. Und, vor allem, so Schmid, «sie waren die Stärkeren».[107] Bei Clay war die Verärgerung besonders groß, weil er nicht einzusehen vermochte, warum die Deutschen das großzügige Angebot, das mit so viel Mühe den Franzosen abgetrotzt worden war, nicht freudig akzeptierten. Bei einem Treffen der Militärgouverneure mit den Ministerpräsidenten am 20. Juli in Frankfurt wiesen er und Robertson daher «auf die großen Schwierigkeiten hin, die bei einem Abweichen von den Dokumenten entstehen könnten»[108], während General Koenig allen Grund hatte, mit den Koblenzer Beschlüssen zufrieden zu sein und in inoffiziellen Gesprächen deutsche Politiker sogar ermunterte, die Londoner Empfehlungen nicht als das letzte Wort zu betrachten. Doch Clay und Robertson lehnten es strikt ab, über die Frage «Staat» oder «Verwaltungsgebiet» auch nur zu verhandeln. Auch ein «Grundgesetz» reichte ihnen nicht – mit all den Diminutiven, die in dem Wort steckten. Sie beharrten vielmehr auf ihrer Forderung nach einer regulären, im Rahmen des Besatzungsrechts mit allen Hoheitscharakteren ausgestatteten «Verfassung».[109]

So zogen sich die Ministerpräsidenten in den folgenden zwei Tagen, am 21./22. Juli, erneut zur Beratung zurück – diesmal in das Jagdschloß Niederwald bei Rüdesheim, ganz in der Nähe der bronzenen Germania, die hier von 1877 bis 1883 als Nationaldenkmal zur Erinnerung an die Neugründung des Deutschen Reiches von 1871 errichtet worden war. An den Erörterungen nahmen jetzt auch die einflußreichsten Politiker der Parteien teil. Auf dem Rittersturz waren Erich Ollenhauer in Vertretung Kurt Schumachers sowie Josef Müller für die CSU zwar während der ganzen Konferenz anwesend gewesen, aber die Ministerpräsidenten hatten Wert darauf gelegt, die eigentlichen Beratungen ohne die Parteiführer abzuhalten. Konrad Adenauer war sogar erst am Nachmittag des zweiten Tages durch Adolf Süsterhenn im Auftrag des rheinland-pfälzischen Ministerpräsidenten Altmeier hinzugebeten worden, als bereits alles gelaufen war. Mißmutig erkundigte er sich daher, ob «die Zaunkönige» denn «noch nicht fertig» seien.[110] Auch Ollenhauer fand wenig freundliche Worte für die Veranstaltung der Länderchefs, auf der es zugegangen sei wie auf einem «Gemeindetag in Posemuckel».[111] In Niederwald deutete die Einbeziehung der Parteienvertreter dagegen an, daß die Ära der Ministerpräsidenten in der nationalen Politik allmählich zu Ende ging, obwohl in Koblenz gerade erst die Errichtung eines «Ständigen Büros der Ministerpräsidenten-Konferenz» beschlossen worden war. Doch die national orientierten Parteienvertreter saßen bereits in den Startlöchern, um dem betulichen Tun der Provinzfürsten ihre eigene neue Umtriebigkeit entgegenzusetzen.

Vor allem Adenauer hatte seine Meinung über die Londoner Empfehlungen inzwischen gründlich revidiert. Mit der gleichen Entschiedenheit, mit der er die alliierten Vorstellungen zunächst bekämpft hatte, trat er nun für sie ein. Folgt man einem Brief, den er am 23. August 1948 an den Herausgeber und Chefredakteur des *Tagesspiegel* in Berlin, Erik Reger, schrieb, dann drängte er auf dem Rittersturz die Ministerpräsidenten sogar, «zum wenigstens ihre Ausdrücke zu mildern und namentlich einen Passus, in dem sie die Schaffung eines Staats kategorisch ablehnten, zu streichen, weil sie durch die Entwicklung der Dinge höchstwahrscheinlich gezwungen würden, schon in absehbarer Zeit ihren eigenen Erklärungen untreu zu werden».[112] Offenbar hatte er hinzugelernt. In Niederwald war dazu von ihm allerdings nichts zu hören: Er war zu der Beratung nicht eingeladen. Erst beim Parlamentarischen Rat im September war er wieder mit von der Partie, dann jedoch bereits als herausgehobene Führungsfigur mit beträchtlichen Ambitionen für den neuen Weststaat.

Die Niederwalder Versammlung stand ganz unter dem Eindruck der Gespräche mit den Militärgouverneuren, die ihre Wirkung nicht verfehlt hatten. Vom trotzigen Beharrungswillen der Rittersturz-Konferenz war bald nur noch wenig zu spüren. Zwar sollte die dort entwickelte Terminologie so weit wie möglich beibehalten werden. Doch in der Sache wollte man den Londoner Empfehlungen nun folgen. Die Grundforderung der Alliierten, daß das neue Gebilde ein «Staat» und nicht nur ein «Verwaltungsgebiet» sein müsse, wurde nicht mehr in Frage gestellt. Dafür blieb der «Parlamentarische Rat» erhalten und wurde nicht in «Verfassunggebende Versammlung» umbenannt. Und «Grundgesetz» wurde jetzt als «basic constitutional law» bzw. «loi constitutionelle basique» übersetzt, um den Alliierten wenigstens in ihrer eigenen Sprache ein Stück weit entgegenzukommen.

Wesentlichen Anteil an dieser Positionsveränderung hatte – neben den Militärgouverneuren – der gewählte, wenn auch von der Kommandantur nicht bestätigte Berliner Oberbürgermeister Ernst Reuter. Während die amtierende Oberbürgermeisterin Louise Schroeder in Koblenz die Ministerpräsidenten noch beschworen hatte, nichts Endgültiges zu schaffen, ehe nicht «Berlin mit den übrigen Zonen wieder zu einer Einheit gekommen» sei, trat Reuter entschieden für eine westdeutsche Lösung im Sinne der «Kernstaatsidee» ein, die im Gegensatz zur Position Schroeders durch eine Mehrheit von Politikern aller demokratischen Parteien Berlins gedeckt war. «Die Spaltung Deutschlands wird nicht geschaffen, sie ist schon vorhanden», rief Reuter den Konferenzteilnehmern in Niederwald zu. Die Gründung eines westdeutschen Staates werde keine Einigungsmöglichkeiten verschütten, sondern eine «magnetische Wirkung» auf die Ostzone ausüben. Nicht nur Berlin, auch das Volk der sowjetisch besetzten Zone sehe in der «Konsolidierung des Westens eine elementare Voraussetzung für die Gesundung auch ihrer Verhältnisse und für die Rückkehr des Ostens zum gemeinsamen Mutterlande».[113]

Von Kurt Schumachers deutschlandpolitischer Linie hatte sich Reuter damit weit entfernt. Doch die Pragmatiker unter den Landeschefs, allen voran Max Brauer, Hans Ehard und Wilhelm Kaisen, pflichteten ihm bei und lenkten die Debatte – anders als auf dem Rittersturz, wo sie sich um der Geschlossenheit der deutschen Position willen eher zurückgehalten hatten – in seine Richtung. Carlo Schmid dagegen, der in Koblenz zu den Wortführern der Kritiker gezählt hatte und auch in Niederwald prinzipielle Bedenken gegen die vorgeschlagenen Kompromisse anmeldete, war diesmal isoliert.

Als die Ministerpräsidenten am 26. Juli zum dritten Mal mit den Militärgouverneuren zusammentrafen, waren die Generale mit dem Ergebnis dennoch nicht zufrieden. Vor allem die Benennung der Verfassung und die Frage, ob diese durch ein Referendum, wie von alliierter Seite gewünscht, oder durch die Landtage, wie von den Ministerpräsidenten vorgeschlagen, ratifiziert werden sollte, waren weiterhin strittig. Die Sitzung verlief hochdramatisch und drohte mehrfach zu scheitern, ehe man sich nach wiederholten Unterbrechungen und Flüsterpausen doch aufeinander zubewegte. Die Erleichterung war auf beiden Seiten groß, als General Koenig, der den Vorsitz führte, schließlich feierlich erklärte, die Bezeichnung «Grundgesetz» bereite keine Schwierigkeiten mehr und in der Frage des Referendums würden die deutschen Gegenvorschläge den Regierungen der Drei Mächte überreicht. Eine Entscheidung darüber sollte vorliegen, ehe der Parlamentarische Rat am 1. September 1948 mit seiner Arbeit begann. Hinsichtlich des Problems einer Neuregelung der Ländergrenzen, das die Ministerpräsidenten vertagen und von den Londoner Empfehlungen abzukoppeln wünschten, wurden die deutschen Vorstellungen von den Militärgouverneuren sogar befürwortet.

«Wenn Sie akzeptieren, die volle Verantwortung zu übernehmen», so General Koenig am Schluß seiner Ausführungen, «können wir Ihnen sagen: En avant!»[114] Damit war der Weg zum Grundgesetz frei.

Verfassungskonvent in Herrenchiemsee

Tatsächlich hatten die Ministerpräsidenten die ihnen zugewachsene Verantwortung längst akzeptiert und schon vor den entscheidenden Worten General Koenigs die Vorbereitungen für den Parlamentarischen Rat getroffen. Dazu zählte vor allem der Beschluß, eine Versammlung von Verfassungssachverständigen einzuberufen, die abseits der Tagespolitik unter verfassungsrechtlichen Gesichtspunkten die Probleme durchdenken sollten, mit denen sich der Parlamentarische Rat demnächst konfrontiert sehen würde. Die Ergebnisse dieses «Verfassungskonvents» sollten in eine Vorlage einfließen, die die Länderchefs dem Rat mit auf den Weg geben wollten.

Als Tagungsort für den Konvent wurde die Herreninsel im Chiemsee gewählt, wo der bayerische Ministerpräsident Ehard nicht ohne Hintergedanken das dortige Schloß für die Beratungen zur Verfügung gestellt hatte. Die bayerische Staatsregierung hoffte, daß die ländliche Idylle den föderalistischen Geist der Verfassung befördern werde. Da man sich darauf jedoch nicht allein verlassen mochte, brachte die Delegation aus München zu Tagungsbeginn am 10. August als einzige auch noch ein Papier mit, das unter Federführung von Professor Hans Nawiasky von tüchtigen Juristen verfaßt worden war und unter der Überschrift «Bayerische Leitgedanken für die Schaffung des Grundgesetzes» den Wunsch zum Ausdruck brachte, den «Bund» lediglich als Produkt der Länder darzustellen und ihm nur eine begrenzte Anzahl von Kompetenzen zu geben. Der Entwurf eines Grundgesetzes wurde der Einfachheit halber gleich mitgeliefert, jedoch vorsichtig als «privat» und nicht als Vorlage der Staatsregierung deklariert.[115]

Insgesamt versammelten sich elf Delegierte in Herrenchiemsee. Jedes der elf Länder hatte einen Bevollmächtigten in den Konvent entsandt. Berlin war zusätzlich durch den Vorsteher der Stadtverordnetenversammlung, Otto Suhr, vertreten, der Gastrecht genoß. Die Teilnehmer, die im übrigen von nur einem oder zwei – insgesamt fünfzehn – Mitarbeitern begleitet wurden, gehörten den verschiedensten politischen Richtungen an und vertraten ebenso unterschiedliche verfassungsrechtliche Theorien. Manche waren Politiker oder Beamte ihrer Landesregierungen, andere Professoren, wieder andere frühere Diplomaten. Keiner von ihnen repräsentierte offiziell eine politische Partei. Allen gemeinsam war, daß man ihnen Sachverstand zutraute. Nur wenige waren einander bisher schon begegnet. Und kaum einer hatte sich auf die Konferenz besonders vorbereiten können. Selbst der Kenntnisstand über die Erwägungen, die im Kreis der Ministerpräsidenten nach Empfang der Frankfurter Dokumente angestellt worden waren, war bei den meisten zu Beginn der Tagung gering.

2. Das Grundgesetz

Die Erwartungen an den Konvent waren dennoch hoch. Zwar konnte das Ergebnis niemanden verpflichten, so daß formell nicht mehr als eine unverbindliche Denkschrift für die Ministerpräsidenten und ein ebenso unverbindliches Arbeitspapier für den Parlamentarischen Rat daraus hervorgehen konnte. Trotzdem war zu vermuten, daß die Vorschläge der Sachverständigen die Richtung der weiteren Verfassungsdiskussion maßgeblich mitbestimmen würden. So war es mit der Idylle auf der Herreninsel bald nicht mehr weit her. Neben den Mücken, die sich in der Sommerwärme sichtlich wohlfühlten, wurden Reporter zur größten Plage. Von Stille und Abgeschiedenheit konnte ohnehin kaum die Rede sein, da die Insel auch für Ausflügler nicht gesperrt war. Der Konvent war daher kein Konklave, sondern tagte unter den Augen einer teils beiläufigen, teils neugierigen und aufmerksamen Öffentlichkeit.

Zum Vorsitzenden wurde der «Hausherr», Staatsminister Dr. Anton Pfeiffer von der bayerischen Staatsregierung, gewählt. Nach der einleitenden Plenardebatte teilte sich der Konvent in drei Ausschüsse, die unabhängig voneinander die ihnen im Plenum zugewiesenen Probleme bearbeiteten. Ihre Ergebnisse wurden in zwei weiteren Plenarsitzungen bis zum 23. August diskutiert, ehe eine Redaktionskommission den 95 Druckseiten umfassenden Abschlußbericht für die Ministerpräsidenten zusammenstellte, die sich am 31. August 1948 wieder im Jagdschloß Niederwald versammelten, um letzte Vorbereitungen für die Eröffnung des Parlamentarischen Rates am folgenden Tag zu treffen.

Die Delegierten in Herrenchiemsee hatten also nur 13 Tage Zeit, um sich über die Grundgedanken der neuen Verfassung einig zu werden. Ein wichtiger Orientierungspunkt war dabei das historische Vorbild von Weimar. Vor allem galt es, dessen Konstruktionsmängel zu vermeiden, die nicht unwesentlich zum Niedergang der ersten deutschen Republik und zum Aufstieg Hitlers beigetragen hatten. Die Sachverständigen plädierten deshalb für eine ausgeprägt föderale Struktur des kommenden Staatswesens, einschließlich einer weitgehend dezentralen Gesetzgebung, Verwaltung, Justiz, Finanzhoheit und Finanzierungspflicht der Länder, sowie für eine Zwei-Kammer-Legislative mit einem «echten» Parlament und einer Länderkammer, deren Struktur allerdings zunächst noch umstritten blieb. Die Regierung sollte vom Parlament abhängig sein, sich dort jedoch – im Gegensatz zur Weimarer Ordnung – stets auf eine «arbeitsfähige Mehrheit» stützen; eine «arbeitsunfähige Mehrheit» dagegen sollte weder eine Regierungsbildung vereiteln noch eine bestehende Regierung stürzen können. Präsidialregierungen wurden ausgeschlossen, ebenso Volksbegehren. Volksentscheide sollte es nur bei Grundgesetzänderungen geben. Das Staatsoberhaupt sollte als neutrale Gewalt neben der Regierung stehen und nicht über Notverordnungsrechte verfügen. Grundgesetzänderungen, die geeignet sein würden, «die freiheitliche und demokratische Grundordnung» zu beseitigen, sollten unzulässig sein. Besonderen Schutz sollte zudem ein Katalog verfassungsmäßig garantierter

Grundrechte genießen, denen die staatliche Ordnung in Gesetzgebung, Exekutive und Rechtsprechung bindend unterstellt wurde und die in ihrer Substanz nicht aufgehoben werden konnten.[116]

Die plebiszitären und zentralistischen Elemente der Weimarer Verfassung wurden somit weitgehend beseitigt, das Parlament und die Regierung gestärkt und das Staatsoberhaupt praktisch entmachtet. Einer Minderheit – es waren die Bayern – ging diese Reduzierung des Zentralstaates jedoch noch nicht weit genug. Sie plädierte dafür, die bereits konstituierten Länder in den Mittelpunkt des neuen Staatswesens zu rücken und aus ihnen eine bundesstaatliche Gemeinschaft zu bilden, der beizutreten allen übrigen deutschen Ländern offenstehe. Bis zur Wiederherstellung der deutschen Einheit sollte diese Gemeinschaft – mit dem Namen «Bund Deutscher Länder» und dem Grundgesetz als vorläufiger Verfassung – die Bundesgewalt ausüben und die Freiheitsrechte der Bevölkerung schützen. Die rechtliche Begründung für diese Konstruktion leitete sich aus der Auffassung ab, das deutsche Volk habe aufgrund der «debellatio» infolge der bedingungslosen Kapitulation aufgehört, als Staatsvolk zu bestehen. Der neu zu schaffende Staat könne daher nicht mit dem Deutschen Reich identisch sein oder seine Legitimität unmittelbar von ihm ableiten. Er bedürfe vielmehr einer neuen Souveränität, die kein rechtliches Band aktiv und passiv mit der Vergangenheit verknüpfe. Wenn man einen handlungsfähigen deutschen Staat wolle, genüge es also nicht, sein Staatsgebiet – oder Teile davon – neu zu organisieren, sondern man müsse erst einen neuen Staat «konstituieren» – und zwar von den bereits konstituierten Ländern her.[117]

Die Mehrheit der Delegierten des Konvents mochte sich dieser Argumentation indessen nicht anschließen. Sie war der Ansicht, daß die konstituierende Gewalt nicht bei den Ländern, sondern bei der Bevölkerung selbst liege. Alle Deutschen, die in dem Teil Deutschlands lebten, für den die neue Verfassung gelten solle, müßten auch über die Inhalte dieser Verfassung befinden können. Solange bei den Deutschen der Wille lebendig sei, trotz der von außen her verhängten Spaltung der staatlichen Einheit Deutschlands *ein* Volk zu sein, stehe diesem Volk in einer Welt, die sich der Grundformel der Demokratie verpflichtet fühle, das Recht zu, auf jedem Teil seines Gebietes, auf dem es seinen Willen frei äußern könne, durch einen Gesamtakt Inhalte und Formen seiner politischen Existenz zu gestalten. Dieses Recht sei durch die bedingungslose Kapitulation nicht untergegangen, sondern lediglich in seiner Geltendmachung durch den Siegerwillen «suspendiert», d. h. gesperrt worden; nach Lockerung dieser Sperre lebe es automatisch wieder auf.[118] Die Delegiertenmehrheit sah also kein Problem darin, einen vorläufigen westdeutschen Staat zu schaffen und seine Legitimität unmittelbar aus dem Selbstbestimmungsrecht der Völker abzuleiten. Da dieses Recht vorerst nur im Westteil Deutschlands praktiziert werden konnte, erschien es außerdem gerechtfertigt, den hier zu gründenden Staat – unter den gegebenen Bedingungen notwendigerweise ein «Provisorium» – zum «Kernstaat» für ein späteres Gesamtdeutschland zu erklären. Das «Grundgesetz für einen Bund deutscher Länder», das in diesem Teil Deutschlands erlassen werden sollte, würde demnach jederzeit allen anderen Teilen Deutschlands zum Beitritt offenstehen.

Als die Beratungen in Herrenchiemsee nach zwei Wochen zum Abschluß gelangten, lag nicht nur ein Grundsatzpapier zu einzelnen Verfassungsproblemen vor, in dem in 13 Kapiteln unter Angabe von Mehrheits- und Minderheitsmeinungen politische und verfassungsrechtliche Überlegungen angestellt wurden, die von den Ministerpräsidenten und vom Parlamentarischen Rat weiter verfolgt werden konnten, sondern auch ein fast vollständiger Entwurf des Grundgesetzes. Das Echo war dennoch überwiegend negativ. So beklagte der sozialdemokratische Vizepräsident des Frankfurter Wirtschaftsrats, Gustav Dahrendorf, den angeblich überzogenen Föderalismus der Vorschläge: Was sich in dieser Hinsicht in Herrenchiemsee durchgesetzt habe, bedeute das Ende Deutschlands.[119] Konrad Adenauer machte deutlich, daß der Entwurf völlig unverbindlich sei; der Parlamentarische Rat könne das Material, das hier «in dankenswerter Weise» für die Beratungen vorbereitet worden sei, «völlig frei verwerten».[120] Und selbst Carlo Schmid, der als Vertreter von Württemberg-Hohenzollern am Konvent teilgenommen und darin eine überaus konstruktive Rolle gespielt hatte, betonte im SPD-Pressedienst die Unverbindlichkeit des Herrenchiemseer Entwurfs, den er als bloße Empfehlung einiger «Techniker des Verfassungsrechtes» herunterspielte.[121] Auch für die Ministerpräsidenten war die Denkschrift zunächst nur ein Papier unter mehreren. In ihrem inzwischen in Wiesbaden eingerichteten Ständigen Büro waren noch zwei weitere Stellungnahmen eingegangen: ein «Ellwangen-Düsseldorfer Entwurf» der CDU/CSU sowie eine von der SPD vorgelegte Ausarbeitung des Innenministers und stellvertretenden Ministerpräsidenten von Nordrhein-Westfalen, Walter Menzel, der auch dem Vorstand der SPD angehörte. Die Texte sollten am 31. August auf der dritten trizonalen Konferenz der Länderchefs in Niederwald gemeinsam beraten werden. Die Bedeutung der Herrenchiemseer Empfehlungen für die Ausgestaltung des Grundgesetzes wurde daher zunächst unterschätzt. Erst später, als der Parlamentarische Rat nicht nur viele Vorschläge des Konvents übernahm, sondern dessen Entwurf praktisch zum Ausgangspunkt seiner Erörterungen machte, wurde die konzentrierte Arbeit der Sachverständigen angemessen gewürdigt.

Der Parlamentarische Rat

Die geplante Aussprache der Ministerpräsidenten über die vorliegenden Texte zur neuen Verfassung kam indessen nicht mehr zustande, weil die Zeit dafür fehlte. Als man sich am 31. August in Niederwald wieder zusammensetzte, war die Tagesordnung bereits randvoll. Aktuelle Themen standen im Vordergrund: Demontageprobleme in der französischen Zone, die Finanzhilfe für Berlin und der Finanzausgleich in den Ländern im Zusammenhang mit der Notlage Schleswig-Holsteins. Außerdem waren kurzfristig noch Vorbereitungen für den Parlamentarischen Rat zu treffen, der am nächsten Tag mit seinen Beratungen beginnen sollte. Unklar war hier vor allem die Frage, welchen Status die Berliner Vertretung erhalten sollte; während der Sitzung reiste deshalb eine Abordnung von Rüdesheim eilig nach Wiesbaden, um mit den alliierten Verbindungsoffizieren eine Entscheidung herbeizuführen. Es ging also hektisch zu. Niemand hatte genügend Muße, sich in komplizierte verfassungsrechtliche Zusammenhänge hineinzudenken. Die Länderchefs begnügten sich daher mit dem schriftlichen Bericht sowie erläuternden Referaten Pfeiffers und der drei Ausschußvorsitzenden des Verfassungskonvents, bevor sie die Herrenchiemseer Denkschrift zur Vorlage für den Parlamentarischen Rat genehmigten.

Über den Ort, an dem der Rat tagen sollte, hatten sich die Ministerpräsidenten in einer telefonischen Abstimmung bereits am 13. August verständigt. Sie entschieden sich mehrheitlich für Bonn. An sich hätte es nahe gelegen, Frankfurt zu wählen – nicht nur aus Respekt vor der Tradition der Paulskirche, sondern auch aufgrund der Nachbarschaft zu den parlamentarischen Organen des Wirtschaftsrates und dessen Verwaltungen, die hier bereits ihren Sitz hatten. Aber Frankfurt besaß bei den Ministerpräsidenten keinen guten Ruf. Es gab in der Stadt nur wenige bewohnbare Hotels, und den Hoteliers waren zahlungskräftige Geschäftsleute und Angehörige der Besatzungsmächte offenbar lieber als deutsche politische Gäste, die zu dieser Zeit noch mit jedem Pfennig rechnen mußten. Innenminister Walter Menzel hatte deshalb im Kabinett Nordrhein-Westfalens den Antrag gestellt, Ministerpräsident Karl Arnold möge seinen Kollegen die Stadt Düsseldorf als Sitz des Parlamentarischen Rates vorschlagen. Arnolds Mitarbeiter Hermann Wandersleb riet jedoch auch in diesem Fall ab: Der Stadtverwaltung Düsseldorf seien Industrieanlagen wichtiger als ein zusätzliches Parlament. Als Arnold sich daraufhin mit seinen Kollegen beriet, dachte jeder zunächst an sich: der Württemberger Reinhold Maier schlug Karlsruhe vor, der Hesse Christian Stock brachte erneut Frankfurt ins Spiel, der Niedersachse Hinrich Kopf war für Celle, der Schleswig-Holsteiner Hermann Lüdemann für Lübeck, der Landtag von Rheinland-Pfalz für Koblenz. Nur der Hamburger Bürgermeister Max Brauer plädierte uneigennützig sofort für Bonn. Angesichts der herrschenden Uneinigkeit ergriff Arnold nochmals die Initiative und wies in einem Brief an seine Kollegen darauf hin, die ehemalige kurkölnische Residenzstadt Bonn sei ältester deutscher Kulturboden, auf dem freiheitliches Denken von jeher eine Heimstätte besessen habe. Außerdem hatte Bonn im Krieg weniger gelitten als andere Städte und bot deshalb befriedigende Möglichkeiten zur Unterbringung der aus allen Teilen Deutschlands anreisenden Delegierten.[122] Der Vorstoß zeigte Wirkung: Zwei Ministerpräsidenten votierten am 13. August für Karlsruhe, einer für Celle, aber acht für Bonn.

2. Das Grundgesetz

In großer Eile wurde danach die architektonisch nüchterne Pädagogische Akademie Bonn am Rheinufer zum Parlamentsgebäude umgerüstet. Der Festsaal der Akademie sollte den Sitzungsraum für die Abgeordneten abgeben.[123] Für jede Fraktion stand ein Klassenzimmer zur Verfügung. Büros für die einzelnen Abgeordneten gab es nicht, ebensowenig einen wissenschaftlichen Apparat oder entsprechend ausgebildete Assistenten für die Fraktionen. Unterstützung erhielten die Abgeordneten lediglich von Verwaltungsbeamten, die von den Landesministern, die dem Parlamentarischen Rat angehörten, bereitgestellt wurden. Das «Zoologische Forschungsinstitut und Museum Alexander Koenig», ein klassizistischer Prachtbau, wurde zum Amtssitz des Präsidenten bestimmt und sollte zudem Repräsentationsveranstaltungen dienen.

Der Lichthof des Museum Koenig war am 1. September 1948 auch Schauplatz des Festaktes, der der eigentlichen Eröffnungssitzung des Parlamentarischen Rates in der Pädagogischen Akademie voranging. Dort, wo normalerweise ausgestopfte Tiere den Raum bevölkerten, saßen nun in feierlicher Stimmung die Abgeordneten, Ministerpräsidenten, Chefs der Ländermilitärregierungen und Vertreter der alliierten Zonenbefehlshaber sowie die Spitzen der Bizonenverwaltung. Die Tiere waren beiseite geräumt oder drapiert worden, aber bei einer Giraffe hatte es Unterbringungsprobleme gegeben: sie äugte über die Festdekoration hinweg. Umrahmt von Bach und Beethoven hielten Karl Arnold als Ministerpräsident des Gastgeberlandes Nordrhein-Westfalen und Christian Stock als Vorsitzender der Ministerpräsidentenkonferenz ihre Ansprachen. Vertreter der Besatzungsmächte ergriffen nicht das Wort.[124]

Bei der anschließenden ersten Sitzung des Parlamentarischen Rates in der Pädagogischen Akademie, die im folgenden Jahr zum Bundeshaus avancieren sollte, wurde Konrad Adenauer vereinbarungsgemäß zum Präsidenten gewählt. Die Fraktion der CDU/CSU war mit 27 Abgeordneten zwar nicht stärker als die SPD-Fraktion, die ebenfalls über 27 Abgeordnete verfügte. Aber ihr waren die je zwei Stimmen der Deutschen Partei und des Zentrums sowie zumindest einige der fünf FDP-Stimmen sicher. Lediglich die zwei kommunistischen Abgeordneten hätten vermutlich mit der SPD für einen sozialdemokratischen Kandidaten votiert. Bereits im August hatten Kurt Schumacher und andere führende Politiker der SPD deshalb entschieden, eher die Positionen anzustreben, die «den größtmöglichen Einfluß auf die Bestimmung des normativen Inhalts des Grundgesetzes geben konnten, und die mehr repräsentativen Aufgaben den Angehörigen anderer Fraktionen zu überlassen».[125] So wollte die SPD vor allem gerne den Vorsitzenden des Hauptausschusses stellen, der nicht nur die Beratungen der Fachausschüsse koordinierte, sondern auch über die Entwürfe entschied, die dem Plenum vorgelegt wurden. Der Hauptausschuß war damit die zentrale Schaltstelle, wo alle Drähte zur Ausgestaltung des Grundgesetzes zusammenliefen, während der Ratspräsident – so sah es die SPD – mit der Bereitschaft zur Überparteilichkeit und der Befähigung zum Ausgleich in erster Linie für Ordnung in den Plenarsitzungen zu sorgen hatte. Außerdem waren Parlamentspräsidenten in Deutschland bisher höchst selten zu führenden Politikern aufgestiegen. Die SPD versprach deshalb, den Kandidaten der Union für das Präsidentenamt zu unterstützen, wenn die CDU sich mit dem Vorsitz eines Sozialdemokraten im Hauptausschuß einverstanden erklärte. Als Kandidat dafür war Carlo Schmid vorgesehen, der zugleich den Vorsitz der Fraktion der SPD übernehmen sollte.

Die Strategie ging auf, aber sie sollte sich für die SPD als ein folgenschwerer Fehler erweisen. Nicht der Vorsitzende des Hauptausschusses, sondern der Präsident – nicht Schmid, sondern Adenauer – gewann während der Beratungen des Parlamentarischen Rates an Statur und Wirkungskraft. Denn Adenauer, obwohl bereits 72 Jahre alt und scheinbar längst über das Ende seines politischen Karriereweges hinaus, begriff seine Rolle keineswegs als Ehrenposten – beschränkt auf die Leitung der wenigen Vollsitzungen und die repräsentativen Pflichten des Ratspräsidenten. Völlig unerwartet nahm er auch aktiven Anteil an der inhaltlichen Arbeit der Ausschüsse, hielt «formlose interfraktionelle Besprechungen» ab und stilisierte sich, für alle unübersehbar, zur «offiziellen Figur», deren Stimme insbesondere bei den Militärgouverneuren immer häufiger Gehör fand. Adenauer wurde damit, wie Theodor Heuss einige Jahre später bemerkte, «der Sprecher der werdenden Bundesrepublik».[126]

Carlo Schmid, der in diesem Spiel Unterlegene, hat rückblickend seine Niederlage der Tatsache zugeschrieben, «daß die Besatzungsmächte zwar bereit waren, sich mit Vertretern der politischen Parteien zu unterhalten, daß sie aber nach wie vor nicht bereit waren, sie als kompetente Verhandlungspartner zu behandeln». Statt dessen hätten sie sich nur mit Stellen auseinandergesetzt, «die mittelbar oder unmittelbar durch Volkswahlen legitimiert waren». Den Parlamentarischen Rat und dessen «erwählten Sprecher» hätten sie deshalb als «legitimierten Verhandlungspartner» angesehen, und seinem Präsidenten sei folgerichtig «eine entscheidende politische Schlüsselstellung zugefallen».[127] An dieser Sicht ist gewiß viel Richtiges. Aber sie läßt die Bedeutung der Persönlichkeit – des «political animal» – außer acht, die ihren eigenen Gesetzen folgt. Mit Schmid als Präsidenten und Adenauer als Hauptausschußvorsitzenden wäre es vermutlich nicht viel anders, nur umgekehrt, gekommen, und die SPD hätte mit ihrer Strategie sogar recht behalten: Schmid hätte präsidiert, Adenauer – wie stets und an jedem Platz – regiert.

Dabei galt Schmid in der SPD als «Komet», als «Paradestück», das nichts von dem «ideologischen, heute etwas verstaubten Marschgepäck der alten Sozialdemokraten mit sich schleppt», wie der langjährige journalistische Beobachter der Bonner Szene Walter Henkels im Mai 1949 notierte: «Er verhält sich zu den meisten Abgeordneten des Parlamentarisches Rates wie das frische Obst zur Konserve, er ist zweifellos die interessanteste Bonner Er-

2. Das Grundgesetz 63

scheinung.»[128] Schmid war ein hervorragender Rechtswissenschaftler, mit häufigen «literarischen schöngeistigen Eskapaden», die das Bild des Europäers, Weltbürgers und Weltmannes abrundeten: «witzig, fair, leidenschaftlich bei der Sache, auf angenehm kindliche Art ein wenig eitel», wie Ursula von Kardorff schrieb, «wohl die beliebteste Figur auf dieser Bühne ... gehätschelt vor allem von der Presse, wegen seiner unerschöpflichen Bonmots».[129] Ob Walter Henkels allerdings recht hatte, wenn er schrieb, Schmid stehe im politischen Format «seinem großen Antipoden Konrad Adenauer in nichts nach»[130], ist zumindest fraglich. Er war im Parlamentarischen Rat zwar eine überragende Figur. Aber während Adenauers Interesse weniger den Verfassungsberatungen selbst als deren raschem Fortgang galt, um endlich die Bundesrepublik in den Sattel zu setzen, versank Schmid mit Leidenschaft in staatsphilosophischen Grundsatzfragen und den Sachdiskussionen im Hauptausschuß.[131] Seine überragende fachliche Kompetenz und die äußerste Liebenswürdigkeit, die ihn auszeichneten, waren zugleich seine größte politische Schwäche.

Als die Beratungen über das Grundgesetz begannen, war Carlo Schmid, was die Inhalte der neuen Verfassung betraf, gleichwohl die entscheidende Figur. Zu behaupten, er sei der eigentliche «Vater des Grundgesetzes», ist sicher keine Übertreibung. Während Adenauer mehr den «äußeren Dingen» der Politik zugeneigt war, herrschte Schmid über die internen Verfassungsdebatten in den Ausschüssen. Gemeinsam mit dem Christdemokraten Adolf Süsterhenn, Justizminister von Rheinland-Pfalz, erläuterte er am 8. September dem Plenum des Parlamentarischen Rates die in den Frankfurter Dokumenten und durch die Vereinbarungen der Ministerpräsidenten mit den Militärgouverneuren gestellten Aufgaben. Gemeinsame Grundlage war ein Bericht über die Arbeit des Verfassungskonvents und den von ihm erstellten Entwurf. Neben dem Herrenchiemseer Text lagen dem Rat noch der «Zweite Menzel-Entwurf» der SPD, die Verfassungsvorschläge des «Ellwanger Kreises» der CDU/CSU, ein Entwurf der Deutschen Partei, ein privater «Diskussionsbeitrag zum deutschen Verfassungsproblem» von Theodor Steltzer sowie die Denkschrift «Der Zonenbeirat zur Verfassungspolitik» vor. Die KPD-Fraktion verteilte zudem die Richtlinien des «Deutschen Volksrates», der in der sowjetischen Besatzungszone unter Leitung Otto Grotewohls an einem Verfassungsentwurf arbeitete.[132]

Große Bedeutung erlangten die meisten dieser Texte allerdings nicht. Der Rat nahm sie kaum zur Kenntnis. Selbst der Herrenchiemseer Entwurf war nicht als «Regierungsvorlage» deklariert und brauchte deshalb nicht zwingend beachtet zu werden. Im Gegenteil, der Vorsitzende der Ministerpräsidentenkonferenz hatte den Entwurf des Verfassungskonvents am 31. August 1948 dem Parlamentarischen Rat mit der ausdrücklichen Bemerkung zugeleitet, daß er «keine Regierungsvorlage» darstelle, er werde deshalb auch nicht von Beauftragten der Ministerpräsidenten in der Art einer Regierungsvorlage vor dem Parlamentarischen Rat vertreten werden. Infolgedessen sei der Rat bei seinen Arbeiten nicht an die von den Länderchefs unterbreitete Beratungsgrundlage gebunden. Die Ministerpräsidenten behielten sich lediglich vor, gemäß ihren Koblenzer Beschlüssen bei der Vorlage des Gesetzgebungswerks des Parlamentarischen Rats an die Militärgouverneure Stellung zu beziehen.[133]

So wurde das Verfahren der Verfassungsberatung am 8. und 9. September nicht mit der Präsentation einer Regierungsvorlage, sondern mit Grundsatzreferaten eingeleitet. Allerdings waren die Berichterstatter – mit Ausnahme von Walter Menzel, der anstelle von Otto Suhr die Staatsorgane behandelte – allesamt Teilnehmer des Herrenchiemseer Konvents. Auch die eigentliche Arbeit an der Verfassung in den Ausschüssen, die am 15. September gebildet wurden, fand ausnahmslos auf der Grundlage der von den Ministerpräsidenten gebilligten Vorlage des Verfassungskonvents statt. Von der Vorlage abweichende Anträge wurden zumeist von den gleichen Abgeordneten eingebracht und begründet. Vor allem bei den fünf Abgeordneten der FDP und den je zwei Abgeordneten der kleinen Parteien waren die Anträge, wie Carlo Schmid im Rückblick notierte, «oft individuelle Meinungen der Antragsteller, was zur Farbigkeit der Diskussion, doch leider auch dazu führte, daß die Ausschüsse mit Scheinproblemen, Absonderlichkeiten und stilistischen Geschmacklosigkeiten befaßt wurden, deren Behandlung nicht weiterführte».[134] Besonders unangenehm fiel Hans-Christoph Seebohm auf, der ursprünglich aus Böhmen stammte, aus Schlesien vertrieben war und nun in Niedersachsen für die Deutsche Partei als äußerst konservativer Minister für Aufbau, Arbeit und Gesundheit im Kabinett von Ministerpräsident Hinrich Kopf in Hannover saß. Wegen seiner zahllosen Anträge galt er vielen bald als regelrechter Störenfried. Trotzdem brachte er es 1949 zum Bundesverkehrsminister und blieb es, 17 Jahre lang, bis 1966. Älteren Mitbürgern ist er daher hauptsächlich als Zeremonienmeister bei der Einweihung von Autobahnen noch in Erinnerung.

Wenn es bei der inhaltlichen Arbeit in den Ausschüssen zu grundlegenden Differenzen kam, bemühte man sich oft schon vor der offiziellen Ausschußberatung um Kompromisse in Zusammenkünften der Fraktionsvorsitzenden; ihre Sitzungen fanden stets im einstigen Büro des Direktors der Pädagogischen Akademie, dem «Roten Salon», statt, wo Präsident Adenauer es selten versäumte, einige Flaschen Wein bereitstellen zu lassen, um die atmosphärischen Voraussetzungen für das ernsthafte Gespräch zu verbessern. Zusätzlich wurde ein Fünfer-Ausschuß (seit März 1949 Siebener-Ausschuß) geschaffen, in dem sich leichter Einigkeit herstellen ließ als in den größeren Runden. In einem dreiköpfigen Allgemeinen Redaktionsausschuß, dem für die CDU Heinrich von Brentano, für die SPD der hessische Justizminister Georg August Zinn und für die FDP Thomas Dehler angehörten, wurde darüber hinaus auf juristisch hieb- und stichfeste Begrifflichkeit geachtet – was gelegentlich «im Wege besserer Textgestaltung» mit dem Einverständnis aller «Wissenden» auch zu Änderungen oder Neuformulierungen führte, die in den Ausschüssen aufgrund parteipolitischer Zuspitzung nicht zu erreichen gewesen waren. Solche «Kompetenzüberschreitungen» des Redaktionsausschusses wurden jedoch in allen Fällen durch die Tatsache geheilt, daß der Hauptausschuß unter dem Präsidium Carlo Schmids den genauen Wortlaut der Texte, die dem Plenum zur Abstimmung vorgelegt werden sollten, beschließen und das Plenum letztlich ohnehin über die Endfassung entscheiden mußte.

Das Provisorium nimmt Gestalt an

Zu Beginn des Parlamentarischen Rates schien es, als könne die Arbeit an der neuen Verfassung rasch, spätestens bis Ende des Jahres 1948, zu einem positiven Abschluß gebracht werden. Besonders die hohe Qualität des Herrenchiemseer Entwurfs gab Anlaß zu der Erwartung, daß die Beratungen zügig verlaufen würden. Die Umrisse des späteren Grundgesetzes waren darin bereits deutlich erkennbar. Selbst die Benennung der Bundesorgane durch den Herrenchiemseer Konvent (Bundestag, Bundesrat, Bundespräsident, Bundesregierung, Bundesverfassungsgericht) konnte vom Parlamentarischen Rat problemlos übernommen werden. Dies galt ebenso für bestimmte Neuerungen gegenüber der Weimarer Verfassung, die die Stabilität der zweiten deutschen Republik erhöhen sollten. Dazu zählte nicht zuletzt das Instrument des «konstruktiven Mißtrauensvotums», das in Herrenchiemsee von einem Mitarbeiter des Stuttgarter Justizministers Josef Beyerle, Rechtsanwalt Otto Küster, entwickelt worden war, indem er dort angeregt hatte: «Man kann ein qualifiziertes Mißtrauensvotum vorsehen, das die Regierung zum Rücktritt zwingt. Man kann an einen Parlamentsbeschluß denken, worin der Bundestag den Bundespräsidenten ersucht, einen neuen Mann mit der Bildung einer neuen Regierung zu beauftragen. In diesem Fall wäre der Vorschlag eines neuen Bundeskanzlers die Form, in der dem amtierenden Kanzler implicite das Mißtrauen ausgesprochen ist.»[135]

Im Herrenchiemseer Verfassungsentwurf war dieses Instrument zur Ablösung einer Regierung durch Vorschlag eines neuen Bundeskanzlers in Artikel 90 verankert worden, um den auch in Weimar zu Tage getretenen Nachteil des klassischen Parlamentarismus der Lähmung der Exekutive bei heterogenen Parlamentsmehrheiten zu vermeiden. Der Parlamentarische Rat griff den Gedanken auf und übernahm das konstruktive Mißtrauensvotum in Artikel 67 des Grundgesetzes.

Das Beispiel zeigt, wie präzise in Herrenchiemsee vorgearbeitet worden war. Die Tatsache, daß die Parteien zurückhaltend auf die Empfehlungen des Verfassungskonvents reagierten, um ihre eigene Rolle nicht zu beeinträchtigen, und jegliche Präjudizierung des Parlamentarischen Rates strikt ablehnten[136], minderte die Bedeutung der Sachverständigentexte keineswegs. Dennoch wurde ein zügiges Vorankommen in Bonn durch eine Reihe kontroverser Fragen behindert. Sie ergaben sich sowohl aus dem Streit um die Form des künftigen Föderalismus als auch aus dem Umstand, daß die Parteien sich nach den Vorarbeiten der Ministerpräsidenten als neue Größe der deutschen Politik zu etablieren suchten und ihre unterschiedlichen politischen und ideologischen Auffassungen verstärkt zur Geltung brachten. Strittig waren insbesondere die Frage des Staatsoberhauptes, die Mitwirkung der Länder an der Gesetzgebung des Bundes sowie das Problem der Bund-Länder-Zuständigkeit bei der Steuererhebung und Steuerverteilung im Rahmen der Finanzverfassung.

Einvernehmen herrschte dagegen über den Grundsatz der «streitbaren Demokratie»: Wenn man den Glauben habe, daß Demokratie «für die Würde des Menschen unverzichtbar» und damit «mehr als ein Produkt bloßer Zweckmäßigkeitserwägungen» sei, hatte Carlo Schmid dazu bereits in Herrenchiemsee bemerkt, dann müsse man auch «den Mut zur Intoleranz denen gegenüber haben, die die Demokratie gebrauchen wollen, um sie selbst umzubringen».[137] Als er diese Argumentation nun, bei der Eröffnung der Beratungen des Parlamentarischen Rates am 8. September, im wörtlichen Zitat wiederholte, gab es viel Zustimmung und keine Kritik. Die Worte waren natürlich unmittelbar auf die Erfahrung von Weimar bezogen, wo die Verteidiger der Republik aus übertriebenem Respekt vor den demokratischen Werten der Verfassung ihren Gegnern nicht entschieden genug entgegengetreten waren und ihnen damit unfreiwillig das Feld überlassen hatten. Angesichts des hohen Durchschnittsalters von 56 Jahren war allen Abgeordneten des Parlamentarischen Rates das Weimarer Beispiel noch persönlich gegenwärtig. Niemand unter ihnen hätte bestreiten können oder wollen, daß nur rechtzeitige Gegenwehr die Demokratie vor ihren Feinden zu schützen vermochte.

Weniger Beifall erntete Schmid dagegen mit seiner zweiten Grundüberzeugung, die er bereits in Herrenchiemsee vertreten hatte und nun mit dem Hinweis auf die zu erwartenden Vorbehalte des noch ausstehenden Besatzungsstatuts der Alliierten ebenfalls wiederholte: daß man, solange das demokratische Grundrecht der freien und vollen Ausübung der Souveränität des Volkes der Deutschen nicht hergestellt sei, «lediglich ein Grundgesetz für ein Staatsfragment und einen Übergangszustand, also ein Provisorium, beschließen» könne.[138] Demgegenüber strebte vor allem die CDU/CSU ein Grundgesetz an, das die Arbeits- und Handlungsfähigkeit eines letztlich souveränen Teilstaates sichern sollte. Deutlich wurde der Gegensatz bereits in der Diskussion über die Notwendigkeit eines Staatsoberhauptes. Während die SPD nach dem Mißbrauch des Reichspräsidentenamtes durch Hindenburg am Ende der Weimarer Republik und mit Hinweis auf den vorläufigen Charakter des Grundgesetzes glaubte, auf das Amt ganz verzichten zu können, bestand die Union auf einem Staatsoberhaupt, um die staatliche Qualität der Bundesrepublik zu unterstreichen. Zwar sollte der Bundespräsident im Vergleich zum früheren Reichspräsidenten nur über begrenzte

Kompetenzen verfügen. Aber die Union mochte sich nicht der Meinung der SPD anschließen, daß die Aufgaben eines Staatsoberhauptes auch vom Bundestagspräsidenten oder von einem Dreierkollegium aus dem Kanzler und den Präsidenten der beiden Kammern des Parlaments wahrgenommen werden könnten, wie es die beiden Verfassungsentwürfe der SPD, die auf den nordrhein-westfälischen Innenminister Walter Menzel zurückgingen, vorschlugen.

Im Ergebnis der Beratungen engte der Parlamentarische Rat die Rechte und Befugnisse des Bundespräsidenten stark ein. Doch das Amt als solches wurde bewahrt. Der Bundespräsident behielt wenige, präzise begrenzte und zeitlich befristete Funktionen für Krisenfälle, verlor allerdings seinen Einfluß auf die Regierungsbildung. Das Recht zur Wahl und Abberufung des Bundeskanzlers wurde allein dem Bundestag übertragen, der damit ebenso in seiner Bedeutung gestärkt wurde wie der Kanzler selbst, dem allein das materielle Recht der Kabinettsbildung oblag. Der Dualismus in der Staatsführung, der sich in Weimar nicht bewährt hatte, wurde damit abgeschafft. Überdies wurde der Präsident nicht mehr direkt vom Volk, sondern durch eine Bundesversammlung (bestehend aus den Abgeordneten des Bundestages und einer gleichen Anzahl von Abgeordneten aus den Länderparlamenten) gewählt, um das «Ersatzkaisertum» der Weimarer Republik zu beseitigen – wie überhaupt die nur scheinbar so «demokratischen» plebiszitären Elemente der Weimarer Verfassung, die in Wahrheit die Republik in ein populistisches Chaos gestürzt und jegliche Stabilität beseitigt hatten, vom Grundgesetz nicht aufgegriffen wurden.[139]

Der Ausgang der Bundespräsidentenkontroverse bewies, daß im Parlamentarischen Rat durchaus die Neigung bestand, das «Provisorium Grundgesetz» zu einer wirklichen Verfassung auszubauen. Selbst Carlo Schmid tendierte – allen anfänglichen Beteuerungen zum Trotz – bald dazu, nicht mehr vom «Verwaltungsstatut» eines fragmentarischen Staates zu sprechen, sondern erlag dem Reiz der großen parlamentarischen Aufgabe, eine neue dauerhafte Verfassung mit Modellcharakter für ganz Deutschland zu konstruieren. Die Aufgabe faszinierte ihn so sehr, daß er darüber manchmal sogar die eigene Partei vergaß, deren Widerstand er mit Mut und Geschick überspielte. So wurde er «zum virtuosen Regisseur der Beratung einer Vollverfassung», und die Verfassungsordnung der Bundesrepublik wurde zu seiner großen historischen Leistung.[140]

Diese Tendenz zur «Verstaatlichung» des Provisoriums wurde auch bei der Föderalismusproblematik erkennbar. Hier gingen die Fronten quer durch die Parteien. Einig war man sich – wenn man einmal von den Kommunisten absieht – von vornherein über die Errichtung eines Bundesstaates, der auch von den Alliierten nachdrücklich gefordert wurde. Doch welches Gewicht sollten die einzelnen Länder im Rahmen der bundesstaatlichen Ordnung erhalten? Wie sollten sie insbesondere an der Gesetzgebung des Bundes mitwirken? Dazu wurden zwei Modelle diskutiert: die «Senatslösung» mit einer gewählten Zweiten Kammer sowie die «Bundesratslösung», die eine Länderkammer aus Vertretern der Landesregierungen vorsah. Die SPD, die zunächst eine reine Senatslösung befürwortete, vollzog schließlich, als sie erkannte, daß ihre Position nicht mehrheitsfähig war, einen überraschenden Kurswechsel und ermöglichte es ihrem Verfassungsexperten Walter Menzel, im Alleingang mit dem bayerischen Ministerpräsidenten Hans Ehard eine Bundesratsregelung auszuarbeiten, die auf der Linie der süddeutschen Föderalisten lag und den Ländern erheblich größere Kompetenzen zubilligte als der von Adenauer ausgehandelte Entwurf der CDU/CSU-Fraktion. Immerhin bedeutete die Lösung, die nach schweren, nur mühsam zu überbrückenden inneren Spannungen auch von der Union akzeptiert wurde, daß die SPD nunmehr einer wichtigen föderalistischen Komponente im institutionellen Gefüge der Bundesrepublik zustimmte, nachdem sie zuvor stets die Bedeutung einer starken Zentralgewalt für die Funktionsfähigkeit des künftigen politischen Gemeinwesens betont hatte.

Die eigentliche Entscheidung über das Verhältnis zwischen Bund und Ländern stand jedoch noch bevor, wenn es um die Finanzfrage, d. h. um die Regelung der Zuständigkeit bei der Steuererhebung und Steuerverteilung, ging. Die extremen Föderalisten, darunter große Teile von CDU und CSU, wollten diese Aufgabe weitgehend den Ländern übertragen und wandten sich gegen eine einheitliche Bundesfinanzverwaltung. SPD und FDP forderten dagegen eine starke Bundesgewalt mit weitreichenden Steuererhebungskompetenzen und einem Finanzausgleich zwischen den Ländern. Die Angelegenheit wurde noch dadurch kompliziert, daß sich die Militärgouverneure am 22. November 1948 unter französischem Druck zum ersten Mal mit der Übersendung eines Aide-mémoires direkt in die Verhandlungen einschalteten, das die wesentlichen Grundsätze enthielt, die in der deutschen Verfassung berücksichtigt werden sollten. Besonders eingehend wurde dabei die Notwendigkeit unterstrichen, den föderalistischen Aspekt der künftigen Verfassung im Hinblick auf das Zweikammersystem und die Finanzverfassung zu beachten. Es war offensichtlich, daß die Besatzungsmächte – insbesondere Frankreich – das SPD/FDP-Modell ablehnten und die extremen Föderalisten unterstützten, um den Bund zugunsten der Länder zu schwächen. Da sich die Militärgouverneure in den Frankfurter Dokumenten das Recht vorbehalten hatten, über die Arbeit des Parlamentarischen Rates das letzte Wort zu sprechen, bedeutete diese Intervention eine empfindliche Einschränkung der deutschen Entscheidungsfreiheit. Eine Unterredung zwischen den Alliierten und einer Abordnung des Rates am 16. Dezember fand dementsprechend in gespannter Atmosphäre statt. Als Adenauer dabei auch über die Differenzen zwischen den Parteien sprach, waren Sozialdemokraten und Liberale empört: Sie sahen darin einen Versuch, die Besatzungsmächte als Schiedsrichter im Streit der Fraktionen einzuspannen, und die SPD sprach Adenauer das Mißtrauen aus.[141]

Danach war die sachliche Arbeit im Rat vorübergehend gestört, ehe der Ende Januar 1949 gebildete interfraktionelle Fünfer-Ausschuß, dem je zwei Abgeordnete der CDU/CSU und der SPD sowie einer der FDP angehörten, unter dem Vorsitz Adenauers bis zum 3. Februar mühsam Kompromisse in der Frage der Mitwirkung des Bundesrats bei der Gesetzgebung und zum Problem der Finanzverfassung fand. Die CDU/CSU machte dabei den Weg für eine einheitliche Bundesfinanzverwaltung frei, indem sie ihre Forderung, Bundessteuern sollten durch die Länder verwaltet werden, fallenließ. SPD und FDP hatten sich durchgesetzt. Das entscheidende Hindernis für den Abschluß der Beratungen über die Verfassung war auf deutscher Seite aus dem Weg geräumt. So konnte die Dritte Lesung des Grundgesetz-Entwurfs im Hauptausschuß in nur fünf Sitzungen vom 8. bis 10. Februar 1949 abgeschlossen werden. Allerdings war die Strategie, das alliierte Memorandum vom 22. November 1948 lediglich als «eine Erläuterung» zu werten[142] und damit die Intervention der Militärgouverneure praktisch zu ignorieren, nicht ohne Risiko, da man nun mit der Ablehnung der Alliierten rechnen mußte.

Tatsächlich teilte der britische Militärgouverneur Robertson nach dreiwöchiger Prüfung des Textes durch die Militärregierungen einer Delegation des Parlamentarischen Rates am 2. März mit, daß der Grundgesetz-Entwurf in acht Punkten von den Forderungen des Aide-mémoires vom 22. November abweiche. Der Entwurf sei entsprechend zu überarbeiten. Insbesondere die Steuergesetzgebung und Steuerverwaltung zwischen Bund und Ländern sollten eindeutig getrennt werden; den Ländern sei grundsätzlich eine Vorrangstellung einzuräumen.[143]

Dies war noch kein Veto, das die Grundgesetzberatungen scheitern ließ, aber eine Warnung, daß ein Scheitern drohte, wenn die Vorstellungen der Alliierten weiterhin unberücksichtigt blieben. Doch die SPD-Fraktion im Parlamentarischen Rat, ferngelenkt von Kurt Schumacher, der nach einer Beinamputation noch immer nicht völlig genesen war, sich aber von Hannover aus wieder regelmäßig an den Entscheidungen beteiligen konnte, lehnte die gewünschten Änderungen schroff ab. Halbherzige Vorschläge des Siebener-Ausschusses, dem um Vertreter der Deutschen Partei und des Zentrums erweiterten interfraktionellen Fünfer-Ausschuß, der bis zum 18. März nach Lösungen suchte, waren für die Militärgouverneure nicht annehmbar. Sie beharrten auf ihren Forderungen nach einer weitergehenden Revision der Bestimmungen zum Verhältnis von Bund und Ländern, um die Zentralgewalt zu schwächen und den Föderalismus zu stärken. Als die SPD erneut ablehnte, schienen die Kompromißmöglichkeiten erschöpft, und Adenauer, der die Beratungen auf keinen Fall scheitern lassen wollte, erwog, die alliierten Forderungen vom März zu akzeptieren und das Grundgesetz mit den kleinen Parteien (außer den Kommunisten) zu verabschieden. Allerdings konnte er sich der Zustimmung der CSU nicht sicher sein, die angesichts bevorstehender Landtagswahlen unter starkem Druck der partikularistischen Bayernpartei stand, der selbst die alliierten Vorstellungen zur Steigerung des Föderalismus noch nicht weit genug gingen und die deshalb das Grundgesetz kompromißlos ablehnte.

In dieser schwierigen und verfahrenen Situation zeigte es sich, daß die Westmächte ebenfalls davor zurückschreckten, die westdeutschen Verfassungsberatungen im letzten Augenblick noch scheitern zu lassen. Vor allem offenbarte sich nun eine Kluft zwischen den Militärgouverneuren in Deutschland, die einem exzessiven Föderalismus das Wort redeten, und den Regierungen in den westlichen Hauptstädten, die eine politische Abwägung der Vor- und Nachteile weiterer Probleme und Verzögerungen vornahmen. So bewies General Koenig, beraten von André François-Poncet, eine härtere Haltung als Außenminister Robert Schuman, in Washington stießen General Clays Bedenken gegen den Grundgesetz-Entwurf auf immer größere Zweifel im State Department und in anderen Bereichen der Administration, und im Londoner Foreign Office war man ohnehin längst der Meinung, daß nur ein von der SPD und der CDU/CSU gemeinsam getragener Verfassungskompromiß für Großbritannien erstrebenswert sei und daß deshalb kein zusätzlicher Druck auf die Sozialdemokraten ausgeübt werden sollte.[144] Auf einem Außenministertreffen der drei Westmächte vom 5. bis 8. April 1949 in Washington wurde daher nicht nur das Besatzungsstatut unterzeichnet, das nach der Einigung über das Grundgesetz verkündet werden sollte, sondern man schwenkte auch in der Frage der Finanzkompetenz des Bundes auf die flexiblere Linie der Briten ein.[145]

Bereits am 10. April wurde der Parlamentarische Rat von den alliierten Verbindungsoffizieren über das Besatzungsstatut informiert, dessen Bestimmungen «wesentlich vernünftiger» waren als die Fragmente, die man bis dahin auf deutscher Seite in Erfahrung gebracht hatte, und die erkennen ließen, daß das Grundgesetz keiner wesentlichen Änderungen mehr bedurfte.[146] In den noch offen Sachfragen des Grundgesetz-Entwurfs teilten die Westmächte ihre Bereitschaft zum Nachgeben in einem Schreiben der Außenminister mit, das dem Parlamentarischen Rat am 22. April von den Militärgouverneuren übergeben wurde.[147] Danach war der Weg für abschließende Verhandlungen mit den Alliierten frei, die am 25. April in Frankfurt stattfanden, so daß das Plenum des Parlamentarischen Rates den Grundgesetz-Entwurf am 8. Mai 1949 – auf den Tag genau vier Jahre nach der bedingungslosen Kapitulation – in Dritter Lesung mit 53 gegen 12 Stimmen annehmen konnte. Das Provisorium hatte Gestalt gewonnen.

Die Gegenstimmen kamen zum einen natürlich von den Kommunisten, die den Weststaat generell ablehnten. Aber auch sechs von acht Abgeordneten der CSU, die beiden Vertreter des Zentrums sowie die zwei Abgeordneten der Deutschen Partei stimmten gegen den Entwurf des Grundgesetzes. CSU und DP sahen vor allem in dem von der SPD erzwungenen Kompromiß in der Frage der Finanzverfassung eine unzumutbare Einschränkung des föderalistischen Prinzips, die sie nicht mittragen wollten. Die Vertreter des Zentrums hielten die Regelung des Elternrechts für unbefriedigend. Josef Schwalber, der im Namen der sechs CSU-Abgeordneten deren Ablehnung begründete, wandte zudem ein, das Grundgesetz biete in der vorliegenden Form nicht genügend Schutz gegen «eine unheilvolle Entwicklung des Parteiwesens durch eine Wiederholung der Parteienzersplitterung» und bekenne sich nicht «eindeutig und entschieden zu den Gedanken unserer christlichen Staatsauffassung». Zugleich versicherte er im Namen der Sechs «mit allem Nachdruck, daß wir uns trotz unserer Einwendungen gegen das Grundgesetz dem neuen Staat und Gesamtdeutschland aus tiefstem Empfinden verpflichtet fühlen».[148] An der Ablehnung änderte dies jedoch nichts.

Entscheidung für Bonn als Regierungssitz

Nur zwei Tage nach der Annahme des Grundgesetzes, am 10. Mai 1949, bestimmte der Parlamentarische Rat Bonn zum «vorläufigen Sitz der Bundesorgane». In geheimer Abstimmung, die nach einer eigens für diesen Anlaß vorgenommenen Satzungsänderung von der SPD beantragt worden war, votierten 33 Abgeordnete für Bonn, 29 für Frankfurt am Main. Die Vorgeschichte dieser Entscheidung reichte allerdings zurück bis in den Sommer 1948, als die Ministerpräsidenten sich am 17. August in einem Rundtelefonat auf Bonn als Tagungsort des Parlamentarischen Rates geeinigt hatten. Konrad Adenauer hatte dabei noch keine Rolle gespielt, um so mehr jedoch der Chef der nordrhein-westfälischen Staatskanzlei, Hermann Wandersleb. Dieser äußerst tüchtige Verwaltungsfachmann – wegen seines rundlichen Aussehens, der gelegentlichen Neigung, plötzlich zu explodieren, und seiner Art, überraschend überall aufzutauchen, wo man ihn am wenigsten erwartete, auch «Kugelblitz» genannt – hatte zunächst seinen Ministerpräsidenten Hans Arnold dazu gebracht, eigene Pläne zugunsten Düsseldorfs aufzugeben, und ihn dann dafür gewonnen, sich erfolgreich für Bonn zu engagieren.[149] Seit September 1948 pflegte Wandersleb schließlich einen engen Kontakt zu Adenauer, um gemeinsam mit dem Präsidenten des Parlamentarischen Rates für Bonn noch Höheres zu erreichen. Unterstützung erhielt Wandersleb außerdem von der britischen Besatzungsmacht, die sehr frühzeitig, nämlich bereits 1946, als die ersten Überlegungen für eine Änderung der alliierten Deutschlandpolitik und zur Förderung einer westdeutschen Staatsgründung angestellt worden waren, ihr Interesse bekundet hatte, die neue deutsche Regierung in ihrer Zone anzusiedeln. Sogar entsprechende Beschlüsse waren damals von der britischen Militärregierung schon gefaßt worden.[150]

Für Adenauer lag der Gedanke an Bonn keineswegs von vornherein auf der Hand. Selbst den Parlamentarischen Rat hätte er anfangs lieber in der französischen Zone – in Bad Ems oder Koblenz – tagen sehen, ehe er Gefallen daran fand, daß das Entscheidungszentrum der deutschen Politik in angenehme Nähe zu seinem Wohnsitz in Rhöndorf gerückt war. Auch als Bundeshauptstadt favorisierte er zunächst einen anderen Ort, nämlich

Frankfurt am Main, das als Tagungsstätte der ersten deutschen Nationalversammlung 1848/49 und nun als Sitz des Wirtschaftsrates der Bizone eine überzeugende Alternative zu Berlin darzustellen schien, dessen Wiedereinsetzung als Reichshauptstadt Adenauer wie viele andere kategorisch ablehnte. Die Erfahrung im Parlamentarischen Rat nahm ihn jedoch rasch für Bonn ein. Schon im Herbst 1948 teilte er Wandersleb mit: «Die Leute fühlen sich hier so wohl, dat sie jar nicht mehr wegwollen. Jetzt können wir daranjehen, einen Vorschlag in der Richtung zu machen, dat Bonn vorläufig Bundeshauptstadt wird.»[151]

Bis zu diesem Zeitpunkt war Bonn allerdings bestenfalls Außenseiter im noch gar nicht eröffneten Rennen um den künftigen Regierungssitz und kaum ein ernsthafter Konkurrent für Frankfurt. Außerdem gab es noch weitere Bewerber: Stuttgart, für das sich Oberbürgermeister Klett und der Staatspräsident von Württemberg-Hohenzollern, Gebhard Müller, einsetzten, sowie Kassel. Die Frankfurter waren sich dabei ihrer Sache so sicher, daß sie zunächst sogar darauf verzichteten, für sich Reklame zu machen. Erst spät begann ein Vertrauensmann des Oberbürgermeisters Walter Kolb, der Journalist Fritz Fay, für die Stadt zu werben, und Kolb selbst verschickte noch Briefe und Telegramme. Doch da war es bereits zu spät.

Die Bonn-Lobby, angeführt von Adenauer und Wandersleb, bemühte sich dagegen beizeiten um Unterstützung. Immer wieder erklärte Adenauer im vertrauten Gespräch und in der Öffentlichkeit, die Hauptstadt des deutschen Teilstaates, der noch zum deutschen Kernstaat werden müsse, gehöre an den Rhein. Dort gebe es eine «europäische Tradition», und das Schlimme am «Preußischen», das für das Schicksal Gesamtdeutschlands so verhängnisvoll gewesen sei, habe hier nie recht Fuß fassen können.[152] Darüber hinaus, so behauptete er bereits im Oktober 1948, sei Bonn auch Frankfurt vorzuziehen, «weil die alten traditionellen Verbindungen zwischen dem rheinischen Westen und den westlichen Nachbarn Deutschlands stärker sind als die Beziehungen zwischen Frankfurt und den westlichen Nachbarn».[153] Den amerikanischen Diplomaten Robert Murphy versuchte er durch den Hinweis zu gewinnen, mit dem Regierungssitz in Bonn werde den immer noch bestehenden französischen Ansprüchen auf linksrheinisches Gebiet der Boden entzogen. Überdies wäre Frankfurt sehr viel eher einer sowjetischen Invasion über Thüringen ausgesetzt als Bonn.[154] Carlo Schmid wiederum versuchte er durch regierungspolitische Argumente zu überzeugen: In Frankfurt würden Parlament und Regierung unter dem massiven Druck der Bürokratie der alliierten Militärregierung stehen, und die «bürokratische Wand der Verwaltungen des ehemaligen Wirtschaftsrates» werde den Politikern der neuen Bundesrepublik den Blick auf die eigentlichen Probleme verstellen. In Bonn dagegen habe man ausgezeichnete Gelegenheit, sich auf das Politische zu konzentrieren: Parlament und Regierung stünden «ungestört in engstem Kontakt»; man werde nur so viel Bürokratie nach Bonn verlegen, wie zur technischen Vorbereitung der politischen Entscheidungen von Parlament und Regierung «unbedingt nötig» sei, und die Verwaltungen in Frankfurt lassen, wo sie gut aufgehoben seien. Außerden brauche man in Bonn nicht mit der Gefahr von Massendemonstrationen zu rechnen.[155] Die britische Militärregierung kam Adenauer schließlich noch mit der Zusicherung zu Hilfe, daß Bonn entmilitarisiertes Gebiet werde, falls es den Zuschlag für den Regierungssitz erhalte.[156] Zwar waren in Bonn und Umgebung gar keine britischen Truppen stationiert, sondern nur Belgier. Aber Adenauer nutzte das Argument, indem er es vor allem durch die Behauptung ergänzte, eine ähnliche Zusage sei für Frankfurt undenkbar, weil die USA ihre massive militärische Präsenz dort selbst dann nicht abbauen könnten, wenn sie es wollten.[157] Wandersleb dagegen rechnete einer erstaunten Öffentlichkeit vor, daß man an Bonn schon aus finanziellen Gründen festhalten müsse: Falls man sich für eine andere Stadt entscheide, betrügen die verlorenen Kosten fünfzig Millionen Mark, die der zusätzlichen Kosten für die Neueinrichtung in Frankfurt sechzig Millionen – für die damalige Zeit hohe Summen, die niemand gerne verantworten wollte.[158]

Für Adenauer schien die Angelegenheit damit frühzeitig entschieden, so daß er als Hausherr des Parlamentarischen Rates bereits im Februar 1949, drei Monate vor der Abstimmung über den Regierungssitz, die Bonner Pädagogische Akademie durch Anbauten erweitern ließ, um Platz für den Bundestag und den Bundesrat zu schaffen. Er wartete nicht einmal die Baugenehmigung dafür ab. Sie traf erst am 5. Mai ein, als schon das Richtfest gefeiert wurde – da war man immer noch fünf Tage von der Abstimmung entfernt.[159]

Trotzdem wäre die listig gestrickte Kampagne für Bonn beinahe mißglückt, weil die SPD-Abgeordneten im Parlamentarischen Rat konsequent bei ihrem Votum für Frankfurt blieben – einer großen Industriestadt mit sozialdemokratischer Mehrheit im Gegensatz zur behäbig-konservativen «geruhsamen Pensionopolis» am Rhein.[160] Lediglich die Berliner Sozialdemokraten um Oberbürgermeister Ernst Reuter sprachen sich frühzeitig für Bonn aus, weil sie statt der traditionsreichen Main-Metropole lieber «eine unscheinbare Stadt als provisorischen Sitz der zentralen Instanzen» wünschten, um eine spätere Rückkehr der Regierung nach Berlin nicht zu verbauen.[161] Als eine geheime Probeabstimmung der CDU/CSU-Fraktion im Parlamentarischen Rat am Vormittag des 10. Mai ergab, daß selbst in der Union nur 21 Abgeordnete für Bonn, aber 6 für Frankfurt stimmen wollten, schien die SPD eine sichere Mehrheit für die Stadt am Main zu besitzen.

In dieser Situation kursierte – merkwürdigerweise nur in Bonn – über den Mittag des 10. Mai die durch den Deutschen Presse-Dienst (dpd) verbreitete «vertrauliche Meldung», Kurt Schumacher habe am Vormittag in einer Vorstandssitzung der SPD «die sichere Niederlage der CDU/CSU in der Hauptstadtfrage und die wohltätigen Wirkungen dieser Tatsache für die künftige Politik erörtert».[162] Ob es ein Gerücht, eine Intrige oder eine Lüge war, sei dahingestellt. Jedenfalls sah sich Adenauer dadurch in die Lage versetzt, am Nachmittag des 10. Mai, mit der dpd-Meldung bewaffnet, die CDU/CSU-Fraktion geschlossen auf Bonn einzuschwören. Sogar die beiden Vertreter Hessens, Heinrich von Brentano und Walter Strauß, stellten nun ihre Parteiloyalität über die Landestreue. Bonn hatte es geschafft. Endgültig wurde der Streit allerdings erst am 3. November 1949 im Bundestag beigelegt, als nochmals eine Abstimmung über Bonn und Frankfurt stattfand, die diesmal recht deutlich mit 200 gegen 176 Stimmen für Bonn ausfiel.

Die Ratifizierung des Grundgesetzes

Am späten Abend des 12. Mai 1949 verlas General Robertson im Namen der drei Militärgouverneure das Genehmigungsschreiben der Alliierten zum Grundgesetz, das anschließend Adenauer in seiner Eigenschaft als Präsident des Parlamentarischen Rates überreicht wurde. Nun mußte der Gesetzentwurf nur noch von den Landtagen ratifiziert werden, ehe der Parlamentarische Rat in einer Schlußsitzung seine Annahme feststellen konnte. Die Ministerpräsidenten hatten dieses Verfahren der Ratifizierung durch die Landtage bei ihren Verhandlungen mit den Militärgouverneuren im Juli 1948 durchgesetzt, weil eine Volksabstimmung über die Annahme dem provisorischen Charakter des Grundgesetzes widersprochen hätte. Zwar hatten CDU und FDP in den Ausschußberatungen des Parlamentarischen Rates zeitweilig ein Plebiszit gefordert, um besser dem Prinzip der Volkssouveränität zu entsprechen. Aber das Plenum des Rates war letztlich der Forderung der Ministerpräsidenten gefolgt.

Am 18., 20. und 21. Mai 1949 wurde das Grundgesetz von zehn der elf Landtage gebilligt. Lediglich Bayern lehnte die Ratifizierung am 20. Mai nach einer stürmischen, teilweise von Tumulten begleiteten siebzehnstündigen Landtagssitzung in der Atmosphäre eines nächtlichen Gewitters unter Blitz und Donner mit 101 gegen 63 Stimmen ab. Zugleich wurde dem Antrag der bayerischen Staatsregierung, das Grundgesetz auch für Bayern als rechtsverbindlich anzuerkennen, wenn es von mindestens zwei Dritteln der übrigen Länder angenommen sei (was zu diesem Zeitpunkt bereits der Fall war), mit 97 Stimmen der CSU bei 70 Enthaltungen der SPD und FDP sowie 6 Neinstimmen entsprochen. Einstimmig wurde zudem beschlossen, eine Volksbefragung über das Grundgesetz abzuhalten, wenn die Militärregierung dies gestatte.[163]

Die Schlußsitzung des Parlamentarischen Rates fand am 23. Mai 1949 wiederum in der Pädagogischen Akademie in Bonn statt, diesmal jedoch in Anwesenheit der Ministerpräsidenten der deutschen Länder, der elf Landtagspräsidenten, Abordnungen des Wirtschaftsrates und der Wirtschaftsverwaltung der Bizone sowie Vertretern der Militärregierungen. Nachdem das Grundgesetz in einem feierlichen Akt von allen Abgeordneten des Parlamentarischen Rates (mit Ausnahme der KPD-Vertreter Max Reimann und Heinz Renner, die sich verweigerten), den Ministerpräsidenten und den

Landtagspräsidenten unterzeichnet worden war, wurde es vom Präsidenten des Rates ausgefertigt und noch am selben Tag in der ersten Nummer des Bundesgesetzblattes verkündet. Ein neuer Staat war entstanden.

Das Wahlgesetz

Die Wahlen zum ersten Deutschen Bundestag, die daraufhin vorbereitet wurden, erfolgten auf der Grundlage eines vom Parlamentarischen Rat gesondert beratenen und verabschiedeten Wahlgesetzes. Im Grundgesetz hatte man bewußt darauf verzichtet, den Wahlmodus zu regeln, weil man nicht wieder, wie in der Weimarer Republik, in die Verlegenheit kommen wollte, ein Wahlrecht, das sich in der Praxis als problematisch erwiesen hatte, nur über eine Verfassungsänderung mit einer schwer oder gar nicht zu erreichenden Zwei-Drittel-Mehrheit revidieren zu können. Damals war der Niedergang der ersten deutschen Republik nicht zuletzt durch Artikel 22 der Weimarer Verfassung, demzufolge der Reichstag «nach den Grundsätzen der Verhältniswahl gewählt» wurde, beschleunigt worden. Das Verfahren eines lupenreinen Verhältniswahlrechts war den Urhebern der Verfassung als äußerst demokratisch erschienen, hatte jedoch in Verbindung mit anderen Strukturdefiziten der Weimarer Ordnung und unvorhergesehenen politischen, wirtschaftlichen und sozialen Spannungen zu Parteienzersplitterung und komplizierten Mehrheitsverhältnissen im Parlament geführt. Die notwendige Zwei-Drittel-Mehrheit für eine Wahlrechtsänderung war indessen nie zustande gekommen. Ein lange als unerträglich erkannter Zustand wurde dadurch bis zum bitteren Ende fortgeschrieben.

Der Parlamentarische Rat zog aus dieser Erfahrung seine Lehren. Artikel 38 Abs. 1 und Artikel 39 des Grundgesetzes beschränkten sich darauf festzustellen, daß die Abgeordneten des Deutschen Bundestages in allgemeinen, unmittelbaren, freien, gleichen und geheimen Wahlen für vier Jahre gewählt werden und daß sie an Weisungen nicht gebunden sind. Ob sie nach dem Modell des Verhältniswahlrechts oder des Mehrheitswahlrechts gewählt werden sollten, blieb damit offen. Ein Wahlgesetz sollte statt eines Verfassungsartikels den Wahlmodus bestimmen. Allerdings war die Zuständigkeit des Parlamentarisches Rates – folgte man dem Wortlaut der Londoner Empfehlungen – strikt auf die Ausarbeitung einer Verfassung beschränkt, während die Kompetenz zum Erlaß von Gesetzen bei den Militärgouverneuren lag und von diesen im Einzelfall an die Ministerpräsidenten der Länder delegiert werden konnte. Tatsächlich wiesen die rechtspolitischen Berater der Militärregierungen den Parlamentarischen Rat zu Beginn seiner Tätigkeit darauf hin, daß jedes Land autonom über ein eigenes Wahlrecht zum ersten Bundestag entscheiden müsse. Man wünschte zwar einen westdeutschen Staat. Dieser sollte jedoch «in seinen Strukturen so wenig homogen wie möglich» ausfallen.[164] Dem Wahlrechtsausschuß des Parlamentarischen Rates erschien dies als eine Absurdität. In zähen Gesprächen mit den Beratern der Militärgouverneure wurden die Alliierten schließlich davon überzeugt, ihre Forderung teilweise fallenzulassen. Das Wahlsystem sollte nun doch einheitlich sein, aber zumindest die Ministerpräsidenten sollten bei den Verhandlungen noch hinzugezogen werden.

Der Prinzipienstreit über Mehrheitswahlrecht und Verhältniswahlrecht wurde durch den Beschluß entschärft, das Wahlgesetz auf den ersten Bundestag zu beschränken. Das gewählte Parlament würde dann Gelegenheit haben, grundsätzlich zu erörtern, wie das Wahlrecht der Bundesrepublik in Zukunft beschaffen sein sollte. Dennoch war eine scharfe Auseinandersetzung über das Wahlgesetz nicht zu vermeiden, weil die Wahlrechtsfrage nicht nur theoretische Bedeutung besaß, sondern mit darüber entschied, welchen Anteil an der politischen Macht die jeweiligen Parteien erlangen konnten. Erstaunlicherweise gelang es dabei nur den kleineren Parteien, eine klare Haltung einzunehmen: Da sie bei einem Mehrheitswahlrecht befürchten mußten, keine Chance zu erhalten, überhaupt in den Bundestag zu gelangen, traten sie entschieden für ein Verhältniswahlrecht ein und wiesen darauf hin, daß bei einem Mehrheitswahlrecht beträchtliche Teile der Wählerschaft im Parlament ohne Vertretung bleiben würden. Eine Ausnahme war die Deutsche Partei, die sich ganz auf Niedersachsen konzentrierte, wo sie über eine starke Anhängerschaft verfügte, und die sich daher von einem absoluten Mehrheitswahlrecht erhebliche Vorteile versprach.

In den großen Parteien waren die Meinungen dagegen geteilt. So neigte die CDU zwar überwiegend zum relativen Mehrheitswahlrecht, weil sie sich davon angesichts der Struktur der westdeutschen Gesellschaft und der Zusammensetzung der Wählerschaft eine langfristig stabile Mehrheit im Bundestag erhoffte. Aber in der französischen Zone tendierte sie zum Verhältniswahlrecht, in Nordrhein-Westfalen umgekehrt zum absoluten Mehrheitswahlrecht. Die CSU war aufgrund der Bedrohung durch die Bayernpartei gänzlich unentschieden. Adenauer plädierte für ein System von Listenverbindungen mit anderen Parteien, um bereits «durch das Wahlverfahren eine bürgerliche Koalition zu sichern».[165] In der SPD gab es ebenfalls zahlreiche Anhänger des Mehrheitswahlrechts, weil sie überzeugt waren, daß die Erfahrung des Nationalsozialismus und der Ausgang des Krieges die politische Grundstimmung der Wählerschaft nach links gerückt hätten und gute Voraussetzungen für dauerhafte Wahlerfolge der SPD böten – zumal die Sozialdemokraten durch ihren Widerstand gegen das NS-Regime, im Gegensatz zu den bürgerlichen Parteien, politisch nicht belastet seien. Die Mehrheit der Partei folgte jedoch Carlo Schmid, der es – bei aller Sympathie für ein «Wahlrecht britischen Charakters» mit klaren Alternativen und stabilen Mehrheitsverhältnissen – in der Gründungsphase der Bundesrepublik für noch zu gefährlich hielt, «die mit dem Mehrheitswahlrecht zu erwartende strikte Polarisierung der politischen Fronten zu wagen».[166] Er empfahl daher für die erste Bundestagswahl, es im Grundsatz beim Listenwahlrecht – und damit bei der Verhältniswahl – zu belassen.

2. Das Grundgesetz

In interfraktionellen Beratungen zwischen der SPD und den kleinen Parteien wurde auf dieser Grundlage ein Kompromiß ausgehandelt, dem sich am Ende auch die FDP anschloß, in der Theodor Heuss 1947 einen eigenen Vorschlag für ein Mehrheitswahlrecht entwickelt hatte, der dem Reichstagswahlrecht von 1918 entsprach. Die CDU/CSU war dagegen nicht in der Lage, ihre innere Zerrissenheit in dieser Frage zu überwinden. Der Kompromiß, wonach die Hälfte der Abgeordneten nach dem einfachen Mehrheitsprinzip direkt gewählt, die andere Hälfte der Mandate unter Anrechnung der Direktmandate über Listenplätze vergeben werden sollte, kam in der politischen Auswirkung dem klassischen Verhältniswahlrecht gleich, vermischte jedoch die Verhältniswahl mit Elementen der Persönlichkeitswahl. Der Wahlrechtsausschuß des Parlamentarischen Rates stimmte dem Kompromiß am 4. Februar 1949 gegen die Stimmen der CDU/CSU und der KPD zu; der Hauptausschuß folgte dem Votum nach eingehender Diskussion am 22./23. Februar, ebenso das Plenum am 24. Februar.

Bis zu diesem Zeitpunkt waren die Beratungen allerdings ohne die von den Alliierten geforderte Mitwirkung der Ministerpräsidenten erfolgt. Der Wahlrechtsausschuß hatte einfach unterstellt, daß das Wahlgesetz wohl genehmigt würde, wenn es «als Appendix zum Grundgesetz gleichsam als angehängte Übergangsbestimmung» vorgelegt würde.[167] Das erwies sich nun als Irrtum. Denn die Militärgouverneure versagten dem Wahlgesetz am 2. März ihre Genehmigung und bestanden darauf, daß die Ministerpräsidenten sich ebenfalls noch mit der Materie beschäftigen sollten. Dies geschah auf einer gemeinsamen Konferenz der Länderchefs mit Vertretern des Parlamentarischen Rates am 24. März in Königstein. Ohne wesentliche inhaltliche Änderungen wurde das Gesetz danach wieder an den Parlamentarischen Rat zurückverwiesen, lediglich verbunden mit der Auflage, es mit einer Zwei-Drittel-Mehrheit zu verabschieden.[168]

Um die Zustimmung der Union zu ermöglichen, verfolgte der Parlamentarische Rat nun den Gedanken, das Wahlgesetz als «Rahmengesetz» zu behandeln, das es einzelnen Ländern erlaubt hätte, Sonderregelungen vorzunehmen. So wäre es beispielsweise der CSU in Bayern möglich gewesen, gesonderte «Flüchtlingswahlkreise» einzurichten, um die Wahlchancen der CSU in anderen Wahlkreisen zu verbessern. Die Idee wurde jedoch am 9. Mai von der SPD und FDP im Interesse einer einheitlichen Regelung für die gesamte Bundesrepublik wieder fallengelassen, so daß die alten Konflikte mit der Union und den Militärregierungen neu aufbrachen. Nachdem das Wahlgesetz in dieser Form am 10. Mai im Plenum des Parlamentarischen Rates verabschiedet und am 23. Mai zusammen mit dem Grundgesetz verkündet worden war, verwunderte es daher kaum, daß die Alliierten am 28. Mai erneut ihre Genehmigung verweigerten und nun noch die Zustimmung einer «erheblichen Mehrheit» der Ministerpräsidenten verlangten.

Die Ministerpräsidenten berietet daraufhin erneut, diesmal am 31. Mai und 1. Juni 1949 in Bad Schlangenbad. Und nun gaben sie sich mit einer bloßen

Übernahme des Entwurfs des Parlamentarischen Rates nicht zufrieden, sondern schlugen zwei wesentliche Änderungen vor: So sollte das Verhältnis zwischen Direktmandaten und Listenkandidaten nicht, wie vom Parlamentarischen Rat vorgesehen, 50 zu 50 betragen, sondern 60 zu 40. Zum anderen führten sie eine Sperrklausel ein, wonach Parteien, die weniger als 5 Prozent der Stimmen im Bundesgebiet oder kein Direktmandat erzielt hatten, nicht berücksichtigt werden sollten. Die Sperrklausel war zuvor vom Parlamentarischen Rat ausdrücklich abgelehnt worden.[169] Als die Änderungen bekannt wurden, sahen die Länderchefs sich von seiten der SPD, der FDP, des Zentrums und der Kommunisten sogleich mit dem Vorwurf des «ersten Verfassungsbruchs» konfrontiert. Doch die Militärgouverneure sanktionierten das Wahlgesetz mit der Ergänzung, daß die Sperrklausel nur für jeweils ein Land gelten dürfe, um die Sperrwirkung noch zu erhöhen. Danach wurde das «Wahlgesetz zum Ersten Bundestag und zur ersten Bundesversammlung der Bundesrepublik Deutschland» am 15. Juni 1949 verkündet. Eine Verordnung vom gleichen Tage setzte als Wahltag den 14. August 1949 fest.

Der Bundestagswahlkampf 1949

Der Wahlkampf im Sommer 1949 war kurz. Weniger als zwei Monate blieben den 16 Parteien und 70 parteilosen Kandidaten, um sich beim Wähler im Rennen um die 402 Bundestagsmandate zu profilieren. Doch nur Vertreter der CDU/CSU, SPD, FDP und KPD kandidierten in allen Bundesländern. Daneben gab es Regionalparteien wie die Bayernpartei und die Wirtschaftliche Aufbau-Vereinigung (WAV), die nur in Bayern antraten, die Deutsche Partei (DP), die sich auf Niedersachsen, Bremen, Hamburg und Schleswig-Holstein konzentrierte, sowie die Rheinisch-Westfälische Volkspartei (RWVP) im Westen und den Südschleswigschen Wählerverband (SSW) im äußersten Norden der Republik. Auch die Deutsche Konservative Partei/Deutsche Rechtspartei (DKP/DRP), die sich Unterstützung von alten Nationalsozialisten und Rechtskonservativen erhoffte, kandidierte nur in Hamburg, Schleswig-Holstein, Niedersachsen und Nordrhein-Westfalen, während sich die obskure Radikalsoziale Freiheitspartei (RSF), für die der Staat ein «Scheusal» war und die Menschen in zwei «Klassen» zerfielen, «nämlich in ehrlich Arbeitende und in Politiker, Abgeordnete und Minister, die überhaupt nichts täten»[170], nur in Schleswig-Holstein, Niedersachsen, Bremen, Nordrhein-Westfalen und Württemberg-Baden um die Gunst der Wähler bewarb. Interessengruppen und Splitterparteien, wie die «Notgemeinschaft» in Württemberg-Hohenzollern, die «Vereinigung der Fliegergeschädigten (und Sparer)» in Hamburg und Bremen sowie die neutralistische «Sammlung zur Tat» in Baden und Württemberg, waren ebenfalls auf einzelne Bundesländer beschränkt.

Doch so viele Bewerber es gab, so wenig Geld stand ihnen für den Wahlkampf zur Verfügung. Selbst die Kassen der «großen» Parteien, die in allen

Bundesländern antraten, waren noch weitgehend leer. Um so wichtiger waren der Enthusiasmus der Mitglieder und das persönliche Engagement der Kandidaten. Auf zahllosen Kundgebungen und Versammlungen, aber auch auf Plakatwänden und an Litfaßsäulen, in Broschüren und Flugblättern sowie in geringerem Ausmaß in Parteizeitungen wurde für Ziele und Personen geworben. Moderne Medien, wie der immer noch von den Alliierten kontrollierte Rundfunk oder das Fernsehen, das zwar lange erfunden, aber noch nicht flächendeckend eingeführt war, spielten dagegen keine Rolle. Auch die filmischen Wochenschauen berichteten eher am Rande über die Auseinandersetzung zwischen den Parteien und Personen um den Einzug in den Bundestag.

Trotz der Gemeinsamkeit des Provisorischen, das nicht nur – nach dem Willen seiner Architekten – den neuen Staat auszeichnen sollte, sondern auch den Wahlkampf prägte, ging man indessen alles andere als zimperlich miteinander um. Vor allem Kurt Schumacher und Konrad Adenauer setzen einander hart zu. Doch während Adenauer dabei vorzugsweise mit geschickt plazierten Unterstellungen und ebenso abgefeimten wie wirkungsvollen Verdächtigungen arbeitete, neigte der SPD-Vorsitzende – seinem cholerischen Temperament und seiner biographisch zu erklärenden persönlichen Verbitterung entsprechend – zu Tiraden von Grobheiten und Verunglimpfungen, die von der sozialdemokratischen Presse vorsichtshalber meist nur in abgeschwächter Form wiedergegeben wurden. Adenauer engagierte deshalb eigens einen Stenographen, um die verbalen Entgleisungen seines Konkurrenten aufzunehmen, damit sie gegebenenfalls gegen ihn verwendet werden konnten. Allerdings kommentierte auch die bürgerliche und unabhängige Presse die Ausfälle Schumachers mit unverhohlener Ablehnung. So bemerkte Paul Wilhelm Wenger nach einer Rede Schumachers in Koblenz im *Rheinischen Merkur*, den der SPD-Vorsitzende zuvor als «Spucknapf des Landes Rheinland-Pfalz» bezeichnet hatte, Schumacher könne «als Fazit seiner rheinischen Premiere die Feststellung nach Hannover mitnehmen, daß er die beste Propaganda gegen sich selbst gemacht» habe; die CDU tue der SPD «bitter Unrecht, wenn sie die Reisekosten dieses ihres besten Wahlredners nicht auf ihre eigene Kasse» übernehme.[171] Und selbst der Korrespondent der neutralen *Neuen Zürcher Zeitung* konstatierte nach einem Auftritt Schumachers in Hamburg, in seinem «Amoklauf gegen alle Andersdenkenden» bleibe «dem fanatisierten Sozialistenführer kaum mehr Zeit zur Entwicklung konstruktiver und programmatischer Ideen».[172]

Das war allerdings stark übertrieben. Zwar erklärte der SPD-Vorsitzende hochmütig, Adenauer sei ein «Lügenauer» und die nach 1945 neu gegründete CDU «ein zusammengelaufener Haufen politisch ‹Unmündiger›», eine «klerikale, konservative und kapitalistische Partei» und die «heidnischste aller Parteien und eine Partei des Mammons».[173] Aber am Ende waren es gerade die inhaltlichen Aussagen, die maßgeblich zur Niederlage der SPD beitrugen, obwohl die meisten Beobachter im Vorfeld der Wahl den Sozialdemokraten die besten Chancen eingeräumt hatten. Vor allem die Doppelspitze gegen die Kirchen und die Soziale Marktwirtschaft kostete viele Stimmen – und wahrscheinlich den Sieg –, während die harsche Kritik an den Besatzungsmächten, besonders den Briten, durchaus populär war und auch von den anderen Parteien mit Nachdruck geübt wurde.

Bereits am 20. Juni bei der Eröffnung des Wahlkampfes seiner Partei in Gelsenkirchen beging der SPD-Vorsitzende einen folgenschweren strategischen Fehler, als er in der Absicht, die CDU/CSU in die Nähe der französischen Besatzungsmacht zu rücken und sie des «klerikalen Partikularismus im Interesse Frankreichs» zu bezichtigen, erklärte: «Wir sind für die deutsch-französische Verständigung, aber wir sind nicht dafür, uns von der unheilvollen Allianz eines französischen Generals und eines römischen Kardinals beherrschen zu lassen. Gekuscht wird nicht!»[174] Noch deutlicher wurde diese Gleichstellung von Besatzungsmacht und Kirche in der Bemerkung Schumachers: «Wir respektieren die Kirche, wir denken aber nicht daran, das deutsche Volk einer fünften Besatzungsmacht zu unterwerfen.»[175] Damit eröffnete der SPD-Vorsitzende zwei Fronten gleichzeitig, die den weiteren Verlauf des Wahlkampfes prägen und sogar über 1949 hinaus die Akzeptanz der SPD entscheidend beeinträchtigen sollten: Schumachers überspitzte Anklagen gegen die Besatzungsmächte, die in ihrer inhaltlichen Grundsätzlichkeit und rhetorischen Schärfe die Kritik der anderen Parteien weit übertrafen, riefen bei den neuen Verbündeten sorgenvolle Reaktionen hervor und trugen insbesondere in den USA dazu bei, die Basis für eine Zusammenarbeit mit der Schumacher-SPD für lange Zeit zu ruinieren. Und der Angriff auf die katholische Kirche kostete die SPD, praktisch schon am Beginn des Wahlkampfes, im katholischen Rheinland und Ruhrgebiet jene Stimmen, die nötig gewesen wären, um die CDU zu schlagen.[176]

Natürlich ließ Adenauer sich die Chance nicht entgehen, die SPD als kirchenfeindlich zu porträtieren und die CDU demgegenüber «als Hüterin des Christentums und christlicher Institutionen, der Ehe, der Familie und der religiösen Erziehung» und damit als «Bollwerk gegen die heidnischen Brüder Sozialismus und Kommunismus» darzustellen.[177] So zitierte er in einer Wahlrede im Heidelberger Schloß am 21. Juli wirkungsvoll aus einem zweieinhalb Jahre zurückliegenden Artikel der *Sozialistischen Rundschau*, einem an und für sich unmaßgeblichen Parteiblättchen der SPD für den Bezirk Ostwestfalen-Lippe, in dem es hieß, die Kirche sei und bleibe «der stärkste Feind der Partei»: Wenn «führende Genossen und Parteiredner» der SPD sich in öffentlichen Versammlungen vom Rednerpult aus zur Kirche bekennten, dann hätten diese Herren «doch lieber Pfarrer werden sollen». Für einen wirklichen Sozialdemokraten wirkten solche Redensarten «ekelerregend».[178] Das mußte man als Christ nicht mehr kommentieren. Die Äußerungen sprachen für sich.

Auch die unglückliche Erklärung des bayerischen SPD-Abgeordneten und Geschäftsführers der SPD in München, Franz Marx, für die Sozialdemokraten gehe es nunmehr darum, «den politischen Katholizismus abzu-

2. Das Grundgesetz

wehren», und es sei bedauerlich, daß die SPD «im Parlamentarischen Rat den Kulturkampf nicht von sich aus begonnen habe»[179], wurde von Adenauer genüßlich zitiert. Bis in die Begrifflichkeit hinein rückte sie in seltsamer Umkehrung alter Fronten die SPD in die Nähe Bismarcks, der in den siebziger Jahren des 19. Jahrhunderts den politischen Katholizismus in Gestalt des Zentrums – der alten politischen Heimat Adenauers – bekämpft hatte. Adenauer gehörte dieser Partei seit ihrer Selbstauflösung 1933 zwar nicht mehr an. Doch die 1945 neu gegründete «Deutsche Zentrumspartei» hoffte er in der Zukunft noch für die CDU zu gewinnen.

Für Adenauer war die mutmaßliche Kirchenfeindlichkeit der Sozialdemokraten indessen nur ein Ansatzpunkt, um die Wahlchancen der SPD zu schmälern. Ungeniert und wider besseres Wissen rückte er sie auch in die Nähe des östlichen Kommunismus, indem er die Zwangsvereinigung zwischen SPD und KPD in der sowjetischen Besatzungszone vom Frühjahr 1946 zum Anlaß nahm, von einer «historischen Schuld der Sozialdemokratie in der Ostzone und in Berlin» zu sprechen. Obwohl sich nicht nur die westdeutschen Sozialdemokraten, allen voran Schumacher, sondern auch viele ostdeutsche SPD-Anhänger – oft unter Einsatz ihres Lebens – der Verschmelzung beider Parteien zur SED widersetzt hatten, behauptete Adenauer, damit hätten die Sozialdemokraten «den einheitlichen Widerstand der deutschen Parteien in der russischen Besatzungszone gegen den Kommunismus und gegen die Russen gebrochen».[180] Durchaus infam, aber wiederum äußerst wirkungsvoll verwies er dabei auf die Tatsache, daß nicht weniger als fünf SED-Ministerpräsidenten in der Ostzone frühere Sozialdemokraten seien. Und auch im Westen, so Adenauer, stehe die SPD ideologisch «nach wie vor auf dem Boden des Klassenkampfes», weil sie es nach 1945 noch nicht fertiggebracht habe, ein der Zeit angemessenes, neues Parteiprogramm zu entwerfen.[181]

Christentum und Antikommunismus waren deshalb für Adenauer die beiden Kernfragen, um die es in diesem Wahlkampf ging. So erklärte er am Ende seiner Heidelberger Rede:

«Die Gefahr für uns Deutsche und für ganz Europa, vom kommunistischen Heidentum verschlungen zu werden, ist keineswegs gebannt. Sie besteht nach wie vor. Und ich sage Ihnen, nur dann können wir Europa und unser heißgeliebtes Vaterland für das Christentum retten, wenn diejenigen Parteien, die sich den Schutz und die Wahrung des Christentums auf ihre Fahne geschrieben haben, bei diesem Kampf um den Bundestag den Sieg davontragen. (Beifall) Sehen Sie, das ist das Tiefste, um das es in diesem Kampf geht: wird Deutschland christlich oder wird es sozialistisch regiert werden? Wenn es sozialistisch regiert werden wird, dann seien wir uns klar darüber, daß der Sozialismus keinen Damm gegen den Kommunismus bildet. Darum sind wir alle, jeder von uns, im innersten verpflichtet, am 14. August unsere Pflicht zu tun.»[182]

Der Berliner Beauftragte des SPD-Parteivorstandes, Willy Brandt, entgegnete Adenauer daraufhin im Pressedienst seiner Partei, der «Renegat Grotewohl» würde «beim Parteivorstand in Hannover gar nicht erst die Treppe heraufkommen», während man bei der CDU «mit Sendboten des Ostens Kaffeekränzchen veranstaltet, als ob nichts passiert wäre»[183]. Tatsächlich hätte die Feindschaft zwischen Otto Grotewohl im Osten und Kurt Schumacher im Westen erbitterter kaum sein können, während Adenauer sich noch am 2. März 1949 zu Versöhnungsgesprächen mit dem Vorsitzenden der Ostzonen-CDU, Otto Nuschke, an einen Tisch gesetzt hatte, den er in Heidelberg jetzt einen «Verräter der CDU» nannte.[184] Öffentlichkeitswirksam war allerdings die Rede Adenauers in Heidelberg, nicht die – in der Sache durchaus zutreffende – «Richtigstellung» Brandts, die ohnehin auf ein Publikum traf, das sich weniger für Parteiengezänk als für die eigene wirtschaftliche Zukunft interessierte.

Hierzu hatte die CDU am 15. Juli 1949 in einer vielbeachteten Pressekonferenz ihre «Düsseldorfer Leitsätze» veröffentlicht und ein Programm der «Sozialen Marktwirtschaft» verkündet. Die Verfechter eines «christlichen Sozialismus», die in den ersten Nachkriegsjahren die ökonomischen Vorstellungen der Union bestimmt und 1947 das «Ahlener Programm» mit der Forderung nach Staatsbeteiligung in der Industrie und Einschränkung des privaten Kapitals unter dem Stichwort der «Vergesellschaftung» geprägt hatten, verloren damit ihren Einfluß auf die Wirtschaftspolitik der Partei. In einer strategischen Kurskorrektur war die CDU auf die Linie eingeschwenkt, die der parteilose Wirtschaftsdirektor der Bizone, Ludwig Erhard, seit Juni 1948 mit beträchtlichem Erfolg verfolgte. Erhard selbst wurde zur zentralen Figur im Wahlkampf der CDU – wichtiger vielleicht noch als Adenauer –, obwohl er der Partei nicht angehörte und ihr auch gar nicht beizutreten gedachte. Während die SPD in alter Terminologie behauptete, die Frankfurter Wirtschaftsverwaltung, der Erhard vorstand, funktioniere nur «als Instrument des Klassenkampfes von oben» und habe «die Armen ärmer und die Reichen reicher gemacht»[185], propagierte Erhard mit «vertraueneinflößender Gemütlichkeit» eine marktwirtschaftliche Ordnung mit sozialer Verantwortung.[186] Hieß es im Wahlaufruf der SPD vom 16. Juli 1949, auch reiche Länder könnten «es sich nicht leisten, auf Planung in der Kapitalversorgung, der Produktion und der Ein- und Ausfuhr zu verzichten», nur «die wirtschaftlichen Beherrscher Deutschlands» wollten sich «hinter dem sinnlosen Wort von der sozialen Marktwirtschaft verstekken»[187], plädierte Erhard für die Aufhebung jeder Zwangswirtschaft, die Freisetzung der Kräfte des Marktes und die Entfaltung individueller Energien. Einen größeren Gegensatz hätte man sich kaum denken können: Das Programm der SPD roch nach Klassenkampf und Kommunismus, Erhards Konzept war eine Verheißung. Auch wenn dessen Bewährung in der Praxis noch ausstand, wurde der Frankfurter Wirtschaftsprofessor mit der unvermeidlichen Zigarre, optimistisch an qualmende Fabrikschlote erinnernd, dadurch bereits jetzt, 1949, zur Wahllokomotive der CDU/CSU – ein Glücksfall für die Partei, der noch dadurch an Wert gewann, daß Erhard sich nicht als Konkurrenten Adenauers begriff und daher auch für diesen zu einer willkommenen Erscheinung wurde. «In jenem ersten Wahlkampf», so Erhard rückblickend im Dezember 1971, seien «Soziale Marktwirtschaft und CDU zu einer Identität» geworden[188] – eine Kombination, die der Union nicht nur bei dieser Wahl, sondern noch mehrfach den Sieg bescherte, bis die SPD sich die Grundsätze der Sozialen Marktwirtschaft ebenfalls zu eigen machte und damit ihre «Regierungsfähigkeit» bewies.

3. «Im Anfang war Adenauer»

Mit dem Sieg der CDU/CSU bei der Bundestagswahl 1949 begann jene Ära, die seither in der Geschichte der Bundesrepublik Deutschland untrennbar mit dem Namen Konrad Adenauers verbunden ist. Sie sollte bis zum Herbst 1963 andauern und wurde maßgeblich durch die Politik und Persönlichkeit des ersten deutschen Nachkriegskanzlers bestimmt. Aber auch über seinen Rücktritt hinaus blieb Adenauer der Fixpunkt des politischen Koordinatensystems der Bundesrepublik, an dem sich seine Nachfolger, ob Anhänger oder Gegner, orientierten. Sie maßen sich an ihm oder wurden an ihm gemessen: einer Vaterfigur und Gründungsgestalt biblischen Formats, der Arnulf Baring in seinem 1969 erschienenen Buch über *Außenpolitik in Adenauers Kanzlerdemokratie* mit den vielzitierten Einleitungsworten Rechnung trug: «Im Anfang war Adenauer – so läßt sich der Beginn der Bundesrepublik kurz kennzeichnen.»[189]

Die Bedeutung, die Adenauer darin in der Rückschau beigemessen wurde, war den Zeitgenossen indessen lange verborgen. 1945, im Alter von 69 Jahren, schien er den Zenit seiner beruflichen Laufbahn bereits weit überschritten zu haben. Zwar machte ihn die amerikanische Besatzungsmacht, die Köln erobert hatte, im März 1945 noch einmal zum Oberbürgermeister der Domstadt – ein Amt, das er schon vor 1933, bis zu seiner Absetzung durch die Nationalsozialisten, ausgeübt hatte. Doch die neue Karriere war nicht von Dauer: Nachdem die Amerikaner die Besatzungshoheit über Köln im Juni 1945 an die britische Armee übergeben hatten, wurde er binnen weniger Monate wieder entlassen, weil er, wie der Militärbefehlshaber der Nordrhein-Provinz, Brigadegeneral John Barraclough, ihm am 6. Oktober 1945 unter unwürdigen Umständen mitteilte, seine «Pflicht gegenüber der Bevölkerung Kölns nicht erfüllt» habe.[190] Köln sei «die am schlechtesten aufgeräumte Stadt in der britischen Zone», hatte der Fallschirmjägergeneral bei einem Besuch der Stadt drei Tage zuvor bemerkt.[191] Außerdem nahm er es Adenauer übel, daß dieser sich kategorisch weigerte, den «Grüngürtel» um die Kölner Innenstadt – ausgedehnte Parkanlagen, die Adenauer selbst nach dem Ersten Weltkrieg hatte anlegen lassen und die er deshalb als «sein Werk» betrachtete – abzuholzen, um Brennmaterial für den Winter zu beschaffen. General Barraclough begnügte sich allerdings nicht damit, Adenauer zu entlassen. Er untersagte ihm auch, direkt oder indirekt «irgendeiner wie auch immer gearteten politischen Tätigkeit» nachzugehen. Wenn er die Anweisung nicht befolge, werde ihm «durch das Militärgericht der Prozeß gemacht werden».[192]

Das schien es gewesen zu sein. Adenauer mußte Köln innerhalb einer Woche verlassen und wurde nun wieder der Ruheständler im Siebengebirge, der er bereits von 1933 bis 1945 gewesen war. Es gab wohl niemanden, der ihm, dem beinahe Siebzigjährigen, nach den Wirren der vergangenen Zeitläufte, die ihm auch persönlich manches Leid zugefügt hatten, den neuen Frieden neidete: erst ein Opfer der Nazis, und jetzt auch der Befreier – so sah er sich zumindest selber. Eine Rückkehr auf die politische Bühne, auf irgendeine Bühne, war durchaus unwahrscheinlich. Wer hätte ihn, das politisch unbeschriebene Blatt im Pensionärsalter, denn engagieren sollen? Ein bemerkenswerter Oberbürgermeister vor der braunen Diktatur, gewiß. Doch das war lange her. Und es war ein lokales Amt mit wenigen überregionalen Bezügen. Außerhalb des Rheinlandes kannte ihn kaum jemand.

Selbst als die britische Militärverwaltung Anfang Dezember den Übereifer ihres forschen Brigadiers korrigierte und das Verbot politischer Betätigung wieder aufhob, glaubten nur wenige, daß Adenauer nicht nur eine kommunalpolitische Karriere hinter sich, sondern eine noch ungleich bedeutendere staatsmännische Laufbahn vor sich habe. Zu diesen Wenigen gehörte der Schweizer Generalkonsul in Köln, Franz-Rudolph von Weiss, der Adenauer seit den zwanziger Jahren überaus schätzte und sich auch nach dessen Entlassung durch die Engländer unermüdlich für ihn verwandte. So prophezeite von Weiss nach der ersten «Reichstagung» der neu gegründeten CDU, die vom 14. bis 16. Dezember 1945 in Bad Godesberg stattfand, in einem Schreiben an seinen Minister in Bern unter dem Datum des 28. Dezember: «Man rechnet damit, daß Adenauer mit der Führung der Christlich-Demokratischen Union in der gesamten britischen Zone betraut wird ... Dr. Adenauer ist, wenn auch zur Zeit noch ohne neues Amt, zur beherrschenden Persönlichkeit weit über das engere hiesige Gebiet geworden.»[193]

Tatsächlich hatte Adenauer von seinem Domizil in Rhöndorf aus – trotz des Verbots politischer Betätigung – den ganzen Herbst hindurch diskret seine Fäden gesponnen. Zwar behauptete er einem englischen Besucher gegenüber, er sei «'ne alte Mann, ich habe jar keine politische Ehrjeiz mehr ...»[194] Doch in Wirklichkeit pilgerten in aller Stille christdemokratische Politiker aus dem gesamten Rheinland nach Rhöndorf – den «rheinischen Obersalzberg», wie Walther Hensel, der spätere CDU-Oberstadtdirektor von Düsseldorf, angesichts der 58 Stufen, die zum Hause Adenauers hinaufführten, spöttisch bemerkte.[195] In den Gesprächen ging es um die weitere Entwicklung der CDU, deren rheinische Variante erst am 2. September 1945 im Kölner Kolpinghaus in Abwesenheit von Adenauer als «Christlich-Demokratische Partei» (CDP) gegründet worden war. Für sie entwarf er nun ein eigenes Programm – praktisch ein Gegenentwurf zu den «Kölner Leitsätzen» der CDP vom Juni, in denen für einen «christlichen Sozialismus» geworben wurde. «Mit dem Wort Sozialismus», so erklärte er dazu ein halbes Jahr später, im Juni 1946, «gewinnen wir fünf Menschen und zwanzig laufen weg.»[196] Außerdem hielt er den Begriff Sozialismus für besetzt. Neben der SPD, so meinte er, sei eine zweite sozialistische Partei nicht mehrheitsfähig.

Die Godesberger «Reichstagung» kam für Adenauer allerdings deutlich zu früh. Die positive Einschätzung des Schweizer Generalkonsuls griff daher den Ereignissen voraus. Schon wegen seines politischen Betätigungsverbots hatte niemand Adenauer um eine Grundsatzrede gebeten. Er schaute deshalb nur kurz vorbei und ging anschließend in Begleitung von Paul Franken spazieren, der in den dreißiger Jahren einen katholischen «Widerstand» gegen den Nationalsozialismus aufzubauen versucht hatte. 1936 hatte Franken deswegen Adenauer erstmalig mit Jakob Kaiser zusammengebracht, der nun gemeinsam mit Andreas Hermes eine führende Rolle in der christdemokratischen Bewegung in Berlin spielte. In Godesberg schien es, als solle sie sich bald auf ganz Deutschland ausdehnen. Ohne Adenauer wurde der Berliner Parteiname jubelnd «für das ganze deutsche Reich» übernommen: Christlich-Demokratische Union.[197]

Dennoch war es für Eingeweihte, die um Adenauers Rang unter den rheinischen Christdemokraten und seine neuerliche Wertschätzung durch die um seine Rehabilitierung bemühte britische Militärregierung wußten, keine Überraschung mehr, als er nur einen Monat später, am 22. und 23. Januar 1946, in Herford zum vorläufigen Vorsitzenden des Lenkungsausschusses der CDU in der britischen Zone gewählt wurde, bald darauf, am 5. Februar, zum Vorsitzenden des Landesvorstandes der rheinischen CDU und am 1. März auch zum Vorsitzenden der CDU in der britischen Zone. Für seinen künftigen Aufstieg wollte dies indessen noch nicht viel besagen. Parteiführer wie ihn gab es viele. Dazu kamen die Ministerpräsidenten und Spitzen der Zentralverwaltungen, denen gleichfalls politischer Ehrgeiz unterstellt werden konnte. Außerdem lag die Zukunft der CDU noch ziemlich im Dunkeln. Niemand konnte wissen, ob die Partei in der Lage sein würde, sich gegen die anderen Neugründungen und vor allem gegen das etablierte Zentrum zu behaupten. Jedenfalls war Adenauer auch nach seiner gelungenen Rückkehr in die Politik zwischen März 1946 und dem Zusammentritt des Parlamentarischen Rates im September 1948 noch immer eine weithin unbekannte Größe. Erst als Präsident der verfassunggebenden Versammlung rückte er stärker ins Rampenlicht. Für die breite Öffentlichkeit, die sich mehr um die Bewältigung des Alltags als um Politik kümmerte, änderte das wenig: Adenauer blieb, bis weit in das Jahr 1949 hinein, für sie «ein ziemlich Unbekannter».[198] Mit dem Wahlkampf und der Regierungsbildung wurde er jedoch zu einer nationalen Erscheinung. Jetzt begann man sich auch für die Hintergründe seines Aufstiegs zu interessieren.

Der Alte von Rhöndorf

Symptomatisch für Adenauers Erfolg war der 21. August 1949, ein heißer Sommersonntag, als er – genau eine Woche nach der Bundestagswahl – eine bunte Runde von CDU/CSU-Honoratioren zu sich in sein Haus nach Rhöndorf einlud. Unter den insgesamt 26 Herren waren zahlreiche Landesvorsitzende, dazu Ministerpräsident Gebhard Müller aus Württemberg-Hohenzollern und sein Amtskollege Peter Altmeier aus Rheinland-Pfalz, Oberdirektor Hermann Pünder und Ludwig Erhard vom Direktorium des Frankfurter Wirtschaftsrates, der bayerische Landtagspräsident Michael Horlacher, die Generalsekretäre von CDU und CSU, Herbert Blankenhorn und Franz Josef Strauß, sowie Adenauers Freund Robert Pferdmenges, ein Kölner Bankier, von dem noch des öfteren die Rede sein wird und der für die CDU als Abgeordneter ebenfalls dem Frankfurter Wirtschaftsrat angehörte. Die Runde schien mehr oder minder zufällig zusammengewürfelt. Eine auf Funktionen bezogene Systematik gab es nicht. Allerdings waren die meisten der Geladenen Befürworter einer Großen Koalition mit der SPD, aber keine großen Kämpfer, die Minderheit dagegen engagierte Streiter für ein bürgerliches Bündnis, wie die aus Frankfurt angereisten Vertreter des Wirtschaftsrates, die dort bereits seit zwei Jahren mit einer Allianz aus CDU und FDP regierten. Ebenso bedeutsam wie die Liste der Eingeladenen war deshalb die Reihe der Nichteingeladenen – darunter der gewichtige nordrhein-westfälische Ministerpräsident Karl Arnold, der zusammen mit den christlichen Gewerkschaften energisch für eine Große Koalition focht.

Den meisten Gästen Adenauers blieben solche Einsichten in die Philosophie der Einladungspolitik freilich zunächst verborgen. Als sie zu seinem auf halbem Berghang inmitten von Rosenbeeten gelegenen Haus hinaufstiegen und von dort den herrlichen Blick über den Rhein genossen, erwartete sie im Wohnzimmer ein ganz und gar familiäres Ambiente. Die Frühstückstafel war gedeckt, Adenauers Töchter schenkten den Kaffee aus, man freute sich auf einen unverbindlichen Meinungsaustausch über die so glücklich ausgegangene Wahl und die nun bevorstehenden großen Aufgaben. Nur Adenauer selbst und einige wenige von ihm ins Vertrauen gezogene Teilnehmer – unter ihnen die «Augen und Ohren des Chefs», Herbert Blankenhorn und Josef Löns – wußten, um was es an diesem Tag gehen sollte: die Entscheidung zugunsten einer bürgerlichen Koalition und die Nominierung Adenauers für den Posten des Bundeskanzlers.[199]

Tatsächlich wäre Adenauers Aufstieg vermutlich gebremst worden, und seine Rolle im Parlamentarischen Rat wäre Episode geblieben, wenn er nicht in diesem entscheidenden Augenblick die Initiative an sich gerissen und den Gang der Dinge in seinem Sinne bestimmt hätte. Noch in den letzten Lebensjahren wies er in seiner Antwort auf die Frage, was er für seine wichtigste politische Leistung halte, auf die Sitzung vom 21. August in seinem Rhöndorfer Haus hin, als er eine Große Koalition verhindert und die Schaffung eines bürgerlichen Blocks begründet habe.²⁰⁰ Dabei machte er sich die Tatsache zunutze, daß die CDU/CSU-Bundestagsfraktion, die eigentlich zur Entscheidung über die Koalitionsfrage berufen gewesen wäre, sich noch nicht konstituiert hatte und auch eine gemeinsame Parteiorganisation der CDU in den drei Westzonen, die für die Gesamtpartei Entscheidungen hätte treffen können, noch nicht bestand. Adenauer selbst war allerdings zu diesem Zeitpunkt lediglich Vorsitzender der CDU in der britischen Zone und CDU-Fraktionschef im Düsseldorfer Landtag – und damit von Amts wegen zu gar nichts berufen. Wenn man seiner Einladung dennoch folgte, so zollte man vielleicht dem ehemaligen Präsidenten des Parlamentarischen Rates seinen Respekt, vielleicht auch dem profilierten Wahlkämpfer und örtlich Mächtigen oder wenigstens dem Alter des Gastgebers. Auf jeden Fall war das gemütliche Haus in Rhöndorf eine willkommene Abwechslung für all jene nach Bonn anreisenden Politiker, die ansonsten mit drittklassigen Pensionen Vorlieb nehmen mußten.

In Rhöndorf aber war Adenauer nicht nur der Gastgeber, sondern auch der Hausherr. Die Frage, wen er eingeladen und wen unberücksichtigt gelassen hatte, konnte hier ebensowenig aufkommen wie ein Zweifel, wem das Präsidium zufiel. «Mit schöner Selbstverständlichkeit», berichtete Robert Pferdmenges daher über das Treffen, «nahm Adenauer als Hausherr für sich den Vorsitz in Anspruch.»²⁰¹ Natürlich ergriff er auch als erster das Wort und plädierte ohne große Umschweife für eine Koalition der CDU/CSU mit der FDP und der Deutschen Partei. Er wüßte zwar, so Adenauer, «daß ein erheblicher Teil der Anwesenden anderer Meinung» sei. Aber der Ausgang der Wahlen habe «ganz eindeutig gezeigt ..., daß die überwiegende Mehrheit des deutschen Volkes vom Sozialismus in all seinen Schattierungen nichts wissen wolle». Für eine sozialistische Wirtschaftsform hätten, Sozialdemokraten und Kommunisten zusammengenommen, etwa acht Millionen Wähler gestimmt, für die soziale Marktwirtschaft dagegen dreizehn Millionen. Einem so klar zum Ausdruck gekommenen Willen der Wähler müsse Folge geleistet werden, eine andere Handlungsweise wäre «nicht demokratisch».²⁰²

Ganz ähnlich sahen dies Ludwig Erhard, der erklärte, daß er bei einem Regierungsbündnis mit den Sozialdemokraten nicht als Wirtschaftsminister zur Verfügung stünde, und Franz Josef Strauß, der ankündigte, die CSU werde lieber in die Opposition gehen als mit den Sozialdemokraten regieren – worauf Adenauer behaupten konnte, wer für die Große Koalition sei, stimme gegen die Einheit der Union.²⁰³ Für ein schwarz-rotes Bündnis votierten dagegen die Ministerpräsidenten Altmeier und Müller sowie – neben einigen anderen – der hessische CDU-Vorsitzende Werner Hilpert. Bis zur Mittagspause gab es keine Entscheidung. Dann bat Adenauer seine Gäste zum kalten Buffet auf die Gartenterrasse, das vor allem bei den ausgehungerten Großstädtern einen überwältigenden Eindruck hinterließ, wie Franz Josef Strauß sich noch viele Jahre später dankbar erinnerte. Das Buffet sei «von einer Reichhaltigkeit» gewesen, «wie ich es auf Privatkosten Adenauers weder vorher noch nachher jemals erlebt habe». Dazu entkorkte der Hausherr Spitzensorten aus seinem Weinkeller, die, so Strauß, «für uns wie himmlische Glocken klangen».[204] Adenauer selbst nutzte die gelockerte Stimmung, um «mit einigen der hartnäckigsten Verfechter einer Koalition mit der SPD» Gespräche unter vier Augen zu führen. Jakob Kaiser zählte zu denen, die ihre Meinung änderten. «Erst nach einer Stunde konnte ich es wagen, die Diskussion ... fortzusetzen», notierte Adenauer dazu ungerührt in seinen Memoiren.[205]

Als man wieder im Wohnzimmer beisammensaß, war er siegesgewiß und ging nun bereits von der «gleichsam beschlossenen Tatsache» aus, daß eine Regierung mit der FDP und der DP gebildet werde. Optimistisch rechnete er seinen Gästen vor, daß die Koalition mit 208 Sitzen über eine «gute Regierungsmehrheit» verfüge. Dann schnitt er, wie zufällig, die Frage der Besetzung der Ämter des Bundespräsidenten und des Bundeskanzlers an. Auch dieser Zug war jedoch alles andere als spontan, nämlich wohlüberlegt und eingehend vorbereitet. So hatte Adenauer seinen wohl ernsthaftesten Mitbewerber um das Amt des Bundeskanzlers, den Parlamentspräsidenten des Frankfurter Wirtschaftsrates, Erich Köhler, der sich bereits im April 1948 auf Anfrage eines Beraters von General Lucius D. Clay bereit erklärt hatte, die Regierung zu bilden, zunächst mit Hinweis auf die alleinige Entscheidungskompetenz der Partei eingeschüchtert und ihm später, zur großen Erleichterung Köhlers, das Amt des Bundestagspräsidenten versprochen.[206] Am Vorabend des Rhöndorfer Frühstücks, also am 20. August, war Adenauer darüber hinaus in Frankfurt mit dem bayerischen Ministerpräsidenten Hans Ehard zusammengetroffen und hatte diesen mit der Zusage, ihn als Bundesratspräsidenten vorzusehen, nicht nur vom Gedanken einer Großen Koalition abgebracht, sondern auch in seine personellen Pläne eingebaut.[207]

Dennoch war Adenauer in der Rhöndorfer Runde nach eigenen Angaben «überrascht», als einer der Anwesenden seine Ausführungen unterbrach und ihn als Bundeskanzler vorschlug.[208] Alle anderen, die über diese Szene berichten, behaupten allerdings, der Hausherr habe sich selbst ins Spiel gebracht. Am deutlichsten ist dieser Eindruck bei Gebhard Müller, der – folgt man seinen Aufzeichnungen – gehört haben will, daß Adenauer wörtlich erklärte, «Herr Finck» habe «in Landau eine ganz nichtsnutzige Rede in dem Sinne gehalten, daß ich Bundespräsident werde. Die wichtigste Persönlichkeit ist der Bundeskanzler. Präsident soll ein anderer werden, ich will Kanzler werden.»[209]

Weniger zugespitzt, aber ebenso unmißverständlich schilderte Hermann Pünder in seinen *Lebenserinnerungen* das Verhalten Adenauers in dieser Situation: «Die ersten Worte Adenauers, die ich mir sofort stenographisch niederschrieb, lauteten: ‹Man hat mich dazu vermocht, mich für die Stellung des Bundeskanzlers zur Verfügung zu stellen. Ich bin trotz meiner Jahre grundsätzlich hierzu bereit, möchte dies aber nur mit Ihrer Zustimmung tun. Ich wäre Ihnen nun, meine verehrten Freunde, zu einer freimütigen Äußerung Ihrer Meinung dankbar. Wer möchte sich äußern?»[210] Pünder will dann, weil sich keiner zu Wort meldete, seine Hand gehoben und gesagt haben: «Herr Adenauer hat uns soeben mitgeteilt, daß man ihn vermocht hätte, sich für das Amt des Bundeskanzlers zur Verfügung zu stellen. Wer dieser ‹man› ist, hat er uns nicht gesagt. Ich möchte ihn auch nicht danach fragen, da er für dieses Verschweigen sicher seine beachtlichen Gründe haben dürfte. Da unsere Partei die Wahl gewonnen hat, steht nach den parlamentarischen Spielregeln dem Vorsitzenden auch das erste Anrecht auf den Posten des Regierungschefs zu. Wenn also nun Herr Adenauer geneigt ist, von diesem Anrecht Gebrauch zu machen, sollten wir ihm meines Erachtens zustimmen. Ich jedenfalls tue dies hiermit.»[211]

Über den Fortgang der Geschichte berichtete Adenauer selbst, er habe sich die Gesichter angesehen und dann erklärt: «Wenn die Anwesenden alle dieser Meinung sind, nehme ich an. Ich habe mit Professor Martini, meinem Arzt gesprochen, ob ich in meinem Alter dieses Amt wenigstens noch für ein Jahr übernehmen könne. Professor Martini hat keine Bedenken. Er meint, auch für zwei Jahre könne ich das Amt ausführen.»[212] Keiner widersprach. Damit war die Sache beschlossen.

Anschließend schlug Adenauer für das Amt des Bundespräsidenten Theodor Heuss vor, der noch völlig ahnungslos war und von seinem Nominierungsglück nichts wußte. Der angesehene FDP-Vorsitzende, mit dem Adenauer bisher noch nicht hatte sprechen können, sollte als Staatsoberhaupt die geplante Koalition zusätzlich absichern. Im übrigen, meinte Adenauer, sei er überzeugt, «daß Herr Heuss, ich drücke mich so zart aus wie möglich, uns keine großen Schwierigkeiten machen wird». Dem Einwand, daß der liberale Heuss nicht gerade als kirchenfreundlich bekannt sei, begegnete er mit dem entwaffnenden Hinweis: «Er hat eine sehr christlich denkende Frau, das genügt.»[213] Die launige Antwort sorgte prompt für die gewünschte Heiterkeit und allgemeine Zustimmung.

Der rheinische Humor und eine kaum zu überbietende Schlagfertigkeit zählten überhaupt zu den typischen Eigenschaften Adenauers, die ihm auch politisch manches erleichterten. Berühmt wurde seine Bemerkung bei der Konstituierung des fünften Bundestages, den er am 19. Oktober 1965 als Alterspräsident eröffnete. Nachdem sich zuvor auf seine, der Übung entsprechende Frage, ob ein Älterer zugegen sei, im Angesicht des 89jährigen nur respektvolles Gelächter erhoben hatte, fuhr er mit hintergründigem Lächeln fort: «Meine Damen und Herren, ich stelle fest, daß ich ‒ ganz offenbar – *einzig* bin.»[214] Keiner der Anwesenden nahm ihm übel, daß er es nicht nur sagte, sondern auch meinte. Denn sein Humor kam im Gewand des gern genutzten rheinischen Tonfalls daher, der die Härte und Skrupellosigkeit bei der Wahl seiner politischen Mittel sowie den Zynismus, mit dem er Menschen benutzte oder – je nach Situation und Bedarf – fallenließ, wirkungsvoll verschleierte.

Ohne das Rheinland, dessen Landschaft, Kultur, Sprache und Konfession, wäre Adenauer nicht vorstellbar. Durch Köln und seinen weltoffenen, liberalen Pragmatismus wurde er geprägt – ebenso jedoch durch die sprichwörtliche «Klüngelei», mit der man im Schatten des Doms seit jeher Geschäfte betreibt und wichtige Posten vergibt. Hier wurde Conrad Hermann Joseph Adenauer am 5. Januar 1876 geboren. Hier ging er zur Schule. Hier machte er Karriere, zunächst als Gerichtsassessor und Hilfsrichter beim Kölner Landgericht, ab 1906 dann in der Stadtverordnetenversammlung als Beigeordneter und Ernährungsdezernent und schließlich ab 1917 als Bürgermeister, dem fünf Wochen später von Wilhelm II. als preußischer König der Titel «Oberbürgermeister» verliehen wurde. Auch seine beiden Frauen stammten von hier; seine Kinder wurden hier geboren. Adenauer selbst hat das Rheintal nie für längere Zeit verlassen, außer zu einigen Semestern Studium der Rechtswissenschaft in Freiburg und München, das er jedoch in Bonn abschloß, einem kurzen erzwungenen Aufenthalt während der NS-Zeit in Berlin-Neubabelsberg 1934/35 und natürlich während des Urlaubs und später auf seinen Reisen als Kanzler. Der hohe Stellenwert, den das Rheinland und die Stadt Köln für die Ausprägung seines politischen Weltbildes besaßen, ist daher kaum zu überschätzen. Als die Vaterstadt ihn 1951 zum Ehrenbürger machte, erklärte er, «was ich bin – im Guten und im Schlechten –, das ist gewachsen auf diesem Boden und geformt worden von dieser Umgebung und in dieser Atmosphäre».[215]

Bei einem Autounfall, kurz vor der Bürgermeisterwahl 1917, bei dem sein am Steuer eingeschlafener Chauffeur den Dienstwagen in voller Fahrt gegen eine Straßenbahn lenkte, wurde Adenauer durch die Trennscheibe geschleudert: Jochbein und Nase waren gebrochen, der Oberkiefer zerschmettert, die Zähne herausgeschlagen. Nach der Operation in einem Kölner Krankenhaus war Adenauers Gesicht, das durch die von der Mutter ererbten hohen Wangenknochen ohnehin etwas Maskenhaftes hatte, «zu denkmalsgleicher Strenge erstarrt». Sohn Konrad wollte deshalb beim ersten Krankenbesuch gleich wieder umkehren – «so vollkommen fremd war der Mann, der uns da aus den Kissen entgegenblickte».[216] «Mongolenkopf» und «Indianerhäuptling» waren die wohl gängigsten Bezeichnungen für das neue Gesicht Adenauers. Der Schriftsteller Ernst Glaeser fühlte sich dadurch an die «pergamentene Ruhe eines chinesischen Gelehrten» erinnert, *Spiegel*-Herausgeber Rudolf Augstein eher an den «Zuschnitt eines altmodischen Kinderdrachens». Adenauer selbst meinte, als er eines Tages porträtiert worden war, er sähe ja aus «wie ein Hunne» – um sogleich erklärend hinzuzufügen: «Kein Wunder. Ich hatte eine Großmutter, die stammte aus dem Harz.»[217]

Der Hinweis war nicht zufällig gewählt: Schon der Brocken lag für Adenauer in Asien. Wie früher der – in Pommern geborene – preußische General Albrecht Graf von Roon sich nach Sibirien verbannt gefühlt hatte, als er von Koblenz nach Posen versetzt worden war, gab Adenauer in den zwanziger Jahren vertraulich zu, bereits bei Braunschweig beginne für ihn die asiatische

Steppe. In Magdeburg ziehe er, mit der Eisenbahn auf dem Weg nach Berlin, immer die Vorhänge zu, und wenn er über die Elbe fahre, spucke er jedesmal aus dem Fenster.[218] Das Rheinland bildete dagegen für ihn die Mitte des Abendlandes – nicht im geographischen Verständnis des Wortes, sondern, wie Arnulf Baring meint, im Sinne «der inneren Balance einer Bevölkerung, die Katholizismus und Liberalismus, Nordeuropa und Südeuropa, französische Lebensart und preußische Tugenden vereint».[219] Vom Rheinland aus konzipierte Adenauer seinen deutschen Föderalismus ebenso wie seine Europapolitik «mit dem Kölner Dom als Zentrum»[220] – freilich ohne jene klerikale Abhängigkeit, die dieses von Hans-Peter Schwarz so treffend gewählte Bild leicht suggerieren könnte.

Tatsächlich war in Adenauers Glauben weder Klerikales noch Missionarisches. Als er im Sommer 1963 Besuch von dem baptistischen Evangelisten Billy Graham erhielt, der aus den USA herübergekommen war, um in Europa einen seiner berühmten «Kreuzzüge» zu führen, erklärte er zum Abschied, während er Graham zur Tür geleitete: «Ich freue mich über alle, die Menschen zu Gott führen. Aber nehmen Sie mir bitte eine Bemerkung nicht übel: Wenn ich sehe, wie sicher Sie im Glauben sind, bin ich froh, daß ich katholisch bin.»[221] Auf der anderen Seite beschied er den Kölner Kardinal Frings, als dieser – wieder einmal – eine stärkere Berücksichtigung kirchlicher Belange wünschte, in der Vertraulichkeit des gemeinsamen Kölner Dialekts: «Herr Frings, kümmern Sie sich um Ihre Kirche und lassen Se mir den Staat. Und wenn Se mal so alt sind wie ich und Se haben Ihre Kirche so in Ordnung wie ich meinen Staat, dann findet sich dat alles von selbst.»[222] Adenauer dachte also gar nicht daran, sein politisches Handeln von klerikalen Instanzen abhängig zu machen. Hier wie im persönlichen Glauben war er ebenso pragmatisch wie eigensinnig: ein gläubiger, aber kein unterwürfiger Katholik. So sehr er die Autorität der Kirche anerkannte, so selbstbewußt stellte er ihr die eigene Autorität entgegen. Einen bischöflichen Ring zu küssen, gestand Adenauer dem zum katholischen Glauben konvertierten Kunst- und Kulturhistoriker, Essayisten und Übersetzer Wilhelm Hausenstein, der die Bundesrepublik seit 1950 als Generalkonsul und später als Botschafter in Frankreich vertrat, habe er nie vermocht: Es sei «so unhygienisch».[223] In die Kirche ging Adenauer zwar jeden Sonntag. Zur Beichte aber mußte der Honnefer Pfarrer eigens zum Haus in Rhöndorf hinaufsteigen.

Von der katholischen Konfession war es nur ein kurzer Weg zum christlichen Abendland, das Adenauer – wie wohl die meisten Rheinländer – als Teil des europäischen Westens verstand. «Zwischen Loire und Weser», so erklärte er im Februar 1948 in einem Interview dem *Rheinischen Merkur*, habe einst «das Herz des christlichen Abendlandes» geschlagen. Der Stil des Kölner Doms, des «ehrwürdigen Wahrzeichens des deutschen Westens», habe «seine Wurzeln im französischen Boden». Eine Erneuerung des abendländischen Gedankens könne deshalb nur «das Ergebnis einer fruchtbaren

Begegnung zwischen Deutschland und Frankreich sein».[224] Das war weniger die Summe eigener Erfahrung – denn Adenauer kannte die französische Kultur und Literatur so wenig wie die französische Küche, sprach ein miserables Französisch und reiste erst in hohem Alter nach Frankreich[225] –, als vielmehr das Resultat eines historisch bedingten rheinischen Grundkonsenses. Schon immer hatte das politische Rheinland mehr nach Westen als nach Osten geblickt: Frankreich, Belgien, die Niederlande sowie der Handel mit dem britischen Weltreich hatten hier stets eine große Bedeutung gehabt. Der wilde, wüste Osten war demgegenüber eine *terra incognita*, von der sich bereits die Römer, als Köln noch Colonia Agrippinensis hieß, aus guten Gründen zumeist ferngehalten hatten. Vom Rhein her gesehen lag Paris oft näher als Berlin – wenn nicht geographisch, so doch politisch und kulturell. Der Eroberer Napoleon fand in den Rheinstaaten seine engsten Verbündeten unter den Deutschen, Bismarck in den Jahren des Kulturkampfes seine stärksten Widersacher. Als der Wiener Kongreß, unerwünscht von beiden Seiten, das Rheinland 1815 unter die preußischen Provinzen einreihte, wurde das rheinische Selbstbewußtsein empfindlich gestört. Zwar hatte die neue Herrschaft aus dem protestantischen Osten neben einigen schlechten auch manche guten Seiten. Doch der Stachel politischer Zurücksetzung saß tief: Rheinische Liberale empörten sich über den Konservativismus des preußischen Staates, die Katholiken litten unter ihrer Entmachtung, und die Kölner blickten neidvoll nach Koblenz, das von den Preußen nicht ohne machtpolitischen Hintersinn zur «Hauptstadt» der neuen Rheinprovinz erkoren worden war.[226] Bis zum Ende der preußischen Monarchie konnte trotz wachsender wirtschaftlicher Bedeutung von einer angemessenen politischen Beteiligung des rheinischen Westens an den Entscheidungen des Kaiserreiches nicht die Rede sein. «Arme Litauer» aus den östlichen Provinzen besetzten die Mehrzahl der Beamtenstellen. Erst 1850, mehr als vier Jahrzehnte nach Einführung der Steinschen Städteordnung in den altpreußischen Städten, erhielten auch die Rheinländer das Recht, ihre Bürgermeister und Beigeordneten frei zu wählen. Und später als allen anderen preußischen Provinzen, nämlich 1887, wurde der Rheinprovinz eine eigene Selbstverwaltungsorganisation zugestanden. Danach galt, so Baring: «Wer als Rheinländer mitreden wollte, ging – wie Adenauer – in die Kommunalverwaltung.»[227]

Adenauer waren die antipreußischen Ressentiments durchaus selbstverständlich mitgegeben; er hat an ihnen ein Leben lang festgehalten. In Berlin fühlte er sich wie in einer heidnischen Stadt.[228] Zwar war er selbst nicht frei von preußischen Beamtentugenden und kam den Kölnern deshalb – mochte er im übrigen Deutschland auch «ausgeprägt rheinisch» wirken – «immer sehr preußisch» vor.[229] Doch die antipreußische, rheinisch-katholische Orientierung war der Kern seiner Überzeugungen. Sie hatte tiefe historisch-kulturelle Wurzeln – und weitreichende politische Folgen. Wer das Reich nur aus der ablehnenden Perspektive des benachteiligten Westens erfahren hatte und als «asiatisch» bezeichnete, was ihm fremd und zuwider – oder bestenfalls gleichgültig – erschien, dem fiel es leichter als anderen Deutschen, den Vorstellungen der Westmächte zur Gründung einer westdeutschen Bundesrepublik zu folgen.

Für Adenauer waren solche Gedanken nicht neu. Bereits am 1. Februar 1919 hatte er für einen «Westdeutschen Bundesstaat» plädiert – allerdings «im Verbande des Deutschen Reiches», wie er auf einem von ihm selbst einberufenen Treffen im Kölner «Hansasaal» erklärte, zu dem er den Vorsitzenden des Provinzialausschusses der Rheinprovinz und die Oberbürgermeister von Aachen, Bonn, Krefeld, München-Gladbach, Neuß, Rheydt, Saarbrücken, Trier und Koblenz sowie die linksrheinischen Abgeordneten der Nationalversammlung und der preußischen Landesversammlung eingeladen hatte. «Diese westdeutsche Republik würde», so betonte er vor der Versammlung, «wegen ihrer Größe und wirtschaftlichen Bedeutung in dem neuen Deutschen Reiche eine bedeutungsvolle Rolle spielen und demgemäß auch die außenpolitische Haltung Deutschlands in ihrem friedensfreundlichen Geiste beeinflussen können.»[230] Es ging ihm also nicht um eine «Rheinische Republik», die den französischen Separatisten in die Hände gespielt hätte, und auch nicht um die Amputation Preußens vom Reich, sondern um die Stärkung bundesstaatlicher Elemente sowie, vor allem, die Aufwertung des rheinischen Westens im Reich. Preußens Teilung jedoch, daran ließ er nicht den geringsten Zweifel, sei «unbedingt nötig» und werde erfolgen, «weil sonst Preußen, auch wenn es keinen Träger der Krone Preußens mehr gibt, kraft des natürlichen Schwergewichts seiner 42 Millionen Einwohner auch im neuen Deutschland ein Hegemonialstaat werden würde».[231]

Aus der Idee allerdings wurde nichts, noch nicht – aus vielen Gründen. Das Rheinland blieb Randzone und Adenauer eine Randfigur. Erst nach dem Zweiten Weltkrieg, als der Ost-West-Konflikt neue Voraussetzungen schuf, wurden Wünsche zu Zwängen und Chancen zu Notwendigkeiten. Zur Westorientierung der deutschen Politik gab es nun keine vernünftige Alternative mehr. Adenauer war endlich in seinem Element. Nachdem der nördliche Teil des Rheinlandes von der britischen Besatzungsmacht mit Westfalen zu einem gemeinsamen Land «Nordrhein-Westfalen» zusammengefügt worden war, erklärte er in dem schon erwähnten Interview mit dem *Rheinischen Merkur* im Februar 1948, in einem «deutschen Föderativsystem» müsse «dem Rheinland und Westfalen eine besondere Rolle zufallen». Da der Westen «eine zu starke Bindung an eine nationale Zentrale» ablehne, sei er besonders geeignet, «einen ausgleichenden Faktor zwischen dem nüchternen zentralistischen Norden und den von starker landsmannschaftlicher Eigenwilligkeit geprägten Ländern des deutschen Südens zu bilden». Die «soziale Aufgeschlossenheit und industrielle Beweglichkeit», die gerade den westdeutschen Menschen kennzeichne, sowie eine natürliche Sehnsucht, «aus der Enge nationaler Beschränktheit in die Weite gesamteuropäischen Bewußtseins» vorzudringen, prädestiniere ihn außerdem dazu, «ein vermittelndes Glied zwischen Deutschland in seiner Gesamtheit und den westeuropäischen Ländern zu bilden».[232] Die Politik der Westintegration, über die an anderer Stelle noch manches zu sagen sein wird, bereitete sich hier vor. Wie immer man zu solch längerfristigen Perspektiven stehen mochte: Vorerst war nicht zu übersehen, daß sich das Machtzentrum der deutschen Politik nach 1945 zunehmend an den Rhein verlagerte. Die CDU/CSU-Honoratioren der Rhöndorfer Frühstücksrunde erhielten davon einen guten Eindruck. Dabei wurden sie auch mit Adenauers Maxime vertraut gemacht, daß Politiker, die ihr Geschäft nur mit der Bergpredigt unter dem Arm betreiben, selten erfolgreich sind. Sein taktisches Geschick, die Fähigkeit, Menschen selbst gegen ihren Willen zu beeinflussen, sie notfalls auch mit kleinen Gefälligkeiten oder dicken Versprechungen zu korrumpieren, sowie die Bereitschaft, es je nach Lage mit der «einfachen», der «reinen» oder der «lauteren» Wahrheit zu halten und somit auch handfest zu lügen, wenn es die Situation erforderte, trugen ihm von bewundernden Zeitgenossen und ehrfürchtigen Biographen mit einem Augenzwinkern, das Einverständnis signalisierte, den Beinamen «schlauer Fuchs» ein. Gleichwohl kamen dabei auch dunkle Charakterzüge eines Machtmenschen zutage, der im Umgang mit der Wahrheit und mit anderen Menschen nicht sehr pingelig war.[233]

Adenauer jedenfalls durfte mit dem Verlauf der Konferenz am 21. August höchst zufrieden sein. In einer Runde, die nichts zu beschließen hatte, war er, der keinerlei gesamtstaatliche Funktionen besaß, am Ende praktisch ohne Widerspruch zum Kanzlerkandidaten einer von ihm gewünschten Koalition aus CDU/CSU, FDP und DP gekürt worden. Nun galt es nur noch, das Ergebnis, wenigstens in allgemeiner Form, umgehend der Öffentlichkeit mitzuteilen. «In der Nähe meines Hauses hatte eine große Anzahl Journalisten geduldig und wahrscheinlich auch gespannt auf den Ausgang dieser Konferenz gewartet», notierte Adenauer dazu mit dürren Worten in seinen *Erinnerungen*. Und weiter: «Ich war mit dem Ausgang dieses heißen Sommertages sehr zufrieden: Die CDU/CSU war bereit, für die nächsten vier Jahre die volle Verantwortung für die politische Entwicklung zu übernehmen.»[234]

Bildung der «Kleinen Koalition»

Das Wahlergebnis vom 14. August hätte mehrere Koalitionsmöglichkeiten zugelassen. Die CDU/CSU war mit 31,0 Prozent der Wählerstimmen und 139 Mandaten als stärkste Partei aus der Wahl hervorgegangen, dicht gefolgt von der SPD mit 29,2 Prozent und 131 Sitzen. Die Liberalen (FDP, DVP und BDV), die 11,9 Prozent erreicht hatten, waren mit 52 Abgeordneten ebenfalls noch recht stark im Bundestag vertreten. Alle anderen Parteien waren bedeutend schwächer, aber für die Mehrheitsbeschaffung keineswegs ohne Belang. Dies galt insbesondere für die Deutsche Partei, die am äußersten rechten Ende der demokratischen Bewerber um Bundestagsmandate angesiedelt war, aber Berührungspunkte mit dem rechten Flügel der

3. «Im Anfang war Adenauer» 95

CDU/CSU aufwies. Die DP hatte nur in Norddeutschland kandidiert, war aber mit immerhin 17 Sitzen im Bundestag vertreten und somit für die Union ein interessanter Koalitionspartner. Ihre Spitzenkandidaten Heinrich Hellwege, Hans-Christoph Seebohm und Margot Kalinke, mit denen Adenauer persönlich wenig anzufangen vermochte, kämpften leidenschaftlich gegen jede Art von Sozialisierung und betrachteten die Sozialdemokraten als ihre Erzfeinde. Das ließ sie parteipolitisch attraktiv erscheinen. Über ihr sonstiges Programm eines unbefleckten Nationalismus deckte man besser den Mantel gnädigen Schweigens. Forderungen nach Wiedereinführung des Namens «Deutsches Reich» für den Weststaat, konkrete Anstrengungen zur Rückgewinnung der deutschen Ostgebiete und der Aufnahme eines «Rechts auf Heimat» in den Grundrechtekatalog des Grundgesetzes, die den Geist der Partei kennzeichneten, entbehrten nicht nur jeder realistischen Grundlage, sondern widersprachen auch allen pragmatischen Zielen, die sich Adenauer für die Bundesrepublik gesteckt hatte. Nicht zufällig war die CDU deshalb im Wahlkampf von der Wochenzeitung der DP, den *Niedersächsischen Stimmen*, als «Brei» bezeichnet worden, «der an allen Ecken und Enden anders aussieht, weil seine Köche ihn zum Sammelsurium von Kompromissen gemacht haben».[235] Dennoch war man innerhalb der DP einer Koalition mit der Union nicht abgeneigt, weil nur mit ihr eine Regierungsbeteiligung möglich schien.

Die Deutsche Zentrumspartei, die 1945 als Interessenvertreterin des politischen Katholizismus wiedergegründet worden war und bei der Bundestagswahl sowohl im Rheinland als auch in Niedersachsen und Schleswig-Holstein kandidiert hatte, ließ sich dagegen koalitionspolitisch kaum einbinden. Unter Helene Wessel, die im Juli 1949 den Vorsitz übernommen hatte, kämpfte sie mit ihren 3,1 Prozent der Stimmen und 10 Mandaten gegen Union und SPD gleichzeitig. Als kompromißlose Verfechterin kirchlicher Anliegen gehörte sie aus sozialdemokratischer Sicht in das Lager der Konservativen. Andererseits forderte sie jedoch «die straffe Lenkung der Produktion und die rücksichtslose Bekämpfung des Preiswuchers» in der Wirtschaft sowie «die Überleitung der Grundstoffindustrien in Gemeinbesitz».[236] Für die CDU/CSU stellte sie sich deshalb als soziale Linkspartei dar. Eine Zusammenarbeit kam damit weder nach der einen noch nach der anderen Richtung in Frage. Der politische Katholizismus, soweit er sich im neuen Zentrum organisierte, isolierte sich weitgehend selbst. Adenauers Warnungen aus dem Frühjahr 1945 vor einem Wiederaufleben der alten Zentrumsidee und sein Plädoyer für eine überkonfessionelle christliche Volkspartei hatten sich bestätigt.

Kaum zu verwenden für Koalitionsbildungen war auch die Bayernpartei mit ihren 4,2 Prozent und 17 Mandaten. Sie hatte von Anfang an gegen das Grundgesetz gekämpft und «mit einer Mischung aus staatenbündischer Ideologie, Folklore, Partikularismus und monarchistischen wie separatistischen Sehnsüchten» auf jenes Protestpotential, hauptsächlich südlich der

Donau, gezielt, dem ein Schlagwort wie «Bayern den Bayern» als Programm genügte.[237] Mochte sie auch mit ihrem Ziel, «die geistige und sittliche Erneuerung des bayerischen Volkes nach den Grundsätzen der Wahrheit, Gerechtigkeit und Liebe» anzustreben, dem bürgerlich-konservativen Lager näherstehen als den Sozialdemokraten, so würde sie doch jeder Regierung, die sich um die Entwicklung einer stabilen und funktionstüchtigen Bundesrepublik bemühte, eher hinderlich als nützlich sein.

Nicht viel anders verhielt es sich mit der Wirtschaftlichen Aufbau-Vereinigung (WAV), die in ihrer Organisation ebenfalls ganz auf Bayern beschränkt war. Ihr Vorsitzender war der Politclown Alfred Loritz, der sich gar nicht erst um ernsthafte politische Analysen bemühte, sondern sich darauf beschränkte, die Ängste und Ressentiments der Wähler zu schüren und «eine Clique böswilliger und korrupter Politiker» für alle Probleme der Welt verantwortlich zu machen. Loritz versprach, die Entnazifizierung und die Wohnungsnot zu beenden und die Steuern auf ein Minimum zu senken, verdankte seinen Erfolg mit 2,9 Prozent und immerhin 12 Mandaten allerdings weniger seinem umstrittenen politischen Programm, als vielmehr einem Wahlbündnis mit dem «Neubürgerbund» – einer Interessengemeinschaft der Flüchtlinge, denen die amerikanische Militärregierung in Bayern die Lizenz für eine eigene Partei verweigert hatte. Nachdem der Neubürgerbund zunächst vergeblich versucht hatte, eine Verbindung mit der SPD oder der FDP herzustellen, landete er schließlich bei der bereits im Zerfall begriffenen WAV, wobei die einzige Gemeinsamkeit in der strikten Gegnerschaft zur CSU bestand. Man mußte daher kein Prophet sein, um vorhersagen zu können, daß die WAV politisch wenig Überlebenschancen besaß.

Die Wählergunst verteilte sich somit etwa zu je einem Drittel auf CDU/CSU, SPD und die kleinen Parteien – einschließlich der FDP –, wobei die DKP/DRP mit ihren 1,8 Prozent und 5 Mandaten auf der äußersten Rechten als Gesprächspartner für Koalitionsbildungen ebensowenig in Frage kam wie die KPD auf der äußersten Linken mit ihren 5,7 Prozent und 15 Mandaten. Zählte man die Mandate unter Berücksichtigung der politischen Programmatik der jeweiligen Parteien zusammen, war rechnerisch praktisch nur eine Große Koalition aus CDU/CSU und SPD – eventuell sogar eine Allparteienregierung – oder eine kleine Koalition aus CDU/CSU, FDP und DP möglich. Die Entscheidung mußte jedoch von der CDU/CSU getroffen werden, da der SPD die Partner fehlten. Adenauers Vorstoß vom 21. August erhielt damit zusätzliche Plausibilität. Sein Kurs war jedoch weder in der Union noch beim angestrebten Koalitionspartner FDP unumstritten. Vor allem Karl Arnold und Teile des christlichen Gewerkschaftsflügels der CDU fochten weiter für eine Koalition mit der SPD. Innerhalb der FDP plädierte insbesondere der bayerische Landesvorsitzende Thomas Dehler für eine Beteiligung der SPD an der Regierung, um in der schwierigen Zeit der Staatsgründung alle relevanten politischen Kräfte in die Verantwortung einzubinden und die im Wahlkampf aufgerissene Kluft zwischen den Parteien zu überbrücken.[238]

Doch wie schon im Wahlkampf, so war Kurt Schumacher auch jetzt wieder Adenauers bester Helfer: Kompromißlos und unerbittlich zwang er die SPD entgegen den Vorstellungen der SPD-Ministerpräsidenten und gegen den Rat wohlmeinender Parteifreunde wie Carlo Schmid in die Opposition. Bereits am 22. August, einen Tag nach der Rhöndorfer Konferenz, erteilte der *Sozialdemokratische Pressedienst* allen Spekulationen über eine Große Koalition eine klare Absage. Die SPD, so hieß es dort, sei unverändert der Auffassung, «daß die Zustimmung für einen Bundeskanzler Adenauer und einen Wirtschaftsminister Erhard eine allzu starke Zumutung für die sozialdemokratische Wählerschaft und die sozialdemokratischen Politiker wäre, die in einer solchen Regierung arbeiten müßten».[239] Als der SPD-Vorstand wenige Tage später, am 30. August, in Bad Dürkheim ein von Schumacher vorgelegtes 16-Punkte-Papier billigte, in dem die Richtlinien für die Politik der SPD im Bundestag formuliert wurden, war dies – in den Worten von Theo Pirker – ein «Programm der intransigenten Opposition».[240] Schumacher behauptete jedoch, daß eine Demokratie aus Regierung und Opposition stärker sein werde als jede Illusion einer «nationalen Notgemeinschaft». Im übrigen hielt er die Mehrheit Adenauers im Bundestag für derart lächerlich gering, daß die neue Regierung – wie er später bemerkte – zwar verwalten, aber nicht regieren könne. Die bürgerliche Koalition schien ihm daher nur ein kurzes Zwischenspiel bis zur sozialdemokratischen Machtübernahme zu sein.[241]

In dieser Auffassung wurde er natürlich von Adenauer bestärkt, der am 1. September scheinbar selbstlos und mit staatsmännischer Attitüde erklärte, «daß das deutsche Volk endlich einmal von dem Gedanken abkommen müsse, als wenn eine Oppositionspartei etwas Schimpfliches sei oder als wenn eine Oppositionspartei keine staatliche Aufgabe zu erfüllen habe».[242] Dagegen ließ sich schlecht argumentieren. Jene CDU-Politiker, die immer noch Ansatzpunkte für eine Große Koalition sahen, waren indessen schon vorher durch Schumachers rigiden Oppositionskurs aller Chancen beraubt worden, ihr Ziel vielleicht doch noch zu erreichen. So wurde Adenauer von der CDU/CSU-Fraktion einstimmig beauftragt, mit der FDP und der DP formelle Koalitionsverhandlungen aufzunehmen. Die Große Koalition war vorerst vom Tisch.

Oder doch nicht? Zwar mußten die Befürworter einer Allianz zwischen Union und SPD einsehen, daß sie ihre Absichten nicht auf direktem Wege gegen die auf Konfrontation bedachten Parteiführer verwirklichen konnten. Aber wenn es gelang, die Kandidatur von Theodor Heuss für das Amt des Bundespräsidenten zu verhindern, war möglicherweise noch nicht alles verloren; Mißtrauen und Unwillen bei den Freien Demokraten würden Adenauers Koalitionspläne vielleicht noch im letzten Augenblick zunichte machen und zu neuen Überlegungen zwingen. Widerstände gegen Heuss gab es in allen Lagern. «Ein Manchester-Mann!» rief Aloys Lenz vom Gewerkschaftsflügel der CDU in einer stürmischen Auseinandersetzung in der Fraktion in den Saal und schlug selbst den DGB-Vorsitzenden Hans Böckler als Bundespräsidenten vor.[243] Carlo Schmid hielt es geradezu für «Verfassungsbruch», die Koalitionsverhandlungen mit der Wahl des Staatsoberhauptes zu verknüpfen und das zur Überparteilichkeit verpflichtende Präsidentenamt mit einem Parteivorsitzenden zu besetzen.[244] Besprechungen zwischen Union und FDP machten indes rasch deutlich, daß die Freien Demokraten die Wahl von Heuss als unverzichtbare Bedingung für die Koalition mit der CDU/CSU ansahen. Ohnehin war die Frage längst zu einer prinzipiellen Angelegenheit geworden, bei der es einen Rückzug ohne Gesichtsverlust nicht mehr geben konnte.

Zusätzlich kompliziert wurde die Sache noch dadurch, daß es Karl Arnold gelang, mit Unterstützung der sozialdemokratischen Länderchefs und der CDU-Ministerpräsidenten in der französischen Zone in einem Überraschungscoup seine eigene Wahl zum Bundesratspräsidenten gegen Hans Ehard durchzusetzen, dem Adenauer diesen Posten fest zugesagt hatte. Nicht nur Ehard, sondern die gesamte CSU fühlte sich dadurch betrogen und von Adenauer im Stich gelassen. Ehard erwog deshalb einige Tage lang, aus Rache für das Bundespräsidentenamt zu kandidieren, um Adenauers Koalitionsarithmetik zu durchkreuzen, rechnete sich dabei sogar einige Chancen aus, wenn die zahlreichen Gegner Adenauers in allen Parteien für ihn votierten. Zugleich wurde Hans Schlange-Schöningen, ein früherer pommerscher Rittergutsbesitzer, der 1931/32 vorübergehend Minister für Landwirtschaft und Ernährung im Kabinett Brüning gewesen war und nach 1945 die schleswig-holsteinische CDU aufgebaut hatte, sowohl als möglicher Bundespräsident wie als Kanzler einer Großen Koalition gehandelt.[245]

Für Adenauer drohte es nun gefährlich zu werden. Als Schlange-Schöningen schließlich vor der eigenen Fraktion deutlich machte, daß er eine Wahl zum Bundespräsidenten auch gegen den erklärten Willen der Partei- und Fraktionsführung annehmen würde, und Adenauer unbeirrbar an Heuss festhielt, kam es zum Zusammenstoß.[246] Doch erneut erwies sich Kurt Schumacher als Retter in der Not: Anstatt auf Schlange-Schöningen zu setzen und damit Adenauers ohnehin angeschlagene Position in Partei und Fraktion weiter zu schwächen, boxte Schumacher, obwohl völlig aussichtslos, seine eigene Kandidatur für das Bundespräsidentenamt durch – nicht aus taktischem Unvermögen, sondern weil auch er, wie Adenauer, eine parteiübergreifende Sammelkandidatur in der Präsidentenfrage verhindern wollte, aus der sich dann leicht eine Große Koalition entwickeln konnte. So kam es, wie es kommen mußte: Als die Bundesversammlung am 12. September zusammentrat, war eine große Mehrheit unter den Wahlmännern von CDU und CSU doch gezwungen, für Heuss zu votieren. Zwar verfehlte er die Mehrheit im ersten Wahlgang knapp. Doch im zweiten Anlauf entschied sich die Bundesversammlung mit 416 von 800 Stimmen für ihn – ein Sieg vor allem auch für Adenauer, dessen Chancen für die Bildung der «kleinen Koalition» nun wieder gewachsen waren.

Dennoch konnte er sich alles andere als sicher fühlen. Offenbar hatten immerhin 17 Wahlmänner der CDU/CSU nicht für Heuss gestimmt. Wenn sich dies in der Bundestagsfraktion bei der Kanzlerwahl wiederholte, würde es ungemütlich werden. Vielleicht war Adenauers Kommentar nach seiner Ernennung zum Kanzlerkandidaten in der Fraktion am 1. September doch allzu unvorsichtig gewesen, als er – halb scherzhaft, halb ernsthaft – die Nominierung mit den Worten quittiert hatte: «Ich danke Ihnen sehr, und ich warne Sie. Denn ganz leicht wird es nicht mit mir sein. Bis heute haben Sie noch nichts gemerkt.»[247] Inzwischen, zwei Wochen später, hatte Adenauer sich auch in der Fraktion bereits den Ruf erworben, mit ihr wie ein Diktator umzuspringen. Besonders bei der Personalauswahl für die Zusammensetzung der Regierung fühlte sie sich häufig übergangen.

Bei der Kanzlerwahl am 15. September wurde Adenauer trotzdem mit 202 gegen 142 der 389 abgegebenen Stimmen – bei 44 Enthaltungen und 1 ungültigen Stimme – gewählt. Aber es war denkbar knapp. Da der Kanzler zu seiner Wahl entsprechend dem Grundgesetz der absoluten Mehrheit des Parlaments bedarf – 1949 waren dies 201 von 400 Stimmen –, erhielt Adenauer nur eine Stimme mehr, als er für seine Kanzlerwahl brauchte: seine eigene, wie oft zu hören ist, denn er stimmte selbstverständlich für sich. Zwei Mitglieder der FDP-Fraktion waren bei der Abstimmung aus Gründen, die nichts mit der Wahl zu tun hatten, nicht anwesend gewesen, so daß offenbar fünf Mitglieder der eigenen Fraktion gegen Adenauer gestimmt oder sich der Stimme enthalten hatten. «Ein Wunder», meint Hans-Peter Schwarz in der historischen Rückschau, «daß es nicht mehr waren!»[248] Vermutlich gab die für Adenauer abgegebene Stimme des Abgeordneten Johann Wartner von der Bayernpartei den Ausschlag. Davon ist man jedenfalls in der CSU überzeugt.

Wirklich gefährdet war die Wahl Adenauers dennoch nicht. Da die Wahl bereits im ersten Wahlgang bei einer relativ großen Zahl von Enthaltungen erfolgte, waren durchaus Reserven vorhanden, die in einem möglichen zweiten Urnengang für Adenauer hätten mobilisiert werden können. Für den Notfall waren schon Fühler zur Bayernpartei ausgestreckt worden, die sich in der ersten Runde enthalten wollte, aber versprach, im zweiten Durchgang für Adenauer zu votieren. Das war nun überflüssig geworden. Die Regierung, die mit der Wahl Adenauers gebildet wurde, setzte sich aus Vertretern jener Gruppierungen zusammen, die man bereits in Rhöndorf ins Auge gefaßt hatte. Unumstritten war darin Ludwig Erhard als Wirtschaftsminister, der mit seiner Konzeption einer sozialen Marktwirtschaft entscheidend zum Wahlsieg der bürgerlichen Parteien beigetragen hatte. Finanzminister wurde Fritz Schäffer, der dieses Amt zuvor bereits in Bayern bekleidet hatte und der nun auf Drängen der CSU auch in Bonn dieses wichtige Ressort verwaltete, um zumindest eine gewisse Kompensation für das Scheitern Ehards als Bundesratspräsident zu erhalten. Da auch die FDP dieses Amt gerne für sich gehabt hätte, blieb die Besetzung bis zum letzten Augenblick umstritten. Doch Schäffer war ein Mann ganz nach dem Geschmack Adenauers: ein politischer Profi seit den Tagen der Weimarer Republik, konservativ, aber nicht rechts, zeitweilig Vorsitzender der Bayerischen Volkspartei und jetzt Vertreter der CSU im Wahlkreis Passau, vor allem jedoch ein standhafter Verbündeter, der aus der Sicht Adenauers nach der Wahl Karl Arnolds zum Bundesratspräsidenten entscheidend dazu beigetragen hatte, daß die CSU die Fraktionsgemeinschaft mit der CDU nicht aufkündigte.

Das Gesamtdeutsche Ministerium übernahm der ehemalige christliche Gewerkschaftsführer Jakob Kaiser, der anfangs als ernsthafter Rivale Adenauers gegolten hatte, dessen Führung inzwischen aber ohne jede Einschränkung anerkannte und auch auf der entscheidenden Fraktionssitzung der Union am 1. September bei der Nominierung Adenauers zum Kanzlerkandidat für ihn eingetreten war. Meinungsverschiedenheiten gab es dagegen vor allem bei der Besetzung der Position des Innenministers. Eugen Gerstenmaier und Gerd Bucerius sowie Oberkirchenrat Hermann Ehlers machten sich dabei für den Oberbürgermeister von Essen und Präses der Synode der Evangelischen Kirche Deutschlands, Gustav Heinemann, stark, um im protestantischen Unionslager ein Zeichen zu setzen, während Adenauer es vorgezogen hätte, den unbequemen, wenig umgänglichen und humorlosen Heinemann, der zudem noch vom Arnold-Flügel der CDU stammte, aus dem Kabinett fernzuhalten und statt dessen seinen alten Weggefährten Heinrich Weitz oder Robert Lehr mit dem Posten zu betrauen. Da die Frage bis zur Kanzlerwahl unentschieden blieb, traf Adenauer schon kurz nach Ablegung des Amtseides erneut mit Heinemann zu einem einstündigen Gespräch zusammen, das ebenso unbefriedigend verlief wie alle vorherigen Kontakte in dieser Angelegenheit. Danach war er entschlossen, Robert Lehr als Innenminister vorzusehen. Doch in der Fraktion hatten sich die evangelischen Abgeordneten inzwischen einmütig für Heinemann erklärt. Da half es auch nicht, daß Robert Pferdmenges, den Adenauer in letzter Not nach Bonn gerufen hatte, um zu bestätigen, daß Heinemann ihn vor einem halben Jahr einen «Schuft» genannt habe, ihm noch zu Hilfe eilte.[249] An Heinemann kam er nicht mehr vorbei. Diesmal setzte die Fraktion sich durch, auch wenn sie daran, wie sich schon bald zeigte, nicht viel Freude haben sollte.

Das übrige Kabinett bestand weitgehend aus Politikern der zweiten Garnitur. An die meisten Namen erinnert sich heute niemand mehr, wenn man einmal von Thomas Dehler absieht, der allerdings weniger als Justizminister von sich reden machte, sondern erst später, als Vorsitzender der FDP, an Profil gewann. Die alles überragende Figur blieb jedoch Adenauer – der älteste Regierungschef seit Menschengedenken: früher geboren als Stresemann, Brüning und sechs weitere Kanzler der Weimarer Republik, dreizehn Jahre älter als Hitler. Er wurde Kanzler fast im selben Alter, in dem Bismarck entlassen wurde, und regierte dann länger als die 21 Kabinette der Weimarer Republik zusammengenommen und länger als das «Tausendjährige Reich».[250] Seine politische ebenso wie seine physische Leistung waren beeindruckend. Neben ihm erschienen die Minister, vielleicht mit Ausnahme Ludwig Erhards, zweitrangig. Adenauer allein war, wie es damals hieß, «70 Prozent seines Kabinetts».[251] Schon damals allerdings war die Zahl der Gekränkten, Neider und Feinde mindestens so groß wie die Schar der Bewunderer und Anhänger. Hermann Pünder, den man, ohne ihm zu nahe zu treten, wohl zur ersten Gruppe rechnen dürfte, bewahrte in seinen Papieren die Tagebucheintragung eines Bekannten aus dem Jahre 1948 auf, in dem dieser «Großes Palaver um A.» konstatierte, um dann fortzufahren: «Ich weiß gar nicht, was so viele Menschen gegen A. haben. Ich kenne ihn ja wohl am längsten und am besten. Er ist unzuverlässiger als ein Franzose, verlogener als ein Engländer, brutaler als ein Amerikaner und undurchsichtiger als ein Russe – also der gegebene Staatsmann für unser geschlagenes und mißhandeltes Volk!»[252]

Die Nebenregierung auf dem Petersberg

Die Regierungserklärung, die Bundeskanzler Adenauer am 20. September 1949 vor dem Deutschen Bundestag abgab, war, wie Herbert Blankenhorn in seinen *Blättern eines politischen Tagebuchs* bemerkte, «kein großer Wurf». Adenauer hatte angesichts zahlloser Besprechungen kaum Zeit gefunden, sich ernsthaft und mit der notwendigen Ruhe auf den Text zu konzentrieren. Er war deshalb mit heißer Nadel gestrickt. Der Entwurf war erst in letzter Minute fertig geworden. Während der Kanzler vor dem Bundestag schon mit seinem Vortrag begonnen hatte, waren sieben Sekretärinnen noch damit beschäftigt, die letzten der 25 Seiten des Manuskripts in Reinschrift zu übertragen: «Es war», so Blankenhorn, «die Rede eines Mannes, der in nüchternen Worten die Probleme und Aufgaben aneinanderreihte, vor die sich die eben konstituierte Bundesregierung gestellt sieht.»[253] Dennoch gab es oft Beifall, gelegentlich auch aus den Reihen der Opposition.

Bereits für den nächsten Morgen, also am 21. September 1949, war Adenauer mit dem gesamten Kabinett zu einem Besuch der Alliierten Hohen Kommission der drei westlichen Alliierten auf den Petersberg bestellt, nur wenige Kilometer von Bonn entfernt, in Sichtweite Rhöndorfs auf der östlichen Seite des Rheintals gelegen. Dabei sollte den Mitgliedern der neuen Bundesregierung in feierlicher Form das von den Alliierten bereits am 10. April 1949 beschlossene und am 12. Mai von den Militärgouverneuren verkündete «Besatzungsstatut» überreicht werden, dessen Grundsätze auf die Frankfurter Dokumente vom 1. Juli 1948 zurückgingen. Da man seinerzeit in der Militärverwaltung der Besatzungsmächte nur von einer beschränkten und kontrollierten Selbstverwaltung der Deutschen ausgegangen war, bedurfte es einer genauen Regelung, wie die Alliierten nach Konstituierung der Bundesrepublik die ihnen weiterhin vorbehaltene oberste Gewalt auszuüben gedachten und wie die Beziehungen zur neuen deutschen Regierung gestaltet werden sollten. Für die Alliierten war die Übergabe des Besatzungsstatuts nach der Verabschiedung des Grundgesetzes und der Wahl Adenauers zum Bundeskanzler somit nur der logische dritte Schritt, um die doppelte Regierungsbildung der neuen Bundesrepublik – mit dem Kabinett in Bonn und der Nebenregierung der drei westlichen Besatzungsmächte auf dem Petersberg – zu vollenden. Die Statusübergabe war zugleich der erste Amtsakt der drei Hohen Kommissare, die damit ihre Tätigkeit aufnahmen.[254]

Adenauer sah dies allerdings ganz anders. Zwar war er bereit, seinen Antrittsbesuch bei den Alliierten zu machen. Aber er weigerte sich, das eigens auf Pergament gedruckte Besatzungsstatut in großer Zeremonie aus den Händen der Hohen Kommissare entgegenzunehmen. Außerdem lehnte er es ab, sich bei seinem Besuch, den Wünschen der Alliierten entsprechend, vom gesamten Kabinett begleiten zu lassen – gewissermaßen um sich von den Siegermächten das Placet für seine Regierungsbildung zu holen. Wenn die Alliierten sich schon weitgehende Vorbehaltsrechte, Einspruchs- und Kontrollbefugnisse sowie Mitsprachemöglichkeiten gesichert hatten, die die Eigenständigkeit der Bundesregierung erheblich einschränkten, mußte man dies nicht auch noch demonstrativ nach außen zu erkennen geben. So war Adenauer lediglich von Vizekanzler Franz Blücher und den Ministern Jakob Kaiser für die CDU, Fritz Schäffer für die CSU, Thomas Dehler für die FDP sowie dem parteilosen Ludwig Erhard flankiert, als er die schmale Straße zum Hotel Petersberg hinauffuhr, wo die Alliierte Hohe Kommission ihren Sitz genommen hatte.

Die Alliierten hatten sich in erster Linie deshalb für diesen Gebäudekomplex entschieden, weil er ihren Bedürfnissen nach Lage, Größe und Ausstattung entsprach und überdies, da es nur eine Zufahrt gab, relativ leicht abzusichern war. Aber der Ort, hoch über Bonn, war auch ein Symbol für die Machtverteilung in der neuen Bundesrepublik: unten, in den Niederungen des Rheintals, die deutsche Regierung, oben, auf dem Gipfel, die «Heiligen Drei Könige» der Hohen Kommission. Nicht gesichert ist, ob historische Überlegungen bei der Ortswahl ebenfalls eine Rolle spielten: Der britische Premierminister Neville Chamberlain hatte hier im September 1938 Quartier bezogen, bevor er seinen demütigenden Bittgang zu Hitler im Hotel Dreesen in Mehlem angetreten hatte, um in der Sudetenkrise den europäischen Frieden zu retten. Jetzt waren die Machtverhältnisse genau umgekehrt: Der deutsche Kanzler mußte bei den Alliierten auf dem Petersberg vorsprechen, um seine Politik von ihnen absegnen zu lassen. Noch bis April 1951 sollte Adenauer regelmäßig den Weg auf den Berg nehmen und es jedes Mal als Zumutung empfinden, auf diese Weise mit den Hohen Kommissaren verhandeln zu müssen. Nur gelegentlich suchten diese ihn einzeln in seinem Haus in Rhöndorf auf. Aber das offizielle Gespräch zwischen der Bundesregierung und der Hohen Kommission fand stets im ehemaligen Hotel auf dem Gipfel statt.

Dabei gab es viel zu besprechen. Denn das Besatzungsstatut vom 21. September 1949 räumte den Alliierten zahlreiche «Vorbehaltsgebiete» ein, in denen sie Richtung und Inhalte der Politik bestimmten. Dazu gehörten vor allem der gesamte Bereich der Außenpolitik, Sicherheitsfragen, die Besatzungskosten, Abrüstung und Entmilitarisierung, Reparationen, Außenhandel, Devisenbewirtschaftung und Ruhrkontrolle sowie die Entflechtung der Großbetriebe und Banken. Überdies engten zahlreiche Gesetze und Befehle, die seit 1945 vom Alliierten Kontrollrat erlassen worden waren und nach Gründung der Bundesrepublik zunächst in Kraft blieben, den deutschen Spielraum weiter ein. Betroffen waren etwa das Steuerwesen, die Arbeitsgerichtsbarkeit und das Betriebsverfassungsgesetz. Letztlich gab es kaum eine Frage von Belang, bei der die Hohen Kommissare nicht zumindest mitzureden hatten. In wichtigen Bereichen, wie der Entflechtung der Großbetriebe, der Entnahme von Reparationen und der Überwachung der Außenwirtschaftsbeziehungen, behielten sie sogar die Exekutive in der Hand. Auch die Besatzungsgerichtsbarkeit bestand weiter. Selbst in den sogenannten «Nicht-Vorbehaltsgebieten», in denen die Bundesregierung gesetzgeberisch tätig werden durfte, reservierten die Hohen Kommissare sich ein Vetorecht.[255]

Um diese massiven Einwirkungsmöglichkeiten überhaupt nutzen zu können, bedurfte es weiterhin einer umfangreichen Besatzungsverwaltung. Diese war nach Gründung der Bundesrepublik dreistufig organisiert und umfaßte auf Bundesebene die Allied High Commission for Germany (HICOG), auf der Ebene der Besatzungszonen die jeweiligen Hohen Kommissare und auf Länderebene die den Hohen Kommissaren nachgeordneten Beamten. Die Zahl der Personen, die in den Kontrollapparaten der Alliierten beschäftigt waren, ging auch in den fünfziger Jahren noch in die Tausende, obwohl man schon vor der Gründung der Bundesrepublik damit begonnen hatte, die riesigen Bürokratien aus der Zeit der Militärregierungen allmählich zu verkleinern. So waren etwa die Stäbe der britischen Kontrollkommission, die im Mai 1947 noch eine Stärke von 19000 Zivilbediensteten und mehr als 2000 Militärpersonen aufgewiesen hatten, bis zum September 1949 bereits auf rund 10000 Zivilisten und 200 Militärs reduziert worden. Innerhalb des ersten Jahres nach Gründung der Bundesrepublik sanken diese Zahlen nochmals drastisch. Mitte Juli 1950 waren auf britischer Seite noch etwa 5000 Beamte und Verwaltungsangestellte sowie lediglich eine kleine Gruppe von Offizieren tätig.[256] In der amerikanischen und französischen Zone waren die Proportionen ähnlich. Die Kontrollkommissionen der Alliierten besaßen somit in etwa den Umfang großer Ministerien.

Das insgesamt zur Erfüllung von Besatzungsaufgaben eingesetzte Personal der Alliierten war allerdings bedeutend umfangreicher. So versahen 1950 nicht weniger als 100000 Mann alliierter Streitkräfte und Zivilbediensteter aus den Heimatländern der Drei Mächte ihren Dienst in Deutschland. Sie wurden von 250000 Familienangehörigen begleitet und von 445000 Deutschen logistisch unterstützt: 144 000 Mann technisches Personal, 98 000 Verwaltungsangestellte, 66 000 Kraftfahrer, 39 000 Hausgehilfinnen, 39 000 Gaststättenbedienstete, 11 000 Bäcker und Metzger sowie 48 000 sonstige Beschäftigte arbeiteten damals für die Alliierten.[257] Die Kosten für die Besatzungsherrschaft waren von den Deutschen selbst aufzubringen. Sie beliefen sich allein im Rechnungsjahr 1950 auf eine Summe von 4,5 Milliarden DM. Bezogen auf einen Bundeshaushalt von nur 12,6 Milliarden waren also mehr als ein Drittel des gesamten Etats, nämlich 36 Prozent, für die Besatzung auszugeben.[258]

Die Hohen Kommissare, die an der Spitze der alliierten Kontrollorgane standen, bildeten gemeinsam den interalliierten zivilen Rat der «Hohen Kommission», dem ein Generalsekretär und eine Reihe von Ausschüssen unterstanden. Während die einzelnen Militärgouverneure zuvor in ihren jeweiligen Besatzungszonen eine mehr oder minder eigenständige Politik betrieben hatten – zumal in Abwesenheit einer deutschen Zentralregierung –, fungierte die Hohe Kommission, zumindest theoretisch, als Gemeinschaftsorgan, in dem die Besatzungsmächte sich auf eine gemeinsame Linie verständigten, bevor sie mit der Bundesregierung verhandelten. Wenn dies nicht möglich war, wurden häufig die Außenminister der Drei Mächte eingeschaltet, um eine Einigung herbeizuführen. In der Praxis kam es jedoch immer wieder auch zu bilateralen Gesprächen zwischen einzelnen Hohen Kommissaren und der Bundesregierung, vor allem Bundeskanzler Adenauer, sowie zu informellen Kontakten auf unterer Ebene, die zu einem eher diffusen Informationsgeflecht und zu einem überaus komplexen und oft schwer durchschaubaren Entscheidungsprozeß zwischen Deutschen und Alliierten beitrugen.

Den drei Hohen Kommissaren fiel dabei im Verhältnis zur Bundesregierung zunächst auch deshalb eine Schlüsselrolle zu, weil es eine direkte diplomatische Vertretung der Bundesrepublik in den westlichen Hauptstädten noch nicht gab. John J. McCloy, Sir Brian Robertson (ab März 1950 Sir Ivone Kirkpatrick) und André François-Poncet waren nicht nur Repräsentanten ihrer jeweiligen Länder, sondern durchaus einflußreiche Entscheidungsträger, deren Bedeutung noch wuchs, wenn sie – wie McCloy – über eine direkte Verbindung zum eigenen Außenminister und zur eigenen Regierung verfügten. Zwar entstammte McCloy nicht der Hierarchie des State Department, sondern hatte vor seiner Entsendung nach Deutschland als Anwalt in der New Yorker Wall Street gearbeitet und sich als Präsident der Weltbank mit internationalen Finanzfragen beschäftigt. Aber er war mit Außenminister Dean Acheson seit vielen Jahren freundschaftlich verbunden. Wann immer Adenauer den direkten Weg zur amerikanischen Regierung suchte, konnte er bei McCloy sicher sein, den richtigen Kanal zu benutzen.

Allerdings wußte McCloy anfänglich wenig von Deutschland und den Deutschen, deren autoritären Neigungen er zutiefst mißtraute. Auch vor der Gerissenheit Adenauers hatte man ihn immer wieder gewarnt – die er nur noch bestätigt fand, als Adenauer ihn, unmittelbar nach seiner Ernennung zum Hohen Kommissar im Juni 1949, fast schon penetrant auf verschiedenste Weise darauf aufmerksam machte, daß seine verstorbene Frau Gussie Zinsser und Frau McCloy entfernt verwandt seien.[259] Doch binnen kurzem verringerte sich nicht nur McCloys Abhängigkeit von der verwirrenden Vielfalt seiner Berater, denen er beinahe hilflos ausgeliefert war und durch eine bisweilen schwankende und wendungsreiche Politik Rechnung trug. Auch seine Distanz zu Adenauer schwand. Zwar hegte er bis zum Schluß seiner Tätigkeit in Deutschland 1952 Zweifel, ob die Demokratie hier wirklich feste Wurzeln geschlagen habe. Aber die Verläßlichkeit des Kanzlers stand für ihn längst außer Frage: McCloy wurde für Adenauer und die Bundesrepublik zu einem der wichtigsten Vermittler deutscher Belange in Regierung und Öffentlichkeit der USA. Noch lange nach seinem Ausscheiden aus der Hohen Kommission griff Adenauer immer wieder auf ihn zurück, um sich über ihn in Amerika Zugänge oder Gehör zu verschaffen.[260]

Mit dem britischen General Robertson, vor allem jedoch mit dem französischen Diplomaten François-Poncet war es dagegen ein sehr viel mühseligeres Geschäft. Wie der britische Außenminister Ernest Bevin, so zählte auch Robertson nicht eben zu den Freunden Deutschlands. Sein Verhältnis zu Adenauer blieb kühl und distanziert, korrekt, aber voller Mißtrauen. Allerdings hatte man auch nicht viel Zeit, sich füreinander zu erwärmen, denn Robertson wurde schon im März 1950 durch den Leiter der Deutschland-Abteilung im Foreign Office, Sir Ivone Kirkpatrick, abgelöst, einen Berufsdiplomaten, der Deutschlands Wiederaufstieg zu verhindern suchte und gerade deshalb Adenauers Politik der europäischen Integration engagiert unterstützte.

Die schillerndste Figur unter den Hohen Kommissaren war jedoch ohne Zweifel André François-Poncet – hochmütig und eitel, ein Germanist, der ein Leben lang die deutsche Sprache und Kultur studierte und die Deutschen besser zu kennen glaubte als diese sich selbst. Von 1933 bis 1938 war er französischer Botschafter in Berlin gewesen und hatte in dieser Zeit zu den wenigen ausländischen Diplomaten gezählt, die die Politik Hitlers positiv und optimistisch beurteilten. Schon dies war Anlaß genug für Adenauer, ihn mit Mißtrauen zu betrachten – wie übrigens auch Kurt Schumacher, der dem Franzosen gelegentlich vorhielt, bis 1939 ein Verfechter der Politik des Appeasement gewesen zu sein und sich dabei als Apostel der deutsch-französischen Verständigung ausgegeben zu haben.[261] Um so bemerkenswerter schien es, daß François-Poncet auch jetzt, in der Bundesrepublik, wieder behauptete, die deutsch-französische Versöhnung sei sein Lebenswerk. Zugleich fühlte er sich jedoch zu unnachsichtiger Kontrolle berufen, um Frankreich und Europa einen Rückfall Deutschlands in Hitlersche Traditionen zu ersparen. Persönlich prätentiös, politisch schwach und biographisch wenig glaubwürdig, war er deshalb für Adenauer ein schwieriger Partner. Beide trauten sich keinen Augenblick über den Weg. Ein «unablässiger Austausch von Giftigkeiten» kennzeichnete ihren Umgang miteinander, zumindest in den Anfangsjahren, bis Adenauers Position so sehr gefestigt war, daß auch François-Poncet nicht mehr umhin konnte, die Autorität des Kanzlers anzuerkennen und im wohlverstandenen französischen Eigeninteresse seine Ablehnung gegen ihn zu unterdrücken.[262]

Am 21. September 1949, als Adenauer seinen Antrittsbesuch bei den Hohen Kommissaren machte, war von einer respektvollen, versöhnlichen Haltung allerdings noch nichts zu bemerken. Um den Rangunterschied zwischen den Repräsentanten der Siegermächte und den Vertretern der neuen, noch nicht souveränen Bundesrepublik deutlich zu machen, hatte man sogar festgelegt, daß die Kommissare bei der Zusammenkunft im Hotel Petersberg auf einem Teppich stehen sollten, die deutsche Delegation jedoch auf dem nackten Fußboden davor – eine protokollarische Albernheit, die den Kanzler und seine Minister vom ersten Augenblick an daran erinnern sollte, daß sie nur mit Zustimmung der Alliierten regieren. Als François-Poncet, der an diesem Tag den Vorsitz führte, zu Beginn der Begegnung einen Schritt nach vorne trat, um den Kanzler zu begrüßen, machte dieser sich die Gelegenheit jedoch zunutze, ging dem französischen Hohen Kommissar entgegen und stand nun ebenfalls auf dem Teppich, ohne daß jemand Einwände erhoben hätte. Die Zeremonie, die dazu bestimmt gewesen war, die fortbestehende Kontrolle über die junge Bundesrepublik zu demonstrieren, war ungewollt zu einer symbolischen Geste neu gewonnenen Selbstvertrauens geraten – zu einem «ersten Schritt in die politische Mündigkeit».[263]

Ein unerwartetes Schicksal erlitt auch das umständlich auf Pergament geschriebene Besatzungsstatut, von dem nun plötzlich niemand mehr Notiz nehmen wollte. Zwar hatten die Alliierten mit Erfolg darauf bestanden, daß der Vorsitzende der Hohen Kommissare das Inkrafttreten des Statuts in einer kurzen Ansprache mitteilte. Allerdings wurde das Dokument nach vorheriger Intervention Adenauers nicht förmlich überreicht: «Für einen Besiegten», so der Kanzler dazu in seinen Memoiren, «bleibt ein Besatzungsstatut eine unangenehme Sache, seine Übergabe an den Vertreter eines besetzten Landes ist für dieses kein Grund zu einer Feierlichkeit.»[264] Doch da es nun einmal vorlag, drückte ein Mitarbeiter der Hohen Kommission das in braunes Packpapier eingewickelte Dokument Herbert Blankenhorn beim Weggehen in der Garderobe stillschweigend in die Hand.[265] Blankenhorn bewahrte es als Souvenir bei seinen Unterlagen auf, bis der Kanzler es 1962 zurückforderte.

Die Kanzlerdemokratie

Das Regierungssystem, das sich nun in der Bundesrepublik etablierte, wird zumeist als «Kanzlerdemokratie» bezeichnet. Sie grenzt sich von der reinen Parlamentsdemokratie französisch-kontinentaler Tradition ebenso ab wie vom Präsidialsystem amerikanischer Prägung oder der parlamentarisch-präsidentiellen Mischform der Weimarer Republik. Eine Parallele findet sich noch am ehesten in der *prime ministerial government* des britischen Regierungssystems, das als Kabinettsdemokratie ebenfalls eine starke Stellung des Regierungschefs und des von ihm geleiteten Kabinetts kennt. In der Bundesrepublik war die Entwicklung der Kanzlerdemokratie keine unmittelbare Folge des Wortlauts der Verfassung, sondern das Ergebnis des Zusammenwirkens von Verfassungskonzeption, politischen Konstellationen und personalen Faktoren – also der Verfassungswirklichkeit.²⁶⁶

Bereits im Grundgesetz wurde dem Kanzler jedoch bewußt eine Sonderstellung eingeräumt, um dem Regierungssystem der Bundesrepublik im Vergleich zur Weimarer Republik zu größerer Stabilität zu verhelfen. Er hat das Recht zur Ernennung und Entlassung der Minister (die der Bundespräsident auf seinen Vorschlag vollziehen muß), kann deshalb Ressortzuständigkeiten festlegen bzw. verändern und bei Unstimmigkeiten zwischen verschiedenen Ministern selbst eine Entscheidung herbeiführen. Außerdem bestimmt er allein die «Richtlinien der Politik», wie es in Artikel 65 GG heißt:

«Der Bundeskanzler bestimmt die Richtlinien der Politik und trägt dafür die Verantwortung. Innerhalb dieser Richtlinien leitet jeder Bundesminister seinen Geschäftsbereich selbständig und unter eigener Verantwortung. Über Meinungsverschiedenheiten zwischen den Bundesministern entscheidet die Bundesregierung. Der Bundeskanzler leitet ihre Geschäfte nach einer von der Bundesregierung beschlossenen und vom Bundespräsidenten genehmigten Geschäftsordnung.»

Während der Bundeskanzler nach Artikel 67 und 68 GG dem Parlament direkt verantwortlich ist, gilt die «eigene Verantwortung» des Ministers unmittelbar nur gegenüber dem Gesetz und für sein Ministerium, dem Parlament gegenüber jedoch nur vermittelt über den Kanzler. Sie wird weiter eingeschränkt durch die vom Kanzler festgelegten «Richtlinien der Politik». Bei Meinungsverschiedenheiten über die Interpretation der Richtlinien im Einzelfall entscheidet wiederum allein der Bundeskanzler, wie die Geschäftsordnung der Bundesregierung besagt:

«§ 1 (1) Der Bundeskanzler bestimmt die Richtlinien der inneren und äußeren Politik. Diese sind für die Bundesminister verbindlich und von ihnen in ihrem Geschäftsbereich selbständig und unter eigener Verantwortung zu verwirklichen. In Zweifelsfällen ist die Entscheidung des Bundeskanzlers einzuholen.
(2) Der Bundeskanzler hat das Recht und die Pflicht, auf die Durchführung der Richtlinien zu achten.
§ 2 Neben der Bestimmung der Richtlinien der Politik hat der Bundeskanzler auch auf die Einheitlichkeit der Geschäftsführung in der Bundesregierung hinzuwirken.»

Der Bundeskanzler ist somit nach Grundgesetz und Geschäftsordnung gegenüber den anderen Mitgliedern der Bundesregierung eindeutig im Vorteil.

Von einer ausgewogenen Verbindung von Kanzler-, Ressort- und Kollegialprinzip kann deshalb keine Rede sein. Anders als in der Weimarer Republik sitzt der Kanzler in der Bundesrepublik «eindeutig am längeren Hebel».[267] Auf die Verantwortung, die dem Kanzler daraus im politischen System der Bundesrepublik erwächst, hat Theodor Eschenburg bereits in den sechziger Jahren hingewiesen: «Gleichgültig, ob der Bundeskanzler die Richtlinien selbst bestimmt oder sie von anderen übernimmt, ob er sich dem Mehrheitsbeschluß des Kabinetts fügt oder diesen umstößt: immer trägt er allein die Verantwortung. Wird der Bundeskanzler überstimmt, so muß er sich, symbolisch ausgedrückt, aus der Kabinettssitzung in sein Arbeitszimmer zurückziehen und noch einmal die Entscheidung für sich fällen, die dann die endgültige ist. ‹Einsame Entschlüsse› ... werden durch den Art. 65 GG geradezu verlangt; allerdings muß eine Beratung und Beschlußfassung der Bundesregierung vorangegangen sein.»[268]

Wie die dem Kanzler im Grundgesetz und in der Geschäftsordnung der Bundesregierung eingeräumten Kompetenzen ausgelegt und wahrgenommen werden, ist allerdings großenteils eine Frage des persönlichen Regierungsstils und politischer Zweckmäßigkeit. Daß Adenauer nicht nur das Parlament an die Wand gespielt, sondern auch dem Kabinett eine bescheidene Rolle zugewiesen habe, meinte Thomas Ellwein, habe sich «aus der politischen und personellen Konstellation, nicht aus dem Grundgesetz» ergeben.[269] So wurde der Begriff «Kanzlerdemokratie» nicht zufällig während der Amtszeit Konrad Adenauers geprägt. Jene «einsamen Entschlüsse», von denen Theodor Eschenburg sprach, waren charakteristisch für Adenauers Umgang mit der Macht. Diesen patriarchalischen Stil hatte er bereits als Oberbürgermeister Kölns von 1917 bis 1933 gepflegt. Er mußte ihn sich daher als Kanzler nicht erst aneignen. Tatsächlich wäre es ihm wohl nie in den Sinn gekommen, seine Regierungsgeschäfte als *primus inter pares* in einem kollegialen Kabinett zu führen. Wer die Personen näher betrachtet, mit denen Adenauer sich umgab, stößt kaum auf Politiker und noch seltener auf unabhängige Köpfe, aber fast immer auf akkurate, zuverlässige Diener aus der Ministerialbürokratie: Adenauers Regierungsstil war die persönliche Führung mit Hilfe einer starken und zuverlässigen Verwaltung.

Diesem Stil entsprach auch die Gründung des Bundeskanzleramtes am 16. September 1949 – einen Tag nach der Wahl Adenauers im Bundestag. Das Amt, dessen Funktion und Bedeutung bis heute im Kern unverändert geblieben sind, unterrichtet den Kanzler über die laufenden Fragen der Politik und die Arbeit in den Ministerien, bereitet seine Entscheidungen vor, achtet auf deren Durchführung und koordiniert die Arbeit der Ressorts.[270] Leiter des Amtes – im Range eines Staatssekretärs – wurde zunächst der Rechtsanwalt Dr. Otto Lenz, der diese wichtige Funktion bis zur Bundestagswahl 1953 bekleidete. Ihm folgte bis 1963 der ehemalige Ministerialrat Hans Globke, der wegen eines Kommentars zu den Nürnberger Gesetzen von 1935 belastet war, von geachteten Gegnern Hitlers, wie Jakob Kaiser und dem Berliner Kardinal Konrad Graf von Preysing, aber dennoch empfohlen wurde, weil er ein «Mann des inneren Widerstandes» gewesen sei und zu denen gehört habe, an die man sich habe wenden können, wenn man Hilfe brauchte.[271]

Nachgeordnete Einrichtungen des Bundeskanzleramtes sind vor allem das Presse- und Informationsamt der Bundesregierung sowie – seit Mai 1955 – der Bundesnachrichtendienst. Zeitweilig waren hier ebenfalls noch die Dienststellen für auswärtige Angelegenheiten und das für verteidigungspolitische Fragen zuständige Büro Schwerin bzw. das Amt Blank angesiedelt, die später in das Auswärtige Amt bzw. das Bundesverteidigungsministerium überführt wurden. Alle diese Einrichtungen trugen maßgeblich dazu bei, den Kanzler zu unterrichten und seine Entscheidungen in zentralen Bereichen der Politik vorzubereiten. Sie sorgten für einen hohen Informationsstand des Regierungschefs gegenüber den Ministerien und dem Parlament sowie für größtmögliche Kontinuität in der Führung der Regierungsgeschäfte. Dennoch war die Kanzlerdemokratie im Laufe der Zeit Schwankungen und Veränderungen ausgesetzt. Je nach Persönlichkeit, Temperament und Arbeitsstil des jeweiligen Regierungschefs wandelte sich auch der Charakter der Machtausübung durch den Kanzler innerhalb des politischen Systems der Bundesrepublik. Die Kanzlerdemokratie war somit kein festgefügtes Strukturmerkmal der verfassungsmäßigen Ordnung, sondern abhängig von politischen und personellen Veränderungen des Landes.

Parlament und Parteien

Die Rolle, die das Parlament und die Parteien im politischen System der Bundesrepublik spielen, ist durch einen Blick in das Grundgesetz ebenfalls nur unzureichend zu erfassen. Nach der Intention des Parlamentarischen Rates sollte der Bundestag den zentralen Ort eines parlamentarischen Regierungssystems bilden. Zugleich wurde den Parteien eine maßgebliche Mitwirkung bei der politischen Willensbildung zuerkannt. Auch hier stand den Gründern der Bundesrepublik das Beispiel Weimar drohend vor Augen. Parteienzersplitterung, politischer Extremismus und parlamentarische Handlungsunfähigkeit hatten die erste deutsche Republik binnen weniger Jahre ins Verderben gestürzt. Zwei Strukturveränderungen gegenüber der Republik von Weimar sind daher besonders hervorzuheben:

1. die Aufhebung der Konkurrenz präsidialer und parlamentarischer Regierung zugunsten einer ausschließlich aus dem Parlament hervorgehenden und von dessen Mehrheit getragenen und abhängigen Regierung ohne nennenswerte präsidiale Einwirkungsmöglichkeiten; sowie
2. die Beseitigung des Nebeneinanders parteipolitischer und plebiszitärer Elemente zugunsten eines eindeutigen Bekenntnisses zum Parteienstaat mit nur sehr eingeschränkten plebiszitären Restbeständen.

Allerdings mochte man sich im Parlamentarischen Rat nicht sofort entschließen, mit Hilfe eines Mehrheitswahlrechts ein Zweiparteiensystem englischen Zuschnitts zu schaffen, um den Wähler unmittelbar über die Verteilung der Aufgaben von Regierung und Opposition entscheiden zu lassen. Man hielt vielmehr zunächst am Verhältniswahlrecht fest, baute mit der Fünf-Prozent-Klausel und dem konstruktiven Mißtrauensvotum jedoch Sicherungen ein, die verhindern sollten, daß der Bundestag von Splitterparteien dominiert oder der Kanzler durch einfachen Mißtrauensantrag mit negativer Mehrheit gestürzt werden konnte. Die endgültige Entscheidung über die Wahlrechtsfrage wurde aber dem Bundestag selbst überlassen. Das erste Bundeswahlgesetz, das der Parlamentarische Rat verabschiedete, galt nur für die Wahl von 1949.

Von einem Gleichgewicht zwischen Parlament und Parteien oder gar einem Übergewicht des Bundestages konnte indessen von Anfang an keine Rede sein. Tatsächlich wurden dessen Entscheidungen innerhalb der Parteien zumeist so weit vorstrukturiert, daß das Parlament nur noch die Bühne für die Präsentation vorher festgelegter Standpunkte bot und den formalen Rahmen für die Abstimmung bildete. Die Bundesrepublik stellte damit jedoch keine Ausnahme unter den parlamentarischen Demokratien dar. Vielmehr ist es unter den Bedingungen einer modernen Parteiendemokratie fraglich, ob parlamentarisches Regieren überhaupt noch als *government by discussion* bezeichnet werden kann.[272] Denn die Parteien haben im Rahmen des Repräsentativsystems eine Mittlerfunktion übernommen, die ihnen früher, als sie sich vor allem als Interessenvertreter einer bestimmten Klientel verstanden, nicht zugekommen war. Neben einer allgemein größeren Bedeutung im tagespolitischen Wechselspiel zwischen Regierung und Opposition ist ihnen damit auch eine Gesamtverantwortung für das Gemeinwesen zugewachsen, die eine allzu enge Auslegung des «Partei»-Begriffs nicht mehr erlaubt.

Dem Parlamentarismus und der Einwurzelung der Demokratie in der Bundesrepublik ist diese Entwicklung durchaus gut bekommen. Neben dem «Wirtschaftswunder» und der außenpolitischen Integration, die ökonomische und soziale Unsicherheit sowie internationale Isolierung und Außenseitertum verhinderten, hat nicht zuletzt die verstärkte Einbeziehung demokratisch legitimierter Parteien zur Stabilität der zweiten Republik beigetragen. Nach dem Ersten Weltkrieg war diese Bedeutung der Parteien für den modernen Staat in Deutschland noch kaum erkannt worden. Das politische Denken kreiste vielmehr weiterhin – wie in der deutschen Staatsrechtslehre des 19. Jahrhunderts üblich – um die Pole «Staat» und «Volk», während Parteivertreter zumeist als eigensüchtige Verfechter von Partikularinteressen betrachtet wurden. Als Hitler 1933 die Parteien zerschlug bzw. zur Selbstauflösung trieb, fand er deshalb bei allem Protest auch viel Beifall. Die NSDAP dagegen verstand sich nicht als Partei, sondern als «Bewegung», die nach der «Machtergreifung» die «natürliche Einheit» von Staat und Volk

3. «Im Anfang war Adenauer»

wiederherstellte und mit plebiszitären Gesten und propagandistisch zur Schau gestellter Konsenssymbolik vorgab, das gesamte Volk zu repräsentieren.

Für die Entwicklung nach dem Zweiten Weltkrieg sollte sich die rasche Zerschlagung der Weimarer Parteien 1933 jedoch als glücklicher Umstand erweisen, da diese nun mit einiger Berechtigung von sich behaupten konnten, die einzigen «unbelasteten» Organisationen zu sein, die für einen demokratischen Neuaufbau in Frage kamen. Zwar bedurfte die Abstimmung über das Ermächtigungsgesetz vom 23. März 1933, bei der alle Abgeordneten des Reichstages mit Ausnahme der noch zugelassenen Sozialdemokraten und der bereits verhafteten oder im Untergrund befindlichen Kommunisten dem Gesetz zugestimmt hatten, einer näheren Erklärung. Aber zweifellos hatten nicht die Parteien Hitler auf den Schild gehoben, sondern Reichspräsident Hindenburg. Und nach dem Ermächtigungsgesetz und der Auflösung der Parteien bis zum Sommer 1933 konnte von deren Mitverantwortung für die Untaten des Nazi-Regimes keine Rede mehr sein. Einzig den Parteien gelang es deshalb, sich – wenn auch häufig ohne eigenes Zutun – dem Regime zu entziehen, das ansonsten keinem Bereich der deutschen Gesellschaft eine gewisse Form der Gleichschaltung, Anpassung oder wenigstens Mimikry ersparte.[273] Für die Alliierten stellten die Parteien daher nach 1945 respektable und geeignete Partner beim Aufbau einer neuen Demokratie in Deutschland dar.[274]

Während es nun in Westdeutschland unter dem Einfluß der amerikanischen und britischen Besatzungsmächte zur Errichtung einer Parteiendemokratie nach angelsächsischem Vorbild kam, hielt man in der SBZ/DDR bemerkenswerterweise an der deutschen Tradition der Einheit von Staat und Volk fest. Den Parteien wurde nur eine instrumentelle Bedeutung, aber keine selbständige oder gar unabhängige Rolle zugestanden. Historische Parteienentwicklung und totalitärer Einparteistaat verbanden sich zu einem diktatorischen Regime, das 1949 von dem SED-Juristen Alfons Steiniger mit einem reichen Zitatenschatz von Jean-Jacques Rousseau bis Carl Schmitt und Gerhard Leibholz ebenso überzeugend wie suggestiv begründet wurde: In der ostdeutschen Demokratievariante – d. h. der Ausübung der Staatsmacht durch Zusammenfassung aller demokratischen Kräfte und Organisationen unter Führung der Partei der Arbeiterklasse – schienen plebiszitär-volksdemokratische (rousseauistische) und modern-parteidemokratische Elemente theoretisch und praktisch vereint.[275]

Die Westalliierten vertraten dagegen das Prinzip des *representative government* mit der Existenz konkurrierender Parteien. Nicht Rousseau oder Carl Schmitt, sondern Edmund Burke und die Federalist Papers waren Grundlage der westlichen Staats- und Demokratievorstellungen. Der in Mähren geborene Nationalökonom Joseph Schumpeter, der ab 1932 an der Harvard University lehrte, hat mit Recht auf das angelsächsische Verständnis hingewiesen, wonach Konkurrenz um Macht ein zentrales Element der modernen Demokratie darstellt.[276] «Parteiendemokratie» war damit praktisch ein Synonym für «Konkurrenzdemokratie» – eine Vorstellung, mit der sich die in der kontinentaleuropäischen Begriffswelt aufgewachsenen Deutschen auch nach 1945 nur schwer anfreunden konnten. Zwar suchte der aus Köln stammende Rechtsanwalt und Politikwissenschaftler Ernst Fraenkel, der 1938 nach Amerika emigriert war und 1951 nach Deutschland zurückkehrte, das divergierende deutsche und angelsächsische Demokratieverständnis unter dem Begriff des «Pluralismus» zusammenzuführen. Selbst Fraenkel mochte allerdings die Idee von der «Einheit» des Volkswillens mit der Realität der von Parteien und Verbänden bestückten Konkurrenzdemokratie nicht ganz aufgeben. Andere, wie der persönlich integre und fachlich über jeden Zweifel erhabene Göttinger Staatsrechtler Gerhard Leibholz, der 1938 in Großbritannien Zuflucht vor den Nationalsozialisten gefunden und dort das britische Demokratiemodell aus eigener Anschauung kennengelernt hatte, ehe er 1947 an die Göttinger Universität remigrierte und von 1951 bis 1971 als Richter am Bundesverfassungsgericht tätig war, hielten sogar ihr Leben lang an der politisch fragwürdigen und historisch überholten kontinentaleuropäischen Vorstellung von einem angeblich «begriffswesentlichen Gegensatz von Demokratie und Repräsentation» fest.[277] Offenbar fiel es sogar intellektuell hochrangigen Juristen und Staatstheoretikern schwer, sich von traditionellen Denkmustern der spezifisch deutschen Politik- und Verfassungstradition zu lösen.

Die Tatsache, daß die Parteiendemokratie sich nach 1945 durchsetzte, ist deshalb auch weniger der rationalen Einsicht von Experten als vielmehr dem glücklichen Umstand zuzuschreiben, daß es in den vier Jahren zwischen Kriegsende und Verabschiedung des Grundgesetzes keine anderen Kräfte gab, die mit den Parteien in nennenswertem Ausmaß hätten konkurrieren können. Die Besatzungsmächte griffen für das politische Personal der neuen Länder ebenso auf *party-men* zurück wie die neu entstehenden deutschen Behörden und Regierungen, bei denen sich geradezu eine «Kameraderie der Parteileute» herausbildete.[278] Die Parteien konnten dadurch zwischen 1945 und 1950, als nahezu sämtliche Posten der neu aufzubauenden Verwaltung auf allen Ebenen zur Disposition standen, eine geradezu ungeheure Patronagemacht entfalten. So war es auch nur konsequent, daß der Parlamentarische Rat bei seiner Beratung des Grundgesetzes die Willensbildung des neuen Staates auf einen bloß abstrakten Volkswillen gründete, der erst mittels «Wahlen und Abstimmungen» (Artikel 20 Abs. 2 GG) durch die Parteien konkretisiert wurde. Eine «direkte Demokratie» war dadurch ausgeschlossen. Vielmehr sollten Freiheit, Gleichheit und Verantwortung im Staat nicht zuletzt durch die Konkurrenz der Parteien gesichert werden. «Plebiszitäre» Elemente waren damit genauso unvereinbar wie Beifügungen ständisch-korporativen oder «wirtschaftsdemokratischen» Charakters. Das Volk, das in der deutschen Tradition bis 1945 unmittelbar dem Staat zugeordnet worden war, wurde nun durch die Parteien in seinem Verhältnis zum Staat «mediatisiert».[279]

Die Bundesrepublik kehrte damit, obwohl dies den Zeitgenossen im Parlamentarischen Rat kaum bewußt war, der eigenen Verfassungsgeschichte den Rücken und schloß sich dem angelsächsischen Weg an, der erst jetzt die Entwicklung einer vernünftigen parlamentarischen Demokratie erlaubte.

Eine ähnliche verfassungsrechtliche Revolution vollzog sich im Parlamentarischen Rat bei der Festlegung der Stellung des künftigen Deutschen Bundestages im politischen System der Bundesrepublik. In der kontinentalen Tradition bedeutete «Parlamentarismus» lediglich Verantwortlichkeit des Kabinetts gegenüber dem Parlament. Der Gedanke, daß Regierungen aus dem Parlament hervorgehen müßten, war damit noch nicht gegeben. Walter Bagehots klassische Beschreibung der englischen Kabinettsregierung aus dem Jahre 1867 dürften – wenn überhaupt – nur wenige Mitglieder des Parlamentarischen Rates gekannt haben. Selbst die verfassungsrechtlich gebildeten Angehörigen des Parlamentarischen Rates, wie Carlo Schmid, dachten 1948/49 noch ganz in den Kategorien des kontinentalen Parlamentarismusbegriffs. Die Revolution vollzog sich daher – wie bei der Entwicklung der Parteiendemokratie – auch in diesem Punkt weniger aus Einsicht als aus Notwendigkeit.

Im Falle des Bundestages ging es vor allem um eine Korrektur des Weimarer Problems, daß das Parlament sich vor der Verantwortung für die Herbeiführung einer arbeitsfähigen Mehrheit hatte drücken können und damit selbst den Boden für die Präsidialkabinette bereitet hatte. Diese waren zwar nicht die Ursache der Misere von Weimar gewesen, hatten aber zur Aushöhlung der demokratischen Entscheidungsstrukturen nicht unwesentlich beigetragen. Die Lösung bestand nun darin, zum einen den Präsidenten zu schwächen und den alten Dualismus von Parlament und Staatsoberhaupt zu beseitigen sowie zum anderen die Regierung unmittelbar an das Parlament zu binden, aus dessen Wahl der Kanzler hervorgehen sollte. Der Bundestag war damit nicht nur die Vertretung des Volkes und Kontrolleur der Regierung, sondern erstmals in der deutschen Verfassungsgeschichte auch der Schöpfer des Kabinetts, das sich auf eine Mehrheit des Parlaments gründete. Das bereits erwähnte konstruktive Mißtrauensvotum förderte diese besondere Verantwortung des Bundestages für die Regierungsfähigkeit des Staates noch zusätzlich, indem es bestimmte, daß eine Regierung während einer Legislaturperiode nur dann gestürzt werden konnte, wenn das Parlament sich gleichzeitig auf die Wahl eines neuen Kanzlers verständigte, wie es in Artikel 67 Abs. 1 GG hieß: «Der Bundestag kann dem Bundeskanzler das Mißtrauen nur dadurch aussprechen, daß er mit der Mehrheit der Mitglieder einen Nachfolger wählt.»[280] Negative Mehrheiten sollten damit verhindert werden; positive Mehrheitspflege *innerhalb des Parlaments* wurde praktisch erzwungen. Unberührt von diesen Bestimmungen blieb die Möglichkeit einer «plebiszitären» Mehrheitsbildung *in der Wählerschaft* durch ein Mehrheitswahlrecht, das der Bundestag jederzeit beschließen konnte.

Im Rückblick läßt sich jedoch feststellen, daß mit der Übertragung der Wahl des Bundeskanzlers an den Bundestag (Artikel 63 Abs. 1 GG) vom Parlamentarischen Rat eine ebenso kühne wie in ihren Konsequenzen kaum vorhergesehene Entscheidung getroffen wurde. Die weitere Entwicklung der Parteien und des Parlaments innerhalb des Regierungssystems der Bundesrepublik wurde damit praktisch festgelegt. Entgegen dem traditionellen deutsch-kontinentalen «Parlamentarismus»-Verständnis rangierten nun nicht mehr Gesetzgebung und Kontrolle, sondern die *elective function* im Sinne Walter Bagehots an der Spitze der Aufgaben des Bundestages. Die Entscheidung über die Inhalte der Politik wurde weitgehend in die Parteien verlagert, von deren mehrheitlicher Zuordnung die Chance der Durchsetzung im Parlament und die Kontrolle der Exekutive abhing. Mit Artikel 63 Abs. 1 GG wurde deshalb nicht nur die Parteiendemokratie gestärkt, sondern auch die parlamentarische Regierung im Grundgesetz verankert. Diese Leistung der deutschen Verfassungsentwicklung, bei der praktisch in einem Schritt der Weg vom *Parliamentary Government* über das *Cabinet Government* zum *Prime-Ministerial Government* vollzogen wurde – ein Weg, der in England mehr als ein Jahrhundert in Anspruch genommen hatte –, ist kaum hoch genug zu veranschlagen. Zwar steckten in den Eckpunkten des Grundgesetzes (dem parlamentarischen Regierungssystem, der Wahl des Kanzlers durch das Parlament und dem Verhältniswahlrecht) viele unbekannte Größen. Aber der Stabilitätserfolg der Bundesrepublik hat den Mut der Mitglieder des Parlamentarischen Rates belohnt, in wesentlichen Teilen einen radikalen Bruch mit der deutschen Verfassungsgeschichte zu vollziehen und Kernelemente der angelsächsischen Tradition aufzugreifen. Auch wenn die meisten Mitglieder des Parlamentarischen Rates mit «bloßer Theorie» wenig anzufangen wußten und sich lieber auf Instinkt und historische Weimarer Erfahrungen verließen, setzten sie damit doch Zeichen für einen Neubeginn demokratischer Entwicklung in Deutschland, der in seiner Nachhaltigkeit und geschichtlichen Bedeutung kaum überschätzt werden kann.

Bund und Länder

Der Föderalismus war bei den Beratungen des Parlamentarischen Rates als ein wesentliches Strukturmerkmal der neu zu gestaltenden Bundesrepublik im Grundgesetz verankert worden. Allerdings hatte es bis zum letzten Augenblick harte Auseinandersetzungen um Kompetenzen, Finanzverteilung und Machtabgrenzungen in Legislative und Exekutive gegeben. Nach der Etablierung der Bundesregierung stellte sich deshalb die Frage, wie das Verhältnis zwischen Bund und Ländern in der Praxis funktionieren würde. Bereits bei der Entscheidung des Bundestages über die provisorische Hauptstadt, die am 3. November 1949 mit 200 zu 176 Stimmen nochmals zugunsten Bonns ausfiel, nachdem sich zuvor schon der Parlamentarische Rat für die rheinische Universitätsstadt ausgesprochen hatte, wurde der Einfluß der Länder im Bund erneut deutlich. Nachdem die Länder während der Zeit des «Interregnums» zwischen 1945 und 1949, gefördert von den Militärregierungen der jeweiligen Besatzungszonen, eine eigene Dynamik entwickelt und markante Führungsfiguren hervorgebracht hatten, die regionales Profil mit landespolitischer Kompetenz verbanden, waren hier bedeutende Entscheidungszentren entstanden, die auch bundespolitisch ihre Rolle zu spielen suchten. Hinzu kam die Tatsache, daß die Einebnung landsmannschaftlicher Besonderheiten, die mit Beginn des Fernsehzeitalters und zentraler Parteiapparate Einzug hielt, noch nicht wirksam war.

So bestand zwischen Bund und Ländern eine Vielfalt der politischen Strömungen, die es für den Bundeskanzler und die in Bonn regierende CDU ebenso wie für Kurt Schumacher und die in der Opposition befindliche SPD schwierig machte, die Unterordnung landespolitischer Interessen unter Gesichtspunkte der Bundespolitik durchzusetzen. So hatten die meisten Länder mit Allparteienregierungen begonnen, die erst allmählich durch Koalitionen nach dem Bonner Modell ersetzt wurden: 1950 zunächst in Schleswig-Holstein, im folgenden Jahr auch in Rheinland-Pfalz und Ende 1953 schließlich in Hamburg. Aber auch danach blieb die parteipolitische Vielfalt der Länder noch lange erhalten. Der Föderalismus in der Bundesrepublik wurde dadurch dauerhaft gestärkt, obwohl Adenauer wie praktisch alle seine Nachfolger im Amt des Bundeskanzlers immer wieder beklagten, daß dieser Einfluß der Länder, der sich in der Verfassungswirklichkeit herausgebildet hatte, von den Vätern des Grundgesetzes ursprünglich nicht gewollt gewesen sei.[281]

Carlo Schmid hat allerdings später rückblickend darauf hingewiesen, daß der in den am 1. Juli 1948 übergebenen Frankfurter Dokumenten enthaltene Auftrag der Besatzungsmächte, Deutschland als ein föderalistisches Staatswesen zu strukturieren, keineswegs «ausschließlich staatsphilosophischen Charakters» gewesen sei. Vielmehr sei die Forderung auch «als ein Stück der Sicherheitspolitik der Siegermächte» erhoben worden, die verhindern wollten, daß Deutschland als ein Machtstaat wiedererrichtet wurde. Der neuen deutschen Regierung, auch wenn sie nur die Regierung eines Rumpfstaates war, sollte es bei ihren Entscheidungen und deren Durchführung nicht allzu leicht gemacht werden. Durch ihre Abhängigkeit von den Ländern und dem damit verbundenen mühsamen Wechselspiel von *checks and balances*, so hätten die Sieger gehofft, würde die Bundesregierung vor einem übertriebenen Selbstbewußtsein und allzu rascher Machtexpansion bewahrt werden.[282]

Allerdings kamen der föderalistische Charakter der Bundesrepublik und das Ausmaß der Rechtsstellung der Länder keineswegs nur auf Druck der Siegermächte zustande. Auch bei größerer Zurückhaltung der Alliierten hätte das Grundgesetz am Ende kaum anders ausgesehen, als es schließlich der Fall war.[283] Denn die im Parlamentarischen Rat vertretenen demokratischen

Parteien waren sich in ihrer Ablehnung zentralstaatlicher Vorstellungen völlig einig, obwohl es nicht an Stimmen fehlte, die aus politischen wie aus administrativen Gründen vor einem Übermaß an Föderalismus und einem Abgleiten in den Partikularismus warnten. In diesem Spannungsfeld setzte sich jedoch die Auffassung durch, daß Föderalismus weniger ein zentrifugales als ein zentripetales Prinzip bedeutete. Das Bundesverfassungsgericht hat in diesem Zusammenhang später vom «kooperativen Charakter des bundesfreundlich auszulegenden Föderalismus des Grundgesetzes» gesprochen und damit nach Meinung von Carlo Schmid treffend umschrieben, «was sich die große Mehrheit des Parlamentarischen Rates und auch des deutschen Volkes unter einem föderalistischen Staatsaufbau vorgestellt hat».[284]

Es wäre jedoch ein Irrtum, die Vorliebe der demokratischen Parteien für eine klare föderalistische Lösung nur auf die Pervertierung des zentralistischen Einheitsstaates unter Hitler zurückzuführen. Auch die schlechten Erfahrungen, die man vor 1933 mit dem föderalistisch getarnten dezentralisierten Einheitsstaat der Weimarer Republik gemacht hatte, trugen zur föderalistischen Grundorientierung des Parlamentarischen Rates bei. Weder von dem einen noch von dem anderen wollte man daher bei der Formulierung des Grundgesetzes etwas wissen. Zur Begründung des Bundesstaates wurden dagegen vor allem das Subsidiaritätsprinzip und die klassische Lehre von der Teilung der Gewalten angeführt: Den Bundesorganen sollten nur jene Aufgaben auferlegt werden, zu deren Wahrnehmung die Mittel der Länder nicht ausreichen. Die bundesstaatliche Gliederung sollte die Prinzipien Montesquieus sinnvoll ergänzen, um die Faktoren der Staatsgewalt über das Funktionelle hinaus auch territorial zu streuen und es dem Gesamtstaat weiter zu erschweren, die Freiheiten des Individuums einzuschränken und zum zentralistischen Machtstaat zu degenerieren.

Welche Bedeutung der Parlamentarische Rat den Ländern beimaß, geht aus Artikel 79 Abs. 3 GG hervor, der bestimmt, daß eine Änderung des Grundgesetzes unzulässig ist, «durch welche die Gliederung des Bundes in Länder, die grundsätzliche Mitwirkung der Länder bei der Gesetzgebung oder die in den Artikeln 1 und 20 niedergelegten Grundsätze berührt werden».[285] Das föderalistische Prinzip der Bundesrepublik wurde damit für jeden künftigen Gesetzgeber, der daran festhält, sich im Rahmen des Grundgesetzes zu bewegen, unantastbar gemacht. Allerdings wurde nicht der Bestand der einzelnen Länder garantiert. Der Bundesgesetzgeber war nach Artikel 29 GG sogar gehalten, das Bundesgebiet «unter Berücksichtigung der landsmannschaftlichen Verbundenheit, der geschichtlichen und kulturellen Zusammenhänge, der wirtschaftlichen Zweckmäßigkeit und des soziales Gefüges durch Bundesgesetz neu zu gliedern».[286] Die Notwendigkeit dafür zeichnete sich bereits 1948/49 bei der Frage ab, ob die alten Länder Baden und Württemberg wiederhergestellt oder ob ein großes südwestdeutsches Bundesland geschaffen werden sollte; Traditionsbewußtsein und Zweckmäßigkeiten der Verwaltung rieben sich mit wirtschaftlichen und sogar außenpolitischen Gesichtspunkten, die am Ende die Oberhand behalten sollten.²⁸⁷ Nach der Wiedervereinigung 1990 wurde das Thema erneut aktuell, auch wenn die Neugliederung der Länder im Einzelfall – wie bei der geplanten Fusion zwischen Berlin und Brandenburg – zunächst nicht gelang. Die Bedeutung des Föderalismus für das politische System der Bundesrepublik kommt im übrigen nicht zuletzt in der Mitwirkung der Länder an der Gesetzgebung und Verwaltung des Bundes zum Ausdruck, die in den Artikeln 50 bis 53 GG sowie einer Reihe weiterer über den Text des Grundgesetzes gestreuter Normen geregelt ist. Sie erfolgt grundsätzlich durch den Bundesrat, der kein Vertretungsorgan der Länder, sondern – wie der Bundestag – ein Organ der Bundesrepublik ist und damit die Gesamtheit des in Länder gegliederten Volkes repräsentiert. Die Länder nehmen also eine bundesstaatliche Verantwortung wahr. Sie handeln nicht nach dem Gutdünken eigener Souveränität, sondern sind eingebunden in die Normen des Grundgesetzes mit Wirkung für den Bund.²⁸⁸ Da Bund und Länder eine wechselseitige Autonomie besitzen, kann dieses System allerdings auch zu Reibungen und sogar zur gesamtstaatlichen Lähmung führen, wenn beide Seiten sich unkooperativ oder gar gezielt destruktiv verhalten. Aber diese scheinbare Unzulänglichkeit, die das Risiko einer Einbuße an Effektivität der Staatsverwaltung in sich barg, wurde von den Verfassern des Grundgesetzes nicht nur bewußt in Kauf genommen, sondern war von ihnen geradezu beabsichtigt: Der Staat sollte damit seiner gefährlichen zentralistischen Stoßkraft beraubt werden. Im Konflikt zwischen der Stärkung staatlicher Effizienz und der verfassungsrechtlichen Sicherung der Demokratie siegte die Sorge um Pluralismus, Freiheit und individuelle Rechte.

Neben der Etablierung einer repräsentativen Parteiendemokratie und der unbedingten Bindung der Regierung an die Mehrheit des Parlaments war die Verteilung der staatlichen Kompetenzen zwischen Bund und Ländern somit der dritte Faktor, der dazu beitragen sollte, der freiheitlich-demokratischen Ordnung der Bundesrepublik eine möglichst breite Basis zu verschaffen. Auf allen drei Ebenen war der Bruch mit der Vergangenheit unverkennbar. Wenn man nach 1945 von einer «Stunde Null» sprechen will, dann gab es sie vor allem in diesem Bereich, der in der politisch-historischen Diskussion oft vernachlässigt wird: mit der grundlegenden, an angelsächsischen Vorbildern orientierten Neubestimmung des verfassungspolitischen Denkens im Parlamentarischen Rat, die ihren dauerhaften Ausdruck im Grundgesetz fand. Hier begann die eigentliche «Westorientierung» der Bundesrepublik, nicht erst mit Adenauers Politik der Integration in westliche Institutionen. Die Abwendung von der kontinentaleuropäisch-deutschen Verfassungstradition des 19. und 20. Jahrhunderts und die Annäherung an das seit dem 17. und 18. Jahrhundert so erfolgreich praktizierte angelsächsische Modell bedeutete eine Revolution in der Entwicklung des politischen Systems in Deutschland, die in ihrer Tragweite oft verkannt wird, weil vordergründige Herleitungen des Grundgesetzes aus den Verfassungen von

1849 und 1919 den Blick auf die wahren Dimensionen der Zäsur von 1948/49 verstellen. Die Erfolgsgeschichte der Bundesrepublik in den ersten fünfzig Jahren ihres Bestehens ist nicht zuletzt eine Folge dieser grundsätzlichen verfassungspolitischen Neuorientierung in zentralen Elementen der Kanzlerdemokratie und des Verhältnisses von Parteien und Parlament sowie der Beziehungen zwischen Bund und Ländern, in deren Rahmen sich die Entwicklung der zweiten deutschen Republik vollzog.

Zweiter Teil
WIRTSCHAFT UND GESELLSCHAFT

1. Das gelungene Wagnis der Marktwirtschaft

Die Erfahrung der Weimarer Republik hatte gezeigt, welche Bedeutung der wirtschaftlichen Entwicklung für die politische Stabilität Deutschlands zukam. Vor allem die Westmächte waren daher nach dem Zweiten Weltkrieg bemüht, das Wirtschaftsleben in ihren Besatzungszonen so schnell wie möglich wieder in Gang zu setzen. Nur wenn die Produktion bald wieder anlief, konnte die deutsche Bevölkerung sich selbst versorgen und waren auch Reparationsleistungen von ihr zu erwarten. Die Wirklichkeit sah allerdings zunächst anders aus: Die deutsche Wirtschaft war nach Kriegsende fast völlig zum Erliegen gekommen, so daß die Industrieproduktion in der zweiten Jahreshälfte 1945 nur noch etwa 20 Prozent des Standes von 1936 betrug. Die Finanzminister der britischen Besatzungszone erklärten daher Mitte November 1945 in ihrem «Detmolder Memorandum» zugespitzt, Deutschland sei auf einen Stand zurückgeworfen, der den Anfängen der Industrialisierung entspreche.[1] Erst 1947 zeichnete sich eine nachhaltige Erholung ab, nachdem der strenge Winter 1946/47 nochmals einen schweren Rückschlag gebracht hatte.

Ursachen dieser Misere waren vor allem Zerstörungen und Mängel im Transportsystem sowie politische Behinderungen, die sich aus der Abtrennung der Ostgebiete und der Abschottung der Besatzungszonen ergaben. Die innere Balance zwischen den industriellen Ballungsräumen des Westens, Berlins und Oberschlesiens und den landwirtschaftlichen Kerngebieten Mittel- und Ostdeutschlands war dadurch praktisch nicht mehr gegeben. Hinzu kam, daß die fast völlige Unterbrechung des Warenverkehrs zwischen der SBZ und den Westzonen auf beiden Seiten zu Beeinträchtigungen führte, da die Wirtschaft Mitteldeutschlands vor dem Kriege über etwa 30 Prozent des gesamten deutschen Industriepotentials verfügt hatte.[2]

Die unmittelbaren Kriegsschäden an Fabriken und Maschinen spielten dagegen nur eine untergeordnete Rolle. Die Flächenbombardements der alliierten Luftangriffe hatten vor allem die Wohnviertel der großen Städte getroffen. Gezielte Angriffe waren weniger gegen Industriekomplexe als gegen die Verkehrs- und Transportknotenpunkte sowie in der letzten Kriegsphase gegen die Treibstoffversorgung geflogen worden. Selbst auf dem Höhepunkt der alliierten Luftangriffe 1944 hatten die Bombardements daher nur 6,5 Prozent des Maschinenparks zerstört oder beschädigt. Nach Berechnungen des United States Strategic Bombing Survey vom Oktober 1945 waren in den Westzonen lediglich 17 Prozent des Bruttoanlagevermögens zerstört.[3] Die nahezu vollständige Lähmung der deutschen Wirtschaft ließ sich deshalb – außer im Verkehrs- und Transportbereich – mit materiellen Ausfällen allein nicht erklären. Offenbar kam den politischen Hemmnissen eine sehr viel größere Bedeutung zu. Das hieß jedoch auch, daß bei einer entsprechenden politischen Umorientierung eine rasche Erholung der deutschen Wirtschaft im Bereich des Möglichen lag, zumal es trotz der hohen Kriegsverluste eine ausreichende Zahl qualifizierter und motivierter Arbeitskräfte gab, deren Fachwissen durch Krieg und Niederlage nicht einfach verschwunden war.

Der Auftrag von Potsdam

Die Frage war demnach, wie sich die Siegermächte die wirtschaftliche Neuordnung Deutschlands nach dem Krieg vorstellten. In den wirtschaftlichen Grundsätzen des Protokolls der Potsdamer Konferenz vom 2. August 1945 wurde dazu wenig gesagt. Insbesondere über das Wirtschaftssystem, das in Deutschland eingeführt werden sollte, schwiegen sich die Großen Drei aus: Jede Aussage über die Alternativen Kapitalismus oder Sozialismus, Marktwirtschaft oder Planwirtschaft, wurde sorgfältig vermieden. Man erklärte lediglich, daß die deutsche Wirtschaft zum «frühestmöglichen Zeitpunkt» dezentralisiert werden solle, «um die bestehende übermäßige Zusammenballung der Wirtschaftskraft, insbesondere zum Beispiel in Kartellen, Syndikaten, Trusts und anderen monopolistischen Einrichtungen, zu beseitigen».[4] Auch sonst nahmen die Vereinbarungen alliierter Eingriffe zur Schwächung und Kontrolle relativ breiten Raum ein, während konstruktive Schritte zum Wiederaufbau allenfalls in groben Umrissen angedeutet wurden.

Im Mittelpunkt standen «ein Programm der industriellen Abrüstung und Entmilitarisierung» sowie Reparationsforderungen. So sollte zur Beseitigung des deutschen Kriegspotentials die Herstellung von Waffen, Munition und Kriegsgerät jeglicher Art unterbunden werden. Sogar die Produktion von Flugzeugen und Seeschiffen für zivile Nutzung wurde verboten. Die Herstellung von Metallen, Chemikalien, Maschinen und anderen Gegenständen, die theoretisch zum Aufbau einer Kriegswirtschaft herangezogen werden konnten – selbst wenn diese in der Praxis gar nicht existierte –, war streng zu überwachen und auf die Bedürfnisse zu beschränken, die Deutschland zugebilligt worden waren. Die für die erlaubte Produktion nicht erforderlichen Produktionsmittel sollten in Übereinstimmung mit einem von der Alliierten Reparationskommission vorzulegenden und von den beteiligten Regierungen zu billigenden Reparationsplan entweder entnommen oder, wenn sie nicht demontiert wurden, vernichtet werden.

Noch umfassender als dieses industrielle Abrüstungsprogramm waren die Vereinbarungen zur Kontrolle der deutschen Wirtschaft. So sollten praktisch die gesamte Produktion sowie die produktionsbezogene Forschung überwacht werden, selbst wenn diese rein friedlichen Zwecken dienten. Die Kontrollen sollten sich auf «die deutsche Industrie und alle internationalen

Wirtschafts- und Finanzgeschäfte, einschließlich der Aus- und Einfuhren», sowie auf «alle deutschen öffentlichen oder privaten wissenschaftlichen Körperschaften, Forschungs- und Versuchsanstalten, Laboratorien usw., die mit wirtschaftlicher Tätigkeit verbunden sind», beziehen.[5] Die Durchführung der Wirtschaftskontrolle sollte nicht nur den alliierten Besatzungsbehörden, sondern auch einem eigens dafür zu schaffenden deutschen Verwaltungsapparat obliegen. Ziel der Kontrolle war zum einen die Sicherung einer ausreichenden Versorgung der Besatzungstruppen, zum anderen die Deckung eines Mindestbedarfs der deutschen Bevölkerung, der allerdings den durchschnittlichen Lebensstandard der europäischen Nachbarländer nicht übersteigen sollte. Zudem sollte die gleichmäßige Aufteilung lebenswichtiger Güter auf die verschiedenen Zonen dazu beitragen, daß in ganz Deutschland eine ausgeglichene Wirtschaft geschaffen und die Notwendigkeit von Einfuhren vermindert wurde.

Neben diesen einschränkenden und kontrollierenden Bestimmungen nahmen sich die konstruktiven Vorschläge für den Wiederaufbau eher bescheiden aus. Die Formulierung, das Hauptgewicht solle «auf die Entwicklung der Landwirtschaft und der einheimischen Friedensindustrie gelegt werden», war nicht weit von den unrealistischen Absichten des Morgenthau-Plans entfernt und wurde der Tatsache, daß Deutschland einer exportfähigen Industrieproduktion bedurfte, um die notwendigen Rohstoff- und Lebensmittelimporte bezahlen zu können, schwerlich gerecht. Auf den ersten Blick positiv erschien dagegen die Erklärung, Deutschland während der Besatzungszeit «als eine einzige wirtschaftliche Einheit» zu behandeln. Die Unfähigkeit der Großen Drei, sich auf eindeutige Auslegungen zu verständigen und Sicherungen für deren Verwirklichung zu erreichen, deutete indessen bereits darauf hin, daß der politische und ökonomische Wert dieser Festlegung vermutlich nicht sehr hoch sein würde.[6]

Die Formel von der Wirtschaftseinheit entstammte den amerikanischen Vorbereitungen zur Potsdamer Konferenz. Sie findet sich als Weisung für die amerikanische Delegation im Instruktionsbuch vom 29. Juni 1945.[7] In dem beigefügten Entwurf eines Memorandums an die britische und sowjetische Regierung wurde der Begriff «Economic Unit» näher begründet: Die Aufteilung Deutschlands in Besatzungszonen dürfe nicht bedeuten, in den einzelnen Zonen eigene wirtschaftliche Ordnungen zu errichten. Vielmehr solle in Deutschland eine einheitliche wirtschaftliche Ordnung erhalten bzw. wiederhergestellt werden, weil nur sie es ermögliche, das deutsche Wirtschaftspotential wirksam zu mobilisieren, die Einfuhren nach Deutschland auf ein Minimum zu beschränken und angemessene Vorkehrungen zur Wahrung eines einheitlichen Lebensstandards auf der Höhe des Existenzminimums zu treffen. Zudem trage eine Wirtschaftseinheit dazu bei, Unterschiede in der Behandlung der deutschen Bevölkerung zu vermeiden und Versuchen von deutscher Seite, die Besatzungsmächte gegeneinander auszuspielen, vorzubeugen.[8]

Diese Erwägungen basierten auf eingehenden Untersuchungen über die Wirtschaftsstruktur und die Versorgungssituation der einzelnen Besatzungszonen. Die amerikanischen Sachverständigen hatten sich dabei weniger von politischen und territorialen, als vielmehr von wirtschaftlichen Erwägungen im engeren Sinne leiten lassen. Am 20. Juli 1945 kam es darüber in einer Sitzung des Ausschusses für Wirtschaftsfragen auf der Potsdamer Konferenz zu einer grundsätzlichen Aussprache mit den sowjetischen Vertretern. Die Botschafter I. M. Maiskij und A. A. Sobolew erklärten dabei, die wichtigste Aufgabe des Alliierten Kontrollrats stelle «die Vernichtung des deutschen Kriegspotentials» sowie die Verhinderung des Wiedererstarkens derjenigen Teile der deutschen Wirtschaft dar, die die Grundlage der Schwerindustrie seien. Im Vordergrund der Tätigkeit des Kontrollrats und der deutschen Verwaltung müßten vor allem zwei «Leitgedanken» stehen: «1. Reparationsverpflichtung in Übereinstimmung mit einem noch aufzustellenden Plan; 2. Befriedigung der Erfordernisse der Besatzungsarmeen.»[9] Amerikanische Einwände, daß zur Sicherung des Existenzminimums des deutschen Volkes und zur Ankurbelung der Wirtschaft Einfuhren unerläßlich seien, deren Finanzierung den Reparationen vorausgehen müßten, wurden von Botschafter Maiskij zurückgewiesen: Jedwede Erklärung, die Einfuhren hätten Vorrang vor den Reparationen, sei politisch unerwünscht. Die deutsche Wirtschaft werde nach dem Krieg eine «sehr straff gelenkte Wirtschaft» sein und solle dadurch in die Lage versetzt werden, sowohl für die Reparationen als auch für die notwendigen Einfuhren aufzukommen. Dabei könne eine Verarmung und sogar Verelendung Deutschlands durchaus in Kauf genommen werden. Deutschland habe vor dem Krieg im Vergleich zu anderen europäischen Ländern einen sehr hohen Lebensstandard gehabt. Nun müsse man «an ein ganz anderes Deutschland denken». Dessen Lebensstandard werde «viel niedriger» sein, so daß man auch viel weniger Einfuhren benötige.[10]

Die Argumentation Maiskijs machte deutlich, daß der Sowjetunion in erster Linie an ökonomischer Wiedergutmachung für die durch Deutschland erlittenen Kriegsschäden gelegen war. In diesen Zusammenhang gehörte auch der sowjetische Vorschlag, den Maiskij ebenfalls noch am 20. Juli in die Diskussion einbrachte, ein internationalisiertes Gebiet an Ruhr und Rhein unter Vier-Mächte-Kontrolle zu schaffen, das – wie Berlin – von Einheiten der Besatzungsmächte gemeinsam besetzt und verwaltet werden sollte. Offenbar versprach sich Moskau von einer solchen Entwicklung zusätzliche Einnahmemöglichkeiten in Form von Demontagen und Entnahmen aus laufender Produktion. Die Westmächte widersetzten sich zwar den Absichten einer sowjetischen Mitbestimmung an Rhein und Ruhr, hatten jedoch ihrerseits keine Möglichkeit, die UdSSR zu einer konstruktiven Wirtschaftspolitik in ganz Deutschland zu bewegen.

Der Auftrag von Potsdam, Deutschland als eine wirtschaftliche Einheit zu behandeln, Zentralverwaltungen – besonders auf den Gebieten des Fi-

1. Das gelungene Wagnis der Marktwirtschaft

nanz-, Transport- und Verkehrswesens – einzurichten und gemeinsame Richtlinien für die verschiedenen Wirtschaftszweige sowie für Löhne, Preise, Im- und Exporte, Steuern, Zölle, die Währung und das Bankwesen aufzustellen, stand deshalb von Anfang an unter einem ungünstigen Stern. Da die Besatzungspolitik von den Oberbefehlshabern der Streitkräfte der Vier Mächte – also einschließlich Frankreichs – «nach den Weisungen ihrer jeweiligen Regierungen ausgeübt» werden sollte, «und zwar von jedem in seiner eigenen Besatzungszone, sowie gemeinsam in ihrer Eigenschaft als Mitglied des Kontrollrats in den Deutschland als Ganzes betreffenden Fragen»[11], war der Konflikt vorprogrammiert, sofern – wie bereits absehbar – die Einigkeit der Siegermächte Schaden nehmen sollte. Denn in Verbindung mit dem vereinbarten Prinzip der Einstimmigkeit der Entscheidungen im Alliierten Kontrollrat bedeutete diese Formulierung, daß die einzelnen Besatzungsmächte in ihren jeweiligen Zonen in der Lage sein würden, eigenständig zu agieren, ohne daß der Kontrollrat sie daran hindern konnte. Die wirtschaftliche Spaltung und auch die spätere Teilung Deutschlands wurde damit indirekt vorbereitet, weil der Zusammenhalt der Besatzungszonen nunmehr von der Bereitschaft der Besatzungsmächte zur Zusammenarbeit abhängig gemacht wurde.

Der amerikanische Historiker John Gimbel hat dazu vorsichtig angemerkt, die Potsdamer Vereinbarungen ließen «unbestreitbar viel an Klarheit zu wünschen übrig».[12] Deutlicher formulierte es Herbert Feis, der 1960 die erste Gesamtdarstellung über die Potsdamer Konferenz verfaßte, nachdem er die amerikanischen Akten hatte einsehen können: «Die Tage von Potsdam hatten eine Zeit der Begeisterung sein sollen. Der Feind lag am Boden. Leid und Trennung waren vorüber. Große, feierliche Versprechungen waren eingehalten, eine noch größere Tapferkeit bewiesen worden. [...] Aber während Volksmassen in Freude ausbrachen, wußten die Regierungskreise, daß die Aussichten umdüstert waren. Als sie die Szene ihres Triumphes überschauten, froren ihre Gedanken unter dem Reif gegenseitigen Mißtrauens und gegenseitiger Abneigung – zwischen den westlichen Alliierten und der Sowjetunion.»[13]

Reparationen und Demontagen

Der Konflikt zwischen den Siegermächten zeichnete sich somit bereits frühzeitig ab. Immer wieder ging es dabei um die Frage von Reparationen und Demontagen. Die amerikanischen Experten, die für eine Erhaltung bzw. Wiederherstellung der Wirtschaftseinheit plädiert hatten, wurden von dem Alptraum geplagt, daß eine – wie von Präsident Roosevelt und Finanzminister Morgenthau befürwortete und von der Sowjetunion geforderte – geteilte, entindustrialisierte und durch Reparationen geschwächte deutsche Wirtschaft nicht mehr in der Lage sein würde, die Bevölkerung zu ernähren. Deutschland würde dann langfristig auf Hilfe von außen angewiesen sein.

Erinnerungen an den Versailler Vertrag sowie den Dawes-Plan und den Young-Plan wurden wach. Ganz abgesehen davon, daß die ökonomischen Probleme während der Weimarer Republik den Aufstieg Hitlers begünstigt, wenn nicht überhaupt erst ermöglicht hatten, waren die USA damals in die Situation geraten, Deutschland finanziell mit hohen Krediten beispringen zu müssen, um dessen Zahlungsfähigkeit wiederherzustellen. Der amerikanische Steuerzahler hatte damit indirekt die deutschen Reparationen an Frankreich und Großbritannien bezahlt. Das sollte sich jetzt nicht wiederholen.

Die USA lehnten daher auch die von den sowjetischen Vertretern in der Alliierten Reparationskommission, die seit der Konferenz von Jalta im Februar 1945 in Moskau tagte, wiederholt vorgetragene Forderung ab, im Sinne der Empfehlung von Jalta Deutschland Reparationen in Höhe von 20 Milliarden Dollar abzuverlangen, wovon «50 Prozent der Sowjetunion zufallen» sollten.[14] Der amerikanische Delegierte in der Kommission, Edwin W. Pauley, erklärte dazu in Potsdam, eine genaue Festlegung der Reparationsverpflichtung Deutschlands sei so lange unmöglich, bis wenigstens eine vorläufige Abschätzung der Zahlungsfähigkeit Deutschlands erfolgt sei.[15]

Die Briten unterstützten die amerikanische Position, weil sie zwar am Erhalt von Reparationen und generell an einer Schwächung des deutschen Wirtschaftspotentials interessiert waren, zugleich aber die amerikanische Sorge teilten, daß es notwendig werden könne, die deutsche Bevölkerung langfristig mit Einfuhren zu versorgen, wenn deren Wirtschaft ihrer Fähigkeit beraubt würde, die Importe selber zu finanzieren. Ein vom Kabinett befürwortetes Memorandum des britischen Schatzkanzlers Sir John Anderson hatte dazu bereits am 7. März 1945 festgestellt, daß die Frage der Reparationen an den wirtschaftlichen Interessen Großbritanniens und aller auf den internationalen Handel angewiesenen Staaten orientiert sein müsse. Die internationale Verflechtung des Handels erfordere es, Deutschland als Handelspartner zu erhalten – auch durch Aufrechterhaltung eines normalen Lebensstandards – und deutsche Reparationen «maßvoll» festzusetzen sowie zeitlich auf höchstens zehn Jahre zu begrenzen. Reparationen dürften überdies erst nach Befriedigung des Inlandbedarfs und der Finanzierung der notwendigen Einfuhren entnommen werden.[16]

Diese rein ökonomische Argumentation des britischen Schatzkanzlers ließ jedoch unerwähnt, daß die britische – wie die amerikanische – Abwendung vom Reparationsdenken früherer Jahre vor allem von der zunehmenden Sorge vor der Stärke der Sowjetunion bestimmt war. Die Wiederherstellung einer ausreichenden deutschen Wirtschaftskraft wurde damit in erster Linie als Gegengewicht gegen das drohende Übermaß sowjetischer Macht in Europa gesehen. Zugleich wurde der Wiederaufbau der deutschen Wirtschaft aber auch als Schlüssel für den Wohlstand ganz Westeuropas betrachtet. Ohne Genesung Deutschlands – so hatte die Entwicklung nach dem Ersten Weltkrieg gezeigt – bestand kaum Hoffnung auf eine ökonomische Gesundung des übrigen Europa. Die Angst vor dem Kommunismus ver-

1. Das gelungene Wagnis der Marktwirtschaft

band sich daher mit der Furcht vor politisch-wirtschaftlicher Instabilität, die die europäische Ordnung der Zwischenkriegszeit gesprengt hatte.

Die Sowjetunion, die Ende März/Anfang April 1945 in Presse und Propaganda ihren Ton gegenüber Deutschland erheblich verändert hatte und praktisch vom Rachegedanken abgerückt war, stand in dieser Frage vor einem Dilemma: Einerseits strebte sie einen umfassenden wirtschaftlichen und sozialen Wandel an – etwa die Verstaatlichung der Industrie und die Beseitigung des Großgrundbesitzes. Andererseits wünschte sie jedoch zugleich hohe Reparationszahlungen aus der deutschen Produktion, so daß sie kein Interesse an einer völligen Entindustrialisierung Deutschlands haben konnte. Das Ergebnis waren widersprüchliche Äußerungen sowohl zur Teilung Deutschlands als auch zu dessen wirtschaftlicher Zukunft. Unerschütterlich blieb nur die Forderung Moskaus nach Einhaltung der in Jalta «als Diskussionsgrundlage» genannten Reparationssumme von 20 Milliarden Dollar. Dies war zugleich eine Reparationshöhe, die sich mit einer politischen Parzellierung Deutschlands nicht vertrug. Auch die Sowjetunion plädierte deshalb in Potsdam für die Einheit Deutschlands.

Dennoch blieben die Differenzen in der Reparationsfrage in Potsdam unüberwindbar. Das Problem wurde nicht nur in den Plenarsitzungen und in den Zusammenkünften der Außenminister, sondern auch in einem eigens dafür eingesetzten Unterausschuß erörtert. Schließlich verzichtete die Sowjetunion auf die Fixierung einer genauen Summe, so daß von den in Jalta genannten 20 Milliarden Dollar nicht mehr die Rede war. Es hieß jetzt nur noch allgemein, die Reparationsansprüche der Drei Mächte und mit ihnen verbündeter Länder sollten aus den jeweiligen Besatzungszonen der Alliierten in Deutschland und aus entsprechenden deutschen Auslandsguthaben gedeckt werden. Zusätzlich zu den Reparationen aus ihrer eigenen Zone sollte die Sowjetunion darüber hinaus aus den Westzonen 15 Prozent der Industrieanlagen, die «für eine Friedenswirtschaft unnötig» waren, erhalten – allerdings im Austausch gegen einen entsprechenden Wert an Nahrungsmitteln und Rohstoffen aus der sowjetischen Zone. Weitere 10 Prozent der Industrieanlagen dieser Art aus den Westzonen sollten ohne Gegenleistung geliefert werden.[17] Eine genaue Definition, was «für eine Friedenswirtschaft unnötig» sei, erfolgte jedoch nicht, so daß weiterer Streit über das anzustrebende Industrieniveau in Deutschland vorprogrammiert war. Immerhin ließ sich die Sowjetunion auf die Regelung ein, da sie sich nun in ihrer eigenen Zone nach eigenem Gutdünken bedienen und zudem mit einem gewissen Maß an Lieferungen aus den Westzonen rechnen konnte.

Das Prinzip der Reparationszahlungen wurde gleichwohl auch von den Westmächten nicht in Frage gestellt. Nur über den Umfang und die genaue Abwicklung war man sich nicht im klaren. Das Ergebnis war – kaum anders als nach dem Ersten Weltkrieg – ein Reparationschaos, bei dem vor allem in der unmittelbaren Nachkriegszeit der Beutegedanke die Idee der Wiedergutmachung zu überlagern schien. Da die Deutschen in dieser Zeit im übrigen keine Zahlungen zu leisten vermochten und Experten ohnehin davor warnten, die Struktur des internationalen Finanzsystems durch den Transfer riesiger Geldsummen zu belasten, wurde der Beutegedanke noch dadurch verstärkt, daß die Reparationsschulden nicht durch Zahlungen, sondern durch Sachlieferungen und Demontagen beglichen wurden.

Die genaue Höhe der vorgenommenen Demontagen und deren Wirkung auf das Anlagevermögen der Industrie im Bereich der Westzonen ist besonders für die erste Phase bis 1946, in der eine Gegenkontrolle praktisch nicht bestand, kaum genauer zu bestimmen. Erst ab 1946 liegen die Angaben der Interalliierten Reparationsagentur in Brüssel (IARA) vor, über deren Konten die Abrechnung erfolgte. Sie weisen zwischen 1946 und 1949 Eingänge in Höhe von 507 Millionen RM (Wert 1938) aus. Ob dieser Betrag den tatsächlichen Wert der entnommenen Sachwerte korrekt widerspiegelt, ist umstritten. Deutsche Berechnungen liegen beim Drei- bis Vierfachen. Auf jeden Fall ist die psychologische Wirkung des Abtransports von Maschinen oder des Abbaus ganzer Industrieanlagen zumindest im Westen Deutschlands höher zu veranschlagen als der tatsächliche Schaden für die Wirtschaft, zumal die Demontagen hier bereits seit 1946 allmählich reduziert wurden. Gerade weil die Westmächte sich vor dem Hintergrund des beginnenden Ost-West-Konflikts schon bald um eine ökonomische Stabilisierung Westdeutschlands bemühten, erregten die Demontagen die Gemüter noch bis in die Anfangsphase der Bundesrepublik hinein, da der Bevölkerung schwer zu vermitteln war, welchen Sinn es machte, einerseits mit Marshall-Plan-Mitteln den Wiederaufbau zu fördern und andererseits gleichzeitig aufgrund von Reparationsverpflichtungen Produktionsanlagen zu demontieren.[18]

Ganz anders lagen die Dinge dagegen in der SBZ. Hier führte der unmittelbar nach dem sowjetischen Einmarsch einsetzende massive Abtransport von Maschinen, Anlagen und technischem Personal zu langfristigen Behinderungen der Produktion, die sich durch die direkte Einschaltung der Sowjetmacht in den Wirtschaftsprozeß ihrer Besatzungszone noch verstärkte. Die sowjetische Führung sah auch kein Problem darin, die Lieferungen und Entnahmen offen als «Kriegsbeute» zu deklarieren. Statistisch sind sie ebenfalls kaum genauer zu erfassen. Die DDR selbst hat den Vorgang später herunterzuspielen versucht, während sie die Minderung wirtschaftlicher Leistungsfähigkeit durch Kriegseinwirkung, die im Westen mit nicht mehr als 17 Prozent angegeben wird, auf 60 Prozent ihres früheren Volumens bezifferte. So sollen nach DDR-Angaben nur 676 Betriebe ganz oder teilweise demontiert worden sein. Westliche Berechnungen gehen dagegen von mindestens 1225 Betrieben aus. Darüber hinaus wird von westlichen Experten geschätzt, daß die Lieferungen aus der laufenden Produktion, die als Reparationen in die Sowjetunion gingen, beispielsweise für das Jahr 1946 einen Anteil von etwa 50 Prozent am Gesamtexport der SBZ erreichten. Wenn dies auch nur annähernd zutrifft, müssen aus der SBZ/ DDR insgesamt enorme Werte in die Sowjetunion geflossen sein. Auch hier sprechen DDR-Schätzungen für die Zeit bis Ende 1953 allerdings nur von geleisteten Reparationen im Gegenwert von 4,272 Milliarden Dollar, während westliche Berechnungen davon ausgehen, daß allein die Entnahmen aus der laufenden Produktion einem Gegenwert von 13,9 Milliarden Dollar entsprachen.[19]

Ungeachtet der auch im Westen Deutschlands zu beobachtenden Schwächung der Wirtschaft war die Ausgangssituation in den Westzonen somit wesentlich besser als in der SBZ/DDR, wo die Sowjetunion ihre Politik der Ausplünderung, die sie immer wieder mit den hohen eigenen Kriegsverlusten begründete, praktisch bis zum Ende der DDR fortsetzte, und wo außerdem die im Schulterschluß mit den ostdeutschen Kommunisten betriebene Enteignungs- und Verstaatlichungspolitik die ökonomischen Voraussetzungen für eine rasche Genesung der Wirtschaft zerstörte. Der energische Wiederaufbau Westdeutschlands begann jedoch erst, als vor allem die amerikanische Besatzungspolitik sich unter dem Eindruck zunehmender Entfremdung gegenüber der Sowjetunion grundlegend wandelte. Erst jetzt wurde auch die Gefahr einer längerfristigen Lähmung der westdeutschen Wirtschaft, die 1945/46 aufgrund der unsicheren politischen Rahmenbedingungen – nicht zuletzt im Bereich von Reparationen und Demontagen – noch bestanden hatte, gebannt.

Zonenverschmelzung und deutsche Wirtschaftseinheit

Der Verschmelzung der amerikanischen und britischen Zone zur «Bizone» am 1. Januar 1947 war ein erster wichtiger Schritt aus der schweren ökonomischen Krise, die sich im Winter 1946/47 noch einmal dramatisch zuspitzte, als eine lange Kälteperiode und ein immer größer werdender Mangel an Lebensmitteln vor allem in den städtischen Ballungszentren vielfach zu Hunger, Krankheit und Tod führten. Jetzt machte sich auch das strukturelle Ungleichgewicht zwischen Ost- und Westdeutschland immer deutlicher bemerkbar: Zwar besaßen die Westzonen ein industrielles Übergewicht gegenüber der SBZ. Aber sie waren auf Lebensmittellieferungen aus Ost- und Mitteldeutschland – den Kornkammern des ehemaligen Reiches – sowie auf Kohleimporte angewiesen, um ihre Menschen ernähren und mit Heizmaterial versehen zu können. Nicht ohne Grund hatte man deshalb auf der Potsdamer Konferenz vereinbart, daß die Sowjetunion im Austausch gegen 15 Prozent der demontierten Industrieanlagen aus den westlichen Zonen den gleichen Wert an Nahrungsmitteln und Rohstoffen aus ihrer Zone in den Westen liefern sollte.[20] Allerdings war die UdSSR dieser Verpflichtung unter Hinweis auf die eigenen Bedürfnisse zu keinem Zeitpunkt nachgekommen, so daß der stellvertretende amerikanische Militärgouverneur Lucius D. Clay bereits im Frühjahr 1946 in einem Brief an Bernard Baruch verbittert geschrieben hatte: «Die Sowjetzone ist wirtschaftlich unabhängig. Die Westzonen sind es nicht, und die Existenz künstlicher Grenzen und Beschränkungen hat die wirtschaftliche Gesundung derart verlangsamt, daß jetzt der völlige wirtschaftliche Zusammenbruch droht.»[21]

Tatsächlich herrschte zu diesem Zeitpunkt in den Westzonen schon akuter Lebensmittelmangel, der zu einer Senkung der Tagesrationen zwang. Als die Sowjetunion auf Clays wiederholte Klagen nicht einging, reagierte dieser mit einem Reparationsstopp. Am 2. Mai 1946 kündigte er an, «die US-Behörden könnten es jetzt für nötig halten, die Arbeit von 16 000 bis 17 000 Leuten einzustellen, die derzeit Maschinen für Reparationslieferungen zerlegen».[22] Am nächsten Tag gab er die Einstellung der Arbeiten bekannt, «bis alle damit zusammenhängenden Fragen geregelt sind». Schließlich, so Clay, wollten die USA am Ende «nicht ohne Fabriken und ohne Übereinkunft dastehen».[23] Nun kam die Antwort aus Moskau prompt – aber nicht in Form von Lieferungen, sondern in einer scharfen Propagandakampagne gegen Clay und einer Verstärkung der Obstruktion gegen die gemeinsame Besatzungspolitik.[24]

Tatsächlich hatte Clay durchaus eigenmächtig und im Konflikt mit dem amerikanischen Außenministerium gehandelt. Aber sein Vorstoß, der aus der genauen Kenntnis der Verhältnisse vor Ort erwachsen war, leitete eine Neuorientierung der amerikanischen Deutschland- und Europapolitik ein, die auf die prekäre wirtschaftliche und politische Situation reagierte und zur Abkehr von den frühen Besatzungsdirektiven – insbesondere der Direktive JCS 1067 vom 26. April 1945 und ihrer Ersetzung durch JCS 1779 vom 11. Juli 1947 – führte. Darin hieß es nunmehr, die USA seien an einer permanenten Beschränkung der deutschen Wirtschaftskapazität nicht interessiert, ein gerechter und dauerhafter Friede erfordere im Gegenteil «den wirtschaftlichen Beitrag eines stabilen und produktiven Deutschlands». Die USA befürworteten daher für Deutschland «eine Form der politischen Organisation und eine Gestaltung des politischen Lebens, die auf der Grundlage wirtschaftlichen Wohlstandes zur inneren Befriedung Deutschlands und zum Geist des Friedens zwischen den Nationen beitragen» werde.[25]

Die Errichtung der Bizone war bereits Teil der neuen amerikanischen Deutschlandpolitik. Sie lag durchaus in der Logik des Verhaltens von Clay, der mit seinem spektakulären Reparationsstopp die gegenseitige Blockade der Alliierten im Kontrollrat durchbrechen wollte. Wenn es nicht gelang, die deutsche Wirtschaftseinheit entsprechend den Vereinbarungen der Potsdamer Konferenz zu verwirklichen, kam man nicht umhin, sich um Alternativen zu bemühen. Nachdem Außenminister James F. Byrnes bereits am 11. Juli, dem vorletzten Tag einer Konferenz des Außenministerrates der Vier Mächte, nach weiteren auswegslosen Debatten mit seinem sowjetischen Amtskollegen Molotow über das Reparationsproblem zur Verschmelzung der Zonen aufgefordert hatte, erklärte Militärgouverneur Joseph T. McNarney, Clays unmittelbarer Vorgesetzter, dazu richtungsweisend am 20. Juli 1946 im Kontrollrat in Berlin:

«Die Regierung der Vereinigten Staaten ist der Auffassung, daß keine Zone in Deutschland in der Lage ist, sich selbst zu erhalten. Die Behandlung von zwei oder mehr Zonen als wirtschaftliche Einheit würde die Lage in den jeweiligen Besatzungsgebieten verbessern. Aus diesem Grunde hat die Regierung der Vereinigten Staaten ihren Vertreter beim Alliierten Kontrollrat ermächtigt, sich mit jeder anderen Besatzungsmacht oder mit mehreren Besatzungsmächten über Maßnahmen ins Benehmen zu setzen, welche die Behandlung ihrer Zonen als wirtschaftliche Einheit bezwecken, bis eine Verständigung der Vier Mächte erfolgt, die die Anwendung des Potsdamer Beschlusses, ganz Deutschland als eine wirtschaftliche Einheit zu behandeln, ermöglicht, so daß ein Wirtschaftsausgleich in ganz Deutschland erzielt wird.»[26]

Formal hielten die USA also weiterhin an der Wirtschaftseinheit für ganz Deutschland fest, die sie letztlich als Endziel ihrer Politik betrachteten. Da eine Verschmelzung aller Zonen vorerst nicht zu erwarten war, konnte man sich nach den Worten McNarneys für eine nicht näher bestimmte Übergangszeit jedoch auch eine «Wirtschaftseinheit» von nur zwei oder drei Zonen vorstellen, um die unerträglich gewordenen Verhältnisse für die betroffenen Menschen zu verbessern und den eigenen Verantwortungsbereich zu konsolidieren. Das war ein pragmatischer Lösungsansatz, der vor allem von britischer Seite sofort dankbar aufgegriffen wurde, während die Franzosen, die aus nationalen Interessen weiter am Konzept der Schwächung und Dezentralisierung Deutschlands festhielten, abwinkten. Als das Abkommen über die Vereinigung der britischen und amerikanischen Zone am 1. Januar 1947 in Kraft trat, kommentierte Clay den Zusammenschluß, der vor allem zur Wiederbelebung von Industrie und Außenhandel in beiden Zonen verhelfen sollte, mit den Worten, die Vereinheitlichung der britischen Zone mit ihren Rohstoffindustrien und der Kohleförderung und der amerikanischen Zone mit ihren verarbeitenden Industrien werde «eine bessere Auswertung der Hilfsquellen beider Zonen ermöglichen». Das bedeute «nicht nur die Entwicklung einer Ausfuhr, mit der lebenswichtige Einfuhr finanziert werden kann, sondern auch die Beschaffung dringend benötigter Materialien und Massengüter für Deutschland».[27]

Der Wirtschaftsrat der Bizone

Das Bizonen-Abkommen, das von den Außenministern Großbritanniens und der USA, Bevin und Byrnes, am 2. Dezember 1946 in Washington unterzeichnet worden war, sollte gelten, «bis ein Abkommen über die Behandlung ganz Deutschlands als wirtschaftlicher Einheit abgeschlossen» würde, und war in jährlichen Abständen zu überprüfen.[28] Kern des Abkommens war die Einsetzung deutscher Verwaltungsbehörden unter Verantwortung der amerikanischen und britischen Militärregierung. Mit dem Aufbau dieser bizonalen Ressorts war aber schon Monate zuvor begonnen worden, nachdem General Clay im Länderrat der amerikanischen Zone in Stuttgart am

6. August 1946 die süddeutschen Ministerpräsidenten von den Fusionsplänen offiziell unterrichtet und sie beauftragt hatte, mit deutschen Vertretern der britischen Zone die notwendigen Vereinbarungen auszuarbeiten. Der britische Militärgouverneur General Robertson war dem Beispiel Clays nur eine Woche später gefolgt und hatte in einer Ansprache vor dem Zonenbeirat des britischen Besatzungsgebiets in Hamburg die deutschen Politiker in seinem Bereich ebenfalls instruiert. Eine gemeinsame Verwaltung mit Personal aus beiden Zonen, so Robertson, solle die fünf Sachgebiete Wirtschaft, Ernährung und Landwirtschaft, Verkehr, Finanzen sowie Post- und Fernmeldewesen umfassen.

Noch im selben Monat, also im August 1946, trafen sich deutsche Abgesandte aus beiden Zonen, um über Einzelheiten des Zusammenschlusses zu beraten. Sie verständigten sich innerhalb kürzester Zeit untereinander und mit den Militärregierungen auf fünf Verwaltungsabkommen, von denen die ersten am 10. September und das letzte am 1. Oktober 1946 unterzeichnet wurden. Auch die alliierten Genehmigungen ließen nicht lange auf sich warten. Man hatte es eilig, da die Verwaltungen noch vor dem Winter ihre Arbeit aufnehmen sollten. Die Hektik, mit der man zu Werke ging, sollte sich jedoch bald als Fehler erweisen. Denn die Konstruktion der Bizonen-Verwaltung wies derart schwerwiegende Mängel auf, daß diese den gesamten Neuanlauf zum Wiederaufbau der westdeutschen Wirtschaft gefährdeten. Eines der Probleme bestand darin, daß die fünf Verwaltungen ohne übergeordnete deutsche Koordinierungsbehörde über das ganze Gebiet der Bizone verstreut waren, um jeden Anschein einer politischen Fusion mit einer bizonalen Hauptstadt zu vermeiden. So residierte die Verwaltung für Wirtschaft in Minden, die Verkehrsverwaltung in Bielefeld (mit einer Außenstelle für Seehäfen und Küstenschiffahrt in Hamburg), die Verwaltung für Finanzen in Bad Homburg, das Post- und Fernmeldewesen in Frankfurt und die Ernährung und Landwirtschaft in Stuttgart. Natürlich funktionierte nichts. Angesichts der räumlichen Trennung führte jede Verwaltung praktisch ein Eigenleben. Eine Verständigung zwischen ihnen war schon wegen der desolaten Verkehrs- und Kommunikationswege kaum möglich. Außerdem war eine Koordination strukturell gar nicht angelegt, da es kein gemeinsames Lenkungsorgan und keine gemeinsamen deutschen Kontrolleinrichtungen gab.[29]

Eine zweite Schwachstelle war die bizonale Wirtschaftsverwaltung in Minden, das aus dem dortigen «Zentralamt für Wirtschaft in der britischen Zone» unter ihrem Leiter Viktor Agartz hervorging. Agartz war Gewerkschaftler, ein Sozialdemokrat marxistischer Prägung, der durchweg zentralistische Ideen vertrat, jegliche Kontrolle bizonaler Gremien durch Ländervertreter ablehnte und für die Sozialisierung der Schlüsselindustrien plädierte. Der britischen Labour-Regierung paßte er damit durchaus ins Bild, aber den marktwirtschaftlich orientierten Amerikanern war er ebenso ein Dorn im Auge wie den auf föderalistische Eigenständigkeit und Mitsprache bedachten süddeutschen Länderregierungen. Als Agartz trotz dieser gegen ihn bestehenden Vorbehalte den Vorsitz der Verwaltung für Wirtschaft übernehmen wollte, brachten die süddeutschen Ländervertreter auf Weisung ihrer Ministerpräsidenten seine Kandidatur zunächst zu Fall. Zur Begründung erklärte der parteilose bayerische Wirtschaftsminister Ludwig Erhard, der Name Agartz sei in Süddeutschland ein Programm: Er stehe für Zentralisierung, Planwirtschaft, Sozialisierung. Insofern sei die Wahl des Vorsitzenden eine politische Wahl, da Süddeutschland in dieser Hinsicht eine andere Haltung einnehme.[30] Dies wiederum rief Kurt Schumacher auf den Plan: Auf einer SPD-Delegiertenkonferenz in Köln am 26. September 1946 wandte er sich gegen die Besatzungsbehörden und gegen die neuen Zweizonenorgane, die von Kapitalisten kontrolliert würden.[31]

Nach Landtagswahlen ergab sich jedoch bereits im Januar 1947 eine neue politische Konstellation, in der die SPD den Vorsitz der bizonalen Wirtschaftsverwaltung mit ihrem Wunschkandidaten besetzen konnte. Vorbereitet vom SPD-Hauptquartier in Hannover, wurde dem bisherigen Vorsitzenden, dem parteilosen ehemaligen hessischen Wirtschaftsminister Rudolf Mueller, am 16. Januar das Mißtrauen ausgesprochen. Dem «herzlosen, gewandten Rechtsanwalt, der es sehr geschickt mit den Besatzungsmächten kann», wurde von den Sozialdemokraten «kapitalistische Einstellung» vorgeworfen.[32] Agartz, der nun den Vorsitz übernahm, hatte an seinem neuen Amt allerdings wenig Freude. Die Alliierten bestätigten zwar seine Wahl, mißbilligten jedoch die Form der Abberufung von Mueller. CDU und FDP waren entrüstet. Der Wirtschaftsverwaltung wurde die «Etablierung einer Zentralwirtschaft nach sowjetischem Muster» unterstellt. Mißtrauen und Argwohn belastete von nun an die inhaltliche Arbeit der Behörde, deren Scheitern damit vorprogrammiert war.

Zum Mißerfolg dieses ersten Anlaufs der Bizone trug allerdings nicht nur der Streit um die Person und das Programm von Agartz bei. Strittig war bis zum Frühjahr 1947 auch die juristische Frage, wie Bizonenbeschlüsse in Landesrecht umgesetzt werden konnten. Tatsächlich führten die komplizierten und höchst unterschiedlichen staatsrechtlichen Verhältnisse in den beiden Zonen dazu, daß zunächst keine einzige Gesetzesempfehlung eines bizonalen Verwaltungsrats realisiert wurde. Auch die Gegensätze zwischen den USA und Großbritannien sowie zwischen Nord- und Süddeutschland in bezug auf Staatsvorstellungen und Wirtschaftsordnung trugen nicht eben dazu bei, den Bizonenverwaltungen ihre Arbeit zu erleichtern.

Dieser für alle Beteiligten enttäuschende Verlauf der Zonenverschmelzung ließ den Unmut über die bizonale Organisation immer mehr anschwellen. Vor allem das Mindener Amt für Wirtschaft geriet ständig weiter ins Kreuzfeuer der Kritik. Der britische *Economist* sprach am 26. April 1947 sogar von einer «Schlacht um Minden» und meinte, eine wirtschaftliche Vereinigung der beiden Zonen habe überhaupt nicht stattgefunden. Die Schuld dafür gab die Zeitschrift jedoch nicht Agartz, sondern der amerikanischen Militärregierung, weil diese die Haltung der Länder ihrer Zone gegenüber der bizonalen Bürokratie allzusehr unterstütze und damit die Tätigkeit der Wirtschaftsverwaltung unterminiere.[33] General Clay, der sich über diese – wie er fand: völlig unzutreffende – Berichterstattung ärgerte, merkte daraufhin gegenüber seinen Vorgesetzten in Washington ironisch an, daß es in der britischen Zone trotz der dortigen hervorragenden Administration zu Unruhen und Tumulten, Streiks und Hungerdemonstrationen gekommen sei: im März und April im Ruhrgebiet sowie zuletzt am 9. Mai auf einer gewerkschaftlichen Großkundgebung in Hamburg mit über 120000 Teilnehmern, die sich gegen Wohnungsnot, Kleidungsmangel, das Fehlen von Heizmaterial und vor allem die trostlose Ernährungslage gewandt hatten.[34]

Die beiden Militärgouverneure Clay und Robertson stimmten überein, daß es so nicht weitergehen konnte. Ende Mai hatten sie sich mit ihren Stäben auf eine Reform der Bizone geeinigt, nachdem der neue amerikanische Außenminister Marshall auf dem Rückflug von der Moskauer Außenministerkonferenz am 25. April auf dem Flughafen Berlin-Tempelhof Clay angewiesen hatte, zusammen mit seinem britischen Kollegen den Ausbau der Organisation der Bizone so voranzutreiben, daß diese sich möglichst rasch selbst versorgen könne.[35] Das «Abkommen über die Neugestaltung der zweizonalen Wirtschaftsstellen» vom 29. Mai 1947 sah grundlegende Veränderungen der Verwaltungsorganisation vor, die sich ab Herbst 1947 offiziell «Wirtschaftsrat für das Vereinigte Wirtschaftsgebiet (amerikanisches und britisches Besatzungsgebiet in Deutschland)» nannte. Zum einen wurden nun alle bizonalen Behörden nach Frankfurt am Main verlegt, das nicht aus politischen oder historischen Gründen, sondern allein wegen seiner zentralen Lage in den Genuß kam, «Hauptstadt» der Bizone zu werden. Zum anderen wurde die interne Struktur umgebaut: Ein neu eingesetzter «Wirtschaftsrat» (Economic Council) stellte praktisch das Parlament der Organisation dar, deren 52 Mitglieder von den acht Landtagen der Bizone gewählt wurden. Ein ebenfalls neu gebildeter «Exekutivrat» oder «Exekutivausschuß» (Executive Committee), bestehend aus acht von den Länderregierungen bestellten Vertretern, hatte im Gegensatz zum Wirtschaftsrat keine legislativen Befugnisse, konnte aber Gesetzesvorschläge beim Wirtschaftsrat einbringen und Gesetzentwürfe begutachten, die vom Wirtschaftsrat selbst vorgeschlagen wurden. Die «Direktoren» (Executive Directors) der fünf Verwaltungen – gewissermaßen die «Minister» der neuen Struktur – mußten ihre Gesetzesvorlagen wiederum über den Exekutivrat an den Wirtschaftsrat leiten. Die fünf Direktoren traten nun an die Stelle der aufgelösten Verwaltungsräte und Verwaltungsämter der ersten Phase, deren Behördenapparate Schritt für Schritt nach Frankfurt umzogen.[36]

Präsident des Wirtschaftsrats, also des Bizonenparlaments, wurde Erich Köhler, der zu den Gründungsmitgliedern der CDU in Hessen zählte und dort 1946 stellvertretender Landesvorsitzender und Fraktionsvorsitzender im hessischen Landtag geworden war. Nach Gründung der Bundesrepublik war er 1949/50 für kurze Zeit auch Präsident des Ersten Bundestages, ehe er aus guten Gründen in der politischen Versenkung verschwand. Tatsächlich gab es nur wenige, die in ihm eine Idealbesetzung für die von ihm wahrgenommenen Ämter erblickten. Im Bizonenparlament sorgte er jedenfalls regelmäßig für beträchtliche Konfusion, wenn er dem Gremium wieder einmal mehrere Entwürfe gleichzeitig zur Beratung vorlegte.

Politisch weit bedeutsamer als die Position des Präsidenten des Wirtschaftsrats waren jedoch die Ämter der Direktoren der fünf Verwaltungen. Ihre Besetzung stand am 23. Juli 1947 erstmals auf der Tagesordnung, zog sich aber bis zum 9. August hin, weil gegensätzliche parteipolitische Interessen eine rasche Einigung verhinderten. Der Exekutivrat, in dem sechs der acht Ländervertreter Sozialdemokraten waren, hatte für jede Verwaltung einstimmig einen Personalvorschlag eingebracht. Doch im Wirtschaftsrat verfügten die bürgerlichen Parteien über eine knappe Mehrheit. Der Konflikt entzündete sich wiederum an der Position des Direktors der Verwaltung für Wirtschaft, obwohl Viktor Agartz, der am 1. Juli «aus gesundheitlichen Gründen» als Leiter des Mindener Verwaltungsamts zurückgetreten war – drei Stunden nachdem britische Sachverständige seinen Plan zur Überführung der Ruhrbergwerke in deutsche Verantwortung abgelehnt hatten –, nicht mehr kandidierte. Statt dessen sollte nach Auffassung des Exekutivrates der niedersächsische Wirtschaftsminister und spätere Ministerpräsident Alfred Kubel, der ebenfalls der SPD angehörte, den Posten an der Spitze der Wirtschaftsverwaltung übernehmen. Da die SPD aber bereits die Wirtschaftsministerien in allen Ländern der Bizone besetzte, wiesen CDU und CSU den Vorschlag kategorisch zurück. Ein Vermittlungsvorschlag, bei dem am folgenden Tag verschiedene personelle Alternativen – wenn auch nicht zu Kubel – ins Gespräch gebracht wurden, führte ebenfalls zu nichts. Der SPD-Fraktionsvorsitzende Erwin Schoettle erklärte daraufhin bereits am Abend des 24. Juli, daß die Voraussetzungen für eine Zusammenarbeit mit der bürgerlichen Mehrheit des Hauses entfallen seien.[37] Die SPD begab sich also kampflos in die Opposition und überließ der Union die Besetzung aller fünf Direktorensitze.

Johannes Semler (Wirtschaft), Otto Schniewind (Finanzen), Hans Schlange-Schöningen (Ernährung, Landwirtschaft und Forsten), Eugen Fischer (Verkehr) und Hans Schuberth (Post- und Fernmeldewesen) wurden noch am 24. Juli ohne weitere Debatte zu den neuen Verwaltungsdirektoren des Wirtschaftsrats gewählt. Die Sozialdemokraten gaben für alle Kandidaten leere Stimmzettel ab. Doch die von außen – vornehmlich von Adenauer und Schumacher, die beide dem Wirtschaftsrat nicht angehörten – betriebene parteipolitische Zuspitzung der Kandidatenwahl warf auch auf die neue Bizonenorganisation von Anfang an einen Schatten. Selbst die *Neue Zeitung*, das Organ der amerikanischen Militärregierung, sprach von einem «Fiasko der ersten Runde»; ein absolut von der CDU und CSU beherrschtes fünfköpfiges Direktorium sei ein «peinliches Ergebnis».[38] Sogar viele Christdemokraten, vor allem in Süddeutschland, hätten eine Große Koalition mit der SPD zur Direktorenbesetzung vorgezogen, um den neuen Start der Bizone zu entlasten. Als Otto Schniewind und Eugen Fischer ihre Wahl vom 24. Juli nicht annahmen, bot sich daher nochmals eine Gelegenheit, die parteipolitische Taktik zu überdenken. Aber die SPD lehnte das in Sondierungsgesprächen unterbreitete Angebot der Union, die beiden freien Direktorenposten zu besetzen und außerdem die Stellvertretung in der Wirtschaftsverwaltung zu übernehmen, unter dem Druck Schumachers wiederum ab. Am 9. August wurden deshalb Alfred Hartmann aus dem bayerischen Finanzministerium zum Direktor für Finanzen und Edmund Frohne aus dem niedersächsischen Verkehrsministerium zum Direktor für Verkehr gewählt. Die Leitungsebene der reformierten Bizonenverwaltung war damit komplett. Die schwierige Arbeit des Wiederaufbaus konnte mit veränderter Führung neu beginnen.

Der Kartoffelkrieg

Der erwartungsfrohe Beginn der erneuerten Bizonenverwaltung wurde jedoch schon bald durch Hiobsbotschaften aus der Landwirtschaft getrübt. Nach drei bitteren Kältewellen im Winter 1946/47 wartete der Sommer 1947 mit Dürre- und Hitzerekorden auf, die für den Herbst große Ernteausfälle und im folgenden Winter eine neue Hungersnot befürchten ließen. Ende September 1947 verabschiedete der Wirtschaftsrat daher ein «Gesetz zur Sicherung der Kartoffelversorgung», das sich auf eine Verordnung vom August 1939 über die öffentliche Bewirtschaftung landwirtschaftlicher Erzeugnisse stützte und in seiner neuen Form den Bizonendirektor für Ernährung und Landwirtschaft ermächtigte, bei Kartoffeln die Ablieferungsmengen der einzelnen Länder, die Ausgleichsquoten zwischen agrarischen Überschußländern und Industrieregionen sowie die Höchstmengen für die Verbraucher festzulegen. «Kartoffelernte beschlagnahmt», hieß es danach sogleich in der Presse[39], obwohl das Gesetz in Wahrheit nur für eine gleichmäßige und gerechte Erfassung und Verteilung der Ernte sorgen sollte; außerdem stellte es eine Vorbedingung für die Genehmigung der Einfuhr des Fehlbedarfs durch die Militärregierungen dar. Doch aus Sicht der überwiegend agrarisch strukturierten Länder wie Schleswig-Holstein, Niedersachsen und Bayern, die nach dem Gesetz gezwungen waren, einen Teil ihrer Ernte an die Ballungszentren abzuliefern, handelte es sich dabei um eine Anmaßung der zentralistischen Bizonenverwaltung und einen unzulässigen Eingriff in die Kompetenz der Länder, so daß sich der Streit um die Durchführung des Gesetzes bald zu einem regelrechten «Kartoffelkrieg» zwischen dem Wirtschaftsrat und den Ländern und Erzeugern entwickelte.

Der Streit reichte von der Festlegung des Umfangs der zu erwartenden Ernte, die zu verteilen war, bis zur Ablieferung der Quoten und zur Kontrolle möglicher Rückstände durch bizonale Revisoren. Allein die Ernteschätzungen differierten um mehr als 100 Prozent: Die Bauern gingen davon aus, daß sie etwa 8,5 Millionen Tonnen einbringen würden, die Militärregierungen erwarteten 16 bis 18 Millionen Tonnen. Schließlich wurde von Amts wegen festgestellt, daß 12,8 Millionen Tonnen Kartoffeln geerntet würden.[40] Eine im Oktober 1947 vom Ernährungsdirektor der Bizone auf Veranlassung der alliierten «Control Group Food and Agriculture» angeordnete Ertragsprüfung der Getreide- und Kartoffelernte stieß vor allem in Bayern auf Widerstand. Das bayerische Staatsministerium für Ernährung und Landwirtschaft nahm sogar eine «Überprüfung der von Frankfurt entsandten Prüfer» vor, wobei von den sechs Herren fünf als «geeignet» eingestuft wurden, der sechste jedoch als «ungeeignet», weil er Gerste nicht von Weizen unterscheiden könne und daher kaum in der Lage sei, «ein richtiges Urteil zu geben», wie es im Prüfungsbericht hieß.[41] Da half es auch nichts, daß zum Gaudi der außerbayerischen Presse ausgerechnet der abgelehnte Prüfer – als einziger der sechs – seinen Wohnsitz in München hatte.

Indes konnten selbst die Kontrollen nicht verhindern, daß das Ablieferungssoll nicht erfüllt wurde. Als Direktor Schlange-Schöningen dem Wirtschaftsrat am 21. November einen Zwischenbericht erstattete, war noch nicht einmal die Hälfte der Lieferungen erfolgt. Das Schlußlicht der säumigen Länder bildete wiederum Bayern mit lediglich 36,2 Prozent. Aber die Anweisungen der Bizonenverwaltung wurden überall unterlaufen: Die Bauern versteckten die Kartoffeln zentnerweise, um sie nicht abliefern zu müssen, sondern auf dem Schwarzen Markt lukrativ verkaufen oder bei Hamsterfahrern gegen Wertgegenstände eintauschen zu können. Bei «Kompensationsgeschäften» auf dem Grauen Markt wurden sie in großem Stil gegen Kohlen oder andere wertvolle Güter verschoben. Und die Länderregierungen zogen es vor, erst einmal die Ernährung der eigenen Bürger zu sichern und ihnen ein bestimmtes Kontingent an Einkellerungen zuzugestehen, anstatt die Bemühungen der Bizonenverwaltung um eine möglichst gerechte Verteilung zu unterstützen. Schlange-Schöningen konnte seinen Bericht deshalb nur mit der trostlosen Erkenntnis beschließen, daß die ganze Aktion für jeden denkenden Menschen im In- und Ausland den Nachweis erbracht habe, «daß die heutige deutsche Regierung oder, sagen wir besser, das heutige deutsche Verwaltungssystem als unwirksam ad absurdum geführt worden ist. Wir sind ein Schattenstaat ohne Autorität. Wir sind ein Staatsgebilde, dem man angeblich eine Exekutivgewalt zugebilligt hat, aber diese Exekutive ist nur eine Papierexekutive, die sich in der Praxis als unwirksam erwiesen hat. Den deutschen Behörden bleibt als letztes, wenn sie gar nichts haben durchsetzen können, nur, daß sie den nicht allzu würdigen Schritt des Bettelns um Hilfe bei der Militärregierung tun. Sie müssen ihn tun.»[42]

Tatsächlich waren die Ziele, die sich der Wirtschaftsrat im Kartoffelkrieg gesteckt hatte, von vornherein unrealistisch. Da die gesamte Bizonenadministration in Frankfurt über nicht mehr als 4533 Beamte und Angestellte verfügte, war es völlig unmöglich, die erforderlichen Kontrollen vorzunehmen. Selbst ein Vielfaches des Personals hätte dazu nicht ausgereicht.[43] Man hätte sich also lieber um die Wiederbelebung der Wirtschaft bemühen sollen, als sich mit planwirtschaftlichen Methoden um die Verwaltung des Mangels zu kümmern. Gipfelpunkt dieser irregeleiteten Politik war schließlich das «Nothilfegesetz zur Ermittlung, Erfassung und Verteilung von Lebensmitteln», das der Wirtschaftsrat am 23. Januar 1948 auf Druck der Militärregierungen verabschiedete. Bald als «Speisekammergesetz» bekannt und verlacht, sollte es sämtliche Lebensmittelvorräte in der Bizone bei Bauern, Händlern, Spediteuren und Gastwirten sowie in allen Haushalten aufspüren und statistisch festhalten. Es scheiterte jedoch ebenso kläglich wie das Gesetz zur Sicherung der Kartoffelversorgung.

In Wirklichkeit bedurfte es ganz anderer Methoden, um die ökonomischen Probleme in Deutschland zu lösen. Da es aufgrund der gesunkenen Reallöhne, einer überhöhten Besteuerung und vor allem des rapiden Verfalls der Währung für Erzeuger und Händler in Landwirtschaft, Industrie und Handwerk nicht den geringsten Anreiz gab, im Rahmen der bestehenden Vorschriften zu produzieren und zu verkaufen, war es kein Wunder, daß Waren lieber gehortet oder auf den zahllosen Grauen und Schwarzen Märkten verschoben wurden, als sie in den verplanten Kreislauf der Frankfurter Wirtschaftsverwaltung einzuspeisen. Die schlechte Versorgung mit Nahrungsmitteln, der Mangel an Heizmaterial und Bekleidung sowie die desolate Wohnsituation, die zu einer erheblichen Zunahme von Infektionskrankheiten, Säuglingssterblichkeit und psychischen Störungen führten, waren zwar beklagenswert und bedurften kurzfristiger Notmaßnahmen.[44] Aber grundsätzlich war die deutsche Wirtschaft mit solchen kleineren «Reparaturen» nicht zu sanieren. Dazu bedurfte es weitreichender politischer und wirtschaftspolitischer Entscheidungen, um die Rahmenbedingungen ökonomischen Handelns insgesamt zu verbessern. Die bizonale Organisation hatte sich dazu auch in ihrer zweiten Phase als ungeeignet erwiesen. Sie mußte deshalb erneut reformiert werden – diesmal jedoch mit politischem Hintergrund und dem Ziel, eine florierende Wirtschaft mit stabiler Währung in einem verfassungsmäßig abgesicherten Staat zu schaffen. Die Ankündigung des Marshall-Plans im Juni 1947 und die Aufnahme Westdeutschlands in den Empfängerkreis der Mittel des «European Recovery Program» (ERP) im September 1947 schienen dafür die besten Voraussetzungen zu bieten.

Einflüsse des Marshall-Plans

Als der amerikanische Außenminister George C. Marshall am 5. Juni 1947 in einer Rede vor der Harvard University versprach, ein wirtschaftliches Wiederaufbauprogramm für Europa zu initiieren, um die Stagnation zu überwinden und zu einer allgemeinen Stabilisierung der Verhältnisse beizutragen, war es bereits klar, daß auch Deutschland von der amerikanischen

1. Das gelungene Wagnis der Marktwirtschaft

Hilfe profitieren würde. Ex-Präsident Herbert Hoover, der im Februar 1947 mit einem großen Expertenstab nach Deutschland gereist war, um die Situation vor Ort zu studieren, hatte anschließend mit seinem Bericht im Kongreß und in der öffentlichen Meinung der USA den Boden für die Einbeziehung des ehemaligen Kriegsgegners in das amerikanische Hilfsprogramm bereitet.[45] Hoovers Bericht wurde zu einem «Kassensturz amerikanischer Deutschlandpolitik».[46] Nach schweren Anschuldigungen gegen Präsident Roosevelt und Finanzminister Morgenthau wegen ihrer Reparationspolitik verlangte er einen neuen politischen Kurs, der vom Gedanken der Bestrafung Abschied nehmen und den Wiederaufbau in den Mittelpunkt rücken müsse. Insbesondere gelte es, mit den Diskussionen über «Industrieniveau» und «Kriegspotential» aufzuhören und den Abbau der Schwerindustrie und der chemischen Industrie zu beenden. Ebenso müßten die Demontagen – außer von Rüstungsbetrieben – gestoppt und alle Überlegungen zu einer Abtrennung des Ruhrgebietes verworfen werden.[47] Das waren auf den ersten Blick radikale Forderungen, die über britische und französische Vorschläge zu einer Neuorientierung der Deutschlandpolitik nach Beendigung der Viermächteverwaltung weit hinausgingen. Dennoch stimmten insbesondere die Briten, die kaum noch wußten, wie sie mit den von den USA gewährten Krediten über den nächsten Winter kommen sollten, Hoover in vielem durchaus zu. Schon am 21. Oktober 1946 hatte die britische Regierung selbst ein Memorandum des Lordpräsidenten und Führers des Unterhauses, Herbert Morrison, verabschiedet, das die bemerkenswerte Feststellung enthielt, es sei «erforderlich, die Entwicklung der deutschen Wirtschaft, soweit es in unserer Macht steht, unter dem Aspekt der Unterstützung unserer eigenen langfristigen Wirtschaftspläne zu betreiben».[48] Außenminister Bevin hatte dazu in der Sitzung erklärt, die Besatzungskosten wären sicherlich niedriger, «wenn wir nicht absichtlich seinen [Deutschlands] wirtschaftlichen Wiederaufstieg begrenzen würden», und danach gemeinsam mit dem gesamten Kabinett den salomonischen Beschluß gefaßt, «die deutsche Industrie so zu entwickeln, daß ihr Export den britischen Export ergänzt, statt mit ihm in Wettbewerb zu stehen».[49]

Konstruktive Lösungen, wie sie der Hoover-Bericht und wenig später der Marshall-Plan vorschlugen, fanden deshalb breite Unterstützung. Für die Briten gab es dazu ohnehin keine Alternative mehr, da sie mit ihrer Zahlungsfähigkeit nahezu am Ende waren und sich eine Fortsetzung der kostspieligen Besatzungspolitik in Deutschland einfach nicht mehr leisten konnten. Die Aussicht auf verlockende amerikanische Finanzhilfen brachte aber auch Frankreich letztlich dazu, dem Wiederaufbau der deutschen Wirtschaft zuzustimmen, nachdem Außenminister Marshall die Vergabe der ERP-Gelder an die Bedingung geknüpft hatte, daß die Westzonen Deutschlands von vornherein in das Programm einbezogen werden müßten. Für General Clay bedeuteten Hoovers Forderungen nach Beendigung der industriellen Abrüstung, Demontagestopp und Wiedereinstellung von Technokraten mit NS-

Vergangenheit indessen die Abkehr der USA von den Potsdamer Prinzipien. Die Begründung, der amerikanische Steuerzahler könne für diesen Luxus nicht länger aufkommen, mußte er jedoch akzeptieren. Trotzig schrieb er danach an einen Freund in South Carolina: «Ob Sie es glauben oder nicht, ich versuche hier immer noch jene Art von Demokratie zu praktizieren, an die wir alle geglaubt haben, und zwar mit einer realen Hoffnung auf Erfolg, wenn Amerika geduldig und wirklich bereit ist, ein derartiges Programm zu verwirklichen.»[50]

Tatsächlich wurden die Pläne zur Entmilitarisierung und die Ansprüche auf Wiedergutmachung gegenüber Deutschland vorerst keineswegs aufgegeben. Zwar sah der am 29. August 1947 veröffentlichte «Revidierte Industrieniveauplan» für die Bizone erhebliche Verbesserungen vor – nämlich eine annähernde Verdoppelung der Stahlproduktion von 5,8 auf 10,7 Millionen Tonnen und eine Ausrichtung des Industrieniveaus an der Gesamtkapazität (statt 70 bis 75 Prozent) des Vorkriegsjahres 1936. Aber als am 16. Oktober 1947 die lange angekündigte «endgültige» Demontageliste veröffentlicht wurde, auf der immerhin noch 682 Betriebe (statt der im Industrieplan von 1946 vorgesehenen 1546 Fabrikanlagen) verzeichnet waren, die weiter abgebaut werden sollten, schlug diese Nachricht wie eine Bombe ein. Es schien grotesk, einerseits umfangreiche Hilfen beim Wiederaufbau zu versprechen und andererseits leistungsfähige Betriebe zu zerstören. «Wer sich für Demontagearbeit hergibt, ist ein Lump, denn er stürzt uns und unsere Familien in Elend, Not und Verzweiflung», konnte man damals auf einem Plakat über einem Fabriktor lesen.[51] Das war an die Adresse deutscher Arbeiter gerichtet. Aber die psychologische Wirkung der Demontagen beeinträchtigte nun, im Herbst 1947, auch die Glaubwürdigkeit der Alliierten, denen die Deutschen ohnmächtig gegenüberstanden. Die Argumentation Clays, daß es sich lediglich um die Beseitigung überschüssiger Kapazitäten handele, die zur Erreichung des gegenüber 1946 verbesserten Industrieniveaus nicht notwendig seien, war weder überzeugend noch tröstlich. Marshall-Plan und Demontagen paßten politisch und psychologisch einfach nicht zusammen.

Der Wirtschaftsrat der Bizone verabschiedete deshalb am 29. Oktober 1947 eine Resolution, in der Besorgnis über die Demontage von Friedensbetrieben im Hinblick auf die Rolle der westdeutschen Wirtschaft im Marshall-Plan ausgedrückt wurde. Im Gegensatz zu dieser moderaten, von diplomatischem Kalkül geprägten Stellungnahme, die keineswegs die Gefühle des «Mannes auf der Straße» widerspiegelte, ließ der Direktor der Wirtschaftsverwaltung, Johannes Semler, vor dem Landesausschuß der CSU am 4. Januar 1948 in Erlangen seinen Ressentiments gegen die Alliierten freien Lauf. Zornig warf er den Besatzungsmächten in einem Rundumschlag vor, sie verkauften deutsche Kohle unter dem Weltmarktpreis, Frankreich bezahle deutsche Exporte und Dienstleistungen mit konfiszierter Reichsmark und schicke deutsche Eisenbahnwaggons nicht zurück, den Engländern müsse

1. Das gelungene Wagnis der Marktwirtschaft 139

man es endlich «abgewöhnen, drei Jahre nach Kriegsende die deutsche Wirtschaft auszuplündern», und die USA wollten nur «den amerikanischen Steuerzahler von Kosten entlasten» und dem Herrn Clay «einen guten Abgang» verschaffen. Den größten Unwillen bei den Alliierten erregte Semler jedoch mit seiner Behauptung, selbst die Versorgung der deutschen Bevölkerung mit Lebensmitteln sei für die Siegermächte ein gutes Geschäft: «Man hat den Mais geschickt und das Hühnerfutter, und wir zahlen es teuer. Geschenkt wird es nicht. Wir zahlen es in Dollars aus deutscher Arbeit und deutschen Exporten und sollen uns dafür noch bedanken. Es wird Zeit, daß deutsche Politiker darauf verzichten ...»[52]

Da der englische Ausdruck «chicken-feed» für «Hühnerfutter» zugleich die Nebenbedeutung «Lappalie» besitzt, fühlte man sich in den USA und Großbritannien doppelt getroffen. Angesichts der Hunderte von Millionen Dollar, die bereits für die Ernährung der deutschen Bevölkerung aufgewendet worden waren – in Großbritannien hatte aufgrund der Getreideausfuhren nach Deutschland sogar das Brot rationiert werden müssen, was nicht einmal während des Krieges der Fall gewesen war –, erschienen die Behauptungen Semlers «lächerlich und dumm», wie ein Sprecher der amerikanischen Militärregierung zu Recht erklärte. Doch Semler wurde in den eigenen Reihen «erst als Held und dann als Märtyrer» gefeiert.[53] Konrad Adenauer meinte gar, die Militärregierung müsse sich darüber im klaren sein, daß «Herr Dr. Semler nunmehr der populärste Mann Deutschlands» geworden sei.[54] Es nutzte nichts: Semler wurde am 24. Januar von den Militärregierungen seines Amtes enthoben.

Wenige Tage später, am 5. Februar 1948, wurde von Clay und Robertson ein neues Statut für das Vereinigte Wirtschaftsgebiet unterzeichnet. Darüber war seit Anfang Januar intensiv beraten worden, um das bizonale Provisorium zu verbessern. Die Mitgliederzahl des Parlaments wurde verdoppelt und durch eine Zweite Kammer – den «Länderrat – mit je zwei Vertretern für jedes Land ergänzt. Der Exekutivrat, der nun «Verwaltungsrat» hieß, bestand künftig aus den Direktoren der Verwaltungen und einem Vorsitzenden ohne Portefeuille, der wie die übrigen Direktoren vom Wirtschaftsrat zu wählen und von der Länderkammer zu bestätigen war. Der Wirtschaftsrat erhielt erweiterte Befugnisse – vor allem die Verantwortung für Zölle und indirekte Steuern sowie das Recht, einen eigenen Anteil an den Einkommensteuern festzusetzen. Außerdem war die Errichtung eines Hohen Gerichtshofes vorgesehen, der als Berufungsgericht in allen Angelegenheiten bizonaler Gesetzgebung und als Schiedsinstanz zwischen den Ländern und der Frankfurter Zentralverwaltung fungieren sollte. Und schließlich sollte – wenn auch vorerst unter alliierter Kontrolle – eine Zentralbank gegründet werden, die nach Möglichkeit für alle vier Zonen zuständig sein sollte, aber auch als «Länderunionbank» nur für die amerikanische und britische Zone denkbar war, wenn Frankreich und die Sowjetunion sich nicht anschlossen. Die Bizone ähnelte damit in ihrer dritten Phase bereits einem Staatswesen, das im Begriff war, die Nachfolge des Deutschen Reiches anzutreten und in eine mehr oder minder provisorische Bundesrepublik überzugehen.

Den politischen Hintergrund dieser Entwicklung bildete natürlich der Marshall-Plan, ohne dessen katalysatorischen Einfluß insbesondere die Eile, mit der Clay und Robertson nun zu Werke gingen, kaum zu verstehen wäre. Dementsprechend erklärte Robertson bei der Eröffnung der Konferenz der Militärgouverneure mit den Ministerpräsidenten und Vertretern der bizonalen Organe in Frankfurt am 7. Januar 1948, mit der die erneute Revision des Bizonen-Statuts eingeleitet wurde, die Regierungen Großbritanniens und der USA seien zwar unverändert willens, ein einheitliches Deutschland unter einer deutschen Regierung anzustreben. Im Augenblick komme es aber darauf an, die Bizone «handlungsfähiger» zu machen, damit sie den neuen Anforderungen gerecht werden könne – und zwar «so schnell wie möglich». Für «Grundsatzdebatten» sei jetzt keine Zeit.[55]

In den USA waren inzwischen die Überlegungen zur Umsetzung des Marshall-Plans weit gediehen. Nach dem Scheitern der Londoner Außenministerkonferenz der Vier Mächte im Dezember 1947 waren sie erneut forciert worden und führten am 3. April 1948 schließlich zur gesetzlichen Grundlage des «Foreign Assistance Act», demzufolge die Durchführung des ERP-Programms nicht von den USA diktiert, sondern in Verhandlungen mit den 18 beteiligten Ländern gemeinschaftlich vereinbart werden sollte. Die drei Westzonen Deutschlands wurden dabei durch die drei Militärgouverneure in Begleitung deutscher Experten vertreten. Aus diesen Konferenzen ging bereits am 16. April 1948 die Organization for European Economic Cooperation (OEEC) hervor, die als ständiger Ausschuß für die Verteilung der Marshall-Plan-Gelder zu sorgen hatte und damit zur Keimzelle der künftigen europäischen Integration wurde.

Die Reform der Bizone war auch deshalb so dringlich, weil praktisch unmittelbar nach dem 3. April die Auszahlung der Gelder erfolgen konnte. So erhielten die europäischen Länder in der Zeit vom 3. April 1948 bis Ende 1951 insgesamt 12,4 Milliarden Dollar. Davon flossen 1,3 Milliarden in die drei Westzonen Deutschlands und nach West-Berlin; hinzu kamen noch einmal 1,9 Milliarden Dollar für Lebensmittelzufuhren außerhalb des Marshall-Plans, um die deutsche Bevölkerung mit Grundnahrungsmitteln zu versorgen. Die amerikanische Gesamthilfe für Deutschland betrug somit 3,2 Milliarden Dollar – nach heutigem Wert mehrere Dutzend Milliarden –, von denen lediglich die Marshall-Plan-Kredite zurückgezahlt werden mußten. Dies zeigt noch einmal, wie inhaltlich absurd und politisch instinktlos die Vorwürfe Semlers vom 4. Januar 1948 gewesen waren und wie berechtigt seine Entlassung durch die Alliierten deshalb auch im nachhinein erscheint. Ohne das Geschenk der Lebensmittelhilfe hätte sich die Hungersnot in Deutschland vermutlich zur Hungerkatastrophe ausgeweitet, und ohne ERP-Gelder wäre der wirtschaftliche Wiederaufbau in den drei Westzonen zumindest um Jahre verzögert worden.

1. Das gelungene Wagnis der Marktwirtschaft

Ludwig Erhards langer Weg zur «Blitzkarriere»

Als Nachfolger Semlers im Amt des Direktors der Wirtschaftsverwaltung war von seiten der CDU zunächst der niedersächsische Arbeitsminister Hans-Christoph Seebohm (DP) vorgesehen; die CSU wünschte sich Hanns Seidel. Die FDP schlug dagegen den parteilosen Ludwig Erhard vor, der seit dem Herbst 1947 als Leiter der «Sonderstelle Geld und Kredit» beim Wirtschaftsrat fungierte. Doch in der Union war man unsicher. Einerseits paßte Erhards Kandidatur in das politische Kalkül der CDU-Führung um Adenauer, weil die Berücksichtigung des FDP-Vorschlages eine erneute Absage an eine Koalition mit der SPD darstellte. Andererseits glaubte man Erhard dem eigenen Arbeitnehmerflügel nicht zumuten zu können: Obwohl er nicht Mitglied der FDP war, galt er dermaßen als erklärter Liberaler, daß Jakob Kaiser sogar eigens aus Berlin anreiste, um vor seiner Kandidatur zu warnen. Nur die Parteidisziplin veranlaßte schließlich die Sozialausschüsse der Union, Erhard – wenn auch widerwillig – zu unterstützen.

Es wäre allerdings stark übertrieben, behaupten zu wollen, daß Erhards Persönlichkeit und politisches Profil die Ursachen dieser Unsicherheit waren. Denn dem Mann, der in Westdeutschland die Marktwirtschaft durchsetzen sollte, mangelte es 1948 noch an beidem. Er war Jahrgang 1897, hatte also die Lebensmitte bereits hinter sich, war aber bis dahin weder durch nennenswerte politische Erfahrungen noch durch besondere Talente oder Leistungen aufgefallen. Im Dezember 1925 hatte er an der Universität Frankfurt mit einer Studie über Franz Oppenheimers Arbeitswerttheorie zum Doktor der Staatswissenschaften promoviert und 1928 nach längerem Suchen eine Stelle als Assistent im «Institut für Wirtschaftsbeobachtung der deutschen Fertigware» an der Nürnberger Handelshochschule erhalten. Wie er überhaupt an die Universität gelangt war, blieb Erhards Geheimnis, denn er hatte nur die Realschule und eine kaufmännische Lehre absolviert und besaß daher nicht einmal das Abitur. Studieren konnte er deshalb zunächst nur an einer Fachhochschule, die keinen Universitätsrang genoß. Er wählte die Nürnberger Handelshochschule, in deren Schoß er 1928 auch zurückkehrte, schaffte es dann aber irgendwie doch, mit einem Kaufmann-Diplom in der Tasche, sich in Frankfurt zu immatrikulieren und von Oppenheimer als Doktorand angenommen zu werden.

Nachdem die Handelshochschule 1929 in Hochschule für Wirtschafts- und Sozialwissenschaften umbenannt worden war und seit 1931 das Recht zur Habilitation genoß, lag es für Erhard nahe, nach der Promotion den nächsten Schritt zu einer akademischen Karriere zu wagen. Erhard versuchte sich nun an dem schwierigen Thema «Die Überwindung der Wirtschaftskrise durch wirtschaftspolitische Beeinflussung» – und scheiterte gründlich. Mit der Aufbewahrung des nur 141 Seiten umfassenden, handschriftlich überarbeiteten Typoskripts, das in seinem Nachlaß der Nachwelt überliefert wurde[56], hat er sich keinen Gefallen getan. Es beweist nur, daß er zum wissenschaftlichen Nationalökonomen nicht taugte. Die Tatsache dagegen, daß gerade zu dem Zeitpunkt, als er die Arbeit unfertig zur Seite legte, die Nationalsozialisten an die Macht kamen, hatte – auch wenn er dies später gerne behauptete – mit dem Abbruch der Habilitation nichts zu tun. Seiner Untersuchung mangelte es in Form, Gedankenschärfe und sprachlicher Klarheit schlicht an Qualität.[57] Auf ihre Vorlage als Habilitationsschrift zu verzichten, ersparte allen Beteiligten die Peinlichkeit einer sicher zu erwartenden Ablehnung. Den Nationalsozialisten wäre der Inhalt vermutlich gleichgültig gewesen, und an der Person Erhards hatten sie nichts auszusetzen, wie bereits 1933 seine Ernennung zum Mitglied der Geschäftsführung des Instituts für Wirtschaftsbeobachtung und 1934 seine Berufung zum Vorstandsmitglied einer «Gesellschaft für Konsumforschung», die an der Nürnberger Hochschule eingerichtet wurde, bewies.

Das Institut, dem er sich nun mit seiner ganzen Arbeitskraft widmete, erhielt Aufträge vor allem vom bayerischen Staatsministerium, dem Reichswirtschaftsministerium und von Industrieverbänden. Es erforschte nach amerikanischen Vorbildern in erster Linie den Zusammenhang von Produktion, Absatz und Vertrieb von Konsumgütern und war mit statistischen Erhebungen, Marktanalysen, Betriebsvergleichen und ähnlichem bestens ausgelastet. Erhard hatte zum ersten Mal so etwas wie geschäftlichen Erfolg. Seine praxisorientierte Denk- und Arbeitsweise ließ Auftragsvolumen, Etat und Mitarbeiterzahl rasch anwachsen. 1938 wurde das Institut deshalb aus dem Verbund der Hochschule herausgelöst und zu einer Einrichtung unter Stiftungsrecht mit administrativer Selbständigkeit umgeformt. Außerdem wurden schöne neue Räumlichkeiten aus vormals jüdischem Besitz bezogen. Öffentliche Veranstaltungen in Wien und Prag kündigten an, daß sich die Tätigkeit des Instituts künftig auch auf die Rolle der «Wirtschaft Österreichs sowie Böhmens und Mährens im großdeutschen Raum» erstrecken werde.[58]

In seinen publizistischen Arbeiten, die sich von 1933 bis 1942 in nur drei Aufsätzen und einer längeren Abhandlung sowie in kurzen Kommentaren zur Tagespolitik in der Zeitschrift *Markt der Fertigware* niederschlugen, beschäftigte sich Erhard hauptsächlich mit Fragen der Marktordnung und Preisbildung, im weiteren Sinne aber auch mit dem Verhältnis von Wirtschaft und Staat sowie der Dialektik von Freiheit und Ordnung.[59] Die Erkenntnis, das «liberale Prinzip» habe versagt, war dabei der Ausgangspunkt seines Denkens. Persönliche Handlungsfreiheit sei mit gesellschaftlicher Harmonie, die eine verbindliche Ordnung voraussetze, unvereinbar. Aufgabe des Staates sei es, im allgemeinen Interesse und ohne Rücksicht auf Gruppeninteressen eine solche Ordnung zu bestimmen. Nur der Staat könne «Träger der modernen Volkswirtschaft» sein. Der deutsche Staat der Gegenwart, so erklärte Erhard 1938, sei sich dieser Einsicht in begrüßenswert konsequenter Weise bewußt: «Die politischen Ziele sind gesetzt und es kommt darauf an, die Nation zu jener physischen und psychischen Kraft-

1. Das gelungene Wagnis der Marktwirtschaft

entfaltung hochzureißen, die den Erfolg sicherstellt.»[60] Allerdings verlor er bei aller nationalen Begeisterung den Freiheitsgedanken nie aus den Augen. Selbst in seinem Plädoyer für eine Marktordnung mit gebundenen Preisen und für staatliche Verbrauchslenkung argumentierte er, daß staatliche Marktordnung auf der Grundlage von Marktforschung nicht «die in ihren Grundzügen freie Marktwirtschaft» beseitige. Vielmehr sei das Beispiel, das die kommunistische Welt biete, «die beste Gewähr dafür, daß die deutsche Wirtschaft in ihren Grundzügen immer eine freie Marktwirtschaft bleiben wird».[61]

Aus heutiger Sicht läßt sich den Erhardschen Texten nur dann eine gewisse Bedeutung beimessen, wenn man in ihnen gedankliche Ursprünge des späteren Wirtschaftsministers erkennen will. Doch selbst bei ihrer Entstehung dürfte von ihnen keine große Wirkung ausgegangen sein. Erhard hatte seine Nische gefunden, ohne besonders aufzufallen oder auch nur auffallen zu wollen. Diese Beschaulichkeit wurde allerdings jäh gestört, als der Leiter des Nürnberger Instituts, Wilhelm Vershofen, 1942 mit seiner Nachfolge nicht Erhard betraute, sondern einen jüngeren Kollegen. Erhard war empört. Nach heftigem Streit trennte er sich zum 1. Juli 1942 von Vershofen und gründete ein eigenes «Institut für Industrieforschung» mit Sitz in Berlin und Nürnberg sowie später im etwas abgelegeneren und ungefährlicheren Bayreuth. Während der gesamten Zeit seiner Existenz bis zum Einmarsch der Alliierten besaß das Institut jedoch weder in der Reichshauptstadt noch im Fränkischen eigene Räumlichkeiten. Es bestand nur aus seinem Leiter und einer Sekretärin, Ella Muhr, die mit Erhard das Institut für Wirtschaftsbeobachtung verlassen hatte. Sie sollte ihn noch 1963 auf seinem Weg bis ins Kanzleramt begleiten.

Selbst dieser bescheidene Schritt in die Selbständigkeit wäre womöglich nicht gelungen, wenn der damalige Hauptgeschäftsführer der «Reichsgruppe Industrie», Karl Guth, nicht ein Schwager Erhards gewesen wäre. Die Reichsgruppe, die zunächst kaum wußte, was sie mit dem neuen Institut anfangen sollte, finanzierte Erhard und seine Sekretärin und ermöglichte ihm ausgedehnte Reisen in die besetzten Gebiete. Seit dem Sommer 1943 wurde er außerdem zu Überlegungen hinzugezogen, die sich mit der wirtschaftlichen Situation nach Kriegsende beschäftigten. Man bat ihn, ein Exposé über «Kriegsfinanzierung und Schuldenkonsolidierung» auszuarbeiten. Die vertrauliche Denkschrift lag im März 1944 vor. Sie behandelte – für Erhard typisch – weniger die im Titel angegebene Thematik, als vielmehr allgemeine Fragen der Überführung der Kriegs- in eine Friedenswirtschaft und die Beseitigung des gewaltigen Kaufkraftüberhangs. Indirekt und vorsichtig plädierte er darin für die Überwindung der nationalsozialistischen Kriegswirtschaft und eine «freie, auf echtem Leistungswettbewerb beruhende Marktwirtschaft».[62]

Mit dem Untergang des Dritten Reiches war auch Erhard seiner Geld- und Arbeitgeber beraubt. In der Erinnerung hat er später gerne behauptet, unmittelbar nach der Niederlage von den Amerikanern politisch «entdeckt» worden zu sein. Daran ist nur soviel richtig, daß er bereits am 19. April 1945, unmittelbar nach Einnahme seiner Heimatstadt Fürth durch US-Truppen, vom amerikanischen Stadtkommandanten beauftragt wurde, bei der Wiederbelebung der städtischen Industrie mitzuwirken. Zuvor hatte Erhard jedoch dem deutschen Regierungswirtschaftsamt für Ober- und Mittelfranken seine Dienste angeboten. Erst als man dort für ihn keine Verwendung hatte, war er selber bei der amerikanischen Besatzungsmacht vorstellig geworden, um ihr sein Wiederaufbauprogramm für die Wirtschaft Fürths vorzutragen. Zwar stand sein Name nicht auf der «Weißen Liste» deutscher Staatsangehöriger, mit denen die Alliierten zusammenzuarbeiten gedachten. Aber da er politisch unbelastet schien, wurde er engagiert: Ein amerikanischer Offizier holte ihn mit dem Jeep aus seiner unzerstörten Wohnung ab und übertrug ihm das Wirtschaftsamt der 28 000 Einwohner zählenden Stadt. Schon bald wechselte er jedoch ins benachbarte größere Nürnberg, wo er zum wirtschaftlichen Berater des Stadtkommandanten avancierte und sogleich eine neue Denkschrift über Währungsfragen verfaßte, in der er die These aufstellte, die Konsolidierung der Währung sei die notwendige Voraussetzung für den Übergang zur freien Marktwirtschaft. Bis dahin bedürfe es weiterhin staatlicher Eingriffe, um die Umstellung und den Wiederaufbau der Unternehmen durch günstige Kredite zu fördern, Produktion und Bedarf zu koordinieren, die knappen Rohstoffe zu lenken und die nicht minder knappen Güter zu verteilen.[63]

Das war alles nicht sonderlich aufregend, aber es war auch nicht falsch. Jedenfalls genügte es, um seinen Namen bei den Amerikanern in Erinnerung zu halten. Später, 1946/47, ließ er noch eine Reihe von Artikeln im Organ der amerikanischen Militärregierung *Die Neue Zeitung* folgen, um den nützlichen Kontakt zu pflegen.[64] Ohne diese selbstinduzierte Aufmerksamkeit wäre sein Name vermutlich nicht gefallen, als nach der Absetzung des brillanten, aber unbequemen Fritz Schäffer nach nur drei Monaten Amtszeit als bayerischer Ministerpräsident durch die amerikanische Militärregierung im September 1945 neben einem neuen Regierungschef auch ein neuer Wirtschaftsminister gesucht wurde. Wilhelm Hoegner übernahm die Nachfolge Schäffers an der Spitze einer Allparteienregierung, aber bei der Besetzung des Ministers für Handel und Gewerbe gab es Probleme. Alle profilierten Kandidaten, die dafür in Frage kamen, winkten ab. Das Amt galt als äußerst schwierig; niemand wollte sich politisch und persönlich darin verschleißen lassen. Da fiel der Name Erhard, von Nürnberg aus ins Spiel gebracht, wo die Besatzungsoffiziere den parteilosen, wirtschaftlich liberal denkenden Franken inzwischen schätzen gelernt hatten, der als prinzipieller Befürworter einer freien Marktwirtschaft vieles sagte, was für amerikanische Ohren vertraut klang – seinem mangelhaften, gebrochenen Englisch zum Trotz. Das «Office of the Military Government of the United States for Germany» (OMGUS) in Berlin schlug Erhard danach offiziell der amerikanischen Mi-

1. Das gelungene Wagnis der Marktwirtschaft

litärregierung in Bayern für den Posten des bayerischen Staatsministers für Wirtschaft vor.[65] Erhard nahm das Angebot an, und Hoegner war einverstanden – erleichtert, daß überhaupt jemand den ungeliebten Posten übernehmen wollte. Am 3. Oktober 1945 wurde Erhard vom amerikanischen Militärgouverneur in Bayern, General Lucien K. Truscott, in das Kabinett Hoegners berufen.

Vierzehn Monate lang war er nun bayerischer Wirtschaftsminister, ohne daß ihm besonderer Erfolg beschieden gewesen wäre. Nach Landtagswahlen am 1. Dezember 1946, bei denen die CSU die absolute Mehrheit erreichte, drängten sowohl der «Bauernflügel» der CSU als auch der bayerische Gewerkschaftsbund auf seine Ablösung. Mit beiden war es mehrfach zu ernsthaften Auseinandersetzungen gekommen. Der neue Ministerpräsident Hans Ehard beließ Erhard zwar zunächst im Amt, aber der Druck, ihn zu entlassen, nahm zu, als die Erhard-Gegner schwere Vorwürfe gegen sein Ministerium und die Amtsführung des Ministers erhoben. Fehlleistungen und Fehlverhalten wurden ihm angelastet, sogar Korruption sollte im Spiel sein – begünstigt, wenn nicht gefördert durch Erhards dilettantischen Organisationsstil und seine unzulängliche Personalpolitik. Eine Partei, die ihm Rückendeckung hätte bieten können, gab es nicht: Erhard wurde zu einer leichten Beute seiner Gegner. Am 16. Dezember 1946 konnte Ministerpräsident Ehard ihn nicht länger halten. Vier Tage später wurde der Sozialdemokrat Rudolf Zorn sein Nachfolger. Erhard war erneut gescheitert. Seine politische Karriere schien beendet, noch ehe sie überhaupt richtig begonnen hatte.

Doch Erhard wäre nicht Erhard gewesen, wenn er sich nicht rasch auf die neue Situation eingestellt hätte. Sogleich nahm er seine Kontakte zur staatswissenschaftlichen Fakultät der Ludwig-Maximilians-Universität wieder auf, wo er sich bereits unmittelbar nach Kriegsende einer volkswirtschaftlichen Arbeitsgemeinschaft für Bayern um den altliberalen Münchner Nationalökonomen Adolf Weber angeschlossen hatte. Die Fakultät hatte ihm im Herbst 1945 einen zweistündigen volkswirtschaftlichen Lehrauftrag erteilt, den er jedoch nur zwei Semester lang, bis zu seiner Berufung zum Wirtschaftsminister, wahrgenommen hatte. Jetzt bemühte er sich um eine Erneuerung des Lehrauftrages, während die staatswissenschaftliche Fakultät im Februar 1947 zugleich um seine Ernennung zum Honorarprofessor nachsuchte – nicht wegen seiner wissenschaftlichen Verdienste, sondern weil er über ungewöhnliche praktische Erfahrungen «auf allen Gebieten der bayerischen Wirtschaft» verfüge. Das zuständige Kultusministerium stellte die Ernennung Erhards «im Hinblick auf dessen umstrittene Stellung als Wirtschaftsminister» zwar zunächst zurück, sah jedoch keinen Grund mehr, sie zu verweigern, nachdem das Untersuchungsverfahren seine Redlichkeit erwiesen hatte. Am 7. November 1947 wurde ihm «für die Dauer seiner Zugehörigkeit zum Lehrkörper der Universität München» der Titel «Honorarprofessor» verliehen.[66]

Erhard selbst machte den Professorentitel vom Tage der Verleihung an zu seinem ersten Vornamen und zu einem Bestandteil seiner Persönlichkeit, obwohl er ihn weder auf dem üblichen Wege durch akademische Leistung erworben hatte, noch die Absicht besaß, ihn sich wenigstens im nachhinein zu verdienen. Denn eine glückliche Fügung des Schicksals hatte es gewollt, daß er bereits einen Monat vor seiner Ernennung, im Oktober 1947, mit tatkräftiger Unterstützung des CSU-Vorsitzenden Josef Müller zum Leiter der von den Alliierten neu errichteten «Sonderstelle Geld und Kredit» im hessischen Bad Homburg gewählt worden war. Erhard kehrte deshalb der Universitätsruine in der Münchner Ludwigstraße und der «bayerischen Wirtschaft», die ihm den Titel eingebracht hatte, den Rücken, um sich von nun an größeren Aufgaben zuzuwenden. Was Rudolf Morsey später Erhards «Blitzkarriere»[67] genannt hat, nahm seinen Lauf.

Erhards doppelter Handstreich

Die Sonderstelle Geld und Kredit war dazu gedacht, die Währungsreform vorzubereiten, die eine der wichtigsten Voraussetzungen für die Einbeziehung Deutschlands in den Marshall-Plan und den Übergang zur Marktwirtschaft darstellte. Ihre Kompetenzen und ihr Handlungsspielraum waren aus deutscher Sicht allerdings begrenzt, da sie lediglich dem «Bipartite Control Office» (BICO) der Militärregierungen der Bizone zuarbeiten sollte. Ihre Mitarbeiter mußten somit bald erkennen, daß die Alliierten nur an einer technischen Zusammenarbeit mit den deutschen Sachverständigen interessiert waren. Den Inhalt der Währungsreform wollten sie selbst bestimmen.[68] Den Ton dabei gab vor allem Edward Tenenbaum an, ein junger deutschstämmiger Finanzexperte, der unter Anleitung von Jack Bennett, dem Finanzberater Clays, wesentliche Teile der Reform konzipierte und nicht bereit war, sich die Regie aus der Hand nehmen zu lassen.[69]

Als Johannes Semler nach seiner «Hühnerfutter-Rede» vom 4. Januar 1948 das Amt des Bizonendirektors der Verwaltung für Wirtschaft aufgeben mußte und Erhard von der FDP als Nachfolger ins Gespräch gebracht wurde, griff dieser sofort zu. Am 2. März 1948 wurde er mit der «Mehrheit» von 48 Ja-Stimmen gegenüber 49 weißen Kärtchen, die von SPD und KPD abgegeben worden waren, gewählt und zog von Bad Homburg in sein neues Amt ins wenige Kilometer entfernte Frankfurt. Ein steiler Aufstieg begann, der zugleich von einer unerwarteten Veränderung der Persönlichkeit Erhards begleitet war. Ein Phoenix erhob sich aus der Asche einer bis dahin eher durchschnittlichen und in mancherlei Hinsicht geradezu gescheiterten Existenz: Das «Wunder», das er in der deutschen Wirtschaft auslöste, erfuhr Erhard zunächst einmal an sich selbst.

Sieben Wochen nach seiner Wahl, am 21. April, hielt er seine Antrittsrede vor dem Wirtschaftsrat. Nur Währungsreform und Marshall-Plan, so erklärte er dort, könnten den wirtschaftlichen Aufschwung sichern. Das erzwinge

1. Das gelungene Wagnis der Marktwirtschaft

die Umstellung der Industrie auf Konsumgüterproduktion, weil «der letzte Zweck allen Wirtschaftens nur der Verbrauch sein kann» und dadurch die Produktivität der menschlichen Arbeitskraft besser gesteigert werden würde als durch jede andere Maßnahme.[70] In einer Situation, in der es an den einfachsten Dingen fehlte, vom Schnürsenkel bis zur Seife, von der Zahnbürste bis zum Wohnraum, und der tägliche Kalorienbedarf nur mit Mühe, wenn überhaupt, gedeckt werden konnte, redete Erhard also vom Paradies. Er versprach Verlockungen ebenso wie Freiheit, die jedoch eins seien: Die Währungsreform sei der Zeitpunkt, an dem der Wirtschaft auf Produktions- und Konsumseite wieder mehr Freiheit eingeräumt werden sollte. Nur die «Auflockerung der Bewirtschaftung», Wettbewerb und eine auf «stärksten Leistungswillen» ausgerichtete Ordnung könnten die wirtschaftliche Not überwinden und eine sozial ausgerichtete Wirtschaftspolitik ermöglichen. Dagegen wäre die «persönlichkeitstötende Gleichmacherei ein falsch verstandenes soziales Ethos, das niemandem helfen, dem ganzen Volk aber schaden und den Weg in eine bessere Zukunft verbauen würde». Die Preise müßten sich dem Warenangebot anpassen, das aus «neuer ehrlicher Arbeit fließende Einkommen» solle «am Markt wieder volle güterwirtschaftliche Deckung» finden. Menschen, die aus gesundheitlichen Gründen nicht arbeiten könnten oder arbeitslos würden, weil es für sie im Moment keine Arbeit gab, sollten Sozialhilfe erhalten. Natürlich, so Erhard, müsse man dabei gegenwärtig noch wegen Kapitalmangels bei den Unternehmen mit der «Gefahr einer vielleicht nicht einmal unerheblichen Schrumpfung und dann auch Freisetzung von Arbeitskräften» und demzufolge mit großen Härten rechnen; doch ein «Lastenausgleich» solle diese Auswirkungen mildern. Schließlich werde die Währungsreform einen «dynamischen Prozeß» einleiten, an dessen Ende eine freie marktwirtschaftliche Ordnung stehe.[71]

Erhard plädierte demnach für eine grundsätzliche Liberalisierung der Wirtschaft und erteilte jeglicher Form von «Planwirtschaft» eine unmißverständliche Absage, die, wie er listig bemerkte, im übrigen mit der Verwirklichung des föderalistischen Prinzips auch gar nicht vereinbar sei, weil sie ein hohes Maß an Zentralisierung unabdingbar voraussetze. Zum Schluß griff er dann die berühmten Sätze von Walther Rathenau vom 28. September 1921 auf, es werde «der Tag kommen, wo das Wort lautet: Die Wirtschaft ist das Schicksal», und erklärte dazu:

»Heute droht uns die Wirtschaft wieder einmal zum Schicksal zu werden. Diese These ist immer Ausdruck der Not, aber sie darf nicht anerkannter Grundsatz sein ... Ihnen als den berufenen Vertretern einen Weg in eine neue Zukunft aufzuzeigen, in unserem Volke noch einmal den Glauben zu wecken, daß es nicht nur fatalistisch hoffen, sondern zuversichtlich an eine Wende glauben darf, wenn wir gemeinsam alle Energien auf dieses eine Ziel des zu neuer Wohlfahrt Gesundenwollens hinlenken, das sah ich vor den entscheidenden Ereignissen dieses Jahres 1948 als meine Aufgabe an. Wir glauben nicht an Wunder und dürfen solche auch nicht erwarten. Um so größer aber ist die Gewißheit, daß die ausschließlich friedlichen Zwecken und der Mehrung der sozialen Wohlfahrt zugewandte Arbeit eines fleißigen Volkes in enger Gemeinschaft mit der übrigen Welt Früchte zeitigen und es aus seiner Not erlösen wird. Aus rauher Gegenwart eröffnet sich ein versöhnlicher Ausblick in eine für unser Volk wieder glücklichere Zukunft.»[72]

Hier hatte zum ersten Mal der neue Erhard gesprochen: der Prophet der Marktwirtschaft. Seine Rede war wirkungsvoll – geschickt in der Argumentation, im Vortrag suggestiv. Kaum einer der Anwesenden konnte sich der optimistischen, angenehm-harmonischen Stimmung entziehen, die Erhard mit tiefem Baß und fränkischem Idiom verbreitete. Die Lage schien ausweglos, aber Erlösung nicht länger unmöglich: War der Prophet nicht am Ende gleichzeitig der Messias?

So sahen es zumindest viele Abgeordnete des bürgerlichen Lagers. Franz Blücher, der spätere FDP-Vorsitzende, begrüßte sogleich Erhards «Bekenntnis zum neoliberalen Gedanken»[73], und auch in der CDU stimmte man dessen Plänen für eine Rückkehr zur Marktwirtschaft im großen und ganzen zu. Nicht zuletzt Konrad Adenauer erkannte, welche Perle dieser weitgehend unbekannte, parteilose Franke im Kampf gegen die bisherige Übermacht planwirtschaftlicher Vorstellungen der SPD sein konnte, die immerhin in allen Ländern der Bizone den Wirtschaftsminister stellte. Bereits wenige Tage nach Erhards programmatischer Rede rief der CDU-Vorsitzende der britischen Zone ihn deshalb an und äußerte den Wunsch nach einer baldigen Zusammenkunft, die am 21. April 1948 in Bonn zustande kam und aus der eine für die Geschichte der Bundesrepublik überaus bedeutende politische Allianz hervorgehen sollte.[74]

Doch der Beifall für Erhard war keineswegs einhellig. Die Mehrheit im Wirtschaftsrat konnte sogar ein entsetztes Erstaunen nicht verbergen. Denn mit seinem unbedingten Eintreten für die freie Marktwirtschaft und die Ablehnung jeglicher Bewirtschaftung hatte Erhard nicht nur den bisherigen Planungsvorstellungen der Alliierten widersprochen, sondern sich auch über alle Vereinbarungen hinweggesetzt, die in diesem Zusammenhang zwischen den Militärregierungen der Besatzungsmächte und dem Wirtschaftsrat getroffen worden waren: Entweder hatte Erhard in Unkenntnis geredet – dann war mit ihm ein politischer Tor am Werk. Oder er wußte, was er sagte – dann war alles noch viel schlimmer, weil der neue Wirtschaftsdirektor der Bizone die Grundlagen der gemeinsamen Wirtschaftspolitik ausgerechnet zu einem Zeitpunkt in Frage stellte, an dem mit Währungsreform und Marshall-Plan wesentliche Schritte zur Sanierung und zum Neuaufbau der deutschen Wirtschaft unternommen werden sollten.

Die Vertreter der SPD sahen deshalb ihre schweren Bedenken bestätigt, die sie im Vorfeld der Wahl Erhards vorgebracht hatten, der sich ihrer Meinung nach einer blinden Liberalisierungseuphorie hingab, ohne einen gangbaren Weg zu einem sozial verträglichen Wirtschaftssystem aufzuzeigen. Das Gewerkschaftsorgan *Der Bund* prophezeite sogar, «daß der Privatkapi-

1. Das gelungene Wagnis der Marktwirtschaft

talismus wieder zum herrschenden Prinzip in der Wirtschaft werden» solle.[75] Tröstlich schien nur die Vermutung, Erhard habe wohl als Neuling den Mund zu voll genommen, und man beruhigte sich damit, daß die Militärgouverneure ein so waghalsiges Unternehmen, wie er es da in Aussicht stellte, niemals zulassen würden. Eine geordnete Überleitung zu normalen Verhältnissen schien jedenfalls nach Meinung der SPD und der Gewerkschaften nur mit Hilfe eines staatlichen Planungssystems möglich – eine Auffassung, die auch, wie sie zu glauben hinreichend Anlaß hatten, von den Alliierten geteilt wurde.[76]

Doch Erhard schritt nicht nur zielstrebig vom Wort zur Tat, sondern entwickelte dabei in einem Maße politisches Talent, wie kaum jemand es ihm zugetraut hatte. Als Sozialdemokraten und Gewerkschaften ihren Irrtum bemerkten, war es für Gegenmaßnahmen längst zu spät. Gemeinsam mit dem engagierten Neoliberalen Leonhard Miksch und dem Münsteraner Volkswirtschaftsprofessor Alfred Müller-Armack, mit dem Erhard bereits seit Anfang der vierziger Jahre bekannt, ja befreundet war und der 1947 den Begriff «soziale Marktwirtschaft» geprägt hatte, bereitete der neue Wirtschaftsdirektor der Bizone die von ihm geplante radikale Umstellung der Zwangswirtschaft auf Marktverhältnisse vor, die gleichzeitig mit der Währungsreform erfolgen sollte. Gelegentlich wurde auch noch Erhards Stellvertreter Edmund Kaufmann, ein erfahrener Jurist, hinzugezogen. Gegner seiner Pläne und Unentschiedene, die es in seinem Amt in großer Zahl gab, schloß er dagegen systematisch von den Vorbereitungen aus.

So entstand in aller Stille das Gesetz über «Leitsätze für die Bewirtschaftung und Preispolitik nach der Geldreform», das den beiden Direktoren für Wirtschaft und für Ernährung, Landwirtschaft und Forsten in Artikel II das Recht übertrug, «die Warengattungen, Güter und Leistungen im einzelnen zu bestimmen, die von den Preisvorschriften freigestellt werden sollten»[77]. Da Schlange-Schöningen zu den Gegnern des Gesetzes gehörte und daher kaum Gebrauch von ihm machen würde, kamen die «Leitsätze» einem Blankoscheck für Erhard gleich, nach eigenem Ermessen über die Aufhebung der Preisbindung für die meisten Produkte und Dienstleistungen und damit über die Einführung der Marktwirtschaft zu entscheiden. Der Einfluß des Wirtschaftsrates, der bisher für diese Fragen zuständig gewesen war, wurde dagegen auf wenige Hauptnahrungsmittel sowie Kohle, Gas, Elektrizität und den Eisen-Stahl-Bereich beschränkt. Erhards Machtposition wurde noch zusätzlich dadurch gestärkt, daß eine mögliche Aufhebung seiner Entscheidungen durch den Wirtschaftsrat im Gesetz nicht vorgesehen war. Das Parlament der Bizone konnte – sofern der Entwurf Gesetzeskraft erlangte – die getroffenen Maßnahmen nach Unterrichtung durch den Wirtschaftsdirektor lediglich zur Kenntnis nehmen.[78]

Erhard hatte somit gute Gründe, den ohnehin weitgehend im Alleingang entworfenen Gesetzestext nicht – wie sonst üblich – in seinem Amt beraten zu lassen und auch auf die gewohnte frühe Einbeziehung der Militärregierungen zu verzichten. Das dafür zuständige Bipartite Control Office seinerseits ging offenbar davon aus, daß das bestehende Bewirtschaftungssystem bis zu einer gegenteiligen Entscheidung der Besatzungsmächte ohne große Änderungen weitergeführt würde; zu einer Fühlungnahme mit der deutschen Verwaltung bestand daher keine Veranlassung. Zwar hatte Erhard aus seinem Vorhaben nie ein Hehl gemacht. Aber wie viele im Wirtschaftsrat, so nahmen auch die Alliierten seine Pläne nicht ganz ernst und befanden es nicht für nötig, sich damit näher zu befassen. Tatsächlich waren die Bestimmungen des «Leitsätze-Gesetzes» jedoch so weitreichend, daß Theodor Eschenburg später einen Vergleich mit den Ermächtigungsgesetzen zur Stabilisierung der Währung vom 13. Oktober und 10. Dezember 1923 nicht scheute. Neben diesen, so Eschenburg, stellten die Leitsätze «die weitestgehende Ermächtigung dar, die in Deutschland bisher erteilt wurde, läßt man einmal das (die Verfassung sprengende) nationalsozialistische ‹Ermächtigungsgesetz› vom März 1933 außer acht»[79]. Im Unterschied zu 1923, als man die Reichsregierung ermächtigt hatte, die erforderlichen Maßnahmen zur Stabilisierung der Währung zu treffen, waren es diesmal allerdings nur zwei Personen, die Direktoren für Wirtschaft und für Ernährung, Landwirtschaft und Forsten, die mit derart weitreichenden Kompetenzen ausgestattet wurden – und genaugenommen war es sogar nur einer, nämlich Erhard.

Nachdem das Datum der Währungsreform durchgesickert war, wurde der Gesetzentwurf schließlich zunächst vom Verwaltungsrat gebilligt und danach in größter Eile im Wirtschaftsrat eingebracht. Alle drei Lesungen sowie die entsprechenden Ausschußberatungen fanden am 17. und 18. Juni 1948 innerhalb von nur 18 Stunden statt. Nach einer dramatischen Nachtsitzung mit erregter Debatte wurde das Gesetz schließlich um fünf Uhr morgens am 18. Juni in namentlicher Abstimmung mit 50 Stimmen von CDU/CSU, FDP und DP gegen 37 Stimmen von SPD und KPD angenommen. Die SPD, die ein «Stahlbad der freien Preise» befürchtete, lehnte den Entwurf ebenso wie die KPD ab, da es ein «überaus fragwürdiger Schritt [sei], einen todkranken Mann ins kalte Wasser zu werfen».[80] Aber auch denjenigen Christdemokraten, die den Sozialausschüssen nahestanden, fiel die Zustimmung schwer. Erst die energische Intervention von Gewerkschaftsvertretern wie Theodor Blank und Hugo Kopf sorgte für den Umschwung, der dazu führte, daß der Wirtschaftsrat dem Gesetz allen prinzipiellen Bedenken zum Trotz mehrheitlich zustimmte und damit, wie der damalige Oberdirektor des Wirtschaftsrates Hermann Pünder rückblickend meinte, «wohl die bedeutendste parlamentarische Entscheidung der deutschen Nachkriegsgeschichte» traf.[81]

Das «Leitsätze-Gesetz» war jedoch nur der erste Teil eines doppelten Handstreichs, den Erhard plante. Denn was waren diese Leitsätze wert, wenn sie nicht angewendet wurden? Am 20. Juni, als alle «natürlichen Personen» in den drei westlichen Besatzungszonen nach der am Tage zuvor von den Alliierten verkündeten Währungsreform ein «Kopfgeld» von 40 DM (wenig später noch einmal 20 DM) und juristische Personen einen Ge-

1. Das gelungene Wagnis der Marktwirtschaft

schäftsbetrag von 60 DM im Verhältnis 1:1 gegen die alte Reichsmark, die am 21. Juni ungültig wurde, eintauschen konnten, während Bank- und Sparguthaben auf 6,5 Prozent des Wertes, Verbindlichkeiten auf 10 Prozent reduziert wurden, verlas Erhard deshalb eine sorgfältig vorbereitete Erklärung im Rundfunk, in der er völlig überraschend und ohne Absprache mit dem Wirtschaftsrat oder den Alliierten die weitgehende Aufhebung der Bewirtschaftung und Preisbindung bekanntgab. Sie sollte bereits am darauffolgenden Montag gelten und in Kürze durch weitere Freigaben ergänzt werden. Die Geldreform in Verbindung mit der Aufhebung der Bewirtschaftung, so hoffte Erhard, würde zur Räumung der Lager zwingen, gehortete Waren freigeben und neues «gutes» Geld zur Fortsetzung und Steigerung der Produktion in Umlauf bringen. Volle Läden und Schaufenster würden dann den Menschen signalisieren, daß die Währungsumstellung mehr war als eine finanztechnische Manipulation – nämlich ein radikaler Einschnitt in der wirtschaftlichen Entwicklung Deutschlands und der Beginn eines neuen Aufschwungs.[82]

Bei seiner Entscheidung hatte Erhard allerdings nicht nur die Alliierten vorher im Dunkeln gelassen, sondern auch ein Gesetz angewandt, das von den Besatzungsmächten noch gar nicht genehmigt worden war. Diese wohl schwerste Verletzung einer Besatzungsorder, die je ein deutscher Amtsträger begangen hatte und die den Besatzungsmächten praktisch die Möglichkeit nahm, ihre Zustimmung zu Durchführungsverordnungen mit Auflagen zu verbinden, war zudem nicht aus Fahrlässigkeit eines Gesetzgebungsdilettanten, sondern aus Vorsatz erfolgt. Während in Großbritannien und Frankreich noch eine weitgehende Bewirtschaftung bestand, taten die besiegten Deutschen bereits den Schritt in die Normalität. Sogar Lucius D. Clay, eigentlich ein Befürworter der Rückkehr zur Marktwirtschaft, stellte Erhard daher am folgenden Tag, dem 21. Juni, in seinem Büro pflichtgemäß zur Rede. Auf seine Vorhaltung, wie Erhard es habe wagen können, in alliierte Rechte einzugreifen und einfach von sich aus die Bewirtschaftungsvorschriften abzuändern, antwortete dieser lakonisch: «Ich habe sie nicht abgeändert, ich habe sie abgeschafft!» Und dem Hinweis Clays, alle seine Berater seien ebenfalls gegen das von Erhard gezeigte Vorgehen, begegnete dieser mit der entwaffnenden Bemerkung: «Sie stehen nicht allein da. Meine Berater sind auch dagegen.»[83]

Clay war von dieser Haltung durchaus beeindruckt. In seinen Memoiren attestierte er Erhard später zumindest «Zivilcourage» bei der Aufhebung der Bewirtschaftung.[84] Außerdem war der unmittelbare Erfolg des Erhardschen Handstreichs nicht zu übersehen. Das sofortige erstaunliche Warenangebot sowie der plötzliche positive Stimmungsumschwung in der Bevölkerung gaben Erhard nachträglich recht. Es wäre daher höchst unklug gewesen, die Dynamik, die die Währungsreform durch Erhards Hasardspiel gewonnen hatte, künstlich zu stoppen, nur um dem Wirtschaftsdirektor eine an sich berechtigte Lektion zu erteilen. Insbesondere eine Absetzung Erhards kam nun nicht mehr in Frage. Die Alliierten machten deshalb gute Miene zum bösen Spiel und billigten am 30. Juni 1948 erst einmal das «Leitsätze-Gesetz» – und damit zugleich Erhards Verhalten. Darüber hinaus folgten sie wenig später, gemeinsam mit dem Wirtschaftsrat, den Vorschlägen Erhards für eine Ausdehnung der Aufhebung von Bewirtschaftung und Preisbindung. Lediglich für Grundnahrungsmittel, sonstige Agrarprodukte, Rohstoffe, Leistungen der Versorgungs- und Verkehrswirtschaft sowie eine Reihe anderer Dienstleistungen galt der Preisstopp zunächst weiter, wobei aber ebenfalls Korrekturen vorgenommen wurden. Das «Wirtschaftswunder» konnte beginnen.

Das Konzept der sozialen Marktwirtschaft

Die Grundgedanken jener wirtschaftspolitischen Konzeption, der Erhard nun folgte, waren schon zu Beginn der dreißiger Jahre entwickelt worden. Erhard selbst hatte dazu keinen Beitrag geleistet, sondern rezipierte erst nach 1945 in den Diskussionen des Münchner Arbeitskreises um Adolf Weber die Thesen der «Freiburger Schule» um Walter Eucken, Leonhard Miksch und Franz Böhm, die schon im Dritten Reich über eine Wirtschaftsordnung nachgedacht hatten, die staatliche Planwirtschaft ebenso wie private Marktmacht zu Lasten des Verbrauchers vermied. Sie vertraten deshalb einen sogenannten «Ordoliberalismus», bei dem «die Freiheit unternehmerischen Handelns auf eine staatlich garantierte Marktordnung bezogen» sein sollte.[85]

Die Freiburger Schule folgte mit ihren Theorien der großen Debatte, die durch die Inflation nach dem Ersten Weltkrieg, die Weltwirtschaftskrise nach 1929 und den Grundsatzstreit zwischen Kapitalismus und Sozialismus in ihrer Konfrontation mit Faschismus und Nationalsozialismus ausgelöst worden war. Alfred Müller-Armack hat in seinen Erinnerungen das Versagen der Wirtschaftspolitik beschrieben, als die Welt von der Katastrophe des Kurszusammenbruchs an der New Yorker Börse überrascht wurde, nachdem kluge Köpfe an der amerikanischen Harvard University mit ihrem seit 1919 entwickelten «Konjunkturbarometer» den «Beweis» geführt hatten, daß keine Gefahr im Verzuge sei und die Erwartung einer «ewigen Hochkonjunktur» bestehe.[86] Tatsächlich waren die Nationalökonomen in Deutschland damals noch eine politisch einflußlose Minderheit, und insbesondere den Jüngeren blieb kaum etwas anderes übrig, als sich auf theoretische Arbeiten zu beschränken, um die Grundlagen für eine eventuelle spätere Umsetzung in die Praxis zu schaffen. Zum einen wurden sie dabei durch das Unvermögen der historischen, vom politischen Liberalismus beeinflußten Wirtschaftswissenschaft geprägt, die galoppierende Inflation seit 1918 zutreffend zu diagnostizieren. Zum anderen standen sie aber auch unter dem Eindruck der kommunistischen Revolution in Rußland 1917, wo sich nun eine neue Ordnung herausbildete, die auf dem orthodoxen Glauben an die

1. Das gelungene Wagnis der Marktwirtschaft

Lehren von Karl Marx und Friedrich Engels beruhte. Der dialektische Materialismus, die Mehrwerttheorie, die wissenschaftlich gemeinte Prognose von ökonomischen Entwicklungen, die den Kapitalismus der bürgerlichen Industriegesellschaft zum Einsturz bringen sollten, sowie eine ebenfalls als wissenschaftlich deklarierte Ideologienlehre wurden in den Mittelpunkt des politischen Selbstverständnisses gerückt, so daß danach nicht nur die Weltpolitik, sondern auch die wirtschaftspolitische Diskussion in die Spannung zwischen freiheitlicher Wirtschaftsorganisation und Kollektivismus als der scheinbar «letzten» ökonomischen Alternative geriet.[87]

Die daraufhin erstellten Arbeiten, etwa zur Konjunktur- und Beschäftigungstheorie oder zur Kreditpolitik, waren allerdings vom Zerfall der Demokratie überschattet und kamen mit Beginn des Nationalsozialismus praktisch zum Erliegen. Denjenigen neoliberalen Ökonomen, die sich ihre geistige Freiheit bewahren wollten, blieb danach nichts anderes übrig, als sich in Deutschland auf die eher mathematischen Aspekte der Wirtschaftswissenschaften zurückzuziehen, also den Bereich der Wirtschaftspolitik zu meiden, oder ins Ausland zu gehen. Die Grundsatzdebatte über die Zukunft des Kapitalismus fand deshalb außerhalb Deutschlands statt, vor allem in den USA, wo der österreichische Nationalökonom Joseph Schumpeter in seinem 1942 erschienenen Buch *Capitalism, Socialism and Democracy* fragte, ob der Kapitalismus überhaupt noch weiterleben und ob der Sozialismus überhaupt funktionieren könne. Als wohl führender Konjunkturtheoretiker seiner Zeit gab er dabei zu erkennen, daß er einerseits Elementen sozialistischer Wirtschaftsplanung, wie der Investitionslenkung, durchaus positiv gegenüberstand, andererseits aber hinsichtlich der bürokratischen und parteipolitischen Zentralisierung skeptisch war. «Einstweilen», so meinte er, müsse man sich noch gedulden, denn noch, während des großen Krieges, habe man ja «nichts über die Art des Sozialismus erfahren, ... der in der Zukunft dämmern mag».[88]

Auch die deutschen Neoliberalen suchten nach einem «dritten Weg». Walter Eucken, Friedrich von Hayek, Wilhelm Röpke und andere hatten sich deshalb schon in den frühen dreißiger Jahren gegen einen ungezügelten *laisser-faire*-Liberalismus gewandt, der letztlich in Monopolismus, Subventionismus und Protektionismus ausarte. Anders als die sozialistisch orientierten Theoretiker der Linken wollten die Neoliberalen diese Mängel eines unbeschränkten Kapitalismus jedoch nicht durch eine Therapie manipulierter Preise mit Hilfe staatlich gelenkter Maßnahmen kurieren. Denn dadurch, so meinten sie, würde nicht nur die wirtschaftliche, sondern auch die politische Konkurrenz behindert oder gar beseitigt und letztlich einem allgemeinen Kollektivismus Vorschub geleistet, wie das sowjetische Beispiel zu beweisen schien.[89] Doch worin konnte der sogenannte «dritte Weg» zwischen dem «zusammengebrochenen historischen Liberalismus» und dem drohenden Kollektivismus bestehen? In Deutschland war diese Frage besonders schwierig zu beantworten, weil alle Weichen in Richtung einer staatlich gelenkten Planwirtschaft längst gestellt schienen. 1936 war von den Nationalsozialisten ein Lohn- und Preisstopp eingeführt worden, der den Beginn eines umfassenden Wirtschaftsdirigismus markierte, der 1939 nahtlos in die Kriegswirtschaft übergehen konnte. Das System überlebte den Nationalsozialismus in Westdeutschland um drei Jahre, in Ostdeutschland um 45 Jahre.

Allein die Vorstellung, zu einer bestimmten Form des Liberalismus zurückkehren oder neue Ideen zur Überwindung der Zwangswirtschaft entwickeln zu können, erforderte daher Phantasie und Mut, zumal auch die Besatzungsmächte nach 1945 (die Sowjetunion ohnehin, aber ebenso die von der Labour Party inspirierte britische Militärregierung) angesichts des kompletten Warenmangels und des Fehlens der notwendigsten Gebrauchsgüter eine zentral gesteuerte Wirtschaftslenkung für den einzig gangbaren Weg hielten – eine Überzeugung, die nicht nur von deutschen Sozialisten und Kommunisten geteilt wurde, sondern bis weit in das bürgerliche Lager hineinreichte.

In dieser Situation waren es erneut einzelne, aus den dreißiger Jahren bereits bekannte Neoliberale, die noch vor der Niederlage des Nationalsozialismus in privater Abgeschiedenheit über Möglichkeiten einer neuen wettbewerblichen Marktwirtschaft in der Nachkriegszeit nachzudenken begannen: in Freiburg wiederum Walter Eucken, nun gemeinsam mit Jens Jessen, in Münster Alfred Müller-Armack, der dort eine «Forschungsstelle für Allgemeine und Textile Marktwirtschaft» unterhielt und 1940 erstmals auch mit Ludwig Erhard zusammentraf, und außerhalb der deutschen Grenzen in Genf Wilhelm Röpke.[90] Von Müller-Armack wurde schon in dieser Zeit der Begriff «soziale Marktwirtschaft» geprägt, als er eine Reihe von Studien, Denkschriften und die Hauptpartien eines Buchmanuskripts verfaßte, in dessen zweitem Teil, der mit «Soziale Marktwirtschaft» überschrieben war, er den Versuch unternahm, der Wettbewerbswirtschaft eine neue Legitimation zu geben. Indem er «den Akzent auf ihre allen Schichten zugute kommende Produktivitätsüberlegenheit und auf die Möglichkeit legte, sozialen Fortschritt besser und wirksamer als in einem versagenden Dirigismus zu erreichen»[91], wollte er ausdrücklich im Namen des Westens der «Herausforderung des östlichen Kollektivismus» eine «zeitgerechte Antwort» entgegensetzen. Dabei ging es ihm darum, «eine Synthese zwischen freiheitlich-unternehmerisch-marktwirtschaftlicher Organisation auf der einen Seite und den sozialen Notwendigkeiten der industriellen Massengesellschaft» der Gegenwart zu finden.[92]

Müller-Armack plädierte somit für eine Erneuerung des Liberalismus gegenüber einem zentralistischen Kollektivismus, der vor allem von der stalinistischen Sowjetunion drohte. Das Neue bestand in erster Linie darin, den vom Altliberalismus geforderten schwachen Staat aus seiner «Nachtwächter»-Rolle zu erlösen und ihm eine zentrale Funktion bei der Sicherung einer wirklich freien Wirtschaft zu verleihen. «Eine unabhängige, sachverständige, starke und umsichtige Politik staatlicher Marktpolizei mit entsprechender Gesetzgebung, Rechtsprechung und Verwaltungspraxis», so formu-

1. Das gelungene Wagnis der Marktwirtschaft

lierte es Alexander Rüstow, «wäre einzusetzen für die volle und strenge Aufrechterhaltung fairer Leistungskonkurrenz im Gesamtbereich privater Marktwirtschaft.»[93] Die Herstellung «vollständiger Konkurrenz», meinte auch Wilhelm Röpke, würde «eine unübertreffliche Lösung der beiden Kardinalprobleme jedes Wirtschaftssystems» darstellen: des «ständigen Antriebs zur Höchstleistung» und der «ständigen harmonischen Ordnung und Steuerung des Wirtschaftsprozesses». Eine Grundvoraussetzung hierfür sei die «echte wirtschaftliche Selbständigkeit der Betriebe», die ohne Privateigentum und Dispositionsfreiheit nicht vorstellbar wäre.[94] Ebenso Walter Eukken: Eigenverantwortlichkeit und Haftung des Unternehmers seien eine «unabdingbare Voraussetzung der Wettbewerbsordnung», in der wiederum die Wettbewerbsfreiheit durch eine Monopolgesetzgebung und Monopolaufsicht gesichert werden müsse, «als ob vollständige Konkurrenz bestände».[95] Wirtschaftszweige mit «natürlicher, technischer oder sozial unvermeidlicher Monopolsituation», wie Verkehrsbetriebe und öffentliche Versorgungseinrichtungen, gehörten daher, so Rüstow, «in die öffentliche Hand, in deren Besitz oder unter deren Kontrolle».[96]

Konkurrenz gewährleistete nach Überzeugung der Neoliberalen aber nicht nur die Freiheit der Marktwirtschaft, sondern auch die Unabhängigkeit von politischer Macht, sofern umgekehrt die Politik den freien Leistungswettbewerb sichere. Der Staat müsse deshalb, so Röpke, den «Kapitalismus gegen die Kapitalisten» verteidigen und sie daran hindern, «sich einen bequemeren Weg als den durch das Leistungsprinzip vorgezeichneten zur Rentabilität zu bahnen und ihre Verluste auf die Allgemeinheit abzuwälzen».[97] Dem ungezügelten menschlichen Egoismus sollte von staatlicher Seite Einhalt geboten werden, damit die Gesellschaft nicht zum Objekt der Ausbeutung durch Einzelinteressen wurde. Zwar dürfe der Staat, so Müller-Armack, nur mit marktkonformen Mitteln eingreifen, nicht auf dem direkten Weg der Dekretierung. Um sozial gerecht funktionieren zu können, bedürfe die Marktwirtschaft jedoch einer «stahlharten Ordnung».[98] Nur wenn individuelles Profitstreben mit gesellschaftlichem Verantwortungsbewußtsein verbunden wurde, war soziale Gerechtigkeit zu erwarten. Wenn die Einzelinteressen ungezügelt blieben und eine Berücksichtigung der Gemeinschaftsinteressen nicht mehr erfolgte, würde am Ende ein sozialdarwinistischer Entscheidungskampf den Gemeinschaftsgedanken beseitigen und einem neuen Totalitarismus Vorschub leisten. Aufgabe des Staates war es daher, über die Setzung eines entsprechenden wirtschaftspolitischen Ordnungsrahmens nicht nur die Wirtschaftsfreiheit des einzelnen zu garantieren, sondern auch dessen Verantwortungsgefühl für die Interessen der Gesamtheit zu stärken.

Zur Berücksichtigung dieses Gesamtinteresses gehörte ebenfalls die Absicherung der schwächeren Mitglieder der Gesellschaft. Während das klassische *laisser-faire*-Prinzip in erster Linie die Starken begünstigte, traten die Neoliberalen für eine auf das soziale Ganze gerichtete Gesellschaftspolitik ein, auch wenn sie einen «Wohlfahrtsstaat» im eigentlichen Sinne ablehnten. Für Röpke lautete die Formel für soziale Sicherung deshalb: Eigenvorsorge, soweit wie möglich, Fremdvorsorge (durch den Staat) nur, wenn unbedingt nötig.[99] Müller-Armacks «soziale Marktwirtschaft» ging jedoch einen Schritt weiter. Die geglückte Koppelung der beiden Wörter «sozial» und «Marktwirtschaft» – von der Alfred Weber meinte, es sei eine schwere Unterlassung, daß die SPD sich diese Wortverbindung habe entgehen lassen –, bedeutete insofern eine Erweiterung neoliberalen Denkens, als hier eine Konzeption entwickelt wurde, «in der Erfahrungen der Vergangenheit mit dem Versuch verbunden wurden, einen neuartigen Weg zu gehen, eben Marktwirtschaft mit sozialer Sicherung zu verbinden», wobei der Markt als «Garant für das Zusammenwirken der produktiven Kräfte zu einem gemeinsamen Erfolg» im Mittelpunkt stehen sollte.[100]

Der Begriff wurde von Ludwig Erhard schließlich übernommen, der daraus eine «gängige Parole» (Theodor Eschenburg) machte. Die «paradoxe Wortverbindung reizte zum Gebrauch: Sie war in aller Munde, aber nur wenige verstanden sie.»[101] Erhard selbst definierte sie als eine Ordnung, in der zwar Wettbewerb herrschen, zugleich aber der Mensch durch soziale Sicherung vor «gnadenloser Ausbeutung» bewahrt werden sollte.[102] Er war mit Müller-Armack wie mit Röpke persönlich gut bekannt und empfand «die Gedankengänge der neoliberalen Schule», zu der er eigentlich nicht gehörte, «als den seinen verwandt»[103]. Vor allem Müller-Armacks Idee der sozialen Marktwirtschaft als eine «nach den Regeln der Marktwirtschaft ablaufende, aber mit sozialen Ergänzungen und Sicherungen versehene Wirtschaft» mit einer bewußten «Eingliederung sozialer Ziele durch Schaffung einer mit den Gesetzlichkeiten des Marktes verträglichen Sozialpolitik»[104] erschien Erhard als ein überaus brauchbares Konzept, um nicht nur die unmittelbaren Probleme der Nachkriegszeit zu überwinden, sondern auch langfristig einen Weg zwischen bürgerlichem *laisser-faire*-Kapitalismus und sozialistischer Planwirtschaft zu finden. Die Entwicklung nach dem 20. Juni 1948 sollte diese Einschätzung bestätigen.

Zahlen des «Wirtschaftswunders»

Die Währungsreform und der gleichzeitige Übergang zur Marktwirtschaft lösten in den drei Westzonen eine Euphorie aus, die von der Hoffnung auf eine rasche Verbesserung der trostlosen ökonomischen Gesamtsituation genährt war. Die sofortige, explosionsartige Vermehrung des Warenangebots, das überall in den Auslagen und Schaufenstern zu bestaunen war, ließ zusätzlich den Eindruck entstehen, daß Erhards entschlossene Wirtschaftspolitik praktisch über Nacht ein «Wunder» bewirkt habe. In Wirklichkeit waren die Probleme der deutschen Wirtschaft mit Erhards Tat vom 20. Juni aber keineswegs gelöst.[105] Vielmehr führten bald eintretende erhebliche Preissteigerungen sowie besorgniserregende Entwicklungen auf dem Ar-

1. Das gelungene Wagnis der Marktwirtschaft

beitsmarkt zu einer Ernüchterung, die bis Anfang 1949 andauern und erst danach einer neuen Tendenz zum Optimismus weichen sollte.

Die Preissteigerungen ergaben sich nicht nur aus der Aufhebung der Preisbindung für zahlreiche Produkte und Dienstleistungen, sondern auch aus dem Kaufdrang einer lange Zeit unterversorgten Bevölkerung, die nun das «gute» Geld, das trotz anhaltenden Lohnstopps in ihre Taschen floß, verständlicherweise sogleich für den Konsum verwandte. So ließ die Kombination beider Faktoren die Lebenshaltungskosten bereits von Juni bis Dezember 1948 um 17 Prozent ansteigen. Nach nur sechs Monaten hatte das neue Geld damit schon wieder ein Sechstel seiner ursprünglichen Kaufkraft eingebüßt. Zudem gab es erhebliche Verzerrungen am Markt, insbesondere zu Lasten des Agrarsektors, da die Bewirtschaftung im Lebensmittelbereich aus sozialen Gründen vorerst nur teilweise aufgehoben war, während die Bauern beim Kauf ihrer Investitionsgüter die Preise des freien Marktes bezahlen mußten. Die Landwirte sahen sich dadurch in einer regelrechten «Wirtschaftsfalle» gefangen und betrachteten sich als bewußte politische Opfer der Währungs- und Wirtschaftsreform, nachdem sie in der unmittelbaren Nachkriegszeit weit weniger als andere unter den schlechten ökonomischen Verhältnissen gelitten hatten. Diese Unzufriedenheit, die auch Teile des gewerblichen Mittelstandes erfaßte, veranlaßte schließlich selbst Landespolitiker der CDU und CSU, noch um die Jahreswende 1948/49 vor einer umfassenden Liberalisierung der Wirtschaft zu warnen.

Andererseits führte beispielsweise die Freigabe des Eierpreises im Juni 1948 dazu, daß dieses Nahrungsmittel, das nun bis zu 1 DM pro Stück kostete, für eine vierköpfige Familie mit einem durchschnittlichen Monatseinkommen von 140 DM nahezu unerschwinglich wurde. Die erneute Verordnung eines Festpreises nach Unmutsdemonstrationen und der damit verbundene Rückfall in die Preisbindung ließen wiederum den bekannten Makel der Zwangswirtschaft aufleben, daß Produkte entweder nur zum «Bückpreis» – unter dem Ladentisch – oder auf dem Schwarzen Markt erhältlich waren. Dies galt besonders für Fleisch, bei dem eine viel zu niedrig angesetzte Rationierung von 100 Gramm monatlich pro Person und ein ebenfalls niedriger Festpreis viele Bauern dazu verleiteten, ihre Ware unter Umgehung des Handels direkt an den Verbraucher zu verkaufen oder den Weg über den Schwarzmarkt zu beschreiten.[106]

Eine ähnlich schwierige Entwicklung vollzog sich nach der Währungsreform auf dem Arbeitsmarkt. Bis dahin hatte Arbeitslosigkeit überraschenderweise keine Rolle gespielt. Trotz des Millionenheeres von Kriegsheimkehrern und Flüchtlingen aus dem Osten gab es in den drei Westzonen im Juni 1948 nur 442 000 Arbeitslose. Nach der Währungsreform und der Wiedereinführung der Marktwirtschaft, als die neue Konkurrenzsituation Unternehmen zur Rationalisierung zwang, die Konkurse stark zunahmen und auch landwirtschaftliche Betriebe in erheblichem Umfang Arbeiter entlassen mußten, stieg die Zahl der Arbeitslosen bereits bis Januar 1949 auf über

937 000 an – was praktisch einer Verdoppelung innerhalb eines halben Jahres gleichkam. Allerdings war zugleich eine Zunahme der Beschäftigtenzahl zu verzeichnen – von 14,2 Millionen 1948 auf 14,9 Millionen 1949 –, so daß die Rückkehr bzw. Zuwanderung von Arbeitskräften sicher ebenfalls einen Faktor beim dramatischen Anstieg der Arbeitslosenquote darstellte.[107]

Ein weiteres Problem ergab sich aus dem Lohnstopp, der erst im Oktober 1948 aufgehoben wurde. Preiserhöhungen bedeuteten deshalb sinkende Realeinkommen der abhängig Beschäftigten. Empörte Proteste waren die Folge. Der Gewerkschaftsrat der Bizone kündigte sogar gegen den Willen seines Vorsitzenden Hans Böckler für den 12. November 1948 einen 24stündigen Generalstreik an, den die Militärregierung auch zuließ. Der Streik richtete sich mit Slogans wie «Freie Wirtschaft ist kein Freibrief» und «Wo bleibt die christliche Moral der Preiswucherer?» in erster Linie gegen die Preissteigerungen. Aber auch Erhard persönlich geriet ins Visier, weil er sich am 16. Oktober in einer vom Rundfunk übertragenen Rede gegen die Forderung der Gewerkschaften nach politischer Beteiligung an den «fachlichen Wirtschaftsstellen» der Selbstverwaltung zur Bewirtschaftung der Ein- und Ausfuhr ausgesprochen und dabei polemisch erklärt hatte, aus dem «hysterischen Gekeife der Kollektivisten aller Sorten» spreche «die schlotternde Angst, daß sich das Volk der Fessel, der geistigen Bevormundung und Tyrannei einer ebenso machthungrigen wie seelenlosen Bürokratie und Bonzokratie entziehen könnte».[108] Damit waren natürlich die Gewerkschaften gemeint, die sich nun verständlicherweise zur Wehr setzten. Wichtiger als dieser politische Aspekt war aber die von den Gewerkschaften verabschiedete Resolution *Gegen eine Wirtschaftspolitik der Volksausbeutung*, in der gefordert wurde, den «wirtschaftlichen Notstand» auszurufen, das Mißverhältnis zwischen Lohn- und Preiserhöhungen durch eine Senkung der Preise zu beseitigen und wieder verschärfte Preiskontrollen einzuführen. Außerdem sollte die Bewirtschaftung im Ernährungssektor beibehalten bzw. wiederhergestellt werden.[109]

Die Gewerkschaften beklagten indessen auch die durch die Währungsreform erfolgte Begünstigung der Sachwertbesitzer sowie die Steuergesetze, die mit weitgehenden Abschreibungsmöglichkeiten zur Wiederherstellung der Produktionsanlagen und Ankurbelung der Investitionsgüterindustrie verbunden waren und nicht dem «kleinen Mann», sondern den Unternehmen zugute kamen. Geldreform, Lohn- und Preispolitik sowie die Steuergesetzgebung trugen unverkennbar kapitalistische Züge. Das «Wirtschaftswunder» sollte daher, so sahen es zumindest die Gewerkschaften und auch große Teile der SPD, auf dem Rücken der Arbeitnehmer ausgetragen werden. Zur Gewerkschaftsresolution *Gegen eine Wirtschaftspolitik der Volksausbeutung* gehörten daher auch systemverändernde Forderungen nach «Planung und Lenkung im gewerblich-industriellen Sektor» und nach «Überführung der Grundstoffindustrien und Kreditinstitute in Gemeinwirtschaft».[110]

Der Frankfurter Verwaltungsrat reagierte auf diese Forderungen jedoch nicht, sondern verurteilte lediglich den eintägigen Generalstreik am 12. November, dem sich fast 80 Prozent der Beschäftigten anschlossen, als eine «Gefährdung des Wiederaufbaus der Wirtschaft».[111] Ein von der SPD eingebrachter Mißtrauensantrag gegen Oberdirektor Pünder und Erhard wurde im Wirtschaftsrat mit 52 gegen 43 Stimmen abgelehnt.

Die Widerstände gegen den Erhardschen Kurs, die keineswegs nur aus dem Lager der Gewerkschaften und der SPD kamen, sondern auch aus der CDU/CSU und sogar aus den Reihen des Verwaltungsrates und des Länderrates der Bizone[112], ließen erst zu Beginn des Jahres 1949 nach, als die Reformen endlich Früchte trugen: Bereits im IV. Quartal 1948 war das Wirtschaftswachstum deutlich gestiegen, die Löhne und Gehälter hatten nach Aufhebung des Lohnstopps im Oktober 1948 ebenfalls zugelegt, und die Einzelhandelspreise – nicht zuletzt bei Nahrungsmitteln und Bekleidung – sanken. Dementsprechend gab es bei den Lebenshaltungskosten eine spürbare Verbesserung, der Schwarzhandel ging zurück, und die Spartätigkeit, die bereits ein Jahr nach der Währungsreform zu Einlagen in Höhe von etwa 10 Milliarden DM führte, gab den Banken mehr Spielraum bei der Kreditvergabe für dringend benötigte Investitionen. Zugleich stieg die Wochenarbeitszeit von 42,4 Stunden 1947 auf 48,2 Stunden 1950, während sich die Produktivität pro Arbeitsstunde im Jahr nach der Währungsreform um 28 Prozent erhöhte.[113] Alles dies waren Zeichen einer neuen Arbeitsmoral und einer Steigerung des individuellen Leistungswillens, sicherlich hervorgerufen durch die begründete Aussicht auf verbesserte Lebensbedingungen. Schon Ende 1949 wurde das Produktionsniveau des Jahres 1936 wieder erreicht.[114] Das Wirtschaftswunder hatte Tritt gefaßt.

2. Die Entstehung der Mittelstandsgesellschaft

«Es geht uns wieder gut. Aber den Staat, den wir heute haben, hätte nur ein selbstgefälliger Kleinbürger erfinden können, dessen Horizont und Format bestimmt wird durch die Problemlosigkeit, die der um seiner selbst willen gesuchte Wohlstand verschafft.»[115] So beschrieb der Schriftsteller Martin Walser 1961 kritisch den Staat und die Gesellschaft, die sich nach der Zäsur des Jahres 1945 und den stürmischen Aufbaujahren der Währungsreform und des Wirtschaftswunders im Westen Deutschlands etabliert hatten. Historiker und Sozialwissenschaftler, die nach dem Zweiten Weltkrieg unter stetig sich wandelnden politisch-gesellschaftlichen Vorzeichen und mit sehr unterschiedlichen methodischen Herangehensweisen die Frage zu beantworten suchten, was die Zäsur des Jahres 1945 eigentlich für die Gesellschaft bedeutet habe, kamen jedoch zu sehr unterschiedlichen Antworten.

Zunächst dominierte die sogenannte «Strukturbruchhypothese» der «Stunde Null», die einen radikalen und vollständigen Bruch der jungen

Bundesrepublik zu ihren Vorgängersystemen behauptete.[116] Demgegenüber bestritten Anhänger der auf Überlegungen Joseph Schumpeters zurückgehenden und von dem russisch-amerikanischen Nationalökonomen Nikolai Kondratieff popularisierten «Wellenhypothese» zwar nicht den katastrophalen gesamtstaatlichen Zusammenbruch, meinten aber, daß die Entwicklung der deutschen Gesellschaft in lange «Zyklen» eingebettet sei und daher nicht auf den kurzfristigen Einbruch nach dem Zweiten Weltkrieg reduziert werden dürfe.[117] Eine dritte Variante beschrieb die Zeit nach 1945 und das erste Jahrzehnt der Bundesrepublik als eine Art «Rekonstruktionsperiode», in der man einerseits versuchte, das ökonomisch und moralisch am Boden liegende Deutschland durch Rückgriff auf überkommene politische und wirtschaftliche Institutionen sowie soziale Umgangsformen wieder aufzurichten, andererseits aber auch völlig neuartige Mittel anwandte, um einen Modernisierungsrückstand gegenüber vergleichbaren westlichen Industrienationen aufzuholen.[118] Aus heutiger Sicht scheint das zuletzt genannte Erklärungsmodell den interessantesten Ansatz zur Aufhellung der gesellschaftlichen Entwicklung in Deutschland nach dem Zweiten Weltkrieg zu bieten, weil es multikausale Ableitungen zuläßt und für sozioökonomische ebenso wie für historische Deutungen offen ist.

Demographische Verwerfungen

Historisch betrachtet, kann den vierziger und fünfziger Jahren in vielerlei Hinsicht ein rückwärtsbezogener Charakter bescheinigt werden. Der Mehrheit der Zeitgenossen jedoch mußte ihre Gegenwart als unbestritten «neue Zeit» erscheinen. Dem widerspricht nur vordergründig, daß bereits sieben Jahre nach der Währungsreform, die eine stürmische Aufbauphase auslöste, einer der führenden deutschen Soziologen, Helmut Schelsky, in der *Frankfurter Allgemeinen Zeitung* das «Empfinden, ringsherum restaurative Tendenzen am Werk zu sehen», als das «herrschende Zeitgefühl unserer westdeutschen Situation» diagnostizierte.[119] Nach Schelskys Meinung konnte den Deutschen eine befriedigende Bewältigung der sozialen Wirklichkeit nicht gelingen, wenn sie Sicherheit in veralteten sozialen Leitbildern suchten und sich an überholten Institutionen der Vergangenheit orientierten. Schelsky sah in den von ihm beobachteten restaurativen Tendenzen die Gefahr, daß die Deutschen aufgrund der demoralisierenden Erfahrung der nationalsozialistischen Diktatur alle utopischen Visionen verlieren und lediglich einem selbstbezogenen Gegenwartspragmatismus huldigen könnten – ohne begründete Fortschrittshoffnungen und unfähig zu fundierter Kulturkritik.

Doch während der an der Universität Hamburg, später in Münster lehrende Schelsky noch die institutionelle Restauration und eine allgemeine sozialpsychologische Stagnation beklagte, befand sich die westdeutsche Gesellschaft bereits in einem rasanten demographischen Wandlungsprozeß, der ihre soziale Struktur tiefgreifend veränderte und die Menschen vor völlig

2. Die Entstehung der Mittelstandsgesellschaft 161

neue Zumutungen und Herausforderungen stellte. Zu Hunderttausenden kehrten die Kriegsteilnehmer aus den Gefangenenlagern in die Heimat zurück, zu Millionen strömten Vertriebene aus den ehemals deutschen Ostgebieten jenseits von Oder und Neiße sowie Flüchtlinge aus der DDR nach Westen. Auf dem Territorium der drei Westzonen und dann der Bundesrepublik mußten sie in die noch wenig stabile Nachkriegsgesellschaft integriert werden, beanspruchten Nahrung, Wohnraum und Beschäftigung in einer Zeit großen Mangels und hoher Arbeitslosigkeit, als der Erfolg des «Wirtschaftswunders» noch nicht absehbar war und niemand wußte, wie das geschlagene und weithin zerstörte Land mit den Folgen von Krieg, Niederlage und Teilung fertigwerden sollte.[120]

Vor dem Zweiten Weltkrieg hatten auf dem Gebiet der späteren Bundesrepublik nur etwa 43 Millionen Menschen gelebt. Anfang der fünfziger Jahre waren es schon 50 Millionen, 1961 sogar 56 Millionen, 1965 dann 59 Millionen und 1989 schließlich 66 Millionen, unter ihnen etwa fünf Millionen Ausländer.[121] Der Bevölkerungszuwachs, der allein während der Regierungszeit Adenauers mehr als neun Millionen betrug, war das Ergebnis mehrerer großer Wanderungsströme, die nach dem Zweiten Weltkrieg zu einer grundlegenden Veränderung der Bevölkerungszusammensetzung in Westdeutschland führten und die Bundesrepublik vor allem in ihrer Anfangsphase vor schwierige Probleme stellten: der Massenflucht und Vertreibung aus den ehemaligen deutschen Ostgebieten jenseits von Oder und Neiße zwischen 1944/45 und 1950; der Fluchtbewegung aus der SBZ/DDR bis zum Mauerbau 1961; und dem Zuzug von «Gastarbeitern», vorwiegend aus dem Mittelmeerraum, aufgrund des Arbeitskräftemangels in der wirtschaftlich florierenden Bundesrepublik ab 1965. Ein vierter Strom von Zuwanderung formierte sich dann zwei Jahrzehnte später, also in den achtziger Jahren, in Osteuropa und der Sowjetunion, wo Deutschstämmige durch Übersiedlung in die Bundesrepublik am Wohlstand des Westens zu partizipieren suchten. Zu ihnen gesellten sich nach der Wiedervereinigung der beiden deutschen Staaten noch Hunderttausende von Armuts- und Kriegsflüchtlingen aus Osteuropa und der Dritten Welt, die teils illegal, teils unter Berufung auf das Asylrecht in die Bundesrepublik einreisten.

Die erste Wanderungsbewegung, die bereits Anfang der fünfziger Jahre im wesentlichen abgeschlossen war, resultierte zum einen aus dem Kriegsverlauf, der Millionen Deutsche zwang, ihre angestammte Heimat östlich der Elbe zu verlassen und vor der Roten Armee in den Westen zu fliehen. Zum anderen folgte die Vertreibung der Deutschen jedoch auch einem Beschluß der Siegermächte des Zweiten Weltkrieges, die verbliebenen Deutschen durch «Umsiedlung» (resettlement) aus Polen, der Tschechoslowakei und Ungarn zu entfernen. Im Protokoll der Potsdamer Konferenz vom 2. August 1945 hieß es dazu, «daß die Umsiedlung der deutschen Bevölkerung oder von Teilen derselben, die in Polen, der Tschechoslowakei und Ungarn zurückgeblieben sind, nach Deutschland durchgeführt werden muß», wobei die Umsiedlungen «in geordneter und humaner Weise» erfolgen sollten.[122]

Wieviele Menschen genau ihre Heimat verlassen mußten und in die Bundesrepublik – teilweise auch in die DDR – übersiedelten, ist nicht zu ermitteln. Es ist aber davon auszugehen, daß bereits in der unmittelbaren Nachkriegszeit 1945/46 insgesamt etwa 7,1 Millionen Flüchtlinge und Vertriebene aus Gebieten östlich der Elbe, jenseits des «Eisernen Vorhangs», nach Westdeutschland gelangten, zu denen bis 1950 noch einmal 2,5 Millionen und zwischen 1950 und 1962 weitere 3,6 Millionen hinzukamen. Als Vertriebene aus Polen, der Tschechoslowakei und Ungarn – also ohne die Flüchtlinge aus der SBZ/DDR – registrierte die Volkszählung des Jahres 1950 knapp 8 Millionen Bundesbürger, deren Zahl bis 1960 um weitere 1,5 Millionen auf ca. 9,5 Millionen anwuchs. Der Anteil der Vertriebenen an der Gesamtbevölkerung der Bundesrepublik lag damit bei 16,5 Prozent. Ihr Anteil an der Zahl der Beschäftigten stieg von knapp 20 Prozent 1950 auf über 25 Prozent 1960.[123]

Die regionale Verteilung dieser Migration war allerdings sehr unterschiedlich. Da Frankreich seine Zone für den Zuzug von Vertriebenen sperrte und die sowjetische Zone den meisten nicht sehr attraktiv erschien, mußte der Hauptteil der Flüchtlinge von der britischen und amerikanischen Zone aufgenommen werden. Auch nach der Besatzungszeit bildeten Schleswig-Holstein, Niedersachsen und Bayern die Hauptaufnahmeländer. In Schleswig-Holstein betrug der Anteil der Vertriebenen an der Gesamtbevölkerung daher ein Drittel; in Niedersachsen und Bayern lag die Quote immerhin noch bei einem Fünftel.

Bei der zweiten Einwanderungswelle in die Bundesrepublik handelte es sich um Flüchtlinge aus der sowjetischen Besatzungszone bzw. der DDR, deren Zahl ebenfalls enorme Dimensionen erreichte. So flohen bereits von 1945 bis 1950 etwa 1,5 Millionen Ostdeutsche in den Westen, denen zwischen 1950 und 1961 noch einmal 3,1 Millionen folgten, ehe der Mauerbau am 13. August 1961 die Fluchtbewegung entscheidend eindämmte.[124] Die stärkste Fluchtwelle wurde durch den im Juli 1952 von der SED gefaßten Beschluß verursacht, den «Aufbau des Sozialismus» beschleunigt durchzuführen. Nach den daraufhin getroffenen Maßnahmen zur Verstaatlichung der Privatwirtschaft und Kollektivierung der Landwirtschaft schwoll die Zahl der Flüchtlinge dramatisch an und erreichte im März 1953 mit 58605 ihren absoluten Höhepunkt. Mit der Verkündung des «Neuen Kurses» im Juni 1953 ging der Exodus zwar vorübergehend wieder auf ein «normales» Maß zurück. Doch die Zwangskollektivierung der Landwirtschaft im Frühjahr 1960 und die erneut verstärkt betriebene Sozialisierung der privaten Industrie-, Handels- und Handwerksbetriebe setzte eine neue große Flüchtlingswelle in Bewegung, bei der allein in der ersten Augusthälfte 1961 – d. h. in den zwei Wochen vor dem Mauerbau – 47433 DDR-Bürger in den Westen flohen. Auch nach dem Bau der Mauer kam die Fluchtbewegung keineswegs völlig zum Erliegen: Mehr als 200000 Menschen konnten die DDR zwischen August 1961 und dem Beginn der letzten großen Fluchtwelle nach der Grenzöffnung durch Ungarn am 2. Mai 1989 trotz der Abriegelung verlassen, darunter mehr als 40000 «Sperrbrecher» und allein 5000 sogenannte «Mauerbrecher». Mindestens 743 Menschen allerdings bezahlten ihren Versuch, die Grenzsperren zu überwinden, von 1961 bis 1989 mit dem Leben, mehr als 3000 wurden festgenommen.[125] Die Integration der Flüchtlinge in den Arbeitsmarkt und die Gesellschaft der Bundesrepublik wurde im übrigen durch die Tatsache erleichtert, daß überproportional viele junge Leute die DDR verließen. Über die Hälfte der Flüchtlinge war jünger als 25 Jahre, weniger als 10 Prozent zählten zu den Rentenempfängern.[126]

Die dritte Wanderungsbewegung, die Mitte der sechziger Jahre einsetzte, stand nicht mehr mit den Kriegsereignissen in Zusammenhang, sondern war bereits das Ergebnis des außerordentlichen ökonomischen Erfolges der noch jungen Bundesrepublik. Denn trotz des erheblichen Bevölkerungszuwachses durch Flucht und Vertreibung reichte das Arbeitskräftepotential nicht mehr aus, um den Bedarf der aufblühenden Wirtschaft zu decken. Es kam daher zu einer vermehrten Einwanderung von sogenannten «Gastarbeitern» aus den Mittelmeerländern, die von der Bundesregierung vertraglich angeworben wurden. Entsprechende Verträge gab es mit Italien (bereits 1955) sowie Griechenland, Jugoslawien, Portugal, Marokko, Spanien, Tunesien und der Türkei. In den sechziger Jahren lag die Zahl der Gastarbeiter bei etwa 1,6 Millionen, 1973 erreichte sie mit 2,6 Millionen ihren Höchststand, ehe die Anwerbung von Ausländern zur Beschäftigung in der Bundesrepublik am 23. November 1973 unter dem Eindruck der ersten Ölkrise durch einen «Anwerbestopp» beendet wurde. Ausländer aus Staaten, die nicht Mitglieder der Europäischen Union sind, durften seither nicht mehr zur Arbeitsaufnahme nach Deutschland einreisen.

Die Ausländerzuwanderung konnte durch den Anwerbestopp jedoch nicht mehr reduziert werden. Denn die erwartete Rückkehr von Gastarbeitern in ihre Heimatländer blieb weitgehend aus; vielmehr wurde in großem Umfang die Gelegenheit zum Familiennachzug wahrgenommen. Ein Anfang der achtziger Jahre beschlossenes «Rückkehrhilfegesetz» erwies sich als weitgehend wirkungslos. Zudem nahm die Zahl der Asylbewerber, die 1980 erstmals die «Schallgrenze» von 100000 überschritt, erheblich zu: 1989 waren es bereits 121318 und 1992 sogar 438191, also beinahe eine halbe Million. Zwar wurden stets weit über 90 Prozent der Asylanträge als unbegründet abgewiesen (1993 beispielsweise betrug die Anerkennungsquote 3,2 Prozent). Aber eine «Abschiebung» der abgelehnten Bewerber in ihre Herkunftsländer fand in der Regel nicht statt, so daß die betroffenen Ausländer *de facto*, wenn auch nicht *de jure*, als Einwanderer gelten müssen, da sie nach der Ablehnung entweder untergetaucht sind oder von den Behörden ein Bleiberecht erhalten haben. Insgesamt kamen in dieser vierten Wanderungsbewegung von 1981 bis 1990 etwa 2,245 Millionen Ausländer und deutschstämmige Aussiedler nach Deutschland. Von 1990 bis 1998 waren es noch einmal etwa 2,5 Millionen Spätaussiedler, eine Dreiviertel Million Asylbewerber und eine Million Kriegsflüchtlinge aus dem ehemaligen Jugoslawien. Dabei stellen die deutschstämmigen Aussiedler nur hinsichtlich ihrer erleichterten Einbürgerung einen Sonderfall dar, nicht aber in bezug auf ihren Stellenwert als Einwanderer, während die jugoslawischen Kriegsflüchtlinge größtenteils in ihre Heimat zurückkehren dürften.[127]

In der Summe ist die Bevölkerung im wiedervereinigten Deutschland bis heute auf etwa 84 Millionen angewachsen. Dabei gab es auf dem Territorium Westdeutschlands – also der alten Bundesrepublik – einen Anstieg von 43 auf 68 Millionen in den Jahren 1945 bis 1998, während die Bevölkerungszahl in Ostdeutschland – der ehemaligen DDR – von 23 auf 16 Millionen rückläufig war. Dieses Bild entspricht dem Muster der formativen Prozesse der Industrialisierung und Urbanisierung in Deutschland seit dem 19. Jahrhundert. So lebten 1870 auf dem Territorium der späteren Bundesrepublik nur rund 20 Millionen Menschen, die etwa die Hälfte der damaligen Reichsbevölkerung ausmachten; 1930 waren es rund 40 Millionen und 60 Prozent der Reichsbevölkerung; 1970 schließlich über 60 Millionen und 78 Prozent der Bevölkerung der Bundesrepublik und der DDR zusammen. Heute sind es mit 68 Millionen sogar knapp 81 Prozent der Bevölkerung des wiedervereinigten Deutschlands. Diese Zahlen spiegeln nicht nur eine erhebliche Bevölkerungsverdichtung und mit ihr eine wachsende soziale, wirtschaftliche und politische Verflechtung wider, sondern sie zeigen auch eindrucksvoll, wie stark sich die Besiedlung seit der Industrialisierung in Westdeutschland, auf dem Gebiet der alten Bundesrepublik, konzentriert hat.[128] Diese große Ost-West-Wanderung, die mit der Entwicklung des Ruhrgebietes begann, sich nach dem Zweiten Weltkrieg mit den Vertriebenen aus den Ostgebieten und den Flüchtlingen aus der SBZ und der DDR fortsetzte und zwischenzeitlich zudem durch eine Süd-Nord-Wanderung ergänzt wurde, ist nach der Öffnung der Grenzen gegenüber Osteuropa noch einmal in Bewegung geraten. Mit ihr findet eine demographische Dynamik ihre Fortsetzung, die bereits während der gesamten Nachkriegszeit zu beobachten war und weitreichende soziale und kulturelle Auswirkungen besaß. Die innere Schichtung der Gesellschaft war davon ebenso betroffen wie deren Verhaltensmuster. Neue Orientierungen traten an die Stelle tradierter Normen und Werte, konfessionelle Grenzen verwischten sich, das politisch-historische Selbstverständnis gewann eine neue demokratisch-pluralistische Dimension. Die Veränderungen, deren Ausbleiben der konservative Schelsky 1955 noch beklagte, fanden also durchaus statt und unterwarfen nicht nur den äußeren, sondern auch den inneren Zustand der Gesellschaft, ihre Mentalität und ihren Charakter, einem grundlegenden Wandel.

2. Die Entstehung der Mittelstandsgesellschaft

Wandlungen in der Sozialstruktur

Bei diesen Veränderungen spielten die großen Wanderungsbewegungen eine wesentliche Rolle. Aber auch die Deklassierungs- und Nivellierungsprozesse, die sich während der nationalsozialistischen Herrschaft vollzogen und durch die Folgen des Krieges sowie den allgemeinen Zusammenbruch 1945 noch verschärft wurden, trugen mit ihrer Auflockerung tradierter Strukturen dazu bei, die Herausbildung einer modernen Industriegesellschaft in der Bundesrepublik zu erleichtern. Die Teilung Deutschlands beendete schließlich nicht nur die quantitative Minderheitslage der Katholiken, sondern auch die Spannung zwischen der ostdeutschen Gutswirtschaft und der west- und süddeutschen Familienwirtschaft. Zwei schwerwiegende politische und wirtschaftliche Strukturdefizite des Deutschen Reiches blieben der Bundesrepublik damit erspart.

Der Anteil der Katholiken, der im Reich bei nur 33 Prozent gegenüber 62 Prozent Protestanten gelegen hatte, stieg in der Bundesrepublik (einschließlich West-Berlin) auf ein Verhältnis von 44 zu 51 Prozent. Der Katholizismus verließ damit seine Minderheitenposition, die stets als konfessionelle, soziale und politische Belastung empfunden worden war, und zog mit dem Protestantismus nahezu gleich. Dadurch wurde – in Verbindung mit einer zunehmenden Säkularisierung bzw. Entkirchlichung und der Ablehnung konfessionell gebundener Parteien – die Bedeutung der Konfessionsgrenzen erheblich gemindert. Dies kommt beispielsweise in der konfessionellen Homogenität von Eheschließungen zum Ausdruck, die 1901 noch bei 91 Prozent gelegen hatte und in den ersten zwei Jahrzehnten der Bundesrepublik auf 69 Prozent sank.[129] Auch das Problem des teilweise konfessionell motivierten partikularistischen Regionalismus verlor nun an Schärfe.

Gleiches galt für den Agrarbereich. Die Integration der ostelbischen Gutsherrschaft in die moderne Gesellschaft war im Deutschen Reich nicht gelungen. Die mit den sozialen und wirtschaftlichen Sonderinteressen der ostdeutschen Agrarverfassung verbundenen Widerstände gegen die politische und wirtschaftliche Modernisierung wurden erst durch die nationalsozialistische «Revolution von oben» gebrochen und danach durch die von der sowjetischen Militäradministration befohlene Enteignung der Junker bzw. – aus Sicht der Bundesrepublik – durch die Teilung Deutschlands und die damit verbundene Abtrennung der ostelbischen Gebiete endgültig überwunden. Die Agrarstruktur der Bundesrepublik war infolgedessen nur noch traditionell bäuerlich geprägt und vom politischen und ökonomischen Druck der Gutswirtschaft befreit. Dadurch wurde auch die soziale und wirtschaftliche Basis des organisierten Agrarkonservativismus in der Innenpolitik geschwächt und die Integration der Bundesrepublik in die Europäische Wirtschaftsgemeinschaft (EWG) im landwirtschaftlichen Bereich erleichtert.[130]

Zugleich ging die Bedeutung der Landwirtschaft – also des «primären Sektors» – im Verhältnis zum zweiten Sektor, der industriellen Produktion, und zum «tertiären Sektor» der Dienstleistungen ständig zurück. Dabei handelte es sich allerdings nicht um ein spezielles Phänomen der Bundesrepublik, sondern um ein typisches Merkmal der Entwicklung einer modernen Industriegesellschaft. So lag der Anteil der im Agrarsektor tätigen Menschen an der Gesamtzahl der Beschäftigten in der Bundesrepublik bereits 1950 nur noch bei 22 Prozent; bis 1960 sank er sogar auf 13 Prozent. Die Industrie beschäftigte dagegen schon in den fünfziger Jahren knapp die Hälfte aller Arbeitskräfte, während der tertiäre Sektor, der schließlich sowohl die Landwirtschaft als auch die Industrie überflügeln sollte, zu dieser Zeit noch bei 20 Prozent lag und erst in den sechziger und siebziger Jahren entscheidend an Boden gewann. Der Anteil der selbständig Beschäftigten nahm im Laufe dieser Entwicklung kontinuierlich ab und lag bereits 1960 bei unter 20 Prozent gegenüber immerhin noch 28 Prozent im Jahre 1950.[131]

Die moderne kapitalistische Industriegesellschaft, die formal auf dem freien Unternehmertum beruht, ist damit in Wirklichkeit – zumindest in quantitativer Hinsicht – eine vielfältig differenzierte Arbeitnehmergesellschaft, in der es zu einer vorrangigen Aufgabe der Politik geworden ist, die Rahmenbedingungen für Aufstieg und soziale Sicherung auf allen Ebenen zu schaffen. Diese Tendenz war bereits in den fünfziger Jahren festzustellen und hat sich seitdem noch verstärkt.[132] Sie trug – neben der Vollbeschäftigung und dem stetig steigenden Lebensstandard – entscheidend dazu bei, die Arbeiterschaft sozial und politisch weit stärker in die bundesrepublikanische Gesellschaft zu integrieren, als dies im Deutschen Reich der Fall gewesen war. Die für das Kaiserreich kennzeichnende «negative Integration» der Arbeiterbewegung, die auch in der Weimarer Republik noch nachwirkte, wurde in der Bundesrepublik praktisch ganz überwunden, weil SPD und Gewerkschaften als die wesentlichen Organisationsträger der Arbeiterschaft zu früher ungeahnter gesellschaftlicher Akzeptanz gelangten.[133] Die Arbeiterbewegung wandelte sich damit von einer Klassenorganisation, die sich bewußt als «Gegenkultur» zur herrschenden Ordnung verstand und ein «Gegenmilieu» zur bürgerlichen Gesellschaft zu errichten suchte, zu einer Vertretung der Gesamtinteressen der Arbeitnehmer, die gleichzeitig auf vielfältige, institutionell gesicherte Weise an den wirtschaftlichen und politischen Entscheidungsprozessen in der Gesellschaft beteiligt wurde. Auch wenn zwischen den Lebensverhältnissen und politischen Einflußchancen der sozialen Klassen und Schichten weiterhin erhebliche Disparitäten bestanden, so wurde auf diese Weise doch ein traditioneller Antagonismus in der Sozialstruktur des Deutschen Reiches entschärft. Strukturelle Wandlungen, wirtschaftliche Entwicklung und politische Organisation bewirkten zusammen eine weit größere soziale Ausgewogenheit, als sie das Deutsche Reich jemals besessen hatte.

Schließlich unterschied sich die Bundesrepublik vom Reich auch darin, daß sie nach der Auflösung des preußischen Staates, der etwa 62 Prozent

2. Die Entstehung der Mittelstandsgesellschaft

der Reichsbevölkerung umfaßt hatte, von Anfang an durch eine bemerkenswerte regionale Ausgeglichenheit gekennzeichnet war und – zumindest bis zum Regierungsumzug von Bonn nach Berlin – über keine ausgesprochene Metropole verfügte. Der föderalistische Staatsaufbau und die dezentrale Anlage von Wirtschaft und Kultur ließen neben dem Regierungssitz Bonn weitere «Teilhauptstädte» entstehen: Frankfurt (Banken), Hamburg (Presse, Außenhandel) und München (Kultur) sowie die wirtschaftlichen Regionen um Köln, Düsseldorf und Stuttgart konnten sich nicht nur als eigenständige Zentren behaupteten, sondern auch eine weitgehende eigene Identität ausprägen.[134] Dadurch wurde zwar der politische Bereich in Bonn eigentümlich isoliert («Raumschiff Bonn»). Doch die Integration der Gesellschaft wurde nicht behindert, zumal die geringe räumliche Ausdehnung der Bundesrepublik in Verbindung mit den verbesserten Verkehrsmöglichkeiten und der zunehmenden Ausstattung mit modernen Massenkommunikationsmitteln – insbesondere Telefon und Fernsehen – die kontinuierliche Teilnahme der Regionen an den Diskussions- und Entscheidungsprozessen der politischen Zentrale problemlos gewährleistete. Die Trennung der wirtschaftlichen und kulturellen Zentren von der Hauptstadt verhinderte indessen die für andere Staaten, wie Frankreich oder Großbritannien, typische Unterscheidung von Zentrum und Provinz: Wo es kein Zentrum gibt, gibt es auch keine Provinz.[135]

Der föderalistische Staatsaufbau, der die regionale Entwicklung nicht an eine zentrale Entscheidungsinstanz band, sondern – nach dem Prinzip der «Subsidiarität» – die Wahrnehmung regionaler Interessen an regionale bzw. kommunale Parlamente und Regierungen übertrug, dürfte außerdem (wiederum im Vergleich mit Frankreich, Italien und Großbritannien) die Herstellung vergleichbarer Lebensverhältnisse in allen Teilen des Landes eher begünstigt als behindert haben. Regionale Spannungen wurden dadurch abgebaut, traditionelle Konflikte verblaßten. Das seit der Gründung des Kaiserreiches ungelöste innere Problem der «Reichsreform» war deshalb für die Bundesrepublik von untergeordneter Bedeutung, wenn man darunter nicht nur die beständig erforderliche Anpassung der Verwaltungsstruktur an neue Aufgaben, sondern die Integration der einzelnen Landesteile und die Erhaltung ihrer eigenständigen Entscheidungsspielräume versteht.[136]

Ungeachtet aller Bemühungen um Regionalität fand aber auch in der Bundesrepublik in den fünfziger und sechziger Jahren ein erheblicher Konzentrationsprozeß von Bevölkerung, Wirtschaftskraft und kulturellen Einrichtungen statt. Um 1970 lebte etwa die Hälfte der Bevölkerung in städtischen Milieus auf weniger als 10 Prozent der Gesamtfläche des Staatsgebietes. Die Bevölkerung der Kernstädte stagnierte jedoch, die Abwanderung in die Umlandgemeinden dehnte die Grenzen der Ballungsräume aus und verwischte die Grenzen zwischen Großstadt und Land. Der ländliche Raum außerhalb der Verdichtungsräume und der sonstigen städtischen Gebiete umfaßte etwa 75 Prozent der Fläche und 35 Prozent der Bevölkerung – und dieser Anteil ist bis heute weitgehend konstant, obwohl die Bedeutung des Agrarsektors im Vergleich zur Industrie und zum Dienstleistungsbereich weiterhin beständig abnimmt. Entvölkerung und Sozialbrache haben daher in der Bundesrepublik nirgends solche Ausmaße angenommen wie in Italien, Frankreich oder Großbritannien. Aufgrund der trotz hoher Arbeitslosigkeit in den achtziger und neunziger Jahren positiven ökonomischen Gesamtentwicklung und eines solidarischen Verteilungsschlüssels für das Steueraufkommen – wie dem Länderfinanzausgleich – ist der alte Stadt-Land-Gegensatz für die überwiegenden Teile der Bundesrepublik heute nicht mehr strukturbestimmend. Städtische Lebensformen sind nahezu allgemein geworden, und auch in ländlichen Räumen werden Ansprüche an öffentliche Leistungen gestellt, die traditionell – etwa im Bildungswesen – nur in Städten angeboten werden konnten. Durch die Nord-Süd-Wanderung und die Ansiedlung von Wachstumsindustrien wurde überdies der Industrialisierungsrückstand Süddeutschlands aus dem 19. Jahrhundert zunehmend ausgeglichen.[137]

Neue Probleme des regionalen Entwicklungsausgleichs stellen sich seit der Wiedervereinigung Deutschlands 1990. Die dabei verfolgten Lösungsstrategien unterscheiden sich indessen kaum von den Modellen, die in der Bundesrepublik vor 1989 so erfolgreich praktiziert wurden. Ziel ist auch hier die Erreichung eines annähernd gleichen Lebensniveaus in allen Teilen des Landes und die Sicherung des Zugangs zu bestimmten öffentlichen Leistungen für alle Bürger.

Eingliederung der Vertriebenen und Lastenausgleich

Eine der schwierigsten Aufgaben für Wirtschaft und Gesellschaft der Bundesrepublik war die Eingliederung der Vertriebenen und die Kompensation ihrer Eigentumsverluste durch einen sogenannten «Lastenausgleich». Nach dem Bundesvertriebenengesetz vom 19. Mai 1953 galt als Vertriebener, «wer als deutscher Staatsangehöriger oder deutscher Volkszugehöriger seinen Wohnsitz in den zur Zeit unter fremder Verwaltung stehenden deutschen Ostgebieten oder in den Gebieten außerhalb der Grenzen des Deutschen Reiches nach dem Gebietsstande vom 31. Dezember 1937 hatte und diesen im Zusammenhang mit den Ereignissen des Zweiten Weltkrieges infolge Vertreibung, insbesondere durch Ausweisung oder Flucht, verloren hat». Vertriebener war jedoch auch, wer nicht bereits unmittelbar im Zusammenhang mit den Kriegsereignissen, sondern erst «nach Abschluß der allgemeinen Vertreibungsmaßnahmen» seine Heimat verlassen hatte. Als Gebiete, aus denen Deutsche vertrieben wurden, nannte das Gesetz im einzelnen die Regionen östlich der Oder-Neiße-Linie sowie Danzig, Estland, Lettland, Litauen, die Sowjetunion, Polen, die Tschechoslowakei, Ungarn, Rumänien, Bulgarien, Jugoslawien, Albanien und China.[138] Andere Kategorien für die Einbeziehung deutscher Staats- oder Volkszugehöriger in das Gesetz waren

2. Die Entstehung der Mittelstandsgesellschaft

beispielsweise die Umsiedler der Aktion «Heim ins Reich», die entsprechend den Optionsverträgen von 1939 und 1940 unter anderem aus den Baltischen Staaten, Wolhynien, der Bukowina und Bessarabien nach Deutschland zurückgekehrt waren. Alle Flüchtlinge und Vertriebene deutscher Volkszugehörigkeit sowie deren Ehegatten und Abkömmlinge waren gemäß Art. 116 Abs. 1 GG «Deutsche im Sinne des Grundgesetzes», sofern sie im Gebiet des Deutschen Reiches nach dem Stand vom 31. Dezember 1937 «Aufnahme gefunden» hatten.

Betroffen waren in erster Linie die mehr als 18 Millionen Reichs- und Volksdeutschen in Mittel- und Osteuropa. Im einzelnen handelte es sich dabei um etwa 2,5 Millionen Ostpreußen, 1,9 Millionen Ostpommern, 650 000 Ost-Brandenburger, 4,6 Millionen Schlesier, 3,5 Millionen Sudeten- und Karpatendeutsche, 250 000 Deutschbalten und Memelländer, 380 000 Danziger, 1,4 Millionen Deutsche aus Vorkriegs-Polen, 623 000 aus Ungarn, 540 000 aus Jugoslawien und 790 000 aus Rumänien sowie über 2 Millionen Rußlanddeutsche. Die Zahl der tatsächlich Vertriebenen wird zumeist mit 14 Millionen angegeben, von denen etwa 2,1 Millionen im Zuge der Flucht und Vertreibung, aber auch infolge sogenannter «Vertreibungsverbrechen» ums Leben kamen. Von den 11,9 Millionen Vertriebenen, denen die Flucht bzw. Umsiedlung gelang, nahmen 7,6 Millionen ihren Wohnsitz in der Bundesrepublik, 3,7 Millionen in der DDR, 500 000 in Österreich und 200 000 in anderen Ländern, u. a. in den USA. Außerdem müssen noch etwa 2,85 Millionen Aussiedler oder Spätaussiedler hinzugerechnet werden, die erst von 1950 bis 1992 in die Bundesrepublik oder die DDR gelangten. Die seit Anfang 1993 eintreffenden Spätaussiedler werden aufgrund des sogenannten «Kriegsfolgenbereinigungsgesetzes» vom 21. Dezember 1992 nicht mehr als Vertriebene angesehen. Dabei ist durchaus noch Potential für weitere Zuwanderung aus deutscher Volkszugehörigkeit vorhanden. So leben immer noch schätzungsweise 3,5 Millionen Deutsche in Ost- und Südosteuropa, davon 1,1 Millionen in Polen, etwa 100 000 in der Tschechoslowakei, 250 000 in Ungarn, 15 000 in Jugoslawien, 80 000 in Rumänien und 1,9 Millionen im Gebiet der ehemaligen Sowjetunion.[139]

Die entstehende Bundesrepublik sah sich durch die beispiellosen Wanderungsbewegungen infolge Flucht, Vertreibung und Umsiedlung vor außerordentlich große Probleme gestellt. Nahezu ein Fünftel – 19,3 Prozent – der Bevölkerung waren 1949 Vertriebene oder Kinder von Vertriebenen. Dazu kamen die DDR-Flüchtlinge. Ihnen allen gemeinsam war, daß sie fast immer gezwungen gewesen waren, ihr gesamtes Hab und Gut zurückzulassen, also noch einmal ganz von vorne anfangen mußten und dazu natürlich der Hilfe des Staates und der Solidarität ihrer neuen Mitbürger bedurften. In einem Land, das selbst von Kriegsfolgen und Zerstörungen stark betroffen war, bedeutete die Integration der Vertriebenen und Flüchtlinge daher eine schwere politische, wirtschaftliche und soziale Belastung.[140] Die Vertriebenenverbände und auch die 1950/51 als Interessenvertretung der Vertriebenen gegründete Partei «Bund der Heimatvertriebenen und Entrechteten», die 1952 ihrem Namen die Bezeichnung «Gesamtdeutscher Block» voranstellte und danach bis 1961 unter der Abkürzung GB/BHE firmierte, hielten die Eingliederung indessen nicht für die beste Lösung. Sie kämpften für eine Rückkehr in die alte Heimat, ohne damit große politische Erfolge zu erzielen. Zwar gelang dem GB/BHE der Einzug in einige Länderparlamente und von 1953 bis 1957 auch in den Bundestag. Aber die meisten Flüchtlinge und Vertriebenen bemühten sich schon bald nach ihrer Ankunft um die Schaffung einer eigenen Lebensgrundlage in ihrer neuen Heimat.

Diese Integration war nicht nur für die staatlichen und kommunalen Behörden, sondern auch für Kirchen und Wohlfahrtsverbände schon früh ein zentrales Thema. Auf zahllosen öffentlichen Veranstaltungen, Kongressen und Diskussionsveranstaltungen wurden die vielfältigen kulturellen, sozialen und psychologischen Spannungen zwischen den verschiedenen Bevölkerungsgruppen debattiert. So überschrieb Pastor Girgensohn aus Bethel 1950 sein Referat auf der Verbandstagung der nach alliiertem Verbot wieder zugelassenen Rotkreuz-Schwestern in Frankfurt mit dem vielsagenden Titel: «Einheimische und Flüchtlinge sind einander zum Gericht geworden».[141] Durch den Zustrom der Bevölkerung aus dem Osten, so Pastor Girgensohn in seinen Ausführungen, sei der Westen völlig anders geworden. Es gäbe in ihm jetzt zwei Welten, die sich zunehmend voneinander absonderten. Das «uralte Problem des Fremdlings» sei damit neu in Erscheinung getreten – am stärksten im Dorf, abgeschwächt auch in der Stadt. Selbst das Gemeindeleben in der Kirche werde dadurch beherrscht, denn eine fremde Welt, charakterisiert durch «Besitzlosigkeit und das Herausgefallensein aus jeder Gemeinschaft», sei in die geschlossene einheimische Struktur eingedrungen. Die alte Gemeinschaft existiere nicht mehr, eine neue noch nicht. Die Integration erfolge nach dem Prinzip der Selektion: Nur wer den Ansprüchen der neuen Umgebung genüge, werde angenommen; wer die Anpassung nicht schaffe, bleibe draußen. Dadurch wachse die Gefahr eines riesigen «Bodensatzes». Wörtlich fuhr Pastor Girgensohn dann fort: «Es besteht vielleicht die Hoffnung, daß bei einer positiven Entwicklung der Wirtschaft die Flüchtlinge besser eingegliedert werden. Hier entsteht aber eine neue Gefahr. Heute empfinden die Flüchtlinge ihren Zustand als provisorisch. Sie glauben, daß er überwunden und in den normalen, früheren überführt wird. Wenn jedoch einmal klar wird, daß die Stabilisierung auf dem Niveau eines Industriearbeiters und darunter dauernd ist, entsteht eine neue Ernüchterung.»[142]

Tatsächlich machte nur der rasche wirtschaftliche Aufschwung die relativ reibungslose Integration der Millionen Zuwanderer überhaupt möglich. Mit Erreichen der Vollbeschäftigung auf dem Arbeitsmarkt im Jahre 1958 war die soziale Eingliederung der Vertriebenen und Flüchtlinge, die der erstarkenden Wirtschaft als ebenso qualifizierte wie motivierte Arbeitskräfte durchaus willkommen waren, im wesentlichen vollzogen.[143] Sie verlief auch

2. Die Entstehung der Mittelstandsgesellschaft

deshalb vergleichsweise problemlos, weil es sich bei den Vertriebenen fast ausnahmslos um deutsche Volksangehörige handelte, die trotz anfänglich starker Interessengegensätze zwischen Eingesessenen und Flüchtlingen rasch integriert werden konnten. Dazu trugen nicht nur großzügige materielle Eingliederungshilfen bei, sondern auch eine vielfältig bewiesene menschliche Hilfsbereitschaft und Solidarität mit den Neuankömmlingen.[144] Dennoch bedurfte es eines staatlichen Rahmens, um die Integration praktisch zu verwirklichen. Das wichtigste Instrument hierbei war das Gesetz über den Lastenausgleich (LAG) vom 14. August 1952, nachdem zuvor bereits mehrere Gesetze zur Eingliederung von Heimatvertriebenen in die Landwirtschaft (10. August 1948), zur Hypothekensicherung (2. September 1948) und zur «Behebung dringender sozialer Notstände» (8. August 1949) erlassen worden waren. Ein Lastenausgleich erschien unbedingt notwendig, weil allein der Verlust an Privatvermögen, den die deutschen Vertriebenen erlitten hatten, auf 299,6 Milliarden DM beziffert wurde. Die Schätzung der Gesamtvermögensverluste – also einschließlich der öffentlichen Vermögensverluste – belief sich sogar auf 355,3 Milliarden DM. Das Lastenausgleichsgesetz sah nun Vermögens-, Hypotheken- und Kreditgewinnabgaben für diejenigen Schichten der Bevölkerung vor, denen es gelungen war, Vermögen in die neue Zeit hinüberzuretten. Die Besitzenden im Westen sollten also mit einer Vermögensabgabe den Opfern von Kriegssachschäden und Vertreibungsschäden helfen, um eine gleichmäßigere Verteilung der Kriegs- und Kriegsfolgekosten zu erreichen.[145]

Bei festgestellten Kriegsschäden konnten nun entweder Ausgleichszahlungen mit Rechtsanspruch zur Entschädigung gezahlt oder soziale Beihilfe ohne Rechtsanspruch gewährt werden. Bis 1957 überwogen soziale Eingliederungsmaßnahmen. Danach gewannen quotale Entschädigungsleistungen an Bedeutung. Hauptentschädigungen erfaßten Verluste bei Einheitswertvermögen, Sparguthaben, Wertpapieren und Beteiligungen. Eine Kriegsschadensrente wurde bei Verlust der Existenzgrundlage gezahlt. Geschädigten, die durch Kriegseinwirkung mehr als 50 Prozent ihres Hausrates verloren hatten, wurde eine Hausratsentschädigung gewährt. Für Vorhaben der gewerblichen Wirtschaft und freie Berufe, aber auch für die Land- und Wohnungswirtschaft standen Darlehen ohne Anspruch – sogenannte Aufbaudarlehen – zur Verfügung. Außerdem gab es einen Fonds mit sozialen Beihilfen für Härtefälle. In Paragraph 15 des LAG wurden auch sogenannte «Zonenschäden», d. h. Schäden von Flüchtlingen aus der SBZ bzw. der DDR, berücksichtigt, wobei viele Flüchtlinge es als ungerecht empfanden, daß der Paragraph 15 nur Verluste an Vermögens- und Urheberrechten erfaßte, nicht aber die üblichen Einbußen von Hausrat.

Trotz solcher Kritik erwies sich der Lastenausgleich als ein erstaunlich wirksames Instrument zur Eingliederung der Vertriebenen und Flüchtlinge. Zu einer Zeit, in der die Zuwanderung in jeder Beziehung als das Hauptproblem der Gesellschaft in der Bundesrepublik empfunden wurde und sich kaum jemand vorzustellen vermochte, daß der Wanderungsgewinn an jungen, teilweise gut ausgebildeten Menschen mit starkem Aufbauwillen und hoher Konsumneigung einmal zu einem konjunkturfördernden Faktor werden könnte, trug der Lastenausgleich entscheidend dazu bei, nicht nur die Integration der Vertriebenen zu fördern, sondern auch die wirtschaftliche Entwicklung in der Bundesrepublik anzukurbeln.[146] Vermögensabgaben wurden im übrigen noch bis zum 31. März 1979 entrichtet; seither wird die Weiterführung der Leistungen nach dem Lastenausgleichsgesetz von der öffentlichen Hand getragen. Das Gesamtvolumen des Lastenausgleichs liegt bei etwa 150 Milliarden DM. Damit konnte zwar keine volle Entschädigung für die Vermögensverluste der Vertriebenen geleistet werden; die Durchschnittsentschädigung wird vielmehr auf 22 Prozent geschätzt. Aber der Lastenausgleich lieferte über seine materiellen Wirkungen hinaus einen weiteren Beweis für die Solidarität der Einheimischen mit den Vertriebenen und trug somit auch in psychologischer Hinsicht zur erfolgreichen Integration bei.

Die friedliche Eingliederung der Vertriebenen stellt deshalb eine menschliche, politische und wirtschaftliche Leistung dar, die kaum hoch genug bewertet werden kann. Sie zählt zu den bedeutendsten Beiträgen zur Sicherung des europäischen Friedens nach dem Zweiten Weltkrieg. Ihre einzige Alternative – die permanente Akzentuierung der Forderung nach Rückkehr der Vertriebenen in ihre Heimat oder sogar die gewaltsame Durchsetzung dieser Forderung – hätte nicht nur neue Feindschaft gesät, sondern auch eine dauerhafte Lösung der deutschen und europäischen Frage unmöglich gemacht.

Wohlstand für alle?

Das gesetzliche Regelwerk des Lastenausgleichs und die vermögenswirksamen Transferleistungen aufgrund steuerpolitischer Ausgleichsmechanismen zwischen leistungsorientierter Marktwirtschaft und sozialpolitischer Solidargemeinschaft trugen innerhalb eines Jahrzehnts dazu bei, eine desorientierte Zusammenbruchsgesellschaft in eine sozial befriedete Gemeinschaft umzugestalten. All dies wäre ohne den Erfolg der sozialen Marktwirtschaft nicht möglich gewesen. Wachstum, Preisstabilität, eine ausgeglichene Handelsbilanz und Vollbeschäftigung waren wesentliche Faktoren sowohl für die soziale Integration der Bundesrepublik als auch für die politische Stabilisierung ihres parlamentarischen Regierungssystems, das mit steigendem materiellen Wohlstand immer größere und selbstverständlichere Unterstützung fand. Die nationalsozialistische Zwangswirtschaft und das Chaos der frühen Nachkriegszeit hatten einen derart großen Nachfragestau nach Konsumgütern erzeugt, daß mit der Etablierung der Marktwirtschaft nach der Währungsreform 1948 schlagartig ein riesiger Bedarf an Rohstoffen, Investitions- und Konsumgütern entstand. Dies brachte bedeutende Struktureffekte für den Arbeitsmarkt mit sich, Erwerbstätige aus unterdurchschnittlich

2. Die Entstehung der Mittelstandsgesellschaft

produktiven Bereichen wechselten in produktivere; Nationalökonomen bezeichnen das sogenannte Wirtschaftswunder deshalb gern als Industriewunder. Der Anteil der in der Landwirtschaft Beschäftigten sank zwischen 1950 und 1960 um jährlich 2,7 Prozent. Während der primäre Sektor etwa 1,4 Millionen Beschäftigte verlor, nahm der sekundäre Sektor um 3,4 Millionen zu. Nie zuvor hatte es einen so rasanten Umbruch in der Produktion gegeben. Nach volkswirtschaftlichen Untersuchungen bewirkte er allein schon etwa 15 Prozent des Produktivitätsfortschritts. Die Industrie fungierte dabei mit einem Wachstum von jährlich etwa 9,5 Prozent als Wirtschaftslokomotive, aber auch im Dienstleistungsbereich mit immerhin 6,3 Prozent und in der Landwirtschaft mit 3,9 Prozent wurden Zuwachsraten verzeichnet. Während in den Wachstumsbranchen wie Fahrzeugbau, Elektroindustrie und chemische Industrie sowie Mineralöl- und Kunststoffverarbeitung die Zahl höher qualifizierter Stellen rapide zunahm, sank der Anteil körperlich anstrengender Arbeit stark ab.[147]

Die gestiegene wirtschaftliche Bedeutung der Bundesrepublik verschaffte ihr bald Zutritt zu internationalen Organisationen wie dem Weltwährungsfonds (1952) und der NATO (1955) und damit zunehmendes politisches Gewicht auf der internationalen Bühne. Zusammen mit dem so ganz anders gelagerten Gewinn der Fußballweltmeisterschaft 1954 in Bern führte dies zu einem neu entstehenden Selbstbewußtsein der Bundesdeutschen, das in dem viel kolportierten Schlagwort vom «Wir sind wieder wer» seine Formel fand. Mit der Gründung der Europäischen Wirtschaftsgemeinschaft (EWG) im März 1957 in Rom erreichte die Integration der Bundesrepublik in das westeuropäische Wirtschaftssystem nach Marshall-Plan und Montanunion (Europäische Gemeinschaft für Kohle und Stahl) einen vorläufigen Abschluß, aber zugleich auch einen neuen Ausgangspunkt. Denn durch die Vertragsunterzeichnung verpflichteten sich Italien, Frankreich, die Niederlande, Belgien, Luxemburg und die Bundesrepublik zum Abbau gegenseitiger Handelsschranken und Binnenzölle, zur Einführung eines gemeinsamen Außenhandelszolls sowie zur Koordination ihrer Wirtschafts- und Sozialpolitik.[148] Diese Liberalisierung des freien Waren-, Dienstleistungs-, Kapital-, Zahlungs- und sonstigen Wirtschaftsverkehrs in Mitteleuropa führte dazu, daß in der Bundesrepublik bald immer mehr Menschen direkt für den Außenhandel produzierten, der Ende der fünfziger Jahre mit einer Quote von 17 Prozent in der Gesamtnachfrage nur knapp hinter den Privatinvestitionen und noch vor den Staatsausgaben rangierte.[149] Nur ein Jahrzehnt nach der bedingungslosen Kapitulation war die Bundesrepublik zu einer führenden Industrienation aufgestiegen, deren Markenzeichen «Made in Germany» wieder einen guten Ruf besaß.

Im Bewußtsein der meisten Westdeutschen verklärte sich dieses «Wirtschaftswunder» der zweiten deutschen Gründerzeit zwischen 1950 und 1958 daher zum sinnstiftenden Mythos. Aus einer Situation elementaren Mangels an Lebensmitteln, Wohnraum und Arbeitsplätzen war in weniger als einem Jahrzehnt eine neuartige Konsumgesellschaft entstanden, deren Mitglieder nicht länger nur damit beschäftigt waren, ihre materiellen Grundbedürfnisse zu sichern, sondern sich nun auch mit Luxusgütern, wie Autos, Fernseher und Auslandsreisen, vertraut machen durften. Zum «Wohlstand für alle» trug dabei neben dem generellen Wirtschaftsaufschwung auch das traditionelle kleinbürgerliche Arbeitsethos bei, das im deutschen kulturellen Milieu offenbar tief verwurzelt war und zumindest die Anfänge des Wirtschaftswunders überdauerte. Pflichtbewußt ging man zur Arbeit, erfreute sich in selbstverständlicher Bescheidenheit des stetigen Einkommenszuwachses, legte am Ende jedes Monats eine gewisse Summe auf die «hohe Kante» und sammelte so die Mittel für den sozialen Aufstieg.

Sparsamkeit blieb auch in der entstehenden Konsumgesellschaft eine nationale Tugend. Bereits nach wenigen Aufbaujahren waren zwei Drittel der Bürger praktisch schuldenfrei. Konsum orientierte sich zunächst vor allem an Nützlichkeitserwägungen. Die ersten Ikonen des Wirtschaftswunders waren deshalb elektrische Haushaltsgeräte wie Kühlschränke und Waschmaschinen, aber auch schon die Realisierung des Traums vom Eigenheim. Erst danach folgten «Freizeitprodukte» wie Fernseher, Auto und Urlaub. Kabinenroller, BMW-Isetta, Goggomobil und der aus Holzgerippe mit Kunststoffummantelung bestehende, vielfach als «Leukoplastbomber» verspottete Lloyd («Wer den Tod nicht scheut, fährt Lloyd») waren zwar kaum mehr als «fahrbare Untersätze». Aber sie wurden schon bald durch den in Großserie produzierten «Volkswagen» und die PS-stärkeren und sportlicheren Mittelklasseautos von Opel, Ford und BMW ergänzt und schließlich verdrängt. Verbunden mit dieser Motorisierung war eine bis dahin unbekannte Mobilität und damit ein neues Gefühl von Freiheit, das im ritualisierten Wochenendausflug und der zunehmend als selbstverständlich erachteten Urlaubsreise seinen Ausdruck fand. Italien war ein besonders beliebtes Reiseziel. Bereits 1956 strebten mehr als 4,5 Millionen Deutsche über die Alpen, und eine Meinungsumfrage vom Mai desselben Jahres ergab, daß der Wunsch, den «Frühling an der Riviera» zu verbringen, einsam an der Spitze rangierte.[150] Aus «Trümmerland» war binnen eines Jahrzehnts «Wirtschaftswunderland» geworden.

Modernisierung und Lebensveränderung

Unter «Modernisierung» wird üblicherweise der Fortschritt gegenüber dem Althergebrachten, Überkommenen und Überlebten verstanden. Mit der Herausbildung der bürgerlich-industriell organisierten und demokratisch-rechtsstaatlich verfaßten Gesellschaft, für die das England des 17. und 18. Jahrhunderts das paradigmatische Beispiel gab, beginnt in der historischen Periodisierung die «Moderne». Idealtypisch erzeugt die moderne Gesellschaft durch Industrialisierung ein sich selbst tragendes Wachstum des Pro-Kopf-Einkommens. Bei zunehmender Staatseinwirkung in gesellschaftlichen Fragen ergibt sich zudem die Möglichkeit zur Partizipation eines immer größeren Teils der Bevölkerung an den politischen, wirtschaftlichen und kulturellen Aktivitäten der Gesellschaft und die Erleichterung des Zugangs zur Elite. Karl R. Popper hat die moderne Gesellschaft deshalb eine «offene Gesellschaft» genannt, weil sie sich durch den Wegfall traditionaler Bindungen und zugeschriebener Rollenerwartungen auszeichne.[151]

Der Trend zur Demokratisierung von Staat und Gesellschaft mit einer Ausweitung der Partizipationsmöglichkeiten und der Emanzipation von überkommenen Autoritäten und Bindungen ist also ein maßgeblicher Faktor der Modernisierung. Weitere Kriterien sind die Rationalisierung und Verwissenschaftlichung der Daseinsbedingungen, sozialstaatliche Absicherung der Lebensrisiken, stetige Erhöhung des Lebensstandards und dauerhafte Verbesserung gegebener Sozialchancen im Sinne einer «Revolution» steigender Erwartungen und Bedürfnisse. Sie alle lassen sich – wie der Trend zu städtischen Formen der Siedlungs- und Lebensweise und die damit verbundene Individualisierung der Lebenslagen – an der Entwicklung der Bundesrepublik in den fünfziger Jahren ablesen. Nach Meinung des Soziologen Ralf Dahrendorf wurden die Grundlagen für diese erst in der Bundesrepublik sichtbar gewordene «Modernität» aber bereits im Nationalsozialismus gelegt. Zwar sei Modernisierung nicht das primäre Ziel, sondern eher die unbeabsichtigte Folge nationalsozialistischer Herrschaft gewesen. Doch die im Kaiserreich und in der Weimarer Republik aufgehaltene «soziale Revolution» habe sich unter dem NS-Regime *de facto* vollzogen, indem die Menschen durch die Ideologie der «Volksgemeinschaft» ebenso wie durch Krieg, Flucht und Vertreibung aus den ihnen zugeschriebenen Rollen sowie aus ihren traditionalen Bindungen an Region, Konfession, Familie und soziale Klasse gelöst worden seien. Denn damit habe sich, durchaus ungewollt, eine «Egalisierung sozialer Teilnahmechancen» ergeben.[152] Dagegen wendet Jens Alber ein, Dahrendorfs Befund sei oberflächlich und stehe im Gegensatz zu empirischen Ergebnissen: Weder habe sich der Urbanisierungsprozeß in der NS-Zeit beschleunigt, noch seien markante Veränderungen der Erwerbsstruktur eingetreten. Lediglich «Trendanpassungen», die jedoch durch die Weltwirtschaftskrise erzwungen worden seien, habe es während des Nationalsozialismus gegeben. Die bereits in der Weimarer Republik begonnene Bildungsexpansion sei von den Nationalsozialisten sogar gestoppt und zurückgeschraubt worden, der Anteil von Arbeiterkindern an Universitäten sei auf das Niveau von 1911 gefallen, und die Frauen seien im Käfig zugeschriebener Geschlechterrollen festgehalten worden. Alber kommt deshalb, wie die Mehrzahl der deutschen Soziologen und Historiker, zu dem Schluß, daß der entscheidende Entwicklungssprung der deutschen Gesellschaft in die Modernität erst während der Aufbaujahre der Bundesrepublik erfolgt sei.[153]

Dafür spricht tatsächlich manches. Mußten bis 1950 durchschnittlich noch drei Viertel des Haushaltseinkommens für Nahrung, Kleidung und

Wohnung ausgegeben werden, so sank dieser Anteil bis 1970 bei qualitativ höherem Niveau auf 60 Prozent. Radios, Fernsehgeräte, Fotoapparate, Kühlschranke und Waschmaschinen, die früher als Luxusgüter gegolten hatten, wurden zu typischen Produkten des Massenkonsums. Die Vergrößerung der Wohnungen, die den Arbeiterfamilien zur Verfügung standen, führte zu einer Verbürgerlichung ihres Lebensstils. Dies machte sich besonders in der Verlagerung des Lebensschwerpunkts aus der Wohnküche ins Wohnzimmer bemerkbar. Ähnliche Auswirkungen hatte die – mit einer gewissen Verzögerung eintretende – Entstehung der mobilen Massengesellschaft, die ebenfalls eine direkte Folge des wachsenden allgemeinen Wohlstands war: 1962 besaßen lediglich ein Fünftel der Arbeiterhaushalte ein Auto, zehn Jahre später waren es bereits zwei Drittel. Freizeitmöglichkeiten, die früher den besseren Ständen vorbehalten gewesen waren, wie Reisen und Erholung, wurden nun auch für Arbeiter erschwinglich, für die der Lebenstraum von sozialer Sicherheit und materiellem Vermögen plötzlich realisierbar geworden war.

Ein weiterer Indikator für den Modernisierungsprozeß ist der Wohnungs- und Städtebau. Durch Anknüpfung an die Tradition des Weimarer Bauhauses wurde hier für jedermann sichtbar mit der nationalsozialistischen Vergangenheit gebrochen. Bereits 1945/46 entstanden in Hamburg die ersten Wohnhochhäuser im Bauhausstil auf deutschem Boden, die als Sieg der modernen Lebensauffassung gefeiert wurden. Anhand der Wohnfläche, die einzelnen Personen zur Verfügung stand, läßt sich der Fortschritt in diesem Bereich nachvollziehen: 1950 waren es nur 14,3 Quadratmeter pro Person, zwanzig Jahre später bereits 23,8 und 1989 sogar 40 Quadratmeter. Die Wohnung und ihre Ausstattung wurden zusammen mit dem Auto zur Statusfrage des modernen Lebensstils. Mit der Erhöhung der Kaufkraft breiter Schichten und der Zunahme von Freizeit entwickelte sich das Streben nach Teilhabe an der kontinuierlichen Verbesserung des Lebensstandards zum eigentlichen Motor des Konsums: Die Realeinkommen wuchsen in den fünfziger und sechziger Jahren um etwa 5,5 Prozent jährlich; die Fünf-Tage-Woche wurde für die große Mehrheit der Bevölkerung zur Regelarbeitszeit. Stetig steigende Erwartungen bewirkten daher eine dynamische Ausdifferenzierung der Konsumgüterindustrie. Immer schneller wechselten die Moden und Trends auf allen Gebieten.[154]

Diese anhaltende Prosperität sowie die damit einhergehende Modernisierung und nachhaltige Lebensveränderung führten zu einem politisch-sozialen Strukturwandel, den Josef Mooser als *Abschied von der Proletarität* beschrieben hat.[155] Die traditionelle Enge und Unsicherheit des «proletarischen» Lebenszuschnitts wurden weithin überwunden. Die Vollbeschäftigung sowie die Arbeitszeitverkürzung und Steigerung der Einkommen gaben den vormals nur ungenügend abgesicherten Arbeitern nicht nur soziale Sicherheit, sondern boten ihnen zum ersten Mal auch die Chance für eine nicht mehr ausschließlich durch Mühsal bestimmte Existenz. Muße und

2. Die Entstehung der Mittelstandsgesellschaft

Freizeit, früher nur den höheren Schichten vorbehalten, wurden jetzt allen Menschen zugänglich. Darüber hinaus bewirkten die institutionelle wie materielle Erweiterung der Sozialpolitik, etwa die Dynamisierung der Renten seit 1957, einen fundamentalen Wandel im lebens- und familienzyklischen Einkommensverlauf, durch den ein stärker individuell bestimmtes Privatleben erst möglich wurde.[156]

Helmut Schelsky sprach in diesem Sinne bereits 1953 erstmals sogar von einer «nivellierten Mittelstandsgesellschaft», für die ihm der Typ der industriell arbeitenden und konsumorientiert lebenden Kleinfamilie prägend zu sein schien, die bis Mitte der sechziger Jahre für geburtenstarke Jahrgänge sorgte und schon allein dadurch Zufriedenheit mit dem Erreichen der Aufbauzeit bekundete. Die Herausbildung einer nivellierten, kleinbürgerlichmittelständischen Gesellschaft – «ebensowenig proletarisch wie bürgerlich» – war für Schelsky zugleich Beweis für die Überwindung der Klassengesellschaft.[157] Der wachsende Wohlstand für viele, wenn auch vielleicht nicht für alle, die Änderung und Angleichung der Lebensgewohnheiten, Routinen, Sitten und Gebräuche im Alltag sowie die bemerkenswerte Zufriedenheit des weit überwiegenden Teils der Bevölkerung mit dem politischen und ökonomischen System der Bundesrepublik bedeuteten nicht nur den «Abschied von der Proletarität», sondern auch die Widerlegung von Karl Marx.[158] Aus Schelskys Wort von der «nivellierten Mittelstandsgesellschaft» sprach daher zugleich die Genugtuung des konservativen Soziologen, daß die Modernisierung des Kapitalismus offenbar nicht gleichbedeutend mit seiner Radikalisierung war. Jedenfalls schien die Bundesrepublik mit ihrem «Wirtschaftswunder» auf einem guten Weg, den Kreislauf von Krieg, Not und Revolution zu durchbrechen und eine Gesellschaft zu errichten, die sich nicht nur durch Freiheit, sondern auch durch ein hohes Maß an Gleichheit auszeichnete.

«Nivellierung» oder Schichtung?

Die «Deklassierung» und gleichmacherische Not der frühen Nachkriegszeit, die Entwicklung der Arbeitnehmergesellschaft und nicht zuletzt die Ausbreitung von Konsum und Massenkultur in den fünfziger Jahren verleiteten viele Beobachter dazu, von der weitgehenden Vereinheitlichung der Lebenslagen auf die Einebnung sozialer Ungleichheit zu schließen. Schelskys frühe These von der «nivellierten Mittelstandsgesellschaft» fand daher zunächst viel Zustimmung: Einerseits war die gesellschaftliche und politische Vorrangstellung des Adels endgültig gebrochen, und große Teile des Besitzbürgertums hatten ihr Vermögen eingebüßt; andererseits hatte sich die qualifizierte Angestelltenschaft rapide vergrößert, und viele Arbeiter hatten eine Qualifizierung und gesellschaftliche Integration erlebt. Hinzu kam die Verbesserung der materiellen Lebensverhältnisse und Konsumchancen nahezu der gesamten Bevölkerung sowie die Ausrichtung der

Lebensführung auf materiellen Wohlstand.[159] Der daraus entstandene Eindruck, soziale Ungleichheit sei allgemein im Verschwinden begriffen, traf jedoch nicht zu. Empirische Studien zeigen, daß die neue Gesellschaft nicht so einheitlich war, wie es Schelskys Begriff suggerierte. Zwar hatte es in der unmittelbaren Nachkriegszeit durchaus soziale Auf- und Abstiegsprozesse gegeben, die in den fünfziger Jahren noch durch eine allgemeine Angleichung der Lebensbedingungen ergänzt wurden. Aber von einer «Nivellierung» der Gesellschaft konnte man trotzdem nicht sprechen. Denn weder bei der Elitenrekrutierung noch bei der Einkommens- und Vermögensverteilung als den zentralen Indikatoren für das erreichte Maß an sozialer Mobilität ließen sich entscheidende Veränderungen feststellen. So waren die Unterschichten, von wenigen Abgeordneten, Gewerkschaftsführern und politischen Beamten abgesehen, in den Führungspositionen der Bundesrepublik bis Mitte der sechziger Jahre kaum vertreten. Die gesellschaftlichen Eliten rekrutierten sich weiterhin überproportional aus dem Bürgertum und dem «Nachfolgebürgertum» der letzten Jahre des Kaiserreiches und der Weimarer Republik.[160]

Auch bei der Einkommens- und Vermögensverteilung blieb die Kluft zwischen Arbeitern, Angestellten und Beamten sowie Selbständigen im wesentlichen erhalten. Zwar trugen der unübersehbare wirtschaftliche Aufschwung und die damit zusammenhängenden Einkommens- und Lohnzuwächse dazu bei, in allen Schichten der Bevölkerung ein hohes Maß an Zufriedenheit zu erzeugen, wobei vor allem der Vergleich zur Weimarer Republik die bestehende Ungleichheit als weniger wichtig erscheinen ließ. Aber die reale Vermögensverteilung änderte sich kaum. So stieg das durchschnittliche monatliche Haushaltsnettoeinkommen bei Arbeitern, Angestellten und Rentnern von 1950 bis 1970 um das Vier- bis Fünffache, bei Selbständigen jedoch um mehr als das Sechsfache.[161] Das allgemeine Wohlstandsniveau, eine kompensatorische staatliche Vermögens- und Sozialpolitik sowie die Bemühungen um eine stärkere Streuung der Vermögensbildung unter der Parole «Eigentum für alle» – nach dem vorangegangenen Slogan «Wohlstand für alle» – deuteten allerdings zugleich darauf hin, daß die Politik das Wohl der Bürger und auch den Gleichheitsgrundsatz durchaus ernstnahm. In einem Gutachten der wissenschaftlichen Beiräte des Finanz- und Wirtschaftsministeriums vom Januar 1958 hieß es dazu ausdrücklich, es sei eine grundlegende Aufgabe, «eine breite Streuung des Vermögensbesitzes und gleichmäßigere Chancen für die Bevölkerung zu schaffen».[162] Dementsprechend wurde am 5. Mai 1959 das Sparprämiengesetz für langfristige Spareinlagen verabschiedet. Im Dezember 1959 schuf eine Aktienrechtsreform die Möglichkeit, Aktien an Belegschaftsmitglieder zu besonders günstigen Konditionen auszugeben. Eine spektakuläre Geste war auch die nach der Privatisierung von Bundesunternehmen möglich gewordene Emission von «Volksaktien» durch die Preussag 1959, Volkswagen 1961 und die VEBA 1965.[163] In eine ähnliche Richtung zielten Überlegun-

2. Die Entstehung der Mittelstandsgesellschaft

gen bei Unternehmern und Gewerkschaften zum Investivlohn, bei dem ein Teil des Lohns einbehalten und bei beschränkter Verfügungsmöglichkeit investiert wird.[164]

Alle diese Bemühungen änderten aber nichts daran, daß die Tendenz zur Vermögenskonzentration ungebrochen blieb und ein nennenswerter Umverteilungseffekt nicht erreicht wurde. Selbst die gesetzgeberischen Maßnahmen zur Vermögensbildung kamen oft mehr den finanziell Bessergestellten als den unteren Schichten der Bevölkerung zugute. So nutzten Arbeiter beispielsweise das Instrument des Bausparens in weit geringerem Maße als Angestellte, Beamte und Selbständige, wie eine Stichprobe im Januar 1969 ergab. Mit 19,6 Prozent lagen sie nicht nur weit hinter den anderen Berufsgruppen zurück, sondern befanden sich auch deutlich unter dem Durchschnitt aller Haushalte.[165] Tatsächlich war die Lage der Arbeiter im Vergleich zu den anderen Gruppen auch in der Bundesrepublik durch größere Abhängigkeit, geringere Bildungschancen und schlechtere Einkommensentwicklung gekennzeichnet. Im Vergleich zu anderen Ländern, nicht zuletzt dem «Arbeiter- und Bauernstaat» der DDR, und vor dem Hintergrund der allgemeinen Wohlstands- und Aufstiegsorientierung wurde diese Benachteiligung jedoch nur selten als Problem empfunden.

Statt von «Nivellierung» im Sinne Schelskys erscheint es somit angemessen, von einer «Schichtungsgesellschaft» zu sprechen, in der zwar die Klassengesellschaft nicht mehr existierte, wohl aber eine «ungleiche Gesellschaft mit deutlich höher und tiefer stehenden Bevölkerungsteilen».[166] Zumindest prinzipiell stand darin allen Bürgern die Möglichkeit offen, durch individuelle Leistung in Ausbildung und Beruf einen sozialen Aufstieg anzustreben. Hinzu kam die Angleichung von Lebensstandard, Alltagsgewohnheiten und Freizeitgestaltung. Am meisten profitierten davon die unteren Schichten, die mit der für sie ungewohnten Möglichkeit zur Vermögensbildung kulturell «verbürgerlichten». Die Erosion traditioneller Identitätsmuster der «Arbeiterklasse» war deshalb hier besonders augenfällig. Die Öffnung des Bildungswesen und die mit dem Produktivitätssprung der Industrie bzw. mit der Ausweitung des Dienstleistungssektors einhergehende Entstehung neuer Berufe machte zudem aus Arbeitern häufig Facharbeiter bzw. qualifizierte Angestellte. Die verbesserten Aufstiegsmöglichkeiten für Arbeiter bewirkten wiederum eine Lockerung ihrer ursprünglichen politischen Bindung an die klassischen Arbeiterparteien und Gewerkschaften. Die Identifikation mit kollektiven Interessensorganisationen trat zugunsten eines eher individuellen Leistungsdenkens bzw. eines stärker familienbezogenen Selbstverständnisses zurück.[167]

Joseph Schumpeter hat für diese Entstehung einer durch soziale Mobilität und materiellen Wohlstand insgesamt homogenisierten Gesellschaft von Individuen das plastische Bild vom «Omnibus» der jeweils eigenen Klasse geprägt, in den plötzlich ganz fremde Personen zustiegen.[168] Die soziale Struktur der Bundesrepublik kam diesem Bild einer geschichteten Gesellschaft mit beträchtlicher Durchlässigkeit von unten nach oben wie von oben nach unten in den fünfziger Jahren bereits sehr nahe. Die Gründe dafür waren allerdings nicht nur in der wirtschaftlichen Entwicklung, sondern ebenso in den besonderen Verhältnissen der Nachkriegszeit zu suchen. In den folgenden Jahrzehnten wurde dieser Prozeß der sozialen Homogenisierung bei gleichzeitig fortbestehender Schichtungsdifferenz durch die Modernisierung noch beschleunigt. Da soziale Schichten ihrer Definition nach «Erscheinungsformen der Ungleichheit zwischen Menschen» (M. Rainer Lepsius) darstellen, ist von einer Pluralität von Schichtungsstrukturen auszugehen, wobei je nach Modell unterschiedliche Aspekte der Ungleichheit, wie Beruf, Einkommen oder Ausbildungsgrad, herausgehoben werden können. Empirische Befunde, die für die Bundesrepublik bislang ohnehin nur sehr begrenzt zur Verfügung stehen, hängen daher in ihrem Aussagewert maßgeblich von der Auswahl des Schichtungsmodells ab. Immerhin lassen sich selbst bei der einfachsten Form der Erfassung von Schichtungsstrukturen, nämlich durch Befragung eines für die Bevölkerung repräsentativen Samples, deutliche Trends erkennen:

Soziale Schichtung nach der Selbsteinstufung in Schichtkategorien (in Prozent der Befragten) in der Bundesrepublik Deutschland 1955 und 1972

	1955	1972
Oberschicht	2	1
Obere Mittelschicht	–	8
Mittelschicht	43	51
Arbeiterschicht	49	38
Unterschicht	5	–
Keine Antwort	1	2

Quellen: Morris Janowitz, Soziale Schichtung und Mobilität in Westdeutschland, in: Kölner Zeitschrift für Soziologie und Sozialpsychologie, 10 (1958), S. 28; Franz Urban Pappi, Parteisystem und Sozialstruktur in der Bundesrepublik, in: Politische Vierteljahresschrift, 14 (1973), H. 2.

Aus der Gegenüberstellung geht insbesondere hervor, daß sich 1955 immerhin noch 54 Prozent der Befragten zur Arbeiter- bzw. Unterschicht rechneten, während dieser Anteil 1972 bei nur noch 38 Prozent lag. Nicht weniger als 59 Prozent meinten dagegen zu Beginn der siebziger Jahre (gegenüber 43 Prozent 1955), zur Mittelschicht zu gehören. Selbst aus der Oberschicht ist ein Trend zur Mittelschicht zu erkennen. Auch wenn die Verringerung des Oberschichtenanteils von 2 Prozent 1955 auf 1 Prozent 1972 statistisch nicht besonders zuverlässig scheint, gibt sie dennoch die «Verbürgerlichung» der Eliten durchaus zutreffend wieder. Dieser Befund wird durch punktuelle Schichtenuntersuchungen, die auf der Grundlage objektiver Merkmale von Erwin K. Scheuch (Einkommen, Beruf und Schulbildung) bzw. Harriet Moore und Gerhard Kleining (berufliches Prestige) durchge-

2. Die Entstehung der Mittelstandsgesellschaft

führt wurden, bestätigt. Demnach befanden sich 1960/61 etwa 60 Prozent der Bevölkerung in der unteren Mittel- und oberen Unterschicht; 20 Prozent lagen darunter und ebenfalls 20 Prozent darüber in der mittleren und oberen Mittelschicht.[169] Die Tendenz zur Entwicklung einer «Mittelstandsgesellschaft», bei der die Gesamtheit jener sozialen Gruppen, die im Rahmen der industriell bestimmten Gemeinschaft zwischen Oberschicht und Unterschicht angesiedelt sind, den Charakter dieser Gemeinschaft bestimmen, war deshalb nicht zu übersehen. Die soziale Realität der Bundesrepublik war davon, ungeachtet aller Differenzierung, bis Ende der sechziger Jahre – und darüber hinaus – maßgeblich geprägt.

Die egalitäre Dynamik des Wirtschaftswunders

Das «Wirtschaftswunder» der fünfziger Jahre führte jedoch nicht nur zu einer wesentlichen Verbreiterung der Mittelschicht und einer weitgehenden Angleichung des Lebensstandards im großen «Mittelbereich» der Gesellschaft, sondern entfaltete auch eine egalitäre Dynamik in der Tendenz zu unselbständiger Arbeit und zur Normierung des Verhaltens in Beruf und Freizeit. So ging der Anteil der selbständig Erwerbstätigen von 28 Prozent im Jahre 1950 auf nur noch 16 Prozent 1971 zurück, während der Anteil der unselbständig Tätigen von 72 Prozent 1950 auf 84 Prozent 1971 stieg. Die große Mehrheit der Menschen war somit in den Arbeitsbedingungen und im Einkommen von der Organisationsstruktur und dem Erfolg oder Mißerfolg der Unternehmen abhängig. Mit Ausnahme der Beamten waren sie förmlich kündbar und nur vertraglich an ihren Arbeitsplatz gebunden. Arbeitsrecht, Sozialpolitik, Mitwirkungschancen bei der betrieblichen Gestaltung der Arbeitsbedingungen und tarifrechtliche Bestimmungen über die Einkommensverhältnisse setzten für sie den institutionellen Rahmen ihrer Arbeitstätigkeit.[170]

Darüber hinaus kam es zu einer Verschiebung der Anteile von Arbeitern sowie Beamten und Angestellten an der Gesamtzahl der Erwerbspersonen: Während der Arbeiteranteil im Jahrzehnt zwischen 1950 und 1960 mit 51,0 Prozent bzw. 49,1 Prozent nahezu konstant blieb, sank er im folgenden Jahrzehnt bis 1971 auf 46,1 Prozent deutlich ab. Der Anteil der Beamten und Angestellten stieg dagegen kontinuierlich von 20,6 Prozent im Jahre 1950 über 28,1 Prozent 1960 auf 37,8 Prozent 1971.[171] In Verbindung mit den alle Schichten begünstigenden Einkommens- und Lohnzuwächsen sowie den staatlichen vermögens- und sozialpolitischen Maßnahmen ergab sich auch hier eine Situation, in der die durchaus weiter existierende soziale Ungleichheit dem einzelnen als weniger bedeutsam erschien. Gemeinsam gerieten Arbeiter, Angestellte und Beamte zunehmend in das breite Mittelfeld sozialen Aufstiegs, wobei nicht nur die rein pekuniären Verbesserungen zu einer relativen Zufriedenheit mit den bestehenden Verhältnissen führten. Auch die in allen Bereichen stattfindende Modernisierung der Arbeitsgesellschaft durch technischen Fortschritt, innerbetriebliche Rationalisierung und eine bisher unbekannte wohlfahrtsstaatliche Absicherung ihrer Risiken trug zu einer grundlegenden Veränderung der Arbeitswelt bei. Studien der Betriebssoziologen Horst Kern und Michael Schumann bestätigen den Befund, daß der traditionelle Klassenkonflikt des Arbeiters in der wohlfahrtsstaatlich flankierten und pazifizierten Organisationsgesellschaft der fünfziger Jahre weitgehend kanalisiert wurde. Im Zuge der technologisch fortschreitenden Entwicklung verschoben sich für die Arbeiter die Erwartungen und Bewertungsgrundlagen ihres Selbst- und Gesellschaftsbildes; die Verlagerung ihrer Rollenidentität aus der Arbeitswelt in den Privatbereich eröffnete einen Prozeß, der später zum Schlagwort von der «Freizeitgesellschaft» führen sollte. Die Arbeitswelt ließ sich damit nicht länger, wie bei Karl Marx, ausschließlich als «existentielle Problem- und Konfliktzone» denken, in der Klassenkampf herrschte, bis sich die antagonistischen Spannungen revolutionär entluden.[172] Die Angleichung von Erfahrungswelten in Arbeit und Freizeit trug vielmehr entscheidend zur institutionellen Auflösung der traditionellen Arbeiterbewegung und zu einer generellen Harmonisierung der gesellschaftlichen Entwicklung bei, die für die Stabilität des «Provisoriums» der frühen Bundesrepublik ebenso kennzeichnend war wie das rasche Wirtschaftswachstum an sich. Die Dynamik des Wirtschaftswunders und der damit verbundene tiefgreifende soziostrukturelle Wandel führten zwar nicht zu einer Nivellierung der Vermögensverhältnisse, wohl aber zu einer Egalisierung der Konsum- und Freizeitorientierung, die letztlich das Erscheinungsbild der Gesellschaft in der Bundesrepublik mindestens ebensosehr prägte wie die fortbestehende soziale Differenzierung nach Bildung, Beruf oder Einkommen.[173]

3. Die «skeptische Generation»

Ob man die Gesellschaft der Bundesrepublik in den fünfziger Jahren demnach besser als «nivellierte Mittelstandsgesellschaft», als eine «Gesellschaft jenseits von Klasse und Stand» oder als «pluraldifferenzierte Wohlstandsgesellschaft» charakterisiert[174], ist eine Frage, die in erster Linie die Soziologen beschäftigt. Alle diese Kategorien umreißen indessen eine Sozialstruktur, die sich von der überkommenen Klassengesellschaft grundsätzlich unterschied und in der Freizeit und Konsum einen zentralen Stellenwert gewannen. Alte milieudifferenzierende Indikatoren wie Lebensstandard, Arbeit und Umgebung wurden durch neue ausgeklügelte Kriterien, wie Qualität der Bekleidung, Standort und Ausstattung der Wohnung, Besitz oder Nichtbesitz eines Autos sowie die Möglichkeit zu reisen, ergänzt. «Mehr Schein als Sein» stand im negativen Fall als Motto über dieser Entwicklung. Schichtenzugehörigkeit bzw. Herkunftsmilieu wurden nicht mehr allein durch Beruf, tatsächliches Einkommen oder den Wohnort bestimmt, sondern immer häufiger auch durch Symbole eines realen oder vermeintlichen Wohlstands dokumentiert – oder vorgetäuscht.

In seinem Buch über die Entstehung der «Erlebnisgesellschaft» hat Gerhard Schulze 1992 noch einmal auf die Bedeutung dieser Modernisierung für die gesellschaftlichen Milieus in der Bundesrepublik in den fünfziger Jahren hingewiesen: Alte, überlieferte Strukturen wurden zunehmend durch neue Lebens- und Verhaltensmuster überlagert und verdrängt. Zum letzten Mal spielten «Beziehungsvorgaben, das Hineingeborensein in einen sozialen und räumlichen Kontext, eine wichtige Rolle für die Konstitution sozialer Milieus». Doch schon zeichnete sich «die Auflösung dieser Form der Milieuentstehung durch Mobilisierung, Massenkommunikation und Massenkonsum» ab.[175] Zugleich weist Schulze allerdings darauf hin, daß die Arbeit als Quelle für Selbstwertgefühl und Statuszuweisung in der neuen Erlebnisgesellschaft keineswegs an Bedeutung verlor. So war nach dem Erschrecken über die eigene Geschichte oft sogar ein neuer Arbeitseifer erkennbar, der neben der Befriedigung rein materieller Bedürfnisse auch der Grundlegung einer neuen Lebensphilosophie diente. Arbeit bedeutete nicht mehr nur Gelderwerb, sondern verschaffte Lebenssinn.

Daneben trat die Rückbesinnung auf traditionelle Kulturvorstellungen vom «Wahren, Schönen, Guten». Kunst konnte gar nicht weit genug von Alltag, politischem Zeitgeschehen und «jüngster Vergangenheit» entfernt sein; Kulturerlebnis wurde zum privaten Feierabendvergnügen. Die Begeisterung und Anteilnahme, mit der Sportreportagen, Wochenschauen und Kinofilme verfolgt wurden, waren Zeichen einer kulturellen Erlebnisfähigkeit, die das bescheidene Angebot aus der Erfahrung völliger Entbehrung mit Dankbarkeit annahm: «Am Anfang des Erlebnismarktes war Befriedigung noch leicht erreichbar. Statt vor einem riesigen Berg von Spielzeug in Ratlosigkeit zu verfallen, findet das Kind ein, zwei Gegenstände vor, an denen es sich erfreuen kann. Einige Jahre schwelgt die Gesellschaft in der ephemeren Situation des unschuldigen Vergnügens. Nylonstrümpfe, Bohnenkaffee, Zigaretten, das erste Auto, die erste Reise in die Berge, die neue Sitzgarnitur, Himbeereis, Kino, rare Konzertabende im Gemeindesaal, Lichtbildervorträge usw. heben sich als vereinzelte alltagsästhetische Episoden vom Grau der Normalität ab.»[176]

Die scheinbare innere Zufriedenheit der Nachkriegsgesellschaft mit den erreichten materiellen Standards und den neuen, noch ungewohnten Realisierungschancen eines unmittelbaren Lebensgenusses stand jedoch in bemerkenswertem Kontrast zu Entwicklungen, die sich hinter der harmoniegetünchten Fassade des Wirtschaftswunders vollzogen. Vor allem die nachwachsende jüngere Generation fühlte offenbar ein instinktives Unbehagen angesichts der heuchlerisch-unschuldigen Selbstverständlichkeit, mit der die Älteren nach der Tragödie des Nationalsozialismus zur Tagesordnung des Wiederaufbaus und des Geldverdienens übergingen. Politische Zurückhaltung und Distanz mischten sich mit unpolitischem Aufbegehren gegen die provinzielle Enge einer im wesentlichen großelterlich geprägten Gesellschaft. Mit der «skeptischen Generation» der fünfziger Jahre kündigte sich nach Wirtschaftswunder und sozialer Modernisierung somit eine dritte grundlegende Veränderung in der Bundesrepublik an: ein politisch-geistiger Umbruch, der in den sechziger Jahren nicht nur das Wertesystem revolutionieren, sondern auch zu einer weitgehenden «Umgründung» der Republik in politischer, wirtschaftlicher und sozialer Hinsicht führen sollte.

Unglückliche Jugend

Noch nie, meinte Richard Kaufmann 1958 in düsterem Grundton in der *Süddeutschen Zeitung*, habe es eine so unglückliche Generation von 14- bis 21jährigen gegeben wie zu diesem Zeitpunkt: «hungrig trotz der Übersättigung, leer trotz der Fülle des Gebotenen, ratlos, nervös, unzufrieden und erfüllt von einer tiefen Animosität gegen die Erwachsenen, die doch dieses Jugendparadies geschaffen haben».[177] Schon vier Jahre zuvor hatte Gerhard Sanden im *Handelsblatt* als Ergebnis einer Analyse literarischer Selbstzeugnisse von Zwanzig- bis Dreißigjährigen in ganz ähnlicher Weise zu den Angehörigen dieser neuen Generation bemerkt:

«Offene Aufsässigkeit, revoltierende Aufrufe, vielsagende Bekenntnisse werden als unpraktisch schlechthin verachtet. Der Staat, so meinen sie, wird von den Älteren überschätzt. Seine gegenwärtige Form sehen sie als überaltert und schwerfällig an, seinen Autoritätsanspruch als geradezu albern – angesichts der hilflosen Verzwicktheit der Bürokratie und der offenbaren Kurzlebigkeit der Parolen. Das Grundgefühl ist: er kostet uns mehr, als er wert ist. Man wird ihn gegen schlechtere Staatssysteme verteidigen, aber nicht gegen andere Prinzipien gesellschaftlicher Ordnung ... Sie rufen nicht mehr zum Kampf auf und mißtrauen allen Massenbewegungen. Sie verabscheuen offenbar jede Gewalt, aber sie werden ihr nicht in offener Feldschlacht begegnen ... Sie alle sind Einzelkämpfer, keine Heere. Sie tarnen sich von vornherein gegen jede nur mögliche Autorität. Sie rechnen mit künftigem Zwang, und sie empfinden auch das als Zwang, was sich bei uns Älteren noch als Ordnung entschuldigen wollte ... Diese Generation opfert sich nicht. Sie lenkt die Unwissenden von ferne und wird jeden Zwang ausweichend beantworten. Die Feldschlachten um die Freiheit des Individuums können sämtlich verloren gehen; aber gegen den Zwang wird bei günstiger Gelegenheit – und nur dann – plötzlich jede Wohnstube zur Festung. Sollte jemals wieder eine Diktatur, gleichviel unter welchem Ordnungstitel, kommen: gegen diese gut getarnte Generation der schweigenden Individualisten hat sie kaum eine Chance.»[178]

Helmut Schelsky fand 1957 für diese «schweigenden Individualisten» mit seinem Buch *Die skeptische Generation* nicht nur das passende Schlagwort, das sich in der gesellschaftspolitischen Diskussion gut verwenden ließ, sondern kam auch zu einem ähnlichen Befund wie Sanden. Allerdings beurteilte er das Ergebnis weniger negativ. Die nachwachsende Generation sei in ihrem sozialen Bewußtsein und Selbstbewußtsein «kritischer, skeptischer, miß-

3. Die «skeptische Generation»

trauischer, glaubens- oder wenigstens illusionsloser als alle Jugendgenerationen vorher», so Schelsky, aber sie sei auch tolerant, wenn man die Voraussetzung und Hinnahme eigener Schwächen als Toleranz bezeichnen wolle, und sie sei «ohne Pathos, ohne Programme und Parolen». Diese geistige Ernüchterung mache sie «frei zu einer für die Jugend ungewöhnlichen Lebenstüchtigkeit». Die skeptische Generation sei daher im privaten und sozialen Verhalten angepaßter, wirklichkeitsnäher, zugriffsbereiter und erfolgssicherer als je eine Jugend vorher. Sie meistere «das Leben in der Banalität», in der es sich dem Menschen stelle, und sie sei stolz darauf. In Anlehnung an eine in England gängige Formel könne man diese Jugend deshalb auch «die Generation der vorsichtigen, aber erfolgreichen jungen Männer» nennen.[179]

Tatsächlich waren jugendliche Abgeklärtheit und Leidenschaftslosigkeit – ähnlich wie der Wirtschaftsaufschwung, der sie hervorbrachte – keineswegs ein auf Deutschland beschränktes Phänomen. Man beobachtete sie vielmehr in allen westlichen Industrieländern der damaligen Zeit. So attestierte Heddy Neumeister in der *Frankfurter Allgemeinen Zeitung* den «zornigen jungen Männern» in England, die von Schelsky ebenfalls zum Vergleich herangezogen worden waren, daß sie angesichts einer Massenproduktion von Akademikern «gegen nichts» protestierten und «gleichgültig gegenüber Inhalten» seien.[180] Eine Vertreterin der amerikanischen Universitätsjugend zitierte sie mit den Worten: «Was uns allen, die wir unter dreißig sind, fehlt, ist eine führende Leidenschaft, eine moralische Vision, wenn man es so nennen will. Wir sind unfähig, aus den losen Fäden unserer Erfahrung ein großzügiges Muster zu weben, und wir wissen es.»[181]

Schelsky führte diese Orientierungs- und Perspektivlosigkeit der neuen Generation direkt auf die Entwicklung der industriell-bürokratischen Gesellschaft zurück. Während die vorwiegend auf einer statischen Klassen- und Schichtenstruktur beruhende bürgerlich-proletarische Gesellschaft in ihrem sozialen Bewußtsein an dem Bestand und den Daseinsgrundlagen einer hochbürgerlichen Wohlstandsschicht ausgerichtet war – selbst dort, wo es sich in Opposition zum Hochbürgertum äußerte –, leitete sich die Gesetzlichkeit der sozialen Vorgänge in der neuen industriell-bürokratischen Gesellschaft nach Auffassung von Schelsky aus der «totalen Dynamik eines mit Schichtbegriffen nicht mehr zu erfassenden sozialen Nivellements mit vorwiegend kleinbürgerlich-mittelständischen Verhaltensmustern und Leitbildern» ab.[182] Das bedeute nicht «Vermassung», wohl aber die Aufhebung einer im soziologischen Sinne prägnanten Klassen- und Schichtstruktur. Quer durch die alten Sozialschichtungen fände eine Umstrukturierung der Gesellschaft nach dem Typ des «sozialen Schicksals» statt: «Indem wir diesem sozialen Nivellement die Kennzeichen der durchgehenden und primären sozialen Mobilität und der mittelständischen Verhaltensweisen und Leitbilder zuschrieben, versuchten wir damit – begrifflich zweifellos immer noch der statischen Schichtungsstruktur der Gesellschaft verhaftet –, positiv die Grundstrukturen des abstrakten Ganzen der Gesellschaft zu bestimmen, in denen sich die gekennzeichneten gegenläufigen sozialen Prozesse heute abspielen.»[183]

Nüchtern konstatierte Schelsky die Tatsache, daß die beschleunigte Industrialisierung und fortschreitende Verstädterung sowie die politischen und wirtschaftlichen Katastrophen in der ersten Hälfte des 20. Jahrhunderts zahllose Menschen entwurzelt, mobilisiert, individualisiert, desorientiert und gegenüber ihren Mitmenschen isoliert hatten. In diesen disparaten gesellschaftlichen Entwicklungsprozessen bildete seiner Meinung nach die deutsche Nachkriegsfamilie einen «ruhenden Pol», der zwar einerseits stabilisierende Kräfte entfalten konnte, andererseits aber durch die institutionelle Betonung von Tradition und Familiensolidarität zur Entpolitisierung, Enterotisierung und kleinbürgerlichem Rückzugsverhalten beitrug. Die Jugend wiederum schien sich – bei aller inneren Distanz gegenüber der Elterngeneration – harmonisch in dieses Bild einzufügen: Aus bitterer Erfahrung gegen Ideologien gefeit und abgeneigt gegenüber jeglichem politischen Engagement, war ihr Streben allein auf individuellen Erfolg und sozialen Aufstieg gerichtet. Mit diesem äußerst pragmatischen Verhalten unterschied sie sich daher auch grundsätzlich von der illusionär-romantischen Jugendbewegung vor dem Ersten Weltkrieg bzw. der politisch radikalisierten Jugend der Zwischenkriegszeit.

Halbstarken-Bewegung und Rock'n Roll

Scheinbar im Gegensatz zu Schelskys Befund einer leidenschaftslosen Jugend stand der Mitte der fünfziger Jahre beginnende, ideologisch nicht festgelegte Protest einer gegen die materielle Fixierung des saturierten Bürgertums gerichteten neuen Jugendbewegung. Diese «Halbstarken» bezogen Namen und Inspiration von dem Kinofilm *Der Wilde*, der zu Beginn des Jahres 1955 in der Bundesrepublik mit großem Erfolg angelaufen war und das Leben eines «Motorradrockers» idealisierte. Mitte Oktober demolierten in Hamburg Jazz-Fans die Inneneinrichtung eines Konzertsaals und lieferten sich eine Straßenschlacht mit der Polizei, weil Louis Armstrong ein Konzert wegen «Unpäßlichkeit» vorzeitig beendet hatte. Und als Ende desselben Monats ein genuiner Halbstarkenfilm mit dem Titel *Die Saat der Gewalt* in die Kinos kam, fühlte sich die *Frankfurter Allgemeine Zeitung* bereits genötigt, in einem Kommentar vor den «Halbstarken» zu warnen.[184] Das laute Getöse der meist im Rudel auftretenden zornigen jungen Männer mit Schmalzlocken und schwarzen Lederjacken wirkte beunruhigend. Die braven Bürger, an «Ruhe und Ordnung» gewöhnt und im Wirtschaftswunder gerade frisch eingerichtet, waren irritiert.

Dabei kann das Phänomen der Halbstarken als Paradebeispiel für eine falsch eingeschätzte und in ihrer Brisanz überbewertete soziale Bewegung gelten. Ihre im allgemeinen friedlichen Zusammenkünfte bei Rock'n Roll-

Turnieren und Jazz-Konzerten zogen oft unverhältnismäßige Polizeiaktionen und besorgte Podiumsdiskussionen nach sich. Zwar kam es immer wieder zu teils massiven Auseinandersetzungen zwischen randalierenden Halbwüchsigen und der Staatsgewalt, die vernehmliche Kontrapunkte zur Harmonie der heilen Wirtschaftswunderwelt bildeten. Aber diese Konflikte waren weniger ein Protest gegen das politische und wirtschaftliche System der Bundesrepublik als vielmehr Zeichen einer unpolitischen Sattheitsrebellion gegen ein Korsett moralischer Wertvorstellungen und institutioneller Bindungen der westlichen Gesellschaft, das von vielen als allzu starr und bedrückend empfunden wurde.[185]

Das politische Desinteresse und die ideologische Ungebundenheit der Jugend, die in diesen Entwicklungen zum Ausdruck kamen, waren um so bemerkenswerter, als erste Ansätze einer Jugendforschung nach dem Zweiten Weltkrieg noch mit ganz anderen, politisch eher besorgniserregenden Prognosen hervorgetreten waren. Vor allem Sozialwissenschaftler aus den USA hatten damals die Wirkungen des Nationalsozialismus auf die deutsche Jugend und ihre Einstellung zum demokratischen Neubeginn untersucht und waren zu Ergebnissen gelangt, die wenig Anlaß zum Optimismus boten. Gerade unter den Jüngsten hatten sich ein beunruhigendes Verhaftetsein in der nationalsozialistischen Ideologie und große Sympathie für eine Politik der festen Hand gezeigt. So hatte etwa eine im November 1945 in Bad Homburg durchgeführte Studie ergeben, daß 80 Prozent der befragten Jugendlichen zwischen 14 und 18 Jahren der Ansicht waren, Deutschland brauche wieder einen starken Führer.[186]

Nach der Gründung der Bundesrepublik erforschten zunehmend auch deutsche Soziologen die soziale Lage und politische Einstellung der nachwachsenden Generation. Die Volkszählung vom 13. September 1950 ergab, daß allein 1,55 Millionen Jugendliche und junge Erwachsene zwischen 14 und 24 Jahren als Heimatvertriebene oder Flüchtlinge aus Ostmitteleuropa bzw. der DDR in der Bundesrepublik ihren Wohnsitz hatten. Sie waren zumeist notdürftig in Behelfsunterkünften untergebracht und besaßen wenig Grund zur Zuversicht. Viele von ihnen lebten in Ein-Eltern-Familien oder wuchsen gänzlich ohne Eltern auf. Die erste 1952 in Darmstadt durchgeführte deutsche Jugendstudie zeigte, daß insgesamt etwa 20 Prozent der Jugendlichen kriegsbedingt ein oder zwei Elternteile verloren hatten. Zwar war die größte wirtschaftliche Not zu Beginn der fünfziger Jahre, verglichen mit der unmittelbaren Nachkriegszeit, schon vorüber. Aber die Ernährungslage war weiterhin angespannt. Eine Untersuchung in Kiel stellte dazu fest, daß sich 1951 immer noch 13 Prozent der Berufsschüler aufgrund von Mangelernährung in einem schlechten körperlichen Zustand befanden. Überdies verhieß die hohe Arbeitslosigkeit keine guten Perspektiven: In Bayern kamen 1950 auf eine Lehrstelle durchschnittlich 13 Bewerber, und in anderen Bundesländern sah es nicht besser aus. Die «Berufsnot der Jugend» war daher in den Studien, die während der ersten Hälfte der fünfziger Jahre durchgeführt wurden, ein zentrales Thema. Das Problem erledigte sich in den folgenden Jahren allerdings von allein, als der starke Wirtschaftsaufschwung die Berufschancen der Jugendlichen derart verbesserte, daß schon am Ende des Jahrzehnts nicht mehr alle Lehrstellen besetzt werden konnten. In der öffentlichen Diskussion wurde nun sogar die Frage diskutiert, ob sich Lehre und Berufsausbildung überhaupt noch auszahlten, wenn sich auch den unmittelbaren Schulabgängern gute Verdienstmöglichkeiten böten.[187] Als Erklärung für die jugendliche Rebellion der Halbstarken ist das Arbeitslosigkeitsargument jedenfalls kaum geeignet.

Die Herrschaft der Alten

Ungleich bedeutender war dagegen die Tatsache, daß die Heranwachsenden in den fünfziger Jahren den Eindruck haben mußten, die Zukunft ihrer Gesellschaft werde nicht von ihnen, sondern ausschließlich von ihren Vätern und Vorvätern bestimmt. Der normale Generationenwechsel schien außer Kraft gesetzt. Schon die Kriegsjugend, die von den Fronten des Zweiten Weltkrieges heimkehrte, erst recht aber die Jüngeren, die nach dem Krieg heranwuchsen, stellten fest, daß in Staat, Kirchen, Parteien, Gewerkschaften und Kulturverwaltung zumeist Männer – höchst selten Frauen –, die aus Vorkriegsgenerationen stammten, die Führung übernommen hatten. Dies galt im übrigen nicht nur für Deutschland, sondern für den größten Teil der Welt, in der noch bis Anfang der sechziger Jahre überwiegend Männer der Jahrgänge 1880 bis 1900 die Schlüsselstellen der Macht in Politik, Wirtschaft und Gesellschaft besetzten.

Wohin man auch schaute, die Herrschaft der Alten war erdrückend. Da die Lebenserwartung in der modernen Gesellschaft dank Medizin, Hygiene und Fürsorge dramatisch von dreißig auf sechzig, siebzig und mehr Jahre gestiegen war, mußte bereits die mittlere Generation der Vierzig- bis Sechzigjährigen ihren Part gegen die ganz Alten erobern, die den eigenen Platz zum Teil bis weit über das 65. Lebensjahr hinaus sehr aktiv und zäh verteidigten. Wie sollten da erst die Jungen zum Zuge kommen? In der Zeit ihrer größten Vitalität sahen sie sich in der Ungewißheit einer endlosen Warteschleife – ohne die Sicherheit, überhaupt je irgendwo zu landen. Die Bundesrepublik selbst bot dafür das beste Beispiel: Angesichts des übermächtigen «Alten» Konrad Adenauer, der mit allen Mitteln um seinen Machterhalt kämpfte, litten gestandene Politiker der mittleren Generation unter einem «Adenauer-Komplex»: Obwohl bereits vierzig oder fünfzig Jahre alt, galten sie immer noch als zu jung, zu unreif, nicht weißhaarig genug für die Macht. Und für die noch Jüngeren oder erst Heranwachsenden schien der Weg geradezu unerträglich weit.

Die anfängliche Reaktion der Jungen auf das dreifache Problem einer rein materialistischen Orientierung der Wirtschaftswundergesellschaft, ihrer gleichzeitigen Verdrängung der nationalsozialistischen Vergangenheit und

der Generationenfalle war allerdings nicht politische Rebellion, sondern –
ganz im Sinne der von Schelsky beschriebenen «skeptischen Generation» –
müde Anpassung. Nach Krieg und kaum weniger strapaziöser, entbehrungsreicher Nachkriegszeit sollten Berufsausbildung oder ein schneller Studienabschluß und danach ein gut bezahlter Job dazu verhelfen, so rasch wie möglich die verdienten Früchte des Friedens zu genießen. Die technisch-industrielle Gesellschaft ließ im übrigen kaum eine Wahl. Sie erforderte, um funktionieren zu können, strikte Einpassung ihrer Mitglieder in ein kompliziertes Rädersystem undurchschaubarer, anonymer Systemzusammenhänge. Wer die Einordnung in ein weitgehend fremdbestimmtes, organisiertes, verwaltetes Leben verweigerte, verlor Beruf, Amt und sozialen Status – oder stieg erst gar nicht auf. Soziale Mobilität und Dynamik hatten ihren Preis: Die moderne Gesellschaft verlangte lebenslange Dienstbarkeit, ohne allerdings über die Mechanismen der sozialen Kontrolle ständischer Ordnungen oder die existentiellen Zwänge von Hungergesellschaften zu verfügen. Als das tägliche physische Überleben im Wirtschaftswunder Mitte der fünfziger Jahre garantiert war, schlug die «Anpassungsrebellion» der skeptischen Nachkriegsgeneration daher bald in den unpolitischen «Wohlstandsprotest» der Halbstarken-Generation um. Beide aber waren Vorläufer der politischen Bewegung, die nach 1968 nicht nur zu einem politischen Machtwechsel in Bonn, sondern auch zu einer weitgehenden Erneuerung der gesellschaftlichen Strukturen in der Bundesrepublik führen sollte.

«Ohne mich» und «Kampf dem Atomtod»

Wenn es in den fünfziger Jahren überhaupt schon einen politisch motivierten Protest von Jugendlichen gab, dann äußerte er sich am ehesten im Rahmen der keineswegs auf die jüngere Generation beschränkten Opposition gegen die deutsche Wiederbewaffnung und später vor allem gegen die Ausrüstung der Bundeswehr mit atomaren Trägerwaffen. Ausgangspunkt waren die Diskussionen über einen deutschen Wehrbeitrag, die nach Ausbruch des Korea-Krieges im Juni 1950 begannen. Die Aussicht auf eine neue deutsche Armee nur fünf Jahre nach dem Ende des Zweiten Weltkrieges erregte beinahe zwangsläufig Widerspruch, mochten die politischen und strategischen Argumente auch noch so überzeugend sein. «Ohne mich» – so lautete daher die Devise von vielen, nicht zuletzt den Angehörigen der Kriegsgeneration, die im Falle einer deutschen Wiederbewaffnung mit ihrer erneuten Einberufung rechnen mußten. Unterstützt wurden sie dabei von der SPD, die allerdings in dieser Frage tief gespalten war: Während an der Parteibasis eine traditionell pazifistische Grundströmung herrschte, war Kurt Schumacher alles andere als ein prinzipieller Gegner eines deutschen Verteidigungsbeitrages und schon gar kein Pazifist. Aber die Bedingungen mußten stimmen. Falls eine Bewaffnung notwendig wurde, war der SPD-Vorsitzende für eine klare Vorwärtsstrategie (die er «offensive Verteidigung» nannte), um die entscheidenden Schlachten sofort «östlich von Njemen und Weichsel» schlagen zu können. Einen Wehrbeitrag in der von der Bundesregierung vorgeschlagenen Form lehnte Schumacher jedoch ab, weil damit seiner Meinung nach der Gleichheitsgrundsatz «Gleiches Risiko, gleiches Opfer, gleiche Chancen» verletzt und nur die deutsche Spaltung vertieft wurde.[188]

Führender Kopf der pazifistischen Ohne-mich-Bewegung war indessen weder ein Vertreter der SPD noch ein jugendlicher Newcomer, sondern der weltweit bekannte und angesehene Kirchenpräsident Martin Niemöller: ein ehemaliger U-Boot-Kommandant im Ersten Weltkrieg, mutiger Prediger gegen den Nationalsozialismus in Berlin-Dahlem während des Dritten Reiches und «persönlicher Häftling» Adolf Hitlers in den Konzentrationslagern Sachsenhausen und Dachau von 1938 bis 1945. Seine Gegner sahen in ihm den bedeutendsten evangelischen Demagogen seit Hofprediger Adolf Stoecker im Kaiserreich, seine Bewunderer einen politisch begabten Propheten.[189] An seiner Ablehnung der Bundesrepublik («im Vatikan gezeugt und in Washington geboren»[190]) hatte er nie einen Zweifel gelassen, da sie für ihn um den Preis der deutschen Teilung erkauft war. Wenn man die Deutschen vor die Wahl stelle, dauernd gespalten oder wiedervereinigt unter einer ausländischen Diktatur – selbst derjenigen Rußlands – zu leben, dann würden sie es vorziehen, so meinte er, das Risiko des Kommunismus einzugehen.[191] Niemöllers Pazifizismus war ein neutralistisch verbrämter Nationalismus, der ihm – dem Hitler-Gegner, der für seine Überzeugung sogar ins KZ gegangen war – in der «guten Sache» des Kampfes gegen die Wiederbewaffnung aber nicht negativ angerechnet wurde. Selbst Gustav Heinemann, Innenminister unter Adenauer und als Präses der Synode der EKD der prominenteste evangelische Laie in der CDU, schloß sich daher der Ohnemich-Bewegung an.

Die Bewegung war indessen spontan und ohne organisatorische Basis. Ihr war deshalb weder eine lange Dauer noch besondere politische Wirksamkeit beschieden. Ihre Bedeutung lag mehr im Bereich der moralischen Geste als in der Sphäre parteilichen Kalküls. Keine Entscheidung der Regierung oder des Parlaments über die Wiederbewaffnung wurde von ihr erkennbar beeinflußt. Trotzdem war dieser stille außerparlamentarische Protest der frühen fünfziger Jahre gegen einen deutschen Verteidigungsbeitrag ein erster Hinweis auf die Möglichkeiten, die das Grundgesetz den Bürgern auch außerhalb der etablierten Institutionen bot. Noch bedurfte es jedoch dieser Einrichtungen, vor allem auch der Parteien, um den Protest zu kanalisieren. Nachdem im Oktober 1954 die Pariser Verträge für den NATO-Beitritt der Bundesrepublik unterzeichnet worden waren, luden der stellvertretende DGB-Vorsitzende Georg Reuter, der evangelische Theologie-Professor Helmut Gollwitzer, der SPD-Vorsitzende Erich Ollenhauer und der Heidelberger Soziologie-Professor Alfred Weber für den 29. Januar 1955 zu einer Kundgebung in der Frankfurter Paulskirche ein, wo auf Initiative von SPD und DGB ein sogenanntes «Deutsches Manifest» verkündet wurde, in dem

3. Die «skeptische Generation»

«zu entschlossenem Widerstand» gegen die Ratifizierung der Verträge aufgerufen wurde. Wörtlich hieß es in der Erklärung:

«Die Aufstellung deutscher Streitkräfte in der Bundesrepublik und in der Sowjetzone muß die Chancen der Wiedervereinigung für unabsehbare Zeit auslöschen und die Spannung zwischen Ost und West verstärken. [...] In dieser Stunde muß jede Stimme, die sich frei erheben darf, zu einem unüberhörbaren Warnruf vor dieser Entwicklung werden. Unermeßlich wäre die Verantwortung derer, die die große Gefahr nicht sehen, daß durch die Ratifizierung der Pariser Verträge die Tür zu Viermächteverhandlungen über die Wiederherstellung der Einheit Deutschlands in Freiheit zugeschlagen wird.»[192]

Mit der Ratifizierung der Verträge, die ungeachtet der Proteste termingerecht erfolgte, so daß die Bundesrepublik am 5. Mai 1955 der NATO beitreten konnte, verebbte die «Paulskirchen-Bewegung» allerdings innerhalb kürzester Zeit. Die innenpolitische Diskussion verlagerte sich nun auf die Frage nach den Grenzen militärischer Rüstung. Presseberichte über die Stationierung amerikanischer Atomkanonen, Atomraketen und unbemannte Atombomber auf deutschem Boden hatten bereits 1954 für neuen Konfliktstoff gesorgt, weil sich damit zugleich Fragen der Verfügungsgewalt über Atomwaffen und der möglichen Einbeziehung der Bundesrepublik in eine mit Kernwaffen ausgetragene Auseinandersetzung stellten. Als die Bundesregierung seit dem Frühjahr 1956 zudem wiederholt ihren Willen bekundete, sich an der atomaren Aufrüstung zu beteiligen, wurde auf Initiative des Detmolder Arztes Bodo Manstein bereits Mitte 1956 der «Kampfbund gegen Atomschäden» gegründet, der sich die «Bekämpfung der Atomgefahren» zum Ziel setzte. Der Verband, dem vor allem Wissenschaftler, Ärzte und Intellektuelle beitraten, argumentierte ausgeprägt pazifistisch-moralisierend und wurde dabei publizistisch durch die ebenfalls seit Mitte 1956 in München erscheinende Zeitschrift *Das Gewissen* unterstützt. Dessen Untertitel «Organ zur Bekämpfung des Atom-Mißbrauchs und der Atomgefahren» wies unmißverständlich auf die gemeinsame Stoßrichtung mit dem Kampfbund hin. Mitarbeiter der Zeitschrift waren so prominente Persönlichkeiten wie der Kernphysiker Prof. Karl Bechert, der Publizist Robert Jungk, der Schriftsteller Günther Anders und auch Dr. Manstein vom Kampfbund.[193]

Die Gewerkschaften, beginnend mit der IG Metall, schlossen sich dem Protest ab September 1956 an. Die SPD-Führung folgte nach anfänglicher Skepsis im Januar 1957 mit einem Artikel von Fritz Erler in der Zeitschrift *Außenpolitik*. Am 12. April 1957, als 18 namhafte deutsche Atomforscher ihre «Göttinger Erklärung» veröffentlichten, in der sie auf die vernichtenden Wirkungen taktischer und strategischer Atomwaffen hinwiesen und den von der Bundesregierung erweckten Eindruck bestritten, daß es durch «Luftschutzmaßnahmen» einen Schutz gegen Atombomben geben könne[194], überschrieb das SPD-Zentralorgan *Vorwärts* seinen Hauptartikel auf der ersten Seite mit der Schlagzeile: «Die Atombombenpolitik der Bundesregie-

rung bedroht ganz Deutschland». Die größte Resonanz fand jedoch die «Göttinger Erklärung». Kirchen, Gewerkschaften, Stadträte, Hochschulen, Studentenvertretungen, Frauenverbände, Künstler und Schriftsteller machten sich die Kritik zu eigen. In zahlreichen Orten entstanden spontan Bürgerkomitees zur Bekämpfung der Atomgefahr. Bei verschiedenen Meinungsumfragen sprachen sich 64 Prozent und einmal sogar 72 Prozent der Bürger gegen die Ausrüstung der Bundeswehr mit Atomwaffen aus.[195]
Ein von 44 Professoren der Universität Köln unterschriebener Aufruf vom 26. Februar 1958, in dem den Gewerkschaften von den Hochschullehrern das Angebot gemacht wurde, «sich in dieser ernsten Stunde mit ihnen zu gemeinsamer öffentlicher Bekundung zu verbinden», brachte erneut eine Lawine von Entschließungen und Appellen ins Rollen.[196] In einer Urabstimmung der Gewerkschaft ÖTV sprachen sich im März 1958 94,9 Prozent für gewerkschaftliche Kampfmaßnahmen aus. Auf der Bezirkskonferenz der ÖTV-Bayern am 10./11. März 1958 forderte daraufhin der Vorsitzende Kummernuß, die atomare Bewaffnung der Bundeswehr notfalls mit dem Mittel des politischen Streiks zu verhindern. Zugleich wurden allerdings bereits die Grenzen der Bewegung sichtbar, als während einer von etwa 3000 Personen besuchten Paulskirchen-Tagung am 23. März 1958 wiederholt zum Generalstreik aufgerufen wurde, ohne daß DGB-Chef Willi Richter oder der SPD-Vorsitzende Erich Ollenhauer sich diese Forderung zu eigen machten.

Der SPD-Vorstand unterstützte am 3. April jedoch die Bildung regionaler und lokaler Ausschüsse «Kampf dem Atomtod» und beorderte den Parlamentarischen Geschäftsführer der SPD-Bundestagsfraktion, Walter Menzel, auf den Vorsitz im zentralen «Arbeitsausschuß ‹Kampf dem Atomtod› e. V.», der am 12. September 1958 in Bonn gegründet wurde. Zu dieser Zeit hatte die Bewegung ihren Kulminationspunkt indessen längst überschritten. Ihre größte Aktivität hatte sie im Zusammenhang mit der Forderung des Bundestages vom 25. März 1958 entfaltet, daß «die Streitkräfte der Bundesrepublik mit den modernsten Waffen so ausgerüstet werden, daß sie den von der Bundesrepublik übernommenen Verpflichtungen im Rahmen der NATO zu genügen vermögen»[197]. Der Arbeitsausschuß «Kampf dem Atomtod» hatte daraufhin seine ganze Kampagne auf eine Volksbefragung hingelenkt und eine Serie von Massendemonstrationen veranstaltet, an denen – wie am 17. April 1958 in Hamburg – bis zu 150 000 Menschen teilgenommen hatten. Nachdem die Volksbefragung am 30. Juli 1958 durch das Bundesverfassungsgericht verboten worden war, hatte auch die SPD schließlich eingelenkt und die Kampagne mehr oder minder sang- und klanglos abgebrochen. Innerhalb weniger Wochen waren danach nur noch etwa 20 Prozent der ursprünglich vorhandenen Orts- und Kreisausschüsse aktiv. Walter Menzel übernahm also einen inzwischen recht ruhigen Verein.

Offenbar war die Entscheidung des Gerichts selbst von einem Teil des Parteivorstandes als «Befreiung aus einer unangenehmen Situation» empfunden worden.[198] Jedenfalls äußerte Carlo Schmid am 13. Juni 1958, er sei grundsätzlich gegen Plebiszite. Vermutlich war das Ende der Kampagne jedoch schon auf dem Stuttgarter Parteitag der SPD vom 18. bis 23. Mai 1958 in unmittelbare Nähe gerückt, als eine Reformergruppe um Herbert Wehner, Carlo Schmid, Fritz Erler und Willy Brandt durch Erfolge bei der Besetzung von Schlüsselpositionen und durch eine programmatische «Öffnung der Partei» nach rechts die personellen und inhaltlichen Voraussetzungen für die geplante Umwandlung der SPD von einer am Sozialismus und an der Arbeiterschaft orientierten Klassenpartei zu einer systemkonformen «Volkspartei» geschaffen hatte, die ein Jahr später mit der Verabschiedung des Godesberger Grundsatzprogramms endgültig vollzogen werden sollte. Dazu zählte auch die Anerkennung der NATO-Mitgliedschaft der Bundesrepublik und die Respektierung der Verpflichtungen, die im Bündnis übernommen worden waren. Die Anti-Atom-Bewegung paßte jetzt nicht mehr in das neue Erscheinungsbild der SPD. Ihr jähes Ende war damit besiegelt.

Strukturwandel und Verschulung

Die Ausprägung eines wachsenden politischen Bewußtseins der jüngeren Generation, das sich in den sechziger Jahren vor allem am Vietnam-Krieg und den Versäumnissen der Hochschulreform entzündete, wäre ohne vorangegangene grundlegende Veränderungen in Schule und Gesellschaft kaum möglich gewesen. Tatsächlich war die Situation der Jugendlichen in den fünfziger Jahren – wie die Entwicklung der Gesellschaft insgesamt – durch neue Tendenzen gekennzeichnet, die seit 1953 vom Bielefelder Meinungsforschungsinstitut EMNID im Auftrag des Jugendwerks der Deutschen Shell AG in einer jährlich fortgeschriebenen Untersuchung systematisch beobachtet wurden. Auffällig ist vor allem eine fortschreitende Verschulung der Jugendphase, die sich aufgrund der Ausweitung des Bildungssystems vollzog und aus den gestiegenen Bildungsanforderungen der modernen Industriegesellschaft erklärt.

Unmittelbar nach 1945 war von diesen strukturellen Veränderungen allerdings noch nicht viel zu bemerken. Das Bildungssystem war durch den Nationalsozialismus und die Folgen des Krieges in seinen materiellen und ideellen Grundfesten weithin erschüttert. Sichtbare Zeichen hierfür waren vor allem in den Städten die zerbombten Schul- und Universitätsgebäude, die vielfach von Schülern, Lehrern, Studenten und Professoren erst notdürftig repariert werden mußten, bevor in ihnen der Lehrbetrieb wieder aufgenommen werden konnte. Der materielle Wiederaufbau war indessen eine Kleinigkeit, verglichen mit der Bewältigung der personellen und inhaltlichen Probleme, denen mit Mörtel und Maurerkelle nicht beizukommen war. Zwar hatten die Siegermächte auf der Potsdamer Konferenz beschlossen, das deutsche Erziehungswesen strikter alliierter Kontrolle zu unterwerfen, um das nationalsozialistische und militaristische Gedankengut aus den Köpfen der deutschen Jugend zu vertreiben und die Entwicklung demokratischer Ideen zu fördern. Doch verfügten weder die Besatzungsmächte noch die bald in die Verantwortung eintretenden deutschen Behörden über ein schlüssiges Konzept, wie das Bildungswesen reformiert werden sollte. Vor allem die Frage, was mit Lehrern geschehen sollte, die durch ihren Unterricht während des Nationalsozialismus als kompromittiert und eigentlich nicht mehr verwendungsfähig galten, blieb unbeantwortet. In Hessen betraf dies zwischen 55 Prozent und 75 Prozent der Lehrer, in manchen Städten wie Würzburg sogar bis zu 90 Prozent. Dennoch wurden sie zum großen Teil wieder eingesetzt und vermittelten nun zusammen mit Aushilfslehrern, die in Schnellkursen behelfsmäßig geschult waren, die neuen, «demokratischen» Lehrinhalte.

Zwei Jahre nach Kriegsende, als die Restauration der Bildungseinrichtungen bereits weit vorangeschritten und eine grundlegende Reform kaum noch möglich war, propagierten die Siegermächte in der Kontrollratsdirektive Nr. 54 vom 25. Juni 1947 unter anderem die Einführung der Gesamtschule und die gesetzliche Verankerung der Lehrerbildung an pädagogischen Hochschulen. Diese und andere Forderungen – etwa zur Mitbestimmung von Studenten – gingen im November 1947 in die «Schwalbacher Richtlinien» ein, blieben aber letztlich folgenlos.[199] Mit der Gründung der Bundesrepublik wurde die Kulturhoheit auf die Länder übertragen, wo Reformgegner, die größtenteils dem Spektrum von CDU, CSU und FDP sowie den Kirchen bzw. konservativen Lehrer- und Wirtschaftsverbänden angehörten, in den folgenden Jahren dafür sorgten, daß die Bildungseinrichtungen in enger Anlehnung an die Tradition der Weimarer Republik wiederaufgebaut wurden. In einer Situation, die durch Überalterung und ideologische Belastung des Lehrkörpers, zerstörte Schulgebäude und weltanschaulich unbrauchbare Unterrichtsmaterialien gekennzeichnet war, wäre eine durchgreifende Reform zwar dringend notwendig gewesen. Aber sie ließ sich nicht mehr durchsetzen.

In den Anfangsjahren der Bundesrepublik besuchten somit immer noch 80 bis 85 Prozent der Schüler die Volksschule, die spätere «Hauptschule». Nur ein kleiner Teil wechselte nach der vierten Klasse auf die Oberschule. Von Pädagogen und Psychologen wurde dies mit dem Argument gerechtfertigt, bei 80 Prozent der Bevölkerung sei die Begabung praktisch orientiert, lediglich 5 Prozent hätten die theoretische Begabung für das Gymnasium. Daneben bestand das Angebot der sechsjährigen Mittel- bzw. Realschule. In der Berufsbildung entschied man sich für das duale System mit dem deutlichen Schwerpunkt der Ausbildung innerhalb der Betriebe und nur einem Tag Berufsschule pro Woche. Lehrerverbände befürworteten zwar eine Verlängerung der Grundschule auf sechs oder gar acht Jahre, verbesserte Möglichkeiten zum Wechsel zwischen den Schularten, erleichterten Oberschulzugang für Arbeiterkinder, Schulgeld- und Lernmittelfreiheit sowie – entsprechend der Kontrollratsdirektive – eine universitäre Ausbildung

3. Die «skeptische Generation»

der Lehrer. Aber die Realität sah zunächst noch anders aus. Eine Aufschlüsselung aus dem Schuljahr 1952/53 ergab, daß von den Schülern im 7. Schuljahr weiterhin 79 Prozent die Volksschule, 6 Prozent die Realschule und 13 Prozent das Gymnasium besuchten. Ein Vergleich zur Situation fünfunddreißig Jahre später macht die Entwicklung deutlich: Mitte der achtziger Jahre waren nur noch 34 Prozent auf der Hauptschule, 27 Prozent auf der Realschule und 30 Prozent auf dem Gymnasium.[200]

Der schulentlassene junge Mensch der frühen fünfziger Jahre wurde demnach meistens Arbeiter oder Angestellter und nicht, wie in den folgenden Jahrzehnten, Oberschüler und danach Student. Erst mit der Verbesserung der ökonomischen Situation und der sozialen Stabilisierung der jungen Bundesrepublik Mitte der fünfziger Jahre wurden pädagogische Visionen entwickelt, welche bildungspolitischen Konsequenzen aus den veränderten Arbeits- und Lebensbedingungen in Wirtschaft und Gesellschaft zu ziehen seien. Erneut war es Helmut Schelsky, der auf der Grundlage der EMNID-Daten aus vier konstatierten grundlegenden Unterschieden zur Vorkriegsgesellschaft – dem veränderten Klassen- und Schichtungssystem, der gewandelten sozialen Rolle der Familie, der neuen Produktions- und Konsumstruktur sowie der daraus hervorgehenden «Freizeitproblematik» – in einer Denkschrift aus dem Jahre 1956 die Schlußfolgerung zog, «daß die moderne Arbeitswelt und der Freizeitraum des modernen Menschen Erziehungsansprüche stellen und Erziehungsmöglichkeiten bieten, die mehr aus dem Menschen machen könnten, als ihm von den Strukturen der modernen Arbeit und Freizeit sowie als Verhalten abgenötigt wird».[201]

Tatsächlich sollte sich der Sachzwang zur Bildungserweiterung bald als so stark erweisen, daß man nicht mehr umhin konnte, die «Verschulung» voranzutreiben und damit die Grundlagen für ein modernisiertes Bildungssystem zu legen. Dabei ging es nicht zuletzt darum, eine direkte Beziehung zwischen Politik, Bildung und Gesellschaft herzustellen, die seit der Zeit der Aufklärung und der beginnenden Industrialisierung im 18. und 19. Jahrhundert faktisch bestand. Von den aufstrebenden bürgerlichen Schichten war sie von vornherein als Chance zum Abbau der ständischen Privilegien sowie zu einer größeren Freiheit und Demokratisierung in Politik und Gesellschaft angesehen worden. Aber nach der Epoche von Klassik und Romantik hatte sich im deutschen Idealismus eine Tradition herausgebildet, in der «die ursprünglich aufklärerische und an einer Demokratisierung der Gesellschaft interessierte Tendenz zugunsten des elitären Ideals einer harmonisch und ästhetisch stilisierten Persönlichkeit mit seinem von Gesellschaft und Politik deutlich abgekehrten und für gehobene Schichten reservierten Zug» verblaßt war.[202] Dieser Bildungsidealismus war vor allem auf philologisch-historische Inhalte konzentriert und unterschied streng zwischen der sogenannten «höheren» Bildung und der berufsbezogenen Ausbildung für alle diejenigen, die «ins Leben eintauchen müssen», wie Wilhelm von Humboldt sich ausdrückte.[203]

Ob eine solche Bildungsauffassung im Zeitalter der Industrialisierung noch zeitgemäß war, erschien zumindest fraglich. Seit der Jahrhundertwende und vor allem nach 1918 waren deshalb bereits kritische Stimmen laut geworden, die nach einer Modernisierung des Bildungswesens riefen. Doch erst die allmähliche Überwindung der obrigkeitsstaatlichen und ständischen Restbestände in der deutschen Gesellschaft nach dem Zweiten Weltkrieg sowie das gleichzeitige Vordringen der industriellen Entwicklung mit einer grundlegenden Veränderung und Modernisierung sozialer Strukturen und die Festigung der parlamentarischen, rechtsstaatlichen Demokratie schufen seit Mitte der fünfziger Jahre die Voraussetzungen für eine längst überfällige Neuorientierung. Der entscheidende Schritt zur Expansion der Schulen und Universitäten vollzog sich allerdings erst in den sechziger und siebziger Jahren, nachdem Georg Picht 1964 die Lage des deutschen Bildungswesens nochmals in düsteren Farben gemalt und – gerade auch im internationalen Vergleich – vor einer «Bildungskatastrophe» gewarnt hatte.[204] Ralf Dahrendorf hatte dessen Argumentation aufgegriffen und 1965 mit dem Hinweis auf die Unterrepräsentation großer Bevölkerungsgruppen an den weiterführenden Schulen und Universitäten Bildung als ein «allgemeines Bürgerrecht» proklamiert.[205] Danach begann eine umfassende Diskussion der Bildungsproblematik, die schließlich die politische Grundlage schuf, um weitreichende Maßnahmen zur Verbesserung der Bildungssituation in der Bundesrepublik einzuleiten.

Alltagsnormen und Lebensgefühle

Eine Sorge, die in den vierziger und fünfziger Jahren eng mit Fragen der Bildung und Ausbildung sowie allgemein der erzieherischen Integration der jungen Generation in die Gesellschaft zusammenhing, betraf die Möglichkeit einer geistigen und moralischen Zerrüttung als Folge von Diktatur, Krieg und Vertreibung. Zwar erwiesen sich Befürchtungen bald als unbegründet, die Nachwirkungen der nationalsozialistischen Erziehung könnten nicht nur zu anhaltender Sabotage- und Guerillatätigkeit der Werwolf-Jugend, sondern auch zu Feindseligkeit und Intransigenz gegenüber dem demokratischen Staat oder zumindest zu einer mangelnden Befähigung zur Selbstregierung führen. Aber die vielen zerrissenen Familien, verbreitete Obdachlosigkeit, leibliche Not und soziale Desorganisation, die zahllose Kinder und Jugendliche an den Rand von Kriminalität und Verwahrlosung trieben, legten die Besorgnis nahe, es könne zur Auflösung der Gesellschaft in jenem Bereich kommen, der von Staats wegen am wenigsten beherrschbar war: bei Alltagsnormen und Lebensgefühlen.[206]

Die ältere Generation schien durch dieses Problem weniger gefährdet, da Alltagsnormen – wie Alltagsmilieus – in der Regel sehr viel beständiger sind als politische Werte und Regierungssysteme. Die Gründung der Bundesrepublik basierte daher nicht auf einem Normenbruch, wie es das Klischee der

3. Die «skeptische Generation»   197

«Stunde Null» vorgibt, sondern im Gegenteil gerade auf der Dauerhaftigkeit der Normen, die in den persönlichen Erfahrungen der Älteren in der Weimarer Republik oder sogar noch im Kaiserreich wurzelten und von den zwölf Jahren Nationalsozialismus nur oberflächlich tangiert worden waren. Auch wenn diese Regeln und Werte sich keineswegs einfach durch Diktatur und Krieg hindurchgerettet hatten, um nun – gewissermaßen aus der Erinnerung – bloß restauriert zu werden, sondern unter den veränderten Lebensumständen in erheblich gewandelter Ausprägung auftraten, ließen sie in der Welt der Erwachsenen doch rasch ein neues Gefüge tragfähiger Normen, Werte, Gefühle und Antriebe entstehen, die einen festen inneren Zusammenhalt der Gesellschaft ermöglichten.

Bei jüngeren Menschen, deren formative Jahre durch Diktatur, Krieg und Nachkriegszeit charakterisiert gewesen waren, sah dies anders aus. Ihnen blieb oft gar nichts anderes übrig, als die erlittenen Beschädigungen mit in die Bundesrepublik hinüberzunehmen. Dies galt vor allem in den Fällen, in denen junge Menschen durch Kriegsverluste oder erzwungenen Ortswechsel aus ihren sozialen Bezügen herausgelöst worden waren. Nur in kleinen Orten, in denen das gesellschaftliche Gefüge relativ intakt geblieben war, behielten die tradierten Normen weitgehend ihre Gültigkeit. Ansonsten aber fehlten mit den sozialen Strukturen auch die Träger für überlieferte Wertesysteme. Selbst die Institutionen der Familie und der örtlichen Kirchengemeinde, die das normative Debakel des Nationalsozialismus vergleichsweise unbeschadet überstanden hatten und nach 1945 gerade jüngeren Menschen einen stabilen gesellschaftlichen Rahmen anboten, gerieten zu Beginn der fünfziger Jahre in den Sog des sozialen Wandels. Die anfängliche Kirchenbegeisterung ließ in dem Maße nach, in dem mit der zunehmenden Normalisierung des Alltags und dem materiellen Pragmatismus des Wirtschaftswunders geistlicher Trost und Beistand entbehrlich schienen. Die Solidarität der Familie verlor mit der wachsenden wirtschaftlichen Selbständigkeit des einzelnen, die eine Befriedigung individueller Bedürfnisse im Konsum erlaubte, an Gewicht. Die Sitte, daß die in der Wohnung lebenden berufstätigen Kinder ihren Verdienst in die Familienkasse einbrachten, kam damit ebenso aus der Mode wie die Praxis, die aus dem Erwerbsleben ausgeschiedenen Eltern in der eigenen Wohnung aufzunehmen. Die Familienstruktur reduzierte sich von der mehrere Generationen umfassenden Großfamilie auf die Eltern-Kind-Kernfamilie. Die Familie geriet dadurch in eine Situation, in der sie weder die zukünftige Lebensstellung der Kinder sichern, noch die Steuerung und Orientierung für deren Zukunft übernehmen konnte. Lebensentscheidungen über Beruf und Ehe, Freunde und Lebensstil gingen stärker in die Verantwortung der Jüngeren über, die darauf nur selten vorbereitet waren. Als gemeinsame Lebensfigur der Generationen blieb lediglich die Orientierung auf den Aufbau einer privaten Existenz. Während die Eltern darin jedoch – nach den Wirren des Krieges und der ebenfalls unsicheren Nachkriegszeit – einen ausreichend plausiblen Sinn für ihr Dasein zu erblicken vermochten, fehlte es den Jungen an Verwurzelungen, Erfolgserlebnissen und Zutrauen zu sich selbst. Statt dessen herrschten – wie von Schelsky beobachtet – Skepsis, Abwarten, Pragmatik und Distanz zu aller Ideologie, ja eine verschlossene, zweifelnde und gebrochene Haltung gegenüber aller Normativität.

Mitte der fünfziger Jahre kam es deshalb mit der schon erwähnten Halbstarken-Bewegung sowie mit auffälligem oder gar kriminellem Jugendverhalten zu den ersten Anzeichen für eine tiefgehende Krise der Generationen. Lebensgefühle und Lebenswirklichkeit klafften auseinander, ohne daß die sich anbahnenden Entwicklungen bereits zur Ausprägung neuer Lebensformen geführt hätten. Die noch vorherrschende ältere Generation griff mit bemerkenswerter Selbstverständlichkeit auf jene Kategorien, Normen und Inhalte zurück, die vor der Zäsur des Nationalsozialismus die gültigen Kulturmuster gewesen waren. Wissenschaft, Literatur und geistiges Leben orientierten sich wieder am Althergebrachten, während neue Ansätze, wie sie die Gruppe 47 oder die technizistische Ästhetik repräsentierten, seltsame Einsprengsel blieben, die kaum Massenwirksamkeit erlangten. Beginnende Zweifel und Sinndefizite wurden mühelos durch die Erfolgserlebnisse beim privaten Ausbau von Besitz und den gemeinsamen Erfolg des Wirtschaftswunders überdeckt. Noch bestanden außerdem die grundsätzlichen Unterschiede zwischen Stadt und Land und zwischen den sozialen Lebensstilen. Die Familie war noch der Ausgangspunkt für Karrieren und Beziehungen und bildete zumeist auch einen sozialen Rahmen, den man nicht überschritt. Der Konsum war noch nicht zu einem Kriterium für sozialen Aufstieg geworden. Autos und Massenmedien hatten noch nicht zur Entgrenzung der Lebenshorizonte geführt.[207]

Die fünfziger Jahre waren demnach nicht nur Aufbaujahre nach dem materiellen Zusammenbruch, sondern auch ein Übergangsstadium zwischen traditionaler Gesellschaft und sozialer Moderne sowie zwischen Autoritarismus und Demokratie. Zu den politischen, ideologischen und sozialen Experimenten, die ein Jahrzehnt später von der Generation der 68er mit unbeschwerter Selbstverständlichkeit praktiziert wurden, wäre die Kriegs- und Nachkriegsgeneration schwerlich in der Lage gewesen. Die «skeptische Generation» war daher auch Ausdruck einer tiefen Reserve gegenüber jenen verkrusteten sozialen Strukturen, die erst in den sechziger Jahren überwunden werden sollten.

Dritter Teil

WIEDERAUFLEBEN DER KULTUR

1. Schuldfrage und Neuorientierung

Die Totalität des Zusammenbruchs erfaßte im Frühjahr 1945 auch die Kultur. Kaum jemand vermochte sich vorzustellen, daß binnen weniger Jahre nicht nur ein politischer und wirtschaftlicher Neuanfang, sondern auch eine kulturelle Wiederbelebung gelingen könnte. Zu groß war die moralische Schuld, zu tiefgreifend die Zerstörung der Fundamente von Staat und Gesellschaft, als daß eine geistige Erneuerung nach dem Ende des nationalsozialistischen Regimes denkbar schien. Zu viele Fragen drängten sich auf: Warum waren die Deutschen einem Verführer wie Hitler so willig gefolgt? Weshalb hatten sie sich einem politischen Verbrecher ausgeliefert, der an seinen Absichten nie den geringsten Zweifel gelassen hatte, und waren dabei selber schuldig geworden? Wieso waren ausgerechnet in der «zivilisierten» Mitte Europas keine ausreichenden Gegenkräfte erwachsen, um der nationalsozialistischen Herausforderung erfolgreich zu begegnen?

«Ein schwieriges Vaterland»

Als die nationalsozialistische Gewaltherrschaft im Mai 1945 zu Ende ging, waren mindestens 55 Millionen Menschen, unter ihnen 25 Millionen Zivilisten, durch Terror und Krieg ums Leben gekommen. Allein elf Millionen, davon fünf bis sechs Millionen Juden, waren in Konzentrations- und Vernichtungslagern ermordet worden; insgesamt über 15 Millionen hatte man aus politischen, religiösen und rassischen Gründen dorthin verschleppt. Das menschliche Leid, aber auch die materiellen Zerstörungen, die das NS-Regime angerichtet hatte, waren in der Geschichte ohne Beispiel. Kein historischer Vergleich – vom Untergang Karthagos bis zum Dreißigjährigen Krieg oder den stalinistischen «Säuberungen» in der Sowjetunion – erschien angemessen, dem industrialisierten Massenmord des nationalsozialistischen Deutschland einen Maßstab oder eine Perspektive zu geben. Das Verbrechen war in jeder Hinsicht einzigartig.

Wenn das «Volk der Dichter und Denker» – nicht samt und sonders, jedoch mit vielen willigen Helfern und Vollstreckern – solche Untaten verübt hatte, konnten Literatur und Musik, Malerei und Theater nach 1945 nicht einfach an alte ästhetische Traditionen anknüpfen, als wäre die jüngste Vergangenheit nur ein böser Alptraum gewesen, aus dem man nun wieder erwacht war. Die Instrumentalisierung der Kunst durch das totalitäre Regime, dazu das Erlebnis des Krieges und die millionenfache Begegnung mit dem Tod, vor allem jedoch die Realität der Konzentrations- und Vernichtungslager von Dachau und Sachsenhausen bis Auschwitz und Treblinka machte es unmöglich, die Frage nach Ursachen und Schuld nicht zu stellen. Dabei wurden Erklärungen nicht nur von Politikern und Historikern erwartet, sondern gerade auch von Künstlern und Intellektuellen. Wenn es je eine «reine» Kunst gegeben hatte, so hatte sie spätestens mit dem Nationalsozialismus ihre Unschuld verloren. Die Kultur befand sich sogar besonders auf dem Prüfstand, weil in ihr – mehr noch als in anderen Bereichen von Staat und Gesellschaft – Wissen von Gewissen nicht zu trennen war. Glaubwürdigkeit und Wirksamkeit hingen unmittelbar zusammen. Beides war durch die politisch-ideologische Instrumentalisierung der Kultur im Nationalsozialismus grundlegend in Frage gestellt.

Noch am 1. Juli 1969, anläßlich seiner Vereidigung zum Bundespräsidenten, betonte Gustav Heinemann deshalb, Deutschland sei ein «schwieriges Vaterland».[1] Bereits vor der Übernahme des Präsidentenamtes hatte er dazu in einem Gespräch mit dem sozialdemokratischen Publizisten Leo Bauer geäußert, jahrhundertelang sei die deutsche Geschichte von einer «Erziehung des Volkes zur Untertänigkeit» geprägt gewesen. Das müsse «endlich einmal ganz überwunden werden». Freiheitliche Demokratie, soziale Gerechtigkeit und Rechtsstaatlichkeit seien ständig zu verbessern; man benötige «Menschen mit Selbstbewußtsein, mit bürgerlichem Handeln und Verhalten» – kurz: «den mündig mitbestimmenden Bürger».[2] Nicht anders sah es der Publizist Rüdiger Altmann, der bereits 1960 unter Hinweis auf die mangelnde demokratische Tradition geschrieben hatte, die Bundesrepublik sei «ein Staat ohne geistigen Schatten»; Deutschland, «ein Land, das vom Nichts angeweht ist», brauche eine «neue Deutung seines Daseins».[3]

Pessimistischer als Heinemann und Altmann, die wenigstens die Möglichkeit einer Neuorientierung angedeutet hatten, beurteilte der Schweizer Korrespondent der *Neuen Zürcher Zeitung* in Bonn, Fred Luchsinger, die politische Psychologie und Kultur der Deutschen. Für sich allein gesehen, so schrieb er im Januar 1974, rechtfertigten die politischen Probleme der Bundesrepublik zwar noch kein apokalyptisches Bild. Was die Krise jedoch vertiefe, sei

«ein Hintergrund von Labilität, Zersetzung und Polarisierung in der öffentlichen Meinung. Ihre aggressiven Elemente sind bösartiger, zynischer, intoleranter, arroganter als anderswo, ihre auf Bewahrung des Erreichten gestimmten Schichten sind tiefer verängstigt, ‹verunsichert›, in den Nerven mitgenommen und damit ebenso zu radikaler Reaktion oder aber zu rasch aufgebender Resignation disponiert. Ihre Intelligenz ist haltloser und stärker desorientiert, ihre Mitte weniger trag- und handlungsfähig. Dieser Hintergrund, der mit der jüngeren Geschichte Deutschlands zu tun hat, scheint durch ihre politische Problematik und Auseinandersetzung durch. Es ergibt sich daraus ein Befund, der in der Tat auch der europäischen Umwelt Anlaß zu ernsten Fragen gibt, die mit der innerdeutschen Entwicklung enger denn je verflochten und den Ausstrahlungen aus diesem Herd ohne Abschirmung ausgesetzt ist.»[4]

1. Schuldfrage und Neuorientierung

Doch wo lagen die tieferen Ursachen dieser Labilität? Ganz allgemein in den Umbrüchen, denen Deutschland seit der Reformation und dem Dreißigjährigen Krieg nahezu unaufhörlich ausgesetzt gewesen war? In der verzögerten Modernisierung während des 18. und 19. Jahrhunderts, als die Ideen der Aufklärung in Deutschland nur schwer hatten Fuß fassen können? Oder gar in einer besonderen mentalen und psychischen Disposition der Deutschen an sich? Die spezielle Form des Obrigkeitsstaates, die sich hier bis ins 20. Jahrhundert erhalten und in seiner radikalen Variante des Führerstaates von 1933 bis 1945 eine besondere Ausprägung erfahren hatte, stellte jedenfalls eine Belastung für den politischen wie für den kulturellen Neubeginn nach dem Zweiten Weltkrieg dar, die einer näheren Erklärung bedurfte.

Das Erbe Hitlers

Die Erfahrung des Nationalsozialismus werde in der deutschen politischen Kultur noch zu spüren sein, «lange nachdem die, die ihn am eigenen Leibe erfahren haben, gestorben sein werden», meinte 1965 der amerikanische Politologe Sidney Verba.[5] Er spielte damit weniger auf die Verbrechen des NS-Regimes als vielmehr auf die Radikalität der nationalsozialistischen Gesinnung und die tiefgründige Umformung der deutschen Gesellschaft durch das totalitäre System an, der sich kaum jemand, der zu dieser Zeit in Deutschland lebte, zu entziehen vermochte, und mit der sich auch nachfolgende Generationen noch auseinanderzusetzen haben würden. Doch wie strukturbildend und dauerhaft war diese Hinterlassenschaft der nationalsozialistischen Herrschaft wirklich? Welche Rolle spielte sie bei der Entfaltung einer neuen Kultur? Und wie sind die Deutschen mit diesem Erbe Hitlers umgegangen?

Eine zentraler Aspekt der Auseinandersetzung war die Frage, ob das Dritte Reich nur eine Zäsur – gewissermaßen eine zwar gravierende, doch nur kurzfristige «Unterbrechung» der deutschen Geschichte – darstellte oder den Kulminationspunkt einer langen Entwicklung bildete. Bei den Siegermächten neigte man eindeutig der zweiten These zu. Besonders in den USA waren schon die wilhelminischen Deutschen vor dem Ersten Weltkrieg, mit Monokel und Pickelhaube, als typische Repräsentanten eines autoritären Obrigkeitsstaates erschienen: antidemokratisch, militaristisch und gefährlich. Durch das Schicksal der Weimarer Republik und den Aufstieg des Nationalsozialismus wurde diese Einschätzung nur noch bestätigt. Während des Zweiten Weltkrieges lag es deshalb nahe, allen Deutschen einen «schlechten», aggressiven Charakter zu unterstellen, und sie kollektiv für schuldig zu erklären. Dies taten vor allem Finanzminister Henry Morgenthau und dessen Unterstaatssekretär Harry Dexter White, aber auch Bernard Baruch und Sumner Welles, zwei enge Berater Präsident Roosevelts. Gemeinsam setzten sie sich für eine «Karthago-Lösung» ein, um die vermeintlich nicht resozialisierbaren Deutschen als Machtfaktor der internationalen Staatengemeinschaft dauerhaft auszuschalten. Eine zweite Gruppe um Außenminister Edward R. Stettinius, Kriegsminister Henry Stimson, dessen Unterstaatssekretär und späteren Hohen Kommissar der USA in der Bundesrepublik, John J. McCloy, sowie den Oberkommandierenden der alliierten Streitkräfte in Europa, General Dwight D. Eisenhower, stimmte der Kollektivschuldthese zwar im Prinzip zu, empfahl jedoch eine Politik der «Umerziehung» *(re-education)*, um zumindest langfristig eine Wiedereingliederung der Deutschen in die Staatengemeinschaft zu ermöglichen. Männer wie Arthur H. Vandenberg und Henry Luce, die zum rechten Flügel der Republikanischen Partei zählten und frühzeitig einen deutschen Wiederaufbau befürworteten, um einem Linksrutsch in Deutschland vorzubeugen, waren demgegenüber nicht nur in der Minderheit, sondern bis weit in die zweite Hälfte der vierziger Jahre hinein auch ziemlich einflußlos.

Auf britischer Seite reichte die Unterstützung für die Kollektivschuldthese zeitweilig bis hinauf zu Premierminister Winston Churchill und Außenminister Anthony Eden, die ein Fortwirken der militaristischen und autoritären Traditionen Preußens ebenso befürchteten wie eine Neuauflage der Hegemoniebestrebungen des Reiches nach 1871. Eden und auch Churchill neigten zwar unter dem Eindruck der sowjetischen Politik in Osteuropa frühzeitig zu einer gemäßigten und pragmatischen Politik gegenüber Deutschland, aber es sollte noch bis 1946/47 dauern, ehe in London die Befürworter eines Umerziehungskurses und bald darauf auch eines deutschen Wiederaufbaus unter antikommunistischen Vorzeichen die Oberhand gewannen.[6]

In Deutschland selbst war die Einsicht in die eigene Verantwortung nach 1945 bemerkenswert gering. Man fügte sich in das unabwendbare Schicksal der Besatzungsherrschaft, fühlte sich aber an dem, was zuvor geschehen war, nur selten persönlich mitschuldig. Eine Kollektivschuld wurde einhellig bestritten. Beispiele der Reue und Buße waren die Ausnahme. «Nationale Trauerarbeit» gegenüber den unschuldigen Opfern des nationalsozialistischen Regimes fand praktisch nicht statt. Zumeist wurde nur das Leid bedauert, das man am eigenen Leibe erfahren hatte. Im übrigen war man mit dem unmittelbaren Überleben beschäftigt und stürzte sich kopfüber in den Wiederaufbau.

Unter den Politikern der großen Parteien wandte sich vor allem Kurt Schumacher bereits im Sommer 1945 in seinem Aufruf *Konsequenzen deutscher Politik* gegen die von Amerikanern und Briten vertretene Behauptung einer Gesamtschuld des deutschen Volkes. Die Verantwortung für die Katastrophe liege allein bei den Nationalsozialisten, den Großkapitalisten und den Militärs; aber auch der «verhängnisvolle» Kurs der KPD vor 1933 habe zum Weg in den Untergang beigetragen. Die SPD sei dagegen «die einzige Partei in Deutschland gewesen, die an der großen Linie der Demokratie und des Friedens ohne Konzessionen festgehalten hat. Darum kann nur sie allein von sich sagen, daß die Grundsätze ihrer Politik ihre Prüfung vor dem Richterstuhl der Geschichte bestanden haben. Alle anderen Richtungen in Deutschland sind mehr oder weniger schuld an dem Aufkommen des Nazismus, haben entweder seine geistigen und politischen Grundlagen oder seine praktischen und taktischen Voraussetzungen geschaffen.»[7] Die bürgerlichen Parteien fühlten sich jedoch ebensowenig schuldig wie die Sozialdemokraten. Zwar hatten sie sich Hitler nicht in gleicher Weise wie die SPD in den Weg gestellt, sondern dem Nationalsozialismus fast kampflos – etwa durch die Zustimmung zum «Ermächtigungsgesetz» – das Feld überlassen. Aber schließlich waren sie ebenfalls bereits 1933 aufgelöst bzw. zur Selbstauflösung getrieben worden und daher für die nationalsozialistischen Verbrechen kaum verantwortlich zu machen. Darüber hinaus herrschte allgemein die Auffassung vor, daß die bürgerlichen Parteien der Weimarer Zeit – vor allem die Deutsche Volkspartei, die Deutsche Demokratische Partei und die Deutsche Zentrumspartei – weniger aus ideologischen Gründen als aufgrund ihrer Zersplitterung zur Schwächung der Republik beigetragen und damit den Aufstieg Hitlers begünstigt hatten.[8] Mit der Neugestaltung des Parteiwesens im bürgerlichen Lager im Sommer 1945 – insbesondere der Gründung einer überkonfessionellen christlichen Partei – erschien auch die Schuldfrage in einem anderen Licht, da man nun 1933 endgültig überwunden glaubte.

Revolutio humana

Unter den beiden großen Kirchen, denen 1950 noch 96 Prozent der Bevölkerung angehörten, tat sich besonders die katholische Kirche schwer, eine Mitverantwortung einzugestehen.[9] Aber auch das Stuttgarter «Schuldbekenntnis des Rats der Evangelischen Kirche» vom 19. Oktober 1945, unter dem Nationalsozialismus viel zu lange geschwiegen zu haben, anstatt in aller Offenheit für den Geist eines friedlichen und völkerversöhnenden Christentums eingetreten zu sein, blieb vage und unverbindlich. Dennoch waren die beiden christlichen Kirchen bevorzugte Orte, an denen über das Unvorstellbare zumindest nachgedacht und Trauer bezeugt werden konnte. Die hohe Kirchlichkeit während der Nachkriegszeit bis Mitte der sechziger Jahre war im übrigen ein Indiz für das verbreitete Bedürfnis in der Bevölkerung, die Erfahrung des Nationalsozialismus wenigstens subjektiv zu verarbeiten. Für die Bewältigung des Lebens nach dem Zusammenbruch boten die Kirchen den Suchenden mehr als jede andere Institution ethisch-moralischen Beistand. Der Säkularisierungsprozeß, der überall in den westlichen Industrienationen zu beobachten war, verlangsamte sich daher in der Bundesrepublik vorübergehend, um erst in späteren Jahren, dann jedoch mit um so größerer Dynamik zu einem starken Rückgang des politischen Einflusses der Kirchen und der Bedeutung kirchlicher Religiosität für den Einzelnen zu führen.[10]

In der unmittelbaren Nachkriegszeit wurden indessen auch bei den Konfessionen lieber Legenden gepflegt als unangenehme Wahrheiten eingestanden. So bemerkte Wilhelm Hoffmann 1946 in seinem Buch *Nach der Katastrophe*, nur beim kirchlichen Gebet habe der totalitäre Staat nicht in allen Fällen seinen Willen durchsetzen können, denn das kirchentreue Volk habe sich um seine Pfarrer und Bischöfe geschart, «die es mancherorts auch mit Gewalt vor Festnahme und Wegführung schützte».[11] Das war nicht ganz falsch, aber stark übertrieben. Zwar waren einige der katholischen Bischöfe, wie Michael Faulhaber in München, Clemens Graf von Galen in Münster, Conrad Gröber in Freiburg und Konrad Graf von Preysing in Berlin, auch während der nationalsozialistischen Herrschaft mutig ihre eigenen Wege gegangen. Viele Vertreter der protestantischen Bekennenden Kirche hatten tapfer Widerstand geleistet. Einige, wie der Direktor des Prediger-Seminars der Bekennenden Kirche in Finkenwalde, Dietrich Bonhoeffer, oder der Jesuitenpater Alfred Delp, der dem Kreisauer Kreis angehörte, hatten für ihren Kampf gegen das NS-Regime sogar mit ihrem Leben bezahlt. Aber die Vorstellung einer allgemeinen Resistenz der Kirchen und Konfessionen gegen Politik und Ideologie der nationalsozialistischen Diktatur gehört zu jenen Wunschbildern der Geschichte, die einer Konfrontation mit der Wirklichkeit nicht standhalten. Nicht zuletzt kirchliche Widerstandskämpfer selbst, wie Martin Niemöller, haben der Legende eines gesamtkirchlichen Widerstandes bereits 1945 heftig widersprochen.[12] Der Widerstand blieb eine Angelegenheit von einzelnen, während die beiden großen Bekenntnisse vor allem um ihre Selbstbehauptung kämpften und nur selten in Erklärungen und Hirtenworten den prinzipiellen Gegensatz zur Ideologie des Nationalsozialismus sichtbar machten.[13]

Dennoch wurde die Legende von der kirchlichen Unschuld von vielen Gläubigen gerne geglaubt, um sich auch selber aus der allgemeinen Schuld zu entlassen. Schuldig waren demnach nur jene Ungläubigen, die erst nach ihrem Abfall von Gott zu gewissenlosen Dienern des Hitler-Regimes geworden waren. Der Nationalsozialismus erschien dabei als «Herrschaft des Antichrist».[14] So sah etwa Carl H. Mueller-Graaf 1948 nur die Alternative zwischen «Nihilismus» und «Gottvertrauen» und forderte dazu auf, das deutsche Volk nach seiner vorangegangenen «Höllenfahrt» wieder mit den «Grundwerten des Christentums» vertraut zu machen. Europa, erklärte er, werde christlich sein, oder es werde gar nicht sein.[15] Auf den diabolischen Aspekt des Nationalsozialismus verwies 1945 auch der protestantisch-humanistische Theologe Helmut Thielicke, der meinte, daß man bei der Interpretation der Hitler-Zeit nicht ohne die «Kategorie des Dämonischen» auskomme.

Allerdings war der Aufstieg des Nationalsozialismus in dieser Sichtweise nicht das Resultat historischer Handlungen, sondern das «Endprodukt der allgemeinen Verweltlichungs- und Verteufelungsprozesse der Neuzeit».[16] In den religiös fundierten Ständestaaten des Mittelalters und des Barock, so hieß es, lasse sich diese Verweltlichung noch nicht nachweisen. Erst mit der Renaissance, dem Humanismus und der Aufklärung habe jene Hybris des Menschen eingesetzt, sein Geschick in die eigenen Hände nehmen zu wollen. Und daraus sei jenes maßlose Glücksverlangen entstanden, das sich in den verschiedenen Weltveränderungs- und Revolutionskonzepten seit dem 18. Jahrhundert niederschlage: eine *Revolutio humana*, wie Michael Brink 1946 bemerkte, die in ihrem Streben nach menschlicher Autonomie gegen Gott gerichtet sei.[17] Erst aufgrund dieser Entwicklung, so 1946 auch August Blume und Johannes Hessen, sei es zu den materialistischen und ungeistigen Tendenzen gekommen, die für die Ausbreitung des Atheismus in der Neuzeit verantwortlich seien und zu jener verheerenden Rationalisierung, Zentralisierung, Industrialisierung, Verstaatlichung und Vermassung geführt hätten, zu deren logischen Konsequenzen auch der deutsche Nationalsozialismus gehöre.[18]

Deutsche Schuld oder historische Zwangsläufigkeit?

Das Spannungsverhältnis zwischen einer spezifisch deutschen Schuld und objektiven historischen Gegebenheiten, die über Jahrhunderte hinweg mit schicksalhafter Zwangsläufigkeit Faschismus und Nationalsozialismus hervorgebracht haben sollten, beherrschte auch die Diskussion unter den Intellektuellen. «Schuldbekenntnisse» waren zumeist nur von jenen zu vernehmen, die nach 1933 ins Exil getrieben oder als aufrechte Gegner des Nationalsozialismus in Zuchthäuser oder Konzentrationslager verschleppt worden waren. Während sie bedauerten, nicht rechtzeitig mehr getan zu haben, um das Unheil aufzuhalten, zogen die «Mitläufer» und Vertreter der «inneren Emigration» es in der Regel vor zu schweigen. Selbst der Appell des prominenten Heidelberger Philosophen Karl Jaspers in seinem Buch *Die Schuldfrage* 1946, nicht erst die Anklage der Alliierten abzuwarten, sondern sich in aller Offenheit selbst anzuklagen, fand nicht die erhoffte Resonanz.

Die meisten Erklärungen dieser Zeit führten den Nationalsozialismus auf ein Gesamtgeschick oder zumindest – entsprechend der von William Montgomery McGovern formulierten anglo-amerikanischen These *From Luther to Hitler* – auf den Verlauf der deutschen Geschichte seit den gescheiterten Bauernaufständen des frühen 16. Jahrhunderts zurück.[19] Thomas Mann setzte seinen Roman *Doktor Faustus*, in dem er nicht nur die Musik und das Leben des «genialen Tonsetzers Adrian Leverkühn», sondern auch die Geschichte seiner Zeit – die Arbeit am *Faustus* begann 1943 und wurde 1947 vollendet – dämonisierte, in Parellele zum Schicksal des deutschen Volkes: Während Adrian sich dem Teufel verschrieb und wahnsinnig wurde, verfielen die Deutschen dem «Verführer» Hitler, der sie erst in den moralischen und dann in den politischen Abgrund trieb. Im Mittelpunkt stand dabei die «faustische Natur», aus der Thomas Mann auch die Unfähigkeit der Deutschen ableitete, ihr Schicksal in demokratischer Ordnung zu gestalten.[20] In seinem Vortrag *Deutschland und die Deutschen* in der Library of Congress in Washington wies er im Mai 1947 selbst auf diesen Zusammenhang hin: Verbrechen seien begangen worden, «denen keine Psychologie zur Entschuldigung verhilft». Dennoch könne man nicht den Schluß ziehen, daß es zwei Deutschland gebe, ein gutes und ein böses. Es gebe nur eines, dem sein Bestes «durch Teufelslist zum Bösen ausschlug. Das böse Deutschland, das ist das fehlgegangene gute, das gute im Unglück, in Schuld und Untergang».

Er könne daher auch nicht, so Mann, sich selbst zum Repräsentanten des «guten, des edlen, des gerechten Deutschland» erklären, denn das hieße sein Land verleugnen, da auch er das alles in sich selbst trage, selbst durchgemacht habe: «Zuletzt ist das deutsche Unglück nur das Paradigma der Tragik des Menschseins überhaupt. Der Gnade, deren Deutschland so dringend bedarf, bedürfen wir alle.»[21]

Für den Publizisten, Politiker und Pädagogen Friedrich Wilhelm Foerster schuf dagegen die «Verpreußung» Deutschlands seit Friedrich II. jene Voraussetzungen des Militarismus und des Obrigkeitsstaates, ohne die der Nationalsozialismus nicht denkbar gewesen sei, während Fritz Harzendorf, Herausgeber und Chefredakteur der *Neuen Württembergischen Zeitung*, den «deutschen Irrweg» erst mit dem preußischen Hegemoniestreben innerhalb des wilhelminischen Reiches beginnen sah.[22] Als geistige Wegbereiter des Nationalsozialismus wurden sowohl die Philosophen des deutschen Idealismus, wie Kant, Fichte und Hegel, als auch die Vertreter des Irrationalismus, wie Schelling, Schopenhauer, Nietzsche und Heidegger, genannt. Kant wurde sein «martialisches» Konzept der absoluten Pflichterfüllung angelastet, Fichte und Hegel ihr angebliches Versäumnis, zwischen Macht und Recht zu unterscheiden. Damit habe, so Paul Wilhelm Wengler 1947, ein direkter Weg zu den Blut- und Eisen-Taktiken Bismarcks und schließlich zu Hitler geführt.[23] In ähnlicher Weise nannte auch Alfred von Martin ein Jahr später Hegel einen «elitären Etatisten», der sich über jedes Naturrecht, jedes Völkerrecht, ja über alles Übernationale in Recht und Moral, wie es vom klassischen Altertum über das christliche Mittelalter bis zum philanthropischen 18. Jahrhundert normgebend gewesen sei, hinweggesetzt habe.[24] Georg Lukács wandte dagegen in den fünfziger Jahren ein, daß nicht der Rationalismus, sondern erst die «Zerstörung der Vernunft» durch die Philosophie des Irrationalismus für die spätere «Faschisierung der deutschen Ideologie» verantwortlich gewesen sei.[25]

Entlastend für die Deutschen wirkten demgegenüber die Erklärungen von Philosophen, Historikern und Ökonomen, die das Phänomen des Nationalsozialismus auf die Entwicklung der modernen Gesellschaft und damit auf die weltweite «Vermassung» oder «Verpöbelung» des Menschen zurückführten, die der spanische Philosoph José Ortega y Gasset schon 1930 in seinem grundlegenden Werk *La rebelión de las masas* beschrieben hatte.[26] So bemerkte Wilhelm Röpke 1945, das totalitäre Regime des Nationalsozialismus, das keinerlei Achtung «vor der Freiheit und den Rechten des Individuums» besessen habe, sei erst möglich geworden, nachdem sich jene präkollektivistischen «Einheitsdeutschen» herausgebildet hätten, die als «proletarisierte» Massenwesen geradezu zwangsläufig der Demagogie der nationalsozialistischen Propaganda hätten verfallen müssen, als diese ihnen die Eroberung der Welt versprach.[27] Der Historiker Friedrich Meinecke hielt in diesem Zusammenhang bereits die Mobilisierung der Unterschichten in der Französischen Revolution am Ende des 18. Jahrhunderts für den Beginn der «Vermassung», mit der ein falsches Streben «nach dem unerreichbaren Menschenglück der Massen» eingesetzt habe, das als typisches Symptom einer «verfallenden Kultur» nur auf «Erwerb, Macht und Wohlleben» ausgerichtet sei. Dies habe zu einem Prozeß geführt, den man erst Demokratisierung, dann Sozialisierung und Nationalisierung und schließlich Bolschewisierung oder Faschisierung genannt habe.[28] Eine «spezifisch deutsche Schuld» konnte Meinecke darin ebensowenig erkennen wie Gerhard Ritter, der 1948 den Faschismus ebenfalls als Ausdruck jenes «modernen Massenmenschentums» und «proletarischen Nationalgefühls» sah, das sich überall in der Welt verbreite und in seiner Neigung zur «totalitären Diktatur» selbst den Demokratien des Westens gefährlich werden könne. Die Neigung der «Vansittartisten» (in Anspielung auf Sir Robert Vansittart und sein Buch *Bones of Contention*), alles Böse in der jüngsten Geschichte den Deutschen anzulasten, sei deshalb zurückzuweisen.[29]

Eskapismus und Geschichtslosigkeit

Bei einer repräsentativen Meinungsbefragung in der Bundesrepublik 1951 nannten auf die Frage, wann es Deutschland in diesem Jahrhundert «am besten gegangen» sei, immerhin 40 Prozent der Bevölkerung die Zeit zwischen 1933 und 1938. Nur unwesentlich mehr, nämlich 45 Prozent, entschieden sich für das Kaiserreich, während die Weimarer Republik mit ganzen 7 Prozent bei weitem am schlechtesten abschnitt.[30] Von einem demokratischen Bewußtsein konnte angesichts solcher Zahlen kaum die Rede sein. Obrigkeitsstaatliche Orientierung wurde nicht einmal als Problem empfunden. Auch die Bemühungen um eine Entideologisierung der Schuld des Nationalsozialismus hatten offenbar Früchte getragen. Viele Deutsche unterschieden deshalb mit bestem Gewissen zwischen den «guten dreißiger Jahren» und der «schlechten Kriegszeit» – womit hauptsächlich die Phase des militärischen Niedergangs nach der Schlacht um Moskau im Winter 1941/42 und dem Fall von Stalingrad im Januar 1943 gemeint war. Sogar Anfang der siebziger Jahre meinte immer noch die Hälfte der Bundesbürger, daß der Nationalsozialismus «im Grunde eine gute Idee» gewesen sei, die nur schlecht ausgeführt wurde.[31]

Doch nicht nur der Bewältigungs- und Verdrängungsmechanismus der älteren Generationen, sondern auch der Geschichtsunterricht an den Schulen trug zu diesem wenig schmeichelhaften Befund bei. Da 1945 ein grundlegender Neuanfang im Erziehungs- und Unterrichtswesen versäumt wurde, war Aufklärung über die jüngste Vergangenheit von den oftmals selbst belasteten Lehrern kaum zu erwarten. Unter dem Vorwand der «Zeitnot» fiel die Behandlung des Nationalsozialismus meist unter den Tisch. Sofern die Epoche überhaupt thematisiert wurde, fand eine Auseinandersetzung, die über pflichtschuldige Lippenbekenntnisse hinausgegangen wäre, in den ersten zwanzig Jahren nach Kriegsende kaum statt. Doch auch danach blieben die in den Schulen vermittelten Kenntnisse düftig. Als 1976/77 insgesamt 3042 Schüler in 121 Klassen von Haupt- und Realschulen sowie Gymnasien, verteilt über die ganze Bundesrepublik, gebeten wurden, Aufsätze zum Thema «Was ich über Hitler gehört habe» zu schreiben, offenbarte die Auswertung quer durch alle Schultypen ein erschreckendes Unwissen: Eine 13jährige Realschülerin schrieb, sie habe «gehört, daß A. Hitler um 18 hundert rum Selbstmord begangen hat», und glaube, er sei «auf einer Insel bei Italien geboren». Ein 15jähriger Gymnasiast behauptete: «Er war auch sehr lange im Amt, auch nach dem Kriege war er noch Jahre im Amt. Dann, nach 25 Jahren, ist er gestorben.» Ein Hauptschüler schließlich, 13 Jahre, stellte fest: «Hitler war vor und in den zwei Weltkriegen der Herrscher in Deutschland und gehörte einer kommunistischen Partei an.»[32]

Diese «Geschichtslosigkeit» läßt sich als Ergebnis eines historischen Eskapismus deuten. Auf jeden Fall offenbart sie Mängel in der Auseinandersetzung mit dem Nationalsozialismus, die unverzeihlich sind. Einen «Nullpunkt» gab es gerade im politisch-kulturellen Bereich nicht – so sehr Kriegsende und Neubeginn subjektiv als Zäsur empfunden worden sein mögen. Die Geschichte war allgegenwärtig, auch wenn viele sich ihrer gerne entledigt hätten.

Die Kulturpolitik der Besatzungsmächte

Bei der Suche nach einem kulturellen Neuanfang wurde den Deutschen zunächst ein Teil der Wegmarken durch die Siegermächte vorgegeben. Indem die Alliierten ihre eigenen Werte zum Maßstab der Kulturpolitik erhoben, füllten sie ein geistiges Vakuum, das der Nationalsozialismus hinterlassen hatte, und bildeten so ein Korrektiv zur Orientierungslosigkeit, die viele Deutsche nach zwölf Jahren nationalsozialistischer Diktatur, davon fast sechs Jahren Krieg, verspürten. Die Kultur war somit neben Politik und Wirtschaft der dritte Bereich, in dem die Besatzungsmächte es nach 1945 für notwendig hielten, kontrollierend und regulierend einzugreifen oder grundsätzlich neue Strukturen zu schaffen. Denn einerseits waren Politik, Wirtschaft und Kultur inhaltlich kaum zu trennen. Andererseits hatten die Alliierten den Nationalsozialismus nicht nur als militärische Bedrohung, sondern auch als geistige Herausforderung empfunden, die mit der Kapitulation der Wehrmacht und der Übernahme der obersten Regierungsgewalt durch

1. Schuldfrage und Neuorientierung

die Siegermächte nicht automatisch bestanden war. Schon bald nach Kriegsende rückte deshalb die «Umerziehung» der Deutschen, also deren geistige Beeinflussung und kulturelle Neuorientierung, in das Zentrum der Besatzungspolitik. Wenn man die Deutschen nicht nur kurzfristig unterwerfen, sondern auf Dauer für sich gewinnen wollte, durfte man sich nicht auf die Kontrolle äußerer Attribute der Macht beschränken, sondern mußte auch ihr Innerstes erreichen und den deutschen Geist verändern.

Auf britischer Seite wurde dabei schon im Planungsstadium während des Krieges immer wieder hervorgehoben, daß *re-education* vor allem eine Aufgabe der Deutschen selbst sei und daß von seiten der Besatzungsmächte nur die Voraussetzungen und Rahmenbedingungen für eine geistige Erneuerung geschaffen werden sollten.[33] In den USA war besonders das Post-War Planning Committee des State Department mit Fragen der *re-education* befaßt, die hier ebenfalls – wie auf britischer Seite – als erster wichtiger Schritt auf dem Wege zu einer deutschen Selbstverwaltung und einer selbständigen deutschen Regierung angesehen wurde. Allerdings entwarfen die amerikanischen Experten ein sehr viel durchgreifenderes Umziehungsprogramm als ihre britischen Kollegen. Während die Briten von Anfang an auf die großen praktischen Schwierigkeiten verwiesen, die eine umfassende politische Säuberung und Umziehung für einen funktionsfähigen Bildungs- und Kulturbetrieb im Nachkriegsdeutschland mit sich bringen mußte, und daher nach alter britischer Manier für *indirect rule* plädierten, wollten die Amerikaner sich nicht auf indirekte Kontrolle und Anleitung beschränken, sondern offensiv die Vorteile ihrer eigenen politisch-kulturellen Tradition zur Geltung bringen. Die dazu schließlich im Mai 1945 von einem Planungsausschuß des State Department vorgelegte Expertise «Long-Range Policy Statement for German Education» näherte sich unter praktischen Gesichtspunkten allerdings der britischen Auffassung weitgehend an und betonte, daß der Aufbau des kulturellen Lebens in Deutschland im wesentlichen das Werk der Deutschen selbst sein müsse.[34] Angesichts der Tatsache, daß die USA in der Erziehungsabteilung ihrer Militärregierung in Deutschland in den ersten beiden Besatzungsjahren mit nicht mehr als fünfzig Personen operierten, gab es ohnehin keine Alternative zu einer möglichst starken Einbeziehung von Deutschen, da nur mit ihrer Hilfe Schulen und Universitäten bereits im Sommer und Herbst 1945 wieder geöffnet und der Kulturbetrieb wieder aufgenommen werden konnte.

Ähnlich verlief die Entwicklung in der französischen Zone, wo allerdings Sicherheitsinteressen Vorrang vor der Umziehungspolitik genossen, so daß man gar nicht den Ehrgeiz entwickelte, grundlegende Reformkonzepte in die Tat umzusetzen, sondern sich mit improvisierten Regelungen begnügte, um der chaotischen Situation vor allem im Bildungsbereich zu begegnen.[35] In der sowjetischen Besatzungszone ließ ein gemeinsamer Aufruf von KPD und SPD zur demokratischen Schulreform vom 18. Oktober 1945 dagegen die Umrisse einer weitgehend veränderten künftigen Schulpolitik erkennen: Säuberung des Lehrpersonals und Demokratisierung der Schule, Besetzung der Leitungspositionen mit «Antifaschisten», Beseitigung der Bildungsprivilegien einzelner Schichten, klare Trennung von Kirche und Schule, Ablehnung jeglicher Privatschulen, grundlegende Reform der Lehrerausbildung sowie grundsätzliche Umstellung der Lehrpläne und Lehrbücher.[36] Die Forderungen stammten aus der reformpädagogischen Diskussion der Weimarer Zeit und wurden auch in den westlichen Besatzungszonen von zahlreichen Bildungsreformern vertreten. Die Erziehungs- und Kulturpolitik der SBZ bewegte sich daher zunächst durchaus noch in gesamtdeutschem Rahmen und auf dem Boden gemeinsamer alliierter Formeln. Diese Phase hielt bis 1947/48 an und wurde von Walter Ulbricht damit begründet, daß alle Maßnahmen, die man im «demokratischen Aufbau» durchführe, so erfolgen müßten, «daß sie in allen Teilen Deutschlands verwirklicht werden können», um «die Gefahr der Zerreißung Deutschlands» zu vermeiden.[37]

Neben der Bildungspolitik galt das Augenmerk der Alliierten nach dem deutschen Zusammenbruch aber auch vielen anderen institutionellen und inhaltlichen Aspekten der Kulturpolitik. Als erstes wurden natürlich jene nationalsozialistischen Einrichtungen aufgelöst, die für die Kulturpolitik des Dritten Reiches die Hauptverantwortung getragen hatten: Goebbels' Propagandaministerium und die sogenannte «Reichskulturkammer». Ebenfalls ohne große Umstände erließen die Besatzungsmächte bereits am 12. Mai 1945 ein Gesetz, das die Herstellung von Druckschriften und Filmen, die Aufführung von Musik und den Betrieb von Schaubühnen und Rundfunkstationen verbot. Verleger, Drucker, Journalisten und Rundfunkangehörige wurden ohne langwierige rechtliche Prozeduren auf die Straße gesetzt. In der am gleichen Tage erlassenen Nachrichten-Kontrollvorschrift Nr. 1 behielten die Militärregierungen sich Neugründungen ausdrücklich vor. Lizenz- bzw. genehmigungspflichtig waren die Veröffentlichung von Zeitungen, Zeitschriften, Magazinen, Büchern, Plakaten, Broschüren, Musikalien und sonstigen Publikationen sowie die Herstellung von Filmen, Schallplatten und anderen Tonaufnahmen, der Betrieb von Nachrichtendiensten, Nachrichten- und Bildagenturen, Rundfunk- und Fernsehstationen sowie die Einrichtung von Drahtsendern und Niederfrequenzübertragungsanlagen, aber auch Schauspiel- und Opernaufführungen, Konzerte, Jahrmärkte, Zirkusunternehmen und Karnevalsveranstaltungen sowie jegliche andere Darbietungen, bei denen Schauspieler und Musiker mitwirkten. Zulassungen wurden auf Antrag erteilt, sofern die Lizenz nicht durch die Offiziere der Nachrichtenkontrolle verweigert wurde. Von der Lizenzzuteilung ausgeschlossen waren alle ehemaligen Parteigenossen und Personen, die den Nazismus und Militarismus unterstützt hatten. Dazu zählten anfangs auch alle leitenden Männer der Wirtschaft, ehemalige Offiziere, Besitzer von Druckereien, ehemalige Verleger und Journalisten, die nach 1935 als Zeitungsredakteure oder Mitarbeiter in der deutschen Presse tätig gewesen waren. Das System der Lizenzträger für den gesamten Mediensektor sorgte dafür, daß die Besatzungsmächte maßgeblich die Richtung und den Inhalt der Kultur- und Informationspolitik in Deutschland bestimmen konnten. Dieser Einfluß der Alliierten hielt bis Anfang der fünfziger Jahre und indirekt gelegentlich bis in die sechziger Jahre an.[38]

Die Überprüfung und gegebenenfalls Entlassung der Verantwortlichen in Rundfunk, Presse, Verlagswesen und Theater war jedoch ein politischer und personeller Kraftakt, dessen Ergebnis oft unbefriedigend blieb, weil sich formelle Funktion und moralische Belastung einzelner Redakteure, Chefredakteure, Verleger oder Intendanten in Grenzbereichen persönlicher Schuld bewegten, die sich kaum präzise definieren ließen. Ebenso schwierig und problematisch war die Durchforstung der Bildungseinrichtungen – von der Grundschule bis zu den Universitäten und Akademien – nach alten Parteigenossen und Unbelehrbaren. Was Akten und Behördenkarteien nicht preisgaben, mußte durch Fragebögen (oder Denunziationen) mühselig ans Tageslicht befördert werden.

Die Buchproduktion selbst wurde stark eingeschränkt und sank in den ersten Nachkriegsjahren auf ein Zehntel des Umfangs von 1932. So erschienen in der französischen Zone bis Mitte 1947 nur 242 Titel, in der britischen 730 und in der amerikanischen 1100, wobei es sich ganz überwiegend um schöngeistige und religiöse Literatur handelte, mit weitem Abstand gefolgt von Jugend- und Schulbüchern. Die Durchschnittsauflage betrug 5000 Exemplare pro Band.[39] Gesteuert wurde die Buchproduktion bereits im Vorfeld durch Selektion bei der Lizenzvergabe. Selbst alteingesessene Verleger durften nicht einfach weiter Bücher herausgeben, sondern mußten sich dafür, wie Neueinsteiger, eine Lizenz von den Besatzungsbehörden ausstellen lassen. Verlegern, denen nähere Verbindungen zum NS-Regime nachgewiesen werden konnten, wurde die Lizenz verweigert. Autoren, die als «Hauptschuldige» eingestuft wurden – unter ihnen so bekannte Schriftsteller wie Ernst Jünger, Friedrich Sieburg und Hanns Johst –, wurden mit einem Publikationsverbot belegt. Aber auch noch während der Gestaltung des Verlagsprogramms konnten die Besatzungsmächte durch das Instrument der Papierzuteilung indirekt Einfluß nehmen. Verlage, deren Programme dem Konzept der *re-education* entsprachen, wurden ganz offen bevorzugt. Natürlich erstaunt es auch nicht, daß Übersetzungen eine große Rolle spielten. Sie erreichten beispielsweise in der amerikanischen Zone einen Anteil von 23 Prozent, wobei Stoffe, die ein konfliktarmes Bild der Vereinigten Staaten malten, besonders gern gesehen waren, während Werke von William Faulkner oder John Steinbeck kaum gefördert wurden. Welches Gewicht die USA der Kulturpolitik beimaßen, läßt sich im übrigen an der Tatsache ablesen, daß in den Nachkriegsjahren allein in der amerikanischen Zone 136 Reading Rooms und 27 sogenannte «Amerika-Häuser» entstanden, die von der United States Information Agency, einer Organisation des amerikanischen Außenministeriums, betrieben wurden.

Im Theaterwesen spiegelte sich der Verlauf der *re-education* ebenfalls wider. Zwar besaß der Intendant die Verantwortung für Stückauswahl und Engagements. Doch auch hier übten die Militärregierungen erheblichen Einfluß aus. So ließen beispielsweise die amerikanischen Besatzungsbehörden mehr als sechzig Stücke, vor allem unterhaltender Art, übersetzen, um den amerikanischen Einfluß zu verstärken; über die Hälfte davon waren Kriminalreißer oder Boulevardkomödien. Kritische, «realistische» Stücke – etwa von Robert Sherwood oder John Steinbeck – kamen kaum zur Aufführung, da sie der amerikanischen Information Control Division «ungeeignet» oder «zu politisch» erschienen. Selbst Carl Zuckmayers *Des Teufels General* wurde erst Mitte 1947 zur Aufführung freigegeben.

Kulturpolitik des Antifaschismus

Der kulturelle Neubeginn in Deutschland wurde jedoch keineswegs nur von den Besatzungsmächten geprägt. Gerade jene deutschen Schriftsteller und Künstler, die unter dem Nationalsozialismus am meisten gelitten hatten, fühlten sich aufgerufen, die alte deutsche Kulturtradition wiederzubeleben. Zu politischen, moralischen und künstlerischen Vorbildern in der Nachkriegszeit wurden vor allem Emigranten, die lange verfemt gewesen waren und deren Rolle und Bedeutung nun ausführlich dargestellt wurde. *Die humanistische Front* (1946) von Walter A. Berendsohn, *Verboten und Verbrannt* (1947) von Richard Drews und Alfred Kantorowicz sowie *Unter fremden Himmeln* (1948) von F. C. Weiskopf sind Beispiele für die öffentliche Rehabilitierung und Würdigung von Exil-Literaten. Die Aufsätze von Hans Mayer über «Literatur der deutschen Emigranten» (1947) und Alfred Kantorowicz über «Deutsche Schriftsteller im Exil» (1948) dokumentierten einen «antifaschistischen Änderungswillen», der sich auch in vielen öffentlichen Vorträgen und Rundfunkbeiträgen sowie in Artikeln politisch-literarischer Zeitschriften – wie zum Beispiel *Ost und West*, die *Frankfurter Hefte*, *Die Wandlung* und *Der Ruf* – niederschlug.

Während die Kultur des Antifaschismus in den westlichen Besatzungszonen somit vor allem in Zeitschriften und im Rundfunk ein Forum für ihre Verbreitung fand, wurde sie in Ostdeutschland von Anfang an staatlich dekretiert – und damit wenigstens zum Teil diskreditiert. So veranlaßte die Sowjetische Militäradministration (SMAD) in der SBZ bereits am 3. Juli 1945 die Gründung des «Kulturbundes zur demokratischen Erneuerung Deutschlands», der bis 1947 auch interzonal tätig war. Obwohl viele Mitglieder dem Kulturbund aus antifaschistischer Überzeugung beitraten, war die Tatsache, daß die sowjetische Besatzungsmacht seine Aktivitäten steuerte, ein Problem, das seine Ausdehnung auf ganz Deutschland verhinderte. So wurde er in den westlichen Besatzungszonen von den Militärbehörden zunächst nur auf Ortsebene zugelassen, oft sogar nur mit der Auflage einer Namensänderung, so daß er beispielsweise in München unter der Bezeichnung «Kulturliga» und in Frankfurt als «Freie deutsche Kulturgesellschaft» auftrat.

Dabei hatte es in der allgemeinen Aufbruchstimmung nach Kriegsende durchaus vielversprechend begonnen. Zu den bei der Gründung am 3. Juli 1945 beschlossenen Grundsätzen des Kulturbundes zählten die «Vernichtung der Nazi-Ideologie auf allen Lebens- und Wissensgebieten» sowie die Bildung einer «nationalen Einheitsfront der deutschen Geistesarbeiter» zur «Wiederentdeckung und Förderung der freiheitlichen, humanistischen, wahrhaft nationalen Tradition unseres Volkes» mit dem Ziel einer «Neugeburt des deutschen Geistes im Zeichen einer streitbaren demokratischen Weltanschauung».[40] Zum Präsidenten des Bundes wurde am 8. August 1945 der Schriftsteller Johannes R. Becher gewählt. Vizepräsidenten wurden der Maler Karl Hofer, der Schriftsteller Bernhard Kellermann und der Altphilologe Johannes Stroux. Mitglieder des Präsidialrates waren u. a. der Theaterkritiker Herbert Ihering, die Bildhauerin Renée Sintenis und die Schauspieler Paul Wegener und Eduard von Winterstein. Zu den engagierten Mitgliedern gehörten die Maler Otto Nagel und Max Pechstein, der Regisseur Wolfgang Langhoff, der Musikwissenschaftler Paul Höffer, der Romanist Victor Klemperer, der Pädagoge Eduard Spranger und der Physiker Robert Havemann. Neben Autoren wie Ludwig Renn, Ricarda Huch, Anna Seghers, Günther Weisenborn und Willi Bredel reihten sich der KPD-Politiker Anton Ackermann, sein SPD-Kollege Gustav Dahrendorf und die CDU-Vertreter Ferdinand Friedensburg und Ernst Lemmer in den Bund ein, der sich zudem mit der Ehrenpräsidentschaft Gerhart Hauptmanns schmückte.[41]

Dieser eindrucksvollen personellen Breite, die das gesamte künstlerische und politische Spektrum der deutschen Kultur widerspiegelte, entsprach das Bemühen um eine gesamtdeutsche Perspektive. Als die Sektion Bildende Kunst des Bundes vom 25. August bis 31. Oktober 1946 unter der Schirmherrschaft von Karl Hofer, Otto Nagel und Karl Schmidt-Rottluff die «Erste Allgemeine Deutsche Kunstausstellung» in Dresden ausrichtete, waren bis auf die britische Besatzungszone, die sich nicht beteiligte, alle Regionen Deutschlands vertreten. 74000 Besucher sahen die Ausstellung, die Exponate so unterschiedlicher Künstler wie George Grosz, Otto Dix, Erich Heckel, Georg Kolbe, Karl Schmidt-Rottluff, Oskar Kokoschka, Max Beckmann, Lyonel Feininger, Oskar Schlemmer, Paul Klee, Willi Baumeister und Fritz Winter präsentierte.

So wie in dieser Ausstellung die verschiedensten Stilrichtungen zusammengeführt waren, so wollte der Kulturbund auch die Vertreter der inneren und äußeren Emigration zusammenführen. Schon im November 1945 war deshalb ein «Ruf an die deutschen Emigranten» ergangen, die heimkehren und am kulturellen Aufbau Deutschlands mitwirken sollten. Der für den 4. bis 8. Oktober 1947 vom Kulturbund nach Berlin einberufene Erste Deutsche Schriftstellerkongreß, der im Sinne einer «antifaschistischen Einheitsfront» wirken sollte, machte die Spaltung in Ost und West jedoch bereits deutlich. Zwar stammten von den insgesamt 300 Teilnehmern etwa 100 Autoren aus den westlichen Besatzungszonen. Aber anders als bei der Kunstausstellung in Dresden kam es hier aufgrund der zunehmenden politischen und ideologischen Differenzen zwischen Ost und West zu einer Spaltung, deren Ergebnis darin bestand, daß der Kulturbund in den Westsektoren Berlins und in den drei westlichen Zonen verboten bzw. in seinen Aktivitäten eingeschränkt wurde. Der Landesverband Rheinland-Westfalen, der erst am 30. Oktober 1946 gegründet worden war und mit den Gewerkschaften kooperieren wollte, um das gesteckte Ziel einer Einigung von Arbeitern und Intellektuellen zu erreichen, gelangte ebenfalls an ein frühes Ende. Der östlich geprägte kommunistische Einfluß wurde damit im Westen weitgehend zurückgedrängt, und der «Faschismus» wurde als Hauptgegner zunehmend durch den Kommunismus ersetzt. Gleichzeitig grenzte man sich umgekehrt auf östlicher Seite nun auch im kulturellen Bereich immer mehr gegen westliche Einflüsse ab.[42]

Emigration und Remigration

Mit dem politisch motivierten Auszug von Intellektuellen und Künstlern aus dem nationalsozialistischen Deutschland wurde eine unheilvolle Tradition fortgesetzt, die bereits im 19. Jahrhundert – etwa nach den Karlsbader Beschlüssen von 1819, dem Scheitern der Revolution von 1848/49 oder der Bismarckschen Sozialistengesetzgebung – immer wieder kritische Geister ins Exil getrieben hatte. Dennoch waren sowohl das Ausmaß als auch die Brutalität der Verfolgung unter Hitler unvergleichlich. Hunderttausende sahen sich dadurch aus politischen Gründen oder lediglich aufgrund ihrer Rassen- und Religionszugehörigkeit gezwungen, ihre Heimat aufzugeben. Die Gesamtzahl der Emigranten aus Deutschland nach 1933 wird auf etwa 600 000 geschätzt. Mehr als 500 000 davon waren im weitesten Sinne jüdischer Herkunft, von denen wiederum 330 000 aus Deutschland stammten, 150 000 aus Österreich und 25 000 aus den Sudetengebieten. Zur politischen Emigration zählten zwischen 1933 und 1939 etwa 30 000 Personen, vor allem Kommunisten und Sozialdemokraten, aber auch Angehörige der bürgerlich-liberalen Mitte sowie des politischen Protestantismus und Katholizismus.[43] Der Anteil von Wissenschaftlern, Intellektuellen und Künstlern war demgegenüber zahlenmäßig eher gering – was allerdings nichts über den kaum zu ermessenden kulturellen Verlust aussagt. So befanden sich unter den annähernd 8600 Emigranten – einschließlich der politischen Publizisten –, die das *Biographische Handbuch der deutschsprachigen Emigration nach 1933* verzeichnet, etwa 5500 Persönlichkeiten, die im weiteren Sinne zu den verschiedenen Sektoren des kulturellen Lebens gerechnet werden können. Knapp die Hälfte davon, zwischen 2400 und 2500, waren Wissenschaftler, der Rest, etwa 1600, Schriftsteller und Publizisten.[44] Die meisten Emigranten aus dem deutschen Sprachraum, rund 48 Prozent, gingen in die USA,

10 Prozent nach Großbritannien, 8 Prozent nach Palästina und 4 Prozent in die Schweiz, während die Sowjetunion mit unter 1 Prozent statistisch kaum zu Buche schlug.

Wie groß der kulturelle Verlust wirklich war, wird allerdings erst deutlich, wenn man aus der langen Liste der Vertriebenen einige wenige Namen – mehr oder minder willkürlich – herausgreift: Wissenschaftler wie Albert Einstein, Lise Meitner, Alfred Adler und Sigmund Freud; Musiker wie Béla Bartók, Paul Hindemith, Otto Klemperer, Hermann Scherchen, Arnold Schönberg, Bruno Walter und Kurt Weill; Maler wie Max Beckmann, Max Ernst, Karl Hofer, Wassily Kandinsky und Paul Klee; Architekten wie Walter Gropius, Werner Hegemann und Ernst May; Verleger wie Gottfried Bermann-Fischer, Jakob Hegner, Kurt Horowitz, Walter Landauer und Kurt Wolff. Ungezählt sind die Publizisten, Schauspieler, Regisseure, Tänzer und Sänger, die emigrieren mußten. Unter den Schriftstellern fehlt kaum ein Autor, dem die deutschsprachige Literatur des 20. Jahrhunderts ihre Geltung verdankt: Bertolt Brecht, Johannes R. Becher, Max Brod, Elias Canetti, Alfred Döblin, Lion Feuchtwanger, Curt Goetz, Stephan Hermlin, Stefan Heym, Hermann Kesten, Else Lasker-Schüler, Heinrich Mann, Thomas Mann, Robert Musil, Walter Mehring, Theodor Plivier, Alfred Polgar, Erich Maria Remarque, Nelly Sachs, Anna Seghers, Manès Sperber, Max Tau, Kurt Tucholsky, Franz Werfel, Stefan Zweig, Arnold Zweig, Carl Zuckmayer.

Um so drängender stellte sich nach 1945 die Frage, wieviele der ins Exil getriebenen Intellektuellen und Künstler zur Rückkehr nach Deutschland bewogen werden könnten. Carl Zuckmayer schrieb dazu in seinem Erinnerungsbuch *Als wär's ein Stück von mir* eher deprimiert: «Die Fahrt ins Exil ist ‹the journey of no return›. Wer sie antritt und von der Heimkehr träumt, ist verloren. Er mag wiederkehren, zu Menschen, die er entbehren mußte, zu Stätten, die er liebte und nicht vergaß, in den Bereich der Sprache, die seine eigene ist. Aber er kehrt niemals heim.»[45] Symptomatisch für die Problematik war auch ein öffentlicher Briefwechsel, der 1945/46 zwischen Walter von Molo und Frank Thiess einerseits und Thomas Mann andererseits geführt wurde. Während Thomas Mann argumentierte, in Deutschland sei es nach 1933 unmöglich, «Kultur zu machen», so daß er nicht remigrieren wolle, waren Walter von Molo und Frank Thiess – von dem übrigens der Ausdruck «innere Emigration» stammt – der Meinung, daß die Daheimgebliebenen in ihrem deutschen Elend nicht weniger, ja noch stärker gelitten hätten als die Weggegangenen, die, wie Thomas Mann aus seiner Villa in Pacific Palisades an der amerikanischen Pazifikküste, nun die Deutschen über ihr Schicksal belehrten.[46] Sie kamen dabei, wie Elisabeth Langgässer, die sich keinerlei Kollaboration mit dem nationalsozialistischen Regime vorzuwerfen hatte, sondern selbst mit einem Publikationsverbot belegt worden war, zu dem Schluß, daß «die ‹innere Emigration› an Verzweiflung keiner, wie auch immer gearteten, äußeren nachgestanden hat».[47] Doch Thomas Mann blieb bei seiner ablehnenden Haltung. Er scheute die Begegnung mit der zerstörten Heimat, den Trümmern, «den steinernen und den menschlichen», denen er sich in Deutschland gegenübersehen würde.[48] Auch viele andere Künstler und Schriftsteller, die den Weg ins Exil gegangen waren, kehrten nicht zurück, da sie sich inzwischen im Ausland eine neue Existenz aufgebaut hatten. Manche waren auch zu alt, um noch einmal ihren Lebensmittelpunkt zu verlegen. Besonders schwierig war die Entscheidung zur Rückkehr für Emigranten jüdischer Herkunft, die vom Massenmord an den Juden existentiell und persönlich betroffen waren. Umgekehrt läßt sich feststellen, daß die Wahrscheinlichkeit der Remigration um so größer war, je stärker politische Gesichtspunkte das Motiv zur Auswanderung gebildet hatten. Vor allem dann, wenn emigrierte Politiker weiterhin politische Absichten verfolgten, standen sie – in den Worten des Sozialdemokraten Otto Wels, der bis zu seinem Tod 1939 die SPD im Exil geführt hatte – mit dem «Gesicht nach Deutschland».[49] Ähnliches galt für kommunistische Intellektuelle, die nach 1945 in die sowjetische Besatzungszone bzw. die spätere DDR gingen, um dort an einem kommunistischen Neuaufbau mitzuwirken.

Insgesamt kehrte von den etwa 5500 Emigranten aus dem kulturellen Bereich nur ein knappes Drittel – nämlich 32 Prozent – nach Deutschland zurück, von denen sich wiederum vier Fünftel in der Bundesrepublik Deutschland bzw. Österreich und ein Fünftel in der DDR niederließen. Unter den Remigranten in Westdeutschland stellten Geisteswissenschaftler sowie Literaten und Künstler mit jeweils 27 Prozent den höchsten Anteil, gefolgt von Schauspielern und Regisseuren mit gut 24 Prozent. Insgesamt 12 Prozent der Remigranten waren Naturwissenschaftler, Ingenieure und Mediziner, 9 Prozent zählten zu den Publizisten bzw. Journalisten.[50] In der SBZ bzw. DDR ergab sich insofern ein etwas anderes Bild, als hier Künstler und Literaten vor Schauspielern und Regisseuren den größten Anteil stellten, wobei offenbar die schon vor der Emigration ausgeprägte politische Linksorientierung vieler Künstler und Literaten die Erklärung bietet.

Das Verhältnis der Remigranten zur Bevölkerung war alles andere als spannungsfrei. Vor allem in Westdeutschland bestanden bis weit in die fünfziger Jahre hinein deutliche Reserven, die sich nur allmählich überwinden ließen. Während die Rückkehrer den Daheimgebliebenen ihre Kollaboration mit dem NS-Regime vorwarfen, stießen die Emigranten bei der Bevölkerung besonders dann häufig auf Ablehnung, wenn sie, wie Hans Habe, Alfred Döblin oder Klaus Mann, in der Uniform einer der Besatzungsmächte zurückkehrten. Zahlreichen linksorientierten Emigranten wurde überdies vorgeworfen, durch ihre antirepublikanische Haltung zum Untergang der Weimarer Demokratie beigetragen und damit indirekt den Boden für den Nationalsozialismus bereitet zu haben. Trotz solcher Probleme war der Beitrag, den Remigranten und Emigranten zum kulturellen Wiederaufbau Deutschlands leisteten, aber von großer Bedeutung. Dabei ist vor allem der Internationalisierungseffekt hervorzuheben, der durch beide Gruppen ausgelöst wurde: durch die Remigranten, weil sie vielfältige Erfahrungen, neue Erkenntnisse und andere wissenschaftliche Methoden nach Deutschland brachten und zumeist auch ihre internationalen Kontake nach der Rückkehr aufrechterhielten; durch die Emigranten, weil sie sich, obwohl sie ihren Wohnsitz im Ausland nicht aufgaben, frühzeitig mit Schriften und Rundfunksendungen um Aufmerksamkeit in ihrem Heimatland bemühten und durch Vortragsreisen, Lesungen, Ausstellungen oder Forschungsaufenthalte sowie Gast- und Honorarprofessuren in der deutschsprachigen Welt ihres Fachgebietes wieder präsent wurden. Die kulturelle Emigration war deshalb keineswegs nur eine Einbahnstraße im Sinne eines «irreversiblen Verlustes», sondern bewirkte nach dem Ende der braunen Diktatur oftmals gerade das Gegenteil der von den Nationalsozialisten angestrebten Isolierung.[51]

2. Kulturelle Neuansätze

Das Wiederaufleben der Kultur nach dem Zusammenbruch war demnach nicht nur eine Frage der politischen Vergangenheitsbewältigung und der Suche nach Orientierung im beginnenden Ost-West-Konflikt, sondern auch eine Auseinandersetzung mit dem Problem der Emigration. Da während des Dritten Reiches praktisch alle Künstler, die sich nicht systemkonform verhalten hatten, ins Exil oder in die «innere Emigration» getrieben worden waren, ging es zunächst darum, die Verbindung zu den äußeren und inneren Emigranten wiederherzustellen, alte kulturelle Netzwerke neu zu knüpfen und darüber hinaus die Begegnung mit dem Ausland zu suchen. Isolierung und Selbstisolierung mußten überwunden werden, um wieder Anschluß an die internationale Entwicklung zu finden und eine neue eigene Tradition begründen zu können. Darüber hinaus sollten Kunst und Kultur aber auch Ablenkung vom tristen Alltag der Trümmerlandschaft bieten und das geistige Vakuum füllen, das der Nationalsozialismus hinterlassen hatte.

Rückbesinnung als Neubeginn

Da die Kontaktaufnahme mit den Exilanten sich oft als schwierig erwies, erinnerte man sich nach 1945 in der Regel zunächst einmal jener Künstler, die bereits vor 1933 einen Namen besessen hatten und denen es auch während des NS-Regimes erlaubt gewesen war, privat oder halboffiziell weiterzuarbeiten. Dies erschien um so notwendiger, als die inneren Emigranten, die während des Nationalsozialismus zwar im Reich geblieben waren, aber als «Verfemte» im Halbverborgenen oder im Untergrund gelebt hatten, unter großem politischen und psychologischen Druck nur selten in der Lage gewesen waren, bedeutende Werke hervorzubringen.

In den bildenden Künsten waren es vor allem Käthe Kollwitz und Ernst Barlach, deren Werke die Erschütterung der Epoche widerspiegelten und deshalb als besonders zeitgemäß empfunden wurden. Der klagende und zugleich anklagende Charakter ihrer Statuen und Grafiken war ein Appell an die Menschlichkeit nach der Katastrophe. Schon im Herbst 1945 wurden sie vielfach ausgestellt und auch in der Folgezeit immer wieder gezeigt oder in Zeitschriften abgebildet. Daneben traten die Werke von Expressionisten wie Emil Nolde, Erich Heckel, Karl Schmidt-Rottluff und Max Pechstein sowie von Realisten wie Karl Hofer und Otto Dix. Zahllose Regionalkünstler mit der üblichen Palette konventioneller Genremalerei vervollständigten das Bild eines ebenso interessanten wie kuriosen Nebeneinanders der verschiedensten Richtungen und Stile. Zeitschriften und Bücher machten überdies mit den Malern der *Brücke* und des *Blauen Reiter*, den Kubisten und Futuristen, mit Picasso und Chagall bekannt – Künstlern also, die insbesondere jüngeren Deutschen bisher weitgehend unbekannt waren, weil man ihre Werke unter dem Nationalsozialismus als «entartet» aus Museen und Galerien entfernt hatte. Auch die vor 1933 wenig populäre Malerei der totalen Abstraktion wurde nun aufgewertet. Dies galt weniger für die Werke der im Exil verstorbenen Altmeister Wassily Kandinsky und Paul Klee, als für die Arbeiten von Fritz Winter und Willi Baumeister, die während des Dritten Reiches in Deutschland heimlich weitergemalt hatten. Große Aufmerksamkeit fand Winters Zyklus *Triebkräfte der Erde*, der 1944 entstanden war. Auch die Besatzungsmächte trugen dazu bei, die Bedeutung der abstrakten Malerei hervorzuheben. Frankreich sandte 1948 eine Wanderausstellung über *Französische abstrakte Malerei* nach Deutschland; die Amerikaner folgten mit einer Ausstellung über *Gegenstandslose Malerei in den USA*, die in mehreren deutschen Großstädten gezeigt wurde.[52]

In der Musik wurden die Deutschen nun auch wieder mit den inzwischen schon fast vergessenen Klassikern der Moderne wie Igor Strawinsky, Béla Bartók, Sergej Prokofjew und Dimitri Schostakowitsch vertraut gemacht. Den größten Erfolg errang jedoch Paul Hindemith, der noch 1934 mit seiner *Mathis-Symphonie* in Berlin hervorgetreten war und sich erst 1938 veranlaßt gesehen hatte, ins Schweizer Exil auszuweichen. Er galt daher zwar als Verfemter und als Repräsentant eines «besseren Deutschland». Doch seine Musik war gemäßigter, eingängiger und offenbar auch «deutscher» als die vieler anderer Gegenwartskomponisten, etwa die Werke von Arnold Schönberg und dessen Schülern Alban Berg und Anton Webern, die damals noch wenig Anklang fanden. Ähnliches galt für die linksavantgardistische Musik von Hanns Eisler, die trotz ideologischer Nähe sogar in der sowjetischen Besatzungszone zunächst auf großes Befremden stieß, während Felix Mendelssohn-Bartholdy, der von den nationalsozialistischen Machthabern wegen seiner jüdischen Abstammung auf den Index gesetzt worden war, nach dem Kriege zu den am meisten gespielten «Wiedergutmachungskomponisten» gehörte.

In der Literatur erschienen in den Westzonen zunächst vor allem Werke von Expressionisten wie Georg Trakl oder jüdischen Autoren wie Franz

2. Kulturelle Neuansätze 219

Kafka, die während des Nationalsozialismus «vergessen» oder als «entartet» diffamiert worden waren. Hinzu kam die Aneignung der bis dahin weithin unbekannten amerikanischen, englischen und französischen Literatur, die von den Besatzungsmächten und deren Zeitschriften, wie *Lancelot* oder *Story*, tatkräftig gefördert wurde. Zu den amerikanischen Autoren, deren Werke nun nach Deutschland gelangten, zählten vor allem Thomas Wolfe, William Saroyan, Ernest Hemingway und Pearl S. Buck. Unter den englischen Schriftstellern waren es in erster Linie T. S. Eliot, Christopher Fry, Evelyn Waugh und Graham Greene und von französischer Seite Paul Valéry, André Gide, Jean-Paul Sartre, Georges Bernanos und Albert Camus, die in Deutschland bekannt wurden. Deutsche Autoren, die unter dem NS-Regime verfolgt oder vertrieben worden waren, hatten es dagegen in Westdeutschland zunächst vergleichsweise schwer. So wurden die meisten ihrer im Exil entstandenen Arbeiten hier erst nach 1950 veröffentlicht. Vor allem der Suhrkamp Verlag bemühte sich jedoch schon frühzeitig um Wiedergutmachung und Anerkennung für die Exilautoren und veröffentlichte Werke von Franz Werfel *(Das Lied von Bernadette)*, drei Arbeiten von Thomas Mann (unter anderem den *Doktor Faustus*), die *Versuche 20–22* von Bertolt Brecht, *Barbara Blomberg* von Carl Zuckmayer sowie Neuauflagen zweier Bücher von Stefan Zweig. Ausgesprochen «antifaschistische» Autoren mußten jedoch in der Regel lange warten, ehe sie auch im Westen Beachtung fanden, zumal die meisten von ihnen bei ihrer Rückkehr aus dem Exil in die sowjetische Besatzungszone gegangen waren, wie Johannes R. Becher, Bertolt Brecht, Anna Seghers, Arnold Zweig, Friedrich Wolf, Ludwig Renn, Willi Bredel und Eduard Claudius.[53]

Dennoch läßt sich für die erste Phase nach dem Zusammenbruch insgesamt feststellen, daß die Kunst- und Kulturszene von einem hohen Maß an Toleranz und Vielfalt bestimmt war, die weder politische noch künstlerische Grenzen kannte. Nicht zuletzt im Sinne einer ideologischen Offenheit und Entschlossenheit zur Wiedergutmachung standen Werke des elitären Modernismus neben Arbeiten der realistischen Gegenständlichkeit für das breite Publikum der «Ungebildeten». Christlich inspirierte Kunst und Literatur fanden ebenso ihren Platz wie kommunistisch motivierte Werke der alten oder avantgardistischen Linken. Autoren und Künstler, die während des NS-Regimes in Deutschland geblieben waren und hier weitergearbeitet hatten, wurden jenen ausländischen und verfemten Schriftstellern und Künstlern zur Seite gestellt, die im Dritten Reich auf dem Index gestanden hatten. In den literarischen Zeitschriften, die als die vielleicht besten Seismographen für Zeittrends gelten können, wurde nicht nur nach Herkunft, ideologisch-politischer Orientierung und Stilrichtung des Autors, sondern auch nach dem Beitrag gefragt, den dessen Werk zur Verbesserung der Verhältnisse leisten konnte. So erschienen in der Zeitschrift *Die Fähre* neben Arbeiten von Anna Seghers, Alexander Blok und Ilja Ehrenburg auch solche von James Joyce, Paul Valéry, Thornton Wilder, Robert Musil und Franz Kafka.

In dem von Alfred Döblin herausgegebenen literarischen Magazin *Das goldene Tor* wurden Werke von Hermann Kasack, Ernst Kreuder und Karl Krolow mit Arbeiten von Bertolt Brecht, Heinrich Mann und Stephan Hermlin konfrontiert. Im *Aufbau* fanden sich neben Texten von Heinrich Mann, Willi Bredel, Johannes R. Becher und Georg Lukács auch solche von Ernst Wiechert, Manfred Hausmann, Max Bense und Wolfgang Weyrauch. Ein besonders herausgehobenes Beispiel für diese pluralistische Grundhaltung war die von Alfred Kantorowicz edierte Zeitschrift *Ost und West*, die bereits im Titel den Brückenschlag über räumliche und ideologische Grenzen hinweg zum Programm erhob und in der Ernst Bloch, Alfred Kurella und Bertolt Brecht ebenso ein Forum fanden wie Vercors (Jean Bruller), der Mitbegründer des Widerstands-Verlages «Les Éditions de Minuit», Carson McCullers und Walter von Molo.[54] Dieses Neben- und Miteinander konkurrierender Strömungen wurde jedoch nicht als Chaos oder Widerspruch empfunden, sondern als Zeichen der neugewonnenen Freiheit gesehen und begrüßt.

Die Neuordnung des Rundfunks

Auf ganz andere Weise trug nach dem Zusammenbruch die Neuordnung des Rundfunkwesens zum kulturellen Wiederaufleben bei. Der Rundfunk war besonders am Anfang das wichtigste Kommunikationsmittel, da Zeitungen entweder aus technischen Gründen oder aus Mangel an Papier nur in geringem Umfang erscheinen konnten und andere Medien, wie Zeitschriften oder Bücher, erst allmählich an Bedeutung gewannen. Die bis 1945 in Deutschland staatliche Rundfunkhoheit, die schon in der Weimarer Republik eine Reichsangelegenheit unter Zuständigkeit des Reichspostministeriums gewesen war, ging nach dem Ende des NS-Regimes auf die Besatzungsmächte über. Die Rundfunkstationen waren nunmehr Sender der jeweiligen Militärregierung. Pläne, ein gemeinsames Programm der Alliierten über den im brandenburgischen Königs Wusterhausen gelegenen früheren *Deutschlandsender* auszustrahlen, wurden nicht verwirklicht, weil Frankreich seine Zustimmung verweigerte und bald auch die USA und Großbritannien Bedenken hegten, einen Sender zu betreiben, der in der sowjetischen Besatzungszone lag.

Einig waren sich die westlichen Alliierten darin, das Rundfunkmonopol der Post im Interesse einer demokratischen Entwicklung in Deutschland zu beseitigen. Der Rundfunk selbst wurde in den einzelnen Zonen nach unterschiedlichen Modellen neu organisiert. Generell war der Sendebetrieb – wie der Druck und Vertrieb von Zeitungen – von alliierten Lizenzen abhängig. Praktisch wurden die Rundfunkanstalten in den jeweiligen Besatzungszonen von den Siegermächten neu eingerichtet. So entstanden in der britischen Zone nach dem Vorbild der BBC der *Nordwestdeutsche Rundfunk* (NWDR) in Hamburg, in der französischen Zone der *Südwestfunk* in Ba-

2. Kulturelle Neuansätze

den-Baden und in der amerikanischen Zone neben dem *Rundfunk im amerikanischen Sektor* (RIAS) in Berlin – als Gegengewicht gegen den sowjetisch kontrollierten *Berliner Rundfunk* – die Sender Bremen, Frankfurt, Stuttgart und München als jeweils eigene Rundfunkorganisationen in jedem der von den USA kontrollierten Länder.

Eine der überragenden Persönlichkeiten unter den alliierten Direktoren der Sender war Hugh Carleton Greene, der nach Gründung des NWDR am 1. Oktober 1946 dessen Leitung übernahm. Er war ein Bruder des Schriftstellers Graham Greene und bereits von 1933 bis 1936 Deutschlandkorrespondent britischer Zeitungen in Berlin gewesen, ehe er seit 1940 die «Deutsche Abteilung» in der BBC geleitet hatte. In Hamburg war er nicht nur Chefkontrolleur der britischen Militärregierung im NWDR, sondern auch ein sehr liberal denkender Journalist, der kein Problem darin sah, deutsche Mitarbeiter für Technik und Programm heranzuziehen, wenn sie seine freiheitlichen Grundsätze teilten. Schon im Gründungsmonat, also im Oktober 1946, beschäftigte der NWDR mehr Deutsche als Engländer. Unter ihnen waren Axel Eggebrecht, Peter von Zahn, Thilo Koch, Peter Bamm und Ernst Schnabel, aber auch Karl-Eduard von Schnitzler, der in britischer Kriegsgefangenschaft für spätere Aufgaben beim deutschen Rundfunk ausgebildet worden war, danach – als überzeugter Kommunist – zum NWDR kam und erst 1947 in die sowjetische Besatzungszone überwechselte, wo er schließlich Chefkommentator des Deutschlandsenders und des Deutschen Fernsehens in der DDR wurde. Alle anderen genannten Mitarbeiter des NWDR bekleideten später wichtige Posten in Hörfunk und Fernsehen der Bundesrepublik oder machten sich, wie Peter Bamm, einen Namen als Schriftsteller.

Axel Eggebrecht, bis 1933 Redakteur der *Weltbühne* und während des Dritten Reiches im Konzentrationslager (auch er war nach dem Kriege Mitglied der Kommunistischen Partei, aus der er allerdings 1949 austrat), blieb aus dieser Zeit vor allem eine «so vollkommene Liberalität» in Erinnerung, wie er sie «sonst niemals erlebt» habe. Amerikaner und Franzosen nahmen daran sogar mehrfach Anstoß, weil ihnen die Kritik aus Hamburg an Maßnahmen der Militärregierungen zu weit ging. Eggebrecht bemerkte dazu im Rückblick: «Unsere Beziehung zu den Siegern war unbefangen, durchaus ohne die Beflissenheit von Kollaborateuren, die wir tatsächlich niemals wurden. Auch untereinander entwickelten wir eine, später leider verlorengegangene Gemeinschaft; damals fragte niemand den andern: Bist du Demokrat, Sozialist, Kommunist, bekennender Christ; ein spontaner Pluralismus kennzeichnete jene ersten Jahre nach dem Zusammenbruch des Dritten Reiches.»[55]

Ohne den bestimmenden Einfluß Hugh Greenes, dem es ganz vorrangig darum ging, einen freien und unabhängigen Rundfunkjournalismus als Voraussetzung für eine neue demokratische politische Kultur in Deutschland zu schaffen, wären diese Eigenständigkeit und dieser Pluralismus kaum möglich gewesen. Der NWDR war daher schon bald die angesehenste Rundfunkanstalt in den drei Westzonen. 1947/48 entwarf Greene auch das Statut für den NWDR, dessen Grundsätze von den amerikanischen und französischen Militärregierungen für ihre jeweiligen Rundfunkregelungen übernommen wurden. Der öffentlich-rechtliche Rundfunk in der Bundesrepublik war damit in seiner Grundstruktur festgelegt. Vom BBC-Modell, das Greene gerne auch in Deutschland verwirklicht hätte, blieb indessen in den langwierigen Verhandlungen mit dem Zonenbeirat, den Landes- und Provinzregierungen, mit Parteien, Kirchen, Gewerkschaften, Arbeitgebern und Kulturorganisationen nicht viel übrig. Das britische Modell, das die BBC zu einer von Regierung, Parteien und Parlament unabhängigen Anstalt macht, deren oberstes Gremium von zwölf «Governors» gebildet wird, die aus dem Bereich des öffentlichen Lebens nach persönlicher Qualifikation, nicht nach Parteibindungen ausgewählt und vom Monarchen auf Vorschlag der Regierung ernannt werden, scheiterte in Deutschland vor allem am Widerstand der Parteien. Das Ergebnis war eine Struktur, bei der dem partei- und landespolitischen Proporz die Wege geebnet wurden. So saßen neun der sechzehn Mitglieder im ersten Hauptausschuß – dem obersten Gremium – des NWDR dort als Parteivertreter. Und da die Mehrheit beim Hamburger Sender eindeutig auf seiten der SPD lag, brauchte es nicht lange, bis die CDU und die katholische Kirche in den Provinzen Rheinland und Westfalen mit Nachdruck die Bildung einer eigenen Rundfunkanstalt in Köln betrieben. Die nach dem Besatzungsstatut erforderliche Genehmigung zur Teilung des NWDR wurde von den Briten allerdings erst 1955 erteilt, so daß die Trennung in NDR und WDR erst 1956 erfolgen konnte.

In der amerikanischen und französischen Zone verlief die Entwicklung zumindest bei der Beschäftigung deutscher Mitarbeiter ähnlich wie in der britischen Zone. Sogar Führungspositionen wurden hier frühzeitig von Deutschen besetzt. Erster deutscher Intendant des *Südwestfunks* in Baden-Baden wurde bereits im April 1946 Friedrich Bischoff, ein bekannter Lyriker und Erzähler, der die gleiche Funktion schon von 1926 bis 1933 in Breslau wahrgenommen hatte. Ab dem Sommer 1946 wurden auch die Sender in Frankfurt und Bremen in der amerikanischen Zone von deutschen Intendanten geleitet, ab 1. Dezember 1947 ebenso die Sender in Stuttgart und München. Wie rasch sich die Verhältnisse wandelten, zeigt das Beispiel des Senders München, wo im Mai 1946 neben 30 Deutschen noch 30 Amerikaner beschäftigt waren, ein Jahr später aber nur noch sieben Amerikaner und bereits über 400 Deutsche.

Wie in der britischen Zone, so wurde auch in der französischen Zone ein Rundfunkstatut durch die Militärregierung erlassen, das sich am Greene-Modell orientierte und im Oktober 1948 in Kraft trat. Der *Südwestfunk* ging daraufhin im Juli 1949 in deutsche Hände über. In der amerikanischen Zone kam es dagegen in dieser Frage zu Auseinandersetzungen zwischen der Militärregierung und den Regierungen und Parlamenten der Länder. Hintergrund war das Entgegenkommen der USA, das Statut nicht wie Großbritannien und Frankreich einfach auf dem Verordnungswege in Kraft zu setzen, sondern die Rundfunkregelung der Gesetzgebung der Länder zu überlassen. Der württembergisch-badische Ministerpräsident Reinhold Maier plante daraufhin, die Weimarer Konstruktion eines staatlichen Rundfunkmonopols zu übernehmen, wobei das Monopol aber nicht mehr beim Reich (bzw. jetzt dem Bund), sondern bei den Ländern liegen sollte. Die USA, die einen solchen Rückfall in die Zeiten einer staatlichen Programmkontrolle strikt ablehnten – zumal dieses Modell die Gleichschaltung des Rundfunks unter dem Nationalsozialismus nicht gerade erschwert hatte –, hielten danach zwar weiter an ihrer Absicht fest, den Ländern größtmögliche Gestaltungfreiheit bei der Erarbeitung eines Rundfunkstatuts einzuräumen. Sie verweigerten jedoch regelmäßig ihre Zustimmung, wenn vorgeschlagene Regelungen auf einen Staatsrundfunk hinauszulaufen drohten. Allein in Württemberg-Baden wurden auf diese Weise zwischen 1946 und 1949 vier Entwürfe hintereinander von der amerikanischen Militärregierung abgelehnt. Erst am 12. Mai 1949 konnte ein entsprechendes Gesetz in Kraft treten, das auch die Billigung der amerikanischen Besatzungsmacht fand.[56]

Im Grundgesetz wurde danach in Artikel 5 Abs. 1 nicht nur grundsätzlich festgestellt: «Die Pressefreiheit und die Freiheit der Berichterstattung durch Rundfunk und Film werden gewährleistet. Eine Zensur findet nicht statt.» Vielmehr garantiert die Verfassung auch – folgt man den einschlägigen Kommentaren zum Grundgesetz – eine «umfassende Programmgestaltungsfreiheit» und bekräftigt, analog zur Politik der Alliierten, «die Unzulässigkeit eines von den Organen des Bundes oder eines Landes unmittelbar gelenkten Staatsrundfunks».[57] Dies bedeutet allerdings keineswegs, daß die Parteien nicht in der Lage gewesen wären, Einfluß auf die Besetzung der Leitungspositionen und sogar auf die Tendenz des Programms auszuüben. Das Gegenteil ist der Fall: Die Bestellung von Intendanten und deren Stellvertretern sowie von Programmdirektoren und Chefredakteuren, vor allem der Hauptabteilungen Politik, erfolgte nach dem Rückzug der Alliierten immer häufiger nach parteipolitischen Gesichtspunkten. Dies konnte auch bei der Besetzung nachgeordneter Stellen – zum Beispiel von Redakteuren – und der Gestaltung des Programms nicht folgenlos bleiben. Der Parteienstaat machte damit auch vor den Toren der «Anstalten des öffentlichen Rechts» nicht Halt. Die Föderalisierung des Rundfunks trug zwar zum Schutz der Rundfunkfreiheit sowie zur Programm- und Meinungsvielfalt bei; die Parteiunabhängigkeit der Anstalten und ihrer Organe nach dem Vorbild der BBC konnte sie jedoch nicht bewahren. Die etatistische Tradition in Deutschland und die neue Eigendynamik der politischen Parteien hatten ungeachtet des erheblichen Drucks der Militärregierungen frühzeitig eine weitergehende Reform verhindert.[58]

Neuanfang der Presse

Im Pressewesen war eine Reform 1945 mindestens so dringlich wie beim Rundfunk. 1944 hatte der Pressetrust der Nationalsozialisten über 82,5 Prozent der Gesamtauflage aller deutschen Zeitungen verfügt; der Rest der Blätter, der sich noch in anderweitigem Besitz befand, war zur Anpassung gezwungen worden. Aus Sicht der Alliierten schien es daher geboten, die deutschen Zeitungsverlage zunächst ganz zu schließen und bisherige Titel nicht fortzuführen, sondern einen völligen Neuanfang zu wagen. Dabei sollten die neuen Zeitungen zunächst in der Regie und unter der Kontrolle der Militärregierungen erscheinen. Presselizenzen an Deutsche sollten frühestens in einer zweiten Phase vergeben werden, wenn ein Minimum an politischer Stabilität und Verläßlichkeit erreicht sein würde. Allerdings war das Bedürfnis nach Information unbestritten. Der Rundfunk reichte dafür allein nicht aus, weil viele Menschen nach der Zerstörung ihrer Wohnungen keine Rundfunkempfänger mehr besaßen und weil es überdies sinnvoll schien, die Weisungen der Besatzungsmächte den Bürgern auch gedruckt vorzulegen.

Engländer und Amerikaner begannen deshalb im Westen Deutschlands bereits mit dem Aufbau eines Zeitungsnetzes, als die Kampfhandlungen noch andauerten. Dabei handelte es sich in der Regel um vierseitige Nachrichtenblätter ohne Kommentare und Anzeigen, die einmal pro Woche zum Preis von 20 Pfennigen erschienen und zeitweilig eine Gesamtauflage von 3,8 Millionen Exemplaren erreichten. Die Ehre der ersten Neugründung gebührt dem britischen Presseoffizier Chestnut, der den deutschen Sozialdemokraten Heinrich Hollands schon am 24. Januar 1945 mit der Herausgabe der *Aachener Nachrichten* betraute. In ihrem Untertitel war ausdrücklich vermerkt, daß die Publikation «mit Genehmigung der Alliierten Militärbehörde» erfolgte. Die erste amerikanische Neugründung war der *Kölner Kurier*, dessen erste Nummer im März 1945 unmittelbar nach der Eroberung der westlichen Stadtteile durch amerikanische Truppen erschien, während auf der anderen Rheinseite noch gekämpft wurde. Es folgten die *Stuttgarter Stimme*, der *Augsburger Anzeiger*, der *Braunschweiger Bote* und, am Tag der deutschen Kapitulation, die *Ruhr Zeitung* in Essen. Die dafür zuständige zentrale deutschsprachige Redaktion hatte ihren Sitz zunächst in Luxemburg, dann in Bad Nauheim und unterstand als Stabseinheit einer Sonderabteilung für «psychologische Kriegführung» im amerikanischen Hauptquartier. Als Chefredakteur fungierte Major Hans Habe, ein gebürtiger Ungar, der sich bereits als Journalist und erfolgreicher Romancier einen Namen gemacht hatte. Eine schillernde Erscheinung, ebenso clever wie flexibel, hatte Habe in den dreißiger Jahren für das *Österreichische Abendblatt* und den *Morgen* in Wien sowie als Völkerbundkorrespondent des *Prager Tagblatt* gearbeitet. 1939 war er in die französische Armee eingetreten, um bald darauf in deutsche Kriegsgefangenschaft zu geraten und schließlich nach Amerika zu fliehen. In den USA hatte man ihn zusammen mit anderen Emigran-

2. Kulturelle Neuansätze 225

ten systematisch auf seine journalistische Aufgabe im Nachkriegsdeutschland vorbereitet, die unmittelbar nach dem Einmarsch der amerikanischen Armee begann.[59] Zu dieser Gruppe gehörte auch Stefan Heym, der für seine Arbeit in der psychologischen Kriegführung den *Bronze Star* erhielt, einen amerikanischen Tapferkeitsorden, den er allerdings nach dem Krieg, als er in seine ostdeutsche Heimat nach Chemnitz zurückkehrte, in die USA zurückschickte.

Während die Briten sicher waren, sofort verläßliche deutsche Zeitungsleute finden zu können, die von ihren Presseoffizieren nur ausgesucht, gelenkt, beraten und in der Praxis auf ihre Eignung geprüft werden sollten, ohne daß die Engländer sich selbst an der Zeitungsherstellung beteiligten, hatten die Amerikaner somit, lange bevor sie überhaupt europäischen Boden betraten, eine «amerikanische Presse für die deutsche Bevölkerung» geplant. Die Zeitungen, die Habe mit seinem Stab gründete, waren aber zunächst kaum mehr als «Amtsblätter» der amerikanischen Militärregierung. Trotz wachsender Differenzen war Habe auch mit von der Partie, als im Sommer 1945 die Entscheidung fiel, die amtlichen Mitteilungen einzustellen und zwei offizielle Zeitungen zu gründen. So entstand unter seiner Federführung im August 1945 zunächst die *Allgemeine Zeitung* in Berlin, die dort nicht nur mit der *Täglichen Rundschau* der sowjetischen Militärverwaltung und der *Berliner Zeitung*, dem amtlichen Organ des Magistrats von Berlin, sondern auch mit vier Parteizeitungen konkurrieren mußte, deren Herausgabe die SMAD schon vor der Zeitungslizenzierung im Westen gestattet hatte. Chefredakteur wurde Hans Wallenberg, der vor 1933 Redakteur der *Vossischen Zeitung* gewesen war und während des Krieges als amerikanischer Presseoffizier zum Stab der Publicity and Psychological Warfare Division der 6. Armeegruppe gehört hatte. Zu seiner Redaktion zählten unter anderem der Film- und Theaterkritiker Friedrich Luft, der frühere Chefredakteur der *Berliner Morgenpost*, Otto Robolsky, und der Nachwuchsjournalist Egon Bahr. Ihre Tätigkeit währte jedoch nicht lange, denn auf Weisung von General Lucius D. Clay mußte die *Allgemeine Zeitung* ihr Erscheinen bereits im November 1945 wieder einstellen, um Zeitungen in alleiniger deutscher Verantwortung zu weichen, bei denen sich die Militärregierung auf bloße Kontrolle beschränkte.

Die *Neue Zeitung*, die im Oktober 1945 mit besonderer Erlaubnis General Dwight D. Eisenhowers als offizielles Organ der amerikanischen Militärregierung in München gegründet wurde, um der deutschen Presse «als Beispiel zu dienen», überlebte trotz wachsender deutscher Konkurrenz bis 1953. Als überregionale Zeitung für die gesamte US-Zone erschien sie zweimal wöchentlich mit einer Auflage von zunächst 600 000 Exemplaren, die später bis auf 1,2 Millionen stieg. Habe selbst übernahm die Leitung der Zeitung, Wallenberg wurde nach dem Ende seiner Tätigkeit in Berlin Mitherausgeber, Erich Kästner redigierte, von Luiselotte Enderle unterstützt, das Feuilleton. In dieser Konstellation galt die *Neue Zeitung* mit einem ausgezeichneten Nachrichtenteil, einem glänzenden Feuilleton und kluger Kommentierung bald als das nach Rang und Umfang «bedeutendste Presseerzeugnis der ersten Nachkriegszeit».[60] Aus ihrer Redaktion sollen 16 deutsche Chefredakteure und über 30 Redakteure in leitenden Stellungen hervorgegangen sein.[61]

Doch auch bei der *Neuen Zeitung* gab es Probleme mit der amerikanischen Militärregierung. Als Hans Wallenberg am 21. Dezember 1945 in einem Leitartikel *Über die Prügelknaben* die Behauptungen «An allem sind die Preußen schuld» und «An allem sind die Juden schuld» nebeneinander stellte und daran die ironische Bemerkung knüpfte, den Sieger mache solche Patentlösung der Schuldfrage stutzig und mißtrauisch, denn sie erinnere ihn daran, «daß die Fassade umgefärbt, der Geist aber nicht gewandelt ist», wurde ihm und Habe vorgeworfen, sie seien «von den Deutschen infiziert».[62] Nach weiteren Differenzen mit der Militärregierung wegen seines eigenmächtigen persönlichen Stils und allzu großer Freundlichkeit gegenüber den Deutschen schied Habe schließlich im März 1946 aus dem Dienst der Zeitung aus. Wallenberg trat nun an die Spitze, bis auch er im September 1947 nach kritischen Kommentaren über die sowjetische Politik in der Ostzone und im Ostsektor Berlins im Streit mit der amerikanischen Militärregierung, die noch immer auf Gemeinsamkeit mit der UdSSR bedacht war, seinen Hut nehmen mußte. Zwar wurde er nach dem politischen Kurswechsel zwischen Ost und West 1949 noch einmal zum Chefredakteur berufen. Doch zu diesem Zeitpunkt hatte die Zeitung den Zenit ihrer Bedeutung bereits überschritten.

Das eigentliche Ziel der amerikanischen Pressepolitik bestand indessen darin, eine unabhängige und überparteiliche deutsche Presse zu schaffen. Sie sollte mit Hilfe von Lizenzgremien ins Leben gerufen werden, die in der Regel aus drei, gelegentlich auch mehr Mitgliedern – sogenannten «Lizenzträgern» – bestanden. Lizenzträger waren die neuen Zeitungsverleger und häufig auch die Chefredakteure. Eine Lizenz konnte nur erhalten, wer nachweislich ein Gegner des nationalsozialistischen Regimes gewesen war und während des Dritten Reiches keine Tätigkeit im Zeitungswesen ausgeübt hatte. Unter den Lizenzträgern, von denen viele verarmt oder in Haft gewesen waren, befand sich gewöhnlich mindestens ein Kommunist. Die Lizenzvergabe an Theodor Heuss als Herausgeber der *Rhein-Neckar-Zeitung* in Heidelberg stieß daher bei der Militärregierung auf Schwierigkeiten, weil er nach amerikanischer Auffassung «nicht genug gelitten» hatte.[63]

Bis zum September 1949 waren in den Westzonen 169 Zeitungen lizensiert, davon 20 in West-Berlin, 71 in der britischen, 58 in der amerikanischen und 20 in der französischen Zone.[64] Die *Aachener Nachrichten*, die nach dem Einmarsch der Engländer im Januar 1945 als erste erschienen waren, erhielten im Juni 1945 auch als erste Zeitung eine Lizenz, gefolgt von der *Frankfurter Rundschau* am 1. August. An die Stelle der *Allgemeinen Zeitung* trat Ende 1945 in Berlin unter Chefredakteur Erik Reger *Der Tagesspiegel*,

2. Kulturelle Neuansätze

der sich ab Anfang 1946 als eine «unabhängige und unzensierte Zeitung» bezeichnen durfte. *Die Neue Zeitung* in München erhielt 1946 Konkurrenz durch die als Nachfolgerin der *Münchner Neuesten Nachrichten* gegründete *Süddeutsche Zeitung* unter ihrem Mitherausgeber und Chefredakteur Werner Friedmann. Die *Frankfurter Allgemeine Zeitung* – als Nachfolgerin der berühmten alten *Frankfurter Zeitung* – entstand dagegen erst 1949.

In der britischen Zone wurde im Herbst 1945 *Die Welt* als eine überparteiliche Zeitung nach dem Vorbild der Londoner *Times* gegründet. Wie die *Allgemeine Zeitung* in Berlin und *Die Neue Zeitung* in München war *Die Welt* ein offizielles Blatt der Militärregierung und erhielt damit – sehr zum Leidwesen der konkurrierenden Lizenzzeitungen – erhebliche Förderung durch die britische Besatzungsmacht. So konnte sie seit Anfang 1947 nicht nur den Welt-Dienst der *Times* benutzen, sondern auch ein Netz von Inlandskorrespondenten aufbauen. Sogar nach London durfte ein Vertreter geschickt werden, obwohl ansonsten deutsche Korrespondenten im Ausland noch nicht wieder zugelassen waren. Erster Chefredakteur wurde Rudolf Küstermeier, nachdem der eigentlich vorgesehene Hans Zehrer, von 1923 bis 1931 außenpolitischer Redakteur der *Vossischen Zeitung*, auf Druck der Hamburger Sozialdemokraten durch die britische Labour Party verhindert worden war.[65] Zu den Mitarbeitern von Küstermeier, der als Sozialdemokrat und Jude die gesamte Zeit des Dritten Reiches im Konzentrationslager verbracht hatte, gehörten unter anderem Ben Witter, Kurt W. Marek, der 1949 unter dem Pseudonym C. W. Ceram den Bestseller *Götter, Gräber und Gelehrte* schrieb, der Literaturhistoriker und Schriftsteller Paul Fechter sowie Josef Müller-Marein, später Chefredakteur der Wochenzeitung *Die Zeit*. Sie gestalteten eine Zeitung von hohem Niveau, deren Auflage im August 1948 ein Maximum von 955 000 Exemplaren erreichte, nach der Währungsreform allerdings wieder deutlich absank.

Um die *Welt* gruppierten sich ab 1. August 1946 noch die *Welt am Sonntag* sowie die konservative Familienzeitschrift *Das Neue Blatt*, die im Herbst 1953 nach langen Verhandlungen mit möglichen Interessenten – unter anderem den Gewerkschaften – im Paket an Axel Springer verkauft wurden. Springer gab in seinem eigenen Verlag seit August 1946 bereits die Programmzeitschrift *Hörzu* und seit Herbst 1948 das *Hamburger Abendblatt* sowie seit Juni 1952 auch die *Bild*-Zeitung heraus. Sein Unternehmen stieg jedoch erst mit dem Erwerb der *Welt*-Gruppe in die Kategorie eines großen Pressekonzerns auf, der den Trend zur Entflechtung der Presse umkehrte und sogleich Diskussionen über die Gefahr einer «Pressekonzentration» entfachte. So warnte das sozialdemokratische *Hamburger Echo* bereits während der Verkaufsverhandlungen im Mai 1953 vor einer Machtkonzentration der Presse in einer Hand, und es bedurfte erst einer persönlichen Intervention Konrad Adenauers bei Premierminister Churchill, um die Bedenken der Briten gegen einen Verkauf an Springer zu überwinden.[66] Chefredakteur der *Welt* wurde nach der Übernahme durch Springer im September 1953 nun doch noch Hans Zehrer, der das Gesicht der Zeitung bis 1966 prägte und ihr ein konservativ-liberales Image gab. Eine spürbare Politisierung im christlich-konservativen Sinne setzte aber erst 1959 – parallel zur *Bild*-Zeitung – ein.[67] Insgesamt verlief die Entwicklung in der britischen Zone sehr uneinheitlich. Von den 71 Zeitungen, die hier lizensiert wurden, konnten bereits 1946 mindestens 42 als ausgesprochene Parteizeitungen bezeichnet werden, unter denen die überregionale Wochenzeitung *Neuer Vorwärts* für die SPD und die Tageszeitung *Kölnische Rundschau* für die CDU besonders hervorstachen. Von einer generellen Tendenz der Briten zur journalistischen Überparteilichkeit im Sinne der BBC oder der *Times* konnte also keine Rede sein. Im Gegensatz dazu ließen die Franzosen – wie die Amerikaner – bis 1947 nur überparteiliche Zeitungen zu. Neben der politischen Haltung wurde in der französischen Zone bei der Lizenzvergabe aber auch das kulturelle Engagement geprüft, weil Zeitungen dazu beitragen sollten, das politische und wirtschaftliche Vakuum durch kulturelle Werte auszufüllen.[68] Nicht zufällig war deshalb Alfred Döblin, der Autor des Romans *Berlin Alexanderplatz*, der 1933 nach Frankreich emigriert und 1945 in der Uniform eines französischen Oberstleutnants nach Deutschland zurückgekehrt war, bei der französischen Kulturbehörde in Baden-Baden mit der literarischen Zensur beauftragt. Nebenbei gab er dort noch die schon erwähnte kulturpolitische Zeitschrift *Das goldene Tor* heraus.

Die Parteizeitungen, die ab 1947 schließlich doch zugelassen wurden, weil jede der vier großen Parteien in allen drei Ländern der französischen Zone über eine Zeitung verfügen sollte, waren durchwegs erfolglos. Von den insgesamt zwölf Parteizeitungen überlebten nur zwei, wobei die *Schwäbische Zeitung* in Leutkirch, die 1947 von einem überparteilichen Blatt in ein Organ der CDU umgewandelt worden war, wieder zu einer überparteilichen Grundhaltung zurückkehrte. Einen Ausnahmefall stellte die *Allgemeine Zeitung* in Mainz dar, die als einziges Blatt in der französischen Zone sechsmal pro Woche erscheinen durfte – alle anderen Zeitungen nur dreimal – und überwiegend von Journalisten aus der Schule der liberalen, mit weltweiten Beziehungen und Auslandskorrespondenzen ausgestatteten und international angesehenen *Frankfurter Zeitung* redigiert wurde. Diese Zeitung hatte trotz ihres Rufes als Hort eines getarnten Widerstandes gegen die offizielle Pressepolitik im Dritten Reich wegen ihrer Auslandsbedeutung bis 1943 fortbestanden.[69] Ihren Redakteuren war daher ungeachtet ihrer zumeist mutigen und aufrechten Haltung in der Auseinandersetzung mit dem NS-Regime von der amerikanischen Besatzungsmacht eine journalistische Weiterbeschäftigung in Frankfurt verweigert worden. Einige von ihnen riefen daraufhin unter alliierter Kontrolle in Freiburg im Breisgau die Halbmonatsschrift *Die Gegenwart* ins Leben, die bis 1958 existierte. Andere, wie Erich Welter und Jürgen Tern, fanden Unterschlupf bei der *Wirtschaftszeitung* in Stuttgart, die später unter dem Titel *Deutsche Zeitung und Wirt-*

schafts-Zeitung in Köln erschien und schließlich im Düsseldorfer *Handelsblatt* aufging. Die große Mehrzahl zog es jedoch zur *Allgemeinen Zeitung* ins nahe Mainz, das linksrheinisch und damit in der französischen Zone lag. Nach der Verkündung des Grundgesetzes wurde der Lizenzzwang durch Gesetz Nr. 5 der Alliierten Hohen Kommission vom 21. September 1949 aufgehoben. Mit der Erklärung der publizistischen Freiheit der Presse entfielen nicht nur Zensur und Vorschriften, sondern auch die Beschränkungen bei der Gründung von Zeitungen, so daß bald zahlreiche neue Blätter entstanden. Auch die ehemaligen Mitarbeiter der *Frankfurter Zeitung* nutzten die Gelegenheit und entwickelten aus der Deutschland-Ausgabe der Mainzer *Allgemeinen Zeitung* am 1. November 1949 die *Frankfurter Allgemeine Zeitung für Deutschland*, die von Hans Baumgarten, Erich Dombrowksi, Karl Korn, Paul Sethe und Erich Welter herausgegeben und in der publizistischen Tradition und im Geist der alten *Frankfurter Zeitung* zu einer unabhängigen Tageszeitung mit überregionaler und internationaler Verbreitung ausgebaut wurde.[70]

Trotz zahlreicher Neugründungen und vielfältiger Veränderungen der Presselandschaft in der Bundesrepublik blieb die Grundstruktur, die im Zeitungsbereich während der Besatzungszeit zwischen 1945 und 1949 geschaffen wurde, in den folgenden Jahrzehnten im wesentlichen erhalten: Der Aufbau lebensfähiger regionaler und lokaler Zeitungen war weitgehend erfolgreich. Die Skepsis der Alliierten gegenüber Parteizeitungen bestätigte sich. Und bei den Blättern mit überregionaler Bedeutung gingen zwei von vier Zeitungen – die *Süddeutsche Zeitung* und die *Frankfurter Rundschau* – aus der Lizenzpresse hervor, während *Die Welt* sogar eine direkte Schöpfung der britischen Militärregierung war. Lediglich die *Frankfurter Allgemeine* trat erst nach Aufhebung des Lizenzzwangs als Neugründung hinzu. Seither ist die Gründung einer weiteren großen überregionalen Tageszeitung ausgeblieben. Vor allem jedoch setzten sich die Grundsätze der Überparteilichkeit und Unabhängigkeit nahezu überall durch – nicht zuletzt im Anspruch der Leserschaft, die nach den ideologischen Zuspitzungen der Weimarer Republik und des Nationalsozialismus journalistisch professionelle Tageszeitungen mit hohem Informationsgehalt erwartete, keine doktrinären Parteiorgane herkömmlicher Art als «tägliche Gesinnungsstütze».[71]

Das Zeitschriften-Paradies

So bemerkenswert der Aufschwung war, den das Zeitungswesen in den ersten Nachkriegsjahren nahm, so bewunderungswürdig war die Vielfalt und Lebendigkeit der politisch-literarischen Publizistik: Deutschland – ein «Zeitschriftenparadies», wie die FAZ im Rückblick meinte.[72] Allein die Zahl der kulturpolitischen Zeitschriften belief sich auf über 200. Ihre Gesamtauflage erreichte mehrere Millionen Exemplare. Dazu kamen Zeitschriften in Wirtschaft, Technik und Recht sowie Bildung und Wissenschaft – alles in allem etwa 1400 zwischen 1945 und 1948. Da die alliierten Kontrollen sich in erster Linie auf die publikumswirksamen Medien des Rundfunks und der Tageszeitungen konzentrierten, ergoß sich der Ideenstau der Intellektuellen nach zwölf Jahren Diktatur mit um so größerem Schwung in das feine Forum der Magazine. Auch den Emigranten wurde damit eine leicht zugängliche Anlaufstelle geboten, sich auf dem deutschen Gedankenmarkt zurückzumelden. In kaum einem anderen Bereich wurde die Freiheit so sehr empfunden wie bei den anregenden Diskussionen in den Zeitschriften, wo Sprachlust und Missionierungsdrang sich nahezu ungehemmt entfalten konnten und die staatliche Überwachung durch die Alliierten sich auf ein Minimum beschränkte.

Die Blüteperiode der Zeitschriften dauerte allerdings nur wenige Jahre. Bereits 1949 gingen die meisten von ihnen ein. Der Grund dafür war jedoch nicht nur in den veränderten ökonomischen Rahmenbedingungen – der Währungsreform und dem wachsenden Büchermarkt – zu suchen. Auch die Tatsache, daß der Elan der ersten Stunde mit seinem hohen Artikulations- und Erklärungsbedürfnis allmählich nachließ, trug zum Zeitschriftensterben bei. Außerdem fehlte es an Autoren, die das hohe Niveau der Anfangszeit halten konnten, da die Gründergeneration sich wieder zunehmend der klassischen «Literaturproduktion» zuwandte oder dem lukrativeren Zeitungsgeschäft verschrieb.[73]

Der Grund für die anfangs so große Wirksamkeit der politisch-kulturellen Zeitschriften war hauptsächlich darin zu suchen, daß sich in ihnen mit einer großen Bandbreite der Themen und Meinungen das «andere Deutschland» präsentierte. Ausländische Journalisten und Besucher fühlten sich davon ebenso angezogen wie geistig interessierte Besatzungsoffiziere und -beamte. Zwar überzeugten die historischen, politischen und philosophischen Reflexionen über die Ursachen der «deutschen Katastrophe» (Friedrich Meinecke), über Wesen und Ausmaß der nationalsozialistischen Herrschaft sowie über neue Möglichkeiten und Formen gesellschaftlichen und staatlichen Zusammenlebens häufig mehr durch ihr intellektuelles Niveau als durch ihren Praxisbezug. Aber die gelegentliche Wirklichkeitsferne wurde durch das breite Spektrum von Meinungen, die vom Sozialismus kommunistischer und christlicher Prägung bis zu liberalen und konservativen Auffassungen reichten, mehr als wettgemacht – zumal die politische und ideologische Konstellation in den frühen Nachkriegsjahren offener zu sein schien als in den fünfziger Jahren, als der Kalte Krieg die Spekulationen über einen eigenen, neuen Weg zwischen Faschismus, Kommunismus und Kapitalismus obsolet werden ließ.

Eine der frühen Gründungen, in denen dieser Anspruch auf ideologische Unvoreingenommenheit erhoben und eingelöst wurde, war *Die Wandlung*. Sie wurde von Dolf Sternberger, einem früheren Redakteur der *Frankfurter Zeitung*, gemeinsam mit Karl Jaspers, dem Soziologen Alfred Weber, einem Bruder Max Webers, und dem Romanisten Werner Krauss von November

1945 bis 1949/50 im Heidelberger Verlag Lambert Schneider herausgegeben. Alfred Weber stritt darin mit Wilhelm Röpke über Neoliberalismus und einen neuen Sozialismus, Hannah Arendt debattierte mit dem Theologen Rudolf Bultmann über die Ursprünge des Totalitarismus, und Walter Hallstein, der spätere Staatssekretär des Auswärtigen Amtes, entwarf hier die Grundzüge eines neuen Europa. Im literarischen Teil standen Texte von Bertolt Brecht neben solchen von Marie Luise Kaschnitz und Erich Kästner.

In enger Verwandtschaft mit der *Wandlung* stand *Die Gegenwart*, die seit Ende 1945 als erste Zeitschrift in der französischen Zone in Freiburg im Breisgau erschien. Wie Sternberger, so waren auch die Herausgeber der *Gegenwart* – Benno Reifenberg, Bernhard Guttmann und Robert Haerdter – ehemalige Redakteure der *Frankfurter Zeitung*. Während die *Wandlung* jedoch eher einen akademischen Stil pflegte, überwog in der *Gegenwart*, die halbmonatlich nach dem Modell englischer Wochenzeitungen erschien, die Kommentierung des Tagesgeschehens. Die Zeitschrift überdauerte bis 1958, änderte jedoch 1949/50 ihr Gesicht, als der Kieler Historiker Michael Freund, der Literaturkritiker Friedrich Sieburg, früher ebenfalls bei der *Frankfurter Zeitung*, und nach der Einstellung der *Wandlung* auch Dolf Sternberger ihrem Herausgeber-Kollegium beitraten.[74]

Die wohl einflußreichste und letztlich auch bedeutendste Zeitschrift jener Jahre waren allerdings die seit dem Frühjahr 1946 von Eugen Kogon und Walter Dirks herausgegebenen *Frankfurter Hefte*, die, wenn auch in geringerer Auflagenhöhe, bis heute überlebt haben. Sie waren als Monatsschrift für Politik, Kultur und Religion konzipiert und wollten den Dialog zwischen Christen und Marxisten fördern. Absicht der beiden Herausgeber war es, «eine bestimmte politische Konzeption für das Deutschland und das Europa der nächsten Zukunft auszubilden und zu vertreten», die «in einer sozialistischen Ordnung zusammengefaßt» werden sollten. Die Zeitschrift sollte deshalb «an der theoretischen und praktischen Begegnung der Arbeiter und der Christen, von Christentum und Sozialismus, arbeiten».[75] Bis zur Währungsreform brachten die *Frankfurter Hefte* es mit diesem Programm auf stattliche 75 000 Exemplare; danach ging die Auflage bis 1950 auf 25 000 zurück.

Kogon und Dirks stammten beide aus der katholischen Jugend- und Sozialbewegung. Kogon war entschiedener Pazifist mit einem Hang zum, wie Dirks meinte, «sozial-romantischen Anti-Kapitalismus». Von 1938 bis 1945 als scharfer Gegner des NS-Regimes Häftling im Konzentrationslager Buchenwald, wurde er nach dem Krieg durch sein Buch *Der SS-Staat*, das auf wissenschaftlichen Recherchen und eigenen Erlebnissen basierte, weit über die Grenzen Deutschlands hinaus bekannt. Dirks gehörte vor 1933 zum Kreis religiöser Sozialisten, blieb aber Mitglied der Zentrumspartei und war zugleich Kulturredakteur der radikal-demokratischen *Rhein-Main-Volkszeitung*. 1935 ging er zum Feuilleton der *Frankfurter Zeitung* und leitete nach dem Krieg von 1956 bis 1967 die Hauptabteilung Kultur des WDR.

Um Dirks und Kogon bildete sich der «Frankfurter Kreis» als eines der ideologischen Zentren eines «persönlichen Sozialismus in christlicher Verantwortung».[76] Er befürwortete eine planwirtschaftliche Ordnung der Wirtschaft und stimmte politisch weitgehend mit der SPD überein, lehnte jedoch die zentralistischen Vorstellungen ihres Vorsitzenden Kurt Schumacher ab. Statt dessen propagierte der Kreis föderalistische Ideen und forderte ein vereintes Europa auf bundesstaatlicher und zugleich sozialistischer Grundlage. Nur so glaubte man «der tödlichen Wahl zwischen Ost und West sich entziehen zu können». Walter Dirks schrieb dazu schon im November 1946 in den *Frankfurter Heften*: «Wir wollen nicht russischen Bolschewismus oder amerikanischen Mammutfaschismus, sondern Europa, nicht Deutschland, sondern Europa.»[77]

Diesem antiamerikanischen und antiwestlichen Akzent, der unter den deutschen Intellektuellen des 19. und 20. Jahrhunderts eine lange Tradition hatte, gaben nicht nur die *Frankfurter Hefte* vielfachen Ausdruck. Der tiefgründige intellektuelle Hochmut des alten Europa gegenüber dem oberflächlichen Pragmatismus Amerikas mochte dabei auch aus dem Neid des Herabgesunkenen gegenüber dem Parvenü resultieren, dessen vermeintlich unverdienter Reichtum um so schwerer zu ertragen war, als er jeglicher kulturellen Legitimation zu entbehren schien. Um dieser Tendenz im beginnenden Ost-West-Konflikt zu begegnen, gründeten Melvin J. Lasky und Hellmut Jaesrich 1948 in Berlin eine neue Zeitschrift, die von vornherein gegen den antiamerikanischen Zeitgeist gerichtet war, wie er von den *Frankfurter Heften* – aber keineswegs nur von diesen allein – repräsentiert wurde: *Der Monat* war eine Zeitschrift im und für den Kalten Krieg. Sie wurde nicht zufällig 1971 eingestellt und 1978 ein zweites Mal gegründet. Aber sie war auch ein Magazin zum besseren Verständnis der deutsch-amerikanischen Beziehungen.

Einen amerikanischen Hintergrund hatte ebenfalls die von Alfred Andersch und Hans Werner Richter redigierte Zeitschrift *Der Ruf* mit dem Untertitel *Unabhängige Blätter der jungen Generation*. Sie war aus der unter Zensur und Kontrolle der US-Armee stehenden Zeitung *Der Ruf – Blätter für deutsche Kriegsgefangene* hervorgegangen. Diese war im Sommer 1945 von deutschen Kriegsgefangenen – einem Dutzend ehemaliger deutscher Korrespondenten und Redakteure, die man zumeist bei der Besetzung Roms gefangengenommen hatte – im Lager Fort Kearny bei New York produziert worden. In Mittelpunkt des amerikanischen *Ruf* stand die Betonung der Kollektivschuld aller Deutschen. Viele der 380 000 deutschen Gefangenen in den USA lehnten seine Lektüre deshalb ab, von einigen wurde er sogar verbrannt. Auch Hans Werner Richter, der sich zu dieser Zeit in Camp Ellis in Illinois befand, war gegen die Kollektivschuldthese und hielt sie politisch für grundfalsch. Dennoch transportierte man ihn im September 1945 nach Fort Kearny und machte ihn gegen seinen Willen zum Redakteur einer Zeitung, deren Tendenz er nicht teilte. Doch in den folgenden sechs

2. Kulturelle Neuansätze

Monaten entstand hier, in ständiger Auseinandersetzung mit den amerikanischen Presseoffizieren, meist deutschen Emigranten, ein Teil jener Philosophie, die später den deutschen *Ruf* und noch später die «Gruppe 47» charakterisieren sollte: «strikte Opposition gegenüber den politischen und pädagogischen Fehlern der Besatzungsmächte, Einsatz der Kritik als demokratische Waffe, Bekenntnis zu einer radikalen Auslegung der Demokratie, die in ihrem Freiheitsverlangen bis zum krassesten Individualismus ging».[78]

Als Richter im Sommer 1946 aus der Gefangenschaft entlassen wurde und ihn im heimatlichen Bad Pyrmont die Nachricht erreichte, Alfred Andersch wolle in München den *Ruf* neu herausgeben und sei an seiner Mitarbeit interessiert, zögerte er nicht lange. Der neue *Ruf* erschien von August 1946 bis März 1949 und entwickelte – darin den *Frankfurter Heften* nicht unähnlich – das Konzept eines humanistischen Sozialismus, der europaweit durchgesetzt werden sollte. Bereits im ersten Heft der Neugründung setzte Alfred Andersch, der hauptberuflich unter Erich Kästner beim Feuilleton der *Neuen Zeitung* arbeitete, diesen Akzent mit dem programmatischen Beitrag «Das junge Europa formt sein Gesicht».[79] Andersch wie Richter waren aktive KPD-Mitglieder gewesen, hatten aber mit dem Kommunismus gebrochen und suchten nun, wie der Ungar Arthur Koestler und der Italiener Ignazio Silone, zwei damals viel gelesene Schriftsteller, die auch den deutschen *Ruf* beeinflußten, nach einem freiheitlichen Sozialismus mit menschlichem Antlitz. Überhaupt sah sich der *Ruf* als Teil einer europäischen Bewegung: Sprachrohr der neuen europäischen Jugend, die er idealisierte und in einem «geistigen Ringen um den Menschen», mit dem «Primat des Geistes vor der Ökonomie», ausgehend von einer totalen Nullpunktsituation, innerhalb einer freien und selbstbestimmten Gesellschaft als neue Elite aufbauen wollte.[80]

In der Kritik auf hohem Niveau, im Stil bisweilen anmaßend und voll bissiger Ironie, sparte der *Ruf* nicht mit Seitenhieben auf die Siegermächte. Nicht nur eine deutsche Kollektivschuld wurde abgelehnt; sogar die Schuld der nationalsozialistischen Regierung sah man eingeschränkt durch die Mitverantwortung der westlichen Demokratien. Vor allem Großbritannien wurde wegen des Flottenvertrages von 1935 und des Münchner Abkommens von 1938 bezichtigt, mit Hitler kollaboriert zu haben. Doch als den Besatzungsmächten auch die Hauptschuld am Elend nach dem Zweiten Weltkrieg gegeben und die Forderung nach ihrem sofortigen Abzug erhoben wurde, war die Toleranzgrenze bei den Lizenzgebern überschritten: Andersch und Richter wurden mit Gegenvorwürfen des Widerstandsnationalismus und Chauvinismus überhäuft.[81] Der *Ruf* mußte nach mehreren Verwarnungen durch die amerikanische Militärregierung im April 1947 sein Erscheinen einstellen und wurde später mit verändertem Redaktionsstab weitergeführt. Andersch und Richter hatten mit ihren Ideen zwar starke Resonanz gefunden – die Auflage von durchschnittlich 50 000, zeitweilig sogar 120 000 Exemplaren war dafür ein Beleg –, aber nicht die erhoffte politische Wirkung erzielt. Die große Politik ging andere Wege.

Ähnlich dem *Ruf* und den *Frankfurter Heften* wurde in *Ende und Anfang – Zeitung der jungen Generation*, die von April 1946 bis Februar 1949 in Augsburg von Franz Josef Bautz herausgegeben wurde, unter dem Einfluß von Theo Pirker und Ernst Schumacher die Verwirklichung eines durch christliche Grundwerte «humanisierten» Sozialismus angestrebt. Die «konsequente Durchführung des christlichen Gedankens in der Welt», so hoffte man hier, werde «ja im heutigen Gesamtzustande dieser Welt praktisch zu einem Sozialismus führen».[82] In bemerkenswertem Kontrast zu dieser Sozialismusgläubigkeit der westlichen Magazine verzichteten die Zeitschriften, die parallel in der sowjetischen Besatzungszone erschienen, zunächst auf jeden Hinweis, der auf eine Festlegung im Sinne eines sozialistischen Modells hätte schließen lassen können. Ein Beispiel dafür ist die schon erwähnte kulturpolitische Monatsschrift *Der Aufbau* des «Kulturbundes zur demokratischen Erneuerung Deutschlands». Sie erschien von 1945 bis 1958 und erzielte mit reichlich gewährter materieller Unterstützung der SMAD eine durchschnittliche Auflage von 120 000 bis 150 000 Exemplaren, die der Zeitschrift «schnell eine dominierende Stellung im gesamten kulturellen Leben der SBZ und darüber hinaus auch in einigen Städten der Westzonen» verschafften.[83] Man fühlte sich, wie der Kulturbund überhaupt, «einer streitbaren demokratischen Weltanschauung» verpflichtet, ohne näher zu bestimmen, ob diese Demokratie bürgerlicher oder sozialistischer Couleur sein sollte. Kleinster gemeinsamer Nenner war der «Antifaschismus», von dem auch Johannes R. Becher ausging, der schon 1945 mit nur vager Formulierung im *Aufbau* schrieb: «Es gilt, das Deutschland zu schaffen, das einzig und allein Bestand hat, das freiheitliche, demokratische. Es gilt ein sauberes Deutschland zu bauen, das ohne Arg und Falsch ist und das ohne imperialistische Hintergedanken beweist, daß das Gute im deutschen Wesen nicht ausgestorben, sondern nur elend verkümmert und tief verschüttet ist.»[84]

Da der *Aufbau* sich auf dieser Grundlage weitgehend dem «kulturellen Erbe» der Klassik zuwandte, entging er der Notwendigkeit, sich im Rahmen der Erörterung neuer Kulturkonzepte auch auf politische Grundsatzfragen einzulassen. Im Zuge der Verschlechterung der Ost-West-Beziehungen, als die ideologische Auseinandersetzung immer schärfer wurde, zögerten Becher und die anderen alten KPD-Mitglieder jedoch nicht, den Kulturbund und damit den *Aufbau* ganz auf die Interessen des östlichen Kommunismus auszurichten. Die Sowjetunion wurde glorifiziert, die Politik der SMAD und der SED wurde offen unterstützt. Bereits 1948 forderte Klaus Gysi, der spätere Kulturminister und Staatssekretär für Kirchenfragen der DDR, die Unterordnung der Kultur unter die Bedürfnisse der Politik und ihre Instrumentalisierung für die Erfüllung des für 1949 und 1950 bevorstehenden Zweijahrplanes, als er im *Aufbau* erklärte, es bestehe «eine wichtige Verknüpfung zwischen kultureller Arbeit, neuer Moral, geistiger Klärung, künstlerischen und wissenschaftlichen Leistungen und der wirtschaftlichen Entwicklung».[85]

2. Kulturelle Neuansätze

Während sich also beim *Aufbau* der Kalte Krieg rasch bemerkbar machte, versuchten andere Zeitschriften, der Ost-West-Konfrontation entgegenzuwirken. Prominentestes Beispiel ist das ebenfalls bereits erwähnte Magazin *Ost und West*, das im Sommer 1947 von dem Schriftsteller und Journalisten Alfred Kantorowicz eigens zu dem Zweck gegründet wurde, wenigstens im innerdeutschen Verhältnis den Dialog aufrechtzuerhalten. Kantorowicz, 1899 als Sohn jüdischer Eltern geboren, seit 1931 Mitglied der KPD, Kämpfer in den internationalen Brigaden im spanischen Bürgerkrieg sowie Emigrant in Frankreich und den USA, lehnte zwar das ihm angetragene Parteibuch der SED ab, um die Überparteilichkeit seiner geplanten Zeitschrift zu demonstrieren. Aber eine Lizenz für seine Zeitschrift wurde ihm dennoch im März 1947 nur von der SMAD erteilt, von der amerikanischen Militärregierung jedoch verweigert, so daß er es bei den Briten und Franzosen gar nicht mehr versuchte. *Ost und West* blieb damit ein Ostblatt und sah sich bald von der SED gezwungen, Grußadressen, Reden und Erklärungen ihrer Politiker zu veröffentlichen. Kantorowicz resignierte. Das letzte Heft erschien im Dezember 1949.

Dauerhafter als die meisten Zeitschriften – von wenigen Ausnahmen wie den *Frankfurter Heften* abgesehen – waren die Wochenzeitungen, die größtenteils gleichfalls bereits in den ersten Nachkriegsjahren ins Leben gerufen wurden und zum Teil bis heute bestehen. Dazu zählt der von Franz Albert Kramer geschaffene katholische *Rheinischer Merkur* ebenso wie die protestantische *Christ und Welt*, zu deren Initiatoren der spätere Bundestagspräsident Eugen Gerstenmaier und der erste Chefredakteur Klaus Mehnert gehörten, der 1951 in Stuttgart auch die wissenschaftliche Zeitschrift *Osteuropa* wiederbegründete und bis 1975 redigierte. Die europäische Integration war Impuls der seit Juli 1946 von Wilhelm Cornides in Frankfurt am Main herausgegebenen Schrift für internationale Politik mit dem Titel *Europa-Archiv*. Die wohl größte publizistische Bedeutung in der späteren Bundesrepublik erlangten in diesem Bereich jedoch die bereits am 21. Februar 1946 gegründete, von Gerd Bucerius herausgegebene Wochenzeitung *Die Zeit* sowie das nach dem Vorbild der amerikanischen Magazine *Time* und *Newsweek* seit dem 4. Januar 1947 erscheinende Nachrichtenmagazin *Der Spiegel*, dessen Redaktion zunächst in Hannover residierte und später nach Hamburg überwechselte. Unter dem damals erst vierundzwanzigjährigen Rudolf Augstein, der ursprünglich nur einer unter mehreren verantwortlichen Herausgebern war, entwickelte *Der Spiegel* bald ein ganz eigenes, unverwechselbares Gesicht, das die Auflage von anfangs 15 000 Exemplaren schon nach wenigen Jahren enorm steigen und Augstein, der schließlich die alleinige Herausgeberschaft übernahm, zu einer Schlüsselfigur in der politischen Publizistik der Bundesrepublik werden ließ.

Kahlschlagliteratur und «Gruppe 47»

Wie in der Publizistik, so war auch in der Literatur eine nahtlose Anknüpfung an die Tradition vor 1933 unmöglich. Immerhin war vom Nationalsozialismus literarisch kaum etwas geblieben, wie Wolfgang Koeppen in seiner Rede zum Büchner-Preis bei einem Vergleich Hitlers mit Napoleon erleichtert feststellte: «Ich frage mich, wo ist der Stendhal des Nationalsozialismus, der Mann, der Dichter, der Napoleon liebte und der sich sein Leben lang von der Teilnahme an seinen Feldzügen geadelt fühlte? ... Dieser Mann, dieser Dichter, würde uns, gäbe es ihn, in Verlegenheit setzen. Aber es gibt ihn nicht. Zum Glück. Und so darf man es wohl als eine Ehre der deutschen Literatur betrachten, daß Hitler und die Seinen von keinem Dichter begleitet wurden!»[86]

So drängte es 1945 eine neue Generation von Schriftstellern, sich mit der jüngsten Vergangenheit auseinanderzusetzen. Tonangebend waren nicht die Vertreter der «Schönschrift», sondern jene Autoren, die dokumentarisch, meist sogar kritisch oder satirisch arbeiteten. Bestandsaufnahmen, Analysen und Aufrufe beherrschten die literarische Szene: «Kahlschlagliteratur», wie Wolfgang Weyrauch diese Texte, in denen der Zeitbezug und die Vergangenheitsbewältigung dominierten, später nannte. «Kahlschlag» stand jedoch nicht für völlige Zerstörung im Sinne von blindem Abholzen. Hinter dem Begriff verbarg sich vielmehr die Vorstellung einer Reinigung der Sprache. Diese sollte nicht mehr ästhetisierend eine eigene literarische Welt herstellen, sondern die Wirklichkeit reproduzieren und widerspiegeln. Dazu aber mußte sie tauglich und «sauber» sein. Auch sprachliche Pervertierungen des Nationalsozialismus wurden konsequent abgelehnt und getilgt. Der wohl bekannteste Vertreter dieser Literatur war Wolfgang Borchert, der den Erfolg seines Stückes *Draußen vor der Tür. Ein Stück, das kein Theater spielen und kein Publikum sehen will* allerdings nicht mehr erlebte. Er starb, erst 26 Jahre alt, vom Krieg geschlagen, tödlich erkrankt, einen Tag vor der Uraufführung am 21. November 1947 in Hamburg. Sein Held Beckmann stand für jene Heimkehrer aus dem Krieg, die, psychisch und physisch verletzt, nach Hause kamen und doch nicht nach Hause kommen konnten: Ihr Platz war besetzt oder längst nicht mehr da.

Den Höhepunkt ihrer Wirkung erreichte die «Kahlschlagliteratur» 1946/47. Danach ebbte ihre Bedeutung rasch ab. Zwar sah Hans Werner Richter in ihr eine der Quellen seiner «Gruppe 47», mit der er selbst nach neuen Formen, Inhalten und Maßstäben suchte. Doch der Weg, den er mit der Gruppe 47 beschritt, hatte seinen Ursprung letztlich nicht in einer literarisch-künstlerischen Zäsur, sondern in einem Generationsumbruch. Schon der deutsche *Ruf* war das Produkt eines solchen Generationenwechsels gewesen: Andersch war bei seiner Gründung dreiunddreißig Jahre alt, Richter mit achtunddreißig bereits einer der Alten. Ihr Publikum aber war die Generation der Schlachtfelder des Zweiten Weltkrieges, die nun aus den Laza-

2. Kulturelle Neuansätze 237

retten und Gefangenenlagern in die Heimat zurückkehrte und eine neue Orientierung suchte, wie Richter bemerkte: «Sie suchten Anschluß, Kontakte, Kommunikation. Sie glaubten an einen neuen Anfang. Die Stunde Null war für sie lebendige Wirklichkeit. Die restaurierten alten Institutionen und Parteien sagten ihnen nichts. Sie waren Vergangenheit, Teil einer durch die Katastrophe des Dritten Reiches endgültig diskriminierten deutschen Geschichte.»[87]

Eines der Zentren, bei dem diese jungen Leute einen Mittelpunkt fanden, war der deutsche *Ruf*. Literatur spielte bei ihm noch keine dominierende Rolle, obgleich Wolfdietrich Schnurre und Walter Kolbenhoff hier erste Kurzgeschichten veröffentlichten, Alfred Andersch an einer Erzählung schrieb und Hans Werner Richter eine Anthologie deutscher Kriegsgefangenengedichte mit dem Titel *Deine Söhne Europa* herausgab. Auch als Andersch und Richter gezwungen wurden, den *Ruf* zu verlassen, war Literatur nicht sofort ihre Alternative. Hauptsächlich galten ihre Sorgen jener neuen Generation von Talenten und Begabungen, die sich um den *Ruf* zusammengefunden hatten und sich «in ihrer Mentalität, in ihren Auffassungen und Absichten von denen unterschieden, die das Gestern oder Vorgestern vertraten».[88]

Um die Mitarbeiter des *Ruf* zusammenzuhalten, lud Richter sie im August 1947 nach Bannwaldsee bei Füssen ein. Im Haus der Schriftstellerin Ilse Schneider-Lengyel entstand nun das Ritual, das später die Gruppe 47 charakterisieren sollte: Obwohl eigentlich eine Redaktionssitzung geplant war, las man sich gegenseitig die eigenen Manuskripte vor.[89] Neben Richter auf dem Stuhl nahm der jeweils Vorlesende Platz; es ergab sich so. Nach der ersten Lesung – es war Wolfdietrich Schnurre – sagte Richter: «Ja, bitte zur Kritik. Was habt ihr dazu zu sagen?» Dann folgten die Äußerungen: rauh, die Sätze kurz, knapp, unmißverständlich, doch ohne Streit. Es war die Sprache der Landser: Reduzierung auf das Notwendige – eine Abkehr vom Leerlauf der schönen Worte und eine Hinwendung zu ihrem unmittelbaren Realitätsbezug. Der Autor, der gerade gelesen hatte und die Kritik über sich ergehen lassen mußte, durfte sich nicht verteidigen. So blieb es, zwanzig Jahre lang, bis zum Ende der Gruppe 47 in der Pulvermühle 1967.

In Inzigkofen, einem ehemaligen Kloster, wurde 1950 zum ersten Mal der «Preis der Gruppe 47» vergeben. Nach der Lesung seiner Gedichte, darunter *Der Mann in der blauen Jacke*, wurde Günter Eich schon im ersten Wahlgang mit absoluter Mehrheit zum Preisträger gewählt. Gegen seine Texte gab es kaum kritische Stimmen. Seine Literatur kam den Zielen der Gruppe überhaupt am nächsten. Auf Eich folgte 1951 in Bad Dürkheim Heinrich Böll, den bis dahin niemand kannte, 1952 in Niendorf an der Ostsee Ilse Aichinger mit ihrer *Spiegelgeschichte*.

Die Bedeutung der Gruppe nahm nun mit jeder Tagung zu. Neue Autoren verliehen ihr Profil und wurden durch sie für die Öffentlichkeit interessant: Milo Dor, Wolfgang Hildesheimer, Paul Celan und vor allem Ingeborg Bachmann, die 1952 in Niendorf zum ersten Mal las. Mit ihren Gedichten einer «neuen Poesie» schien der Kahlschlag endgültig passé. Nach Ingeborg Bachmann, die 1953 mit *Die große Fracht* und anderen Gedichten gewann, folgten Adriaan Morriën, Martin Walser, Günter Grass, Johannes Bobrowski, Peter Bichsel und Jürgen Becker – um nur die Preisträger zu nennen. Dazu kamen andere, zunächst die «Kriegskinder», die wie Günter Grass, der 1958 auf der Tagung in Großholzleute mit einer Lesung aus der *Blechtrommel* seine Karriere begann, eine neue Periode der sprachlichen Präzision einleiteten: Siegfried Lenz, Hans Magnus Enzensberger, Carl Amery, Walter Höllerer, Uwe Johnson. 1962 erschienen die ersten Söhne von Emigranten: Peter Weiss aus Schweden und Erich Fried aus England. Dann bereits die dritte Generation mit Alexander Kluge, Reinhard Lettau, Nicolas Born, Günter Herburger, Peter Härtling, Gabriele Wohmann. Aus der DDR kamen – neben Johannes Bobrowski – Günter Kunert, Rolf Schneider, Stefan Hermlin und andere. Schließlich, inmitten eines weiteren Umbruchs und schon mit dem Ende vor Augen, Peter Handke, Horst Bienek und Elisabeth Plessen. Die Liste ist unvollständig und könnte noch lange ergänzt werden.

Als Richter 1967 die letzte Tagung der Gruppe 47 in der Pulvermühle leitete – abgesehen von einem auf Abschied gestimmten Nachklang in Saulgau 1977 –, hielt er seine eigenen Möglichkeiten für erschöpft. Drei Generationen von Schriftstellern hatte er zu integrieren vermocht. Für die neue, junge Generation glaubte er dies nicht mehr leisten zu können, nachdem Peter Handke die «Beschreibungsliteratur» der Gruppe bereits 1966 auf einer Tagung im amerikanischen Princeton pauschal angegriffen und sich damit vor allem selbst in den Blickpunkt gerückt hatte. Tatsächlich war die Gruppe längst mit dem Vorwurf behaftet, nicht nur ein deutsches Literaturmonopol zu beanspruchen, sondern auch eine seltene Mischung von «Geheimbund und Publizitätsmaschine» zu sein.[90] Die dreifache Kritik war falsch und richtig zugleich: Das «Geheimbündlerische» betraf die Riten der Gruppe, ihre Exklusivität und vermeintliche Cliquenwirtschaft unter dem «immerwährenden Vorsitzenden» Hans Werner Richter, der einlud, wen er wollte, mit oder ohne Vorschlag von außen, ohne gesetzte Regeln, jedenfalls nicht nach einem bestimmten Schema und schon gar nicht justitiabel. Egalitär gesinnte Demokraten mochten sich dadurch zu kritischer Bemerkung herausgefordert fühlen. Aber für Richter waren literarische Qualität und politische Demokratie immer noch zweierlei. Publizität dagegen war unvermeidbar, vor allem mit dem wachsenden Erfolg der Gruppe, und die Vergabe des Preises (den Richter später für einen Fehler hielt) tat ein übriges, um die Phantasien der Öffentlichkeit und der Verleger zu beflügeln. Aber Versammlungen deutscher Dichter in dieser Zahl und Qualität hätten wohl immer und zu allen Zeiten für Aufsehen gesorgt. Einen starken Einfluß auf das literarische Leben in der Bundesrepublik übte die Gruppe auf jeden Fall zwanzig Jahre hindurch aus, auch wenn das Wort «Monopol» übertrieben sein mag und ein Monopol-«Anspruch» nie erhoben wurde, am allerwenigsten von Richter selbst.

Die Gruppe 47 war von den Impulsen der ersten Nachkriegsjahre getragen gewesen. Die «Reinigung» der deutschen Literatursprache, die mit dem «Kahlschlag» begann, war Mitte der sechziger Jahre – nach Zwischenstufen mit Ingeborg Bachmanns «neuer Poesie» und der «sprachlichen Präzision» der Kriegskinder – abgeschlossen. Die Gegensätze zwischen Neorealisten und Formalisten, die sich in der Gruppe gegenüberstanden, konnten jedoch bis zum Ende nicht aufgelöst werden – schon gar nicht im Sinne einer Synthese. Nach dem Aufschwung der Neorealisten in den ersten Nachkriegsjahren wurden diese bald immer mehr in den Hintergrund gedrängt, und die Fraktion der Formalisten dominierte, bis der politische Umbruch, der sich in der sechziger Jahren vollzog und in der Bewegung von 1968 gipfelte, neue Fronten schuf, die auch das Ende der Gruppe 47 einleiteten.

Vom Neuen Realismus zum Ungegenständlichen

Realistische bzw. neorealistische Konzepte kennzeichneten in den Anfangsjahren nach 1945 jedoch nicht nur die Literatur, sondern auch die Musik und vor allem die Bildende Kunst. Während die Zeit nach dem Ersten Weltkrieg von Bewegungen mit avantgardistischem Elan, wie Expressionismus, Dadaismus, Kubismus oder Konstruktivismus, geprägt gewesen war, bot der tiefe politische, soziale und moralische Einschnitt nach dem Ende des Dritten Reiches wenig Anlaß zu optimistischer Aufbruchstimmung und künstlerischen Experimenten. Im Katalog einer Ausstellung über *Rheinische Kunst gestern und heute* wurde 1947 zwar die Hoffnung ausgedrückt, daß ein «unterirdischer Strom» die Kunst aus der Zeit vor der Unterdrückung mit derjenigen nach der Befreiung verbinden möge.[91] Aber Alfred Hentzen bemerkte dazu, die Situation Deutschlands im Jahre 1945 dürfe nicht mit der von 1919 verglichen werden, weil «die geisttötende Kulturpolitik» der Nationalsozialisten «eine tabula rasa» hinterlassen habe, die es unmöglich mache, da anzuknüpfen, wo man 1933 aufgehört hatte.[92] Und Werner Haftmann fragte im gleichen Sinne pessimistisch, «ob in der Vollständigkeit des Zusammenbruches und der Zerstörung nicht auch die tiefere Gemeinsamkeit der schöpferischen Kräfte vernichtet» worden sei.[93]

Der Stuttgarter Maler Willi Baumeister, Jahrgang 1889, der 1919 mit konstruktivistischen «Mauerbildern» begonnen und sich seit 1930 freieren Wachstumsformen («Ideogrammen» und «Eidosbildern») zugewandt hatte, schien ebenfalls wenig optimistisch, als er unter dem 20. Oktober 1945 in seinem Tagebuch notierte: «Das Jahr 1945 brachte nicht die allgemeine künstlerische Wiedergeburt in Deutschland, wie sie sich 1919 ereignete. Der Elan der Schaffenden war durch die vielen Jahre der gründlichen Irreführung und Einschüchterung gehemmt. Die Jugend hatte keine echte zeitgemäße Kunst gesehen, Klee und Kandinsky waren im Ausland, Schlemmer in Deutschland verstorben, Kirchner hatte sich in der Schweiz erschossen ...»[94] Allerdings lassen sich diese Aussagen, die den Schluß nahelegen, das Jahr 1945 sei nicht nur apokalyptisch, sondern auch paralysierend gewesen, nicht verallgemeinern. Ganz abgesehen davon, daß Baumeister nur die Klassiker der Moderne erwähnte, nicht aber Vertreter seiner eigenen Generation oder jüngere Künstler, wie Fritz Winter und Ernst Wilhelm Nay, die unter dem Nationalsozialismus ausgeharrt und ihm in ihrer Kunst widerstanden hatten, berichten zeitgenössische Kollegen Baumeisters von einem wahren Schaffensrausch. Sogar Baumeister selbst malte 1944/45 eine Bilderreihe *Sonnenfiguren*, die als Ausdruck der Hoffnung auf baldige Befreiung und Rehabilitierung interpretiert worden sind, weil ihre hellen Farben so freundlich wirken.[95]

Natürlich waren die praktischen Lebensumstände anfangs oft schwierig, wie auch Karl Otto Götz feststellen mußte, der seine Situation im November 1945 in einem Brief an Will Grohmann in dürren Sätzen schilderte: «Königsförde, 20. 11. 45. – Vorgestern aus Gefangenschaft zurück. Wohne hier auf dem Lande ... Ich sehe mich gezwungen, mit Kaffeesatz auf Klosettpapier zu malen.»[96] Doch schon wenig später erlebte auch Götz eine «Schaffenseuphorie wie nie zuvor».[97]

In den Ausstellungen der Jahre 1945/46 lassen sich die Kunsttrends dieser Zeit nur unvollkommen ablesen. Die ersten Ausstellungen waren in aller Regel Einzelausstellungen in den Heimatstädten der betreffenden Künstler: 1945 für Willi Baumeister in Stuttgart, Georg Meistermann in Stuttgart und Hans Uhlmann in Berlin, 1946 für Karl Hofer ebenfalls in Berlin. 1946 zeigte die neu gegründete Galerie Gerd Rosen in Berlin außer Willi Baumeister und Ernst Wilhelm Nay als auswärtigen Gästen auch noch Alexander Camaro und Werner Heldt sowie die Bildhauer Bernhard Heiliger und Gustav Seitz. Überhaupt läßt sich feststellen, daß bis zum Einschnitt der Währungsreform die älteren Künstler, die in der frühen Nachkriegszeit die Maßstäbe setzten, der Öffentlichkeit wieder oder erstmalig bekannt gemacht wurden: Willi Baumeister, HAP Grieshaber, Werner Heldt und Karl Hofer als Maler sowie als Bildhauer Ewald Mataré und Hans Uhlmann. Fritz Winter folgte erst 1949 bei Rusche in Köln, ebenso wie Hans Hartung, der bei Stangl in München sein Debut gab. Spätere Meilensteine der deutschen Nachkriegskunst waren die Retrospektive für Max Ernst 1951 im kriegsbeschädigten Brühler Schloß und die erste deutsche Ausstellung von Wols 1955 in der Kölner Galerie *Der Spiegel*.[98]

In kunsttheoretischer Hinsicht führten die Schrecken der nationalsozialistischen Vergangenheit wie das Elend der eigenen Gegenwart anfangs nicht nur zu reflexiver Genügsamkeit, sondern auch zu unmittelbaren Antworten, die eher in einem realistischen Ansatz als in einem formalistischen Eskapismus ihren Ausdruck fanden. Vor allem diejenigen Künstler, die von einem antifaschistischen Impuls geleitet waren, verlangten nach Ausdrucksformen, die von den Menschen verstanden werden konnten. Eine reine Künstler- und Intellektuellenkunst, die sich in ihren malerisch-abstrakten, musikalisch-atonalen und literarisch-kalligraphischen Formkonzepten in einem avantgardistischen, spielerischen Modernismus verlor, wurde von ihnen ebenso abgelehnt wie symbolistisch oder surrealistisch verschlüsselte Stilmittel, die die Kunst der «wirklichen» Wirklichkeit entrückten und ins Unverständliche tendierten. Wohl am eindringlichsten wurde diese Position in der Zeitschrift *Bildende Kunst* vertreten, die in Berlin von Karl Hofer und Oskar Nerlinger herausgegeben wurde. Mit Hilfe der Zeitschrift setzte sich Hofer, der zugleich Direktor der Hochschule für Bildende Kunst in Berlin-Charlottenburg und Vizepräsident des «Kulturbundes zur demokratischen Erneuerung Deutschlands» war, für eine gesellschaftlich-engagierte Kunst im Zeichen eines «neuen Realismus» und für die Rehabilitierung der durch die Nationalsozialisten verfemten Künstler ein.

Allerdings war die kritische Malerei, die in den zwanziger Jahren ihren Höhepunkt erreicht hatte, nicht imstande, sich 1945 so weit zu erneuern, daß sie eine erfolgversprechende Perspektive für eine längere Phase nach dem Zweiten Weltkrieg hätte aufzeigen können. Da der «kritische» Realismus der Weimarer Republik mit dem «affirmativen» Realismus des Dritten Reiches zusammengeprallt war, wobei die Übergänge sich oft als fließend erwiesen hatten, blieb nicht nur die Vergangenheit, sondern auch die Gegenwart «unbewältigt».[99] Gegenständlich malende Künstler wie Karl Hofer und Werner Heldt, die sich mit ihrer in Trümmern liegenden Welt bildlich auseinandersetzten und den «neuen Realismus» auch theoretisch zu verankern suchten, gerieten dadurch in die Isolation und reagierten enttäuscht. Als Hofer 1955 starb, hatte sich die ungegenständliche Kunst nach einem Jahrzehnt heftiger Auseinandersetzung durchgesetzt. Diese Tatsache wurde im selben Jahr auf der erstmals in Kassel von Arnold Bode und Werner Haftmann zusammengestellten *Documenta*, die als Ausstellung selbst Geschichte schrieb, eindrucksvoll demonstriert.[100]

Der Aufbruch in die moderne Kunst ging nach Jahren der Reglementierung und Unterdrückung vor allem von dem Verlangen der jüngeren Maler aus, sich internationalen Tendenzen anzuschließen. Abstrakte Kunst erschien als Ausdruck einer bisher ungeahnten Freiheit. Zwar orientierte man sich dabei zunächst an vertrauten Malern wie Willi Baumeister. Aber die eigentlichen Impulse kamen schließlich von außen. Die schon erwähnten Ausstellungen über *Französische abstrakte Malerei* u. a. in Stuttgart, München, Düsseldorf, Hannover und Frankfurt am Main und über *Gegenstandslose Malerei in Amerika* aus der Guggenheim-Sammlung in New York, die ebenfalls in verschiedenen deutschen Städten gezeigt wurde, sowie eine vom British Council entsandte Ausstellung über *Zeitgenössische Britische Malerei* in Köln stellten 1948/49 einen ersten wichtigen Kontakt her. Die Frankreich-Ausstellung machte nicht zuletzt den aus Deutschland emigrierten Maler Hans Hartung in seiner Heimat bekannt und ließ ihn zu einem der einflußreichsten Künstler des Jahrzehnts werden. Auch über die deutsche Gegenwartskunst fanden zu dieser Zeit in den westlichen Besatzungszonen große Übersichtsausstellungen statt, in denen die abstrakte Kunstrichtung zumindest berücksichtigt wurde. Ein Beispiel dafür war bereits im Oktober und November 1947 die Ausstellung *Deutsche Kunst der Gegenwart/L'art allemand moderne* in Baden-Baden. 126 Künstler aus ganz Deutschland zeigten hier insgesamt 289 Werke. Im Vordergrund standen mit Barlach, Beckmann, Campendonk, Dix, Heckel, Hölzel, Jawlensky, Kirchner, Klee, Kolbe, Lehmbruck, Macke, Schlemmer und Schrimpf allerdings etablierte Künstler im Sinne einer «Wiederbegegnung», während die profilbildenden Neuen – selbst wenn sie an Jahren ebenfalls bereits zu den Älteren zählten – im Hintergrund blieben. So war Willi Baumeister nur mit drei älteren Bildern aus dem Jahre 1944 vertreten. Julius Bissier, Joseph Faßbender, Ernst Wilhelm Nay, Heinz Trökes, Hans Uhlmann und Theodor Werner, um nur die bekanntesten zu nennen, mußten sich gar mit einem Schattendasein am Rande begnügen.[101]

Ganz anders sah dies nur eineinhalb Jahre später bei einer Ausstellung in Köln aus, die von der Kritik mit Recht als «größte Gesamtschau seit mehr als 15 Jahren» gelobt wurde.[102] Fast 500 Bilder und Skulpturen wurden präsentiert, wobei ein durchaus ausgewogenes Verhältnis zwischen «gegenständlichen» und «abstrahierenden» Künstlern herrschte, ohne daß es deswegen zu einer Konfrontation zwischen den Richtungen gekommen wäre. Im Umfang noch übertroffen wurde die Kölner Ausstellung vier Jahre später durch die (gesamtdeutsche) *Dritte Deutsche Kunstausstellung Dresden*, bei der abstrakte oder surrealistische Künstler jedoch keine Chance hatten, weil sie – so der Vorsitzende der Staatlichen Kommission für Kunstangelegenheiten im Vorwort des Katalogs – einen den «nationalen Interessen zuwiderlaufenden Kosmopolitismus», den der westdeutsche Staat zusammen mit Banken und Industrie propagiere, verträten und unter der «Herrschaft des Formalismus» verharrten, anstatt «für die Erhaltung der nationalen Formen» zu kämpfen.

Im Westen dagegen schlossen sich Künstler der abstrakten Malerei nun zunehmend zu Gruppen, Gesellschaften und Vereinigungen zusammen, um gemeinsam für ihre Kunstrichtung einzutreten. Beispiele dafür sind der *Junge Westen* in Recklinghausen, die süddeutsche Gruppe *ZEN 49*, die *Donnerstag-Gesellschaft*, die ab 1947 auf Schloß Alfter bei Bonn tagte und bereits am 20. Juli 1947 einen «Tag der abstrakten Kunst» veranstaltete, sowie vor allem die 1949 in Düsseldorf ins Leben gerufene *Neue Rheinische Sezession*, ein Zusammenschluß junger Künstler, die sich von der 1928 gegründeten und 1945 erneut konstituierten *Rheinischen Sezession* abspalteten, um dem «Erstarken rückschrittlicher Kräfte» entgegenzutreten, und sich in der Folge vornehmlich der abstrakten Kunst aller Schattierungen verschrieben.[103] Mit der schon genannten *Documenta 1955* in Kassel und der damals als sensationell empfundenen Ausstellung *Peintures et Sculptures non-figuratives en Allemagne d'aujourd'hui*, die ebenfalls 1955 im Cercle Volney in Paris stattfand und mit knapp 100 Werken einen Überblick über die informellen und konstruktivistischen Tendenzen innerhalb der gegenstandslosen Kunst in Deutschland gab, hatten sie allerdings den Zeitgeist und die Zukunft auf ihrer Seite.

Musikalischer Traditionalismus und Trümmerfilme

Die Frage eines möglichen Neubeginns stellte sich 1945 natürlich auch in der Musik. Doch wie in der Bildenden Kunst, so herrschte auch hier zunächst keine Aufbruchstimmung. Die betont völkischen oder gar nationalsozialistischen Werke, die aus dem Repertoire von Opernhäusern und Orchestern verschwanden, wurden in der Regel nicht durch moderne Stücke, sondern auf konventionelle Weise ersetzt: im Bereich der sogenannten «ernsten» Musik (E-Musik) durch Werke aus der bildungsbürgerlichen Tradition des Barock, der Klassik und der Romantik; in der «unterhaltenden» Musik (U-Musik) durch die Operetten eines Franz Lehár, Leo Blech und Robert Stolz oder die Schlager von Ralph Maria Siegel und Gerhard Winckler, dessen legendäre *Capri-Fischer* zum Hit des Jahres 1946 wurden.

Einen Neubeginn konnte man darin kaum sehen. Linksengagierte oder elitär-modernistische Musik, die von der nationalsozialistischen Kulturbürokratie als «entartet» diffamiert worden war, fand auch nach 1945 kaum ein Publikum und nur wenige interessierte Dramaturgen und Intendanten. Immerhin wurde der vor 1945 verfemte Paul Hindemith rehabilitiert. Zur Aufführung gelangten ebenfalls die Werke von Carl Orff, Boris Blacher und Werner Egk, die allerdings im Dritten Reich nicht dem Verdikt der «Entartung» verfallen waren, sowie Kompositionen internationaler Klassiker der Moderne, wie Igor Strawinsky und Béla Bartók. Insgesamt wurde der bürgerliche Kulturbetrieb der Vorkriegszeit bzw. des Kaiserreiches und der Weimarer Republik jedoch weitgehend restauriert. Die Erwartung einer «musikalischen Vergangenheitsbewältigung» blieb zumindest in den Westzonen und der späteren Bundesrepublik unerfüllt. Doch wie hätte sie überhaupt erfolgen können, wenn nicht nur das Publikum, sondern auch die Komponisten, Musiker, Orchesterleiter und Konzertveranstalter der gleichen Schicht angehörten bzw. entstammten und eine «außermusikalische» Politisierung des Musikbetriebs ablehnten? Außerdem waren die existentiellen Katastrophen der Vergangenheit und die schwierigen Lebensumstände der Gegenwart für die meisten Grund genug, ihrer Sehnsucht nach schöner Musik und unpolitischer Ablenkung zu frönen. Der ideologische Mißbrauch der Musik im Nationalsozialismus lieferte ein zusätzliches Argument, in der Musik nicht länger eine Waffe im Klassenkampf oder ein Instrument der Vergangenheitsbewältigung zu sehen, sondern eine Quelle des Lebensgenusses und der kulturellen Befriedigung.

Bekenntnismusik mit ideologischer Prägung, aufrührerischen Melodien und agitierenden Texten hatte deshalb nach 1945 in Deutschland zunächst keine Chance. So wurde etwa die Musik von Hanns Eisler, vor allem seine

Vertonungen von Texten Bertolt Brechts, in der Bundesrepublik erst in den sechziger Jahren stärker wahrgenommen. Weder Eislers *Deutsche Symphonie*, die in den Jahren 1935 bis 1938 als musikalischer Protest gegen den Nationalsozialismus entstanden war, noch seine Exil-Kantaten gelangten in der Zeit nach dem Krieg zur Aufführung. Nur in Ausnahmefällen, wie bei der Oper *Dantons Tod*, an der Gottfried von Einem zwischen 1944 und 1947 arbeitete, wurden die Turbulenzen der Kriegs- und Nachkriegszeit musikalisch verarbeitet.

Eine ähnliche Bedeutung erlangte Karl Amadeus Hartmann, der während des Dritten Reiches in selbstgewählter Isolierung gelebt hatte und nach dem Krieg zu den wenigen Künstlern gehörte, dessen Schubladen nicht leer waren. Seine 1933/34 entstandene Kammeroper *Simplicius Simplicissimus' Jugend*, zu der Hermann Scherchen das Libretto geschrieben hatte, spielte im Dreißigjährigen Krieg und behandelte in sechs locker aneinandergereihten Genrebildern den Kriegsalltag mit Trinkliedern, Landsknechtsmärschen und Todesgesängen, die durchaus zeitbezogen und damit realistisch wirkten. Ähnlich aktuell und engagiert war Hartmanns *Erste Symphonie für Altstimme und Orchester* aus den Jahren 1936 bis 1940 mit dem Untertitel *Versuch eines Requiems*. Nach dem deutschen Einmarsch in die Tschechoslowakei 1938 komponierte Hartmann eine schwermütige Trauermusik mit deklamatorischem Pathos, klagend und anklagend zugleich: das *Concerto funebre für Violine und Streichorchester*. 1948 stellte er sich mit seiner symphonischen Ouvertüre *China kämpft* auf die Seite Mao Tse-tungs und der chinesischen Revolution. Hartmanns Musik war Bekenntnismusik gegen Krieg, Faschismus, Nationalsozialismus und Rassenhaß. Sein Ziel war nicht Unterhaltung, sondern Mission. Politische Wirkung erzielte er damit allerdings nicht. Dazu war der Musikbetrieb der vierziger und fünfziger Jahre zu sehr von traditionellen Milieus und einem auf Musikgenuß und reine Musikalität gestimmten Publikum beherrscht.

Nicht viel anders waren die Verhältnisse beim Medium Film. Zwar fehlten hier in Deutschland nach 1945 zunächst häufig die technischen Voraussetzungen für neue Produktionen. Sobald das Filmgeschäft wieder anlief, war jedoch eine kaum gebrochene Kontinuität zur Zeit vor 1945 festzustellen. Sogar politisch schwer belastete Regisseure wie Veit Harlan oder Alfred Braune, die sich mit Filmen wie *Jud Süß* (1940) und dem Durchhaltedrama *Kolberg* (1945) in den Dienst der nationalsozialistischen Propaganda gestellt hatten, konnten sich schon bald nicht nur mit anspruchslosen Unterhaltungsstreifen, sondern auch mit Filmen über politische Themen an die Öffentlichkeit wagen. Braune erhielt 1957 für seinen Film *Stresemann*, in dem er den Reichskanzler und Außenminister der Weimarer Republik zum großen Europäer und Vorkämpfer der deutsch-französischen Freundschaft stilisierte, sogar den Bundesfilmpreis.[104]

In der Anfangszeit wurde der deutsche Filmmarkt indessen nahezu völlig von alliierten Produktionen beherrscht. So stammten 1945/46 von den 108

2. Kulturelle Neuansätze

Filmen des Verleihangebotes nur drei nicht aus den USA, Großbritannien oder Frankreich.[105] Dieses Verhältnis sollte sich in den folgenden Jahren nur geringfügig ändern. Bei den meisten Filmen, die in den wenigen bespielbaren Kinos liefen, handelte es sich um reine Unterhaltungsfilme, vor allem Western, Krimis und Liebesgeschichten. Filme, die sich realistisch mit der Situation nach dem Kriege auseinandersetzten, gab es in den westlichen Besatzungszonen dagegen kaum, da eine Produktionsgesellschaft mit politischem Auftrag, wie die im Mai 1946 gegründete ostzonale DEFA (Deutsche Film-AG), hier nicht existierte. Diejenigen Regisseure, die sich in den Westzonen nicht mit bloßen Illusionen zufriedengeben, sondern die Wirklichkeit abbilden wollten, schufen daher das Genre der «Trümmerfilme», in denen es nicht nur um die Aufarbeitung der Vergangenheit, sondern um ein breites Spektrum von Themen ging, die man angesichts zerstörter Studios in den Trümmer-»Kulissen» drehte, so daß auch unpolitische Streifen als Trümmerfilme gelten.

Der wohl bedeutendste Filmemacher dieser Art war Helmut Käutner, in dessen Film *In jenen Tagen* aus dem Jahre 1947 ein Auto in sieben Episoden die Geschichte seiner Besitzer von 1933 bis zum Ende des Krieges erzählt. Einer 1948 in den drei Westzonen erhobenen Umfrage zufolge wurde diese Art von «Zeitfilm» jedoch nur von 31,1 Prozent der Bevölkerung bejaht, während 56,2 Prozent im Kino lieber dem tristen Alltag entfliehen wollten, statt auch dort noch mit zerlumpten Heimkehrern, Trümmerkulissen und den schwierigen Zeiten konfrontiert zu werden. Mit dem beginnenden Wirtschaftswunder, als die materiellen Nöte schwanden und der Wohlstand wuchs, ging die Zahl derer, die «Zeitfilme» sehen wollten, noch weiter zurück. Das Interesse an den Traumfabrik-Produkten der alten UFA und Hollywoods nahm dagegen immer mehr zu. «Schon ist über die ersten Ruinenfilme – wie über die Ruinen selbst – wieder Gras gewachsen», meinte deshalb Rudolf Flügel bereits 1949 in der Zeitschrift *Glanz*: «Mildtätiges Gras.»[106] Und das sei ganz recht so. Denn allzu lange habe man die westdeutsche Bevölkerung mit «Aufbau-Moralin» traktiert. Diese habe nun ein Recht auf ungehinderten, ungestörten Filmgenuß, um den Trümmern des Zusammenbruchs wenigstens in der Phantasie zu entfliehen.[107]

Wolfgang Staudte teilte diese Auffassung nicht. Als wohl einziger Filmregisseur von Rang neben Käutner suchte er weiterhin jene politischen Dimensionen einzufangen, die im Durchschnittsfilm der damaligen Zeit sonst fehlten. Staudte hatte deshalb gegen Boykott und Verbot zu kämpfen und war innerhalb seiner Zunft alles andere als «repräsentativ» – eine Ausnahmeerscheinung, deren glänzende Verfilmung von Heinrich Manns *Der Untertan* aus dem Jahre 1951 erst 1957 mit erheblichen Schnittauflagen freigegeben wurde, weil sie von der DEFA produziert worden war.[108] Sein früher Streifen *Die Mörder sind unter uns* aus dem Jahre 1946 gelangte in den Westzonen zwar bereits 1948 in die Kinos. Doch auch zu diesem Zeitpunkt erreichte er aufgrund der veränderten Bewußtseinslage der Bevölkerung kaum noch die Zuschauer, für die er zwei Jahre zuvor gedreht worden war.[109]

Wenn es zutrifft, daß der Film, wie Siegfried Kracauer meint, weniger explizite Überzeugungen als psychische Dispositionen und kollektive Mentalitäten widerspiegelt[110], lassen die cineastischen Vorlieben der vierziger und fünfziger Jahre auf eine Gesellschaft schließen, die in ihrer Gesamtheit aus den Erfahrungen von Diktatur und Krieg noch kaum Schlüsse gezogen zu haben schien. Statt durch Erneuerung zu einem Aufbruch in eine bessere Zukunft beizutragen, waren die Filme dieser Zeit Produkte der Ideenlosigkeit und der politischen Anpassung sowie der «ästhetischen und geistigen Regression».[111] Der Journalist und Filmkritiker Joe Hembus bemerkte dazu 1977 mit ironischer Distanz: «Heute leisten wir es uns einfach, nostalgisch gerührt festzustellen, daß der westdeutsche Nachkriegsfilm gar nicht aktiv schlecht war, sondern einfach nur komisch ... Das ganze Genre vom ‹Förster vom Silberwald› über ‹Rosen-Resli› und ‹Die Mädels vom Immenhof› bis zu ‹Liane, das Mädchen aus dem Urwald› besteht fast nur aus Gipfelleistungen, ist hochgradig vollendet und zum Weinen schön.»[112]

Wiederaufbau der Hochschulen und Universitäten

Beim Wiederaufbau des wissenschaftlichen Lebens in Deutschland erstaunt zunächst die Tatsache, daß die meisten Universitäten schon zum Wintersemester 1945/46 ihren Lehrbetrieb wieder aufnahmen. Einige Hochschulen, die größere Zerstörungen davongetragen hatten, öffneten ihre Tore nur geringfügig später, wie die Frankfurter Universität, die sich am 1. Februar 1946 auf den Weg in eine neue akademische Zukunft begab. Zwar waren die Seminare, Bibliotheken und Forschungsstätten oftmals schwer beschädigt, und die Menschen, die in diesen Einrichtungen arbeiten mußten – Studenten, Professoren, Sekretärinnen, Bibliotheksangestellte – litten materielle Not. Aber dies konnte den Lehr- und Forschungsbetrieb nicht aufhalten. Die Studenten «lernten wie im Mittelalter vor allem aufgrund mitgeschriebener Vorlesungen»[113], genossen andererseits jedoch ebenso wie ihre Professoren die wiedergewonnene Lehr- und Lernfreiheit, die während des Nationalsozialismus der ideologischen Indoktrination zum Opfer gefallen war. Die Welt wurde neu entdeckt; Fragen konnten jetzt nicht nur gestellt, sondern auch wieder kontrovers beantwortet werden.

Die Instandsetzung der Gebäude und die Beschaffung von Geräten und Studienmaterial zogen sich allerdings noch lange hin. 1950 wiesen beispielsweise die Universitäten Kiel und Bonn weiterhin einen Zerstörungsgrad von 60 Prozent – bezogen auf den Bauzustand von 1939 – auf. Am stärksten beschädigt waren Münster, Köln, Freiburg und München sowie die Wirtschaftshochschule in Nürnberg, die im Vergleich zur Vorkriegszeit nur zu höchstens 20 Prozent genutzt werden konnten.[114] Von den 550 000 Büchern der Universitätsbibliothek Münster waren 400 000 verbrannt.[115] Als zu 100

Prozent intakt bezeichnete der Stifterverband für die deutsche Wissenschaft 1945 nur die Universitäten Heidelberg, Tübingen und Erlangen.

Zu den materiellen Beeinträchtigungen traten Hemmnisse in Form einengender Bestimmungen der Militärregierungen. Bereits im September 1945 trafen sich Rektoren der Universitäten in der Britischen Zone mit zuständigen Beamten der Militärregierung zur ersten Nordwestdeutschen Hochschulkonferenz, um über die Reform des Hochschulsystems zu beraten. Entsprechende Versammlungen, mit denen die Siegermächte ihre Absicht bekundeten, den akademischen Neubeginn zu lenken, fanden auch in den anderen Besatzungszonen statt. Besonders weit gingen die Eingriffe in der SBZ, wo es praktisch zu einer völligen Neustrukturierung kam – mit einer weitgehenden Trennung von Forschung und Lehre nach sowjetischem Vorbild –, während die Westmächte nicht an eine grundsätzliche Umgestaltung des deutschen Hochschulwesens dachten, sondern den Wiederaufbau vielmehr an den Weimarer Verhältnissen orientieren wollten. Dies wurde durch die Tatsache erleichtert, daß die meisten Professoren, die 1945 an deutschen Universitäten lehrten, ihren Lehrstuhl bereits vor 1933 innegehabt hatten; die jüngeren unter ihnen hatten zumindest vor 1933 studiert. Darüber hinaus sollten möglichst viele der Wissenschaftler, die während des Dritten Reiches aus politischen oder rassischen Gründen von den Hochschulen vertrieben und zur Emigration gezwungen worden waren, bewogen werden, sich am Wiederaufbau der deutschen Universitäten zu beteiligen. Diese Absicht war nicht immer erfolgreich, führte aber in vielen Fällen wenigstens zu Gastvorlesungen und manchmal auch zu Rückberufungen. Ein bekanntes Beispiel dafür ist Max Horkheimer, Direktor des von ihm mitgegründeten «Instituts für Sozialforschung» in Frankfurt am Main, der 1933 zunächst nach Genf und anschließend nach New York emigriert war. 1950 kehrte er nach Deutschland zurück und setzte seine Arbeit, gemeinsam mit Theodor W. Adorno, an seiner alten Wirkungsstätte fort.

Eine unmittelbare Anknüpfung an die Zeit vor 1933 konnte und durfte es jedoch auch im Universitätswesen nicht geben. Die Hochschulen hatten sich im Dritten Reich nirgendwo als besonders widerstandsfähig gegenüber den Vereinnahmungen des NS-Regimes erwiesen. Nicht selten waren sie sogar zu willfährigen Instrumenten der Nazis geworden. Dies galt für die Universitätsverwaltungen ebenso wie für viele Professoren, Assistenten und sonstige Mitarbeiter. Dennoch war die Behandlung der Universitätsangehörigen nach 1945 in den einzelnen Disziplinen sehr verschieden. Während die Naturwissenschaftler relativ ungestört weiterarbeiten konnten, auch wenn sie sich, etwa im Bereich der Grundlagenforschung für die Rüstung, aktiv für den Nationalsozialismus engagiert hatten, waren die Geistes-, Sozial- und Rechtswissenschaftler, die in enger Beziehung zur nationalsozialistischen Politik gestanden hatten, zu Neubewertungen oder gar völligen Neuanfängen gezwungen. Dieser Neubeginn gelang keineswegs immer. Zumindest partiell bestanden manche alten Strukturen fort – wie meist bei derartigen Übergängen, bei denen Kontinuität und Wandel eine unauflösliche Mischung bilden.

Ein zentrales Anliegen der westlichen Besatzungsmächte wie der westdeutschen Bildungsreformer war die Stärkung der Autonomie der Hochschulen. Während sich in der sowjetischen Besatzungszone die Politisierung der Bildungs- und Forschungseinrichtungen unter anderen Vorzeichen fortsetzte und sogar noch verstärkte, sollten die Universitäten im Westen dauerhaft von politischer Bevormundung befreit werden, um künftig eine allzu leichte Vereinnahmung der Hochschulen für politische und ideologische Zwecke zu verhindern. Außerdem waren sich deutsche und westalliierte Bildungsexperten einig, daß die Arbeit der Hochschulen weiterhin an jenen Grundsätzen orientiert sein sollte, die zu Beginn des 19. Jahrhunderts von Wilhelm von Humboldt niedergelegt worden waren: mit der Organisation der Hochschule als «Gemeinschaft gleichberechtigter Gelehrter», der «Einheit von Forschung und Lehre auch im Unterricht» statt reiner Wissensvermittlung sowie der «Verbindung von fachlicher Ausbildung und allgemeiner menschlicher Bildung». Im ersten Bericht des Wissenschaftsrates aus dem Jahre 1960 wurde noch einmal ausdrücklich auf diese Bildungstradition verwiesen.[116] Eine Rückkehr zu tradierten methodologischen Konzeptionen und inhaltlichen Grundorientierungen war also unverkennbar. Maß aller Dinge war dabei wieder die Lehrfreiheit der Dozenten und die Lernfreiheit der Studenten.

Dies galt allerdings nur für Westdeutschland. Wie groß die Unterschiede zwischen der SBZ und den Westzonen in hochschulpolitischer Hinsicht waren, läßt sich besonders in Berlin beobachten, wo die fortschreitende Ideologisierung im Ostteil der Stadt allmählich zur Spaltung der Forschungs- und Lehrlandschaft führte. Der Auszug von Professoren und Studenten aus der indoktrinierten Humboldt-Universität in Ost-Berlin und die Gründung der «Freien Universität Berlin» im West-Berliner Stadtteil Dahlem – im amerikanischen Sektor – am 4. Dezember 1948 markierte den Schlußpunkt einer Entwicklung, die von den Betroffenen als nicht länger vereinbar mit den Grundsätzen der Freiheit von Forschung und Lehre angesehen wurde. Überlegungen zu einer Universität unter Vier-Mächte-Kontrolle waren zuvor verworfen worden. Die Geschichte dieser Universitätsspaltung in Berlin machte indessen auch deutlich, daß die Westmächte, insbesondere die USA, nicht mit einem fertigen bildungspolitischen Konzept in Deutschland eingerückt waren.

Aus deutscher Sicht bedeutete diese Konzeptionslosigkeit der Westmächte eher einen Vorteil, weil sie den Hochschulreformern größeren Spielraum verschaffte. Aber auch unter den Deutschen selbst herrschte in den drei Westzonen keine Einigkeit. Da die neu gegründeten Länder nach amerikanischem Vorbild – aber angelehnt an die eigene Tradition – die Kulturhoheit erhielten, führte die daraus resultierende föderalistische Struktur des Bildungssystems bald zu einer gewissen «Unordnung im Forschungswesen», wie in einer Sitzung des Forschungsrates am 25. Februar 1949 beklagt wurde.[117] Andererseits waren die Vorteile dieser Dezentralisierung, die nicht nur durch die Ländergliederung, sondern vor allem durch die Autonomie der Hochschulen herbeigeführt wurde, nicht zu verkennen. Ein politischer Mißbrauch der Wissenschaften, wie er für totalitäre Diktaturen üblich war, würde auf diese Weise – so hoffte man – am ehesten vermieden werden.

Der Neubeginn des wissenschaftlichen Lebens in Deutschland wäre jedoch kaum möglich gewesen, wenn die deutschen Universitäten nicht von vornherein ihren Weg zurück in die internationale Wissenschaftslandschaft gefunden hätten, in der sie bis 1933 eine bedeutende Rolle gespielt hatten. Im Austausch von Studenten und Wissenschaftlern, der nach 1945 im Rahmen einer Vielzahl von Programmen mit amerikanischen und anderen westlichen Hochschulen rasch konkrete Formen annahm, zeigte sich die Überwindung der Strukturen des Dritten Reiches, die zur Isolation der deutschen Universitäten geführt hatten, vielleicht am deutlichsten. Deutschland kehrte damit auf die Bühne der akademischen Welt zurück, von der es sich 1933 mit der Vertreibung seiner besten Köpfe selbst verabschiedet hatte.

Als 1949 die Bundesrepublik gegründet wurde, existierten hier, einschließlich West-Berlin, schon wieder 19 Universitäten, die diese Bezeichnung auch verdienten. Ihre Standorte waren Kiel, Hamburg, Göttingen, Münster, Köln, Bonn, Marburg, Gießen (reduziert auf eine Hochschule für Bodenkultur und Veterinärmedizin sowie Medizinische Akademie), Frankfurt, Heidelberg, Mainz, Saarbrücken, Freiburg, Tübingen, Würzburg, Erlangen, München, Düsseldorf (mit der Medizinischen Akademie) und Berlin. Zudem gab es sieben Technische Hochschulen in Hannover, Braunschweig, Aachen, Darmstadt, Karlsruhe, Stuttgart und München.[118] Das war eine Basis, von der aus sich die Wissenschaften in Deutschland neu entfalten konnten.

3. Kulturelle Restauration

Mit Beginn des Kalten Krieges zwischen Ost und West veränderten sich auch die Rahmenbedingungen für die Kultur in Deutschland. Zwar hatte bereits die Zäsur des Jahres 1945 nicht in jedem Fall zu einem kulturellen Neubeginn geführt. Aber mit der Klimaveränderung in der Großen Politik erhielten nun jene Kräfte wieder Auftrieb, die für einen konservativ geprägten Kulturbegriff eintraten und an die bildungsbürgerlichen Traditionen des 19. und frühen 20. Jahrhunderts anzuknüpfen suchten. Der Kalte Krieg führte damit zu einer Entwicklung, die Walter Dirks 1950 in einem berühmt gewordenen Aufsatz in den *Frankfurter Heften* als «Restauration» bezeichnete. Dirks sprach von einer tiefen Kluft, die zwischen der antirestaurativ denkenden geistigen Elite und der restaurativen Entwicklung in Politik und Wirtschaft bestehe, und konstatierte einen Zwiespalt zwischen einem der

Zukunft zugewandten Bewußtsein, das er und seine Gesinnungsgenossen verkörperten, und einer politischen Praxis, «welche die Formen und Symbole und Mächte der Vergangenheit heraufbeschwört».[119] Mit seinem Begriff der «Restauration» charakterisierte er nun die gesamte Nachkriegsepoche. Die Vokabel wurde zum beherrschenden Schlagwort für die kritische Grundeinstellung der linken bis liberalen Intelligenz in der Bundesrepublik, die zumindest während der Ära Adenauer – und zum Teil noch lange danach – das Verhältnis der Kulturelite zur Entwicklung von Politik, Wirtschaft und Gesellschaft bestimmte.

Auswirkungen des Kalten Krieges

Der Wandel zur «Restauration» zeichnete sich bereits 1947 ab. Nach dem Scheitern der Moskauer Außenministerkonferenz der Vier Mächte und der Verkündung der Truman-Doktrin am 12. März 1947 wurden nicht nur die Außen- und Wirtschaftspolitik, sondern auch die Innen- und Kulturpolitik einer grundlegenden Revision unterzogen. Über den repressiven Charakter der stalinistischen Haltung gegenüber der Freiheit des Geistes muß in diesem Zusammenhang kein Wort verloren werden. Doch auch in den USA begannen nun strenge Untersuchungen aller Organisationen, Gesellschaften, Bewegungen, Gruppen und Vereinigungen, die das amerikanische Innenministerium wegen angeblich «totalitärer» Gesinnung auf die Schwarze Liste setzte. Zehntausende von Personen wurden Verhören unterzogen, um ihre politische Einstellung zu überprüfen. Einer von ihnen war Bertolt Brecht, der daraufhin im Oktober 1947 die USA verließ. Hanns Eisler, der an sich bleiben wollte, wurde 1948 zur Ausreise gezwungen, obwohl sich Thomas Mann, Charlie Chaplin, Albert Einstein, Pablo Picasso, Henri Matisse und Jean Cocteau für ihn verwandt hatten. Wer nicht von vornherein seine antikommunistische Haltung erkennen ließ, wurde mit dem Verdacht der «Subversion» belegt. Treibende Kraft der antikommunistischen Verfolgung war Senator Joseph McCarthy aus Wisconsin, der als Vorsitzender des «Ausschusses gegen unamerikanische Umtriebe» (Committee Against Un-American Activities) mit Methoden der Diffamierung und Einschüchterung besonders gegenüber Regierungsangestellten und Intellektuellen ein Klima der Verunsicherung und Angst schürte (McCarthyismus).[120]

In Deutschland wurde der Erste Deutsche Schriftstellerkongreß in Berlin im Oktober 1947 zu einem regelrechten Wendepunkt in den kulturellen Ost-West-Beziehungen, nachdem die SMAD in Karlshorst im Juli zuvor schon ein Ausreiseverbot für ostzonale Künstler erlassen und im September ein Aufführungsverbot für verschiedene amerikanische Dramen in der SBZ verhängt hatte.[121] Zwar wurde auf dem Treffen der Schriftsteller, das unter der Ehrenpräsidentschaft von Ricarda Huch stand, in einer Resolution noch die Entschlossenheit der Intellektuellen bekundet, sich jenen Spreng- und Fliehkräften zu widersetzen, «die den Begriff ‹Deutschland› aus der Geo-

3. Kulturelle Restauration 251

graphie und Geschichte auslöschen» und «ein Auseinanderfallen, eine Aufspaltung Deutschlands für unabwendbar annehmen und sich mit ihr abfinden wollen». Denn, so hieß es zur Begründung, man müßte «in völlige Kulturlosigkeit versinken», gäbe es nicht mehr «das Bewußtsein des einen lebenden Deutschlands».[122] Doch in Wirklichkeit waren die Intellektuellen längst chancenlos, eine vom Geist des Humanismus geprägte Verbindung von Demokratie und Sozialismus, wie sie den meisten damals vorschwebte, in die Tat umzusetzen, weil die politische Realität in Deutschland den Rahmenbedingungen des Ost-West-Konflikts folgte und unaufhaltsam zur Spaltung trieb. Diese machte die Schriftsteller in der SBZ/DDR mehrheitlich zu Handlangern des kommunistischen Regimes und die Literaten in den Westzonen bzw. später der Bundesrepublik zu Außenseitern und ohnmächtigen Kritikern eines Wiederaufbaus, den sie so nicht gewollt hatten.[123] Alfred Kantorowicz faßte, von Ost-Berlin aus, seine Enttäuschung über das neuerliche Auseinanderfallen von Geist und Macht im Oktober 1949 in den Worten zusammen: «Unser Traum von einer Erneuerung Deutschlands ist zu Ende. Die Politiker von vorgestern haben das Heft nun wieder fest in der Hand, drüben und hüben. Staatsmänner, Denker, Dichter, geistig schöpferische Menschen ganz allgemein, sind draußen vor der Tür und nicht einmal als Zaungäste zugelassen.»[124]

Anders als die meisten deutschen Schriftsteller, die auf ihrem Kongreß im Oktober 1947 noch von einem gesamtdeutschen Sozialismus träumten, griff Melvin J. Lasky, der als amerikanischer Delegierter an dem Treffen teilnahm, die östliche Seite hier bereits scharf an und bezichtigte die anwesenden sowjetischen Autoren, keine eigene Meinung zu haben, sondern nur Werkzeuge ihres Staates zu sein. Lasky setzte damit neue Zeichen, die auf die künftige Konfrontation hindeuteten.[125] Noch im gleichen Monat wurde der «Kulturbund zur demokratischen Erneuerung Deutschlands», der sich unter Führung von Johannes R. Becher und anderen Repräsentanten der alten KPD zunehmend von der sowjetischen Besatzungsmacht hatte vereinnahmen lassen, in den Westzonen verboten.[126] Und der amerikanische Militärgouverneur in Deutschland, General Lucius D. Clay, forderte am 28. Oktober 1947 einen «Marshall-Plan der Ideen» – einen Propagandafeldzug gegen den Kommunismus –, um Westdeutschland nicht nur politisch und ökonomisch, sondern auch kulturell in die westliche Gemeinschaft zu integrieren.[127]

Die Neuorientierung der westlichen Kulturpolitik betraf Zeitschriften wie den *Ruf* oder *Ende und Anfang*, die ihre redaktionelle Zusammensetzung ändern oder ihr Erscheinen einstellen mußten, aber auch Mitarbeiter in den eigenen Reihen der amerikanischen Besatzungsbehörden, wie Benno Franck, dessen antikommunistisches Auftreten offenbar zu wünschen übrig gelassen hatte und der nun seinen Posten verlor. Linke Schriftsteller und Publizisten, wie Hans Mayer, Stephan Hermlin, Eduard Claudius, Hans Marchwitza und Stefan Heym, zogen es deshalb 1947/48 vor, ihren Wohnsitz vom Westen in die sowjetische Besatzungszone zu verlegen. Allerdings war die Tendenz keineswegs einheitlich. So konnte Walter Dirks noch 1947 in den *Frankfurter Heften* behaupten, daß «Faschismus ... als latente Gefahr im amerikanischen System selbst enthalten» sei und die Gefahr bestehe, «daß sich Amerikas maßgebende Männer, die Männer der Wirtschaft und der Armeen, kraft ihrer geheimen Verwandtschaft mit den entsprechenden europäischen Kräften für die faschistische Lösung entscheiden» würden, falls Europa die sozialistische Alternative wähle.[128]

Mit der Berlin-Krise 1948 nahm die Auseinandersetzung jedoch immer schärfere Formen an. Sogar Werke westlicher Autoren, die als «linksverdächtig» galten, wie Arthur Miller, Lillian Hellman und Clifford Odets, durften in den Westzonen jetzt nicht mehr aufgeführt bzw. verbreitet werden. In der britischen Zone wurde zusätzlich der Verkauf von Büchern aus der SBZ verboten. Bertolt Brecht und Leonard Steckel durften nicht mehr in die Westzonen einreisen. Mit der Gründung der schon erwähnten Zeitschrift *Der Monat* durch Melvin J. Lasky in West-Berlin wurde schließlich ein inhaltlich anspruchsvolles Magazin geschaffen, das von vornherein für den propagandistischen Kampf gegen den Kommunismus konzipiert war.

Das deutsche PEN-Zentrum, das 1948 noch im Londoner Exil wiederbegründet worden war, wurde ebenfalls bald zum Austragungsort ideologischer Gegensätze, bis es 1951 zerbrach. Auch im Akademiewesen ging man in Ost- und Westdeutschland nun getrennte Wege, wenngleich beide Seiten die Tradition ihrer preußischen Vorgänger weiterhin für sich in Anspruch nahmen. In den westlichen Besatzungszonen führte die Währungsreform überdies zu einer Verknappung des für kulturelle Zwecke zur Verfügung stehenden Geldes, so daß die politischen Probleme noch durch finanzielle Engpässe ergänzt wurden. Der Politisierung und parteipolitischen Vereinnahmung der Kultur im Osten entsprach deshalb eine materielle Auszehrung im Westen, die sich bald zu einer existentiellen Gefährung auszuweiten drohte.[129]

Als die Westalliierten im Mai 1949 die Lizenzierung für die Westzonen aufhoben und im Vorgriff auf die Gründung der Bundesrepublik ein Stück kultureller Souveränität an die Deutschen zurückgaben, meldeten sich – wie zum Beweis der zunehmenden kulturellen «Restauration» – sogleich auch nationalistische Autoren und ehemalige nationalsozialistische Herausgeber mit Zeitungen, Zeitschriften und Büchern wieder zu Wort. Dolf Sternberger konstatierte deshalb in einem Nekrolog zu der Zeitschrift *Die Wandlung*, die im Herbst 1949 ihr Erscheinen einstellen mußte, es sei nicht gelungen, «den Geist in praktische Verbindlichkeit zu ziehen und die Politik geistig zu erhellen, die unheilvoll ererbte Spaltung zwischen Geist und Politik allmählich aufzuheben».[130] Viele Intellektuelle glaubten sich in die Weimarer Republik zurückversetzt. Als die Besatzungsmächte sich auch in der Kultur zunehmend dem Kalten Krieg verschrieben, reagierten die deutschen Literaten, Künstler und politischen Publizisten in ihrer überwiegenden Mehrheit mit Ablehnung und Distanz.

3. Kulturelle Restauration

Amerikanisierung und «Westernisierung»

Die Kluft, die sich mit der zunehmenden Verschärfung des Ost-West-Konflikts zwischen den Intellektuellen und der Politik auftat, verführt dazu, die Entwicklung nach dem Zweiten Weltkrieg nur als Herrschaftsgeschichte des Kalten Krieges zu beschreiben: als Ringen um politische Macht, wirtschaftliche Stabilität und militärische Sicherheit. Geistige Dimensionen erscheinen dabei allenfalls als ideologisches Beiwerk, das im Zweifelsfall eher zu vernachlässigen oder völlig auszublenden ist.[131] Tatsächlich verstellt diese Sichtweise den Blick auf eine der nachhaltigsten Konsequenzen des Ost-West-Gegensatzes überhaupt: die Amerikanisierung bzw. «Westernisierung» der Bundesrepublik, die ohne die im Kalten Krieg bestehende ideologische Rivalität zwischen dem östlichem Kommunismus und der westlichen freiheitlichen Demokratie entweder gar nicht oder nur mit Verzögerung erfolgt wäre.[132] Denn diese Verwestlichung war nicht in erster Linie eine Folge der militärischen Besetzung durch die Westmächte oder des Programms erzwungener *re-education*, sondern das Ergebnis intensiver Kulturkontakte und der «Interaktion im Bereich der politischen Ideen» zwischen den USA, der Bundesrepublik und Westeuropa von Ende der vierziger bis Mitte der sechziger Jahre.[133]

Den wohl wichtigsten Einfluß übte in diesem Zusammenhang das Konzept des amerikanischen *consensus liberalism* aus, das seit den dreißiger Jahren als ideologische Alternative zu den totalitären Ideologien des 20. Jahrhunderts entwickelt worden war. Ausgehend von den Ordnungsvorstellungen des New Deal, verband der Konsensliberalismus die Idee eines mit natürlichen, unveräußerlichen Rechten der persönlichen Freiheit und des Eigentums ausgestatteten, fortschrittsoptimistischen Individuums mit der Philosophie des Pragmatismus und der Forderung nach einer Welt ohne Zugangsbeschränkungen – also einem *open door*-Internationalismus, der auf die tendenziell weltweite Ausbreitung des eigenen Systems größtmöglicher wirtschaftlicher, politischer und gesellschaftlicher Verwirklichungschancen gerichtet war.[134] Freiheit, Recht und Eigentum sowie das Streben nach individuellem Glück – *pursuit of happiness* – bildeten das Fundament für eine antitotalitäre Ideologie, die sich während des Kalten Krieges nahezu ausschließlich in der Spielart des Antikommunismus äußerte. Die Tatsache, daß der Konsensliberalismus im Gegensatz zum früheren amerikanischen Liberalismus nicht mehr völlige Staatsferne und einen ökonomischen *laisser faire* propagierte, sondern die Tradition des New Deal mit staatsinterventionistischer Wirtschaftspolitik, Sozialreform und dem keynesianischen Instrumentarium der fiskalpolitischen Globalsteuerung aufgriff, machte ihn jedoch auch für Gewerkschaften und Sozialdemokraten interessant.

Der Konsensliberalismus wurde über den Elitenaustausch und das Medium verschiedener Zeitungen und Zeitschriften vermittelt. Eine bedeutende Rolle spielte ebenfalls der *Congress for Cultural Freedom* (CCF), der Ende der vierziger Jahre als zunächst locker geknüpftes Netzwerk antikommunistischer Persönlichkeiten aus dem europäisch-atlantischen Raum – also keineswegs nur aus den USA – entstand und sich mit dem gleichnamigen «Kongreß für kulturelle Freiheit» im Juni 1950 in Berlin institutionell zu verfestigen begann.[135] Den Ausgangspunkt der geistigen Offensive des Westens bildete neben dem allgemeinen Hintergrund des Kalten Krieges vor allem die Gründung des «Kommunistischen Informationsbüros» (Kominform) – einer Nachfolgeorganisation der Kommunistischen Internationale (Komintern) – in Schreiberhau im Riesengebirge im September 1947. Schon die Tatsache, daß Persönlichkeiten wie Arthur Koestler, Manès Sperber oder Ignazio Silone, die ursprünglich der Komintern verbunden gewesen waren und nach den stalinistischen «Säuberungen» der dreißiger Jahre sowie dem Hitler-Stalin-Pakt mit dem Kommunismus gebrochen hatten, später zu prominenten Mitgliedern des internationalen Exekutivkomitees des CCF wurden, deutet auf diesen Zusammenhang hin. Dessen Kampf um Freiheit und Demokratie war somit nicht nur eine Auseinandersetzung zwischen rechts und links, sondern ebensosehr eine Abrechnung ehemaliger Kommunisten, aber auch humanistischer Sozialisten und gemäßigter Sozialdemokraten mit dem dogmatischen Stalinismus. Die «Zwei-Lager-Theorie», die Andrej A. Shdanow, Leningrader Parteisekretär der KPdSU und ein langjähriger Weggefährte Stalins, auf der Kominform-Konferenz in Schreiberhau verkündete, wurde von ihnen geradezu als ideologische «Kriegserklärung» begriffen, die neben einer machtpolitischen Reaktion auch einer geistigen Antwort bedurfte.

In Deutschland war es vor allem der missionarisch veranlagte Journalist und Publizist Melvin J. Lasky, der sich zum Motor antikommunistischer Agitation berufen fühlte. Als Sohn jüdisch-russischer Emigranten in New York aufgewachsen, 1945 mit der amerikanischen Armee nach Berlin gekommen und dort bald darauf als Korrespondent zweier Zeitschriften aus dem linken New Yorker Intellektuellenmilieu tätig, dachte er ganz in den Kategorien des Konsensliberalismus und war spätestens seit seinem Auftritt auf dem Ersten Deutschen Schriftstellerkongreß in Berlin im Oktober 1947 eine feste Größe in der geistigen Auseinandersetzung zwischen Ost und West. Um ihn und die Zeitschrift *Der Monat* versammelten sich bald Persönlichkeiten aus ganz Deutschland, die Antikommunismus und Proamerikanismus miteinander verbanden. Die frühesten Freunde und Weggefährten stammten hauptsächlich aus der Berliner SPD, wie der Regierende Bürgermeister Ernst Reuter – auch er ein ehemaliger Kommunist, unter Lenin 1917/18 sogar kurzfristig Volkskommissar für auswärtige Angelegenheiten in der Wolgadeutschen Republik und von 1918 bis 1921 Sekretär der KPD. Dazu kamen Richard Löwenthal und Franz Borkenau von der Gruppe *Neu Beginnen*, die in den dreißiger Jahren durch ihren Widerstand gegen Hitler hervorgetreten war, sowie Otto Suhr, Willy Brandt und Edwin Redslob. In Hamburg bestand Verbindung zu Max Brauer. Durch Vermittlung von Günther Birkenfeld gab es Kontakte zu antikommunistischen Vertretern der «inneren Emigration», wie Rudolf Hagelstange, Stefan Andres, Rudolf Pechel und dem Theaterkritiker Friedrich Luft. Enge Beziehungen pflegte Lasky mit Golo Mann, Karl Jaspers und Hannah Arendt, während die Berührung mit der Heidelberger Gruppe im Umfeld der Zeitschrift *Die Wandlung* mit Alfred Weber, Alexander Mitscherlich und Dolf Sternberger eher locker blieb.[136]

Adressat des *Monat* war weniger das konservative Bürgertum als vielmehr die demokratische Linke, deren Denken die sozialreformistischen Prinzipien der *New Deal Order* zugänglich gemacht werden sollten. Dabei handelte es sich allerdings nicht um «subversive Infiltration», sondern um «den offen artikulierten, gleichwohl vorsichtigen Versuch, bereits vorhandene, reformorientierte Kräfte zu bündeln und diskret zu unterstützen»[137]. Der Kongreß für kulturelle Freiheit in Berlin im Juni 1950 unter dem Motto «Die Freiheit geht zum Angriff über» war in diesem Zusammenhang zunächst nur als Ergänzung gedacht, sollte jedoch bald eine durchaus problematische Eigendynamik gewinnen.

Der «Kongreß für kulturelle Freiheit» in Berlin

Die Idee zu der Konferenz stammte von Michael Josselson, der zuerst für die US-Militärregierung und dann für die amerikanische Hohe Kommission in Berlin tätig war, wo er sich hauptsächlich mit Kulturpolitik befaßte. Im März 1949 hatte er in New York die sogenannte «Waldorf-Astoria-Konferenz» unter dem Titel *Cultural and Scientific Conference for World Peace* beobachtet, die den Höhepunkt einer sowjetisch inspirierten Friedens- und Neutralitätskampagne des Kominform ab 1947/48 bildete und in Ost und West eine nach Millionen zählende Öffentlichkeit erreichte. Vor allem Schriftsteller und Intellektuelle hatten sich dabei auf einer Serie von «Friedenskongressen» als *fellow-travellers* der stalinistischen Sowjetunion betätigt und die neuartige atomare Bedrohung, die damals noch allein von den USA ausging, scharf attackiert.[138] Den Anfang dieser Bewegung hatte bezeichnenderweise der «Kongreß der Kulturschaffenden zum Schutze des Friedens» vom 26. bis 30. August 1948 in Breslau gemacht. Erst in der Höhle des Löwen in New York war jedoch der Gipfelpunkt der Kampagne erreicht, die nach dem ersten sowjetischen Atomtest am 23. September 1949 ebenso rasch verebbte, wie sie inszeniert worden war. Da man dies zum Zeitpunkt der Konferenz im Waldorf Astoria noch nicht ahnen konnte, suchten Josselson und die konsensliberalen amerikanischen Intellektuellen sowie ihre europäischen Ansprechpartner nach einem Weg, den Stalinisten und ihren «fellow-travellers» das Feld im Kampf um die politisch-ideelle Orientierung der Europäer streitig zu machen. Das war die Geburtsstunde der Idee, einen «Kongreß für kulturelle Freiheit» abzuhalten. Berlin, wo die Welt der Freiheit und die Welt des Totalitarismus direkt aufeinanderprallten, schien dafür der geeignete Platz.

III. Wiederaufleben der Kultur

Zur Vorbereitung des Kongresses wurde ein internationales Komitee gebildet, dem prominente Persönlichkeiten aus Europa und den USA angehörten, unter ihnen aus England der Philosoph Bertrand Russell, der Schriftsteller Arthur Koestler und der Generalsekretär der UNESCO Julian Huxley, aus Frankreich der Soziologe und Publizist Raymond Aron, die Schriftsteller André Gide und David Rousset sowie der Linkspolitiker Léon Blum, aus Italien der Philosoph, Historiker und Politiker Benedetto Croce sowie die Schriftsteller Ignazio Silone und Carlo Levi und für die USA die Philosophen John Dewey und Sidney Hook sowie der Theologe Reinhold Niebuhr. Deutschland war im internationalen Komitee durch Karl Jaspers, Alfred Weber, Carlo Schmid und Eugen Kogon vertreten; dazu kamen in einem nationalen Organisationskomitee noch Theodor Plivier, Adolf Grimme, Alexander Mitscherlich, Dolf Sternberger und Franz Borkenau. In Berlin waren neben Lasky hauptsächlich Ernst Reuter, Otto Suhr und Edwin Redslob in die Vorbereitungen einbezogen.

Als Schlüsselfigur im Hintergrund wirkte allerdings Michael Josselson, der das Geld beschaffte, wobei er verschwieg, daß er im Hauptberuf Agent des amerikanischen Geheimdienstes CIA war. Auch als er am Jahresende 1950 die administrative Leitung der Zentrale des CCF in Paris übernahm, galt seine erste Loyalität weiterhin der Central Intelligence Agency. Von den Teilnehmern des Berliner Kongresses und den Autoren des *Monat* ahnte kaum jemand etwas von diesem Doppelspiel des so überaus fähigen, umtriebigen und entscheidungssicheren Freundes.[139] Erst 1967 wurde die Verbindung Josselsons zur CIA aufgedeckt, von deren finanzieller Unterstützung die Durchführung des Berliner Kongresses ebenso abhängig gewesen war wie die Existenzfähigkeit der Institutionen des CCF über einen so langen Zeitraum.

Der Kongreß in Berlin, der schließlich vom 26. bis 30. Juni 1950 stattfand, wurde ein großer Erfolg. Nach der Eröffnung vor über 1800 geladenen Gästen nahmen an der Tagung selbst etwa 150 Schriftsteller, Gelehrte, Politiker, Journalisten und Studenten aus aller Welt teil. Zum Präsidenten der Konferenz wurde Jules Romains von der Académie Française gewählt. Ernst Reuter, Sidney Hook und Alfred Weber wurden Vizepräsidenten, Benedetto Croce, John Dewey, Karl Jaspers, Salvador de Madariaga, Jacques Maritain und Bertrand Russell Ehrenpräsidenten. Das Bekenntnis zu den Zielen des Kongresses war einhellig. Da die geistige Freiheit in ihrem Kern bedroht schien, beschloß man, eine feste Organisation zu errichten, um nicht nur zu klagen, sondern auch zu handeln. Zum Sitz der Zentrale des *Congress for Cultural Freedom* wurde Paris bestimmt. Ein internationales Exekutivkomitee, bestehend aus Denis de Rougemont, Ignazio Silone, Raymond Aron, Irving Brown, David Rousset, Haakon Lie, Stephen Spender, Eugen Kogon und Carlo Schmid, sollte die Arbeit vorantreiben. Nationale Exekutiven in den einzelnen Ländern sollten die Arbeit der Zentrale unterstützen. Mitglieder des Leitungskomitees in der Bundesrepublik waren Willy Brandt, Eugen

Kogon, Rudolf Pechel, Theodor Plivier, Boris Blacher und Margarete Buber-Neumann. Das so geschaffene Netzwerk meinungsbildender Eliten wirkte in den folgenden Jahren durch Tagungen, Arbeitssitzungen und Seminare in aller Welt. Eine wichtige Rolle spielten auch die Periodika, die im Umfeld des CCF bereits bestanden oder neu gegründet wurden. Der schon mehrfach genannte *Monat* in Berlin unter Lasky gehörte ebenso dazu wie der lange von Stephen Spender geleitete und später ebenfalls von Lasky übernommene *Encounter* als angesehenste politisch-literarische Zeitschrift in Großbritannien. In Frankreich gab François Bondy *Preuves* als wichtigste Konkurrenz der zahlreichen, den Kommunisten zuneigenden französischen Zeitschriften heraus. In den spanisch sprechenden Ländern Amerikas wurde die politisch-literarische Monatsschrift *Cuadernos*, die eine entschieden demokratische Tendenz aufwies, unter Intellektuellen viel gelesen. Hinzu kamen *Tempo presente* in Italien und das *Forum* in Österreich.

Weit über den Teilnehmerkreis der Veranstaltungen des CCF und die Leserschaft der Zeitschriften hinaus fand die Bewegung für kulturelle Freiheit jedoch vor allem großen Anklang unter den politischen, gewerkschaftlichen und wirtschaftlichen Eliten der westlichen Länder. Damit wurde Politik nicht nur indirekt – durch intellektuelle Argumentation und geistige Anregung –, sondern durch die Gemeinsamkeit der Überzeugungen handelnder Personen auch direkt beeinflußt. Selbst der CIA-Hintergrund des CCF wurde in diesem Zusammenhang relativiert, weil die Ziele der amerikanischen Regierung und des konsensliberalen Netzwerks ohnehin deckungsgleich waren. Meinungsbildung und Kommunikation innerhalb der Infrastruktur des CCF vollzogen sich dadurch weitgehend unabhängig von staatlicher Intervention. Carlo Schmids Eindruck, «gemäß dem Ruf und dem Gebot unseres Gewissens in voller Autonomie» gehandelt zu haben, traf deshalb nicht nur auf ihn persönlich zu, sondern stellte ein generelles Phänomen der Tätigkeit des CCF dar.[140]

Inhaltlich wurde ein angelsächsisch-liberales Politikverständnis vermittelt, das dem «Konsenskapitalismus» in Nordamerika und Westeuropa überall zur Durchsetzung verhalf. Gewerkschaften und Unternehmer erkannten dabei ihre jeweiligen Interessen als legitim an und bemühten sich im wesentlichen ohne Einmischung des Staates, die notwendigen Lösungen im Sinne eines *collective bargaining* auf dem Wege eines privatrechtlichen Kompromisses auszuhandeln.[141] Damit war auch in der Bundesrepublik die ideologische Grundlage für eine pragmatische Politik gesellschaftlicher Reformen geschaffen, die in den angelsächsischen Ländern seit mehr als zwei Jahrhunderten als bestimmende Norm sozialen Zusammenlebens galt. Die pragmatisch-positive Bewertung der Gegenwart und die optimistische Erwartung künftiger Entwicklungen, die in den fünfziger und sechziger Jahren die geistige Grundlage für die Stabilität der Demokratie in der Bundesrepublik bildeten, waren demzufolge zu einem großen Teil das Ergebnis der «westernisierenden Einflüsse» (Anselm Doering-Manteuffel) durch das konsensliberale Intellektuellenmilieu.

Mit dem Aufkommen der «Neuen Linken» ab Mitte der sechziger Jahre wurden Gegenwartsbejahung und Fortschrittsoptimismus in der Bundesrepublik jedoch bereits wieder in Frage gestellt. Soziale Zufriedenheit wurde als Selbstzufriedenheit gedeutet, politische Akzeptanz als kritiklose Hinnahme eines restaurierten Regimes betrachtet. Danach wandte sich ein großer Teil der demokratischen Linken in Westdeutschland wieder dem Marxismus bzw. Neomarxismus und einer grundsätzlichen Gesellschaftskritik zu, die zu einer prinzipiellen, ideologisch motivierten, häufig aber unbewußten und nicht näher reflektierten Distanz zum politischen System der Bundesrepublik führte. In dem Maße, in dem diese Vertreter der Neuen Linken den «Marsch durch die Institutionen» antraten und vor allem im Bereich von Bildung und Erziehung für ihre Überzeugungen warben, verfestigte sich diese Haltung zu einer Ablehnung konsensliberaler Werte und Konventionen. Die Praxis des liberalen Konsenses wurde nun in erster Linie vom bürgerlich-liberalen und christdemokratischen Lager gewahrt. Allerdings hielten in einer strukturellen «Großen Koalition» auch weiterhin große Teile der Sozialdemokratie an den Ideen und Überzeugungen der Westernisierung fest. Zu den Exponenten dieser Richtung gehörten unter anderem Willy Brandt und der Atlantiker Helmut Schmidt, die jedoch von der Basis der Partei nicht immer unterstützt wurden.

Die Mission des Abendlandes

Das intellektuell anspruchsvolle und differenzierte Konzept des CCF, das philosophischen Pragmatismus, politisches Freiheitsdenken und ökonomische Reformideen auf konstruktive Weise miteinander zu vereinbaren suchte, wird deshalb im Grunde zu Unrecht als Ausdruck einer allgemeinen «Restauration» nach dem Zweiten Weltkrieg begriffen. Zwar trug es zur Stabilisierung westlich-kapitalistischer Strukturen bei und konkurrierte daher erfolgreich mit sozialistischen Ordnungsvorstellungen. Aber die Modernität dieses Konzepts, das gerade auch für Sozialdemokraten lange Zeit eine attraktive Alternative darstellte, stand in krassem Gegensatz zu wirklich rückwärtsgewandten Theorien, die zur Erklärung des Ost-West-Gegensatzes herangezogen wurden und Empfehlungen für den Umgang mit der Sowjetunion andienten.

So beschworen zahlreiche philosophische, religiöse, historische und publizistische Arbeiten erneut die «Mission des Abendlandes», die sich im Kampf gegen den gottlosen Kommunismus beweisen müsse. Andere verwiesen auf die vermeintliche Primitivität des proletaroiden Bolschewismus, um nach bildgewaltigen Warnungen vor der «neuen Sklaverei», der «roten Springflut» oder der «trojanischen Herde» weitreichende und bisweilen militante Forderungen nach Gegenmaßnahmen zu erheben. Die Zeitschrift

3. Kulturelle Restauration 259

Neues Abendland wurde dabei zum Forum christlicher Autoren, die einen «Kreuzzug gegen den Kommunismus» predigten und, wie 1953 Erik von Kuehnelt-Leddhin, im Hinblick auf Ost und West einfach von der «Partei Satans» und der «Partei Gottes» sprachen.[142] Deutsche Historiker und Publizisten betrachteten insbesondere das eigene Land als entscheidenden Wall gegen den «von Asien her andrängenden Kommunismus»[143] und verwiesen auf seine geschichtliche Rolle als «Vorposten des Abendlandes» gegen den «barbarischen Osten». Die Abwehr der Hunnen, Ungarn, Mongolen und Türken wurde dabei als «europäische Leistung» ins Feld geführt; Karl der Große, Otto I., Prinz Eugen, Friedrich von Gentz und Fürst von Metternich erschienen als «große Europäer».[144] Sogar Luther, Friedrich II. und Bismarck, die in der Geschichtsbetrachtung der Alliierten noch kurz zuvor als «Wegbereiter Hitlers» gegolten hatten, wurden nun von renommierten Historikern wie Gerhard Ritter und Hans Rothfels als Vorläufer der «Europa-Idee» herausgestellt.[145]

Kirchliche Kreise sahen den Gedanken einer abendländischen Mission der Bundesrepublik offenbar nicht ungerne, da er die christlichen Fundamente des neuen Staates stützte. So erklärte Joseph Kardinal Frings in seiner Silvesterpredigt 1955 im Kölner Dom: «Sollen wir untätig in jener Lethargie verharren, welche uns vor unvorstellbare Situationen stellen könnte, so daß das teure Vaterland einmal jenes Leid und Elend erfahren müßte, unter dessen Joch die weiten Landesteile der asiatischen Völker schmachten und erliegen? – Nein und abermals nein! Kein Mittel und kein Weg darf uns zuviel sein. Es ist die höchste Zeit, und es soll wieder Ehrenpflicht jedes wahren Deutschen sein und bleiben, die heiligen Rechte unserer deutschen Nation zu verteidigen und die Heimat zu schützen vor den Krallen dieser blutgierigen Feinde.»[146]

Sogar vor der letzten Konsequenz bei der Erfüllung dieser Mission scheuten Kirchenvertreter in ihrer Argumentation nicht zurück, wie das Beispiel von Friedrich Karl Otto Dibelius zeigt, der als Vorsitzender des Rates der Evangelischen Kirche 1957 in der Broschüre *Militärkirche oder kirchlicher Friedensdienst* versicherte, selbst die Anwendung einer Wasserstoffbombe sei «vom christlichen Standpunkt aus nicht einmal eine so schreckliche Sache, da wir alle dem ewigen Leben zustreben». Wenn eine solche Bombe eine Million Menschen töte, so erreichten die Betroffenen «um so schneller das ewige Leben».[147]

Auch der Publizist William S. Schlamm schloß in einer Artikelserie 1960 im *Stern* einen Atomkrieg zwischen Ost und West nicht aus, um die Russen vom Kommunismus zu «befreien».[148] Zahlreiche antikommunistische Organisationen wie der «Kampfbund zur Sicherung der Demokratie», die «Aktion Freiheit», das «Befreiungskomitee für die Opfer totalitärer Willkür» und der «Stoßtrupp gegen bolschewistische Zersetzung» warnten zudem immer wieder in Büchern, Broschüren, Aufsätzen und Artikeln sowie auf Plakaten vor der «sowjetischen Gefahr»: *Völker in Hypnose, Die rote Wirt-*

schaft wächst, Sowjets siegen durch Spione, Der satanische Plan, Die Entscheidung drängt, Die letzte Schlacht, Chruschtschow 50 km vor Hamburg – dies waren nur einige der Titel, die damals erschienen.[149] Vor diesem Hintergrund gewinnen auch die Überlegungen und Forderungen des CCF eine neue Dimension, die sich nicht in einem politisch luftleeren Raum bewegten, sondern durchaus im Zusammenhang mit solchen radikaleren, auch primitiveren Versionen des Antikommunismus gesehen werden müssen. So lieferte etwa der philosophisch begründete Antitotalitarismus von Hannah Arendt und Karl Jaspers vielfach erst jene Argumente, die in ihrer Zuspitzung und Popularisierung – um nicht zu sagen: Vulgarisierung – den Meinungskampf im politischen Alltag beherrschten. Deutlich wird dies beispielsweise an Jaspers' Buch *Freiheit und Wiedervereinigung* aus dem Jahre 1960, in dem er erklärte, daß sich in der Welt zwei Lager, nämlich das der «politischen Freiheit» und das der «totalitären Herrschaft», gegenüberständen. Der östliche Totalitarismus zeichne sich dabei durch besondere Aggressivität aus, während man den westlichen Demokratien einen «wahrhaften Willen zum Frieden» bescheinigen könne. Die «freie Bundesrepublik» und das «freie Abendland» seien deshalb aufs tödlichste bedroht. Rettung könne man sich nur von einer «konföderativen Einheit Europas mit Amerika» versprechen. Adenauer, der diesen Kurs in seiner Außenpolitik mit einer bewunderungswürdigen Hartnäckigkeit verfolge, sei darum der führende «Staatsmann des Abendlandes».[150]

Intellektuelle im Abseits

Diese Einschätzung wurde von der Mehrzahl der Intellektuellen in der Bundesrepublik allerdings nicht geteilt. Sie empfanden die Ära Adenauer vielmehr als eine Epoche, in der «der Geist lahm, das Klima schlaff, die Moral zweideutig, die Mentalität provinziell geblieben» seien, wie der Schriftsteller Horst Krüger 1979 im Rückblick meinte.[151] Geistig sei dies «eine Epoche schrecklicher Vereinfachungen, Verkürzungen, ja Verödungen» gewesen, ebenso muffig wie abendländisch-hinterwäldlerisch, in der es zwischen den Repräsentanten von Kultur und Kunst und der Regierung Adenauer so gut wie keine Kommunikation gegeben habe. Nicht wenige Intellektuelle hätten damals befürchtet, der neue Staat werde zu einer klerikal-autoritären Rheinrepublik, zu einem Mini-Franco-Spanien, mißraten. Der Publizist Hans Schwab-Felisch beklagte in diesem Zusammenhang schon 1964, daß die Politiker der Bundesrepublik in einem Maße kunst- und kulturfremd seien, für das es in den übrigen Industriestaaten kein Beispiel gebe. Vor allem der erste Bundeskanzler selbst habe überhaupt keinen Zugang zu den Intellektuellen gefunden: «Man weiß von keinem Schriftsteller, keinem Maler, keinem Musiker, keinem Geisteswissenschaftler, der sich eines selbstverständlichen persönlichen Umgangs mit dem ersten Kanzler der Bundesrepublik hätte rühmen können. Keine Aufforderung erging von der Regierung an die Exilier-

3. Kulturelle Restauration

ten, in das Land zurückzukehren, das sie verstieß. Der erste Bundeskanzler und mit ihm das amtliche Bonn seiner Ära hatte mit den Künsten und den Wissenschaften nichts zu schaffen. Er stand auch nicht über ihnen. Er stand berührungslos neben ihnen.»[152] Tatsächlich fanden der Geist, repräsentiert durch die linken und liberalen Intellektuellen, und die Macht, vertreten durch Adenauer, die CDU und die Kirchen, nicht zueinander. Zwar hatten die Intellektuellen nach 1945 wohl einen Beitrag zur Erneuerung und zum Wiederaufbau leisten wollen. Aber mit Beginn des Kalten Krieges war ihr Linksintellektualismus nicht mehr gefragt – einen nennenswerten Rechtsintellektualismus gab es nach der Erfahrung des Nationalsozialismus, anders als in der Weimarer Republik, in der Bundesrepublik ohnehin nicht. Die Intellektuellen versanken daher früh in politischer Bedeutungslosigkeit. Besonders die literarische Intelligenz «stand abseits und nahm übel».[153]

In einer Republik, in der sich gegenüber den sozialen Normen und Wertvorstellungen der Kaiserzeit und des Dritten Reiches kaum etwas verändert hatte, in der ehemalige Nationalsozialisten ungehindert neue Karrieren durchschreiten konnten und der Mehltau des Wirtschaftswunders sich mildtätig über alte Wunden legte, sprach nicht nur Walter Dirks von «Restauration». Auch für Hans Werner Richter vollzog sich in der Bundesrepublik unter Adenauers Führung nicht die notwendige Erneuerung Deutschlands, sondern «die Wiederherstellung des alten».[154] Wolfgang Weyrauch hat dieser Stimmung deutscher Autoren in der Adenauer-Ära bereits 1960 literarischen Ausdruck verliehen:

«Nachdem wir vielen anderen Völkern unsere Sporen ins Gesicht getreten hatten, wäre es jetzt an der Zeit gewesen, barfuß zu gehen. In der Tat wanderten wir ein paar Jahre lang mit bloßen Füßen über eine Straße, die aus guten Vorsätzen gepflastert war. Wir versuchten, aus Schaden und Schande klug zu werden. Wir ahnten, daß gerade ein Volk, welches alles verloren hat, alles gewinnen kann. Aus Grausamkeit konnte Anstand werden, aus Liebe zu sich selbst Liebe zum Anderen, aus Macht und Ohnmacht die Gewaltlosigkeit der im Geist Mächtigen. Wir hätten auf unsere Fehler verzichten können. Wir hätten unsere Vorzüge entwickeln können, wir hatten die – von Gott geschenkte – Chance, ein Modell zu sein ... Vorläufig aber essen wir statt zu denken. Wir gehen in goldenen Schuhen spazieren.»[155]

Dieses politische Scheitern der Intellektuellen in der Ära Adenauer war jedoch nur zum Teil eine Folge des Wirtschaftswunders. Eine mindestens ebenso große Rolle spielte der Kalte Krieg, der die Spielräume für die Verwirklichung von Utopien und Träumen einengte und praktisch das Gegenteil dessen heraufbeschwor, was die Intellektuellen sich erhofft und erwartet hatten. Dazu gehörte nach der politischen Teilung Deutschlands nicht zuletzt auch die Spaltung der Kultur. Beides wurde von linksintellektueller Seite weniger dem sowjetischen Expansionismus oder der Person Stalins angelastet, als vielmehr der westlichen «Politik der Stärke» und Adenauers entschlossener Durchsetzung der Westintegration. Danach wurde nicht nur die Einbeziehung der Bundesrepublik in das westliche Allianzsystem, sondern vor allem die Wiederbewaffnung als krasser Fehler betrachtet, der eine Wiedervereinigung Deutschlands auf Dauer unmöglich zu machen schien und eine Rückkehr zu den militaristischen Traditionen Preußen-Deutschlands signalisierte. Dazu kamen das mangelnde Interesse an einer Auseinandersetzung mit der Vergangenheit, die personelle Kontinuität vom Dritten Reich zur Bundesrepublik in Gestalt vieler Beamter, Richter, Industrieller und Militärs, die Intoleranz eines generalisierenden Antikommunismus und die autoritäre Herrschaft des Bundeskanzlers, der das Parlament oft überspielte und die Opposition mehr als einmal seine Verachtung spüren ließ. Die immer noch engen Moralvorstellungen und eine gewisse Spießigkeit der fünfziger Jahre sowie die Entmündigung und Entpolitisierung der Bevölkerung durch Wohlstand und Konsum taten ein übriges, um die Intellektuellen der Gesellschaft und dem politischen System, in dem sie lebten, zu entfremden.

Adenauer selbst ließ sich durch diesen Mißmut und die Skepsis der Intellektuellen nicht beeindrucken. Um ihren Zuspruch hatte er sich nie bemüht, ihr Urteil war ihm stets gleichgültig gewesen – soweit er es überhaupt wahrgenommen hatte. Die Zustimmung der Mehrheit der Bürger zu seiner Politik bei den Wahlen, die Unterstützung durch seine Partei und die wichtigsten Organisationen der Gesellschaft, vor allem jedoch das Vertrauen der Westmächte, insbesondere der Repräsentanten Frankreichs und der USA, die von der Bundesrepublik und ihrer Entwicklung als Demokratie wie als moderne Industriegesellschaft höchst beeindruckt waren, erlaubten es ihm, die Kritik der linken Intellektuellen ohne Schaden zu ignorieren.[156]

Allerdings mußten auch die kritischen Intellektuellen in dem Maße, in dem die Bundesrepublik sich von einem vermeintlichen System der Restauration zu einem lebensfähigen, die Freiheitsrechte und die soziale Wohlfahrt seiner Bürger garantierenden Staatswesen entwickelte, erkennen, daß ihre Sorgen und Einwände in vielen Punkten unberechtigt waren. Bonn war nicht Weimar und schon gar nicht das Vierte Reich, sondern ein überraschend erfolgreiches Gebilde, das sich gerade auch unter den freiheitlichen Demokratien des Westens immer mehr Respekt zu verschaffen wußte. So fanden sich die meisten Kritiker allmählich mit den Verhältnissen ab, die sie zwar nicht gerade lobenswert, aber auch nicht besonders schlimm und aufregend fanden. Man arrangierte sich, weil die Lage tatsächlich nicht dazu angetan war, dem System den Kampf anzusagen oder gar dem Land den Rücken zu kehren. Vor allem wurden die Grundwerte der deutschen Demokratie nach 1945 zunehmend akzeptiert, die man lediglich mangelhaft verwirklicht fand. Das deutete jedoch nicht auf Revolution, sondern auf Reform.

Zu Beginn der sechziger Jahre trat schließlich neben das Selbstmitleid die längst überfällige Selbstkritik. Während viele Ältere noch immer in ohnmächtiger Distanz zur Politik verharrten, begehrte der junge Martin Walser in der 1960 von Wolfgang Weyrauch herausgebenen Anthologie *Ich lebe in der Bundesrepublik* gegen die unverbindliche Rolle des literarischen Außenseiters auf, in die viele Intellektuelle geschlüpft seien. Billig und bequem nannte er das Verhalten seiner Schriftstellerkollegen, die in Europa herumsäßen, meistens zurückgelehnt, manchmal eine Unterschrift gegen den Atomtod leisteten und sich an ihrer Ohnmacht wärmten: «Ehrwürdige Neinsager, die man reden läßt ... Jeder ein Tänzer. Unangewandt. Absolut wie Hölderlin ... Aber gegen Franz Josef Strauß zu sein ist billig, wenn man sich nicht an der Gesellschaft beteiligt.»[157] Schon ein Jahr später gab Walser selbst einen Sammelband mit dem Titel *Die Alternative oder Brauchen wir eine neue Regierung?* heraus, in dem er engagiert für einen demokratischen Machtwechsel plädierte, zu dem die liberalen Intellektuellen im weiteren Verlauf der sechziger Jahre dann nicht wenig beitrugen.[158]

Die Kunst der bürgerlichen Mitte

Mit Beginn des Kalten Krieges, als sich die Spielräume für unabhängiges Handeln in Politik und Wirtschaft verringerten, fand in Westdeutschland auch im Bereich der Kunst und Kultur eine Konzentration auf die «Mitte» statt. Zwar wurde literarisch im Umfeld der «Gruppe 47» und in der Bildenden Kunst im Trend zur Abstraktion weiter experimentiert. Aber auf die gesamte Gesellschaft bezogen, setzten sich zumeist die kulturellen Orientierungen jener mittelständischen Schichten wieder durch, die in dieser Hinsicht schon seit dem 18. Jahrhundert tonangebend gewesen waren. In der Zeit des Nationalsozialismus hatten diese Künstler die äußere Welt der Politik weitgehend unbeachtet gelassen, um sich in regionaler Begrenzung sowie hilfloser Verinnerlichung auf die Selbstbehauptung ihrer moralischen, religiösen und kulturellen Integrität zu beschränken und den bösen Mächten allein die «Humanität des Herzens» entgegenzusetzen.[159]

Nach 1945 waren sich diese Schichten deshalb keiner persönlichen Verantwortung oder gar Schuld bewußt. Sie sahen demzufolge auch keine Veranlassung, an die freiheitlich-liberalen, demokratischen oder gar revolutionären Traditionen der deutschen Geschichte anzuknüpfen. So empfahl Hermann Nohl bereits 1947 in der Zeitschrift *Die Sammlung*, sich in Zukunft erneut mit «höchstem Ethos» und «tiefster Frömmigkeit» um die Darstellung jenes Wahren, Guten und Schönen zu bemühen, für das sich gerade in den Werken der bürgerlich-verinnerlichten Malerei und Skulptur der letzten 200 Jahre genug Vorbilder fänden.[160] Karl Laux gab 1949 eine entsprechende Empfehlung für die Musik.[161] Im Vorwort zu *De Profundis. Deutsche Lyrik dieser Zeit. Eine Anthologie aus zwölf Jahren*, mit der nachgewiesen werden sollte, daß der deutsche «Geist» in den Jahren zwischen 1933 und 1945 durchaus weitergelebt habe, erklärte der Herausgeber Gunter Groll 1946, auch in diesem Zeitraum sei Deutschland das «Land Goethes, Bachs und Kants» geblieben, dessen nichtfaschistische Kunst weiterhin dem «Geist der

Mitte» gehuldigt habe.[162] Die meisten Gedichte der Anthologie stammten von Werner Bergengruen, Hans Carossa, Rudolf Hagelstange, Manfred Hausmann, Frank Thiess und Ernst Wiechert – allesamt Autoren der Inneren Emigration, die in einer weiteren, von Gustaf Radbruch zusammengestellten Anthologie aus dem Jahre 1946 unter dem Titel *Lyrisches Lebensgeleite von Eichendorff bis Rilke* unter den modereren Autoren ebenfalls dominierten. Neben Hans Carossa und Hermann Hesse fanden sich diesmal Rudolf G. Binding, Rudolf Alexander Schröder und Josef Weinheber.

In den Gedichten ging es fast immer um Bekenntnisse eines «persönlichen Welterlebnisses» und der «inneren Freiheit», fast nie um Politik. Leiden und Trost waren die zentralen Themen. Kunst rückte in die Nähe einer säkularisierten Religion. Auch wer sich Gemälde und Skulpturen ansah, wollte nicht das «verwüstend Moderne», sondern eine «heile Welt» widergespiegelt sehen, wie der Kunsthistoriker und Publizist Wilhelm Hausenstein 1949 in der Broschüre *Was bedeutet die moderne Kunst?* bemerkte, der von 1934 bis 1943 für die literarische Beilage der *Frankfurter Zeitung* geschrieben hatte und von 1950 bis 1955 die Bundesrepublik Deutschland in Paris repräsentierte – zunächst als Generalkonsul und deutscher Geschäftsträger, ab 1953 dann als Botschafter.[163] «Kraft fürs Leben» sollte man aus den «unvergänglichen Werken unserer großen Dichter» schöpfen, wie es 1948 in einer Verlagsanzeige des Bürger-Verlags im Frankfurter *Börsenblatt* hieß.

Abgelehnt wurden von den Vertretern der bürgerlichen Mitte nicht nur alle Genres der einfachen bzw. trivialen Unterhaltungskultur, sondern auch der sich vor allem ab 1948/49 ausbreitende Modernismus und dessen Stilisierung ins rein Ästhetische, Elitäre und Esoterische. Abstrahierend konstruktivistische Tendenzen in der modernen Malerei wurden ebenso verworfen wie die Neigung zum Atonalen in der sogenannten «Neuen Musik» und allzu ausgeklügelte Formen der autonomen Dichtung, bei der der Sinncharakter immer stärker hinter dem bloßen Bild- oder Klangwert zu verschwinden drohte. Selbst unter Primanern an den Gymnasien fühlten sich nach einer Umfrage der Zeitschrift *Glanz* nur vier Prozent von der modernen Malerei «beeindruckt». Über 50 Prozent lehnten sie radikal ab.[164]

Welche Bedeutung der bürgerlichen Mitte in den fünfziger Jahren im kulturellen Bereich zukam, wird durch die unübersehbare Fülle von Zeitschriften belegt, die dieses Publikum als Zielgruppe anzusprechen suchten. Zu den bekannteren Kulturmagazinen gehörten *Die Sammlung, Glanz, Aussaat, Berliner Blätter für geistiges Leben, Wort und Wahrheit, Universitas, Musica, Der Standpunkt, Prisma, Merkur, Fähre, Literarische Revue, Horizont, Westermanns Monatshefte* sowie *Die Kunst und das schöne Heim*. Diese Zeitschriften traten vornehmlich für die Wahrung der abendländischen Traditionen ein und propagierten ein Kunstkonzept, das sich vor allem auf unbestritten zeitlose und große Werke stützte. So wurden im Bereich der modernen Kunst vorzugsweise jene Künstler begünstigt, die sich entweder nicht allzu weit vom Traditionellen entfernt hatten oder versprachen, eines

Tages selbst Klassiker zu werden: In der Malerei galt dies für Künstler von Franz Marc bis Henri Matisse, in der Musik für Komponisten von Richard Strauss bis Paul Hindemith und in der Literatur für Schriftsteller von T. S. Eliot bis Manfred Hausmann. Zur Begründung schrieb Michael Boblenz 1946 im Vorwort zum ersten Heft der Zeitschrift *Aussaat*, daß es im Gegenzug zu allen «materiellen, lasziven und dämonischen Strömungen» heute hauptsächlich um die «Wiedergewinnung einer moralischen Macht der inneren Vornehmheit» gehe, und zwar «jenseits aller volkswirtschaftlichen Meinungen, politischen Zwistigkeiten und religiösen Glaubensbekenntnisse».[165] In scharfer Abwendung vom «plebejischen Gossenschmutz» befürwortete Boblenz deshalb jene vergeistigte und beseelte Hochkunst, die sich sowohl in den «reifsten Werken der unvergänglichen Vergangenheit» als auch in den «idealistisch gesinnten» Leistungen der Moderne zu erkennen gebe.[166]

Boblenz sprach mit diesen Worten offenbar nur aus, was die große Mehrheit der Deutschen nach den Umbrüchen der Jahre 1914 bis 1945 fühlte und wünschte. Tatsächlich ging mit diesem Kunstverständnis nicht nur eine Entpolitisierung der kulturinteressierten Schichten, sondern auch ein Kulturhunger einher, der Theodor W. Adorno bei seiner Rückkehr aus dem Exil überraschte. Nach dem «barbarischen Hitler-Regime», schrieb er 1950 in den *Frankfurter Heften*, habe er auch kulturell eine allgemeine «Barbarei» erwartet. Der Kulturbetrieb sei jedoch intensiver als vor 1933. Im Gegensatz zu damals, als das «politische Interesse» im Vordergrund gestanden habe, herrsche allerdings heute eine Tendenz zur «Vergeistigung» vor, die sich mit dem «Glück im Gewinkel», das heißt einem «gefährlichen und zweideutigen Trost der Geborgenheit im Provinziellen» begnüge. Überall versenke man sich liebevoll in Werke der älteren Kultur, interessiere sich jedoch kaum für die «Gesetze, welche das jüngst vergangene Unheil zeitigten».[167] Allerdings sah Adorno in dieser «Resignation auf eine abgegrenzte Kultursphäre» nicht nur eine Verdrängung der politischen Greuel der Vergangenheit, sondern auch eine logische Folge der politischen Situation der Gegenwart: Wenn eine Nation aufhöre, ein «politisches Subjekt» zu sein, setze notwendig eine «Lähmung der geistigen Produktivität» ein.[168]

Kultur zwischen Elitismus und Kommerz

Mit der Währungsreform und der Wiedereinführung einer marktorientierten Wirtschaftsordnung wurde der Kulturbetrieb in Westdeutschland aber noch von einer ganz anderen Form der Restauration erfaßt: der Wiederherstellung jener Kultur- und Bewußtseinsindustrie, in der bereits in den zwanziger Jahren das Prinzip von Angebot und Nachfrage vorgeherrscht hatte. Hochgespannte Vorstellungen von Humanität und Abendland, von Volk und Schicksal, von moralischer Wiederaufrüstung und politischer *re-education* traten zwar nicht völlig hinter der Kaufkraft und kulturellen Konditionierung der jeweiligen Interessenschichten zurück. Aber die unterschiedlichen Bedürfnisse verschiedener Bevölkerungsgruppen führten zur Ausprägung von Teilkulturen, bei denen letztlich auch die finanziellen Möglichkeiten über den kulturellen «Geschmack» entschieden. Während die bürgerliche Mitte, von der im voraufgegangenen Abschnitt die Rede war, ihr Kulturverhalten weitgehend an traditionellen Verhaltensmustern ausrichten konnte, verlangten die unteren Schichten in ihrer Freizeit vornehmlich nach Ablenkung, Zerstreuung, Illusion und Traum, die ihnen in den fünfziger Jahren vor allem durch Zeitungen, Illustrierte, Heftchenromane, Schlager oder Tanzmusik geboten wurden. Die intellektuelle Elite dagegen, die nicht notwendigerweise auch die «Oberschicht» im materiellen Sinne darstellte, verlangte immer stärker nach einer «Elite-Kunst» ohne soziale Bezogenheit, um sich sowohl von der als «vulgär» empfundenen Massenkunst als auch von der als «peinlich» empfundenen Erbauungskunst der bürgerlichen Mitte abzusetzen. Vorbild waren die USA, wo sich seit langem ein «kultureller Supermarkt» entwickelt hatte, der alle Bürger entsprechend ihrer Bildung, ihren kulturellen Bedürfnissen und ihrer Kaufkraft versorgte.

Im beginnenden Kalten Krieg, in dem die Kulturvorstellungen des Nationalsozialismus und der sozialistische Aufbau-Realismus gleichermaßen mit dem Vorwurf des «Totalitarismus» belegt wurden, fiel es den Vertretern einer Elite-Kultur relativ leicht, ihren Modernismus trotz Mangel an Publikumsresonanz zu verteidigen. Wilhelm Worringer stellte dazu 1948 entlastend fest, die «naturferne» Kunst der Moderne sei aufgrund innerer Gestaltungszwänge eine «publikumsferne» Kunst geblieben, die sich vorläufig nur an einen kleinen Kreis von Kennern wende.[169] Dies galt auch im Bereich der Musik, wo Hans Heinz Stuckenschmidt schon 1946 zwischen einer «populären Musik, die sich in ihren Mitteln nach dem Bedarf der Massen» richte, und einer «weniger populären», die «ihrer Zeit jeweils um zwei oder drei Generationen voraus» sei und sich «nur an einen nicht allzu großen Kreis gleichgestimmter, geistig fortgeschrittener Menschen» wende, unterschied.[170] Tatsächlich erreichte die ausgesprochen modernistische Musik, die im Verlauf des Kalten Krieges immer esoterisch-formalistischer wurde, schließlich nur noch eine höchst marginale Schicht von Musikinteressierten. Es gab zwar Versuche, durch Musica-viva-Konzerte oder besondere Festivals für «Neue Musik» unter den jüngeren Hörern neue Interessenten zu werben. Derartige Bemühungen blieben aber meist ohne große Wirkung. In der Regel fühlten sich dadurch nur jene Schichten angesprochen, die – nicht zuletzt aufgrund ihrer Bildungsvoraussetzungen – für diese Art von Musik ohnehin bereits aufgeschlossen waren.[171]

In der Literatur war das Elitebewußtsein zunächst weniger ausgeprägt. Doch auch hier gab es einen wachsenden Trend zum Modernismus, der zu einer subjektivistischen, abstrakten und weltverlorenen «Neuen Dichtung» führte, die sich von der nach 1945 anfänglich bestimmenden Trümmer- und Kahlschlagliteratur immer mehr abgrenzte. Gottfried Benn, Ernst Jünger und der junge Arno Schmidt wiesen dabei die Richtung zu einer «Kunst der Wenigen», bei der es «im Zeitalter der allgemeinen Vermassung» nur noch auf die «zerebralen Artisten» ankomme. Wichtig, behauptete dazu Benn 1949, seien lediglich die «großen Unzeitgemäßen», die sich – im Gegensatz zu allem flachen Entwicklungsdenken, aller Technik, aller politischen Diktatur – mit elitärer Geste dem «reinen Geist» verschrieben hätten.[172] Die finanziell und in ihren Bildungschancen benachteiligten unteren Schichten der Gesellschaft kamen in dieser Kunst nicht vor. Ihnen blieb nichts anderes übrig, als sich mit dem abzufinden, was im Bereich der Massen- und Medienkultur geboten wurde. Das galt besonders auf musikalischem und literarischem Gebiet, wo sich schon um 1948/49 eine rapide Ausbreitung der verschiedenen Unterhaltungsgenres beobachten läßt, während die Trivialisierung der bildenden Künste erst im Laufe der fünfziger Jahre einsetzte.

Wohl am weitesten gingen die Veränderungen im Bereich der Musik. Die triviale U-Musik drängte hier nach 1950 sowohl das klassische Erbe als auch die modernistisch-elitäre Musik so weit in den Hintergrund, daß diese beiden Gattungen nur als marginale Teilkulturen weiterexistieren konnten. Ein Großteil der U-Musik wurde zu Anfang über die Rundfunkanstalten verbreitet, die den Krieg relativ unbeschadet überstanden hatten. Die Produktion von Schallplatten sowie von mit Musik untersetzten Unterhaltungsfilmen und Fernsehsendungen begann in nennenswertem Umfang dagegen erst in den fünfziger Jahren. Die beiden Hauptgenres der U-Musik waren 1950 der Schlager und die Tanzmusik, die 80 Prozent der Bürger als die Musik schlechthin erschien. Die meisten «Schnulzen» dieser Zeit suchten die Menschen aus dem tristen Alltag der Nachkriegsjahre in ferne Traumwelten zu entrücken, für die neben dem legendären Hit *Capri-Fischer* Titel wie *Florentinische Nächte*, *Komm mit mir nach Tahiti* oder *Nächte in Hawaii* symptomatisch waren. Auch südamerikanische Rumba- und Samba-Rhythmen erfreuten sich großer Beliebtheit. In diesen Schlagern gab es keinen Hunger, kein Elend und keine Misere, sondern nur Liebe, Frohsinn, Lebenshilfe, Träume und Illusionen, um mit der Entsagung und Tristesse der Wirklichkeit dieser Jahre besser fertig zu werden. Eine ähnliche Funktion hatten die Heimat- und Heimwehschlager *(Ich hab so Heimweh nach dem Kurfürstendamm* oder *Auf Wiedersehen, auf Wiedersehen)*, die textlich und melodisch an die Heimweh- und Wiedersehensschlager der Kriegszeit anknüpften.

Bereits Ende der vierziger Jahre ließ sich neben den deutschen Schlagern ein erhebliches Anwachsen amerikanischer *Hit Tunes* beobachten. Der Einfluß der amerikanischen Besatzungsmacht auf die Programmgestaltung der westdeutschen Rundfunkanstalten spielte dabei eine bedeutende Rolle. Aber auch die Sender des *American Forces Network* (AFN) und zahllose deutsche Club-Bands, die anfangs vor allem für amerikanische Soldaten spielten, trugen zu dieser Form der «Amerikanisierung» bei. Wichtige Orchester, die neben der üblichen Tanzmusik der dreißiger und frühen vierziger Jahre auch

Boogie-Woogie-, Swing- oder Jazz-Nummern in ihre Programme aufnahmen, waren das Radio-Berlin-Tanzorchester unter Michael Jary, die Kapelle Kurt Widman, das Frankfurter Willy Berking Orchester und die Kurt Edelhagen Band. Der wirkliche Durchbruch der amerikanischen Unterhaltungsmusik erfolgte jedoch erst in den fünfziger Jahren, wobei der Jazz, vor allem im Bereich des Cool Jazz, so schnell «artistische» Züge annahm, daß er sich aus dem Bereich der Massenkultur erhob und fast eine Konkurrenz zur modernistischen E-Musik wurde.

In der Literatur sowie im Zeitungs- und Zeitschriftenwesen zählten nach der Währungsreform und der Aufhebung der Lizenzpflicht 1949 vor allem Illustrierte, Sportzeitschriften, Bestseller, Science-Fiction- und Heftchenromane, die lediglich der Zerstreuung dienten, zu den unbestrittenen Gewinnern des «freien Spiels der Kräfte». So stieg beispielsweise die Auflage eines Blattes wie *Quick* 1948 innerhalb eines Jahres von 50 000 auf 500 000 Exemplare. Einige der Sportillustrierten meldeten nach der Währungsreform sogar Auflagensteigerungen von 820 Prozent. Gleiches gilt für die Bestsellerliteratur, die in der unmittelbaren Nachkriegszeit eine eher untergeordnete Rolle gespielt hatte. Margaret Mitchells Roman *Vom Winde verweht* aus dem Jahre 1936 wurde erst 1950 zu einem ganz großen Bucherfolg. Auch die Heimatromane eines Luis Trenker, die zwischen 1945 und 1948 auf der Schwarzen Liste der Besatzungsmächte gestanden hatten, waren nach 1948 wieder überall zu kaufen und wurden erneut zu Bestsellern. Werke der politischen, religiösen und moralischen Umerziehungsliteratur sowie die Klassiker der deutschen und weltliterarischen Tradition, die aufgrund des allgemeinen Kulturhungers und der Papierzuteilungspolitik der Besatzungsmächte zunächst im Vordergrund gestanden hatten, gingen dagegen merklich zurück. Manche Kirchenblätter verloren zwischen 1948 und 1949 fast 50 Prozent ihrer Leser.

Die «restaurierte Moderne»

Auf den ersten Blick erscheint die Tatsache, daß gerade die moderne Kunst durch den Kalten Krieg – ungeachtet des Siegeszuges der Kunst der «bürgerlichen Mitte» – einen beträchtlichen Aufschwung erfuhr, durchaus überraschend. Die Erklärung dafür liegt in der politisch motivierten Ablehnung des «sozialistischen Realismus», der die rechtsliberalen Kunst- und Kulturkritiker veranlaßte, plötzlich alles Realistische als ideologieverdächtig zu betrachten, während die abstrakte oder gegenstandslose Kunst von ihnen als genuiner Ausdruck westlicher Freiheit begrüßt wurde. Realistische Malerei wurde nun immer häufiger mit totalitaristischer und kulturfeindlicher Kunst gleichgesetzt, während F. A. Winter in der Zeitschrift *Neues Abendland* die gegenstandslose Malerei bereits 1949 als eine Malerei des «inneren, geistigen Auges», also als höchste Form der abendländisch-religiösen Kunst verstanden wissen wollte. Gegenständliche Malerei ziehe das «Göttliche» dagegen notwendig in die «vermenschlichte Verkleinerung» herab und könne daher nur einen minderen Rang beanspruchen.[173]

In der Musik hatte es nach 1945 keine wirklich «realistischen», engagierten oder «gegenständlichen» Werke gegeben, die man jetzt hätte angreifen oder diffamieren müssen. Hier galt die gesamte neuere E-Musik – von einigen marginalen Bekenntniswerken abgesehen – deshalb von vornherein als eine nicht-abbildliche, formal bestimmte Kunst, so daß Paul Hindemith neben Strawinsky und Bartók problemlos rehabilitiert werden konnte. Ein wirklicher Umschwung begann erst 1948/49, als die Vertreter elitärer Kunstkonzepte den gesamtgesellschaftlichen Anspruch der modernen E-Musik einer scharfen Kritik unterwarfen und als «plebiszitär» verdammten. Nun wurden immer mehr Stimmen laut, die sich zum «Extrem eines reinen Ästhetizismus» (Stuckenschmidt) bekannten, so daß auch bisherige Außenseiter wie Arnold Schönberg und Alban Berg eine neue Wertschätzung erfuhren. Vor allem Schönbergs Werke wurden nun als geradezu ideale Form einer elitären Modernität angesehen, während es von Bartók hieß, er sei gegen Ende seines Lebens, vor allem in seinem *Dritten Klavierkonzert* und dem *Concerto for Orchestra* ein «Opfer der Volkstümlichkeit» geworden.[174]

In der Literatur ging eine wichtige Signalwirkung für den Trend zur Abstraktion von der Rehabilitierung Gottfried Benns im Jahre 1948 aus, der bis zu diesem Zeitpunkt als ehemaliger Sympathisant der Nationalsozialisten auf der Schwarzen Liste der Alliierten gestanden hatte und sich nun plötzlich zur totalen Autonomie des Geistes bekannte. Unter indirekter Berufung auf Ortega y Gasset erklärte Benn in diesen Jahren immer wieder, daß sich der Intellektuelle in einem Zeitalter, «das nur die Masse gelten läßt», vom Staat nachdrücklich «absondern» müsse.[175] Allerdings ging er dabei nie soweit, eine reine Laut- oder Klangpoesie im Sinne des Dadaismus oder der späteren «Konkreten Poesie» zu befürworten. Abstraktion bedeutete für ihn lediglich Erhöhung ins Esoterische, Elitäre und Artistische. Realistische Dichtung und Bekenntnisliteratur lehnte er dagegen strikt ab. Alle großen Künstler sollten vielmehr jenen «Olymp des Scheins» zu erklimmen suchen, wo die aristokratische Mitleidslosigkeit bzw. das Nichteingreifen als die einzige dem Geistigen angemessene Haltung gelte.[176]

Benn fand deshalb nichts schlimmer, wie er im Juli 1948 an die Zeitschrift *Merkur* schrieb, als das «hündische Kriechen» der Intelligenz vor «politischen Begriffen». Ja, er beurteilte das «Zoon politikon» als das niederste aller menschlichen Wesen schlechthin. Dementsprechend wandte er sich nicht nur gegen jene mediokren Kleintalente, jene «Bewisperer von Nüssen und Gräsern», wie man sie im Bereich der Naturlyrik finde, sondern auch und vor allem gegen jene «pöbelhaften» Fortschritts- und Entwicklungsdichter, die überhaupt keinen Sinn mehr dafür besäßen, was «Zenithgesinnung» oder gar ästhetische Vollendung sei. Benn, wie schon Nietzsche und Adorno, erschien die Kunst als die letzte höhere Tätigkeit des Menschen im Rahmen eines sinnlos gewordenen Universums, wo sich der Geistige nur noch durch sein Beharren auf einen statischen Formbegriff gegen die Ansprüche der ständig auf Wandlung drängenden Masse zur Wehr setzen könne. Ähnlich wie Benn argumentierte auch Ernst Jünger, der als militanter Nationalist ebenso wie Benn erst auf der Schwarzen Liste der Alliierten gestanden hatte, 1949 aber – im Zuge der neuen Freiheit – wie dieser mit einer Fülle neuer Bücher hervortrat. Auch Jünger schwor jetzt allein auf die sprachliche Artistik und aristokratische Pöbelverachtung – und setzte sich in seiner «vergeistigten» Individualität in aller Schärfe von jener «breiten Masse» ab, die nie zur Trägerschicht einer wahrhaft bedeutsamen Kultur werden könne.[177]

Benn, der 1949 gleich mit sechs größeren Publikationen an die Öffentlichkeit trat, wurde nun, wie Dieter Wellershoff später schrieb, zum «Phänotyp der Stunde». Viele der jungen Lyriker und Essayisten wandten sich deshalb um 1950 von der bisherigen Bekenntnis- und Trümmerdichtung ab und hatten dabei das Gefühl, den «Anschluß an die Moderne» zu vollziehen.[178] Benn selbst schwächte im Zeichen der fortschreitenden Stabilisierung der Bundesrepublik seinen ursprünglichen Defätismus jedoch bereits 1953 wieder ab und schrieb, durchaus zuversichtlich, in einem Brief an die Berliner Akademie über die Intellektuellen der Gegenwart: «Aus diesen Wenigen wird Europa wiedererstehen, Europa, als der Kern der freien individuellen Gedanken.»[179]

Vierter Teil
ENTSCHEIDUNG FÜR DEN WESTEN

1. Adenauers Politik der Westintegration

Der Ost-West-Konflikt, der in der zweiten Hälfte der vierziger Jahre begann, bestimmte auch den Handlungsspielraum der beiden deutschen Teilstaaten, die 1949 vor seinem Hintergrund entstanden. So war die Spaltung Deutschlands für Konrad Adenauer – damals noch Vorsitzender der CDU in der britischen Zone – schon im Frühjahr 1948 nicht länger eine drohende Gefahr, sondern eine feststehende Tatsache. Sie sei vom Osten her vollzogen und müsse durch den Wiederaufbau der deutschen Einheit vom Westen her beseitigt werden, erklärte er in der *Kölnischen Rundschau* am 3. April 1948. Dazu war es nach Ansicht von Adenauer notwendig, den westlichen Teil Deutschlands in die westliche Staatengemeinschaft einzugliedern, um aus einer Position der Stärke heraus eine Wiedervereinigung anstreben zu können, die ohne gesicherte Westbindung seiner Meinung nach nur um den Preis der Sowjetisierung ganz Deutschlands zu erreichen war.[1] Am 27. August 1949, inmitten des ersten Bundestagswahlkampfes, notierte er deshalb in einem Privatbrief, auf außenpolitischem Gebiet liege die Linie – unabhängig von der Entscheidung der Wähler – bereits fest; sie richtete sich «in erster Linie darauf, ein enges Verhältnis zu den Nachbarstaaten der westlichen Welt, insbesondere auch zu den Vereinigten Staaten herzustellen». Vor allem gehe es darum, daß Deutschland so rasch wie möglich «als gleichberechtigtes und gleichverpflichtetes Mitglied in die europäische Föderation aufgenommen» werde.[2] Zur Begründung konstatierte er in seiner ersten Regierungserklärung als Bundeskanzler vom 20. September 1949, es bestehe «gar kein Zweifel daran, daß wir nach unserer Herkunft und nach unserer Gesinnung zur westeuropäischen Welt gehören».[3]

Für Adenauer waren die Alternativen der deutschen Außenpolitik also von vornherein begrenzt. Zu dieser Überzeugung war er allerdings nicht erst unter dem Eindruck der zunehmenden Ost-West-Spannungen 1948/49 gelangt, sondern bereits im Herbst 1945, als er in einem Brief an den Duisburger Oberbürgermeister Weitz ebenso scharfsinnig wie weitsichtig erklärt hatte:

«Rußland entzieht sich immer mehr der Zusammenarbeit mit den anderen Großmächten und schaltet in den von ihm beherrschten Gebieten völlig nach eigenem Gutdünken. In den von ihm beherrschten Ländern herrschen schon jetzt ganz andere wirtschaftliche und politische Grundsätze als in dem übrigen Teil Europas. Damit ist die Trennung in Osteuropa, das russische Gebiet, und Westeuropa eine Tatsache ... Es liegt im eigensten Interesse nicht nur des nicht von Rußland besetzten Teiles Deutschlands, sondern auch von England und Frankreich, Westeuropa unter ihrer Führung zusammenzuschließen, den nicht russisch besetzten Teil Deutschlands politisch und wirtschaftlich zu beruhigen und wieder gesund zu machen ... Dem Verlangen Frankreichs und Belgiens nach Sicherheit kann auf die Dauer nur durch wirtschaftliche Verflechtung von Westdeutschland, Frankreich, Belgien, Luxemburg, Holland wirklich Genüge geschehen. Wenn England sich entschließen würde, auch an dieser wirtschaftlichen Verflechtung teilzunehmen, so würde man dem doch so wünschenswerten Endziele, Union der westeuropäischen Staaten, ein sehr großes Stück näherkommen.»[4]

So utopisch diese nüchternen Überlegungen dem Zeitgenossen im geschlagenen und besetzten Deutschland nach dem Ende des Dritten Reiches zunächst erschienen sein mögen, so sehr setzte sich unter dem Eindruck der Ost-West-Spaltung binnen weniger Jahre in allen Parteien mit Ausnahme der KPD die Überzeugung durch, daß nur durch eine enge Zusammenarbeit mit den Westmächten gegen die Sowjetunion die Grundlagen für einen freiheitlichen, demokratischen Rechtsstaat in Westdeutschland geschaffen werden konnten. Sogar eine gleichberechtigte Teilnahme am Zusammenschluß Westeuropas, wie sie Adenauer vorschwebte, rückte unter diesen Bedingungen in den Bereich des Möglichen. Der Kalte Krieg wirkte dabei als Katalysator, der die Einbeziehung der Bundesrepublik in die westliche Abwehrfront gegenüber dem sowjetischen Kommunismus beschleunigte und zugleich den Druck auf die Siegermächte verstärkte, den besonderen völkerrechtlichen Status Deutschlands zu beenden, um dessen Unterstützung im Ost-West-Konflikt zu erhalten. Über Alternativen zur Westintegration wurde deshalb, anders als in der ersten Zeit nach dem Krieg, kaum noch ernsthaft nachgedacht.

Alternativen der deutschen Außenpolitik

In den Jahren 1945 bis 1947, als die deutsche Teilung durchaus noch kein unabwendbares Schicksal zu sein schien, hoffte vor allem Jakob Kaiser, der Vorsitzende der CDU in der sowjetischen Zone, daß ein geeintes Deutschland außerhalb der Blöcke noch eine eigenständige Rolle als «Brücke» zwischen Ost und West spielen könnte.[5] Mit dieser Hoffnung stand er nicht allein. Besonders in Berlin wurde diese Linie vertreten – unter anderem von CDU-Politikern wie Ernst Lemmer, Ferdinand Friedensburg und Georg Dertinger. In der Liberal-Demokratischen Partei Deutschlands (LDPD) in der Ostzone war es in erster Linie Wilhelm Külz, der die «Brücke»-Konzeption unterstützte, deren eigentlicher Protagonist gleichwohl Kaiser blieb.[6] Aber auch im Ausland gab es zu dieser Zeit Forderungen nach einem «dritten Weg» – etwa beim rußlandfreundlichen Flügel der Labour Party, der die Überzeugung verfocht, Großbritannien müsse die Aufgaben einer «Dritten Kraft» zwischen den kapitalistischen Demokratien und der sozialistischen Diktatur wahrnehmen, oder beim französischen «Tripartisme», bei dem von einer Synthese zwischen Freiheitlichkeit und Sozialismus als Basis einer außenpolitischen Mittlerstellung die Rede war.

Jakob Kaiser hatte gemeinsam mit Ernst Lemmer im Dezember 1945 die Leitung der CDU Berlins und der Ostzone übernommen, nachdem Andreas Hermes und Walther Schreiber auf Befehl der Sowjetischen Militäradministration aus dem Vorsitz der Partei ausgeschieden waren. Kaiser und Hermes entstammten der Gewerkschaftsbewegung; unter ihrer Führung rückte die Ost-CDU deutlich nach links, wobei vor allem Kaiser den Sozialismus zu einem Kernpunkt der christdemokratischen Programmatik erhob und für eine wirtschaftliche Neuordnung im Sinne eines «christlichen Sozialismus» plädierte. Die Partei sei sich, so erklärte er dazu noch im September 1947 verallgemeinernd, «in ihrer Gesamtheit bewußt, daß das Zeitalter liberalistischer, kapitalistischer Ordnungen hinter uns liegt». Ziel der Union sei «ein fortschrittliches Deutschland».[7] Damit war zugleich ein gesamtdeutscher Anspruch verbunden, den Kaiser mit Vorliebe und sehr bewußt unter dem Begriff «Reich» subsumierte. Aus der Berliner CDU versuchte er – wie zuvor schon Andreas Hermes und ebenso erfolglos – eine «Reichspartei» mit «Reichsgeschäftsstelle» und «Reichsparteitagen» zu machen. Zwar bekannte er sich unter dem Druck der Verhältnisse auch zu einem föderalistischen Staatsaufbau. Aber vor allen Bemühungen, die Identität der einzelnen Landschaften zu wahren, gelte es, wie er bei der ersten Leipziger Messe im Mai 1946 erklärte, «immer und zuerst das Ganze, das Volk, den volklichen und staatlichen Organismus Deutschland» zu sehen.[8] Die deutsche Jugend, so meinte er, werde die ältere Generation «einst verurteilen, wenn wir uns zu schwach, zu klein im deutschen Unglück erweisen, zu unfähig, aus dem deutschen Leid die Einheit zu retten und zu erhalten».[9]

Mit Blick auf die Besatzungsmächte war dieses Ziel indessen nur durchzusetzen, wenn man die einzelnen Zonen nicht den gegensätzlichen Interessen in Ost und West überantwortete. Vielmehr habe Deutschland, so Kaisers außenpolitische Leitidee, die er ebenfalls bereits 1946 formulierte, «Brücke zu sein zwischen Ost und West um Deutschlands, um Europas willen».[10] Deutschland dürfe weder ausschließlich nach Osten noch ausschließlich nach Westen blicken. Nur die Mitte zwischen beiden Auffassungen könne für das Reich in der Zukunft fruchtbar werden. Deutschland spüre heute, erklärte er auf der Schlußkundgebung des CDU-Pfingsttreffens im Juni 1946, «den Atem des Westens und des Ostens». Es ringe um «die Prägung seines eigenen Wesens», und es werde diese Prägung zu finden wissen.[11] In einem Neujahrsartikel vom 1. Januar 1947 faßte Kaiser Deutschlands «Aufgabe als Volk der Mitte» programmatisch zusammen: «Wer die Gesundung Deutschlands will, kann nur von der Tatsache ausgehen, daß Deutschland zwischen Ost und West gelagert ist. Die Konsequenz dieser schicksalhaften, aber auch aufgabenreichen Lage ist nicht das Entweder-Oder eines West- oder Ostblocks, sondern das Sowohl-als-auch der Verständigung und des Ausgleiches zwischen den Völkern und die Gesundung aus eigenem Geist heraus.»[12]

Optimistisch sprach Kaiser 1947 sogar wiederholt von einer «Mittlerfunktion»[13] Deutschlands und scheute dabei nicht die Erinnerung an das Wort vom «ehrlichen Makler», das Bismarck 1878 zur Charakterisierung seiner Rolle auf dem Berliner Kongreß verwendet hatte. Schon damals war daraus eine gefährliche Überdehnung der deutschen Möglichkeiten erwachsen. Jetzt, angesichts der totalen Schwäche des Landes, war diese Gefahr noch größer, wenn man Deutschland im Sinne einer Neutralität gegen ausländische Einflüsse abzuschirmen trachtete. Neutralität war deshalb auch für Kaiser keine Option. Vielmehr suchte er in seiner Brückentheorie innenpolitische Vorstellungen mit außenpolitischen Überlegungen zu verbinden. Den Einflüssen der Großmächte mußte dabei Spielraum gegeben werden. Ein einigermaßen kräftiger deutscher Staat sollte jedoch die verschiedenartigen Impulse kraft eigener Interessenlage transformieren. Dies setzte allerdings «eine gesellschaftspolitische und staatsrechtliche Form voraus, die eine spannungsvolle Koexistenz der Ideen und politischen Ordnungskonzeptionen im Innern dieses Reiches gewährleistete».[14]

Mit anderen Worten: Es hätte eines Kompromisses zwischen den Großmächten bedurft, mit Deutschland in dieser Weise gemeinsam zu verfahren. Mehr noch: Die Gegner hätten den Großmut aufbringen müssen, das besiegte Reich ungeachtet aller historischen Schuld nicht nur als Einheitsstaat bestehen zu lassen, sondern ihn auch – dem Mißbrauch der Macht durch Hitler und den Nationalsozialismus zum Trotz – weiterhin ein hohes Maß an Eigenständigkeit zuzugestehen. Der Chefredakteur der *Neuen Zeit*, Wilhelm Gries, interpretierte Kaisers Konzeption daher völlig richtig, wenn er am 19. April 1947 offenherzig (und ganz und gar nicht bescheiden, wie er selbst meinte) schrieb: «Was wir wünschen, das ist das bescheidene Begehren, unsere öffentlichen Angelegenheiten nach unserem eigenen deutschen Geschmack zu regeln und die kommende deutsche Außenpolitik ausschließlich nach unseren eigenen Interessen zu richten, die mehr als die irgendeines anderen Volkes im Frieden und in der Abwesenheit von allen machtpolitischen Spannungen und Konflikten liegen.» Deutschland müsse mit letzter Kraft um seine geistige Selbstbehauptung und Unabhängigkeit ringen – «mit dem Osten und dem Westen». Von der Kraft und dem Erfolg dieses Selbstbehauptungswillens hingen schließlich «der internationale Wert einer kommenden deutschen Außenpolitik und die Möglichkeit ab, freie freundschaftliche Beziehungen sowohl zu der Sowjetunion als auch zu den anderen und anders gearteten Weltmächten zu pflegen».[15] Wie dabei die mißtrauischen Sicherheitsinteressen Frankreichs und Polens befriedigt und die enormen Vorbehalte gegenüber Deutschland bei allen Siegermächten nach dem Ende des Nationalsozialismus ausgeräumt werden sollten, blieb freilich offen. Zwar nahm Kaiser die Kritik an seiner Konzeption und deren Realitätsgehalt zur Kenntnis, bemerkte dazu aber lediglich, er wolle sich «davon nicht irremachen lassen». Für Hans-Peter Schwarz war Kaisers Brücken-Politik deshalb ein «ambitiöser Versuch, die Niederlage von 1945 ungeschehen zu machen» – nicht im Sinne eines machtpolitischen Revisionismus, sondern in einer «effektvollen Kombination von Nationalgefühl, Sozialismus, demokratischem Impuls und linkskatholischer Soziallehre».[16]

Mit der Verbindung von Sozialismus und Freiheit sollte vor allem die Entlastung Ostdeutschlands von direkter sowjetischer Herrschaft erreicht werden. Tatsächlich stellten Kaisers Einheitsbemühungen für die mehr als 20 Millionen Ostdeutschen die vorerst letzte Chance dar, dem sowjetischen Zugriff zu entkommen. Politisch, kulturell und historisch sah Kaiser, der aus Süddeutschland stammte und längere Zeit im Rheinland gelebt hatte, Deutschland allerdings eindeutig an der Seite des Westens: «Wir Deutschen brauchen gewiß kein Hehl daraus zu machen», erklärte er 1947 vor der Jungen Union Berlin, «daß wir in unserer menschlichen und geistigen Neigung, in unserer Kulturverbundenheit mehr nach Westen neigen, wie wir, die Männer der Union, auch kein Hehl daraus machen, daß wir die politische und soziale Lebensform, wie sie Rußland verwirklicht hat, für Deutschland verneinen [...] Wir lassen keinen Zweifel darüber, daß wir uns immer neu und immer leidenschaftlicher für die Achtung von Menschenrecht, Freiheit der Persönlichkeit und freie Meinungsäußerung einsetzen. Kurz: für Freiheit von Furcht und Not.»[17]

Sein prinzipielles Bekenntnis zum Sozialismus, das nicht nur taktisch bedingt, sondern durchaus ernst gemeint war, versetzte Kaiser jedoch nahezu zwei Jahre lang in die Lage, die Ost-CDU mit den ostzonalen Linksparteien und der sowjetischen Militäradministration im kooperativen Gespräch zu halten. Als die Strategie der SED, den Blockparteien ihren Willen aufzuzwingen und die Blockausschüsse als wichtigstes Ausdrucksmittel des «Volkswillens» ins Spiel zu bringen, im Verlaufe des Jahres 1947 immer offenkundiger wurde, sah sich Kaiser allerdings veranlaßt, die CDU stärker als eigenständige, antimarxistische Kraft ins Spiel zu bringen, um «Wellenbrecher des dogmatischen Marxismus und seiner totalitären Tendenzen» zu sein, wie er im Beisein sowjetischer Polit-Offiziere auf dem 2. Parteitag der Zonen-CDU im September 1947 mutig betonte.[18] Mit der Zustimmung zum Marshall-Plan und der Weigerung der CDU-Führung, sich an der Volkskongreßbewegung in der SBZ zu beteiligen, war der Bruch wenig später besiegelt. Jakob Kaiser und Ernst Lemmer teilten das Schicksal ihrer Vorgänger Andreas Hermes und Walther Schreiber: Am 20. Dezember 1947 wurden sie von der sowjetischen Militäradministration für abgesetzt erklärt.[19] Kaiser, der sich so lange um einen Kompromiß zwischen Sozialismus und Freiheit bemüht hatte, mußte erleben, wie sein außenpolitisches Konzept an der sowjetischen Kompromißlosigkeit zerbrach. Entgegen seinen ursprünglichen Vermittlungsbestrebungen wurde er nun zur Symbolfigur demokratisch-freiheitlichen Widerstandsgeistes in Ostdeutschland und schließlich – nach seiner Übersiedlung in den Westen –

zum Minister für Gesamtdeutsche Fragen im ersten Kabinett Adenauer in Bonn.

Die von Kaiser bis zuletzt gehegte Hoffnung, Deutschland aus der beginnenden Blockbildung zwischen Ost und West heraushalten zu können, wurde auf publizistischer Ebene vor allem von Alfred Andersch und Hans Werner Richter in ihrer Zeitschrift *Der Ruf* vertreten. Allerdings war deren Engagement weniger aus christlichen und nationalen Motiven gespeist, als aus der Überzeugung eines sozialistischen Humanismus und der Sehnsucht nach Schaffung eines einheitlichen und sozialistischen Europa. Dabei herrschte tiefes Mißtrauen gegen die Politik der Siegermächte sowie gegen die deutschen Parteien, die sich angeblich zu Handlangern der Sieger machen ließen. Nachdem der *Ruf* bereits im April 1947 auf Druck der amerikanischen Militärregierung sein Erscheinen hatte einstellen müssen, setzte Richter seine Kampagne in der Zeitschrift *Neues Europa* fort. «Der Kampf der Besatzungsmächte», schrieb er dort im September 1948, «wird auf unserem Rücken und nicht zuletzt auf unsere Kosten ausgetragen.» Eine weltanschauliche Festlegung auf die rivalisierenden Lager führe nur zur Verwendung der Deutschen als «legionäre Truppen» und bedeute «Krieg der Brüder untereinander, die Zerfleischung des deutschen Volkes gegeneinander für fremde Interessen und für uns fremd und veraltet erscheinende weltanschauliche Prinzipien».[20] Der Frieden, meinte Richter resümierend, könne nur gerettet werden, «wenn sich die Besatzungsmächte entschließen, gemeinsam an *einem* Tag Deutschland zu verlassen.»[21]

Von hier war es nur noch ein kleiner Schritt zur «Ohne-mich-Haltung» der fünfziger Jahre, bei der in einer Mischung aus Nationalgefühl, pazifistischen Neigungen und Ablehnung der Vorherrschaft der Siegermächte ein politischer Neutralismus entstand, der sich vor allem im Widerstand gegen die Wiederaufrüstung Deutschlands artikulierte. Auch im Umkreis christlich-bürgerlichen Denkens fand diese Haltung durchaus Anklang. Ein Beispiel dafür war der Würzburger Historiker Professor Ulrich Noack, der 1945 zunächst der Ostzonen-CDU von Andreas Hermes beitrat und nach seinem Wechsel in die amerikanische Zone der West-CDU bzw. später der CSU angehörte. Kern seiner Überzeugungen, die er mit dem «Nauheimer Kreis»[22] und in vielen Schriften zu verbreiten suchte, war die Abwendung vom Machtstaatsgedanken und die Hinwendung Deutschlands zum harmonischen Dasein eines Nur-Kulturvolkes. Im Schnittpunkt der Räume von fünf «Weltmächten» (China, Sowjetunion, USA, Großbritannien und Frankreich) sollte ein neutrales Deutschland «Organ des Ausgleichs und Übergangs» sein.[23] Deutschland müsse deshalb die Gewaltlosigkeit zum Grundgesetz seiner Außenpolitik erklären, forderte Noack in einer Rede am 27. Mai 1949 vor dem Rhein-Ruhr-Klub.[24] «Wir dürfen darauf vertrauen», hatte er schon vorher optimistisch erklärt, «daß bei einer gewonnenen Frist und einer neuen Zeitspanne des Friedens in den Tiefen auch der östlichen Welt sich Wandlungen vollziehen können, die zu einer neuen Bereitschaft führen, den Frieden auf immer zu wahren.»[25]

Das Wunschdenken und der intellektuelle Eskapismus, die in diesen Vorstellungen eines Gelehrten aus dem bürgerlichen Lager zum Ausdruck kamen, stießen sich jedoch ebenso an der Realität des Kalten Krieges wie manche Ideen der neutralistischen Linken. Hans Werner Richter, selbst ohne parlamentarische Einflußmöglichkeiten und organisierte Massenbasis, bezeichnete deshalb vorsorglich «die Presse, die Journalisten und die Publizisten» als «Wegbereiter einer kommenden deutschen Außenpolitik», während er den gewählten Parlamenten und Regierungen die Legitimation bestritt, überhaupt noch Sprecher des deutschen Volkes zu sein, da sie sich nur als Erfüllungsgehilfen der Besatzungsmächte erwiesen hätten.[26] Am meisten enttäuschte ihn die SPD Kurt Schumachers, die ebenso wie die CDU Konrad Adenauers für die westdeutsche Staatsgründung und die Einbeziehung der Bundesrepublik in den Marshall-Plan sowie allgemein für eine Politik mit den Westmächten gegen die Sowjetunion plädierte.

Die Vorwürfe Richters gegen Schumacher waren allerdings nur teilweise berechtigt. Denn auch der SPD-Vorsitzende war skeptisch, ob es mit den Siegern zu einer fairen Partnerschaft kommen werde. So sehr er die Westintegration prinzipiell befürwortete, so sehr suchte er zugleich nationale Positionen zu wahren. Eine deutsche Kollektivschuld lehnte er ebenso ab wie ein alliiertes Gestaltungsmonopol aufgrund originärer Siegerrechte. Er selbst hatte – wie die SPD insgesamt – den Nationalsozialismus bereits bekämpft, als die Westmächte und sogar die Sowjetunion noch lange mit Hitler paktiert hatten, und dafür persönlich beinahe zehn Jahre Martyrium in den Konzentrationslagern des NS-Regimes auf sich genommen. Moralisch brauchte man ihm daher keine Lektionen zu erteilen. Er fühlte sich im Recht, Forderungen für ein demokratisches Deutschland zu stellen. Der Sozialismus, den er anstrebte, hatte mit dem Kommunismus, den Stalin in der Sowjetunion praktizierte und nun auch der Ostzone aufzwang, nicht das Geringste zu tun. Schumachers Antikommunismus der ersten Stunde war deshalb scharf und kompromißlos; eine Zusammenarbeit mit den deutschen Kommunisten und dem «russischen Imperialismus» kam für ihn nicht in Betracht. Aber auch die Deutschlandpolitik der Westmächte wurde von ihm heftig kritisiert: Den USA warf er vor, sie mißbrauchten ihre wirtschaftliche Vormachtstellung zur Verhinderung sozialistischer Reformen; Großbritannien verurteilte er vor allem wegen der britischen Demontagepolitik; und Frankreich verfolgte seiner Meinung nach eine antideutsche Sicherheitspolitik, die ihm aus der Zeit des Ruhrkampfes unter Poincaré im Jahre 1923 noch in genauer Erinnerung war und nun im Ziel der Abtrennung des Saarlandes von Deutschland und im Bemühen um eine Internationalisierung des Ruhrbietes ihren Ausdruck fand. Wenn das neue Deutschland eine Chance haben solle, meinte Schumacher, dann bedürfe es der Gleichberechtigung und des gleichen Lebensrechts wie alle anderen Staaten. Nationalismus-Vorwürfe wies er dabei stets weit von sich. Zwar klangen seine Forderungen wie «Fanfaren eines neuen Nationalismus»[27], so daß der französische Hohe Kommissar André François-Poncet ihn Ende 1949 in einem Gespräch mit dem französischen Staatspräsidenten Vincent Auriol sogar als einen «Hitler von links» bezeichnete.[28] Aber das war natürlich eine äußerst unangemessene Qualifizierung, die nur aus der Beunruhigung zu erklären war, die in Frankreich angesichts der revisionistischen Forderungen und der rhetorischen Schärfe des SPD-Vorsitzenden herrschte. Immerhin gab der Sozialist Auriol zu bedenken, daß Schumacher «ein kranker Mann» sei.[29]

Seine schwere Krankheit nach vielen Jahren KZ-Haft sowie ein heftiges persönliches Temperament mögen tatsächlich manche Übersteigerung der Schumacherschen Argumentation erklären. In Wirklichkeit wich insbesondere das außenpolitische Konzept des SPD-Vorsitzenden von den Forderungen der anderen Bundestagsparteien kaum ab. Während diese ihre Ziele jedoch mit einer gewissen Zurückhaltung und Demut formulierten, neigte Schumacher zu kompromißlosen Ausbrüchen, die ihm vor allem in den Jahren 1949 und 1950 das Image eines unverbesserlichen linken Nationalisten verschafften, das ihm auch danach, als er moderater wurde, weiter anhaftete. Die prononciert nationale Haltung, die Schumacher gerade in seinen öffentlichen Auftritten einnahm, entsprach allerdings durchaus der Tradition eines Teils der deutschen Sozialdemokratie. Außerdem hoffte er damit wohl auf einen Durchbruch bei der Wählerschaft, der ihm 1949 versagt geblieben war. Die Tatsache, daß die SPD ihren Führungsanspruch beim Wiederaufbau der deutschen Demokratie nicht hatte durchsetzen können, lastete er vor allem den Machenschaften der westlichen Besatzungsmächte an. Seine Kampagne gegen Adenauers Westpolitik, die für ihn «ein internationales Komplott des Großkapitals und des reaktionären Katholizismus»[30] darstellte, war zumindest teilweise Ausdruck dieser Enttäuschung. Sie richtete sich allerdings – auch wenn dies in der Schärfe der Debatte oft unterging – nicht gegen die Westintegration an sich, sondern nur gegen deren Formen und Methoden, in denen Schumacher ein unnötiges Entgegenkommen Adenauers zur Erfüllung alliierter Forderungen sah.

Die Problematik des Schumacherschen Konfrontationskurses für die SPD zeigte sich besonders in der Europapolitik. Hier war es vor allem Carlo Schmid, der als außenpolitischer Sprecher der SPD-Bundestagsfraktion zugleich eine führende Rolle in der europäischen Einigungsbewegung spielte. Deutscher Patriotismus und weltoffenes Europäertum waren für ihn keine Gegensätze. Bei seinen internationalen Begegnungen bemerkte er daher rasch, daß Schumachers feuriger Nationalismus die SPD nicht nur innen-, sondern auch außenpolitisch isolierte. Selbst in der Sozialistischen Internationale gab es für den SPD-Vorsitzenden bald kaum noch Verständnis. Zwar lehnte Schumacher einen Zusammenschluß Europas, wenn er unter sozialistischen Vorzeichen erfolgte, in Abgrenzung zu den USA wie gegenüber der Sowjetunion keineswegs ab; bis 1948 hatte er sogar darauf gehofft und dar-

1. Adenauers Politik der Westintegration 279

auf hingearbeitet. Aber seitdem der Marshall-Plan der Entwicklung eine andere Richtung verliehen hatte, war er auf Distanz gegangen, weil das bürgerliche «Kleineuropa» zunehmend in den Sog der USA zu geraten schien und der Bundesrepublik keine Gleichberechtigung zu bringen versprach.[31] Carlo Schmid mochte diese Einstellung und deren Folgen für die SPD bedauern. Nennenswert beeinflussen konnte er sie nicht, da Schumacher die SPD ebenso autoritär führte wie Adenauer die Union. Das Ergebnis war eine Selbstbeschneidung der sozialdemokratischen Mitwirkungsmöglichkeiten in allen Fragen der Innen- und Außenpolitik, die damit weitgehend der Bundesregierung überlassen wurde, während sich die SPD auf die reine Oppositionsrolle zurückzog.

Adenauer drängte dagegen seit Mitte 1948 nicht nur auf die rasche Gründung eines westdeutschen Staates, sondern bemühte sich auch unverzüglich um die Einbindung der entstehenden Bundesrepublik in westliche Strukturen. Der Marshall-Plan und sein institutioneller Rahmen – die Organization for European Economic Cooperation (OEEC) – boten dafür erste Ansatzpunkte. Aber auch die Europabewegung, mit der Adenauer seit Anfang 1948 in engem persönlichen Kontakt stand, eröffnete aus seiner Sicht Chancen, aus der außenpolitischen Isolierung herauszukommen. Er hatte im Verlaufe des Jahres 1948/49 an mehreren Konferenzen mit christlich-demokratischen und anderen Europapolitikern teilgenommen und dabei – im Gegensatz zu Schumacher – die Überzeugung gewonnen, daß die Zukunftsperspektiven für Deutschland keineswegs so düster waren, wie sie sich auf den ersten Blick vor dem Hintergrund der militärischen Niederlage und der zunehmenden Ost-West-Spannungen darstellten. Die Bereitschaft, Deutschland in die Staatengemeinschaft zu reintegrieren und damit einen der Grundfehler von Versailles 1919 zu vermeiden, war überall spürbar und wurde durch den Kalten Krieg sogar noch gefördert. Kaum jemand bewies dies überzeugender als Winston Churchill, der bereits am 19. September 1946 in einer Rede in Zürich für eine Aussöhnung zwischen Deutschland und Frankreich plädiert hatte, um einen ersten Schritt zu tun, so «etwas wie die Vereinigten Staaten von Europa» zu errichten.[32] Noch vor Churchills Rede, im März 1946, hatte auch Adenauer schon programmatisch den Aufbau der «Vereinigten Staaten von Europa» verlangt und von einer «organischen Verflechtung» der westeuropäischen Volkswirtschaften gesprochen, «weil parallel laufende, gleichgeschaltete wirtschaftliche Interessen das gesundeste und dauerhafteste Fundament für gute politische Beziehungen der Völker sind und immer bleiben werden».[33] 1948/49 trat Adenauer deshalb energisch für die sofortige Beteiligung der Bundesrepublik am Zusammenschluß Westeuropas ein. Auch wenn sich die unter der Besatzungsherrschaft bestehende Diskriminierung nicht gleich beseitigen ließ: Entscheidend war, daß man nicht abseits stand, wenn Europa zur Einigung schritt. Nur so würde verlorengegangenes Vertrauen im Ausland wiedergewonnen und ein Prozeß entstehen, der Zug um Zug die Überwindung des Souveränitätsdefizits und

die Gleichstellung Deutschlands mit den anderen Nationen ermöglichte. «Der einzige Weg zur Freiheit ist der», bemerkte er in seiner ersten Regierungserklärung vor dem neu konstituierten Bundestag, «daß wir im Einvernehmen mit der Hohen Alliierten Kommission unsere Freiheit und unsere Zuständigkeiten Stück für Stück zu erweitern suchen.»[34]
Nur durch eine solide und dauerhafte Integration in die westliche Völkergemeinschaft besaßen die Deutschen die Chance, meinte Adenauer, ihre Friedfertigkeit zu beweisen und sich dadurch allmählich von der Last der nationalsozialistischen Schuld zu befreien. Die damit zumindest vorübergehend verbundene Teilung Deutschlands galt es notgedrungen in Kauf zu nehmen, weil eine Wiedervereinigung ohne Verzicht auf Integration gegenüber der Sowjetunion vorerst ohnehin nicht durchzusetzen war. Dies bedeutete nach Meinung von Adenauer aber keinen dauerhaften Verzicht auf Einheit. Vielmehr sollte die Bundesrepublik als «Kernstaat» erstehen, an den die östlichen Teile jederzeit angegliedert werden konnten, wenn die politischen Umstände es zuließen. Selbst eine solche Wiedervereinigung in Freiheit war nach Auffassung von Adenauer jedoch an die Voraussetzung gebunden, daß den anderen europäischen Staaten zuvor die Furcht vor der Dynamik des 75-Millionen-Volkes der Deutschen in der Mitte Europas durch Integration genommen wurde. Zur Westbindung gab es deshalb für ihn keine plausible Alternative.

Demontagen und Ruhrkontrolle

Der erste Schritt der neuen Bundesrepublik in die Westintegration war der Beitritt zur OEEC am 31. Oktober 1949. Diese Organisation, die am 16. April 1948 in Paris gegründet worden war, hatte die Aufgabe, die Marshall-Plan-Gelder möglichst effektiv zu verteilen, das gemeinsame Wiederaufbauprogramm zu koordinieren sowie den Waren- und Zahlungsverkehr zwischen den Mitgliedstaaten zu liberalisieren. Die Westzonen wurden dabei zunächst von den drei Militärgouverneuren vertreten. Jetzt übernahm die Bundesregierung deren Funktionen. Ein deutsch-amerikanisches Abkommen über wirtschaftliche Zusammenarbeit vom 15. Dezember 1949, bei dem es sich um den ersten völkerrechtlichen Vertrag der Bundesrepublik überhaupt handelte, schuf zusätzlich die Voraussetzungen, mit Mitteln des Marshall-Plans ein sogenanntes «ERP-Sondervermögen» des Bundes zu bilden, aus dem Kredite für Investitionen vergeben werden konnten.

Dieser hoffnungsvolle Auftakt war allerdings nicht frei von Mißtönen. Noch während der Kabinettsbildung erhielt die neue deutsche Regierung einen Eindruck von ihren begrenzten Handlungsmöglichkeiten, als nach einer drastischen Abwertung des britischen Pfundes um 30,5 Prozent auch die Deutsche Mark um 20,6 Prozent abgewertet werden mußte, damit deutsche Produkte auf den Exportmärkten weiter konkurrenzfähig blieben. Weit folgenschwerer wirkten sich jedoch erbitterte Auseinandersetzungen aus, bei denen es zum einen um die Frage von Demontagen, zum anderen um die Entsendung deutscher Vertreter in die 1948 von den Alliierten eingesetzte Ruhrbehörde ging. Die ursprünglichen Demontagepläne der Alliierten waren bereits mehrfach revidiert worden. Von den ursprünglich 1546 Betrieben, die der Industrieplan vom Frühjahr 1946 zur Demontage vorgesehen hatte, waren im letzten Plan vom April 1949 nur noch 744 übriggeblieben, darunter Hüttenwerke, Kugellagerfabriken, Flugzeugwerke, Anlagen der elektronischen und chemischen Industrie sowie Werften. Zudem wurden die Höhe der Stahlproduktion auf 11,1 Millionen Tonnen begrenzt und der Bau von Flugzeugen und Schiffen strikten Beschränkungen unterworfen. Insgesamt bedeuteten diese Zahlen eine erhebliche Erleichterung für die deutsche Industrie. Doch den USA gingen sie noch nicht weit genug. Wenn man einerseits mit dem Marshall-Plan ein Zeichen setzte, um einen kontrollierten Wiederaufbau der deutschen Industrie als Teil des westeuropäischen Wiederaufbaus zu ermöglichen, machte es wenig Sinn, die deutsche Wirtschaft auf der anderen Seite durch Maßnahmen der Entindustrialisierung zu schwächen und damit die deutsche Bevölkerung nicht nur in ihrem Wiederaufbauwillen psychologisch zu bremsen, sondern sie auch politisch zu radikalisieren. Immerhin gab es in einigen Städten, wo besonders wichtige Betriebe zur Demontage anstanden, bereits Widerstand. Es drohte offener Aufruhr.[35] Regierung und Kongreß in Washington forderten deshalb im Herbst 1949 die Beendigung der Demontagen, während Frankreich und Großbritannien auf der Erfüllung der ursprünglichen Vereinbarungen bestanden und schon die Reduzierung der Demontagelisten auf 744 Betriebe als weitgehendes Zugeständnis betrachteten.

Auf einer Außenministerkonferenz der drei Westmächte am 9. und 10. November 1949 in Paris gelang es den USA, die Liste weiter zu verringern: Jetzt sollten nur noch die verbliebenen Rüstungswerke demontiert werden, nicht aber auch andere Betriebe, die unter die Klausel der sogenannten «surplus capacity» fielen. Diese hatte vorgesehen, jegliche deutsche Industriekapazität zu zerstören, die über das Niveau des Standes von 1938 hinausging. Bei den Verhandlungen machte der amerikanische Außenminister Dean Acheson deutlich, daß die USA die Bundesrepublik – wie im übrigen auch Japan – als wichtigen Verbündeten gegen die Sowjetunion betrachteten. Daher müsse nicht nur die Demontagefrage, sondern die gesamte Wirtschaftspolitik gegenüber Deutschland revidiert werden.[36] Unterstützung erhielt Acheson von seinem britischen Amtskollegen Ernest Bevin, der sich seiner Position anschloß, während der französische Außenminister Robert Schuman einwandte, es gehe seinem Land nicht bloß um militärische Sicherheit vor Deutschland, sondern ebenso um «Sicherheit» vor wirtschaftlicher Überlegenheit. Solche Konkurrenzmotive, die auch in Teilen der britischen Bürokratie und Geschäftswelt eine Rolle spielten, wollte Acheson jedoch nicht gelten lassen. Als Kompromiß wurde daher vereinbart, die Demontageliste in der von den USA vorgeschlagenen Form zu reduzieren, zugleich aber zur Beruhigung der französischen Bedenken den Deutschen zwei prinzipielle Konzessionen abzuverlangen: Zum einen sollten diese künftig mit dem neu errichteten Militärischen Sicherheitsamt zusammenarbeiten, zum anderen – wichtiger noch – deutsche Vertreter in die Ruhrbehörde entsenden.

Die interalliierte Ruhrbehörde war ein Instrument zur Steuerung der Wirtschaft an der Ruhr, wo etwa 40 Prozent der westdeutschen Industriegüter produziert wurden. Die drei Westmächte sowie die Benelux-Staaten hatten die Errichtung der Behörde am 29. Dezember 1948 beschlossen, um im Zusammenhang mit der bevorstehenden Gründung der Bundesrepublik die Kontrolle über das deutsche Wirtschaftspotential nicht ganz zu verlieren. Das «Ruhrstatut» wurde wenige Wochen vor dem Grundgesetz am 28. April 1949 unterzeichnet. Produktion und Verteilung der Kohlen-, Koks- und Stahlerzeugung an der Ruhr waren damit internationaler Aufsicht unterworfen. In der Kontrollbehörde erhielten die Vertreter der sechs westlichen Signatarmächte insgesamt zwölf Stimmen, die deutsche Seite dagegen nur drei, so daß sie jederzeit mühelos überstimmt werden konnte.

Schon im Juni 1948, als die Pläne für die Ruhrbehörde bekannt geworden waren, hatte es in Deutschland einen Sturm der Entrüstung gegeben. Ganze Schlüsselbereiche der deutschen Wirtschaft drohten damit auf Dauer alliierter Steuerung unterworfen zu werden. Auch Adenauer hatte gemeint, dagegen sei der Versailler Vertrag ein Apfelgarten.[37] Zu einer Entsendung deutscher Vertreter war die Bundesregierung daher zunächst nicht bereit gewesen. Doch inzwischen hatte sich die Situation geändert. Da die Demontagen ein immer drängenderes Problem beim Wirtschaftsaufbau wurden, war eine Klärung dringend notwendig. Bundeskanzler Adenauer und Wirtschaftsminister Erhard setzten schließlich einen Kabinettsbeschluß durch, der eine Beteiligung Deutschlands an der Ruhrkontrolle ermöglichte, falls dafür ein Demontagestopp eingehandelt wurde.

In der SPD gingen die Überlegungen zunächst in die gleiche Richtung. Doch Schumacher plädierte kurz vor der Pariser Außenministerkonferenz entgegen den Wünschen zahlreicher Parteifreunde für einen harten Kurs der Konfrontation und erklärte anschließend, das Treffen sei an der «Engstirnigkeit und Primitivität der französischen Nationalpolitik» gescheitert. Dem Bundeskanzler warf er vor, die «Geschäftspolitik des Großbesitzes» zu betreiben, um «durch servile Nachgiebigkeit in internationale Geschäfte zu kommen». Doch am Ende, so Schumacher, werde Adenauer «armselig und mit leeren Händen» dastehen – «nicht als Vertreter der Interessen des Volkes und vieler seiner eigenen Wähler, sondern als Anwalt seiner kapitalistischen Freunde in der CDU, FDP und DP».[38]

Der außenpolitische Konsens, der bis dahin zwischen Regierung und Opposition bestanden hatte, ging damit verloren. Die in ihrer großen Mehrheit eigentlich pro-westlichen Sozialdemokraten sahen sich zunehmend in eine anti-westliche Position gedrängt. Als der amerikanische Außenminister Acheson im Anschluß an die Pariser Konferenz nach Bonn kam, um sich hier vor Ort mit der neuen politischen Landschaft vertraut zu machen, stellte er rasch fest, wie weit sich die SPD bereits von den gemeinsamen Auffassungen entfernt hatte. Seine Begegnung mit Schumacher verlief derart stürmisch, daß die Beziehungen zwischen der SPD und der amerikanischen Regierung nachhaltig Schaden erlitten. Noch bis in die Zeit der Kennedy-Administration hinein blieb das Verhältnis zur deutschen Sozialdemokratie gespannt.[39]

Adenauer dagegen bot seinen ganzen Charme auf, um Acheson, der als erster Spitzenpolitiker der Siegermächte die neue Regierung in Bonn besuchte, für sich zu gewinnen. Nüchtern und pragmatisch, geradezu angelsächsisch, erläuterte er die Grundzüge seiner Außenpolitik, bei der er geschickt das Ziel der Westintegration Deutschlands und die Beendigung der deutsch-französischen Erbfeindschaft in den Vordergrund rückte. Acheson brauchte deshalb nicht lange, um zu erkennen, wie sehr sich Adenauers Vorstellungen mit der amerikanischen Europapolitik deckten. Als der Außenminister Bonn verließ, hatte Adenauer in ihm einen wichtigen Verbündeten gewonnen, der von nun an viel zur Versachlichung der deutsch-alliierten Beziehungen beitrug.

Bei den Verhandlungen, die nach dem Besuch Achesons zwischen den Hohen Kommissaren und Adenauer auf dem Petersberg begannen, ging es nicht nur um Demontagen und Ruhrbehörde, sondern um eine generelle Neuordnung des Verhältnisses zwischen der Bundesrepublik und den Westmächten. Das Petersberger Abkommen vom 22. November 1949 basierte auf den Beschlüssen der Pariser Außenministerkonferenz, ging in wesentlichen Punkten jedoch auch darüber hinaus. Die Besprechungen waren «getragen von dem Wunsch und der Entschlossenheit» Adenauers und der Alliierten, «ihre Beziehungen auf der Grundlage gegenseitigen Vertrauens fortschreitend zu entwickeln». Als «vordringlichstes Ziel» wurde gesehen, «die Bundesrepublik als friedliebendes Mitglied in die europäische Gemeinschaft einzugliedern». Zu diesem Zweck sollte die Bundesrepublik allen in Frage kommenden internationalen Körperschaften und Organisationen beitreten, zugleich aber auch das westliche Sicherheitsverlangen und die daraus abgeleiteten Konsequenzen akzeptieren.

Wichtigstes Ergebnis der Petersberger Gespräche war jedoch ein Grundsatzbeschluß über das baldige Ende der Demontagen. Zwar ging der Abbau von Industrieanlagen noch bis Mitte 1951 weiter. Aber bei den Verhandlungen auf dem Petersberg wurde eine weitere Reduzierung der Demontageliste errreicht, so daß wichtige Stahlwerke wie die August-Thyssen-Hütte in Hamborn, die Klöckner-Werke in Düsseldorf, die Ruhrstahl A. G. in Heinrichshütte und die Borsig-Stahlwerke in Berlin ebenso gerettet werden konnten wie die Farbenfabriken Bayer in Leverkusen, die Gelsenberg Benzin A. G. in Gelsenkirchen und die I. G. Farbenwerke in Ludwigshafen.

Außerdem wurden die Restriktionen für den deutschen Schiffsbau gelockert. Am Ende beliefen sich die Verluste durch westliche Demontagen nach Schätzungen der Interalliierten Reparationskommission in Brüssel zwar auf etwa zwei Milliarden DM. Ihnen standen aber bereits 1949 Bruttoinvestitionsraten von rund 16 Milliarden gegenüber. 1950 erhöhte sich diese Summe auf 20 Milliarden und 1951 sogar auf 29 Milliarden DM. Der Wiederaufbau lief auf vollen Touren und wurde durch die noch vorgenommenen Demontagen nicht sonderlich beeinträchtigt. Tatsächlich kam der besonders im Ausland häufig vermerkte Ersatz veralteter Anlagen durch modernste Maschinen sogar der deutschen Wettbewerbsfähigkeit zugute.[40] Adenauer indessen konnte schon nach den Verhandlungen auf dem Petersberg vor dem Bundestag befriedigt feststellen, die deutsche Seite habe sich in der Demontagefrage zu 90 Prozent durchgesetzt. Danach gab es aus Sicht der Bundesregierung kein Hindernis mehr, das der Entsendung deutscher Vertreter in die Internationale Ruhrbehörde entgegengestanden hätte.

Die Opposition dagegen begriff die Ergebnisse vor allem als «Sieg französischer Hegemonialpolitik». Sie bemängelte, daß der Kanzler so weitreichende Vereinbarungen nach Art eines autoritären Monarchen ohne Mandat durch das Parlament geführt habe, und meinte, daß Adenauer insbesondere in der Frage der Ruhrkontrolle den Alliierten unnötig weit entgegengekommen sei. In einer denkwürdigen Nachtsitzung am 24./25. November 1949 erreichte die Polarisierung zwischen Regierung und Opposition mit dem Zwischenruf Schumachers während der Rede Adenauers «Der Bundeskanzler der Alliierten!» ihren Höhepunkt.[41]

Schumacher war in dieser Frage allerdings nicht nur den Westmächten und der Bundesregierung gegenüber isoliert. Auch die deutschen Arbeiter und Gewerkschaften teilten seine Position nicht. Für sie stand nicht die Teilnahme an der Ruhrbehörde, sondern das Ende der Demontagen im Vordergrund des Interesses. So trafen während der Nachtsitzung des Bundestages, bei der die Emotionen hoch gingen, immer wieder Danktelegramme von Belegschaften ein, die nicht mehr um ihre Arbeitsplätze zu fürchten brauchten, weil ihre Unternehmen von der Demontageliste gestrichen waren. Sogar in einer offiziellen Depesche des Deutschen Gewerkschaftsbundes wurde das von Adenauer erzielte Verhandlungsergebnis begrüßt. Die Mitarbeit der Bundesregierung in der Internationalen Ruhrbehörde wurde vom DGB – anders als von der SPD – nicht abgelehnt, sondern ausdrücklich als notwendig bezeichnet.[42]

Diese Zustimmung fiel den Gewerkschaften um so leichter, als es seit der Währungsreform wirtschaftlich ständig bergauf ging. Dennoch war der Aufschwung nicht ungebrochen. So brachte der Winter 1949/50 nicht nur einen spürbaren Rückgang der Produktion, sondern auch wachsende Arbeitslosenzahlen. Sie stiegen von 8,8 Prozent im September 1949, als die Adenauer-Regierung ihr Amt antrat, auf über 13,5 Prozent im Februar 1950. Knapp zwei Millionen Menschen (von insgesamt 13,6 Millionen Beschäftigten) waren nun arbeitslos. Unter den Vertriebenen, die sich insbesondere in den industriell schwachen Gebieten Schleswig-Holsteins, des nördlichen Niedersachsens und im Bayerischen Wald niedergelassen hatten und deren Anteil an der Bevölkerung im April 1949 16 Prozent betrug, lag die Arbeitslosenquote sogar bei fast 40 Prozent.[43] Alliierte Produktionsbeschränkungen, politische Unsicherheiten vor allem im Bereich der Grundstoffindustrien, große Devisenlücken zur Deckung der dringendsten Nahrungsmittel-, Rohstoff- und Grundstoffimporte sowie eine im Vergleich zum Ausland niedrige Arbeitsproduktivität und eine gegenüber der Vorkriegszeit verzerrte Export-Import-Struktur ließen die Wirtschaft stagnieren. Überall fehlte es trotz Marshall-Plan-Hilfe an Kapital.

Sorgen bereitete auch der Ernährungssektor. Da die «Kornkammern des Reiches» im Osten verloren waren, die Bevölkerung im Westen Deutschlands aufgrund der großen Ost-West-Wanderungsbewegung aber gleichzeitig um 21 Prozent gestiegen war, bestand nur dann eine Chance, die Ernährung zu sichern, wenn industrielle Exporte für genügend Devisen sorgten, um die benötigten Lebensmittel zu importieren. Die düstere Prophezeiung eines Berichts über Reparationen, Lebensstandard und Sozialprodukt aus dem Jahre 1948, daß «nur Tod oder Auswanderung von 20 Millionen Deutschen die Ernährungslage wirksam erleichtern» könne[44], erwies sich zwar als weit übertrieben. Aber das Ernährungsproblem war auch zu Beginn der fünfziger Jahre noch keineswegs gelöst. Hinzu kam die sozioökonomische Hinterlassenschaft des Krieges: Etwa 15 Millionen Menschen waren zu Beginn der Bundesrepublik ganz oder teilweise auf Sozialhilfe angewiesen. Die Leistungen für Alte, Kriegsopfer, Kriegshinterbliebene und Versehrte machten etwa 40 Prozent der Ausgaben in den öffentlichen Haushalten aus. Trotzdem waren die Renten verzweifelt niedrig. Der Mindestsatz der Witwen- und Waisenrente betrug ab Juni 1949 40 DM monatlich, das Minimum der Invalidenrente und des Ruhegeldes belief sich auf 50 DM monatlich. Der Durchschnitt aller Renten lag ebenfalls unter 100 DM im Monat.[45]

Ungeachtet solcher Schwierigkeiten widerstand die Regierung Adenauer jedoch der Versuchung, zum Dirigismus zurückzukehren und das nach der Währungsreform gerade erst abgeschaffte System der Bewirtschaftung wieder einzuführen. Zwar war Lenkung in gewissen Bereichen zunächst noch unerläßlich – vor allem im Wohnungswesen und zur Kontrolle der Lebensmittelpreise, aber auch bei der Ein- und Ausfuhr von Rohstoffen, im Verkehrswesen sowie beim Devisengeschäft und auf dem Kapitalmarkt. Dennoch durften diese Eingriffe der öffentlichen Hand nicht von Dauer sein, wenn die Bundesregierung am Konzept des wirtschaftlichen Liberalismus festhalten wollte, das 1948 so große Anfangserfolge zu verzeichnen gehabt hatte. Die Wirtschaftspolitik Ludwig Erhards war deshalb 1949/50 ein Wettlauf mit der Zeit. Sie setzte bewußt auf mittelfristige Erfolge und nicht auf kurzfristige Erleichterung oder gar auf Verteilungsgerechtigkeit. Strukturelle Arbeitslosigkeit wurde im Interesse der Stärkung von Produktionskapazität und internationaler Wettbewerbsfähigkeit in Kauf genommen. Das rohstoffarme, von Nahrungsmittelimporten abhängige Deutschland sollte weiterhin durch den Ausbau einer hochqualifizierten Fertigwarenindustrie zu einer «Exportmaschine» werden und damit an das Erfolgsrezept anknüpfen, das sich schon in der wilhelminischen Ära bewährt hatte. Ein freier Welthandel und die Multilateralisierung des Zahlungsverkehrs blieben vorrangige Ziele der Wirtschaftspolitik.

Mit dem großen Boom, der nach Beginn des Korea-Krieges im Juni 1950 die ganze westliche Welt erfaßte, gelang es auch der deutschen Wirtschaft, aus dem Tal der Stagnation herauszukommen. Nachdem bis dahin vor allem Großbritannien und Frankreich bestrebt gewesen waren, mit politischen Mitteln einen allzu raschen wirtschaftlichen Wiederaufstieg Deutschlands zu verhindern, erschienen deutsche Produkte auf den Weltmärkten in einem Klima allgemeiner Expansion nun leichter tolerierbar. Im Gegensatz zu den schrumpfenden Märkten nach dem New Yorker Börsenkrach 1929, der einen verheerenden Nationalegoismus freigesetzt und die internationale Konjunktur abgewürgt hatte, öffneten die expandierenden Märkte der fünfziger Jahre das Tor für eine Ära der Prosperität und marktwirtschaftlichen Zusammenarbeit, von der besonders die Bundesrepublik profitierte. Dieser Erfolg kam nun in erster Linie der Regierung Adenauer zugute, diente jedoch auch der politischen Stabilität der Bundesrepublik insgesamt. Tatsächlich hatte Ludwig Erhard mit seinem entschiedenen Bekenntnis zur Marktwirtschaft und dem Aufbau einer für den Export bestimmten Kapazitätsreserve die Weichen instinktiv richtig gestellt. Ein «Quentchen Glück» hatte am Ende jedoch ebenfalls dazugehört, um aus einer richtigen Grundentscheidung einen Triumph zu machen, der nicht zufällig mit dem Begriff «Wunder» belegt worden ist.

Die Saar-Frage

Von größter Bedeutung für die politische und wirtschaftliche Genesung der Bundesrepublik war ein Ausgleich mit den Staaten Westeuropas, vor allem Frankreich. Seit den napoleonischen Kriegen und der Reichsgründung 1870/71 hatte sich zwischen Deutschen und Franzosen eine Art «Erbfeindschaft» entwickelt, die zuletzt durch das Trauma der deutschen Besatzung von 1940 bis 1944 noch geschürt worden war. Aber auch andere Völker Westeuropas, wie die Niederländer, Belgier und Briten, mißtrauten den offenbar so unberechenbaren und gefährlichen Deutschen zutiefst. Zwar betonte Bundeskanzler Adenauer in zahlreichen Gesprächen und Interviews immer wieder seine Überzeugung, daß Sicherheitspolitik in Westeuropa sich nicht auf wirtschaftliche und politische Kontrolle sowie auf Sanktionen beschränken dürfe, sondern daß man in diesem Zusammenhang auch über Formen internationaler Kooperation nachdenken müsse. Doch insbesondere für Frankreich bedeutete dies kaum mehr als eine verbrämte Umschreibung des deutschen Wiederaufstiegs. Nur widerwillig hatte man hier die Gründung der Bundesrepublik hingenommen, mit der die Zonenaufteilung in harmlose Kleinstaaten rückgängig gemacht wurde. Enttäuscht hatte man sich danach dem amerikanischen Druck gebeugt und auf langfristige Reparationen verzichtet. Wenigstens an der Saar wollte man deshalb in Paris 1949/50 noch ein Stück französischer Deutschlandpolitik verwirklichen.

Das Saarland, in dem knapp eine Million Deutsche lebten, war zu dieser Zeit wirtschaftlich bereits eng mit Frankreich verflochten. Seit 1947 bestand eine Wirtschafts- und Währungsunion. Der französische Franc war gesetzliches Zahlungsmittel. Politisch war das Gebiet mit Duldung der USA und Großbritanniens – wenn auch unter Friedensvertragsvorbehalt – aus der französischen Besatzungszone herausgelöst worden. Die saarländischen Parteien und die Regierung unter Ministerpräsident Johannes Hoffmann plädierten für eine Autonomielösung, wobei allerdings Personen und Gruppen, die sich für einen Verbleib bei Deutschland einsetzten, von der französisch kontrollierten Partei gehindert wurden, sich wirkungsvoll in Szene zu setzen. Umgekehrt herrschte in der Bundesrepublik in allen politischen Lagern Konsens, daß das Saarland zu Deutschland gehöre, ehe nicht in einem Friedensvertrag etwas anderes vereinbart sei.

Der Konflikt zwischen Frankreich und der Bundesrepublik in der Saar-Frage war also vorprogrammiert. Der Streit eskalierte, als die französische Regierung im Herbst 1949 auf Drängen ihres Hohen Kommissars im Saarland, Gilbert Grandval, darauf bestand, das Saarland gleichzeitig mit der Bundesrepublik in den wenige Monate zuvor gegründeten Europarat aufzunehmen. Grandval, der im Saarland «wie ein Prokonsul» agierte[46], suchte auf diese Weise den Autonomiestatus zu untermauern und endlich die noch ausstehende internationale Anerkennung zu erhalten. Tatsächlich setzte sich Außenminister Robert Schuman persönlich beim Ministerrat des Europarats für die Idee ein. François-Poncet informierte Adenauer bei den Verhandlungen auf dem Petersberg von der französischen Absicht. Die Folge war ein Sturm der Entrüstung im Bundestag, wobei Schumacher überzeugende Argumente vorzubringen vermochte, während Adenauer hinhaltend auf Zeit spielte und hoffte, das Problem, das seine ganze Europapolitik gefährdete, beim ersten Besuch Schumans in Bonn im Januar 1950 aus der Welt schaffen zu können. Diese, wie es schien, allzu verständnisvolle Nachgiebigkeit gegenüber französischen Zumutungen war allerdings selbst innerhalb des Regierungslagers umstritten. So profilierten sich Franz Blücher und Thomas Dehler im Namen der FDP als Vorkämpfer für eine deutsche Saar; Jakob Kaiser lancierte mit der «Abteilung für Grenzlandfragen» seines gesamtdeutschen Ministeriums nicht nur eine heftige Propagandakampagne zur Rettung des Saargebietes, sondern produzierte auch eine entsprechende Denkschrift zur Saar-Frage, in der er, wie Bundespräsident Theodor Heuss bei einer Rede in Koblenz, den Nachweis führte, daß die Saar «geschichtlich und ethnisch deutsches Land» sei.[47]

Doch in Paris wollte man es nicht einmal beim Europarat-Beitritt bewenden lassen. Vielmehr bereitete man mit der saarländischen Regierung eine Serie von Konventionen vor, die den militärischen Schutz, die diplomatische Vertretung und die wirtschaftliche Kontrolle des Saarlandes an Frankreich übertragen sollten. Die bislang sequestrierten Saargruben, die formell deutsches Staatseigentum waren, sollten von der Regierung in Saarbrücken durch einen Pachtvertrag mit fünfzigjähriger Laufzeit an Frankreich übergeben werden. Das Saarland, für das bislang lediglich eine Autonomieregelung vorgesehen gewesen war, wurde dadurch faktisch zum französischen Protektorat. Als Robert Schuman in Bonn eintraf, waren diese Absichten hier bereits bekannt. Selbst Adenauer, der sich bisher mehr als versöhnlich gezeigt hatte, warnte deshalb den französischen Außenminister davor, die Konventionen in Kraft zu setzen. Der deutsche Beitritt zum Europarat, der europäische Gedanke und die deutsch-französische Verständigung, so der Kanzler, seien dadurch gefährdet.[48] Doch Paris ließ sich nicht mehr umstimmen. Am 3. März 1950 wurden die Verträge im Uhrensaal des Quai d'Orsay von Schuman und Ministerpräsident Hoffmann feierlich unterzeichnet.

Nachdem das Kind in den Brunnen gefallen war, bemühte sich Adenauer um Schadensbegrenzung. Nach ersten hektischen Reaktionen, in denen er öffentlich erklärte, Frankreich habe mit den Saarkonventionen eine «Entscheidung gegen Europa» getroffen und sei in bezug auf die Saargruben von «Hunger nach Gold» getrieben[49], kehrte er zu seiner Vision einer deutsch-französischen Zusammenarbeit und einer westeuropäischen Union zurück. Zur Verblüffung der Regierung in Paris, die mit erbittertem Widerstand gerechnet hatte, schlug er in einem Interview mit dem amerikanischen Journalisten Joseph Kingsbury-Smith bereits am 8. März 1950 «eine vollständige Union zwischen Deutschland und Frankreich mit einem einzigen Parlament» vor, wobei Großbritannien und die Benelux-Staaten keineswegs ausgeschlossen sein sollten. Die deutsch-französische Union könne aber der Grundstein der Vereinigten Staaten von Europa werden und auch zur Lösung der Saarfrage beitragen. Die Rückkehr der Saar zu Deutschland sei allerdings die Voraussetzung für eine solche Union.[50] In einer Sondersitzung des Bundestages spielte Adenauer die Angelegenheit ebenfalls herunter: Man solle den Friedensvertragsvorbehalt der Saarkonventionen betonen, die Mitspracherechte der Bundesregierung wahrnehmen und auf Verwirklichung der Grundsätze von Freiheit und Demokratie im Saarland drängen.[51] Eine Lösung der Saar-Frage, so konnte man diesen Ausführungen entnehmen, war nach Ansicht des Kanzlers nicht durch die – an sich durchaus verständliche – Vertretung nationaler Interessen, sondern nur durch europäische Zusammenarbeit und demokratische Selbstbestimmung möglich.

Was Adenauer darunter verstand, wurde in einem weiteren Gespräch mit Kingsbury-Smith deutlich, in dem er unter Bezugnahme auf den deutschen Zollverein von 1834 von der Gründung eines «deutsch-französischen Wirtschaftsparlaments» sprach, dessen Aufgaben Schritt für Schritt erweitert werden könnten und das auch anderen Ländern zum Beitritt offenstehen sollte.[52] Anfang April forderte er in einem Interview allgemein die baldige Errichtung eines «Europäischen Parlaments». Ausgangspunkt, so ließ er immer wieder durchblicken, sollte eine «organische Verflechtung» im wirtschaftlichen Bereich sein, die von der Vision einer gemeinsamen europäischen Zukunft getragen werden sollte.[53] Doch zunächst ging es ganz pragmatisch um den Beitritt der Bundesrepublik zum Europarat, den es trotz der starren französischen Haltung im Kabinett durchzusetzen und im Parlament zu vertreten galt. Innerhalb der Regierung wurde sie besonders von Jakob Kaiser weiterhin abgelehnt, der auch der endgültigen Abstimmung am 9. Mai 1950 demonstrativ fernblieb und nur mit Mühe davon abgehalten werden konnte, seinen Widerstand in einer großen Rede öffentlich zu verkünden.

Am Vorabend dieser entscheidenden Kabinettssitzung, also am 8. Mai, wurde Adenauer allerdings von Robert Schuman in einem persönlichen Schreiben unterrichtet, daß die französische Regierung am folgenden Tag ebenfalls zu einer wichtigen Sitzung zusammentreten werde, um einen Plan zur gemeinsamen Kontrolle der Montanindustrie in Westeuropa zu verabschieden. Es war genau die Art von Initiative, zu der Adenauer seit Monaten gedrängt hatte, ohne sich mit den Details zu beschäftigen. Die Nachricht, daß der Plan vom französischen Kabinett tatsächlich gebilligt worden war, traf in Bonn ein, als die Bundesregierung bereits tagte, um über den deutschen Beitritt zum Europarat zu beraten. Dramatischer hätte man den Beginn der europäischen Einigung und den ersten entscheidenden Schritt zur deutsch-französischen Verständigung kaum inszenieren können.

Der Schuman-Plan

Die Entstehungsgeschichte des «Schuman-Plans» vom 9. Mai 1950 ist untrennbar mit dem Namen von Jean Monnet verbunden, der die Idee zu einer «Montanunion» zwischen Deutschland und Frankreich – seinen eigenen Erinnerungen zufolge – auf einer zweiwöchigen Bergwanderung im Roseland entwickelte. In den Schweizer Bergen, so bemerkte er später im Rückblick, sei er wieder dem Ausdruck der Unruhe begegnet, die Europa fünf Jahre nach dem Krieg bedrückte: «Wenn wir nichts unternahmen, stand uns ein neuer Krieg bevor. Deutschland wäre zwar nicht die Ursache, aber der Anlaß. Es mußte aufhören, ein Anlaß zu sein, es mußte zu einem Band werden. Nur Frankreich konnte in dieser Lage die Initiative ergreifen. Wer konnte, ehe es zu spät war, Frankreich und Deutschland verbinden, wie konnte man ihnen noch heute ein für beide Länder gemeinsames Interesse einpflanzen, das war die Frage, die ich mir in der Konzentration der schweigsamen Märsche unablässig stellte.»[54]

Monnet war von Beruf eigentlich Bankier, doch stets auch im politischen Beratergeschäft tätig: bei der alliierten Rüstungsbeschaffung in den beiden

Weltkriegen, am Rande der Versailler Konferenz 1919, als stellvertretender Generalsekretär des Völkerbundes in den frühen zwanziger Jahren sowie als Fachmann für Wirtschaft im Dienste General de Gaulles und schließlich als französischer Plankommissar. Wie kaum ein zweiter besaß er Einblick in die wirtschaftlichen und politischen Zusammenhänge der Welt. Als Bankier und Wirtschaftsberater war er nicht nur in Europa, sondern in beinahe allen Erdteilen tätig gewesen. Ein Netzwerk von Verbindungen mit den politischen und wirtschaftlichen Eliten des gesamten Globus prägte seinen beruflichen Alltag und seine privaten Beziehungen. Unter einem Mangel an Selbstbewußtsein hatte er nie gelitten. Monnet glaubte die wichtigsten Probleme seiner Zeit nicht nur zu kennen und zu verstehen; er gedachte sie auch zu lösen.

Jetzt hatte er sich der deutschen Frage angenommen, mit der er bereits nach dem Ersten Weltkrieg eingehend konfrontiert worden war und von der er aus seinen Erfahrungen der Zwischenkriegszeit nicht glaubte, daß man sie mit den Methoden von damals bewältigen konnte. Vielmehr hatte er begriffen, wie er selbst schrieb, «daß es oftmals vergebliche Mühe ist, Schwierigkeiten anzugehen, die gar nicht in sich selbst Bestand haben, sondern vielmehr das Produkt der Umstände sind».[55] Nur wenn man die Bedingungen änderte, konnte man die Lage wieder offen gestalten. Dies galt auch für das deutsche Problem: Nur wenn man für die Deutschen die Demütigung durch die alliierten Kontrollen, für die kein Ende abzusehen war, beseitigte und den Franzosen die Angst vor einem in nationalstaatlichen Kategorien letztlich unkontrollierbaren Deutschland nahm, war eine Lösung möglich.

Doch wo befand sich der Faden im Knäuel der deutsch-französischen Beziehungen, den man herausziehen mußte, um den Knoten zu lösen? Für Monnet begann sich der Nebel der Ungewißheit auf seiner Bergwanderung in der Schweiz zu lichten: Kohle und Stahl waren sowohl der Schlüssel für wirtschaftliche Macht wie auch für das Arsenal, mit dem die Waffen für den Krieg geschmiedet wurden. Diese doppelte Macht gab ihnen eine symbolische Bedeutung, deren politischer Stellenwert kaum zu überschätzen war. Sie in einem geographischen Dreieck, das durch historische Zufallsgrenzen geteilt war, die im Industriezeitalter zu Hindernissen für den freien Austausch und mit dem Aufstieg nationalistischer Doktrinen sogar zu Konfrontationslinien zwischen den Völkern geworden waren, über die künstlichen Grenzen hinweg zu fusionieren, würde ihnen ihren unheilvollen Nimbus nehmen und sie zu einem Unterpfand des Friedens machen. Das war die Grundidee des späteren Schuman-Plans.

In einem nicht veröffentlichten ersten Entwurf des Plans brachte Monnet diese Gedanken überzeugend zum Ausdruck: Die französische Regierung schlage vor, «die Gesamtheit der französisch-deutschen Stahl- und Kohleproduktion unter eine internationale Behörde zu stellen, die für die Beteiligung anderer Länder Europas offen ist». Sie habe die Aufgabe, «die Grundbedingungen der Produktion zu vereinheitlichen und so die schrittweise Ausdehnung von effektiver Kooperation auf andere Bereiche zu friedlichen Zwecken zu ermöglichen». Europa solle auf föderalistischer Grundlage organisiert werden. Eine französisch-deutsche Union sei dabei ein wesentliches Element, und die französische Regierung sei entschlossen, sie in Angriff zu nehmen. Kernelement der neuen Organisation sollte eine gemeinsame Hohe Behörde (Haute Autorité) werden, deren Entscheidungen für die beteiligten Länder bindend sein würden. Ein integrierter Produktions- und Investitionsplan sowie ein Konvertierbarkeitsfonds sollten dazu verhelfen, die Produktion zu modernisieren, die Lieferungen von Kohle und Stahl auf die Märkte Frankreichs, Deutschlands und anderer beteiligter Länder zu sichern und eine gemeinsame Ausfuhrpolitik zu entwickeln. Durch die sofortige Beseitigung der Zollbarrieren sollte zudem für die Produkte ein gemeinsamer Markt geschaffen werden – nicht im Sinne eines Kartells, sondern durch Verschmelzung der Märkte und die Ausweitung der Produktion.[56]

Alle diese Ideen waren nicht gänzlich neu. Zwischen Frankreich, Deutschland, Luxemburg und Belgien hatte es schon vor dem Ersten Weltkrieg eine enge Verflechtung der Montanindustrien gegeben, und von 1926 bis 1939 hatte ein internationales Stahlkartell bestanden, das die auswärtigen Märkte aufgeteilt, die eigenen Binnenmärkte abgeschottet und Absprachen über die Preisgestaltung getroffen hatte. Nach dem Zweiten Weltkrieg war die französische Politik erneut bestrebt gewesen, den deutschen und französischen Montanbereich aufeinander zu beziehen – allerdings zum einseitigen Vorteil Frankreichs und auf Kosten Deutschlands. Da zu dieser Zeit – vor dem Siegeszug des Erdöls – in Westeuropa noch etwa 90 Prozent des Energiebedarfs durch Kohle gedeckt wurden, war die strategische Bedeutung der Frage immens. Hoffnungen der amerikanischen Regierung, mit dem Marshall-Plan und der in seinem Gefolge gegründeten OEEC nicht nur im Montanbereich, sondern mit Hilfe Großbritanniens in der gesamten westeuropäischen Wirtschaft ein größeres Maß an Kooperation oder sogar Integration zu erreichen, erfüllten sich deshalb zunächst nicht. Frankreich beharrte vielmehr darauf, große Mengen an Ruhr- und Saarkohle, die nach 1945 für den Wiederaufbau der französischen Stahlindustrie unerläßlich waren, als vorweggenommene Reparationsleistung oder zu Vorzugsbedingungen, weit unter Weltmarktpreis, von Deutschland zu erhalten. Ermöglicht wurde dies vor allem durch die Ruhrbehörde, die es den westeuropäischen Abnehmerstaaten erlaubte, große Mengen Kohle unter weitgehender Mißachtung des deutschen Bedarfs einzukaufen. So flossen allein 1949 etwa 8,1 Millionen Tonnen – immerhin ein Zwölftel der gesamten deutschen Steinkohleförderung – nach Frankreich.

Mit wachsendem Interesse der USA und Großbritanniens an einer wirtschaftlichen Stabilisierung Westdeutschlands wurde diese Situation immer unhaltbarer. Die amerikanische Regierung nutzte daher das Instrument des

Marshall-Plans, um Druck auf Paris auszuüben, den Gedanken der europäischen Integration, der in der OEEC bisher nicht zum Zuge gekommen war, obwohl die USA ihre Kreditvergabe von vornherein an die Bedingung eines westeuropäischen Zusammenschlusses geknüpft hatten, endlich ernstzunehmen.

So sah sich Robert Schuman im November 1949 von Außenminister Acheson und seinem britischen Amtskollegen Bevin mit der Erwartung konfrontiert, von Frankreich konkrete Vorschläge für die weitere Entwicklung zu erhalten. «Wir sind uns völlig darin einig», hatte Acheson dabei hintersinnig erklärt, «unserem französischen Kollegen die Aufgabe zu übertragen, unsere gemeinsame Politik gegenüber Deutschland zu definieren.»[57] Nun stand die für den 11. Mai 1950 nach London einberufene nächste Konferenz der drei Außenminister vor der Tür, wo Schuman seine Ideen unterbreiten sollte und mit neuen Forderungen der Verbündeten zugunsten der Bundesrepublik rechnen mußte. Vor allem die USA verloren langsam die Geduld. Washington hatte Paris deshalb bereits vorab wissen lassen, daß die Vergabe weiterer Marshall-Plan-Kredite von der Bereitschaft der Europäer abhängig gemacht würde, sich politisch stärker zusammenzuschließen.[58]

Als Monnet im April 1950 noch ganz im stillen an seinem Plan arbeitete, war Schuman demzufolge schon seit Wochen auf der Suche nach einem geeigneten Vorschlag, den amerikanisch-britischen Forderungen zu begegnen. Die Zeit drängte auch für Monnet, denn er erwog, seinen Plan auf der Außenministersitzung am 11. Mai in London selbst vorzutragen. Der Zufall wollte es, daß gerade in diesem Augenblick einer der juristischen Berater des Quai d'Orsay, Paul Reuter, in Monnets Büro in der Rue de Martignac erschien, um Ratschläge in ganz anderer Angelegenheit, der Antitrustgesetzgebung, zu erteilen. Bei dem Gespräch kamen schließlich auch Monnets Ideen zur Montanunion zur Sprache, für die sich Reuter so sehr begeisterte, daß man sich für Samstag, den 15. April, erneut verabredete. Am folgenden Tag traf man ein drittes Mal zusammen, diesmal in Houjarray in der Ile de France. Hier stieß auch noch Etienne Hirsch, ein alter Weggefährte und Freund Monnets aus gemeinsamen Tagen während des Zweiten Weltkrieges in Algerien, hinzu. Gemeinsam entwarf man an diesem Tag die erste Version des Plans, dem bis zum 6. Mai noch acht Fassungen folgten.

Schuman erhielt erstmalig am 28. April Kenntnis von dem Projekt. Der französische Außenminister bemerkte rasch, welche Gelegenheit sich ihm mit dem Monnet-Papier bot: Nachdem Frankreich bisher nur auf amerikanische Initiativen reagiert hatte, eröffnete der Plan die Chance für eine eigene diplomatische Offensive, mit der es gelingen konnte, die Führung in Westeuropa zurückzuerlangen. Denn die Briten wurden durch die Montanunion in der Ruhrfrage auf den zweiten Rang verwiesen. Und selbst die unerquicklichen Saar-Diskussionen erschienen dadurch in einem neuen, freundlicheren Licht. Mit Schumans Interesse war die Idee aus dem Stadium des Gedankenspiels in die Sphäre der Politik gewechselt. Noch eine Woche wurde unter größter Geheimhaltung am Text gefeilt. Dann holte Schuman in aller

1. Adenauers Politik der Westintegration

Eile die Zustimmung des französischen Ministerrats ein, der offenbar kaum bemerkte, was er da beschloß, und ging am 9. Mai – rechtzeitig vor dem Außenministertreffen in London – mit dem Plan vor die Presse. In der Bundesrepublik stießen die Vorschläge sofort auf positives Interesse. Der nordrhein-westfälische Ministerpräsident Karl Arnold hatte schon beim alliierten Ruhrstatut angeregt, die Gesamtheit der deutschen und westeuropäischen Montanindustrie denselben Kontrollen zu unterwerfen, um eine Diskriminierung deutscher Unternehmen zu vermeiden. Adenauers Überlegungen zielten ohnehin seit langem in die gleiche Richtung. Die damit angestrebte Veränderung des politischen Klimas wurde nun sofort spürbar, als Monnet schon beim ersten Gespräch mit den Hohen Kommissaren gegen britisches Zögern durchsetzte, daß die Verhandlungen allein von der Bundesregierung zu führen seien, die dazu nach den Bestimmungen des Besatzungsstatuts noch gar nicht berechtigt gewesen wäre: praktizierte Gleichberechtigung, die auch in der zu erwartenden baldigen Ablösung des Ruhrstatuts und der Klärung der französisch-saarländischen Wirtschaftsbeziehungen zum Ausdruck kam. Als Großbritannien sich weigerte, an den Verhandlungen teilzunehmen, weil diese darauf abzielten, einen Teil der nationalen Souveränität in die Hand einer supranationalen Behörde zu legen, taten sich überdies völlig neue Perspektiven der europäischen Politik auf: Die alte Idee einer britisch-französischen Entente wurde vom Modell eines wirtschaftlichen Kontinentalblocks unter französischer Führung, aber mit einem potentiell starken deutschen Partner abgelöst. Das Projekt des Schuman-Plans schuf damit Fakten, die schon bald ihre ganz eigene Dynamik entwickelten.[59]

Aus der Sicht Adenauers war die britische Zurückhaltung indessen bedauerlich. Wiederholt beklagte er die europapolitische Passivität der Labour-Regierung und beschwor maßgebende britische Gesprächspartner, sich den neuen Formen der europäischen Zusammenarbeit nicht zu entziehen. Gleichwohl war die Konstellation, bei der Frankreich und die Bundesrepublik als die gewichtigsten Wortführer der Integrationspolitik auftraten, für Bonn alles andere als ein Nachteil. Gleichberechtigung und Souveränität ließen sich dabei jedenfalls wesentlich leichter durchsetzen als in einem komplizierten Dreiecksverhältnis, in dem die traditionell guten anglo-französischen Beziehungen zu einer Isolierung der Bundesrepublik hätten führen können. So verhandelten schließlich neben Frankreich und der Bundesrepublik noch Belgien, die Niederlande und Luxemburg sowie Italien unter dem Vorsitz von Jean Monnet über den Schuman-Plan, aus dem am 18. April 1951 der Vertrag über die Europäische Gemeinschaft für Kohle und Stahl (EGKS) hervorging.

Maßgeblichen Anteil an den Verhandlungen hatte auf deutscher Seite Professor Walter Hallstein, der in den folgenden Jahren als Staatssekretär im Auswärtigen Amt mit Zähigkeit und Augenmaß die Westintegration der Bundesrepublik betrieb. Während Adenauer die Integration mehr unter politisch-pragmatischen Gesichtspunkten betrachtete, reicherte der Jurist Hallstein das eher technokratische Konzept der autonomen Hohen Behörde mit Elementen an, die den deutschen föderalistischen Erfahrungen entsprachen. Die Institutionen der Montanunion – Hohe Behörde, Gemeinsame Versammlung, Ministerrat und Gerichtshof – konnten danach bereits als Modell eines europäischen Bundesstaates verstanden werden. Die EGKS wurde zu einer institutionalisierten «Teilintegration», die für nachfolgende umfassende Integrationsbemühungen prägend wirkte. Europa gewann dadurch eine erkennbare Gestalt und Struktur, die sich in der täglichen Zusammenarbeit von Politikern, Beamten und Wirtschaftlern widerspiegelte und die sie ohne zielbewußt gestaltete supranationale Rechtsformen kaum erhalten hätte.[60] Wichtig für die Bundesrepublik war in diesem Zusammenhang vor allem die Tatsache, daß sie von Anfang an dazugehörte – also weder abseits stand noch von anderen ausgeschlossen wurde. Als der Vertrag über die Montanunion am 24./25. Juli 1952 in Kraft trat, endeten das Ruhrstatut, die Ruhrbehörde sowie die alliierten Kontrollen und Beschränkungen im Montanbereich. Der Weg nach Europa, der für die Bundesrepublik zugleich ein Stück Gleichberechtigung und Souveränität bedeutete, hatte begonnen.

Korea-Krieg und Wiederbewaffnung

Am 25. Juni 1950 überschritten Streitkräfte des kommunistischen Nordkorea den 36. Breitengrad und eröffneten ihren Angriff auf das von amerikanischen Truppen eben erst geräumte Südkorea. Der Ost-West-Konflikt erreichte damit nach der Berliner Blockade 1948/49 einen zweiten Höhepunkt. Der Überfall war für den Westen der geradezu klassische Beweis für die Aggressivität des internationalen Kommunismus und für dessen Absicht, überall dort expansiv vorzugehen, wo westliche Schwäche dies zuließ. Korea war deshalb kein beliebiger regionaler Konflikt weitab in einem entfernten Winkel der Welt, sondern eine Auseinandersetzung von exemplarischer Bedeutung. Der Westen insgesamt fühlte sich herausgefordert. Von der sowjetischen Expansion im Gefolge des Zweiten Weltkrieges in Osteuropa über die kommunistische Revolution in China 1949 bis zum Korea-Krieg wurde eine direkte Linie gezogen.

Für die Bundesrepublik wurde der Krieg im Fernen Osten neben dem Schuman-Plan zum zweiten Katalysator bei der Wiedererlangung von Souveränität und Gleichberechtigung. Angesichts der konkreten Kriegsgefahr, die nun auch in Europa zu bestehen schien, traten historische Bedenken der Westmächte, eine Wiederbewaffnung Deutschlands zu erwägen, um die Verteidigung Westeuropas möglichst effektiv organisieren zu können, rasch in den Hintergrund. In militärischen Kreisen der NATO, besonders in den USA und Großbritannien, war man allerdings schon seit geraumer Zeit der Meinung, daß ein deutscher Beitrag unvermeidlich sei, um eine wirksame Abwehrfront gegenüber der Sowjetunion und ihren Verbündeten zu errichten. Die systematische Bestandsaufnahme der westlichen Generalstäbe nach Gründung der NATO im April 1949 hatte eine hoffnungslose Unterlegenheit der westlichen Streitkräfte in Mitteleuropa ergeben. Militärisch gesehen, stand die NATO praktisch nur auf dem Papier. Selbst die Rheinlinie war unter den gegebenen Umständen nicht zu halten. Eine erfolgreiche Verteidigung Europas schien erst hinter den Pyrenäen möglich. Die Vereinigten Stabschefs der USA empfahlen deshalb am 2. Mai 1950 in einer Stellungnahme zur Deutschlandpolitik, «bei den westeuropäischen Staaten, vor allem Frankreich, die Einsicht in die Notwendigkeit herbeizuführen, die gegenwärtige Abrüstungs- und Entmilitarisierungspolitik im Hinblick auf Westdeutschland zu ändern, so daß Westdeutschland wirkungsvoll zur Sicherheit Westeuropas beitragen kann».[61] Wörtlich hieß es in dem Memorandum weiter: «Es wird anerkannt, daß politische und psychologische Hindernisse in Westeuropa überwunden werden müssen, wenn die gegenwärtige alliierte Politik geändert werden soll. Auf Frankreich sollte Druck ausgeübt werden, um sicherzustellen, daß einseitige Maßnahmen Frankreichs, wie z. B. diejenige, die es kürzlich im Hinblick auf das Saargebiet ergriffen hat, sich nicht wiederholen, sondern daß Frankreich zu der Überzeugung gebracht wird, daß die UdSSR eine größere Bedrohung der Unabhängigkeit Frankreichs darstellt als Deutschland.»[62]

Für Präsident Truman und Außenminister Acheson waren die Vorstellungen der Stabschefs jedoch politisch noch nicht akzeptabel. So blieb auch ein konkreter Vorschlag über die Aufstellung deutscher Divisionen im Rahmen der NATO mit leichter Artillerie und leichten Panzern, der Acheson Mitte Mai 1950 vor der NATO-Ratstagung in London mitgeteilt wurde, zunächst unberücksichtigt. Truman bezeichnete die Vorstellungen der Stabschefs vielmehr am 16. Juni 1950 – neun Tage vor Beginn des Korea-Krieges – in einer streng geheimen Notiz für Acheson als «entschieden militaristisch und meiner Auffassung nach unrealistisch unter den gegenwärtigen Bedingungen».[63] In einer zweiten Notiz vom gleichen Tage wies Truman auf innerwestliche Differenzen hin, die im Falle eines deutschen Wehrbeitrages die Einheit gefährden könnten: «Mein Eindruck ist, daß die Briten alles nur Mögliche tun, um die Einheitsfront Westeuropas zu zerbrechen. Dabei könnte es natürlich eine ihrer Strategien sein, die Wiederbewaffnung Deutschlands zu befürworten. Frankreich würde sofort vom großen Zittern befallen, wenn diese Frage jemals ernsthaft in Erwägung gezogen würde.»[64] Acheson war ähnlich zurückhaltend. In einem Telegramm an den amerikanischen Hohen Kommissar in der Bundesrepublik, McCloy, erklärte der Außenminister sogar noch am 21. Juni 1950 – vier Tage vor Beginn der Kampfhandlungen in Korea –, er halte die Wiederbewaffnung für «verfrüht».[65]

Bis zum Beginn des Korea-Krieges gab es für einen deutschen Wehrbeitrag somit selbst in den USA, wo man die Angelegenheit ansonsten eher nüchtern und unvoreingenommen betrachtete, keine politische Basis. Zwar hatte Acheson auf der NATO-Tagung in London zu verstehen gegeben, daß die Besatzungszeit ihrem Ende zugehe und daß man Deutschland erlauben müsse, sich selbst einen Platz in der westlichen Gemeinschaft zu suchen. Aber das war nicht unbedingt militärisch zu verstehen gewesen. Allein die Rücksichtnahme auf Frankreich, das gerade erst mit dem Schuman-Plan einen, wie man in Paris meinte, ausreichenden Beweis für seine Kompromißbereitschaft erbracht hatte, ließ äußerste Vorsicht geboten erscheinen. Kaum mehr als fünf Jahre nach der Befreiung von den Truppen der Wehrmacht war die Aufstellung einer neuen deutschen Armee hier schlicht nicht vorstellbar. Das Gleiche galt für die anderen europäischen Staaten, die während des Zweiten Weltkrieges von den Deutschen besetzt gewesen waren.

Der Ausbruch des Korea-Krieges am 25. Juni änderte diese Konstellation grundlegend. So forderte Acheson in einem Bericht an den Nationalen Sicherheitsrat vom 3. Juli 1950 nun genau jene Maßnahmen, die er zwei Wochen zuvor noch als «verfrüht» verworfen hatte: «Die Regierung der Vereinigten Staaten ist entschlossen ..., Deutschland so schnell wie möglich in eine enge und feste Verbindung mit dem Westen zu bringen und Verhältnisse zu schaffen, unter denen das Potential Westdeutschlands endgültig dem Potential des Westens hinzugefügt werden kann. Dies bedeutet, daß Deutschland nicht nur in die westlichen Organisationen aufgenommen werden sollte, sondern daß dies in einer Weise geschehen soll, die Deutschland so endgültig auf den Westen festlegt, daß seine künftige Entscheidung zwischen Ost und West unzweifelhaft feststeht.»[66] Am 31. Juli ging es dann schon nicht mehr um das Ob, sondern nur noch um das Wie. Nach einem Treffen mit Präsident Truman notierte Acheson: «Die Frage war nicht, ob Deutschland in die allgemeine Verteidigungsplanung einbezogen werden sollte, sondern eher, wie dies durchgeführt werden könne ohne Störung anderer Dinge, die wir tun, und ohne Deutschland in eine Lage zu bringen, in der es das Machtgleichgewicht in Europa bestimmen würde.»[67]

Der Korea-Krieg forcierte also nicht nur die Diskussion um einen deutschen Wehrbeitrag, sondern brachte die entscheidende Wende, nach der ein solcher Beitrag überhaupt erst möglich wurde. Mitte August war das State Department schließlich so weit, der Forderung der Vereinigten Stabschefs nach einer sofortigen Umsetzung der Pläne für einen deutschen Verteidigungsbeitrag nachzugeben. Alle politischen Bedenken traten nun – jedenfalls auf amerikanischer Seite – hinter den militärischen Notwendigkeiten zurück: Auf einer für September 1950 nach New York einberufenen Außenministerkonferenz der drei Westmächte sollte das Thema zur Sprache gebracht werden. In hektischen internen Klärungen zwischen dem Außen- und Verteidigungsministerium der USA wurden Details des amerikanischen Verhandlungspakets festgelegt, das am 8. September 1950 von Präsident Truman gebilligt wurde: Einrichtung eines integrierten militärischen Oberkommandos der NATO; sofortige Entsendung amerikanischer Landstreitkräfte in einer Stärke von etwa 6 Divisionen nach Deutschland, hinter deren

1. Adenauers Politik der Westintegration

Schutzschirm Westeuropa die Zeit gewinnen sollte, eine eigene Verteidigungsmacht aufzubauen; Angebot amerikanischer Militärhilfe zur Ausrüstung und Modernisierung der europäischen Streitkräfte; schließlich die Aufstellung deutscher Divisionen, aber ohne eigenen Generalstab.[68]

Bundeskanzler Adenauer wurde am 17. August von McCloy mit der Frage konfrontiert, ob die Bundesrepublik bereit sei, einen Beitrag zu einer Europa-Armee zu leisten. Die Anfrage kam nicht überraschend. Winston Churchill hatte als Oppositionsführer im britischen Unterhaus bereits am 16. März – also noch vor Beginn des Korea-Krieges – eine «aktive Hilfe» der Bundesrepublik für die westliche Verteidigung verlangt und am 11. August vor der Beratenden Versammlung des Europarats in Straßburg angesichts der erneuten Bedrohung von Freiheit und Frieden in Europa «die sofortige Schaffung einer europäischen Armee unter einheitlichem Kommando» gefordert, bei dem ein deutscher Beitrag unerläßlich sei.[69] Sogar General de Gaulle hatte sich am 11. Juli in einem Interview mit dem Vizepräsidenten der Nachrichtenagentur United Press, A. L. Bradford, für die Einbeziehung Westdeutschlands und Spaniens in das westliche Verteidigungssystem ausgesprochen; allerdings müsse die Bundesrepublik zuvor durch ein Abkommen mit Frankreich der zu schaffenden europäischen Föderation angeschlossen werden.[70] McCloys Äußerungsersuchen an Adenauer hatte also einen durchaus soliden Hintergrund, wobei er selber – wie die Planer des Pentagon und anders als die Europäer – eine eigenständige deutsche Armee in einer Stärke von etwa 10 Divisionen im NATO-Rahmen befürwortete.

Adenauer war bereits in zwei Denkschriften von General Hans Speidel im Dezember 1948 und April 1949 auf die westliche Verteidigungslücke in Europa aufmerksam gemacht worden. Die von Speidel konzipierte Lösung des Problems sah «einheitliche deutsche Sicherungsverbände im Rahmen einer europäischen Armee» vor.[71] Doch Adenauer hatte zunächst vor allem an eine Verstärkung der westalliierten Truppen in Deutschland gedacht, um die Bedrohung abzuwenden, die von den sowjetischen Streitkräften und der etwa 70000 Mann starken «kasernierten Volkspolizei» in Ostdeutschland auszugehen schien. Im Verlauf des Jahres 1949 hatte er dann einerseits einen deutschen Beitritt zur NATO – wenn auch ohne deutsche Streitkräfte – gefordert, andererseits kurzfristig eine Verstärkung der Polizei der Länder oder den Aufbau einer Bundespolizei angeregt, ohne sich auf längere Sicht dem Gedanken «eines deutschen Kontingents im Rahmen der Armee einer europäischen Föderation» zu verschließen.[72] Nach Ausbruch des Korea-Krieges sah sich Adenauer in seinen Sorgen bestätigt und ersuchte, gestützt auf einen Kabinettsbeschluß, unverzüglich die Hohen Kommissare um eine alliierte Sicherheitsgarantie und die Genehmigung zum Aufbau einer Bundespolizei, für die man im Bundeskanzleramt einen Umfang von etwa 100000 Mann für erforderlich hielt. Nach weiteren Diskussionen im Kabinett am 15. August – wenn auch ohne förmliche Abstimmung – konnte

McCloy daher bei seiner Anfrage am 17. August der sofortigen Zustimmung Adenauers zu einem deutschen Beitrag im Rahmen einer Europa-Armee sicher sein.

Nachdem der Kanzler am 24. August von McCloy nochmals um eine Zusammenfassung seiner Auffassungen zur Frage eines deutschen Wehrbeitrages gebeten worden war, weil dieser noch bis zum 31. August den turnusmäßigen Vorsitz der Hohen Kommission innehatte und entschlossen war, entsprechende Wünsche der deutschen Seite entgegenzunehmen, damit sie bei der Sitzung der Außenminister in New York offiziell unterbreitet werden konnten, ließ Adenauer am 29. August im Bundeskanzleramt in größter Eile zwei Memoranden fertigstellen, die in den frühen Morgenstunden des 30. August per Sonderkurier zum Flugzeug McCloys gesandt wurden, der eben nach Washington startete. In den beiden Memoranden wurde – ganz auf der Linie Adenauers – die Sicherheitsfrage mit dem Problem der deutschen Gleichberechtigung und Souveränität verknüpft. So wiederholte das «Memorandum des Bundeskanzlers Konrad Adenauer über die Sicherung des Bundesgebietes nach innen und außen» nach einer dramatischen Schilderung der prekären Sicherheitslage angesichts der östlichen Übermacht im wesentlichen die Vorstellungen, die Adenauer schon den Hohen Kommissaren vorgetragen hatte: Verstärkung der Besatzungstruppen, Aufstellung einer Bundespolizei und die Bereitschaft, wie es wörtlich hieß, «im Fall der Bildung einer internationalen westeuropäischen Armee einen Beitrag in Form eines deutschen Kontingents zu leisten». Zugleich erklärte Adenauer jedoch, damit sei «eindeutig zum Ausdruck gebracht, daß der Bundeskanzler eine Remilitarisierung Deutschlands durch Aufstellung einer eigenen nationalen militärischen Macht ablehnt».[73]

Im zweiten Memorandum, das die Frage der «Neuordnung der Beziehungen zwischen der Bundesrepublik Deutschland zu den Besatzungsmächten» behandelte, formulierte Adenauer sodann den Preis, den die Westmächte für einen deutschen Verteidigungsbeitrag zahlen müßten. Wörtlich bemerkte dazu der Kanzler: «Wenn die deutsche Bevölkerung die Pflichten erfüllen soll, die ihr im Rahmen der europäischen Gemeinschaft aus der gegenwärtigen Lage und ihren besonderen Gefahren erwachsen, muß sie innerlich hierzu instand versetzt werden. Es muß ihr ein Maß an Handlungsfreiheit und Verantwortlichkeit gegeben werden, das ihr die Erfüllung dieser Pflichten sinnvoll erscheinen läßt. Wenn der deutsche Mensch Opfer jeder Art bringen soll, so muß ihm wie allen anderen westeuropäischen Völkern der Weg zur Freiheit offen sein.»[74]

Ziel der Adenauerschen Politik war in diesem Zusammenhang die Revision des Besatzungsstatuts und dessen Ersetzung durch Verträge, Souveränität, Aufhebung des Kriegszustandes, Umwandlung der Besatzungstruppen in Verteidigungstruppen und der Wunsch nach Einsetzung einer Kommission zur Umgestaltung des Rechtsverhältnisses zwischen Alliierten und Deutschen.[75] Damit waren die Grundpositionen der Bundesrepublik im Hinblick auf Wiederbewaffnung und Westintegration abgesteckt. Die Tatsache, daß Adenauer keine Zeit mehr fand (oder sie sich nicht nahm), die beiden Memoranden ungeachtet ihrer prinzipiellen und weitreichenden Bedeutung mit dem Segen eines Kabinettsbeschlusses versehen zu lassen, löste jedoch Irritationen aus. Als die Minister am 31. August vor vollendete Tatsachen gestellt wurden, stimmten sie zwar mit Ausnahme von Bundesinnenminister Gustav Heinemann nachträglich zu. Aber der Eklat über die Vorstellung, Adenauer habe durch einen einsamen Entschluß das Angebot deutscher Soldaten unterbreitet, war nicht mehr zu vermeiden, so daß Heinemann in der Folge aus dem Kabinett und aus der CDU ausschied und zu einem der Wortführer gegen die Wiederbewaffnung avancierte.

Als Adenauers Vorschläge am 12. September im New Yorker Waldorf Astoria Hotel von den Außenministern der drei Westmächte zur Kenntnis genommen wurden, war die Öffentlichkeit bereits vorbereitet. In einem vertraulichen Hintergrundgespräch am 9. September hatte McCloy einigen Reportern gegenüber verlauten lassen, daß Deutschland nach amerikanischer Auffassung etwa 10 Divisionen zur Verteidigung des Westens beisteuern könne. Die Sonntagszeitungen am 10. September berichteten darüber – ohne Angabe der Informationsquelle – in großer Aufmachung. Der britische Außenminister Bevin und sein französischer Amtskollege Schuman wurden auf dem Weg nach New York von der Ankündigung überrascht, daß Acheson das Thema ansprechen würde.[76] Ihre Reaktion war entsprechend: Bevin hielt sich mit einer Stellungnahme zurück, Schuman lehnte die amerikanischen Pläne für eine deutsche Wiederbewaffnung glatt ab. Immerhin, teilte Acheson seinem Präsidenten mit, «dürften sich die Franzosen und Engländer in ihrer Haut immer unbehaglicher fühlen»[77] – zumal die USA mit dem Versprechen, ein großes Überseekontingent in Europa zu stationieren und umfangreiche Militärhilfe zur Modernisierung der westeuropäischen Streitkräfte zu leisten, erhebliche Vorleistungen erbrachten. Hinsichtlich Deutschlands wurde jedoch sogar Adenauers Ersuchen zur Errichtung einer Bundesschutzpolizei von beträchtlichem Umfang abgelehnt, von der man auch in Washington befürchtete, daß sie zum Nukleus einer Nationalarmee werden könne; übrig blieb ein bescheidener Bundesgrenzschutz von 30000 Mann.

Längerfristig erschien ein deutscher Verteidigungsbeitrag aber nicht nur aus amerikanischer Perspektive, sondern auch aus britischer Sicht unvermeidlich. Unterstützt wurde die Idee ebenfalls von den Benelux-Staaten und den skandinavischen Ländern. Auf einer Konferenz der Verteidigungsminister der NATO, die für den 28. Oktober vorgesehen war, sollte deshalb weiter darüber beraten werden. Das Thema war also keineswegs vom Tisch, sondern nur vertagt, wie nicht zuletzt die Franzosen erkennen mußten. Ihnen blieben diesmal allerdings nicht zwölf Monate – wie beim Schuman-Plan –, sondern nur vier Wochen, um mit einem eigenen Vorschlag aufzuwarten, der einen plausiblen und auch aus französischer Sicht akzeptablen Weg zur gemeinsamen Verteidigung Westeuropas aufzeigte.

Vom Pleven-Plan zur EVG

Die Alternativen für einen deutschen Wehrbeitrag, der seit dem Sommer 1950 als immer unausweichlicher angesehen wurde, lagen von Anfang an klar auf der Hand: eine eigenständige deutsche Armee im Rahmen der NATO oder deutsche Streitkräfte im Rahmen einer Europa-Armee. Sogar in den USA, wo sich die mit der Verteidigungsplanung befaßten militärischen Dienststellen ebenso einhellig wie frühzeitig für deutsche NATO-Truppen ausgesprochen hatten, wurde zunächst über beide Möglichkeiten nachgedacht. Während das Pentagon die NATO-Lösung favorisierte, hielt man im Außenministerium einen europäischen Weg für politisch sinnvoller. Hier waren es vor allem Überlegungen des Direktors des Büros für deutsche Angelegenheiten im State Department, Henry A. Byroade, die in der Diskussion mit McCloy zur Konzeption einer «Europäischen Verteidigungsgemeinschaft» führten.

McCloy selbst hatte unter dem Datum des 3. August nicht nur an Byroade, sondern auch an Acheson telegrafiert, «daß die Zeit für eine grundlegende Lösung des Problems der Verteidigung Westeuropas nun reif» sei. Dieses Ziel könne aber «nicht durch die Stärkung der nationalen Armeen der westeuropäischen Länder erreicht werden». Auch die Schaffung «irgendeiner deutschen Nationalarmee – jetzt oder in der absehbaren Zukunft» wäre seiner Meinung nach «ein tragischer Fehler». Statt dessen solle man danach trachten, die bestehenden Schwierigkeiten «durch die Schaffung einer genuinen Europa-Armee zu lösen». Die Franzosen, so schätzte McCloy, schienen für eine solche Maßnahme bereit zu sein, weil sie ihnen die Hoffnung auf eine wirksame Verteidigung ohne das Risiko einer deutschen Nationalarmee biete. Das deutsche Kabinett und die deutsche Öffentlichkeit würden einem solchen Kurs ebenfalls zustimmen. Mit einem Schritt wäre Deutschland voll in Westeuropa integriert, und dies wäre «die bestmögliche Versicherung gegen eine weitere deutsche Aggression». Außerdem würde dieser dramatische Schritt zugunsten einer europäischen Föderation auch «das tiefe Verlangen in Frankreich, Deutschland und Benelux nach einer wirklichen Europäischen Gemeinschaft erfüllen».[78]

Byroade reagierte enthusiastisch. Schon einen Tag später kabelte er an McCloy, gerade vor dem Erhalt seines Fernschreibens habe er selbst ein Papier über die Schaffung einer «europäischen Armee» geschrieben, ohne sich im einzelnen zu überlegen, warum ein solches Konzept in die Wirklichkeit umgesetzt werden müsse. Diese Lücke habe McCloy nun mit seinem Telegramm «in großer Klarheit» gefüllt. Sein eigenes Papier, so Byroade, sei im Ministerium noch nicht erörtert worden. Er habe es «ohne Bezug auf bestehende Organisationen oder Maschinerien in dem Bemühen entworfen, eine theoretische Lösung zu präsentieren, von der aus man rückwärts einen Kompromiß zwischen der Theorie und dem bereits Bestehenden erarbeiten» könne.[79] Dieses Papier, das den Titel *An Approach to the Formation of a ‹European Army›* trug, behandelte in fünf Abschnitten die Bereiche Rekrutierung, Ausrüstung und Versorgung, Organisation, Generalstabsführung und Kommandostruktur sowie die allgemeine Lenkung durch Regierungen und Staatschefs. Nach Byroades Meinung sollte sich die geplante Armee aus nationalen Kampfeinheiten bis Regimentsstärke zusammensetzen und gemeinsam ausgerüstet werden – allerdings mit der Einschränkung, schwere Waffen, Munition und Ersatzteile nicht in Deutschland zu produzieren. Alle im westlichen Kontinentaleuropa stationierten Truppen sollten dieser Verteidigungsgemeinschaft unterstellt werden. Nur Frankreich, so Byroade, müsse man die Möglichkeit einräumen, nach Bedarf – etwa zur Verteidigung seiner Kolonien – eigene Streitkräfte außerhalb der Gemeinschaft zu unterhalten. Der Generalstab mit voller amerikanischer Beteiligung solle dagegen wiederum einen «wahrhaft internationalen Charakter» haben, während die politische Lenkung – das «vielleicht schwierigste Problem des ganzen Konzepts» – primär einem Dreier-Direktorium, bestehend aus Vertretern der USA, Großbritanniens und Frankreichs, übertragen werden solle, zu dem die anderen beteiligten Nationen nur über Beratende Komitees Zugang erhalten würden.

Dieses Konzept, das sich in weiten Passagen wie eine Blaupause für den späteren Pleven-Plan liest, fand nicht nur die Zustimmung McCloys, sondern auch den Beifall Achesons. Er habe, ließ der Außenminister am 21. August wissen, den Meinungsaustausch über die «Errichtung einer europäischen Verteidigungsstreitmacht» seit dem McCloy-Telegramm vom 3. August «mit großem Interesse» verfolgt und sei von der Einmütigkeit der Meinungen über grundlegende Schritte zur Verbesserung der Lage in Europa «tief beeindruckt». Überdies befinde er sich mit den allgemeinen Thesen «in völliger Übereinstimmung» und habe bereits Schritte eingeleitet, um das Einverständnis aller Abteilungen der amerikanischen Administration einzuholen und eine prinzipielle Entscheidung des Präsidenten vorzubereiten.[80] Doch das war leichter gesagt als getan. Bereits am 26. August stellte ein Bericht des Joint Strategic Survey Committee an die Vereinigten Stabschefs fest, «der Vorschlag des State Department für die Formierung einer Europäischen Verteidigungsstreitmacht internationalen Charakters» sei «radikal», jedoch «ungeeignet, die mit der Wiederbewaffnung Westdeutschlands zusammenhängenden politischen Probleme zu lösen».[81] Andere Abteilungen des amerikanischen Generalstabs folgten dieser Linie, und auch der Stabschef des Heeres plädierte in einem Memorandum, das er den Joint Chiefs am 1. September präsentierte, nicht nur für die «aktive und wirksame Einbeziehung der Bevölkerung von Westdeutschland in die Verteidigung Westeuropas», sondern ebenso für den Beitritt der Bundesrepublik zur NATO «zum frühestmöglichen Zeitpunkt».[82]

Angesichts dieses massiven Widerstandes aus dem Pentagon war eine Abstimmung mit den Vorstellungen des State Department schwierig. Da Präsident Truman jedoch auf einer gemeinsamen Stellungnahme bestand, um die beiden Ministerien zu einer Einigung zu zwingen, kam es trotzdem zum Kompromiß, den Acheson schließlich am 12. September in New York präsentierte. Neben der Bereitschaft zum amerikanischen Engagement in Europa und der Modernisierung der westeuropäischen Streitkräfte war darin ausdrücklich auch von einer «Europäischen Streitmacht» (European Defense Force) unter einem internationalen Stab und einem gemeinsamen Oberkommandierenden die Rede.[83] Der Weg, den Frankreich bis zum 28. Oktober zu gehen hatte, war somit im Grunde durch das State Department vorgezeichnet. Die Frage war nur, wie der Widerstand der französischen Regierung, dem Schuman in New York beredt Ausdruck verlieh, in konstruktive Bahnen gelenkt werden konnte. Hier war es wiederum Jean Monnet, der sich als äußerst hilfreich erwies. Durch seine Kontakte zu McCloy mit den amerikanischen Absichten und Beweggründen stets frühzeitig vertraut und daher meist ungewöhnlich gut informiert, hatte er bereits Ende August den französischen Ministerpräsidenten René Pleven, mit dem ihn ebenfalls eine lange Freundschaft verband, vor einer möglichen Isolierung Frankreichs in der Frage eines deutschen Wehrbeitrages gewarnt und «einen neuen, starken und konstruktiven Gedanken» gefordert, «um die Verteidigungsfront in Europa zu sichern». Die USA, so Monnet, seien «bereit, auf Frankreich zu hören, wenn es diese konstruktive Idee in einem wirksamen Projekt vorlegte».[84]

Monnet ging es dabei nicht nur um militärische Aspekte, sondern auch um die Rettung des Schuman-Plans, um dessen Schicksal er fürchtete, wenn eine nationale deutsche Wiederbewaffnung die Franzosen in die Versuchung führen würde, sich auf sich selbst zurückzuziehen und zum egoistischen Selbstschutz zurückzukehren. Alle Fortschritte bei der Einigung Europas wären dann in Frage gestellt. Deshalb, so Monnet, gelte es, nach dem wirtschaftlichen nun einen militärischen Schuman-Plan zu entwerfen, um sich nicht rückwärts zu orientieren, sondern dem Europa-Gedanken zusätzliche Schubkraft zu verleihen. Nach der von ihm schon im August prophezeiten Isolierung der französischen Delegation auf dem Treffen der drei westlichen Außenminister im Waldorf Astoria riet er in einem Brief an Schuman am 16. September nochmals dazu, man solle «Deutschland durch einen erweiterten Schuman-Plan in Europa integrieren und die zu treffenden Entscheidungen in einem europäischen Rahmen sehen».[85] Zugleich beauftragte er seine Mitarbeiter, über Lösungsmöglichkeiten für die Probleme der Verteidigung Europas nachzudenken.

Das Ergebnis wies in weiten Teilen große Ähnlichkeit mit dem Byroade-Plan und den Ideen McCloys auf, war darüber hinaus allerdings durch Gedanken in der Tradition des Schuman-Plans angereichert, die den Geist der europäischen Einigung beschworen: Eine geeinte europäische Armee, gebildet aus Soldaten der verschiedenen europäischen Nationen, sollte danach «als eine vollständige Vereinigung von Menschen und Material unter einer geeinten politischen und militärischen europäischen Autorität realisiert werden».[86] Dies bedeutete: eine einheitliche Organisation und Ausrüstung, finanziert aus einem gemeinsamen Budget, mit einem europäischen Verteidigungsminister an der Spitze, der einem Direktorium der nationalen Verteidigungsminister, aber auch einer europäischen parlamentarischen Versammlung verantwortlich sein sollte. Sogar eine einheitliche europäische Uniform für alle nationalen Kontingente sollte es geben, um auch symbolisch vor aller Welt zu bekunden, daß die Europa-Armee künftig Teil der Institutionen des Vereinten Europa sein würde.

Am 16. Oktober übergab Monnet das Konzept einer Regierungserklärung an Pleven und Schuman. Am 21. Oktober wurde darüber noch einmal eingehend und kontrovers im Kabinett beraten, ehe Pleven die bis zuletzt immer wieder leicht abgeänderte Erklärung am 24. Oktober vor der Nationalversammlung verlas. Eine entscheidende Änderung, die auf dem Weg durch den französischen Ministerrat vorgenommen wurde, betraf die zusätzlich eingefügte Feststellung, die Integration der von den Einzelstaaten gestellten Kontingente solle «auf der Basis der kleinstmöglichen Einheit» erfolgen. Da die französische Regierung bald erkennen ließ, daß diese kleinstmögliche Einheit im deutschen Falle das Bataillon sein müsse, bedeutete die Formulierung aus Bonner Sicht eine entscheidende, nicht hinnehmbare Abwertung des Integrationsgedankens: Was Paris als «Europa-Armee» zu verkaufen suchte, war offenbar nicht mehr als das Konzept einer «europäisch drapierten Fremdenlegion».[87] Die Reaktion auf den «Pleven-Plan», wie er künftig zumeist genannt wurde, war dementsprechend überwiegend negativ. Zwar stimmte die französische Nationalversammlung dem Plan am 26. Oktober mit einer für die Verhältnisse der instabilen IV. Republik erstaunlichen Mehrheit von 349 gegen 235 Stimmen zu. Aber außerhalb Frankreichs gab es fast nur Kritik und Ablehnung. Besonders in den USA waren die Bedenken nahezu einhellig. Außenminister Acheson erschienen die Vorschläge «hoffnungslos» – eine Einschätzung, die Verteidigungsminister Marshall und Präsident Truman teilten.

Sogar McCloy, der durch seine Kontakte zu Monnet zumindest indirekten Anteil am Zustandekommen des Plans gehabt hatte und dessen europäische Komponente er durchaus begrüßte, fand keinen Gefallen an der Gesamtausrichtung, die er als allzu diskriminierend für die Deutschen empfand. Allerdings hielt er sich mit öffentlichen Äußerungen zurück, da er sich zunächst persönlich ein Bild von den Hintergründen verschaffen wollte. Zu diesem Zweck reiste er am 27. Oktober zu Monnet nach Houjarray, wo er aber zu seiner großen Überraschung nicht nur den Gastgeber, sondern auch Pleven und Schuman zum Mittagessen antraf. Monnet hatte das Treffen arrangiert, weil McCloy sowohl zu Acheson als auch zu Adenauer über die besten Verbindungen verfügte und bei jedem von ihnen Gehör zu finden versprach. Gemeinsam versuchten Pleven, Schuman und Monnet, McCloy von der Ernsthaftigkeit des französischen Vorschlages zu überzeugen. Sie betonten, daß es ihnen darum gehe, das Wiedererstarken einer nationalen deutschen Armee und eines deutschen Generalstabs zu verhindern und dafür die bestmöglichen Garantien zu erhalten, daß sie aber keineswegs daran dächten, die Deutschen stärker zu diskriminieren, als es in der gegenwärtigen Situation notwendig sei. Sie hätten jetzt das Prinzip einer deutschen Beteiligung an einer europäischen Streitmacht akzeptiert, das auch von der Nationalversammlung bereits gebilligt worden sei, und wären nunmehr bereit, innerhalb eines festen Zeitrahmens voranzuschreiten.[88]

Im Rückblick bezeichnete Monnet dieses Treffen als sehr bedeutungsvoll. Pleven, Schuman und er selbst hätten es verstanden, McCloy von ihren «guten Absichten» zu überzeugen. McCloy habe sich danach «bei allen zum Anwalt des französischen Planes» gemacht – «beim State Department mit mehr Erfolg als im Pentagon und sehr überzeugend bei Adenauer».[89] Es dauerte jedoch noch bis zum Sommer 1951, ehe Außenminister Acheson seine schlechte Meinung über den Pleven-Plan revidierte, der von den Überlegungen, die in seinem eigenen Ministerium in ähnlicher Form bereits früher angestellt worden waren, gar nicht so weit abwich. Nach diesem Meinungsumschwung drängte Acheson dann aber sogleich auf die Formulierung eines gemeinsamen Papiers des State Department und des Pentagon, in dem die Idee einer Europäischen Verteidigungsgemeinschaft zur alleinigen Grundlage des Bemühens um eine Verstärkung der europäischen Verteidigung und die Durchsetzung eines deutschen Wehrbeitrages erklärt wurde.[90] Tatsächlich waren die in den USA erhobenen Bedenken gegen den Pleven-Plan nicht unbegründet. Denn der in sich widersprüchliche Plan ließ sich durchaus als Instrument verwenden, die Aufstellung deutscher Truppen um Monate oder gar Jahre zu verzögern – wie dies besonders von seiten des französischen Verteidigungsministers, des Sozialisten Jules Moch, geschah –, ohne dem Ziel einer europäischen Integration näherzukommen. Damit aber wurde der NATO und der gemeinsamen Verteidigung geschadet, ohne daß Europa davon einen Nutzen hatte.

Dennoch führten die komplizierten Verhandlungen, die im Herbst 1950 begannen, im Sommer 1951 zu einem Kompromiß, bei dem Frankreich seine prinzipiellen Einwände gegen deutsche Streitkräfte fallenließ und Deutschland die französischen Bedingungen für die Modalitäten des deutschen Wehrbeitrages akzeptierte. Bedeutungsvoll war in diesem Zusammenhang die Unterzeichnung des Vertrages über die Gründung der Europäischen Gemeinschaft für Kohle und Stahl (EGKS) am 18. April 1951, die eine stillschweigende französische Vorbedingung für die deutsche Wiederbewaffnung darstellte. Wie frostig die deutsch-französischen Beziehungen zu dieser Zeit immer noch waren, zeigte sich daran, daß Adenauer, als er zur Unterzeichnung des EGKS-Vertrages nach Paris reiste, dort auf dem Flughafen von keinem Minister empfangen wurde. Nur Monnet war gekommen.

Dagegen begannen sich die USA nun unter dem Einfluß McCloys und des NATO-Oberbefehlshabers General Dwight D. Eisenhower stärker für die Europa-Armee zu engagieren, um dem Ziel eines deutschen Verteidigungsbeitrages endlich näherzukommen. Populär wurde das Projekt trotzdem nicht. In der französischen Nationalversammlung nahm die Zahl der Gegner immer mehr zu. Die Briten waren im Militärausschuß der sechs am Schuman-Plan beteiligten Länder in Paris, in dem die Verhandlungen über die militärischen Details der Europa-Armee geführt wurden, nur mit einem Beobachter vertreten. Und die Regierung in Bonn sah sich entgegen wachsenden Bedenken ihrer militärischen Experten hauptsächlich deshalb weiterhin zu einer konstruktiven Mitarbeit gezwungen, weil die Verhandlungen untrennbar mit der Ablösung des Besatzungsstatuts verbunden waren.

Ungeachtet dieser Vorbehalte wurde man über den «Generalvertrag», der die allgemeinen Beziehungen zwischen der Bundesrepublik und den Alliierten regelte, im November 1951 relativ schnell einig. Das Tauziehen um die Europa-Armee zog sich jedoch noch bis zum Frühjahr 1952 hin. Frankreich bestand auf spezifischen Sicherheitsvorkehrungen gegenüber Deutschland und schreckte – entgegen den europäisch motivierten Empfehlungen Monnets – auch vor zahlreichen diskriminierenden Bestimmungen nicht zurück. Dennoch war man auf deutscher Seite geneigt, die Regelungen vorläufig hinzunehmen, weil man davon ausging, daß die zu erwartenden Fortschritte in der europäischen Integration und der atlantischen Zusammenarbeit schon bald zu besseren Bedingungen führen würden. Die Unterzeichnung des Generalvertrages und des Vertrages über die Errichtung der Europäischen Verteidigungsgemeinschaft war somit bereits absehbar, als die NATO auf ihrer Ratstagung Ende Februar 1952 in Lissabon endgültig «grünes Licht» für diese Form der Verteidigung Europas gab.

Die Stalin-Note 1952

Mitten in diese Schlußphase der Verhandlungen über den EVG-Vertrag platzte am 10. März 1952 ein Angebot Moskaus an die Regierungen der drei Westmächte, «unverzüglich die Frage eines Friedensvertrages mit Deutschland zu erwägen» und diesen «unter unmittelbarer Beteiligung Deutschlands, vertreten durch eine gesamtdeutsche Regierung», auszuarbeiten.[91] In den westlichen Hauptstädten hatte man mit einer solchen Initiative schon seit geraumer Zeit gerechnet, weil die östliche Seite in dem Maße, in dem der westdeutsche Verteidigungsbeitrag im Herbst 1951 konkrete Gestalt annahm, Zeichen von Konzessionsbereitschaft hatte erkennen lassen. So hatte DDR-Ministerpräsident Otto Grotewohl, autorisiert von der sowjetischen Führung, bereits am 15. September 1951 eine Initiative gestartet, wonach Repräsentanten Ost- und Westdeutschlands, deren Zahlenverhältnis «nicht von grundsätzlicher Bedeutung» sei, eine Verständigung über «die Bedingungen für die Durchführung freier, allgemeiner, gleicher, geheimer und direkter Wahlen in ganz Deutschland» herbeiführen sollten. Die Wahlen sollten unter Beteiligung von «demokratischen Parteien und gesellschaftlichen Organisationen» stattfinden und in ihrem Ausgang nur insoweit eingeschränkt sein, als es «nicht darum gehen» sollte, «jemand zu überstimmen».[92] Die DDR behielt sich also ein Einspruchsrecht vor, falls das Ergebnis nicht in ihrem Sinne ausfiel. Das überall plakatierte Angebot war mit der Überschrift «An alle Deutschen!» versehen und schloß mit dem Aufruf «Deutsche an einen Tisch!» Ob es tatsächlich zur Wiedervereinigung führen oder nur die westlichen Verhandlungen über EVG und Generalvertrag stören sollte, hätte sich wohl nur in langwierigen Beratungen klären lassen, die sich über Monate und Jahre hätten hinziehen können. Allein durch die Aufnahme solcher Konsultationen hätte die östliche Seite somit ihr Ziel, die Unterzeichnung der Verträge zu verzögern, erreicht.

Dennoch konnte man die Angelegenheit nicht einfach auf sich beruhen lassen. Immerhin ging es dabei um die Einheit Deutschlands. Der Regierende Bürgermeister von Berlin, Ernst Reuter, schlug deshalb probeweise freie Wahlen in den Ost- und Westsektoren Berlins vor. Ernst Lemmer plädierte für die sofortige Aufnahme innerdeutscher Gespräche, Jakob Kaiser für Verhandlungen mit der Sowjetunion, von der er meinte, daß sie ihre Deutschlandpolitik jetzt geändert habe. Und auch Schumacher, der ansonsten zu einer rigorosen Abgrenzungspolitik gegenüber SED und DDR neigte, riet zu taktischer Behutsamkeit. Die Bundesregierung und die Westmächte kamen deshalb nicht umhin, das Angebot freier Wahlen aufzugreifen. Allerdings wollten sie die Voraussetzungen dafür in beiden Teilen Deutschlands durch UNO-Beauftragte prüfen lassen, um eine internationale Kontrolle zu gewährleisten. Davon aber wollten Moskau und Ost-Berlin nichts wissen. Sie suchten daher in der Öffentlichkeit den Eindruck zu erwecken, als ginge es der westlichen Seite darum, den Deutschen mit der UNO-Kontrolle einen Status kolonialer Abhängigkeit aufzuzwingen. Otto Grotewohl erklärte schließlich am 9. Januar 1952, die Vereinten Nationen besäßen für einen Eingriff in die deutschen Angelegenheiten gar keine Rechtsgrundlage, und verweigerte der UN-Kommission die Genehmigung zur Einreise in die DDR. Die Absichten, die mit der östlichen Initiative augenscheinlich verfolgt worden waren, lagen deshalb für den Westen ziemlich eindeutig auf der Hand.

Im Frühjahr 1952 hatte sich die Lage nun weiter zugespitzt. Nicht nur war man in den EVG-Verhandlungen weit vorangeschritten, so daß die Unterzeichnung der Verträge kurz bevorstand. Vielmehr mußte die sich ankündigende Wiederbewaffnung der Bundesrepublik, die mit einer völligen Neuordnung ihrer Beziehungen zu den Westmächten einherging, auch zu erneuten Überlegungen in der Frage der Wiedervereinigung führen. Für viele waren sogar die Risiken, die sich mit dem Wehrbeitrag für die Einheit Deutschlands verbanden, größer als die Furcht vor einem – letztlich doch für unwahrscheinlich gehaltenen – sowjetischen Einmarsch. Die deutsche öffentliche Meinung war daher tief gespalten, während die sozialdemokratische Opposition, die nicht den politischen Gestaltungszwängen der Bundesregierung unterworfen war, die vertragliche Ausgestaltung der Westintegration ablehnte. In dieser Situation lag es nahe, daß die Sowjetunion durch eine erneute Initiative nochmals Einfluß zu nehmen suchte, um den Zusammenschluß des Westens in letzter Minute doch noch zu torpedieren.

Die sowjetische Note vom 10. März 1952 schlug deshalb nun eine sofortige Konferenz mit dem Ziel der Ausarbeitung eines Friedensvertrages vor. Die Hauptpunkte des beigefügten Vertragsentwurfs waren:
- Wiederherstellung eines einheitlichen deutschen Staates;
- Abzug der Besatzungsstreitkräfte ein Jahr nach Inkrafttreten des Friedensvertrages und Liquidierung sämtlicher ausländischer Militärstützpunkte auf deutschem Boden;
- Gewährleistung demokratischer Freiheiten;
- Verpflichtung Deutschlands, «keinerlei Koalition oder Militärbündnisse einzugehen, die sich gegen irgendeinen Staat richten, der mit seinen Streitkräften am Krieg gegen Deutschland teilgenommen hat»;
- Aufhebung aller Beschränkungen für die deutsche Friedenswirtschaft;
- schließlich die Erlaubnis für Deutschland, eigene nationale Land-, Luft- und Seestreitkräfte für die Verteidigung des Landes aufzubauen und das dafür erforderliche Kriegsmaterial zu produzieren.

Das Angebot Stalins sah demnach vor, Deutschlands Einheit unter der Bedingung der Neutralität wiederzustellen, wobei die Sicherheit des vereinten Deutschland nicht durch militärische und politische Integration, sondern durch eine deutsche Nationalarmee mit einer eigenen Rüstungswirtschaft gewährleistet werden sollte. Das war, in der damaligen Situation, eine Sensation. Der renommierte Publizist Paul Sethe, der später zu einem der hartnäckigsten Kritiker der Bundesregierung bei ihrer Behandlung der Stalin-Note werden sollte, bemerkte nach der ersten Lektüre der sowjetischen Dokumente, er könne sich des Eindrucks «des Gespenstischen» nicht erwehren – «ein ungeteilter Staat, Freiheit für alle, deutsche Souveränität, ungehemmte Entwicklung der deutschen Wirtschaft, gleiches Recht für Berufssoldaten und frühere Nationalsozialisten, und als Überraschendstes: eine eigene deutsche Wehrmacht mit einer eigenen deutschen Waffenproduktion». Die Welt, meinte Sethe, habe «in den letzten Jahrzehnten mehr als eine plötzliche Wendung der sowjetischen Politik kennengelernt; keine doch war so jäh wie diese».[93]

Aber war es wirklich eine «Wendung» oder nur ein weiterer propagandistischer Trick, um den Abschluß des EVG-Vertrages zu verhindern? Darüber wurde nicht nur in den fünfziger Jahren, sondern bis zum Ende der Sowjetunion immer wieder spekuliert. So behauptete der Zeithistoriker Rolf Steininger nach Durchsicht westlicher Akten noch Mitte der achtziger Jahre, der sowjetische Führer sei zur «Opferung der SED-Herrschaft» bereit gewesen, wenn er dafür «das blockfreie Deutschland» erhalten hätte.[94] Nach

Öffnung der russischen Archive ist inzwischen eine präzisere Deutung möglich.[95] Aus den sowjetischen Quellen geht hervor, daß die Vorgeschichte der Stalin-Note bis zum 24. Februar 1951 zurückreicht. An diesem Tag wandte sich der Leiter der – für die deutschsprachigen Länder zuständigen – 3. Europäischen Abteilung des sowjetischen Außenministeriums, M. Gribanow, an den stellvertretenden Außenminister Andrej Gromyko mit der Anregung, auf der für den Herbst geplanten Sitzung des Außenministerrates der Vier Mächte in Paris einen Schritt nach vorne zu tun und die Grundlagen eines Friedensvertragsentwurfs mit Deutschland vorzubereiten.[96] Als das Außenministertreffen, zu dem vom 5. März bis 21. Juni 1951 im Palais Marbre Rose erfolglose Vorgespräche stattfanden, aufgrund der zunehmenden Ost-West-Spannungen in immer größere Ferne rückte, wurde der Vorschlag zunächst nicht weiter verfolgt. Nach einem erneuten Vorstoß Gribanows bei Gromyko am 3. August 1951 nahm die Sache jedoch Gestalt an. Außenminister Wyschinskij setzte am 27. August auf Vorschlag Gribanows eine Kommission unter dem Vorsitz von A. Ja. Bogomolow ein, die innerhalb eines Monats einen Entwurf zur Prüfung durch die Leitung des Hauses vorlegen sollte.[97] Die erste Fassung wurde jedoch nicht in der Kommission selbst formuliert, sondern dieser am 8. September von Gribanow übersandt. Das Dokument war umfangreicher als der endgültige Text, enthielt jedoch bereits alle wesentlichen Elemente der später den Westmächten übermittelten Grundsätze. Das gesamte Vorhaben wurde von Stalin spätestens am 15. September durch einen formellen Beschluß gebilligt. Danach ging es an die Feinarbeit.

Nachdem der Vorstoß Otto Grotewohls für gesamtdeutsche Wahlen Anfang 1952 endgültig gescheitert war, hielt der stellvertretende Außenminister Gromyko, der nun als zentrale Figur bei der Vorbereitung der Note an die Westmächte in Erscheinung trat, die Zeit für gekommen, den Beschluß vom September in die Tat umzusetzen. In einem Schreiben an Stalin vom 25. Januar regte er an, weitere Schritte zu unternehmen, da es «zweckmäßig» sei, die politische Initiative zu behalten.[98] Am 8. Februar 1952 gab Stalin seine formelle Zustimmung.[99] Über die Motive, die dabei eine Rolle spielten, läßt vor allem der Brief Gromykos an Stalin vom 25. Januar Rückschlüsse zu: Eine Note an die drei Westmächte mit beigefügten Grundsätzen für einen Friedensvertrag mit Deutschland, so heißt es da, «hätte große politische Bedeutung für die Verstärkung des Kampfes für den Frieden und gegen die Remilitarisierung Westdeutschlands und würde den Befürwortern der Einheit Deutschlands und des Friedens helfen, die aggressiven Absichten der drei Westmächte zu entlarven, die sich mit dem ‹Generalvertrag› verbinden». Die «zentrale Frage, um die herum man den Kampf der deutschen demokratischen Kräfte zu entfalten» habe, sei «die Frage des Abschlusses eines Friedensvertrages samt einem Abzug der Besatzungstruppen sowie die Frage der gesamtdeutschen Wahlen mit dem Ziel eines einheitlichen, demokratischen und friedliebenden Deutschlands».[100] Die sowjetische Initiative ziel-

1. Adenauers Politik der Westintegration 309

te also in erster Linie auf die Beeinflussung der Öffentlichkeit. Dies geht auch aus der Tatsache hervor, daß die SED-Führung über die Sowjetische Kontroll-Kommission in Ost-Berlin die Weisung erhielt, gemäß Gromykos Empfehlungen vorzugehen und ihre «Kampagne in der Presse und unter der Bevölkerung» um die Frage des Friedensvertragsabschlusses herum zu entfalten, wodurch zugleich «auch die Bewegung für die Wiederherstellung der Einheit Deutschlands verstärkt» werde.[101]

Die sowjetische Führung hatte also gar nicht die Absicht, ihren Kampf um die Macht in Deutschland einzustellen. Vielmehr versprach man sich von der diplomatischen Initiative eine stark mobilisierende Wirkung auf die Bevölkerung, durch die letztlich die Westmächte aus der Bundesrepublik vertrieben und die Regierung Adenauer gestürzt werden sollten.[102] Als Ansprechpartner der sowjetischen Politik in Westdeutschland galt dabei nicht die SPD, die nach sowjetischer Auffassung in Bonn mit den Regierungsparteien zusammenarbeitete und damit eine «wachsende Unzufriedenheit der sozialdemokratischen Massen» hervorrufe, sondern eher die Vertreter der «oppositionellen Bourgeoisie» um Gustav Heinemann und Helene Wessel, denen eine ernsthaftere Gegnerschaft zur Regierung Adenauer bescheinigt wurde. Diese Gruppierung habe das Zeug dazu, die Massen zu ergreifen, da sie im Gegensatz zur sozialdemokratischen Scheinopposition wirklich für die Parolen des Friedens eintrete.[103]

Bei Gesprächen der SED-Führer Pieck, Grotewohl und Ulbricht vom 31. März bis 10. April 1952 in Moskau wurde diese Linie der sowjetischen Deutschlandpolitik nochmals bekräftigt. Dabei stand nicht die Möglichkeit einer Verständigung über Deutschland, sondern die Verschärfung des sozialistischen Kurses in der DDR zur Diskussion. Aus Aufzeichnungen, die Wilhelm Pieck anläßlich der beiden Unterredungen mit Stalin am 1. und 7. April anfertigte, geht hervor, daß bei den Gesprächen zwischen den Beteiligten völlige Übereinstimmung bestand, daß die DDR als ein gegen die Bundesrepublik gerichteter Staat ausgebaut werden sollte. Der März-Note wurde in diesem Zusammenhang bescheinigt, «eine große Bewegung der Massen ausgelöst» zu haben, «durch welche die Westmächte und ihre Adenauer-Regierung in harte Bedrängnis geraten» seien. Die «Frage der Wahlen, ohne UN-Kommission», sollte «als Massenkampf zum Sturz der Adenauer-Regierung» gestaltet werden. Die SED sollte in diesem Zusammenhang mit der «Aktionseinheit der Arbeiterklasse» operieren und – nach der zu erwartenden Ablehnung eines entsprechenden Angebotes der SED an die SPD – einen «Zusammenschluß der patriotischen Kräfte» im «Kampf um Einheit und Frieden» herbeiführen. Konkrete Aktionen – von Konferenzvorhaben bis zu Streiks, Demonstrationen und einer Unterschriftensammlung – wurden ins Auge gefaßt.[104]

Die Stalin-Note vom 10. März 1952 war somit nicht als Angebot zu einer diplomatischen Verständigung mit den Westmächten über die Deutschlandfrage gedacht, sondern als propagandistischer Auftakt zum politischen Umsturz in der Bundesrepublik mit dem Ziel der Ausdehnung des sowjetischen Einflusses auf ganz Deutschland. Mit dem Appell an ihr nationales Interesse sollten die Deutschen zum Kampf gegen die westdeutsche Regierung und die Westmächte mobilisiert werden. Vermutungen westlicher Historiker und Sowjetunion-Spezialisten, daß es sich bei der Stalin-Note um ein reines «Störmanöver» gegen die EVG oder um eine Alibi-Operation zur Legitimation der deutschen Teilung gehandelt habe, lassen sich daher ebensowenig bestätigen wie Mutmaßungen über Fraktionsbildungen im Kreml – etwa die Existenz einer internen Opposition um Geheimdienstchef Berija – oder gar die These, daß hier eine Chance zur Wiedervereinigung auf freiheitlicher Grundlage verpaßt worden sei.[105]

Ohne Kenntnis der genauen Hintergründe und Motive sahen Adenauer und die Westmächte in der Note indessen nur den Versuch, die Unterzeichnung der Westverträge hinauszuzögern. Schon die Terminierung des Vorschlages legte diesen Schluß nahe. Sie ließen sich daher auch durch großen öffentlichen Druck nicht davon abbringen, die Verhandlungen über die Verträge zu Ende zu bringen, und gaben diesem Druck nur insoweit nach, als sie in einem intensiven Notenwechsel mit der Sowjetunion die Absichten der Moskauer Führung auszuloten suchten. Die Unterzeichnung des Generalvertrages am 26. Mai 1952 in Bonn und des EVG-Vertrages am 27. Mai 1952 in Paris blieb davon jedenfalls unberührt.

Hoffnung auf Entspannung

Der Kalte Krieg, der seit den vierziger Jahren die Ost-West-Beziehungen gekennzeichnet und nicht zuletzt jene Verteidigungsanstrengungen des Westens unvermeidlich gemacht hatte, in deren Rahmen das Ringen um eine Europäische Verteidigungsgemeinschaft ein wichtiger Baustein geworden war, besaß nicht nur eine machtpolitische und eine ideologische Basis, sondern auch ein Gesicht: Josef W. Stalin. Er hatte für viele im Westen etwas Unberechenbares, geradezu Dämonisches. In den dreißiger Jahren hatte er im Zuge der sogenannten «Säuberungen» Millionen Menschen in den Tod geschickt und ein dichtes, später von Alexander Solschenizyn als *Archipel GULAG* beschriebenes Netz von Straf- und Arbeitslagern anlegen lassen. Unzählige Sowjet-Bürger waren seiner unbarmherzigen Industrialisierungspolitik zum Opfer gefallen. 1939 hatte er einen Pakt mit Hitler geschlossen und damit dessen Angriff auf Polen erleichtert. Er hatte Teile Finnlands annektiert, große Teile Ost- und Mitteleuropas sowjetischer Kontrolle unterworfen und die Teilung Deutschlands heraufbeschworen. Härte und Unnachgiebigkeit wurden seiner Verhandlungsführung nachgesagt, Nichteinhaltung von Vereinbarungen und die Schaffung vollendeter Tatsachen, wo immer dies militärisch möglich war, wurden ihm von den westlichen Politikern vorgeworfen. Seine Brutalität und Unberechenbarkeit hatten schließlich auch die Phantasie der Menschen bei der Diskussion um die Stalin-Note

1. Adenauers Politik der Westintegration

vom März 1952 beflügelt: Wer so zu handeln wagte, wie der sowjetische Diktator es in der Vergangenheit getan hatte, dem, so meinten viele, sei alles zuzutrauen – auch die Preisgabe der DDR.

In der Nacht vom 4. zum 5. März 1953 starb Stalin. Sein plötzlicher Tod durch einen Schlaganfall hinterließ der Sowjetunion nicht nur eine ungeklärte Nachfolgefrage, sondern auch eine Fülle ungelöster innen- und außenpolitischer Probleme. Dazu gehörten die Notwendigkeit einer Umstrukturierung der sowjetischen Wirtschaft – nach einer langen Phase der Konzentration auf die Schwerindustrie –, um die Versorgung der Bevölkerung mit Konsumgütern zu verbessern, sowie die Überwindung der internationalen Isolierung, in die Stalin die UdSSR trotz aller Machterweiterung in Osteuropa und Asien geführt hatte. Die Sowjetunion war vom Eismeer bis zur Türkei, vom Iran bis Japan durch einen dichten Ring von Militärstützpunkten eingekreist, und der Westen war dabei, mit der Wiederbewaffnung der Bundesrepublik und ihrer Einbeziehung in das westliche Bündnissystem eine der letzten noch verbliebenen Lücken zu schließen. Stalins expansive Macht- und Interessenpolitik hatte die Sowjetunion zu einer Weltmacht aufrücken lassen, zugleich jedoch ihre Glaubwürdigkeit und Koalitionsfähigkeit zerstört und damit den Handlungsspielraum der sowjetischen Außenpolitik eingeengt. An eine Wiedergewinnung der Flexibilität und die Schaffung neuer Einflußmöglichkeiten war angesichts der bestehenden extremen Gegensätze und Konfrontation nicht zu denken.

Die Nachfolger Stalins unternahmen deshalb zwischen 1953 und 1957/58 den Versuch, den Kalten Krieg zu entspannen und den Dialog mit dem Westen neu zu beginnen. Äußerungen des neuen Ministerpräsidenten Georgij M. Malenkow sowie von Innenminister Lawrentij P. Berija deuteten darauf hin, daß die Sowjetunion nunmehr bereit sein könnte, bestehende Probleme einvernehmlich zu regeln. Bereits am 16. März 1953 sprach Malenkow von einer neuen «Friedensoffensive» Moskaus. Eine Geste in dieser Richtung war das chinesische und sowjetische Einlenken in Korea, wo es am 27. Juli im Vertrag von Panmunjon zur Feuereinstellung, Rückgabe der Gefangenen und Stabilisierung des Frontverlaufs am 38. Breitengrad kam. Auch in der Österreich-Frage und im Indochina-Konflikt deuteten sich Kompromißmöglichkeiten an. Überdies konnten der Verzicht auf eine Revision der Konvention von Montreux über die Meerengen sowie die Aufgabe des Anspruchs auf die türkischen Provinzen Kars und Ardahan als Zeichen guten Willens der neuen sowjetischen Führung verstanden werden. Malenkow erklärte dazu am 8. August 1953 vor dem Obersten Sowjet: «Wir stehen fest auf dem Standpunkt, daß es gegenwärtig keine strittige oder ungelöste Frage gibt, die nicht auf friedlichem Wege aufgrund gegenseitiger Verständigung der Beteiligten gelöst werden könnte. Dies bezieht sich auch auf die strittigen Fragen, die zwischen den Vereinigten Staaten von Amerika und der Sowjetunion bestehen. Wir sind nach wie vor für ein friedliches Nebeneinanderbestehen beider Systeme. Wir sind der Ansicht, daß es keinen objektiven Grund für Zusammenstöße zwischen den Vereinigten Staaten und der Sowjetunion gibt.»[106]

Die westlichen Regierungen reagierten auf die sowjetischen Entspannungsangebote jedoch zurückhaltend. Die Erfahrungen, die man während der Stalin-Ära hatte sammeln müssen, wirkten nach, und man war auch unentschieden, ob es sich bei der neuen Linie der sowjetischen Außenpolitik um einen wirklichen Kurswechsel oder nur um eine vorübergehende Veränderung als Folge der ungelösten Nachfolgefrage im Kreml handelte. Einzig der britische Premierminister Winston Churchill meinte, daß man durch ein persönliches Zusammentreffen mit der neuen sowjetischen Führung herausfinden müsse, welche Chancen für eine Entspannung sich jetzt boten. Bereits wenige Tage nach Stalins Tod, am 11. März, versuchte Churchill deshalb, den neuen amerikanischen Präsidenten Dwight D. Eisenhower, der das Amt im Januar 1953 von seinem Vorgänger Harry S. Truman übernommen hatte, von der Dringlichkeit einer baldigen Gipfelkonferenz zu überzeugen und fragte an, ob es Möglichkeiten für eine «gemeinsame Aktion» gebe.[107] In einer Rede vor dem Unterhaus am 11. Mai 1953 meinte er, das «ungeheure Problem, die Sicherheit Rußlands mit der Freiheit und Sicherheit Westeuropas in Einklang zu bringen», sei «nicht unlösbar». Als mögliches Vorbild könne der Locarno-Vertrag von 1925 dienen, der Großbritannien eine Schiedsrichterrolle zugewiesen und damit Frankreich vor Deutschland und Deutschland vor Frankreich geschützt habe. Jetzt gehe es darum, die Sicherheitsinteressen Deutschlands und der Sowjetunion auszubalancieren.[108]

Bei der internen Beratung des Churchill-Briefes vom 11. März bemerkte auch Eisenhower, man befinde sich in einer neuen Phase, eingeleitet durch den Tod Stalins und den Antritt der eigenen Administration, in der die USA es nicht versäumen dürften, jedes Angebot von sowjetischer Seite so lange in Betracht zu ziehen, bis seine Wertlosigkeit erwiesen sei.[109] In einer gefühlsbetonten «Friedensrede» vor dem Verband amerikanischer Zeitungsverleger am 16. April 1953 bot er der Sowjetunion daher an, die Beziehungen zwischen Ost und West auf eine neue Basis zu stellen, gegenseitiges Vertrauen zu schaffen, gemeinsam für den Frieden zu wirken und die strittigen Probleme zwischen den Blöcken auf kampflosem Wege zu lösen. Ob es zu Gesprächen komme, werde jedoch von konkreten Beweisen für die Ernsthaftigkeit der sowjetischen Friedensabsichten abhängen. Taten, nicht Worte, seien entscheidend.[110] Churchills Aufforderung zu einem sofortigen Gipfeltreffen lehnte der amerikanische Präsident jedoch ab: Er wolle Moskau nicht die Gelegenheit zu einer «Propagandaschau» geben.[111] Der neue amerikanische Außenminister John Foster Dulles erklärte darüber hinaus in einem Gespräch mit dem Leiter der britischen UNO-Delegation in New York, Sir Gladwynn Jebb, es müsse alles vermieden werden, was die Ratifizierung des Vertrages über die Europäische Verteidigungsgemeinschaft verzögern könne.[112]

Zustimmung für Churchills Vorschlag gab es vor allem in der Presse, insbesondere in Großbritannien selbst, wo die Kommentatoren seit dem

1. Adenauers Politik der Westintegration

Frühjahr 1953 mit wenigen Ausnahmen geneigt waren, Hoffnungen auf Entspannung zu schüren und positive Schritte des Westens zu fordern. Aber auch in den Reihen der Labour Party, der italienischen und französischen Sozialisten sowie der deutschen SPD, die sich nach dem Tode Kurt Schumachers am 20. August 1952 immer stärker ihrer pazifistischen Traditionen besann und sich nun geradezu als Entspannungspartei verstand – eine Tendenz, die sich bis zur «neuen Ostpolitik» Willy Brandts nach 1969 und darüber hinaus fortsetzen sollte –, wuchs das Bedürfnis, den Kalten Krieg möglichst rasch zu beenden. Doch um welchen Preis? Wie der amerikanische Außenminister Dulles, so führte auch sein britischer Amtskollege Eden in erster Linie einen möglichen Fehlschlag der EVG ins Feld, wenn man sich auf Gespräche mit der neuen sowjetischen Führung einließ, ohne zu wissen, ob in Moskau tatsächlich ein Gesinnungswandel stattgefunden habe. Allein die Aussicht auf Entspannung, wie vage sie auch immer sein mochte, würde den EVG-Gegnern – allen voran in Frankreich – Argumente liefern, die Ratifizierung weiter hinauszuzögern.[113] Dulles war überzeugt, daß die sowjetische Entspannungsrhetorik nur darauf gerichtet sei, den Beitritt der Bundesrepublik zum westlichen Bündnissystem zu verhindern. Bereits 1950 hatte er geschrieben, dem sowjetischen Machtstreben könne niemals durch Überredung, sondern nur durch die Demonstration der eigenen Stärke Einhalt geboten werden. Es gebe «keine größere oder gefährlichere Illusion als die, daß die sowjetischen Absichten durch Überzeugungskraft verändert werden könnten». Macht sei der Schlüssel zum Erfolg, wenn man mit der sowjetischen Führung zu tun habe.[114]

Durch die Ereignisse des 16. und 17. Juni 1953 in der DDR sah sich Dulles in dieser prinzipiellen Skepsis gegenüber sowjetischen Friedens- und Entspannungskampagnen bestätigt. Welche Bedeutung konnte man einer Zäsur wie derjenigen des 5. März noch beimessen, wenn bereits drei Monate später die Forderung nach Selbstbestimmung mit dem Einsatz von Panzern und Soldaten beantwortet und ein Volksaufstand blutig niedergeschlagen wurde? Dulles sah deshalb keine Veranlassung, seine offensive *policy of liberation*, die inzwischen – zumindest konzeptionell – die eher defensive Eindämmungspolitik der Truman-Administration ersetzt hatte, zu revidieren. Schon 1949 hatte er erklärt, man müsse «den Millionen unruhigen, unterworfenen Menschen in Osteuropa und Asien gegenüber klarstellen, daß wir den Status quo der Knechtschaft, der ihnen vom aggressiven sowjetischen Kommunismus aufgezwungen worden ist, nicht akzeptieren und daß die schließliche Befreiung ein wesentlicher und dauerhafter Bestandteil unserer Außenpolitik ist».[115] In seinem Buch *War or Peace* bekräftigte er ebenfalls, es sei an der Zeit, «daran zu denken, in der weltweiten Auseinandersetzung um die Freiheit in die Offensive zu gehen und die drängende Flut des Despotismus zurückzudrängen».[116] Optimistisch prophezeite er 1952 in einem programmatischen Memorandum für Eisenhower, «daß innerhalb von zwei, fünf oder zehn Jahren wesentliche Teile der jetzt versklavten Welt auf friedliche Weise ihre nationale Unabhängigkeit wiedererlangt» haben würden. Das werde dann «den Anfang vom Ende des sowjet-despotischen Versuchs markieren, die Welt zu erobern».[117]

Dennoch erkannte auch Dulles, daß nach dem Tod Stalins in Westeuropa bei wichtigen politischen Gruppierungen ein Umdenken einsetzte, das längerfristig zu einer Erosion der westlichen Front gegenüber der Sowjetunion führen mußte. Tiefverwurzelte pazifistische Grundstimmungen, die in der Konfrontation der Stalin-Ära aus offensichtlichen Gründen chancenlos gewesen waren, drängten nun insbesondere bei Sozialisten, Linksliberalen und progressiven Christen wieder an die Oberfläche. Forderungen nach Abrüstung und Gewaltverzichtsabkommen sowie Kritik an den bestehenden Bündnissystemen mischten sich mit der Bereitschaft, das objektive Sicherheitsbedürfnis der Sowjetunion anzuerkennen und damit sogar die sowjetische Hegemonie in Osteuropa zu rechtfertigen. Zu dieser Grundstimmung gehörte auch, daß alle Pläne für Gipfeltreffen oder Außenministerkonferenzen prinzipiell begrüßt wurden. Ein neuer Dialog auf allen Ebenen sollte dazu dienen, die Position der Gegenseite besser kennenzulernen, und schon dadurch zum Frieden beitragen. Nichtangriffspakte und Ideen kollektiver Friedenssicherung, mit denen man in der Zeit zwischen den beiden Weltkriegen die denkbar schlechtesten Erfahrungen gemacht hatte, wurden ebenso mit neuer Aufgeschlossenheit betrachtet wie regionale Inspektionszonen zur Rüstungskontrolle und Abrüstung, mit denen man hoffte, Schneisen in das Dickicht des Rüstungswettlaufs zu schlagen. Zwar waren solche Überlegungen anfänglich meist auf oppositionelle Gruppierungen beschränkt. Aber sie beschäftigten in zunehmendem Maße die öffentliche Meinung, die sich der Faszination des Entspannungsgedankens begreiflicherweise schwer entziehen konnte. Auch die überwiegend konservativen Regierungen Westeuropas, die pazifistischen Ideen eher fernstanden, waren deshalb schließlich gezwungen, ihre jeweilige Ostpolitik als «Friedenspolitik mit dem Ziel der Entspannung» zu deklarieren.[118]

Um so erleichterter war Dulles über die Haltung Adenauers, mit dem er erstmals Anfang Februar und dann – nach der Bundestagswahl im September – erneut im Dezember 1953 zusammentraf. Nachdem Adenauer seine Position bei der Wahl nachhaltig konsolidiert hatte, meinte Dulles, viele Regierungen trieben mit der Flut. Doch nun gebe es in Europa eine Regierung, die «zu starken und kühnen Maßnahmen in der Lage» sei. Das schaffe die Möglichkeit zu einer engen und guten Zusammenarbeit. Die amerikanische und deutsche Regierung sollten «einen richtungweisenden Einfluß auf die politische Entwicklung ausüben».[119] Dies betraf vor allem die Ratifizierung des EVG-Vertrages, der nicht nur unter sicherheitspolitischen Aspekten, sondern auch in enger Verbindung mit den Bemühungen um die europäische politische Zusammenarbeit gesehen wurde, die zugleich als Voraussetzung für eine deutsche Wiedervereinigung galt. Der National Security Council der USA bezeichnete deshalb in seinem Bericht NSC 160/1 vom

17. August 1953 die europäische Integration als «Schlüssel zur Stabilität» und als «besten Weg zur Lösung der politischen, militärischen und wirtschaftlichen Probleme Europas». Ein vereintes Europa würde ein starkes Gegengewicht zur Sowjetunion, aber keine eigene Bedrohung darstellen. Es würde eine große Anziehungskraft auf Osteuropa ausüben und die sowjetische Stellung dort so weit schwächen, daß die UdSSR sich vielleicht sogar zum Rückzug aus der Region gezwungen sehen könnte.[120] Zugleich würde Adenauer gestützt, dessen Popularität bei der eigenen Bevölkerung nach der Unterzeichnung der Westverträge im Mai 1952 von 33 auf 55 Prozent gestiegen war. Der stellvertretende amerikanische Außenminister Livingston Merchant meinte daher, Adenauers Erfolg, Deutschland zurück auf den Weg der Vernunft und zur westeuropäischen Integration zu führen, sei «eine historische Gelegenheit, die deutsche Frage zu lösen».[121] Diese Chance gelte es zu nutzen.

Die Berliner Außenministerkonferenz 1954

Vor seiner Wiederwahl im September 1953 gab sich Adenauer allerdings keineswegs siegessicher. Listig schürte er die Ungewißheit über den Wahlausgang und tat, als ob noch alles offen sei. James Conant, der inzwischen als amerikanischer Hoher Kommissar in der Bundesrepublik amtierte – ein ehemaliger Präsident der Harvard University und politisch unerfahren – sandte deshalb beunruhigende Meldungen nach Washington: Falls Adenauer aufgrund seiner inzwischen guten Verbindungen zu den USA als «Marionettenkanzler» der Amerikaner denunziert werde, könne er vielleicht von der Opposition bezwungen werden.[122] Verunsichert ließ sich auch Dulles zu einem öffentlichen Kommentar hinreißen, der allerdings sogleich als Einmischung in die deutschen Angelegenheiten und Wahlhilfe für Adenauer aufgefaßt wurde. Indem Dulles erklärte, ein Machtverlust der gegenwärtigen Koalition würde «zu einem Zustand der Verwirrung führen, in dem ... eine rationale Lösung des deutschen Problems im Interesse der Deutschen auf unabsehbare Zeit hinausgeschoben würde»[123], forderte er praktisch zur Stimmabgabe für Adenauer auf. Natürlich war die Empörung bei der SPD groß. Adenauer indessen wußte die Unterstützung zu würdigen und ließ Dulles umgehend seinen Dank ausrichten. Sein Pressesprecher Felix von Eckardt meinte rückblickend sogar, die amerikanische Unterstützung insgesamt sei «eines der stärksten Asse Adenauers im Wahlkampf» gewesen.[124]

Unsicherheit herrschte dagegen im Regierungslager über die neue sowjetische Führung. Die langfristigen Folgen der Diskussion über die Stalin-Note vom März 1952 waren ebenso schwer zu kalkulieren wie die Auswirkungen des 17. Juni 1953 in der DDR. Vor allem jedoch befürchtete man, daß Moskau kurz vor der Wahl ein neues Angebot zur Wiedervereinigung unterbreiten könnte, um der SPD zum Sieg zu verhelfen. Adenauer, der noch im Frühjahr 1953 Verhandlungen mit der Sowjetunion vor der Ratifizierung der Westverträge strikt abgelehnt hatte, beschloß daher, lieber selbst in die Offensive zu gehen. Er entsandte deswegen im Juli seinen persönlichen Mitarbeiter und Vertrauten Herbert Blankenhorn nach Washington, wo gerade die Außenminister der drei Westmächte versammelt waren, um über ein mögliches Treffen mit der Sowjetunion zu beraten. Blankenhorn führte ein auf den 8. Juli datiertes Schreiben des Kanzlers an Dulles mit sich, das er am 10. Juli im State Department übergab. Adenauer bat darin, den verbündeten Außenministern einen Vorschlag der Bundesregierung für eine «Konferenz der vier Mächte über die Deutschlandfrage» vorzulegen, die «spätestens im Herbst» zusammentreten solle. Grundlage sollten die vom Deutschen Bundestag am 10. Juni 1953 beschlossenen fünf Punkte sein: 1. Abhaltung freier Wahlen in ganz Deutschland; 2. Bildung einer freien Regierung für ganz Deutschland; 3. Abschluß eines mit dieser Regierung frei vereinbarten Friedensvertrages; 4. Regelung aller noch offenen territorialen Fragen in diesem Friedensvertrag; 5. Sicherung der Handlungsfreiheit für ein gesamtdeutsches Parlament und eine gesamtdeutsche Regierung im Rahmen der Grundsätze und der Ziele der Vereinten Nationen. Darüber hinaus sollte die EVG den Ausgangspunkt für ein Sicherheitssystem bilden, das die Sicherheitsbedürfnisse aller europäischen Staaten – einschließlich der Sowjetunion – garantierte.[125]

Adenauer gab damit zu verstehen, daß er jetzt zwar ebenfalls für Verhandlungen mit der Sowjetunion plädierte, daß die Gespräche jedoch an Bedingungen geknüpft sein müßten und keinesfalls dazu führen dürften, die freiheitliche Ordnung der Bundesrepublik aufs Spiel zu setzen. Freie Wahlen und die Bildung einer freien Regierung für ganz Deutschland rangierten somit vor dem Ziel der Wiedervereinigung. Damit konnte sich auch Dulles einverstanden erklären, der im Prinzip nicht nur den britischen Vorschlägen für ein Gipfeltreffen, sondern allen Verhandlungen mit der Sowjetunion ablehnend gegenüberstand. In der konkreten Situation gab es jedoch gute Gründe, Adenauer über die Hürde der September-Wahl zu helfen und zugleich dem Argument Rechnung zu tragen, daß eine Ratifizierung der Westverträge vermutlich nur möglich war, wenn man zuvor auf einer Ost-West-Konferenz auch die letzten denkbaren Kompromißmöglichkeiten ausgelotet hatte. Darauf wies in Washington vor allem der französische Außenminister Georges Bidault immer wieder hin, der keinen Zweifel daran ließ, daß die EVG-Gegner in Paris vor einer Zustimmung zu den Verträgen den Nachweis verlangten, daß eine zwischen Ost und West einvernehmliche Regelung der Deutschlandfrage keine Chance mehr besaß. Vielleicht hofften sie auch nur, so Bidault, bei solchen Verhandlungen eine Tür zu finden, durch die sich Frankreich im letzten Augenblick doch noch vor der Ratifikation davonstehlen könne.[126]

So luden die Westmächte am 15. Juli 1953 in drei gleichlautenden Noten die Sowjetunion für Ende September zu einer Außenministerkonferenz der

1. Adenauers Politik der Westintegration

Vier Mächte ein.[127] Die britische Regierung, die in Washington durch Lord Salisbury anstelle des erkrankten Anthony Eden vertreten war, konnte sich also mit ihrer Forderung nach einer Gipfelkonferenz nicht durchsetzen. Sie mußte sich mit einem Minimalziel zufrieden geben. Adenauer dagegen konnte nach dem Ausgang der Gespräche in der amerikanischen Hauptstadt befriedigt feststellen, daß die westlichen Außenminister auf sämtliche Forderungen seines Schreibens vom 8. Juli eingegangen waren und sein Brief somit «aktiv auf den Verlauf der Konferenz» eingewirkt hatte.[128] »Das war ein Beschluß», notierte er dazu später in seinen Memoiren, «der der SPD geradezu den Atem raubte, da sie der Bundesregierung stets vorwarf, wir verhinderten eine Vier-Mächte-Konferenz.»[129]

Doch nun war es an der UdSSR, auf die westliche Initiative zu reagieren, die der sowjetischen Führung offenbar äußerst ungelegen kam. Die Ereignisse des 16./17. Juni in der DDR sowie die Verhaftung Berijas Ende Juni, der unter anderem beschuldigt wurde, im Vorfeld des ostdeutschen Aufstandes im Rahmen einer weitreichenden Reformpolitik eine Wiedervereinigung Deutschlands unter Preisgabe der DDR geplant zu haben, ließen kaum Spielraum für heikle Verhandlungen mit den Westmächten über die Deutschlandfrage. Mit Noten vom 4. und 15. August versuchte die Sowjetunion daher, nicht nur den Konferenzbeginn hinauszuzögern, sondern auch die inhaltlichen Akzente zu verschieben.[130] Die deutsche Frage sollte danach nur noch als Teilproblem einer globalen Regelung unter Einbeziehung der Volksrepublik China auf einer Fünf-Mächte-Konferenz behandelt werden, wobei die Abrüstung und das Verbot der Errichtung ausländischer Militärstützpunkte im Vordergrund stehen sollten. In bezug auf Deutschland beharrte Moskau auf der Forderung nach bewaffneter Neutralität und dem Abschluß eines Friedensvertrages vor der Abhaltung gesamtdeutscher Wahlen. Die Sowjetunion hielt damit an den Grundvorstellungen der Stalin-Note vom März 1952 fest und bekräftigte ihre Absicht, die Einbeziehung der Bundesrepublik in die EVG zu verhindern.[131]

Als die Westmächte alle sowjetischen Gegenvorschläge kategorisch ablehnten und es lange Zeit so aussah, als ob die Vier-Mächte-Konferenz eine bloße Wunschvorstellung bleiben würde, stimmte die Sowjetunion am 26. November 1953 schließlich doch einem Außenministertreffen nach westlichen Bedingungen zu. Als Konferenzort wurde nun Berlin ins Gespräch gebracht, nachdem zuvor Lugano genannt worden war.[132] Das sowjetische Einlenken war offenbar durch die Ankündigung der Westmächte beschleunigt worden, im Dezember auf den Bermuda-Inseln ein Dreier-Gipfeltreffen abzuhalten. Die Frist für das Hinauszögern der Entscheidung über die Westverträge lief also ab. Außerdem sah sich die sowjetische Führung in der eigenen Entspannungsfalle gefangen. Sie mußte befürchten, jede Glaubwürdigkeit zu verlieren, wenn sie sich nach den zahllosen Appellen an die westliche Verhandlungsbereitschaft seit Stalins Tod nun einer konkreten Einladung noch länger widersetzte.

Insbesondere in Paris war ein solcher Eindruck bereits entstanden. Hier hatte man inzwischen die Überzeugung gewonnen, daß sich die Richtung der sowjetischen Politik nicht grundsätzlich geändert habe, sondern daß ein Status-quo-Denken vorherrsche, bei dem Moskau mehr an der Konsolidierung seiner Machtposition in der DDR als an deutschlandpolitischen Experimenten mit ungewissem Ausgang interessiert sei. Daher, so hieß es in einer internen Lagebeurteilung des Quai d'Orsay vom Januar 1954, könne man auf der bevorstehenden Konferenz in Berlin auch getrost über die deutsche Frage reden, denn ein Scheitern würde die sowjetische Intransigenz nur um so deutlicher demonstrieren. Dies wiederum werde positive Auswirkungen auf die EVG-Diskussion in Frankreich haben.[133]

Die Außenministerkonferenz der Vier Mächte fand schließlich vom 25. Januar bis 18. Februar 1954 in Berlin statt. Bei der Konferenzplanung der Westmächte im Dezember 1953 und Januar 1954 waren erstmals Vertreter der Bundesregierung voll einbezogen. Doch was sich schon im Vorfeld angedeutet hatte, erwies sich in Berlin als unabänderlicher Tatbestand: So sehr die Westmächte auf ihren Positionen beharrten, so wenig war die Sowjetunion willens, auf ihre Verhandlungsvorschläge einzugehen. Die Argumentation der Westmächte bewegte sich dabei auf der Grundlage einer gemeinsamen westlichen Idee, die am 29. Januar von Anthony Eden in Berlin präsentiert wurde und in den Konferenzpapieren als sogenannter «Eden-Plan» erschien. Kern des Vorschlages, der sehr nahe an den Auffassungen Adenauers lag, waren freie Wahlen in ganz Deutschland, aus denen – in logischer Abfolge – die Nationalversammlung, die Verfassung und schließlich die Regierung hervorgehen sollten.[134] Die Sowjetunion wollte dagegen ihren Einfluß in einer gesamtdeutschen Regierung durch vorherige Festlegung ihrer personellen Zusammensetzung sichern. Man stritt also nicht über Wahlen und eine gesamtdeutsche Regierung an sich, wohl aber über die Reihenfolge der Schritte, die zu einer solchen Regierung und zur Wiedervereinigung führen sollten und damit über die politische Kontrolle Deutschlands. Die Verwirklichung des Eden-Plans hätte – mit allergrößter Wahrscheinlichkeit – zu einem westlich orientierten und vermutlich auch integrierten Gesamtdeutschland geführt, der Vorschlag Molotows – mit ebenso großer Wahrscheinlichkeit – zu einer Ausdehnung des sowjetischen Einflusses bis zum Rhein.

Während in den ersten Tagen der Berliner Konferenz der Eindruck somit überwog, daß dieses Viermächtetreffen außer einer Neufassung der Stalin-Note von 1952 und einer Erweiterung der westlichen Note vom 15. August 1953 keine wesentlich neuen Themen hervorbringen würde, rückte der von Molotow am 10. Februar unterbreitete Entwurf eines «Vertrages über kollektive Sicherheit in Europa» die deutsche Frage schließlich aber doch noch in ein neues Licht. Zum ersten Mal wurde von der sowjetischen Regierung die Verbindung zwischen der Deutschlandfrage und der europäischen Sicherheit hergestellt. Diese Akzentverschiebung, die das starke sowjetische Verlangen nach einer Sicherheitsgarantie für den Fall einer deutschen Wiederbewaffnung widerspiegelte, sollte sich in der zweiten Hälfte der fünfziger Jahre noch stärker zugunsten europäischer Sicherheitsfragen verlagern und bis zur Konferenz über Sicherheit und Zusammenarbeit in Europa (KSZE) in den siebziger Jahren völlig die Oberhand über die Deutschlandfrage gewinnen. Wie groß das sowjetische Sicherheitsbedürfnis war, ging in Berlin aus Äußerungen Außenminister Molotows hervor, der keinen Zweifel an der sowjetischen Furcht vor einem wiedererstarkten Deutschland ließ. Das Problem, so erklärte er, bestehe darin, daß die alliierten Mächte ihre Kontrolle über die deutsche Regierung nicht behalten hätten. Wenn die falsche Art von Regierung an die Macht komme, sei es schwierig zu kontrollieren, was sie tue. Es sei daher wichtig, sicherzustellen, daß es eine Regierung gebe, die man kontrollieren könne und die nicht gegen irgendeine der Vier Mächte arbeite.[135]

Von seiten der Westmächte wurde Verständnis für das sowjetische Bedürfnis nach Sicherheit vor Deutschland geäußert. Jedoch könne dies nicht nur durch eine direkte Kontrolle der deutschen Regierung erreicht werden. Vielmehr führten der defensive Charakter der EVG und deren integrativer Ansatz sehr viel effektiver zum Ziel – eine Auffassung, die von Molotow verständlicherweise nicht geteilt wurde, so daß die Diskussion über die Deutschlandfrage auch in Berlin keinen Fortschritt brachte. Einziges positives Ergebnis war der Beschluß über die Einberufung einer Indochina-Konferenz von April bis Juli 1954.[136] Enttäuscht und verbittert über die eigenen Verbündeten bemerkte deshalb Churchill, der seit März 1954 auf eine Gipfelkonferenz gedrängt hatte, damit aber in Paris und Washington nicht durchgedrungen war, die Franzosen und Amerikaner hätten von vornherein «beabsichtigt, das Vier-Mächte-Treffen in einem Abbruch enden zu lassen».[137]

Im Quai d'Orsay fühlte man sich indessen durch den Verlauf der Berliner Konferenz in der Einschätzung bestätigt, daß die sowjetische Führung lediglich aus propagandistischen Gründen von der Wiedervereinigung Deutschlands spreche, in Wirklichkeit aber vor allem Ostdeutschland unter ihrer militärischen und politischen Kontrolle halten wolle. Folglich werde Moskau letztlich auch die Wiederbewaffnung der Bundesrepublik akzeptieren, wenn der Status quo in der DDR gewahrt bleibe. Die Vorstellungen, die Molotow hinsichtlich der europäischen Sicherheit geäußert hatte – einschließlich der Idee eines kollektiven Sicherheitspaktes anstelle bisheriger Bündnisstrukturen –, ließen im übrigen keinen Zweifel daran, daß der Rückzug der amerikanischen Streitkräfte aus Westeuropa und die Auflösung der NATO das eigentliche Ziel der sowjetischen Politik darstellten. Die Schlußfolgerung konnte deshalb nach Meinung Bidaults nur lauten, unbedingt an der Atlantischen Allianz festzuhalten, die als einziges sicheres Fundament der westlichen Gemeinschaft Schutz vor sowjetischen Übergriffen bot. Im übrigen würde man es auch künftig mit einem geteilten und relativ schwachen Deutschland zu tun haben, wobei sich die Sowjetunion, was immer sie

IV. Entscheidung für den Westen

dazu in der Öffentlichkeit erklärte, einer begrenzten Wiederbewaffnung der Bundesrepublik nicht widersetzen würde.[138] Angesichts dieser Erkenntnis und der Tatsache, daß es neben den Integrationsvorstellungen Robert Schumans und dem auf der Berliner Konferenz präsentierten sowjetischen Entwurf eines europäischen Sicherheitspaktes momentan keinen dritten Vorschlag gab, erklärte Bidault am 24. Februar 1954 vor dem Außenpolitischen Ausschuß der französischen Nationalversammlung, daß es am besten sei, am Status quo festzuhalten. In einem geteilten Deutschland sehe er selbst dann keine akute Gefahr für Frankreich, wenn es wiederbewaffnet sei. Daher könne man auch gelassen neue Anstrengungen zur Durchsetzung der EVG unternehmen.[139]

Scheitern der EVG und Pariser Verträge

Das Schicksal der Westverträge, deren Unterzeichnung 1952 durch die Stalin-Noten nicht hatte verhindert werden können, lag nun in den Händen des französischen Parlaments. Der Bundestag hatte die Verträge nach einjährigem Ringen, bei dem sowohl die Opposition als auch die Regierung das Bundesverfassungsgericht angerufen hatten, um feststellen zu lassen, ob ein deutscher Wehrbeitrag mit dem Grundgesetz vereinbar sei, am 19. März 1953 mit überzeugender Mehrheit ratifiziert; im Bundesrat wurde das Vertragswerk am 25. Mai 1953 mit 23 gegen 15 Stimmen verabschiedet. Die Billigung durch den amerikanischen Kongreß und das britische Unterhaus war schon vorher erfolgt. Die anderen Länder mit Ausnahme Frankreichs folgten rasch nach. Die französische Nationalversammlung jedoch – ohnehin durch die drohende Niederlage in Indochina und die Saarfrage belastet und durch häufige Regierungswechsel in ihrer Arbeit behindert – war tief gespalten, wobei die Befürworter eines europäischen Kurses immer stärker in die Defensive gerieten. Ein Indiz dafür war bereits Anfang 1953 der Rücktritt Robert Schumans vom Amt des Außenministers, das er seit 1948 innegehabt hatte.

Zu den EVG-Gegnern zählten die radikaloppositionellen Kräfte der Kommunistischen Partei (PCF) und deren verbündete Abgeordnete, ferner die gaullistischen Deputierten der RPF, an deren Spitze Charles de Gaulle stand, sowie die Gegner einer Wiederbewaffnung Deutschlands in allen anderen Parteien.[140] Die Gegenseite setzte sich aus den mehrheitlich als «Europäer» geltenden Radikalsozialisten, zu denen auch Pierre Mendès-France und Edgar Faure zählten, den Volksrepublikanern der MRP mit ihrem Mitbegründer Robert Schuman und seinem Nachfolger im Amt des Außenministers Georges Bidault sowie den Sozialisten zusammen. Die Befürworter der EVG sahen in einer engen Bindung der Bundesrepublik an den Westen nicht nur eine Minderung der Gefahr einer deutsch-sowjetischen Allianz, sondern auch die einzige Möglichkeit, Deutschland durch Integration zu kontrollieren und ihm sogar «bestimmte Attribute der nationalen Souveränität» – vor allem im Sicherheitsbereich – zu verwehren.[141] Im Namen der Gegner erklärte de Gaulle pathetisch, die Zustimmung zur EVG komme für ihn einer «Auslöschung Frankreichs als eigenständige Nation gleich». In einem Gespräch mit dem amerikanischen Verleger Cyrus L. Sulzberger am 21. Januar 1954 prophezeite er deshalb, er «garantiere, daß die Europa-Armee nicht durchkommt. Ich werde alles, was ich kann, gegen sie unternehmen. Ich werde mit den Kommunisten zusammenarbeiten, um ihr den Weg zu versperren. Ich werde eine Revolution gegen sie entfesseln.»[142]

Während die Gaullisten somit in der Europa-Armee eine entscheidende Beschränkung der französischen Souveränität sahen und vor allem das Kernelement der Supranationalität bekämpften, störten sich die Kommunisten hauptsächlich am Gedanken der Integration Europas, die in ihren Augen gegen die UdSSR gerichtet war. Beim sozialistischen französischen Staatspräsidenten Vincent Auriol hingegen überwog, wie bei vielen anderen Gegnern der Verträge, die Furcht vor einem wiedererstarkenden Deutschland, das in Verbindung mit einer neuen Armee leicht wieder zu einer Gefahr für Frankreich werden konnte.[143] Nicht zuletzt das atemberaubende Tempo des deutschen wirtschaftlichen Wiederaufbaus schürte diese Ängste. So hatte die Bundesrepublik innerhalb der Europäischen Zahlungsunion (EZU) dank ihrer Exporterfolge nach dem Korea-Boom bereits eine erstaunliche Gläubigerposition erreicht. Seit Anfang 1953 wuchs Bonn unaufhaltsam in die Rolle des größten Kreditgebers hinein, während Frankreich, in den Worten des ehemaligen Ministerpräsidenten Paul Reynaud, nur noch «der kranke Mann Europas» war.[144] Bereits Ende 1953 wies das Saldo der Bundesrepublik bei der EZU einen Überschuß von 821,2 Millionen US-Dollar auf; Frankreich und Großbritannien dagegen verbuchten Defizite von 832 bzw. 822 Millionen Dollar, und auch Italien stand mit 112,5 Millionen auf der Seite der Schuldner.[145] Für Frankreich war vor allem der Indochina-Krieg mit Kosten von über 3000 Milliarden Francs ruinös. Nur mühsam gelang es, das Land mit amerikanischen Krediten und EZU-Geldern über die Runden zu bringen. Die Tresore der Frankfurter Bundesbank hingegen füllten sich mit Dollars, Gold sowie französischen und britischen Schuldverschreibungen. Neidvoll und zugleich düster notierte Staatspräsident Auriol nach der Bundestagswahl vom 6. September in sein Tagebuch: «Adenauer triumphiert. Das ist ein großartiger Erfolg; aber wenn man alle die damit verbundenen Reden liest, muß man sich darüber klar sein, daß das ein Triumph des deutschen Nationalismus ist. Wie sich dieses Land wieder aufgerichtet hat, ist außergewöhnlich, und die Amerikaner unterstützen es von neuem. Wir sehen uns mit einer sehr ernsten Lage konfrontiert, analog zu der des Jahres 1936.»[146]

Vor diesem Hintergrund war es nur logisch, daß französische EVG-Gegner hofften, eine Entspannung und die Überwindung des Ost-West-Gegensatzes würden doch noch eine Alternative zur deutschen Wiederbewaffnung bieten und damit den Teufelskreis durchbrechen, in dem sich die französische Politik befand. Mit dem Scheitern der Berliner Außenministerkonferenz war auch diese letzte Hoffnung geschwunden. In Paris mußte man sich nun endgültig für oder gegen die Verträge entscheiden. Zwar ließen Gaullisten, Linkssozialisten und Kommunisten weiterhin keinen Zweifel daran, daß sie einen Beitritt Frankreichs zur EVG nicht hinnehmen würden. Aber der linksliberale Pierre Mendès-France, der nach einem erneuten Regierungswechsel am 18. Juni 1954 zum Ministerpräsidenten gewählt worden war, zeigte sich entschlossen, das Ratifizierungsverfahren so oder so zu beenden, um die Spaltung Frankreichs in zwei feindliche Lager nicht noch tiefer werden zu lassen. Außerdem wurde er von allen westlichen Regierungen zur Entscheidung gedrängt. Mit 67 Zusatzforderungen, über die in Brüssel verhandelt wurde, hoffte Mendès-France es zu schaffen. Doch der Einigungsversuch schlug fehl. Wie eine Analyse des Auswärtigen Amtes in Bonn ergab, hätten 43 der französischen Forderungen eine Vertragsänderung erfordert, davon 21 eine grundlegende.[147] Dies wäre praktisch komplizierten Neuverhandlungen gleichgekommen, für die es weder Zeit noch die nötige politische Unterstützung gab. Inhaltlich unverändert gelangte der EVG-Vertrag daher vor die Nationalversammlung, die es am 30. August 1954 mit einer unerwartet hohen Mehrheit von 319 zu 264 Stimmen ablehnte, sich überhaupt mit ihm zu befassen. Adenauer sprach von einem «schwarzen Tag für Europa», französische Europa-Befürworter gar vom «Verbrechen des 30. August».[148]

Wiederbewaffnung und Westintegration der Bundesrepublik waren dadurch allerdings nicht mehr aufzuhalten. In der Bonner Ermekeil-Kaserne, wo das 1950 eingerichtete «Amt Blank» mit einer rasch wachsenden Zahl von Beamten und ehemaligen deutschen Offizieren die Vorbereitungen für den deutschen Wehrbeitrag traf, war schon 1953 die Auffassung weit verbreitet, daß das EVG-Projekt zum Scheitern verurteilt sei, ohne daß diese Einsicht irgendwelche Panik ausgelöst hätte. Wie selbstverständlich dachte man parallel an eine Lösung im Rahmen der NATO. Für die Planung und Aufstellung der deutschen Verbände spielte es ohnehin keine Rolle, in welche Struktur sie letztlich eingegliedert wurden. Für Adenauer dagegen kam eine derartige Alternative lange Zeit aus politischen Gründen nicht in Betracht, weil die EVG nicht nur die europäische Integration zu fördern versprach, sondern auch von der amerikanischen Regierung stark favorisiert wurde. Dennoch gab der Kanzler schon im Herbst 1953 gegenüber Cyrus Sulzberger zu, daß er sich für den Fall eines Scheiterns der EVG seine Gedanken mache. Eine Neukonstruktion des Atlantischen Bündnisses, schlimmstenfalls auch ohne Frankreich, und eine deutsch-amerikanische Zweierallianz seien denkbar.[149]

Aus französischer Sicht sprach indessen alles für die NATO-Lösung, die man sich 1950 noch nicht hatte vorstellen können. Mendès-France wußte, daß die USA auf einen deutschen Wehrbeitrag nicht verzichten würden und notfalls sogar zu einem bilateralen Bündnis mit der Bundesrepublik bereit waren. Dies mußte jedoch um jeden Preis verhindert werden, damit Frankreich, das auf amerikanische Wirtschaftshilfe und westeuropäische Zusammenarbeit dringend angewiesen war, nicht in die Isolierung geriet. Am Rande der Brüsseler Verhandlungen über die französischen Zusatzforderungen zum EVG-Vertrag vom 19. bis 22. August 1954 ließ Mendès-France deshalb gegenüber Außenminister Dulles durchblicken, daß Frankreich sich nach dem Scheitern der EVG in der Nationalversammlung einer NATO-Lösung nicht länger widersetzen würde.[150]

Über einen solchen Weg beriet eine anglo-amerikanische Expertengruppe in London schon seit dem frühen Sommer.[151] Den Briten war es bei der EVG ohnehin weniger um die supranationalen Aspekte und den Europa-Gedanken gegangen, als vielmehr um die Westbindung der Bundesrepublik zur Abwehr der «russischen Gefahr» sowie um eine dauerhafte Kontrolle des deutschen Potentials. Der Staatsminister im Foreign Office, Selwyn Lloyd, hatte dazu in einem Schreiben vom 22. Juni 1953 an Premierminister Churchill sogar unmißverständlich ausgesprochen, was öffentlich noch niemand zu sagen wagte: «Deutschland ist der Schlüssel zum Frieden in Europa. Ein geteiltes Europa bedeutet ein geteiltes Deutschland. Deutschland wiederzuvereinigen, solange Europa geteilt ist, ist – selbst wenn dies machbar wäre – gefahrvoll für uns alle. Deshalb fühlen alle – Dr. Adenauer, die Russen, die Amerikaner, die Franzosen und wir selbst – im Grunde ihres Herzens, daß ein geteiltes Deutschland zur Zeit die sicherste Lösung ist. Aber keiner von uns wagt dies, wegen seiner Auswirkung auf die öffentliche Meinung in Deutschland, auch offen zuzugeben. Deshalb unterstützen wir alle öffentlich ein vereintes Deutschland, jeder allerdings aufgrund seiner eigenen Bedingungen.»[152]

Während die Experten aus Washington und London darüber nachdachten, wie angesichts des zu erwartenden Scheiterns der EVG das Doppelproblem einer gleichzeitigen Sicherheitsgarantie vor Deutschland und Rußland gelöst werden könne, gab es für Churchill längst keine Alternative zur NATO-Mitgliedschaft der Bundesrepublik mehr. In einem Memorandum vom 19. August 1954 verlangte er: «Wir müssen einen guten Plan ausarbeiten, um Deutschland in die NATO einzugliedern; er muß schon bald fertig sein, die Sache ist dringend.»[153] Tatsächlich war das Foreign Office relativ mühelos in der Lage, dieser Forderung nachzukommen, weil hier ein entsprechendes Konzept, das die Integration der Bundesrepublik in die NATO vorsah, bereits seit Dezember 1952 vorlag.[154] Diese weitsichtige «Whitehall-Planung» in Verbindung mit den anglo-amerikanischen Expertengesprächen seit dem Frühsommer 1954 erlaubte es den Briten, sofort nach dem endgültigen Scheitern der EVG tätig zu werden.

Bereits am 2. September 1954 informierte der britische Hohe Kommissar Sir Frederick Hoyer Millar den Bundeskanzler in dessen Urlaubsquartier auf Bühler Höhe über die britischen Pläne. Zwei Alternativen standen zur Auswahl: entweder ein deutscher Beitritt zur NATO oder eine lose Form der EVG ohne supranationalen Charakter. Adenauer entschied sich ohne Zögern für die NATO-Variante. Außenminister Eden begann am 11. September eine Rundreise durch die Hauptstädte der EVG-Partner, um sich mit den einzelnen Regierungen abzustimmen. Am 18. September 1954 teilte der französische Hohe Kommissar François-Poncet dem Bundeskanzler mit, daß Mendès-France sich unter dem Eindruck der Argumente Edens bereit gefunden habe, einem gleichzeitigen Beitritt der Bundesrepublik zum Brüsseler Pakt und zur NATO zuzustimmen. Allerdings wünsche er Kontrollen und Beschränkungen, die in die Maschinerie des Brüsseler Paktes eingebaut werden sollten: Deutschland dürfe außerhalb des NATO-Oberkommandos keine eigenen Einheiten unterhalten, und Großbritannien müsse sich verpflichten, auch weiterhin Truppen auf dem Kontinent zu dislozieren.[155]

Auf einer Neun-Mächte-Konferenz, die am 28. September 1954 im Lancaster House im Londoner Westend begann, wurde schließlich über dieses Paket von Vorschlägen und Gegenvorschlägen beraten. Neben den Staaten, die an der gescheiterten EVG beteiligt gewesen waren, nahmen auch die USA, Großbritannien und Kanada an den Verhandlungen teil.[156] Alle Delegationen befürworteten eine NATO-Mitgliedschaft der Bundesrepublik. Mendès-France beharrte jedoch auf seinen Garantie- und Kontrollforderungen, verlangte zusätzlich eine Lösung des Saar-Problems und ließ keinen Zweifel aufkommen, daß er notfalls entschlossen sei, auch die Aufnahme der Bundesrepublik in die NATO scheitern zu lassen, wenn die französischen Vorstellungen unberücksichtigt blieben.[157] Adenauer war außer sich. Obwohl er wußte, daß Eden und Dulles alles unternahmen, um die französische Delegation umzustimmen, ließ er in einem nächtlichen Gespräch mit dem belgischen Außenminister Paul-Henri Spaak und dem luxemburgischen Ministerpräsidenten Joseph Bech im Hotel Claridge seinem Unmut freien Lauf: Es sei ein großer Irrtum, erregte er sich, auf Frankreich zu zählen, wenn das Spiel der europäischen Nationalstaaten wieder beginne. Die französischen Nationalisten seien ebenso wie die deutschen bereit, «allen bösen Erfahrungen zum Trotz die alte Politik zu wiederholen». Denen sei «Deutschland mit einer Nationalarmee lieber als Europa», wenn sie nur «ihre eigene Politik mit den Russen machen» könnten. Und die deutschen Nationalisten dächten genauso. Die Krise der europäischen Politik mache die Nationalisten dreist; sie gewännen wieder an Selbstvertrauen und Anhang.[158]

Ein Durchbruch bei den Gesprächen im Lancaster House bahnte sich an, als die Außenminister Dulles und Eden am Nachmittag des 29. September Erklärungen ihrer Regierungen über die dauerhafte Stationierung amerikanischer und britischer Streitkräfte auf dem europäischen Kontinent abgaben. Während Dulles dabei drohte, die ursprünglich für die EVG gemachte Zusage über den Verbleib amerikanischer Streitkräfte in Europa werde nur dann aufrechterhalten, wenn die neue westliche Verteidigungslösung unter Einschluß der Bundesrepublik zustande komme, überraschte Eden die Kon-

1. Adenauers Politik der Westintegration

ferenz mit dem Zugeständnis, das Vereinigte Königreich sei bereit, zur Rettung der NATO-Lösung über seinen eigenen Schatten zu springen und sich zum ersten Mal in seiner Geschichte zu verpflichten, auch in Friedenszeiten weiterhin Truppen auf dem europäischen Festland zu stationieren.[159] Zufrieden war Mendès-France jedoch erst, als Adenauer sich bereit fand, im Namen der Bundesrepublik auf die Herstellung von ABC-Waffen im eigenen Lande und die Produktion einiger schwerer Waffenkategorien wie Fernlenkgeschosse, Kriegsschiffe einer bestimmten Größe und Bomber zu verzichten und die Einhaltung dieser Verpflichtungen durch die zuständige Behörde des Brüsseler Paktes kontrollieren zu lassen. Diese Verzichtserklärung, so Adenauer im Rückblick, sei der einzige wirklich «einsame Entschluß» während seiner Regierungszeit gewesen und habe sich aus der Notwendigkeit des Verhandlungsablaufs ergeben.[160]

Nach weiteren Verhandlungen wurde schließlich die Abschlußkonferenz über den deutschen NATO-Beitritt für den 23. Oktober 1954 nach Paris anberaumt. Zuvor bedurfte es allerdings der von Frankreich geforderten Regelung der Saar-Frage. Wiederum blieb bis zum letzten Augenblick alles offen. Erst am Vorabend der Vertragsunterzeichnung einigten sich Adenauer und Mendès-France am 22. Oktober nach dem Staatsbankett in einem Gespräch unter vier Augen auf einen Kompromiß: Der französische Ministerpräsident verzichtete darin auf die endgültige Abtrennung der Saar von Deutschland, während der Bundeskanzler sich mit einer Volksabstimmung über das Saar-Statut einverstanden erklärte. Drei Monate nach dem Referendum sollten darüber hinaus freie Landtagswahlen im Saarland abgehalten werden. Welche Chancen sich damit im Falle einer Ablehnung des Saar-Statuts für einen Anschluß an die Bundesrepublik ergaben, blieb selbst Eingeweihten verborgen. Jedenfalls wurde die Tragweite dieser Bestimmung von den französischen Abgeordneten, die den Kompromiß in der Nationalversammlung billigten, nicht erkannt, wie Adenauer später in seinen *Erinnerungen* mit Stolz vermerkte.[161]

Im Bundestag wurde Adenauer deswegen nicht nur von der Opposition, sondern auch von der FDP angegriffen. Kritik gab es sogar im Parteivorstand der CDU. Mit einem Mann wie Johannes Hoffmann, dem saarländischen Ministerpräsidenten, der mit Nachdruck für die Annahme des Saar-Statuts und die Europäisierung des Saargebietes plädierte, könne man sich, hieß es, doch nicht an einen Tisch setzen. Als dieses Argument auch in der Vorstandsdebatte der CDU vorgebracht wurde, entgegnete Adenauer trocken, er habe inzwischen mit Leuten an einem Tisch gesessen, die einmal für den Morgenthau-Plan eingetreten seien; in der Politik solle man niemals sagen, daß man sich nicht zu Verhandlungen mit jemandem zusammensetze: «Wenn die Verhandlungen das Wohl des Gebietes im Auge haben», so Adenauer wörtlich, «dann setze ich mich, seien Sie mir nicht böse, auch mit dem Teufel an einen Tisch!» – woraufhin der Abgeordnete Kunze schlagfertig meinte: «Der sich aber nicht mit Ihnen!»[162] Tatsächlich sollte Adenauer recht behalten. Am 23. Oktober 1955 lehnte die Bevölkerung des Saargebietes das Saar-Statut mit einer Zweidrittelmehrheit von 67,7 Prozent der Stimmen bei einer Wahlbeteiligung von 97,5 Prozent ab. Das Ergebnis war so eindeutig, daß Frankreich schließlich den in einem demokratischen Verfahren geklärten Wunsch der Bevölkerung respektierte und der Angliederung des Saargebietes an die Bundesrepublik zustimmte. Am 1. Januar 1957 erhielt die Saar den Status eines Bundeslandes.[163]

Mit der Einigung über die Saar war zugleich der Weg für die Unterzeichnung der «Pariser Verträge» vom 23. Oktober 1954 frei. Das Vertragswerk umfaßte insgesamt elf Verträge und Abkommen. Die größte Bedeutung besaßen dabei der Deutschlandvertrag (Generalvertrag) vom 26. Mai 1952 (in der Fassung vom 23. Oktober 1954), das Protokoll über die Beendigung des Besatzungsregimes sowie das Protokoll über den Beitritt der Bundesrepublik zur NATO. Nach Artikel 1 des Deutschlandvertrages erhielt die Bundesrepublik «die volle Macht eines souveränen Staates über ihre inneren und äußeren Angelegenheiten». Vertragsrecht löste Besatzungsrecht ab. Einschränkungen der Souveränität gab es jedoch für die «Rechte und Verantwortlichkeiten in bezug auf Berlin und auf Deutschland als Ganzes einschließlich der Wiedervereinigung Deutschlands und einer friedensvertraglichen Regelung» (Artikel 2) sowie für die Stationierung von Streitkräften (Artikel 4). Hier galten weiterhin bestimmte Vorrechte der Siegermächte. Andererseits bekräftigten die Bundesrepublik und die drei Westmächte ihre Absicht, bis zum Abschluß eines Friedensvertrages zusammenzuwirken, «um mit friedlichen Mitteln ihr gemeinsames Ziel zu verwirklichen: ein wiedervereinigtes Deutschland, das eine freiheitlich-demokratische Verfassung, ähnlich wie die Bundesrepublik, besitzt und das in die europäische Gemeinschaft integriert ist».[164]

Großen Anteil am Abschluß dieser Verträge hatte nicht nur Anthony Eden, der mit seinem Foreign Office die entscheidenden konzeptionellen Vorarbeiten geleistet hatte, sondern auch Pierre Mendès-France, der bei vielen Kritikern lange Zeit nur als Totengräber der EVG galt. Die geschickte Verhandlungsführung des französischen Ministerpräsidenten, die auch Adenauer zunächst falsch einschätzte, machte unter schwierigsten innenpolitischen Bedingungen den Weg für eine Lösung, die Frankreich über Jahre hinweg zu verhindern versucht hatte, überhaupt erst frei. Mendès-France gehört damit – wie Robert Schuman und General de Gaulle – in die Reihe derjenigen, die den Boden für die deutsch-französische Aussöhnung bereiteten. Bereits im Dezember 1954 gelang es ihm, das neue Vertragspaket über die parlamentarischen Hürden der Nationalversammlung zu bringen. Die lange Verzögerung im Ratifizierungsverfahren, die das Schicksal des EVG-Vertrages in Frankreich bestimmt hatte, blieb den Pariser Verträgen somit erspart.

Probleme bei der Ratifizierung gab es dagegen in Deutschland. Zwar fanden die Verträge auch in der SPD zahlreiche Befürworter. Doch schon nach kurzer Zeit setzte sich die starre Ablehnung des Parteivorsitzenden Erich Ollenhauer und seiner Anhänger durch, zumal eine geschickte Mischung von Drohungen und Lockungen aus dem Kreml für Irritationen sorgte. So warnte die sowjetische Regierung in diplomatischen Noten vom 23. Oktober und 9. Dezember 1954 vor einer Inkraftsetzung der Verträge, durch die die Wiedervereinigung und sogar Verhandlungen darüber auf unabsehbare Zeit unmöglich gemacht würden.[165] Die Nachrichtenagentur TASS verbreitete am 15. Januar 1955 im Vorfeld der Ratifizierungsdebatte des Bundestages eine Erklärung, in der es hieß, das westdeutsche Parlament übernehme die schwere Verantwortung für das Fortbestehen der Spaltung Deutschlands, wenn es den Abmachungen zustimme. Noch gebe es jedoch ungenutzte Chancen, um ein Abkommen in der Frage der Wiedervereinigung zu erreichen. Das deutsche Volk müsse nur «durch die Abhaltung allgemeiner freier Wahlen in ganz Deutschland, einschließlich Berlin, die Möglichkeit haben, seinen freien Willen zu äußern, damit ein einheitliches Deutschland als Großmacht (sic!) wiederersteht und einen würdigen Platz unter den anderen Mächten einnimmt».[166]

Parallelen zum Notenkrieg 1952 waren also unverkennbar. Und wieder war es die Frage freier Wahlen, die den Hauptstreitpunkt bildete. Der in der TASS-Erklärung enthaltene Hinweis, die östliche Seite sei bereit, die Wahlen unter internationaler Kontrolle durchzuführen, bot der SPD-Führung allerdings genügend Anlaß, von einem «entscheidend neuen Tatbestand» zu sprechen. Während alle westlichen Regierungen den sowjetischen Vorstoß als erneutes Stör- und Täuschungsmanöver des Kreml zur Verhinderung der Vertragsratifizierung werteten, bemängelte Ollenhauer in einem Brief an den Bundeskanzler vom 23. Januar 1955, daß noch keineswegs alle Möglichkeiten erschöpft seien, «um vor der Ratifizierung der Pariser Verträge endlich einen ernsthaften Versuch zu unternehmen, auf dem Wege von Viermächteverhandlungen die Einheit Deutschlands in Freiheit wiederherzustellen».[167] Nachdem man es 1952 versäumt habe, die Ernsthaftigkeit der damaligen Angebote der Sowjetunion zu erproben, dürfe man sich jetzt nicht der gleichen Unterlassung schuldig machen. Die Annahme der Verträge führe nach Überzeugung der SPD «zu einer verhängnisvollen Verhärtung der Spaltung Deutschlands».[168]

In den abschließenden Ratifizierungsdebatten des Bundestages spitzte Ollenhauer dieses Argument noch zu, indem er ohne Berücksichtigung der sowjetischen Politik einen direkten Gegensatz zwischen der Westintegration und der Wiedervereinigung herstellte. Wörtlich erklärte der SPD-Vorsitzende am 27. Februar 1955: «Wer in diesem Stadium und in dieser Lage die Ratifizierung der Verträge vor neue Verhandlungen über die Wiedervereinigung setzt, der dokumentiert damit, daß er unter allen Umständen der definitiven Eingliederung der Bundesrepublik in das Nordatlantikpakt-System den Vorzug vor der Wiedervereinigung gibt.»[169] Zugleich ging die SPD dazu über, außerparlamentarische Aktionen gegen die Verträge und besonders gegen die Wiederbewaffnung zu unterstützen. In einem am 29. Januar 1955 von etwa 1000 Teilnehmern einer Veranstaltung in der Frankfurter Paulskirche verabschiedeten «Deutschen Manifest» wurde eindringlich vor der Gefahr gewarnt, «daß durch die Ratifizierung der Pariser Verträge die Tür zu Viermächteverhandlungen über die Wiederherstellung der Einheit Deutschlands in Freiheit zugeschlagen wird».[170] In zahlreichen öffentlichen Kundgebungen wurde der Bundestag gedrängt, die Ratifizierung abzulehnen. Doch es nutzte nichts mehr: Die große Mehrheit des Parlaments stellte eindeutig die Vorteile der Westintegration über die Unwägbarkeit neuer Verhandlungen mit der Sowjetunion.

Am 27. Februar 1955 wurden die Pariser Verträge und das Saar-Statut nach fast vierzehnstündiger Debatte vom Bundestag gegen die Stimmen der SPD gebilligt. Am 18. März 1955 passierten sie auch den Bundesrat. Nachdem die Ratifikationsurkunden durch alle beteiligten Staaten hinterlegt worden waren, trat der Deutschlandvertrag am 5. Mai 1955 in Kraft. Am 6. Mai wurde die Bundesrepublik Mitglied der WEU und der NATO. Unbeschwerte Festtagsstimmung wollte in der Feierstunde des Bundestages am 5. Mai dennoch nicht aufkommen. Zu schwer wog die Tatsache, daß nur die Westdeutschen von der Entwicklung profitierten. Von wirklicher Souveränität Deutschlands, so meinte Ollenhauer – diesmal mit Zustimmung des ganzes Hauses –, könne wohl «erst die Rede sein, wenn Deutschland in Freiheit wiedervereinigt» sei.[171] Die Rechnung Adenauers, durch eine vertraglich verankerte Westintegration nicht nur Sicherheit und Beistand gegenüber der Sowjetunion, sondern auch Anerkennung und Akzeptanz unter den westlichen Verbündeten zu erhalten, ging jedoch auf. Die Bundesrepublik wurde zu einem Partner der Westmächte im Ost-West-Konflikt und beim Neuaufbau Europas. Ob eine Wiedervereinigung in Freiheit unter Verzicht auf die Westintegration möglich gewesen wäre – und wenn ja, zu welchen Bedingungen –, ist dagegen auch nach der teilweisen Öffnung der russischen Archive noch immer umstritten.

2. Das Ende der Ära Adenauer

Mit der Durchsetzung der Westverträge hatte Adenauer den Zenith seines Erfolges erreicht. Von nun an ging es zwar nicht unbedingt stetig bergab. Aber nach den grundlegenden Weichenstellungen, die mit den Beratungen über das Grundgesetz, der Einführung der sozialen Marktwirtschaft, dem Beitritt zum Europarat und zur Montanunion sowie schließlich mit der Wiedererlangung der Souveränität und der Aufnahme in die NATO erfolgt waren, vermochte der Kanzler in den letzten acht Jahren seiner Amtszeit kaum noch neue Akzente zu setzen. Selbst der Elysée-Vertrag vom 22. Januar 1963 über die deutsch-französische Zusammenarbeit, der Adenauers Politik neun Monate vor seinem Rücktritt noch einmal ein Glanzlicht aufsetzte, war bereits in der Logik der westeuropäischen Integration seit dem Schuman-Plan angelegt. Mit der Zäsur des Jahres 1955 begann somit ein neuer Abschnitt, in dem im wesentlichen nur noch die Bewahrung des Erreichten im Vordergrund stand, während neue Wege kaum noch beschritten wurden.

Die Genfer Gipfelkonferenz 1955

Wie sehr das Inkrafttreten der Westverträge in Ost und West als Abschluß einer Phase der Unsicherheit und Instabilität betrachtet wurde, geht nicht zuletzt aus der Tatsache hervor, daß danach auf beiden Seiten Initiativen entfaltet wurden, die noch kurz zuvor undenkbar erschienen waren. Dabei galt weniger die eigentliche Inkraftsetzung der Verträge am 5. Mai als vielmehr deren Ratifizierung durch die parlamentarischen Gremien in der Bundesrepublik und Frankreich im Februar und März 1955 als Einschnitt. So gab US-Präsident Eisenhower bereits am 23. März, vier Tage vor Billigung der Verträge durch den Rat der Republik in Paris, zu erkennen, daß er einverstanden sei, nach der Ratifizierung an einer Gipfelkonferenz der vier Großmächte teilzunehmen. Seit Stalins Tod im Frühjahr 1953 hatte man sich darauf nicht einigen können. Jetzt schien alles plötzlich ganz einfach. Der neue sowjetische Regierungschef, Nikolai Bulganin, willigte nicht nur in die Idee eines Gipfeltreffens ein, sondern erklärte ebenfalls die Bereitschaft Moskaus, eine Außenministerkonferenz zur Vorbereitung eines Österreichischen Staatsvertrages einzuberufen. Schon zwei Monate später, am 15. Mai, konnte der Vertrag, der zum Abzug der sowjetischen Truppen und zur Neutralisierung Österreichs nach dem Schweizer Modell führte, von den Außenministern der vier Großmächte unterzeichnet werden.

Nur zehn Tage danach traf eine sowjetische Delegation unter Führung von Parteichef Nikita Chruschtschow in Jugoslawien ein, um die Fehde mit Marschall Tito zu beenden, die seit 1948 die Beziehungen zwischen Belgrad und Moskau schwer belastet hatte. Und am 7. Juni – einen Tag nach Einladung der Westmächte an die Sowjetunion zur Abhaltung der Gipfelkonferenz am 8. Juli nach Genf – wurde die Bundesregierung über die Pariser Botschaft der UdSSR vom Wunsch Moskaus in Kenntnis gesetzt, auch das Verhältnis zu Bonn ohne Vorbedingungen normalisieren zu wollen. Das entsprechende Schreiben Bulganins an Adenauer drückte sogar die Hoffnung aus, daß die Herstellung und Entwicklung normaler Beziehungen zur «Lösung der ungeregelten Fragen, die ganz Deutschland betreffen, beitragen» und letztlich sogar zur «Wiederherstellung der Einheit eines deutschen demokratischen Staates» verhelfen werde.[172] Das Tauwetter, auf das man im Westen so lange gewartet hatte, schien also endlich einzusetzen. Die Frage war nur, ob die neuen sowjetischen Initiativen zu einer wirklichen Normalisierung und Entspannung oder nur zur westlichen Anerkennung des Status quo dienen sollten.

Um auf diese Frage eine Antwort zu finden, drängte die SPD erneut – nun schon zum wiederholten Male – auf eingehende Sondierungen und legte Mitte Mai 1955 sogar ein eigenes Programm zu den *Viermächte-Verhandlungen über die Wiedervereinigung* vor. Darin verlangte sie, vor einer endgültigen Verfestigung der Teilung Europas verhandlungsfähige Positionen zu entwickeln und das Gespräch mit der Sowjetunion zu suchen. Wieder liefen die sozialdemokratischen Vorstellungen auf eine Neutralisierung des wiedervereinigten Deutschlands hinaus – diesmal jedoch als gleichberechtigtes Mitglied eines kollektiven europäischen Sicherheitssystems. «Verhandlungsfähig» war daran vor allem, daß der sowjetische Außenminister Molotow ein solches System bereits auf der Berliner Konferenz 1954 vorgeschlagen hatte. Jetzt hätte es aber dazu geführt, daß die Bundesrepublik wieder aus der Atlantischen Allianz hätte austreten müssen, in die sie gerade erst aufgenommen worden war.[173]

Für Adenauer war dies natürlich völlig abwegig. Seiner Auffassung nach konnte nur eine allgemeine Entspannung ein Klima schaffen, in dem eine Lösung der deutschen Frage langfristig möglich sein würde. Gefahr drohte dabei nach Meinung Adenauers weniger von der eigenen Opposition, die er für beherrschbar hielt, als von den Verbündeten, die offenbar geneigt waren, sich in den unberechenbaren Strudel eines Gipfeltreffens zu begeben. Dieses Treffen, das schließlich vom 18. bis 23. Juli 1955 in Genf stattfand, führte zum ersten Mal seit Jalta und Potsdam 1945 die Regierungschefs der ehemaligen Siegermächte wieder an einen Tisch. In einer «Offensive des Lächelns» verhielten sich insbesondere die sowjetischen Konferenzteilnehmer ausgesucht höflich. Schon bei ihrer Ankunft fuhren Bulganin, Chruschtschow und Verteidigungsminister Schukow, der Eroberer von Berlin, im offenen Wagen durch die Stadt, «eifrig bemüht um den Applaus der Passanten, denen sie freundlich zuwinkten», wie sich Wilhelm G. Grewe, der damals einer kleinen Bonner Delegation angehörte, die die Konferenz beobachtete, später erinnerte.[174] Der Gegensatz zum grimmigen Auftreten Molotows in Berlin eineinhalb Jahre zuvor hätte größer nicht sein können. Schon bald machte deshalb das Wort vom «Geist von Genf» die Runde, und der französische Ministerpräsident Edgar Faure sprach sogar optimistisch vom «Ende des Kalten Krieges».[175]

Adenauer, der die Konferenz von seinem Schweizer Feriendomizil in Mürren im Berner Oberland verfolgte, war gerade wegen so viel Nettigkeit von tiefem Mißtrauen erfüllt. Wenn die Verbündeten von einst, die jetzt doch eigentlich Gegner waren, so freundlich miteinander umgingen, mußten sich vor allem die Deutschen um ihre Belange sorgen. Adenauers «Potsdam-Komplex» – seine Vorstellung, daß die Siegermächte des Zweiten Weltkrieges sich erneut über die Köpfe der Deutschen hinweg über deutsche Angelegenheiten einigen könnten – wurde wieder wach. Der Kanzler ließ sich deshalb regelmäßig durch die Bonner Beobachterdelegation vom Konferenzverlauf unterrichten. Mürren lag nicht weit entfernt von Genf, auf dem

2. Das Ende der Ära Adenauer 331

Schweizer Hochplateau, das nur mit einer Bergbahn zu erreichen war. Adenauer vermittelte hier den Eindruck, zwar nicht persönlich bei der Konferenz anwesend zu sein, aber dennoch «von oben» auf das Geschehen einwirken zu können.[176] Außerdem hatte er vorsichtshalber mit Dulles vereinbart, gegebenenfalls über eine abhörsichere Telefonanlage von Bern aus zu telefonieren, wenn dies notwendig werden sollte.[177]

Präsident Eisenhower, der seinem Naturell nach ebenfalls zu einem publikumswirksamen Auftreten neigte, unterstrich wiederholt die Bedeutung der freundlichen Atmosphäre in Genf. In mehreren kurzen Unterredungen, zu denen sich die westlichen Regierungschefs mit ihren Außenministern am 17. Juli – also einen Tag vor dem offiziellen Beginn der Konferenz – zusammenfanden, hob der Präsident auch die Notwendigkeit persönlicher Gespräche hervor, die einen wichtigen Beitrag leisten könnten, um gegenseitiges Vertrauen zwischen den Konferenzteilnehmern zu schaffen.[178] Wenige Stunden vor seinem Abflug nach Genf am 15. Juli hatte der Präsident überdies in einer Fernsehrede an das amerikanische Volk euphorisch erklärt: » Wir wollen Frieden. Wir können die ganze Lage nicht betrachten, ohne zunächst einmal festzustellen, daß Pessimismus noch nie eine Schlacht gewonnen hat, weder im Frieden noch im Krieg. Dann werden wir verstehen, daß bei allen bisherigen Konferenzen eines gefehlt hat: Ich meine die Bereitschaft zum Nachgeben, zur Einsicht, zur Toleranz und zu dem Versuch, nicht nur den eigenen Standpunkt, sondern auch den des anderen zu sehen. Ich sage Ihnen, wenn wir den Geist ändern können, in dem diese Konferenzen geführt werden, dann werden wir den größten Schritt zum Frieden und zu einer besseren und ruhigeren Zukunft getan haben, der je in der Geschichte der Menschheit unternommen worden ist.»[179] Auch nach seiner Ankunft in Genf appellierte Eisenhower während mehrerer interner Vorbereitungstreffen in diesem Tenor an Faure und Eden, der inzwischen Churchill als britischen Premierminister abgelöst hatte, dem Gipfeltreffen optimistisch entgegenzusehen. Man müsse die Sowjets in jeder Hinsicht als gleichberechtigte Partner behandeln. Nur mit dieser Einstellung seien erfolgversprechende Verhandlungen möglich. Zwar dürfe man kein grenzenloses Vertrauen in die sowjetischen Beteuerungen setzen. Aber eine allzu pessimistische Grundhaltung sei ebensowenig am Platze.[180]

Eisenhower war nicht zuletzt deshalb so hoffnungsvoll, ein positives Ergebnis erzielen zu können, weil schon während der Vorbereitungen der Konferenz deutlich geworden war, daß die «Wiederherstellung der deutschen Einheit» nicht der einzige Tagesordnungspunkt bleiben würde. Vielmehr würde das Problem der Wiedervereinigung mit dem Komplex der europäischen Sicherheit verknüpft – oder sogar in der Rangfolge vertauscht. Amerikanische und britische Planungsstäbe hatten deshalb vorsorglich Modelle für den Fall entwickelt, daß Moskau sich tatsächlich zu einem Abzug seiner Truppen aus der DDR bereitfinden könnte.[181] Selbst Adenauer hatte sich dadurch veranlaßt gesehen, von den eigenen Militärexperten prüfen zu lassen, inwieweit Möglichkeiten bestanden, Truppen zu reduzieren und die Rüstung zu begrenzen. Im soeben errichteten Bundesverteidigungsministerium formulierte ein Stab unter der Leitung von Generalleutnant Adolf Heusinger «Gedanken zur Bildung eines truppenfreien Raumes in Zentral-Europa», die eine entmilitarisierte Zone zwischen Elbe und Weichsel sowie Zonen mit verminderter militärischer Präsenz westlich der Elbe und östlich der Weichsel vorsahen.[182] Tatsächlich sollte sich die sowjetische Seite am Ende auf derartige Angebote nicht einlassen, zumal die Westmächte auf Druck Adenauers bereits im Vorfeld der Genfer Konferenz deutlich machten, daß sie ein Entgegenkommen in der Frage entmilitarisierter Zonen von der Wiederherstellung der deutschen Einheit durch freie Wahlen abhängig zu machen gedachten.

Auch in der Deutschlandfrage gab es in Genf – zwei Monate nach dem NATO-Beitritt der Bundesrepublik – keinerlei Bewegung mehr. Zwar stimmte die Sowjetunion weiterhin formal der Möglichkeit einer Wiedervereinigung Deutschlands durch freie gesamtdeutsche Wahlen zu. Diese wurde nun jedoch an die Bedingung geknüpft, daß die «nationalen Interessen des deutschen Volkes» gewahrt werden müßten. Was darunter zu verstehen war, wurde am späten Nachmittag des 23. Juli deutlich, als Bulganin in seiner Schlußansprache deutlich machte, daß die politisch-wirtschaftlichen und gesellschaftlichen Errungenschaften in der DDR erhalten bleiben müßten.[183] Für die künftige diplomatische Arbeit wurden von Bulganin zugleich die Frage der europäischen Sicherheit und das Problem der Abrüstung in den Vordergrund gerückt, während er die Wiedervereinigungsfrage als ein nachgeordnetes, noch nicht zur Lösung herangereiftes Problem bezeichnete. Noch nie war im übrigen von sowjetischer Seite so deutlich ausgesprochen worden, daß die Lösung dieses Problems, wie Bulganin jetzt sagte, nur auf einer sogenannten «friedlich-demokratischen Grundlage» denkbar war – das heißt unter Beibehaltung der sozialistischen Gesellschaftsordnung. Denn, so der sowjetische Ministerpräsident unmißverständlich, da die beiden deutschen Staaten in ihrer politischen, sozialen und wirtschaftlichen Struktur so fundamental verschieden seien, erscheine ihre «mechanische Verschmelzung» undenkbar.[184]

Hoffnungen auf Bewegung in der deutschen Frage wurden damit endgültig enttäuscht. Herbert Blankenhorn aus der deutschen Beobachterdelegation vermerkte dazu in seiner Zusammenfassung des Sachstandes für den Kanzler, die Intransigenz der Sowjets in der Deutschlandfrage habe «sogar noch das von den westlichen Experten erwartete Maß übertroffen». Auch im Hinblick auf die künftige Entwicklung warne er davor, sich Illusionen darüber zu machen, «daß die Russen ... in der deutschen Frage Entgegenkommen zeigen werden».[185] Nach NATO-Beitritt und Wiederbewaffnung der Bundesrepublik war für die Sowjetunion das Thema Wiedervereinigung offenbar vorerst abgeschlossen. Statt dessen wandte sich Moskau – auf der Grundlage des Status quo – verstärkt Fragen der Errichtung eines gesamteuropäischen Sicherheitssystems zu, die nun als Kernelemente einer neuen Entspannungs- und Koexistenzpolitik in den Vordergrund der Diskussion rückten. Die deutsche Wiedervereinigung wurde dabei nicht länger als Voraussetzung für eine Entspannung angesehen.[186] Auch die Westmächte, die sich in den Pariser Verträgen vom Oktober 1954 noch verpflichtet hatten, für die Wiedervereinigung Deutschlands einzutreten, beschritten nun in ihrem Verhältnis zur Sowjetunion neue Wege. Dies zeigte sich schon daran, daß die Westdeutschen, die im Jahr zuvor bei der Berliner Außenministerkonferenz der Vier Mächte noch allein mit einer Beobachterdelegation vertreten gewesen waren, sich in Genf bereits mit Repräsentanten aus Ost-Berlin konfrontiert sahen. Herbert Blankenhorn, Wilhelm G. Grewe, Pressesprecher Felix von Eckardt sowie der Pressereferent des Auswärtigen Amtes, Günter Diehl, und Otto Bräutigam als Berater des Auswärtigen Amtes für Ostfragen, operierten in unmittelbarer räumlicher Nähe der DDR-Vertreter, auch wenn es keine direkten Kontakte gab. Zwar traten die Ostdeutschen nicht auffällig in Erscheinung; die beiden Leiter ihrer kleinen Abordnung – Staatssekretär Georg Handke und der Chef der Hauptabteilung 2 des DDR-Außenministeriums, Richard Gyptner – waren weithin unbekannt.[187] Doch schon die Tatsache ihrer Anwesenheit beflügelte die Phantasie der Öffentlichkeit, wie Wilhelm Grewe im Rückblick hervorhebt: «Gesehen haben wir uns nicht, aber ob wir uns sehen würden oder nicht, war für manche Reporter immer wieder eine Herausforderung ihrer Neugier.»[188] Natürlich gingen die peinlich genauen Bemühungen, jedes westliche Zusammentreffen mit der DDR-Delegation zu vermeiden, auf den Bonner Wunsch zurück, jeden Eindruck einer praktischen Anerkennung des SED-Regimes zu vermeiden. Bereits am 7. Mai 1955 hatte Adenauer dazu in einem Gespräch mit Dulles erklärt, daß durch die Teilnahme von Vertretern der Ostzone bei der Bevölkerung «die Furcht vor einer Beibehaltung des Status quo geweckt» würde.[189] Obwohl der Kanzler durch seine Politik maßgeblich zur Erstarrung der bestehenden Verhältnisse beigetragen hatte, scheute er offenbar immer noch davor zurück, dies auch öffentlich einzugestehen.

Adenauer in Moskau

Die am 7. Juni ergangene Einladung an Adenauer, zu Verhandlungen über die Aufnahme diplomatischer Beziehungen zwischen der Bundesrepublik und der Sowjetunion nach Moskau zu kommen, barg in diesem Zusammenhang ein besonderes Risiko: Wenn er sie annahm, trug er ungewollt zur Unterstützung der Zwei-Staaten-Theorie bei, die Moskau seit dem NATO-Beitritt der Bundesrepublik vertrat. Reiste er nicht, lief er Gefahr, sich erneut – wie 1952 – den Vorwurf einzuhandeln, deutsche Interessen nicht ausreichend zu vertreten. Diesmal ging es vor allem um die längst überfällige Rückkehr der letzten deutschen Kriegsgefangenen aus Rußland und damit nicht nur um eine politische, sondern auch um eine humanitäre Frage. Adenauer selbst wollte auch deshalb mit der sowjetischen Führung direkt ins Gespräch kommen, weil er sich davon eine Vergrößerung der Handlungsfreiheit für die Außen- und Deutschlandpolitik der Bundesrepublik versprach. Bereits am 5. Februar 1955 hatte er dazu vor dem Parteivorstand der CDU erklärt: «Sobald wir souverän sind, können wir als ein selbständiger, souveräner Staat unsere diplomatischen Beziehungen einsetzen im Sinne einer Beilegung des Konflikts auch mit den Sowjets, wozu wir jetzt gar nicht in der Lage sind. Dreier- oder Viererkonferenzen, die über unseren Kopf hinweg geführt werden, d. h. ohne daß wir dabei am Tisch sitzen, sind eine sehr üble Angelegenheit. Daher ziehe ich, weil ich fest davon überzeugt bin, im geeigneten Augenblick mit den Sowjets verhandeln zu können, eine Konferenz mit den Sowjets über die Rückgabe der Sowjetzone, bei der wir gleichberechtigt am Tisch sitzen, Verhandlungen vor, die über unseren Kopf hinweg geführt werden.»[190]

Den Hohen Kommissaren auf dem Petersberg hatte Adenauer versichert, daß er keineswegs die Absicht habe, einen deutsch-sowjetischen Alleingang zu unternehmen. Gleichwohl müsse die Bundesrepublik zu gegebener Zeit das Recht haben, in direkte Gespräche mit der vierten «Vorbehaltsmacht» über die deutsche Frage einzutreten. Die Alliierten hatten dafür Verständnis bekundet; eine Wiederbelebung des «Rapallo-Komplexes» schien bei ihnen nicht zu drohen. Allerdings bestanden sie darauf, daß jegliche Beeinträchtigung der Genfer Verhandlungen vermieden werden müsse. Eine Reise Adenauers nach Moskau kam somit erst für die Zeit nach der Gipfelkonferenz in Betracht. Ohnehin ging es zunächst darum, die Voraussetzungen für den Besuch zu klären und den Gesprächsrahmen festzulegen.

Als die Bonner Verhandlungsdelegation schließlich am 8. September mit einem Troß von über hundert Bediensteten nach Moskau aufbrach, gehörten ihr neben der engeren Umgebung des Kanzlers und Außenminister Heinrich von Brentano auch die Vorsitzenden der Auswärtigen Ausschüsse von Bundestag und Bundesrat, Kurt Georg Kiesinger und Ministerpräsident Karl Arnold, sowie Carlo Schmid als Vertreter der Opposition an. In der sowjetischen Hauptstadt wurden die Deutschen mit großem Zeremoniell von Regierungschef Bulganin und Außenminister Molotow sowie weiteren Mitgliedern der Staatsführung auf dem Flughafen Wnukowo empfangen. Ein Sonderzug der Bundesbahn mit einem abhörsicheren Konferenzraum, Speisewagen, Fernschreiber und Telefoneinrichtungen war schon vorher eingetroffen. Abgestellt auf dem Nebengleis eines Moskauer Bahnhofs, diente er der deutschen Delegation – da es ja noch keine eigene Botschaft gab – als Zentrale für die vertrauliche interne Arbeit. Die Mitglieder der Delegation selbst waren im Hotel Sowjetskaja an der Leningrader Allee untergebracht.

Die Verhandlungen, die im Spiridonowka-Palais stattfanden, dauerten vom 9. bis 13. September. Bulganin, Chruschtschow und Molotow, die auf

2. Das Ende der Ära Adenauer

sowjetischer Seite die Verhandlungen führten, wünschten die Aufnahme diplomatischer Beziehungen ohne Vorbedingungen, während Adenauer seine Zustimmung von der Bereitschaft abhängig machte, sowohl über die Entlassung der deutschen Kriegsgefangenen als auch über die Wiedervereinigung zu sprechen. Beides wurde von den sowjetischen Vertretern strikt abgelehnt. Sie bekannten sich zwar grundsätzlich dazu, daß Deutschland als «einheitlicher und demokratischer Staat» wiederhergestellt werde. Doch seien durch die Ratifizierung der Pariser Verträge Hindernisse entstanden. Die Sowjetunion habe immer wieder vor einem Beitritt der Bundesrepublik zur NATO gewarnt. Jetzt, so betonte Molotow, müßten die Deutschen selbst die Initiative ergreifen, um wieder zusammenzukommen.[191] Zu den Kriegsgefangenen erklärte Bulganin, es gebe keine mehr. Alle seien in ihre Heimat zurückgekehrt. Lediglich deutsche Kriegsverbrecher, insgesamt 9626 Personen aus der ehemaligen Hitler-Armee, «die durch die sowjetischen Gerichte für besonders schwere Verbrechen an dem sowjetischen Volk, gegen den Frieden und gegen die Menschlichkeit verurteilt» worden seien, befänden sich noch im Lande.[192]

Bereits am ersten Verhandlungstag waren somit die Gegensätze deutlich geworden, die einen positiven Ausgang der Gespräche zweifelhaft erscheinen ließen. Trotzdem fand der Tag durch eine abendliche Galaaufführung des Balletts *Romeo und Julia* von Sergej Prokofjew im Bolschoi-Theater noch ein versöhnliches Ende. Als die Häupter der feindlichen Familien Capulet und Montague sich am Schluß des Balletts in die Arme sanken, hob, so die Schilderung eines deutschen Journalisten, der die Szene beobachtete, «auch der Bundeskanzler Adenauer seine beiden Hände und legte sie unter dem rauschenden Beifall der Zuschauer in die Bulganins».[193] Die Substanz der Verhandlungen wurde durch diese Geste allerdings nicht berührt. Beide Seiten beharrten auf ihren Positionen. Besonders unflexibel gaben sich Brentano, Hallstein und Grewe, die den Kanzler davor warnten, diplomatische Beziehungen aufzunehmen, ohne in der Frage der Wiedervereinigung weitergekommen zu sein, während Adenauer sich schon mit Fortschritten bei der Rückkehr der Kriegsgefangenen zufriedengeben wollte. Doch nicht einmal dies schien erreichbar, weil die sowjetischen Verhandlungsführer starr an ihrer Ausgangsposition festhielten. Selbst Carlo Schmids Appell an die «Großherzigkeit des russischen Volkes», Gnade gegenüber den deutschen Gefangenen walten zu lassen, damit «diese Menschen zurückkehren zu denen, die auf sie warten – die seit mehr als zehn Jahren auf sie warten», fruchtete nichts.[194]

Am dritten Tag drohte sogar das vorzeitige Ende der Gespräche, als die sowjetische Seite der Bundesrepublik vorwarf, sie beteilige sich durch ihren Beitritt zur NATO an der Aufstellung von Armeen zum Krieg gegen die Sowjetunion. Zwar versicherte Adenauer zunächst versöhnungsvoll, sein Land werde, in welcher Organisation es auch sein möge, immer für den Frieden eintreten. Doch Chruschtschows rüde Entgegnung, Truppen würden «nicht aufgestellt, damit sie Suppe essen und Brühe zubereiten», begriff der Kanzler als persönliche Brüskierung, die er damit beantwortete, daß er sich spontan erhob, um zu gehen und die Konferenz scheitern zu lassen.[195] Bulganin rettete die Situation, indem er eingriff und die Verhandlungen vertagte. Beim anschließenden Mittagessen im Hotel erwog die deutsche Delegation jedoch weiterhin, die Gespräche abzubrechen. Vorsorglich wurden zwei Verkehrsmaschinen der Lufthansa nach Moskau beordert, um für die Abreise gerüstet zu sein.

Der sowjetischen Seite blieben diese Aktivitäten natürlich nicht verborgen. Noch am selben Abend gab Bulganin deshalb Adenauer beim Staatsempfang im St.-Georgs-Saal des Kreml unter vier Augen zu verstehen, daß die UdSSR bereit sei, nach Aufnahme diplomatischer Beziehungen die deutschen Kriegsgefangenen freizulassen. Zuvor hatte der Kanzler seinem sowjetischen Gesprächspartner noch einmal die große psychologische Bedeutung dieser Frage deutlich gemacht. Allein in den letzten zwei Jahren seien Briefe von etwa 130000 Deutschen aus der Sowjetunion eingegangen, die an der Ausreise gehindert würden. «Das werden wohl diejenigen sein», hatte daraufhin Bulganin geantwortet, «von denen Chruschtschow gesagt hat, sie seien schon längst beerdigt.» Nach kurzer Pause, so berichtet Adenauer in seinen Memoiren, habe der sowjetische Regierungschef dann unvermittelt erklärt, man solle zu einer Einigung kommen. Wenn der Kanzler die Aufnahme diplomatischer Beziehungen befürworte, werde man eine Lösung finden: «Schreiben Sie mir einen Brief», so Bulganin zu Adenauer, «und wir geben sie Ihnen alle – alle! Eine Woche später! Wir geben unser Ehrenwort.»[196]

Ähnliche Zusicherungen erhielten auch andere deutsche Delegationsteilnehmer in ihren Gesprächen mit sowjetischen Vertretern – etwa der nordrhein-westfälische Ministerpräsident Karl Arnold von Parteichef Chruschtschow. Zu einer schriftlichen Bestätigung des Ehrenworts war allerdings niemand bereit. Brentano, Hallstein und Grewe warnten deshalb erneut: Man solle sich nicht auf mündliche Zusagen verlassen, sondern auf jeden Fall noch einmal versuchen, eine schriftliche Bestätigung zu erhalten. Als dieser Versuch am vierten Verhandlungstag mißlang, lenkte Adenauer schließlich ein, verlangte aber die Klarstellung, daß die Aufnahme diplomatischer Beziehungen keinen Verzicht der Bundesrepublik auf ihren bisherigen Rechtsstandpunkt in der deutschen Frage bedeute. Eine entsprechende einseitige Vorbehaltserklärung wurde der sowjetischen Seite in einem Brief des Kanzlers an den sowjetischen Ministerpräsidenten am Tage des Abflugs überreicht. Zwei Tage später erklärte die sowjetische Nachrichtenagentur TASS, die Sowjetregierung betrachte sowohl die Bundesrepublik als auch die DDR als Teile Deutschlands; die Grenzfrage sei bereits im Potsdamer Abkommen geregelt.[197]

Knapp vier Wochen später trafen die ersten Rußland-Heimkehrer im Lager Friedland ein. Die sowjetische Führung hielt ihr Versprechen. 9626

2. Das Ende der Ära Adenauer

Kriegsgefangene und etwa 20 000 Zivilisten kehrten in den folgenden Monaten nach Deutschland zurück. Mehr als 1,1 Millionen Soldaten und 10 000 der insgesamt über 30 000 namentlich bekannten Zivilpersonen, die unter der sowjetischen Besatzung verschleppt worden waren, blieben jedoch in der UdSSR verschollen.[198] Eine völlige Lösung dieses tragischen Kapitels deutsch-sowjetischer Beziehungen, das auch in umgekehrter Richtung so viel Unglück und Leid über die Menschen gebracht hatte, war offenbar nicht möglich. Was 1955 noch getan werden konnte, war indessen getan worden. Adenauer wurde deshalb bei seiner Rückkehr aus Moskau wie ein Held gefeiert.[199]

Der Preis für die Entlassung der Kriegsgefangenen war nicht nur die Aufnahme diplomatischer Beziehungen mit der Sowjetunion, sondern vor allem die indirekte völkerrechtliche Aufwertung der DDR. Sie ergab sich daraus, daß die Bundesrepublik erstmals offizielle Verbindungen zu einem Land aufnahm, das nunmehr Beziehungen mit beiden deutschen Staaten unterhielt. Die sowjetische «Zwei-Staaten-Theorie» gewann dadurch an Auftrieb; der Alleinvertretungsanspruch der Bundesrepublik wurde ausgehöhlt. Für Bonn stellte sich danach die Frage, wie es andere Staaten, die vielleicht nur auf eine solche Gelegenheit gewartet hatten, noch daran hindern konnte, einen Anerkennungswettlauf nach Ost-Berlin zu beginnen. Vor allem die stets sorgenvollen Skeptiker in der deutschen Delegation um Brentano, Hallstein und Grewe – allesamt Juristen bzw. Völkerrechtler – machten sich deshalb schon in Moskau Gedanken um mögliche Gegenmaßnahmen. Auf dem Rückflug nach Deutschland skizzierte Wilhelm Grewe die Umrisse der späteren «Hallstein-Doktrin», wie die Abwehrstrategie 1958 vom Korrespondenten der *Frankfurter Allgemeinen Zeitung*, Joachim Schwelien, nach dem Staatssekretär im Auswärtigen Amt getauft wurde, in dessen Zuständigkeit die gedankliche Ausarbeitung dieser Konzeption fiel. Geistige Väter waren aber vor allem Grewe und die politische Abteilung des AA.[200]

Die Grundlagen der Doktrin waren bereits in der Regierungserklärung niedergelegt, die Adenauer nach seiner Rückkehr aus Moskau am 22. September 1955 vor dem Bundestag abgab. Demnach hielt Bonn auch nach der Aufnahme diplomatischer Beziehungen mit der Sowjetunion am Alleinvertretungsanspruch fest, da die Regierung der sogenannten «DDR» nicht aus freien Wahlen hervorgegangen sei und daher auch nicht über ein echtes Mandat des Volkes verfüge. Nach wie vor sei die Bundesregierung deshalb die einzige frei und rechtmäßig gebildete deutsche Regierung, die allein befugt sei, für das ganze Deutschland zu sprechen. Die Sowjetunion teile diesen Standpunkt zwar nicht, habe ihre Beziehungen zur Bundesrepublik jedoch in voller Kenntnis der Bonner Haltung normalisiert – womit Adenauer auf seinen Brief an Bulganin anspielte. Wörtlich fuhr der Kanzler dann fort: «Auch dritten Staaten gegenüber halten wir unseren bisherigen Standpunkt bezüglich der sogenannten ‹DDR› aufrecht. Ich muß unzweideutig feststellen, daß die Bundesregierung auch künftig die Aufnahme diplomatischer

Beziehungen mit der ‹DDR› durch dritte Staaten, mit denen sie offizielle Beziehungen unterhält, als einen unfreundlichen Akt ansehen würde, da er geeignet wäre, die Spaltung zu vertiefen.»[201]

Das war der Kern der Hallstein-Doktrin. Was sie bedeutete, zeigte sich in aller Schärfe zum ersten Mal am 18. Oktober 1957, als die diplomatischen Beziehungen zu Jugoslawien abgebrochen wurden, nachdem Belgrad die DDR durch Entsendung eines Botschafters nach Ost-Berlin völkerrechtlich anerkannt hatte. In der Folgezeit geschah dies noch mehrfach, wie im Falle Kubas 1963. Insgesamt erwies sich die mit der Hallstein-Doktrin ausgesprochene Drohung jedoch durchaus als wirksam. Vor allem Staaten der Dritten Welt, die ihre Beziehungen zur wirtschaftlich immer mehr erstarkenden Bundesrepublik nicht aufs Spiel setzen wollten, wurden dadurch von einer Anerkennung der DDR abgehalten. Der Abbruch der Beziehungen war allerdings nur der letzte Schritt in einer Reihe von Maßnahmen, die bei der Anwendung der Doktrin ergriffen werden konnten, wie Wilhelm Grewe am 11. Dezember 1955 in einem Rundfunkinterview erläuterte: Weil man «nicht generell festlegen» könne, wann eine völkerrechtliche Anerkennung vorliege, komme es darauf an, «mit verschieden abgestuften Maßnahmen» zu reagieren. Aber soviel sei klar, daß «in dem Augenblick, in dem das Problem der Doppelvertretung Deutschlands bei dritten Staaten auftaucht, wir wahrscheinlich gar nicht anders können, als sehr ernste Konsequenzen daraus zu ziehen».[202]

Auch später hat Grewe immer bestritten, daß mit der Hallstein-Doktrin ein legalistischer Automatismus verbunden gewesen sei, wie Kritiker behaupteten. Tatsächlich mußte jede Entscheidung über die Art ihrer Anwendung im Einzelfall vom Auswärtigen Amt oder dem Kabinett getroffen werden, so daß das politische Kalkül nie außer Kraft gesetzt wurde. Allerdings gab die Doktrin eine Richtung vor, die im gleichen Maße an politischer Wirkung und Sinn verlor, in dem sich die Chancen für eine Wiedervereinigung verflüchtigten und die Ost-West-Beziehungen auf eine Entspannung zubewegten, der sich letztlich auch die Bundesrepublik nicht versagen konnte, ohne sich selbst zu isolieren.

Aufbau der Bundeswehr

Mit der Bewegung, die nach dem Inkrafttreten der Pariser Verträge im Mai 1955 in die Ost-West-Beziehungen kam, wozu ebenfalls die Einladung des Bundeskanzlers nach Moskau gehörte, erhielten auch die Planungen für den westdeutschen Wehrbeitrag größeres Gewicht. Da niemand wissen konnte, wie die bevorstehenden Verhandlungen der Großmächte über die deutsche Frage in Verbindung mit dem Thema der europäischen Sicherheit ausgehen würden, wollte Adenauer nun rasch Tatsachen schaffen, um für alle Fälle buchstäblich gerüstet zu sein. Bis zur endgültigen Ratifizierung der Westverträge hatte der Kanzler alle konkreten Maßnahmen, die über die reine

2. Das Ende der Ära Adenauer

Planung hinausgingen, strikt untersagt, um die parlamentarischen Beratungen in Paris nicht durch den Vorwurf zu gefährden, die Bundesrepublik könne den Aufbau einer neuen «Wehrmacht» gar nicht erwarten. Vordringliche Maßnahmen wie die Erstellung von Personalunterlagen, Kasernenbau, Einrichtung von Truppenschulen, Prüfung von Rüstungsgerät oder die Schulung spezialisierter Ausbilder konnten daher nicht in Gang gesetzt werden, so daß nahezu alle praktischen Voraussetzungen für den Aufbau der Bundeswehr fehlten, als die Verträge endlich ratifiziert waren.[203] Doch nun sollte plötzlich alles ganz schnell gehen. Adenauer drängte, und Bundesverteidigungsminister Blank ließ sich dazu bewegen, der NATO die Aufstellung von 500000 Mann innerhalb von drei Jahren ohne Vorlauf in Aussicht zu stellen. Bis zum 1. Januar 1959 sollten zwölf Heeresdivisionen voll ausgerüstet und ausgebildet bereitstehen, bis 1. Januar 1960 auch die Luftwaffe mit 80000 und eine Marine mit 20000 Mann.[204] Das Ergebnis dieser völlig unrealistischen Zusagen war eine Aufbaukrise der Bundeswehr, der im Herbst 1956 auch Blank selbst zum Opfer fiel, als er seinen Posten als erster Verteidigungsminister der Bundesrepublik Deutschland verlor.

Im Amt Blank hatten die Planer ursprünglich mit einer erforderlichen Vorlaufzeit von 18 Monaten gerechnet, bis die ersten Einheiten aufgestellt werden konnten. Diese Zeit benötigte man nicht nur für den Kasernenbau, sondern vor allem auch für die Wehrgesetzgebung, die in den Rahmen des Grundgesetzes einzupassen war und letztlich erst die rechtliche Grundlage für die Einberufung von Soldaten schuf. Für die Aufstellung aller geplanten zwölf Divisionen waren schließlich weitere vier Jahre vorgesehen.

Schon die parlamentarischen Beratungen über die Wehrgesetze zogen sich über ein Jahr hin. Dabei ging es um zentrale Fragen. Man wollte keinen «Staat im Staate», wie ihn die Reichswehr während der Weimarer Republik dargestellt hatte. Aber ob der offenbar noch ziemlich intakte Korpsgeist der ehemaligen Berufsoffiziere der Wehrmacht, auf die man beim Aufbau der neuen Streitkräfte zwangsläufig zurückgreifen mußte, mit der demokratischen Grundordnung der Bundesrepublik und der westlichen Wertegemeinschaft in Einklang zu bringen sein würde, war zumindest fraglich. Der professionelle Pragmatismus der meisten Wehrmachtsoffiziere sprach zwar dafür, daß sie sich in den neuen politischen Rahmen einfügen würden. Aber die Reformer, die sich seit 1951 in der Ermekeil-Kaserne um Wolf Graf Baudissin im Referat «Inneres Gefüge» sammelten, das später zur Unterabteilung «Innere Führung» im Bundesverteidigungsministerium ausgebaut wurde, wünschten gerade keine angepaßten Kriegstechniker, sondern «Staatsbürger in Uniform», die aus Überzeugung für die pluralistische Demokratie eintraten – ganz im Sinne der Idee Scharnhorsts, «Armee und Nation inniger zu vereinen».[205]

Der Rückbezug auf die preußischen Heeresreformer des frühen 19. Jahrhunderts bot in Verbindung mit dem Begriff der «Inneren Führung», der gerade wegen seiner mangelnden Schärfe so glücklich gewählt war, eine optimale Grundlage für die Zusammenführung alter und neuer Kräfte. Während man sich im linksliberalen Lager die Bundeswehr als Einrichtung mündiger Bürger vorzustellen vermochte, in der Drill und hierarchische Befehlsverhältnisse durch Kooperation und Einsatz aus Einsicht ersetzt wurden, konnten die Traditionalisten darauf hoffen, daß die alten Werte des Dienstes und der Pflichterfüllung im positiven Sinne der preußischen Reform-Ära ihre Gültigkeit behalten würden. In jedem Fall vermittelte das Konzept der Inneren Führung die Erwartung, daß die neue Bundeswehr sich nicht nur waffentechnisch, sondern auch geistig von den früheren deutschen Armeen unterscheiden würde. Weder war von ihr ein neuer Militarismus zu befürchten, noch schien die Gefahr zu bestehen, daß ein vom Geist der Inneren Führung durchdrungenes Offizierskorps den Primat der Politik anfechten würde.[206]

Die Frage war nur, wie man diese Gedanken, die in allen politischen Lagern viel Zustimmung fanden, in entsprechende Wehrgesetze kleiden konnte, um sie dauerhaft im politischen System der Bundesrepublik zu verankern. Während Adenauer und auch Blank der Auffassung waren, daß es genüge, die Armee der Regierungskontrolle zu unterstellen und dafür zu sorgen, daß nur solche Offiziere in Spitzenstellungen berufen wurden, die sich mit dem Kurs der Westbindung identifizierten, bestand man im Bundestag quer durch alle Fraktionen auf einer substantiellen Kontrolle durch das Parlament. Vor allem dem wehrpolitischen Sprecher der SPD, Fritz Erler, der mit einem klaren Konzept zur parlamentarischen Kontrolle aufwarten konnte, gelang es bei den Beratungen, den Gang der Wehrgesetzgebung im Sinne seiner Vorstellungen zu beeinflussen. Unterstützt von SPD-Parlamentariern wie Helmut Schmidt und Karl Wienand, die dem Aufbau der Bundeswehr grundsätzlich positiv gegenüberstanden, aber auch von Unionsabgeordneten wie dem einflußreichen Vorsitzenden des Bundestagsausschusses für Fragen der europäischen Sicherheit, Richard Jaeger, und süddeutschen Föderalisten wie Franz Josef Strauß, die eine Wiederkehr des preußischen Militarismus um jeden Preis verhindern wollten, setzte Erler bei den Wehrgesetzen ein hohes Maß an parlamentarischen Einflußmöglichkeiten durch.

Dabei trug Adenauer zu Beginn der Beratungen im Bundestag selbst dazu bei, die Position der Regierung nachhaltig zu schwächen, indem er Ende Mai 1955 darauf bestand, noch vor Jahresende wenigstens ein symbolisches Freiwilligenkontingent vorweisen zu können, und den parlamentarischen Gremien zu diesem Zweck ein drei kurze Paragraphen umfassendes Blitzgesetz zur Verabschiedung zuleitete, das auf seine Weisung zwischen dem 23. und 25. Mai im Bundeskanzleramt ausgearbeitet worden war. Das Gesetz sollte den eigentlichen Wehrgesetzen zwar nicht vorgreifen, aber immerhin die Voraussetzungen schaffen, umgehend Freiwillige für Stabspositionen und als Ausbilder einstellen zu können. Im Bundestag wurde dadurch jedoch der Verdacht erweckt, der Kanzler wolle wieder einmal das Parlament zum

Instrument seines autoritären Willens machen. Jedenfalls war man nicht bereit, ausgerechnet die ersten Kader im Schnellverfahren ohne ausreichende parlamentarische Kontrolle aufstellen zu lassen.[207] Ollenhauer sprach sogar von einem «totalitären Gesetz», das es schon im Interesse der Demokratie zu verhindern gelte.[208] Der Bundestag und auch der Bundesrat schlossen sich dieser Auffassung nicht nur mit breiter Mehrheit an, sondern nahmen nun auch stärker im Sinne parlamentarischer Kontrolle Einfluß, als sie es unter normalen Umständen mit der sonst üblichen parteipolitischen Frontenbildung vielleicht getan hätten. Das Ergebnis war ein Kompromiß, der zwar den Bundesminister der Verteidigung unter der Kanzlerverantwortung beließ, aber durch die Schaffung des Amtes eines Wehrbeauftragten des Deutschen Bundestages, die verfassungsrechtliche Verankerung des Verteidigungsausschusses im Grundgesetz und die Zusicherung, den Einsatz der Bundeswehr im Fall eines inneren Notstands durch Verfassungsgesetz zu regeln, erhebliche Zugeständnisse an die parlamentarische Kontrolle vorsah. Als Name der neuen Armee wurde vom Bundestag die unverfängliche Bezeichnung «Bundeswehr» gewählt. Nur die FDP hatte sich für den traditionellen Begriff «Wehrmacht» ausgesprochen.

Die schwierigen Abstimmungsprozesse zwischen Regierung und Parlament, vor allem aber die lange Dauer der parlamentarischen Beratungen, die erst im März 1956 mit der erforderlichen Zweidrittelmehrheit für die Wehrgesetzänderung abgeschlossen wurden, trugen erheblich dazu bei, den organisatorischen Aufbau der Bundeswehr zu behindern. Symptomatisch schien dabei die Tatsache, daß bereits für die ersten 100 Freiwilligen, die im November 1955 in die Kasernen einrückten, nicht genügend Uniformen vorhanden waren. Wichtiger war jedoch der Mangel an Unterkünften und Übungsgeländen. Auch geeignete Freiwillige standen in einem Klima wirtschaftlicher Hochkonjunktur nicht in ausreichender Zahl zur Verfügung. Zwar lagen bereits am 1. August 1955 rund 152000 Freiwilligenmeldungen im Bundesverteidigungsministerium vor, darunter Bewerbungen von 40613 Offizieren und 87089 Unteroffizieren der ehemaligen Wehrmacht.[209] Aber nur ein relativ geringer Teil davon war diensttauglich. Schon im Frühjahr 1956 kam man deshalb um die Beantwortung der Frage nicht länger herum, ob die Bundeswehr eine Wehrpflicht- oder eine Berufsarmee sein sollte. Im Bundestag war man sich zunächst einig gewesen, daß schon aus innenpolitischen Gründen – um einen «Staat im Staate» zu vermeiden – nur eine Armee von Wehrpflichtigen, eingefügt in die Kader von Berufssoldaten, in Betracht komme. Im übrigen war auch das angestrebte Planziel von 485000 Mann bis zum Jahre 1959 nur mit einer Wehrpflichtigenarmee zu erreichen.

Bei der Gesetzgebung über die allgemeine Wehrpflicht warf jedoch die Bundestagswahl 1957 ihre Schatten voraus. Zwar hielt die Bundesregierung in der großen Debatte des Bundestages im Mai 1956 an dem ursprünglichen Konzept fest. Die SPD und auch die im März in die Opposition gegangene FDP favorisierten nun aber plötzlich die scheinbar populärere Lösung einer

Berufsarmee. Zur Begründung führten sie die geänderte Strategie der NATO an, die seit einem Grundsatzbeschluß vom Dezember 1954 einen frühzeitigen Einsatz strategischer und taktischer Nuklearwaffen vorsah. Ein hoher Aufwuchs konventioneller Verbände schien danach nicht mehr erforderlich, zumal die USA und Großbritannien selbst erwogen, die Zahl ihrer herkömmlichen Truppen zu reduzieren. Ein am 13. Juli 1956 durch einen Artikel in der *New York Times* bekannt gewordener Plan des Vorsitzenden der Vereinigten Stabschefs der USA, Admiral Arthur Radford, sah sogar eine drastische Verringerung der amerikanischen Streitkräfte um 800000 Mann vor und regte an, sich nachhaltig auf die atomare Abschreckung zu konzentrieren.[210] Adenauer und Blank hielten auch danach noch an der allgemeinen Wehrpflicht fest, waren jedoch geneigt, die Dienstzeit auf zwölf statt 18 Monate zu begrenzen, um damit zugleich das Problem der Kasernenknappheit zu lösen. Dagegen wiederum äußerten nicht nur die Verbündeten, sondern auch die eigenen militärischen Führer schwere Bedenken.

In diesem Durcheinander war ein klarer verteidigungspolitischer Kurs der Bundesregierung nicht mehr erkennbar. Insbesondere der zuständige Minister Blank, der sich in der Planungsphase der EVG große Verdienste erworben hatte, inzwischen aber auch gesundheitlich angeschlagen war, zeigte sich unfähig, der allgemeinen Verwirrung ein Ende zu bereiten. Im Herbst 1956 war seine Ablösung nicht mehr zu vermeiden. Doch Gerhard Schröder, den der Kanzler gerne auf dem Posten des Verteidigungsministers gesehen hätte, winkte ab: Das Amt erschien als Himmelfahrtskommando, bei dem man selbst dann mit dem Schlimmsten rechnen mußte, wenn man Ehre einlegte. Der einzige, der seit Jahren auf den Posten drängte und deshalb auch systematisch die Demontage von Blank betrieben hatte, war Franz Josef Strauß. Schon im Sommer 1955, als sich die NATO-Lösung endgültig durchsetzte, hatte Strauß – damals noch Sonderminister – in einer Kabinettssitzung die Planung von Blank zur Aufstellung von 500000 Mann innerhalb von drei Jahren für unerfüllbar erklärt. Dazu hatte er die Vergleichszahlen der Hitlerschen Aufrüstung herangezogen und festgestellt, daß selbst Hitler mit seiner unumschränkten Staatsgewalt und totalem Machtbesitz bei hoher Arbeitslosigkeit und Befürwortung des Militärs durch die Öffentlichkeit langsamer aufgerüstet hatte, als es in der Planung für die Bundeswehr vorgesehen war.[211] Wenn im letzten Jahr der Aufrüstung 500000 Mann stehen sollten, dann hieße das, rechnete Strauß dem Bundeskanzler vor, daß jede Woche mehr als drei Bataillone mit je 1000 Mann aufgestellt werden müßten. Man brauchte weder ein Rechenkünstler noch ein erfahrener militärischer Praktiker zu sein, um zu begreifen, daß dies völlig unmöglich war. Dennoch hatten die militärischen Berater Blanks unter dem Druck Adenauers und der Alliierten genau dieser Planung ihre Zustimmung gegeben.

Im Sommer 1956 war der Skandal perfekt. Kasernen waren von den Alliierten nicht rechtzeitig freigegeben oder nicht rechtzeitig renoviert worden, der Neubau dauerte zu lange, und für die Einberufenen gab es oft keine

2. Das Ende der Ära Adenauer 343

Uniformen, keine Waffen, keine Verwaltung und keine Infrastruktur. Es fehlte selbst am Nötigsten – vom Handtuch übers Bettuch bis zu Unterhosen. Die militärischen Planer zeigten sich hilflos und unfähig. Adenauer aber verschloß die Augen, während Blank vom Staatssekretär im Bundesverteidigungsministerium Josef Rust abgeschirmt wurde. In dieser Situation, als das Scheitern der Militärplanung bereits offenkundig geworden war und im In- und Ausland zu höhnischen Kommentaren geführt hatte, marschierten Strauß – inzwischen Atomminister – und einige CSU-Kollegen bei Adenauer auf, um ihm mitzuteilen, daß die Generale jetzt «am Ende ihres Lateins» seien. In der Bundeswehr herrschten «Konfusion, Chaos, Unordnung, Unzufriedenheit». Dies alles könne nicht mehr verborgen werden, auch nicht mehr gegenüber der NATO, die damals ihr Hauptquartier noch in Paris hatte. Doch der Kanzler, dem von Rust versichert wurde, es sei alles in Ordnung, die Aufstellung der Bundeswehr verlaufe planmäßig, blieb unbeeindruckt, ja ablehnend und eisig: «Herr Strauß, ich habe Sie angehört. Nehmen Sie eines zur Kenntnis: Solange ich Kanzler bin, werden Sie nie Verteidigungsminister!»[212] Strauß sei, meinte Adenauer, von Anfang an gegen Blank gewesen und von enttäuschtem Ehrgeiz geplagt: Nachdem er beim ersten Mal nicht zum Zuge gekommen sei, wolle er jetzt Herrn Blank heruntersetzen und schlecht machen, weil er glaube, auf diesem Wege doch noch Verteidigungsminister werden zu können. Doch diese Rechnung gehe nicht auf: Er werde es nicht. Im Raum des Kanzleramtes, in dem die Besprechung stattfand, war es mittlerweile dunkel geworden. Adenauer hatte kein Licht gemacht. Wie Schatten saß man sich mit verdüsterten Mienen gegenüber.

Im Zorn fuhr Strauß in den Urlaub nach Spanien und ließ vier Wochen nichts von sich hören. Das Thema Bundeswehr schien für ihn gestorben. Nach der Rückkehr an seinen Schreibtisch im Atomministerium wurde er in einer Klausurtagung der CDU/CSU-Fraktion in Bad Honnef am 25. September 1956 allerdings erneut damit konfrontiert. Während Blank wiederum starr auf die Notwendigkeit verwies, die Verpflichtungen, die man gegenüber der NATO eingegangen sei, getreulich zu erfüllen, erläuterte Strauß sein Programm eines langsameren Aufbaus bei gleichzeitiger Einführung modernster Waffentechnik: Statt überstürzt eine Massenarmee mit dem derzeit verfügbaren, aber bereits veralteten Gerät aus dem Boden zu stampfen, solle die Bundesregierung, so Strauß, lieber darauf achten, daß die Umrüstung auf modernstes Gerät, die gegenwärtig bei den amerikanischen Streitkräften schon in vollem Gange sei, nicht an der Bundeswehr vorbeilaufe. Man solle also aus der Not der Aufbauschwierigkeiten eine Tugend machen und jetzt eine ultramoderne Qualitätsarmee schaffen. Das bedeute eine gewisse Schwerpunktverlagerung vom Heer auf die Luftwaffe und auch die Ausrüstung mit atomaren Trägersystemen. Mit diesem Konzept könne man aber nicht zuletzt das Ziel verbinden, den Wiederaufbau der deutschen Luftfahrtindustrie voranzubringen.[213]

Strauß wies somit nicht nur einen Ausweg aus der Krise, sondern vermochte ihr sogar noch positive Seiten abzugewinnen. Das überzeugte auch die Fraktion, die danach einer Ablösung von Blank zustimmte, der sie sich lange widersetzt hatte. Adenauer witterte zwar in dem dynamischen und ehrgeizigen jungen Bayern, der trotz seines Eintretens für die friedliche Atomnutzung auch bei der SPD hohes Ansehen genoß, nach wie vor den heimlichen Verfechter einer Großen Koalition. Aber er sah zugleich die Schwierigkeiten der Bundeswehrplanung, denen Blank nicht gewachsen war, und schickte sich ins Unvermeidliche. In seinem Atomministerium wurde Strauß daraufhin zu seiner eigenen Überraschung von Herbert Blankenhorn informiert, daß der Bundeskanzler seine Meinung über ihn geändert habe: Der Aufbau der Bundeswehr gehe schief; deshalb lasse er fragen, ob Strauß immer noch bereit wäre, Verteidigungsminister zu werden. Noch am selben Tag rief auch Adenauer persönlich bei Strauß an und vereinbarte einen Termin. Man traf sich zum Tee, Adenauer war die Liebenswürdigkeit in Person, und Strauß wurde Verteidigungsminister.

Neben der drastischen Reduzierung des Plans, in fünf Jahren 350000 Mann und nicht in drei Jahren 500000 Mann aufzustellen, führte Strauß in seinem neuen Amt im Juni 1957 die Dienststellung eines Generalinspekteurs mit Weisungsbefugnis an die Inspekteure der Teilstreitkräfte Heer, Luftwaffe, Marine und Sanität ein, so daß die Führungsstruktur gestrafft wurde. Außerdem zögerte er die Einführung der allgemeinen Wehrpflicht hinaus, solange noch die personellen und materiellen Voraussetzungen fehlten. So wurden am 1. April 1957, mit etwa einem guten halben Jahr Verspätung, zunächst nur symbolische 10000 Mann aus einem Jahrgang von 300000 einberufen. Vorrang erhielt die Schaffung eines aus Freiwilligen bestehenden festgefügten militärischen Organisationskörpers mit entsprechender Ausbildungskapazität. Erst nachdem mit den Freiwilligen «eine Art Reichswehrqualität» in der Ausbildung erreicht war, wurden in größerem Umfang Wehrpflichtige eingezogen.[214]

Während alle diese Maßnahmen weitgehend unstrittig waren, begegnete Strauß mit seiner Forderung nach Ausrüstung der Bundeswehr mit atomaren Trägerwaffen einer Woge der Kritik. Dabei war seine Argumentation in der Sache durchaus verständlich. Denn nicht nur die USA, sondern auch Großbritannien und Frankreich konzentrierten sich in ihren militärischen Planungen zunehmend auf Kernwaffen. Der Bundesrepublik war dagegen aufgrund der in den Pariser Verträgen eingegangenen Verpflichtungen sowohl die Herstellung als auch der Kauf atomarer Waffen untersagt. Im Rahmen der sich abzeichnenden neuen NATO-Strategie hätten die konventionellen Streitkräfte der Bundeswehr im Falle eines gegnerischen Angriffs somit nur als «Schild» wirken können, um den Feind zu zwingen, seinen Vorstoß operativ auf bestimmte Räume zu richten, und so die Voraussetzungen für den Einsatz des «Schwertes» der amerikanischen Atomwaffen zu schaffen. Nachdem das strategische Luftwaffenmonopol der USA späte-

2. Das Ende der Ära Adenauer

stens seit dem Start des sowjetischen Erdsatelliten «Sputnik» im Oktober 1957 durchbrochen war, wuchs zudem die Wahrscheinlichkeit, daß man seitens der Großmächte versuchen würde, einen Konflikt zu lokalisieren und nur auf dem unmittelbaren Gefechtsfeld mit taktischen Waffen auszutragen, um ihn vom eigenen Territorium möglichst fernzuhalten. Zumindest sollte mit den taktischen Kernwaffen eine «Pause» erzwungen werden, um den Einsatz nuklearstrategischer Systeme hinauszuzögern und Zeit zur Deeskalation der Krise zu gewinnen, wie der Nuklearexperte und spätere amerikanische Sicherheitsberater und Außenminister Henry A. Kissinger 1957 in seiner einflußreichen Schrift *Nuclear Weapons and Foreign Policy* darlegte.[215] Die USA begannen deshalb, ihre Truppen in Europa mit Trägersystemen für taktische Kernwaffen auszurüsten und hier auch atomare Sprengköpfe zu lagern. Europäische NATO-Staaten, wie Großbritannien und Frankreich, forderten daraufhin Zugang zum taktischen Arsenal, um nicht in einen Statusnachteil zu geraten. Die USA wiederum signalisierten ihre Bereitschaft, die Partner ebenfalls mit Trägerwaffen auszustatten.

Für die Bundesrepublik bestand somit die Gefahr, auf eine reine «Schildfunktion» ohne atomare Mitsprache reduziert zu werden, obwohl das Territorium Deutschlands im Falle eines Krieges zwischen Ost und West aller Voraussicht nach zu den Gebieten zählte, die von einem Einsatz taktischer Gefechtsfeldwaffen am meisten betroffen sein würden. Die Bundesregierung strebte deshalb auf Drängen von Strauß eine Lösung an, die Bundeswehr mit Trägersystemen auszurüsten, die Verfügungsgewalt über die atomaren Gefechtsköpfe jedoch bei den USA zu belassen. Am 5. April 1957 machte Adenauer die Forderung publik. In einer Pressekonferenz im Bundeshaus antwortete er auf die Frage «Soll Ihrer Meinung nach die Bundeswehr mit atomaren Waffen ausgerüstet werden?» mit der umstrittenen Bemerkung: «Unterscheiden Sie doch die taktischen und die großen atomaren Waffen. Die taktischen Waffen sind nichts weiter als die Weiterentwicklung der Artillerie. Selbstverständlich können wir nicht darauf verzichten, daß unsere Truppen auch in der normalen Bewaffnung die neueste Entwicklung mitmachen.»[216] Das lag ganz auf der Linie von Strauß. Doch Adenauer wandte dessen technische Modernitätsargumente sogleich ins politisch Allgemeine: Die Deutschen könnten die Entwicklung nicht stoppen, meinte er. Man könne sich nur anpassen und dafür sorgen, daß «irgendwann und irgendwo eine Entspannung eintritt». Er sei überzeugt, «daß die Entblößung von Waffen und ein Nichtmitmachen keine Entspannung bedeuten, wenn sie von einem Land allein vorgenommen werden, und sicher nicht, wenn es die Bundesrepublik allein tut». Im übrigen glaube er nicht, daß die Ausrüstung der Bundeswehr mit atomaren Trägerwaffen die Bundesrepublik der Gefahr atomarer Vergeltung aussetzen werde, da die Sowjetunion wisse, daß ein solcher Angriff sogleich einen Gegenschlag auslösen würde. Deutschland verdanke seinen Frieden sogar «lediglich der Tatsache, daß die Atomwaffe der Vereinigten Staaten außerordentlich stark ist».[217]

Adenauers Stellungnahme löste in der deutschen Öffentlichkeit «einen Sturm schärfster Proteste» aus, wie er später selbst zugeben mußte. Die Empörung schlug hohe Wellen. Vor allem die Verharmlosung taktischer Kernwaffen erzeugte die Befürchtung, hier werde – vielleicht in Unkenntnis der verheerenden Wirkungen – leichtfertig eine gefährliche Entwicklung eingeleitet. In einem Protesttelegramm an den Kanzler erklärten deshalb achtzehn namhafte deutsche Physiker, unter ihnen Carl Friedrich von Weizsäcker sowie die Nobelpreisträger Max von Laue, Otto Hahn, Werner Heisenberg und Max Born, sie würden jegliche Mitarbeit verweigern; das kleine Deutschland diene sich selbst und dem Weltfrieden am besten, wenn es keine atomaren Waffen besitze. In einer öffentlichen Erklärung wiesen sie außerdem auf die Zerstörungskraft hin, die auch taktische Atomwaffen besaßen. Die gegenseitige Angst vor der zerstörerischen Kraft der Wasserstoffbombe könne zwar durchaus friedenserhaltend wirken, auf Dauer sei sie jedoch kein geeignetes Mittel und im Falle des Versagens katastrophal.[218]

Zwar gelang es Adenauer, die Wissenschaftler nach einem Gespräch im Kanzleramt, an dem auch die Generale Heusinger und Speidel teilnahmen, zu einem Kommuniqué zu bewegen, in dem sich beide Seiten zu dem Ziel einer allgemeinen, kontrollierten Abrüstung bekannten. Aber die öffentliche Auseinandersetzung über dieses Thema war damit nicht mehr zu beenden, zumal die SPD darin geeignete Munition für ihren Kampf gegen Adenauer im Vorfeld der Bundestagswahl vom 15. September 1957 erblickte. Nachdem sich auch die Sowjetunion in einer scharfen Note an die Bundesregierung Ende April 1957 gegen die «Atombewaffnung» der Bundeswehr gewandt hatte, bezog Erich Ollenhauer erstmals am 5. Mai ausführlich Stellung. Auf dem Landesparteitag der SPD in Flensburg kündigte er an, die SPD werde, wenn sie im Herbst in Bonn die Regierung übernehmen sollte, die allgemeine Wehrpflicht abschaffen, eine atomare Aufrüstung der Bundeswehr verhindern und dafür sorgen, daß auch die westlichen Alliierten keine Atomwaffen im Bundesgebiet lagerten. In einer äußerst kontrovers geführten Bundestagsdebatte am 10. Mai 1957 und erneut auf dem Dortmunder Wahlkongreß der Sozialdemokraten am 16. Juni wiederholten Sprecher der SPD diese Aussagen und forderten nicht nur den Verzicht der Bundeswehr auf taktische Atomwaffen, sondern ein generelles Verbot für die Stationierung atomar gerüsteter Verbände und die Lagerung nuklearer Sprengköpfe auf dem Boden der Bundesrepublik.[219]

Die Bundesregierung warf daraufhin der Opposition vor, sie wende sich gegen die geltende Sicherheitspolitik der NATO, und betonte, daß es nicht um die nationale Verfügungsgewalt über atomare Waffen, sondern lediglich um die Ausrüstung mit Trägersystemen im Rahmen der nordatlantischen Verteidigungskonzeption gehe. Aber, so Franz Josef Strauß in seiner Entgegnung auf die Vorwürfe der Opposition, wer für die Bundesrepublik Deutschland die amerikanische Sicherheitsgarantie aufrechterhalten wolle, müsse «soviel Einsicht und soviel Mut auch im Wahljahr vor der Öffentlichkeit besitzen, einzugestehen, daß eigene Anstrengungen notwendig sind und daß zur Verhinderung eines Angriffs an der unmittelbaren Grenze des sowjetischen Machtbereichs wirksame und gleichwertige Verteidigungsstreitkräfte gegenüber der Roten Armee zur Verfügung stehen müssen».[220] Auch die zweite Forderung der SPD, die Stationierung von Atomwaffen durch die USA in der Bundesrepublik nicht zuzulassen, verwies Strauß in den Bereich gefährlicher Träumerei: Es werde keiner Bundesregierung gelingen, «von der amerikanischen Regierung die weitere Stationierung amerikanischer Verteidigungsstreitkräfte auf unserem Boden zu erwirken, wenn man ihnen gleichzeitig zumutet, mit einer gegenüber der Roten Armee hoffnungslos unterlegenen Bewaffnung ausgerüstet zu sein».[221]

Insgesamt wurde diese Debatte über die Atombewaffnung der Bundeswehr mit einer Schärfe geführt, die die Verständigungsmöglichkeiten zwischen Regierung und Opposition nahezu völlig beseitigte. Vor allem die Rede Erlers war eine erbitterte Abrechnung mit der von ihm bekämpften Wehrpolitik Adenauers. Namhafte Sprecher der Opposition, wie Helmut Schmidt, haben diese Zuspitzung später bedauert.[222] Sie blieb indessen Episode, weil die SPD-Politik nicht den gewünschten Erfolg hatte. Trotz des verbreiteten Unbehagens, das sich zum Beispiel in der schon an anderer Stelle beschriebenen Bewegung «Kampf dem Atomtod» niederschlug, unterstützten die Wähler weiterhin überwiegend die Politik der Regierung und wechselten nicht zur Opposition. Bei der Bundestagswahl am 15. September 1957 errangen CDU und CSU sogar die absolute Mehrheit. Drei Monate später stimmte der NATO-Rat in Paris der Ausrüstung der Partnerstaaten mit taktischen Atomwaffen unter amerikanischer Kontrolle zu. Die Ausrüstung der Bundeswehr mit atomaren Trägerwaffen begann im Frühjahr 1958, als der Bundestag auf Antrag von Verteidigungsminister Strauß nach dessen Rückkehr von einer Reise in die USA am 25. März über der Erwerb amerikanischer Kurzstreckenraketen vom Typ Matador C entschied.

Letzte diplomatische Vorstöße aus dem Ostblock, wie der Plan des polnischen Außenministers Adam Rapacki zur Errichtung einer atomwaffenfreien Zone in Mitteleuropa, konnten diese Entwicklung nicht mehr verhindern. Auch die SPD, die in großen Zügen bereits 1954 den Weg der Bundesrepublik in die Westintegration anerkannt hatte, sah sich dadurch schließlich veranlaßt, ein Bekenntnis zur NATO und zur westlichen Sicherheitspolitik, einschließlich ihrer nuklearen Komponenten, abzulegen. Nach dem Scheitern der Pariser Gipfelkonferenz erklärte Herbert Wehner in diesem Sinne am 30. Juni 1960 in einer programmatischen Rede vor dem Deutschen Bundestag, die Bundesrepublik sei «ein zuverlässiger Vertragspartner, gleichgültig ob die jetzige Regierung oder die gegenwärtige Opposition als Regierung die Geschäfte führt».[223]

Die Gründung der EWG

Ihren wohl größten außenpolitischen Erfolg verbuchte die Bundesregierung jedoch nicht in der kontroversen Debatte um den Aufbau der Bundeswehr, sondern auf einem Feld, das damals von der Öffentlichkeit nahezu unbemerkt blieb: in der Europapolitik. Am 25. März 1957 wurden in einem feierlichen Akt in Rom zwischen Frankreich, Italien, Belgien, Luxemburg, den Niederlanden und der Bundesrepublik Deutschland die Verträge über die Europäische Wirtschaftsgemeinschaft (EWG) und die Europäische Atomgemeinschaft (Euratom) unterzeichnet. Die Bundesrepublik war dabei durch Adenauer und Hallstein vertreten. Während der Euratom-Vertrag gemeinsame Grundlagen für die friedliche Nutzung und Kontrolle der Atomenergie schuf, sollte die Errichtung der EWG «ein europäisches Gebilde mit besonderen organisatorischen Elementen» ins Leben rufen, wie Staatssekretär Hallstein in einer Erklärung vor dem Bundestag am 21. März 1957 im Auftrag der Bundesregierung feststellte.[224] Tragende Elemente waren dabei ein gemeinsamer Markt und gemeinsame Organe. So sollten in drei Etappen von jeweils vier Jahren alle Binnenzölle abgebaut werden, um im Endzeitpunkt, spätestens nach 15 Jahren, einen von allen Zollhindernissen freien, durchgehenden Wirtschaftsraum zu erhalten. Bis dahin sollte auch der Personen-, Dienstleistungs- und Kapitalverkehr im gesamten EWG-Raum frei fließen können. Durch einen europäischen Sozialfonds sollten zudem die Lebens- und Arbeitsbedingungen der Arbeitnehmer verbessert und angeglichen werden.

Zentrales Organ der EWG war der *Ministerrat*, der die Aufgabe hatte, die allgemeine Wirtschaftspolitik der Mitgliedstaaten zu koordinieren und die wesentlichen Entscheidungen zu treffen. Eine aus neun Mitgliedern bestehende supranationale *Europäische Kommission*, deren Amtszeit vier Jahre betrug, hatte für die Anwendung des Vertrages und die Durchführung der von den Organen erlassenen Bestimmungen zu sorgen. Neben den Exekutiv- und Überwachungsbefugnissen besaß sie zugleich eine Art Vorschlags- und Initiativmonopol, um Entwürfe, Empfehlungen und Stellungnahmen für die im Vertrag vorgesehenen Bereiche zu erarbeiten. Die *Versammlung* war dagegen ein nahezu machtloses parlamentarisches Organ, das nur über geringe Beratungs- und Kontrollrechte verfügte; sie trat an die Stelle der Gemeinsamen Versammlung der Montanunion. Der *Europäische Gerichtshof* sollte schließlich die Wahrung des Rechts bei der Auslegung und Anwendung des Vertrages sichern. Dazu kam als Hilfsorgan noch ein *Wirtschafts- und Sozialausschuß* mit beratenden Funktionen, der in bestimmten Fällen von Rat und Kommission angehört werden konnte.[225]

Die Verhandlungen zu diesen Vereinbarungen, die für den weiteren Weg Europas von grundlegender Bedeutung sein sollten, waren fast unter Ausschluß der Öffentlichkeit geführt worden. Im Parlament und in der Publizistik fanden sie kaum Beachtung; die deutschen Wähler nahmen von ihnen keine Notiz. Offenbar hatte die Öffentlichkeit die Tragweite der Verträge gar nicht erfaßt. Da die SPD, deren Spitzenpolitiker inzwischen unter dem Einfluß von Jean Monnet für den Gedanken der europäischen Integration gewonnen worden waren, das Projekt von Anfang an mittrug, stellte sich auch die parlamentarische Behandlung der Römischen Verträge im Bundestag als überraschend problemlos dar. Nur vier Stunden lang beschäftigte sich der Deutsche Bundestag am 5. Juli 1957 mit dem Vertragspaket. Zwar versagten FDP und BHE vor allem wegen deutschlandpolitischer Bedenken ihre Zustimmung, weil sie befürchteten, die «fortschreitenden kleineuropäischen Integrationsbemühungen» würden der Bundesrepublik nur wenig Energien belassen, ihre Politik auch künftig auf die Wiedervereinigung konzentrieren zu können. Aber da CDU/CSU und SPD für die Verträge votierten, passierten diese die parlamentarischen Hürden ohne Komplikationen und mit überwältigender Mehrheit. Die Europapolitik der Bundesrepublik, deren Beginn 1949/50 so umstritten gewesen war, ruhte damit auf einem breiten Fundament.[226]

Die Ursprünge der Überlegungen, die schließlich zur Errichtung der Europäischen Wirtschaftsgemeinschaft führten, reichten bis in die Zeit des Scheiterns der EVG zurück. Nachdem der Versuch fehlgeschlagen war, ein gemeinsames Europa auf dem Weg über eine engere Zusammenarbeit in der Außen- und Sicherheitspolitik zu bauen, hielten vor allem Holländer und Belgier nach alternativen Möglichkeiten für eine *relance européenne* Ausschau. In Frankreich knüpfte Jean Monnet mit neuen Plänen an seine Montanunion-Ideen an, um die europäische Integration allen Rückschlägen zum Trotz doch noch voranzutreiben. Und in der Bundesrepublik war es in erster Linie der deutsche Vizepräsident der Hohen Behörde der Montanunion, Franz Etzel, der bei der Entstehung der EWG eine ebenso gewichtige wie konstruktive Rolle spielte. Nach der Bundestagswahl 1957 übernahm er das Amt des Bundesfinanzministers und genoß nicht nur das Vertrauen Adenauers und der CDU/CSU-Fraktion des Bundestages, sondern war lange Zeit auch als Nachfolger des Kanzlers im Gespräch, ehe ihn 1961 eine schwere Krankheit, der er 1967 schließlich erlag, vorzeitig zum Rückzug aus der Politik zwang.

Etzel war es auch, der in der Montanunion aufgrund eigener täglicher Erfahrung die Einsicht gewann, daß der von Monnet vorgeschlagene Weg einer sektoralen Integration womöglich nicht genügen würde, um wirkliche Fortschritte in Europa zu erreichen. Monnets Vorschlag, entweder die EGKS auf das Verkehrswesen und den Energiesektor auszudehnen oder sogar im Bereich der friedlichen Nutzung der Kernenergie einen neuen, eigenen Schwerpunkt zu setzen, mit dem zugleich die sich bereits abzeichnende Abhängigkeit vom nahöstlichen Erdöl verringert werden könnte, wurde daher von ihm mit größter Skepsis betrachtet. Mit anderen Fachleuten unter den «Europäern» jener Jahre war er sich einig, daß die Montanunion eher lästige Friktionen bewirkt hatte, als zu dem von Monnet erwarteten Übergreifen («spill over») der Integration auf andere Bereiche zu führen. Wahrscheinlich, so meinten sie, wäre die Entwicklung im Guten wie im Bösen ähnlich verlaufen, wenn es keine EGKS gegeben hätte.[227] Monnet selbst sah dies natürlich anders. Nachdem sein Vertrag als Präsident der Montanunion am 20. Februar 1955 abgelaufen war, setzte er sich auch weiterhin für die sektorale Integration ein. «Euratom», die Europäische Atomgemeinschaft, war im wesentlichen sein Werk. Schon deren Ausgangsdefinition als «neue Hohe Behörde für die Entwicklung von Atomenergie zu friedlichen Zwecken» machte die geistige Nähe zum Schuman-Plan deutlich.[228] Optimistisch notierte er später im Rückblick zu den Perspektiven des neuen und offenbar grenzenlosen Gebiets: «Die Berichte unserer Experten ließen keinen Zweifel: Die Energie nuklearen Ursprungs würde noch vor dem Ende des Jahrhunderts und dann für Jahrhunderte alle anderen Energiequellen verdrängen.»[229]

Für die Idee einer isolierten Atomgemeinschaft waren allerdings nicht nur die Deutschen wenig zu erwärmen, die, wie Wirtschaftsminister Ludwig Erhard, für eine neue supranationale Organisation im Rahmen der Sechs kein Interesse aufzubringen vermochten, wenn sie eine Industrie betraf, über die man mit den englischen, amerikanischen und norwegischen Experten besser sprechen konnte als mit jenen, die dazu nichts oder fast nichts vorzuweisen hatten. Auch in den Benelux-Staaten dachte man inzwischen in andere Richtungen. Insbesondere dem niederländischen Außenminister Johann Willem Beyen reichten partielle Integrationsmaßnahmen nicht mehr aus. Er drängte zu einer totalen wirtschaftlichen Union und schlug im Frühjahr 1955 im Ministerrat der Montanunion, unterstützt von seinem belgischen Kollegen Paul-Henri Spaak, einen über zehn Jahre verteilten Zollabbau vor, um eine umfassende Wirtschaftsintegration vorzubereiten. Spaak war es auch, der unter dem Titel *Memorandum der Beneluxländer für die sechs Länder der Montanunion* einen Vorschlag von vier Seiten verfaßte, in dem der Begriff «Wirtschaftsgemeinschaft» bereits klar herausgearbeitet war. Als die Außenminister der Montanunion-Staaten Anfang Juni 1955 zu einer ihrer regelmäßigen Zusammenkünfte in Messina auf Sizilien zusammentrafen, lag neben dem Vorschlag von Spaak auch ein deutsches Memorandum auf dem Tisch, das sich ebenfalls für einen Gemeinsamen Markt der beteiligten europäischen Volkswirtschaften aussprach, der allerdings nur in Etappen realisiert werden sollte. Zu einer Entscheidung im Detail kam es in Messina noch nicht. In einer zusammenfassenden Resolution erklärte der Ministerrat jedoch am 2. Juni, er erachte es «als notwendig, die Schaffung eines Vereinigten Europas durch den Ausbau der gemeinsamen Institutionen, durch die schrittweise Fusion der nationalen Wirtschaften, durch die Schaffung eines Gemeinsamen Marktes und durch die schrittweise Koordination ihrer Sozialpolitik fortzusetzen». Paul-Henri Spaak wurde mit dem Vorsitz eines Sachverständigen-Ausschusses betraut, der den Auftrag erhielt, die weiteren Einzelheiten auszuarbeiten.[230]

Großbritannien war an der Initiative wiederum nicht beteiligt und zeigte auch wenig Neigung, einer westeuropäischen Zollunion zuzustimmen. Noch beherrschten die Verpflichtungen gegenüber dem eigenen Commonwealth und die Sonderbeziehungen zu den Vereinigten Staaten das außenpolitische Denken der britischen Regierung. Zudem befürchtete man in London einschneidende Souveränitätsverluste, die es weder mit seiner Verfassung noch mit seinem weiterhin vorhandenen Selbstverständnis als Weltmacht glaubte vereinbaren zu können.[231] Vor allem die Benelux-Staaten blieben jedoch an einer Einbeziehung Großbritanniens in die Verhandlungen interessiert, weil sie sich davon eine bessere Absicherung bei ihrem Versuch versprachen, über die europäische Einigungsbewegung endlich auch die unruhigen und dynamischen Deutschen in der Mitte Europas in den Griff zu bekommen. So schrieb Außenminister Spaak ganz in diesem Sinne am 7. Februar 1956 warnend an Premierminister Eden: «Darf ich Sie darauf aufmerksam machen, daß die Entwicklung der öffentlichen Meinung in Deutschland zur Unruhe Anlaß gibt, und daß es in unserem gemeinsamen Interesse liegt zu handeln, solange dazu noch Zeit ist, das heißt, solange Kanzler Adenauer an der Macht ist. Ich glaube, die – übrigens recht schwachen – Bindungen des Atlantikpakts allein genügen nicht, um die deutsche Politik in der Zukunft endgültig festzulegen. Mir scheint es unzweifelhaft, daß wir mehr tun müssen...»[232]

Die europäische Integration gebe Deutschland einen Rahmen, in dem seine Expansion begrenzt bleibe. Sie schaffe eine Interessengemeinschaft, die Deutschland absichere und seine Nachbarn «gegen gewisse Versuche und Abenteuer» von seiten Deutschlands abschirme. Es sei «bezeichnend, daß ein Mann wie Kanzler Adenauer so leidenschaftlich ‹pro-europäisch›» sei, der in dieser Politik – und er, so Spaak, sei sicher, daß Adenauer recht habe – «das wirksamste Mittel und vielleicht das einzige» sehe, um Deutschland vor sich selber zu schützen. Ein in den europäischen Verbänden und damit im Nordatlantikpakt integriertes Deutschland verteidige sich sowohl gegen einen Individualismus, der nur allzuschnell die Formen eines Nationalismus annehme, dessen Wirkungen man leicht ermessen könne, als auch gegen die Versuchung, sich allein an die Russen zu wenden, um die strittigen Probleme unmittelbar mit ihnen zu lösen, ohne den allgemeinen Interessen des Westens Rechnung zu tragen.[233]

Obwohl Eden diese Einschätzung teilte, hielt er sie aus britischer Sicht nicht für zwingend genug, eigene ökonomische Interessen innerhalb des Commonwealth aufs Spiel zu setzen. Zudem meinte er, daß London im Oktober 1954 mit der in den Pariser Verträgen eingegangenen Verpflichtung zur Stationierung seiner Rheinarmee bereits einen hinlänglichen Beitrag zur militärischen Kontrolle Deutschlands geleistet habe. In wirtschaftlicher Hinsicht neigte man in Großbritannien eher zu einer Freihandelszone im OEEC-Rahmen, bei der die Außenzölle der Mitgliedstaaten nicht zu harmonisieren waren; besondere Dringlichkeit wurde aber auch diesem Projekt nicht beigemessen. Eine britische Delegation, die anfangs an den Sachverständigen-Gesprächen der Spaak-Kommission teilgenommen hatte, reiste deshalb bald wieder ab, als man in London feststellte, daß die Überlegungen hier auf eine Zollunion hinausliefen.

Der Spaak-Bericht, der schließlich Ende Mai 1956 beim Treffen des Ministerrats der Montanunion in Venedig vorlag und von den Ministern ohne große Diskussion gebilligt wurde, kam auf der Grundlage langwieriger Kommissionsarbeiten der sechs beteiligten Länder zustande. Verfaßt wurde er tatsächlich jedoch nur von einem Deutschen und einem Franzosen: Hans von der Groeben, einem Ministerialbeamten aus dem Auswärtigen Amt, und Pierre Uri, einem Nationalökonomen aus dem Technokraten-Stab Jean Monnets.[234] Der Bericht ließ bereits die wesentlichen Konturen der späteren EWG erkennen. Als die Bundesregierung ihn im Bundestag zur Sprache brachte, herrschte im Plenum gähnende Leere. Leidenschaftslos gab das Parlament nach kurzer Beratung in einer Resolution dem weiteren Vorgehen seinen Segen.

Bei den eigentlichen Vertragsverhandlungen, die Ende Juni 1956 in Brüssel begannen, stand von Anfang an das deutsch-französische Verhältnis im Mittelpunkt. Während man in Frankreich befürchtete, der Wucht deutscher Konkurrenz nicht gewachsen zu sein, sah die deutsche Industrie dem gemeinsamen Markt mit Enthusiasmus entgegen. Selbst im Bonner Wirtschaftsministerium, wo man das Vorhaben aus prinzipiellen ordnungspolitischen Erwägungen insgesamt nicht ohne Skepsis betrachtete und eigentlich für überflüssig, wenn nicht gar schädlich hielt, versprach man sich für den Industriegüterbereich nur Vorteile. 1955 lag der Außenhandelsanteil der Benelux-Länder, Frankreichs und Italiens bei nur rund einem Viertel des Außenhandels der Bundesrepublik, und die Steigerungsraten der vorhergehenden Jahre verhießen auch für die Zukunft noch starke Zuwächse. Die deutsche Industrie brauchte den europäischen Wettbewerb daher nicht zu scheuen. Vielmehr eröffneten sich ihr weitere große Chancen.[235] In Frankreich, wo man sich von einem großräumigen Markt zwar durchaus eine Stimulierung der eigenen Wirtschaft und einen heilsamen Zwang zur Modernisierung versprach, aber gleichzeitig wußte, daß man dem Druck der deutschen Industrie kaum gewachsen war, suchte man deshalb nach einem Ausgleich: Eine Öffnung Frankreichs für deutsche Industriegüter sollte es nur geben, wenn die Bundesrepublik sich umgekehrt für französische Agrarprodukte öffnete. Außerdem sollte Bonn dem Euratom-Projekt zustimmen, bei dem sich Frankreich aufgrund der wachsenden eigenen Atomindustrie ebenfalls wirtschaftliche Vorteile versprach.

Ohne die Bereitschaft der Bundesregierung, Paris in diesen beiden Fragen entgegenzukommen, wäre ein Kompromiß tatsächlich undenkbar gewesen. Vor allem die deutsche Landwirtschaft mußte danach mit schwierigen Umstellungen rechnen. Nachgiebig zeigten sich die Partner Frankreichs auch bei der Assoziierung der überseeischen Gebiete, denen auf diese Weise be-

2. Das Ende der Ära Adenauer

sondere und zusätzliche Leistungen der europäischen Staatengemeinschaft zugestanden wurden. Umgekehrt legte die Bundesrepublik Wert darauf, den räumlichen Geltungsbereich des EWG-Vertrages auch auf das Land Berlin auszudehnen, obwohl dort alliierte Sonderrechte galten. Um sich alle Möglichkeiten für eine Lösung der deutschen Frage offenzuhalten und die Spaltung Deutschlands nicht zu vertiefen, gab die Bundesregierung zudem die Erklärung ab, daß sie im Falle einer Wiedervereinigung von der Möglichkeit einer «Überprüfung der Verträge über den Gemeinsamen Markt und Euratom» ausgehe. Die Formulierung «Überprüfung der Verträge» wurde absichtlich gewählt, um alle Möglichkeiten abzudecken: sowohl die beiden extremen Varianten einer Beteiligung oder Nichtbeteiligung als auch eine Anpassung der Verträge an die neue Lage. Schließlich erklärten sich die Partnerländer im «Protokoll über den innerdeutschen Handel und die damit zusammenhängenden Fragen» bereit, eine offene Handelsgrenze der EWG zur DDR zu akzeptieren, um den Interzonenhandel zwischen beiden deutschen Staaten nicht zu beeinträchtigen und damit den Vorwurf zu erhärten, durch die EWG werde die wirtschaftliche Spaltung Deutschlands vertieft. Der DDR wurde damit eine stille Partnerschaft gewährt, die ihr im Vergleich mit anderen Ländern des östlichen Wirtschaftsblocks erhebliche Vorteile verschaffte.[236]

Bonn konnte somit während der Brüsseler Verhandlungen seinen Einfluß ungleich wirkungsvoller zur Geltung bringen als bei früheren Gelegenheiten. Frankreich setzte sich außer in der Agrarfrage im wesentlichen nur mit seinen Vorschlägen für Euratom durch, bei der die Entwicklung einer eigenen französischen Atombombe nicht behindert wurde, während andererseits durch die zentrale Versorgung mit spaltbarem Material eine gewisse europäische Kontrolle der deutschen Nuklearindustrie erreicht wurde. Selbst hier wurde jedoch den Wünschen der deutschen Atomindustrie mit der einschränkenden Klausel entsprochen, daß es den Mitgliedstaaten erlaubt sein sollte, ihren Bedarf notfalls auch durch Lieferungen aus Staaten außerhalb der Euratom-Gemeinschaft zu decken.[237] Am schwersten tat sich die französische Regierung indessen mit der Errichtung supranationaler Organe bei der EWG. Die Europäische Verteidigungsgemeinschaft war 1954 nicht zuletzt an dieser Frage, die stets mit einem Verzicht auf nationale Souveränität verbunden war, gescheitert. Auch die EWG-Verhandlungen gerieten darüber im Oktober 1956 in eine Krise.

In dieser Situation kam der Bundesregierung unerwartet der Suez-Konflikt zu Hilfe, der zu einer tiefen Entfremdung nicht nur zwischen Paris und Washington, sondern auch zwischen Paris und London führte. So erfolgte der entscheidende Durchbruch zur EWG bezeichnenderweise während einer deutsch-französischen Konferenz, zu der Adenauer auf dem Höhepunkt des Konflikts im November 1956 nach Paris gekommen war. Während Großbritannien sich mit Entschiedenheit den USA zuwandte, warf sich die französische Regierung – so sahen es jedenfalls die gaullistischen Kritiker –

verzweifelt in die Arme der Deutschen und half nun, rasch alle Hindernisse auf dem Weg zu einer Europäischen Wirtschaftsgemeinschaft zu beseitigen.[238] Wieder waren es die Experten – Robert Marjolin in der französischen Delegation, und Karl Carstens, ein damals rasch aufsteigender Stern im Auswärtigen Amt, auf deutscher Seite –, die die wesentlichen Kompromisse ausarbeiteten. In der dramatisch zugespitzten und veränderten außenpolitischen Lage fiel es ihnen nicht schwer, ihre Regierungschefs und Minister, die in jenen Stunden überwiegend mit der vordringlichen Frage befaßt waren, wie der Ausbruch eines dritten Weltkrieges verhindert werden konnte, von ihren technischen Kompromißvorschlägen zu einer künftigen Wirtschaftsgemeinschaft zu überzeugen.[239]

Die abschließenden Verhandlungen wurden ohne weitere Zerreißproben beendet, und auch die Ratifizierung verlief in allen Ländern problemlos. In der Bundesrepublik erfolgte die Ratifikation mit großer Mehrheit aus CDU/CSU, DP, FDP und SPD am 5. Juli 1957 bei schwülem Sommerwetter, als der zweite Deutsche Bundestag bereits kurz vor seiner Auflösung stand. Die Abgeordneten waren praktisch schon auf dem Weg in den Urlaub. Danach erwartete sie bis zur Neuwahl des Parlaments Mitte September ein harter Wahlkampf. Zu einer detaillierten, kontroversen Erörterung der Verträge, für die sich im Parlament und draußen im Lande bisher ohnehin kaum jemand interessiert hatte, bestand deshalb weder Anlaß noch Lust.

In der Ratifizierungsdebatte der französischen Nationalversammlung dominierten wirtschaftliche Nutzenerwägungen und allgemeine politische Überlegungen gemäßigter europäischer Gruppierungen. Die Befürworter der Verträge machten erneut deutlich, daß die Einbindung Deutschlands nicht nur die wirtschaftliche Rivalität entschärfen, sondern auch der politischen Sicherheit dienen werde. Angesichts der Ungewißheit einer deutschen Wiedervereinigung werde der Gemeinsame Markt eine politische Sogkraft entfalten, die eine eindeutig westliche Orientierung der Bundesrepublik garantiere und ein Wiederaufleben der Schaukelpolitik Deutschlands zwischen Ost und West verhindere.[240] Der junge Abgeordnete Valéry Giscard d'Estaing forderte Mut zur Liberalisierung und die Modernisierung Frankreichs im Verbund einer Wirtschaftsgemeinschaft mit Deutschland. Vertreter der agrarischen Großproduzenten, die nicht-kommunistischen Gewerkschaften und die Großindustrie sprachen sich ebenso für die Verträge aus wie die überzeugten Integrationisten, die meinten, man müsse «die Bundesrepublik mit tausend konkreten Banden an Europa fesseln».[241] Als Motive flossen das deutsche Problem, ein zum europäischen Zusammenschluß drängender Antiamerikanismus, die aus der Erfahrung von Suez geborene Forderung nach Unabhängigkeit in der Energieversorgung durch den Ausbau von Euratom und die Sorge um den Bestand der Union Française, die mit Hilfe der Partner erhalten werden sollte, zusammen. Das Ergebnis war – anders als beim Scheitern der EVG drei Jahre zuvor – eine stattliche Mehrheit von jeweils etwa 100 Stimmen für die Verträge. Den Vertragsgegnern bei den Traditionsnationalisten und Kommunisten gelang es diesmal nicht, die Integration zu verhindern.

Wie knapp es dennoch war, zeigt die Tatsache, daß die IV. Republik bereits kurz nach der Ratifizierung der Verträge vom Strudel des Algerien-Krieges erfaßt wurde, der sie schließlich im Mai 1958 in den Abgrund riß. General de Gaulle, der daraufhin im Juni 1958 mit großen Vollmachten zum Ministerpräsidenten gewählt wurde und seine Ideen von der «Grande Nation» und neuer staatlicher Organisation im Rahmen einer ganz auf seine Person zugeschnittenen Verfassung in der V. Republik zu verwirklichen suchte, hätte sich vermutlich kaum auf das Unternehmen der EWG eingelassen, wenn es Mitte 1958 nicht bereits in vollem Aufbau begriffen gewesen wäre.[242] Für die Bundesrepublik öffneten sich durch die europäische Wirtschaftsintegration jedoch neue Aufgabenfelder, die nicht nur die politische und wirtschaftliche Dynamik Deutschlands kanalisierten und dadurch immer noch vorhandene Sicherheitsbedenken bei den Nachbarn abbauen halfen, sondern auch dem nationalen Problem eine europäische Perspektive verliehen. Zwar war die nationalstaatliche Orientierung durch den Integrationsprozeß keineswegs bedeutungslos geworden. Aber die deutsche Frage wurde in einen europäischen Rahmen eingefügt, der bereits wenig später die Befürworter einer «neuen Ostpolitik», wie Willy Brandt und Egon Bahr, zu dem Schluß gelangen ließ, daß auch die endgültige Lösung des Deutschlandproblems nicht länger im nationalen Maßstab, sondern nur durch die Errichtung einer «europäischen Friedensordnung» zu erwarten sei.

Chruschtschow-Ultimatum und Mauerbau

Am 4. Oktober 1957 überraschte die Sowjetunion die Welt mit der Nachricht vom Start des «Sputnik», der als erster künstlicher Satellit die Erde umkreiste und mit seinen Signalen aus dem All dem Westen einen nachhaltigen Schock versetzte. Der Nimbus der technologischen Überlegenheit des Westens war dahin: Nicht den USA, sondern der angeblich so rückständigen UdSSR war als erste der Vorstoß ins Weltall gelungen, mit dem das Zeitalter der Raumfahrt begann. Tatsächlich war der Start des «Sputnik» mehr als nur ein technologischer Durchbruch und auch mehr als nur ein propagandistischer Erfolg. Der Umstand, daß es der Sowjetunion gelungen war, einen Satelliten auf eine Erdumlaufbahn zu schießen, bewies, daß es ihr von nun an auch möglich war, die USA mit interkontinentalen Fernwaffen zu bedrohen. Die amerikanische militärische Überlegenheit, die nicht zuletzt auf der eigenen Unverwundbarkeit gegenüber sowjetischen Angriffen beruht hatte, war – zumindest theoretisch – vorbei. Die amerikanische Außenpolitik stand fortan im Zeichen der atomaren Gefährdung des eigenen Territoriums. Die Führbarkeit eines Kernwaffenkrieges erschien dadurch in einem neuen Licht. Das nukleare Patt zeichnete sich ab.

Für den sowjetischen Partei- und Staatschef Chruschtschow, der sich inzwischen durch Ausschaltung seiner Rivalen im Kreml eine sichere innenpolitische Machtbasis verschafft hatte, war der Start des «Sputnik» aber vor allem ein Beweis für die Überlegenheit des kommunistischen Systems, von der er bereits bei der Neuformulierung der Koexistenz-Doktrin auf dem XX. Parteitag der KPdSU im Februar 1956 ausgegangen war. Chruschtschow fühlte sich deshalb stark genug, außenpolitische Initiativen zu ergreifen, um den «Wettbewerb der Systeme», von dem er selbst gerne und oft sprach, endgültig zugunsten des Sozialismus zu entscheiden. Denn «Koexistenz» bedeutete für ihn keinen Verzicht auf weltrevolutionäre Zielsetzungen, sondern nur eine neue Form des internationalen Klassenkampfes, um die Chancen für die Durchsetzung der Weltrevolution zu verbessern.[243] Die sowjetische Politik, die sich seit Stalins Tod im März 1953 in der Defensive befunden hatte, ging zur Offensive über.

Die erste Station war 1958 Berlin. In einer Rede im Moskauer Sportpalast am 10. November und in einer Note an die Regierungen der Drei Mächte vom 27. November stellte Chruschtschow den Vier-Mächte-Status der Stadt in Frage und drohte, die sowjetische Kontrolle des Berlin-Verkehrs der Westmächte an die DDR zu übergeben, falls der Westen nicht innerhalb von sechs Monaten zu Verhandlungen über eine «Normalisierung» der Lage um Berlin bereit sei.[244] Amerikaner, Briten und Franzosen wurden dadurch mit einer unangenehmen Wahl konfrontiert: Wenn sie sich darauf einließen, über ihre originären Siegerrechte in bezug auf einen Staat zu verhandeln, den sie gar nicht als existent betrachteten, hieß dies Kapitulation auf Raten; wenn sie es vorzogen, sich lieber den Weg nach Berlin freizuschießen, als ihre Papiere von Kontrolleuren in den falschen Uniformen stempeln zu lassen, konnte dies Krieg bedeuten.[245]

Unannehmbar war auch der Vorschlag Chruschtschows, das Problem durch Umwandlung West-Berlins in eine «Freie Stadt» zu lösen. Der Berliner Witz sprach sogleich von einer «vogelfreien» Stadt; der Regierende Bürgermeister Willy Brandt erkannte darin die Absicht, «ganz Berlin in die Zone einzugemeinden».[246] Richtig daran war, daß West-Berlin nach einem Abzug der Westmächte jeglichen sicheren Schutz verloren hätte. Selbst wenn das dann entstehende Gebilde – halb Stadt, halb Staat und jedenfalls aus eigener Kraft nicht lebensfähig – nicht sofort in die umgebende DDR eingegliedert worden wäre, wie Brandt befürchtete, wäre die Zukunft absehbar gewesen: eine sterbende Stadt, von den meisten Einwohnern wohl bald fluchtartig verlassen, abhängig von der DDR, die allein den Zugang kontrollierte, ohne eigene Perspektive und mit der betrüblichen Aussicht auf völligen Ruin. Am Ende hätte man, ganz im Sinne Chruschtschows und der ostdeutschen Führung um Walter Ulbricht, noch erleichtert sein müssen, wenn die DDR sich bereit erklärt hätte, das lebensuntüchtige Gebilde zu übernehmen.

Es zeigte sich zwar, daß dem Ultimatum keine Taten folgten, als die Westmächte hinhaltend reagierten und auf verschiedenen Ebenen nutzlose und

2. Das Ende der Ära Adenauer

wenig erfolgversprechende Gespräche führten. Aber Chruschtschow hielt die Angelegenheit in der Schwebe, indem er seine Drohung im März 1959 in die Ankündigung kleidete, mit der DDR einen separaten Friedensvertrag zu schließen, wenn die westlichen Regierungen sich weiterhin einer gemeinsamen Regelung verweigerten. Alle sowjetischen Kontrollrechte in bezug auf Berlin würden dann der DDR zufallen. Danach verhandelten die Außenminister, den ganzen Sommer 1959 hindurch, meist in Genf, doch wieder ergebnislos. Im September schaltete sich auch Präsident Eisenhower bei einem Treffen mit Chruschtschow in Camp David in die Gespräche ein und betrachtete es schon als einen Fortschritt, daß der sowjetische Partei- und Staatschef auf seine bisherigen ultimativen Drohungen verzichtete und zusagte, künftig ohne festgelegte Zeitgrenze verhandeln zu wollen, wenn der Westen «mit gutem Glauben» in diese neue Gesprächsphase eintreten würde.[247]

Die Frage, worum es bei den Verhandlungen letztlich überhaupt gehen sollte, zielt auf den Kern der sowjetischen Deutschlandpolitik in den fünfziger Jahren, bei der weniger die Veränderung des Status quo im Mittelpunkt stand, als vielmehr dessen Sicherung. Tatsächlich war die Zeit der deutschlandpolitischen Experimente seit den Auseinandersetzungen über die Stalin-Note vom 10. März 1952 praktisch vorüber. Die grundlegende Alternative zwischen einer Neutralisierung Deutschlands und der Westintegration der Bundesrepublik war spätestens 1953 zugunsten der Westbindung entschieden und wurde durch die Pariser Verträge vom Oktober 1954 nur noch juristisch fixiert. Nach dem NATO-Beitritt der Bundesrepublik und der Gründung des Warschauer Paktes 1955 war Deutschland nicht mehr nur ideologisch und staatlich geteilt, sondern gehörte nunmehr auch zwei feindlichen Bündnissen an und wurde gegeneinander bewaffnet. Für die Dauer des Ost-West-Konflikts, so Peter Bender, der zu den geistigen Vätern der späteren «neuen Ostpolitik» Willy Brandts gehörte, sei damals «die letzte Chance für eine staatliche Einheit» geschwunden.[248] Auch Bender hält es allerdings für fraglich, ob dafür überhaupt jemals eine realistische Aussicht bestanden habe. Denn für eine Wiedervereinigung fehlte auch schon vor 1955 stets die «einfachste Voraussetzung»: die Notwendigkeit, «daß keine Großmacht einen Nachteil davon haben durfte».[249]

Für die Bundesrepublik ergab sich daraus eine außenpolitische Handlungssicherheit, die über alle tagespolitischen Kontroversen hinweg zu einer Stabilisierung des Ost-West-Verhältnisses in Europa beitrug. Bei der Betrachtung der Adenauerschen Politik wie derjenigen seiner Verbündeten, vor allem des amerikanischen Außenministers John Foster Dulles, gewinnt man sogar den Eindruck, als seien die westlichen Regierungen bis zum Chruschtschow-Ultimatum und der Veränderung der Gesamtkonstellation der internationalen Politik zu Beginn der sechziger Jahre hauptsächlich damit beschäftigt gewesen, das Erreichte zu konsolidieren und zu verteidigen. Dabei war Adenauer, wie Dulles, durchaus kein «Monomane der Wiedervereinigung», wie Hans-Peter Schwarz bemerkt hat. Für den Kanzler war dieses Ziel vielmehr eingebunden in einen «Kranz anderer Ziele, zu denen Freiheit und Sicherheit der Bundesrepublik sowie eines wiedervereinigten Deutschland ebenso gehörten wie die Sicherung des Friedens in Europa und die dauerhafte Einbindung Deutschlands in die westlichen Demokratien».[250]

So hatte Adenauer bereits im Winter 1950 dem amerikanischen Hohen Kommissar McCloy gegenüber erklärt, es sei besser, die Wiedervereinigung der beiden Teile würde verzögert, als daß ein wiedervereinigtes Ost-West-Deutschland unter bolschewistische Herrschaft gerate. Am 25. Mai 1955 teilte er bei einer Botschafterkonferenz auf Bühlerhöhe lakonisch mit, man habe der Welt zwar mit immer größerer Lautstärke verkündet, die Wiedervereinigung Deutschlands sei das erste Problem der Welt. Doch das sei falsch. Das erste Problem sei, daß die Bundesrepublik in Frieden und Freiheit bliebe – die 50 Millionen; dann erst kämen die 18 Millionen.[251] Und im September 1955, im Vorfeld der Genfer Außenministerkonferenz, als es um mögliche Zugeständnisse an die Sowjetunion im Bereich der europäischen Sicherheit ging, wenn man im Gegenzug Fortschritte in der Frage der Wiedervereinigung Deutschlands erziele, ließ er die britische Regierung über ihren ehemaligen Hohen Kommissar Sir Ivone Kirkpatrick wissen, die Westintegration sei ihm «wichtiger als die Wiedervereinigung» – auch wenn er dies selbstverständlich nicht laut sagen könne: Die Alliierten sollten wissen, was er denke; doch wenn seine Ansichten in Deutschland jemals bekannt würden, wäre dies verhängnisvoll für seine politische Position.[252]

Das bedeutete natürlich nicht, daß Adenauer die Wiedervereinigung nicht wollte oder gar ablehnte. In einem Hintergrundgespräch mit zwei britischen Journalisten am 3. Juni 1952 entwickelte er vielmehr die Vision, daß man die Frage nicht nur aus der engen deutschen Perspektive betrachten dürfe. Schließlich sei Deutschland nur ein Glied in der großen Kette der weltweiten Ost-West-Auseinandersetzung. Er glaube daher, «daß Rußland sich angesichts der Stärke des Westens auf seine eigenen innerpolitischen Probleme besinnen würde» und sich nach innen wenden müsse. Wörtlich heißt es dazu im Dolmetscherprotokoll des Gesprächs: «Bald werde sie (die Sowjetunion) an ihren eigenen gewaltigen innerpolitischen Problemen nicht mehr vorbeigehen können und sich ihnen um so bereitwilliger zuwenden, wenn sie sähe, daß aufgrund der Konsolidierung des Westens eine Eroberung Europas nicht mehr möglich sei. Dann sei auch der Zeitpunkt gekommen, wo man Verhandlungen mit der Sowjetunion aufnehmen könne.»[253]

Die Stärkung des Westens war somit für Adenauer auch in der Wiedervereinigungsfrage schon früh die Voraussetzung für eine Lösung auf der Grundlage von Freiheit und Selbstbestimmung. Die Westintegration der Bundesrepublik stellte dabei die unvermeidliche Vorbedingung dar. Zudem schien eine Regelung nur möglich, wenn sich die Weltmächte insgesamt verständigten. Am 11. Juli 1958, nach den Erfahrungen der Genfer Gipfelkonferenz und den anschließenden zahlreichen Begegnungen der Außenmini-

2. Das Ende der Ära Adenauer 359

ster, erklärte der Kanzler dazu vor dem Parteivorstand der CDU, man sehe nun, «daß es absolut irreal gedacht war zu glauben, die Frage der Wiedervereinigung lösen zu können, ohne daß eine allgemeine Entspannung in der Welt eintritt».[254]

Auch bezüglich des Zeitpunktes hielt Adenauer jegliche Euphorie für verfrüht. Er glaubte nicht an einen baldigen Zusammenbruch des Ostblocks, befürchtete vielmehr, daß sich die USA nach einer Entspannung in Europa wieder stärker in Richtung Asien orientieren könnten, während die Briten bedenkliche Neigungen zeigten, dem sowjetischen Sicherheitsbedürfnis durch Angebote einer mitteleuropäischen Rüstungskontrollzone entgegenzukommen, die auch die Bundesrepublik – oder zumindest Teile von ihr – erfaßt hätte. Dies war ebenfalls einer der Gründe, warum er nicht nur bereits im Mai 1955 den neuen Verteidigungsminister Blank anspornte, mit dem Freiwilligengesetz und der Vorbereitung für die Aufstellung deutscher Verbände so schnell wie möglich den Aufbau der Bundeswehr voranzutreiben, sondern auch einen intensiven Briefwechsel mit Dulles begann, der im Juli und August 1955 von tiefgreifenden Differenzen in der Beurteilung der Lage gekennzeichnet war. Diese Unterschiede wurden erst überwunden, als der Fehlschlag der Genfer Außenministerkonferenz im Herbst 1955 die skeptische Grundauffassung Adenauers bestätigte und Dulles sich der Auffassung des Bundeskanzlers anschloß. Beide hielten danach strikt an dem Junktim fest, das bei der Vorbereitung der Genfer Gipfelkonferenz 1955 formuliert worden war – nämlich Fortschritte im Bereich der europäischen Sicherheit von Fortschritten in der Deutschlandfrage abhängig zu machen. Erst unter dem Druck der Berlin-Krise 1958 zeigten beide größere Flexibilität, auch wenn die schwere Krankheit von Dulles, die ihn schließlich im April 1959 zwang, sein Amt aufzugeben, ein Ausloten der sich daraus ergebenden politischen Möglichkeiten verhinderte. Bis dahin jedoch blieb Adenauer grundsätzlich bei seiner Auffassung, im gleichen Maße, in dem sich der westdeutsche Teilstaat zu einem politisch stabilen und wirtschaftlich prosperierenden Gemeinwesen entwickele, erhöhe sich auch seine «Magnet-Wirkung» auf die Bürger Ostdeutschlands; diese würden dadurch entweder zum Aufstand gegen ihre Regierung oder zur Flucht in den Westen veranlaßt, so daß am Ende das SED-Regime von innen her zerbrechen mußte.

Die Annahme war nicht völlig abwegig: Der 17. Juni 1953 und 2,7 Millionen Flüchtlinge, die zwischen 1949 und 1961 aus der DDR in die Bundesrepublik übersiedelten, schienen Adenauer recht zu geben. Die DDR geriet durch diesen Exodus qualifizierter Arbeitskräfte so stark unter Druck, daß man sich in Ost-Berlin und Moskau geeignete Maßnahmen überlegen mußte, um die Fluchtbewegung zu stoppen und den inneren Zerfall des ostdeutschen Staates aufzuhalten. Wie sehr der Sowjetunion an der fortdauernden Existenz der DDR gelegen war, zeigten Äußerungen Chruschtschows, die der französische Außenminister Christian Pineau im Juni 1956 in Washington und Paris wiedergab: «Ich habe lieber 20 Millionen

Deutsche auf meiner Seite als 70 Millionen gegen uns», hatte Chruschtschow ihm gegenüber erklärt. «Selbst wenn Deutschland militärisch neutral wäre, genügt uns das nicht. Wir wollen auch, daß die sozialen und wirtschaftlichen Errungenschaften Ostdeutschlands beibehalten werden. Ostdeutschland auf unserer Seite zu halten, ist darüber hinaus für uns eine Frage des Prestiges.»[255] Tatsächlich war die DDR inzwischen vor allem ein machtpolitischer Schlußstein des sowjetischen Imperiums geworden, der Moskau eine fast unbegrenzte Truppenstationierung in Mitteleuropa ermöglichte. Die kommunistische Herrschaft in der Tschechoslowakei wurde dadurch militärisch flankiert, das unberechenbare Polen gegenüber dem Westen abgeriegelt. Wie bedeutsam diese Rolle der DDR war, sollte sich in seiner ganzen Dramatik erst 1989/90 offenbaren, als mit dem Zusammenbruch des SED-Regimes auch die sowjetische Position in der Tschechoslowakei und Polen zerfiel. Aber bereits beim Ungarn-Aufstand und den Unruhen in Polen 1956 erwies sich die sowjetische Präsenz in der DDR als nützlicher Teil eines Einflußsphärenkonzepts, das auch vom Westen durch Nichtintervention respektiert wurde.

In der Berlin-Krise von 1958 bis 1962 wurde diese Konstellation bestätigt. Der erneute sowjetische Druck auf Berlin und das Vorgehen Chruschtschows beendeten nicht nur die erste Phase der Entspannung in den fünfziger Jahren, sondern beseitigten auch jegliche Hoffnungen auf einen sowjetischen Rückzug aus der DDR. Für die Bundesregierung wie für die Parteien bedeutete sie auch das Ende ihrer Wiedervereinigungspolitik. Unter dem Datum des 23. Januar 1959 notierte der Fraktionsvorsitzende der CDU/ CSU und langjährige enge Vertraute Adenauers, Heinrich Krone, in seinen Aufzeichnungen zu den Überlegungen des Kanzlers in dieser Situation: «Da mit der Wiedervereinigung auf Jahre nicht zu rechnen sei, solle man sie als jetzt nicht durchführbar ansehen; die Zone bleibe in der Macht Pankows, die Bundesrepublik im Bündnis mit dem Westen; es müsse im Wissen um die Lage, wie sie ist, zu Gesprächen kommen, die auf eine Humanisierung der Verhältnisse in der Zone hinausgingen.»[256] In einer vertraulichen Sitzung am 16. März 1959 meinte Adenauer sogar gänzlich resigniert: «Wenn wir den Status quo für Berlin und die Zone behalten, haben wir für heute so gut wie alles erreicht.» Nach einer Pause fügte er dann noch hinzu: «Wiedervereinigung – wer weiß wann?»[257]

Insgeheim hatte sich Adenauer daher bereits im März 1958 an Moskau gewandt und in streng vertraulichen Unterredungen mit Botschafter Smirnow und dem stellvertretenden Ministerpräsidenten Mikojan bei dessen Deutschland-Besuch im April 1958 vorgeschlagen, «der ‹DDR› den Status Österreichs zu geben».[258] Der folgende Globke-Plan, der um die Jahreswende 1958/59 konzipiert, in einer erweiterten Fassung aber erst am 17. November 1960 vorgelegt wurde, bestätigte diese Flexibilität. Die Forderung nach Wiedervereinigung durch freie Wahlen wurde darin insoweit modifiziert, als die Bevölkerungen der Bundesrepublik und der DDR jeweils für

2. Das Ende der Ära Adenauer

sich eine Mehrheitsentscheidung treffen sollten, so daß bei der Abstimmung keine Majorisierung des einen über den anderen Teil Deutschlands möglich gewesen wäre.[259]

Die Konjunktur des Kalten Krieges ließ pragmatische Kompromisse in der Wiedervereinigungsfrage allerdings nicht länger zu. Vor allem die Sowjetunion sah keinen Grund mehr, auf ihre uneingeschränkte Herrschaft in Ostdeutschland zu verzichten, die für den Bestand ihres Imperiums in Osteuropa von so fundamentaler Bedeutung war. In der Bundesrepublik bestand andererseits – trotz aller Kontroversen über die Praxis der Adenauerschen Politik – ein weitgehender Grundkonsens in der nationalen Frage. So stimmten alle Parteien mit Ausnahme der Kommunisten darin überein, daß Freiheit vor Einheit gehe. Die Wiedervereinigung Deutschlands war nur unter demokratischen Vorzeichen vorstellbar und sollte – auf die eine oder andere Weise – durch freie Wahlen herbeigeführt werden.

Auch die Deutschlandpläne der SPD und der FDP, die im März 1959 vorgelegt wurden, strebten das Ziel der Wiedervereinigung unter freiheitlichen und demokratischen Vorzeichen an. Menschenrechte und Grundfreiheiten besaßen darin einen zentralen Stellenwert. In dieser Hinsicht waren sie von den Positionen der Bundesregierung nicht weit entfernt. Was sie von den Grundsätzen der Adenauerschen Politik trennte, war der Verzicht auf Westverklammerung und Gleichheit im Bündnis, einschließlich des Rechts auf Atomwaffen. So plädierten SPD und FDP für ein demokratisch vereintes, blockfreies Deutschland, das von fremden Truppen geräumt und von Atomwaffen frei sein sollte. Sicherheit vor und für Deutschland sollte statt dessen ein neu zu konstruierendes, vom Gedanken der Entspannung und Abrüstung getragenes gesamteuropäisches Sicherheitssystem bieten, das in einem Friedensvertrag der vier Siegermächte des Zweiten Weltkrieges mit Deutschland zu fixieren sein würde. An den Verhandlungen dazu sollten die Bundesrepublik und die DDR gleichberechtigt teilnehmen, wobei die beiden deutschen Staaten untereinander alle Fragen – bis zur Ausarbeitung eines gesamtdeutschen Wahlgesetzes – regeln sollten, die für die Wiedervereinigung zu klären waren.[260]

Hintergrund dieser Überlegungen war die seit 1957 umfassend geführte Abrüstungsdiskussion mit Vorschlägen der britischen Labour Party unter Hugh Gaitskell, des polnischen Außenministers Adam Rapacki und des «Vaters» der amerikanischen Containment-Politik, George F. Kennan. Der Deutschlandplan der SPD nahm aber auch ausdrücklich Bezug auf das Chruschtschow-Ultimatum, wenn er feststellte, die «zugespitzte West-Ost-Situation» lasse «die Entspannung in Europa nur noch zu, wenn man sich zu einer schritt- und stufenweisen Regelung der militärischen und politischen Fragen entschließt». Die SPD halte daher «Vereinbarungen über regionale und kontrollierte Rüstungsbeschränkungen in Mitteleuropa für dringend erforderlich, weil ohne diese die politischen Probleme dieses Raumes nicht zu lösen sind».[261] Doch gerade weil Chruschtschow mit seinem

Berlin-Vorstoß den Status quo nicht verändern, sondern festschreiben wollte, fanden die Vorschläge der SPD und FDP, die letztlich ebenso wie die vorangegangenen Adenauerschen Initiativen auf die Überwindung der deutschen Teilung abzielten, in Moskau kein Gehör. Adenauer begnügte sich deshalb gegen Ende seiner Amtszeit im Juli 1962 mit dem resignativen Angebot eines «Burgfriedens». Heinrich Krone skizzierte dessen Inhalt in seinem Tagebuch mit den Worten: «Moskau möge die deutschen Fragen für die nächsten zehn Jahre so belassen, wie sie zur Zeit seien, und wir würden uns damit diese Jahre hindurch einverstanden erklären, nur möge der Kreml dafür Sorge tragen, daß die menschlichen Verhältnisse in der Zone besser würden. Was dann später zu tun sei, das solle man eben später überlegen.»[262]

Das war jedoch schon nach dem Mauerbau, der auch das Adenauersche Denken viel tiefgehender beeinflußte, als es in seiner Amtszeit vor der Öffentlichkeit sichtbar wurde. Willy Brandt, der damals als Berliner Regierender Bürgermeister häufig mit dem Kanzler zusammentraf, bemerkte dazu später: «Man irrt sich, wenn man glaubt, für Konrad Adenauer hätten sich die außenpolitischen Aufgaben der Bundesrepublik mit der unwiderruflichen Bindung an Europa und Amerika erfüllt. ‹Ostpolitik› existierte für ihn zwar nicht als Formel, wohl aber als Auftrag für eine neue Phase der Entwicklungen, an die er sich schon sehr viel früher heranzutasten versuchte, als es die Öffentlichkeit ahnte.»[263] Tatsächlich fragte Adenauer Brandt bei einem ihrer Treffen 1962, was wohl zu antworten wäre, «wenn die Freiheit Berlins unter Anerkennung des Zonenregimes zu erreichen sei».[264] Und mit Blick auf die Hallstein-Doktrin bemerkte der Kanzler am 17. Juni 1963 in Brandts Berliner Arbeitszimmer lakonisch: «Ach, wissen Sie, gewisse Dinge muß man weggeben, solange man noch etwas dafür bekommt.»[265] Es mangelte Adenauer also nicht an Einsicht und der prinzipiellen Bereitschaft, einen Preis zu zahlen, wenn dafür West-Berlin gesichert und die Lebensbedingungen der Menschen in der DDR verbessert würden. Aber für eine grundsätzliche Korrektur seiner Deutschlandpolitik fehlte dem 1963 immerhin bereits 87jährigen die Kraft. Sein bleibendes Verdienst war die Westintegration, die 1955 abgeschlossen wurde. Ihre logische Ergänzung, eine aktive Neuorientierung der Ostpolitik, mußte von anderen als ihm betrieben werden.

Chruschtschow jedoch wurde in der Berlin-Frage zum Gefangenen seiner eigenen Rigorosität. Nach dem mißglückten Gipfeltreffen mit dem neuen amerikanischen Präsidenten John F. Kennedy im Juni 1961 in Wien, als Kriegsstimmung in der Luft zu liegen schien, Gerüchte und Spekulationen wucherten und sich das Gefühl ausbreitete, daß bald «irgend etwas» geschehen werde, nahm die Fluchtbewegung aus der DDR die Form eines Massenexodus an – mit über 30000 Flüchtlingen im Juli und fast 50000 im August. Wie Siegesmeldungen wurden die täglichen Zahlen über den westlichen Rundfunk verbreitet. «Am Ende», so Peter Bender, der für den WDR aus Berlin berichtete, «herrschte Torschlußpanik: viele gingen nur, weil sie fürchteten, dies sei die letzte Gelegenheit.»[266] Damit gerieten die Führungen in Ost-Berlin und Moskau endgültig unter Handlungszwang. Nachdem seit 1958 alle Anläufe Chruschtschows gescheitert waren, eine einvernehmliche Lösung mit den Westmächten zu finden, um das Schlupfloch Berlin auf elegante Weise zu schließen und den Gesichtsverlust einer einseitigen Abriegelung zu vermeiden, gab es jetzt keine Wahl mehr. Während Ulbricht noch am 15. Juni mit seinem viel zitierten Satz «Niemand hat die Absicht, eine Mauer zu errichten» den durchaus ernstgemeinten Wunsch der östlichen Machthaber dokumentiert hatte, West-Berlin ohne Sperrmaßnahmen als «Freie Stadt» unter östlichen Einfluß zu bringen, blieb jetzt nur noch die Notlösung der einseitigen Schließung aller Grenzen. Der zuständige Leiter für Sicherheitsfragen im Zentralkomitee der SED, Erich Honecker, hatte dafür im Auftrag der Partei- und Staatsführung einen «Reserveplan» ausgearbeitet, der vorsah, das 46 Kilometer breite Fluchtloch zwischen den beiden Teilen Berlins mit Stacheldraht und Mauer zu verstopfen. Dies war in Moskau schon im Dezember 1952 erwogen worden.[267] Jetzt wurde der Plan realisiert. Die Aktion begann in den frühen Morgenstunden des 13. August 1961.

In West-Berlin war man empört – nicht nur über die Maßnahmen des Ostens, sondern auch über die Tatenlosigkeit des Westens. Bei einer Kundgebung vor dem Rathaus Schöneberg wurde die Enttäuschung auf Transparenten sichtbar: «Vom Westen verraten?» Enttäuscht bemerkte auch der Regierende Bürgermeister Willy Brandt noch fünfzehn Jahre später in seinen Memoiren: «Zwanzig Stunden vergingen, bis die erbetenen Militärstreifen an der innerstädtischen Grenze erschienen. Vierzig Stunden verstrichen, bis eine Rechtsverwahrung beim sowjetischen Kommandanten auf den Weg gebracht war. Zweiundsiebzig Stunden dauerte es, bis – in Wendungen, die kaum über die Routine hinausreichten – in Moskau protestiert wurde.»[268] Bereits am 18. August 1961 schrieb er deshalb in einem Brief an Präsident Kennedy: «Berlin erwartet mehr als Worte, Berlin erwartet politische Aktionen.»[269] Doch die Westmächte dachten gar nicht daran, gegen die östlichen Sperrmaßnahmen vorzugehen. Polemisch und gemein, aber durchaus nicht falsch, titelte die *Bild*-Zeitung am 16. August auf der ersten Seite: «Der Westen tut NICHTS! US-Präsident Kennedy schweigt ... Macmillan geht auf die Jagd ... und Adenauer schimpft auf Brandt.»

In Wirklichkeit waren Kennedy und der britische Premierminister Harold Macmillan seit Monaten vor und hinter den Kulissen damit beschäftigt gewesen, das Problem in den Griff zu bekommen und vor allem einen durchaus drohenden Atomkrieg wegen Berlin zu verhindern. Am 25. Juli 1961 hatte der amerikanische Präsident in einer Fernsehrede das politische Terrain noch einmal präzise abgesteckt und die drei sogenannten «essentials» der amerikanischen Berlin-Politik bekräftigt, die bereits im Herbst 1958 vom State Department als «unverrückbare Grundsätze» in Reaktion auf das Chruschtschow-Ultimatum formuliert worden waren: a) das Recht auf Anwesenheit in Berlin; b) das Recht auf Zugang nach Berlin; c) die Verpflichtung, die Selbstbestimmung der West-Berliner und die freie Wahl ihrer Lebensform zu gewährleisten.[270]

Am 26. und 27. Juli hatte Kennedy außerdem den früheren Hohen Kommissar der USA in der Bundesrepublik, John J. McCloy, zu Chruschtschow nach Sotschi am Schwarzen Meer geschickt, um ihm die amerikanische Position noch einmal zu verdeutlichen: daß die USA sich aus West-Berlin nicht vertreiben lassen, einseitigen Maßnahmen im Ostsektor außer Protesten aber nichts entgegensetzen würden. Einer Mitteilung von Walt W. Rostow zufolge, einem Mitarbeiter Kennedys in Sicherheitsfragen, stellte der Präsident daraufhin Anfang August nach der Berichterstattung McCloys realistisch fest: «Ostdeutschland entgleitet Chruschtschow. Das kann er nicht zulassen. Wenn Ostdeutschland verlorengeht, ist auch Polen und ganz Osteuropa verloren. Er muß etwas tun, um den Flüchtlingsstrom einzudämmen – vielleicht eine Mauer. Und wir werden nichts dagegen tun können. Ich kann die Allianz zusammenhalten, um West-Berlin zu verteidigen. Aber ich kann nicht Ost-Berlin offenhalten.»[271]

Kennedy war also unnachgiebig in der Verteidigung West-Berlins; seine Garantien endeten jedoch an der Sektorengrenze. Den Mauerbau konnte er nicht verhindern, wohl aber den Krieg, der deswegen hätte ausbrechen können. Die Voraussetzung dafür war, daß beide Seiten – Ost wie West – die Grenzen der Einflußsphäre des jeweils anderen respektierten. Eben dies war das Ziel der Mission, mit der Kennedy den politisch erfahrenen und geschickten McCloy betraute. Spätestens danach wußte Chruschtschow, woran er mit Kennedy war. Kennedy seinerseits konnte zuversichtlich sein, daß Chruschtschow die markierte Linie nicht überschritt. Als die Maßnahmen des 13. August schließlich bekannt wurden, war der amerikanische Präsident nicht besorgt, sondern erleichtert. Während Brandt überzeugt war, die östlichen Sperrmaßnahmen bildeten nur den Auftakt zu weiteren, noch gefährlicheren Schritten, und prophezeite, dem Westen werde «das Risiko letzter Entschlossenheit nicht erspart bleiben», war für Kennedy die Krise mit dem Mauerbau beendet. Nüchtern bilanzierte er, Chruschtschow habe, obwohl auf schlimme Art, ein spezifisch deutsches Problem gelöst und den Westen von einer schweren Sorge befreit; der Westteil Berlins sei nun sicherer als zuvor.[272] Die Entsendung des Vizepräsidenten Lyndon B. Johnson nach Berlin und der demonstrative Konvoi einer alliierten Kampfgruppe auf der Autobahn von Helmstedt nach Dreilinden waren demgegenüber nicht mehr als propagandistische Aktionen zur Beruhigung der westlichen Öffentlichkeit, die ihren Zweck nicht verfehlten. Um kein Risiko einzugehen, stand der Kommandeur der Kampfgruppe während der Fahrt jedoch sicherheitshalber in ständiger direkter Funkverbindung mit dem Weißen Haus.

2. Das Ende der Ära Adenauer 365

Danach ebbten die Spannungen allmählich ab, auch wenn Chruschtschow weiterhin eine «Freie Stadt Westberlin» forderte und seine Drohungen fortsetzte, einen Separatfriedensvertrag mit der DDR zu schließen und alle sowjetischen Berlin-Rechte der DDR zu übertragen, falls die Westmächte sich nicht zu ernsthaften Verhandlungen bereitfänden. Eine sowjetische Note vom 23. August 1961 bestritt den Westmächten außerdem das Recht zur Benutzung der Luftkorridore nach Berlin. Doch nachdem Chruschtschow im Oktober 1962 mit seinem Versuch gescheitert war, Mittelstreckenraketen auf Kuba zu stationieren, war auch Berlin kein Thema mehr. Mit dem Ende der Kuba-Krise, so erinnerte sich der damalige Botschafter der Bundesrepublik in Washington, Wilhelm Grewe, sei auch die Berlin-Krise vom Tisch gewesen, ohne daß es noch eines Schlußpunktes bedurft hätte: «Kein Mensch sprach plötzlich mehr davon.»[273]

Die Präsidentschaftskrise 1959

Während die Außen- und Deutschlandpolitik somit über Jahre hinweg von der Krise um Berlin überschattet war, herrschte in der Innenpolitik weithin beschauliche Ruhe. Bei der Bundestagswahl im September 1957 erreichte die Union im Parlament die absolute Mehrheit der Sitze; Adenauers Position war unangefochten und vorerst auch unanfechtbar – so schien es wenigstens. Allerdings war er mit inzwischen immerhin 81 Jahren nicht mehr der jüngste. Schon im Herbst 1955, als er erstmals über einen Monat lang an einer Lungenentzündung erkrankt war, hatte es Spekulationen über seine Nachfolge gegeben. Der SPD-Vorsitzende Ollenhauer hatte dabei in Gesprächen mit Journalisten durchblicken lassen, daß ihm die Idee, sich in eine Koalition mit der CDU ohne Adenauer zu begeben, keineswegs undenkbar erscheine. Auch Unionspolitiker hatten damals vorsichtig Signale zur SPD ausgesandt: Jakob Kaiser, der seit jeher für ein Bündnis mit den Sozialdemokraten eingetreten war, Außenminister Heinrich von Brentano, der sich davon mehr Geschlossenheit in der Außen- und Sicherheitspolitik versprach, und Eugen Gerstenmaier, der aus seinen Erfahrungen in der Zeit des Widerstandes gegen den Nationalsozialismus für ein Zusammenwirken national gesonnener Konservativer und Sozialdemokraten plädierte. In Kreisen der CSU galt Franz Josef Strauß als stiller Befürworter einer Großen Koalition. Doch solange Adenauer amtierte, waren alle Überlegungen in dieser Richtung nutzlos – ja gefährlich, wenn derjenige, der sie anstellte, sich selbst etwas davon erhoffte.

Ganz offen kam das Thema erst zur Sprache, als Adenauer sich im Frühjahr 1959 zeitweilig als Nachfolger von Theodor Heuss im Amt des Bundespräsidenten ins Spiel brachte und damit eine Diskussion auslöste, die ihn von da an bis zu seinem Rücktritt im Herbst 1963 begleitete. Die Präsidentschaftskrise von 1959 – in Wirklichkeit eher eine «politische Burleske»[274] – markiert deshalb den Beginn des Adenauerschen Rückzuges von der Macht, der sich jedoch über mehr als vier Jahre hinzog, da der «Alte» sich mit immer neuen Hinweisen auf Gefahren der inneren und äußeren Politik, die abzuwenden er sich nur selbst zutraute, lange nicht von seinem Amt zu trennen vermochte. Heuss, ein nobler und hochgebildeter Mann mit festen liberalen Überzeugungen, doch frei von der Neigung zu politischen Rankünen und persönlichen Ressentiments, hatte dem Präsidentenamt Achtung verschafft und Würde verliehen. Seine Wahl zum Staatsoberhaupt am 12. September 1949 war ein Glücksfall für die junge Demokratie in der Bundesrepublik gewesen. Hinter der Aura schwäbischer Bonhomie, die ihn umgab, verbarg sich ein ebenso geistvoller wie kritischer Intellektueller, der – etwa in seinen «Tagebuchbriefen» an Toni Stolper – die Entwicklung der Bundesrepublik mit Sympathie, aber ohne Illusionen begleitete und kommentierte.[275] Mit Augenmaß und Stilgefühl führte er sein Amt: kein unpolitischer Präsident, aber über dem Streit der Parteien stehend und damit weitgehend unangefochten. Hätte das Grundgesetz nach seinen zwei Amtszeiten eine nochmalige Wiederwahl zugelassen, wären alle Parteien leicht für ihn zu gewinnen gewesen. Sogar eine Grundgesetzänderung war deshalb in der zweiten Jahreshälfte 1958 vorübergehend im Gespräch. Heuss selbst gab dazu in privaten Gesprächen mit Politikern und anderen interessierten Personen zu bedenken, daß man das Grundgesetz nicht allein deshalb ändern dürfe, weil gerade «ein netter Mann auf dem Markt» sei. Die Verfassung sei «nicht auf einen Menschentyp zugeschnitten», sondern stelle eine Rechtsform dar, in der die Frage nach den individuellen Eigenschaften «völlig offen» sei.[276] Allerdings vermied er ein klares Nein und hätte sich wohl erneut zur Verfügung gestellt, wenn seine Wiederwahl mit Zweidrittelmehrheit gesichert gewesen wäre. Da er die Entscheidung jedoch hinauszögerte, wurde sie ihm schließlich durch die Führungsgremien der SPD abgenommen, die am 12. Februar 1959 einstimmig beschlossen, Carlo Schmid als Kandidaten zu nominieren.

Das Echo auf die Nominierung von Schmid war weithin positiv. Auch Heuss wäre es überaus recht gewesen, seinen württembergischen Landsmann als Nachfolger in der Villa Hammerschmidt begrüßen zu können. Aber in der Union gab es andere Pläne: Nach der Erringung der absoluten Mehrheit bei der Bundestagswahl 1957 wollte man nun auch für das höchste Amt im Staat einen eigenen Kandidaten durchsetzen. Dabei dachte man zunächst an den Fraktionsvorsitzenden der CDU/CSU im Bundestag, Heinrich Krone, der jedoch seine Arbeit in Partei und Fraktion nicht aufgeben wollte und am 23. Februar von sich aus verzichtete. Krone selbst schlug den Ministerpräsidenten von Schleswig-Holstein, Kai-Uwe von Hassel, vor. Dieser war ein prominenter Repräsentant des evangelischen Flügels der Union und schon deshalb auch für Adenauer ein glänzender Kandidat, weil er dazu verholfen hätte, die konfessionelle Balance der Machtverteilung zu wahren, die in der bundesrepublikanischen Innenpolitik damals noch eine große Rolle spielte. Doch dann brachte Bundesinnenminister Gerhard

2. Das Ende der Ära Adenauer 367

Schröder in einem Gespräch mit dem Kanzler Ludwig Erhard ins Spiel. Obwohl es ihn eher ins Palais Schaumburg als in die Villa Hammerschmidt zog, hatte sich Erhard zu einer Kandidatur bereiterklärt, wenn Adenauer, die Partei und die Fraktion gemeinsam auf ihn zukommen würden.

Erhards Kandidatur, die am 24. Februar bestätigt wurde, wirkte als Sensation – allerdings im Negativen. In weiten Teilen der Öffentlichkeit und der CDU/CSU war man empört, weil der Eindruck entstand, Adenauer wolle Erhard durch dessen Versetzung in den «goldenen Käfig» der Villa Hammerschmidt nur als seinen Nachfolger verhindern. Der Bonner Korrespondent der Hamburger Tageszeitung *Die Welt*, Georg Schröder, warf sogar das Stichwort «Kronprinzen-Mord» in die Debatte.[277] In der Union glaubte man außerdem, Erhard noch als Wahllokomotive für die Bundestagswahl 1961 zu benötigen, und wollte ihn deshalb nicht an das ehrenvolle, aber politisch ohnmächtige Amt des Staatsoberhauptes verlieren. Bis Ende Februar gaben bereits etwa 70 Abgeordnete zu erkennen, daß sie nicht für Erhard votieren würden, um ihn für die aktive Politik zu erhalten. Unter ihnen waren so prominente Persönlichkeiten wie der Hamburger Verleger Gerd Bucerius und der Vorsitzende der CSU-Landesgruppe im Bundestag, Hermann Höcherl. Im Wirtschaftsministerium drängten Erhards engste Mitarbeiter – sein Persönlicher Referent Dankmar Seibt, Pressesprecher Karl Hohmann und der Leiter der Grundsatzabteilung, Wolfram Langer – ihren Chef, von der Kandidatur zurückzutreten.

Der Konflikt zwischen Adenauer und der Fraktion eskalierte dadurch so stark, daß Heinrich Krone schließlich resigniert seinen Rücktritt vom Fraktionsvorsitz anbot, den Adenauer jedoch nicht annahm. Statt dessen erklärte der Kanzler – mit einem Argument, das er in den folgenden Jahren noch mehrfach gebrauchen sollte –, wenn die außenpolitische Lage nicht so ernst sei, würde er selbst zurückzutreten. Allerdings hielt Ludwig Erhard es nun verständlicherweise für das beste, seine Kandidatur nicht länger aufrechtzuerhalten. Niemand außer Adenauer konnte ihm diesen Rückzieher jetzt noch verübeln. Für den Kanzler ergaben sich daraus jedoch zwei Möglichkeiten, die er beide für gleich schlecht, ja für verhängnisvoll hielt: Wenn Carlo Schmid, der gerade in diesen Tagen zusammen mit Fritz Erler nach Moskau reiste, um dort den Deutschlandplan der SPD anzupreisen, gewählt würde, drohte es – jedenfalls nach Meinung Adenauers – Präsidentenreden zu geben, in denen die deutsche Wiedervereinigung und die Bündnispolitik der Bundesrepublik öffentlich in Zweifel gezogen wurden – eine glatte Katastrophe. Wurde Schmid, wie es angesichts der Stimmenverhältnisse in der Bundesversammlung eher wahrscheinlich war, nicht gewählt, dann drohte im dritten Wahlgang vielleicht eine Überraschungskandidatur von Eugen Gerstenmaier, der sich seit längerem demonstrativ für eine flexiblere Deutschlandpolitik ausgesprochen hatte, damit der SPD verdächtig nahegekommen war und inzwischen für viele als eindeutiger Befürworter einer Großen Koalition galt – auch dies für Adenauer eine erschreckende Per-

IV. Entscheidung für den Westen

spektive. Anfang April 1959, als solche Überlegungen im Kanzleramt angestellt wurden, entschloß sich der Kanzler daher Hals über Kopf, selbst das Amt des Bundespräsidenten anzustreben.[278] Mit dem Wechsel durch den Garten des Palais Schaumburg hinüber in die Villa Hammerschmidt hätte Adenauer den Weg für eine institutionell geregelte Machtübergabe an einen Nachfolger freigemacht. Seit dem Frühjahr 1955 hatte er die Frage mit seinen engsten Vertrauten – Hans Globke, Heinrich Krone und dem Kölner Bankier Robert Pferdmenges – selbst bereits wiederholt erörtert, ohne zu einer befriedigenden Lösung zu gelangen. Krone und Globke hatten 1956 zunächst Franz Etzel aus der Hohen Behörde der Montanunion vorgeschlagen, dann ebenfalls noch Innenminister Gerhard Schröder ins Gespräch gebracht. Auch Finanzminister Fritz Schäffer war als möglicher Kandidat genannt worden. Adenauer persönlich hatte in dem politisch ziemlich unerfreulichen Jahr 1956 erwogen, nach der Bundestagswahl 1957 nur noch ein Jahr im Amt zu bleiben, um damit eine Klärung zu erzwingen, war davon jedoch bald wieder abgerückt. Nach der Wahl hatte er dann an Krone als Nachfolger gedacht. Wann immer der Name Ludwig Erhard gefallen war, hatte er nur abgewinkt: Der Wirtschaftsminister erschien ihm nicht hart genug und vor allem nicht geeignet für die Außenpolitik.[279] Dabei hatte Krone ihm aus der Fraktion berichtet, daß die Mehrheit sich hier für Erhard aussprechen werde, wenn es zur Entscheidung komme.

Trotz dieser Warnung entschloß sich Adenauer am 7. April 1959, für das Amt des Bundespräsidenten zu kandidieren. In einem ausführlichen Vortrag vor dem Wahlmännergremium der Union über die Befugnisse dieses Amtes bekundete er zugleich seine Absicht, das Grundgesetz extensiv, nämlich «gaullistisch» auszulegen. Adenauer dachte daran, auch als gewählter Bundespräsident vorläufig Parteivorsitzender bleiben zu können, wünschte an allen Kabinettssitzungen teilzunehmen und meinte, auch ohne die institutionellen Machtmittel des Kanzleramtes in der Lage zu sein, die großen Linien der Politik weiter zu bestimmen.[280] Für die Öffentlichkeit waren diese Feinheiten allerdings weniger interessant als die schlichte Tatsache der Adenauerschen Entscheidung. So titelte die *Bild*-Zeitung am 8. April mit den üblichen Balkenlettern: «Sensation in Bonn: Adenauer wird Bundespräsident!» Die Münchner *Abendzeitung* verkündete ihren Lesern am gleichen Tage die monarchische Botschaft: «Die große Wende: Adenauer dankt ab».

Adenauer selbst teilte seinen Entschluß noch Bundespräsident Heuss mit und fuhr anschließend in einen mehrwöchigen Urlaub nach Cadenabbia an den Comer See. Dort erkannte er rasch, wie wenig durchdacht seine Entscheidung gewesen war. Irritierend wirkten nicht nur das besorgte Echo im westlichen Ausland und der Jubel der Opposition. Vor allem das Versäumnis, die Kandidatur für die Präsidentschaft nicht sofort mit der Frage der Kanzlernachfolge verknüpft zu haben, erwies sich als ein schwerer Fehler. Denn in Bonn lief nun alles auf Erhard zu, der auch sogleich intern seinen

2. Das Ende der Ära Adenauer 369

Anspruch auf das Kanzleramt anmeldete. Für Franz Etzel, der – von seinem Posten bei der Montanunion in Brüssel zurückgekehrt – inzwischen Bundesfinanzminister geworden war und den Adenauer gegen Erhard durchzusetzen hoffte, rührte sich dagegen kein Finger. Ende April ließ der Kanzler deshalb durch Robert Pferdmenges, der ihn an seinem Urlaubsort in Italien besucht hatte, in Bonn die Mitteilung verbreiten, daß Erhard auf keinen Fall sein Nachfolger werden dürfe; lieber, so Adenauer, werde er auf die Präsidentschaft verzichten.

Als Adenauer am 4. Mai ins Palais Schaumburg zurückkehrte, war die Lage unverändert. In einem eineinhalbstündigen Gespräch am 13. Mai beharrte Erhard darauf, daß er das Recht habe, Kanzler zu werden. Er erklärte, daß er von allen Bundesministern derjenige sei, der am längsten am Aufbau der Bundesrepublik mitgewirkt habe, und erinnerte auch an seine Arbeit im Frankfurter Wirtschaftsrat. Außerdem, so Erhard, sei er schließlich der Stellvertreter Adenauers. Dieser jedoch wiederholte seine Bedenken gegen eine Kandidatur Erhards als Kanzler, wobei er insbesondere außenpolitische Gründe geltend machte – darunter auch die Tatsache, daß Erhard bei den Bündnispartnern «allgemein als kein großer Freund der europäischen Integration angesehen werde».[281] Die gleiche Haltung nahm Adenauer gegenüber der Fraktion ein, die nach Einschätzung von Krone aber zu zwei Dritteln für Erhard als Bundeskanzler eintrat. Etzel dagegen, so der Fraktionsvorsitzende, habe kaum Chancen. Adenauer entschloß sich deshalb, in Briefen an Krone und Erhard seine Auffassung noch einmal schriftlich niederzulegen. Vor allem das Schreiben an Krone in dessen Eigenschaft als Vorsitzender der CDU/CSU-Fraktion vom 19. Mai 1959 ließ an Deutlichkeit nichts zu wünschen übrig. Wörtlich hieß es darin: «Herr Erhard ist der beste Wirtschaftsminister, den wir uns haben wünschen können wegen seiner Kenntnisse auf wirtschaftlichem Gebiete, seiner Dynamik, seines andere mitreißenden Optimismus. Er genießt deshalb im Inland und auch im Ausland als Wirtschaftsminister größtes Ansehen. Aber auf dem so empfindlichen und gefährlichen Gebiete der Außenpolitik hat er keine Erfahrungen... So ausgezeichnet Herr Erhard als Wirtschaftsminister ist, so gefährlich würde bei den immer stärker werdenden außenpolitischen Gefahren seine Wahl zum Bundeskanzler sein, da er ja als solcher die Richtlinien der Außenpolitik bestimmen und das Auswärtige Amt führen muß.»[282]

Am Ende des Briefes kam Adenauer dann noch auf seine eigene Kandidatur für die Präsidentschaft zu sprechen: Er könne «nicht durch die Annahme der Wahl zum Bundespräsidenten das Amt des Bundeskanzlers freigeben», wenn er nicht «die sichere Überzeugung» habe, mit der Fraktion in der Frage der Wahl des Bundeskanzlers einig zu sein. Da er die Kontinuität seiner Politik bei einer Wahl Erhards zum Kanzler «nicht für gesichert» ansehe, werde «die ganze Aktion sinnlos». «Ich muß dann», so Adenauer, «ich wiederhole das, auf die Wahl zum Bundespräsidenten verzichten.»[283]

So isoliert und vereinsamt wie in diesen Wochen war Adenauer selten in seinem Leben gewesen. Ermutigung bei seinem Widerstand gegen eine Kanzlerschaft Erhards erfuhr er nur von wenigen – natürlich von seinem Freund Robert Pferdmenges, aber auch von Innenminister Gerhard Schröder und Walter Hallstein, dem ebenso sachkundigen wie energischen Verfechter der europäischen Integration. Am machtvollsten in seiner Unterstützung Adenauers und am schärfsten in seiner Kritik an den Ambitionen Erhards aber war Staatssekretär Globke, der dazu am 21. Mai an Krone schrieb, er sei «nach gewissenhafter Prüfung» nach wie vor der Überzeugung, wenn Erhard Kanzler werde, dann könne «nur die Gnade Gottes das deutsche Volk noch retten».[284] Als der Wirtschaftsminister kurz darauf zu einer seit längerem geplanten Reise in die USA aufbrechen mußte und für acht Tage außer Landes war, gab Adenauer seinen Rücktritt von der Kandidatur für die Präsidentschaft bekannt. Den Schaden hatte jedoch nicht Erhard, sondern Adenauer, der nun «als alter Erbhofbauer dastand, der sich nicht mit dem Gedanken abfinden konnte, das Gut an einen Jüngeren abgeben zu müssen», während man in Erhard den «unfair Angegriffenen» sah, bei dem man nun gar nicht mehr umhin kam, ihm eine neue Chance einzuräumen.[285] Adenauer wurde dadurch zum Kanzler auf Abruf, Erhard zu seinem logischen Nachfolger, der nur darauf zu warten brauchte, bis nicht nur die Politik, sondern auch die Biologie ihren Tribut forderte.

Vorerst bestand die Union jedoch darauf, einen völlig neuen Kandidaten für das Amt des Bundespräsidenten zu nominieren, um das höchste Staatsamt zu besetzen. Die Wahl fiel auf Landwirtschaftsminister Heinrich Lübke, einen biederen Sauerländer, über den Theodor Heuss am 26. Juni 1959 nicht ohne Herablassung notierte, er «schätze ihn ja in seiner sachlichen Arbeit und menschlichen Redlichkeit».[286] Zwar machte «der gute Lübke» seine Sache zunächst besser als allgemein befürchtet, auch wenn er die von seinem Vorgänger gesetzten Maßstäbe nie zu erreichen vermochte. Doch schon bald wurde seine Amtsführung durch allerlei Wunderlichkeiten und Eigensinnigkeiten belastet, die sich in späteren Jahren durch eine offenkundige Vergreisung bis zur Peinlichkeit steigerten. Das Verhältnis zwischen Lübke und Adenauer war distanziert und durch tiefe gegenseitige Abneigung geprägt, die bis in die Aufbaujahre der CDU in Nordrhein-Westfalen zurückreichte. Offensichtlich fiel es dem Kanzler schwer, den neuen Bundespräsidenten zu respektieren. Von der Wertschätzung, die er für Heuss empfunden hatte –, und vermutlich auch für einen Bundespräsidenten Carlo Schmid entwickelt hätte – konnte im Falle Lübkes keine Rede sein. Hinzu kam, daß Lübke bald deutliche Sympathien für den Gedanken einer Großen Koalition offenbarte und damit auch politisch zu Adenauer auf Gegenkurs ging. Die Position des Kanzlers, der nach dem Pyrrhussieg über Erhard ohnehin bereits angeschlagen war, wurde dadurch nicht besser. Das Ende der Ära Adenauer zeichnete sich ab.

Das Godesberger Programm der SPD

Gerade noch rechtzeitig vor dem Rückzug Adenauers aus der aktiven Politik, durch den die Karten der politischen Machtverteilung in der Bundesrepublik neu gemischt wurden, machte sich nun auch die SPD auf den «Weg zur Staatspartei».[287] In der ersten Hälfte der fünfziger Jahre hatte sie sich in Bonn nahezu ausschließlich in der Defensive befunden und Politik mehr erlitten als gestaltet. Ihre Vorsitzenden Kurt Schumacher und Erich Ollenhauer hatten die Partei in eine Außenseiter- und Oppositionsrolle geführt, die auffällig an die negativen Erfahrungen des Kaiserreiches und der Weimarer Republik erinnerte und der optimistischen Aufbruchstimmung der fünfziger Jahre in der Bundesrepublik immer weniger entsprach. Schon bei der Bundestagswahl 1949 hatte die SPD für den schwer verständlichen Konfrontationskurs Schumachers, der vom weit überwiegenden Teil der Bevölkerung nicht gutgeheißen wurde, mit nur 29,2 Prozent der Stimmen die Quittung bekommen. Noch schlechter erging es danach Ollenhauer, der sich ebensowenig wie Schumacher von der Tradition der klassenorientierten Arbeiterpartei zu lösen vermochte. Seine antiwestliche und zugleich antibürgerliche Politik war für viele kaum nachvollziehbar. Das Wahlergebnis von 28,8 Prozent im September 1953 kam einem Desaster gleich. Auch über den leichten Anstieg auf 31,8 Prozent 1957 konnte man sich in der SPD kaum freuen, da CDU und CSU gleichzeitig mit 50,1 Prozent der Stimmen die absolute Mehrheit erreichten.

Erst allmählich schienen die Sozialdemokraten zu begreifen, daß die Entwicklung der Bundesrepublik zu einer bürgerlichen, weithin sogar «nivellierten» Mittelstandsgesellschaft auch von ihnen eine Erneuerung verlangte. Die alten marxistischen Rezepte aus der Zeit des Frühkapitalismus paßten nicht mehr in die Landschaft einer modernen, sozial gestalteten Marktwirtschaft. Mit der Veränderung der Arbeitswelt, dem raschen Anstieg des Dienstleistungssektors und dem Wandel des Arbeiters vom diskriminierten Proletarier zum respektierten «Arbeitnehmer», der stolz darauf war, in die untere Mittelschicht aufgestiegen zu sein, erschienen klassenkämpferische Parolen überholt. Angesichts der Verwestlichung der bundesrepublikanischen Gesellschaft, die vom allergrößten Teil der Bevölkerung ausdrücklich begrüßt wurde, waren antikapitalistisch-antiwestliche Grundhaltungen von vornherein dazu verurteilt, nur eine Minderheit zu repräsentieren. Und in einem Parteiensystem, in dem eine soziale Grundausstattung zum selbstverständlichen Inventar jeder Programmatik gehörte und Klassengrenzen ebenso aufgehoben waren wie Konfessionsschranken, hatte nur derjenige eine Chance, mehrheitsfähig zu werden, der eine möglichst breite Klientel ansprach und die «Mitte» für sich gewann.

Der notwendige innerparteiliche Wandel, der sich aus diesen Veränderungen von Politik und Gesellschaft der Bundesrepublik in den fünfziger Jahren für die SPD ergab, wurde jedoch erst in der Legislaturperiode zwischen 1957 und 1961 vollzogen. Am Anfang stand dabei ein Generationswechsel auf allen Ebenen der Partei, vor allem im Bund. An einen Sturz ihres Vorsitzenden Ollenhauer, der zum Urgestein der SPD zählte, war allerdings nicht zu denken. Bereits 1933 war er Mitglied des Parteivorstandes geworden und dies auch in der Emigration in Prag, Paris und London geblieben, ehe er 1945 nach Deutschland zurückgekehrt war und von 1946 bis 1952 als stellvertretender Parteivorsitzender geduldig und loyal hinter Schumacher ausgeharrt hatte, bis er selbst an die Reihe gekommen war: ein Mann des Apparats – mit allen Vorzügen und Nachteilen. Dramatische Wendungen oder gar Neuerungen waren von ihm nicht zu erwarten. Sein Beruf war es, den Apparat zu lenken. Doch obwohl er die Lücke, die Schumacher hinterlassen hatte, nie zu füllen vermochte und für die Niederlagen der SPD in den fünfziger Jahren die Hauptverantwortung trug, wurde er an der Spitze von Partei und Fraktion nicht abgelöst. Im Herbst 1963, kurz vor seinem Tod, kam sogar noch das ehrenvolle, wenn auch machtlose Amt des Präsidenten der Sozialistischen Internationale hinzu.

Bei seiner Wahl auf dem Dortmunder Parteitag im September 1952 stellte man ihm als stellvertretenden Vorsitzenden Wilhelm Mellies zur Seite, den Schumacher den «letzten Calvinisten» genannt hatte: ein Musterbeispiel an Arbeitsfleiß, Genauigkeit und Nüchternheit in der parlamentarischen Arbeit. Mellies repräsentierte das bürgerliche und christlich-evangelische Element in der neuen Parteiführung. Ein politischer Führer wollte auch er, ein ehemaliger Lehrer aus Lippe, nicht sein. So lenkte Ollenhauer die Partei, Mellies die Fraktion. Politik im eigentlichen Sinne des Wortes trieben beide nicht.[288] Nach der Wahlniederlage 1957 wurde Ollenhauer jedoch durch drei zusätzliche Stellvertreter «eingerahmt», die im Vergleich zu ihm politische Schwergewichte waren: Herbert Wehner, Fritz Erler und Carlo Schmid. Bereits im Winter 1957/58 stellten sie die Weichen für eine weitgehende Entmachtung des Parteibüros mit seinen hauptamtlichen Vorstandsmitgliedern. Der Einfluß der «Baracke» – des Hauptquartiers der SPD in Bonn, das in einer barackenähnlichen Anlage an der Straße nach Bad Godesberg untergebracht war – wurde dadurch zurückgedrängt. An die Spitze der Partei trat nun ein elf Mitglieder umfassendes Präsidium mit einem Vorsitzenden und zwei stellvertretenden Vorsitzenden, das mindestens einmal wöchentlich zusammentrat. Die Wahl des Präsidiums erfolgte durch einen 33köpfigen Parteivorstand, der wiederum vom Parteitag eingesetzt wurde.

Welche Bedeutung diese organisatorischen Veränderungen für die Zukunft der Partei erlangen sollten, wurde bereits im Mai 1958 sichtbar, als auf dem Stuttgarter Parteitag der SPD gleich elf neue Vorstandsmitglieder gewählt wurden – darunter Willy Brandt, Heinrich Deist, Gustav Heinemann, Alex Möller, Marta Schanzenbach, Helmut Schmidt und Käte Strobel. In das Präsidium gelangten außer Waldemar Freiherr von Knoeringen, dem Vorsitzenden der SPD-Fraktion im Bayerischen Landtag, und Schatzmeister Alfred Nau, der dieses Amt bereits seit 1946 versah, nur noch Abgeordnete

2. Das Ende der Ära Adenauer 373

aus der Bundestagsfraktion der SPD: Heinrich Deist, Fritz Erler, Erich Ollenhauer, Marta Schanzenbach, Carlo Schmid und Herbert Wehner. Die Steuerung der Partei durch hauptamtliche Funktionäre aus der «Baracke» war damit vorbei; Parteiführung und Parlamentsfraktion wurden endlich auch personell miteinander verknüpft.[289]

Wilhelm Mellies war zu Beginn des Stuttgarter Parteitages gestorben, der dadurch der heiklen Aufgabe entging, den fleißigen, aber uninspirierten Stellvertreter Ollenhauers abzuwählen. Stellvertretende Vorsitzende wurden nach der neuen Struktur Waldemar von Knoeringen und Herbert Wehner. Knoeringen erhielt dabei von den Delegierten des Parteitages sogar mehr Stimmen als Ollenhauer, der in seinem Amt bestätigt wurde, und lag mit großem Abstand vor Wehner. Tatsächlich war Knoeringen allseits beliebt; sogar die nicht-sozialdemokratische Presse wußte über ihn nur Gutes zu berichten. Er repräsentierte «den Typ des ewig jugendbewegten sozialdemokratischen Agitators»[290] – leidenschaftlich und begeisterungsfähig, aber auch liebenswert unstet, sprunghaft und, wie man in seiner bayerischen Heimat wußte, ein miserabler Organisator. Er selbst hielt sich für einen großen Reformer im Kultur- und Bildungsbereich, in dem er immer auf der Suche nach neuen Ideen war, die er dann aber zumeist nicht weiter verfolgte. Zudem hatte er gar nicht die Absicht, sich auf die Bundespolitik zu konzentrieren, sondern glaubte seine neue Aufgabe im Parteivorsitz mit seiner Arbeit in Bayern verbinden zu können. Angesichts dieser Selbstüberschätzung Knoeringens und der politischen Schwäche Ollenhauers deutete in der neuen Führungstroika der SPD somit alles auf Wehner als den kommenden Mann für die weitere Entwicklung der Partei hin. Bereits nach der Wahl von 1957 hatte er sich mehrere Monate lang mit Carlo Schmid und dem Fraktionsvorsitzenden Fritz Erler zum gemeinsamen Frühstück – dem sogenannten «Frühstückskartell» – im Bundeshaus getroffen, um eine neue politische Linie für die Partei vorzubereiten.[291]

Daneben gewann in dieser Zeit vor allem Willy Brandt an Profil, der 1957 Regierender Bürgermeister von Berlin wurde, 1958 auch Vorsitzender der Berliner SPD, und bei der Bundestagswahl 1961 erstmals als Kanzlerkandidat seiner Partei antrat. Zwar unterlag er 1961 gegen Adenauer und 1965 gegen Erhard, doch die Prominenz und Popularität, die er während der Berlin-Krise erlangte, trugen ihm 1964 den Parteivorsitz auf Bundesebene ein, den er bis zu seinem Rücktritt am 23. März 1987 innehatte. Mehr als drei Jahrzehnte lang zählte Brandt nun zu den großen Gestalten der deutschen Sozialdemokratie. Mit ihm und neben ihm wuchsen in den späten fünfziger und frühen sechziger Jahren Helmut Schmidt, Karl Schiller, Alex Möller, Gustav Heinemann und Georg Leber zu ihnen jeweils eigenen Bedeutung heran. In weiterer Linie galt dies auch für Hans-Jürgen Wischnewski, Klaus Schütz, Holger Börner und Karl Wilhelm Berghan – um nur diese zu nennen. Außerdem strömten überraschend viele neue junge Kräfte in die Partei, die lange vor dem Ende der Ära Adenauer eine Erneuerung herbeisehnten, die sie sich angesichts der inneren Verkrustung der Union nur von einer gewandelten SPD versprachen. Vor allem zahlreiche junge Akademiker, die nach 1969 die personelle Basis der sozialdemokratischen Herrschaft bildeten, veränderten das innere Gefüge der Partei, die damit ihren Charakter als reine Interessenvertreterin der Arbeiterschaft zunehmend verlor. Diese Veränderungen vollzogen sich in der Bundestagsfraktion und Bundesverwaltung ebenso wie in den Länderministerien und Kommunen, im Medienbereich, im Erziehungswesen und an den Universitäten. «Genosse Trend» bescherte der SPD seit dieser Zeit nicht nur bei jeder Wahl einige zusätzliche Prozentpunkte, die die Partei aus dem 30-Prozent-Ghetto herausführten und immer näher an die Macht heranrücken ließen, sondern auch einen kontinuierlichen Zulauf an der Basis, der schließlich die strukturellen Voraussetzungen für den Machtwechsel von 1969 schuf.

Mit der personellen Erneuerung der Partei allein war es jedoch nicht getan. Auch die inhaltliche Diskussion über ein zeitgemäßes Grundsatzprogramm mußte intensiviert werden, um das vom Geist des Klassenkampfes durchdrungene Heidelberger Programm aus dem Jahre 1925, das offiziell immer noch galt, abzulösen.[292] Bereits auf dem Berliner Parteitag im Juli 1954 war beschlossen worden, unter der Leitung des Vorstandsmitglieds Willi Eichler eine 34köpfige Programmkommission zu bilden, die jedoch erst im März 1955 mit ihrer Arbeit begann. Auch danach nahm die Diskussion einen sehr schleppenden Fortgang. In den zahlreichen Unterkommissionen führten Professoren der Wirtschafts- und Sozialwissenschaften das große Wort; die Spitzenpolitiker der Partei hielten sich meist fern. Erst nach der verlorenen Bundestagswahl 1957 bezeichnete Ollenhauer selbst die Verabschiedung des Grundsatzprogramms spontan als die wichtigste Konsequenz, die die Partei aus dieser bitteren Erfahrung ziehen werde. Im *Vorwärts* bemerkte dazu Otto Fichtner aus Bonn:

«Wenn sich die am 6. September 1953 eingeleitete und am 15. September 1957 weiter zu beobachtende Entwicklung zu einem Einparteiensystem mit einkalkulierter Opposition fortsetzt, laufen wir Gefahr, in der Bundesrepublik zu einer festen politischen Größe zu werden: Unbequem zwar in vielen Dingen des politischen Alltags, aber im letzten, im Kampf um die politische Macht in Deutschland, nicht zu fürchten; eine Partei, die Rathäuser beherrscht und Landtage erobert, die viel politische Kärrnerarbeit leistet, aber in der großen Politik kein ernst zu nehmender Gegner mehr ist. Das erinnert in manchem an die Sozialdemokratie in den letzten Jahren des Wilhelminischen Reiches, die immer davon sprach, aber nie daran dachte, die Macht in dem Deutschland, das nun einmal ihr politisches Wirkungsfeld war, zu erobern.»[293]

Die interne Debatte sollte deshalb so schnell wie möglich zum Abschluß gebracht werden. Bis zum Stuttgarter Parteitag im Mai 1958 reichte es zwar nur zu einem hastig zusammengestellten 45 Seiten langen Entwurf, der den Anforderungen, die an ein neues Grundsatzprogramm zu stellen waren, bei weitem nicht genügte. Die große Reform wurde aber mit der Annahme

2. Das Ende der Ära Adenauer

zweier Beschlußvorlagen vorbereitet: Zum einen bekannte sich die Partei in der von Fritz Erler ausgearbeiteten «Entschließung zur Wehrpolitik» grundsätzlich zur Landesverteidigung und zu einem ehrgeizigen eigenen Sicherheitskonzept.[294] Zum anderen – wichtiger noch – machte sie sich mit der Entschließung über die «Freiheitliche Ordnung der Wirtschaft», die aus der Feder des sozialliberalen Wirtschaftsexperten Heinrich Deist stammte, auf den Weg zur Marktwirtschaft und zur Befürwortung eines freien Unternehmertums. Die Sozialisierungsthese und der Gedanke einer umfassenden Planwirtschaft wurden fallengelassen. Von der bisherigen Auffassung, daß die Wirtschaftspolitik der SPD von ihrem Charakter als Arbeiterpartei bestimmt werde, war keine Rede mehr. Die Entschließung wurde vom Parteitag zwar heftig kritisiert, am Ende aber doch angenommen.[295]

Während die Gesamtpartei bis Stuttgart an der Programmvorbereitung kaum Anteil genommen hatte, kam nun auf allen Ebenen der Partei eine Diskussion in Gang, die in der Geschichte der SPD ohne Beispiel war. In Hunderten von Versammlungen wurden die Textentwürfe erörtert. Insbesondere Willi Eichler als Vorsitzender der Programmkommission und Heinrich Deist als Verfasser der wirtschaftlichen Teile des Programmentwurfs reisten kreuz und quer durch die Republik, um sich mit den sehr zahlreichen Einwänden und Änderungsvorschlägen auseinanderzusetzen. Ollenhauer trug entscheidend dazu bei, den traditionsgestimmten Flügel der Partei in den mittleren und unteren Organisationsebenen und bei den Gewerkschaften mit den neuen inhaltlichen Akzenten zu versöhnen. Zwar erscheint es übertrieben, ihn ebenfalls zu den Vätern der Erneuerung zu zählen. Aber seine konstruktive Duldung des Umbruchs und seine aktive Stützung der neuen Kräfte gegen Unverständnis und Ablehnung unter den «Traditionalisten», die 1958/59 immer noch die Mehrheit bildeten und beharrlich an dem festhielten, was seit Jahrzehnten gültig gewesen war, verhinderte nicht nur ein Auseinanderbrechen der Partei, sondern beschleunigte auch die Durchsetzung des neuen Kurses. «In der Person Erich Ollenhauers», so Brigitte Seebacher-Brandt in ihrer Biographie des SPD-Vorsitzenden, «– in wem sonst? – fanden die Zögernden so etwas wie einen Schutzengel, einen lebendigen Beweis dafür, daß man doch immer noch in derselben Sozialdemokratischen Partei war!»[296]

Nachdem in verschiedenen Kommissionssitzungen, zuletzt unter Mitwirkung des Parteivorstandes, der erste Entwurf überarbeitet und zum Teil neu formuliert worden war, wurde für die Zeit vom 13. bis 15. November 1959 ein außerordentlicher Parteitag nach Godesberg einberufen, auf dem sich 340 Delegierte mit 200 Anträgen zum zweiten Entwurf zu befassen hatten. In der Schlußabstimmung wurde der noch leicht abgeänderte Text nahezu einmütig mit 324 gegen 16 Stimmen angenommen. Damit wandelte sich die SPD endgültig von einer Klassenpartei zur «Volkspartei». Das «Godesberger Programm» verzichtete auf jede weltanschauliche oder theoriengeschichtliche Festlegung. Es bekannte sich zu «Grundwerten» und «Grundforderungen», die jedoch auf unterschiedliche Weise religiös oder philosophisch begründet werden konnten. Ein Monopolanspruch wurde – im Unterschied zum Heidelberger Programm von 1925 – nicht mehr erhoben: «Der demokratische Sozialismus», so hieß es nun, «der in Europa in christlicher Ethik, im Humanismus und in der klassischen Philosophie verwurzelt ist, will keine letzten Wahrheiten verkünden – ... aus der Achtung vor den Glaubensentscheidungen der Menschen, über deren Inhalt weder eine politische Partei noch der Staat zu bestimmen haben.»[297] Frühere, aus dem Marxismus abgeleitete Vorstellungen von einem sozialistischen «Endziel» wurden durch die Feststellung ersetzt, der Sozialismus sei «eine dauernde Aufgabe – Freiheit und Gerechtigkeit zu erkämpfen, sie zu bewahren und sich in ihnen zu bewähren».[298]

Diese Entideologisierung des SPD-Programms bedeutete jedoch keineswegs den Übergang zu einem prinzipienlosen Pragmatismus. Mit Godesberg knüpfte man vielmehr an Eduard Bernstein und die Tradition des Revisionismus an, die es erlaubte, die Perspektive eines demokratischen Sozialismus weiter zu verfolgen.[299] «Nicht umwerten, sondern ernstnehmen» solle man die tragenden Werte des demokratischen Sozialismus, meinte dazu Willi Eichler in einem Kommentar aus dem Jahre 1962. Denn diese Werte seien nicht «entwertet». Man müsse ihnen lediglich den «gebührenden Platz» in der Programmatik zuweisen und Wege suchen, «wie wir sie am nachdrücklichsten verwirklichen können».[300] Dabei wurden im wesentlichen die Grundsätze in den Mittelpunkt der sozialdemokratischen Strategie gerückt, von denen sich die SPD in ihrer Politik nach 1945 ohnehin hatte leiten lassen: Bekenntnis zur parlamentarischen Demokratie, Abgrenzung gegenüber dem Kommunismus, Schutz der Freiheitsrechte des Einzelnen, Streben nach sozialer Gerechtigkeit, Solidarität gegenüber den Schwachen sowie Förderung von Wissenschaft und Bildung.

Umstritten blieben dagegen – trotz der allgemeinen Zustimmung zum neuen Programm insgesamt – die Aussagen zur Wirtschaftspolitik. Der Begriff «Sozialisierung» wurde nicht mehr aufgenommen. Dafür wurde «Gemeineigentum» als eine «legitime Form der öffentlichen Kontrolle» bezeichnet, auf die kein moderner Staat verzichte. Sie diene der Bewahrung der Freiheit vor der Übermacht großer Wirtschaftsgebilde. Das zentrale Problem heiße heute: wirtschaftliche Macht. Daher gelte: «Wo mit anderen Mitteln eine gesunde Ordnung der wirtschaftlichen Machtverhältnisse nicht gewährleistet werden kann, ist Gemeineigentum zweckmäßig und notwendig.»[301] Willi Eichler bemerkte dazu 1962 in seinem Kommentar lakonisch: «Das heißt, wie weit Gemeineigentum notwendig ist, bleibt eine Frage der Erfahrung.»[302]

Noch vieldeutiger war die Feststellung, daß die in einigen Industrien bereits bestehende Mitbestimmung «ein Anfang zur Neuordnung der Wirtschaft» sei. Bei dieser Neuordnung sollte es hauptsächlich um die Kontrolle wirtschaftlicher Macht gehen: die Verhinderung von Kartellbildungen, Investitionskontrollen, Wettbewerb durch Unternehmen in öffentlicher Hand, Vollbeschäftigung, Mitbestimmung der Arbeitnehmer in der Wirtschaft und im Betrieb, Ausbau des Arbeitsrechts und der Sozialpolitik sowie eine Ausdehnung des Zugangs zu den Bildungsstätten, um das Bildungsmonopol der gehobenen Schichten zu beseitigen. Als «allgemeine Planungseinrichtung» wurde an «eine volkswirtschaftliche Gesamtrechnung und ein Nationalbudget» gedacht.[303]

Auch in der Wehrfrage ließ das Programm eine klare Orientierung vermissen. Zwar wurde die «Landesverteidigung» erneut – wie schon in der von Fritz Erler eingebrachten Entschließung zur Wehrpolitik auf dem Stuttgarter Parteitag im Mai 1958 – ausdrücklich bejaht. Aber das Ja zur Bundeswehr war wiederum mit zahlreichen Forderungen und Zielprojektionen verknüpft, die bei kritischer Betrachtung eine deutliche Distanzierung zur Außen- und Sicherheitspolitik der Bundesregierung erkennen ließen. Gegen den Ruf nach internationaler Entspannung und Abrüstung, einem Verbot der Herstellung und Verwendung von atomaren und anderen Massenvernichtungsmitteln in der Bundesrepublik sowie nach Einbeziehung ganz Deutschlands in eine europäische Entspannungszone war zwar auf den ersten Blick allgemein nichts anzuwenden. Aber wer sich an die Kontroversen erinnerte, die es in den Jahren zuvor zwischen Regierung und Opposition über Details einer solchen Politik gegeben hatte und jetzt zwischen den Zeilen las, konnte von einer «Wende» der SPD in diesem Bereich kaum sprechen.

Das Godesberger Programm führte daher nicht zwangsläufig zu mehr Gemeinsamkeit mit der Regierung, sondern ließ durchaus die Möglichkeit offen, je nach Auslegung der einzelnen Bestimmungen ganz unterschiedliche Wege zu beschreiten. Erst in Verbindung mit der personellen Erneuerung bewirkte das Programm einen grundlegenden Wandel im öffentlichen Erscheinungsbild der Partei, durch den auch neue Wählerschichten erschlossen wurden. Bis zum Ziel einer wirklichen «Volkspartei» war es allerdings noch weit. Den nächsten bedeutenden Schritt dorthin tat Herbert Wehner mit seiner bereits erwähnten Bundestagsrede vom 30. Juni 1960, in der er sich nachdrücklich zur Westintegration – einschließlich der vertraglichen Bindungen innerhalb der NATO – bekannte. Mit dem beschwörenden Appell, «das geteilte Deutschland» könne «nicht unheilbar miteinander verfeindete Christliche Demokraten und Sozialdemokraten ertragen», schob er den Zug der SPD – wie er selber sagte – «auf ein anderes Gleis», um die Union auf eine Partnerschaft mit der SPD einzustimmen und nach dem absehbaren Ende der Ära Adenauer in einer Koalition mit der CDU/CSU den Beweis für die Regierungsfähigkeit der Sozialdemokraten zu erbringen.[304]

Zu dieser Strategie gehörte auch Wehners demonstrative Annäherung an die Kirchen, die mit einer Rede in der Hamburger Michaeliskirche im Oktober 1964 begann und im November 1969 mit einer Privataudienz – gemeinsam mit Georg Leber – bei Papst Paul VI. im Vatikan ihren Höhepunkt erreichte.³⁰⁵ Zuvor wurde bereits Fritz Erler mit einer Delegation der SPD am 5. März 1964 von Paul VI. empfangen, dem bei dieser Gelegenheit auch ein Exemplar des Godesberger Programms überreicht wurde. Adenauer, der die Ankündigung des Besuchs schon am Tag vorher in der Zeitung gelesen hatte, war sich über die Absichten dieser Annäherung zwischen der SPD und der katholischen Kirche sogleich im klaren. Vor der CDU/CSU-Fraktion, der er noch immer angehörte, obwohl er seit Herbst 1963 nicht mehr Bundeskanzler war, erklärte er deshalb am 4. März 1964 besorgt: «Morgen wird Herr Erler vom Papst empfangen. Ich würde mich ja freuen über jeden reuigen Sünder, aber mit solchen Dingen darf man nicht Mißbrauch treiben.»³⁰⁶ Natürlich verbarg sich hinter dieser Äußerung die unausgesprochene Befürchtung, den Sozialdemokraten könne auch der Einbruch in das katholische Milieu gelingen, wenn der Papst ihnen erst einmal seinen Segen gegeben hatte. Tatsächlich sollte Adenauer mit seiner Sorge recht behalten: Die Öffnung der SPD für alle Schichten der Bevölkerung machte bald selbst vor dieser Domäne der Union nicht mehr halt. Die personelle und inhaltliche Erneuerung der Partei entwickelte eine Dynamik, die sogar die Reformer überraschte und binnen weniger Jahre ihren Aufstieg zur Macht ermöglichte.

Probleme mit Kennedy

Zur Zeit der Verabschiedung des Godesberger Programms stellten die Veränderungen innerhalb der SPD für Adenauer allerdings noch keinen Grund zur Beunruhigung dar. Herbert Wehners Auftritt vor dem Bundestag im Juni 1960 qualifizierte er – in einer abschätzigen Bemerkung vor dem Bundesparteivorstand der CDU – als «schlechtes Theater».³⁰⁷ Große Sorge bereitete dem Kanzler in diesen Jahren dagegen die Außen- und Deutschlandpolitik. Neben der Berlin-Krise, die sich seit November 1958 ohne Aussichten auf eine baldige Lösung dahinschleppte, war es vor allem der Tod von John Foster Dulles im Mai 1959, der Adenauer politisch wie persönlich traf. Der amerikanische Außenminister, der für den Kanzler seit 1953 eine unentbehrliche Stütze seiner Politik gegenüber den Partnern im Westen wie gegenüber der Sowjetunion gewesen war, hatte seit längerem an einer schweren, unheilbaren Krebserkrankung gelitten, sein Amt jedoch erst am 15. April 1959 endgültig aufgegeben. Sein Nachfolger Christian Herter war nach Meinung Adenauers kein gleichwertiger Ersatz. Ihm mangelte es nicht nur an der konzeptionellen Klarheit, die Dulles ausgezeichnet hatte, sondern auch an dessen Energie und Durchsetzungsfähigkeit: ein von Arthritis geplagter Mann, der sich im Rollstuhl fortbewegen mußte. «Keine starken Ellenbogen, kein Stehvermögen», so das Verdikt des Kanzlers über ihn.³⁰⁸

Auch Präsident Eisenhower wurde nun von Adenauer kritischer gesehen als früher. Er sei «zwar ein anständiger Mensch», erklärte er im Januar 1960, «aber kein großer Politiker».³⁰⁹ Anlaß zu dieser Einschätzung hatte der

USA-Besuch Chruschtschows und besonders dessen Treffen mit Eisenhower in Camp David im September 1959 gegeben. Mißtrauisch beobachtete der Kanzler, wie der amerikanische Präsident – ohne den verläßlichen Dulles – mit dem sowjetischen Partei- und Staatschef freundschaftlich verkehrte. Sein «Potsdam-Komplex» wurde wieder wach: Geheime Absprachen zwischen den Supermächten auf Deutschlands Kosten erschienen erneut möglich. Erleichtert erklärte Adenauer daher am Abend des 15. Mai 1960, als ein erneutes Gipfeltreffen zwischen Eisenhower und Chruschtschow in Paris nach dem Abschuß eines amerikanischen U-2-Aufklärungsflugzeuges über der Sowjetunion von Chruschtschow kurzfristig aufgekündigt wurde, gegenüber seinem Pressesprecher Felix von Eckardt: «Entschuldigen Sie, Herr von Eckardt, wenn ich jetzt kölnischen Dialekt spreche. Wir haben nochmals fies Jlück jehabt!»[310]

Nach dem Wahlsieg John F. Kennedys bei den Präsidentschaftswahlen im November 1960 war es allerdings mit dem «Jlück» vorbei. Eine neue Generation trat in den USA ins Rampenlicht der Macht. Gegenüber dem jugendlichen, unverbrauchten Kennedy wirkte Adenauer wie ein Fossil aus einer versunkenen Zeit. Erstmals wurde das hohe Alter des Kanzlers zu einem Politikum. Doch die äußeren Attribute waren nur Vorboten einer tiefgreifenden politischen Veränderung, die mit Kennedy im Weißen Haus Einzug hielt. Zwar vermied dieser zunächst außenpolitische Festlegungen, um ein gutes Verhältnis nicht nur zu Adenauer, sondern auch zum französischen Präsidenten Charles de Gaulle und dem britischen Premierminister Harold Macmillan herzustellen. Aber die Umgebung des neuen Präsidenten war nicht dazu angetan, eine Fortsetzung der positiven deutsch-amerikanischen Beziehungen der fünfziger Jahre erwarten zu lassen. Berater wie Adlai Stevenson, Chester Bowles, Walt W. Rostow und John Kenneth Galbraith galten als ausgesprochen deutschfeindlich und waren voller Ressentiments, die noch aus der Zeit des Dritten Reiches und des Zweiten Weltkrieges sowie aus der Besatzungszeit herrührten.[311] Dennoch bemühte sich Adenauer während seines ersten Besuchs bei Kennedy am 12. und 13. April 1961 um ein gutes Verhältnis. Wilhelm Grewe, der inzwischen Botschafter in Washington geworden war, bemerkte dazu im Rückblick, Adenauer habe sich, «Realist, der er war», nach dieser Begegnung offenbar entschlossen, «sich auf den Boden der gegebenen Tatsachen zu stellen und diesem Präsidenten, der nun einmal in den nächsten Jahren sein Partner sein würde, möglichst viel Positives abzugewinnen».[312]

Die gegenseitigen Nettigkeiten, die sich anschließend bei einem Besuch Adenauers auf der Ranch des Vizepräsidenten Lyndon B. Johnson in Texas noch fortsetzten, konnten allerdings nicht darüber hinwegtäuschen, daß Kennedys politischer Neuanlauf auch die amerikanische Deutschlandpolitik im Kern berührte. Zwar verzögerten das Scheitern der von den USA unterstützten Invasion von Exil-Kubanern in der Schweinebucht auf Kuba im April 1961 und die Berlin-Krise vom Sommer 1961, die mit dem Mauerbau am 13. August ihren Höhepunkt erreichte, vorerst eine Annäherung an die Sowjetunion. Doch das amerikanisch-sowjetische *rapprochement* war dadurch nicht aufzuhalten. Die Entschlossenheit Kennedys, durch eine Friedenspolitik den Rüstungswettlauf einzudämmen, um einen drohenden Atomkrieg abzuwenden, setzte die Stabilisierung des Status quo in Europa und damit – zumindest de facto – auch die Anerkennung der deutschen Teilung voraus.

Nach grundlegenden Verstimmungen über die amerikanische Berlin-Politik kam es im Mai 1962 schließlich zur Abberufung Botschafter Grewes aus Washington. Und als die Kuba-Krise im Oktober 1962 die Welt an den Rand eines Atomkrieges führte und Kennedy veranlaßte, sich noch energischer als bisher um einen Ausgleich mit Chruschtschow zu bemühen, faßte Adenauer den Entschluß, sich de Gaulle anzunähern, um möglichen amerikanischen Konzessionen an die Sowjetunion zu begegnen. Der Elysée-Vertrag vom 22. Januar 1963 begründete dann eine neue Partnerschaft mit Frankreich, die das Bündnis mit den USA nicht völlig ablöste, aber doch in entscheidenden Punkten relativierte. Das deutsch-amerikanische Sonderverhältnis, das in den späten vierziger und zu Beginn der fünfziger Jahre entstanden und in der Ära Dulles seine Blüte erlebt hatte, wurde nun durch das zunehmende Gewicht Frankreichs ergänzt. Kennedys Unterstaatssekretär George Ball bewertete den Vertrag prompt als Teil einer deutsch-französischen Verschwörung.[313] Dean Acheson erklärte, die Unterzeichnung sei für ihn – gerade weil er sich zu den «zuverlässigsten Freunden Deutschlands» rechne – «einer der schwärzesten Tage der Nachkriegszeit» gewesen.[314] Präsident Kennedy selbst ließ gar am 4. Februar durch Botschafter Dowling ausrichten, die Stimmung in der amerikanischen Öffentlichkeit könnte die USA zum Rückzug aus Europa veranlassen.[315]

Der Tiefpunkt des Verhältnisses Adenauers zu den USA wurde im August 1963 erreicht, als es um die Frage ging, ob die DDR das zwischen den USA, Großbritannien und der Sowjetunion geschlossene Abkommen über die Begrenzung der Nukleartests unterzeichnen durfte. Der Versuch Horst Osterhelds, den Kanzler mit der Erklärung zu trösten, man könne die USA doch durch einen ständigen Dialog zugunsten Bonns beeinflussen, «es sei denn, die Amerikaner hätten sich für ein Zugehen auf die Russen entschlossen und wären bereit, uns aufzugeben», wurde von Adenauer spontan mit der brüsken Bemerkung quittiert: «Dazu sind sie schon seit einiger Zeit bereit.»[316]

Tatsächlich hatten die USA Deutschland keineswegs preisgegeben. Sogar die Wiedervereinigung wurde von ihnen nach wie vor im Prinzip unterstützt. Aber das Gebot eines Ausgleichs mit der Sowjetunion hatte die deutsche Frage auf der Prioritätenskala der amerikanischen Politik weit nach unten rutschen lassen. Wie schon zu Beginn des Kalten Krieges, so war die Entwicklung Deutschlands offenbar auch weiterhin abhängig vom Gesamtklima der Ost-West-Beziehungen. Der Unterschied bestand nur darin, daß Adenauer in den vierziger und fünfziger Jahren stets Rückenwind aus den

USA verspürt hatte, während die Amerikaner sich nun um Entspannung mit der Sowjetunion bemühten, bei der die Deutschen leicht zum Störfaktor werden konnten, wenn sie sich widersetzten. Dies war kein grundsätzliches Votum gegen die Wiedervereinigung, sondern ein Bekenntnis zum politischen Pragmatismus, der Umwege bis zur Erreichung des Ziels nicht ausschloß. Zwar war auch die Adenauersche Politik stets von diesem Pragmatismus geprägt gewesen. Doch diesmal war es für den alten Kanzler zu spät, die Wende selbst mitzuvollziehen. Sein Rücktritt im Herbst 1963 – nahezu zeitgleich mit der Ermordung Präsident Kennedys – eröffnete seinen Nachfolgern die Chance, nicht nur den deutsch-französischen Vertrag mit Leben zu erfüllen, sondern auch im deutsch-amerikanischen Verhältnis nach Wiederannäherung zu streben, um die deutsche Frage trotz notwendiger Ost-West-Kooperation offenzuhalten und sie letztlich im deutschen Sinne zu entscheiden. Schließlich sollten die Deutschen nicht, wie Heinrich Krone auf dem Höhepunkt der Kontroverse um das Teststopp-Abkommen in seinem Tagebuch notierte, «das Opfer der amerikanischen Entspannungspolitik» werden.[317]

Die «Spiegel»-Affäre

Mitten in die deutsch-amerikanischen Verstimmungen und die Befürchtung, angesichts der Stationierung sowjetischer Raketen auf Kuba dicht vor dem Ausbruch eines dritten Weltkrieges zu stehen, platzte im Herbst 1962 auch noch die «Spiegel»-Affäre. Hintergrund war eine seit längerem andauernde Fehde zwischen dem Hamburger Nachrichtenmagazin und Verteidigungsminister Franz Josef Strauß. Obwohl der *Spiegel* und dessen Herausgeber Rudolf Augstein die erfolgreiche Arbeit von Strauß beim Aufbau der Bundeswehr zunächst durchaus zu würdigen wußten, hatte sich das Verhältnis bald abgekühlt, als der Minister die Ausrüstung seiner Streitkräfte mit atomaren Trägerwaffen forderte und sich aktiv in die westliche Strategiedebatte einschaltete, wobei der Eindruck entstand, als sei er zu einem atomaren Präventivschlag gegen die Sowjetunion bereit.

Die Kampagne des *Spiegel* gegen Strauß kam jedoch erst richtig in Gang, als dieser im März 1961 das Amt des verstorbenen CSU-Vorsitzenden Hanns Seidel übernahm und sich damit nach Auffassung von Augstein auf einem unaufhaltsamen Marsch ins Palais Schaumburg befand. Strauß wurde nun in einer unablässigen Folge von Artikeln als Gefährdung der Demokratie und als Friedensrisiko porträtiert. Selbst Lappalien, wie die Dienstaufsichtsbeschwerde gegen einen Bonner Polizisten, der dem Ministerauto nicht schnell genug die Vorfahrt gewährt hatte, oder völlig legale Maßnahmen, wie die Ablösung von Brigadegeneral Mueller-Hillebrandt, der sich als Leiter der Personalabteilung den Wünschen von Strauß widersetzt hatte, wurden vom *Spiegel* genutzt, um Stimmung gegen den Minister zu machen. Daß Strauß in maßlosem Ehrgeiz auf den Kanzlersessel in Bonn strebte, um hemmungslos und unkontrollierbar die volle Macht im Staat auszuüben, stand für Augstein und die Redaktion des *Spiegel* außer Frage. Ebenso eindeutig aber war ihre Entschlossenheit, das Instrument der Öffentlichkeit zu nutzen, um seinen Ambitionen Grenzen zu setzen und ihm den Weg ins Kanzleramt zu verlegen, das er, wie es im April 1961 in einem mit massiven persönlichen Verunglimpfungen gespickten fünfzehnseitigen Artikel des *Spiegel* hieß, «ohne Krieg und ohne Umsturz schwerlich wieder verlassen müßte».[318]

Strauß ging gerichtlich gegen die Behauptungen vor, erreichte im März 1962 aber nur einen Teilerfolg, während der *Spiegel* den Minister nun mit fragwürdigen Finanzierungsgeschäften von Kasernenbauten für die 7. US-Armee in Verbindung brachte. Zwar wurde gegen ihn in dieser sogenannten «FIBAG-Affäre» kein direkter Korruptionsvorwurf erhoben. Aber da die SPD im Bundestag die Gelegenheit nutzte, die Einsetzung eines parlamentarischen Untersuchungsausschusses zu fordern, um die Rolle des Verteidigungsministeriums in der Affäre zu prüfen, war der politische Schaden auch so schon groß genug. Zudem nutzte Augstein seine persönlichen Verbindungen zu Thomas Dehler und dem stellvertretenden Fraktionsvorsitzenden der FDP im Bundestag, Wolfgang Döring, um die Freien Demokraten dazu zu bringen, dem Ende Juni 1962 mit der Mehrheit des Ausschusses verabschiedeten Abschlußbericht, der Strauß entlastete, ihre Zustimmung zu versagen. Auch in der Union hätte man es nicht ungern gesehen, wenn der selbstbewußte und durchsetzungsfähige Bayer, der sein Amt mit großer Eigenständigkeit führte und selbst den Regierungschef oft nur spärlich informierte, bei dieser Gelegenheit gestürzt wäre. Aber Adenauer konnte ihn inmitten der Konflikte mit der Kennedy-Administration, bei denen es auch um wichtige militärische Fragen ging, nicht entbehren.

In dieser Situation erschien am 10. Oktober 1962 im *Spiegel* unter dem Titel «Bedingt abwehrbereit» eine Geschichte über den Generalinspekteur der Bundeswehr, Friedrich Foertsch, und das zuvor im September abgehaltene NATO-Stabsmanöver «Fallex 62». In einer detaillierten Analyse der geltenden westlichen Strategie und der bei dem Manöver zutage getretenen Mängel nach einem simulierten sowjetischen Großangriff mit Nuklearwaffen auf Europa kam der Artikel zu dem Ergebnis, auch nach sieben Jahren deutscher Wiederbewaffnung und nach sechs Dienstjahren ihres Oberbefehlshabers Strauß erhalte die Bundeswehr «noch immer die niedrigste NATO-Note: zur Abwehr bedingt geeignet».[319] Das für den Beitrag verwendete Material war so detailliert, daß sofort der Verdacht auftauchte, dem Verfasser müßten geheime und streng geheime Dokumente vorgelegen haben. Das Magazin und seine Informanten hätten sich damit des Landesverrats schuldig gemacht. Bereits einen Tag nach der Veröffentlichung begann die Bundesanwaltschaft deshalb mit Ermittlungen gegen den *Spiegel* und mögliche Nachrichtengeber. Am 26. Oktober – vier Tage nachdem Präsident Kennedy die Blockade Kubas verkündet hatte – ergingen die ersten Haft-

und Durchsuchungsbefehle gegen Rudolf Augstein und Conrad Ahlers, den für Bundeswehrthemen zuständigen Redakteur des *Spiegel*. Die zentrale Redaktion des Nachrichtenmagazins in Hamburg und mehrere Regionalbüros wurden von Polizisten besetzt und durchsucht, etwa 30000 Schriftstücke beschlagnahmt. Verhaftet wurden neben Augstein und Ahlers, der sich gerade in Spanien aufhielt und auf Intervention von Strauß beim deutschen Militärattaché in Madrid zur Rückreise veranlaßt wurde, der Verlagsdirektor Detlev Becker, der Rechtsanwalt Josef Augstein und die Obersten Adolf Wicht und Alfred Martin. Die letzten Redaktionsräume des *Spiegel* wurden erst vier Wochen nach Beginn der Durchsuchungsaktion wieder freigegeben. Mehrere Ausgaben des Magazins konnten nur als Notausgaben erscheinen.[320]

Obwohl die ganze Affäre juristisch letztlich folgenlos blieb[321], löste sie politisch ein Erdbeben aus. Da die Aktion ohne Wissen des zuständigen Justizministers Wolfgang Stammberger (FDP) erfolgt und damit «etwas außerhalb der Legalität» verlaufen war, wie Bundesinnenminister Hermann Höcherl (CSU) zugeben mußte[322], entwickelte sich die Affäre bald zur handfesten Regierungskrise. Die FDP fühlte sich hintergangen und brüskiert. Zumindest die beiden Staatssekretäre im Verteidigungs- und Justizministerium, Volkmar Hopf und Walter Strauß, die für die Nichtinformation Stammbergers unmittelbar verantwortlich waren, so die Forderung der Freien Demokraten, müßten zurücktreten. Als Adenauer, der von der Rechtmäßigkeit der Aktion überzeugt war, sich weigerte, den Rücktritt anzunehmen, beschloß die FDP, ihre Minister aus dem Kabinett zurückzuziehen, um eine Regierungsneubildung zu erzwingen. Öffentliche Erklärungen des FDP-Bundesvorsitzenden Erich Mende ließen keinen Zweifel daran, daß dies eine Regierung ohne Franz Josef Strauß sein müsse, der vor dem Bundestag am 7. November seine Rolle bei der Aktion zur Verhaftung von Conrad Ahlers in Spanien zunächst verschwiegen hatte und sie schließlich doch zugeben mußte. Auch die CDU-Minister Paul Lücke (Wohnungsbau), Heinrich Krone (Besondere Aufgaben), Franz-Josef Wuermeling (Familie und Jugend) und Hans-Joachim von Merkatz (Bundesrat und Länder) deuteten an, daß sie nicht bereit seien, erneut in ein Kabinett einzutreten, dem Strauß angehöre. Wolfgang Döring wollte bei dieser Gelegenheit auch gleich über den Kanzlernachfolger sprechen.

Derjenige, um den es bei dieser Kontroverse hauptsächlich ging, schien zunächst durchaus zum Amtsverzicht bereit. Als sich die Regierungsneubildung abzeichnete, rechnete man allgemein damit, daß Franz Josef Strauß nach den bevorstehenden bayerischen Landtagswahlen am 25. November seinen Ministerposten in Bonn aufgeben werde. Doch nachdem die Wahlen «einen erstaunlichen Solidarisierungseffekt der bayerischen Wähler mit dem von preußischen Intellektuellen angegriffenen Landsmann»[323] gebracht hatten, dachte Strauß nicht mehr an Rücktritt, sondern drohte, daß die CSU ihrerseits die Regierung verlassen und vielleicht sogar die Fraktionsgemeinschaft mit der CDU aufkündigen würde, wenn man ihn zum Gehen zwinge. Denn tatsächlich fühlte er sich völlig im Recht: Das Material, das der *Spiegel* veröffentlicht hatte, war dem Magazin von Oberst Alfred Martin aus dem Führungsstab der Bundeswehr zugespielt worden, der sich selbst gerne als «Überzeugungstäter» stilisierte, in Wirklichkeit jedoch offenbar aus Enttäuschung über seine Nichtbeförderung zum Brigadegeneral gehandelt hatte. Da er die von ihm als ungerecht empfundene Behandlung Strauß persönlich zuschrieb, suchte er Widerstand gegen ihn zu mobilisieren und scheute sich auch nicht, dem *Spiegel* selbst geheimste Unterlagen – wahrscheinlich auch die berüchtigte «Zielkartei» – zu überlassen. Nach Ansicht von Strauß war deshalb die Durchsuchungsaktion vollauf gerechtfertigt. Hätte der *Spiegel* alles publiziert, was dabei im Panzerschrank von Augstein gefunden wurde, so meinte er später, «dann wäre dieser unter fünf Jahren wohl nicht davongekommen».[324]

Für Adenauer war die Situation nach dem Festhalten von Strauß an seinem Ministeramt schwieriger denn je. Doch nun kam Hilfe von gänzlich unerwarteter Seite: Herbert Wehner bot Gespräche über die Bildung einer «Großen Koalition» aus CDU/CSU und SPD an und wurde damit für den Kanzler zum Retter in der Not. Mit der gemeinsamen Verabschiedung eines Mehrheitswahlrechts und der Errichtung eines Zweiparteiensystems nach englischem Vorbild sollten zudem stabilere Verhältnisse im politischen System der Bundesrepublik herbeigeführt werden. Die streng vertraulichen Sondierungen liefen über Wohnungsbauminister Lücke – selbst ein überzeugter Anhänger des Mehrheitswahlrechts – und den bayerischen Baron Karl Theodor Freiherr von und zu Guttenberg, ein Mitglied des CSU-Landesvorstandes und erbitterter Gegner seines Parteivorsitzenden Strauß. Guttenberg wollte nicht nur Strauß aus dem Kabinett entfernen, sondern auch Ludwig Erhard als Nachfolger Adenauers verhindern. Beides schien ihm nur in einer Koalition mit der SPD möglich. Bei einem Gespräch zwischen Guttenberg und Wehner am 29. November im Berliner Hotel «Hilton» war man sich über die Verteilung der Ressorts bereits einig, auch wenn die Liste noch keine Namen enthielt. Strauß stellte sich, wie von Guttenberg erwartet, der «Elefantenhochzeit» nicht in den Weg und erklärte am 30. November, er werde nicht mehr ins Kabinett eintreten. Zudem konnte Guttenberg Wehner im «Hilton» Passagen aus einem Brief Adenauers vom Vortag vorlesen, aus denen hervorging, daß er die Gespräche unter Voraussetzung eines Mehrheitswahlrechts mit Wissen Adenauers führte.[325] Die Erledigung der FDP, für die das Mehrheitswahlrecht tödliche Konsequenzen haben mußte, schien nur noch eine Frage der Zeit zu sein. Sie wurde schon für die Bundestagswahlen 1965 ins Auge gefaßt.

Am 4. November kam es unter dem Vorsitz Adenauers offiziell zu ersten Koalitionsverhandlungen zwischen SPD und CDU/CSU. Partei- und Fraktionsvorstand der SPD sprachen sich anschließend mit großer Mehrheit für eine Empfehlung an die Fraktion aus, die Verhandlungen fortzusetzen. Da-

2. Das Ende der Ära Adenauer

bei sollte die Kanzlerschaft Adenauers akzeptiert werden, eine Festlegung in der Wahlrechtsfrage aber noch nicht erfolgen. Diese Einschränkung, die ein wesentliches Ergebnis der Sondierungsgespräche zunichte machte, wurde in der Fraktion noch verstärkt, die alle sachlichen und personellen Fragen offenließ und sich nur zur Fortsetzung der Verhandlungen bereiterklärte. Wehner mußte sich wegen seiner weitgehenden Festlegung in Sachen Mehrheitswahlrecht sogar heftige Vorwürfe gefallen lassen und verließ die Sitzung vorzeitig – zornig über die Uneinsichtigkeit der Genossen, die nicht begreifen wollten, wie nahe sie der Macht bereits gekommen waren.[326] Adenauer, durch den Rückzug von Strauß in einer sehr viel besseren Position als zuvor, wandte sich nun angesichts des intransigenten Verhaltens der SPD wieder unverzüglich der FDP zu, die unter dem Damoklesschwert des Mehrheitswahlrechts rasch in ein neues Kabinett ohne Strauß eintrat und damit die Neubildung der Regierung ermöglichte. Der Kanzler selbst erleichterte die Rückkehr der Freien Demokraten in die Koalition, indem er die eigene Fraktion zur Mitteilung seines Rücktritts am Ende der parlamentarischen Sommerpause 1963 autorisierte.[327] Ludwig Erhard stand als Nachfolger längst bereit.

Die *Spiegel*-Affäre hatte damit das Ende der Ära Adenauer noch nicht herbeigeführt, aber weiter beschleunigt und mit einem präzisen Datum versehen. Eine dauerhafte Wirkung ging von der Krise überdies für das Verhältnis von Demokratie und Gesellschaft in der Bundesrepublik aus. Die Aktionen von Justiz und Regierung gegen das Nachrichtenmagazin sowie die Art und Weise, wie die Hauptbeteiligten ihr Vorgehen zu verschleiern suchten oder nur stückweise unter Druck preisgaben, lösten eine Welle der Empörung aus. Monatelang kam es zu Protesten, Erklärungen, Diskussionsveranstaltungen und studentischen Sitzstreiks.[328] Auch die Medien reagierten heftig: Sie sahen in den Verhaftungen und der Besetzung und Durchsuchung der Redaktionsräume des *Spiegel* einen direkten Angriff auf die Pressefreiheit. «Denn was da stinkt», bemerkte Bruno Dechamps bereits eine Woche nach der Aktion in der *Frankfurter Allgemeinen Zeitung*, «geniert nicht nur den ‹Spiegel› ..., es geniert die Demokratie in unserem Land, die ohne freie Presse ... nicht leben kann.»[329] Adenauers Äußerung am 7. November im Bundestag, man habe «einen Abgrund von Landesverrat im Lande», und die Erklärung von Strauß vor dem Parlament, er habe mit der Ingangsetzung des Verfahrens nichts zu tun, gossen zusätzlich Öl ins Feuer. Vor allem die nachweisbare Beteiligung des Verteidigungsministers ließ das Vorgehen gegen das kritische Nachrichtenmagazin als Racheakt erscheinen, bei dem leichtfertig ein hohes Gut der Demokratie aufs Spiel gesetzt worden war. Um so positiver wurde die öffentliche Entrüstung darüber bewertet. Sogar der ansonsten eher konservative Literaturpapst der FAZ, Friedrich Sieburg, schrieb dazu: «Eine Freiheitsregung hat sich in unserem öffentlichen Leben bemerkbar gemacht. Sie ist bisher fast immer ausgeblieben, wenn man glaubte, auf sie hoffen zu dürfen. Aber nun ist sie zu spüren. Wird sie dauern? Das wäre das glückliche Ergebnis einer unglücklichen Sache.»[330]

Aussöhnung mit Frankreich

Adenauer war nach der *Spiegel*-Affäre nur noch ein Kanzler auf Zeit. Er war mittlerweile 86 Jahre alt und politisch durch die Krise vom Herbst 1962 angeschlagen. Zudem wartete ein Nachfolger in den Startlöchern, der nicht seinen Wünschen entsprach, den er nach den Festlegungen der FDP und aufgrund der Mehrheitsverhältnisse in der eigenen Fraktion jedoch kaum noch zu verhindern vermochte. Wer allerdings geglaubt hatte, der «Alte» würde resigniert damit beginnen, seinen Lebensmittelpunkt Schritt für Schritt nach Rhöndorf zu verlegen, sah sich getäuscht. Gerade weil Adenauer dem Einzug Ludwig Erhards ins Palais Schaumburg mit Sorge entgegensah, suchte er die wenigen Monate, die ihm noch verblieben, zu nutzen, um vor allem in der Außenpolitik letzte Richtungsentscheidungen zu treffen, die den Tag seines Rücktritts weit überdauern würden.

Die Probleme, die sich seit dem Tod von Dulles und dem Machtantritt der Kennedy-Administration im deutsch-amerikanischen Verhältnis ergeben hatten, ließen es geraten scheinen, die westeuropäische Komponente der Bonner Außenpolitik wieder stärker zu betonen und hier vor allem mehr auf Frankreich zuzugehen, das seit der Regierungsübernahme General de Gaulles 1958 selbst auf eine neue Rolle Europas in der Weltpolitik drängte. Schon die erste Begegnung zwischen Adenauer und de Gaulle auf dessen Landsitz in Colombey-les-deux-Églises am 14. September 1958 hatte ein außenpolitisch bedeutsames Verhältnis der beiden Staatsmänner begründet, das ungeachtet divergierender inhaltlicher Konzepte binnen weniger Jahre zu intensiven deutsch-französischen Sonderbeziehungen führte. In seinen Erinnerungen notierte Adenauer dazu, die Begegnung mit de Gaulle sei die «Bestätigung einer Politik» gewesen, die er «mit größter Konsequenz seit neun Jahren verfolgt» habe.[331]

Bei einem zweitägigen Konsultationsgespräch mit Adenauer auf Schloß Rambouillet am 29. und 30. September 1960 hatte de Gaulle dann erstmals im Detail enthüllt, wie er sich die Zukunft Europas dachte: Die EWG sollte auf eine rein dienende, wirtschaftliche Funktion beschränkt sein. Statt dessen sollte es eine «organisierte Kooperation» der Staaten in allen wesentlichen Bereichen der Politik, Wirtschaft, Kultur und Verteidigung geben. Darüber hinaus forderte de Gaulle eine Reform der NATO, in der es mit der «amerikanischen Integration» ein Ende haben müsse.[332] Am ersten Konferenztag soll de Gaulle sogar den spektakulären Vorschlag einer deutsch-französischen Zweier-Union mit gemeinsamen Ressorts, etwa in den Bereichen Außenpolitik und Verteidigung, im Rahmen einer bundesstaatlichen Ordnung mit nur einer Staatsangehörigkeit unterbreitet haben. Unterlagen über das Gespräch unter vier Augen existieren jedoch nicht. Das Protokoll des deutschen Dolmetschers Kusterer wurde auf Anweisung des Kanzlers überarbeitet; die Originalaufzeichnung ließ Adenauer offenbar vernichten.[333] Jedenfalls hatte dieser sich nicht in der Lage gesehen, der Idee zuzustimmen, so daß de Gaulle am folgenden Tag ein neun Punkte umfassendes Memorandum vorgelegt hatte, in dem er nunmehr einen lockeren westeuropäischen Staatenbund anregte, ebenfalls getrennt von den USA und auf der Basis einer engen deutsch-französischen Zusammenarbeit.[334]

Diesmal ließ Adenauer sich mitreißen. Trotz der antiamerikanischen Akzente und ungeachtet der Folgen, die dieser Vorschlag für den Fortgang der europäischen Integration haben mußte, begrüßte der Kanzler de Gaulles Initiative für eine Neuordnung Europas und stimmte zu, die Frage in absehbarer Zeit von den Regierungschefs der sechs EWG-Staaten erörtern zu lassen. Als Brentano, Krone und Globke das französische Memorandum zu Gesicht bekamen, bemerkte Außenminister Brentano sofort, das hieße, «den Amerikanern den Stuhl vor die Tür Europas setzen». Dabei seien die USA militärtechnisch inzwischen ohnehin weitgehend unabhängig: «Wir sind es», so Brentano, «die auf Amerika angewiesen sind, und nicht die Amerikaner auf uns.»[335] Schließlich kamen auch Adenauer Bedenken. Mit der Bitte um Korrekturwünsche zum Besprechungsprotokoll und der Übergabe eines umfangreichen Fragenkatalogs durch Staatssekretär van Scherpenberg an Außenminister Couve de Murville in Paris wich er vorsichtig von seinen Zusagen an de Gaulle zurück.

Tatsächlich bedeuteten de Gaulles Vorstellungen einer politischen Organisation der Sechsergemeinschaft einen kaum verhüllten Anspruch auf eine Hegemonie Frankreichs auf dem europäischen Kontinent. Das Konzept war deshalb auch mit den Prinzipien der deutschen Außenpolitik, die eine wirkliche europäische Integration und eine enge Partnerschaft mit den USA vorsahen, nicht vereinbar. Aber das amerikanische Verhalten in der Berlin-Krise, das ständige Hin und Her der amerikanischen Militärpolitik und die beginnende amerikanisch-sowjetische Annäherung hatten beim Kanzler ein wachsendes Mißtrauen gegenüber den USA hervorgerufen und den Wunsch nach einer stärkeren Anlehnung an de Gaulle geweckt, der sich für eine konsequent harte Haltung gegenüber der Sowjetunion in Berlin aussprach. Adenauers anfängliche Zustimmung zu dessen Plänen war deshalb nicht zuletzt von dem Bestreben geprägt gewesen, in Europa eine personelle Alternative zum früheren Bündnis mit Dulles aufzubauen. Zugleich sollte dadurch sein Lebenswerk der deutsch-französischen Aussöhnung eine feste und für seinen Nachfolger bindende Form erhalten.[336]

Nach der Regierungskrise vom Herbst 1962, als das Ende seiner Regierung unaufhaltsam näherrückte, wurde die Verwirklichung dieser Absicht noch dringlicher. Verhandlungen über eine deutsch-französische *entente cordiale* hatte es schon seit längerem gegeben, wobei zunächst offen war, ob die Institutionalisierung des Zweierverhältnisses durch einen Briefwechsel oder ein Protokoll erfolgen würde. Das Auswärtige Amt war nach Prüfung der Angelegenheit jedoch zu der Auffassung gelangt, daß ein Regierungsabkommen erforderlich sei. Vorgesehen war, daß die Staatschefs mindestens zweimal jährlich zu Konsultationen zusammentreffen sollten, die Außen- und Verteidigungsminister viermal. Außerdem sollte es eine Intensivierung der Zusammenarbeit im Erziehungsbereich und im Jugendwesen geben. Alle entsprechenden Aktivitäten der beteiligten Ministerien sollten durch eine interministerielle Kommission in jedem der Länder koordiniert werden. Beide Regierungen bekundeten ihre Absicht, sich «vor jeder Entscheidung in allen wichtigen Fragen der Außenpolitik» zu konsultieren, «um so weit wie möglich zu einer gleichgerichteten Haltung zu kommen». Die Zusammenarbeit im Verteidigungsbereich sollte so gestaltet werden, daß sie nicht in Widerspruch zu Aktivitäten der NATO geriet.[337]

Der von den Außenministern Schröder und Couve de Murville erstellte Bericht über diese Verhandlungen zu einer deutsch-französischen Entente lag im Dezember 1962 vor. Er sollte am 21. und 22. Januar 1963 bei einem Besuch Adenauers in Paris anläßlich einer ersten gemeinsamen Kabinettssitzung diskutiert und verabschiedet werden. Die USA waren über den Fortgang der Gespräche laufend unterrichtet worden, um mögliche Irritationen und Mißverständnisse von vornherein auszuschließen. Adenauer selbst hatte dem amerikanischen Außenminister Dean Rusk im Sommer 1962 das Vorhaben erläutert.[338] Dennoch kam es im letzten Augenblick zu großer Aufregung, als de Gaulle am 14. Januar 1963 – eine Woche vor der geplanten Unterzeichnung – auf einer Pressekonferenz seine Entschlossenheit zum Aufbau einer nationalen französischen Atomstreitmacht unterstrich und gleichzeitig sein Veto gegen einen EWG-Beitritt Großbritanniens ankündigte. Hintergrund des dramatischen Auftritts war ein Treffen zwischen Präsident Kennedy und dem britischen Premierminister Macmillan im Dezember 1962 in Nassau auf den Bahamas, bei dem die Ausrüstung britischer U-Boote mit amerikanischen «Polaris»-Raketen beschlossen worden war. De Gaulle sah darin einen britisch-amerikanischen Alleingang und behauptete, Großbritannien wolle seine nukleare Abschreckung an die USA binden. Das sei nicht nur ein Affront gegen Europa, sondern auch der Versuch, den Aufbau einer unabhängigen französischen Nuklearstreitmacht zu verhindern.

Der französische Staatspräsident hielt sich daher für berechtigt, sein Veto gegen den Beitritt Großbritanniens zur EWG einzulegen. Die geplante Vereinbarung zwischen Bonn und Paris erlangte dadurch jedoch eine völlig neue Bedeutung, auch wenn die Deutschen nach eigenem Bekunden vom Vorstoß de Gaulles keine Kenntnis gehabt hatten. Zu allem Überfluß beharrte die Rechtsabteilung des Auswärtigen Amtes in dieser Situation unter Verweis auf Artikel 59 des Grundgesetzes auch noch darauf, das Abkommen in die Form eines Vertrages zu bringen, der der Ratifikation durch das Parlament bedurfte. Dabei würde, wie sich leicht vorhersehen ließ, das gesamte Umfeld der Vereinbarungen ausgeleuchtet werden, so daß die Außenpolitik

2. Das Ende der Ära Adenauer

der Bundesregierung zwangsläufig in das Minenfeld der komplizierten Dreiecksbeziehung zwischen den USA, Großbritannien und Frankreich geraten mußte.

Trotz dieser ungewissen Aussichten wurde der Inhalt der Vereinbarungen am 16. Januar 1963 einstimmig vom Kabinett gebilligt. Der «Vertrag über die deutsch-französische Zusammenarbeit» konnte danach wie geplant am 22. Januar im Pariser Elysée-Palast von Präsident de Gaulle und Bundeskanzler Adenauer unterzeichnet werden. Eine neue Ära im deutsch-französischen Verhältnis hatte begonnen, um die alte «Erbfeindschaft» zu beenden, auch wenn nicht alle Zeitgenossen dies so zu sehen vermochten. Vor allem in der Bundesrepublik gab es zahlreiche Gegner des Vertrages, die darin eine unnötige Belastung für das deutsch-amerikanische und das deutsch-britische Verhältnis sahen. Die Spaltung in «Atlantiker» und «Gaullisten» ging sogar quer durch die Regierungsparteien. Außenminister Schröder, der zu den energischen Befürwortern eines britischen EWG-Beitritts zählte und dafür nun kaum noch Chancen sah, zeigte auch öffentlich wenig Verständnis für die Handlungsweise des Kanzlers und mußte von Regierungssprecher Karl-Günther von Hase ebenso öffentlich zurechtgewiesen werden. Doch während Schröder sich bald auf den Boden des Vertrages stellte und für die Ratifizierung eintrat, um außenpolitischen Schaden zu vermeiden, plädierte Wirtschaftsminister Erhard weiter für einen harten Kurs gegenüber de Gaulle. Er beharrte darauf, daß ein «Kleineuropa» nicht den deutschen Interessen entspräche und daß die Bundesrepublik auch aus wirtschaftlichem Eigeninteresse größten Wert auf den britischen Beitritt zur EWG legen müßte. Als die Verhandlungen darüber in Brüssel Ende Januar endgültig vertagt wurden, erklärte er in einer Kabinettssitzung am 30. Januar 1963 in einem höchst unpassenden Vergleich, vor dreißig Jahren habe Hitler die Deutschen unter sein Joch gezwungen; gestern habe de Gaulle ein gleiches mit Europa getan.[339] Für kurze Zeit spielte Erhard sogar mit dem Gedanken, aus der Regierung auszuscheiden, nahm von dieser Idee jedoch bald wieder Abstand und gab dafür zornig der *Süddeutschen Zeitung* ein Interview, in dem er scharfe antigaullistische Töne anschlug und ungewollt Adenauers Auffassung bestätigte, daß Erhard zum Außenpolitiker – und damit zum Kanzler – nicht tauge.[340]

Der Rücktritt

Mit dem deutsch-französischen Vertrag kehrte Adenauer zu den Ursprüngen seiner Kanzlerschaft zurück. Die Aussöhnung mit dem westlichen Europa – vor allem mit Frankreich – war der Ausgangspunkt seiner Politik der Westintegration gewesen. Durch de Gaulle hatte dieses Bemühen zwar einen neuen Akzent erhalten, der auch bei den Partnern im westlichen Bündnis nicht immer verstanden worden war. Im Kern ging es Adenauer jedoch weiterhin darum, «mittels einer engen vertraglichen Verbindung mit Frankreich, die Bundesrepublik zu sichern».[341] Die amerikanische Kritik, etwa von guten alten Bekannten wie Dean Acheson und John J. McCloy, leuchtete Adenauer daher nicht ein. John Foster Dulles wäre ihm um den Hals gefallen, entgegnete er Botschafter Walter Dowling, als dieser ihm deswegen Vorhaltungen machte.[342] Welche Bedeutung allein die Tatsache besaß, daß der Vertrag – unabhängig von der sonstigen Politik de Gaulles – überhaupt zustande gekommen war, zeigte das Verhalten Erhards und Schröders. Beide hätten ihn von sich aus niemals geschlossen. Erhard hätte auf das Verhalten de Gaulles womöglich sogar mit einer völligen Abkehr von Frankreich reagiert. Nachdem der Vertrag nun einmal existierte, kamen beide – letztlich auch Erhard – nicht umhin, sich der normativen Kraft des Faktischen zu beugen und die Vereinbarungen mit Leben zu erfüllen.

Für Adenauer neigte sich die Kanzlerschaft nun jedoch ihrem Ende zu. Bereits nach der Bundestagswahl am 17. September 1961, als die Union ihre 1957 erreichte absolute Mehrheit wieder verloren hatte und erneut eine Koalition mit der FDP notwendig geworden war, hatte Adenauer in einem Brief an den Fraktionsvorsitzenden Heinrich Krone – mit Durchschlag an Erich Mende – der CDU/CSU-Fraktion und der FDP zusichern müssen, so rechtzeitig zurückzutreten, daß seinem Nachfolger genügend Zeit verbleibe, um sich einarbeiten und den Wahlkampf 1965 führen zu können. Nach der *Spiegel*-Affäre war dieser Termin näher bestimmt worden. Nun war Adenauer doppelt im Wort.

In den verbleibenden Monaten seiner Kanzlerschaft widmete er sich neben der Umsetzung des deutsch-französischen Vertrages vor allem dem Versuch, Ludwig Erhard im letzten Moment doch noch als seinen Nachfolger zu verhindern – ihn, wie er im April 1963 erklärte, «auf Null zu bringen».[343] Doch diesen Dauerkonflikt, der mindestens seit 1958 schwelte und mehr als einmal hell auflodert[344], für sich zu entscheiden, war Adenauer nicht vergönnt. Es mangelte nicht nur an den notwendigen Mehrheiten in Partei und Fraktion, sondern auch an geeigneten Kandidaten. Franz Etzel war 1963 bereits schwer krank. Gerhard Schröder hatte erst 1962 in größerem Umfang von sich reden gemacht; außerdem rächte es sich, daß er sein Verhältnis zur Fraktion nicht genügend gepflegt hatte. Andere, die als mögliche Konkurrenten Erhards genannt wurden – Heinrich von Brentano, Franz Josef Strauß, Heinrich Krone oder Eugen Gerstenmaier –, kamen aus den unterschiedlichsten Gründen nicht ernsthaft in Betracht. So blieb nur Erhard. Als am 22. April 1963 in einer Sitzung des Fraktionsvorstandes der CDU/CSU endgültig über die Frage beraten wurde, erklärten Brentano, Krone und Schröder von sich aus, daß sie nicht zur Verfügung stünden. Am nächsten Tag votierten 159 Mitglieder der Fraktion in geheimer Abstimmung für Erhard, 47 stimmten mit Nein, 19 enthielten sich. Erst danach ließ sich auch Adenauer zu der versöhnlichen Stellungnahme bewegen, er sei «absolut willens, nach besten Kräften mitzuarbeiten» und Erhard «alles weiterzugeben im Interesse unseres deutschen Volkes».[345]

Am 15. Oktober 1963 wurde Konrad Adenauer in einer Feierstunde des Deutschen Bundestages als Bundeskanzler verabschiedet, am Tage darauf Ludwig Erhard zu seinem Nachfolger gewählt. Mit Adenauer schied auch Hans Globke, der bereits seit längerem gesundheitlich schwer angeschlagen war, als Staatssekretär aus. In seinen Abschiedsworten vor dem Parlament verknüpfte Adenauer die zentralen Themen seiner Kanzlerschaft – Wiederaufbau und Westbindung – und bemerkte: «Wir Deutschen dürfen unser Haupt wieder aufrecht tragen, denn wir sind eingetreten in den Bund der freien Nationen ...»[346] Dennoch, bekannte er gegenüber dem Journalisten Walter Henkels anläßlich eines letzten Abschiedsempfangs in der Bonner Beethovenhalle, gehe er «nicht frohen Herzens».[347] Dies bezog sich keineswegs nur auf Erhard. Wie Krone und Globke, so war auch Adenauer von einer tiefen kulturpessimistischen Grundstimmung erfüllt. Er beklagte den hedonistischen Materialismus, der mit der Marktwirtschaft unvermeidlich verbunden war, vor allem jedoch den überall voranschreitenden Liberalismus und die Zurückdrängung des Christlichen. «Alle freien Geister wittern Morgenluft», notierte Heinrich Krone dazu unter dem 18. Oktober 1963 in sein Tagebuch. Die «schwarze Ära» sei vorbei, eine neue im Anbruch. Wer nach diesem und jenem frage, das auf Weltanschauung, Religion und Konfession gestimmt sei, werde «von den Skribenten des freien Geistes niedergeschrien». Sogar die Union sei davon inzwischen erfaßt: Erhard spreche zwar von der «Politik der Mitte» und bekenne sich zum «christlichen Politiker». Doch sei seine Ära «liberal geprägt».[348]

Adenauer fiel sein Rücktritt also nicht zuletzt deshalb so schwer, weil der Generationswechsel, der sich damit vollzog, einen Wandel der gesellschaftlichen Gesamtkonstellation signalisierte. Er hielt daher vorerst auch noch am Parteivorsitz fest, obwohl er die Geschäftsführung bereits 1962 an Josef Hermann Dufhues übergeben hatte. Doch im Sommer 1965, ein halbes Jahr vor seinem 90. Geburtstag, eröffnete er seinen engsten Mitarbeitern im Parteivorstand mit Blick auf den bevorstehenden Bundestagswahlkampf, daß er allmählich beginne, sich Sorgen zu machen: Bundesgeschäftsführer Dr. Kraske habe einen Wahlkreis und könne sich nicht genügend um seine Arbeit in Bonn kümmern; «der Herr Dufhues» sei durch seine Anwaltschaft und sein Notariat sehr in Anspruch genommen. «Und dann ...», fuhr Adenauer fort, «bleibe noch ich. Ich bin ja der Vorsitzende der Partei. Aber vergessen Se nicht, meine Herren, ich bin schließlich keine achtzig mehr.»[349]

3. Die Kanzlerschaft Erhards

Als Ludwig Erhard am 16. Oktober 1963 das Amt des Bundeskanzlers übernahm, wurde ein Mann Regierungschef, der wie kein anderer den deutschen Wiederaufstieg nach dem Zweiten Weltkrieg symbolisierte. Seine rundliche Figur, die unvermeidliche Zigarre und der optimistische Glaube an den Erfolg der sozialen Marktwirtschaft waren längst zu Markenzeichen des ökonomischen «Wunders» geworden, das sich mit seinem Namen verband. Für die meisten Deutschen wäre es deshalb geradezu als ein Frevel an seiner Person und dem Land, das er repräsentierte, erschienen, wenn man ihn nicht zum Nachfolger Adenauers bestimmt hätte. Überdies besaß Erhard das Image eines dem Leben zugewandten Politikers, der im Gegensatz zu seinem asketischen, listenreichen und stets zur Konfrontation geneigten Vorgänger einen Stil pflegte, bei dem das Bedürfnis nach Harmonie nicht als Schwäche ausgelegt wurde. «Vergessen und verzeihen ist nicht nur Christenpflicht, sondern auch menschliche Größe», erklärte er in der für ihn typischen Art, an Adenauer gewandt, nachdem die CDU/CSU-Fraktion ihn zu dessen Nachfolger nominiert hatte. Aufrichtig gewillt, alle Gemeinheiten nachzusehen, die ihm über die Jahre hinweg zugefügt worden waren, bewies er eine Großzügigkeit, die man bei seinem Vorgänger oft vermißt hatte. Die Erleichterung über den Rücktritt einer übermächtigen und vielfach als erdrückend empfundenen Persönlichkeit ging daher mit der Hoffnung auf eine «liberale Ära» einher, in der weniger mit machiavellistischer Schläue als mit der Bereitschaft zum Dialog und zur Zusammenarbeit regiert würde. Tatsächlich galt der lange parteilose Erhard manchem eher als «Kanzler der FDP» denn als Repräsentant der Union.[350] 24 Enthaltungen bei seiner Wahl am 16. Oktober, davon bis auf eine offenbar alle aus den Reihen der CDU/CSU, zeigten die Reserven, die man in Teilen des konservativen Lagers gegen ihn verspürte. Dennoch reichte bereits ein Wahlgang aus, um ihm mit 279 gegen 180 Stimmen die notwendige Kanzlermehrheit zu verschaffen.

Der «Volkskanzler»

Erhard hatte – bei aller persönlichen Loyalität und Bescheidenheit – beharrlich auf das Amt hingearbeitet, das er nun ausfüllte. Auch wenn ihm Macht, wie er einmal öffentlich sagte, «immer öde» erschien, ja gefährlich, brutal und «im letzten Sinne sogar dumm»[351], so hatte er sie doch angestrebt und ausgeübt. Dabei hatte er sich lange auf sein Ressort konzentriert und vom Parteienstreit möglichst ferngehalten. Viele seiner Gegner waren deshalb geneigt gewesen, ihn zu unterschätzen. Tatsächlich war er kein *homo politicus* wie sein Vorgänger, dem Politik Lebenselixier bedeutete. Bereits als Wirtschaftsminister sah er sich mehr als väterlichen Fürsorger und Anwalt des «einfachen Mannes». Auch im Palais Schaumburg wollte er kein Abbild des «Alten» sein. Es bereite ihm «Unbehagen», erklärte er einige Monate vor seinem Regierungsantritt, «daß in Europa von so vielen Arten von Demokratie gesprochen» werde: in Frankreich von ‹Präsidialdemokratie›, in Deutschland von ‹Kanzlerdemokratie›. Was ihm vorschwebe, das sei «*die* Demokratie».[352] Im direkten Kontakt mit dem Volk hoffte er, Demokratie schlechthin zu verwirklichen: Er wollte «Volkskanzler» sein.

3. Die Kanzlerschaft Erhards 393

Dem Kabinett verhieß er bereits in der ersten Sitzung nach seiner Ernennung zum neuen Regierungschef Führung, Autorität und Anteilnahme an allen politischen Dingen, aber auch – im Vergleich zu dem, was man bisher gewohnt gewesen sei – bessere Unterrichtung, größere Freiheit der Meinung und des Wortes sowie mehr Kollegialität und Harmonie.[353] In der ersten Fraktionssitzung der CDU/CSU nach seiner Wahl trat er – wenigstens verbal – endlich auch aus dem Schatten von Adenauer, in dem er so lange gestanden hatte. Vierzehn Jahre lang hatte er in seiner Gegenwart nie etwas anderes gesagt als «Herr Bundeskanzler» – doch jetzt erklärte er vor der Fraktion, er teile «die Auffassung *Adenauers*, daß diese Wahl schicksalhaft» sei.[354] Erhards Biograph Volker Hentschel bemerkte dazu: «Wer sich das leisten konnte, der hatte es wohl geschafft. Aber wer es wirklich geschafft hatte, der brauchte sich das eigentlich nicht zu leisten.»[355]

Der neue Stil, der Erhards Wunsch nach einem «Volkskanzlertum» prägte, speiste sich einerseits aus einer beträchtlichen Geringschätzung der Parteien, andererseits aus einer starken Abneigung gegen Verbände und Lobbyisten, die seiner Meinung nach zu einer Entfremdung zwischen Regierung und Bevölkerung führten. Erhard lehnte es deshalb gegen den ausdrücklichen Rat seiner Parteifreunde sogar ab, nach der Kanzlerschaft auch den Vorsitz der CDU zu übernehmen. Er wolle, so führte er zur Begründung an, nicht als «der Gefangene meiner eigenen Partei» erscheinen.[356] Erst 1966 löste er Adenauer nach dessen Rücktritt im Parteivorsitz ab – nicht weil er das Amt an sich anstrebte, sondern um seinen Konkurrenten Rainer Barzel nicht zum Zuge kommen zu lassen. Außerdem wollte er damit den inzwischen immer offener zutage getretenen innerparteilichen Streit beenden, der nicht zuletzt aus einer beträchtlichen Verärgerung über die Neigung Erhards und seines Stabes im Kanzleramt herrührte, bei ihren Entscheidungen die Parteigremien und auch die CDU/CSU-Fraktion im Bundestag zu übergehen. Den Funktionären der Verbände traute Erhard ebenfalls kein unabhängiges Urteil zu, weil sie seiner Meinung nach rein interessengebunden dachten und handelten. Von der Bevölkerung war er dagegen überzeugt, daß sie Argumenten der Vernunft zugänglich sei. Er wollte daher das neue Instrument des Fernsehens nutzen und sich bei jeder Gelegenheit an das Volk wenden, um durch einen institutionalisierten *appel au peuple* die Bevölkerung direkt an der Regierung zu beteiligen. Mit «dem deutschen Volke», so erklärte er dazu im März 1964 in diesem Medium gegenüber Werner Höfer, «käme ich, glaube ich, ganz gut zu Rande, d. h. mit dem menschlichen Individuum, die sind viel vernünftiger, als es nach außen zum Ausdruck kommt».[357]

Die wichtigste Unterstützung versprach sich Erhard dabei von dem Mitarbeiterstab, der ihn schon im Wirtschaftsministerium umgeben hatte und der nun mit ihm ins Kanzleramt umzog: Ludger Westrick, Karl Hohmann und Dankmar Seibt. Die kleine Gruppe wurde überall nur «Brigade Erhard» genannt – in Anspielung auf die berühmt-berüchtigte Freikorps-Brigade Ehrhardt. Westrick, Hohmann und Seibt waren von dem Kreis, der Adenauer zugearbeitet hatte, grundverschieden. Ihr Stil war kooperativ, umgänglich und gelegentlich ein wenig bieder. Wo Globke durch geheimnisumwitterte Genialität, Krone durch scharfsinnige Durchtriebenheit geglänzt hatten, blieb die Brigade Erhard auf dem Boden der Redlichkeit und Solidität. Dies galt auch für den Umgang mit dem Koalitionspartner FDP. Mit den einsamen, nur im engsten persönlichen Umfeld Adenauers diskret vorbereiteten Entschlüssen, von denen auch Regierungsmitglieder erst aus der Zeitung erfuhren, war es vorbei. Bereits im Dezember 1963 konnte der FDP-Vorsitzende Erich Mende dem Bundesvorstand seiner Partei die erfreuliche Mitteilung machen, «daß sich seit dem Kanzlerwechsel eine wesentliche Verbesserung in der Zusammenarbeit der Koalitionspartner ergeben» habe.[358] Ob damit auch die neue Idee vom demokratisch-populistischen «Volkskanzlertum» – anstelle der autoritären Adenauerschen «Kanzlerdemokratie» – zum Erfolg geführt werden könnte, war jedoch eine offene Frage. Auf jeden Fall weckte Erhard Hoffnungen und Erwartungen, die selbst für den erfolgsverwöhnten «Vater des Wirtschaftswunders» schwer zu erfüllen waren.

Allerdings blieb der Union kaum etwas anderes übrig, als ganz auf Erhard zu setzen. Adenauer hatte der Partei nur wenig Aufmerksamkeit geschenkt und sie praktisch zu einem «Kanzlerwahlverein» degradiert. Er war sogar stolz darauf, die Parteizentrale der CDU (das spätere «Konrad-Adenauer-Haus») während seiner vierzehnjährigen Kanzlerzeit nie betreten zu haben. Wer etwas von ihm wollte – auch aus den Reihen der Partei –, mußte sich zu ihm ins Palais Schaumburg oder hinauf nach Rhöndorf bemühen. Am Ende seiner Ära war die Union deshalb schließlich in einen Zustand allgemeiner Lähmung verfallen. Von Erhard versprach man sich zumindest eine Besserung der Situation. Zwar wußte man, daß auch der neue Kanzler kein Parteimensch war und durch sein «Volkskanzlertum» eher den direkten Kontakt zur Bevölkerung suchte. Aber man hoffte, daß seine Umgänglichkeit und Popularität auch dem Klima in der Partei zugute kommen würden, um die Union zu einer dynamischen Kraft in der Bundesrepublik werden zu lassen.

In der Regierungserklärung, die Erhard am 18. Oktober 1963 im Bundestag abgab, präsentierte er sich mehr als entrückter Philosoph denn als praktischer Politiker. Mit warmer, weicher Stimme wandte er sich in hochfliegenden und allgemeinen Wendungen gegen Gefälligkeitsdemokratie, Gruppeninteressen und die Niederungen des Materialismus und plädierte für mehr Gemeinsinn, eine positive Staatsgesinnung und die höheren Werte des Seins.[359] Natürlich gab es auch politische Inhalte. Doch im öffentlichen Echo wie in der internen Reaktion im Parlament dominierten die Hinweise auf den neuen Ton, die neue Sprache und den neuen Stil. Erhard erschien erwartungsgemäß «als Mann der Mitte und ehrlicher Makler voll guten Willens». Als «starke Führungspersönlichkeit mit einem klaren Programm und scharf umrissenen Absichten», als die er sich selbst ebenfalls gerne gesehen hätte, erschien er nicht.³⁶⁰ Statt dessen faßte er noch einmal seine Vorstellungen eines «Volkskanzlertums» zusammen, indem er bemerkte, mit seiner Wahl habe der Kanzler «sich über alle Parteiungen hinweg als Sachwalter des ganzen deutschen Volkes zu fühlen und aus dieser Verantwortung heraus zu handeln». Er müsse «in Generationen ... denken» und den Staat auf stabile, aus dem Bestehenden fortentwickelte Grundlagen stellen. Das bedeute gleichzeitig, «nicht in erster Linie als Repräsentant einer Koalition oder Regierungspartei zu wirken», sondern «Kanzler des ganzen deutschen Volkes» zu sein.³⁶¹ Die Aussprache über die Erklärung, die ursprünglich auf zwei Tage angesetzt war, wurde auf einen Tag verkürzt, da es kaum etwas zu besprechen gab.

Immerhin griff Fritz Erler als Sprecher der SPD das Bekenntnis Erhards, Kanzler des ganzen Volkes sein zu wollen, nicht nur auf, sondern hob seinerseits emphatisch hervor, daß die Bundesrepublik «nicht der Staat einer Partei oder einer Koalition, sondern der aller Parteien und Schichten» sei. Im übrigen, so Erler, stelle «Opposition in einer parlamentarischen Demokratie die Regierung von morgen» dar.³⁶² Im Vergleich zu den oft erbitterten Auseinandersetzungen, die über weite Strecken der Adenauer-Ära das Verhältnis zwischen Regierung und Opposition belastet hatten, kündigte sich somit ein neuer Stil an. Auch Erhard hatte in seiner Regierungserklärung in fairen Worten über die Notwendigkeit einer «kritischen Zusammenarbeit» gesprochen. Die Jahre der Konfrontation gingen zu Ende. Möglichkeiten einer Verständigung und ungewohnte Formen der Harmonie deuteten sich an, die sogar für neue Koalitionen tauglich schienen. Herbert Wehner, der bereits 1962 gemeinsam mit Innenminister Paul Lücke vergeblich für eine Große Koalition eingetreten war, spürte dadurch neuen Aufwind. Schon damals hatte er sich alle Türen offengelassen und freundlich an Lücke geschrieben: «Sehr geehrter Herr Minister! ... Es war ein Wagnis, das Sie und ich unternommen haben. Ich wäre glücklich, wenn dabei auch bei Ihnen Vertrauen zurück bliebe. Ihr ergebener Herbert Wehner.»³⁶³ Bei nächster Gelegenheit, so ließ sich daraus entnehmen, sollte man es wieder versuchen. Sowohl Wehner als auch Lücke standen dafür längst wieder bereit, und der neue Kanzler hatte durch seinen übertriebenen Wunsch nach Gemeinsamkeit schon jetzt, in den ersten Tagen seiner Kanzlerschaft, selbst die Basis dafür geschaffen.

Neuanlauf in der Ostpolitik

Mit der amerikanisch-sowjetischen Annäherung nach der Kuba-Krise im Oktober 1962 hatten sich auch die Rahmenbedingungen der deutschen Außenpolitik verändert. Bundeskanzler Adenauer hatte darauf mit einer energischen Hinwendung zu Frankreich reagiert und sowohl das deutschamerikanische als auch das deutsch-britische Verhältnis belastet. Inzwischen war die Entwicklung nicht stehengeblieben. Die Zeichen deuteten auf eine allgemeine Entspannung zwischen den Großmächten. So hatten Washington und Moskau am 20. Juni 1963 eine Vereinbarung unterzeichnet, wonach eine direkte Fernschreibverbindung – ein sogenannter «Heißer Draht» – zwischen dem Weißen Haus und dem Kreml eingerichtet werden sollte, um bei künftigen Krisen ohne Umwege miteinander kommunizieren und unverzüglich reagieren zu können. Die USA, Großbritannien und die Sowjetunion hatten darüber hinaus am 5. August 1963 einen Vertrag über die teilweise Beendigung der Kernwaffenversuche in der Atmosphäre, im Weltraum und unter Wasser unterzeichnet, mit dem die weitere radioaktive Kontaminierung der Umwelt eingeschränkt und die Ausbreitung von Kernwaffen verhindert werden sollte. Zwar bedeuteten beide Abkommen noch nicht das Ende des Kalten Krieges. Sie wurden jedoch als erste Schritte auf dem Weg zur Eindämmung des Wettrüstens und zur Verringerung der nuklearen Kriegsgefahr begriffen. Für Präsident Kennedy waren sie außerdem Teil einer umfassenden «Strategie des Friedens», die er am 10. Juni 1963 in einer Rede vor der Washington University erläuterte:

«Ich spreche vom Frieden, weil der Krieg ein neues Gesicht bekommen hat. Ein totaler Krieg ist sinnlos in einem Zeitalter, in dem Großmächte umfassende und verhältnismäßig unverwundbare Atomstreitkräfte unterhalten können und sich weigern, zu kapitulieren, ohne vorher auf diese Streitkräfte zurückgegriffen zu haben. Er ist sinnlos in einem Zeitalter, in dem eine einzige Atomwaffe fast das Zehnfache an Sprengkraft aller Bomben aufweist, die von den gesamten alliierten Luftstreitkräften während des Zweiten Weltkrieges abgeworfen wurden. Und er ist sinnlos in einem Zeitalter, in dem die bei einem Atomkrieg freigesetzten tödlichen Giftstoffe von Wind und Wasser, Boden und Saaten bis in die entferntesten Winkel des Erdballs getragen und sich selbst auf die noch ungeborenen Generationen auswirken würden ...»[364]

Die USA und ihre Alliierten sowie die Sowjetunion und deren Verbündete hätten deshalb, so Kennedy, «ein gemeinsames tiefes Interesse an einem gerechten und wirklichen Frieden und einer Einstellung des Wettrüstens». Abkommen, die zu diesem Ziel führten, lägen im Interesse des Ostens wie des Westens. Selbst bei den feindlichsten Ländern könne man damit rechnen, «daß sie solche vertraglichen Verpflichtungen akzeptieren und einhalten, die in ihrem eigenen Interesse sind».[365]

Die Gefahr eines großen Krieges zwischen den USA und der Sowjetunion schien damit fürs erste gebannt. Nach Überwindung der Berlin- und Kuba-Krise setzten beide Weltmächte auf Entspannung. Auch wenn es im Oktober und November 1963 noch einmal zu Querelen im Berlin-Verkehr kam, als wiederholt amerikanische und britische Militärkonvois auf der Fahrt nach Berlin von sowjetischen Truppen gestoppt wurden, ergaben sich dadurch für die «deutsche Frage» ebenfalls neue Perspektiven. Wenn sich die Bundesrepublik dem internationalen Trend zur Entspannung versperrte, drohte sie zum Störfaktor der Ost-West-Beziehungen zu werden. Außerdem mußte sie der Tatsache Rechnung tragen, daß die USA den Schwer-

3. Die Kanzlerschaft Erhards

punkt ihrer Außenpolitik seit Beginn der sechziger Jahre zunehmend nach Südostasien verlagerten, wo sich die Regierung von Südvietnam im Kampf gegen kommunistische Guerillas nur mit Unterstützung amerikanischer «Berater» zu behaupten vermochte; deren Zahl belief sich 1963 bereits auf mehr als 16 000 Soldaten, während die amerikanische Militärhilfe für Südvietnam zur selben Zeit etwa 185 Millionen Dollar betrug.[366] Von deutscher Seite wurde zwar – vor allem durch Bundeskanzler Erhard und Oppositionssprecher Erler – immer wieder betont, das amerikanische Engagement in Vietnam besitze die gleiche Bedeutung wie die Verteidigung der Freiheit Berlins, weil dadurch die Verläßlichkeit und Bündnistreue der westlichen Führungsmacht unter Beweis gestellt werde. Aber zugleich warnte Erhard am 25. Februar 1964 im Bundesparteivorstand der CDU, daß eine allzu starke Fixierung der USA auf den südostasiatischen Schauplatz elementare Interessen der ohnehin als «immer labiler» beurteilten NATO und der von ihr abhängigen Bundesrepublik gefährde.[367] Unterstützt wurde Erhard in dieser pessimistischen Einschätzung bemerkenswerterweise durch den Freiherrn zu Guttenberg, Brentano und Adenauer.

Dabei drängten die USA schon bald immer energischer auf eine deutsche Beteiligung an der Entspannung. Da es seit dem Scheitern der Genfer Außenministerkonferenz 1959 praktisch keine Aussicht auf weitere Verhandlungen der Vier Mächte über die deutsche Frage mehr gab, erschien es nur logisch, sich – zumal nach dem Mauerbau, der die Situation weiter verfestigt hatte – mit den Realitäten abzufinden. Als Erhard am 24. Juli 1965 gegenüber dem amerikanischen Sonderbotschafter Averell Harriman darum bat, bei den Verhandlungen in Genf über einen Nichtverbreitungsvertrag für Kernwaffen (non-proliferation) die deutsche Frage wieder mit ins Gespräch zu bringen, beschied ihn Harriman kurz, dies sei «kein amerikanischer Gesichtspunkt».[368] Bereits ein Jahr zuvor, im Mai 1964, hatte der neue Präsident Lyndon B. Johnson, der das Amt nach der Ermordung John F. Kennedys im November 1963 übernommen hatte, den Deutschen in einem Interview mit der Illustrierten *Quick* empfohlen, im Hinblick auf das deutsch-sowjetische Verhältnis mit den «Füßen ja nicht im Beton» stehen zu bleiben. Die USA sähen es gern, wenn «die Deutschen an die Spitze bei den Ost-West-Gesprächen treten würden».[369] Doch das war angesichts der Widerstände, die es in der Bundesrepublik gegen eine flexiblere Ostpolitik immer noch gab, leichter gesagt als getan. Für Erhard konnte es also nur darum gehen, die Balance nicht zu verlieren. Er mußte «auf der einen Seite ein gewisses Entgegenkommen» bezeugen, «auf der anderen Seite aber doch unsere Position klar und unmißverständlich» wahren: «Ich meine, das ist die Linie, die wir aufrechterhalten müssen, um nicht den Eindruck zu erwecken, wir störten sozusagen die atlantische Politik.»[370]

Außenminister Gerhard Schröder, der dieses Amt schon 1961 unter Adenauer übernommen und es nach dem Wechsel zu Erhard behalten hatte, betrachtete Entspannung sogar nur dann als sinnvoll, wenn sie «zu einer positiven Veränderung des Status quo» führte. Bonn müsse deshalb, erklärte er im Oktober 1963, «den Verbündeten zu jedem einzelnen konkreten Entspannungsschritt, der die deutschen Interessen berührt, ihre Meinung sagen und ihre Forderungen anmelden».[371] Allerdings wußte auch Schröder nicht zu sagen, wie die deutsche Wiedervereinigung mit der Entspannung zu verbinden sei. Die Positionen von Union, FDP und SPD lagen noch immer weit auseinander, und der Streit zwischen den Parteien über dieses Thema wurde zunehmend zu einer Geisterdebatte, weil die Großmächte längst darüber hinweggeschritten waren. So beließen es die USA, Großbritannien und Frankreich in ihrer «Deutschland-Erklärung» vom 12. Mai 1965, zu der sie von der Bundesregierung mit der Forderung nach einer neuen Initiative in der Wiedervereinigungsfrage immer wieder gedrängt worden waren, bei der bemerkenswerten Aussage, die «Möglichkeiten, in dieser Frage an die sowjetische Regierung heranzutreten», würden «unter Berücksichtigung der Aussichten, dabei zu nützlichen Ergebnissen zu gelangen, weiterhin geprüft».[372] Das Dokument, das lediglich dem Abschlußkommuniqué einer Ministerratstagung der NATO in London als Anlage beigefügt wurde, war nicht nur die letzte alliierte Erklärung dieser Art überhaupt, sondern auch «ein Begräbnis dritter Klasse».[373]

Unter diesen Umständen ergab es wenig Sinn, Fortschritte in der Ost- und Deutschlandpolitik nur von den Verbündeten zu erwarten. Fritz Erler hatte dazu schon am 3. Juni 1964 im Hinblick auf die USA nüchtern festgestellt, diese seien «bemüht, das Verhältnis zur Sowjetunion zu entspannen, und zu spektakulären Unternehmungen in der deutschen Frage nicht bereit». Das bedeute kein Einfrieren der deutschen Frage auf der Basis des Status quo, wohl aber die Notwendigkeit, zu einer «Politik langfristiger Hoffnungen» überzugehen.[374] Kurzfristige Erfolge, so konnte man daraus entnehmen, waren nicht mehr zu erwarten. Diese Linie sei jedoch nur durchzuhalten, meinte Erler, wenn die Deutschen sich nicht selbst entmutigen ließen. Deshalb müsse «alles getan werden, um die menschlichen Probleme, die durch die Spaltung aufgeworfen seien, etwas zu lindern»[375] – Einsichten, die innerhalb der SPD schließlich zur «neuen Ostpolitik» Willy Brandts führen sollten.

Im Kabinett Erhard nahm sich vor allem der Minister für gesamtdeutsche Fragen, Erich Mende, dieser Frage an. In einem Interview mit dem Westdeutschen Rundfunk am 5. Januar 1965 schlug er vor, mit der DDR gemeinsame Kommissionen für Reise-, Wirtschafts- und Warenverkehr sowie Kulturaustausch und Sport zu bilden – allerdings im Auftrag der vier Mächte. Solche Kommissionen waren schon in früheren westlichen Entwürfen als Teil eines Vier-Mächte-Abkommens über die Wiedervereinigung enthalten gewesen. Jetzt waren sie aber von der Wiedervereinigung gelöst und nur darauf gerichtet, «zur Milderung der Spannungen im geteilten Deutschland beizutragen».[376] Der Regierung in Ost-Berlin gingen diese Pläne jedoch nicht weit genug; sie weigerte sich, einen Auftrag der vier Mächte entgegenzunehmen, und beharrte darauf, mit der Bundesrepublik direkt ins Gespräch zu kommen. Bundeskanzler Erhard andererseits tat sich schwer, etwas zu unternehmen, was als «Aufwertung» der DDR ausgelegt werden konnte. Schon am 15. Oktober 1964 hatte er dazu vor dem Bundestag erklärt, man dürfe «das Heute nicht mit dem Morgen bezahlen und nicht für Erleichterungen eines Augenblicks die Zukunft aufs Spiel setzen».[377] Auch ein Treffen mit dem sowjetischen Partei- und Staatschef Chruschtschow, das dessen Schwiegersohn Alexej Adschubej, der Chefredakteur der sowjetischen Regierungszeitung *Iswestija*, im Juli 1964 bei einem Besuch in der Bundesrepublik zustande zu bringen suchte, wurde von Erhard abgelehnt. Adschubej, dessen Deutschlandreise von drei der CDU nahestehenden Zeitungen arrangiert worden war, bemühte sich vergeblich – sogar unter Hinweis auf die «mongolische Gefahr»-, den Kanzler vom Nutzen einer deutsch-sowjetischen Verständigung zu überzeugen. Erhard wollte nicht die ohnehin belasteten Beziehungen zu den USA weiter gefährden, indem er sich auf ein riskantes Spiel mit ungewissem Ausgang im Verhältnis zur Sowjetunion einließ.[378]

Außenminister Schröder, der dieses Dilemma frühzeitig erkannt hatte, konzentrierte sich daher in seinen Aktivitäten von vornherein weniger auf die deutsche Frage im engeren Sinne oder das Verhältnis zu den Großmächten, als vielmehr auf die Verbesserung der Beziehungen zu den Staaten Osteuropas. Bereits 1963 wurden Handelsverträge mit Polen, Rumänien und Ungarn abgeschlossen. Im März 1964 folgte die Unterzeichnung eines langfristigen Abkommens über den Waren- und Zahlungsverkehr mit Bulgarien, an das sich gleichfalls der Austausch von Handelsvertretungen anschließen sollte. Lediglich mit der Tschechoslowakei verliefen die Gespräche schleppend, weil die Regierung in Prag sich weigerte, die Bonner Forderung nach Einbeziehung Berlins in den Vertrag zu erfüllen. Die Handelsmissionen in Warschau, Bukarest, Budapest und Sofia bildeten indes einen Kompromiß zwischen diplomatischen Beziehungen, die einige osteuropäische Regierungen wünschten, und der strengen Einhaltung der Hallstein-Doktrin, die in weiten Kreisen der CDU/CSU, aber auch von einem Teil der deutschen Presse, wie dem *Rheinischen Merkur*, für nötig gehalten wurde. Unterstützung fand Schröder beim liberalen Flügel der Union, der FDP und SPD sowie einigen Presseorganen wie der *Zeit* und dem *Stern*.[379]

Letztlich war auch Schröders Politik auf das Ziel der nationalen Wiedervereinigung ausgerichtet. Aber aus praktischen Erwägungen sah er keine andere Möglichkeit, als den Umweg über Osteuropa zu gehen. Sogar die Aufnahme diplomatischer Beziehungen und eine flexiblere Handhabung der Hallstein-Doktrin schienen ihm denkbar, um, wie Zbigniew Brzezinski in seinem 1965 erschienenen Buch *Alternative to Partition* schrieb, die DDR durch Intensivierung von Handelskontakten mit den Satelliten Moskaus in Ostmittel- und Südosteuropa zu isolieren und damit «Ostdeutschland auf der Landkarte Europas zu einem politischen Anachronismus» werden zu lassen, der für die Sowjetunion auf die Dauer untragbar sein würde.[380] Widerstände gegen diese Konzeption gab es nicht nur von sowjetischer Seite, sondern auch in der Bundesrepublik selbst. In Moskau befürchtete man neben der Isolierung der DDR vor allem die allmähliche Auflösung des eigenen Imperiums, wenn die Ostblockstaaten durch engere Wirtschaftsbeziehungen mit der Bundesrepublik in ihrem nationalen Streben nach mehr Selbständigkeit unterstützt wurden. In der Bundesrepublik wurde Schröders Politik am 9. Juli 1965 vom *Rheinischen Merkur* in außergewöhnlich scharfer Form angegriffen, weil er Überlegungen angestellt hatte, wie die bisher verbindliche Berlin-Klausel aufgehoben werden konnte, die sich als großes Hindernis bei den Verhandlungen mit den osteuropäischen Staaten erwies. Schröders Idee, die bisherige Praxis durch eine Grundsatzerklärung der Bundesregierung über die generelle Einbeziehung West-Berlins in handelspolitische Abmachungen mit den Staaten des Ostblocks zu ersetzen, wurde nicht nur der konservativen Presse, sondern auch in Teilen der Union als bedrohliche Preisgabe gültigen Rechts angesehen, während Schröder diese öffentliche Kritik an seinem Vorgehen, das keine Öffentlichkeit vertrug, weil dadurch das Mißtrauen Moskaus zusätzlich geschürt wurde, am 21. Juli 1965 als einen «Versuch der ... Sabotage» verurteilte.[381]

In Wirklichkeit krankte Schröders – wie Erhards – Politik jedoch daran, daß sie ohne die Sowjetunion und gegen die DDR betrieben wurde. Sie geriet daher bald in eine Sackgasse, aus der sie bis zum Ende der Ära Erhard nicht mehr herauskam. Nachdem in Moskau der Verdacht entstanden war, die Bundesregierung wolle die beiderseitigen Beziehungen von Fortschritten in der Wiedervereinigungsfrage abhängig machen, nutzte der Kreml seine Hegemonialstellung in Osteuropa, um Schröders Initiativen zu blockieren. Danach gab es keine Bewegungsmöglichkeiten mehr. Da man in Bonn die Vier Mächte nicht «aus ihrer Verantwortung entlassen» und schon gar nicht in «Rapallo-Verdacht» geraten wollte, wurde die Chance, die in einer Verbesserung des Verhältnisses zur Sowjetunion lag, teils nicht verstanden und teils gefürchtet.[382] Die DDR-Führung um Walter Ulbricht konnte dieses Zögern der Bundesregierung nutzen, um ihrerseits auf die Sowjetunion und die osteuropäischen Staaten einzuwirken, eine Annäherung an Bonn zu unterlassen. Nicht ohne Grund sprach Ulbricht am 11. Mai 1964 in Budapest von der westdeutschen Wirtschaft als einem «Trojanischen Pferd».[383] Keinesfalls durfte seiner Meinung nach den wirtschaftlichen Einflüssen die politische Normalisierung folgen. Ulbricht wurde daher in den folgenden Jahren – mehr noch als die Konservativen in CDU und CSU – zu einem entschiedenen Gegner der Aufnahme diplomatischer Beziehungen zwischen der Bundesrepublik und Osteuropa. Erst wenn die DDR in diesen Prozeß einbezogen war, ließ sich darüber reden.

Das Scheitern der MLF

Neben der Stagnation in der Ostpolitik, die sich schon bald nach Beginn der Regierung Erhard abzeichnete, waren es vor allem Spannungen innerhalb der Atlantischen Allianz, die die Außenpolitik der Bundesrepublik nun vor ernsthafte Probleme stellte. Auslöser der Verwirrungen war das schroffe Nein, das General de Gaulle im Januar 1963 dem Beitritt Großbritanniens zur EWG entgegenstellte. Vorausgegangen war, wie bereits erwähnt, die bei einem Gipfeltreffen zwischen Präsident Kennedy und dem britischen Premierminister Macmillan am 21. Dezember 1962 in Nassau auf den Bahamas getroffene Vereinbarung, die atomare Verteidigung Großbritanniens materiell an die USA zu binden. Der damit verbundene Verzicht Londons auf eine eigenständige Atomstreitmacht sowie die Hoffnung der USA, auf diese Weise auch die Integration Westeuropas in die Atlantische Allianz dauerhaft zu sichern, wurde von de Gaulle als Entschlossenheit Washingtons interpretiert, keine eigene europäische Weltpolitik zuzulassen.[384]

Für die Bundesrepublik ergab sich aus dieser spannungsvollen Konstellation, die sich am Ende der Ära Adenauer recht überraschend und ohne größere Vorwarnungen entwickelt hatte, die schwierige Lage, daß sie meinte, zwischen der «gaullistischen Option» und einer «atlantischen Option» wählen zu müssen. Während Adenauer nach den vorangegangenen Schwierigkeiten mit der Kennedy-Administration den Schulterschluß mit de Gaulle suchte und dessen anti-britische Haltung in Kauf nahm, akzeptierte eine neue außenpolitische Mehrheit aus SPD, FDP und Teilen der Union die Adenauersche Auffassung nicht mehr, daß man den deutsch-französischen Vertrag von den Problemen des britischen EWG-Beitritts losgelöst betrachten könne. Diese neue Mehrheit, der auch Erhard und Schröder angehörten, war zudem der Meinung, daß den Beziehungen zu den Vereinigten Staaten absoluter Vorrang zukomme, weil die Bundesrepublik im Krisenfall nur mit Hilfe der USA zu überleben vermöge.

Die amerikanische Regierung ihrerseits hoffte, die Krise im Atlantischen Bündnis, die durch das Nassau-Abkommen entstanden war, mit dem Vorschlag einer multilateralen Atomstreitmacht (MLF) lösen zu können. Präsident Kennedy hatte Bundeskanzler Adenauer bereits am 21. Dezember in einem persönlichen Brief von der Absicht unterrichtet, eine solche «Multilateral Force» im Rahmen der NATO zu errichten. Auf der gleichzeitig stattfindenden Konferenz des NATO-Ministerrats in Paris wurden Einzelheiten des Plans verkündet. Der erste Entwurf stammte bereits aus dem Jahre 1959 und war nach dem damaligen amerikanischen Außenminister Christian Herter benannt. Seinerzeit hatten die USA erwogen, zum Ausgleich der auf Westeuropa gerichteten sowjetischen Mittelstreckenraketen amerikanische «Polaris»-Raketen in Westeuropa zu stationieren. In einer zweiten Planungsphase 1960 hatte man an eine Flotte von Unterseebooten gedacht, die dem NATO-Oberbefehlshaber unterstellt werden sollten, so daß den Europäern eine gewisse atomare Mitsprache ermöglicht worden wäre. Jetzt erschien die Angelegenheit jedoch in einem völlig neuen Licht, weil es darum ging, de Gaulles Kritik an der amerikanischen Atomhegemonie im Bündnis zu entschärfen.[385]

Der neue Plan sah vor, neben U-Booten auch Überwasserschiffe der NATO mit Mittelstreckenraketen auszurüsten, die anschließend in das Eigentum derjenigen Staaten übergehen sollten, die sich an der Finanzierung, personellen Ausstattung und Kontrolle beteiligten. Unklar blieb zunächst, wie sich die USA die Kontrolle vorstellten. Doch mußte man damit rechnen, daß Washington sich zumindest für eine Übergangszeit – vielleicht sogar auf Dauer – ein Vetorecht gegen den Einsatz von Einheiten der MLF vorbehalten würde.[386] «Eine solche multilaterale Raketenflotte wäre von militärischer Wirksamkeit», erklärte dazu Außenminister Dean Rusk am 27. Oktober 1963 in Frankfurt. «Ihre zielsicheren und wohlgeschützten Raketen wären Teil des Gesamtpotentials westlicher Abschreckungsmacht. Sie würde die atlantische Partnerschaft stärken, indem sie die Vereinigten Staaten und Europa durch ein unauflösbares nukleares Band verknüpfte. Die Raketen und Sprengköpfe wären gemeinsamer Besitz und stünden unter gemeinsamer Kontrolle; sie könnten nicht einseitig abgezogen werden. Die MLF würde ferner den europäischen Zusammenhalt stärken, indem sie den gegenwärtig nicht-nuklearen Mächten die Gelegenheit böte, sich an dem Besitz, dem Personal und der Kontrolle einer schlagkräftigen Atomstreitmacht auf derselben Grundlage wie andere Mitglieder dieser Streitmacht zu beteiligen.»[387]

In Bonn wurde diese positive Sicht zunächst nicht geteilt. Zwar hatte Adenauer dem amerikanischen Unterstaatssekretär George Ball bei dessen Besuch in Bonn Mitte Januar 1963 versichert, daß die Bundesrepublik sich mit allen Kräften an dem Projekt beteiligen werde.[388] Im Laufe des Jahres war er davon jedoch wieder abgerückt, als General de Gaulle vage eine eventuelle deutsche Beteiligung an der *Force de frappe* in Aussicht gestellt hatte. Nach dem Regierungswechsel im Herbst 1963 mehrten sich allerdings die Zeichen, daß die neue Mannschaft der MLF zuneigte und ihr vor allem nichtmilitärische Vorteile abgewann. Theo Sommer bezeichnete die MLF in der *Zeit* nun sogar als «eine Sache von großer Tragweite» und gab damit auch Außenminister Schröders Meinung wieder, der darin vornehmlich die Chance sah, die lädierten deutsch-amerikanischen Beziehungen wieder zu festigen und die Position der Bundesrepublik in der NATO zu stärken.[389] Andererseits registrierte Schröder auch frühzeitig die Problematik der MLF, die der prominenteste amerikanische Kritiker des Projekts, Henry Kissinger, im Juni 1964 in einem Artikel der *Frankfurter Allgemeinen Zeitung* pointiert vor dem deutschen Publikum ausbreitete: Die MLF könne kaum anderes bewirken, als die amerikanische Atomhegemonie im westlichen Bündnis ein wenig erträglicher zu gestalten, Aufwand und Ertrag stünden in keinem Verhältnis zueinander, und schließlich könne sogar noch eine weitere Belastung der europäisch-amerikanischen Beziehungen dabei herauskommen.[390]

In der Bundesrepublik wurde die MLF dadurch zu einem zentralen Gegenstand in der Debatte zwischen «Atlantikern» und «Gaullisten», die sich im Sommer und Herbst 1964 öffentlich befehdeten. Der bittere Streit ist in der Rückschau kaum noch nachzuvollziehen. Denn sowenig es den «Atlantikern» – mit Bundeskanzler Erhard, Außenminister Schröder und Verteidigungsminister von Hassel an der Spitze – darum ging, sich von Frankreich abzuwenden, so wenig bestand bei den «Gaullisten», zu denen vor allem Konrad Adenauer, Freiherr zu Guttenberg, Franz Josef Strauß, Josef Hermann Dufhues und Eugen Gerstenmaier zählten, jemals die Absicht, mit den USA zu brechen. Es ging also um Nuancen, die gleichwohl wichtig waren. So warnten die «Atlantiker» davor, ungeachtet der Bedeutung, die den deutsch-französischen Beziehungen zukomme, eine allzu exklusive Bindung an Paris einzugehen und damit die deutsch-amerikanischen Beziehungen zu gefährden. Sie konnten dabei auf die Unterstützung großer Teile der CDU, der FDP und der oppositionellen SPD zählen, ferner auf Zustimmung von Persönlichkeiten aus der Wirtschaft, den Gewerkschaften und der Wissenschaft sowie umfassende publizistische Schützenhilfe der meisten Zeitungen und Zeitschriften. Die «Gaullisten» befanden sich demgegenüber eindeutig in der Minderheit. Zu ihnen gehörten neben den schon genannten prominenten Persönlichkeiten der Union und einer kleineren Zahl weiterer CDU-Vertreter nahezu geschlossen die CSU, die vor allem Außenminister Schröder frühzeitig den Kampf angesagt hatte. Da publizistischer Beistand außer vom *Rheinischen Merkur* auch vom *Münchner Merkur* kam, wurde verschiedentlich die – falsche – Annahme geäußert, der «Gaullismus» in der Bundesrepublik sei «ein Münchner Hebel zur Bonner Macht» – mithin also ein Instrument von Franz Josef Strauß.[391] In Wirklichkeit ging es den «Gaullisten» – einschließlich Strauß – in erster Linie darum, den unter Adenauer erreichten Stand der deutsch-französischen Beziehungen zu wahren. Erhard, aber auch Schröder, wurde in diesem Zusammenhang vorgeworfen, daß sie leichtfertig die Chance für eine große europäische Epoche verspielten, die mit der Allianz zwischen Deutschland und Frankreich ihren Anfang nehmen könne. So habe etwa Erhard beim Besuch de Gaulles in Bonn im Juli 1964 dessen Angebot an Deutschland, mit Frankreich zusammenzugehen, um den Gang der europäischen Politik zu bestimmen und die anderen vier Mitglieder der EWG zum Einschwenken zu zwingen, «mit Entrüstung zurückgewiesen», weil er es «als unmoralisch empfunden» habe.[392] Der Tiefpunkt des deutsch-französischen Verhältnisses sei dann während eines Besuches von Erhard in Frankreich im privaten Wohnsitz de Gaulles in Colombey-les-deux-Églises erreicht worden, als der Gastgeber, nachdem er nicht mehr wußte, was man miteinander reden sollte, einen Farbfilm über Tiefseefische hatte vorführen lassen. Erhard hatte dies auch noch als Zeichen besonderen Vertrauens angesehen.[393]

In dieser schwierigen Situation wurde das MLF-Projekt nun von den «Atlantikern» als politisches Zugeständnis der USA gedeutet, während die

«Gaullisten» es mit Ausnahme von Eugen Gerstenmaier durchweg ablehnten. Außer in Deutschland fanden die USA jedoch inzwischen kaum noch Unterstützung für ihr Vorhaben. Die europäischen Verbündeten beteiligten sich zwar an den langen Diskussionen über die technische Ausgestaltung. Aber als es ernst wurde, zogen sie sich mehr und mehr zurück. Belgien stieg im November 1964 schließlich ganz aus, im Januar 1965 ebenso die Türkei. Auch die Briten, derentwegen man die ganze Sache im Grunde auf sich genommen hatte, zögerten; die neue Labour-Regierung unter Premierminister Harold Wilson war mit dem bestehenden amerikanisch-britischen Arrangement durchaus zufrieden und vermochte nicht einzusehen, welchen Nutzen zusätzliche Ausgaben für die MLF noch bringen sollten.[394] Am Ende war außer der Bundesrepublik und den USA niemand bereit, einen substantiellen Beitrag zur Finanzierung zu leisten. Auf Bonn und Washington würden demnach je 40 Prozent der Kosten entfallen, während die übrigen europäischen Verbündeten – außer Frankreich – die anderen 20 Prozent unter sich aufteilten.[395] Angesichts derart tiefgreifender Unklarheiten ergab das Projekt kaum noch einen Sinn. Als Schröder an der Jahreswende 1964/65 erkannte, daß die MLF die Probleme, die aus der nuklearen Hegemonie der USA im Bündnis resultierten, nicht lösen konnte, nahm er das Projekt daher stillschweigend vom Tisch. Die MLF versandete, ohne daß es je einen formellen Beschluß zu ihrer Beendigung gegeben hätte. Zwar versicherte Außenminister Rusk noch am 14. Januar 1966 in einem Brief an Schröder, daß die USA weiterhin bereit seien, das Projekt fortzuführen – wenn auch nicht auf der Basis einer ausschließlich deutsch-amerikanischen Beteiligung.[396] Doch das war nur noch ein Epilog.

Viel Zeit und Energie waren für eine Idee vergeudet worden, die letztlich der Atlantischen Allianz nur neue Probleme verursacht hatte. Auch das deutsch-amerikanische Verhältnis war durch die langen Diskussionen im Bündnis, den Disput in der Bundesrepublik zwischen «Atlantikern» und «Gaullisten» und den verspäteten deutschen Rückzug, durch den am Ende sogar noch der Regierung in Bonn eine Verantwortung zugeschrieben wurde, die sie überfordern mußte, nicht besser geworden. Insbesondere Schröder hatte es dabei an der Fähigkeit gemangelt, seine Absichten klar mitzuteilen und eine verläßliche Gefolgschaft dafür zu gewinnen. Doch als er nach dem Scheitern der MLF die Kontakte zu Frankreich wieder zu festigen suchte, um mit Hilfe einer Aufwertung der westeuropäischen Integration aus der Sackgasse herauszukommen, war die Verwirrung komplett. Adenauer hatte diese Entwicklung früh kommen sehen und in aller Öffentlichkeit korrigierende Empfehlungen für die Politik der Bundesregierung gegeben. So lobte er in einem Interview mit der *Bild am Sonntag*, das in der Ausgabe vom 1. November 1964 veröffentlicht wurde, demonstrativ Strauß, tadelte Schröder und erklärte – ohne Erhard beim Namen zu nennen –, das deutsche Volk verlange eine klare Führung, nicht aber das «Hin und Her und Her und Hin» in Bonn.[397]

Initiative in der Europapolitik

Die nun vorgetragene Initiative der Bundesregierung zur Wiederbelebung der Idee einer «politischen Union» in Europa vom 4. November 1964 wurde durch eine Reihe äußerer Ereignisse ausgelöst. Dazu zählten in erster Linie das Scheitern der MLF, aber auch der Sturz Nikita Chruschtschows sowie die Notwendigkeit, im Vorfeld der Bundestagswahl 1965 den Streit zwischen «Atlantikern» und «Gaullisten» beizulegen, der vor allem innerhalb der Union zunehmend für Unfrieden gesorgt hatte. Erhard und Schröder waren entschlossen, den seit dem Scheitern der Beitrittsverhandlungen Großbritanniens zur EWG 1963 stagnierenden Bestrebungen zur Intensivierung der politischen Zusammenarbeit zwischen den Partnern der Wirtschaftsgemeinschaft neuen Elan zu verschaffen. Voraussetzung dafür war die am 2. Dezember 1964 erteilte Zustimmung der Bundesregierung zu der von Frankreich seit langem geforderten Harmonisierung der Getreidepreise in der EWG, die für die deutschen Bauern mit erheblichen Ertragseinbußen verbunden war. Die Bonner Regierung hatte sich deshalb mit dem Deutschen Bauernverband zuvor auf einen Ausgleich der Verluste geeinigt und begründete ihr Nachgeben gegenüber Paris am 2. Dezember mit der «Schlüsselfunktion», die diese ganze Angelegenheit für die europäische Integration besitze.[398]

Die Vorschläge der Bundesregierung vom 4. November für die Fortführung der europäischen Einigung sahen neben Maßnahmen zur wirtschaftlichen Integration vor allem eine «europäische politische Zusammenarbeit» im Bereich der Außen-, Verteidigungs- und Kulturpolitik vor. Erste Entwürfe dazu waren schon 1961/62 von einem Sachverständigenausschuß zur Ausarbeitung der Statuten für eine politische Union Europas unter dem Vorsitz des französischen Botschafters in Kopenhagen, Christian Fouchet, unterbreitet worden. Die damaligen, recht weitgehenden Integrationspläne waren von General de Gaulle jedoch am 5. Februar 1962 mit der Bemerkung endgültig verworfen worden, seine Politik verfolge den Zweck, das Netz all jener Abmachungen, die Frankreich «die Rolle einer integrierten, also ausgelöschten Nation zuwiesen», zu zerreißen.[399] Die in Paris versammelten Außenminister der EWG-Staaten, die noch einmal über die Angelegenheit beraten sollten, waren daraufhin am 17. April 1962 ohne Ergebnis auseinandergegangen, und auch die Fouchet-Kommission hatte bald darauf ihre Arbeit eingestellt.

Nach dem jetzigen Vorschlag der Bundesregierung sollte es deshalb zunächst nur eine «intergouvernementale Zusammenarbeit» mit Hilfe gemeinsamer Ministerkonferenzen geben, ohne allerdings das eigentliche Ziel aus den Augen zu verlieren: ein «föderatives, politisch und wirtschaftlich geeintes, demokratisches Europa».[400] Die Zusammenarbeit sollte sich also «nicht in besonderen Organen», sondern – jedenfalls am Anfang – nur «in der Form regelmäßiger Sitzungen» vollziehen, deren Vorbereitung Arbeitsgruppen aus Beamten der jeweiligen Ministerien übertragen werden sollte. Allerdings sollte zur Unterstützung der Staats- und Regierungschefs sowie der Minister ein «beratender Ausschuß» zur Verfügung stehen, dessen Mitglieder von den Regierungen ernannt, danach aber «allein dem gemeinsamen Interesse» der beteiligten Staaten verpflichtet sein sollten. Damit, so meinte die Bundesregierung, würde in das Übereinkommen «ein Element eingefügt, das schon in der vorbereitenden Phase das gemeinsame Interesse verkörpern und einen Ansatzpunkt für die Bildung eines Gemeinschaftsorgans durch den Vertrag über die Europäische Politische Union bieten» könnte.[401]

Bei den deutsch-französischen Konsultationen Mitte Januar 1965 auf Schloß Rambouillet wurden diese Vorschläge zu einer Neubelebung des Gedankens einer politischen Union von deutscher Seite zur Sprache gebracht. Nach dem Scheitern der MLF und dem Nachgeben der Deutschen in der Getreidefrage schien auch Frankreich zu einer Wiederannäherung bereit. Am 20. Januar verkündeten Erhard und de Gaulle, daß nunmehr Kontakte zu den übrigen Regierungen der EWG-Staaten aufgenommen werden sollten, um die Außenminister zu beauftragen, eine Zusammenkunft der Regierungschefs vorzubereiten. Auf dem CDU-Parteitag in Düsseldorf im März 1965 konnte Erhard sogar schon mitteilen, daß das Gipfeltreffen zur Wiederbelebung der Unionsidee für Juli in Aussicht genommen sei. Die Information tat gute Dienste: Der Kanzler, so schien es den mißtrauischen «Europäern» in seiner eigenen Partei, war nun wenigstens bemüht, das europäische Erbe Adenauers anzutreten.

Als Außenminister Schröder sich danach um die Vereinbarung eines genauen Datums bemühte, sagten vier Regierungen sofort zu. Nur Frankreich zögerte erneut. Couve de Murville bejahte zwar am 29. März in Rom die Zweckmäßigkeit einer Außenministerkonferenz, ließ aber den Termin wegen noch bestehender sachlicher Gegensätze auf unbestimmte Zeit verschieben. Unklar war aus französischer Sicht nicht nur das Verhältnis der politischen Union zu den bereits bestehenden europäischen Institutionen, sondern auch die künftige Funktion Großbritanniens im europäischen Gefüge sowie das europäisch-amerikanische Verhältnis. In Wirklichkeit ging es de Gaulle allerdings weniger um Einzelfragen, als vielmehr um die Grundorientierung seiner Politik und die nationale Eigenständigkeit Frankreichs. So hatte der General es ausgerechnet während des CDU-Parteitages nicht an demonstrativen Beteuerungen der französisch-russischen Freundschaft fehlen lassen und dadurch sogar Adenauer zu einer persönlichen Intervention veranlaßt, die jedoch ohne erkennbare Wirkung blieb. Nach dem Besuch des sowjetischen Außenministers Gromyko Ende April meinte der französische Staatspräsident sogar stolz, nun habe Frankreich endlich eine Politik, «die in Paris gemacht wird».[402] Die Rede de Gaulles vom 27. April, in der diese Worte fielen, wurde auch in der Bundesrepublik von vielen als faktischer «Ausbruch in die Neutralität» gedeutet. Der Unwille, der nun über den Kurs der französischen Politik herrschte, war so stark wie niemals zuvor.[403]

Die Enttäuschung nahm noch zu, als die französische Regierung schließlich ebenfalls die Lösung der restlichen Agrarprobleme der EWG zur Vorbedingung neuer Gespräche über eine politische Union erklärte. Angesichts der im Herbst bevorstehenden Präsidentschaftswahlen waren die Wünsche der französischen Landwirtschaft für de Gaulle offenbar dringlicher als Fortschritte in der europäischen Integration. Vom Ergebnis der Agrarverhandlungen, die am 14. Juni in Brüssel begannen, würde alles Weitere abhängen. Bereits im März hatte Walter Hallstein dazu im Namen der EWG-Kommission vorgeschlagen, die Zolleinnahmen der EWG-Mitglieder direkt nach Brüssel zu überweisen, um der Kommission ein eigenes Einkommen zu verschaffen. Damit könnten der europäische Agrarmarkt und die Wirtschaftspolitik der Kommission unter der Kontrolle des Europäischen Parlaments aus eigenen Mitteln finanziert werden, und die Kommission würde sich zugleich zu einer supranationalen Autorität und zu einer wirklichen europäischen Institution entwickeln. Genau dies wollte man in Paris jedoch vermeiden. Hallsteins Annahme, die Agrarfinanzierung werde für Frankreich so viele Vorteile mit sich bringen, daß de Gaulle sich der Idee gar nicht widersetzen könne, erwies sich deshalb rasch als Illusion. Der Präsident dachte gar nicht daran, über funktionale Zusammenschlüsse hinauszugehen und nationale Autorität auf eine supranationale Institution, die sich der alleinigen französischen Kontrolle entziehen würde, zu übertragen.[404]

Die Situation spitzte sich sogar noch zu, als die provisorische Agrarmarktfinanzierung, die im Januar 1962 vom Ministerrat der EWG verabschiedet worden war und spätestens am 30. Juni 1965 durch eine endgültige Regelung ersetzt werden sollte, auslief, ohne daß man sich auf eine Neuordnung verständigt hatte. Die Neuregelung war wiederum an den Franzosen gescheitert, weil sie nach den Vorschlägen der Kommission mit einer Erweiterung der Rechte des Europäischen Parlaments verknüpft werden sollte. Couve de Murville erklärte dazu in der Nacht vom 30. Juni zum 1. Juli lapidar, eine Regelung sei «nicht zustande gekommen». Eine Gemeinschaft, deren Partner nicht bei ihren Absprachen blieben, habe «aufgehört, eine Gemeinschaft zu sein».[405] Das französische Kabinett beschloß daraufhin, «an weiteren, den Gemeinsamen Markt betreffenden Verhandlungen in Brüssel vorerst nicht mehr teilzunehmen». Die französischen Vertreter, darunter auch der Botschafter bei der EWG, wurden abberufen, der Ministerrat und alle Gremien, die mit Planungen für den weiteren Aufbau der Gemeinschaft betraut waren, boykottiert. Nur Routineangelegenheiten wurden von einer kleinen französischen Restdelegation noch erledigt. De Gaulles «Politik des leeren Stuhls» hatte begonnen.[406]

In der Bundesrepublik war damit der Streit zwischen den «Atlantikern» und den kleinlaut gewordenen «Gaullisten» entschieden. Die Europapolitik war nicht länger Gegenstand innenpolitischer Kontroversen und spielte auch im Bundestagswahlkampf 1965 keine Rolle mehr. Aber zugleich war die Europa-Initiative der Regierung Erhard gescheitert. Wie zuvor beim

Neuanlauf in der Ostpolitik und beim MLF-Projekt hatten der Kanzler und sein Außenminister weder ausreichendes Geschick noch die nötige Fortüne besessen, die angestrebten Ziele zu erreichen. Erhards Routinebesuch in Paris im Februar 1966 konnte nur mühsam verbergen, wie weit sich die Partner des deutsch-französischen Vertrages aus dem Jahre 1963 inzwischen voneinander entfernt hatten. Zwar gelang es den Regierungen der EWG-Staaten mit vereinten Kräften, de Gaulle nach seiner nur knappen Wiederwahl zum Präsidenten der Französischen Republik zur Rückkehr nach Brüssel zu bewegen. Aber der Preis war hoch. Er beinhaltete nicht nur die Sicherung der Agrarfinanzierung zu französischen Bedingungen, sondern auch den Verzicht der Kommission auf eine unabhängige Mittelzuweisung durch den automatischen Transfer der Zolleinnahmen sowie – am wichtigsten – das weitere Festhalten am Prinzip der Einstimmigkeit bei Entscheidungen im Ministerrat, obwohl die Römischen Verträge ab 1966 Mehrheitsbeschlüsse zuließen. Nicht der Geist der Integration, sondern das Eigeninteresse nationalstaatlichen Denkens bestimmte damit – ganz im Sinne de Gaulles – die weitere Entwicklung der französischen Europapolitik, der sich die anderen Mitglieder nicht zu widersetzen vermochten.

Kurz vor dem Treffen mit Erhard in Paris hatte de Gaulle überdies seine Absicht angekündigt, im Juli zu einem Staatsbesuch in die Sowjetunion zu fahren. Als die französische Regierung am 11. März 1966 (mit Wirkung zum 1. Juli) ihre Vertreter aus den integrierten NATO-Stäben zurückzog, die Unterstellung der französischen Truppen in Deutschland unter die Allianz aufhob und darum bat, das Hauptquartier des Bündnisses bei Paris an einen Ort außerhalb Frankreichs zu verlegen, durfte man vermuten, daß die Entscheidung mit der geplanten Moskau-Reise de Gaulles in direkter Verbindung stand. Für die Bundesrepublik wurde der Spielraum danach noch enger als zuvor: Schon aus geostrategischen Gründen nahm die sicherheitspolitische Abhängigkeit von den USA weiter zu, während für das deutschfranzösische Verhältnis – in den Worten des renommierten konservativen Soziologen, Historikers und Publizisten Raymond Aron – «zwischen einem neutralen oder halb mit der Sowjetunion liierten Frankreich und einer Bundesrepublik, die sich von den USA nicht unabhängig machen kann, ... nichts anderes als wirtschaftliche Solidarität» übrigblieb.[407] Die Verantwortung dafür lag sicher nicht allein – vielleicht sogar nicht einmal in erster Linie – bei der Bundesregierung. Aber es war Bundeskanzler Erhard und vor allem Außenminister Schröder nicht gelungen, die außenpolitischen Maximen der Ära Adenauer den veränderten internationalen Beziehungen anzupassen und innerhalb dieses Wandels die nationalen Interessen der Bundesrepublik neu zu definieren. Am Ende war die Bilanz ernüchternd, als man nur noch feststellen konnte, daß man praktisch zwischen allen Stühlen saß.

3. Die Kanzlerschaft Erhards

Probleme im Nahen Osten

Ein weiteres Beispiel für die Führungsschwäche der Regierung Erhard bot zur gleichen Zeit die Krise um die Aufnahme diplomatischer Beziehungen mit Israel, die im Mai 1965 von allen arabischen Staaten außer Libyen, Marokko und Tunesien mit dem Abbruch ihrer Beziehungen zu Bonn beantwortet wurde. Dieses Debakel betraf weniger Außenminister Schröder, der sich bei der ganzen Angelegenheit auffällig im Hintergrund hielt, als vielmehr den Bundeskanzler selbst, dessen politische Reputation dadurch so nachhaltig beschädigt wurde, daß die Krise seither als ein wichtiger Schritt auf dem Weg zu seinem Sturz gilt. Erhard selbst erwies sich dabei ein weiteres Mal als unfähig, eine komplexe außenpolitische Konstellation zu meistern, und im Palais Schaumburg gab es offenbar niemanden, der jene zentralen Koordinierungsaufgaben übernehmen konnte, die früher Hans Globke so geschickt bewältigt hatte.

Die Vorgeschichte der Krise reichte zurück bis in das Jahr 1952, als die Bundesrepublik einerseits diplomatische Beziehungen zu Ägypten aufgenommen hatte, in die wenig später auch die anderen arabischen Staaten einbezogen worden waren, und andererseits am 10. September 1952 mit Israel das Luxemburger Abkommen über Wiedergutmachung unterzeichnet hatte. So war das traditionell gute deutsch-arabische Verhältnis wiederhergestellt worden, während das jüdische Volk für die nationalsozialistischen Verbrechen wenigstens eine einigermaßen großzügige materielle Entschädigung erhielt. An diplomatischen Beziehungen zur Bundesrepublik waren zunächst die Israelis vor dem Hintergrund der jüngsten deutschen Geschichte nicht interessiert; später zögerten die Deutschen, um ihre Position in der arabischen Welt nicht zu gefährden.

Immerhin flossen Israel auf diese Weise schon bis Mitte 1965 fast 3,5 Milliarden DM an Wirtschaftshilfe zu. Bei einem geheimnisumwitterten Treffen zwischen Bundeskanzler Adenauer und dem israelischen Staatspräsidenten David Ben Gurion im New Yorker Waldorf-Astoria Hotel im März 1960 wurden zusätzliche Hilfsleistungen besprochen. Um Waffen ging es dabei noch nicht. Aber 1962 führten die zwischen Bonn und Tel Aviv gepflegten Kontakte auf amerikanischen Wunsch nach umfangreichen Gesprächen «zur Vereinbarung eines Rahmenprogramms», das die Bundesrepublik «zur Lieferung von Ausrüstung und Waffen in der Höhe von 240 Millionen DM» an Israel verpflichtete.[408] Sämtliche Fraktionen des Bundestages, die über das Programm unterrichtet wurden, waren mit dem Abschluß einverstanden.[409] Auf die Frage des FDP-Fraktionsvorsitzenden Mende, «warum ... die Amerikaner nicht lieber gleich selbst» lieferten, erklärte Adenauer: «Sie wollen uns die Chance geben, durch eine Geste den Israelis gegenüber die Solidarität zu beweisen. Gerade wir, die wir ja allerhand hinter uns haben, sollten dazu beitragen, die Sicherheit des israelischen Volkes durch eine Lieferung aus unserem Arsenal und zu unseren Lasten zu verstärken.»[410]

Als die wirtschaftliche und staatliche Konsolidierung Israels entgegen den ursprünglichen arabischen Erwartungen nach dem Suez-Krieg 1956 auch Anfang der sechziger Jahre noch gute Fortschritte machte, kam es 1964 zu einer neuerlichen Verschärfung der Spannungen. Dabei ging es nicht nur um die Nutzung des Jordan-Wassers, sondern ebenso um die Tätigkeit ausländischer Mächte. Erstmals geriet nun auch die Bundesrepublik ins Kreuzfeuer der Kritik beider Seiten. Israel protestierte gegen die Beschäftigung deutscher Spezialisten im Flugzeug- und Raketenbau durch Ägypten; Kairo griff die deutschen Waffenlieferungen an Israel an, die seit dem Anwachsen der nahöstlichen Spannungen seit Herbst 1964 auch schwere Waffen und Panzer einschlossen, was den arabischen Staaten und ihren Nachrichtendiensten natürlich nicht verborgen geblieben war. Tatsächlich war Bundeskanzler Erhard bereits im Juli 1964 anläßlich seines Besuches bei Präsident Johnson von dem resoluten Texaner «bekniet» worden, dem jüdischen Staat im Rahmen des bestehenden Abkommens von 1962 nunmehr auch Panzer zur Verfügung zu stellen, um entsprechende amerikanische Lieferungen an Jordanien zu kompensieren. Die neue Bundesregierung hatte dem «ganz intensiven Drängen der Amerikaner» schließlich nachgegeben, sich indessen zugleich bemüht, die eigenen Panzer über Italien so umzurüsten, daß sie «sozusagen ihren Ursprung» verloren und im Zuge einer speziellen israelisch-amerikanisch-italienischen Vereinbarung nach Israel befördert werden konnten.[411] Für die Ägypter machte das aber keinen Unterschied. Sie erblickten in den «italienischen» Tanks direkte Nachfahren jener deutschen Panzer, mit denen der am Nil wegen seiner Schlachten gegen die Engländer berühmte Feldmarschall Rommel im Zweiten Weltkrieg bis nach El Alamein vorgestoßen war. Doch nun wurden diese Panzer, denen seither ein legendärer Ruf anhaftete, von der Bundesrepublik ausgerechnet dem Todfeind Israel für seinen Kampf gegen die arabische Welt zur Verfügung gestellt.

Die Entrüstung in Kairo war so groß, daß Präsident Gamal Abd el Nasser am 9. November 1964 von der Bundesregierung Auskunft über die Angelegenheit verlangte. Außenminister Schröder, der sich nicht selbst auf die verwickelte Sache einlassen wollte, bat daraufhin Bundestagspräsident Eugen Gerstenmaier, nach Ägypten zu reisen, um die Aufregung zu dämpfen. Gerstenmaier verfügte über gute Kontakte in der Region und war mit den Auffassungen beider Seiten seit langem vertraut. Er war deshalb sofort bereit, die Mission zu übernehmen, und ersuchte am 12. November den Bundeskanzler um genauere Instruktionen. Erhard erteilte ihm den Auftrag, Nasser «darauf hinzuweisen, daß es sich um die Abwicklung von Vereinbarungen handelt, die schon vor längerer Zeit abgeschlossen wurden». Insofern fühle sich die Bundesregierung an die Einhaltung der Abmachungen gebunden. Sie sei jedoch der Auffassung, daß «ihre ursprüngliche Entscheidung, in Spannungsgebiete keine Waffen zu liefern, nach wie vor die beste Verfahrensweise» darstelle. Die Normalisierung der diplomatischen Beziehungen

3. Die Kanzlerschaft Erhards 411

zwischen Deutschland und Israel sei im Grundsatz notwendig; über den Zeitpunkt müsse man aber noch einmal nachdenken.[412]

In Kairo wurde Gerstenmaier vom deutschen Botschafter Georg Federer und dem Präsidenten des ägyptischen Parlaments, dem damals in der Weltöffentlichkeit noch kaum bekannten Anwar as Sadat, begrüßt. Sadat galt als besonders deutschfreundlich. Beim Vorstoß Rommels nach El Alamein hatte er als ägyptischer, antibritisch gestimmter Offizier mit Rommel Fühlung aufzunehmen versucht und war dabei in britische Gefangenschaft geraten. Jetzt war er in der Lage, dem Bundestagspräsidenten die notwendigen Türen zu öffnen. Am 22. November saß Gerstenmaier dem ägyptischen Präsidenten gegenüber, den er bereits im Sommer 1955 gemeinsam mit Außenminister von Brentano einmal besucht hatte. Nasser empfing ihn mit größter Liebenswürdigkeit in seiner Residenz. Offenbar war ihm daran gelegen, die entstandenen Probleme im deutsch-ägyptischen Verhältnis möglichst geräuschlos aus der Welt zu schaffen. So erhob er auch keinen Einwand, als Gerstenmaier vorschlug, alle deutschen Waffenlieferungen in die Region einzustellen, sich mit den fälligen «Normalisierungen» zu Israel «vertraut zu machen» und damit zugleich die Beziehungen zwischen Bonn und Kairo auf eine neue Grundlage zu stellen. Die notwendige formale Übereinkunft sollte bei einem Besuch Nassers in der Bundesrepublik unterzeichnet werden. Auch Sadat war danach – ebenso wie Botschafter Federer – der Meinung, daß Nasser die Einladung nach Bonn angenommen und dem damit verbundenen weiteren Modus procedendi zugestimmt habe.[413]

Der Fortgang der Geschichte war deshalb für Gerstenmaier um so bestürzender, als er erkennen mußte, daß die Bundesregierung nicht unverzüglich auf der Basis handelte, die er in Kairo geschaffen hatte. Tatsächlich wurde der günstige Moment, der nicht wiederkehren sollte, durch deutsches Zögern versäumt. Denn kurz nach Gerstenmaiers Aufenthalt besuchte der stellvertretende sowjetische Ministerpräsident Alexander Scheljepin im Dezember 1964 Ägypten und bot Nasser großzügige militärische und wirtschaftliche Hilfe an. Dafür verlangte er aber im Gegenzug eine Aufwertung der DDR. Der ägyptische Präsident, der auf die sowjetische Hilfe dringend angewiesen war, lud daraufhin am 24. Januar 1965 Walter Ulbricht zu einem Staatsbesuch nach Kairo ein. Die Bundesregierung, die eine Erosion der Hallstein-Doktrin befürchtete, reagierte sofort und kündigte schwerwiegende Konsequenzen für das deutsch-ägyptische Verhältnis an, was wiederum in der Bundesrepublik heftige Diskussionen über Vor- und Nachteile der deutschen Waffenlieferungen an Israel auslöste. Gleichzeitig drehte Nasser den Spieß um, indem er die Beendigung der deutschen Militärhilfe für Israel forderte und die Anerkennung der DDR durch die arabischen Staaten androhte. Nun erschien plötzlich die Bundesregierung als Störenfried im Nahen Osten.[414]

Die Krise war jedoch noch keineswegs beendet, als Bonn unter dem Druck der ägyptischen Drohung nachgab und erklärte, künftig keine Waffen mehr in Spannungsgebiete zu liefern und Israel durch wirtschaftliche Leistungen abzufinden. Vielmehr geriet die Bundesregierung jetzt erst richtig in Schwierigkeiten, weil die öffentliche Kritik an der unsicheren und schwächlichen Führung der deutschen Außenpolitik immer mehr anschwoll. Nicht genug damit, daß Nasser scheinbar mühelos in der Lage gewesen war, die Hallstein-Doktrin umzudrehen und sie zu einem Instrument der Erpressung gegen die Bundesregierung zu richten. Schlimmer noch war, daß das Vertrauen in die außenpolitische Kompetenz Erhards und Schröders in der Bundesrepublik sowie in Israel und den mit dem jüdischen Staat verbündeten Ländern, vornehmlich den USA, grundlegend erschüttert war. Der ganze Umfang der Bonner Niederlage wurde einer breiteren Öffentlichkeit erst bewußt, als Ulbricht vom 24. Februar bis zum 2. März mit großem Aufwand seinen Staatsbesuch in Ägypten absolvierte. Zwar kam es nicht zu einer formellen Anerkennung der DDR, doch das Bundeskabinett, das am 4. März über die Vorgänge in Kairo beriet, erwog trotzdem, die Beziehungen zu Ägypten abzubrechen. Vor allem der Bundeskanzler neigte zu einem solchen Schritt, um seiner Enttäuschung und Entrüstung Ausdruck zu verleihen, während der Außenminister energisch widersprach, um die Position der Bundesrepublik in den arabischen Staaten nicht gänzlich aufs Spiel zu setzen. Den Ausweg fand schließlich der Vorsitzende der Bundestagsfraktion der CDU/CSU, Rainer Barzel, der dem Bundeskanzler riet, die ägyptische Herausforderung durch die Aufnahme diplomatischer Beziehungen mit Israel zu beantworten. Ohne weitere Erörterung gab Erhard am 7. März bekannt, daß er so entschieden habe.[415]

Die arabischen Länder mußten dadurch den Eindruck gewinnen, die Bundesregierung wolle sie für die Kontakte Ägyptens zur DDR bestrafen. Erhard aber hatte sich durch seine Ankündigung selbst unter Zugzwang gesetzt, so daß ihm schließlich nichts anderes übrig blieb, als persönlich über die Aufnahme der Beziehungen zu Tel Aviv zu entscheiden und die schon erwähnte absehbare negative Reaktion der arabischen Länder in Kauf zu nehmen. Dem christdemokratischen Bundestagsabgeordneten Kurt Birrenbach fiel die Aufgabe zu, in mehreren «Sondermissionen» die Aufnahme der diplomatischen Beziehungen zwischen der Bundesrepublik und Israel zu vermitteln.[416] Am 19. August 1965 übergab Botschafter Rolf Pauls unter schweren Protesten radikaler Gruppen dem israelischen Staatspräsidenten Salam Schasar in dessen Amtssitz in Jerusalem sein Beglaubigungsschreiben. Die arabischen Staaten brachen danach ihre Beziehungen zur Bundesrepublik ab. Allerdings wurden dadurch weder die wirtschaftlichen Beziehungen in nennenswertem Maße beeinträchtigt, noch kam es zur diplomatischen Anerkennung der DDR durch die arabischen Länder. Man war noch einmal mit einem blauen Auge davongekommen.

Zurück blieb die Erinnerung an einen mißglückten Start der Bundesrepublik in die Weltpolitik. Offenbar hatte man in Bonn die offensiven Möglichkeiten der Hallstein-Doktrin überschätzt. So sehr diese bis dahin ihren Wert als Instrument zur Verhinderung der völkerrechtlichen Anerkennung der DDR bewiesen hatte, so wenig schien sie als Waffe zur politischen Isolierung der DDR geeignet. Ursprünglich sei die Hallstein-Doktrin «gewissermaßen eine Festungslinie» gewesen, bemerkte dazu der Journalist und langjährige Chefredakteur des *Europa-Archiv*, Wolfgang Wagner. Statt nun diese Festungslinie zu verteidigen, habe sich die Bundesregierung vorgenommen, «auch das große Vorfeld dieser Linie in die Verteidigung einzubeziehen».[417] Aber mit dem Wandel vom Kalten Krieg zur Entspannung und dem zunehmenden Eigengewicht der DDR hatte sich auch der Stellenwert der Doktrin nicht zum Positiven entwickelt, sondern eher ins Negative verkehrt. Die Krise im Nahen Osten machte deutlich, daß die Doktrin gänzlich ungeeignet war, neben der Festung selbst auch noch das Vorfeld zu sichern. Mehr noch: Es genügte nicht einmal mehr, das Vorfeld wieder preiszugeben, um dann in sicherer Position weiter geschützt zu sein. Aus dem Nahost-Debakel konnte es nur eine Schlußfolgerung geben: die Doktrin entweder zu modifizieren oder sie ganz abzuschaffen.[418]

In der deutschen Publizistik wurde die Außenpolitik der Bundesrepublik deshalb zu Beginn des Jahres 1966 häufig mit dem Bild des Wanderers in der Wüste verglichen, der am Horizont die Silhouette der Wiedervereinigung flimmern und sie um so weiter zurückweichen sah, je unbeirrter er an seinem Kurs festhielt. «Es kann Bewunderung erwecken», meinte Wolfgang Wagner halb ernsthaft, halb ironisch, «daß sich die deutsche Außenpolitik bisher weder durch Rückschläge noch durch die inzwischen offenkundige Aussichtslosigkeit, ihr Ziel in absehbarer Zeit zu erreichen, hat entmutigen lassen.» Aber allmählich wüchsen eben doch die Zweifel, «ob diese Beharrlichkeit noch politisch sinnvoll ist oder ob sie nicht vielleicht nur der Gewöhnung an alte Formeln entspringt, die unter anderen politischen Umständen aufgestellt wurden, als sie heute in Europa herrschen.»[419]

Die «Formierte Gesellschaft»

Nachdem zunächst Erhards Europa-Initiative gescheitert war und er danach wochenlang im Bann der Herausforderung Nassers gestanden hatte, benötigte er für den CDU-Parteitag, mit dem am 28. März 1965 der Wahlkampf eröffnet werden sollte, dringend eine neue Vision. Zwar war die Bilanz nach dem ersten Jahr seiner Kanzlerschaft insgesamt nicht schlecht; die Koalition hatte überlebt, und dem Land waren größere Katastrophen erspart geblieben. Aber vor allem die außenpolitischen Vorgänge hatten im kleinen Bonn, in dem Gerüchte besonders schnell kursierten, unter Politikern, Diplomaten, Beamten und Journalisten schon bald abträgliche Urteile über die vermeintliche Entschlußlosigkeit und Führungsschwäche des Kanzlers hervorgerufen. Auch die jahrelang von Adenauer betriebene Demontage des «Kronprinzen» zeitigte späte Folgen. Nicht selten waren es gerade diejenigen, die vorher über den autoritären Stil Adenauers gejammert hatten, die nun das kleinmütige Zaudern Erhards beklagten.[420]

Diese kritische Einschätzung des Kanzlers durch die politischen Profis in der Hauptstadt stand in einem bemerkenswerten Kontrast zur andauernden Beliebtheit Erhards draußen im Lande. Seine persönlichen Mitarbeiter, allen voran der für «public relations» zuständige Leiter des Kanzlerbüros und engste Vertraute Erhards, Karl Hohmann, rieten deshalb zu einer Intensivierung der Kontakte im inneren Zirkel der Meinungsbildung. Durch Begegnungen mit Vertretern aus Wissenschaft, Kunst und Publizistik sollte nicht nur Erhards politisches Image aufpoliert, sondern zugleich das bis dahin in der Bundesrepublik immer noch gestörte, unterkühlte und zum Teil gar nicht existierende Verhältnis zwischen Geist und Macht verbessert werden. Erhard hatte solche Begegnungen auch vorher schon gesucht. Aber nun folgte daraus eine offizielle Einladung ins Palais Schaumburg, um in einer «freimütigen und sachlichen Erörterung» über «Deutschland in innerer und äußerer Sicht» zu diskutieren.[421] Am 23. Juli 1964 traf man sich zum ersten Mal, danach noch des öfteren. Das Spektrum der Teilnehmer war breit. Es umfaßte Verleger wie Josef Witsch und Siegfried Unseld, Schriftsteller und Publizisten wie Ernst Jünger, Rolf Schroers, Rudolf Walter Leonhardt und Rüdiger Altmann sowie den gelehrten Juristen Ulrich Scheuner, den mit Erhard seit langem verbundenen Ökonomen Alfred Müller-Armack und den prominenten Politologen und Zeithistoriker Karl Dietrich Bracher.[422]

Aus dieser lockeren Runde ging im Herbst 1964 ein sogenannter «Sonderkreis» hervor, den Karl Hohmann einrichtete, um – nach dem amerikanischen Vorbild der *brain trusts* – für den Kanzler gezielt intellektuelle Zuarbeit zu leisten.[423] Hohmann führte selbst den Vorsitz. Geistiger Kopf war der Publizist und stellvertretende Hauptgeschäftsführer des Deutschen Industrie- und Handelstages Rüdiger Altmann. Zum engeren Kreis gehörten der Mannheimer Wahlforscher Rudolf Wildenmann, der Psychologieprofessor Manfred Koch sowie – als Benjamin der Runde – der flinke Rundfunkredakteur Johannes Gross. Außerdem beteiligten sich ein halbes Dutzend weiterer Personen aus Wissenschaft und Publizistik. Unbedingte Voraussetzung für die Aufnahme in den Beraterzirkel war der Wunsch, daß die CDU die Wahl gewänne und Ludwig Erhard wieder Kanzler würde. Müller-Armack, der Erhard bis zu seinem Ausscheiden aus dem Wirtschaftsministerium mit Ideen zur gesellschaftspolitischen Ausweitung des Konzepts der sozialen Marktwirtschaft und Versatzstücken für seine Reden versorgt hatte, war nun nicht mehr dabei.[424]

Tatsächlich einte die Teilnehmer der Glaube, daß die CDU die Wahl ohne Erhard mit Sicherheit verlöre, durch Erhard aber nicht mit der gleichen Sicherheit gewänne. Dem aktuellen Stand der Umfrageergebnisse zufolge sah es im Herbst 1964 und Winter 1964/65 für die Union nicht gut aus: Erhard befand sich im Februar 1965 mit 34 Prozent Zustimmung nunmehr auf einem Tiefpunkt seines Ansehens. Bei den Parteien lag die SPD mit 47

Prozent in Führung, deutlich vor der Union mit 42 Prozent und der FDP mit 7 Prozent.[425] Der Sonderkreis wurde daher zunächst mit Fragen der Imagepflege befaßt: welche Krawatten der Kanzler bei Fernsehauftritten tragen sollte; welche Signale davon ausgingen, wenn sein Dienstwagen eine wehende Standarte führte; und ob es nicht zweckmäßig sei, gemeinsame Auftritte mit dem zunehmend armselig wirkenden Bundespräsidenten zu vermeiden.[426] Im Frühjahr 1965, als die außenpolitischen Probleme ein bedenkliches Ausmaß angenommen hatten und für Ende März ein schwieriger Parteitag bevorstand, bei dem der noch immer nicht beigelegte Streit zwischen «Atlantikern» und «Gaullisten» leicht zu einer Spaltung der CDU führen konnte, reichte bloße Kosmetik allerdings nicht mehr aus. Nun suchte man nach einem Slogan, einer neuen Verheißung, die – wie früher die «soziale Marktwirtschaft» oder später der «Wohlstand für alle» – der Bevölkerung und zumal dem Wähler nicht nur die Handlungsfähigkeit, sondern auch die Unersetzlichkeit Erhards vor Augen führen sollte. So entstand die Idee der «Formierten Gesellschaft» – von Rüdiger Altmann mit der passenden Worthülse versehen, die Hohmann zwar nicht gefiel, bei der es aber schließlich doch blieb, da niemandem etwas Besseres, Griffigeres oder weniger konservativ Klingendes einfiel.

Ausgangspunkt der neuen Konzeption war Erhards alte Klage, daß die Gesellschaft in organisierte Gruppen zerfalle, die um möglichst hohe Anteile am Sozialprodukt und um Einfluß auf die politischen Entscheidungen des Staates stritten. Dies schade nicht nur der Staatsgesinnung und dem Gemeinsinn, sondern mindere letztlich auch Wohlstand und Wachstum, zumal die ursprünglich auf außergewöhnlich niedrigen Löhnen beruhenden Wettbewerbsvorteile der deutschen Wirtschaft immer mehr schwanden und ihre Konkurrenzfähigkeit nur noch durch qualitative Innovationen aufrechterhalten werden könne. Der Pluralismus helfe hier nicht weiter, erklärte Erhard im Dezember 1965 bei seinem Besuch in den USA dem amerikanischen Präsidenten Johnson, sondern führe bloß zur Fragmentierung und danach in den Kollektivismus. Die neu herausgebildete Leistungs- und Konsumgesellschaft, die durch eine tendenzielle Abflachung des ökonomischen Wachstums bei gleichzeitiger Zunahme gemeinschaftlicher Aufgaben gekennzeichnet sei, brauche daher ein völlig neues Leitbild: die «Formierte Gesellschaft».[427] Der Einfluß der Verbände sollte darin im öffentlichen Leben hinter die Individuen zurücktreten, damit nicht länger die organisierten Interessen, die in der Bundesrepublik – wie in anderen demokratisch-sozialstaatlich verfaßten Industriegesellschaften – immer mächtiger und fordernd auftraten, sondern Vernunft sowie Einsicht und Rücksicht die Gesellschaft prägten.[428]

So schrieb Rüdiger Altmann es auch in die Rede, die Erhard am 28. März den Delegierten des CDU-Parteitages in Düsseldorf vortrug. Offen blieb, wie die institutionelle Neuordnung, die der formierten Gesellschaft vorausgehen und 150 Jahre politisch-soziale Entwicklung negieren mußte, zu bewerkstelligen wäre. Erhard trug darüber nichts vor, weil er es ebensowenig wußte wie Altmann. Eine zweite Idee, die dem unklaren Gedanken der «Formierten Gesellschaft» zur Seite gestellt wurde, war nur wenig konkreter: die Schaffung eines «Deutschen Gemeinschaftswerks», das bislang vernachlässigte Kollektivaufgaben wie Städtebau und Bildung in Angriff nehmen und zu diesem Zweck einen Teil des Steueraufkommens von Bund und Ländern zugeführt bekommen sollte.[429]

Die Reaktionen auf diesen «visionären» Teil der Rede Erhards schwankten zwischen allgemeinem Erstaunen über Unerwartetes und Zwiespältigkeit. Die Wohlmeinenden vermuteten Tiefe dort, wo sie Konkretheit vermißten. Die weniger Wohlmeinenden mokierten sich über diffusen Wortbombast anstelle einer inhaltlich klaren und verständlich formulierten Politik. Von der Notwendigkeit eines «neuen Spezialistentums» habe der Kanzler gesprochen, schrieb die *Süddeutsche Zeitung* ironisch in ihrer Kommentarspalte «Streiflicht» – deshalb wünsche sie ihm einen Spezialisten «zur Vermeidung allzu krasser logischer, manchmal sogar philologischer Ungereimtheiten in Kanzlerreden».[430] «Formierte Gesellschaft» sei ein schönes Wort, aber bei näherem Hinsehen doch «nur das Deckblatt ... für eine Zigarre aus lauter Unvereinbarkeit, Widerspruch und Wunschdenken».[431] Konrad Adenauer beklagte am 22. Juni 1965 in einem Brief an den Geschäftsführenden Vorsitzenden der CDU, Josef Hermann Dufhues, daß dieser hinter seinem Rücken «Vorschläge zu Beschlüssen von weittragender Bedeutung» auf dem Parteitag habe passieren lassen (Adenauer selbst befand sich zu diesem Zeitpunkt im Urlaub in Cadenabbia), und erklärte danach kritisch zur Idee der Formierten Gesellschaft:

«Der Beschluß über die formierte Gesellschaft enthält nichts über das, was für jedes CDU-Mitglied maßgebend und unentbehrlich sein muß, über die christlichen Grundwahrheiten als Grundlage einer Gesellschaftsordnung. Da die Durchführung dieser ‹Ordnung› verfassungsändernde Gesetze erfordert, und da zu diesen Gesetzen die Zustimmung der Sozialdemokratie erforderlich ist, hat man wohl der erhofften Zustimmung der SPD zuliebe die christliche Grundlage, auf der bisher unsere Partei beruht, absichtlich fortgelassen. Der Schaden, der unserer Partei dadurch auf die Dauer entstehen wird, wird verheerend sein. Davon abgesehen ist das Ganze so wenig durchdacht und durchgearbeitet.»[432]

Außer von Adenauer wurde Erhards neue Vision allerdings bald von niemandem mehr ernst genommen. Da der Kanzler die notwendige Konkretisierung nicht liefern konnte, blieb der Begriff noch eine Weile in der politischen Diskussion. Aber schon im Wahlkampf 1965 spielte er keine nennenswerte Rolle mehr. Dem Slogan Altmanns mangelte es nicht nur an praktischem Gehalt, sondern auch an wahltaktischem Wert. Erhard mußte ohne neue gesellschaftspolitische Verheißung in den Wahlkampf ziehen.

Auch die gewünschte Aussöhnung zwischen Geist und Macht gelang nicht. Sie hatte von Anfang an darunter gelitten, daß zentrale Symbolfiguren der intellektuellen Opposition, wie etwa der Philosoph Jürgen Habermas,

3. Die Kanzlerschaft Erhards

der feinen Runde im Kanzleramt fernblieben oder gar nicht erst eingeladen wurden, wie der Dramatiker Rolf Hochhuth und der Schriftsteller Günter Grass. Im Wahlkampf 1965 betrieb Grass dann eine «private Wahlkampagne» zugunsten der SPD, und Hochhuth kritisierte in einem polemischen Artikel im *Spiegel* mit Klassenkampfargumenten die bestehende Wirtschafts- und Gesellschaftsordnung in der Bundesrepublik.[433] Erhard sah sich dadurch veranlaßt, vor dem Wirtschaftstag der CDU/CSU in Düsseldorf am 9. Juli 1965 gegen die Intellektuellen Stellung zu beziehen. Aus dem Stehgreif, also ohne vorbereitetes Manuskript, bemerkte er dort wörtlich:

«Neuerdings ist es ja Mode, daß die Dichter unter die Sozialpolitiker und die Sozialkritiker gegangen sind. Wenn sie das tun, das ist natürlich ihr gutes demokratisches Recht, dann müssen sie sich aber auch gefallen lassen, so angesprochen zu werden, wie sie es verdienen, nämlich als Banausen und Nichtskönner, die über Dinge urteilen, von denen sie einfach nichts verstehen. Ich habe keine Lust, mich mit Herrn Hochhuth zu unterhalten über Wirtschafts- und Sozialpolitik, um das einmal ganz deutlich zu sagen und das Kind beim Namen zu nennen. Ich würde mir auch nicht anmaßen, Herrn Professor Heisenberg gute Lehren über Kernphysik zu erteilen. Ich meine, das ist alles dummes Zeug. Die sprechen von Dingen, von denen sie keine Ahnung haben. Sie begeben sich auf die Ebene eines Parteifunktionärs und wollen doch mit dem hohen Grad eines Dichters ernst genommen werden.»[434]

«Nein, so haben wir nicht gewettet», fuhr Erhard fort und sprach dann den Satz aus, der ihm noch viel Ärger bereiten sollte: «Da hört der Dichter auf, da fängt der ganz kleine Pinscher an.»[435]

Zwei Tage später, vor der 11. Bundestagung der CDU/CSU-Sozialausschüsse im Kölner Gürzenich, ging er sogar noch einen Schritt weiter und schimpfte erregt über «einen gewissen Intellektualismus, der in Idiotie umschlägt». Energisch verwahrte er sich gegen «die Versuche intellektueller Snobs, den Wohlstand in der Bundesrepublik lächerlich zu machen», und beklagte im gleichen Atemzug mit einem belasteten und nicht nur aus diesem Grunde unpassenden Wort auch noch gewisse «Entartungserscheinungen» in der modernen Kunst.[436] Dieses Urteil, das nur aus seinem Zorn über wenig qualifizierte Äußerungen eines Schriftstellers zur Wirtschafts- und Sozialpolitik zu erklären ist, ließ Erhard nunmehr in einem Licht erscheinen, das die Züge seiner Persönlichkeit und seines Denkens selbstverschuldet verzerrte. In Wirklichkeit strebte er nicht nur ein besseres Verhältnis zur Kunst und Wissenschaft an, wie es in seinen Gesprächsrunden im Palais Schaumburg seit dem Sommer 1964 zum Ausdruck kam, sondern er besaß auch selbst einen durchaus liberalen Geist, der sich bis dahin eher der Kritik von rechts als von links zu erwehren gehabt hatte. Mit seinen Äußerungen in Düsseldorf und Köln löste er freilich eine Woge der Entrüstung aus. Neben Hochhuth und Grass, deren zunächst wenig spektakuläres Eintreten für die SPD plötzlich eine riesige Aufmerksamkeit gewann, meldeten sich nun auch andere namhafte Autoren zu Wort, die sich durch Erhards Attacken in längst vergangen geglaubte Zeiten zurückversetzt fühlten. Uwe Johnson, Martin Walser, Ernst Bloch und Hans Werner Richter griffen den Bundeskanzler heftig an und scheuten dabei ihrerseits vor Verbalinjurien nicht zurück.

Die Bundestagswahl am 19. September wurde dadurch jedoch ebensowenig entschieden wie durch das reichlich verworrene Konzept der «Formierten Gesellschaft». Den Ausschlag zugunsten der Union gab vielmehr erneut die Popularität Erhards in der Bevölkerung. Am Ende siegte er – allen innerparteilichen Zänkereien zum Trotz – bei der Wahl mit einem Stimmenzuwachs von 45,3 auf 47,6 Prozent gegenüber 39,3 Prozent für die SPD und 9,5 Prozent für die FDP. Die Regierung verfügte damit im Bundestag über eine komfortable Mehrheit von 301 zu 217 Sitzen. Das Fundament für eine bessere zweite Amtszeit schien gelegt zu sein.

Kritik aus den eigenen Reihen

Gefahr drohte Erhard auch nach der erfolgreichen Bundestagswahl weniger von der zurückhaltenden Opposition, mit der er zumeist fair und gewandt umzugehen wußte, als vielmehr aus den eigenen Reihen. Vor der Wahl waren besonders Konrad Adenauer und Franz Josef Strauß nicht müde geworden, das Bild vom ewig unentschlossenen «Gummi-Erhard» zu zeichnen, der sich gegenüber allem und allen als nachgiebig erwies.[437] Natürlich hatten sie sich ein Wahlergebnis gewünscht, das es ihnen ermöglicht hätte, Erhard loszuwerden und einen anderen als ihn ins Palais Schaumburg zu befördern – gegebenenfalls sogar im Rahmen einer Großen Koalition mit der SPD. Noch zwei Tage vor der Wahl hatte Adenauer deswegen ein Gespräch mit dem sozialdemokratischen Spitzenkandidaten Willy Brandt angekündigt und Erhard unter Zuspruch von Strauß mit der Bemerkung öffentlich zurechtgewiesen, es widerspreche der Verfassung, daß jemand – gemeint war Erhard – im Wahlkampf dauernd «Ich werde Kanzler» sage, denn darüber könnten nur die Wähler und die anschließende Regierungsbildung entscheiden. Bundespräsident Lübke, der Erhard nicht weniger feindlich gesonnen war und zudem seit langem als Befürworter einer Großen Koalition galt, erinnerte kurz vor der Wahl daran, daß nur er den Kanzler vorzuschlagen habe; deshalb sollten keine Namen genannt werden, bevor mit ihm gesprochen worden sei.[438]

Nach der Wahl, die Erhard als einen persönlichen Triumph empfand, waren solche taktischen Plänkeleien überflüssig geworden. Das Ergebnis war zu eindeutig. In den Beratungen der Spitzengremien von CDU und CSU am folgenden Tag sprach niemand mehr von einer Großen Koalition; statt dessen wurden die Parteivorsitzenden Adenauer und Strauß beauftragt, dem Bundespräsidenten erneut Erhard als Kanzler vorzuschlagen. Ausgerechnet dessen schärfste Kritiker hatten sich dieser für sie undankbaren Aufgabe zu entledigen, und auch Lübke sah keine Möglichkeit, dem Vorschlag seine Zustimmung zu versagen. An den Vorbehalten gegen Erhard änderte dies freilich nichts, wie schon die Zusammensetzung der Unionskommission für die anschließenden Koalitionsverhandlungen mit der FDP zeigte. Außer Erhard selbst und dem vorsichtig nach beiden Seiten taktierenden Barzel, der den Vorsitz übernahm, gehörten ihr mit Adenauer, Dufhues, Strauß und den stellvertretenden Fraktionsvorsitzenden nur Erhard-Kritiker an. Der Erhard-Anhänger Kai-Uwe von Hassel wurde von der Kommission ausgeschlossen, obwohl er Erster Stellvertreter Parteivorsitzender der CDU war, und witterte daher – nicht zu Unrecht – ein Komplott, wie er Adenauer am 5. Oktober wissen ließ.[439]

Tatsächlich besaß Erhard bei den Spitzen der Union schon längst kein Vertrauen mehr. Strategische Züge hatte der Kampf gegen ihn – abgesehen von bereits früher vorgetragenen Angriffen Adenauers – aber erst mit den Auseinandersetzungen zwischen «Atlantikern» und «Gaullisten» um die Prinzipien der Bonner Außenpolitik im Frühjahr 1964 angenommen. Dabei war die innerparteiliche Kritik für Erhard erheblich unangenehmer als die Vorwürfe der Opposition, weil sie sofort mit der Diskussion um seine Person verbunden wurde. Über Adenauers Absichten brauchte man kein Wort zu verlieren; da er Erhard außenpolitisch für unfähig, ja gefährlich hielt, arbeitete er unablässig auf dessen Sturz hin, nachdem es ihm trotz jahrelanger Bemühungen nicht gelungen war, seine Kanzlerschaft zu verhindern. Strauß sah seine eigene Zeit als Kanzler um so schneller herannahen, je eher die Untauglichkeit Erhards offenbar wurde. Krone, Dufhues, Lücke und – vom Krankenbett her – Heinrich von Brentano besaßen keine derart ausgeprägten persönlichen Beweggründe, kamen aber in ihrer Sorge über Erhards Politik und ihrer Unzufriedenheit mit seiner Amtsführung zum gleichen Ergebnis wie Adenauer und Strauß: Erhard müsse gehen – je eher, desto besser. Gerstenmaier und Barzel, beide ehrgeizig und strebsam, hielten sich zurück und blieben beweglich – wie viele andere in Fraktion und Partei, die beim Kanzler nur das Amt, aber nicht die Person stützten. Auffällig war indessen, daß es zwar viele prominente Gegner, jedoch – abgesehen von Außenminister Schröder und Verteidigungsminister von Hassel – kaum namhafte Anhänger Erhards gab.

Wirkliche Freunde unter den Spitzenpolitikern der Union hatten weder Erhard noch Schröder. Der Außenminister wurde – zumindest am Anfang – von vielen immerhin respektiert, wenn auch nur von wenigen gemocht; menschlich nahe stand ihm aus der Führungsriege der Partei kaum jemand. Erhard wurde von den meisten noch immer für unentbehrlich gehalten, pflegte aber mit niemandem einen auch nur halbwegs vertrauten Umgang. Obwohl persönlich durchaus liebenswürdig, fühlte sich ihm deshalb keiner aus Zuneigung oder politischer Hingabe so sehr verbunden, daß er darauf auch in der Niederlage noch hätte bauen können. Respekt verspürte man allenfalls vor dem Wirtschaftsminister Erhard, höchst selten vor dem Kanzler. Nur das Bewußtsein seiner wahltaktischen Nützlichkeit entzog ihn persönlich in der Partei zunächst den Angriffen auf seine Politik.[440]

Auch ein großer Teil der Öffentlichkeit neigte lange dazu, Erhard mit Wohlwollen und Nachsicht zu behandeln. In der Auseinandersetzung mit seinen innerparteilichen Gegnern, namentlich Adenauer, stellte sich die Presse zumeist auf die Seite des vermeintlich Schwächeren und zu Unrecht Angegriffenen. Erhard erschien stets als Opfer, Adenauer immer als Schurke. Aber in die schonungsvolle Behandlung mischten sich zunehmend kritische Töne, als sich beim besten Willen nicht mehr übersehen ließ, daß Erhard den Anforderungen, die das Amt des Kanzlers an ihn stellte, nicht gewachsen war. In Umfragen glaubten bereits im Herbst 1964 nur noch 37 Prozent der Befragten, daß Erhard als Kanzler eine überzeugende Figur abgebe. Das Tief hielt bis zum Frühjahr 1965 an. Erst im Wahlkampf gelang ihm eine leichte Imageverbesserung. Für den Ausgang der Wahl war sie jedoch weniger entscheidend als der Bonus, den er als «Vater des Wirtschaftswunders» bei der Masse der Wähler weiterhin genoß. Die allgemeine Wählerträgheit, die in den sechziger Jahren noch verhinderte, daß aus Stammwählern der Union plötzlich Wechselwähler für die SPD wurden, tat ein übriges, um seinen Erfolg zu sichern.

Erhards Wahlsieg konnte allerdings nicht darüber hinwegtäuschen, daß er für das Kanzleramt tatsächlich ungeeignet war. Beobachter vermuteten, daß er sich über die hohen Anforderungen, die das Amt an ihn stellte, selbst nicht im klaren war. Jedenfalls wurde er ihnen weder mit der erforderlichen Energie noch mit dem nötigen Fleiß gerecht. Allzu häufig und allzu lange reiste er an den Tegernsee, wo er sich von Sep Ruf ein modernes Haus mit weitem Blick auf den See und die Alpen hatte bauen lassen. Kaum jemand wußte damals bereits, daß er schon 1960 seinen ersten Herzinfarkt erlitten hatte, wie Karl Hohmann, sein engster Vertrauter, erst 1983 bekannte. Auch in Bonn waren Erhards Arbeitstage nur kurz. Er kam gegen neun, aß gewöhnlich um eins daheim zu Mittag, kehrte kaum vor drei ins Amt zurück und verließ seinen Schreibtisch selten nach sieben. Daß er kein Aktenleser war, wußte man schon aus dem Wirtschaftsministerium. Auch im Kanzleramt wurde beschriebenes Papier von seinem Schreibtisch möglichst ferngehalten. Westrick trug ihm das wichtigste vor. Politik als zähe Arbeit am Detail, die umfassende und präzise Kenntnisse verlangte, lag Erhard nicht. So ließ er sie links liegen.[441] «Er präpariert sich nicht, so weiß er eben nichts», notierte Heinrich Krone bereits 1964 resigniert.[442]

Auch für viele Besucher brachte Erhard kein wirkliches Interesse auf. In Gesprächen mit ausländischen Gästen, sofern es nicht gerade die Botschafter der großen Mächte waren, ging oft schon nach wenigen Minuten der Gesprächsstoff aus, und die Unterhaltung wurde vorzeitig beendet.[443] Andererseits dauerten Kabinettssitzungen mangels Konzentration und Führung meistens unendlich lange. Je weniger er mit den Überforderungen des Amtes fertig wurde, desto mehr tröstete er sich mit Bekundungen seiner unvergänglichen Leistungen, historischen Größe und politischen Unentbehrlichkeit.[444]

3. Die Kanzlerschaft Erhards

Als der Hamburger Moraltheologe Helmut Thielicke – selbst kein Mann von übertriebener Bescheidenheit – den Kanzler als Tischredner bei einem Kulturkongreß der CDU erlebte, war er über den Auftritt so fassungslos, daß er sofort an Gerstenmaier schrieb, Erhards Rede habe ihn mit tiefer Sorge erfüllt: «Ich glaube, daß dieser bedauernswerte und respektable Mann bald sanatoriumsreif ist (um es noch milde auszudrücken). Er sagte ... ungefähr folgendes: ‹Ich kann nur mit Grauen daran denken, daß der Mann, der unser Volk aus tiefster Nacht wieder ans Licht seines heutigen Wohlstands geführt hat, eines Tages nicht mehr sein könnte›. Wir sahen uns fragend und ratlos an: Wen könnte er mit dieser hochpathetischen Floskel meinen? Und schon fuhr er fort: ‹Ich habe es nicht nötig, mich hier selbst zu rühmen ...› Er hatte also sich selber gemeint. Das war makaber.»[445]

Alfred Müller-Armack, der lange Zeit ein unentbehrlicher fachlich-politischer Weggefährte Erhards gewesen war, stellte mit größtem Bedauern fest, daß Erhard unter dem Druck der unbewältigten Aufgabe nicht nur ein sentimentales Sendungsbewußtsein, sondern auch eine «trutzige Wagenburgmentalität» entwickelte. Er verschanzte sich mit den wenigen verbliebenen Getreuen, bei denen er weiterhin Bestätigung fand, im Kanzleramt und verstand abweichende Meinungen und erst recht Kritik als Ausdruck von Undank, Unverstand und Übelwollen. Dem Rat Außenstehender war er immer weniger zugänglich, dem Rat der wenigen, denen er noch vertraute, deswegen immer mehr ausgeliefert. Müller-Armack war deshalb nicht länger bereit, Erhard aus der Universität heraus nebenamtlich weiter zu beraten, wie er es zunächst beabsichtigt hatte. In einem langen «Kündigungsschreiben» an den Kanzler erklärte er, Erhards Position und Politik befänden sich in einer allgemeinen Krise. Die Kritik an seiner Regierungsführung, am Mangel echter Entscheidungen und an der Widersprüchlichkeit seiner Reden wachse von Tag zu Tag. Seine politischen Freunde wendeten sich in Scharen von ihm ab. Er stehe jetzt vor der Alternative, so weiterzumachen und dem «progressiven Schwund des Vertrauens», der auch schon die Wählermassen erreiche, seinen Lauf zu lassen, oder «eine sofortige Reorganisation Ihrer Arbeitsweise und Ihres Amtes» durchzuführen.[446] Viel Hoffnung, daß Erhard sich dazu durchringen könnte, besaß Müller-Armack jedoch nicht. So schloß er mit dem pessimistischen Tenor: «Nachdem meine Versuche, Sie in der Gesellschaftspolitik, in der Europapolitik und in der Energiepolitik zum Handeln zu veranlassen, fehlgeschlagen sind, habe ich zwar selbst keinen Glauben, daß Sie auch nur bereit sind, eine solche Umstellung zu vollziehen; aber die Dinge sind für uns alle zu gefährlich, als daß ich Sie nicht klar darauf hinweisen möchte, daß Sie bei der Weiterführung Ihres bisherigen Regierungsstils Ihre und unsere Chancen verspielen.»[447]

Ende 1965 fuhr Erhard wieder an den Tegernsee. Der Urlaub dauerte über einen Monat, vom 22. Dezember bis zum 24. Januar, und warf erneut Fragen nach der körperlichen und seelischen Belastbarkeit des Kanzlers auf. Gerüchte kursierten, daß er an Depressionen leide.[448] Kurz nach Jahresbeginn unterbrach Erhard jedoch seinen Erholungsaufenthalt, um am Neujahrsempfang des Bundespräsidenten für das diplomatische Korps und an den Feierlichkeiten zu Adenauers 90. Geburtstag teilzunehmen. Noch während der Regierungsbildung war das Thema Große Koalition wieder ins Gespräch gekommen, und auch der Bundespräsident hatte sich dazu am 24. Dezember gegenüber Fritz René Allemann in der Zürcher *Weltwoche* mit der Bemerkung geäußert, die kleine Koalition könne die großen Probleme der Zeit nicht lösen, die Große Koalition werde immer nötiger.[449] Für Erhard kam dies einem Mißtrauensvotum gegen seine Regierung gleich. Er verband daher seine schriftlichen Neujahrswünsche für Lübke mit der Feststellung, daß ihn dessen Interview, das Unruhe und Unsicherheit ins deutsche Volk trage, «politisch auf das tiefste bestürzt und ... menschlich gekränkt» habe.[450]

Aber der Kanzler mochte es nicht bei der schriftlichen, internen Klage bewenden lassen, sondern wies den Präsidenten beim Neujahrsempfang vor der versammelten Diplomatenschaft auch öffentlich mit überraschend scharfen Worten in die Schranken. Lübke wiederholte daraufhin – ebenfalls öffentlich und unmißverständlich –, was er dem Schweizer Journalisten gesagt hatte. Alle Vermittlungsversuche scheiterten. Bei einer eilends anberaumten Aussprache zwischen Präsident und Kanzler kam es vollends zum Krach. Die Journalisten, denen nichts entging, sahen sich dadurch in ihrer zunehmend negativen Beurteilung Erhards bestätigt: Kaum einer glaubte, daß er die Legislaturperiode durchstehen werde. Selbst im Kanzleramt schien man zu resignieren. Zwar wurde der «Sonderkreis» nochmals aktiviert, um ein zugkräftiges innenpolitisches Aktionsprogramm zu entwerfen; zudem sollten ein «politisches Planungsreferat» eingerichtet und eine neue «Presse-Claque» engagiert werden, um mehr journalistische Loyalität zu schaffen. Aber nichts davon gelang. Um Erhard wurde es nun einsam. Eine «gewisse geistig-seelische Hermetik» hatte schon immer zu seinem Wesen gehört. Doch jetzt nahm nicht nur die Zahl seiner Feinde und Gegner rasch zu. Auch die «Freunde» und «Vertrauten» wandten sich von ihm ab. Da er von sich aus keine Verbindung zu ihnen pflegte, konnten sie ihn kaum noch erreichen und vermochten ihm schließlich auch politisch nicht mehr zu folgen.[451]

Um so bemerkenswerter war es, daß Erhard sich in dieser schwierigen Situation Anfang 1966 noch einmal in einer wichtigen Frage gegen die Kritiker in den eigenen Reihen durchsetzen konnte. Es ging um die Neubesetzung des Parteivorsitzes, da Adenauer auf dem Parteitag in Bonn im März 1966 nicht wieder kandidierte. Da Adenauers Wunschkandidat Lücke kein Interesse zeigte und Dufhues aus gesundheitlichen und beruflichen Gründen verzichtete, strebte Rainer Barzel das Amt an. Konrad Grundmann von der rheinischen und Gustav Niermann von der westfälisch-lippischen CDU hatten ihm dafür bereits ihre Unterstützung zugesagt, aber zugleich auch Erhard informiert. Dieser fühlte sich dadurch unter Druck gesetzt, weil der erst

40jährige alerte Fraktionsvorsitzende der CDU/CSU im Bundestag zu den aufstrebenden jungen Kräften in der Partei zählte und gar kein Hehl daraus machte, daß er sich bereits für den kommenden Kanzler hielt.[452] Erhard blieb daher nichts anderes übrig, als ebenfalls in den Ring zu steigen, um seine Position nicht weiteren Gefährdungen auszusetzen. Unmittelbar nach seiner Rückkehr von einem routinemäßigen und wiederum ziellosen zweitägigen Konsultationstreffen mit Präsident de Gaulle am 7. und 8. Februar im Pariser Elysée-Palast ließ er durch den Regierungssprecher seine Kandidatur mitteilen. Fünf Tage später wies ihn Adenauer süffisant darauf hin, daß der Herr Bundeskanzler – wie er nach einer Auffrischung seines Wissens festgestellt habe – trotz wiederholter Mahnungen noch immer nicht Mitglied der Partei sei, deren Vorsitzender er nun werden wolle.[453] Der «Alte» hatte also immer noch nicht aufgegeben. Außerdem hatte er recht. Erhard indessen bemerkte in vertrautem Kreise, er sei doch «nicht der kleine Postbote Meier», der einer Partei «beitrete»; er habe sich lediglich mit einer Partei «verbündet». Entsprechend unwillig fiel seine Antwort an Adenauer aus.[454]

Das vermeintlich Versäumte wurde nun aber rasch nachgeholt, ehe Erhard sich am 23. März 1966 auf dem 14. Bundesparteitag der CDU zum Parteivorsitzenden wählen ließ. Barzel, der es auf eine Kampfabstimmung nicht ankommen lassen wollte und sein erfolgreiches Werben in den Landesverbänden nur betrieben hatte, um Erhard einzuschüchtern und dadurch von einer Kandidatur abzuhalten, lenkte sofort ein, als er bemerkte, daß seine Drohgebärde das genaue Gegenteil dessen bewirkt hatte, was er eigentlich hatte erreichen wollen. Später sprach er – in der Sache durchaus richtig – nur noch von «einem zeitweiligen, überflüssigen Zerwürfnis» zwischem ihm und Erhard.[455] Barzel war deshalb keineswegs der «Brutus» des Kanzlers, wie es in der zeitgenössischen Presse und danach in der zeitgeschichtlichen Literatur oft hieß.[456]

Da Barzel in realistischer Einschätzung der Mehrheitsverhältnisse in der Partei zurücksteckte, fand man überraschend mühelos einen Kompromiß, von dem aber niemand wußte, wie lange er halten könnte: Erhard wurde Parteivorsitzender, Barzel sein Erster Stellvertreter; Lücke und von Hassel wurden als weitere Stellvertreter ebenfalls in die neue Führung aufgenommen. In Wirklichkeit wußte jeder, daß Erhard zum Parteivorsitzenden noch weniger taugte als zum Kanzler. Er hatte den Posten ohnehin nicht der Partei wegen, sondern nur um seines Amtes willen angestrebt. Das war jedoch eine Ausgangsposition, die kaum geeignet schien, die Kritik aus den eigenen Reihen verstummen zu lassen.

Die «Friedensnote» vom 25. März 1966

Bei der Regierungsbildung nach der Bundestagswahl vom September 1965 war es lange unklar, ob es Erhard noch einmal gelingen würde, Gerhard Schröder als Außenminister durchzusetzen. Zu groß war in den Jahren zuvor die Kritik an Schröders Amtsführung gewesen. Zu gewichtig schien die Fronde seiner Gegner in der Unionskommission, die die Verhandlungen mit den Freien Demokraten über die Fortsetzung der CDU/CSU-FDP-Koalition führte. Wenn es aufgrund des Wahlergebnisses schon unmöglich war, Erhards erneute Kanzlerschaft zu verhindern, wollte man zumindest Schröder aus dem Kabinett entfernen. Die CSU drängte zudem auf ein Ministeramt für Strauß und wandte sich gleichzeitig gegen die abermalige Ernennung von Erich Mende zum Minister für Gesamtdeutsche Fragen. Dabei ging es nicht nur um Personen, sondern vor allem um die Grundorientierung der Außen- und Deutschlandpolitik, die im ersten Kabinett Erhard ein ständiger Stein des Anstoßes für alle diejenigen gewesen war, die das Erbe Adenauers gefährdet sahen. Die Gegner Erhards waren sich jedoch nur in der Ablehnung Schröders, nicht aber über mögliche personelle Alternativen wie Strauß oder Gerstenmaier einig. So gelang es Erhard im engen Schulterschluß mit der FDP, auf Schröder zu bestehen, Mende als Gesamtdeutschen Minister zu erhalten und Strauß den Eintritt in die Regierung zu verwehren.

Der CSU-Vorsitzende schrieb danach einen langen Brief an den Kanzler, in dem er prophezeite, de Gaulle werde die Wiederernennung Schröders als Entscheidung gegen Frankreich und deswegen als Ermunterung zu einer gegen Deutschland gerichteten Politik verstehen. Es sei de Gaulles Absicht gewesen, gemeinsam mit Deutschland Europa zu bauen. Künftig werde er seine Politik noch entschiedener als bisher nach Moskau richten und damit die deutsche Außenpolitik in eine «schicksalhafte Krise» stürzen.[457] Adenauer äußerte sich ähnlich und wies zudem auf das formale Recht des Bundespräsidenten hin, die Ernennung von Ministern zu verweigern. Bei der Mehrheit der Fraktion drang er mit dieser Drohung jedoch nicht durch. Es blieb bei dem, was Erhard beschlossen hatte und schließlich auch in den Koalitionsverhandlungen mit den Freien Demokraten vereinbarte.

Die Regierungsbildung hatte somit keine wirklichen Überraschungen gebracht. Sie war in den alten Bahnen der Erhardschen Politik verlaufen und wies in den Figuren, die sie aufs neue präsentierte, sogar weit in die Adenauer-Ära zurück. Dennoch herrschte Anfang 1966 in allen politischen Lagern ein unbestimmtes Gefühl, daß es so wie bisher nicht weitergehen könne. Vor allem in der Außen- und Deutschlandpolitik waren die Defizite bei der Anpassung an die neuen Realitäten im Ost-West-Verhältnis mit den Händen zu greifen. Von überall her kamen Mahnungen, «die Wahrheit zu sagen» und an die «Glaubwürdigkeit der Demokratie» zu denken, wenn von Einheit und Grenzen die Rede sei.[458] Vage tasteten sich die Parteien oder Einzelpersönlichkeiten in bisherige Tabuzonen vor: Die SPD plante einen «Redneraustausch» mit der SED, Mende wollte Verhandlungen auf Regierungsebene mit der DDR nicht länger ausschließen, und sogar Strauß erklärte am 8. April 1966 in einem Interview mit der Zeit, «daß jetzt um keinen Preis, er mag heißen, wie er will, eine sowjetische Zustimmung zur Wiedervereinigung erreicht werden kann».[459]

3. Die Kanzlerschaft Erhards

Auch die Bundesregierung sah sich durch den offenkundigen Wandel in den Ost-West-Beziehungen und in der deutschen Innenpolitik schließlich veranlaßt, einen neuen Vorstoß in Richtung Osten zu unternehmen. Der erste, bereits 1961 begonnene Versuch Schröders, über die Errichtung von Handelsmissionen mit den osteuropäischen Staaten – ohne DDR – zu einer «Normalisierung zu gelangen», wie es im Juni 1961 in einem einstimmig gefaßten Beschluß des Bundestages hieß, hatte in einer Sackgasse geendet. Die vor allem vom Auswärtigen Amt und später auch von Erhard verfolgte Strategie einer peripheren Umgehung Ost-Berlins und Moskaus durch Kontaktaufnahme zu den Staaten Ostmittel- und Südosteuropas war nicht ohne Grund fehlgeschlagen, weil sie zwangsläufig und durchaus zu Recht den Eindruck erweckt hatte, Bonn wolle durch eine solche Politik lediglich die DDR isolieren und staatlich veröden lassen. Die Bundesregierung war dafür vom Osten sogar pausenlos als Störenfried der europäischen Verständigung angeprangert worden und hatte im Westen zumindest als «schwieriger Partner der *détente*-Politik» gegolten.[460] Vor allem in den USA und Großbritannien erschien die Bundesrepublik zunehmend als der einzige Staat in Europa, der «irredentistische Probleme» bereitete.[461]

Um der Gefahr einer völligen außenpolitischen Isolierung zu entgehen, bereitete das Auswärtige Amt deshalb unter maßgeblicher Beteiligung der sozialdemokratischen Opposition, insbesondere Herbert Wehners, eine «Note der Bundesregierung zur Abrüstung und Sicherung des Friedens» vor, die am 25. März 1966 nicht nur denjenigen Staaten überreicht wurde, mit denen die Bundesrepublik diplomatische Beziehungen unterhielt, sondern auch den Ostblockländern – wiederum mit Ausnahme der DDR – und den arabischen Staaten.[462] Diese bald als «Friedensnote» apostrophierte Initiative, die maßgeblich aus der Feder eines der damaligen Ostreferenten im Auswärtigen Amt, Erwin Wickert, stammte, bezeichnete das Ziel der Wiedervereinigung Deutschlands weiterhin als die vorrangige Aufgabe der Bonner Politik und lehnte jede Form der Anerkennung der DDR ab. Zugleich kam sie jedoch dem tatsächlichen oder vermeintlichen Sicherheitsbedürfnis der osteuropäischen Staaten entgegen, indem sie Vereinbarungen über einen Gewaltverzicht und über die Nichtverbreitung von Kernwaffen anbot. Früher hatte sich die Bundesregierung stets nur auf den Gewaltverzicht berufen, den sie 1954 gegenüber den Westmächten ausgesprochen hatte. Es war ihr unter dem Einfluß der Landsmannschaften und Vertriebenenverbände aber nicht gelungen, dies gegenüber dem Osten zu wiederholen. Mit der «Friedensnote» wurde der Gewaltverzicht nun zu einem anerkannten Instrument der Bonner Ostpolitik.[463]

Neues enthielt die Note auch in einem zweiten Punkt: der Verknüpfung von Wiedervereinigung und Entspannung. Auf dem Gipfeltreffen der Vier Mächte im Juli 1955 in Genf und bei den anschließenden Verhandlungen der Außenminister hatte das Junktim noch für diplomatischen Stillstand gesorgt. Jetzt gab die Bundesregierung ihre Forderung auf, daß Fortschritte in der Entspannungspolitik von Fortschritten in der «deutschen Frage» abhängig gemacht werden müßten. Nur für den speziellen Fall einer stufenweisen Verringerung der Kernwaffen in Europa sollte die Verbindung weiterhin gelten. Darüber hinaus verzichtete Bonn bei Atomwaffen zwar auf nationalen Besitz, nicht jedoch auf Mitverfügung, deren Aufhebung allein für die östliche Seite von Interesse gewesen wäre. Gegenüber Prag wurde bestätigt, keine territorialen Ansprüche zu haben; man weigerte sich aber, das Münchner Abkommen für ungültig zu erklären. Polen wurde konzediert, es habe «von allen osteuropäischen Nationen im Zweiten Weltkrieg am meisten gelitten»; danach folgte jedoch mit Blick auf die Oder-Neiße-Frage der Zusatz – wahrscheinlich erst im Kabinett auf Intervention der Landsmannschaften hinzugefügt[464] –, «daß Deutschland völkerrechtlich in den Grenzen von 1937 fortbesteht».[465]

Den Kern der Note bildete allerdings das Angebot eines Gewaltverzichts. Der Staatssekretär im Auswärtigen Amt, Karl Carstens, hatte darüber nach dem Wahlsieg Erhards 1965 auf einer Reise in die Sowjetunion am Rande der Internationalen Chemieausstellung in Moskau mit dem amtierenden sowjetischen Außenminister Wassilij Kusnezow und dem Stellvertretenden Außenminister Wladimir Semjonow gesprochen. Konkrete Ergebnisse hatte es bei den Unterredungen zwar nicht gegeben, aber die freimütigen Gespräche hatten das sowjetische Interesse an «beiderseitigen Nichtangriffserklärungen», wie es im damaligen Sprachgebrauch hieß, erkennen lassen und damit zur Entstehung der «Friedensnote» maßgeblich beigetragen.[466] Die Note stellte somit nicht das Ende, sondern erst den Beginn eines langwierigen Meinungsaustausches dar, der schließlich zu mehr Bewegung im Verhältnis zwischen der Bundesrepublik und den osteuropäischen Staaten führen sollte. Die Tatsache, daß die Bundesregierung dabei an den entscheidenden rechtlichen Vorbehalten ihrer bisherigen Außen- und Deutschlandpolitik festhielt und ausgerechnet den Staat, der von den Bonner Ansprüchen am meisten bedroht war, von dem Angebot ausschloß, auf Gewalt zu verzichten, machte eine negative Reaktion des Ostens im aktuellen Fall indessen unvermeidlich.

Auch der Sowjetunion und den anderen Ländern Osteuropas war freilich nicht verborgen geblieben, daß es in der Bundesrepublik inzwischen eine Vielzahl unterschiedlicher Entwicklungen und Strömungen gab, die auf neue Tendenzen in der Ostpolitik hindeuteten. An diese Ansätze würde sich früher oder später anknüpfen lassen. Zwar provozierte die immer noch starre Haltung der Regierung Erhard folgenreiche Fehldeutungen: Was bei der Formulierung der «Friedensnote» eher ein Zeichen der Hilflosigkeit war, erschien im Osten als revisionistische Planung; das schwächliche Klammern an eine juristisch verklausulierte «Politik der Stärke», die schon seit den fünfziger Jahren immer mehr an Unterstützung verlor, interpretierte man als wachsende Bedrohung. Aber mit der «Friedensnote» hatten auch Schröder und Erhard «einen deutlichen Wink ihrer Verständigungsbereitschaft und Friedfertigkeit» nach Osten gegeben und sich vorsichtig in die Bemühungen des Westens um Entspannung eingefädelt.[467] Zu mehr wären sie – selbst wenn sie es gewollt hätten – angesichts der Widerstände in Partei und Fraktion kaum imstande gewesen. Am grundsätzlichen Scheitern ihrer Ost- und Deutschlandpolitik änderte dies nichts. Denn in Moskau, Warschau und Ost-Berlin wuchs jetzt noch die Entschlossenheit, sich mit Bonn erst dann zu verständigen, wenn die Bundesrepublik in aller Form auf Grenzänderungen verzichtete und ihr Prinzip der Nichtanerkennung der DDR revidierte. Als Erhard Ende 1966 stürzte, war somit die Erkenntnis weit verbreitet, daß der Nachfolger, wer immer es sein würde, zumindest nach Osten einen völlig neuen Anfang suchen mußte.

Lastenteilung und Devisenausgleich

Das Unbehagen über die außenpolitische Unsicherheit der Regierung Erhard weitete sich Mitte des Jahres 1966 auch erneut auf die deutsch-amerikanischen Beziehungen aus. Nachdem der Fraktionsführer der Demokratischen Partei im amerikanischen Senat, Mike Mansfield, Ende August eine Resolution eingebracht hatte, in der eine drastische Kürzung der amerikanischen Truppenstärke in Europa empfohlen wurde, falls es nicht zu einer gerechteren Lastenteilung im Bündnis kam, fürchtete man in Bonn, das amerikanische Engagement könne sich verringern, ohne daß auf östlicher Seite gleichwertige Reduzierungen erfolgten. Obwohl es Präsident Johnson zunächst gelang, eine Abstimmung über die Mansfield-Resolution im Senat zu verhindern, blieb das Gefühl der Beunruhigung, die USA könnten unter dem Druck des Vietnamkrieges ihre europäischen Verpflichtungen einschränken und dadurch die bisherige Sicherheitspolitik des Westens in Frage stellen. Diese Sorge wurde noch verstärkt, als die britische Regierung ebenfalls ankündigte, ihre Streitkräfte in Deutschland zu vermindern, wenn die Deutschen nicht zu einem vollen «Devisenausgleich» für die Kosten der britischen Truppenstationierung bereit seien. Mit Paris wurde zu dieser Zeit bereits verhandelt, um den Verbleib der in Deutschland befindlichen französischen Einheiten, die seit dem 1. Juli 1966 nicht mehr der NATO unterstanden, zu sichern. Ein Ergebnis war noch nicht abzusehen. Auch hier ging es vor allem um Geld, das von der Bundesregierung gezahlt werden sollte, wenn sie ihren militärischen Schutz nicht verlieren wollte.[468]

Das Gefühl der Unsicherheit, das daraus in der Bundesrepublik im Herbst 1966 entstand, wurde allerdings weniger den Verbündeten angelastet, von denen die Forderungen nach Lastenteilung und Devisenausgleich ausgingen, als der Bundesregierung, die keine genaue Vorstellung zu haben schien, wie man ihnen begegnen könne.[469] Tatsächlich waren die Forderungen der Alliierten durchaus berechtigt. So hatte die Bundesregierung bereits seit 1961 mit den USA sogenannte «Offset-Abkommen» ausgehandelt, bei denen es nicht um eine Entschädigung für die Anwesenheit der amerikanischen Truppen – also um «Sold für fremde Legionäre» –, sondern nur um einen Ausgleich für die Devisenverluste ging, die den USA durch die Stationierung ihrer Soldaten und deren Angehörige in Deutschland entstanden. Bei diesen Abkommen – das letzte, von Erhard ausgehandelte datierte aus dem Jahre 1964 – hatten die Deutschen offenbar nicht bedacht, daß sie wirtschaftlich einmal in Schwierigkeiten geraten könnten und daß sie überdies nicht ständig große Mengen an militärischem Material benötigten, mit dessen Kauf in den USA sie den Devisenausgleich bestritten. So klaffte inzwischen im Sommer 1966 eine Zahlungslücke von zwei Milliarden Dollar, während die USA, deren Zahlungsbilanz durch den Vietnamkrieg und die übrigen globalen Verpflichtungen ohnehin schwer belastet war, auf der termingerechten Abwicklung des laufenden, bis zum 30. Juni 1967 festgeschriebenen Abkommens beharrten.

Das eigentliche Problem entwickelte sich nun daraus, daß sich auf deutscher Seite inzwischen ebenfalls erste wirtschaftliche Krisenzeichen zeigten, die eine pünktliche Zahlung erschwerten. Schon nach der Bundestagswahl im September 1965 war deshalb ein Ministerausschuß gebildet worden, um Sparvorschläge zu unterbreiten; da er aus fünf Personen bestand, wurde er von Spöttern sogleich «Streichquintett» getauft. Die Ausgabenkürzungen wurden am 29. Oktober 1965 vom Kabinett beschlossen und danach als «Haushaltssicherungsgesetz» den parlamentarischen Gremien zugeleitet. Die Einsparungen, die zu einem ausgeglichenen Haushalt führten, beliefen sich auf insgesamt drei Milliarden DM. Im wesentlichen hatte man die Ausgaben jedoch nur in spätere Haushalte verlagert, so daß zwar die akuten Probleme vermindert, die späteren aber vergrößert wurden. Außerdem basierte der neue Haushalt auf Steuerschätzungen, die bei abflauender Konjunktur von vornherein unrealistisch waren. Einer «geheimen Vorschau» auf die Haushalte der Jahre 1966 bis 1970 zufolge, die Finanzminister Dahlgrün dem Kabinett Anfang November vorlegte, tat sich bereits 1966 trotz Sicherungsgesetz eine Deckungslücke von 1,4 Milliarden DM auf, die bis zum Ende der Legislaturperiode auf acht Milliarden DM ansteigen würde.[470] Der finanzielle Spielraum der Bundesregierung in den Verhandlungen mit den Alliierten war also denkbar gering – oder gar nicht vorhanden.

Beim Besuch Bundeskanzler Erhards in Washington im Dezember 1965 bestand Präsident Johnson dennoch auf der uneingeschränkten Erfüllung des Offset-Abkommens und forderte außerdem mehr politische, finanzielle und sogar militärische Unterstützung in Vietnam. Nach dem festlichen Dinner im Weißen Haus erhielt Erhard hinter verschlossenen Türen am Abend des 20. Dezember dann das, was in Washington als «Johnson Treatment» bekannt war – eine wortgewaltige Abreibung des baumlangen Texaners mit kräftiger Stimme und bedrohlicher körperlicher Annäherung, die Erhards Biograph Volker Hentschel detailliert geschildert hat: «Johnson kam flott zur Sache. Amerika garantiere Europas Sicherheit und kämpfe in Südvietnam für die Freiheit. Niemand danke ihm das so, wie es sich gehöre. Die

3. Die Kanzlerschaft Erhards 429

Stationierung der Truppen in Deutschland und der Krieg in Vietnam kosteten viel und immer mehr Geld und belasteten die amerikanische Zahlungsbilanz. Die Bundesregierung aber reduziere ihren Verteidigungshaushalt und wolle den vollen Devisenausgleich nicht leisten. Er erwarte, daß noch vor Jahresende 100 Millionen Dollar überwiesen würden. Außerdem wünsche er, daß die Bundesregierung eine Sanitätskompanie und ein Pionierbataillon nach Vietnam entsende ... Der Präsident reckte sich zu seiner vollen Höhe und trat bedrohlich an Erhard heran. Die ohnehin kräftige Stimme wurde noch kräftiger. Ein verbaler Sturzbach, Larmoyanz im Wechsel mit Drohungen, Drohungen im Wechsel mit Schmeicheleien, ergoß sich über den unbehaglich in seinen Stuhl gedrückten Kanzler. Johnson gestikulierte heftig. Erhard möge Haushaltsschwierigkeiten haben, gegen seine Schwierigkeiten seien sie eine Lappalie. Er brauche Hilfe, schnelle Hilfe, konkrete Hilfe. Wer denn, wenn nicht Deutschland, solle sie leisten? Für wen denn habe Amerika mehr getan als für Deutschland? Johnson zählte es im einzelnen auf. Jetzt sei es Zeit, sich zu revanchieren. Jetzt zeige sich, wer Amerikas wahre Freunde seien.»[471] Erhard fuhr danach – «gleichsam unter Schock» – ins Gästehaus der amerikanischen Regierung zurück, wo ihn die deutsche Delegation «wortkarg und gedrückt» erlebte.[472]

Jetzt, ein dreiviertel Jahr später, stand wieder ein Besuch bei Johnson auf dem Programm. Am Dilemma der Bundesrepublik, hohe finanzielle Leistungen aufbringen oder amerikanische Truppenreduzierungen in Kauf nehmen zu müssen, hatte sich ebensowenig etwas geändert wie an der Position des amerikanischen Präsidenten, der nun auch noch – mitten in den Vorbereitungen für die Kongreßwahlen im November 1966 – unter den Druck des Senats und des Repräsentantenhauses geraten war. Hemdsärmelig und kompromißlos beharrten die Amerikaner deshalb auf der Regulierung des Devisenausgleichs. In dieser Situation konnte eine Reise in die Höhle des Löwen nur schiefgehen. Von allen Seiten riet man Erhard, den Besuch zu verschieben. Doch der Kanzler schlug die Warnungen in den Wind. Denn zu Hause häuften sich mittlerweile die Anzeichen, daß ihm die Führung aus der Hand zu gleiten drohte. Auch in seiner eigenen Partei verlor er schnell an Einfluß. Der demonstrative Rücktritt des Generalinspekteurs der Bundeswehr, General Heinz Trettner, und des Inspekteurs der Luftwaffe, Generalleutnant Werner Panitzki, vermittelten der Öffentlichkeit zudem das Bild einer tief zerrissenen und ihres strategischen und politischen Auftrags unsicher gewordenen Bundeswehr. Zu allem Unglück bat am 15. September auch noch der Chef des Kanzleramtes, Ludger Westrick, um seinen Abschied, der wohl glaubte, auf diese Weise eine Entlastung für den Bundeskanzler erreichen zu können. Aber niemand erklärte sich bereit, als Nachfolger Westricks das sinkende Schiff der Regierung Erhard zu betreten. Westrick mußte daher kommissarisch mit der Weiterführung der Geschäfte betraut werden.

Durch einen Erfolg in Washington wollte Erhard nun auch in Bonn endlich wieder festen Boden unter die Füße bekommen. Mit Präsident

Johnson, so meinte er, verbinde ihn ein besonders enges persönliches Verhältnis. «Herr Johnson liebt mich, und ich liebe ihn», erklärte er dem gleichfalls warnenden Diplomaten und Journalisten Hans Werner Graf Finck von Finckenstein, der von 1961 bis 1970 als politischer Korrespondent die Hamburger Tageszeitung *Die Welt* in Bonn vertrat.[473] Offenbar erinnerte sich Erhard noch gern an den Besuch auf der Ranch Johnsons in Stonewall, Texas, bei dem es zwischen Weihnachten und Neujahr 1963 mit Barbecue und Dorfkirchen-Gottesdienst, Texashüten und deutschen Weihnachtsliedern idyllisch zugegangen war, während er die Abreibung im politischen Washington vom Vorjahr schon wieder verdrängt hatte. Jedenfalls hoffte er, daß sein «guter Freund» im Weißen Haus ihm Schützenhilfe leisten und einen Aufschub der überfälligen Zahlungen gewähren werde.

Von dem Besuch, zu dem Erhard Ende September in Begleitung des Außenministers, des Verteidigungsministers und des zurückgetretenen Westrick aufbrach, hing also viel ab. Über das, was für ihn jetzt auf dem Spiel stand, konnte er sich keinen Illusionen hingeben. Die deutsche Presse hatte landauf, landab keinen Zweifel daran gelassen, daß seine Zeit abgelaufen sei, wenn er mit leeren Händen aus Washington zurückkehre. Doch so begrenzt der Spielraum für den Kanzler war, so eng war er auch für den amerikanischen Präsidenten. Tief in den Vietnamkrieg verstrickt und mit großen Problemen seiner Zahlungsbilanz behaftet, konnte Washington seine Leistungen in Europa ohne substantielle deutsche Angebote nicht unverkürzt aufrechterhalten. Immer mehr Stimmen in den USA verlangten danach, daß die durch Amerikas Schutz reich gewordenen Europäer nun auch die Lasten der Eindämmung des asiatischen Kommunismus mittragen sollten. Außerdem war der Termin für die Kongreßwahlen nicht mehr fern. So konnte Johnson wenig für Erhard tun, selbst wenn er es gewollt hätte. Aus dem «guten» wurde der «unbarmherzige Freund».[474]

In beinahe wortgleichen Wendungen wiederholte der Präsident, was er schon im Jahr zuvor geäußert hatte. Nun kam noch das Wahlargument hinzu: Was könne er seinen Kritikern im Senat, die von ihm verlangten, daß er ein paar Divisionen aus Europa abziehe, denn noch sagen, wenn Deutschland seine Verpflichtungen nicht erfülle? Dabei wußte Johnson, was er tat: Das State Department und sein neuer Sicherheitsberater Walt W. Rostow hatten ihn ausführlich über die innenpolitischen Schwierigkeiten des Bundeskanzlers unterrichtet.[475] Doch Johnson hatte auf seinen Verteidigungsminister Robert McNamara und Finanzminister Henry Fowler gehört: Beide lehnten jedes Entgegenkommen gegenüber den Deutschen ab und bestanden auf der vollständigen und fristgerechten Erfüllung des laufenden Abkommens sowie weiteren hohen Ausgleichszahlungen in der Zukunft.[476] Erhard war schwer getroffen und tief enttäuscht. Mit finsterer Miene absolvierte er das weitere Besuchsprogramm, das ihn noch – gemeinsam mit Johnson – nach Cape Canaveral in Florida führte, wo er sich das amerikanische Raumfahrtprogramm erläutern ließ. Die Fotos von dort offenbaren einen geschlagenen Mann, der sich über seine weitere Zukunft als Bundeskanzler keine Illusionen mehr machte.

Der Weg in die «Krise»

Die Schwierigkeiten der Bundesregierung, die Bedingungen des Offset-Abkommens zu erfüllen, deuteten an, daß nach der Außenpolitik nun auch die Wirtschafts- und Finanzpolitik – Erhards ureigene Domäne – in den Strudel allgemeiner Unsicherheit und Orientierungslosigkeit zu geraten drohte. Bereits kurz nach der Regierungsbildung 1965 machte plötzlich das Wort von der «wirtschaftlichen Rezession» die Runde. Zwar gab es auch im September 1966, wenige Wochen vor seinem Rücktritt, noch nicht mehr als 100 000 Arbeitslose bei 600 000 offenen Stellen und 1,4 Millionen «Gastarbeitern». Aber sektorale Schwierigkeiten, vor allem bei Kohle und Stahl, und wirtschaftliche Abflachungen, die im internationalen Vergleich als harmlos, ja normal erschienen, wurden von der Bevölkerung, die sich an den scheinbar unaufhaltsamen Aufschwung des «Wirtschaftswunders» gewöhnt hatte, schon als bedrohlich empfunden. Hinzu kamen die offensichtliche Führungsschwäche des Kanzlers, die innere Zerrissenheit der Union und wachsende Spannungen in der Koalition sowie ein diffuses, aber stetig um sich greifendes Unbehagen der Bürger – zumal der jungen Generation und vor allem der Studenten – über die Entwicklung des Landes. All dies verdichtete sich im Sommer und Herbst 1966 zum Bewußtsein einer «Krise».

In einem Land, in dem die innere Ordnung mehr als anderswo auf ökonomischer Stabilität beruhte, das selbst keinen wirtschaftlichen Einbruch kannte, sich aber noch lebhaft an die ökonomischen Katastrophen der zwanziger und vierziger Jahre erinnerte, gab schon die Furcht vor einer Krise Anlaß zur Besorgnis. Sinkende Wachstumsraten, Zechenstillegungen, schwarze Fahnen demonstrierender Bergbauarbeiter an der Ruhr und das Wiederaufleben des Rechtsradikalismus schufen eine Krisenstimmung, die – wenn auch weit übertrieben – an den Niedergang der Weimarer Republik gemahnte. Viele Deutsche fürchteten überängstlich einen Rückfall in Inflationsverhältnisse, die 1923 und 1948 bereits zweimal in einer Generation mit dem Verlust nahezu aller Barvermögen geendet hatten, und der Kanzler, der zunächst als Wirtschaftsminister und jetzt als Regierungschef Garant eines ungetrübten wirtschaftlichen Aufschwungs und einer glücklichen Zukunft gewesen war, vermittelte den Eindruck, als stehe er der Entwicklung hilflos gegenüber. So hatte Erhard zwar in seiner Regierungserklärung vom 10. November 1965 noch einmal den Aufbau einer «Formierten Gesellschaft» verlangt und die Bevölkerung aufgefordert, mehr «maßzuhalten», überdies auch an die wachsende Einsicht des einzelnen appelliert und zur Wiederbelebung der Konjunktur vorgeschlagen, die tariflich vereinbarte Arbeitszeit um wöchentlich eine Stunde Mehrarbeit zu erhöhen. Doch die Bundesregierung selbst hatte anschließend – statt durch öffentlich finanzierte Investitionsprogramme einen neuen Aufschwung herbeizuführen – mit ihrem Versuch, der Krise durch Sparmaßnahmen zu begegnen, noch dazu beigetragen, die Rezession zu verschärfen, so daß bald auch die Steuereinnahmen zu schrumpfen begannen.

Es fehlte nicht an guten Ratschlägen, wie man die Probleme lösen könne. So erklärte die SPD nach der Verabschiedung eines «Stabilitätsgesetzes» durch das Kabinett am 4. Juli 1966, das eine Verfassungsänderung und die Zustimmung des Bundesrates voraussetzte und deshalb nur gemeinsam mit der Opposition über die parlamentarischen Hürden gebracht werden konnte, daß sie ein konjunkturpolitisches Grundlagengesetz im Prinzip begrüße, dabei aber ein Gesetz im Sinn habe, das nicht nur der Stabilitätssicherung, sondern auch der Förderung des Wachstums diene. Ein Brief von Franz Josef Strauß vom 5. Juli zielte in die gleiche Richtung: Die Bundesrepublik habe es derzeit nicht nur mit einem Stabilitätsproblem, sondern auch mit einem Wachstumsproblem zu tun. Die Zeit des technisch-industriellen «catching-up» und des Überflusses an Arbeitskräften sei vorbei und komme nicht wieder. Die deutsche Wirtschaft könne künftig nur «aus sich heraus» wachsen und müsse dazu kräftig investieren. Daher müsse die Finanzpolitik zu Zwecken der Konjunktursteuerung aktiviert und «die Konjunkturpolitik künftig so gestrafft und koordiniert werden, daß die Kreditpolitik von der alleinigen Last der Verantwortung befreit» und nicht mehr zu investitions- und wachstumswidrigen Übersteigerungen genötigt werde.[477] Auch Barzel meldete sich nun mit kritischen Bemerkungen zu Wort. Am 19. Juli traf er sich mit Strauß und Erhard zum «konjunkturpolitischen Gespräch». Zwei Tage später unterstrich der Fraktionsvorsitzende in einem Brief an den Kanzler nochmals, daß er gemeinsam mit Strauß der Meinung sei, daß das Stabilitätsgesetz allein «weder die Stabilität noch den nötigen Aufschwung» bringe. Man brauche «ein Gesamtprogramm zur Stärkung unserer Wirtschaftskraft».[478]

Doch Erhard beantwortete weder diesen Brief Barzels vom 21. Juli noch denjenigen von Strauß vom 5. Juli, sondern fuhr erst einmal – es war schließlich Ferienzeit – in den Sommerurlaub. Es war bereits der vierte Urlaub in diesem Jahr. Mittlerweile verbrachte er gut ein Drittel des Jahres am Tegernsee. Auch wenn er dort auf seinem Anwesen, das inzwischen durch Zukäufe zu einem stattlichen Besitz von 8000 Quadratmetern Grund und Boden in bester Lage angewachsen war, ein kleines «Ferienkanzleramt» eingerichtet hatte, kam die Führung der Amtsgeschäfte dadurch immer mehr zu kurz. Unverständnis und Kritik – auch bei Wohlmeinenden – häuften sich. Immerhin empfing Erhard im eigenen Haus Besucher. Einer von ihnen war in diesem Sommer Alfred Müller-Armack, der kam, um zu helfen. Aber man verstand einander nicht mehr. Müller-Armacks pragmatische und gut begründete Auffassung, daß nicht länger die Preisstabilität, sondern das wirtschaftliche Wachstum in Gefahr sei, stand in diametralem Gegensatz zu Erhards doktrinärer Grundposition, die starr und ausschließlich auf die Wahrung von Stabilität fixiert war. So ging man auseinander, ohne sich gedanklich nähergekommen zu sein.[479]

Müller-Armack hatte den schweren Gang zu Erhard nur auf Bitten Rainer Barzels angetreten und erfüllte – nachdem das Gespräch völlig unbefriedigend verlaufen war – auch dessen Wunsch, seine Gedanken und Überlegungen zur wirtschaftlichen Lage nunmehr schriftlich für die Fraktionsführung niederzulegen. Das Ergebnis war ein 20seitiges Exposé über «die konjunkturelle Lage, das Stabilisierungsgesetz und die nächsten wirtschaftspolitischen Aufgaben», das am 7. September vorlag und in der darauffolgenden Woche verschickt wurde. Ein Exemplar ging auch an Erhard, erreichte diesen allerdings erst am 29. September. Doch Erhard war ohnehin nicht geneigt, das lange Papier zu lesen. Von einem Referenten ließ er es zu einer dreieinhalbseitigen Kurzversion zusammenfassen. «Die primäre Gefahr ist eine permanent fortschreitende Rezession, nicht aber ein weiteres Absinken des Geldwerts», hieß es darin. «Gott sei Dank», schrieb Erhard dazu, sichtlich erleichtert, an den Rand.[480] Offenbar hatte er nach wie vor nicht begriffen, aus welcher Richtung inzwischen die Gefahr drohte. In den langen, rechthaberischen Briefen, in denen er Strauß und Barzel im August durch das Kanzleramt, wenn auch mit seiner Unterschrift, antworten ließ, bestritt er ebenfalls alle Anzeichen einer Rezession und nannte die Konjunktursorgen einen «Ausdruck von Hysterie». Beunruhigend sei weiterhin nur und ausschließlich die Gefährdung der Stabilität: Würde «die Bundesbank die Kreditbremse lockern und damit die Wirtschaft vermeintlich entlasten», argumentierte er, so würden die für Investitionszwecke frei werdenden Mittel «zwangsläufig inflationstreibend wirken» und die westdeutsche Wirtschaft «in ein fast unübersehbares Chaos stürzen». Ein weitreichendes «Gesamtprogramm», wie Barzel und Strauß es wünschten, erübrige sich mithin.[481]

In der Tat war zu dieser Zeit die schon genannte Zahl von 100000 Arbeitslosen gegenüber 600000 offenen Stellen alles andere als beunruhigend. Das Sozialprodukt und die Beschäftigung waren jedoch in einem Schrumpfungsprozeß begriffen, der die Arbeitslosigkeit bereits 1967 auf mehr als eine halbe Million anschwellen ließ. Diese «Konsolidierung des Arbeitsmarktes», wie Erhard den Vorgang noch im Sommer und Herbst 1966 nannte, und die immer offener zu Tage tretende Unfähigkeit des Kanzlers, sich den Problemen zu stellen, veranlaßte die sozialdemokratische Opposition erstmals Mitte August, den Rücktritt Erhards zu fordern. Auch aus der Fraktionsspitze der FDP war nun zu hören, daß sein Verbleiben im Amt «Deutschland zum Nachteil gereiche».[482] Bei den folgenden Beratungen über den Haushalt 1967 waren die Schwierigkeiten nicht länger zu übersehen, wurden aber erneut ignoriert. Da die Steuereinnahmen unter dem Einfluß der Rezession weit hinter den Erwartungen zurückblieben, ergab sich am Ende trotz Ausgabeneinschränkungen und Streichung von Steuervergünstigungen eine Deckungslücke von 3,3 Milliarden DM – nicht eingerechnet die Offset-Ansprüche der USA in Höhe von 3,6 Milliarden DM, die noch nicht gestundet waren und – wie sich bald darauf beim Besuch Erhards in Amerika zeigen sollte – von den Amerikanern ohne Erbarmen eingefordert wurden. Die erste Sitzung des Fraktionsvorstandes nach der Sommerpause am 8. September wurde deshalb von Barzel mit der Bemerkung eingeleitet, dies sei «die bisher schwerste Situation für die Union». Auf das ökonomische Gesamtprogramm der Regierung warte er noch immer – und er werde nicht aufhören, darauf zu warten. Anschließend hielt Strauß dem Kanzler in einer langen Rede schonungslos seine Versäumnisse in der Außen- und Wirtschaftspolitik vor.[483] Guttenberg bemühte sich bis zur ersten Sitzung der Gesamtfraktion nach der Sommerpause mit Hilfe einiger Fraktionsfreunde um die Einsetzung einer Kommission, die unter dem Vorsitz von Strauß und den Mitgliedern Guttenberg, Heck, Katzer, Lücke und Schröder ein neues, umfassendes Regierungsprogramm – einschließlich Personal- und Sachfragen – ausarbeiten sollte. Die Beteiligung Erhards, aber auch Barzels, war nicht vorgesehen – ein glatter Mißtrauensantrag gegen den Kanzler und den Fraktionsvorsitzenden. Der Versuch schlug fehl, aber die Angriffe gegen Erhard und die Kritik an seiner Regierung nahmen nun von Tag zu Tag zu. Der Sturz des Regierungschefs war nur noch eine Frage der Zeit.

Der Sturz Erhards

Als Erhard am 28. September aus den USA nach Deutschland zurückkehrte, war seine Reise hier bereits von den Medien als ein einziges Debakel dargestellt worden. Der Besuch bei Johnson, der dem Kanzler zu einer Festigung seiner Position hatte verhelfen sollen, besiegelte nun dessen politisches Schicksal. Bereits einen Tag später berieten Dufhues, Heck und der junge, agile und ehrgeizige Landesvorsitzende der CDU in Rheinland-Pfalz, Helmut Kohl, auf Einladung Gerstenmaiers in dessen Landhaus im Hunsrück über Erhards Ablösung. Der ebenfalls geladene baden-württembergische Ministerpräsident Kurt Georg Kiesinger hatte wegen anderweitiger Verpflichtungen absagen müssen. Ein am gleichen Tage im *Rheinischen Merkur* erschienenes Interview Gerstenmaiers, in dem er erklärte, daß er sich bisher dazu verpflichtet gefühlt habe, Erhard «bis zur Erschöpfung beizustehen», daß es allerdings Umstände gebe, unter denen man «die Loyalität zum Land über die Loyalität zu einer Person» stellen müsse, wurde von Adenauer verständnisvoll kommentiert.[484] Die später in der *Westdeutschen Allgemeinen Zeitung* aufgestellte Behauptung, Gerstenmaier habe im Hunsrück seine Bereitschaft bekundet, sich mit dem Instrument des konstruktiven Mißtrauensvotums gegen Erhard zum Kanzler wählen zu lassen, ist nicht belegt und wurde von Gerstenmaier selbst stets dementiert. Doch welchen Zweck, wenn nicht die Planung des Sturzes von Erhard mit einer maßgeblichen Rolle Gerstenmaiers, hätten die Einladung und das Interview sonst haben sollen?

3. Die Kanzlerschaft Erhards 435

In der Sitzung der CDU/CSU-Fraktion am 4. Oktober kam auch das Interview Gerstenmaiers zur Sprache. Während Erhard erneut eine positive Bilanz seiner Politik seit dem Wahlsieg 1965 zog und sich gegen die Äußerungen des Bundestagspräsidenten verwahrte, ergriff Strauß für Gerstenmaier Partei und plädierte in kunstvollen Andeutungen für eine neue Regierung im Rahmen einer Großen Koalition. Am folgenden Tag beriet der CSU-Vorstand in München darüber, ob die CSU ihre Minister aus der Regierung in Bonn zurückziehen und damit Erhard ihr Mißtrauen demonstrieren solle. Es blieb jedoch bei Beratungen; ein Beschluß kam nicht zustande, weil Strauß sich noch nicht im klaren war, ob er den Coup wagen oder verhindern solle.[485] Auch in der nächsten Sitzung der Gesamtfraktion der CDU/CSU, die Mitte Oktober wie jedes Jahr in Berlin tagte, um ihre Verbundenheit mit der geteilten Stadt zu demonstrieren, wurde der Sturz noch nicht vollzogen. Statt dessen formulierte man Bedingungen zum Ausgleich des Haushalts und zur mittelfristigen Finanzplanung, die von der Regierung erfüllt werden sollten. Erhard folgte dieser Aufforderung am Nachmittag des 24. Oktober mit dem Eingeständnis, daß ein Haushaltsausgleich nur möglich sei, wenn man 1967 die Tabak- und die Branntweinsteuer erhöhe und eventuell Ergänzungsabgaben auf die Einkommensteuer einführe. Damit riskierte er jedoch den Widerstand der FDP, die Steuererhöhungen als unerwünscht und unnötig ablehnte und überdies durch ihren Vorsitzenden Erich Mende erst kurz zuvor die Möglichkeit einer Koalition mit den Sozialdemokraten angedeutet hatte, denen man außenpolitisch ohnehin näher stehe als der Union.[486]

Bei den damit notwendig gewordenen Koalitionsgesprächen, die am Abend des 24. Oktober begannen und bis weit nach Mitternacht andauerten, war keine Übereinstimmung mehr zu erzielen. In hellem Zorn ging man nächtens auseinander. Auch ein zweites Gespräch am Nachmittag des 25. Oktober verlief ergebnislos, weil insbesondere Strauß, der nun die Chance witterte, Erhard endlich loszuwerden, die FDP vor die Wahl stellte, entweder Steuererhöhungen zuzustimmen oder die Koalition zu verlassen – wohl wissend, daß die FDP sich einen «Umfall» in der Steuerfrage nicht leisten konnte. Tatsächlich traten die vier FDP-Minister Erich Mende, Rolf Dahlgrün, Ewald Bucher und Walter Scheel nun am 27. Oktober auf Druck ihrer Fraktion zurück, weil sie – wie ihre Partei offiziell bekanntgab – zu der Überzeugung gekommen seien, «daß unter den gegenwärtigen politischen Umständen eine der langfristigen Stabilität dienende Haushaltsentscheidung nicht erwartet werden» könne.[487] Mende fügte später hinzu, daß mit dem Rücktrittsgesuch der Minister auch die Koalition gekündigt sei.

Erhard nahm den Rücktritt der vier FDP-Minister noch am gleichen Tage an und war damit nur noch Chef einer Minderheitsregierung. Die SPD forderte ihn deshalb auf, gemäß Artikel 68 GG im Bundestag die Vertrauensfrage zu stellen. Der bayerische Ministerpräsident Alfons Goppel ersuchte ihn auf einer Wahlkampfkundgebung der CSU, einem neuen Mann Platz zu machen.

Sogar verschiedene Landesorganisationen der CDU legten ihm den Rücktritt nahe. Doch nichts geschah. Erhard zögerte, wie so oft vorher. Er tat nichts, um seinen Abstieg aufzuhalten, trat aber auch nicht zurück, weil er meinte, daß man ihn nicht ohne weiteres gegen seinen Willen stürzen könne. «Er kämpft nicht und er geht nicht», sagte man damals allgemein über ihn – und bedrängte ihn von allen Seiten, endlich seinen Platz für einen anderen zu räumen. Die CDU, so bemerkte er deshalb später in grimmiger Erinnerung, sei von «Machtgier, Charakterlosigkeit, Neid, Ehrgeiz und Mißgunst» beherrscht; wenn er noch jung wäre, würde er «eine eigene Partei gründen».[488]

Als die SPD am 31. Oktober einen Antrag im Bundestag einbrachte, das Parlament möge den Bundeskanzler ersuchen, die Vertrauensfrage zu stellen, erklärte er, daß er einer solchen Aufforderung «unter gar keinen Umständen nachkommen» werde, denn er «lehne es ab, hier an einem Schauprozeß teilzunehmen, um so mehr, als ein rechtskräftiges Urteil von Ihnen überhaupt nicht gefällt werden kann und nicht gefällt werden darf».[489] Aber er trat auch nicht zurück, um das Schauspiel zu erübrigen. Schließlich ließ der Ältestenrat des Bundestages den SPD-Antrag zur Abstimmung zu, der am 8. November mit 255 gegen 246 Stimmen angenommen wurde. Erstmals in der Geschichte der Bundesrepublik hatte das Parlament einem amtierenden Kanzler damit indirekt das Mißtrauen ausgesprochen.

Auch jetzt zögerte Erhard weiter. Gemäß Artikel 68 GG konnte er sich das Vertrauen des Bundestages aussprechen lassen. Aber er war nicht verpflichtet, sich einem Mißtrauensantrag zu stellen. So mußte die Entscheidung von anderen als ihm getroffen werden. Aus dem möglichen Rücktritt wurde ein Sturz. Im CDU-Parteivorstand am Nachmittag des 8. November, in dem zunächst wiederum lange um klare Schlußfolgerungen herumgeredet wurde, war es schließlich der erst 36jährige rheinland-pfälzische Landesvorsitzende, der dem Spuk mit unbekümmerter Direktheit ein Ende bereitete. «Jeder weiß, um was es geht», erklärte Helmut Kohl zur Erleichterung beinahe aller Anwesenden, «keiner spricht es aus ... Es wird all das vorgetragen, was eigentlich eine Ausflucht vor uns selbst ist.» Das Parteivolk erwarte aber, daß der Vorstand Klarheit schaffe: «Deswegen meine ich, wir sollten jetzt schlicht und einfach die Namen auf den Tisch bringen.»[490] Dann nannte Kohl – in alphabetischer Reihenfolge – die Namen, von denen jeder wußte, daß es die Kanzlerkandidaten waren: Barzel, Gerstenmaier, Kiesinger und Schröder. Erhard war nicht dabei. Strauß, der der CDU-Vorstandssitzung als Gast beiwohnte, griff Kohls Vorschlag sofort auf und empfahl, die vier Kandidaten ohne weitere Diskussion und Präjudizierung der Fraktion zur Wahl vorzuschlagen. Der Vorstand folgte dieser Empfehlung. Erhard, der sich im falschen Gremium wähnte und nicht wußte, wie ihm geschah, schloß die Sitzung mit den Worten: «Dann darf ich Ihnen herzlich für Ihr Erscheinen ... danken. Es ist dies ein Abschied, den wir nehmen ... Ich habe diesem Gremium seit 17 Jahren angehört. Sie können überzeugt sein, daß ich mit Würde und mit Anstand diesen Posten niederlegen werde.»[491]

Am 10. November 1966 wurde in einer fraktionsinternen Abstimmung Kurt Georg Kiesinger als neuer Kanzlerkandidat der CDU/CSU nominiert. Da er seit 1958 als Ministerpräsident von Baden-Württemberg amtierte und in Stuttgart der Bonner Szenerie weit entrückt war, hatte er in der Fraktion zwar kaum Anhänger, aber noch weniger Feinde. Für Barzel, Gerstenmaier und Schröder galt genau das Gegenteil. Gerstenmaier erkannte bereits vor der Abstimmung die Aussichtslosigkeit seiner Kandidatur und schied vorzeitig aus dem Rennen aus; Strauß trat erst gar nicht an. Beide votierten für Kiesinger, um Barzel und Schröder zu verhindern. Kiesinger erhielt im dritten Wahlgang mit 137 von 244 Stimmen die absolute Mehrheit und setzte sich damit entscheidend gegen Schröder und Barzel durch, auf die nur 81 bzw. 26 Stimmen entfielen. Besonders für Barzel bedeutete das Ergebnis eine große Enttäuschung. Selbst im ersten Wahlgang hatte ihm nur jeder fünfte Abgeordnete seiner Fraktion, deren Vorsitzender er immerhin war, seine Stimme gegeben; im dritten Wahlgang war es sogar nur noch jeder zehnte, wie Erhard mit sichtlicher Genugtuung vermerkte.[492]

4. Die Große Koalition

Als Erhards Kanzlerschaft am 10. November 1966 de facto endete (formal dauerte sie noch bis zur Aushändigung der Entlassungsurkunde durch den Bundespräsidenten am 30. November), waren Vorhersagen über die weitere Entwicklung schwierig. Neben einer Allparteienregierung, die von Bundespräsident Heinrich Lübke – allerdings nur von ihm – begrüßt worden wäre, um der Gefährdung der neuen deutschen Demokratie durch die Rezession zu begegnen und eine vermeintliche «Staatskrise» abzuwenden, gab es theoretisch immerhin vier weitere Möglichkeiten, zu einer handlungsfähigen Regierung zu gelangen. Eine davon schied allerdings rasch aus: Vorgezogene Neuwahlen, wie von der SPD gefordert, wurden sowohl von der CDU/CSU als auch von der FDP unverzüglich abgelehnt, weil die bisherigen Regierungsparteien in Meinungsumfragen so schlecht abschnitten, daß sie von einem Wählervotum zu diesem Zeitpunkt das Schlimmste befürchten mußten.

Unwahrscheinlich war auch der zweite Weg: die Erneuerung der zerbrochenen Koalition. Denn die FDP, die an der Seite der Union kontinuierlich an Bedeutung verloren hatte und inzwischen schon befürchtete, demnächst unter die Fünf-Prozent-Marke zu geraten, wollte die Gelegenheit zum Absprung nutzen – zumal die heillos zerstrittenen Konservativen seit Jahren nichts unversucht ließen, sich ebenfalls in den Abgrund zu stürzen und dabei den liberalen Partner gleich mitzureißen. Besonders der Innenminister und stellvertretende Ministerpräsident Nordrhein-Westfalens, Willi Weyer, der als der neue starke Mann der FDP galt, besitze deshalb, erklärte Josef Hermann Dufhues am 29. November vor dem CDU-Bundesvorstand, «kein

Vertrauen zur Führung der CDU» mehr.⁴⁹³ Man hatte sich auch in den Wochen zuvor – wie Partner in einer zerrütteten Ehe – gegenseitig nicht geschont und dadurch eine Versöhnung praktisch unmöglich gemacht. So blieb letztlich nur die Alternative eines «Machtwechsels» mit der Bildung einer sozialliberalen Koalition aus SPD und FDP oder einer Großen Koalition aus CDU/CSU und SPD, bei der die CDU weiterhin den Kanzler stellte, sich aber in Personal- und Sachfragen auf Kompromisse mit der bisherigen Opposition einließ. Damit aber rückte unversehens die SPD ins Zentrum aller Entscheidungen. Nur sie besaß jetzt die Qual der Wahl. In dem Augenblick, in dem eine Wiederauflage des Mitte-Rechts-Bündnisses zwischen Konservativen und Liberalen ausgeschlossen war, gab es sowohl für die CDU/CSU als auch für die FDP nur noch die Wahl zwischen einer Koalition mit der SPD und den harten Bänken der Opposition. Die «schwarz-gelbe Ära» der deutschen Nachkriegspolitik war vorüber. Eine neue Ära mit sozialdemokratischer Regierungsbeteiligung begann.

Die Rolle Herbert Wehners

Die FDP hatte mit dem Rücktritt ihrer vier Minister die Regierungskrise ausgelöst, aber kaum damit gerechnet, für längere Zeit in die Opposition verbannt zu werden. So war der FDP-Vorsitzende Erich Mende bereits am 19. Oktober 1966 in einem Fernsehinterview vor die Öffentlichkeit getreten, um die Bereitschaft seiner Partei zu erklären, mit den Sozialdemokraten eine Koalition einzugehen. Umgekehrt befürwortete auch Willy Brandt, der 1964 den SPD-Vorsitz von Erich Ollenhauer übernommen hatte, aufgrund seiner Berliner Erfahrungen und weitgehender sachlicher Übereinstimmung – vornehmlich in der Ost- und Deutschlandpolitik – ein Bündnis mit der FDP. Angesichts der knappen Mehrheitsverhältnisse im Bundestag (die CDU/CSU verfügte über 245 Sitze, die SPD über 202 und die FDP über 49) wäre eine solche «Mini-Koalition» mit einer hauchdünnen Mehrheit von nur sechs Sitzen allerdings ein großes Wagnis gewesen. Schon nach der Bundestagswahl im September 1965 hatte Brandt deshalb gezögert, das Gespräch, das ihm von seiten der FDP über eine sozialliberale Regierungsbildung angeboten worden war, mit dem notwendigen Nachdruck zu führen. Brandt dachte dabei nicht nur an die knappe Kanzlermehrheit, sondern vor allem an die anstehenden Reformgesetze, für die eine verfassungsändernde Zwei-Drittel-Mehrheit erforderlich war.

Jetzt, im Herbst 1966, hatte sich der innere Zustand der FDP keineswegs gebessert. Es war ein offenes Geheimnis, daß immer noch ein Drittel der liberalen Bundestagsabgeordneten für eine Erneuerung des Bündnisses mit der CDU/CSU eintrat, ein weiteres Drittel plädierte für den Weg in die Opposition, und nur ein Drittel sprach sich für ein Zusammengehen mit den Sozialdemokraten aus. Somit war die Abwendung von der Union deutlich, die Hinwendung zur SPD aber bestenfalls halbherzig. Mende konnte

4. Die Große Koalition

deshalb schon bei der Kanzlerwahl, bei der es nur einen Spielraum von zwei Stimmen gab, für nichts garantieren. «Ein vertrauenswürdiger Kollege von der FDP» ließ Brandt zudem unter dem Siegel der Verschwiegenheit wissen, daß er «bei geheimer Wahl nicht mit allen Stimmen seiner Fraktionskollegen rechnen dürfe».[494] Egon Bahr hatte das Gegenteil gehört. Auch Walter Scheel meinte, daß es klappen könne. Das Stimmenverhältnis für SPD und FDP wäre besser gewesen, wenn man sich entschlossen hätte, die Stimmen der Berliner Abgeordneten – wie bei der Wahl des Bundespräsidenten – mitzuzählen. Dann hätte sich der Spielraum auf sieben Stimmen vergrößert. Als diese Möglichkeit ins Spiel gebracht wurde, erhoben sich jedoch sofort Proteste in der Union, die sonst so gern über die «Aufwertung» Berlins redete, und auch die Aliierten meldeten Bedenken an. So erklärten Sprecher der amerikanischen Botschaft und des US-Außenministeriums, daß sich die Haltung der Alliierten zur Frage des Stimmrechts der Berliner Abgeordneten nicht geändert habe – die Berliner Stimmen hätten also kein faktisches Gewicht bei der Wahl des Bundeskanzlers.

Dennoch hätte Brandt die Wahl vielleicht ohne die Berliner Stimmen gewagt, wenn nicht innerhalb der SPD «wichtige Parteifreunde ... auf die ‹große Lösung› fixiert»[495] gewesen wären. Insbesondere Herbert Wehner, der inzwischen als Nachfolger Fritz Erlers Fraktionsvorsitzender der SPD geworden war, erschien eine Kleinstkoalition, die nach seinen Worten nicht mehr als eine «Prothesenregierung» hervorzubringen vermochte[496], ein zu großes Wagnis: Wenn eine solche Regierung mit einem sozialdemokratischen Kanzler schon nach kurzer Amtszeit scheiterte, war die SPD auf Jahre hinaus blamiert. Selbst wenn die FDP der Schuldige gewesen wäre, hätten sich alle in ihrem Vorurteil bestätigt gefühlt, die Sozialdemokraten taugten zwar zum Opponieren, aber nicht zum Regieren. Wehner hielt es deshalb für besser, als kräftiger Juniorpartner an der Seite der Union zunächst Regierungserfahrung zu sammeln, um sich auf diese Weise für den Machtwechsel zu qualifizieren. Den ebenso empörten wie berechtigten Vorwurf von liberaler Seite, mit der FDP im Spätherbst 1966 nur «Scheinverhandlungen» geführt zu haben[497], nahm er gleichgültig in Kauf. Die meisten Liberalen betrachtete er ohnehin mit größtem Argwohn – «Menschen, die man nicht einmal mit der Feuerzange anfassen möchte».[498] Viele «ärgerten ihn durch ihr bloßes Dasein», vor allem diejenigen «rechts von den Deutschnationalen» – und davon schien es bei der FDP der fünfziger und frühen sechziger Jahre nicht wenige zu geben.[499]

Durch die Ereignisse im Umfeld des Sturzes von Erhard sah sich Wehner in der Einschätzung bestätigt, zu der er schon 1960 gelangt war, als Erich Mende den Vorsitz von dem kantigen, aber soliden württembergischen Urgestein Reinhold Maier übernommen hatte: daß man auf die FDP nicht mehr zählen könne. Tatsächlich hatte sich der soldatische Mende, Ritterkreuzträger aus dem Zweiten Weltkrieg, gutaussehend, aber innerlich unsicher – nach den Worten von Theodor Heuss ein «wasserpolackscher Apoll»-, bald als Parteigänger der CDU entpuppt. Jetzt biederte sich Mende bei der SPD an, wie Wehner verächtlich feststellte. Aber das brauchte, ja durfte man gar nicht ernstnehmen – nicht bei Mende und nicht beim Rest der Partei, die eher einem «lockeren Bund rivalisierender Einzelkämpfer» als einer schlagkräftigen Organisation glich, die die Liberalen in ihrer langen Geschichte ohnehin noch nie zustande gebracht hatten.[500]

«Die FDP ist ein reiner Interessenklüngel, auf den wir uns nicht verlassen und mit dem wir nicht zusammenarbeiten können», betonte auch Annemarie Renger, die ehemalige Privatsekretärin Kurt Schumachers, die seit 1953 für die SPD im Bundestag saß und seit 1961 zugleich Mitglied des Vorstandes und des Präsidiums war, als die SPD-Fraktion am 26. November 1966 in einer zehnstündigen, äußerst kontroversen Debatte über den Abschluß der Koalitionsverhandlungen und die Bildung einer Großen Koalition mit der CDU/CSU entschied.[501] Die Meinungen über eine solche «Elefantenhochzeit» waren in der SPD durchaus geteilt. Die Mehrheit schien keineswegs dafür zu sein. Helmut Schmidt, der frühere Hamburger Innensenator und jetzige stellvertretende Fraktionsvorsitzende im Bundestag, bemühte daher sogar einen historischen Vergleich aus der Vor- und Frühgeschichte der Parteienentwicklung, um die noch zögerlichen Genossen zu überzeugen. Die Liberalen erschienen ihm wie «ein parlamentarischer Club ... auf der inneren Integrationsstufe der parlamentarischen Clubs des Paulskirchenparlaments», meinte er, um hinzuzufügen: «Mein Gott,– auf sowas sollen wir uns verlassen?»[502]

Der Unmut über die FDP war also bei bestimmten, prominenten Sozialdemokraten, die man nicht gerade zum linken Flügel ihrer Partei zählte, durchaus verbreitet. Herbert Wehner hatte daraus schon seit langem seine Schlüsse gezogen und vorsichtig Gesprächsfäden zu christlich-demokratischen, aber auch zu christlich-sozialen Kollegen gesponnen. Zu ihnen gehörte vor allem Karl Theodor Freiherr zu Guttenberg, einer der schärfsten Gegner von Franz Josef Strauß innerhalb der CSU und für Wehner deshalb besonders wertvoll, aber auch sonst ein unabhängiger Kopf und eine unbestechliche, integre Persönlichkeit. Der Kontakt wurde durch Waldemar Freiherr von Knoeringen hergestellt, dem – neben Wehner – zweiten stellvertretenden SPD-Vorsitzenden, der nicht nur den gleichen Adelsrang wie Guttenberg besaß und wie dieser aus Bayern stammte, sondern 1944 auch Guttenbergs erster Vorgesetzter in Großbritannien gewesen war, als dieser beim Soldatensender Calais mit dem Mikrofon gegen das Hitler-Regime gekämpft hatte. In britischer Gefangenschaft hatte Guttenberg sich zu dieser Form des Widerstandes entschlossen und dadurch die Verbindung Knoeringen erhalten, die auch später den gegenseitigen Zugang über die trennenden Parteigrenzen hinweg erleichterte.[503]

Bei den Bemühungen Wehners um die Bildung einer Großen Koalition nach der *Spiegel*-Affäre im Herbst 1962 war Guttenberg – neben Innenminister Paul Lücke – die entscheidende Figur. Allerdings war die Initiative

4. Die Große Koalition

dazu nicht von ihm ausgegangen, sondern von Lücke, der zum katholischen Gewerkschaftsflügel der CDU gehörte und sich in seiner Partei besonders mit Eugen Gerstenmaier und Heinrich Krone für ein Bündnis mit den Sozialdemokraten sowie für ein mit ihnen zu vereinbarendes Mehrheitswahlrecht einsetzte. Eine solche Wahlrechtsänderung, die zur Etablierung eines Zweiparteiensystems nach englischem Vorbild und zu klaren Verhältnissen im Parlament ohne die Notwendigkeit von Koalitionsbildungen geführt hätte, war nur mit einer Zwei-Drittel-Mehrheit des Bundestages möglich. Die Union bedurfte daher der Unterstützung durch die SPD, um ihr Vorhaben zu verwirklichen. Eine Große Koalition schien dafür der geeignete Weg. Lücke und Krone sowie der Fraktionsvorsitzende Heinrich von Brentano waren während der *Spiegel*-Krise nach dem Rücktritt von vier FDP-Ministern schließlich diejenigen, die Adenauer auf die Idee brachten, eine solche Koalition mit der SPD zu versuchen. Als sogar Lücke noch zweifelte, ob in der SPD jemand dazu bereit sei, war es wiederum Guttenberg, der ihn ermunterte: «Es gibt einen, der heißt Herbert Wehner.»[504]

Nach dem Scheitern dieses ersten Anlaufs begnügte sich Wehner bei der Erneuerung der bürgerlichen Koalition mit dem Prestigeerfolg, daß die Sozialdemokraten von Adenauer und der Union bei den vorangegangenen Verhandlungen immerhin als ernsthafte Gesprächspartner für eine Regierungsbildung aufgewertet worden waren. Seine Bereitschaft, Adenauer als Kanzler zu akzeptieren, ließ zudem sein Ansehen in den Reihen der Christdemokraten in einem Maße anwachsen, daß er bei den Koalitionsverhandlungen drei Jahre später im konservativen Lager beinahe freie Bahn hatte. Laut Brandt erklärte Wehner, wenn er mit CDU-Politikern verhandelte, «erst einmal alle anderen Sozialdemokraten zu Arschlöchern».[505] Das machte es für ihn einfacher, die verzwickten, nur von ihm von vornherein für richtig gehaltenen Wege zu gehen, die für andere – besonders in seiner eigenen Partei – nicht immer leicht nachzuvollziehen waren.

Zu diesen Winkelzügen gehörte 1964 die Wiederwahl Heinrich Lübkes als Bundespräsident. Viele in der CDU/CSU wären den unbequemen Sauerländer, bei dem der spätere rasche Altersabbau noch kaum sichtbar war, gerne losgeworden – auch deshalb, weil er sich bereits während der langwierigen Regierungsbildung 1961 und dann erneut während der *Spiegel*-Krise 1962 für eine Allparteienregierung bzw. eine Große Koalition eingesetzt hatte. Zwar besaß er als Bundespräsident keine politische Macht im eigentlichen Sinne. Aber er nahm für sich in Anspruch, sich zum Wohle des Landes, wie er es verstand, in der jeweiligen öffentlichen Diskussion mit seiner eigenen Meinung zu Wort zu melden. Allzu oft entsprach diese Meinung nicht den Ansichten, die in der Führung der Union gerade vorherrschten. So war es auch in der Koalitionsfrage. Aus seiner Zeit als Mitglied des Preußischen Landtages vor 1933 hatte Lübke die lange, konstruktive Zusammenarbeit zwischen der SPD und dem Zentrum noch in guter Erinnerung. Wenn die gleiche stabile Parteienkonstellation auch im Reich bestanden hätte, so glaubte er, hätte die Geschichte der Weimarer Republik vielleicht einen anderen, besseren Verlauf genommen. An diese Erfahrungen und Einsichten knüpfte Lübke an, wenn er sich, wie Wehner befriedigt zur Kenntnis nahm, zur Koalitionsfrage äußerte: Es machte ihn zu einem wertvollen Verbündeten.

Wehner, der den Bundespräsidenten seither immer wieder in der Villa Hammerschmidt aufgesucht und ihn liebenswürdig umgarnt hatte, sprach sich deshalb frühzeitig dafür aus, auf einen eigenen sozialdemokratischen Kandidaten zu verzichten, und überzeugte auch die Führungsgremien seiner Partei, Lübkes Wiederwahl zu unterstützen. Die FDP, die in der Tradition von Theodor Heuss ein gewisses moralisches Recht für sich reklamierte, nun wieder den Bundespräsidenten zu stellen, nachdem die Union dieses Amt zuletzt besetzt hatte, schlug dagegen aus ihren Reihen den ehemaligen Justizminister Ewald Bucher vor. Der CDU/CSU blieb danach gar keine andere Wahl, als Lübke zu nominieren, wenn sie nicht riskieren wollte, daß die SPD doch noch einen Bewerber ins Rennen schickte und der Unionskandidat bei der Wahl am Ende sogar durchfiel. Als Adenauer in seiner Funktion als Parteivorsitzender am 21. Mai 1964 deswegen bei Heinrich von Brentano schriftlich anfragte, wie er zu der Frage der Wahl des Bundespräsidenten stehe, da die FDP doch «geschlossen gegen die Wiederwahl Lübkes zu sein» scheine, weil sie der Auffassung sei, «daß Herr Lübke im Falle seiner Wahl zum Bundespräsidenten nach der Bundestagswahl 1965 auf eine große Koalition hinarbeiten werde», antwortete ihm von Brentano unter dem 23. Mai 1964 in schonungsloser Offenheit: «Sie fragen nach meiner Meinung über die Präsidentenwahl. Ich persönlich bin der Auffassung, daß wir unter allen Umständen Herrn Lübke wieder vorschlagen sollten; ich fürchte, daß wir mit jedem anderen die Wahl verlieren und obendrein eine harte Spannung in die eigene Partei tragen. Es ist richtig, daß die FDP ihn nicht wählen wird; ich bin ehrlich genug, um Ihnen zu sagen, daß ich das für ein Kompliment halte, das mich erst recht veranlaßt, Herrn Lübke zu benennen. Aber wir dürfen auch nicht den Eindruck erwecken, als würde der Kandidat für diesen Posten von der CDU unter den Drohungen der FDP gestellt. Diese Leute sind ohnehin nachgerade unerträglich in ihrer Arroganz. Was nach der Bundestagswahl 1965 geschieht, weiß niemand von uns. Es kommt nur darauf an, daß die CDU/CSU geschlossen und kräftig ist, um so stark zu sein, daß sie selbst die Regierung bildet.»[506]

Da die FDP trotzig bei ihrem Ewald Bucher blieb und Lübke mit den Stimmen der SPD wiedergewählt wurde, ging Wehners Rechnung auf, sich der Union als ein verläßlicher Partner für weitere, noch größere Aufgaben zu empfehlen. Während das Zerwürfnis zwischen der CDU/CSU und der FDP schon jetzt unübersehbar war, zeichnete sich die Große Koalition immer klarer am Horizont ab. Folgerichtig war die SPD in der «Dreieck-Situation» der Verhandlungen, die nach dem Rücktritt Erhards vom 10. bis 30. November 1966 zwischen der CDU/CSU, der FDP und der SPD ge-

führt wurden, «der interessanteste Punkt», wie Wehner am 22. November vor der Fraktion seiner Partei mit Stolz vermerkte.[507]
Bis zu den bayerischen Landtagswahlen am 20. November, bei denen die CSU mit 48,1 Prozent, aber auch die NPD mit 7,4 Prozent auf der Gewinnerseite standen, während die FDP als der große Verlierer nicht mehr in den Landtag einzog, ging es bei den Gesprächen nur mäßig voran. Danach einigte man sich zügig über Personen und Sachfragen, um die Regierungsfähigkeit so schnell wie möglich wiederherzustellen und die politische Krise zu überwinden, die offenbar den Erfolg der NPD in Bayern – wie zuvor schon in Hessen – begünstigt hatte. Bereits wenige Tage später, am 27. November, war die Bildung einer gemeinsamen Koalition von CDU/CSU und SPD beschlossen. Auch Franz Josef Strauß, der Sieger von München, kehrte nun ins Bonner Kabinett zurück. Am 1. Dezember 1966 wurde Kurt Georg Kiesinger zum neuen Bundeskanzler der Bundesrepublik Deutschland gewählt. Seinem Kabinett gehörten neben Willy Brandt – als Vizekanzler und Außenminister – noch acht weitere Minister der SPD, sieben der CDU und drei der CSU an, darunter Strauß als Finanzminister. Der FDP (mit nur 49 Abgeordneten gegenüber 446 der Regierungsparteien) verblieb die Rolle einer scheinbar wirkungslosen Miniopposition.

Kabinett der Gegensätze

Die neue Regierung hätte gegensätzlicher kaum sein können. Eigentlich paßte darin nichts zusammen. Schon gegen den neuen Kanzler bestanden bei den Sozialdemokraten und sogar innerhalb der Union erhebliche Bedenken, weil er bereits im März 1933 in die NSDAP eingetreten war, von der er sich einen Aufschwung für das Vaterland versprochen hatte. Zwar hatte er sich schon ein Jahr später, als er nach dem «Röhm-Putsch» die wahre Natur des Regimes erkannte, weitgehend auf die formale Mitgliedschaft beschränkt und sich als freier Rechtsanwalt niedergelassen, ehe man ihn während des Krieges für die Presseabteilung des Auswärtigen Amtes dienstverpflichtet hatte. Aber er war das, was man gemeinhin einen «Mitläufer» nannte: kein unmaßgeblicher zwar, doch auch nicht gerade hochkarätig und gefährlich, vielmehr ein Gelegenheitsnazi, der mit seinem bildungsbürgerlichen Habitus und seiner Vorliebe für Alexis de Tocqueville, zu der er sich häufig bekannte, unter anderen Umständen keinen einzigen Gedanken daran verschwendet hätte, sich mit einem solchen Regime zu verbünden. Nach dem Kriege war ihm seine Verstrickung im Dritten Reich allerdings nicht zum Verhängnis geworden, sondern er hatte als Mitglied des Bundestages seit 1949 erneut Karriere gemacht. Als außenpolitischer Debattenredner der Union, Mitglied des Europarates in Straßburg und seit 1954 auch als Vorsitzender des Auswärtigen Ausschusses des Bundestages war er neun Jahre lang ein energischer Verfechter der Außenpolitik Adenauers gewesen, ehe ihn 1958 der Ruf ereilt hatte, Ministerpräsident seines Landes Baden-Württemberg zu werden. Auch hier holte ihn seine Vergangenheit noch nicht ein; der SPD-Vorsitzende Erich Ollenhauer bestätigte sogar persönlich, daß sie nicht gegen ihn ins Feld geführt werden sollte.

Im Kabinett der Großen Koalition konnte man somit in dem einstigen «Mitläufer» Kiesinger und dem antinazistischen Emigranten Brandt «eine durchaus wahrhaftige personelle Repräsentation der deutschen Wirklichkeit erkennen», wie Brandt im Rückblick selbst bemerkte.[508] Doch bei der Kanzlerwahl verweigerten zahlreiche Abgeordnete aus den Reihen der neuen Koalition, offenbar vornehmlich der SPD, Kiesinger ihre Stimme. Von den 447 Volksvertretern, die zur Großen Koalition gehörten, sprachen sich nur 340 für ihn aus. Auch sonst hielt sich die Begeisterung in Grenzen. Noch im März 1968, auf dem Nürnberger Parteitag der SPD, hatten die führenden Sozialdemokraten erhebliche Mühe, nachträglich eine Bestätigung für ihre Entscheidungen vom Herbst 1966 zu erhalten. Mit 173 zu 129 Stimmen fiel die Mehrheit für die Billigung der Großen Koalition für sozialdemokratische Verhältnisse bemerkenswert knapp aus. Die Bedenken richteten sich nicht nur gegen Kiesinger, sondern ebenso gegen Strauß. Da die Möglichkeiten zur Einflußnahme auf die Personalvorschläge der anderen Seite bei Koalitionsverhandlungen jedoch in der Regel begrenzt sind, war Strauß nicht zu verhindern gewesen. Sein Einzug in das Kabinett wurde allerdings, nicht ohne bewußte Ironie, durch die Ernennung von Conrad Ahlers zum stellvertretenden Leiter des Bundespresseamtes und damit zum Regierungssprecher «kompensiert»: Als einer der Hauptbetroffenen der *Spiegel*-Affäre von 1962 galt Ahlers bei vielen als das persönliche Opfer von Strauß. Horst Ehmke, der Ahlers damals vor Gericht verteidigt hatte, wurde Staatssekretär im Justizministerium unter Gustav Heinemann – ebenfalls einer der Verteidiger des *Spiegel* aus jener Zeit.

Willy Brandt hatte bei seinen Vorgesprächen mit Kiesinger und Wehner zunächst erwogen, neben der Vizekanzlerschaft das Forschungsministerium zu übernehmen oder sogar ganz auf einen Kabinettsposten zu verzichten und sich – sein Berliner Amt als Regierender Bürgermeister behaltend – auf den Parteivorsitz zu konzentrieren. Im Vorstand und im Präsidium der SPD hielt man beides für abwegig und bestand darauf, daß Brandt aus Gründen des Prestiges und der politischen Optik den Vizekanzlerposten und das Außenministerium besetzen müsse. Außerhalb des inneren Zirkels der Partei aber war gerade diese Form der Beteiligung Brandts an der Großen Koalition ein Anlaß zum Unmut. So schrieb Günter Grass am 30. November, als die Bildung der Großen Koalition mit Brandt als Galionsfigur bereits beschlossen war, an den SPD-Vorsitzenden:

«20 Jahre verfehlte Außenpolitik werden durch Ihr Eintreten in eine solche Regierung bemäntelt sein. Der unheilbare Streit der CDU/CSU wird auf die SPD übergreifen. Ihre Vorstellung vom ‹anderen Deutschland› wird einer lähmenden Resignation Platz machen, die große und tragische Geschichte der SPD wird für Jahrzehnte ins Ungefähre münden. Die allgemeine Anpassung wird endgültig

4. Die Große Koalition

das Verhalten zu Staat und Gesellschaft bestimmen. Die Jugend unseres Landes wird sich nach links und rechts verrennen, sobald diese miese Ehe beschlossen sein wird. Meine kritische Sympathie Ihnen und der Sozialdemokratischen Partei Deutschlands gegenüber verpflichtet mich, Ihnen diese Gedanken mitzuteilen. Ich weiß, daß Herbert Wehner allzu rasch geneigt ist, im Andersdenkenden einen Neurotiker zu vermuten, dennoch bitte ich Sie, diesen Brief der Fraktion zu verlesen.»[509]

Brandt antwortete Grass, daß er nach «sehr ernster Prüfung» und vor dem Hintergrund der «dürren Zahlen im Bundestag» zu dem Ergebnis gekommen sei, daß «der andere Weg» – also eine Koalition mit der FDP – nicht gangbar gewesen wäre. Dennoch sollten sich Grass, seine Freunde und viele der kritischen jungen Menschen «gerade jetzt nicht in das Abseits der Resignation und des bloßen Protestes stellen». Das Gewissen der SPD schlage «nicht außerhalb dieser Partei». Niemand solle den Stab brechen, solange diejenigen, die innerhalb der Großen Koalition mitarbeiteten, nicht die Chance gehabt hätten zu beweisen, was jetzt möglich sei. Für die SPD sei die Regierungsbeteiligung «ein neuer Beginn». Dafür werde er, so Brandt, «Verantwortung tragen und gerade das geistige Deutschland nicht enttäuschen».[510]

Es blieb also dabei: Brandt wurde Außenminister. Da die Union danach das Verteidigungsministerium beanspruchte, das sie für Gerhard Schröder reservierte, entschied sich Helmut Schmidt, auf einen Platz im Kabinett zu verzichten und der Fraktionsführung den Vorzug zu geben. Mit Rainer Barzel, der diese Aufgabe schon seit längerem in der CDU/CSU erfüllte, besaß er dort einen adäquaten Partner, der ihm in Temperament und Arbeitsweise ebenbürtig war. Der parlamentarische Erfolg der Großen Koalition war nicht zuletzt der sachlichen und weitgehend reibungslosen Zusammenarbeit der beiden Fraktionsführer zu verdanken. Für Kiesinger waren sie gerade deshalb eine unberechenbare Größe. Angesprochen auf die beträchtlichen Fähigkeiten der beiden, sinnierte er vielsagend, sie seien wohl «zu allem fähig».[511]

Herbert Wehner übernahm den Posten des Gesamtdeutschen Ministers. Das Ministeramt war für ihn so etwas wie eine bürgerliche Ehrenerklärung. Der ehemalige Kommunist, Mitglied des Politbüros der Exil-KPD in Moskau und häufig als Agent verleumdet und verschmäht, leistete am 1. Dezember den Amtseid mit dem christlichen Zusatz «So wahr mir Gott helfe» auf das Grundgesetz.[512] Doch mit der Bezeichnung des Ministeriums ist seine Bedeutung in der Regierung nur unzureichend beschrieben: Wehner war nicht nur Brandts Stellvertreter in der SPD, sondern auch der Wortführer seiner Partei im Kabinett – eine Rolle, die ihm von Brandt nie streitig gemacht wurde. Außerdem verband ihn mit Kiesinger seit vielen Jahren ein persönliches, von Respekt und Freundschaft getragenes Verhältnis. Jetzt trafen sich Kanzler und Minister beinahe wöchentlich, oft stundenlang, zu Gesprächen unter vier Augen bei einem Glas Rotwein im Kanzlerbungalow.

Kiesinger empfand dies bereits früh als ein Zeichen der Verbundenheit, wie er am 5. Oktober 1967 in einem Gespräch mit dem Journalisten Giselher Wirsing erklärte: «Von Wehner sagt man ja, er sei ein Wortterrorist. Mir gegenüber ist er das nicht, er verhält sich im Gegenteil nicht nur freundschaftlich, sondern deutlich verehrungsvoll.»[513]

Kiesingers Verhältnis zu Brandt blieb dagegen förmlich und distanziert. Der SPD-Vorsitzende, der nun sein Außenminister wurde, kam ihm «seltsam leer» vor.[514] Er schien abhängig von Strömungen und Einflüssen, die er nur schwer verarbeiten konnte. Vor allem Egon Bahr, der ungeduldig auf die Verwirklichung einer ganz neuen Ost- und Deutschlandpolitik drängte und den vorsichtigen Kurs der Großen Koalition lieber heute als morgen aufgeben wollte, setzte dem sensiblen Brandt offenbar hart zu. Doch zum Glück gab es ja Wehner, die treibende Kraft der SPD. Er bot nach Meinung Kiesingers, wie er am 22. November 1966 seiner Fraktion eindringlich darlegte, die beste Gewähr dafür, daß der Koalitionspartner nicht gleich wieder abhanden kam.[515]

Diese starke Position Wehners sowie das ausgeprägte Gefühl Brandts für persönliche Selbständigkeit, der Abhängigkeit nur aus Loyalität gegenüber seinen Mitarbeitern und der eigenen Partei empfand, führten auch zu einer Änderung des Regierungsstils. Aus der «Kanzlerdemokratie» Adenauerscher Prägung wurde eine *government by discussion*, in dem Kiesinger, wie Conrad Ahlers es einmal umschrieb, sich wie ein «wandelnder Vermittlungsausschuß» verhielt.[516] Tatsächlich wäre er auch schlecht beraten gewesen, den anderen Mitgliedern seines «Überkabinetts», das «an Farbigkeit und Talenten kaum zu übertreffen war»[517], Vorschriften machen zu wollen. So hatte Helmut Schmidt bereits im November 1966 gegenüber den Abgeordneten der sozialdemokratischen Fraktion vorausschauend erklärt, man solle «die Richtlinienkompetenz des Bundeskanzlers ... innerhalb einer großen Koalition nicht überschätzen», und beinahe drohend hinzugefügt: «Es gibt keine Richtlinien gegen Brandt und Wehner.»[518] Kiesinger, der klug genug war, sich danach zu richten, erfand deshalb den «Kreßbronner Kreis», um die unvermeidlichen Konflikte, die der parteipolitischen Profilierung der beiden so ungleichen Partner dienten, zu kanalisieren. Der Kreis trat erstmals am 29. August 1967 am Urlaubsort des Kanzlers in Kreßbronn am Bodensee zusammen. Brandt, Wehner und Familienminister Bruno Heck, der 1966 auch noch das Amt des CDU-Generalsekretärs übernommen hatte, waren die ersten Teilnehmer, die den Kanzler besuchten. Am 30. und 31. August folgten führende Politiker der Union wie Kohl, Strauß, Barzel und Stücklen. Bei allen Gesprächen ging es um die Situation innerhalb der Koalition und die Vorbereitung der anstehenden großen Bundestagsdebatte über Finanzplanung und Konjunkturpolitik. Die Atmosphäre in der Koalition, die durch Querschüsse aus den Reihen des eigenen Kabinetts immer wieder belastet worden war, wurde dadurch merklich besser.

Seither tagte dieser Koalitionsausschuß jeden Dienstagnachmittag, später oft sogar mehrmals in der Woche. Zu ihm gehörten zunächst elf ständige Mitglieder – die Spitzen der Koalition aus Regierung, Fraktion und Partei –, doch blieb die Zusammensetzung flexibel und wurde allmählich immer weiter ausgedehnt. Meist traf man sich zu einem Arbeitsessen, das sich den ganzen Nachmittag über hinzog. Eine regierungsähnliche Funktion kam dem «Kreßbronner Kreis» niemals zu, wohl aber die Aufgabe einer *clearing*-Stelle, in der koalitionspolitische Probleme behandelt und, soweit möglich, entschärft wurden, ehe sie die Zusammenarbeit gefährdeten. Tatsächlich funktionierte die Große Koalition danach weitgehend störungsfrei bis zum 21. August 1968, als der Einmarsch von Warschauer-Pakt-Truppen in die Tschechoslowakei zu grundlegenden Meinungsverschiedenheiten zwischen der SPD und der CDU/CSU in der Außenpolitik führte und alte Gräben wieder aufriß. Endgültig aufgebraucht war das notwendige Maß an politischer Gemeinsamkeit in der Koalition jedoch erst nach den Auseinandersetzungen um die Wahl Gustav Heinemanns zum Bundespräsidenten im März 1969, die zu einer tiefgehenden Entfremdung führte, bei der auch der kommende Wahlkampf schon seine Schatten vorauswarf.

Überwindung der Rezession

Die Regierungserklärung, die Kurt Georg Kiesinger am 13. Dezember 1966 vor dem Bundestag abgab, begann nicht mit der Außenpolitik, in der der neue Kanzler eigentlich zu Hause war, sondern – mehr als eine halbe Stunde lang – mit der Finanz- und Wirtschaftspolitik. Zum Unwillen der Union und zur Genugtuung der SPD beschrieb Kiesinger «eine lange schwelende Krise», die seiner Regierungsbildung vorausgegangen sei, und kündigte drastische Maßnahmen zur Behebung der Misere an.[519] Dazu gehörten die Forderung nach einem Haushaltsausgleich für 1967, die Schließung der voraussichtlich noch bestehenden Deckungslücke von 3,3 Milliarden DM sowie eine Neuverteilung des Steueraufkommens zwischen Bund, Ländern und Gemeinden und Verhandlungen mit der Bundesbank über eine Senkung des Diskontsatzes zur Ankurbelung von Investitionen. Wichtiger als diese Einzelthemen waren jedoch der Stil und die Sprache des Kanzlers, die den starken Einfluß des neuen Wirtschaftsministers Karl Schiller erkennen ließen und eine Mischung der Freiburger ordoliberalen Schule und der antizyklischen Konjunkturlehre von John Maynard Keynes waren. Zwar blieb das Zauberwort der «Sozialen Marktwirtschaft» erhalten. Aber andere Formeln mit frischem Vokabular traten hinzu, die im Gegensatz zu den zuletzt abgegriffenen Standardfloskeln Ludwig Erhards neue Zuversicht vermittelten.[520]

Solcher Optimismus war auch dringend nötig. Die Rezession, in der sich die deutsche Wirtschaft zur Jahreswende 1966/67 befand, ließ zwar einen Vergleich mit der «Großen Depression» von 1929, der selbst bei Unternehmen und Gewerkschaften schon gezogen wurde, noch stark übertrieben erscheinen. Aber die Zahl von 673 000 Arbeitslosen und ein ständig wachsendes Milliardenloch im Bundeshaushalt aufgrund sinkender Steuereinnahmen zeigten an, daß es Probleme gab, die möglichst rasch einer politischen Lösung bedurften. Die Schwerpunktsetzung des neuen Kanzlers am Beginn seiner Regierungserklärung war also durchaus berechtigt. Auch Wirtschaftsminister Schiller und Finanzminister Strauß verloren keine Zeit, die erforderlichen Maßnahmen einzuleiten. Bereits am 21. Dezember 1966, eine Woche nach der Regierungserklärung, erzielten Bund und Länder einen Kompromiß über die Neuverteilung der Einkommens- und Körperschaftssteuer, die lange strittig gewesen war. Am 4. August hatten die Ministerpräsidenten für die nächsten Jahre 65 Prozent, d. h. 4 Prozent mehr als bisher, gefordert und darüber – weil der Bund diesen Betrag von rund 2 Milliarden DM für sich beanspruchte – am 28. Oktober im Bundesrat sogar den Haushaltsentwurf 1967 zu Fall gebracht. Die Tatsache, daß man sich jetzt beinahe geräuschlos und vor allem schnell auf 37 Prozent für den Bund und 63 Prozent für die Länder einigte, war deshalb ein erstes Signal für die neue Effizienz, die in Bonn im Bereich von Wirtschaft und Finanzen nach dem Regierungswechsel herrschte. Nur zwei Tage später, am 23. Dezember, traten zudem das Finanzplanungsgesetz und das Steueränderungsgesetz 1966 zur Überleitung der Haushaltswirtschaft des Bundes in eine mehrjährige Finanzplanung in Kraft.

Auch die Verhandlungen mit der Bundesbank über eine Senkung des Diskontsatzes, die von Bundeskanzler Kiesinger in seiner Regierungserklärung gefordert worden war, führten überraschend schnell zum Erfolg. Nachdem die Regierung Erhard die Neigung der obersten Währungshüter, die Geldwertstabilität in den Mittelpunkt aller Überlegungen zu stellen, noch verstärkt und dadurch den möglichen Bonus von Investitionsanreizen durch Kreditverbilligung verschenkt hatte, zeigte sich Bundesbankpräsident Karl Blessing den Argumenten von Franz Josef Strauß durchaus zugänglich. Schon am 5. Januar 1967 ließ er den Zentralbankrat beschließen, den Diskontsatz sofort von 5 auf 4,5 Prozent und danach in Etappen am 17. Februar auf 4 Prozent, am 13. April auf 3,5 Prozent und am 12. Mai sogar auf 3 Prozent zu ermäßigen. Der Schritt wurde ausdrücklich damit begründet, die nachlassende Konjunktur im Sinne der Wirtschaftspolitik der neuen Bundesregierung wiederzubeleben.[521]

Nur eine Woche darauf, am 14. Januar, konnte auch der Bundeshaushalt 1967 verabschiedet werden. Die Haushaltslücke, die inzwischen auf 4,6 Milliarden DM angewachsen war, wurde durch den Abbau von Steuervergünstigungen und Ausgabenkürzungen in den Bereichen Landwirtschaft, Verteidigung, Entwicklungshilfe und Soziales ausgeglichen. Den größten Widerstand leisteten hierbei die Sozialpolitiker beider großen Parteien – die schwarz-rote Koalition der «Sopos», die nun mächtiger war als je zuvor und in ihrem erfolgreichen Drängen auf eine generelle Umschichtung des Bundeshaushalts zugunsten der Sozialausgaben bereits die Reformpolitik der späteren SPD/FDP-Koalition vorwegnahm.[522] Allerdings wurden die Investitionen nicht vernachlässigt. So schuf die Bundesregierung durch das am 23. Februar 1967 im Bundestag verabschiedete «Kreditfinanzierungsgesetz» die Basis für ein Konjunkturprogramm, in dessen Rahmen Mittel in Höhe von 2,5 Milliarden DM für Investitionen bei Bahn und Post, im Verkehrswesen sowie in Bildung und Forschung auf dem Kreditweg bereitgestellt wurden. Dem gleichen Zweck diente die Entscheidung der Regierung, eine zehnprozentige Sonderabschreibung für Investitionen in der Wirtschaft zu gewähren.

Alle diese Maßnahmen trugen erheblich dazu bei, das Vertrauen in die Wirtschaft binnen kurzer Zeit wiederherzustellen. Bei Unternehmern und Gewerkschaften war zudem eine große Bereitschaft zur konstruktiven Mitarbeit erkennbar, so daß die Kritik an der neuen Regierung, die anfänglich vor allem bei den betroffenen Interessenverbänden zu vernehmen gewesen war, allmählich verstummte. Vertrauen flößten aber nicht nur die rasch aufeinanderfolgenden Schritte der Regierungspolitik ein, sondern auch die reibungslose, von Sachverstand und gegenseitigem Respekt getragene Zusammenarbeit zwischen Schiller und Strauß. Da sie häufig gemeinsam auftraten, wurden sie vielfach nur noch «Das doppelte Lottchen» oder «Plisch und Plum» genannt. Vor allem die fachliche Brillanz Schillers wirkte wohltuend und beruhigend. Seine präzisen Analysen sowie seine Begabung, mit neuen, eingängigen Formulierungen komplexe ökonomische Zusammenhänge auch für den Laien verständlich zu machen, ließen Wirtschaftspolitik in der Bundesrepublik über Nacht zu einem populären Gesprächsgegenstand werden. Plötzlich wußte man, daß man sich auf der «Talsohle der Konjunktur» befand – und brauchte nicht viel Phantasie, um sich auszumalen, daß es auf der anderen Seite des Tales wieder aufwärts ging. Man verstand oder schien zu verstehen, wie Wirtschaft funktionierte und brauchte nicht mehr am für unabwendbar gehaltenen ökonomischen Schicksal zu verzweifeln.

In Wirklichkeit hatten Schiller und Strauß natürlich auch Glück. Denn die Rezession war «hausgemacht». Bei andauerndem internationalen Wachstum, niedrigen Zinsen und nur mäßiger Staatsverschuldung ließ sie sich relativ leicht mit eigener Kraft beheben. Die Kunst lag darin, genügend zu sparen, um den Haushalt auszugleichen, und ausreichend zu investieren, um die Wirtschaft wieder anzukurbeln. Allerdings bedurfte es dazu der Bereitschaft und der Begabung, wirtschaftspolitische Steuerungsinstrumente richtig einzusetzen und den Markt nicht nur seinen eigenen Gesetzen zu überlassen. Deflation und Inflation, prozyklische und antizyklische Maßnahmen, «Ordo»-Gedanken und *deficit-spending* durften nicht alternativ verstanden werden, sondern waren in ihrem komplizierten Zusammenspiel zu begreifen. Es galt, Stabilität *und* Wachstum, die von Erhard noch als Gegensätze aufgefaßt worden waren, miteinander in Einklang zu bringen. Die Überwindung der Rezession 1966/67 bedeutete somit nicht nur eine

Trendwende in der Wirtschaft, sondern auch eine Zäsur im Verständnis der Wirtschaftspolitik.

Konzertierte Aktion und Globalsteuerung

Eines der wichtigsten Instrumente der neuen Politik war die «Konzertierte Aktion». Angeregt von Bundeswirtschaftsminister Schiller, handelte es sich dabei um eine Gesprächsrunde von Vertretern des Staates, der Wissenschaft und der Sozialpartner – d. h. der Gewerkschaften und der Arbeitgeber – mit dem Ziel, die Wirtschafts-, Finanz- und Sozialpolitik gegenseitig abzustimmen sowie das Handeln der Tarifparteien mit den konjunkturellen Möglichkeiten zu vereinbaren. Erstmalig trafen sich die Teilnehmer der Konzertierten Aktion am 14. Februar 1967 und danach, in unregelmäßigen Abständen, zehn Jahre lang, ehe die Gewerkschaften wegen der Verfassungsbeschwerde der Arbeitgeber vom 29. Juni 1977 gegen das Mitbestimmungsgesetz eine weitere Teilnahme an der Gesprächsrunde absagten.

Die Konzertierte Aktion war kein Beschlußorgan und stellte weder die Souveränität des Parlaments noch die Tarifautonomie in Frage. Sie sollte vielmehr, wie ihr Schöpfer am 17. Februar 1967 vor dem Bundestag erklärte, dazu beitragen, eine «soziale Symmetrie» herzustellen – wobei Schiller allerdings, wie bei fast allen seinen Wortprägungen, die einen großen Teil ihrer Wirksamkeit aus ihrer Unbestimmtheit bezogen, offenließ, was genau er darunter verstand.[523] In jedem Fall ging es um einen Ausgleich zwischen Arbeitgebern und Arbeitnehmern, aber auch um ein ausgewogenes Verhältnis zwischen Einnahmen und Ausgaben des Staates sowie zwischen Stabilität und Vollbeschäftigung. Verbindliche Leitlinien wurden jedoch – etwa für die Tarifpartner – nicht gegeben, höchstens Orientierungsdaten, an die sich die Teilnehmer halten konnten, wenn sie ihnen – nach ausgiebiger Diskussion – plausibel erschienen. Eine entsprechende Funktion hatte auch der sogenannte «Konjunkturrat der öffentlichen Hand», der sich am 13. Juli 1967 konstituierte, um vor allem das Haushaltsgebaren von Bund, Ländern und Gemeinden aufeinander abzustimmen und Empfehlungen für eine konjunkturgemäße Kreditaufnahme sowie für die Gewährung von steuerlichen Vergünstigungen bzw. deren Abbau zu geben.

Das wichtigste Instrument der ökonomischen Steuerung neben der Konzertierten Aktion war jedoch das «Gesetz zur Förderung der Stabilität und des Wachstums der Wirtschaft», das am 14. Juni 1967 in Kraft trat. Seine Vorgeschichte reichte bis in den Herbst 1966 zurück, als die Regierung Erhard ähnliche Bestimmungen vorbereitet hatte, die sich aber ganz auf die Wahrung der Stabilität konzentrieren sollten. Bereits im September 1966 hatte Karl Schiller dazu vor der SPD-Fraktion weitsichtig bemerkt, die Sozialdemokraten würden den Entwurf «überbieten zugunsten von Wachstum und Stabilität».[524] Auch das jetzige Gesetz wurde verkürzt, aber eben nicht ganz zutreffend, meist nur als «Stabilitätsgesetz» bezeichnet. Sein Ziel war

4. Die Große Koalition

es jedoch, «im Rahmen der marktwirtschaftlichen Ordnung» Preisstabilität, einen «hohen Beschäftigungsstand» sowie ein «außenwirtschaftliches Gleichgewicht bei stetigem und angemessenem Wirtschaftswachstum» zu sichern.[525] Es ging also um das «magische Viereck» der Volkswirtschaftslehre. Alle vier Elemente gleichzeitig zu sichern, war theoretisch und praktisch unmöglich. Aber die Regierung wurde gesetzlich verpflichtet, sich um eine Annäherung zu bemühen, wobei den Faktoren Stabilität und Wachstum ein gewisser Vorrang eingeräumt wurde.

Jedenfalls erhielt die Bundesregierung mit dem Stabilitätsgesetz ein konjunkturpolitisches Instrumentarium in die Hand, das es ihr ermöglichen sollte, im Rahmen der von allen Verantwortlichen der Konzertierten Aktion überraschend schnell akzeptierten «Globalsteuerung» – auch dies ein von Schiller in die Diskussion eingeführter Begriff – die gesamtwirtschaftlichen Ziele zu vereinheitlichen. So war die Regierung nunmehr verpflichtet, künftig den gesetzgebenden Körperschaften (Bundestag und Bundesrat) jeweils im Januar einen Jahreswirtschaftsbericht vorzulegen, der die gesamtwirtschaftliche Lage schilderte und die wirtschafts- und finanzpolitischen Ziele der Bundesregierung darlegte. Zwar ließen sich dadurch nicht automatisch alle Probleme lösen. Aber die Regierung leistete nun durch ihre Informationspolitik und die von ihr eingeleiteten Maßnahmen zur Konjunktursteuerung einen wichtigen Beitrag zur Anpassung der deutschen Volkswirtschaft an die neuen strukturellen Bedingungen, die seit den frühen sechziger Jahren im Inland wie in der Weltwirtschaft herrschten. Die Menschen hatten nicht länger das Gefühl, den anonymen Mächten der Ökonomie hilflos ausgeliefert zu sein. Vielmehr wurde ihnen mit dem Stabilitätsgesetz eine weitgehende Machbarkeit der Konjunktur suggeriert, die zumindest kurzfristig dazu führte, daß der Optimismus zurückkehrte und die Wirtschaft wieder Tritt faßte.

Schon im Sommer 1967, als noch einmal ein Investitionsprogramm in Höhe von 2,8 Milliarden DM aus Bundesmitteln beschlossen wurde, um – gemeinsam mit 1,5 Milliarden DM aus den Etats der Länder und Gemeinden – vor allem die Problembereiche der Republik, also die Kohlereviere und das sogenannte «Zonenrandgebiet», besser auszustatten, hatte die Wirtschaft die Talsohle längst durchschritten und war sogar schon weitgehend «über den Berg». Zugleich mit dieser zweiten Konjunkturspritze wurde auf einer Mammutsitzung des Kabinetts vom 4. bis 6. Juli 1967, die aufgrund der sommerlichen Hitze teilweise unter einer riesigen Platane im Park des Kanzleramtes stattfand, die «Mittelfristige Finanzplanung» beschlossen. Auch diese Neuerung wurde von Schiller und Strauß eingeführt und durchgesetzt, um die Vereinbarkeit der gegensätzlichen Ziele von wirtschaftlichem Wachstum und ausgeglichenem Haushalt über mehrere Jahre hinweg zu sichern.

Die «Mifrifi», wie sie im Ökonomen-Jargon hieß, war – wie die Konzertierte Aktion und das Stabilitätsgesetz – ein zentrales Element in der «aufgeklärten Marktwirtschaft» Schillers, die entgegen der Konzeption Erhards grundsätzlich von einer aktiven Rolle des Staates ausging.[526] In einem Vermerk des Kanzleramtes vom Sommer 1967 hieß es dazu, die Haushaltspolitik des Bundes sei durch die Mittelfristige Finanzplanung «von den zutage getretenen Unzulänglichkeiten der Ein-Jahresbetrachtung von Einnahmen und Ausgaben befreit worden (Beendigung der ‹Buchhalte-Periode›)». Die Finanzplanung zwinge die Regierung, «die Probleme der Wirtschafts- und Finanzpolitik im Rahmen einer mehrjährigen Konzeption einer Lösung zuzuführen».[527] Was in der Theorie harmlos und vernünftig klang, erwies sich in der Praxis jedoch als überaus schwierig. Da es vorrangig um Einnahmeverbesserungen und Ausgabenkürzungen ging, waren harte Einschnitte in verschiedenen Etats nicht zu vermeiden. So sollten allein im Verteidigungsbereich zwischen 2 und 2,4 Milliarden DM eingespart werden, im Sozialbereich zwischen 1,5 und 3,9 Milliarden; bei den Fördermaßnahmen für den Wohnungsbau waren Kürzungen zwischen 50 und 250 Millionen DM vorgesehen, im Verkehrswesen zwischen 150 und 500 Millionen und in der Entwicklungshilfe zwischen 180 und 250 Millionen. Politische Spannungen waren deshalb vorprogrammiert. Doch letztlich wurde aller Streit beigelegt, so daß in der Bilanz tatsächlich eine Stabilisierung der Wirtschaft sowie eine nachhaltige Verbesserung der Finanzlage bei Bund, Ländern und Gemeinden zustande kam, wie sie wohl nur von einer Großen Koalition bewerkstelligt werden konnte. Jede andere Regierung wäre daran vermutlich zerbrochen.

Das Verdienst daran kam in erster Linie Karl Schiller und Franz Josef Strauß zu, die in bemerkenswerter Eintracht agierten. Während Schiller die ökonomische Diskussion mit seinem verblüffenden Vokabular bereicherte und neue Instrumente schuf, die das Verständnis von Wirtschaftspolitik in der Bundesrepublik revolutionierten, sorgte Strauß für eine Modernisierung der Auffassungen im Bereich der Finanzen. Dabei schirmte er nicht nur die antizyklische Politik des kalkulierten *deficit spending* gegen konservative Skeptiker und Gegner in den eigenen Reihen ab, sondern betrieb auch konsequent die Überwindung jenes hausväterlich-sorgenden Finanzgebarens, das in den fünfziger Jahren vor allem Fritz Schäffer ausgezeichnet hatte. Dessen bis zum Rand mit Geld gefüllter «Juliusturm»[528] – mit einer Rücklage von zuletzt etwa sieben Milliarden DM – war inzwischen längst zum Ausdruck eines unzeitgemäßen Sparsamkeitswahns geworden, der den Anforderungen einer primär an den konjunkturellen Notwendigkeiten orientierten modernen Finanzpolitik nicht mehr entsprach. Auch die immer noch kameralistisch anmutenden Praktiken der Erhard-Ära wurden mit der zukunftsweisenden Straußschen Finanzreform endgültig ad acta gelegt. Eine dosierte Staatsverschuldung galt nun als vertretbarer Preis für eine erfolgreiche Konjunkturpolitik, solange man – bei aller Ausgabenfreudigkeit zur Förderung von Investitionen und Wachstum – das erforderliche *debt management* nicht aus den Augen verlor und Schulden und Zinsen nicht auf ein Maß ansteigen ließ, das auf andere Weise Probleme heraufbeschwor.[529]

4. Die Große Koalition

Als Bundeskanzler Kiesinger seinem Nachfolger Brandt 1969 die Regierungsverantwortung übergab, konnte die Große Koalition – trotz Schuldentilgung in Höhe von 1,8 Milliarden DM allein in den ersten neun Monaten des Jahres 1969 – einen Haushaltsüberschuß von 1,5 Milliarden DM vorweisen. Das Bruttosozialprodukt, das 1967 noch stagniert hatte, war 1968 und 1969 wieder real um 7,3 Prozent bzw. 8,2 Prozent gestiegen. Entsprechendes galt für die Inflationsrate, die zwischen 1966 und 1968 von 3,5 auf 1,5 Prozent gesunken war; sie lag 1969 aufgrund des allgemeinen Wachstums wieder bei – immer noch mäßigen – 2,7 Prozent. Dafür hatte sich die Zahl der Arbeitslosen, die Anfang 1967 noch etwa 600 000 betragen hatte, bis zum Frühjahr 1969 auf 243 000 vermindert. Bei gleichzeitig 720 000 offenen Stellen bedeutete dies nicht nur Vollbeschäftigung, sondern sogar Arbeitskräftemangel, der sich nur durch die Anwerbung weiterer Gastarbeiter (zusätzlich zu den bereits vorhandenen 1,2 Millionen) decken ließ.[530] Die wirtschafts- und finanzpolitische Bilanz der Großen Koalition konnte sich also sehen lassen. Die Reformpolitik der sozialliberalen Koalition begann im Herbst 1969 auf solider Grundlage.

Notstandsgesetze: Gefahr für die Demokratie?

Im Gegensatz zu den wirtschaftlichen Erfolgen der Großen Koalition, die in der Öffentlichkeit beinahe uneingeschränkte Anerkennung fanden – auch wenn sie von vielen Kritikern der Koalition bald als «selbstverständlich» angesehen wurden –, zählt die Verabschiedung der Notstandsverfassung durch den Bundestag im Mai 1968 zu den umstrittensten Kapiteln der Regierung Kiesinger. Diese sogenannten «Notstandsgesetze», die am 28. Juni 1968 in Kraft traten und die alliierten Vorbehaltsrechte gemäß Art. 5 Abs. 2 des Deutschlandvertrages vom 26. Mai 1952 in der Fassung vom 23. Oktober 1954 ablösten, dienen dazu, die Versorgung der Bevölkerung und der Streitkräfte im Verteidigungsfall sicherzustellen und die Abwehr von Gefahren zu ermöglichen, die der demokratischen Verfassungsordnung der Bundesrepublik von innen drohen. Außerdem schaffen sie – und dies ist in der Praxis ihr Hauptzweck – eine Rechtsgrundlage für die Zusammenfassung aller Hilfsmittel von Bund und Ländern bei Naturkatastrophen und schweren Unglücksfällen. Inzwischen sind diese Gesetze weithin akzeptiert, da sie sich als unproblematisch erwiesen haben. In den sechziger Jahren waren sie jedoch Gegenstand heftiger Kritik, weil viele in ihnen eine Ermächtigung des Staates zur Beseitigung der Demokratie sahen.

Der Erlaß einer Notstandsverfassung war notwendig, weil bis dahin die USA, Großbritannien und Frankreich für sich das Recht in Anspruch nahmen, im Falle einer Gefährdung ihrer in Deutschland stationierten Streitkräfte selbst tätig zu werden und die entsprechenden Maßnahmen zu ergreifen. In dem schon erwähnten Artikel 5 des Deutschlandvertrages hieß es dazu, daß die «von den Drei Mächten bisher innegehabten oder ausgeübten

Rechte in bezug auf den Schutz der Sicherheit von in der Bundesrepublik stationierten Streitkräften, die zeitweilig von den Drei Mächten beibehalten werden, erlöschen, sobald die zuständigen deutschen Behörden entsprechende Vollmachten durch die deutsche Gesetzgebung erhalten haben und dadurch in Stand gesetzt sind, wirksame Maßnahmen zum Schutz der Sicherheit dieser Streitkräfte zu treffen, einschließlich der Fähigkeit, einer ernstlichen Störung der öffentlichen Sicherheit und Ordnung zu begegnen».[531]

Seit 1958 hatte man im Parlament, in den politischen Parteien und in der Öffentlichkeit über die Verabschiedung derartiger «Notstandsgesetze» beraten. Den Bundesinnenministern Gerhard Schröder und Hermann Höcherl sowie dem Mitglied des Rechtsausschusses des Bundestages Ernst Benda war es in drei Anläufen 1960, 1963 und 1965 nicht gelungen, ihre jeweiligen Entwürfe einer Notstandsverfassung im parlamentarischen Verfahren durchzusetzen, da für die Grundgesetzänderung eine Zwei-Drittel-Mehrheit erforderlich war, die nur unter Mitwirkung der SPD hätte zustande kommen können, die diese jedoch verweigerte. So blieb die Aufgabe unerledigt, bis die Große Koalition sich das Ziel setzte, die alliierten Vorbehaltsrechte durch eine eigene Gesetzgebung abzulösen.

Im Grunde handelte es sich dabei um einen völlig normalen Vorgang. Vorsorge für den Fall eines inneren oder äußeren Notstandes zu treffen, war bei den europäischen Nachbarn der Bundesrepublik, etwa in Frankreich, Italien, den Niederlanden, Norwegen und Schweden, die längst entsprechende Gesetze erlassen hatten, etwas ganz Selbstverständliches. In den USA, Kanada, Großbritannien und Belgien galt die Gewohnheit, der Exekutive im Falle eines Notstandes durch höchstrichterliche Entscheidung zur notwendigen Handlungsfähigkeit zu verhelfen. Aber in Deutschland war in dieser Frage nichts «normal». Gegner der Notstandsgesetze verwiesen auf das warnende Beispiel der Weimarer Republik und die Gefahr eines Mißbrauchs durch eine erneute Diktatur von rechts. Sie waren eher bereit, sich auf die Alliierten zu verlassen, als einer deutschen Regierung ein Instrument in die Hand zu geben, mit dem – eine entsprechende politische Konstellation vorausgesetzt – die Demokratie ein zweites Mal beseitigt werden konnte. Seit der ersten Vorlage eines Gesetzentwurfs zur Notstandsverfassung im Bundestag am 20. April 1960 durch Bundesinnenminister Schröder erblickten die Gegner darin eine ernstzunehmende Gefahr. Manche von ihnen scheuten sich auch nicht, für Notstandsgesetze die diffamierende Abkürzung «NS-Gesetze» zu verwenden.

Die SPD reihte sich zunächst ebenfalls unter die Kritiker ein. Ihr Vorsitzender, Erich Ollenhauer, warf Schröder im November 1960 auf dem SPD-Parteitag in Hannover vor, mit seinem Gesetzentwurf ein System von Maßnahmen entwickelt zu haben, «das wesentliche Teile der demokratischen Ordnung aufhebt, die Länder weitgehend ausschaltet und auch wichtige staatsbürgerliche Grundrechte, z. B. das Koalitions- und Streikrecht der Gewerkschaften, aufheben kann». Ollenhauer fürchtete, hier würde «die freiheitliche Ordnung der Bundesrepublik geschützt werden durch die Aufhebung der Freiheit».[532] Zwei Jahre später, auf ihrem Kölner Parteitag im Mai 1962, sprach sich die SPD zwar prinzipiell für eine Notstandsregelung aus. Aber die Bedingungen, unter denen man sich darauf einlassen wollte, wurden noch nicht im einzelnen formuliert. So besaßen weder der «Schröder-Entwurf» aus dem Jahre 1960 noch der «Höcherl-Entwurf» vom 11. Januar 1963 eine Chance auf parlamentarische Durchsetzung.

Beim «Benda-Entwurf» vom 17. März 1965 schien dies erstmals anders zu sein. Er war seit längerem im Rechtsausschuß des Bundestages vorbereitet worden, hatte dort über die Parteigrenzen hinweg Zustimmung gefunden und sollte am 26. Mai in erster Lesung im Parlament beraten werden. Von der Opposition außerhalb des Parlaments – darunter auch von allen Einzelgewerkschaften und dem DGB – wurde der Entwurf allerdings ähnlich beurteilt wie der Schröder-Entwurf 1960 durch die SPD. Doch während das Gesetzgebungsverfahren damals aufgrund der ablehnenden Haltung der Sozialdemokraten von vornherein zum Scheitern verurteilt gewesen war, hielten die Gegner nun eine Durchsetzung des Benda-Entwurfs für möglich. Nur eine außerparlamentarische Massenbewegung, so glaubten sie, könne die SPD vielleicht noch beeindrucken, da sie sich deren Einfluß auf die Wählerschaft nicht zu entziehen vermöge.

Die Vorbereitungen für die Kampagne begannen Ende 1964. Der Zentrale Ausschuß der «Kampagne für Abrüstung» (KfA) beriet erstmals im November, ohne jedoch eine Entscheidung zu treffen. Bei einer erneuten Beratung im Januar 1965 schloß sich der Ausschuß einer von dem Bonner Jura-Professor Helmut Ridder ausgearbeiteten Entschließung an, in der Wissenschaftler und Gewerkschaftler als Unterzeichner an die Vorstände der Bundestagsfraktionen appellierten, die geplanten Notstandsgesetze nicht zu verabschieden.[533] Am 30. Mai, vier Tage nach der Vorlage des Benda-Entwurfs im Bundestag, fand in der Bonner Universität ein Kongreß «Die Demokratie vor dem Notstand» statt, in der noch einmal alle Argumente gegen die Notstandsgesetze zusammengetragen wurden. Ab dem Sommer 1965 schaltete sich auch der Sozialistische Deutsche Studentenbund (SDS) in verschiedenen Städten, unter anderem in Frankfurt am Main und Berlin, mit studentischen Koordinierungsausschüssen in die Kampagne ein. Am 17. Juni 1966 legte der SDS-Bundesvorstand zudem einen Plan für ein demonstratives Treffen der Notstandsgegner vor, das im Oktober 1966 stattfinden sollte – in erster Linie veranstaltet von den Gewerkschaften oder, wenn diese eine Beteiligung ablehnen sollten, notfalls allein organisiert von der Kampagne für Abrüstung.[534]

Nachdem der Zentrale Ausschuß der KfA sich mit diesem Vorschlag des SDS-Bundesvorstandes einverstanden erklärt hatte, wurde über Querverbindungen, an deren Herstellung wiederum vor allem Helmut Ridder sowie Helmut Schauer und Klaus Vack beteiligt waren, ein Kuratorium «Notstand der Demokratie» gegründet, dem neben sozialdemokratischen Landtagsabgeordneten, prominenten Wissenschaftlern, Kirchenvertretern und Schriftstellern auch Spitzenfunktionäre verschiedener Gewerkschaften angehörten. Am 30. Oktober 1966 veranstaltete das Kuratorium in Frankfurt am Main einen Kongreß «Notstand der Demokratie», der unter anderem von der IG Metall, der IG Chemie, der Gewerkschaft Holz und der Gewerkschaft Leder unterstützt wurde. An der Abschlußkundgebung auf dem Frankfurter Römerberg nahmen über 20000 Personen teil. Die KfA verbreitete im Rahmen dieser Aktion etwa 800000 Exemplare eines Zeitungsflugblattes zur Notstandsgesetzgebung und 100000 Exemplare einer Erklärung verschiedener Verbände.[535] Den Höhepunkt dieser Protestveranstaltungen, die sich über zwei Jahre hinzogen, bildete am 11. Mai 1968, inmitten der Beratungen des Bundestages über die Notstandsverfassung, ein Sternmarsch auf Bonn, der vom Kuratorium «Notstand der Demokratie» und der «Kampagne für Demokratie und Abrüstung» organisiert worden war. Obwohl es den Veranstaltern auch jetzt wieder gelang, etwa 30000 Teilnehmer zu mobilisieren, war es für sie doch enttäuschend, daß der Funke nicht zur Bevölkerung übersprang. Aus der geplanten «breiten Volksbewegung» wurde nichts. Die Spruchbänder der Demonstranten, die aus Kiesinger und Brandt leibhaftige Kriegshetzer machen wollten, stießen nur auf Unverständnis. Sogar die Gewerkschaften, die auf dem Römerberg noch in vorderster Front mitmarschiert waren, zogen diesmal eine eigene Demonstration vor. Da sie am selben Tag und nicht allzu weit von Bonn entfernt, in Dortmund, abgehalten wurde, konnte man getrost von einer «Gegendemonstration» sprechen.[536]

Vier Tage später, am 15./16. Mai 1968, fand im Bundestag die zweite Lesung der Notstandsverfassung statt. Dem Parlament lag dazu ein neuer Text vor, der vor allem Änderungswünsche der SPD berücksichtigte. Als Berichterstatter des Rechtsausschusses erklärte der CDU-Abgeordnete Carl Otto Lenz, der Entwurf halte unter parlamentarischen und rechtsstaatlichen Gesichtspunkten jeden Vergleich mit jeder Notstandsregelung aus, die es auf der Welt gebe. Am 30. Mai wurde die Notstandsverfassung schließlich in dritter Lesung nach einer ganztägigen Debatte mit 384 gegen 100 Stimmen und 1 Enthaltung verabschiedet. Der Bundesrat stimmte ihr am 14. Juni einmütig zu. Zwar kam es während der Schlußberatungen in Bundestag und Bundesrat noch einmal in mehreren Städten – so in Berlin, Frankfurt, Freiburg, Hamburg, Göttingen und München – zu Demonstrationen. Danach legte sich die Aufregung jedoch erstaunlich schnell, wie Justizminister Heinemann bereits nüchtern vorausgesagt hatte.

Die Gefahr für die Demokratie, die viele damals von der Notstandsgesetzgebung ausgehen sahen, wurde indessen nicht bestätigt. Kritiker weisen zwar weiter darauf hin, daß der Bundesrepublik bisher nur die Probe aufs Exempel erspart geblieben sei, weil es noch keine politische Konstellation gegeben habe, in der die Notstandsverfassung hätte mißbraucht werden können. Eine solche Aussage gilt jedoch für die staatliche Gewalt insgesamt.

4. Die Große Koalition

Es gibt keine Macht – auch keine staatliche –, die nicht mit dem Risiko ihres Mißbrauchs behaftet wäre. So sehr die Durchsetzung des staatlichen Gewaltmonopols eine Voraussetzung für die moderne Zivilisation bildete, um im Sinne von Thomas Hobbes die Machtgier des einzelnen und den Kampf aller gegen alle zu zügeln, so sehr verbindet sich damit das Problem des Staates als Überperson («Leviathan»). Die Frage einer möglichen Gefährdung der Demokratie durch das Gewaltmonopol des Staates richtet sich daher – besonderes in den extremen Fällen eines inneren oder äußeren Notstandes – mehr auf die Wirksamkeit seiner Kontrolle, um den Mißbrauch zu verhindern, als auf seine Beschränkung oder die Abschaffung von Macht überhaupt. Im politisch-parlamentarischen System der Bundesrepublik scheint diese Gratwanderung bisher gelungen.

Abschied vom Mehrheitswahlrecht

Neben der Notstandsgesetzgebung war die Wahlrechtsfrage das zweite große innenpolitische Thema, das während der Großen Koalition für Schlagzeilen sorgte. Schon bei den Beratungen über das Grundgesetz hatte man darüber kontrovers diskutiert. Während die Unionsparteien prinzipiell ein relatives Mehrheitswahlrecht nach britischem Vorbild befürworteten, traten SPD und FDP – die Sozialdemokraten jedoch nicht einheitlich – für ein Verhältniswahlrecht ein. Im Parlamentarischen Rat war deshalb keine endgültige Einigung, sondern nur eine provisorische Verständigung auf ein personalisiertes Verhältniswahlrecht möglich gewesen, bei dem die Hälfte der Mandate im Bundestag durch die Gewinner in Ein-Mann-Wahlkreisen vergeben, der Rest nach dem Anteil der erzielten Stimmen aus Wahllisten aufgefüllt wurde. Nach Gründung der Bundesrepublik wollte man darüber allerdings noch einmal in Ruhe nachdenken, um eine Zersplitterung der Parteienlandschaft wie in der Weimarer Republik zu verhindern. Notfalls sollte also, wenn sich eine Entwicklung wie zwischen 1919 und 1933 abzeichnete, das geltende Verhältniswahlrecht durch ein Mehrheitswahlrecht ersetzt werden. Zwar ebbte die Diskussion in den fünfziger Jahren allmählich ab, weil die Fünf-Prozent-Klausel des Grundgesetzes sich als eine ausreichende Sicherung gegen die parteipolitische Partikularisierung erwies und Bonn auch insgesamt eben nicht Weimar war, wie Fritz René Allemann schon 1956 bemerkte.[537] Aber sporadisch tauchte das Thema zum Entsetzen der dadurch in ihrer Existenz gefährdeten Liberalen immer wieder auf – besonders dann, wenn die großen Parteien aus taktischen Gründen meinten, in Zukunft ohne die FDP besser auskommen zu können.

Am Ende der Ära Adenauer sorgten die Liberalen dann aber in erster Linie selber dafür, daß die Diskussion neu entfacht wurde. Ihr eigensinniges, oft illoyales Verhalten gegenüber der Union im allgemeinen und Adenauer im besonderen – schon in der Präsidentschaftsfrage 1959, erst recht bei der Regierungsbildung 1961 und erneut in der *Spiegel*-Krise 1962 – ließ die

IV. Entscheidung für den Westen

Wellen der Empörung bei der CDU/CSU über den «notorisch unzuverlässigen Koalitionspartner mit seinen seltsamen Gestalten», wie Barzel im Juni 1964 an Heinrich von Brentano schrieb, hochschlagen.[538] Man hielt die Liberalen für unzuverlässig und wirrköpfig, für «kapriziöse Querulanten», die man «nicht als gleichberechtigte, mitsprachefähige Partner betrachtete, sondern allenfalls als folgsame Trabanten zu tolerieren bereit war». Für viele in der Union war ein «Mitgestaltungsanspruch dieser wankelmütigen Zwerge ... so lächerlich, daß man kein Wort darüber zu verlieren brauchte».[539] Leider waren sie, wenn es zur absoluten Mehrheit nicht reichte, bei Regierungsbildungen unentbehrlich. Was lag also näher, als mit den Sozialdemokraten ein Mehrheitswahlrecht zu vereinbaren, um künftig für klare politische Verhältnisse zu sorgen und sich die FDP gemeinsam ein für allemal vom Halse zu schaffen?

Im November 1962 wurde es ernst. Jetzt nahm Wohnungsbauminister Lücke im Einvernehmen mit Adenauer Kontakt zu Herbert Wehner auf. In Bonn war es damals ein offenes Geheimnis, daß Wehner der Angelegenheit aufgeschlossen gegenüberstand, wenn auch nicht aus prinzipiellen staatspolitischen Erwägungen, sondern nur aus parteipolitischen Motiven. Für Lücke dagegen hing vom Wahlrecht beinahe alles ab: überschaubare Verhältnisse, klare Regierungsmehrheiten, die Beachtung des Wählerwillens und das Fernhalten von Radikalen aus dem Parlament. Zwar erwartete auch Lücke vom Mehrheitswahlrecht keine Wunder, wohl aber eine Festigung des Staates, dessen Fundamente nach dem bevorstehenden Abgang von Adenauer bedrohter schienen als je zuvor. Wehner, mit dem Lücke seine Absichten besprach, ging darauf ein: Wenn die Union bereit war, für eine Wahlrechtsreform ein Bündnis mit den Sozialdemokraten zu schließen, sollte es der SPD recht sein. Es war eine Chance, an die Regierung zu kommen.

Das Zwischenspiel der Kanzlerschaft Erhards ließ nach Meinung Lückes, aber auch vieler anderer in der Union, die Notwendigkeit einer Wahlrechtsänderung nur noch deutlicher hervortreten. Alle negativen Vorurteile, die sich bei ihnen über die Liberalen schon seit Jahren angesammelt hatten, wurden im Herbst 1966 scheinbar bestätigt. Mit der FDP war aus Sicht der CDU/CSU nun im wahrsten Sinne des Wortes kein Staat mehr zu machen. Überdies schienen die Liberalen auf dem Weg nach links, um im Schulterschluß mit den Sozialdemokraten auch in Bonn einen Machtwechsel herbeizuführen, der in Nordrhein-Westfalen schon vollzogen war. Gründe genug also, nicht nur eine Große Koalition zu bilden, sondern diese auch zu nutzen, um das Problem der FDP durch eine Wahlrechtsreform endgültig zu lösen.

Allerdings war die Einstellung der SPD zu einer Wahlrechtsänderung bei den Koalitionsverhandlungen im November 1966 nicht so eindeutig, wie Lücke es sich gewünscht hätte. Zwar sprachen sich führende Sozialdemokraten wie Willy Brandt, Helmut Schmidt, Karl Schiller und natürlich, wie es schien, Herbert Wehner, für ein Wahlrecht nach britischem Vorbild aus.

4. Die Große Koalition

Doch die Partei, die schon durch die Entscheidung zum Eintritt in die Große Koalition vor einer inneren Zerreißprobe stand, war auch in der Wahlrechtsfrage nicht geschlossen. Vor allem linke Vertreter befürchteten, ihren Einfluß in Partei und Parlament zu verlieren. Die Parteispitze sah sich dadurch gezwungen, bei den Koalitionsgesprächen «stärkste Bedenken» geltend zu machen, als die CDU/CSU das Mehrheitswahlrecht schon für die Bundestagswahl 1969 einführen wollte.[540] Nur Wehner kam der Union mit dem Kompromißvorschlag entgegen, daß man in Ruhe bis 1969 eine Reform des Wahlrechts vorbereiten, diese aber erst 1973 wirksam werden lassen solle. Vor der eigenen Fraktion erklärte er dazu, ehe das Wahlrecht geändert werde, müsse «die Bevölkerung gründlich über Sinn und Notwendigkeit dieses Schrittes aufgeklärt werden». Es dürfe nicht der Eindruck entstehen, die Wahlrechtsänderung solle «ein Mittel zur Abstrafung eines Dritten» sein. Dieser Standpunkt werde «von der Union eingesehen und respektiert».[541]

Wehner wollte also zunächst einmal die Große Koalition mit der CDU/CSU eingehen und danach über die Wahlrechtsfrage weiter verhandeln. Unabhängig vom Ausgang dieser Diskussion war er überzeugt, daß Kiesinger die Koalition daran nicht zerbrechen lassen werde, da dieser schon als Ministerpräsident von Baden-Württemberg Ende 1962 gegenüber Lücke die Auffassung vertreten hatte, daß die Bildung einer Großen Koalition «nicht mit der Wahlrechtsreform verbunden» sei.[542] In den Gesprächen zur Regierungsbildung 1966 wurde daher zwischen CDU/CSU und SPD vereinbart, für 1973 ein Mehrheitswahlrecht einzuführen und für 1969 die Möglichkeit eines Übergangswahlrechts zu prüfen, wie Bundeskanzler Kiesinger in seiner Regierungserklärung vor dem Bundestag am 13. Dezember 1966 betonte.[543]

Der Gedanke eines «Übergangswahlrechts» für 1969 bezog sich weniger auf die Vorwegnahme eines Mehrheitswahlverfahrens und das Problem der FDP, als auf die Absicht, gemeinsam zu verhindern, daß die NPD, die bei verschiedenen Landtagswahlen beängstigende Erfolge errungen hatte und bereits in den Länderparlamenten von Hessen und Bayern vertreten war, nun auch noch in den Bundestag einzog. Man dachte dabei an die Verstärkung der geltenden Sperrklausel durch die Einrichtung von Dreier- und Vierer-Wahlkreisen oder die Koppelung der Fünf-Prozent-Hürde mit dem Erfordernis der Erringung einiger Wahlkreismandate. Das war jedoch alles noch umstrittener als die Einführung des Mehrheitswahlrechts und roch so sehr nach Manipulation, daß man den Gedanken bald wieder fallenließ und sich darauf beschränkte, die Auseinandersetzung mit der NPD politisch zu führen. Eine entsprechende Empfehlung gab auch ein von Innenminister Lücke eingesetzter Wissenschaftlicher Beirat, der unter dem Vorsitz des Tübinger Politikwissenschaftlers Theodor Eschenburg die Wahlrechtsfrage erörterte und sich im Dezember 1967 für die Einführung des relativen Mehrheitswahlrechts aussprach. Die Sachverständigen stimmten mit dem Minister überein, daß das neue Verfahren erstmalig bei der Wahl des Bundestages

1973 angewendet werden solle, daß es aber das Beste sei, auf ein Übergangswahlrecht für 1969 zu verzichten. Auch in der CDU/CSU-Bundestagsfraktion zeichnete sich nun eine überwiegende Mehrheit für den Übergang zu einem relativen Mehrheitswahlrecht ab, zumal hier aufgrund der Stabilisierung der Wirtschaft und der Konsolidierung der Partei inzwischen die optimistische Erwartung vorherrschte, daß die Union auch unter den Bedingungen des Mehrheitswahlrechts gute Aussichten besaß, über die Bundestagswahl 1973 hinaus die Regierung zu stellen.

Bei der SPD verlief die Diskussion genau umgekehrt. Da die Erholung der Union den Sozialdemokraten nicht verborgen geblieben war, setzte sich bei ihnen mehr und mehr die Auffassung durch, daß man es auch künftig alleine nicht schaffen werde, sondern der Unterstützung durch eine dritte Kraft bedurfte. Damit aber gewann eine alte Idee Willy Brandts neues Gewicht: die FDP vor dem Fallbeil des Mehrheitswahlrechts zu retten und mit ihr zusammen die Regierung zu bilden. Ganz risikolos war auch diese Strategie nicht, weil sie einerseits das Ende der Großen Koalition heraufbeschwor, ohne andererseits die Gewißheit zu bieten, daß die personell und programmatisch tief gespaltenen Liberalen noch einmal den Einzug in den Bundestag schafften. Wehner beharrte deshalb – scheinbar entgegen den Vorstellungen Brandts und des weit überwiegenden Teils der Partei – auf dem Mehrheitswahlrecht, als die Frage auf dem außerordentlichen Parteitag der SPD im März 1968 in Nürnberg zur Sprache kam. Wer gegen das neue Wahlrecht sei, so argumentierte er dort, der müsse «bitte ... auch in Kauf nehmen, daß die SPD zusammen mit der CDU/CSU weiterregiere, falls er der eigenen Partei nicht die Oppositionsrolle zumuten wolle oder nicht das freilich auch numerisch alles andere als sichere Zusammengehen mit der FDP bevorzuge».[544] Natürlich konnte Wehner sich auf dem Parteitag damit nicht durchsetzen. Das hatte er vorher gewußt. Aber er schuf der SPD dadurch zwei Möglichkeiten zur Regierungsbeteiligung, wenn sie sich gegen das neue Wahlrecht stellte: entweder in einer Koalition mit der FDP, wenn es numerisch reichte, oder – gegen den Willen der Parteibasis – in einer fortgesetzten Großen Koalition mit der CDU/CSU, wenn die Union (was wahrscheinlich war) die absolute Mehrheit verfehlte. So war die Entscheidung des Parteitages, die Wahlrechtsfrage zu vertagen und sie auf einem ordentlichen Parteitag – voraussichtlich nicht vor 1970 – erneut zu behandeln, eigentlich nur noch Formsache, zumal die gezielte Veröffentlichung einer Studie des Godesberger Instituts für Angewandte Sozialforschung (Infas) der SPD für den Fall der Einführung des Mehrheitswahlrechts eine katastrophale Niederlage prophezeite.[545]

Die in Nürnberg getroffene Entscheidung der SPD, von der Koalitionsabsprache und der Regierungserklärung abzuweichen und die Frage des Mehrheitswahlrechts in die nächste Legislaturperiode zu verschieben, veranlaßte Innenminister Lücke, seinen Rücktritt zu erklären. Tatsächlich hatte die SPD-Führung für das Mehrheitswahlrecht nicht gekämpft, weil sie –

allen voran Willy Brandt – schon auf eine neue politische Konstellation abzielte. Innerlich hatte der Parteivorsitzende sich längst von der Großen Koalition verabschiedet und den Weg zum sozialliberalen Bündnis mit der FDP angetreten.

Wehner aber war seiner Rolle als «Kärrner der Partei» erneut gerecht geworden. Er hatte in Nürnberg die Ablehnung der Genossen auf sich genommen, um die Chancen der SPD nach 1969 zu verdoppeln, und dabei mit seinem Eintreten für das Mehrheitswahlrecht alle «getäuscht» – nicht zuletzt seine eigene Partei. Politisch war das Spiel Wehners indessen aufgegangen: Die Wahlrechtsdiskussion, die sich noch eine Weile dahinschleppte, ehe sie einsam verendete, war mit dem Vertagungsbeschluß des Parteitages praktisch tot. Kiesinger hielt, wie von Wehner erwartet, trotz des Abrückens der SPD von den Koalitionsvereinbarungen in der Wahlrechtsfrage am Bündnis mit den Sozialdemokraten fest – und wäre auch nach der Bundestagswahl 1969, woran er nie einen Zweifel ließ, zu einer Fortsetzung der Großen Koalition bereit gewesen. Die FDP jedoch, die nun ihr Überleben der SPD verdankte, bewegte sich alternativenlos auf ein sozialliberales Bündnis mit den Sozialdemokraten zu, denen damit alle Wege offenstanden.

Stagnation in der Ostpolitik

Das Jahr 1966 hatte mit großer Eindringlichkeit enthüllt, wie gering der außenpolitische Spielraum der Bundesrepublik inzwischen geworden war. Nun rächte es sich, daß es seit den grundlegenden Weichenstellungen zur Westintegration in den fünfziger Jahren keine Anpassung an die Veränderungen der internationalen Ordnung mehr gegeben hatte. Das Bündnis mit den USA, die Militärallianz der NATO, die Europäische Wirtschaftsgemeinschaft und die Aussöhnung mit Frankreich waren Eckpfeiler einer Politik, deren Ursprünge ausnahmslos auf der Konstellation der vierziger und fünfziger Jahre beruhten. Die prägenden außenpolitischen Elemente der Gegenwart – die amerikanisch-sowjetischen Bemühungen um Entspannung und Rüstungskontrolle, das britische Drängen auf Fortschritte in der europäischen Sicherheit und das nationale, aber europäisch orientierte Unabhängigkeitsstreben Frankreichs unter Staatspräsident de Gaulle – wurden dagegen nicht als verheißungsvolle neue Impulse empfunden, die man auch für die eigene Politik nutzen konnte, sondern als kontraproduktive und gefährliche Störfaktoren, die es möglichst zu neutralisieren galt.

Schon Bundeskanzler Erhard und Außenminister Schröder waren mit ihrer Außenpolitik im Grunde gescheitert, weil sie es nicht verstanden hatten, sich geschmeidig den neuen Bedingungen anzupassen. Anders als der späte Adenauer, der sich der, wie er meinte, unheilvollen amerikanisch-sowjetischen Entspannung sperrig entgegengestellt und sie durch den Ausgleich mit de Gaulle zu kompensieren gesucht hatte, waren Erhard und Schröder bei ihrem Versuch, in Anlehnung an den starren Ost-West-Rahmen der frühen fünfziger Jahre das Bündnis mit den USA zu erneuern und ihre Ostpolitik nur so weit zu flexibilisieren, wie es mit den Maximen des Bonner Alleinvertretungsanspruchs vereinbar war, am Ende zwischen alle Stühle geraten: Den USA ging die Entspannungsbereitschaft der Bundesrepublik nicht weit genug, den Kritikern im eigenen Lande schon zu weit; Moskau und Ost-Berlin sahen in der Normalisierung der Beziehungen zwischen der Bundesrepublik und den osteuropäischen Staaten unter Ausschluß Ostdeutschlands nur einen Ansatz zur Isolierung der DDR; und das Sonderverhältnis zu Frankreich, das allein als Hebel zu größerer Mitsprache und Mitverantwortung innerhalb des eigenes Bündnisses und gegenüber dem Osten hätte dienen können, wurde geopfert, ohne dafür einen Preis auch nur zu verlangen.

Die Regierung Erhard war deshalb in außenpolitischer Hinsicht nur ein Übergang gewesen. Die zentrale Aufgabe der Bonner Politik, den Wunsch nach Freiheit, Sicherheit und Frieden mit der Brutalität der deutschen Spaltung, die sich an der Berliner Mauer täglich offenbarte, in Einklang zu bringen, hatte sie trotz der neuen Ansätze, die in der Konzeption Schröders anfänglich durchaus enthalten gewesen waren, nicht zu lösen vermocht. Die fällige Anpassung der deutschen Außenpolitik an die veränderte weltpolitische Situation stand somit noch aus, als die Große Koalition im Dezember 1966 mit ihrer Regierungsarbeit begann. Wie dringlich sie war, hatte wenige Monate zuvor der amerikanische Präsident Johnson erneut deutlich gemacht, als er in einer programmatischen Rede zur Europapolitik der USA am 7. Oktober zwar Befürchtungen zerstreute, die Verstrickung in Vietnam könne zu einer Minderung des amerikanischen Interesses in Europa führen, zugleich jedoch den Wunsch äußerte, eine «Wiedervereinigung Europas» mit der Herstellung eines stabilen Gleichgewichts zwischen Amerika und der Sowjetunion zu verknüpfen. «Ein großes Ziel eines geeinten Westens besteht darin», so hatte Johnson dabei wörtlich erklärt, «den Schnitt durch Europa zu heilen, der heute den Bruder vom Bruder trennt... Unsere Aufgabe ist es, eine Aussöhnung mit dem Osten zu erreichen – einen Übergang von der engen Konzeption der Koexistenz zu der großen Vision des friedlichen Engagements.»[546]

Der Brückenschlag nach Osten, so stellte die amerikanische Regierung nun in aller Form fest, gelte keineswegs als Privileg de Gaulles, der im Juli 1966 seine große Reise in die Sowjetunion absolviert hatte und für 1967 einen Besuch in Polen plante. Die USA, aber auch die Bundesrepublik, müßten ihre Anstrengungen verstärken, zu diesem Brückenschlag beizutragen. Dabei sollten, so Johnson, alle territorialen Fragen ausgespart und der kulturelle sowie der wirtschaftliche Austausch verstärkt werden. Die deutsche Wiedervereinigung sei in diese große Versöhnung eingebettet – was aber nicht bedeute, daß damit die DDR sofort verschwände. Nur die Einfügung der deutschen Belange in die allgemeine Ost-West-Verständigung könne eine Chance zur Verbesserung der Verhältnisse in der Mitte Europas eröff-

nen und langfristig eine Perspektive zur Überwindung der deutschen Spaltung bieten.[547]
Vor allem die SPD sah sich dadurch in ihren Absichten bestätigt. Schon auf dem Karlsruher Parteitag im November 1964 hatte Brandt die neue Rangordnung in der Ostpolitik auf die einfache Formel gebracht: «Was gut ist für die Menschen im geteilten Land, das ist auch gut für die Nation.»[548] Im Verlauf des Jahres 1966 entwickelte sich daraus bei der SPD die Denkrichtung, von der sich alle späteren Bundesregierungen bis 1989 leiten ließen, daß eine staatliche Einheit nur in historischen Zeiträumen zu verwirklichen sei und daß es deshalb die Aufgabe der Politik sein müsse, wie Brandt erklärte, «die Substanz der Nation zu erhalten, um die unmenschlichsten Auswirkungen der Teilung zu beseitigen, um Ansatzpunkte zu ihrer Überwindung zu suchen».[549] Die «Zwirnsfäden der Bürokratie beider Seiten» dürften nicht hindern, meinte auch Helmut Schmidt. Aus der Nicht-Anerkennung der DDR solle man nicht das Seil machen, «durch das wir uns selber fesseln», so Brandt. Ganz ähnlich sah es Wehner, der wie Schmidt Ministergespräche mit Ost-Berlin für möglich hielt und wie dieser dazu riet, anders als die Regierung Erhard die DDR in eine «Gewaltverzichtserklärung einzubeziehen».[550] Der innerdeutsche Dialog, den die SPD bereits im Frühjahr 1966 – unter anderem mit dem Projekt eines (letztlich gescheiterten) «Redneraustausches» zwischen SPD und SED – gesucht hatte, und die grundlegenden Änderungen der Ostpolitik, die Anfang Juni 1966 auf dem Dortmunder Parteitag beschlossen wurden, wiesen somit in die gleiche Richtung wie jetzt die Äußerungen des amerikanischen Präsidenten.
In der Regierungserklärung Kiesingers am 13. Dezember 1966 vor dem Bundestag wurden die neuen Ansätze in der Ostpolitik gleichfalls aufgenommen. Ein neuer Ton und eine neue Philosophie bestimmten die Ausführungen des Kanzlers, der unter den Aspekten der Friedenserhaltung und der Entspannung – unter Hintanstellung der Wiedervereinigung – ausdrücklich eine Anpassung der Ziele und Mittel der Außenpolitik der Bundesrepublik an die Bedingungen der internationalen Lage forderte. Im einzelnen widmete Kiesinger vor allem dem Verhältnis zur Sowjetunion breiten Raum, bot abermals den Austausch von Gewaltverzichtserklärungen an und bezog dabei auch das bislang ausgesparte Problem der deutschen Teilung ein. Überdies betonte der Kanzler das «lebhafte Verlangen des deutschen Volkes nach Aussöhnung mit Polen», dessen «Bedürfnis nach gesicherten Grenzen» man anerkenne.[551]
Eine besondere Note erhielt die Regierungserklärung jedoch erst durch die Passagen zur DDR. Dabei wurde naturgemäß weiterhin das Recht der Deutschen auf Selbstbestimmung betont, andererseits aber auch der Wunsch nach Frieden und Verständigung im innerdeutschen Verkehr hervorgehoben. Kiesinger erneuerte den moralisch gemeinten Anspruch der Bundesregierung, die einzig frei gewählte deutsche Volksvertretung zu sein, fügte aber sogleich hinzu, daß man damit keineswegs die «Landsleute jenseits der

Elbe» bevormunden wolle. Ein neuer Inhalt dessen, was Wiedervereinigung jetzt noch real bedeuten konnte, schien sich anzudeuten, als Kiesinger wörtlich erklärte: «Wir wollen, so viel an uns liegt, verhindern, daß die beiden Teile unseres Volkes sich während der Trennung auseinanderleben. Wir wollen entkrampfen und nicht verhärten, Gräben überwinden und nicht vertiefen. Deshalb wollen wir die menschlichen, wirtschaftlichen und geistigen Beziehungen mit unseren Landsleuten im anderen Teil Deutschlands mit allen Kräften fördern.»[552] Im Einklang mit den vorausgegangenen Initiativen der SPD bot Kiesinger daher auch direkte Kontakte mit den Behörden der DDR an, ohne damit allerdings eine völkerrechtliche Anerkennung bzw. eine Abkehr von bisherigen Rechtsstandpunkten der Bundesregierung zu verbinden.

Das Echo auf die Regierungserklärung im In- und Ausland war weithin positiv. Gerade der ostpolitische Teil demonstrierte, wie der Wandel gemeint war, den die Bundesregierung zu bewirken suchte. Zudem sprachen Kiesinger und Brandt offenbar die gleiche Sprache, und es zeigte sich ebenfalls, wieviel Vorarbeit Außenminister Schröder seit 1961 – ungeachtet der Vergeblichkeit seiner Bemühungen – bereits geleistet hatte. Die Weichen für eine Anpassung an die Tendenzen der internationalen Entwicklung waren damit gestellt. Alles hing nun davon ab, ob die an diesem 13. Dezember offenbarte Eintracht zwischen dem Kanzler und seinem Außenminister auch die schwierige Phase der Umsetzung der formulierten Politik überdauern würde.[553]

Tatsächlich sollte die Ernüchterung sehr rasch eintreten. Nachdem die Reaktion auf die Regierungserklärung in Südosteuropa besonders positiv ausgefallen war, sondierte das Bonner Außenministerium – nicht der neue Außenminister Brandt persönlich – schon Ende Januar 1967 in Budapest und Bukarest wegen eines Botschafteraustausches. Die Vorbereitungen dazu waren bereits von der Regierung Erhard unter Außenminister Schröder getroffen worden. Jetzt ging es nur noch darum, die Beziehungen zu formalisieren. Die Rumänen, schon vorher lebhaft interessiert, griffen sofort zu, noch ehe der Warschauer Pakt einschreiten oder Außenminister Brandt einen Vorbehalt anbringen konnte. Bukarest «überrannte» gewissermaßen «die Bundesregierung mit deren eigenem Angebot».[554] Am 31. Januar 1967 wurde die Aufnahme diplomatischer Beziehungen zwischen der Bundesrepublik und Rumänien vereinbart. Ungarn und Bulgarien waren bereit, dem rumänischen Beispiel zu folgen.

Aus östlicher Sicht ergab sich daraus ein Dilemma: Einerseits war die Hallstein-Doktrin damit durchbrochen. Andererseits hatte aber ausgerechnet der schlimmste Außenseiter des Ostblocks den Anfang gemacht, und wenn der Rest des Südens noch folgte, waren die eigentlichen Problemfälle des Nordens – Polen, die Tschechoslowakei und vor allem die DDR – isoliert. Diese Gefahr wurde noch dadurch vergrößert, daß Politiker der Bundesrepublik den Eindruck erweckten, als könne man nun die Front im

4. Die Große Koalition

Osten «aufrollen» und den Bonner Alleinvertretungsanspruch in ganz Osteuropa durchsetzen, wie der FDP-Abgeordnete Wolfgang Mischnick erklärte, oder gar, wie der Fraktionsvorsitzende der CDU/CSU im Bundestag, Rainer Barzel, meinte, «die Kommunisten in aller Welt» gegen «das System Ulbricht, eine sowjetrussische Fremdherrschaft auf deutschem Boden», mobilisieren.[555]

Außenminister Brandt äußerte sich zwar zurückhaltender, aber nicht weniger unvorsichtig, wenn er seine Zuversicht ausdrückte, daß andere östliche Nachbarn nun denselben Weg gehen werden.[556] Tatsächlich legte die Sowjetunion schon im Falle Ungarns und Bulgariens ein schnelles Veto ein[557], und nur eine Woche später, auf einem Außenministertreffen des Warschauer Paktes vom 8. bis 10. Februar in Warschau, wurde endgültig die neue Linie festgeschrieben.[558] Gemäß der dort beschlossenen «Ulbricht-Doktrin» sollte es von nun an keinem Staat des Ostblocks mehr erlaubt sein, sein Verhältnis zur Bundesrepublik zu normalisieren, solange die DDR dies nicht vorher selbst getan habe. Mit anderen Worten: Ohne eine – wie auch immer formalisierte – Anerkennung des zweiten deutschen Staates war keine weitere Ostpolitik mehr möglich. Alle Bedingungen, die von östlicher Seite bisher als Voraussetzung für Entspannung genannt worden waren, wurden nun zu einem Paket geschnürt: Anerkennung der Oder-Neiße-Grenze, Anerkennung der staatlichen Existenz der DDR, Anerkennung West-Berlins als «selbständige politische Einheit» sowie die Nichtigkeitserklärung des Münchner Abkommens «von Anfang an» und der Verzicht auf jegliche atomare Teilhabe. Überdies wurde einen weiteren Monat später, am 15. und 17. März 1967, durch Verträge der DDR mit Polen und der Tschechoslowakei über Freundschaft und gegenseitigen Beistand das «Eiserne Dreieck» geschmiedet, dem im Laufe des Jahres gleichartige Verträge mit Ungarn und Bulgarien folgten. Die DDR, die bis dahin nur durch einen Freundschaftsvertrag mit der Sowjetunion verbunden gewesen war, wurde dadurch fest in das Vertragsnetz des Ostblocks einbezogen. Sie stieg damit zum gleichberechtigten und gleichgesicherten Mitglied der östlichen Staatengemeinschaft auf, dessen Verbündete sich nunmehr auch in vertraglicher Form verpflichteten, den Ost-Berliner Standpunkt in der Deutschland- und Berlin-Frage zu unterstützen.[559]

Noch ehe sie richtig begonnen hatte, war die Ostpolitik der Großen Koalition damit in einer Sackgasse gelandet, aus der sie bis 1969 nicht mehr herausfinden sollte. Mit der übereilten Aufnahme diplomatischer Beziehungen zu Rumänien ohne vorherige gründliche Konsultationen in Moskau, Warschau und Ost-Berlin hatte sie nicht eine Auflockerung, sondern die Abriegelung des Ostblocks bewirkt. Auch die DDR wurde nicht isoliert, sondern integriert. Was immer an ostpolitischen Initiativen noch möglich gewesen wäre, hätte eine Verständigung mit der Sowjetunion über eine – wie auch immer geartete – Anerkennung der DDR vorausgesetzt. Dazu aber waren der Bundeskanzler und der weit überwiegende Teil der CDU/CSU

– im Gegensatz zum Außenminister und der SPD – noch nicht bereit. Allem guten Willen zum Trotz, der zum Auftakt bewiesen worden war, befand sich damit auch die Ostpolitik der Großen Koalition binnen kürzester Zeit wieder in jenem Stadium der Stagnation, das man zuvor der Regierung Erhard vorgehalten hatte.

Viel ließ sich danach nicht mehr bewegen. Mit Prag wurde der Austausch von Handelsmissionen vereinbart, mit Belgrad nach langem Zögern die Wiederaufnahme der diplomatischen Beziehungen beschlossen. Ein Notenwechsel zwischen Bonn und Moskau über einen Gewaltverzicht, der im Herbst 1967 begann, fand im Juli 1968 ein abruptes Ende, als die Sowjetunion ihre vertraulichen Vorschläge veröffentlichte und die Verhandlungen abbrach, weil offenbar die Sorgen über die Entwicklung der tschechoslowakischen Reformbewegung überwogen und in dieser Situation eine Entspannung mit der Bundesrepublik als schwer kalkulierbares Abenteuer erschien, dessen mögliche Auswirkungen auf den östlichen Nachbarn schlicht unerwünscht waren. Aber auch die Bonner Haltung zum sogenannten «Atomsperrvertrag» und das Erstarken der neonazistischen NPD in der Bundesrepublik stießen in der Sowjetunion auf Ablehnung und Kritik, so daß die Argumentation der sowjetischen Regierung, Bonn müsse alles unterlassen und verhindern, was «direkt oder indirekt eine Bedrohung des Friedens und der Sicherheit in der Welt hervorrufen» würde, und habe alles zu tun, «um die Entwicklung des Militarismus und Nazismus ... nicht zuzulassen», direkt auf diese Phänomene gemünzt waren.[560]

Die Bemühungen der Großen Koalition, durch ein komplettes Entspannungsprogramm – von Handel und Krediten bis zum Sportverkehr – und sogar durch die Bereitschaft zu Regierungsverhandlungen mit der DDR direkt ins Gespräch zu kommen, scheiterten dagegen am ängstlichen Zurückweichen der Ost-Berliner Führung. Ein Briefwechsel zwischen dem Vorsitzenden des Ministerrates der DDR, Willi Stoph, und Bundeskanzler Kiesinger zwischen Mai und September 1967 zeigte, daß die beiderseits vertretenen Positionen miteinander unvereinbar waren: Stoph wollte nur über eine rechtliche Formalisierung der zwischenstaatlichen Beziehungen sprechen, Kiesinger nur über die praktische Normalisierung im «Zusammenleben der Deutschen» verhandeln. Beide wollten, was sie erstrebten, umsonst haben: Ost-Berlin die Anerkennung und Bonn die Entspannung. Erst die Einsicht, daß das jeweils eine ohne das jeweils andere nicht zu haben war, hätte den Fortschritt ermöglicht. Doch dazu sollte es während der Großen Koalition nicht mehr kommen.[561]

So blieb der Regierung Kiesinger/Brandt in der Ost- und Deutschlandpolitik der eigentlich angestrebte Durchbruch versagt. Dennoch erreichte die Große Koalition mehr, als auf den ersten Blick sichtbar wurde. Sie vollzog nicht nur die längst fällige Anpassung an die Entspannungsbemühungen des Westens, vor allem der USA, sondern beseitigte mit ihrem Kurswechsel in der deutschen Frage auch die Störungen, die von der Bundesrepublik bis dahin durch ihr starres Festhalten am Alleinvertretungsanspruch auf die westliche Politik ausgegangen waren. Im Verhältnis zur Sowjetunion, Osteuropa und der DDR wurde der Wandel vorbereitet und eingeleitet, auch wenn es auf östlicher Seite ebenfalls noch mancher Veränderungen und neuer Einsichten bedurfte, um darauf entsprechend zu reagieren. Die Verhärtung der Beziehungen zur Bundesrepublik, die nach dem Botschafteraustausch zwischen Bonn und Bukarest auf Drängen Moskaus, Warschaus und Ost-Berlins eintrat, war daher nicht nur dem «Geburtsfehler» der Ostpolitik der Großen Koalition anzulasten, sondern auch den östlichen Staaten selbst, die den forschen Schritt Rumäniens und die übereilte Antwort Bonns zum Anlaß nahmen, eine Entwicklung im Keim zu ersticken, die möglicherweise schon 1967/68 zu wesentlichen Fortschritten in Europa hätte führen können. So aber kam es erneut zu einer Verzögerung, bis die Bildung der sozialliberalen Koalition unter Bundeskanzler Willy Brandt im Herbst 1969 ein weiteres Mal einen ostpolitischen «Neuanfang» erlaubte.

Im Schatten des Atomsperrvertrages

Wie in ihrer Ostpolitik, so war die Regierung der Großen Koalition auch in ihrem Verhältnis zu Westeuropa und den USA um eine Anpassung an die veränderten Gegebenheiten bemüht. Die Regierung Erhard hatte es nicht vermocht, zur Weiterentwicklung des westlichen Bündnisses neue Gesichtspunkte beizutragen. Auf die gaullistische Herausforderung war sie die Antwort schuldig geblieben. Die französische Politik des leeren Stuhls in Brüssel hatte die Bundesrepublik in die Defensive gedrängt. Und auf Amerikas Drohung, ohne Zugeständnisse die eigene Präsenz in Westeuropa zu vermindern, hatte sie mit Hilflosigkeit reagiert. Die von Bundeskanzler Kiesinger in seiner Regierungserklärung vom 13. Dezember 1966 geäußerte Absicht der neuen Regierung, die «atlantischen Bande wieder zu festigen» und zugleich den deutsch-französischen Beziehungen stärkeres Gewicht zu verleihen, wurde jedoch bereits im Frühjahr 1967 durch den Konflikt um den «Atomsperrvertrag» überschattet, der zu einer deutsch-amerikanischen Konfrontation führte, die weit über das hinausreichte, was es bislang an Gegensätzen in der Berlin-Frage oder bei den Stationierungskosten für die alliierten Streitkräfte gegeben hatte. Der Konflikt stand den Problemen in der Ostpolitik, die durch die Aufnahme diplomatischer Beziehungen mit Rumänien entstanden waren, an Schärfe in nichts nach und bewirkte nun auch im Westen eine frühzeitige Ernüchterung und Enttäuschung der hochfliegenden Erwartungen.

Hintergrund war die Tatsache, daß der Abrüstungsausschuß der UNO in Genf im Februar 1967 seine Verhandlungen über den Abschluß eines Vertrages über die Nichtverbreitung von Atomwaffen *(non-proliferation)* – der in der Bundesrepublik eben meist nur «Atomsperrvertrag» genannt wurde – wiederaufgenommen hatte und mit dem Abschluß des Vertrages in Kürze zu rechnen war. Da die USA und die Sowjetunion beide ein Interesse daran hatten, die Kernwaffen zu «oligopolisieren» und sie nicht unkontrolliert über den Globus auszustreuen, hatte sich in geheimen Sondierungen zwischen Washington und Moskau seit dem Herbst 1966 eine Verständigung angedeutet, die auf eine Zweiteilung der internationalen Staatenwelt hinauslief: in Kernwaffenmächte und atomare Habenichtse. Dies war ein Vorgang von weitreichender Bedeutung, der einen machtpolitischen, militärischen und technologischen Status quo festschrieb, wie er gegenwärtig bestand, und den weit überwiegenden Teil aller Länder praktisch von einer Entwicklung auszuschließen drohte, deren Zukunftsträchtigkeit sich bislang höchstens erahnen ließ.

Natürlich gehörte die Bundesrepublik zu den nuklearen Habenichtsen. Daran wollte im Prinzip auch niemand etwas ändern. Die Erregung über den Nonproliferationsvertrag entstand lediglich daraus, daß die Behandlung der dabei für die Bundesregierung aufgeworfenen Fragen durch die USA in Bonn den Eindruck aufkommen ließ, als ob die deutsche Seite zur Unterschrift unter ein Dokument gedrängt werden sollte, über dessen Vorgeschichte sie nur stückweise und verspätet informiert worden war und dessen Konsequenzen unklar blieben.[562] Die Beunruhigung wurde noch dadurch verstärkt, daß – praktisch schon seit dem Treffen zwischen Eisenhower und Chruschtschow in Camp David, aber in hohem Maße seit der Kennedy-Administration – in Bonn der Verdacht aufkeimte, daß die USA ihre gemeinsamen Interessen mit der Sowjetunion über die Erfordernisse der westlichen Allianz stellen könnten. Die Schatten des Atomsperrvertrages veranlaßten deshalb die Bundesregierung, ihre Bedenken in Washington immer wieder mit allem Nachdruck deutlich zu machen, auch wenn dies zwangsläufig zu einer erheblichen Belastung der deutsch-amerikanischen Beziehungen führen mußte.

Das schärfste Verdikt stammte von Konrad Adenauer, der während einer Spanien-Reise, als die Diskussion um den Atomsperrvertrag in der Bundesrepublik auf einem ersten Höhepunkt angelangt war, im Februar 1967 in Madrid von einer «verteufelten Neuauflage des Morgenthau-Plans» sprach und hinzufügte, die Bundesrepublik werde nicht bereit sein, ihr «eigenes Todesurteil» zu unterschreiben.[563] Unter Führung von Finanzminister Strauß griff vor allem die CSU das Thema des «nuklearen Kolonialismus» auf, bei dem die Großmächte den nichtnuklearen Staaten in äußerster Einseitigkeit Leistungen abverlangten, ohne für sich selbst Gleichwertiges oder auch nur eine minimale Kompensation zu akzeptieren. Der *Bayernkurier* suchte nun auf Jahre hinaus die nationale Opposition in der Bundesrepublik auf den Atomsperrvertrag zu fixieren, während Außenminister Brandt bestrebt war, die Diskussion zu mäßigen, und Verteidigungsminister Schröder sich – wie immer in kritischen Fragen – auffällig zurückhielt und es offenbar vermeiden wollte, sich am Sturmlauf seiner Parteifreunde gegen die Entspannungspolitik zu beteiligen.

4. Die Große Koalition

Rudolf Augstein diagnostizierte daher, daß sich auch in der Großen Koalition an der Unklarheit nichts geändert habe, die seit Jahren der westdeutschen Außenpolitik zu schaffen mache.[564] Er hielt es für eine «makabre Aussicht», wenn die Bundesrepublik der Wortführer eines gegen die Hegemonie der Großmächte gerichteten Aufstandes der atomaren Habenichtse werde. Man müsse doch endlich einsehen, so Augstein, daß die westdeutsche Souveränität schon deswegen einen begrenzteren Inhalt habe, weil die Ansprüche der Bundesrepublik in Mitteleuropa weit über den Möglichkeiten lägen, sie mit eigenen Kräften auch tatsächlich zu verwirklichen. Augstein nannte es auffällig, daß andere «Schwellenmächte», wie Italien, Schweden, Indien und Japan, sich keineswegs in gleicher Lautstärke an der Bonner Erregung beteiligten; sie sahen eher in der praktischen Einwirkung auf den im einzelnen noch auszuhandelnden Vertragstext das probate Mittel zur Verfolgung der eigenen Interessen. Charakteristisch war ferner, daß General de Gaulle die neuerliche deutsch-amerikanische Verstimmung mit Wohlgefallen registrierte und die Deutschen, obwohl er alles andere als eine deutsche nukleare Parität ins Auge gefaßt haben dürfte, von der Unterschrift unter den Atomsperrvertrag nachdrücklich abriet.[565]

So wurde die innerdeutsche Debatte über den Nichtverbreitungsvertrag zu einem Testfall für die in Bonn miteinander im Streit liegenden Orientierungen und Perspektiven der Entspannungspolitik. Einerseits wurden dadurch die deutschen Möglichkeiten der Einwirkung auf Washington verstärkt. Andererseits bot sich gerade der Atomsperrvertrag der prinzipiellen Opposition gegen die Entspannung leicht als ein Mittel an, das sich bequem gegen die Entspannungs- und Ostpolitik der Großen Koalition einsetzen ließ. Knapp drei Monate nach der Bildung der Koalition war jedenfalls die neue außenpolitische Spaltung in Bonn nicht mehr zu übersehen, die eine Art Neuauflage des alten Streits zwischen Gaullisten und Atlantikern bedeutete und an Hand des Sperrvertrags im Grunde die Koexistenzbereitschaft der Bundesrepublik in Mitteleuropa zum Inhalt hatte. Bundeskanzler Kiesinger griff in diese Debatte erst verspätet und mit wenig glücklichen Formulierungen ein. So gab er am 27. Februar 1967 vor Journalisten, die der Union nahestanden, unverblümt seiner Sorge über den Stand der deutsch-amerikanischen Beziehungen Ausdruck. «Wir reden ja nur noch über Streitfragen miteinander», so erklärte er. «Wir reden ja gar nicht über die gemeinsame Politik.»[566] Jenseits des Ost-West-Gegensatzes, in dem sich die deutschen und amerikanischen Interessen deckten, habe sich in letzter Zeit «so eine Form atomarer Komplizenschaft» gebildet, die zu den größten Befürchtungen Anlaß gebe.[567]

Diese Äußerungen des Bundeskanzlers lösten in Washington sofort Alarm aus. Auch wenn Kiesinger seinen Vorwurf der «atomaren Komplizenschaft» wenige Tage später durch Regierungssprecher Conrad Ahlers abschwächen ließ und mit der Erläuterung versah, die Bundesregierung betrachte es «als mit dem Geist der NATO für unvereinbar, wenn sie nicht durch rechtzeitige und umfassende Konsultation über die amerikanischen Absichten und Entscheidungen unterrichtet» werde, war der angerichtete Schaden beträchtlich. Der Bundeskanzler wurde nun zu den scharfen Kritikern der amerikanischen Atomsperrpolitik gerechnet und nahm damit offenbar eine andere Haltung ein als sein Außenminister. Damit wurde die außenpolitische Spaltung der Regierung erneut deutlich. Außerdem wurde Kiesingers Äußerung als Zeichen gewertet, daß die Bonner Politik abermals eine Kurskorrektur zugunsten de Gaulles vorgenommen habe.[568]

Kiesinger indessen hatte sich die Bonner Erregung zunutze gemacht, um gegenüber der amerikanischen Regierung seinen eigenen Standpunkt deutlich zu machen. Dies führte zwar zu neuen Spannungen im deutsch-amerikanischen Verhältnis, bewog andererseits aber auch Präsident Johnson zu einem stärkeren Eingehen auf die deutschen Wünsche. So erschien nun in einer Sondermission der frühere amerikanische Hohe Kommissar John J. McCloy und brachte drei wichtige Zugeständnisse, die Kiesinger als Erfolg seiner Taktik werten konnte: Die Stationierungsfrage sollte nicht mehr in erster Linie durch finanzielle Fragen bestimmt werden; Bonn sollte nach eigenem Ermessen die Höhe seiner Rüstungskäufe in den USA bestimmen; und schließlich dürfe Bonn die Devisenlücke auch durch nichtmilitärische Käufe schließen. Angesichts der von der Mansfield-Resolution bestimmten Stimmung auf dem Capitol war Präsident Johnson die Entscheidung sicherlich nicht leichtgefallen, der Großen Koalition so viel weiter entgegenzukommen als zuvor Ludwig Erhard. Kiesinger jedoch konnte mit dem Erfolg, den er erreicht hatte, hoch zufrieden sein. Er hatte mit den innerdeutschen Fronten um den Atomsperrvertrag richtig operiert und dadurch in Washington an Gewicht gewonnen, wie auch die Presse bald allgemein konstatierte.[569] Aus dem Schatten des Atomsperrvertrages war am Ende ein Erfolg der Großen Koalition geworden, der der Bundesrepublik zumindest im Westen zu neuem Spielraum und größerem Ansehen verhalf.

Die Erneuerung der FDP

Mit der Bildung der Großen Koalition sah sich die FDP, wie schon erwähnt, über Nacht im Bundestag in die Rolle einer «Miniatur-Opposition» gedrängt. Das Scheitern der Verhandlungen mit den Sozialdemokraten wurde vor allem Herbert Wehner angelastet. Dessen Strategie, über ein Bündnis mit der Union die «Regierungsfähigkeit» der SPD zu beweisen, hatte die Große Koalition erzwungen, obwohl nach Meinung der Liberalen auch zwischen SPD und FDP eine Einigung in den Sachfragen ohne weiteres möglich gewesen wäre. «Mit der Miene eines Biedermanns», so Erich Mende später im Rückblick, habe Wehner auch dann noch mit der FDP-Delegation verhandelt, «als er längst mit Kurt Georg Kiesinger und anderen Politikern der CDU/CSU die große Koalition ... verabredet hatte».[570] Doch jetzt stand die FDP mit nicht mehr als 50, bald nur noch 49 Abgeordneten im Bundestag 468 Abgeordneten der Regierungsparteien gegenüber. Eine derartige Übermacht der einen gegenüber der anderen Seite war in der Geschäftsordnung des Parlaments offenbar gar nicht vorgesehen, denn da der Mandatsanteil der Liberalen unterhalb des jeweils erforderlichen Quorums lag, fehlten der FDP entscheidende parlamentarische Rechte, die für die Ausübung einer wirkungsvollen Opposition unentbehrlich waren: Sie besaß weder eine Sperrminorität gegen Grundgesetzänderungen noch eine ausreichende Stimmenzahl, um die Einsetzung eines parlamentarischen Untersuchungsausschusses oder die Einberufung einer außerplanmäßigen Parlamentssitzung zu verlangen. Auch für die Erhebung einer Normenkontrollklage beim Bundesverfassungsgericht fehlten ihr die notwendigen Stimmen, so daß sie in allen Fällen auf Unterstützung aus den Regierungsparteien angewiesen war.[571]

Unfähig, die amtierende Regierung abzulösen, und zu schwach, ihr auch nur nennenswerte Schwierigkeiten zu bereiten, mußte es der FDP somit schwer fallen, die Rolle und Bedeutung einer klassischen Opposition wahrzunehmen. Fast schien es, als erübrige sich auch die Diskussion um das Mehrheitswahlrecht, weil die «dritte Kraft» im Parteienspektrum der Bundesrepublik zu einer schwindsüchtigen Größe herabgesunken war. Doch nach dem ersten Schock des Machtverlustes zeichneten sich die Liberalen nicht nur durch einen beachtlichen Angriffsschwung im Bundestag, sondern auch durch eine personelle und programmatische Erneuerung aus, die ihnen im Herbst 1966 kaum jemand zugetraut hätte. Nachdem sich die weitgehend national-konservativ orientierte FDP der Nachkriegszeit an der Seite der CDU/CSU in den Zwängen der Regierungsverantwortung verbraucht hatte, besann sich die neue FDP der Opposition nun auf die historischen Traditionen des deutschen Liberalismus und bemühte sich um eine neue Standortbestimmung ihrer Position im Parteiensystem der Bundesrepublik. Für viele in der Partei wirkte die Befreiung von der Last der Regierung daher wie eine Offenbarung. Die Wandlung nahm ihren Ausgang mit den Auseinandersetzungen um die Ost- und Deutschlandpolitik der Partei auf dem Parteitag in Hannover vom 3. bis 5. April 1967.

Am Beginn dieser Veränderung stand allerdings kein innerparteilicher Umsturz, sondern das Bemühen um eine maßvolle Reform. So war es der zum bürgerlich-konservativen Lager zählende Parteivorsitzende Erich Mende selbst, der im November 1966 «der Parteileitung den Auftrag zur Erarbeitung eines Papiers» erteilte, «das die Optionen der FDP in der Deutschland- und Ostpolitik für die nächsten Jahre enthalten sollte». Den Auftrag übernahm Vorstandsreferent Wolfgang Schollwer, zugleich Chefredakteur der Zeitschrift *Freie Demokratische Korrespondenz*. In dem Papier, das er auf Mendes Anregung hin verfaßte, zählte er die Zielvorstellungen künftiger liberaler Ost- und Deutschlandpolitik auf und brach – abgesehen von der diplomatischen Anerkennung der DDR – mit vielen Tabus, die bis dahin die Politik aller Bundesregierungen gekennzeichnet hatten:

«Aufgabe des Alleinvertretungsanspruchs der Bundesregierung und deren Bereitschaft, auf allen Ebenen mit den zuständigen Stellen der DDR über beide deutsche Staaten interessierende Fragen zu verhandeln; die Aufgabe des Anspruchs auf die deutschen Ostgebiete und die Akzeptierung der gegenwärtigen deutschen Ostgrenzen; Verzicht der Bundesrepublik auf Teilhabe an multilateralen und multinationalen Atomstreitkräften; Aufnahme voller diplomatischer Beziehungen zu allen ost- und südosteuropäischen Staaten; Aufnahme von Verhandlungen mit der DDR über eine engere wirtschaftliche Zusammenarbeit, über die schrittweise Wiederherstellung des freien Personenverkehrs, über technisch-wissenschaftliche Zusammenarbeit sowie über einen Kulturaustausch.»[572]

Schollwers Entwurf wurde im Januar 1967 im Parteivorstand der FDP behandelt, blieb dort aber umstritten und hätte wohl kaum breitere Aufmerksamkeit gefunden, wenn er nicht von interessierter Seite der Illustrierten *Stern* zugespielt worden wäre, die ihn am 3. März 1967 veröffentlichte. Der Bundesschatzmeister der FDP, Hans-Wolfgang Rubin, unterstützte die Position Schollwers Mitte März ohne direkte Bezugnahme mit einem Artikel in der hauseigenen Zeitschrift *liberal*.[573] Damit war das Thema im öffentlichen Gespräch und ließ sich nicht mehr unterdrücken.

Der Chefredakteur des *Stern*, Henri Nannen, der sich gerne auch als Handelnder in der Politik und nicht nur als deren publizistischer Begleiter verstand, hatte am 28. Februar – also eine Woche vor der Veröffentlichung des Schollwer-Papiers in seiner Illustrierten – Mende in dessen Haus in Bad Godesberg aufgesucht und ihm «eine völlig neue Opposition der FDP» empfohlen.[574] Die Liberalen, so Nannen, sollten in einer radikalen Kehrtwendung aus der bisherigen gemeinsamen Ost- und Deutschlandpolitik aller Parteien des Bundestages ausscheren, die DDR uneingeschränkt anerkennen, die Oder-Neiße-Linie als endgültige deutsche Ostgrenze vor einem Friedensvertrag garantieren und eine Konföderation beider deutscher Staaten im Sinne der Vorstellungen von Moskau und Ost-Berlin akzeptieren. Es dürfe in der deutschen Frage und in der Ostpolitik keine Tabus mehr geben. Nur so könne der FDP ein Durchbruch zu neuen Ufern gelingen. Für einen solchen Frontenwechsel der Liberalen bot Nannen nicht nur die publizistische Unterstützung des *Stern*. Auch *Der Spiegel*, *Die Zeit*, die *Frankfurter Rundschau* und die *Süddeutsche Zeitung* sowie zahlreiche Redakteure des ARD-Fernsehens würden den Kurs mittragen. Damit wäre dem neuen politischen Weg der FDP, so Nannen, ein millionenfaches tägliches Echo gewiß. Doch Mende lehnte ab. Eine solche abrupte Veränderung ihrer bisherigen Haltung, meinte er, könne keine Partei wagen, wenn sie nicht in größte Schwierigkeiten geraten und unglaubwürdig werden wolle.[575] Nur eine Woche später erschien im *Stern* das Schollwer-Papier und weitere zwei Wochen danach, am 19. März, in großer Aufmachung ein Artikel von Hans-Wolfgang Rubin unter dem Titel «Die Stunde der Wahrheit», in dem alle Gedankengänge Nannens wiederkehrten. Der Kampf um den politischen Kurs der Liberalen hatte begonnen.

4. Die Große Koalition

Nach dieser publizistischen Vorbereitung war es keine Überraschung mehr, daß die Ost- und Deutschlandpolitik auch auf dem Hannoveraner Parteitag der FDP im Mittelpunkt der Auseinandersetzungen stand. Deutlich zeichnete sich hier der Konflikt zwischen dem «Ministerflügel» der Partei und den nach vorne drängenden Reformern ab, die zugleich für ein Bündnis mit der SPD plädierten. Auch der Herausgeber des *Spiegel*, Rudolf Augstein, meldete sich – obwohl kein Delegierter – auf dem Parteitag zu Wort, um in scharfen Formulierungen den Rücktritt Mendes zu fordern. Dieser reagierte auf die von Schollwer und Rubin begonnene Diskussion, die er selbst mit ausgelöst hatte, strikt ablehnend und konnte sich mit seinen Positionen bei den Abstimmungen in Hannover noch einmal mit jeweils knappen Mehrheiten behaupten, weil viele Delegierte Bayerns mit Josef Ertl an der Spitze sowie Vertreter Baden-Württembergs, Hessens und Schleswig-Holsteins zum festgeschlossenen Block der Nordrhein-Westfalen unter Willi Weyer übertraten. Der Bruch wurde dadurch noch einmal mühsam vermieden. Erst in letzter Sekunde gelang es dabei, den kaum mehr zu schlichtenden Streit um die Anerkennung der Oder-Neiße-Grenze durch die dem Parteitag telefonisch vom erkrankten Hans-Dietrich Genscher übermittelte Kompromißformel notdürftig beizulegen, daß «die endgültige Entscheidung über die deutschen Grenzen im Osten erst in einem Friedensvertrag erfolgen kann», aber «eine mögliche Zusammenführung der getrennten Teile Deutschlands nicht an territorialen Fragen scheitern darf».[576]

Im Hannoveraner Aktionsprogramm «Ziele des Forschritts» vom 5. April 1967 wurde der Liberalismus nunmehr als «die bewegende Kraft unserer Zeit» bezeichnet. Klassische liberale Prinzipien wurden auf verschiedene Reformfelder angewandt: Staat und Recht, Bildung, Wirtschaft und Finanzen, soziale Fragen und Gesundheit.[577] In verschiedenen Klausurtagungen begannen die verantwortlichen Parteigremien der FDP anschließend damit, lange Zeit verschüttete oder marginalisierte Tendenzen innerhalb des politisch organisierten Liberalismus, die eine offene Gesellschaft und radikale Demokratie gefordert und beispielsweise in der Arbeit der Friedrich-Naumann-Stiftung ihre Beachtung gefunden hatten, in das Zentrum einer politisch regen Grundsatzdiskussion der Partei zu schieben.[578]

Angesichts des konservativen Wählerstamms und des nicht minder konservativen «Ministerflügels» an der Spitze der FDP geriet die Partei nun jedoch in jene lebensgefährliche Zerreißprobe, vor der Mende schon Henri Nannen bei dessen Besuch in Bad Godesberg gewarnt hatte. Am 30. Januar 1968 wurde Mende auf dem Freiburger Parteitag der FDP als Vorsitzender seiner Partei durch Walter Scheel abgelöst. Dieser war wegen einer Nierenerkrankung in Hannover nicht dabei gewesen und schien überhaupt – wie Mende neidvoll bemerkte – über einen Terminkalender zu verfügen, der es ihm erlaubte, in schwierigen Situationen fern zu bleiben, um sich nachher, wenn die Entscheidung getroffen war, an die Spitze einer neuen Mehrheit zu setzen. So hatten sich die in Hannover noch unterlegenen Rebellen später in kleinen Zirkeln abwechselnd in Düsseldorf und Bonn getroffen und schließlich auf der Cäcilienhöhe in Bad Godesberg, hoch über dem Rheintal, im italienischen Restaurant Moro den Sturz von Mende verabredet. Wenige Wochen später hatte Mende dann angesichts der gegen ihn gerichteten und auch wieder publizistisch von *Spiegel, Stern, Zeit* und *Frankfurter Rundschau* unterstützten Personalkampagne seinen Entschluß bekanntgegeben, in Freiburg nicht mehr zu kandidieren. Der Weg für Walter Scheel war damit frei.

Die neue Führung der Liberalen, die neben Scheel auch den Parlamentarischen Geschäftsführer der FDP-Fraktion Hans-Dietrich Genscher sowie die Stellvertretenden Parteivorsitzenden Wolfgang Mischnick und Hermann Müller umfaßte, hatte nun ihrerseits größte Mühe, den freisinnigen und nationalliberalen Flügel der Partei zu integrieren, und war dabei nicht immer erfolgreich. Allerdings galt auch Scheel keineswegs sogleich als entschiedener Reformer. Vielmehr erschien er manchen fordernd auftretenden Radikalliberalen eher als «Fortsetzung Mendes mit anderen Mitteln».[579]

Star der Freiburger Veranstaltung und sichtbarster Repräsentant des Reformkurses war vielmehr der Soziologieprofessor Ralf Dahrendorf. Erst seit einem Jahr Mitglied der FDP, entwarf er – mit einer roten Nelke im Knopfloch – die «Politik der Liberalität» und attackierte das «Bündnis der Unbeweglichkeit» in Bonn. Im Saal der Freiburger Stadthalle warf er der Großen Koalition vor, sie blockiere alle für die Republik lebensnotwendigen Reformen im Bereich der Verwaltung, der Finanzen und der Bildung; vor den Toren davor diskutierte er in aufsehenerregender Manier mit dem Studentenführer Rudi Dutschke über Staat und Gesellschaft. Dahrendorf war somit ein lebendes Zeichen für den Wandel der FDP, die zunehmend einen radikalliberalen bzw. radikaldemokratischen Weg einschlug – am nachdrücklichsten in der Bildungs- und Rechtspolitik, kaum weniger deutlich in der Ost- und Deutschlandpolitik – und darauf hoffte, daß danach auch die notwendige Umschichtung in der Wählerschaft noch gelang. Für die weitere Geschichte der Bundesrepublik nach den Bundestagswahlen vom 28. September 1969 sollte diese Metamorphose der Liberalen zu einem entscheidenden Faktor der politischen, sozialen und kulturellen Entwicklung werden. Der «Machtwechsel» von 1969 wäre ohne diesen Wandel nicht möglich gewesen.

Fünfter Teil
UMGRÜNDUNG DER REPUBLIK

1. Aufbruch und Veränderung

Der Übergang von der Unionsherrschaft zur Bildung der SPD/FDP-Koalition nach der Bundestagswahl am 28. September 1969 bedeutete einen Einschnitt in der Geschichte der Bundesrepublik, der bereits von den Zeitgenossen als wichtige Zäsur wahrgenommen wurde. Zwanzig Jahre nach ihrer Gründung hatte die zweite deutsche Republik die entscheidende Bewährungsprobe einer parlamentarischen Demokratie bestanden: den friedlichen «Machtwechsel» zwischen Regierung und Opposition. Zum ersten Mal seit 1949 waren die Unionsparteien nicht mehr an der Regierung beteiligt; erstmals seit dem Rücktritt von Reichskanzler Hermann Müller im Jahre 1930 stellten die Sozialdemokraten wieder den deutschen Kanzler. Zudem ließ das politische, soziale und geistige Umfeld, in dem Willy Brandt das Amt des Regierungschefs übernahm, den Wechsel nicht nur als routinemäßigen institutionellen Vorgang, sondern als Auftakt einer weitreichenden Erneuerung von Politik, Wirtschaft und Gesellschaft erscheinen. Die Studentenbewegung, eine allgemeine Werterevolution, vor allem aber das verbreitete Empfinden, daß die Ära Adenauer erst jetzt wirklich zu Ende ging, vermittelten den Eindruck eines umfassenden Neubeginns. Brandt selbst verlieh dem Gefühl einer «Umgründung» der Bundesrepublik Ausdruck, indem er in seiner Regierungserklärung vom 28. Oktober 1969 selbstbewußt verkündete: «Wir stehen nicht am Ende unserer Demokratie, wir fangen erst richtig an.»[1]

Jugendrebellion und Neue Linke

Der «Zeitgeist», von dessen sozialen und geistigen Dimensionen im folgenden Kapitel ausführlich die Rede sein wird, schuf somit wichtige Voraussetzungen für einen politischen Umbruch, der sich schon seit längerem abgezeichnet hatte. Die Ereignisse, auf die sich der spätere Mythos von «1968» gründete, erreichten mit dem «Prager Frühling», den Pariser Mai-Unruhen und den studentischen Protesten in der Bundesrepublik, die hier zu einem wichtigen Katalysator der Veränderung werden sollten, im Frühjahr 1968 ihren Höhepunkt. Im Mittelpunkt stand dabei das Auftreten einer «Neuen Linken», die im Gegensatz zu den orthodoxen kommunistischen Parteien in der Sowjetunion, Osteuropa und China, aber auch in Westeuropa und in vielen Entwicklungsländern, die überkommene sozialistische Dogmatik aufbrechen und durch eine antiinstitutionelle Orientierung ersetzen wollte.

Herbert Marcuse, Professor für Philosophie an der University of California in San Diego und einer der geistigen Wegbereiter der Protestbewegung, bemerkte hierzu, die Neue Linke sei «nicht klassenmäßig definiert» – etwa als revolutionäre Avantgarde des Proletariats –, sondern bestehe hauptsächlich aus Intellektuellen, Gruppen der Bürgerrechtsbewegung und radikalen Jugendlichen, die auf den ersten Blick gar nicht politisch erschienen: den Hippies, Kommunarden und sonstigen Aussteigern (drop outs), die sich auf der Suche nach neuen Lebensformen befänden. Im übrigen sei die Neue Linke vor allem durch «ein tiefes Mißtrauen gegen alle Ideologie» gekennzeichnet, von der man sich «irgendwie verraten» glaube und von der man enttäuscht sei.[2]

Marcuses Charakterisierung war zwar hauptsächlich auf die Situation in den USA bezogen, wo vor allem in Kalifornien wesentliche Ursprünge der Protestbewegung lagen. In ihrem Kern traf sie jedoch auch auf Westeuropa zu. So waren in der Bundesrepublik im Juni und Juli 1968 zwar 53 Prozent der Studenten, aber nur 5 Prozent der nichtakademischen Jugend an Demonstrationen beteiligt.[3] Wenn man darüber hinaus bedenkt, daß 1968 erst rund 300000 Studenten – etwa 10 Prozent der entsprechenden Altersgruppen – an wissenschaftlichen Hochschulen der Bundesrepublik eingeschrieben waren, wird das relativ geringe quantitative Ausmaß der Protestbewegung deutlich. Auch die Tatsache, daß sich mit zunehmender Dauer der Proteste eine größere Zahl von Schülern an den Demonstrationen beteiligte, änderte das Bild nur unwesentlich. Andererseits standen Umfragen zufolge 1968 nahezu zwei Drittel der Gymnasiasten und Studenten im Alter von 17 bis 25 Jahren dem Parteiensystem der Bundesrepublik mit Mißtrauen gegenüber, während etwa ein Drittel von ihnen mit marxistischen und kommunistischen Ideen sympathisierte.[4] Die Angehörigen der Protestbewegung stammten überwiegend aus politisch liberalen Elternhäusern, in denen auffällig oft zumindest ein Elternteil den Beruf eines Lehrers oder Pfarrers ausübte. Der Soziologe Erwin K. Scheuch notierte dazu 1970, der Protest werde «um so wahrscheinlicher, wenn ein Jugendlicher in einem Elternhaus aufwuchs, in dem irgendwelche universalistischen Prinzipien ... verbal trainiert wurden». Die wichtigsten Beispiele solcher universalistischen Lebensideen seien «ein pietistischer Protestantismus, eine moralisch anspruchsvolle (speziell eine verinnerlichte) Form von Lutheranismus oder Formen linker Ideologien wie trotzkistischer Marxismus oder die in Deutschland mit der USPD verbundenen Utopien».[5]

Bei der Protestbewegung der sechziger Jahre handelte es sich somit nicht um eine Rebellion aus Armut oder sozialer Benachteiligung, sondern um das Aufbegehren von Angehörigen des Bildungsbürgertums bzw. der Mittelschicht, die sich in ihren Aktionen weniger von unmittelbaren materiellen und ökonomischen Interessen als von relativ autonomen «moralischen und ideologischen Betrachtungen» leiten ließen.[6] Dabei erfolgte der Ausbruch der Revolte durchaus überraschend. Noch 1965 hatte der Soziologe Ludwig

1. Aufbruch und Veränderung

von Friedeburg zum Thema Jugend geschrieben: «Überall erscheint die Welt ohne Alternativen, paßt man sich den jeweiligen Gegebenheiten an, ohne sich zu engagieren, und sucht sein persönliches Glück in Familienleben und Berufskarriere. In der modernen Gesellschaft bilden Studenten kaum mehr ein Ferment produktiver Unruhe. Es geht nicht mehr darum, sein Leben oder gar die Welt zu verändern, sondern deren Angebote bereitwillig aufzunehmen und sich in ihr, so wie sie nun einmal ist, angemessen und distanziert einzurichten.»[7] Er argumentierte damit ähnlich wie Helmut Schelsky sieben Jahre zuvor, der in seinem 1958 erschienenen Buch *Die skeptische Generation* behauptet hatte, diese Generation werde «nie revolutionär, in flammender kollektiver Leidenschaft auf die Dinge reagieren», sie trage «kein Bedürfnis in sich, elitäre Gemeinschaften zu stiften oder Ordnungsprinzipien zu verwirklichen», sondern werde «alles Kollektive ablehnen, ohne daraus ein Gegenprogramm zu machen».[8]

Für die Bundesrepublik mochte dies auch Mitte der sechziger Jahre noch gelten. In den USA, aber ebenso in einigen westeuropäischen Ländern wie Großbritannien und den Niederlanden, deutete allerdings bereits vieles auf ein wachsendes Unruhepotential unter der jungen Generation hin. So fand der Protest gegen die Langeweile und spießbürgerliche Routine der Konsumgesellschaft in England und den Vereinigten Staaten längst seinen Ausdruck im Rock'n Roll, der nach Ansicht der meisten Beobachter den «Beginn der Revolution» markierte.[9] Elvis Presley, später die Beatles und die Rolling Stones waren die wohl prominentesten und dauerhaftesten Vertreter einer ansonsten recht schnellebigen Konjunktur von Rock-Stars und Rock-Bands, deren provozierende Musik und Lebensweise eine unmißverständliche Herausforderung für das Establishment darstellten.[10] Allerdings konnte Rock-Musik die gesellschaftlichen Zwänge nicht aufheben und politische Realitäten nicht direkt verändern, wie sich vor allem in den USA zeigte. Dort wurden nicht nur die Hoffnungen der Bürgerrechtsbewegung enttäuscht. Auch die Eskalation des Vietnamkrieges ließ sich durch die Lieder von Joan Baez, Woody Guthrie oder Pete Seeger («This land is your land, this land is my land») nicht aufhalten. Der moralische Appell an die verfassungsmäßig garantierten Rechte der Schwarzen und anderen Minderheiten wich daher bald der politisch radikalisierten Massenbewegung unter Martin Luther King und der Militanz der «Black Panther», und aus der Kampagne gegen den Vietnamkrieg wurde ein Kampf um die Veränderung der Gesellschaft. Zudem schwoll die Drop-out-Bewegung der Jugendlichen aus den Mittelschichten, die bereits in den fünfziger Jahren mit den Exponenten der «beat generation», wie Jack Kerouac, Allen Ginsberg und Neal Cassady, begonnen hatte, dramatisch an.[11]

Spätestens seit 1964 gehörten Hippies – als Repräsentanten von Ungebundenheit, Freiheit, Euphorie, Ekstase und Rausch – und sogenannte «Gammler» auch zum alltäglichen Bild der europäischen Metropolen. Zur Funktion der Gammler für die Gesellschaft der sechziger Jahre bemerkte

Walter Hollstein: «Die Gammler waren in Haltung und Kleidung lebendiger Protest. Ungepflegt und teilweise heruntergekommen, störten sie das bürgerliche Sauberkeitsempfinden entschieden: ihr langes Haar attackierte das Image vom männlichen Mann mit Familie, Haus, Besitz und Erfolg ... Der Gammler provozierte Bürger und Bürgerlichkeit, indem er einfach als ihr Gegenbild existierte: ohne Arbeit und Autorität, bettelnd und parasitär, von den Abfällen der kritisierten Leistungsgesellschaft lebend, faul, unsauber, unordentlich, ohne feste Bleibe und klare Richtung.»[12]

Während die Gammler ihre Befreiung von der Leistungsgesellschaft nur für sich selber inszenierten, suchten die Hippies auch andere von ihrer Lebensweise zu überzeugen. In einer Welt, die zunehmend durch materielle Werte, Geld und Statussymbole geprägt war, sollte der Mensch sein Selbst, seine Identität, seine «Authentizität» wiederfinden, indem er die «Liebe» an die Spitze seiner Werthierarchie stellte. Ziel der Hippies war eine «antiautoritäre und enthierarchisierte Welt- und Wertordnung ohne Klassenunterschiede, Leistungsnormen, Unterdrückung, Grausamkeit und Krieg».[13] Liebe wurde dabei nicht in einem egozentrischen, sondern in einem gemeinschaftlichen Sinne verstanden. Was damit gemeint war, wurde vor allem im «Sommer der Liebe» 1967 deutlich, als auf dem Höhepunkt der Hippie-Bewegung in San Francisco mehr als 100 000 Hippies ihre «be-ins» und «love-ins» veranstalteten. Insgesamt zählte die Bewegung zu dieser Zeit nach Schätzungen amerikanischer Soziologen und Journalisten allein in den USA etwa 500 000 Anhänger. Weitere Schwerpunkte der Bewegung waren die Großstädte Europas – besonders London, Stockholm, Amsterdam, Kopenhagen, München und Brüssel.

Als die Hippies sich nach dem Liebessommer in San Francisco im Oktober 1967 selbst symbolisch zu Grabe trugen, hatte der amerikanische Zweig ihrer Bewegung den Gipfelpunkt seiner Bedeutung allerdings bereits überschritten. Krankheit, Drogen und Kriminalität, aber auch die zunehmende Kommerzialisierung und die schiere Erstickung an der eigenen Quantität führten zu einer Aufsplitterung, die bald neue Formen der Selbstfindung und des Protestes entstehen ließ. Einige, wie Timothy Leary, plädierten nun für eine «psychedelische Revolution», bei der die Menschheit durch Drogen zu einer Bewußtseinserweiterung und einem «neuen Weg nach innen» gelangen sollte. Andere gründeten Landkommunen, Handwerkskollektive und «Food Co-ops» oder organisierten den sogenannten «Underground» – ein Netzwerk selbstverwalteter, gegenkultureller Gemeinschaften. Wieder andere, wie die Anhänger der «Yippie»-Partei (YIP = Youth International Party), wollten die Politik mit Tanz, Gesang, Aufklärung, Agitation und Guerilla-Theater auf die Straße tragen. Ihre Auftritte erinnerten an die Aktionen der niederländischen «Provos», die bereits seit Anfang der sechziger Jahre mit beträchtlichem Erfolg versuchten, durch subversive Phantasie, Happenings, Teach-ins und Straßentheater die «Rituale der Macht» zu entlarven sowie «Tabus und autoritäre Strukturen» aufzubrechen.[14] Wichtigstes

1. Aufbruch und Veränderung 479

Handlungsfeld der Provos war Amsterdam, das zu einer «Spielstadt» umgestaltet werden sollte: mit einem autofreien Zentrum, weiß gestrichenen Fahrrädern, die zur freien Benutzung bereitgestellt wurden, einem «Weißen Schornsteinplan» gegen die Luftverschmutzung, einem «Weißen Polizistenplan» zur Umerziehung von Wachtmeistern zu Sozialarbeitern, einem «Weißen Wohnungsplan» zur Bekämpfung der Wohnungsnot und einem «Weißen Frauenplan» zur Eröffnung von Büros für sexuelle Aufklärung und Beratung. Mit ihren originellen, unkonventionellen Ideen, die manche Tendenzen der «neuen sozialen Bewegungen» in den siebziger und achtziger Jahren vorwegnahmen, gelang den Provos nicht nur der Einzug ins Amsterdamer Stadtparlament, sondern auch der Sprung in die überregionale Bedeutung. Provo-Gruppen verbreiteten sich bald über ganz Europa, wobei der Schwerpunkt in den skandinavischen Ländern lag.

In der Bundesrepublik setzten die Beat- und Rock-Musik sowie die Einführung der «Pille» zur Empfängnisverhütung Mitte der sechziger Jahre ebenfalls eine kulturelle und sexuelle Revolution in Gang, bei der sich die traditionellen Geschlechterrollen verwischten und der Kampf um lange Haare sowie um Jeans- und Gammel-Look zum «Vehikel der Emanzipation von autoritärer Kontrolle in Familie, Schule, Betrieb und Öffentlichkeit» wurde.[15] Insgesamt schien es jedoch zunächst, als sei das Protestpotential hier geringer als in anderen westlichen Ländern. Die deutschen Tugenden von Ordnung, Sauberkeit und Fleiß, überliefertes Obrigkeitsdenken, die Enge des geistigen und räumlichen Milieus sowie nicht zuletzt die starke antikommunistische Grundstimmung, die aufgrund der deutschen Sonderrolle im Ost-West-Konflikt besonders ausgeprägt war, machten die zurückhaltenden Einschätzungen von Schelsky und Friedeburg verständlich und plausibel. Unterbrochen wurde die Ruhe nur durch die «Schwabinger Krawalle» von 1962, die auch in der Bundesrepublik ein frühes Signal für den subkulturellen Protest gegen die Erstarrung der bestehenden Ordnung setzten. Die von den Münchner künstlerisch-anarchistischen Kreisen der «Subversiven Aktion» um Dieter Kunzelmann ausgelösten Unruhen, die unter dem Einfluß der niederländischen Provos noch auf einem ästhetisierten, spontaneistischen Politikverständnis basierten, das Politik vor allem als symbolische Provokation sowie als Happening zur Versinnbildlichung gesellschaftlicher Widersprüche begriff, wurden damit zu Vorboten jener Auflehnung gegen das politische System der Bundesrepublik, die bald zum herausragenden Merkmal der Bewegung von «1968» werden sollte.

Vom antiautoritären Protest zur politischen Opposition

Wie in den USA, so bildeten auch in Westeuropa und der Bundesrepublik jene sozialen Randgruppen, die sich durch ihre Musik, ihre Kleidung, ihr Aussehen und ihr Auftreten vom leistungsorientierten Normen- und Wertesystem der Mittelstandsgesellschaft distanzierten, den Nährboden für die antiautoritäre Protestbewegung der sechziger Jahre. In den USA vollzog sich die Politisierung des gegenkulturellen Protestes unter dem Einfluß des Kampfes gegen die Rassendiskriminierung und den Vietnamkrieg lediglich früher und radikaler als in Westeuropa. In beiden Fällen waren die Träger des politischen Protestes mit den Drop-out-Gruppen der späten fünfziger und frühen sechziger Jahre jedoch nicht mehr unbedingt identisch. Vielmehr verlagerte sich die Bewegung nun auf den Campus der Universitäten, wo sie viel von ihrer spielerischen Spontaneität verlor, dafür aber an politischer Bedeutung und Dynamik gewann.

In der Bundesrepublik war die Entwicklung von Rudi Dutschke und Bernd Rabehl – beide zunächst Mitglieder der «Subversiven Aktion» in Berlin, ehe sie im Januar 1965 der Berliner Sektion des Sozialistischen Deutschen Studentenbundes (SDS) beitraten – beispielhaft für die Veränderung des Protestes. Im Vergleich zu Dieter Kunzelmann, der nicht nur in seiner Münchner Zeit, sondern auch danach als Mitglied der Kommune I in Berlin an seinem ästhetisierten, individualistischen Politikverständnis festhielt, repräsentierten sie eine Richtung innerhalb der antiautoritären Protestbewegung, die auf die Veränderung der Gesellschaft durch politische Analyse und Massenmobilisierung abzielte. Zwar blieben sie auch weiterhin stark von den niederländischen Provos und deren Happenings als Methode zur Bloßstellung des Establishments beeinflußt. Zugleich nahmen sie jedoch Elemente traditioneller linker Ideologien auf, die sie zu einer neuen politischen Strategie verarbeiteten und mit Unterstützung der Studentenschaft – als revolutionäre «Massenbasis» anstelle des nicht zur Verfügung stehenden Proletariats – in die Wirklichkeit umzusetzen suchten. Erst mit Dutschke und Rabehl wurde der SDS zum organisatorischen und inhaltlichen Motor des Protestes.[16]

Dabei war der SDS bis in die zweite Hälfte der fünfziger Jahre hinein in erster Linie ein akademisches Trittbrett für sozialdemokratische Parteikarrieren gewesen. Auch Helmut Schmidt zählte zu seinen ehemaligen Bundesvorsitzenden. Obwohl formal unabhängig, hatte der SDS sich damit im Integrationsfeld der Sozialdemokratie befunden und umgekehrt der SPD viele Sympathien unter der Studentenschaft eingebracht. Zur Kollision war es erst 1958/59 im Vorfeld der Diskussionen um das Godesberger Programm gekommen. Danach hatte die SPD-Führung den Eindruck gewonnen, daß der SDS sich nunmehr «auf den wohlüberlegten Plan einer organisatorischen Zersetzung der SPD mit dem erklärten Ziel einer Parteispaltung konzentrierte», wie es in einer Presseverlautbarung hieß.[17] Logische Folge dieser Entwicklung war ein Beschluß des SPD-Parteivorstandes vom 6. November 1961, der die Unvereinbarkeit einer gleichzeitigen Mitgliedschaft in beiden Organisationen feststellte. Damit war der SDS isoliert, zumal bereits im Mai 1960 mit dem Sozialdemokratischen Hochschulbund (SHB) eine konkurrierende Einrichtung gegründet worden war, die das sozialdemokratische Potential an den Hochschulen weitgehend ausschöpfte. Man hätte somit

1. Aufbruch und Veränderung 481

über den SDS wohl kaum noch ein Wort zu verlieren brauchen, wenn es ihm nicht mit dem Aufschwung der antiautoritären Protestbewegung Mitte der sechziger Jahre gelungen wäre, die Isolation zu überwinden und erneut eine Führungsrolle innerhalb der Studentenschaft zu übernehmen.[18] Ein wichtiger Schritt dazu waren bereits die «Hoechster Vereinbarungen» vom 30. Mai 1964, in denen SDS und SHB sowie die Humanistische Studentenunion (HSU), der Liberale Studentenbund Deutschlands (LSD) und der Bundesverband Deutsch-Israelischer Studenten (BDIS) sich gegenseitig ihre Koalitionsfähigkeit bei der Bildung von Allgemeinen Studentenausschüssen (AStA) bescheinigten.

Schon unmittelbar nach der Trennung von der SPD hatte der SDS allerdings an fast allen Universitäten damit begonnen, autonome sozialistische Arbeitskreise aufzubauen, in denen Studenten die Gelegenheit erhielten, sich systematisch die Texte des Marxismus und der Kritischen Theorie neu anzueignen. Anknüpfend an die sozialistischen Klassiker sollte ein neues, der aktuellen Situation angemessenes Verhältnis sozialistischer Theorie und Praxis entwickelt werden. Dabei wurde auf Distanz sowohl zu traditionalistischen KPD-Positionen als auch zur pragmatischen Haltung der SPD geachtet. Mit der Theorie des «autoritären Staates» (Max Horkheimer) und der «eindimensionalen Gesellschaft» (Herbert Marcuse) meinte man das ideologische und begriffliche Instrumentarium gefunden zu haben, um die Entwicklung einer sich «formierenden», etatistisch integrierten spätkapitalistischen Gesellschaft zu beschreiben. Als «revolutionäre Subjekte» wurden vor allem Randgruppen der Gesellschaft, aber auch die Befreiungsbewegungen der Dritten Welt benannt, während die «sozialistische Intelligenz» – also die linke Studentenschaft – sich selbst als revolutionäre Avantgarde betrachtete.[19]

Für den Berliner Politikwissenschaftler Richard Löwenthal, der in den zwanziger und dreißiger Jahren Mitglied einer sozialistischen Studentengruppe gewesen war und nach seiner Rückkehr aus der britischen Emigration maßgeblich dazu beigetragen hatte, die «Deutsche Hochschule für Politik» (das spätere Otto-Suhr-Institut) mit aufzubauen, bedeutete diese Suche nach einer «totalen Alternative zu dem, was sich nun einmal als die Zwangsläufigkeit der modernen Gesellschaft erwiesen hat», eine überaus problematische Entwicklung: Löwenthal sah darin geradezu einen «romantischen Rückfall» der radikalen Kritiker «hinter die Errungenschaften der ersten Nachkriegsgeneration – das individuelle Verantwortungsbewußtsein, die nüchterne Selbstbemühtheit, die Toleranz und den Respekt vor der Person». Mit der erneuten Anfälligkeit für geschichtsphilosophische Gesamtlösungen, so warnte er, trete «eine neue Intoleranz auf, ein Mangel an Bereitschaft, die eigenen Thesen in freier Diskussion zu überprüfen». Damit verbunden sei zugleich «eine erneute Ablehnung der wesentlichen Institutionen des Westens, des liberalen Staates, der repräsentativen Demokratie».[20]

Positiver wurde die Entwicklung von Ulrich Lohmar, einem der ideologischen «Vordenker» der SPD jener Zeit, eingeschätzt, der 1968 schrieb, die «Neue Linke» fordere «zu einer kritischen Überprüfung unserer Vorstellungen von der Industriegesellschaft, der Demokratie und der Wissenschaft heraus». Auch wenn die außerparlamentarische Opposition in der Bundesrepublik (mit der «Neuen Linken» als ihrem eigentlichen Kern) kaum die Chance habe, zu einer Massenbewegung zu werden, konfrontiere sie Politik und Gesellschaft doch «intellektuell mit der Frage nach dem Sinn unserer Ordnung». Das sei «eine politische Problemstellung, der nur auf politische Weise begegnet werden» könne.[21] Lohmar griff damit der Entwicklung der sozialliberalen Reformpolitik voraus, zu deren grundsätzlichen Forderungen er insbesondere größere Chancengleichheit, eine möglichst umfassende Transparenz des gesellschaftlichen Geschehens sowie eine verbesserte Kontrolle politischer Herrschaft und wirtschaftlicher Macht zählte. «Funktionale Effektivität und intellektuelle Liberalität», so Lohmar, müßten in einer demokratischen Gesellschaft «nicht als Gegensätze begriffen und praktiziert werden», sondern könnten «einander ergänzen».[22]

Studentenbewegung und APO

Von einer solchen optimistischen Betrachtung war man zu Beginn der Protestaktionen Mitte der sechziger Jahre allerdings noch weit entfernt. Weder die spätere Radikalisierung der Aktionen noch deren politische Implikationen waren zu dieser Zeit bereits absehbar. Auch die Rolle des SDS, der seit 1961 an den Universitäten eher ein Rand- und Schattendasein geführt hatte, lag noch weitgehend im Dunkeln. So verliefen die ersten politischen Demonstrationen im Dezember 1964 gegen den Besuch des kongolesischen Präsidenten Moise Tschombé in West-Berlin und im März 1965 gegen eine Werbewoche der Republik Südafrika durchaus diszipliniert und unspektakulär. Die universitären Proteste selbst begannen am 7. Mai 1965 mit einer Demonstration von einigen hundert Studenten an der Freien Universität Berlin, wo Rektor Hans-Joachim Lieber zuvor ein Hausverbot gegen den Publizisten Erich Kuby verhängt hatte, um dessen Teilnahme an einer Podiumsdiskussion des AStA aus Anlaß des 20. Jahrestages der Niederlage des Nationalsozialismus zu verhindern. Kuby hatte nach Meinung Liebers 1958 die FU verunglimpft, als er deren Namensgebung «Freie Universität» mit der Bemerkung kritisiert hatte, die «innere antithetische Bindung an die andere, an die unfreie Universität jenseits des Brandenburger Tores» sei «mit den wissenschaftlichen und pädagogischen Aufgaben einer Universität schlechthin unvereinbar».[23] Die angespannte Situation wurde verschärft, als der Rektor einen Tag später, inmitten der Auseinandersetzungen um Kuby, die Nichtverlängerung des Ende September auslaufenden Arbeitsvertrages für Ekkehard Krippendorff, einen Assistenten am Otto-Suhr-Institut, bekanntgab, der in einer Zeitung behauptet hatte, Lieber habe sich geweigert,

1. Aufbruch und Veränderung 483

Karl Jaspers zum 8. Mai in die FU einzuladen. Obwohl Krippendorff sich am 18. Mai korrigierte und beim Rektor entschuldigte, wurde die Nichtverlängerung des Vertrages nicht zurückgenommen, was praktisch einer Entlassung gleichkam. Die Folge waren erneut heftige studentische Reaktionen – mit Protestversammlungen, Unterschriftenaktionen und sogar einem ersten Vorlesungsstreik am Otto-Suhr-Institut. Erst danach wurde ein Kompromiß gefunden, bei dem die Kündigung zwar aufrechterhalten, Krippendorff jedoch mit einem gut dotierten Habilitationsstipendium vornehm abgefunden wurde.

Für die Aktivisten der studentischen Protestbewegung war der «Fall Krippendorff» dennoch ein Erfolg: Zum ersten Mal war die eigene Macht in einer inneruniversitären Angelegenheit erfolgreich erprobt worden. Und auch die neuen Demonstrationstechniken, wie «Sit-ins», «Go-ins» und das Prinzip der «begrenzten Regelverletzung», die sich an entsprechende Vorbilder bei den Studentenunruhen im kalifornischen Berkeley seit Ende 1964 anlehnten, hatten sich bewährt.[24] Die Anlässe der Aktionen – vom Tschombé-Besuch über die Südafrika-Werbewoche bis zur Nichtverlängerung des Vertrages von Krippendorff – waren allerdings zu disparat und zufällig, um Massenwirksamkeit zu erzielen. Erst als der Vietnamkrieg, an dem sich in den USA schon seit längerem die Geister schieden, Ende 1965 auch in der Bundesrepublik in das Zentrum der studentischen Proteste rückte, gewann die Bewegung an Auftrieb. Die Proklamation eines «Vietnam-Semesters» an den Berliner Universitäten durch den SDS im Winter 1965/66 und die Organisation einer Vietnam-Ausstellung vom 10. bis 20. Dezember 1965 in der Technischen Universität sorgten erstmals für größere Aufregung – und energischen Widerspruch.

Gerade in der Atmosphäre der «Frontstadt Berlin», wo die Identifikation mit der «Schutzmacht USA» größer war als an anderen Orten, erschien die Verurteilung des amerikanischen Verhaltens in Vietnam – lediglich einer anderen Front des Ost-West-Konfliktes – besonders unangemessen. Wo «die Bevölkerung, die durch Weltwirtschaftskrise, NS-Terror, Bombennächte im Keller, Demontage, Spaltung der Stadt und Mauerbau eine Durchhalte-Mentalität entwickelt hatte..., jede Kritik im Innern als abweichendes Verhalten bestrafte»[25], waren die Bürger noch weniger als anderswo in der Bundesrepublik gewillt, diesen Dolchstoß in den Rücken des großen Verbündeten, dem man spätestens seit dem Marshall-Plan und der Luftbrücke so viel verdankte, tatenlos hinzunehmen. So riefen die acht West-Berliner Tageszeitungen noch im Herbst 1965 zu einer Spendenaktion zum Weihnachtsfest auf, um allen amerikanischen Familien, die einen Angehörigen im Vietnamkrieg verloren hatten, eine Nachbildung der Berliner Freiheitsglocke – hergestellt von der Königlichen Porzellan Manufaktur – zukommen zu lassen und ihnen damit symbolisch die Unterstützung der Berliner Bevölkerung vor Augen zu führen.[26] Die Resonanz war bemerkenswert. Sie konnte jedoch nicht verhindern, daß es am 5. Februar in Berlin ungeachtet aller

Solidaritätsbekundungen von offizieller und privater Seite zu einer ersten großen Demonstration gegen die amerikanische Beteiligung am Vietnamkrieg kam, bei der die Teilnehmer durch einen Sitzstreik auf dem Kurfürstendamm den Verkehr für zwanzig Minuten blockierten und Eier gegen die Fassade des Amerika-Hauses am Bahnhof Zoo schleuderten. «Beschämend! Undenkbar!», «Die Narren von West-Berlin», «... eine Schande für unser Berlin» – so oder ähnlich lauteten daraufhin am folgenden Tag die Schlagzeilen der Berliner Presse. Irritierend wirkten nicht nur die Proteste an sich, sondern auch die Tatsache, daß sie mit einer unkritischen Glorifizierung des chinesischen und vietnamesischen Kommunismus und ihrer Führer Mao Tse-tung und Ho Tschi-minh sowie einer beinahe kultischen Verehrung Ernesto Che Guevaras als Symbolfigur des Guerillakampfes in der Dritten Welt einhergingen.

Eine mobilisierende Funktion für den studentischen Protest hatten aber auch andere Faktoren. So erhielten Forderungen nach einer Hochschulreform erheblichen Auftrieb, als der Pädagoge Georg Picht 1964 in einer vielbeachteten Artikelserie vor einer «deutschen Bildungskatastrophe» warnte und damit eine republikweite Diskussion auslöste, die zu einer Sensibilisierung gegenüber den Problemen im deutschen Bildungswesen führte.[27] Ende Mai 1965, nachdem sich die Fraktionsvorsitzenden der im Bundestag vertretenen Parteien am 21. Mai über eine Grundgesetzänderung zum Notstandsrecht geeinigt hatten und die Vorbereitung einer gemeinsamen Gesetzesinitiative in ein konkretes Stadium trat, kam mit dem Kampf gegen die Notstandsgesetze ein weiteres zentrales Thema hinzu, das mehr als drei Jahre lang – bis zur Verabschiedung der Gesetze am 30. Mai 1968 – neben dem Protest gegen den Vietnamkrieg die Aktionen der Studentenbewegung bestimmen sollte. Nach der Bildung der Großen Koalition in Bonn am 1. Dezember 1966 schienen zudem durch die Dezimierung der Opposition im Bundestag die Spielregeln der parlamentarischen Demokratie außer Kraft gesetzt, so daß viele eine «Außerparlamentarische Opposition» (APO) für notwendig hielten, um die Regierung wenigstens von außen zu kontrollieren.[28] Da überdies, wie allgemein bekannt war, der neue Bundeskanzler Kurt Georg Kiesinger der NSDAP angehört hatte, Bundespräsident Heinrich Lübke angeblich als Architekt beim Bau von Konzentrationslagern mitgewirkt hatte und schließlich die rechtsradikale Nationaldemokratische Partei Deutschlands (NPD) 1966 noch in die Landtage von Hessen und Bayern eingezogen war, schienen sich die Analysen der linken Studenten – insbesondere des SDS – über einen neuen deutschen «Faschismus» zu bestätigen. Die Forderungen nach einer demokratischen Hochschulreform und der Widerstand gegen den Vietnamkrieg und die Notstandsgesetze verschmolzen nun mit der Kritik an der nationalsozialistischen Vergangenheit der Elterngeneration und der Auflehnung gegen ein Wiederaufleben totalitärer Bestrebungen.

Beispiele für die Parallelität der Aktionen gegen den Vietnamkrieg und die Notstandsgesetze waren der in verschiedenen Arbeitskreisen des SDS lange vorbereitete Kongreß «Vietnam – Analyse eines Exempels» im Mai 1966 in der Frankfurter Universität sowie der am 30. Oktober 1966 ebenfalls in Frankfurt abgehaltene Kongreß «Notstand der Demokratie». Beim Vietnamkongreß hielt Herbert Marcuse vor über 2000 ausgewählten Studenten, Professoren und Gewerkschaftlern aus ganz Europa das Hauptreferat. Beim Notstandskongreß, der von der IG Metall finanziert und vom Bundesvorsitzenden des SDS, Helmut Schauer, organisiert wurde, diskutierten in sechs Foren mehr als 5000 Gewerkschaftler, SPD-Mitglieder, Studenten, Assistenten und Professoren über die Notstandsgesetze und die Demokratie in der Bundesrepublik. Die Politisierung, aber auch die begriffliche Präzisierung der Aktionen wurden hier entscheidend vorangetrieben. Erst jetzt wurde aus der gegenkulturellen, antiautoritären Protestbewegung der frühen sechziger Jahre eine politisch-ideologische Kraft, die unmittelbar die Entwicklung von Staat und Gesellschaft beeinflussen wollte. Vor diesem Hintergrund verwunderte es auch nicht, daß die Mitglieder der am 1. Januar 1967 gegründeten Kommune I, wie Fritz Teufel, Rainer Langhans und Dieter Kunzelmann, die mit ihren Aktionsformen der Happenings und phantastischen Verkleidungen bei gleichzeitiger Vermeidung physischer Gewalt zeitweilig erheblichen Einfluß auf den Berliner SDS gewonnen hatten, am 3. Mai 1967 wegen «falscher Unmittelbarkeit» (Dieter Kunzelmann: «Was geht mich Vietnam an – ich habe Orgasmusschwierigkeiten») und eines die Hochschularbeit des SDS unterminierenden anarchistischen Aktionismus aus dem Berliner Landesverband und dem Bundesverband des SDS ausgeschlossen wurden.[29] Der Ulk als Mittel der Politik hatte ausgedient oder erschien zumindest nicht mehr angemessen.

«1968»

Wie ernst es inzwischen tatsächlich geworden war, zeigte sich am 2. Juni 1967, als während einer Demonstration gegen den Besuch des Schah von Persien vor der Deutschen Oper in Berlin der Student Benno Ohnesorg von einem Polizisten erschossen wurde.[30] Danach eskalierten die Proteste in der ganzen Bundesrepublik auf eine vorher nicht gekannte Weise. Der Regierende Bürgermeister von Berlin, Heinrich Albertz, und Polizeichef Duensing wurden zum Rücktritt gezwungen. Rudi Dutschke rief zu einer «Anti-Springer-Kampagne» auf, weil die Presse des Axel Springer Verlages, zu dem unter anderem die *Bild*-Zeitung, die *BZ* und die *Berliner Morgenpost* gehörten, seiner Meinung nach entscheidend zur Aufheizung des politischen Klimas in der Stadt beigetragen hatte. Und in der FU wurde am 1. November 1967 die «Kritische Universität» gegründet, um eine «Gegenmacht» zum herrschenden Wissenschaftsbetrieb herzustellen. Die dadurch erzeugte Atmosphäre ist heute kaum noch nachzuvollziehen. Tatsächlich dachten beide Seiten – die Studenten auf der einen, die Berliner Öffentlichkeit, der Senat und die Presse auf der anderen – gar nicht daran, nachzugeben oder auch nur zur Mäßigung zu mahnen. So fand am 17./18. Februar 1968 ein weiterer «Internationaler Vietnam-Kongreß» statt, bei dessen Abschlußdemonstration etwa 10 000 Teilnehmer unter Mao-, Ho Tschi-minh- und Che Guevara-Plakaten durch die Berliner Innenstadt marschierten. Nur drei Tage später antwortete der Senat mit einer Gegenkundgebung unter dem Motto «Berlin darf nicht Saigon werden». Sie richtete sich nicht nur sachlich gegen die Kritik an der amerikanischen Vietnampolitik, sondern ließ in Verbindung mit der Presseberichterstattung die Wogen der Erregung so sehr hochgehen, daß der Gelegenheitsarbeiter Josef Bachmann schließlich am Gründonnerstag, den 11. April 1968, zur Waffe griff und Rudi Dutschke mitten auf dem Kurfürstendamm niederschoß.[31]

Danach erlebte die Bundesrepublik die bis dahin schwersten Straßenschlachten ihrer Geschichte. Nach Angaben von Bundesinnenminister Ernst Benda fanden allein in den fünf Tagen von Gründonnerstag bis Ostermontag in 27 Städten Demonstrationen statt, die in etwa einem Fünftel der Fälle mit Ausschreitungen, Gewalttaten und «schwerwiegenden Rechtsverletzungen» verbunden gewesen seien. Die «Aktionen mit Gewaltanwendung», so Benda, hätten sich im wesentlichen gegen «Einrichtungen des Verlagshauses Springer» gerichtet. Bei den Demonstrationen seien jeweils zwischen 5 000 und 18 000 Personen beteiligt gewesen; an Demonstrationen mit Ausschreitungen hätten sich jeweils 4000 bis 11 000 Personen beteiligt. Gegen 827 Beschuldigte, zumeist Studenten, aber auch Schüler, Angestellte und Arbeiter, wurden polizeiliche Ermittlungsverfahren eingeleitet. Bei den Unruhen in München kamen wiederum zwei Menschen ums Leben.[32]

Die erhebliche Radikalisierung der Proteste, die sich in diesen Zahlen widerspiegelt, zielte vor allem gegen die Springer-Presse und die Große Koalition. Aber auch Vorlesungsstörungen mißliebiger Professoren, die mehr und mehr zur Zielscheibe radikaler Kritik wurden, waren nun an der Tagesordnung.[33] Von seiten der studentischen Linken wurde das Attentat auf Dutschke nicht als Tat eines verwirrten Einzelgängers, sondern als Ergebnis manipulativer Beeinflussung vor allem durch die Berichterstattung in den Medien des Springer-Konzerns gesehen. Dutschke sei, so hieß es vielfach, nach dem 2. Juni 1967 durch die *Bild*-Zeitung und andere Boulevardblätter zum «Volksfeind Nr. 1» gestempelt worden, so daß es «nur geringer Anstöße durch die staatlichen Autoritäten» bedurft hätte, «die produzierte Volkswut gegen einzelne sich entladen zu lassen». Der «Bild-Leser Josef Bachmann» habe sich deshalb als Vollstrecker eines Volkswillens gesehen, weil er mit Recht habe hoffen können, «daß ihn die Ermordung des verhaßten Kommunisten Dutschke beliebt und hoffähig machen würde».[34] Auch von seiten des SDS wurde Gewaltanwendung nun offen legitimiert, wobei kaum noch – wie in der Anfangsphase der Protestbewegung – zwischen «Gewalt gegen Sachen» und «Gewalt gegen Personen» unterschieden wurde. So schrieb Bernd Rabehl nach den Osterunruhen – immer noch unter dem Eindruck der massiven Aggressivität der Ereignisse – im *Spiegel*: «Die

Mao-Plakette am Rockaufschlag bedeutet: Kampf der Gehorsamspflicht, Kampf der Bevormundung und Kampf den Manipulationen: Revolution ist gerechtfertigt ... Der Marxismus wird von uns als Methode der Analyse der gesellschaftlichen Wirklichkeit verstanden, zugleich als kompromißlose Kampfanweisung für die antiautoritären Revolutionäre. Die wissenschaftlichen und anarchistischen Komponenten des Marxismus sind somit zum erstenmal seit Lenins ‹Staat und Revolution› von 1917 wieder voll bewußt.»[35]

Ob die Bemerkungen Lenins, die auf das Rußland des Ersten Weltkrieges bezogen gewesen waren, mit der gesellschaftlichen Wirklichkeit der Bundesrepublik in den sechziger Jahren auch nur das Geringste zu tun hatten, wurde vom SDS offenbar gar nicht mehr hinterfragt. In der Rückschau ist der Eindruck nicht von der Hand zu weisen, daß blinder Aktionismus kaum noch Raum für eine nüchterne Analyse ließ. Die «revolutionäre Bewegung», die sich nicht nur von der angeblich manipulierten Bevölkerung mißverstanden fühlte, sondern in ihrem täglichen Drang zur revolutionären Tat auch selbst immer mehr die Fähigkeit zu reflektierender Betrachtung verlor, verfing sich nun gänzlich in den selbst gelegten Schlingen einer Veränderungserwartung, für die es weder eine gesellschaftliche Grundlage noch eine politische oder ökonomische Notwendigkeit gab. Die Bundesrepublik von 1968 war weder mit dem Rußland von 1917 noch mit dem Deutschen Reich vor 1945 vergleichbar. Richard Löwenthal hatte daher sicher recht, wenn er der studentischen Protestbewegung in dieser Phase die Fähigkeit zu rationaler Analyse, Toleranz und Selbstkritik bestritt. Tatsächlich fand er damit viel Unterstützung bei nachdenklichen Kollegen, die entweder zu besonnenen Reformen aufriefen[36] oder – wie Jürgen Habermas, der sich selbst zur «Neuen Linken» zählte – sogar umgekehrt den Vorwurf eines «linken Faschismus» erhoben.[37]

Die Irrealität der Bewegung zeigte sich nicht zuletzt am Beispiel des Kampfes gegen die Notstandsgesetze. Abgesehen von der instrumentellen Nützlichkeit dieser Kampagne zur Verbreitung der Massenbasis der Bewegung, war die politische Argumentation in dieser Frage kaum nachvollziehbar. Weder bedeuteten die Notstandsgesetze das Ende der Demokratie in der Bundesrepublik, noch war ihr Mißbrauch von der Großen Koalition, die sie verabschiedete, in irgendeiner Form beabsichtigt.[38] Dennoch wurden gerade die Notstandsgesetze zum innenpolitischen Kristallisationspunkt des Protestes, der auch den Vorwürfen gegen Bundeskanzler Kiesinger wegen seiner nationalsozialistischen Vergangenheit neue Nahrung gab. Der Verdacht keimte auf, daß der Kanzler, der bereits 1933 der NSDAP beigetreten war, eben doch ein in der Wolle gefärbter Nazi sein könne, der nun die Gelegenheit zu nutzen trachtete, die Demokratie zu beseitigen. Günter Grass hatte deshalb vorausschauend bereits am Tage vor der Wahl Kiesingers zum Regierungschef am 30. November 1966 in einem offenen Brief «noch einmal, in letzter Minute, empörten Einspruch» erhoben. Das Amt des Bundeskanzlers dürfe «niemals von einem Mann wahrgenommen werden ..., der schon einmal wider alle Vernunft handelte und dem Verbrechen diente». Wörtlich hatte Grass gemahnt: «Wie sollen wir der gefolterten, ermordeten Widerstandkämpfer, wie sollen wir der Toten von Auschwitz und Treblinka gedenken, wenn Sie, der Mitläufer von damals, es wagen, heute hier die Richtlinien der Politik zu bestimmen?»[39]

Doch die Appelle hatten nichts genutzt. Kiesinger war mit den Stimmen von CDU/CSU und SPD zum Bundeskanzler gewählt worden, und die Große Koalition hatte mit ihrer – in der Sache durchaus erfolgreichen – Arbeit begonnen. Bei den Auseinandersetzungen um die Notstandsgesetzgebung schienen sich nun jedoch – so sahen es zumindest manche – die schlimmsten Befürchtungen zu bestätigen. Inmitten der parlamentarischen Beratungen wies deshalb die 29jährige deutsch-französische Journalistin Beate Klarsfeld am 2. April 1968 von der Zuschauertribüne des Deutschen Bundestages noch einmal in, wie es hieß, «beleidigenden Zwischenrufen» auf die Vergangenheit des Bundeskanzlers hin – und wurde prompt des Hauses verwiesen. Ein halbes Jahr später, am 7. November 1968, drängte sie auf einem CDU-Parteitag in der Berliner Kongreßhalle mit einem französischen Presseausweis in Kiesingers Nähe, um ihn mit dem Ruf «Nazi, Nazi» von hinten zu ohrfeigen und auf diese Weise «der öffentlichen Meinung in der ganzen Welt» zu beweisen, «daß ein Teil des deutschen Volkes, ganz besonders aber seine Jugend, sich dagegen auflehnt, daß ein Nazi an der Spitze der Bundesregierung steht». Zu einer eher dürftigen Dokumentation über *Die Geschichte des PG 2633930 Kiesinger*, die sie kurz darauf vorlegte, steuerte Heinrich Böll ein Vorwort bei, in dem es, die magere Ausbeute der Schrift entschuldigend, geheimnisvoll hieß: «Natürlich war Herr Kiesinger nie ‹ordinär›, er war ein feiner Mann, er faßte alles mit Glacéhandschuhen an – und so hinterließ er sehr wenig Fingerabdrücke.» Einen solchen Satz empfand nicht nur Kiesinger als infam. Mit diesem Gedankengang läßt sich von jedem Menschen alles behaupten.[40] Aber der Akzent war gesetzt, und weder Heinrich Böll noch Beate Klarsfeld standen mit ihrer Auffassung über Kiesinger und die zweite deutsche Demokratie gänzlich allein.

Die Notstandsgesetze, die der eigentliche Auslöser für diese Aktion gewesen waren, gewannen für die Entwicklung 1968 vor allem dadurch an Bedeutung, daß sie ausgerechnet in den Wochen zur Beratung auf dem Terminplan des Bundestages standen, in denen die politische Atmosphäre durch das Dutschke-Attentat und die Osterunruhen ohnehin stark aufgeheizt war. So fanden der vom Kuratorium «Notstand der Demokratie» organisierte Sternmarsch auf Bonn am 11. Mai 1968, der Aufruf zu einem politischen Generalstreik in den Betrieben und Universitäten am 27. Mai sowie eine Vielzahl lokaler Aktionen, zum Beispiel Theaterbesetzungen, in den Tagen vor der Verabschiedung der Notstandsgesetze am 30. Mai eine sehr viel größere Aufmerksamkeit, als sie unter normalen Umständen vielleicht der Fall gewesen wäre. Dennoch konnten die Proteste das Inkrafttreten der Gesetze nicht verhindern, so daß sich die «treibhausartige Mobilisierung der

1. Aufbruch und Veränderung

kritischen Studentenschaft und der außeruniversitären Opposition» auf dieses Thema hin – die totale Fixierung auf einen Gegenstand, der diese Aufmerksamkeit gar nicht verdiente, weil sie von der Sache her nicht berechtigt war – letztlich als kontraproduktiv erwies.[41] Tatsächlich bedeutete das Scheitern des Kampfes gegen die Notstandsgesetze den Anfang vom Ende der Protestbewegung, denn hier zeigte sich, wie Rudi Dutschke schon seit langem behauptet hatte: Wer in der Politik etwas durchsetzen wollte, durfte nicht nur – als außerparlamentarische Opposition – in der Kritik verharren, sondern mußte sich an den Entscheidungsprozessen selbst beteiligen und den langen «Marsch durch die Institutionen» antreten.

Zur Ernüchterung der Protestbewegung trugen jedoch wiederum auch Entwicklungen außerhalb der deutschen Grenzen bei: Das Auflodern der Proteste im «Pariser Mai» war nur von kurzer Dauer. Der «Prager Frühling» wurde durch den Einmarsch von Truppen aus fünf Warschauer-Pakt-Staaten am 21. August 1968 jäh beendet, wobei die demonstrative Parteinahme der im September 1968 neu gegründeten Deutschen Kommunistischen Partei (DKP) für die gewaltsame Zerschlagung des tschechoslowakischen Reformmodells den ideologischen Minimalkonsens der linken Gruppierungen in der Bundesrepublik endgültig zerbrechen ließ. Und der mit dem Versprechen errungene Sieg Richard M. Nixons bei den amerikanischen Präsidentschaftswahlen im November 1968, die USA aus dem Vietnamkrieg zurückzuziehen, nahm sogar diesem Thema seine Brisanz, obwohl der Krieg in Indochina selbst noch bis 1975 andauerte. Die weit überwiegende Zahl der Studenten kehrte nun in die Hörsäle, Seminarräume und Bibliotheken zurück, während sich der SDS – nicht zuletzt in der Gewaltfrage – zunehmend radikalisierte und immer weiter von der gesellschaftlichen Realität entfernte.

Auf der Osterkundgebung der «Kampagne für Demokratie und Abrüstung» 1969 in Frankfurt kam es zum Eklat, als Vertreter der Kampagne dem SDS «blinden Aktionismus», «masochistische Prügeleien mit der Polizei» und einen unberechtigten «Alleinvertretungsanspruch für politischen Widerstand» vorwarfen. Der SDS seinerseits rief zu «direkten Aktionen» gegen die Politik und die Institutionen «repressiver Macht» auf und plädierte dafür, den Kapitalismus in Gegenmodellen «direkter Demokratie» physisch anzugreifen. Nach dem Muster der Guerilla sollte eine Politik der «befreiten Gebiete» Inseln rätedemokratischer Gegenmacht schaffen, um von der Phase der «Doppelherrschaft» zur Abschaffung jeder Herrschaft überzuleiten. Da das Bewußtsein für eine solche Revolution bei der Bevölkerung noch nicht vorhanden war, sollten Provokationen den «latenten Faschismus» in «manifesten Faschismus» umschlagen lassen, um ihn so für die Massen durchschaubar zu machen und damit die Manipulation des spätkapitalistischen Systems zu beenden.[42] Allerdings trugen solche Forderungen nur zur weiteren Isolierung des SDS innerhalb der Studentenschaft und zum Abgleiten von Teilen der Protestbewegung in den konspirativen Terrorismus bei. Erste linksterroristische Aktionen, wie Bombenanschläge auf Einrichtungen der US-Armee, hatte es bereits 1968 gegeben. Diese Aktivitäten nahmen nun – nicht zuletzt als Zeichen politischer Frustration und Resignation – weiter zu.

Auch der von den Protestgruppen für 1969 angekündigte «heiße Sommer» war unter den neuen Bedingungen nicht mehr zu realisieren. Die vorbereiteten Kampagnen, etwa gegen die Justiz, fanden kaum noch Resonanz und verliefen für die Außerparlamentarische Opposition enttäuschend. Der organisierte Protest zerfiel. Sektiererische Gruppen der Neuen Linken, wie die Roten Zellen und Marxisten-Leninisten, die eine zentralistische Parteibildung betrieben, oder wie der Marxistische Studentenbund (MSB) Spartakus, der sich an die DKP anlehnte, traten an die Stelle der gemeinsamen Bewegung. Der SDS löste sich am 21. März 1970 in Frankfurt sogar selbst auf, nachdem er schon lange vorher aufgehört hatte, als Organisation zu funktionieren. Ein Bericht des Bundesinnenministeriums zählte 1971 nicht weniger als 250 linksradikale Gruppen mit etwa 84300 Mitgliedern, von denen allein 81000 in 130 orthodox-kommunistischen Gruppen, die der DKP nahestanden, organisiert waren.[43] Von einer nennenswerten eigenständigen linken Bewegung außerhalb der DKP konnte also bereits zu diesem Zeitpunkt keine Rede mehr sein.

Tatsächlich ließ sich ab Herbst 1968 eine Dreispaltung der Außerparlamentarischen Opposition beobachten, die logischerweise ihr Ende als politisch erwähnenswerte Kraft bedeutete: Eine kleine, aber nicht unmaßgebliche Minderheit verschrieb sich dem Terrorismus und dessen sympathisierendem Umfeld, um den Kampf, der mit offenem Visier nicht hatte gewonnen werden können, aus dem Untergrund fortzusetzen. Ein erheblicher Teil bemühte sich um die Verwirklichung eigener Lebensformen innerhalb der «neuen sozialen Bewegungen», von denen im folgenden Kapitel noch ausführlich die Rede sein wird. Die große Mehrheit jedoch wandte sich nicht nur wieder dem Studium und der eigenen Karriere zu, sondern unterstützte auch den «Machtwechsel» von 1969 und die Reformpolitik der sozialliberalen Bundesregierung unter Bundeskanzler Willy Brandt. Nicht wenige dieser reformorientierten Angehörigen der APO-Generation traten der SPD bei und bildeten innerhalb der Sozialdemokratie – vor allem der Jungsozialisten – ein kritisches Potential, mit dem das traditionelle politische Milieu fortan rechnen mußte.[44]

Die Ideen von «1968» verschwanden also nicht einfach von der politischen Bildfläche, sondern fanden Eingang in die Diskussionen der Parteien, insbesondere der SPD. Die Vorstellung, die sozialliberale Koalition wäre aus der Protestbewegung der sechziger Jahre hervorgegangen oder hätte auf ihr basiert, ist jedoch unzutreffend. Die SPD hatte im Bundestagswahlkampf 1969 viel Mühe, sich von der bei der Bevölkerung äußerst unpopulären APO zu distanzieren, und bei der anschließenden Regierungsbildung bedurfte man nicht der Unterstützung radikaler Studenten, sondern der Zusammenarbeit mit konservativen Liberalen, die erst noch davon zu überzeugen waren, daß ihre Interessen in einer Koalition mit der Sozialdemokratie besser aufgehoben waren als in einem Bündnis mit der CDU/CSU. Der Machtwechsel von 1969 erfolgte also nicht wegen, sondern trotz der Studentenbewegung und der APO, und die Reformpolitik der sozialliberalen Koalition war weniger vom Impetus wirklichkeitsfremder kommunistischer Utopien als vom Pragmatismus sozialdemokratischer Sozialtechnologien und den Erfordernissen einer komplizierten Abstimmungsarithmetik angesichts knapper Mehrheiten und eines ideologisch gespaltenen, aber durchaus selbstbewußten Koalitionspartners getragen.

Heinemanns Wahl zum Bundespräsidenten

Die politische Konstellation, die 1969 zwischen den drei im Bundestag vertretenen Parteien bestand, ließ für die Zeit nach der Bundestagswahl, die für den 28. September vorgesehen war, alle Möglichkeiten offen. Eine Fortsetzung der Großen Koalition war ebenso denkbar wie eine Rückkehr zu einer CDU/CSU-FDP-Regierung oder das auf Bundesebene neue Experiment eines sozialliberalen Bündnisses zwischen SPD und FDP. In welche Richtung das Koalitionspendel letztlich ausschlagen würde, hing also in erster Linie vom Wahlergebnis ab. Theoretisch war jedoch auch eine Situation denkbar, in der alle drei Optionen offenblieben. Für diesen Fall neigten sowohl Herbert Wehner als auch Helmut Schmidt bei den Sozialdemokraten dazu, die sachlich erfolgreiche Arbeit mit der Union weiterzuführen, während Willy Brandt, der als Außenminister der Regierung Kiesinger mit seinen ostpolitischen Neuansätzen schon früh gescheitert war, aus innen- und außenpolitischen Gründen eher zu einer Koalition mit den Liberalen tendierte. Bei der CDU/CSU sah dagegen kaum jemand eine Notwendigkeit, die Zusammenarbeit mit der SPD aufzukündigen, die sich auch in den schwierigen Augenblicken des Kampfes um die Verabschiedung der Notstandsgesetze bewährt hatte.

In dieser Ungewißheit fiel der Bundespräsidentenwahl im Frühjahr 1969 erneut eine Rolle zu, die sie in der Vergangenheit schon wiederholt gespielt hatte. Zwar war dem Staatsoberhaupt in der Bundesrepublik – anders als in der Weimarer Republik – von den Urhebern des Grundgesetzes jegliche politische Macht vorenthalten worden. Aber seiner Wahl kam eine Signalwirkung zu, weil sie die politische Kräfteverteilung im Lande widerspiegelte und damit auch ein Indikator für künftige Koalitionen und Regierungsbildungen war. So hatte die Entscheidung Adenauers für Theodor Heuss als Bundespräsidenten 1949 das Bündnis zwischen CDU/CSU und FDP angekündigt. 1959 waren die Auseinandersetzungen um die Nachfolge von Heuss, in denen Adenauer sich erstmalig taktisch unsicher verhalten hatte, zum Auftakt für das Ende seiner Ära geworden. 1964 hatte die auf Betreiben Herbert Wehners zustande gekommene Unterstützung der SPD für die Wiederwahl Heinrich Lübkes den Weg für die Bildung der Großen Koalition freigemacht. In allen Fällen hatte sich die Bundespräsidentenwahl somit als ein Seismograph für Verschiebungen der politischen Tektonik erwiesen.[45]

1969 war die Situation besonders delikat, weil die Präsidentenwahl zum ersten Mal seit 1949 im selben Jahr stattfand wie die Neuwahl des Bundestages. Es war daher unvermeidlich, daß zwischen beiden Ereignissen ein politischer Zusammenhang hergestellt wurde.[46] Die Amtszeit des Bundespräsidenten endete im September 1969, die Neuwahl war für Anfang Juli zu erwarten. Doch schon im Sommer 1967 tauchten erste Spekulationen über die Person des Nachfolgers von Heinrich Lübke auf, weil dessen altersbedingtes Ungenügen immer deutlicher wurde, so daß ein früherer Amtswechsel nicht auszuschließen war. Die interessanteste Frage war dabei, ob die Partner der Großen Koalition imstande sein würden, sich auf einen gemeinsamen Kandidaten zu verständigen. Willy Brandt jedenfalls teilte dem CDU-Vorsitzenden Kiesinger bereits am 7. August 1967 mit, daß die SPD nach zwei Amtszeiten des Liberalen Heuss und zwei Amtsperioden des Christdemokraten Lübke diesmal auf einem sozialdemokratischen Kandidaten beharrte und in jedem Fall – unabhängig vom Verhalten der Union – einen eigenen Kandidaten aufstellen würde. Obwohl im Sommer 1967 noch einige Landtagswahlen ausstanden, deren Ergebnis die endgültige Zusammensetzung der Bundesversammlung verändern konnte, war somit absehbar, daß es von den Freien Demokraten abhängen würde, welche der beiden großen Parteien in der Lage war, ihren Kandidaten durchzubringen, falls es nicht vorab zu einer Verständigung zwischen CDU/CSU und SPD kam. Beide großen Parteien mußten dann einen Kandidaten nominieren, der den Liberalen genehm war.

Einer der Namen, die in diesem Zusammenhang bereits 1967 genannt wurden, war der von Gustav Heinemann. So schrieb die liberale *Stuttgarter Zeitung* am 27. September 1967 in einer ausführlichen Würdigung von Heinemanns Wirken als Justizminister im Kabinett der Großen Koalition, für die von ihm geplanten Rechtsreformen benötige «selbst ein Justizminister von der atemberaubenden Schnelligkeit Heinemanns» Zeit, um daran die Überlegung zu knüpfen: «Hat Heinemann diese Zeit? Er ist 68 und durchaus bereit, im rechten Augenblick einem Jüngeren Platz zu machen. Denn in Amt und Würden bekräftigt er aufs neue, daß er nicht daran klebt. Und nicht zu vergessen: sein Name ist auch schon in der Kandidaten-Lotterie für die Bundespräsidentenwahl aufgetaucht, und niemand wird sagen wollen, daß er bereits verspielt habe. Falls die SPD ihren Anspruch durchsetzen kann, sind seine Chancen im Kontrast zu bekannten Gegenbeispielen eben deshalb so beträchtlich, weil jeder weiß, daß er sich nicht nach diesem Amt drängt.»[47]

Doch Heinemann war nicht der einzige Kandidat, der frühzeitig ins Spiel gebracht wurde. Da die Führer der Großen Koalition 1967/68 zwar bereits damit rechnen konnten, daß ihr Bündnis nach Überwindung der wirtschaftlichen Rezession, die 1966 zu ihrem Zusammengehen geführt hatte, nicht

1. Aufbruch und Veränderung

von Dauer sein würde, aber nicht wußten, ob ihnen das Wahlergebnis vom September 1969 gestatten würde, sich wieder zu trennen, mußten sie sich nicht nur im Wahlkampf, sondern auch für die Präsidentenwahl alle Möglichkeiten offenhalten. Heinemann, der zu Beginn der fünfziger Jahre im Konflikt um die Wiederbewaffnung die CDU verlassen und eine eigene Partei – die Gesamtdeutsche Volkspartei (GVP) – gegründet hatte, um nach deren Scheitern bei der SPD zu landen, erschien als gemeinsamer Kandidat indessen kaum geeignet.[48] Er war der Union einfach nicht zuzumuten. Herbert Wehner, der bereits bei der Bildung der Großen Koalition federführend gewesen war, trat deshalb dafür ein, nach Alternativen Ausschau zu halten. Da Brandts Entschluß, auf jeden Fall einen Sozialdemokraten zu benennen, nicht automatisch den Verzicht auf einen gemeinsamen Bewerber der beiden großen Parteien bedeutete, kam es darauf an, eine Person zu finden, der auch die Unionsparteien ihre Zustimmung geben konnten. Nicht zuletzt unter diesem Gesichtspunkt wurde Verkehrsminister Georg Leber ins Gespräch gebracht, der einerseits Gewerkschafter, andererseits aber auch Mitglied des Zentralkomitees der deutschen Katholiken war.

Als im Herbst 1968 noch immer keine Klarheit herrschte, setzte Bundespräsident Lübke die Parteien unter Druck, indem er am 14. Oktober seinen Rücktritt für den 30. Juni 1969 ankündigte, obwohl seine Amtszeit eigentlich erst im September endete. Dieser Entschluß war vernünftig, weil die Neuwahl des Präsidenten nun ebenfalls um drei Monate in den März vorverlegt werden mußte, so daß sie durch sechs Monate von der Bundestagswahl getrennt wurde und nicht mehr in den Wahlkampf hineingezogen werden konnte. Das Kandidatenkarussell kam dadurch jedoch erst richtig in Schwung. Während die SPD eine siebenköpfige Kommission bestellte, um einen sozialdemokratischen Kandidaten auszuwählen, lief in der Union alles auf Gerhard Schröder zu. Da seine Ambitionen auf die Kanzlerschaft nicht mehr zu erfüllen waren und eine Fortsetzung seiner Arbeit als Verteidigungsminister der Großen Koalition allgemein als unerwünscht galt, hielt man es für eine gute Idee, ihn auf den Ehrenposten des Präsidenten in die Villa Hammerschmidt abzuschieben. Dabei ließ man sich auch nicht durch Warnungen des FDP-Vorsitzenden Walter Scheel beirren, daß seine Partei Schröder nicht wählen werde. Selbst eine diesbezügliche persönliche Mitteilung Scheels an mehrere Mitglieder der Führungsspitze der CDU/CSU im September 1968 wurde nur von wenigen ernstgenommen. Zu ihnen gehörte der rheinland-pfälzische Ministerpräsident Helmut Kohl, der danach im Bundesvorstand der CDU dafür plädierte, Richard von Weizsäcker zu nominieren. Der Sohn des bekannten, wenn auch nicht unumstrittenen Diplomaten Ernst von Weizsäcker und Bruder des weltweit renommierten Kernphysikers und Philosophen Carl Friedrich von Weizsäcker war nicht nur wegen seiner liberalen Erscheinung und integren Persönlichkeit, sondern auch aufgrund seines überparteilichen politischen Renommees – anders als Schröder – für die Freien Demokraten problemlos wählbar und würde diese zumindest vor eine Zerreißprobe stellen.⁴⁹ Doch die Mehrheit der Union sah keine Notwendigkeit, die eigene Meinung zu revidieren. Auch das Angebot der SPD, einen gemeinsamen Kandidaten der Großen Koalition aufzustellen – wobei man bei den Sozialdemokraten natürlich an Georg Leber dachte – wurde von der CDU/CSU abgelehnt. Zu sehr hatte man sich hier bereits auf Schröder festgelegt.

Als die SPD-Kommission Ende Oktober 1968 in Berlin tagte, suchte sie daher nach einem Kandidaten, der auch für die FDP attraktiv schien. Leber schied damit von vornherein aus, weil er als Gewerkschaftsführer den Wirtschaftsliberalen eher ein Dorn im Auge war. Gustav Heinemann dagegen war wegen seiner liberalen Rechtsreform bei der FDP wohlangesehen und erfüllte auch sonst alle Bedingungen eines «sozialliberalen» Kandidaten. Johannes Rau suchte ihn deshalb in Düsseldorf auf, um zu erkunden, ob er überhaupt zur Verfügung stand. Nachdem der eigenwillige Heinemann sich einverstanden erklärt hatte, wurde er von der sozialdemokratischen Auswahlkommission vorgeschlagen. Zwei Wochen später nominierte die Union Verteidigungsminister Schröder als ihren Kandidaten. Dies führte nicht nur zu erheblichen Spannungen zwischen Kohl und Schröder, sondern auch zu erneuten unmißverständlichen Warnungen der FDP an die Adresse der CDU. Noch in der Nacht vor der Präsidentenwahl am 5. März 1969 suchten Walter Scheel, Willi Weyer und weitere FDP-Spitzenpolitiker Schröder im Berliner Hotel Kempinski auf, um ihm deutlich zu machen, daß die FDP für ihn nicht genügend Stimmen aufbringen würde. Doch Schröder ließ sich nicht von seiner Kandidatur abbringen und mag daran auch deshalb festgehalten haben, weil er die FDP für innerlich gespalten hielt und den Ausgang der Wahl am folgenden Tag trotz der Warnungen als völlig offen einschätzte.

Die absolute Mehrheit aller wahlberechtigten Delegierten in der Bundesversammlung betrug 519 Stimmen. Die 482 Delegierten der Unionsparteien und die 22 Vertreter der NPD, die frühzeitig mitgeteilt hatten, daß sie für Schröder votieren würden, brachten es zusammen auf 504 Stimmen. Die Aussicht, daß der nächste Bundespräsident mit Unterstützung der NPD gewählt werden könnte, bereitete zwar auch vielen Politikern der CDU/CSU Unbehagen. Doch selbst mit den Stimmen der NPD würde es für Schröder nicht zur notwendigen Mehrheit reichen. Er bedurfte also der Mithilfe zumindest von Teilen der FDP. Darauf konnte er nicht fest zählen. Aber da der Linksruck bei den Liberalen seit 1966 nicht von allen Flügeln der Partei geteilt wurde, war Schröders Hoffnung tatsächlich nicht abwegig, daß es am Ende knapp für ihn reichen könnte. Alles hing somit von der FDP ab. Falls deren Delegierte geschlossen abstimmten, waren entweder Heinemann oder Schröder gewählt. Falls in ihren Reihen Uneinigkeit herrschte, hatte praktisch nur Schröder eine Chance. Zerstrittenheit jedoch war es, was sich die FDP nach Meinung ihres Vorsitzenden Scheel am wenigsten leisten konnte. Sie hätte die von vielen ohnehin bereits in Frage gestellte Eignung der FDP als Partner für künftige Regierungsbildungen endgültig in Zweifel gezogen: Wenn die Liberalen sich nicht einmal bei der relativ unbedeutenden Wahl des Bundespräsidenten auf eine gemeinsame Linie einigen konnten, wie sollte man dies bei einer ungleich schwierigeren Kanzlerwahl in einer politisch komplizierten Koalitionskonstellation erwarten. Scheel, der selber die Wahl Heinemanns wünschte, legte deshalb größten Wert auf die Geschlossenheit der liberalen Delegierten in der Bundesversammlung und rief die FDP-Fraktion am Vorabend der Präsidentenwahl zu einer Aussprache mit Probeabstimmung im Hotel Europäischer Hof zusammen. In Sichtweite des Palais am Funkturm, wo am kommenden Tag die Wahl stattfand, entschied man sich hier am späten Abend des 4. März nach langer kontroverser Debatte mit 78 gegen fünf Stimmen für Heinemann. Doch obwohl das Ergebnis eindeutig war, konnte Scheel nicht garantieren, daß sich alle Delegierten an die Fraktionsentscheidung gebunden fühlen würden. Allen politischen und moralischen Appellen zur Geschlossenheit zum Trotz – ein gewisses Moment der Unsicherheit blieb.

Tatsächlich erreichte bei der Wahl am folgenden Tag in den beiden ersten Wahlgängen keiner der beiden Kandidaten die erforderliche absolute Mehrheit von 519 Stimmen. Erst im dritten Wahlgang, in dem die einfache Mehrheit genügte, wurde Heinemann mit 512 gegen 506 Stimmen gewählt. Dennoch war Scheels Strategie letztlich aufgegangen: Nicht alle liberalen Delegierten hatten sich der Fraktionsdisziplin gebeugt, aber die Zahl derjenigen, die Heinemann ihre Stimme gegeben hatten, war groß genug, um dem Kandidaten der SPD die Präsidentschaft zu ermöglichen. Zugleich hatte sich die FDP damit der Sozialdemokratie als Partner für gemeinsame größere Aufgaben in einer künftigen sozialliberalen Regierung empfohlen. Es ist bis heute reizvoll, darüber nachzudenken, was geschehen wäre, wenn die Unionsparteien nicht Gerhard Schröder, sondern Richard von Weizsäcker nominiert hätten. Auch im Rückblick erscheint es ausgeschlossen, daß es Scheel in diesem Falle gelungen wäre, die Liberalen in derart großer Einmütigkeit auf Heinemann einzuschwören. Die SPD hätte vermutlich den kürzeren gezogen, und Richard von Weizsäcker wäre nicht erst am 23. Mai 1984, sondern schon am 5. März 1969 zum Bundespräsidenten gewählt worden. Ob die Sozialdemokraten unter solchen Umständen – angesichts einer gespaltenen FDP und äußerst knapper Mehrheitsverhältnisse – im Herbst 1969 den Schritt in eine sozialliberale Koalition riskiert hätten, ist zumindest fraglich.[50]

Nach dem 5. März waren solche Gedankenspiele jedoch überflüssig. Gustav Heinemann zog in die Villa Hammerschmidt ein, und wie seine Vorgänger, so hatte auch er sich weder zum Präsidentenamt gedrängt noch sich aus eigenem Antrieb darum beworben. Theodor Heuss war infolge einer Koalitionsabsprache zwischen den Unionsparteien und den Freien Demokraten 1949 gewählt worden, um Adenauer die Kanzlerschaft zu ermöglichen. Heinrich Lübke war 1959 dem Ruf seiner Partei gefolgt, um durch seine Kandidatur im Streit zwischen Adenauer und Erhard innerparteilichen Frieden zu stiften. Und auch Heinemann hatte das Amt nur auf Bitten seiner Partei übernommen. Doch während es 1949 und 1959 jeweils um die Absicherung und Konsolidierung der Unionsherrschaft gegangen war, kündigte sich diesmal mit der Wahl des sozialdemokratischen Kandidaten ein politischer Umschwung an, der in einem zeitgenössischen Kommentar der *Neuen Zürcher Zeitung* seinen Niederschlag fand:

«Die Wahl ... ist ein Symptom für den Wandel des politischen Klimas in der Bundesrepublik ... Zum ersten Male übernimmt ein Sozialdemokrat das höchste Amt im Staate; das Bemühen der SPD um eine konstruktive Mitwirkung an der politischen Gestaltung dieses Staates, dessen Marksteine das Godesberger Programm von 1959, Wehners Plädoyer für eine gemeinsame Außenpolitik vom 30. Juni 1960 und die Bildung der Großen Koalition im Dezember 1966 sind, erhält damit seine Krönung ... Die fortschreitende Integration der Sozialdemokratie in das politische Gefüge des nach der Katastrophe von 1945 in Westdeutschland entstandenen demokratischen Staatswesens, die nun in der Wahl Heinemanns zum Bundespräsidenten einen neuen prägnanten Ausdruck gefunden hat, ist ein entscheidendes Charakteristikum des zweiten Jahrzehnts der Geschichte der Bundesrepublik. Daß diese Festigung einer verbreiterten politischen Basis in einem Augenblick erfolgt, da in Deutschland manches in Frage gestellt scheint, das seit 1949 aufgebaut wurde, verleiht der Wahl Heinemanns besonderes politisches Gewicht.»[51]

Der neue Präsident selbst interpretierte seine Wahl schon wenige Tage später in einem Zeitungsinterview als «ein Stück Machtwechsel».[52] Tatsächlich neigte sich die Große Koalition nun rasch ihrem Ende zu. Nachdem die Liberalen mit ihrem Votum für Heinemann den Test auf die Verläßlichkeit der FDP als künftiger Partner der SPD in einer sozialliberalen Koalition überzeugend bestanden hatten, waren sich die Parteivorsitzenden Brandt und Scheel bei einem vertraulichen Mittagessen im Düsseldorfer Industrie-Club am 3. Mai 1969 – nach vorangegangenen Sondierungen in der Privatwohnung des späteren Finanzministers Alex Möller – rasch einig, nach der Bundestagswahl im September eine SPD/FDP-Koalition zu bilden, wenn der Wahlausgang dies zuließ. Zwar war das Ergebnis mit einer Mehrheit von sechs Sitzen gegenüber der CDU/CSU denkbar knapp – nach Auffassung von Wehner und Schmidt sogar zu knapp –, um die Große Koalition zu beenden. Aber Brandt und Scheel waren entschlossen, das Experiment zu wagen, und sahen sich darin vom neuen Bundespräsidenten bestärkt, der in der lakonischen Art, die für ihn typisch war, Brandt noch in der Wahlnacht mit der Bemerkung ermunterte: «Willy, mach's!»[53]

Bildung der sozialliberalen Koalition

Bei der Bildung der sozialliberalen Koalition von einer historischen Zwangsläufigkeit zu sprechen, wäre allerdings ziemlich übertrieben. Als die Stimmen am Wahlabend des 28. September ausgezählt waren, hatte die

1. Aufbruch und Veränderung

CDU/CSU mit 46,1 Prozent ihre Position als stärkste Fraktion überzeugend behauptet, und Bundeskanzler Kiesinger konnte sich, wie er erklärte, eine Regierungsbildung gegen die Union nicht vorstellen. Die ersten Hochrechnungen über den Wahlausgang hatten sogar eine absolute Mehrheit für die Union ergeben, die diese am Ende nur knapp verfehlte. Auch die SPD durfte zufrieden sein: Mit 42,7 Prozent und einem Zugewinn von 3,4 Prozent hatte sie die Erwartungen eigentlich erfüllt. Dennoch herrschte in der Parteizentrale in der Bonner Adenauerallee keine Euphorie. Günter Grass, der sich im Wahlkampf für die Partei engagiert hatte und nun mit den Genossen in der «Baracke» zusammensaß, um auf das Ergebnis zu warten, berichtete im *Tagebuch einer Schnecke* über die Atmosphäre: «... bei uns (in der Adenauerallee) wollte niemand an Sieg glauben; wir hatten uns schon auf Trübsal gestimmt.»[54] Grund dafür war das schlechte Abschneiden der FDP. Mit 5,8 Prozent hatte sie gegenüber 1965 beinahe zwei Fünftel – fast 40 Prozent – ihrer Stimmen eingebüßt. Ein Machtwechsel schien unter diesen Umständen unmöglich. Die Liberalen waren die großen Verlierer dieser Wahl (wenn man einmal von der rechtsradikalen NPD absah, die trotz günstiger Prognosen mit 4,3 Prozent knapp an der Fünf-Prozent-Hürde gescheitert war und den Einzug in den Bundestag nicht geschafft hatte) und konnten kaum noch einen Anspruch auf Mitregierung erheben. Selbst der ansonsten stets gut gelaunte Walter Scheel hockte deprimiert mit seinen Parteifreunden in der FDP-Zentrale und war ratlos.

Bundeskanzler Kiesinger dagegen triumphierte. Er hielt sich nicht nur selbst für den Wahlsieger, sondern wurde darin auch durch Glückwunschtelegramme aus aller Welt – darunter vom amerikanischen Präsidenten – bestärkt. Eine Koalition zwischen SPD und FDP sei «zwar rechnerisch, aber nicht politisch» möglich, meinte er noch in der Wahlnacht.[55] Wahrscheinlicher war die Fortsetzung der Großen Koalition, deren Politik von den Wählern offenkundig honoriert worden war. Aber auch eine Rückkehr zur CDU/CSU-FDP-Koalition, die sich auf eine komfortable Mehrheit von 23 Sitzen im Bundestag stützen konnte, kam in Betracht; viele Unionspolitiker gaben ihr sogar den Vorzug vor einer Weiterführung des Bündnisses mit der SPD. Noch tagelang glaubte Kiesinger, die Qual der Wahl zu haben, weil niemand an der CDU/CSU vorbeikomme. Helmut Kohl, der im Gegensatz zum Bundeskanzler für sein gutes Verhältnis zur FDP bekannt war, hatte auf seine Bitte hin deshalb bereits frühzeitig den Kontakt zur FDP aufgenommen und dem stellvertretenden FDP-Vorsitzenden Hans-Dietrich Genscher ein umfassendes Koalitionsabkommen in Aussicht gestellt. Dabei hatte Kohl den Eindruck gewonnen, daß die Zahl der Gegner eines sozialliberalen Bündnisses in der FDP ausreiche, um die Wahl eines SPD-Kanzlers zu verhindern. Diese Überzeugung wurde noch verstärkt, als er gemeinsam mit CDU-Generalsekretär Bruno Heck am 30. September Erich Mende einen kurzen abendlichen Besuch abstattete. In dessen Privathaus trafen sie gleich zehn FDP-Bundestagsabgeordnete an, für die «eine Koalition aus SPD und

FDP noch keineswegs eine beschlossene Sache» war, wie Mende später berichtete.[56] Der «Rütlischwur», den die Zehn an diesem Abend nach Aussage von Mende leisteten, schien im Gegenteil das vorzeitige Aus für das Projekt einer sozialliberalen Regierung zu bedeuten.

Als Kiesinger sich daraufhin am folgenden Tag zu einem «Informationsgespräch» mit Walter Scheel zusammensetzte, um ihm den Vorschlag für «eine umfassende und langfristige politische Zusammenarbeit auf allen Ebenen» zu unterbreiten, tat er dies in der festen Überzeugung, daß die Bemühungen um eine sozialliberale Koalition bereits gescheitert seien. Um ganz sicher zu gehen, unternahmen Unionspolitiker hinter den Kulissen jedoch auch weiterhin «hemdsärmelige» Abwerbungsversuche bei denjenigen Liberalen, die, wie Mende, als Dissidenten in der eigenen Partei galten. In der FDP gewann man deshalb den Eindruck, daß Kiesinger, der überdies noch in der Wahlnacht für den Fall der Fortsetzung der Großen Koalition erneut mit dem Knüppel des Mehrheitswahlrechts gedroht hatte, ein doppeltes Spiel spielte. Seine Strategie einer gleichzeitigen Umarmung und Spaltung schien im Grunde nicht auf eine gemeinsame Sachpolitik, sondern auf den Zerfall der Liberalen abzuzielen. Dieser Eindruck wurde noch untermauert, als die schriftliche Wiederholung des von Kiesinger am 1. Oktober nur mündlich unterbreiteten Angebots am 3. Oktober bemerkenswert «vage» ausfiel.[57] Walter Scheel hatte deshalb wenig Mühe, seiner Partei die Gefahr vor Augen zu führen, die ihr von einer Koalition mit der Union seiner Meinung nach drohte, und sie damit auf ein Bündnis mit der SPD einzuschwören.

Tatsächlich war in diesen Tagen nicht Kiesinger, sondern Brandt die entscheidende Figur. Er hatte – ungeachtet des schlechten Abschneidens der FDP – noch in der Wahlnacht das Gesetz des Handelns an sich gerissen und nicht nur die CDU/CSU und Bundeskanzler Kiesinger, sondern auch die eigenen Kollegen in der Führungsspitze der SPD mit seiner Entschlossenheit konfrontiert, eine Koalition mit der FDP anzustreben. In seinen Erinnerungen berichtete er dazu später, er sei entschlossen gewesen, «das Risiko einzugehen, selbst wenn die ‹kleine› Koalition aus SPD und FDP nicht die ganze Legislaturperiode durchhalten würde».[58] Diese Entschlußfreudigkeit war um so wirkungsvoller, als sie für Freund und Feind überraschend kam. Denn der SPD-Vorsitzende galt unter denjenigen, die ihn näher kannten, als unentschlossen und phlegmatisch. Auch in der Öffentlichkeit erschien er hölzern, schwerfällig und ohne Charisma. Niemand hätte von ihm zu behaupten gewagt, er sei ein guter Redner. Was immer er inhaltlich sagte – im Gegensatz zu den wortgewaltigen, scharfzüngigen Äußerungen von Franz Josef Strauß, Helmut Schmidt oder Herbert Wehner erschien es schwach und überzeugungsarm. Selbst die oft bildungsschwer überladenen Reden Bundeskanzler Kiesingers waren im Vergleich zu Brandts nüchternen Statements rhetorische Glanzleistungen. Nicht zufällig, so meinten seine Kritiker, habe er als Kanzlerkandidat seiner Partei die Wahlen von 1961 und 1965 verloren und sei auch als Außenminister der Großen Koalition ohne Wirkung geblieben. Wehner und Schmidt bemängelten überdies seinen persönlichen Lebensstil und seine politische Arbeitsweise, die ihn nach ihrer Meinung als Regierungschef disqualifizierten. Nach der Wahl von 1969, darin waren sie sich längst einig, würde es mit Brandts Ambitionen auf das Kanzleramt endgültig vorbei sein. Niemand – auch darin herrschte Übereinstimmung – würde ihm dann nachtrauern und sein Abtreten als Verlust empfinden.

Brandts plötzliche Risikofreudigkeit am Wahlabend wirkte deshalb geradezu unheimlich. Wehner und Schmidt schienen wie paralysiert. Beide hätten einer Fortsetzung der Großen Koalition den Vorzug gegeben. Insbesondere Wehner konnte sich eine handlungsfähige Regierung unter einem von der FDP abhängigen sozialdemokratischen Bundeskanzler nur schwer vorstellen. So hatte er die FDP nach der Veröffentlichung der ersten Hochrechnung am Wahlabend zum wiederholten Male verächtlich eine «alte Pendlerpartei» genannt, die «sich politisch noch selbst entscheiden müsse».[59] Doch Brandts Führungsanspruch wurde nicht nur von wichtigen Parteigenossen, wie Karl Schiller, Alex Möller und dem nordrhein-westfälischen Ministerpräsidenten Heinz Kühn, sondern auch von der Euphorie an der Parteibasis unterstützt.[60] Zudem hatte sich die Bildung der sozialliberalen Koalition seit langem angebahnt. Schon bei den Gesprächen, die im November 1966 der Bildung der Großen Koalition vorangegangen waren, hatte bei vielen Sozialdemokraten die Neigung bestanden, «ein Regierungsbündnis mit der FDP zu erproben», wie Brandt es nannte.[61] Brandt selbst hatte in Berlin mit dem SPD/FDP-Modell gute Erfahrungen gemacht und konnte sich auch in Bonn eine Koalition mit den Liberalen gut vorstellen. Doch aufgrund der Entschlossenheit Wehners, den Machtwechsel in Etappen und nicht in einem großen Schritt zu betreiben, um die Gefahr des Scheiterns zu minimieren, hatte sich auch Brandt im Laufe der Verhandlungen im Herbst 1966 für die Koalition mit der CDU/CSU erwärmen lassen. Allerdings war die «Elefantenhochzeit» bereits damals nicht die einzige Alternative der SPD gewesen. Als während der laufenden Verhandlungen zur Regierungsbildung in Bonn bei Landtagswahlen in Nordrhein-Westfalen eine Situation entstand, in der sich die Chance zu einem Bündnis zwischen SPD und FDP bot, entschieden sich die Sozialdemokraten dort für rot-gelb. Brandt, der während der abschließenden Bonner Gespräche eigens nach Düsseldorf fuhr, um seine Freunde auch hier für eine Große Koalition zu gewinnen und damit den Eindruck einer «Doppelstrategie» der SPD zu beseitigen, hatte keine Möglichkeit, sie zu überzeugen. Unter Heinz Kühn als Ministerpräsidenten nahm die SPD/FDP-Regierung in Düsseldorf ihre Arbeit auf. Auch bei den Sachgesprächen auf Bundesebene zeigte sich bereits 1966, daß SPD und FDP vor allem in Fragen der Außen- und Deutschlandpolitik mehr Gemeinsamkeiten aufwiesen als SPD und CDU/CSU. Ähnliches galt für die Rechtspolitik sowie für die Bildungspolitik, wo der Bund allerdings nur wenige Kompetenzen besaß.

Inzwischen hatte sich die Basis für ein sozialliberales Bündnis noch verbreitert. Die Studentenbewegung und die Außerparlamentarische Opposition sowie die Wahl Heinemanns zum Bundespräsidenten hatten das Klima in der Bundesrepublik verändert und einen allgemeinen Linkstrend bewirkt, dem die Entwicklung der FDP zu einer linksliberalen Partei entsprach. Deren programmatischen Erneuerung in Fragen der Innen- und Rechtspolitik unter Werner Maihofer und Karl-Hermann Flach, der jugendlich-frische Intellektualismus eines Ralf Dahrendorf sowie die bildungspolitischen Reformbemühungen von Hildegard Hamm-Brücher bedeuteten nicht nur eine weitere inhaltliche Annäherung an sozialdemokratische Positionen, sondern paßten auch in die neue politische Landschaft. Das reformfreudige Image der neuen FDP, die zahlreichen sachlichen Gemeinsamkeiten, nicht zuletzt aber auch die persönlichen Verabredungen, die Willy Brandt und Walter Scheel nach der Heinemann-Wahl getroffen hatten, ließen eine Koalition zwischen FDP und SPD auf Bundesebene nach dem nordrhein-westfälischen Modell somit inzwischen als naheliegend erscheinen. Scheel selbst hatte sich in der Fernsehsendung «Journalisten fragen – Politiker antworten» am 25. September, an der die vier Parteivorsitzenden teilnahmen, ebenfalls in diesem Sinne festgelegt und erklärt, er strebe eine Regierungsbildung mit der SPD an, «wenn es das Zahlenergebnis möglich macht». Aufgabe der FDP sei es, die «CDU in die Opposition zu bringen».[62] Nach dem deprimierenden Wahlergebnis vom 28. September hatte er allerdings zunächst kaum noch damit rechnen können, daß es dazu kommen würde. Erst die mutige persönliche Entscheidung von Brandt rückte die Dinge für die FDP wieder gerade.

Kiesinger und die Union waren damit in Wirklichkeit längst aus dem Spiel, als sie in den folgenden Tagen selbstbewußt Gespräche nach allen Seiten führten. Am gleichen 3. Oktober, an dem Kiesinger Scheel das schriftliche Koalitionsangebot übermittelte, ratifizierten SPD und FDP bereits ihr Koalitionspapier. Ungeachtet der Dissidenten in der FDP, die einer sozialliberalen Koalition ablehnend oder zumindest skeptisch gegenüberstanden, hatte allein das Tempo, mit dem Brandt und Scheel vollendete Tatsachen geschaffen hatten, die Union ausmanövriert. Selbst die Koalitionsgegner um Erich Mende stimmten schließlich im Bundesvorstand der FDP nicht gegen das Koalitionspapier, sondern enthielten sich lediglich ihrer Stimme. Noch am Abend des 3. Oktober unterrichteten Brandt und Scheel den Bundespräsidenten von ihrer Absicht, «zusammen regieren zu wollen».[63] Kiesinger sah sich dadurch unerwartet in die Rolle eines Zuschauers versetzt. Voller Rachegefühle erklärte er im Blick auf die 1970 bevorstehenden sechs Landtagswahlen, daß es der Union gelingen könne, die FDP, die sich jetzt «als Schlüsselfigur der Bundesrepublik» betätige, aus zumindest vier Landtagen «herauszukatapultieren».[64] Die Beziehungen der Union zur FDP waren danach für lange Zeit vergiftet.

Willy Brandt: «Mehr Demokratie wagen»

Koalitionsverhandlungen im eigentlichen Sinne des Wortes hatten bis zu diesem Zeitpunkt allerdings noch gar nicht stattgefunden. Beim Koalitionspapier, das den SPD- und FDP-Führungsgremien als Beschlußgrundlage am 3. Oktober zugeleitet wurde, handelte es sich lediglich um eine schriftliche Vereinbarung, daß die beiden Parteien beabsichtigten, eine Koalition miteinander einzugehen. Über Einzelfragen der gemeinsamen Regierungspolitik sollte erst nach der politischen Grundsatzentscheidung beraten werden. Tatsächlich kam ein förmlicher Koalitionsvertrag, wie er 1961 zwischen der CDU/CSU und der FDP geschlossen worden war, nie zustande. Der Mangel an «inneren Übereinstimmungen» falle deshalb bei den Unterredungen gar nicht ins Gewicht, erklärte Helmut Schmidt am 30. September in einem Zwischenbericht über die Verhandlungen mit der FDP während einer gemeinsamen Sitzung des SPD-Partei- und Fraktionsvorstandes, des Parteirates und der Kontrollkommission; die Gespräche verliefen äußerst «angenehm».[65] Allerdings ließ sich dem Papier, auf das man sich schließlich verständigte, über die generelle Aussage zur Koalitionsbildung hinaus auch keine besondere Bedeutung beimessen, so daß es weder veröffentlicht noch über die Beschlußsitzungen der Parteigremien von SPD und FDP hinaus fortgeschrieben wurde.

Der wichtigste Punkt bei den Gesprächen zwischen dem 29. September und dem 3. Oktober war die Ressortverteilung. Während die FDP sich unter Adenauer und Erhard mit peripheren Ministerien hatte zufriedengeben müssen, zeigte sich Brandt hierin großzügig. Erstmals in der Geschichte der Bundesrepublik ermöglichte er den Liberalen, zentrale Ressorts zu besetzen. Walter Scheel erhielt als Vizekanzler das Auswärtige Amt, das Brandt ihm seit längerem zugesagt hatte, obwohl Scheel von Außenpolitik eigentlich nichts verstand. Das Innenministerium – als zweites klassisches Ressort – übernahm der stellvertretende Parteivorsitzende und parlamentarische Geschäftsführer der FDP-Bundestagsfraktion, Hans-Dietrich Genscher. Der bayerische FDP-Abgeordnete und stellvertretende Fraktionsvorsitzende Josef Ertl, ein Diplomlandwirt und früherer Oberlandwirtschaftsrat, erhielt das Landwirtschaftsministerium. Der konservative Flügel der FDP hätte zwar lieber eine liberale Verantwortung im ökonomischen Bereich gesehen, während die Parteilinke eine stärkere Profilierung der FDP in Bildung und Wissenschaft wünschte. Doch Scheel brachte beide Forderungen gar nicht ernsthaft in die Verhandlungen ein, weil er zum einen wußte, daß die Ressorts Wirtschaft und Finanzen gegen Karl Schiller und Alex Möller nicht durchsetzbar waren, und zum anderen wenig Neigung verspürte, seine von inneren Zerreißproben bedrohte Partei mit den unwägbaren Risiken eines modischen Reformministeriums zu belasten. Als Brandt schließlich Josef Ertl vorschlug, zögerte er daher nicht lange, sondern griff das Angebot dankbar auf. Denn Ertl gehörte zum rechten Flügel der Partei und hatte noch in der Wahlnacht «Konsequenzen politischer und personeller Art» aus der «schweren Niederlage der FDP» gefordert – und damit den Parteivorsitz Scheels öffentlich in Frage gestellt. Mit seiner Ernennung zum Landwirtschaftsminister erfüllte sich für den energischen Bayern jedoch ein Lebenstraum, so daß er bald zu einem der wertvollsten Verteidiger der sozialliberalen Koalition wurde. Für Erich Mende bedeutete dies allerdings eine bittere Erfahrung, wie er später in Anspielung auf das Märchen von den «zehn kleinen Negerlein» in seinen Erinnerungen schrieb: «Erst war es Josef Ertl, der aus dem Kreis jener zehn Bundestagsabgeordneten ausbrach, die noch am Montagabend den Rütlischwur gegen Brandt als Kanzler geleistet hatten. Da waren es nur noch neun!»[66]

Bei den Sozialdemokraten gab es solche Probleme nicht. Die meisten SPD-Minister der Großen Koalition blieben einfach im Amt. Carlo Schmid, seit 1966 Minister für Angelegenheiten des Bundesrats und der Länder schied aus Altersgründen aus; sein Ministerium wurde im Zuge einer allgemeinen Verkleinerung des Kabinetts von 20 auf 15 Ressorts aufgelöst. Herbert Wehner, bisher Minister für innerdeutsche Beziehungen, strebte den Fraktionsvorsitz an. Der bisherige Fraktionsvorsitzende Helmut Schmidt, zugleich ein anerkannter Wehrexperte seiner Partei[67], mußte daher seinen Stuhl räumen und rückte – wenn auch nur widerwillig – als Verteidigungsminister ins Kabinett ein. Der von Brandt als Finanzminister vorgesehene stellvertretende Fraktionsvorsitzende Alex Möller, dem aus privaten Gründen der Eintritt in die Bundesregierung widerstrebte, mußte wie Schmidt in einem gemeinsamen Gespräch mit Brandt und Wehner erst überredet werden. Neue Namen kamen hinzu: Gerhard Jahn als Justizminister, Walter Arendt als Arbeitsminister, Egon Franke als Minister für innerdeutsche Beziehungen und der parteilose Hans Leussink als Minister für Bildung und Wissenschaft. Conrad Ahlers, der frühere stellvertretende Chefredakteur des *Spiegel*, der schon der Großen Koalition als stellvertretender Regierungssprecher gedient hatte, übernahm die Leitung des Presse- und Informationsamtes der Bundesregierung. Horst Ehmke, nach der Wahl Gustav Heinemanns zum Bundespräsidenten für kurze Zeit Justizminister im Kabinett Kiesinger, wurde als «Bundesminister für besondere Aufgaben beim Bundeskanzler» Chef des Kanzleramtes.

Alles in allem konnte angesichts dieser Kabinettsliste von einem «Machtwechsel» kaum die Rede sein. Abgesehen von der Tatsache, daß eine beträchtliche personelle Kontinuität zur Großen Koalition bestand, hatten sich alle Ressortchefs seit langem im politisch-parlamentarischen Geschäft bewährt. Einzige Ausnahme war Hans Leussink, der als ehemaliger Vorsitzender des Wissenschaftsrates jedoch ebenfalls zum Establishment der Bundesrepublik zählte. Die Studentenbewegung und die Außerparlamentarische Opposition, die in den Jahren zuvor so viel von sich reden gemacht hatten, waren in der sozialliberalen Regierung überhaupt nicht vertreten. Auch die Ministerialbürokratie blieb trotz einiger Auswechslungen unter den Spitzenbeamten im wesentlichen unangetastet und sorgte damit – wie in Deutschland üblich – ebenfalls für ein hohes Maß an Kontinuität. Ein Grund für die überwiegende Auswahl des Kabinetts und der Ministerialbürokratie nach fachlichen Gesichtspunkten bestand darin, daß die Parteien auf die Auswahl der Minister und politischen Beamten keinen Einfluß ausüben konnten. Brandt legte die Ministerliste den Parteigremien erst vor, nachdem er am 21. Oktober zum Bundeskanzler gewählt worden war. Diese konnten danach nur noch den Vorschlägen Brandts folgen.

Bei der Kanzlerwahl erhielt Brandt 251 von 495 abgegebenen Stimmen – nur zwei mehr, als er zur Kanzlermehrheit benötigte. Mindestens drei der 254 geschlossen anwesenden Abgeordneten der Regierungskoalition hatten nicht für ihn votiert: Erich Mende hatte seine Ankündigung wahrgemacht, er werde diesen Kanzler nicht wählen; seine Fraktionskollegen Siegfried Zoglmann und Heinz Starke waren seinem Beispiel gefolgt.[68] Zwar scherzte Brandt hinterher unter Anspielung auf die legendäre Ein-Stimmen-Mehrheit Adenauers bei dessen Kanzlerwahl 1949, er sei «mit einer 200prozentigen Mehrheit» gewählt worden. Doch in Wirklichkeit deutete das Ergebnis bereits auf die Gefahren hin, die sich aus einer Erosion der sozialliberalen Position ergeben konnten: sechs Dissidenten in den eigenen Reihen, und die Regierung würde blockiert; ein siebenter, und sie wäre vor ihrem Sturz nicht mehr sicher. Um so wichtiger war das Tempo, mit dem die neue Regierung ihre Arbeit aufnahm. Wenn der Grundsatz, daß Demokratie «kontrollierte Macht auf Zeit» bedeutet, wie Bundespräsident Heinemann den neuen Ministern bei der Überreichung ihrer Ernennungsurkunden noch einmal in Erinnerung rief, für parlamentarische Regierungssysteme ganz allgemein gilt, so besaß dieses Prinzip für die sozialliberale Koalition eine besondere Bedeutung: Die zahlreichen Opponenten im eigenen Lager und sechs Landtagswahlen allein im Jahre 1970 – in Nordrhein-Westfalen, Niedersachsen, dem Saarland, Hamburg, Hessen und Bayern – konnten das politische Gefüge in der Bundesrepublik schon bald wieder verschieben und schneller als gewöhnlich eine erneute Veränderung in Bonn heraufbeschwören.

Gespannt wartete man deshalb auf die Regierungserklärung, die Willy Brandt für den 28. Oktober 1969 – eine Woche nach seiner Kanzlerwahl – angekündigt hatte. Da die Koalition sich nicht auf einen detaillierten Koalitionsvertrag verständigt hatte, mußte die Regierungserklärung nicht nur über das beabsichtigte Reformtempo, sondern auch über die inhaltlichen Schwerpunkte der künftigen Politik Aufschluß geben. Die Sachgespräche, die der Formulierung der Regierungserklärung vorangegangen waren, wurden am 15. Oktober abgeschlossen. Drei Tage später übergab Conrad Ahlers im Auftrage Brandts den ersten Entwurf der Erklärung an Walter Scheel, dessen Fraktion noch auf einige Modifizierungen drängte, ehe Brandt den Text, der in der Substanz unverändert blieb, im Bundestag vortragen konnte. Es war «die anspruchsvollste und hochfliegendste Regierungserklärung in der Geschichte der Bundesrepublik».[69] Zwar bekundete Brandt darin zu

Beginn, sein Respekt gebühre «dem, was in den vergangenen Jahren geleistet worden ist», und nannte «die Namen Konrad Adenauer, Theodor Heuss und Kurt Schumacher stellvertretend für viele andere, mit denen die Bundesrepublik Deutschland einen Weg zurückgelegt» habe, auf den sie stolz sein könne.[70] Aber zugleich betonte er bereits in den ersten Sätzen, die Politik seiner Regierung werde nicht nur «im Zeichen der Kontinuität», sondern auch «im Zeichen der Erneuerung» stehen. Bewußt knüpfte er an den von ihm bewunderten John F. Kennedy an, der zu Beginn der sechziger Jahre für die USA einen Aufbruch zu neuen Ufern und zu «neuen Grenzen» aufgezeigt hatte. Wörtlich erklärte Brandt in diesem Zusammenhang: «Wir wollen mehr Demokratie wagen. Wir werden unsere Arbeitsweise öffnen und dem kritischen Bedürfnis nach Information Genüge tun. Wir werden darauf hinwirken, daß durch Anhörungen im Bundestag, durch ständige Fühlungnahme mit den repräsentativen Gruppen unseres Volkes und durch eine umfassende Unterrichtung über die Regierungspolitik jeder Bürger die Möglichkeit erhält, an der Reform von Staat und Gesellschaft mitzuwirken ... Mitbestimmung, Mitverantwortung in den verschiedenen Bereichen unserer Gesellschaft werden eine bewegende Kraft der kommenden Jahre sein. Wir können nicht die perfekte Demokratie schaffen. Wir wollen eine Gesellschaft, die mehr Freiheit bietet und mehr Mitverantwortung fordert. Diese Regierung sucht das Gespräch ...»[71]

Um diese Forderungen zu verwirklichen und insbesondere die kritische junge Generation in die Verpflichtungen gegenüber Staat und Gesellschaft einzubeziehen, sollte zuallererst das aktive Wahlalter von 21 auf 18, das passive von 25 auf 21 Jahre herabgesetzt werden. Danach ging Brandt sogleich auf die Deutschlandpolitik ein, zu der er erklärte, daß man «20 Jahre nach Gründung der Bundesrepublik Deutschland und der DDR ... ein weiteres Auseinanderleben der deutschen Nation verhindern» müsse, daß es also gelte, «über ein geregeltes Nebeneinander zu einem Miteinander zu kommen». Eine völkerrechtliche Anerkennung der DDR durch die Bundesregierung sei allerdings ausgeschlossen: «Auch wenn zwei Staaten in Deutschland existieren», so Brandt wörtlich, «sind sie doch füreinander nicht Ausland; ihre Beziehungen zueinander können nur von besonderer Art sein.»[72] Das damit verbundene Gesprächsangebot an die Adresse der DDR wurde schließlich durch die Ankündigung ergänzt, ein im September 1969 eingegangenes sowjetisches Aide-Mémoire zum Thema Gewaltverzicht zu beantworten und «einen Termin für die von der Sowjetunion angeregten Verhandlungen in Moskau vorzuschlagen».[73] Der Auftakt zur «neuen Ostpolitik» war also ganz unspektakulär.

In weiteren Passagen ging Brandt dagegen ausführlich auf die geplanten «inneren Reformen» ein, an deren Spitze er den Bereich Bildung und Ausbildung sowie Wissenschaft und Forschung nannte. Die Große Koalition hatte mit der Verabschiedung des Artikel 91 b GG eine verfassungsrechtliche Grundlage für ein Engagement des Bundes in diesem Bereich geschaffen.

1. Aufbruch und Veränderung   505

Jetzt kündigte Brandt einen langfristigen Bildungsplan «für die nächsten 15 bis 20 Jahre» an, der die Entwicklung von Schule, Hochschule, Berufsbildung und Erwachsenenbildung umfassend berücksichtigen sollte. Darüber hinaus sollte die Vermögensbildung in breiten Schichten – vor allem in Arbeitnehmerhand – gefördert werden. Eine Steuerreform sollte «ein gerechtes, einfaches und überschaubares Steuerrecht» schaffen, und die von der Großen Koalition begonnene Rechtsreform sollte fortgesetzt werden. Umfangreiche Passagen galten zudem der wirtschaftlichen Entwicklung sowie dem Ausbau des Sozialstaates, der Reform des Betriebsverfassungsgesetzes und der Förderung der Gleichberechtigung der Frau. Tatsächlich gab es kaum ein Thema, in dem nicht umfassende Reformen in Aussicht gestellt wurden – bis zur Verabschiedung eines «Bundesraumordnungsprogramms», in dem «Zielvorstellungen für die räumliche Entwicklung der Bundesrepublik» (einschließlich Maßnahmen der Strukturpolitik, der regionalen Wirtschaftsförderung und des Städte- und Wohnungsbaus) fixiert werden sollten. Zu diesem Zweck sollte auch der Staat selbst umgebaut werden. Denn, so Brandt, die Regierung müsse «bei sich selbst anfangen, wenn von Reformen die Rede ist»: durch eine «Flurbereinigung der Ressortzuständigkeiten», die Modernisierung des Bundeskanzleramtes und der Ministerien, die Einsetzung eines Gremiums zur Beratung über die «Fortentwicklung der bundesstaatlichen Struktur», eine Länderneugliederung, eine Verwaltungsreform und die Reform des öffentlichen Dienstes.[74]

Mit dem Begriffsarsenal der modernen Sozialwissenschaften, das zum ersten Mal Eingang in die Regierungserklärung eines Bundeskanzlers fand, wurde somit der Eindruck einer weitgehenden Machbarkeit technokratischer Zukunftsgestaltung vermittelt. Optimistisch entwarf Brandt seine Vision eines Neubeginns auf allen Ebenen. Die damit geweckten Hoffnungen waren nicht nur schwer zu erfüllen, sondern ebenso schwer zurückzunehmen. Manche Schwierigkeiten, denen sich die sozialliberale Regierung in späteren Jahren unter dem Druck knapper Ressourcen gegenübersah, hatten hier ihre Ursache. Andererseits entsprach der Ton der Erklärung den Erwartungen, die insbesondere die jüngere Generation mit dem Machtwechsel von 1969 verband. Deren Wunsch nach umfassenden Reformen und einer «Umgründung der Republik» wurde Brandt auf diese Weise gerecht. Jeder Versuch einer nüchternen Bestandsaufnahme und realistischen Selbstbeschränkung hätte dagegen womöglich zu einer weiteren Abwendung der Jugend von diesem Staat geführt. Brandts visionärer, wenngleich übertrieben optimistischer Zukunftsentwurf war deshalb nicht zuletzt ein Beitrag zur Integration der Gesellschaft. Brandt selbst verstand seinen Amtsantritt allerdings auch in anderer Hinsicht als wichtige Zäsur. Er verstehe sich, erklärte er kurz danach gegenüber ausländischen Journalisten, «als Kanzler nicht eines besiegten, sondern eines befreiten Deutschland»; erst jetzt habe Hitler «den Krieg endgültig verloren».[75] Der Freiburger Politikwissenschaftler Wilhelm Hennis sprach aus diesem Grunde vom «Mythos der ‹zweiten Stunde Null› von 1969 nach der ‹Notgründung von 1945›».[76] Die Erwartungen, die sich mit dieser legitimatorischen Überhöhung des Regierungswechsels und dem Pathos des Neuanfangs verbanden, sollten in den kommenden Jahren viel zur innenpolitischen Polarisierung der Bundesrepublik beitragen.[77]

Kanzler des anderen Deutschland

Der Mann, der so vielfältige Reaktionen auslöste, wurde am 18. Dezember 1913 in Lübeck geboren, im selben Jahr, in dem August Bebel starb. Er war der uneheliche Sohn der Verkäuferin Martha Frahm: ein «norddeutscher Arbeiterjunge, in die sozialistische Bewegung hineingeboren», wie er selbst später bemerkte, der seine Herkunft nie verleugnete und auf den Namen Herbert Ernst Karl Frahm getauft wurde. Früh trat er der Sozialistischen Arbeiterjugend (SAJ) bei und schrieb bald erste Artikel für den *Lübecker Volksboten*, die lokale SPD-Zeitung. Es war die Zeit Ende der zwanziger Jahre. In der Weimarer Republik gab es die ersten ernsthaften Auseinandersetzungen mit den Nationalsozialisten, von denen auch die Provinz, in der Herbert Frahm groß wurde, nicht verschont blieb. Auf welcher Seite er dabei stand, war nie eine Frage: Er war ein Linker von Anfang an – ein eingefleischter Sozialdemokrat wie sein Großvater, bei dem er hauptsächlich aufwuchs. Sein Vorbild und Mentor war jedoch Julius Leber, der unerschrockene Führer der Lübecker SPD, der ihn 1930 in die Partei holte. Zwar kam es 1931 trotz der persönlichen und ideologischen Nähe zum Bruch, als Herbert Frahm zur Sozialistischen Arbeiterpartei (SAP) wechselte, die kurz zuvor aus Protest gegen die Haltung der Sozialdemokratie gegenüber der Regierung Brüning gegründet worden war. Dies hinderte ihn aber nicht, nach der Verhaftung Lebers durch die Nationalsozialisten am 1. Februar 1933 Demonstrationen für seine Freilassung zu organisieren, die er gemeinsam mit den Lübecker Gewerkschaften durchführte. Tatsächlich wurde Leber am 19. Februar freigelassen, und auch wenn er schon bald wieder im Gefängnis landete und schließlich – nach erneuter Verhaftung – am 5. Juli 1944 zum Tode verurteilt und hingerichtet wurde, hatte Frahm mit seiner Initiative doch bewiesen, mit welchem Mut er bereit war, für seine politischen Überzeugungen einzustehen.[78]

Im März 1933 reiste er – erstmalig unter seinem Decknamen «Willy Brandt» – zu einem Geheimtreffen der SAP nach Berlin, das in letzter Minute aus Sicherheitsgründen nach Dresden verlegt wurde. In Berlin und Dresden wurde er, mehr noch als in Lübeck, mit der brutalen Wirklichkeit des neuen Regimes konfrontiert. Freunde warnten ihn, daß seine eigene Verhaftung bevorstehen könnte. Zwar war er erst 19 Jahre alt, und niemand wußte genau, ob er bereits auf den Fahndungslisten stand. Aber seine Verhaftung war nur eine Frage der Zeit. Am 1. April 1933 floh er deshalb nach Norwegen, das er bereits 1931 im Urlaub besucht hatte. In Oslo besaß er

1. Aufbruch und Veränderung 507

die Adresse von Finn Moe, dem Auslandsredakteur des *Arbeiderbladet*, der wichtigsten Zeitung der Norwegischen Arbeiterpartei. Moe verhalf ihm zu einer Unterkunft und einem Broterwerb, so daß Willy Brandt – wie er sich nun nannte – nach dem Erlernen des Norwegischen nicht nur studieren, sondern auch wieder als Journalist arbeiten konnte. Zugleich pflegte er Kontakte zu politischen Emigranten, die wie er vor den Nationalsozialisten geflohen waren, und beteiligte sich an der Gründung von Exilblättern, die über die Entwicklung in Deutschland informierten. 1934 erschienen die *Neue Front* und die *Jugend-Korrespondenz*, die später in *Sozialistische Jugend* umbenannt wurde, sowie die Zeitschrift *Kampfbereit*, 1935 folgte die *Marxistische Tribüne*.

Von Oslo aus unternahm Brandt auch Reisen in mehrere westeuropäische Länder, um an politischen Treffen sozialistischer Organisationen teilzunehmen. Obwohl er dabei in den Niederlanden nur knapp der Verhaftung und Auslieferung an die Gestapo entging, wagte er sich 1935/36 sogar nach Deutschland zurück und verbrachte mit dem Paß eines norwegischen Staatsbürgers über ein Jahr als «Gunnar Gaasland» in Berlin – angeblich, um an der Friedrich-Wilhelms-Universität Geschichte zu studieren, in Wirklichkeit aber, um die hier noch verbliebenen etwa fünfhundert Mitglieder der SAP zu unterstützen. Anfang 1937 kehrte er über Prag und Danzig nach Norwegen zurück – nur um einen Monat später schon wieder auf Reisen zu gehen, diesmal nach Spanien, wo ein halbes Jahr zuvor der Bürgerkrieg ausgebrochen war, über den er nun als Korrespondent für norwegische und schwedische Zeitungen berichtete. In Barcelona war er dabei Zeuge, wie die Partito Obrero Unificada Marxista (POUM), die enge Verbindungen zur SAP unterhielt und ihren Schwerpunkt in Katalonien besaß, von den Moskau-orientierten Kommunisten verfolgt und im Mai 1937 schließlich weitgehend vernichtet wurde. Zutiefst desillusioniert über die kalte Machtpolitik Stalins, die offenbar auch vor Mord an den eigenen Verbündeten nicht zurückschreckte, schrieb er danach in Oslo in der *Marxistischen Tribüne*, Spanien befinde sich «in einer Entwicklung zur kommunistischen Parteidiktatur».[79]

Die spanische Erfahrung war für Brandt jedoch lediglich Auftakt einer noch viel weitergehenden Ernüchterung über die sowjetische Politik nach dem Hitler-Stalin-Pakt vom 23. August 1939. Der deutsch-sowjetische Überfall auf Polen, die sowjetische Annexion von Estland, Lettland und Litauen sowie der sowjetische Angriff auf Finnland änderten Brandts Haltung gegenüber der kommunistischen Vormacht von Grund auf, deren Politik seiner Auffassung nach nur noch dazu diente, die «reaktionären antisozialistischen und anti-proletarischen Kräfte in der ganzen Welt» zu stärken.[80] Für den Emigranten, den die Nationalsozialisten 1936 offiziell ausgebürgert hatten und der seither nur einen norwegischen Fremdenpaß besaß, bedeutete dies erneute Flucht: Als deutsche Truppen in der Nacht vom 8. zum 9. April 1940 Norwegen besetzten, suchte Brandt nach Schweden auszuweichen, geriet dabei allerdings Anfang Mai im Sundalsdal nördlich von Andalsnes mit einer kleinen Einheit der norwegischen Armee in deutsche Gefangenschaft. Er selbst war unbewaffnet, trug zu diesem Zeitpunkt aber norwegische Uniform, um seine Herkunft zu verschleiern. Nach zwei Monaten Internierung in Dovre wurde er entlassen und gelangte schließlich doch noch nach Schweden, wo er sich – nunmehr mit offiziellem Paß als norwegischer Staatsbürger – in Stockholm niederließ, binnen kurzem Schwedisch lernte und alsbald wieder mit seiner journalistischen und politischen Arbeit begann.[81]

In Stockholm hielten sich zu dieser Zeit rund 3 500 deutsche Emigranten auf, darunter 2 700 Juden und etwa 800 politische Flüchtlinge. Die Stadt war – wie London – vor allem ein Anlaufpunkt für linksgerichtete Exilanten, seitdem Paris nach der deutschen Besetzung Frankreichs 1940 dafür nicht mehr in Frage kam. Die meisten Mitglieder der SAP hatten sich jedoch in die USA abgesetzt, so daß die SAP-Gruppe in Stockholm weniger als 40 Mitglieder aufwies. Die Zahl der «organisierten» deutschen Sozialisten belief sich insgesamt auf etwa 250, unter ihnen ca. 100 ehemalige Mitglieder der KPD. Die SAP-Gruppe unterhielt intensive Kontakte zum «Klub Österreichischer Sozialisten», der von Bruno Kreisky angeführt wurde, und gehörte wie dieser zur «Kleinen Internationale», der *Internationalen Gruppe Demokratischer Sozialisten*, die Mitglieder aus elf Ländern umfaßte und sich hauptsächlich mit Nachkriegsplanungen befaßte.[82] Brandt fungierte unentgeltlich als ihr Sekretär. Er pflegte daher enge Beziehungen zu Kreisky, traf sich aber auch häufig mit Besuchern, die Verbindung zu den Emigranten aufnehmen wollten. Unter ihnen waren Carl Goerdeler, der 1942 und 1943 nach Stockholm kam, um über den schwedischen Bankier Jakob Wallenberg mit Winston Churchill in Kontakt zu treten, Theodor Steltzer, der eine für Brandt persönlich besonders wertvolle Nachricht von Julius Leber überbrachte, und Adam von Trott zu Solz, der erkunden wollte, ob Brandt bereit sei, in einer neuen, nicht-nationalsozialistischen deutschen Regierung mitzuarbeiten.[83]

Nach dem Kriegsende, das er in Stockholm erlebte, kehrte Brandt bereits am 15. Mai nach Norwegen zurück, das zu seiner zweiten Heimat geworden war. Im Oktober 1945 flog er über Kopenhagen nach Bremen, von wo er – nach einem Abstecher in seine Geburtsstadt Lübeck – nach Nürnberg weiterreiste, um bis Februar 1946 für das Osloer *Arbeiderbladet* über den Kriegsverbrecherprozeß zu berichten. Während dieses Deutschland-Aufenthaltes traf er im Januar 1946 unter anderem mit Erich Ollenhauer, Kurt Schumacher und Willi Richter zusammen, dem späteren Vorsitzenden des Deutschen Gewerkschaftsbundes (DGB). Nach der Zwangsvereinigung von SPD und KPD zur SED in der Sowjetischen Besatzungszone im April 1946 nahm Brandt in Hannover am 8. Mai 1946 auch als Beobachter am ersten Gesamtparteitag der sozialdemokratischen Parteien in den westlichen Besatzungszonen teil. Innerlich bereitete er sich schon jetzt immer mehr auf eine Rückkehr nach

1. Aufbruch und Veränderung 509

Deutschland vor, von der er auch in Norwegen und Schweden häufig gesprochen hatte. Der Schritt zurück wurde erleichtert durch ein Angebot des norwegischen Außenministers Halvard Lange, der Brandt freistellte, als Pressechef in seinem Ministerium in Oslo zu arbeiten oder als Presseattaché an die Botschaft nach Paris bzw. zur norwegischen Militärmission nach Berlin zu gehen. Brandt entschied sich für Berlin. Ende 1946 traf er hier, wiederum in norwegischer Uniform, ein. Er war jetzt 33 Jahre alt.

Die Tätigkeit an der Militärmission erwies sich allerdings als wenig reizvoll. Zwar hatte Brandt hier ausgiebig Gelegenheit, in Deutschland umherzureisen. Doch die inhaltlichen und politischen Anforderungen, die an ihn gestellt wurden, waren so gering, daß sie ihn nicht auszufüllen vermochten. Am 7. November 1947 teilte er Außenminister Lange daher mit, er habe sich entschlossen, ein Angebot der SPD anzunehmen, ihr «besonderer Vertreter» in Berlin zu werden.[84] Mit Beginn seiner neuen Arbeit im Februar 1948 legte er nun auch die norwegische Staatsbürgerschaft ab und erhielt seinen deutschen Paß zurück – allerdings unter Beibehaltung seines Decknamens Willy Brandt. Die Namensänderung wurde 1949 in einem rechtlichen Verfahren legalisiert. Auch die neue Arbeit war nicht ohne negative Seiten, die vor allem mit der Person des SPD-Vorsitzenden Kurt Schumacher zusammenhingen. Schon Brandts Vorgänger, Erich Brost, der nach Essen gegangen war, um die *Westdeutsche Allgemeine Zeitung* zu gründen, hatte mit Schumacher zahlreiche Kämpfe ausgefochten, da dieser sich wie ein Diktator aufführte und insbesondere gegen die Amerikaner eine tiefe Abneigung verspürte, die in Berlin kaum angebracht war. Brandt hatte sich deshalb ebenfalls auf ein gespanntes Verhältnis eingerichtet.

Die Zusammenarbeit mit dem SPD-Vorsitzenden war jedoch noch schwieriger als erwartet, weil Schumacher große Vorbehalte gegen Brandt hegte, die vor allem mit der Tatsache zusammenhingen, daß Brandt als junger Mann mit der SPD gebrochen hatte und zur SAP übergetreten war. Außerdem konnte Schumacher es Brandt nicht nachsehen, daß dieser an seiner Freundschaft mit Jacob Walcher festhielt, obwohl Walcher inzwischen der SED angehörte. Brandt mißfiel umgekehrt Schumachers Führungsstil, sein Umgang mit den eigenen Leuten, die einerseits Härte zeigen, andererseits aber seinen Befehlen bedingungslos gehorchen sollten. Auch Schumachers extremer Nationalismus, gepaart mit tiefem Mißtrauen gegenüber allem Fremden – offenbar ein Ergebnis seiner Isolierung in den zwölf Jahren der nationalsozialistischen Herrschaft –, war für den weit gereisten, vielsprachigen und kosmopolitischen Brandt schwer verständlich.

Tatsächlich war Brandt das genaue Gegenteil von Schumacher: gutaussehend und freundlich, mit einer gewinnenden Ausstrahlung, die auch bei Frauen ihre Wirkung nicht verfehlte und bei der sich eine «natürliche Schüchternheit mit einer zielgerichteten Entschlossenheit» verband, wie es ein befreundeter britischer Sozialist aus jenen Tagen, der spätere Unterhausabgeordnete Walter Padley, formulierte.[85] In Berlin stieß Brandt jedoch nicht nur auf das Mißtrauen Schumachers, sondern auch auf Vorbehalte, die sich generell gegen Emigranten richteten. Hier war Brandt zum ersten Mal wirklich «der andere Deutsche».[86] Gerüchte kursierten, von politischen Gegnern unermüdlich in Umlauf gesetzt: daß er mit der Annahme der norwegischen Staatsbürgerschaft «eine Entscheidung gegen das eigene Volk» getroffen habe; daß er in der norwegischen Armee gegen seine eigenen Landsleute gekämpft hätte; daß er ein «verkappter Kommunist» sei; daß er sich in seinen Schriften während der Emigration und nach den Nürnberger Prozessen nicht ausreichend für die «guten Deutschen» eingesetzt hätte.[87] Andere warfen ihm seine illegitime Herkunft und seine Namensänderung vor. In späterer Zeit, schon als Bundeskanzler und erst recht während der Auseinandersetzungen um die neue Ostpolitik, wurde er als «Herbert Frahm» diffamiert. Seine Biographie als Emigrant, Antifaschist und Ausgebürgerter zählte offenbar nicht viel bei denen, die sich der Vergangenheit lieber anders oder gar nicht erinnerten. 1961, während Brandt in Berlin und als frischgebackener Kanzlerkandidat der SPD eine offene, vom Geist John F. Kennedys inspirierte Sozialdemokratie anstrebte, hielt ihm Franz Josef Strauß in seiner Vilshofener Aschermittwochrede entgegen: «Wir haben das Recht, Herrn Brandt zu fragen: Was haben Sie zwölf Jahre lang im Ausland getan? Was wir in Deutschland getan haben, wissen wir!» Brandt kommentierte lakonisch: «Wußte er es? Wollte er es wissen?»[88]

In der Spitze der Berliner SPD, in der bis zur Rückkehr von Ernst Reuter aus der Türkei Anfang 1947 das Triumvirat Franz Neumann, Otto Suhr und Gustav Klingelhöfer herrschte, blieb vor allem Neumann äußerst reserviert und argwöhnisch. Er war die Speerspitze des Widerstandes gegen die kommunistische Bedrohung gewesen und hatte viel dazu beigetragen, die Unabhängigkeit und Integrität der Sozialdemokratie in der Stadt zu bewahren. Ideologisch blieb er jedoch ein Radikaler, der immer noch an die Zukunft der SPD als Arbeiterpartei glaubte: der eigentliche «Stellvertreter» Schumachers in Berlin. Brandt war für ihn ein Eindringling, der zudem durch sein Eintreten für die Umgestaltung der SPD zu einer Volkspartei eine Gefahr für die alte Sozialdemokratie darstellte. Zwischen Reuter und Brandt gab es solche Probleme nicht. Reuter war Pragmatiker und überdies durch die Tatsache, daß sowohl Neumann als auch Schumacher in ihm einen Rivalen sahen, zu einem politischen und persönlichen Schulterschluß mit Brandt genötigt. Während der Berliner Blockade 1948/49 wurde das Bündnis geschmiedet, in das nun auch die Alliierten, insbesondere die Amerikaner, einbezogen wurden. Das vertrauensvolle Verhältnis Brandts zu den USA, das auch in den schwierigen Tagen seiner späteren Ostpolitik bewahrt wurde, hatte hier seinen Ursprung. Reuter und Brandt wurden damit auf Berliner Ebene – wie Konrad Adenauer in Bonn – zu Protagonisten einer engen Anbindung an den Westen.[89]

Der Konflikt zwischen der SPD und der Bundesregierung, in den Schumacher die Partei zu Beginn der fünfziger Jahre wegen der Westintegration führte, war deshalb weder für Reuter noch für Brandt nachvollziehbar. Beide störten sich nicht nur an Schumachers despotischer Lenkung des Parteiapparates, der immer mehr den Bezug zur gesellschaftlichen Basis und sogar zur eigenen Anhängerschaft verlor, sondern auch an den politischen Inhalten, die von der Bonner «Baracke» als offizielle Linie ausgegeben wurden. Die Auswirkungen dieses Führungsproblems waren für Brandt bereits 1950 offenkundig. Sie äußerten sich nicht zuletzt in einem bedenklichen Rückgang der Mitgliedschaft, die 1947 noch bei 875 000 gelegen hatte, 1949 noch bei 736 000, und die 1950 nur noch 683 000 betrug. Die Partei hatte damit binnen zwei Jahren beinahe ein Drittel ihrer Mitglieder verloren. Besonders besorgniserregend war die Tatsache, daß vor allem junge Leute die Partei verließen.[90] Als Brandt das Thema auf dem Parteitag der SPD in Hamburg im Mai 1950 zur Sprache brachte, mußte er allerdings einsehen, daß Kritik an Schumacher unerwünscht war. Nur elf von vierhundert Delegierten unterstützten seine Position. Schumachers eiserner Wille und sein unbändiger Geist hatten die Partei fest im Griff. Dies galt ebenfalls für die Haltung der SPD zur Wiederbewaffnung, die aus Berliner Sicht keinen Sinn ergab, wenn man bedachte, daß die paramilitärische Kasernierte Volkspartei in der SBZ bereits im Sommer 1949 über 48 000 Mann verfügte und bis 1950 auch mit Artillerie, Panzern und Aufklärungsflugzeugen ausgerüstet sein würde. Die Berliner SPD trat deshalb frühzeitig für einen eigenen Wehrbeitrag der Bundesrepublik ein und befand sich damit auch in diesem zentralen Punkt in krassem Gegensatz zur Politik der Bonner Zentrale.

Nach dem Tod Schumachers 1952 änderte sich daran zunächst wenig. Der neue Parteivorsitzende Erich Ollenhauer war zwar umgänglicher als Schumacher, aber ohne eigene Ideen und Mut zu neuen Wegen. Ollenhauer führte die SPD als typischer Funktionär, umgeben von Bürokraten und gestützt auf einen Parteiapparat, der noch von Schumacher handverlesen zusammengesetzt worden war – hoffnungslos, dagegen angehen zu wollen. Brandt konzentrierte sich daher ganz auf seine Arbeit in Berlin. Auch dort konnte er sich aber weiterhin nicht gegen Franz Neumann durchsetzen, der – wie zu Schumachers Zeiten – auch von Ollenhauer gestützt wurde. Die Position Brandts wurde zusätzlich erschwert, als Ernst Reuter im September 1953 starb. Sein Tod bedeutete für Brandt einen ähnlich schmerzlichen Verlust wie 1944 die Ermordung Julius Lebers. Mit Reuter als Vorsitzenden, davon war Brandt überzeugt, hätte die SPD zu Beginn der Bundesrepublik eine konstruktivere und bedeutendere Rolle zu spielen vermocht, als es unter Schumacher der Fall war.

Ohne Reuter war es nun für Brandt jedoch noch schwieriger als zuvor, in der Partei zu avancieren. Seine Stunde schlug erst, als es ihm während der blutigen Niederschlagung des Ungarn-Aufstandes durch sowjetische Truppen im November 1956 gelang, Zehntausende von zornigen Berlinern, die an einer Protestveranstaltung vor dem Rathaus Schöneberg teilnahmen, mit mutiger Besonnenheit davon abzuhalten, zum Brandenburger Tor zu marschieren, um gegen die dort bereits aufgezogenen sowjetischen Panzer und Soldaten vorzugehen. Die Achtung, die ihm danach in der Partei und unter der Berliner Bevölkerung entgegengebracht wurde, war um so höher zu veranschlagen, als sein alter Rivale Franz Neumann in dieser heiklen Situation völlig versagt und das Heft an Brandt abgegeben hatte, obwohl dieser an der Veranstaltung ursprünglich nur als Gast teilgenommen hatte und gar nicht als Redner vorgesehen gewesen war. Neumann war über den Erfolg Brandts – und das eigene Versagen – so verbittert, daß Herbert Wehner später erklärte, die Rivalität zwischen den beiden sei an diesem Tage auf seiten Neumanns in die «Neigung zum Brudermord» umgeschlagen.[91]

Tatsächlich begann erst jetzt Brandts Aufstieg in Berlin. Als der Regierende Bürgermeister Otto Suhr am 30. August 1957 starb, wurde Brandt von den Parteigremien mit großer Mehrheit als sein Nachfolger nominiert. Neumanns Versuche, den hoch geachteten Bonner Rechtsexperten der Partei, Adolf Arndt, und nach dessen Absage den populären Kreuzberger Bürgermeister Willi Kressmann gegen ihn ins Rennen zu schicken, scheiterten kläglich. Neumann selbst verlor im folgenden Jahr zunächst seinen Sitz im Parteivorstand der SPD und bei den Wahlen zum Berliner Abgeordnetenhaus 1959 auch seinen Sitz im Parlament. Brandt hingegen wurde am 3. Oktober 1957 zum Regierenden Bürgermeister Berlins gewählt. Er war jetzt 44 Jahre alt. Seine Freunde und Weggefährten sahen in ihm schon damals einen Kandidaten für größere Aufgaben. Erich Brost, dessen Posten als SPD-Vertreter in Berlin Brandt 1948 übernommen hatte, meinte sogar, er sei «kanzlerreif». Dietrich Spangenberg hielt ihn vor allem für einen «idealen, ja grandiosen Teamchef», der in Berlin die zutiefst gespaltene SPD wieder zusammengeführt habe und überhaupt die große Begabung besitze, «Leute zusammenzubringen».[92] Shepard Stone, sein engster amerikanischer Freund seit den Tagen des amerikanischen Hohen Kommissars John J. McCloy, für den Stone, ein alter Zeitungsmann von der New York Times, die Pressearbeit geleistet hatte, bewunderte vor allem Brandts «unheimliches Gedächtnis». Alle wichtigen Dinge würden darin wie in einem großen Archiv gespeichert und bei Bedarf abgerufen. Stone bemerkte aber auch Brandts «faszinierend wechselnde Stimmungen»: Geselligkeit und stundenlange Diskussionen wurden von Phasen innerer Einsamkeit abgelöst, die es erforderten, daß man ihn völlig sich selbst überließ und seine Zurückgezogenheit, die den Anschein von Melancholie erweckte, respektierte. In privaten Unterhaltungen wie bei öffentlichen Veranstaltungen kam es daher vor, daß Brandt von flüssiger Rede abrupt in «unartikuliertes Schweigen oder einsilbige Antworten» verfiel.[93]

Das Amt des Regierenden Bürgermeisters ließ nun aber vor allem die positiven Eigenschaften Brandts hervortreten: seine Fähigkeit, andere für sich zu gewinnen und mit ihnen gemeinsam an einer Aufgabe zu arbeiten, die Klarheit und Nüchternheit seiner Sprache sowie seinen Gemeinsinn und die Begabung zum sachlichen Kompromiß. Zudem war er als politische

1. Aufbruch und Veränderung

Figur – obwohl durch und durch Sozialdemokrat – eine überparteiliche Erscheinung: undoktrinär und pragmatisch, unideologisch und offen für neue Ideen, dabei aber gleichwohl prinzipienfest und loyal gegenüber den Grundideen eines humanistischen Sozialismus. Als Regierender Bürgermeister und später als SPD-Vorsitzender und Kanzlerkandidat war er damit – im Gegensatz zu dem erratischen Feuerkopf Schumacher oder dem steifen Funktionär Ollenhauer – nicht nur eine integrierende Gestalt in seiner eigenen Partei, die sogar den rebellierenden Studenten attraktive Visionen zu vermitteln vermochte, sondern auch ein angesehener und stets ernstgenommener Partner außerhalb des eigenen Lagers. Das Chruschtschow-Ultimatum von 1958 und der Mauerbau 1961 taten ein übriges, um Brandt in den Mittelpunkt der öffentlichen Aufmerksamkeit zu rücken und seine politische Bedeutung über Berlin hinaus zu steigern. Schon bei der Bundestagswahl im September 1961, als er erstmals für die SPD um die Kanzlerschaft stritt, verkörperte er gegenüber Konrad Adenauer die neue Politikergeneration der Bundesrepublik. Beim Berlin-Besuch des amerikanischen Präsidenten John F. Kennedy im Juni 1963 fiel die Ähnlichkeit ihres politischen Stils auf, die den Bundeskanzler, der mit ihnen im offenen Wagen durch die Stadt fuhr, als Fossil einer versunkenen Epoche erscheinen ließ. Brandt im Kennedy-Look – so sah er sich nicht zuletzt gern selber.

Dennoch sollte es auch diesmal wieder beinahe ein Jahrzehnt dauern, bis Brandt den Sprung von Berlin nach Bonn schaffte. So wie er in den fünfziger Jahren im Schatten von Franz Neumann gestanden hatte (aber auch hinter Carlo Schmid und Fritz Erler), so lief ihm nun Herbert Wehner den Rang ab. Tatsächlich war Wehner bereits seit Schumachers Tod der ungekrönte Herrscher im Reich der Sozialdemokratie. Zwar langte es bei ihm, angesichts seines «Irrweges» durch den Kommunismus, wie er es selbst sah, nie zur Nummer eins (zu wahrer Größe zählte für ihn eben auch die Fähigkeit, die eigenen Grenzen richtig einzuschätzen). Aber er war mit Leidenschaft der Königsmacher, im Zweifel auch der Königsmörder. Das Schicksal der parlamentarischen Demokratie, die er für die größte, allerdings stets gefährdete Errungenschaft der deutschen Republik hielt, lag ihm ebenso am Herzen wie das Schicksal der SPD. Sein Verhältnis zu Brandt war seit 1961 getrübt, als er in einer weinseligen Nacht, in der sehr viel Rotwein floß, unmittelbar vor der Bundestagswahl angeregt hatte, Ollenhauer nach der Wahl zu «kippen» («Den schieben wir morgen ab!»), und Brandt sich mit einem knappen «Nein!» geweigert hatte. Seither hielt er den jungen publikumswirksamen Charmeur wohl für einen Schlappschwanz, aber eben nicht für sein Instrument. Einen eigenen Anspruch meldete Wehner – aus den bekannten Gründen – allerdings auch dann nicht an, als Brandt nicht nur diese, sondern ebenso die nächste Wahl verlor.[94]

Für Brandt waren die beiden Niederlagen als SPD-Kanzlerkandidat 1961 und 1965 äußerst bitter. Nach der zweiten Schlappe erklärte er bereits «endgültig» seinen Rückzug aus der Arena der nationalen Politik – um dann doch weiterzumachen. So wie er in den fünfziger Jahren mehrere Anläufe gebraucht hatte, um in Berlin den Landesvorsitz seiner Partei zu erobern und in Bonn die zentralen Gremien der SPD zu entern, so wurde ihm der Erfolg auch diesmal nicht leicht gemacht. Er schien ewig «der junge Mann im Schatten Größerer», wie man damals in journalistischen Kreisen von ihm sagte.[95] Dabei ging die eigentliche Gefahr nie von Wehner, sondern immer von Helmut Schmidt aus: ein Mann mit großen Fähigkeiten, überragender Intelligenz und äußerstem Durchsetzungsvermögen, dazu ein begnadeter Redner, der sich seinen Beinamen «Schmidt-Schnauze» in Ehren verdient hatte. Wie Brandt beim Ungarn-Aufstand 1956 und während der Mauerkrise 1961, so hatte Schmidt als Innensenator bei der Hamburger Flutkatastrophe 1962 seine Sternstunde gehabt, die ihn über Nacht bundesweit bekannt machte. Seither galt er als kommender Mann der SPD, der jederzeit für alles in Frage kam – natürlich auch für den Posten des Kanzlers. Brandt besaß ihm gegenüber lediglich den Startvorteil des Regierenden Bürgermeisters von Berlin, der – zumal nach dem Mauerbau – einen erheblichen Profilierungs- und Solidarisierungseffekt mit sich brachte: Als Berliner stand man damals nicht nur immer automatisch im Rampenlicht, sondern erschien auch stets als unschuldiges Opfer. Im übrigen war Brandt 1961 bereits Kanzlerkandidat, als Schmidt seine wichtigste Bewährungsprobe noch vor sich hatte. Und da die SPD ihre führenden Repräsentanten nie leichten Herzens wechselte, sondern ihnen auch in der Niederlage die Treue hielt, hatte Schmidt lange keine Chance. Erst wenn Brandt 1969 erneut unterlegen wäre, hätte er erwarten dürfen, ihn beim nächsten Mal abzulösen. Doch die Geschichte wollte es anders. Als Brandt seinen innerparteilichen Kontrahenten in der Wahlnacht mit der Entscheidung konfrontierte, eine sozialliberale Koalition zu bilden, entgegnete Schmidt deshalb nur mürrisch: «Wenn du's machen willst, mach's doch!»[96] Er war sich sicher, nun nicht mehr zum Zuge zu kommen. Wenn Brandt nach zwei oder drei Legislaturperioden aus dem Amt scheiden würde, war es für ihn, den beinahe Gleichaltrigen, zu spät; dann würde ein Jüngerer als er Brandt ablösen. Ein großer Teil der Frustrationen, die sich bei Schmidt in den ersten Jahren der sozialliberalen Regierung anhäuften und schließlich zu seiner schweren Erkrankung 1973/74 beigetragen haben dürften, ging auf das Konto dieser persönlichen Perspektivenlosigkeit beim Kampf um die Kanzlerschaft. Kein Ministeramt – auch nicht das «Superministerium» für Wirtschaft und Finanzen – vermochte ihn dafür zu entschädigen.

Allerdings war es nicht nur Neid, was Schmidt in die Krankheit flüchten ließ. Ähnlich wie Wehner hegte er auch Zweifel, ob Brandt der Kanzlerschaft überhaupt gewachsen war: ein «Arbeiterkind-Intellektueller» von proletarischer Herkunft, doch leichtlebig und großbürgerlich in seiner Lebensweise, ein Mann, der die Frauen liebte und das Leben genoß, zugleich Grübler und Individualist, jemand, der sich gern über den Dingen sah und «Aktenkram», den Schmidt so wichtig fand, spöttelnd verachtete. Nein,

1. Aufbruch und Veränderung 515

Brandt schien ihm, dem kaufmännisch-nüchternen Hanseaten, einfach nicht solide genug für das hohe Amt. Allein die Art, wie er die Koalition 1969 zustande gebracht hatte, sagte alles: ohne richtige Mehrheit, buchstäblich über Nacht improvisiert, ohne klares Programm – total verantwortungslos, vor allem gegenüber der eigenen Partei. Typisch Brandt. So sah es nicht nur Schmidt, sondern auch Wehner. Beide verabscheuten Experimente, die mit so viel Ungewißheit verbunden waren, und hätten es deshalb lieber gesehen, wenn die Große Koalition fortgesetzt worden wäre. Doch Brandt hatte ihnen durch sein schnelles Handeln das Heft der Entscheidung aus der Hand geschlagen. Nun mußte er zusehen, wie er damit fertig wurde. Dabei konnte er wohl auf die Unterstützung seiner Rivalen zählen, nicht aber auf deren Begeisterung.[97]

Brandt indessen hatte sich mit seinem Wagemut endgültig von seinen Schatten emanzipiert. Er erschien danach beschwingt und beseelt. «Ich war mir meines Weges sicher», bemerkte er später in seinen Memoiren.[98] Plötzlich fühlte er sich frei von Wehners «fürsorglicher Belagerung» und von Schmidts «Kompetenzansprüchen» und folgte den Ratschlägen anderer: von Günter Gaus vor allem – einem seiner wenigen engeren Freunde –, aber auch von Karl Schiller und Alex Möller. Im starken Trio der SPD hatte Brandt sich mit Machtinstinkt und rascher Entschlossenheit gegen Wehner und Schmidt durchgesetzt.[99] Geholfen hatten ihm dabei nicht nur die Resultate des «Genossen Trend», der den Sozialdemokraten seit 1957 einen kontinuierlichen Zuwachs an Wählerstimmen bescherte, sondern auch die Vertreter des «Zeitgeistes» von 1968, für die Brandt das «andere» Deutschland verkörperte. Schriftsteller und Intellektuelle, die bis dahin mit der Politik und dem Staat der Bundesrepublik, besonders mit der CDU, in Fehde gelegen hatten, fühlten sich durch ihn aufgenommen. So gründeten Günter Grass, Arnulf Baring, Günter Gaus, Eberhard Jäckel, Siegfried Lenz, Kurt Sontheimer und Heinz-Josef Varain 1969 im Haus von Grass in Berlin-Friedenau die erste Wählerinitiative, um sich öffentlich für ihn zu engagieren. Andere, darunter Heinrich Böll, Hartmut Jäckel, Thaddäus Troll und Erdmann Linde, stießen später hinzu. Ihre Aktion setzte Maßstäbe und schlug eine Brücke zur studentischen Protestgeneration – zumindest zum vernünftigeren, politikfähigen Teil von ihr. Nach einem Besuch in Brandts Wahlkampfzug auf dem Hamburger Hauptbahnhof notierte Grass im *Tagebuch einer Schnecke* über ihn, Brandt sei jemand, «der seiner Melancholie Termine einräumt ..., dessen Ausflüchte versperrt sind, der sich nach vorwärts zurückzieht». Viele seien «übereingekommen, sich zu helfen, indem sie ihm helfen». Jedoch: «Und das nur halblaut: er beunruhigt mich. Ich fürchte, er ist ein Ziel. Es könnte ihn treffen, täglich (auch weil er so unerbittlich geliebt wird).»[100]

Die Planung der Reformpolitik

Die Regierungserklärung hatte dieser Aufbruchstimmung beredten Ausdruck verliehen. Der optimistische Glaube an die Möglichkeit zur umfassenden Gestaltung der eigenen Zukunft, der die Ansprache Brandts wie ein roter Faden durchzog, wurde zur treibenden Kraft bei der Ausgestaltung der Reformpolitik. Vor allem das Kanzleramt sollte unter Horst Ehmke zu einem Ort der Bündelung und Koordinierung der Regierungspolitik ausgebaut werden. Langfristige Planung und die Schaffung entsprechender Planungseinrichtungen sollten aber auch die Arbeit aller Ressorts bestimmen, um Politik und Gesellschaft den Zufällen der Tagesaktualität zu entziehen und die Rationalität des Regierungshandelns zu erhöhen. Die Rezession von 1966/67 galt dabei als warnendes Negativbeispiel individuellen Versagens – nämlich Bundeskanzler Erhards –, ihre Überwindung dagegen als ebenso eindrucksvolle Demonstration der Möglichkeiten moderner Konjunktur- und Wirtschaftssteuerung unter Wirtschaftsminister Schiller und Finanzminister Strauß.

Überhaupt wurden die grundlegenden Neuerungen der Großen Koalition nun zum Ausgangspunkt für die Regierungstätigkeit unter Brandt. Vor allem die Instrumentarien, die im Bemühen um wirtschaftliche Globalsteuerung und eine mittelfristige Finanzplanung zur Verwirklichung der Ziele des 1967 verabschiedeten Gesetzes zur Förderung der Stabilität und des Wachstums der Wirtschaft (Stabilitätsgesetz) geschaffen worden waren, dienten als Vorbild. Der «Finanzplanungsrat» und der «Konjunkturrat für die öffentliche Hand», mit denen die Wirtschafts- und Finanzpolitik von Bund, Ländern und Gemeinden koordiniert werden sollte, sowie die von Wirtschaftsminister Schiller initiierte «Konzertierte Aktion» als Koordinationsgremium für das Verhalten der Tarifpartner hatten die Nützlichkeit einer effektiven Planung im Spannungsfeld von Politik, Wirtschaft und Gesellschaft bewiesen. Aber auch das Verteidigungs- und das Verkehrsministerium, die seit jeher zu langfristiger Planung gezwungen gewesen waren, hatten unter Gerhard Schröder und Georg Leber neue zukunftsorientierte Entscheidungsinstrumentarien geschaffen.

Im Zentrum stand jedoch weiterhin die mittelfristige Finanzplanung. Dazu sah das Stabilitätsgesetz die Aufstellung einer fünfjährigen Finanzplanung vor, die als gleitende Planung jährlich der Entwicklung anzupassen und fortzuschreiben war. Wörtlich hieß es dazu im Gesetz: «Grundlagen der Aufstellung sind die Bedarfsschätzungen der Ressorts und die vom Bundeswirtschaftsminister vorgelegte mittelfristige Zielprojektion der Wirtschaftsentwicklung. Ziel ist nicht eine bloße Addition der Ressortwünsche und eine mittelfristige fiskalische Haushaltssicherung, sondern eine vorausschauende Abstimmung von Finanz- und Wirtschaftspolitik mit den volkswirtschaftlichen Erfordernissen und eine Programmierung der öffentlichen Aufgaben, durch die die Planung zur politischen Absichtserklärung, zum

1. Aufbruch und Veränderung   517

politischen Programm wird.»[101] Während der Großen Koalition waren diese Bestimmungen kaum mehr gewesen als die rechtliche Grundlage eines Sanierungsplans für die Bundesfinanzen. Nach Auffassung des neuen Leiters der Planungsabteilung im Kanzleramt, Professor Reimut Jochimsen, sollte die Ressourcenplanung nun jedoch nicht länger unter finanziellen oder gar rein fiskalischen Aspekten gesehen werden, sondern als Instrument der politischen Planung dienen.[102]

Zu diesem Zweck erschien es notwendig, das Kanzleramt stärker als bisher in die Koordinierung der Planung einzubeziehen, ja sogar ein zusätzliches Planungssystem zu schaffen, dessen Kern das Bundeskanzleramt bilden sollte. Den Auftrag dazu erhielt Horst Ehmke, der nach Brandts Wunsch als neuer Kanzleramtsminister «mit seiner zupackenden Art aus dem Kanzleramt eine moderne Behörde machen und sich um die Planung der Regierungsarbeit» kümmern sollte.[103] Ehmke konnte dabei auf den von Bundeskanzler Kiesinger 1967 im Kanzleramt geschaffenen Planungsstab aufbauen, der neben den Fachabteilungen als besonderes Instrument die «Richtlinienplanung» und die Kontrolle ihrer Durchführung übernommen hatte. Grundlegende Empfehlungen einer «Projektgruppe für die Regierungs- und Verwaltungsreform», die 1968 eingesetzt worden war und wenige Tage vor der Bundestagswahl ihren ersten Bericht vorgelegt hatte, wurden nun von Ehmke verwirklicht.[104] Dazu gehörte die rasche Aufstockung des Personals im Kanzleramt von 250 auf über 400 Beschäftigte sowie die Ernennung von Planungsbeauftragten in allen Ministerien, die unter dem Vorsitz des Leiters der Planungsabteilung im Bundeskanzleramt einen ressortübergreifenden Verbund bildeten. Wichtigste Neuerung war jedoch die Einführung eines «Vorhaben-Erfassungssystems», das die Grundvoraussetzung für alle Aufgabenplanungen, deren Frühkoordinierung und Ablaufsteuerung sein sollte. Horst Ehmke schrieb dazu in einem Erfahrungsbericht 1971: «Seit Anfang 1970 melden die Ressorts monatlich auf Datenblättern dem Bundeskanzleramt die Projekte, die von allgemeiner politischer oder finanzieller Bedeutung sind. Die in den Datenblättern enthaltenen Informationen werden mit Hilfe eines Elektronenrechners aufgelistet und dann sofort allen Ressorts zugänglich gemacht. Sie enthalten verwaltungstechnische Daten, wie Bezeichnung und Beschreibung des Vorhabens; Bezüge zum internen Arbeitsprogramm der Regierung, Bezüge zur Europäischen Gemeinschaft, politische Bedeutung, Öffentlichkeitswirksamkeit; Finanzdaten, wie Auswirkungen auf den Bundeshaushalt, auf andere öffentliche Haushalte und auf Preise; schließlich Daten zu Art und Verfahren der Durchführung des Vorhabens samt Zeitplan zur regierungsinternen und parlamentarischen Behandlung.»[105]

Durch dieses Informationssystem erhielten die Ressorts zum ersten Mal eine Übersicht über die Gesamtaktivitäten der Regierung und manchmal auch erstmalig eine genaue Vorstellung von den Aktivitäten des eigenen Hauses. Der damit eigentlich beabsichtigte Schritt zur Entwicklung mittelfristiger und langfristiger Arbeitsprogramme erwies sich jedoch als schwierig und letztlich als unmöglich. Dem Zeitgeist entsprechend, tauften die Ressorts praktisch alle ihre Vorhaben in «Reformen» um, die sich bald zu Hunderten addierten. «Drei pro Woche» verkündete selbst der nüchterne Bundesgeschäftsführer der SPD, Hans-Jürgen Wischnewski, freudestrahlend. Doch mit dieser «Reform»-Inflation, so Ehmke selbst im Rückblick, sei «die Reformpolitik lächerlich gemacht» worden.[106] Zwar beschloß das Kabinett im Oktober 1970 auf der Grundlage der verfügbaren Daten aus den einzelnen Politikfeldern ein internes «Reformschwerpunkteprogramm» und legte dem Bundestag im März 1971 zudem eine «Übersicht über das Arbeitsprogramm der Bundesregierung zu den inneren Reformen in der sechsten Legislaturperiode» vor. Über dieses Arbeitsprogramm und erste Zwischenberichte der dafür eingesetzten Arbeitsgruppen hinaus blieb das Vorhaben einer langfristigen Programm- und Ressourcenplanung jedoch in den Anfängen stecken. Es wurde mit dem vorzeitigen Ende der Legislaturperiode 1972 abgebrochen und danach nicht wieder aufgenommen. Ehmkes Planungsehrgeiz und sein Traum einer globalen Zukunftsplanung waren an der Tatsache gescheitert, daß gesellschaftliche Bedürfnisse sich längerfristig eben nur schwer in eine Rangfolge bringen lassen, weil Werte und Bedürfnisse selbst einem ständigen Wandel unterliegen und dieser Wandel notwendigerweise auf den politischen Prozeß zurückwirkt. Außerdem erwiesen sich die Prognosen zur gesamtwirtschaftlichen Entwicklung und damit zu den finanziellen Möglichkeiten für Reformvorhaben in der Zukunft zu Beginn der siebziger Jahre als allzu optimistisch. Schuld daran waren nicht nur die äußeren Einwirkungen der Ölkrise des Jahres 1973, sondern auch die inneren Grenzen der ökonomischen Belastbarkeit, die sich schon 1971 unangenehm bemerkbar machten.

Wie sehr die «Planungsplanung» im Kanzleramt im übrigen von der Person Ehmkes abhing, zeigte sich nach der Bundestagswahl 1972, als er in das Forschungsministerium wechselte. Danach arbeitete die Planungsabteilung des Bundeskanzleramtes – von der Einführung moderner Techniken und einigen organisatorischen Neuerungen abgesehen – wieder im Stil der Jahre vor 1969. Sie wurde «von ihrer Einbindung in die Entscheidungsprozesse von Kanzler und Kabinett her gesehen fast gänzlich auf technische Hilfsdienste reduziert». Die Vorhaben der einzelnen Ressorts wurden wieder von den Fachabteilungen des Kanzleramts «eher schlecht als recht» bearbeitet.[107] Von den Fachministern wurde die Entmachtung Ehmkes allerdings mit Erleichterung aufgenommen. Während sich die Aktivitäten des Kanzleramtes unter seinen Vorgängern – zumeist beamteten Staatssekretären – in der Regel geräuschlos hinter den Kulissen abgespielt hatten, waren sie unter Ehmke stets Gegenstand öffentlicher Auseinandersetzungen und der Profilierungsbedürfnisse des Ministers gewesen. Zu keinem Zeitpunkt hatte Ehmke sich in einer dienenden Rolle gegenüber der Regierung gesehen. Seine intellektuelle Brillanz, Vitalität und Arbeitskraft sowie sein analytischer Verstand und Erfindungsgeist, gepaart mit beträchtlichem Durchsetzungsvermögen, ließen ein solches Verständnis gar nicht erst aufkommen. Zugleich galt er als schnoddrig, taktlos und besserwisserisch, ein «Hansdampf in allen (Sack-) Gassen», der überdies dazu neigte, sich selbst zu überschätzen. Eine «fröhliche Unverfrorenheit» kennzeichne sein Auftreten, meinte Gustav Heinemann einmal wohlwollend-humorvoll. Andere sahen es weniger freundlich: An Ehmkes Persönlichkeit schieden sich die Geister. Er eckte überall an. Zwar bestand an seiner unbedingten Loyalität zum Kanzler nie ein Zweifel. Aber seine Eigenschaften und Fähigkeiten waren nicht dazu angetan, die komplizierte Regierungsmaschinerie reibungslos und vor allem, wie es wünschenswert gewesen wäre, lautlos funktionieren zu lassen. Im Kabinett jedenfalls war man den Planungsehrgeiz Ehmkes bald leid; man spottete über seine Planungsabteilung als «Kinderdampfmaschine». Ihn selbst betrachtete man als einen «Kollegen, der fast alle Probleme löse, die er zuvor selbst geschaffen habe». Zu Spannungen kam es besonders mit Helmut Schmidt.[108]

Zu Ehmkes umtriebigem und ehrgeizigem Programm der Modernisierung des Regierungsapparates zählte auch der Bau eines neuen Kanzleramtes. Um den großen Aufgaben der Zukunftsgestaltung gewachsen zu sein, sollte die Bundesrepublik eine mit modernsten technischen Hilfsmitteln ausgestattete Schaltzentrale erhalten. In der Ausschreibung wurde ein Gebäude gewünscht, «das Teamarbeit fördert und dessen Gestalt nicht vom hierarchischen Organisationsprinzip bestimmt wird». Im Sinne einer «herrschaftsfreien Kommunikation» sollte es gruppendynamische Prozesse anregen und ein Höchstmaß planerischer Kreativität sichern.[109] Doch als der Neubau 1976 fertiggestellt war, versinnbildlichte der nüchterne Zweckbau kaum mehr als den gesichtslosen modernen Verwaltungsstaat. Jegliche künstlerische Ausstrahlung, geschweige denn die Wirkung von Würde oder gar Hoheit, wurde an ihm vermißt. Helmut Schmidt, der als Nachfolger Brandts das Gebäude beziehen mußte, wäre deshalb am liebsten im alten Palais Schaumburg geblieben, das zumindest den Stil des gediegenen Bürgertums repräsentierte. Wenn es zutrifft, daß ein demokratisches Gemeinwesen in seinen öffentlichen Bauten das «Selbstbewußtsein der politischen Gesellschaft Gestalt werden läßt» – wie der SPD-Kronjurist Adolf Arndt, dem Ehmke in jungen Jahren im Bundestag assistierte, 1960 in einem Vortrag erklärt hatte –, dann erschien die Behauptung, daß der Neubau über den Geist der Bundesrepublik überhaupt nichts besage, aus Sicht des Bonner Staates noch am positivsten.[110]

Theoriediskussion in der SPD

Parallel zu den Bemühungen um eine intensivere Politikplanung im Kanzleramt setzten in der SPD nun auch die Theoriediskussionen wieder ein, die nach der Verabschiedung des Godesberger Programms 1959 ein Jahrzehnt lang in den Hintergrund gerückt waren. Die «neuen Linken», die aus der

Studentenbewegung und der APO in großer Zahl in die SPD hineinströmten, aber auch die traditionelle Linke der Sozialdemokratie, die bei den Diskussionen um das Godesberger Programm eine Niederlage erlitten hatte und in den sechziger Jahren dem Pragmatismus Herbert Wehners – bis zum Eintritt in die Große Koalition – nur widerwillig gefolgt war, wollten sich mit einer taktischen Verengung der politisch-ideologischen Rolle der SPD nicht länger zufriedengeben. Zwar hatte Wehners Strategie der Partei zur Kanzlerschaft verholfen. Aber wie diese Macht zu nutzen sei, darüber gingen die Auffassungen bald weit auseinander.

Das Erstarken des linken Flügels der SPD hing jedoch weniger mit der Regierungsübernahme in Bonn als mit strukturellen Veränderungen der Mitgliedschaft seit Mitte der sechziger Jahre zusammen. Auf dem Parteitag in Hannover im April 1973 wies Willy Brandt darauf hin, daß von den 650000 Mitgliedern der Partei seit seiner Übernahme des Parteivorsitzes im Jahre 1964 mehr als 350000 «nicht mehr dabei» seien; der Tod habe «gewaltige Lücken gerissen».[111] Grund dafür war die nach dem Zweiten Weltkrieg lange Zeit bestehende Überalterung der Partei. Wenn damals liebevoll von der «alten Tante SPD» die Rede war, so hatte dies eine ganz eigene, ursprünglich nicht beabsichtigte, inzwischen aber durchaus berechtigte Bedeutung gewonnen. Um so einschneidender wirkte sich der folgende Generationswechsel aus, der nach «1968» überdies mit einer starken Mobilisierung und Politisierung der Mitgliedschaft einherging. So stieg die Zahl der Mitglieder bis 1973 auf fast eine Million an, von denen etwa 700000 der Partei erst in den Jahren zwischen 1964 und 1973 beitraten.[112] Unter den Neumitgliedern spielten Arbeiter, die 1960 mit 55,7 Prozent gegenüber 21,2 Prozent Angestellten und Beamten eindeutig in der Mehrheit gewesen waren, kaum noch eine Rolle. Ihr Anteil betrug 1972 nur noch 27,6 Prozent, während 34 Prozent zur Gruppe der Angestellten und Beamten sowie 15,9 Prozent zu den Schülern und Studenten zählten, die von der Parteistatistik zum ersten Mal getrennt erfaßt wurden. Dieser Wandel der Berufsstruktur – mit einem starken Anwachsen des neuen Mittelstandes und der gleichzeitigen Akademisierung – war zudem von einer ausgeprägten Verjüngung der Mitgliedschaft begleitet. So stieg der Anteil der unter 40jährigen Neumitglieder von 55,3 Prozent im Jahre 1960 auf 75,2 Prozent im Jahre 1972, von denen 19,7 Prozent sogar unter 21 Jahre alt waren.[113]

Durch diesen starken Mitgliederzulauf – insbesondere von jungen Akademikern und Studenten – gewann die «Arbeitsgemeinschaft der Jungsozialisten» in der SPD eine Bedeutung, die sie zuvor nie besessen hatte. Neue Fragestellungen und theoretische Ansätze aus der Studentenbewegung und der Außerparlamentarischen Opposition wurden in die Partei hineingetragen. Die Parteiführung sah sich dadurch gezwungen, einen erheblichen Teil ihrer Zeit und Arbeitskraft auf die Auseinandersetzung mit den Positionen der Nachwuchsorganisation zu verwenden. Eine wichtige Signalwirkung ging dabei vom Bundeskongreß der Jungsozialisten im Dezember 1969 in

1. Aufbruch und Veränderung 521

München aus. Wenige Monate nach der Bundestagswahl diskutierten die «Jusos» hier über die bestehende «kapitalistische Klassengesellschaft» sowie über Mittel und Wege zu ihrer Überwindung. Sie bemängelten den «halbherzigen Reformismus der SPD» und beklagten die «mangelnde innerparteiliche Demokratie». Vor allem jedoch stellten sie mit ihrem neuen Versuch einer marxistischen Analyse der Gesellschaft und ihren Forderungen zur Wirtschafts-, Sozial- und Bildungspolitik das Godesberger Programm grundsätzlich in Frage.[114] Auf weiteren Bundeskongressen 1970 in Bremen und 1971 in Hannover strebten die Jusos sogar ganz offen die «Vergesellschaftung der Produktionsmittel» an, wobei sie vor allem an die Verstaatlichung der Banken, Investitionskontrollen und den Ausbau der Mitbestimmung dachten, die «nicht ein Ziel an sich», sondern ein Mittel «zur Erringung von mehr Macht für die Arbeitnehmer» sein sollte, «um die Voraussetzungen für den Übergang zum Sozialismus zu schaffen». Dabei vertrat die Mehrheit unter der Führung des Bundesvorsitzenden Karsten Voigt allerdings eine Doppelstrategie, wonach zwar die «Basis» mobilisiert, «die parlamentarisch-institutionelle Absicherung von Positionen der Arbeiterklasse» – also die Position der SPD in den Volksvertretungen von Bund, Ländern und Gemeinden – aber nicht gefährdet werden sollte. Der «antirevisionistische Flügel» wollte sich dagegen allein auf die Tätigkeit außerhalb der Partei konzentrieren, um die Jusos zum Träger der «sozialistischen Revolution» zu machen. Eine zahlenmäßig kleine, aber inhaltlich keineswegs bedeutungslose «Stamokap-Fraktion», die den Staat bereits in der Hand «kapitalistischer Monopole» sah, propagierte sogar eine «antimonopolistische Bündnisstrategie», um im Verbund mit den Kommunisten die politische Macht im Staat zu erobern.[115]

Diese Diskussionen wurden von anderen Vertretern der SPD-Linken, die sich seit 1966 vor allem im «Frankfurter Kreis» versammelt hatten, aufgegriffen.[116] Die Parteispitze war dadurch schon auf dem Parteitag in Saarbrücken vom 11. bis 14. Mai 1970 gezwungen, sich der – wie Brandt im Rückblick bemerkte – «Wortradikalismen» zu erwehren, die Teil der harten Kritik eines Teils der jungen Sozialdemokraten und ihres Drängens auf eine «mehr sozialistische» Politik waren.[117] Zwar hatte die Parteiführung wenig Mühe, die vor allem vom SPD-Bezirk Hessen-Süd eingebrachten Anträge zur Außen-, Verteidigungs- und Bündnispolitik abzuwehren. Die Anträge zur gesellschaftlichen «Systemüberwindung» wurden jedoch lediglich an neu eingerichtete Kommissionen überwiesen und damit nur teilweise kanalisiert.[118] Vor allem die Einrichtung der als «Disziplinierungsmittel» gedachten Kommission für ein neues Langzeitprogramm sollte sich hierbei in den kommenden Jahren als Bumerang erweisen. So interpretierten Teile der Partei den Auftrag, «ein langfristiges gesellschaftliches Programm» zu erarbeiten, das «konkretisiert und quantifiziert» sein müsse, nicht als Aufbereitung der vorhandenen Parteiprogrammatik, sondern als Freibrief für eine neue Prinzipiendiskussion oder sogar für ein über Godesberg hinausführendes neues sozialistisches Grundsatzprogramm. Im Mittelpunkt stand dabei der zur SPD-Linken zählende Landesvorsitzende von Schleswig-Holstein, Jochen Steffen, der neben Hans Apel zu einem der beiden Stellvertreter der Kommission gewählt wurde, deren Vorsitz Helmut Schmidt übernahm.[119]

Eine besondere Zuspitzung erfuhren die Konflikte in München, wo Oberbürgermeister Hans-Jochen Vogel sich mit einem, wie er selbst erklärte, «lupenrein linken» SPD-Unterbezirksvorstand unter seinem Gegenspieler Rudolf Schöfberger auseinandersetzen mußte.[120] Nicht zuletzt die Münchner Ereignisse, die bundesweit für Aufsehen sorgten und von der Opposition in Bonn als drohende Machtübernahme von Neo-Marxisten in der SPD dargestellt wurden, veranlaßten am 14. November 1970 Bundesvorstand und Parteirat der SPD, auf der Grundlage eines Papiers von Richard Löwenthal einen Beschluß zu fassen, in dem «Aktionsgemeinschaften» zwischen Sozialdemokraten und Kommunisten für nicht zulässig erklärt wurden.[121] Der stellvertretende Fraktionsvorsitzende Hans Apel blieb jedoch auch danach weiter besorgt. Im Dezember 1970 notierte er in seinem *Tagebuch*: «Sind wir eine sozialistische Partei mit marxistischer Basis oder eine linke Reformpartei, die den Boden der Marktwirtschaft nicht verläßt, obwohl sie eine wirksame Steuerreform und die paritätische Mitbestimmung will?»[122] Tatsächlich führte der sogenannte «Abgrenzungsbeschluß» lediglich in einem Teilbereich zu einer Klärung, als im März 1971 die politischen und finanziellen Verbindungen der SPD zu dem an der Stamokap-Theorie orientierten Sozialdemokratischen Hochschulbund (SHB) gekappt wurden, der sich danach in «Sozialistischer Hochschulbund» umtaufte.[123]

Gegenüber den Jungsozialisten steuerte die Parteiführung dagegen auch weiterhin einen behutsameren Kurs. Bemühungen um Integration wechselten mit Zurechtweisungen und harter Auseinandersetzung. Offenbar war man in der Parteispitze bemüht, den Einfluß auf die Jugendorganisation nicht ganz zu verlieren, nachdem man 1961 bereits die Brücken zum SDS abgebrochen hatte – mit weitreichenden Folgen für die studentische Protestbewegung – und jetzt ebenfalls gezwungen gewesen war, den SHB zu isolieren. Vor allem Willy Brandt und Herbert Wehner plädierten dafür, daß man «weiter miteinander reden und notfalls ringen» müsse.[124] Die administrativen Maßnahmen in der Partei, wie Parteiordnungsverfahren und Versammlungsverbote, hielten sich demzufolge in Grenzen, obwohl die Jusos sich theoretisch und praktisch dem Abgrenzungsbeschluß widersetzten und nach Meinung des Parteivorstandes nicht mehr auf dem Boden des Godesberger Programms standen. Helmut Schmidt, dem die Abgrenzung gegenüber der innerparteilichen Linken offenbar nicht weit genug ging, mahnte deshalb in einer Rede vor dem Parteirat am 26. Februar 1971, Wahlen würden «in der Mitte entschieden». Wenn die SPD in den achtziger Jahren «eine bloße Partei von Akademikern werden würde», dann würde sie sich «sehr bald in die hoffnungslose Minderheit einer sozialistischen Sekte zurückversetzt finden».[125]

1. Aufbruch und Veränderung

Angesichts der inzwischen erreichten Stärke der innerparteilichen Linken, die durch den kontinuierlichen Zustrom aus der zerfallenden Studentenbewegung sogar noch zunahm, war es für administrative Maßnahmen allerdings ohnehin schon zu spät, um das «Problem» – wie es von der traditionellen Parteispitze wahrgenommen wurde – zu lösen. Auch die Gründung der «Arbeitsgemeinschaft für Arbeitnehmerfragen» (AfA), die vom Parteivorstand 1971 als ein Instrument der Gegensteuerung gedacht war, bewirkte nur wenig. Sie sollte die Interessen der sozialdemokratischen Arbeitnehmer und der Betriebe in der Partei besser zur Geltung bringen und – wie ihr Vorsitzender Helmut Rohde auf der ersten AfA-Bundeskonferenz 1973 erklärte – gegen «intellektuelle Glasperlenspiele», Sozialismusbewältigung «vom akademischen Campus her» und den Mißbrauch von Arbeitnehmerproblemen auf «ideologischen Schlachtfeldern» antreten.[126] Die AfA war indessen zu keinem Zeitpunkt in der Lage, ein nennenswertes Gegengewicht zum wachsenden Einfluß der Jungsozialisten in der SPD aufzubieten. Die strukturelle Veränderung der Mitgliedschaft erwies sich – zumal in Verbindung mit dem allgemein herrschenden «Zeitgeist» – als ein übermächtiger Faktor, der die Sozialdemokratie trotz Regierungsbeteiligung und starker Gegenkräfte in der Parteispitze um Helmut Schmidt und Hans Apel immer weiter nach links rücken ließ.

Vor allem bei den Diskussionen um die Steuerreform und das Langzeitprogramm wurden diese Richtungskämpfe zwischen den Flügeln der Partei offen ausgetragen. Zu einem ersten schweren Konflikt kam es vom 18. bis 20. November 1971, als die von Erhard Eppler geleitete Steuerreformkommission einem außerordentlichen Parteitag ihre Empfehlungen unterbreitete, bei denen es nicht nur um Ressourcen und soziale Gerechtigkeit als zentrale Bestandteile der inneren Reformen ging, sondern auch um die Frage, ob die Steuergesetze als Hebel und erste Stufe zur gesellschaftlichen «Systemüberwindung» dienen sollten.[127] In einer eindringlichen «Zwischenbilanz», die wenige Wochen vor dem Parteitag veröffentlicht wurde, warnte Helmut Schmidt vor «Reformhochstimmung» und unrealistischen Erwartungen und ermahnte die Genossen, den Staat nicht zu einem «Selbstbedienungsladen» umzufunktionieren.[128] Auf dem Parteitag selbst kam es dann vor allem zu Auseinandersetzungen zwischen Wirtschaftsminister Karl Schiller und Jochen Steffen. So mahnte Schiller die Delegierten in der Frage des Steuergeheimnisses: «Laßt bei diesem Punkt bitte die Tassen im Schrank!» Steffen dagegen forderte zu weitreichenden Beschlüssen auf: «Wenn wir unter diesen gegebenen Bedingungen strukturverändernde Politik machen wollen..., dann müssen wir auch den Mut haben, die Grenzen der Belastbarkeit zu erproben.»[129]

Nicht nur Schiller sah sich auf dem Parteitag, wie er fand, einer Koalition von kommunalpolitischen Pragmatikern, die die öffentliche Finanzmasse im eigenen Interesse zu erweitern trachteten, und linken «Systemüberwindern» gegenüber, die ihn zu dem Ausruf veranlaßten: «Was die wollen, ist ja 'ne ganz andere Republik.»¹³⁰ Auch Willy Brandt nahm angesichts der Forderung nach der «Verbindlichkeit von Parteitagsbeschlüssen» für die Regierung – dem imperativen Mandat – kein Blatt vor den Mund, als er der Parteilinken schroff entgegnete: «Ich habe einen hohen Respekt vor dem höchsten Beschlußorgan der Partei. Aber jeder muß auch wissen: So wie es aufgrund unserer Satzung dieses höchste Beschlußorgan der Partei gibt, so gibt es eine Verfassung der Bundesrepublik Deutschland, und diese heißt Grundgesetz ... Das heißt, daß niemand – weder ein einzelner noch eine Gruppe noch ein ganzer Parteitag – einem sozialdemokratischen Bundeskanzler seine Pflicht und Verantwortung nach dem Grundgesetz der Bundesrepublik Deutschland abnehmen kann.»¹³¹

Diese Auseinandersetzung, die mit dem Machtwort des Kanzlers und Parteivorsitzenden keineswegs zu Ende war, fand anschließend ihre Fortsetzung in den Diskussionen um das Langzeitprogramm, dessen erster Entwurf am 2. Juni 1972 vorgelegt wurde. Er firmierte jetzt – um falsche Erwartungen zu vermeiden – unter dem Namen «Erster Entwurf eines ökonomisch-politischen Orientierungsrahmens für die Jahre 1973 bis 1985». Ohne Pathos und Visionen wurde darin der nüchterne Versuch unternommen, «die politischen Sachaussagen der Partei seit 1959 nach Prioritäten zu ordnen, in Zahlen zu gießen und die Verwendung der ‹wahrscheinlich nutzbaren Ressourcen› bis 1985 aufzuweisen».¹³² Die Handschrift des Kommissionsvorsitzenden Helmut Schmidt war unverkennbar. Zwar sah der Entwurf eine «schrittweise Steigerung» des «Anteils der Staatsverwendung am Bruttosozialprodukt» von 27,9 Prozent 1970 auf immerhin 34 Prozent 1985 sowie die deutlich stärkere Steigerung der «Dienstleistungen und Investitionen des Staates» im Verhältnis zum privaten Konsum vor. Da man gleichzeitig von hohen wirtschaftlichen Wachstumsraten von jährlich vier bis sechs Prozent ausging, wurde darin jedoch kein Problem gesehen, weil die Umverteilung aus dem wirtschaftlichen Zuwachs erfolgen sollte. Wörtlich hieß es dazu in dem Entwurf: «Bei befriedigendem Wirtschaftswachstum insgesamt lassen sich die notwendigen Änderungen durch verschiedene Zuwachsraten der einzelnen wirtschaftlichen Größen erreichen. Niemandem wird dadurch etwas weggenommen.»¹³³

Der Parteilinken gingen diese Vorstellungen jedoch nicht weit genug. So bemängelte Jochen Steffen auf einem Landesparteitag der Bremer SPD, daß die «Probleme des Umweltschutzes» und das Thema «Lebensqualität» in dem Entwurf ebenso ausgespart seien wie die Einschätzung der «zu erwartenden politischen Macht- und Interessenkonflikte» sowie die Erörterung der «Werturteile und politischen Grundsatzpositionen», zu denen das Godesberger Programm nicht ausreiche.¹³⁴ Ähnliche Kritik wurde auch von anderen Personen und Gruppierungen innerhalb der Sozialdemokratie geäußert. Die Diskussion darüber nahm bald die Form eines neuen Prinzipienstreits an, den viele bereits 1959 für abgeschlossen gehalten hatten. Angesichts der politisch-ideologischen Herausforderung von «1968» und ihrer strukturellen Auswirkungen auf die Mitgliedschaft der SPD war diese Diskussion allerdings kaum vermeidbar. Die daraus resultierenden Auseinandersetzungen und Spannungen belasteten zwar die Partei und auch die Regierung. Aber die Integrationsleistung, die die SPD mit ihrer Öffnung gegenüber der «neuen Linken» für die politisch-soziale Stabilität der Bundesrepublik erbrachte, ist nicht zu verkennen. Der Parteiführung um Brandt, Wehner und Schmidt gebührt dabei das doppelte Verdienst, einerseits den Theoriebedarf der Linken mit den 1970 in Saarbrücken eingesetzten Kommissionen zur Steuerreform und zum Langzeitprogramm kanalisiert und andererseits trotz aller Konflikte den in der Regierungserklärung vom Oktober 1969 formulierten Kurs fortgesetzt zu haben. Nicht zuletzt galt dies für die Außen- und Deutschlandpolitik.

2. Neue Ostpolitik und Entspannung

Der Bau der Berliner Mauer vom 13. August 1961 gehört zu den einschneidendsten Zäsuren der deutschen Nachkriegspolitik. Willy Brandt bemerkte dazu später, seine außen- und deutschlandpolitischen Überlegungen seien «durch die Erfahrung dieses Tages» wesentlich mitbestimmt worden: «Was man meine Ostpolitik genannt hat, wurde vor diesem Hintergrund geformt.»[135] Auch für Egon Bahr, den eigentlichen Architekten der «neuen Ostpolitik», bündelten sich an diesem Tag verschiedene Handlungsstränge wie in einem großen Drama: «Die alten Thesen und geläufigen Wünsche von Ost und West begegneten sich, prallten auf das gesetzte neue Faktum einer Mauer. Nachdem der Sturm vorüber war, wurden fundamentale Veränderungen sichtbar, denen keiner entging ... Eine neue Entwicklung begann, eine neue Rechnung mußte aufgemacht werden.»[136] Mit dem Mauerbau wurde die Hoffnung auf baldige Wiedervereinigung zu einer Schimäre. Danach war ein Zusammenbruch des SED-Regimes, den Adenauer mit seiner Politik der Stärke angestrebt hatte, kaum noch zu erwarten. Eine «neue Ostpolitik» mußte pragmatische Wege für ein friedliches Nebeneinander der beiden deutschen Staaten aufzeigen, ohne mit dem Wiedervereinigungsgebot des Grundgesetzes in Konflikt zu geraten.

Die Erstarrung der Deutschlandfrage

So sehr die Tatsache hervorzuheben ist, daß die neue Ostpolitik des Mauerbaus als Katalysator bedurfte, um gedanklich Gestalt zu gewinnen, so sehr trifft es zu, daß die Vorüberlegungen zu einer Neuorientierung der westdeutschen Politik gegenüber der DDR und den Staaten Osteuropas bereits in den fünfziger Jahren begannen. Spätestens mit dem Beitritt der Bundesrepublik zur NATO im Mai 1955 war die Notwendigkeit gegeben, die Grundlagen der «deutschen Frage» neu zu durchdenken. Zwar hieß es in

Artikel 7 Abs. 2 des am 23. Oktober 1954 zwischen der Bundesrepublik und den Westmächten in Paris geschlossenen Deutschlandvertrages, die westlichen Verbündeten würden gemeinsam mit der Bundesrepublik auf «ein wiedervereinigtes Deutschland, das ... in die europäische Gemeinschaft integriert ist», hinwirken.[137] Aber dieses Versprechen besagte wenig, wenn man es mit der Realität des Ost-West-Konflikts und der Tatsache der deutschen Teilung konfrontierte. Peter Bender hat deshalb zu Recht darauf hingewiesen, daß Deutschland nach dem NATO-Beitritt der Bundesrepublik und der Gründung des Warschauer Paktes 1955 nicht mehr länger nur ideologisch und staatlich geteilt war, sondern nunmehr auch zwei feindlichen Bündnissen angehörte und gegeneinander bewaffnet wurde. Für die Dauer des Ost-West-Konflikts, so Bender, sei damals «die letzte Chance für eine staatliche Einheit» geschwunden.[138] Auch Bender hält es allerdings für fraglich, ob dafür überhaupt jemals eine realistische Aussicht bestanden habe. Denn für eine Wiedervereinigung fehlte auch schon vor 1955 stets die «einfachste Voraussetzung»: die Notwendigkeit, «daß keine Großmacht einen Nachteil davon haben durfte».[139]

Nach 1955 mußte man darüber jedoch nicht länger spekulieren. Die Sowjetunion, die zuvor noch mit dem Gedanken eines neutralisierten Gesamtdeutschlands gespielt hatte, stellte sich nun – wie zuvor bereits die Westmächte – auf die dauerhafte Existenz zweier deutscher Staaten ein. Sogar Bundeskanzler Adenauer war im September 1955 bereit, mit Moskau über die Aufnahme diplomatischer Beziehungen und die Rückführung der letzten deutschen Kriegsgefangenen zu verhandeln. Nur eine Woche nach Adenauers Moskau-Besuch billigte die UdSSR der DDR die staatliche Souveränität zu, die auch für den deutschen Reise- und Güterverkehr zwischen West-Berlin und der Bundesrepublik galt. Die Sowjetunion behielt sich – analog zu den Pariser Verträgen der Westmächte mit Bonn vom Oktober 1954 – lediglich ihre Siegerrechte in Fragen vor, «die Deutschland als Ganzes betreffen». Zugleich weigerte sich Moskau, weiterhin über die deutsche Einheit zu verhandeln. Darüber sollten die Deutschen sich künftig selber verständigen. Praktisch bedeutete dies, daß die deutsche Wiedervereinigung von der Tagesordnung der Politik zwischen den Großmächten abgesetzt war und unter den Bedingungen des Ost-West-Konflikts keine Aussicht auf Verwirklichung mehr besaß.

Tatsächlich ließ die sowjetische Führung schon bald keinen Zweifel mehr daran, daß sie die DDR als nützliche Ergänzung ihrer eigenen Position betrachtete. So wurde etwa im Juni 1956 die bereits erwähnte Äußerung Nikita Chruschtschows kolportiert, er habe lieber 20 Millionen Deutsche auf seiner Seite als 70 Millionen gegen sich. Selbst wenn Deutschland militärisch neutral wäre, genüge dies nicht. Moskau wolle auch, daß «die sozialen und wirtschaftlichen Errungenschaften Ostdeutschlands beibehalten» würden. Ostdeutschland auf der sowjetischen Seite zu halten, sei nicht zuletzt «eine Frage des Prestiges».[140] In Wirklichkeit war die DDR aufgrund ihrer geo-

2. Neue Ostpolitik und Entspannung

graphischen Lage und ihrer Schlüsselstellung im Kalten Krieg längst ein bedeutender Faktor im sowjetischen Machtkalkül geworden. Ihr Territorium war zentrales Aufmarschgebiet gegen den Westen; die Behauptung, den Sozialismus in der DDR schützen zu müssen, diente dazu, eine massive Truppenstationierung in Mitteleuropa zu legitimieren. Der damit verbundene Disziplinierungseffekt für die Region war kaum zu überschätzen. Zwar wurde die Bedeutung der DDR für den Zusammenhalt des Ostblocks erst 1989/90 in vollem Umfang erkennbar. Aber bereits beim Ungarn-Aufstand und den Unruhen in Polen 1956 erwies sich die sowjetische Präsenz in der DDR als Teil eines Einflußsphärenkonzepts, das auch vom Westen durch Nichtintervention respektiert wurde.

Für die westdeutsche Ostpolitik ergaben sich daraus weitreichende Folgerungen. So bestätigte die zurückhaltende westliche Reaktion gegenüber dem Aufbegehren in Polen und Ungarn die bittere Erfahrung des 17. Juni drei Jahre zuvor, daß die Sowjetunion im Grunde freie Hand hatte, in ihrem Machtbereich in Osteuropa «für ihre Art von Ordnung zu sorgen, ohne ein Einschreiten des Westens befürchten zu müssen».[141] Überdies hatte die Genfer Gipfelkonferenz vom Juli 1955 einen ersten, sehr begrenzten Entspannungsversuch eingeleitet, in dem die Bundesrepublik sich rasch als Störfaktor einer Ost-West-Annäherung erwies. Zwar gelang es Adenauer noch einmal, den vom britischen Premierminister Anthony Eden vorgeschlagenen Plan einer militärischen Inspektionszone beiderseits der Teilungslinie zwischen Ost und West zu torpedieren.[142] Aber vor allem in Paris und London wuchs nun die Entschlossenheit, Entspannungs- und Rüstungsvereinbarungen künftig nicht mehr vom Vorrang der deutschen Wiedervereinigung abhängig zu machen. Die Bundesregierung trug dagegen durch ihre kompromißlose Haltung, keinerlei Vorschläge ernsthaft zu diskutieren, «die die Entspannung auf der Grundlage einer auch nur vorrübergehenden Anerkennung oder stillschweigenden Hinnahme der Teilung Deutschlands bewirken wollen»[143], zu einer Selbstisolierung ihrer Ostpolitik bei, die vor allem nach dem Amtsantritt des neuen amerikanischen Präsidenten John F. Kennedy im Januar 1961 bedrohliche Züge annahm. Der Konflikt mit den Verbündeten, der sich daraus ergab, wurde nun bis zum Ende der Ära Adenauer immer unüberbrückbarer.

Dabei war Adenauer keineswegs unflexibel. Als sich die Westmächte 1957 entschlossen zeigten, ungeachtet der Bedenken des Kanzlers ihre Abrüstungsbemühungen mit der Sowjetunion fortzusetzen, bemerkte er in einer beachtlichen politischen Kehrtwendung kurzerhand, Abrüstung solle nun nicht mehr der Preis für die Einheit sein, sondern deren Voraussetzung. Noch 1961 erklärte er dazu in einer Wahlrede: «Wenn das mit der kontrollierten Abrüstung gelungen ist, kommt auch die Wiedervereinigung.»[144] In Gesprächen mit Moskaus Botschafter in Bonn, Smirnow, und dem stellvertretenden sowjetischen Ministerpräsidenten Mikojan schlug er zudem – wie an anderer Stelle bereits dargestellt – im März und April 1958 vor, «der

‹DDR› den Status Österreichs zu geben».¹⁴⁵ Offenbar hatte er schon zu diesem Zeitpunkt die Hoffnung aufgegeben, die Wiedervereinigung durch eine «Politik der Stärke» erreichen zu können, auch wenn er dies noch nicht öffentlich zugeben mochte. Der 1960 vorgelegte Plan seines Staatssekretärs im Kanzleramt, Hans Globke, demzufolge die Bürger der Bundesrepublik und der DDR getrennt über die Wiedervereinigung abstimmen sollten, um die Möglichkeit einer Majorisierung des einen über den anderen Teil Deutschlands auszuschließen, war ebenfalls ein Beispiel für die Bereitschaft Adenauers, das Problem pragmatisch anzugehen.¹⁴⁶

Die deutsche Einheit ließ sich dadurch jedoch ebensowenig herbeiführen wie durch die Politik der Stärke. Denn auch die neuen Vorschläge zielten letztlich – wie alle anderen Initiativen zuvor – darauf ab, die sowjetische Herrschaft in Ostdeutschland, die für den Bestand des sowjetischen Imperiums in Osteuropa unverzichtbar war, möglichst bald zu beenden. Chruschtschow indessen war nach dem Start des «Sputnik» im Oktober 1957 noch weniger als bisher zu Zugeständnissen in der deutschen Frage bereit. Die technologische Überlegenheit gegenüber dem Westen, die der sowjetische Erdsatellit vermeintlich demonstriert hatte, bewirkte von 1958 bis 1962/63 sogar nochmals eine Zuspitzung des Kalten Krieges, als die Sowjetunion eine politische Offensive eröffnete, um ihre Position in Berlin und in der DDR zu arrondieren und durch die Stationierung von Mittelstreckenraketen auf Kuba stärkeren Einfluß in der westlichen Hemisphäre zu gewinnen. Für die Bundesrepublik bedeutete diese Entwicklung einen weiteren Rückschlag in der Wiedervereinigungsfrage, weil die Forderungen aller demokratischen Parteien, eine Lösung auf dem Wege freier Wahlen und unter Anwendung des Selbstbestimmungsrechts – d. h. unter Wahrung von Freiheit und Demokratie – erreichen zu wollen, unter den Bedingungen der erneuten Konfrontation erst recht unrealistisch erschien.

Die Deutschlandpolitik war daher am Ende der fünfziger Jahre weithin durch Hilflosigkeit gekennzeichnet. Während einerseits die Überwindung der Teilung immer unwahrscheinlicher wurde, nahm auf der anderen Seite die Trennung der beiden deutschen Staaten immer mehr zu. Noch bestehende Verbindungen wurden bürokratisch erschwert oder ganz unterbrochen. Dies galt für den «kleinen Grenzverkehr» und das Telefonieren zwischen den beiden Teilen Berlins ebenso wie im innerdeutschen Reiseverkehr und beim Versand von Päckchen und Paketen. Die Forderung des Gesamtdeutschen Ministers Ernst Lemmer nach einer «Politik der offenen Tür» war daher kaum mehr als eine rhetorische Pflichtübung, die sich allenfalls auf «unpolitische Kontakte» wie Theateraufführungen, Konzerte und Sportwettkämpfe oder Fachtagungen sowie auf die Regelung von Problemen technischer Art über die noch bestehenden «Kontaktstellen» bezog. Politische Lösungen wurden dagegen gar nicht erst gesucht, obwohl sich zu diesem Zeitpunkt längst abgezeichnet hatte, daß grundsätzliche Regelungen ohne Einbeziehung der Regierung der DDR kaum noch möglich waren.

2. Neue Ostpolitik und Entspannung

Auch die schon erwähnten Deutschlandpläne der SPD und der FDP vom März 1959 boten in diesem Zusammenhang keine realistischen neuen Perspektiven. Sie unterschieden sich von den Positionen der Bundesregierung lediglich durch die Forderung nach einem Verzicht auf Atomwaffen und die Bereitschaft, im Interesse der deutschen Einheit gegebenenfalls auf die Zugehörigkeit der Bundesrepublik zur NATO zu verzichten und Sicherheit in einer neuen, vom Gedanken der Entspannung und Abrüstung getragenen gesamteuropäischen Friedensordnung anzustreben.[147] SPD und FDP reagierten damit nicht nur auf die seit 1957 geführten Abrüstungsdiskussionen, sondern auch auf die überall spürbaren neuen Spannungen zwischen Ost und West. Diese kamen aus deutscher Sicht besonders in dem Verlangen Chruschtschows vom November 1958 zum Ausdruck, die Beschlüsse der Potsdamer Konferenz von 1945 zu revidieren und West-Berlin in eine «Freie Stadt» umzuwandeln. Obwohl Chruschtschows ultimative Forderung in erster Linie darauf abzielte, im Einvernehmen mit den Westmächten – also auf möglichst elegante Weise – das «Schlupfloch» Berlin zu schließen, um die DDR zu stabilisieren, zog die SPD daraus den Schluß, man müsse die Deutschlandfrage mit «einer schritt- und stufenweisen Regelung der militärischen und politischen Fragen» verbinden, um eine Lösung zu ermöglichen.[148] Tatsächlich ging es Chruschtschow bei seinem Berlin-Vorstoß jedoch nicht um eine Veränderung des Status quo. Vielmehr suchte er im Gegenteil den bestehenden Zustand festzuschreiben, um die DDR und damit die sowjetische Präsenz in Mitteleuropa zu sichern. Da die Deutschlandpläne der SPD und FDP jedoch ebenso wie die Initiativen Adenauers auf die Überwindung der deutschen Teilung abzielten, hatten sie kaum größere Chancen, verwirklicht zu werden, als zuvor die Pläne der Bundesregierung und der Westmächte.

Die Erstarrung, die damit in der Deutschlandfrage eintrat, fand ihren konsequenten Ausdruck im Angebot Adenauers an die Sowjetunion vom Juli 1962, die deutsche Frage zehn Jahre lang ruhen zu lassen, um den Konflikt zwischen Ost und West zu entschärfen und danach in größerer Gelassenheit zu überlegen, was zu tun sei. Einzige Bedingung: Der Kreml möge dafür sorgen – wie Heinrich Krone in seinem Tagebuch notierte –, «die menschlichen Verhältnisse in der Zone» zu verbessern.[149] Auslöser dieses Vorschlages eines «Burgfriedens» war letztlich der Mauerbau, der auch für den Kanzler – wie ansonsten vor allem für Willy Brandt – als «Auftrag für eine neue Phase der Entwicklungen» verstanden wurde, an die sich Adenauer, wie Brandt bemerkte, «schon sehr viel früher heranzutasten versuchte, als es die Öffentlichkeit ahnte».[150] Bemerkenswerterweise stellte Adenauer dabei bereits frühzeitig einen Zusammenhang zwischen der Sicherung der Freiheit Berlins und einer möglichen Anerkennung der DDR her.[151] Man müsse, meinte er dazu am 17. Juni 1963 mit Blick auf die Hallstein-Doktrin nüchtern, «gewisse Dinge ... weggeben, solange man noch etwas dafür bekommt.»[152] Die Neuorientierung, die mit dieser

Erkenntnis verbunden war, sollte in den folgenden Jahren nicht nur zu einer logischen Ergänzung der Westintegration durch eine aktive Ost- und Deutschlandpolitik führen, sondern auch den Beginn einer grundlegenden Umgestaltung der europäischen Ordnung markieren, deren ganzes Ausmaß ebenfalls erst 1989/90 erkennbar wurde.

«*Wandel durch Annäherung*»

Chruschtschow-Ultimatum und Mauerbau förderten somit über alle parteipolitischen Grenzen hinweg die seit 1955 theoretisch bereits bestehende Einsicht in die Dringlichkeit einer «neuen Ostpolitik». Zugleich änderten sie jedoch auf radikale Weise die Voraussetzungen und Rahmenbedingungen des ostpolitischen Denkens. Dies galt in erster Linie für die konservative Erwartung einer baldigen Wiedervereinigung im Sinne der Adenauerschen Politik der Stärke. Man habe damals, im August 1961, «einen Vorhang weggezogen, um uns eine leere Bühne zu zeigen», so Brandt im Rückblick. Illusionen seien abhanden gekommen, die das Ende der hinter ihnen stehenden Hoffnungen überlebt hatten – «Illusionen, die sich an etwas klammerten, das in Wahrheit nicht mehr existierte».[153] Nach dem Mauerbau durfte man jedenfalls nicht mehr damit rechnen, daß die DDR in einem überschaubaren Zeitraum zusammenbrechen würde. Zumindest war nun die Möglichkeit versperrt, daß die ostdeutsche Bevölkerung ihre «Volksabstimmung mit den Füßen» fortsetzte und damit den ökonomischen Niedergang der DDR beschleunigte.

Aber auch die Deutschlandpläne der SPD und FDP wurden durch die Entwicklung der Berlin-Krise zu Makulatur – sofern sie angesichts ihrer Vorstellungen von Blockfreiheit und Aufhebung der Westbindung überhaupt eine Chance auf Realisierung besessen hatten. Innerparteilich ohnehin umstritten, stießen sie nun vor dem Hintergrund zunehmender Ost-West-Spannungen in der Öffentlichkeit immer stärker auf Unverständnis und Ablehnung. Die sowjetische Reaktion tat ein übriges, um die ost- und deutschlandpolitischen Reformer in den Bonner Oppositionsparteien zu entmutigen. Die FDP trat daraufhin den Rückmarsch in Richtung CDU/CSU an und beteiligte sich 1961 wieder an einer Koalitionsregierung unter Adenauer, während die SPD sich mit dem Godesberger Programm 1959 das Profil einer regierungsfähigen «Volkspartei» gab und mit der Bundestagsrede Herbert Wehners vom 30. Juni 1960 auf den Boden der Adenauerschen Außen- und Sicherheitspolitik stellte. Wehner distanzierte sich dabei nicht nur vom Deutschlandplan der SPD, dessen Kernaussagen maßgeblich unter seiner Federführung entwickelt worden waren, sondern ließ auch die frühere sozialdemokratische Ost- und Einheitspolitik hinter sich. Von nun an war die Westbindung auch für die SPD nicht länger ein möglicher Preis für ein Arrangement mit dem Osten, sondern dessen unumstößliche Voraussetzung.[154]

Willy Brandt, der dem greisen Adenauer von der SPD als junge und moderne Alternative entgegengestellt wurde, kam dieser Wandel gelegen: Er war nie ein Anhänger des Deutschlandplans seiner Partei gewesen. Wie die meisten Berliner Sozialdemokraten, darunter sein Pressesprecher Egon Bahr und die vertrauten Gefährten Heinrich Albertz, Klaus Schütz und Dietrich Spangenberg, war er «härter gegen den Osten, näher dem Westen und skeptischer gegen Neutralisierungsvorstellungen als die SPD im Bundesgebiet».[155] Von den Propagandisten und Agitatoren in Ost-Berlin wurde er deshalb ebenso schonungslos angegriffen und verfolgt wie Adenauer – zum Teil sogar noch schärfer, weil er als Sozialdemokrat im unmittelbar benachbarten West-Berlin die größere Bedrohung darzustellen schien. So verstieg sich Ulbricht nach dem Mauerbau zu der Behauptung, «der Herr Brandt» habe sich bemüht, «Herrn Adenauer rechts zu überholen», und sei «bei diesem Bemühen im Graben der faschistischen Ultras» gelandet.[156] Tatsächlich hatte Brandt nach dem 13. August nicht nur versucht, den Berlinern in der Krise politisch und moralisch Halt zu geben – in dieser Hinsicht Ernst Reuter während der Blockade 1948 nicht unähnlich –, sondern auch die Bundesregierung und die westlichen Alliierten mit bitteren Worten kritisiert, weil sie der Abriegelung Ost-Berlins tatenlos zusahen. Doch was hätten diese tun sollen? Für die Westmächte kam eine Intervention jetzt ebensowenig in Betracht wie beim 17. Juni 1953 oder beim Ungarn-Aufstand 1956. Die Zementierung des Status quo in Deutschland wurde von ihnen sogar mit Erleichterung zur Kenntnis genommen, weil damit der Frieden in Europa erhalten blieb. Und so wie 1955 der Vollzug der Westintegration der Bundesrepublik eine erste Phase der Entspannung zwischen Ost und West ermöglicht hatte, leitete die Beilegung des Streits um Berlin (und wenig später Kuba) auch jetzt wieder eine Ära der Verhandlungen ein, die schließlich zu weitreichenden Rüstungskontrollvereinbarungen zwischen den USA und der Sowjetunion sowie ab 1969 ebenfalls zu einer Entspannung in Europa führen sollte. Ohne die Mauer, so der frühere Berater Präsident Kennedys, Theodore Sorensen, in einer Fernsehdokumentation aus dem Jahre 1976 zu den Ereignissen des 13. August, wäre die Entspannung der sechziger Jahre, bis zu den Ostverträgen 1970, nicht möglich gewesen.[157]

Für den Regierenden Bürgermeister Berlins waren solche Perspektiven 1961 allerdings noch nicht erkennbar. Die Ursprünge der «neuen Ostpolitik» Willy Brandts liegen daher weniger in der theoretischen Durchdringung eines komplexen geschichtlichen Sachverhalts als vielmehr in der Tatsache der physischen und politischen Nähe zum Problem. So entstand die neue Ostpolitik nicht in Bonn – weder in der Bundesregierung um Adenauer noch in der SPD um Wehner –, sondern in Berlin, wo Brandt und seine Mitarbeiter in den fünfziger Jahren zu den «Kalten Kriegern» und energischen Befürwortern einer nationalstaatlichen Wiedervereinigung gehört hatten und wo sie nun aus dem unmittelbaren Erleben der Spaltung zu Vorreitern einer Neuorientierung wurden, die auf eine undogmatische Verbesserung der Lebensbedingungen der Menschen im geteilten Europa abzielte. Schon 1960 sind in Brandts Reden und Grundsatzbetrachtungen Beispiele zu finden, in denen er für einen offensiveren Umgang mit den Kommunisten plädierte. Nach dem Mauerbau nahm diese Tendenz deutlich zu, die er schließlich im Oktober 1962 in einer Vorlesung über «Wagnis und Chance der Koexistenz» in der amerikanischen Harvard University zu einem programmatischen Konzept verdichtete: «Wir haben Formen zu suchen, die die Blöcke von heute überlagern und durchdringen. Wir brauchen so viel reale Berührungspunkte und so viel sinnvolle Kommunikation wie möglich ... Es geht um eine Politik der Transformation. Wirkliche, politische und ideologische Mauern müssen ohne Konflikt nach und nach abgetragen werden. Es geht um eine Politik der friedlichen Veränderung des Konfliktes, um eine Politik der Durchdringung, eine Politik des friedlichen Risikos; des Risikos deshalb, weil bei dem Wunsch, den Konflikt zu transformieren, wir selbst für die Einwirkung der anderen Seite auch offen sind und sein müssen.»[158]

Nicht zufällig berief sich Brandt bei der Begründung seines ostpolitischen Neuanlaufs wiederholt auf Präsident Kennedy und dessen Rede vom 4. Juli 1962, in der Kennedy «das Prinzip der nationalen Unabhängigkeit mit der Anerkennung gegenseitiger Abhängigkeit» verbunden und zu «internationaler Zusammenarbeit mit dem Angebot aktiver Partnerschaft und konkreter weltweiter Solidarität» aufgerufen hatte. Es sei die «Pflicht der Europäer», so Brandt, «hierauf eine ebenbürtige Antwort zu geben».[159] Der Zwang in Berlin, mit der Mauer zu leben, hatte ihn schon vorher veranlaßt, nach Wegen zu suchen, «die Mauer durchlässig zu machen und die besonders lebensfeindlichen Lasten der Spaltung mildern und, wo möglich, überwinden zu helfen».[160] Dabei durfte man sich nicht allein auf die Alliierten oder die Bundesregierung verlassen. Vielmehr mußte man selbst etwas unternehmen – und zwar unter Einbeziehung der DDR. Dies war die «Berliner Linie», die in langen Gesprächen zwischen Brandt, Bahr, Albertz, Schütz und Spangenberg entstanden war. Seit Dezember 1961 ging es darin um Passierscheine, durch die ein Minimum an innerstädtischem Besuchsverkehr – wenigstens von West nach Ost – geschaffen werden sollte, sowie um die Regelung humanitärer Fragen, wie Familienzusammenführungen, in die schließlich auch das Gesamtdeutsche Ministerium in Bonn einbezogen wurde. Die Erfolge waren bescheiden, aber spürbar. Allein 790000 West-Berliner nutzten die Passierscheinregelung von Weihnachten bis Neujahr 1963/64, um Verwandte im Ostteil der Stadt zu besuchen. Die Wirkung reichte weit über Berlin hinaus: Das Passierschein-Abkommen war ein Beweis für die Möglichkeit, allen ideologischen Unterschieden zum Trotz und ungeachtet divergierender Rechtsauffassungen zu praktischen Lösungen mit den östlichen Verhandlungspartnern zu kommen.

Doch jetzt ging es Brandt und seinen Mitarbeitern um mehr als nur punktuelle menschliche Erleichterungen im Schatten der Mauer. Was sie anstrebten, war eine grundsätzliche Neugestaltung des Verhältnisses zwischen Ost und West – zumindest in Deutschland und Europa. Dabei kam ihnen zu Hilfe, daß Kennedy wiederum ganz ähnliche Vorstellungen entwickelte wie sie. So sprach Kennedy am 10. Juni 1963, als er in Washington seine «Strategie des Friedens» verkündete, von der Bedrohung, daß Ost und West «in einem unheilvollen und gefährlichen Kreislauf gefangen» seien, «in dem Argwohn auf der einen Seite Argwohn auf der anderen auslöst und in dem neue Waffen zu wiederum neuen Abwehrwaffen führen». Diesen Teufelskreis gelte es zu durchbrechen. Der Westen müsse seine «Politik so betreiben, daß es schließlich das eigene Interesse der Kommunisten wird, einem echten Frieden zuzustimmen».[161] Dies war auch das Ziel Brandts, der sich noch mehr ermutigt fühlen konnte, als Kennedy bei seinem Besuch in Berlin Ende Juni 1963 in der Freien Universität erklärte, es sei «wichtig, daß für die Menschen in den stillen Straßen östlich von uns die Verbindung mit der westlichen Gesellschaft aufrechterhalten wird – mittels aller Berührungspunkte und Verbindungsmöglichkeiten, die geschaffen werden können, durch das Höchstmaß von Handelsbeziehungen, das unsere Sicherheit erlaubt».[162]

Kennedy wurde damit nicht nur zu einer zentralen Instanz, auf die sich die Befürworter einer neuen Ostpolitik berufen konnten, um das Verhältnis zum Osten zu entideologisieren und wieder auf eine pragmatische Grundlage zu stellen, sondern er leistete auch selber einen wichtigen Beitrag zur Entspannung zwischen Ost und West. Für Brandt war dies in doppelter Hinsicht von Bedeutung: Zum einen befand er sich dadurch – im Gegensatz zu Adenauer – mit seinen Auffassungen im Einklang mit dem wichtigsten Repräsentanten der westlichen Politik. Zum anderen ergab sich aus der beginnenden amerikanisch-sowjetischen Annäherung ein zunehmender Sachzwang in Richtung Entspannung, um eine internationale Isolierung zu vermeiden. Auch Egon Bahr berief sich daher im Juli 1963 auf Kennedys gerade proklamierte «Strategie des Friedens», als er in der Evangelischen Akademie Tutzing zum ersten Mal die Paradoxie aussprach, von der die neue Ostpolitik nach 1969 lebte: «Überwindung des Status quo, indem der Status quo zunächst nicht verändert werden soll.» Jede Politik zum direkten Sturz des Regimes auf der anderen Seite sei aussichtslos, so Bahr. Der ostdeutsche Staat müsse daher von der Bundesrepublik und den Westmächten als Realität respektiert werden, ohne ihn juristisch anzuerkennen. Unterhalb der juristischen Anerkennung gebe es noch viel Bewegungsraum. Nicht-Anerkennung dürfe die Politik nicht lähmen. Wenn die Mauer ein Zeichen der Angst und des kommunistischen Selbsterhaltungstriebes sei, dann wäre zu fragen, ob es nicht Möglichkeiten gebe, «diese durchaus berechtigten Sorgen dem Regime graduell so weit zu nehmen, daß auch die Auflockerung der Grenzen und der Mauer praktikabel wird, weil das Risiko erträglich ist». Das sei eine Politik, die man auf die Formel bringen könnte: «Wandel durch Annäherung».[163]

Bahrs prägnanter Slogan, nicht Brandts hölzerne Vokabel von der «Transformation», sollte bald zum vielfach mißverstandenen Schlüsselbegriff für die Diskussion um die neue Ostpolitik werden. In Tutzing hätte Bahr nach Brandt sprechen sollen, kam jedoch schon am Vorabend zu Wort und stahl dem Regierenden Bürgermeister die Schau. «Zum Ausgleich», kommentierte Brandt später gelassen, «zog er einen Teil der mir zugedachten Kritik auf sich.»[164] Gegen die Formel selbst hatte Brandt Bedenken, da sie dem Mißverständnis Nahrung geben konnte, den ostpolitischen Reformern schwebe eine Annäherung an das kommunistische System vor. Tatsächlich blieb die öffentliche Zustimmung, die man angesichts des längst überfälligen Neuansatzes und dessen Nähe zu den Intentionen des amerikanischen Präsidenten hätte erwarten können, zunächst aus. Brandt und sein Berliner Kreis bildeten in der deutschen Politik noch immer eine Minderheit. Sogar der SPD, die unter Herbert Wehner in Bonn an die Macht drängte und alles zu vermeiden suchte, was ihre Koalitions- und Regierungsfähigkeit beeinträchtigen konnte, kamen die Berliner Genossen, die mit den Kommunisten über die Festschreibung der deutschen Teilung reden wollten, denkbar ungelegen. Bahrs «Wandel durch Annäherung» wurde daher von Wehner heftig kritisiert, auch wenn er selbst ganz ähnlich dachte und drei Jahre später das gleiche sagte. Doch zunächst mußten alle Überzeugungen beiseite geschoben werden, um erst einmal die Möglichkeit für deren Durchsetzung zu schaffen.[165] Dieser Taktik schloß sich am Ende sogar Brandt an, der zwar «Wahrhaftigkeit» forderte, aber seine Formulierungen «vorsichtig, tastend und ein wenig schwebend» hielt, um das Ziel des Machtwechsels nicht zu gefährden.[166]

Der Weg zu einer neuen Politik

Die Phase zwischen dem Mauerbau 1961 und dem Machtantritt der sozialliberalen Koalition 1969 war demzufolge eine Periode des Übergangs, in der die neue Ostpolitik allmählich Gestalt annahm, ohne bereits zum Zuge zu kommen. Dazu, daß sie zunehmend bessere Chancen für ihre Realisierung gewann, trugen nicht nur Brandt und die SPD, sondern eine Vielzahl von Einzelpersonen und Institutionen bei, die sich um eine Revision der dogmatischen Deutschlandpolitik und um eine Versachlichung und Entideologisierung des Verhältnisses zum Osten bemühten. Persönlichkeiten wie Karl Jaspers, Marion Gräfin Dönhoff, Golo Mann, Carl Friedrich von Weizsäcker und Sebastian Haffner, der liberale Teil von Presse, Funk und Fernsehen, aber auch die Evangelische Kirche sowie einzelne Wagemutige und Gruppierungen in den Parteien traten mit Vorschlägen und Plänen für eine Modifizierung der Ost- und Deutschlandpolitik hervor, die – wie Wolfgang Schollwers schon erwähnte FDP-Denkschrift aus dem Jahre 1962 – die weitere Diskussion beeinflußten.[167] Indem sie in wechselnder Schwerpunktsetzung zu verstehen gaben, daß die deutschen Ostgebiete verloren seien, die

2. Neue Ostpolitik und Entspannung

unvermeidbare Anerkennung der Oder-Neiße-Grenze endlich vollzogen werden müsse und das Instrumentarium der Adenauerschen Deutschlandpolitik mit Alleinvertretungsanspruch, Hallstein-Doktrin und ihrem Verweis auf die Vier-Mächte-Verantwortung nicht länger brauchbar sei, ebneten sie politisch und psychologisch den Weg für den ostpolitischen Neuanlauf, bei dem sich in der SPD neben Brandt und Wehner nun auch Helmut Schmidt erstmals profilierte.[168]

Die offizielle Politik kam dagegen zu dieser Zeit noch immer nicht über tastende Versuche hinaus, das Mißtrauen der osteuropäischen Staaten gegenüber der Bundesrepublik abzubauen und eine Basis für Zusammenarbeit zu schaffen. Gerhard Schröders bereits beschriebener Versuch, «mit viel Geduld» deutlich zu machen, «daß Deutschland heute als Teil eines neuen Europa ein guter Nachbar ist, der nicht Revanche sucht, sondern Verständigung, und nicht Spannungen, sondern Sicherheit für alle»,[169] gab dabei die Richtung an. Seine Bemühungen um einen verstärkten Austausch mit den osteuropäischen Ländern auf allen Gebieten, vom Handel bis zum Sport, sowie die Errichtung von Handelsmissionen in Warschau, Budapest, Bukarest und Sofia führten nicht nur dazu, daß die Bundesrepublik nun zum ersten Mal in Osteuropa außerhalb der Sowjetunion staatlich vertreten war, sondern nahmen den sogenannten «Ostkontakten» auch den Ruch des «halben Landesverrats». Eine Wende in der Ostpolitik wurde dadurch jedoch nicht erreicht, weil sich Schröder und Erhard ebensowenig wie die nachfolgende Große Koalition unter Bundeskanzler Kiesinger dazu durchringen konnten, die DDR einzubeziehen. Erhard gab sogar offen zu verstehen, er werde in Osteuropa «nichts unversucht lassen, um den Völkern dieser Länder immer wieder vor Augen zu führen, daß nur die ungelöste Deutschlandfrage einer endgültigen Aussöhnung im Wege steht und darum eine baldige Regelung dieses Problems auch in ihrem eigenen Interesse liegen würde».[170] Eine Annäherung zwischen der Bundesrepublik und den osteuropäischen Staaten war unter solchen Voraussetzungen, bei denen Bonn die Wiedervereinigung weiterhin zur Vorbedingung einer Normalisierung erklärte, kaum möglich.

Die Große Koalition beging darüber hinaus gleich zu Beginn ihrer Arbeit den taktischen Fehler, diplomatische Beziehungen mit Rumänien aufzunehmen, ohne vorher das Verhältnis zur DDR und zu Polen geklärt zu haben. Der Botschafteraustausch mit Bukarest wurde dadurch zum Bumerang: Unter dem Druck der Sowjetunion, Polens und der DDR beschloß der Warschauer Pakt im Februar 1967 eine «umgekehrte Hallstein-Doktrin». Kein Mitglied des Paktes durfte danach sein Verhältnis zur Bundesrepublik normalisieren, ehe nicht die Beziehungen zwischen der DDR und der Bundesrepublik auf eine vertragliche Grundlage gestellt waren. Zwar hatte Kiesinger in seiner Regierungserklärung am 13. Dezember 1966 gefordert, man müsse «ohne Scheuklappen sehen, was ist».[171] Aber unter dem bremsenden Einfluß konservativer Parteigänger wie Karl Carstens und Karl Theodor

Freiherr zu Guttenberg – seiner beiden Staatssekretäre im Kanzleramt – war er nicht in der Lage, grundsätzliche Positionen seiner Vorgänger zu revidieren. Dies galt für die Oder-Neiße-Frage ebenso wie für den Anspruch, «für das ganze deutsche Volk zu sprechen». Auch wenn Kiesinger am 17. Juni 1967 feststellte, man könne «das Zusammenwachsen der getrennten Teile Deutschlands nur eingebettet sehen in den Prozeß der Überwindung des Ost-West-Konflikts in Europa»,[172] und Reizworte wie «Alleinvertretungsrecht» und «Sowjetzone» inzwischen vermied, kam er damit über gut gemeinte Redensarten nicht hinaus.

Willy Brandt sah sich deshalb als Außenminister der Großen Koalition bald isoliert, als er sich in Anlehnung an die Praxis der Berliner Passierscheinverhandlungen weiterhin bemühte, die DDR in seine «Politik der kleinen Schritte» einzubeziehen. Ausgangspunkt war dabei für ihn der Gedanke, den er bereits ein Jahrzehnt zuvor, am 30. Mai 1956 – nach dem XX. Parteitag der KPdSU und einer zentralen Konferenz der SED – als einfaches Mitglied des Berliner Abgeordnetenhauses im Bundestag formuliert hatte: «ein Höchstmaß an Beziehungen zwischen den Menschen in den beiden Teilen Deutschlands» herzustellen.[173] 1958 – inzwischen als Regierender Bürgermeister – hatte er für diesen Gedanken auch vor dem Außenpolitischen Institut in London geworben, um «das Leben im willkürlich gespaltenen Deutschland zu erleichtern», und 1959 in Springfield im amerikanischen Bundesstaat Illinois in einer Rede zu Ehren Abraham Lincolns ergänzend erklärt, daß es «weder eine isolierte noch eine plötzliche Lösung der Probleme geben würde», sondern daß man «auf graduelle Veränderungen, auf schrittweise Lösungen als Ergebnis zäher Auseinandersetzungen» hoffen müsse.[174] In der Großen Koalition stieß solcher Pragmatismus, für den er in Großbritannien und den USA viel Verständnis gefunden hatte, jedoch an enge Grenzen. Während Brandt drängte, den Schritt zur Anerkennung der DDR zu wagen, um endlich aus dem Dilemma der bisherigen Ost- und Deutschlandpolitik auszubrechen, zog sich Kiesinger nach dem Rückschlag vom Februar 1967 zunehmend auf Positionen zurück, die er erst drei Monate zuvor verlassen hatte. Im Sommer 1969 war diese Resignation vollkommen, als er feststellte, solange die Sowjetunion sich nicht bereit zeige, die deutsche Frage im Wege der Verständigung zu lösen, «können wir zunächst nur die verbliebenen deutschen Positionen verteidigen».[175] Eine erfolgversprechende neue Ostpolitik war danach in Brandts Augen nicht mehr mit der CDU/CSU, sondern nur noch gegen sie zu verwirklichen. Nicht zuletzt aus ostpolitischen Gründen arbeitete er deshalb – sehr zum Leidwesen von Helmut Schmidt und Herbert Wehner – frühzeitig auf einen Machtwechsel in Bonn hin, der auch einen Politikwechsel in Deutschland ermöglichen sollte. Zugleich gab er seinem ehemaligen Berliner Pressesprecher Egon Bahr im Auswärtigen Amt die Gelegenheit, als Leiter des Politischen Planungsstabs die «neue Ostpolitik» im Detail vorzubereiten.[176] Mit der Bildung der sozialliberalen Koalition aus SPD und FDP nach der Bundestagswahl vom 28. September 1969 wurde der Wechsel schließlich vollzogen, der damit auch zur eigentlichen Geburtsstunde der Brandtschen Ostpolitik wurde.

Verhandlungen mit Moskau und Warschau

Mit ihrem Bemühen, die Beziehungen zu den Staaten Osteuropas, einschließlich der DDR, zu verbessern, folgte die neue Bundesregierung jedoch nicht nur eigenen Einsichten, sondern auch dem internationalen Trend zur Entspannung. Sogar die NATO hatte sich bereits in ihrem Harmel-Bericht vom 14. Dezember 1967 über die künftigen Aufgaben der Allianz zu einem Gesamtkonzept angemessener Rüstungsvorkehrungen und beiderseitiger, ausgewogener Rüstungskontrolle und Abrüstung im Rahmen einer politischen Entspannung zwischen Ost und West bekannt («Zwei-Pfeiler-Doktrin»). Die USA und die Sowjetunion unternahmen seit dem Amtsantritt des amerikanischen Präsidenten Richard M. Nixon und seines Sicherheitsberaters Henry A. Kissinger im Januar 1969 ebenfalls verstärkte Anstrengungen, das Ost-West-Verhältnis zu entspannen und vor allem die Rüstungskontrollverhandlungen zu intensivieren. Die beiden Supermächte folgten damit früheren Initiativen, bei denen sie unter dem Eindruck der Kubakrise vom Oktober 1962 die Errichtung eines «Heißen Drahtes» – einer direkten Fernschreibverbindung zwischen dem Weißen Haus und dem Kreml – vereinbart und gemeinsam mit Großbritannien ein Abkommen über die teilweise Beendigung der Kernwaffenversuche in der Atmosphäre, im Weltraum und unter Wasser sowie einen Vertrag über die Nichtverbreitung von Kernwaffen («non-proliferation») geschlossen hatten. Mehr war vor dem Hintergrund des Vietnamkrieges, in dem die USA die Ausbreitung des Kommunismus und somit indirekt auch die Sowjetunion und China bekämpften, nicht zu erreichen gewesen. Nach der Ankündigung Präsident Nixons, den Vietnamkrieg beenden zu wollen, befand man sich nun aber auf dem Weg zu einer umfassenden Entspannungspolitik zwischen Ost und West – einer «Ära der Verhandlungen», wie Nixon sie nannte –, in die seitens der USA bald auch China einbezogen wurde.[177]

Dies konnte nicht ohne Auswirkungen auf Deutschland bleiben. So gaben immer mehr Regierungen zu erkennen, daß sie im Zuge der beginnenden Normalisierung des Ost-West-Verhältnisses erwogen, die DDR völkerrechtlich anzuerkennen. Wenn Bonn nicht in Gefahr geraten wollte, sich außenpolitisch zu isolieren, mußte es sich also auch in den Entspannungsprozeß einfügen. Umgekehrt profitierte die Bundesrepublik aber auch von der allgemeinen Ost-West-Entspannung, weil der Abbau des Kalten Krieges und die Verbesserung des politischen Klimas zwischen den Blöcken die Bereitschaft und die Fähigkeit zum Entgegenkommen auf beiden Seiten förderten und somit günstige Voraussetzungen für Verhandlungen im Rahmen der neuen Ostpolitik schufen.[178] Bereits im Sommer und Herbst 1969 – also noch vor dem Machtwechsel in Bonn – wurde diese Veränderung sichtbar. Verschiedenen diplomatischen Signalen aus Moskau folgte am 22. September 1969 ein Gespräch zwischen dem sowjetischen Außenminister Andrej Gromyko und seinem deutschen Amtskollegen Willy Brandt – damals noch Außenminister der Großen Koalition – in New York, bei dem die beiderseitige Bereitschaft geäußert wurde, über «praktische Fragen» zu sprechen. Nach Bildung der sozialliberalen Koalition empfing der neue Bundesaußenminister Walter Scheel am 30. Oktober den sowjetischen Botschafter in Bonn, um – wie von Moskau schon am 12. September in einer diplomatischen Note vorgeschlagen – die Gespräche zum Thema Gewaltverzicht wiederaufzunehmen. Geheime Kontakte zwischen der SPD und der kommunistischen Partei Italiens hatten ebenfalls dazu beigetragen, das Terrain zu sondieren. Freundliche Gesten, wie ein Glückwunschtelegramm des sowjetischen Ministerpräsidenten Alexej Kossygin an Bundeskanzler Brandt und der in der Regierungserklärung vom 28. Oktober enthaltene Hinweis zu ostpolitischen Initiativen, schufen zudem ein Klima hoffnungsvoller Erwartungen, in dem manches möglich schien, was noch vor kurzem für undenkbar gehalten worden wäre.[179]

So trafen der sowjetische Außenminister Gromyko und der deutsche Botschafter in Moskau, Helmut Allardt, bereits am 8. Dezember und erneut am 11. und 23. Dezember zu offiziellen Gesprächen zusammen, bei denen es um die Anerkennung der bestehenden Grenzen in Europa und um einen Gewaltverzicht ging.[180] Im Vorfeld dieser Gespräche hatte die neue Bundesregierung – gewissermaßen als Zeichen guten Willens – am 28. November den Atomsperrvertrag unterzeichnet, der zehn Jahre lang die deutsche Außenpolitik und die deutsch-sowjetischen Beziehungen unnötig belastet hatte. Dennoch boten Allardts Gespräche wenig Anlaß zum Optimismus, weil die sowjetische Regierung weiter auf ihren Maximalforderungen beharrte: Anerkennung des territorialen Status quo im Sinne der Unveränderlichkeit der bestehenden Grenzen, völkerrechtliche Anerkennung der DDR, Verzicht auf den deutschen Anspruch zur Wiedervereinigung sowie Trennung West-Berlins vom Bund und Ungültigkeitserklärung des Münchner Abkommens von 1938 von Anfang an.[181] Entweder hatte man sich im Kreml nicht genügend auf die Verhandlungen vorbereitet oder war sich über das Ausmaß des Wechsels in Bonn noch nicht im klaren. Auf jeden Fall ließen die Gespräche keinerlei Fortschritte erkennen. Als sich daran auch bis Jahresende noch nichts geändert hatte, beschloß Brandt, Egon Bahr nach Moskau zu entsenden, der ihm aus dem Auswärtigen Amt ins Kanzleramt gefolgt war und dort nun als sein Staatssekretär fungierte. Die Zeit drängte: Wenn das Fundament der neuen Ostpolitik nicht bis zum Sommer in Moskau gelegt war, konnten die folgenden Verhandlungen mit Warschau, Prag und Ost-Berlin in der vierjährigen Legislaturperiode kaum noch unter Dach und Fach gebracht werden. Das Gesamtwerk der neuen Ostpolitik, das seinerseits nur als Eingangsstufe eines umfassenden gesamteuropäischen Friedensprozesses konzipiert war, drohte dann in Gefahr zu geraten.

2. Neue Ostpolitik und Entspannung

Bahr war durch seine Tätigkeit als Leiter des Politischen Planungsstabs im Auswärtigen Amt während der Großen Koalition gut präpariert. Wenn es jemanden gab, der die Verhandlungen ohne umständliche Rücksprachen mit Bonn im Sinne Brandts zu beschleunigen vermochte, dann war er es. Ehe er im Januar nach Moskau aufbrach, um festzustellen, «ob es geht, oder ob es nicht geht»,[182] erhielt man im Kanzleramt jedoch einen deutlichen Hinweis, daß inzwischen auch in Moskau das Umdenken begonnen hatte. So schickte der sicherheitspolitische Berater von Staats- und Parteichef Leonid Breschnew, A. M. Alexandrow, im Dezember 1969 einen Kontaktmann zu Bahr, um ihm einen direkten Geheimkanal ins Zentrum der sowjetischen Macht zu eröffnen. An den Bürokratien der beiden Außenministerien vorbei konnten damit Gedanken auf höchster Ebene «in konventionsfreier Form» ausgetauscht werden.[183] Ein ähnlicher «back channel» bestand seit Oktober 1969 auch zwischen Bahr und Kissinger.[184]

Das Ergebnis der Gespräche, die Bahr im Januar/Februar, im März und im Mai 1970 in drei Runden – insgesamt etwa 55 Stunden lang – mit Gromyko in Moskau führte, wurde in einer vertraulichen Vorvereinbarung festgehalten, die in zehn Punkten wesentliche Teile des späteren Moskauer Vertrages vorwegnahm. Dieses als «Bahr-Papier» bekannt gewordene Schriftstück enthielt zum einen die Verpflichtung beider Seiten, «sich in Fragen, die die europäische Sicherheit berühren, sowie in ihren bilateralen Beziehungen gemäß Artikel 2 der Satzung der Vereinten Nationen der Drohung mit Gewalt oder der Anwendung von Gewalt zu enthalten», die «territoriale Integrität aller Staaten in Europa in ihren heutigen Grenzen uneingeschränkt zu achten» und auf jegliche Gebietsansprüche zu verzichten.[185] Zum anderen erklärte die Bundesregierung darin ihre Absicht, entsprechende Verträge mit Polen, der Tschechoslowakei und der DDR zu schließen, die mit dem Moskauer Vertrag «ein einheitliches Ganzes bilden» sollten. Von völkerrechtlicher Anerkennung der DDR war nicht mehr die Rede, wohl aber von der Bereitschaft der Bundesregierung, mit der DDR ein Abkommen zu treffen, «das die zwischen Staaten übliche gleiche verbindliche Kraft haben wird wie andere Abkommen, die die Bundesrepublik Deutschland und die Deutsche Demokratische Republik mit dritten Ländern schließen». In diesem Zusammenhang versprach die Bundesregierung ebenfalls, sich für die Aufnahme beider deutscher Staaten in die UNO einzusetzen und damit implizit die Anerkennung der DDR durch ihre westlichen Verbündeten freizugeben, sobald die deutsch-deutschen Beziehungen geregelt waren.[186]

Durch gezielte Indiskretion gelangte das vertrauliche Arbeitspapier im Juni 1970 in die Öffentlichkeit. Die Publikation in der Illustrierten *Quick* und in der *Bild*-Zeitung machte daraus praktisch ein offizielles Dokument, das beide Seiten öffentlich festlegte und somit weitere Zugeständnisse erschwerte. Der außenpolitische Schaden, der dadurch angerichtet wurde, hielt sich jedoch in Grenzen, weil die Bundesregierung ohnehin bereits wichtige Leitsätze preisgegeben hatte. So hatte Außenminister Scheel das

Papier dem NATO-Rat im Original vorgelegt und erläutert; Regierungssprecher Ahlers hatte Ende Mai unter Bezug auf das Papier davon gesprochen, daß die Gesprächsergebnisse «fast unterschriftsreif» seien, und wenige Tage später auf die Frage, ob noch viel geändert werden würde, erklärt: «Ich würde gar nicht von ‹Änderungen› sprechen, es handelt sich primär um Ergänzungen.»[187] Tatsächlich hatte Gromyko nicht zum Schein mehr als fünfzig Stunden lang mit Bahr gesprochen; das Ergebnis entsprach weitgehend dem, was politisch von beiden Seiten möglich war. Dennoch waren Scheels Kollegen im NATO-Rat nicht wenig erstaunt über die vertragsartigen Formulierungen im ersten Teil des Bahr-Papiers, weil damit zumindest die – auch von der FDP und von der Opposition in Bonn gestellte – Frage aufgeworfen wurde, ob Bahr seine «Gesprächsbefugnis» nicht unzulässigerweise in eine Verhandlungskompetenz umgemünzt habe. Da dieser Teil des Bahr-Papiers schließlich unverändert in den Moskauer Vertrag vom 12. August 1970 übernommen wurde, war der Verhandlungscharakter seiner Gespräche offensichtlich. Der dafür eigentlich zuständige Außenminister und sein Amt waren darüber nicht nur unzureichend informiert gewesen, sondern besaßen nach der Veröffentlichung des Papiers auch kaum noch die Möglichkeit, an den Formulierungen etwas zu ändern.

Das Ergebnis konnte sich trotzdem sehen lassen. Es zielte auf einen Vertrag, der – explizit oder implizit – drei zentralen Anforderungen genügen sollte:

1. *Gewaltverzicht.* Streitfragen sollten in Zukunft «ausschließlich mit friedlichen Mitteln» gelöst werden.
2. *Grenzanerkennung.* Der bestehende territorial-politische Status quo in Europa wurde als «unverletzlich» angesehen und sollte nur in gegenseitigem Einvernehmen geändert werden können.
3. *Modellcharakter.* Die Bestimmungen des Vertrages sollten als Grundlage für entsprechende Vereinbarungen der Bundesrepublik Deutschland mit anderen osteuropäischen Staaten und der DDR dienen.

Die eigentliche Leistung der Moskauer Gespräche Bahrs kommt in diesen wenigen Hinweisen jedoch nicht genügend zum Ausdruck. Der Teufel steckte, wie stets bei diplomatischen Verhandlungen, auch diesmal im Detail. So bedeutete die Formulierung, Streitfragen seien «ausschließlich mit friedlichen Mitteln zu lösen», ein erhebliches Zugeständnis Gromykos, der zunächst darauf beharrt hatte, daß Moskau aufgrund der Feindstaatenartikel 53 und 107 der UN-Charta auch künftig ein Interventionsrecht in der Bundesrepublik besitze. Mit der neuen Formel wurde dieser sowjetische Anspruch durch eine höherrangige Vereinbarung überlagert.[188] Zweitens wurde zwar der territorial-politische Status quo in Europa anerkannt. Dies schloß allerdings nicht nur die DDR und die Oder-Neiße-Grenze, sondern auch die Realität von West-Berlin ein. Darüber hatten im März 1970 Vier-Mächte-Verhandlungen begonnen, um eine praktikable Regelung für den Zugang

2. Neue Ostpolitik und Entspannung 541

und die Lebensfähigkeit der Stadt zu finden. Drittens bedeutete die Anerkennung der bestehenden Grenzen als Grundlage für eine Normalisierung der politischen Verhältnisse in Europa keinen Verzicht auf die Wiedervereinigung Deutschlands. Sie wäre ohnehin nicht mit dem Grundgesetz vereinbar gewesen, so daß ein entsprechender Vertrag, selbst wenn Bahr sich mit Gromyko darauf verständigt hätte, spätestens am Einspruch des Bundesverfassungsgerichts gescheitert wäre. Im Bahr-Papier – wie auch später im Moskauer Vertrag – wurde deshalb nur davon gesprochen, daß die Grenzen in Europa «unverletzlich», nicht aber, daß sie «unverrückbar» seien, wie Gromyko ursprünglich vorgeschlagen hatte. Änderungen oder gar die Aufhebung von Grenzen blieben demnach möglich, sofern sie in gegenseitigem Einvernehmen der Beteiligten erfolgten; eine Wiedervereinigung Deutschlands oder der Zusammenschluß Westeuropas zu einem Bundesstaat wurden damit einem rechtlichen Veto Moskaus entzogen. Mehr noch: Auch wenn Gromyko sich gegen den deutschen Wunsch, das Recht auf Einheit in den Vertrag aufzunehmen, unnachgiebig zeigte, akzeptierte er schließlich den Vorschlag Bahrs, einen entsprechenden «Brief zur deutschen Einheit» als Nebenabrede formell zur Kenntnis zu nehmen. Tatsächlich wurde der von Außenminister Scheel an Gromyko geschriebene Brief später bei der Ratifizierung des Moskauer Vertrages durch den Obersten Sowjet berücksichtigt. Die Sowjetunion konnte danach die Wiedervereinigungsbemühungen der Bundesrepublik nicht mehr als unzulässig bezeichnen.[189]

Das größte Problem bei den Gesprächen Bahrs betraf indessen die Neuordnung des Verhältnisses der Bundesrepublik zur DDR. Gromyko forderte zunächst die völlige Gleichstellung Ost-Berlins und damit eine «endgültige» Anerkennung der DDR. Wie in der Frage der Ostgrenzen, so befand sich Bahr auch hier in der Schwierigkeit, daß ein Vertrag mit rechtlicher Endgültigkeit von der Bundesrepublik gar nicht geschlossen werden konnte. Nicht nur der Bundestag und das Bundesverfassungsgericht hätten dagegen interveniert, sondern vermutlich auch die Westmächte. Alle diesbezüglichen Vereinbarungen mußten demnach unter dem Vorbehalt der Vier-Mächte-Verantwortung für ganz Deutschland stehen. Selbst wenn Bonn die DDR völkerrechtlich anerkennen wolle, so Bahr gegenüber Gromyko, sei es dazu nicht befugt, denn es träfe damit eine abschließende Entscheidung über ganz Deutschland und nehme somit Rechte für sich in Anspruch, die es überhaupt nicht besitze. Im übrigen, fragte Bahr – geradezu scheinheilig –, wolle die Sowjetunion etwa auf ihre Rechte für ganz Deutschland verzichten? So hat Gromyko die Dinge offenbar noch nicht gesehen, und Bahr fuhr ungerührt fort, wenn das der Fall wäre, entstehe allerdings eine neue Lage, und man müsse neu nachdenken. Das Frage- und Antwortspiel war rhetorisch: Die Sowjetunion zog es vor, ihre Rechte in Deutschland zu wahren, und Gromyko hatte die unangenehme Pflicht, der Ost-Berliner Führung mitzuteilen, daß eine vollständige völkerrechtliche Anerkennung durch die Bundesrepublik nicht in Betracht kam, sondern nur die volle Gleichberechtigung und Einbeziehung in völkerrechtliche Verträge. Als Ausgleich dafür willigte Bonn ein, daß beide deutschen Staaten «im Zuge der Entspannung» Mitglied der Vereinten Nationen werden sollten.[190] Mit diesen Absprachen war nicht nur das künftige Verhältnis zwischen der Bundesrepublik und der Sowjetunion in allen wesentlichen Punkten bestimmt, sondern auch die Basis für die noch folgenden Vereinbarungen im Rahmen der neuen Bonner Ostpolitik geschaffen. Für Außenminister Scheel, der Ende Juli 1970 zusammen mit Bahr nach Moskau fuhr, um die abschließenden – «eigentlichen» – Verhandlungen zu führen, blieb danach nicht mehr viel zu tun übrig. Immerhin setzte er noch die Verknüpfung von Artikel 3 über die Grenzanerkennung «mit den vorstehenden Zielen und Prinzipien» in Artikel 1 und 2 über Entspannung, Frieden und Gewaltverzicht durch, so daß nach Auffassung des Auswärtigen Amtes künftige Bemühungen um eine friedliche Grenzänderung bzw. -aufhebung im Rahmen einer Wiedervereinigung erleichtert wurden. Außerdem brachte Scheel ein von ihm schon zuvor in Bonn formulierт es Junktim in die Verhandlungen ein, wonach der Moskauer Vertrag erst dann vom Bundestag ratifiziert werden würde, wenn ein befriedigendes Ergebnis für Berlin erreicht sei. Im «Brief zur deutschen Einheit», den er nun ebenfalls überreichte, stellte er überdies fest, «daß dieser Vertrag nicht im Widerspruch zu dem politischen Ziel der Bundesrepublik Deutschland steht, auf einen Zustand des Friedens in Europa hinzuwirken, in dem das deutsche Volk in freier Selbstbestimmung seine Einheit wiedererlangt».[191] Der Moskauer Vertrag wurde danach am 7. August von den Außenministern Scheel und Gromyko paraphiert und am 12. August von Bundeskanzler Brandt und Ministerpräsident Kossygin zusammen mit den Außenministern und in Anwesenheit von Generalsekretär Breschnew unterzeichnet.[192]

Nur wenige Monate später, am 7. Dezember 1970, folgte die Unterzeichnung des deutsch-polnischen Vertrages durch die Regierungschefs und Außenminister der beiden Staaten im Namiestnikowski-Palais in Warschau. Der «Meinungsaustausch» darüber hatte am 5. Februar 1970 mit einem Besuch des Staatssekretärs im Auswärtigen Amt, Ferdinand Duckwitz, in der polnischen Hauptstadt begonnen. Duckwitz war ebenfalls ein enger Vertrauter von Brandt und für die Polen aufgrund seiner Gegnerschaft zu Hitler – die dänischen Juden verdankten ihm Ende des Krieges ihre Rettung – ein durchaus willkommener Gesprächspartner. Zudem brauchte Duckwitz nicht bei Null zu beginnen. Noch als Außenminister der Großen Koalition hatte Brandt im Sommer 1968 seinen langjährigen Mitarbeiter Klaus Schütz, der kurz vorher die Nachfolge von Heinrich Albertz als Regierender Bürgermeister von Berlin angetreten hatte, nach Warschau entsandt, um die Polen wissen zu lassen, daß er bereit sei, die Oder-Neiße-Grenze anzuerkennen. Zugleich hatte er Eugen Selbmann, den verschwiegenen und verläßlichen Ost-Experten der SPD-Fraktion, gebeten, seine vielfältigen Kontakte zu nutzen, um die neue Botschaft an geeigneter Stelle auszustreuen. Dennoch

2. Neue Ostpolitik und Entspannung

kamen die Gespräche, die Duckwitz mit seinem polnischen Gegenüber Jozef Winiewicz abwechselnd in Bonn und Warschau führte, lange nicht von der Stelle. Dies lag nicht nur an der vorsichtigen und bedächtigen Art, in der Duckwitz sich in schwierigen Situationen stets zu bewegen pflegte, sondern ebenfalls daran, daß die polnischen Gespräche mit den Sondierungen von Bahr parallel geschaltet waren. Erst nach Abschluß des Moskauer Vertrages ging es auch mit Warschau zügiger voran.

Die Polen selbst waren über diese Verbindung alles andere als glücklich. Sie wünschten sich die Sicherung der Oder-Neiße-Grenze nicht als «Geschenk» der Russen, sondern als Ergebnis eigener Verhandlungen. Als in Punkt 3 des Bahr-Papiers ausdrücklich die «Oder-Neiße-Linie, die die Westgrenze der Volksrepublik Polen bildet»[193], erwähnt wurde, machte Staats- und Parteichef Wladyslaw Gomulka, der sich ansonsten aus den Gesprächen heraushielt, seinem Unmut gegenüber Duckwitz umgehend Luft. Auch Ministerpräsident Jozef Cyrankiewicz erklärte in einem Brief an Bundeskanzler Brandt kategorisch, das Selbstbewußtsein der polnischen Nation ertrage es nicht, wenn Deutsche und Russen sich über die Köpfe der Polen hinweg über polnische Angelegenheiten verständigten.[194] Die Bundesregierung kam den polnischen Wünschen danach insoweit entgegen, als sie sich einverstanden erklärte, die im Moskauer Vertrag enthaltene Reihenfolge von Gewaltverzicht und Grenzanerkennung im Warschauer Vertrag umzukehren: Die Anerkennung der Oder-Neiße-Grenze wurde nun bereits in den Artikel 1 aufgenommen und erhielt damit oberste Priorität, während der Gewaltverzicht in Artikel 2 um einen Platz nach hinten rückte. Der wichtigsten polnischen Forderung, dem Vertrag unbegrenzte Gültigkeit zu verleihen, konnte von Bonn jedoch aus rechtlichen und politischen Gründen nicht entsprochen werden. Wie bei der Formulierung der allgemeinen Grenzanerkennung bei den Moskauer Gesprächen Bahrs, so war die Bundesregierung auch bei den Verhandlungen mit Warschau nicht in der Lage, einer späteren friedensvertraglichen Regelung bzw. der Entscheidung einer gesamtdeutschen Regierung vorzugreifen, sondern konnte – wie sie in Noten an die Westmächte erklärte – «nur im Namen der Bundesrepublik Deutschland handeln», so daß die Rechte und Verantwortlichkeiten der Vier Mächte für Deutschland als Ganzes und Berlin nicht berührt wurden.[195]

Strittig war ebenfalls die Regelung der Aussiedlung von Deutschen und Deutschstämmigen aus Polen. Das Problem war nicht nur von moralischer, sondern auch von rechtlicher und wirtschaftlicher Bedeutung, da eine Anerkennung der Oder-Neiße-Grenze – d. h. ein Verzicht auf die Änderung der realpolitischen Lage in Europa und damit die Beendigung des bisherigen Provisoriums – zwangsläufig die Frage nach der Rechtsstellung der in Polen zurückgebliebenen Deutschen und ihrer Nachkommen aufwerfen mußte. Während deutsche Völkerrechtler diese als eine nationale Minderheit betrachteten, der es erlaubt sein müsse, zwischen der Umsiedlung in die Bundesrepublik – bzw. in die DDR – und dem Verbleiben in Polen zu wählen, sah die polnische Regierung in ihnen polnische Staatsbürger und wertvolle Arbeitskräfte, über deren Ausreise lediglich die eigenen Behörden zu befinden hätten. Schon die Angaben über die Zahl der betroffenen Personen schwankten stark: Nach Bonner Schätzungen lag sie bei einer Million, nach polnischen Behauptungen bei Null – es gebe in Polen gar keine Deutschen mehr.[196] Erst bei den Schlußverhandlungen, die nach Beendigung der Vorgespräche zwischen Duckwitz und Winiewicz im Oktober 1970 unter der Leitung der Außenminister Walter Scheel und Stefan Jendrychowski vom 3. bis 13. November 1970 in Warschau stattfanden, einigte man sich auf die Formel, daß noch «einige Zehntausende» Umsiedlungsberechtigte vorhanden seien; doch auch darunter verstanden die Polen höchstens 40 000 bis 45 000, die Deutschen wiederum bis zu 100 000. Selbst diese vage Formulierung fand jedoch keinen Eingang in den Warschauer Vertrag, sondern war nur in einer «Information» der polnischen Regierung «über Maßnahmen zur Lösung humanitärer Probleme» enthalten, die der Bundesregierung als Begleitdokument zum Vertrag übergeben wurde. Darin wurde festgestellt, «daß Personen, die auf Grund ihrer unbestreitbaren deutschen Volkszugehörigkeit in einen der beiden deutschen Staaten auszureisen wünschen, dies unter Beachtung der in Polen geltenden Gesetze und Rechtsvorschriften tun können».[197]

Der Vertrag war also bestenfalls ein erster Schritt zu einer Aussöhnung, wie sie 1963 zwischen der Bundesrepublik und Frankreich mit dem Vertrag von Rambouillet eingeleitet worden war. Auch aus diesem Grund ist weniger die Unterzeichnung des Vertrages in Erinnerung, als vielmehr der Kniefall von Bundeskanzler Brandt bei der Kranzniederlegung vor dem Denkmal für die Gefallenen des Warschauer Ghettos.[198] Das Bild ging um die Welt: Der «Kniefall von Warschau» symbolisierte – mehr als jeder Vertrag und alle Worte – den politisch-moralischen Versuch einer Vergangenheitsbewältigung und eines Neuanfangs. Brandt selbst schrieb darüber später im Rückblick: «Unter der Last der jüngsten deutschen Geschichte tat ich, was Menschen tun, wenn die Worte versagen; so gedachte ich der Millionen Ermordeter. Aber ich dachte auch daran, daß Fanatismus und Unterdrückung der Menschenrechte – trotz Auschwitz – kein Ende gefunden haben. Wer mich verstehen wollte, konnte mich verstehen; und viele in Deutschland und anderswo haben mich verstanden.»[199]

Das Viermächte-Abkommen über Berlin

Aus Bonner Sicht ergaben der Moskauer und der Warschauer Vertrag als Auftakt einer neuen Ostpolitik allerdings nur dann einen Sinn, wenn sie von einer befriedigenden Regelung des Berlin-Problems begleitet waren. Nirgendwo hatte die Sowjetunion seit 1945 so leichtes Spiel gehabt, die Spannungsschraube des Kalten Krieges nach eigenem Gutdünken anzudrehen oder zu lösen, nirgendwo waren die geographischen, politischen und wirt-

2. Neue Ostpolitik und Entspannung 545

schaftlichen Ausgangsbedingungen für den Westen so schwierig wie in Berlin.[200] Den großen Krisen der Blockade, des Chruschtschow-Ultimatums und des Mauerbaus waren seit 1967 eine Reihe «kleinerer Krisen» gefolgt: zeitweilige Behinderungen und Schikanen auf den Zugangswegen, Propagandakampagnen oder – wie bei der Bundespräsidentenwahl 1969 – Niedrigflüge sowjetischer Düsenjäger, die unangenehm auf die ungleiche Machtverteilung in der Stadt hinwiesen. Am 6./7. August 1969 hatten die Westmächte deshalb in Übereinstimmung mit der Bundesregierung der Sowjetunion erste Vorschläge für einen verbesserten Zugang unterbreitet und dafür Zugeständnisse bei der Bundespräsenz in West-Berlin angeboten. Zwar besaß die Bundesregierung in dieser Frage keine Verhandlungskompetenz. Aber Willy Brandt – damals noch Außenminister der Großen Koalition – hatte auf der NATO-Ministerratskonferenz in Washington im April 1969 auf eine westliche Initiative gedrängt, um das Problem, das nicht nur der beginnenden Ost-West-Entspannung, sondern auch der neuen Ostpolitik im Wege stand, zu lösen.[201]

Allerdings zögerten die Vier Mächte, tatsächlich Gespräche aufzunehmen, weil sie von deren Erfolgsaussichten nicht überzeugt waren. Egon Bahr ließ daher im Rahmen seiner Sondierungen zum Moskauer Vertrag gleich bei seinem ersten Treffen mit dem sowjetischen Außenminister Gromyko am 30. Januar 1970 keinen Zweifel daran, welche Bedeutung die Bundesregierung einer befriedigenden Berlin-Regelung für die neue Politik beimaß. Berlin, so Bahr, dürfe keine «Insel des Kalten Krieges» bleiben.[202] Und als Bundeskanzler Brandt die Westmächte über die erste Runde der Moskauer Gespräche Bahrs unterrichtete, nutzte er ebenfalls die Gelegenheit, um in seiner Botschaft an Präsident Nixon, Premierminister Wilson und Präsident Pompidou zu erklären, daß er «auf baldigen Beginn von Vierer-Gesprächen über Berlin auf der Grundlage einer abgestimmten westlichen Position besonderen Wert» lege.[203] Erst danach traten die Vorbereitungen für die Berlin-Verhandlungen in ein konkretes Stadium, die schließlich am 26. März 1970 im Gebäude des Alliierten Kontrollrats im Berliner Kleistpark auf Botschafterebene begannen.

Inhaltlich ging es vor allem um Lösungen für die «drei Z», wie der damalige Regierende Bürgermeister Klaus Schütz erklärte: die Zuordnung West-Berlins zum Bund, den Zugang von der Bundesrepublik nach West-Berlin und den Zutritt der West-Berliner nach Ost-Berlin und der übrigen DDR.[204] Dabei sollte allerdings nicht nur der Status quo festgeschrieben werden, wie er sich seit 1945 entwickelt hatte. Vielmehr erwartete man von westlicher Seite neben einer möglichst präzisen juristischen Fixierung der politischen und rechtlichen Situation auch eine reale Verbesserung der Lebensbedingungen in der geteilten Stadt, wozu in erster Linie gesicherte Transitwege sowie erweiterte Reise- und Besuchsmöglichkeiten gehörten. Wichtig war zudem, diese Bestimmungen in einem Abkommen der vier Siegermächte des Zweiten Weltkrieges zu fixieren, damit der DDR, die ja die Zugangswege nach West-Berlin und die Grenzübergänge zwischen dem Westteil und dem Ostteil der Stadt de facto kontrollierte, die Möglichkeit genommen wurde, die vereinbarten Regelungen bei den innerdeutschen Verhandlungen wieder in Frage zu stellen. Da die östliche Seite dabei nichts gewinnen konnte, sondern sogar Einschränkungen ihrer bisherigen Position hinnehmen mußte, war das Berlin-Abkommen somit letztlich der Preis, den die DDR und die Sowjetunion für die Ostverträge und die geplanten deutsch-deutschen Vereinbarungen – einschließlich der internationalen Aufwertung Ost-Berlins – zu zahlen hatten.

Die Bundesregierung ließ in diesem Zusammenhang keinen Zweifel daran, daß sie Berlin als einen Testfall für die Entspannung betrachtete. So betonte sie bereits am 7. Juni 1970, daß ohne eine Sicherung der engen Verbindungen zwischen der Bundesrepublik und West-Berlin und des ungehinderten Zugangs nach West-Berlin der künftige Vertrag mit Moskau nicht in Kraft treten könne. Das Junktim war also längst formuliert, als Außenminister Scheel es vor seiner Reise Ende Juli 1970 zu den abschließenden Verhandlungen in die sowjetische Hauptstadt noch einmal bekräftigte. Auch die Einberufung einer Konferenz über Sicherheit und Zusammenarbeit in Europa (KSZE), an der die Sowjetunion großes Interesse hatte, weil sie sich davon auf multilateraler Ebene eine weitere Bestätigung der bestehenden Grenzen in Europa versprach, und der Abschluß der amerikanisch-sowjetischen Verhandlungen zur Begrenzung der strategischen Rüstungen (SALT) wurden seitens der USA mit dem Berlin-Problem verknüpft. Dennoch kamen die Verhandlungen während des ganzen Jahres 1970 – also auch nach Unterzeichnung des Moskauer Vertrages – nicht voran, weil man sich noch nicht einmal über den Geltungsbereich einigen konnte. Während die Westmächte davon ausgingen, daß der 1944 in den Londoner Verhandlungen der European Advisory Commission festgelegte Status für ganz Berlin gelte, wollte die Sowjetunion nur über West-Berlin sprechen; Ost-Berlin sei dagegen Hauptstadt und Teil der DDR. Erst nachdem man sich Ende 1970 darauf geeinigt hatte, Status- und Rechtsfragen auszuklammern, machten die Verhandlungen Fortschritte. In einem sowjetischen Entwurf vom 26. März war erstmalig weder von «Groß-Berlin» noch von «West-Berlin» die Rede, sondern nur von dem «betreffenden Gebiet».[205]

Auch danach zogen sich die Verhandlungen noch bis September 1971 hin. Insgesamt 33 offizielle Sitzungen und 152 Konferenzstunden, dazu Erörterungen auf Expertenebene, zahllose «private» Begegnungen, Gespräche zwischen dem sowjetischen Botschafter in Bonn, Valentin Falin, und Walter Ulbricht bzw. Erich Honecker in Ost-Berlin sowie zwischen Sicherheitsberater Kissinger und Sowjet-Botschafter Dobrynin in Washington und in der Schlußphase die Bildung eines informellen geheimen Triumvirats zwischen US-Botschafter Rush, Falin und Bahr in Bonn waren nötig, um ein Werk zustande zu bringen, das nicht einfach einen Vertrag darstellte, sondern ein kompliziertes Flechtwerk mit einer «Hierarchie von Haupt-, Unter- und

2. Neue Ostpolitik und Entspannung 547

Ergänzungsvereinbarungen».[206] Es war ein «Seminarstück für Juristen und Diplomaten», auf das sich noch 1996 der amerikanische Botschafter John Kornblum besann, als er den Text für das Dayton-Abkommen zur Beendigung des Bosnien-Krieges entwarf.[207] In diesem Vertragsgewirr bildete das Viermächte-Abkommen vom 3. September 1971 nur die Grundlage für weitere Verhandlungen zwischen der Bundesrepublik und der DDR sowie zwischen dem West-Berliner Senat und der DDR, in denen die notwendigen praktischen Folgerungen aus den Kompromissen der Vier Mächte gezogen wurden. Diese «innerdeutschen Folgevereinbarungen» betrafen die Übereinkunft zwischen den beiden deutschen Postverwaltungen vom 30. September 1971, das Transitabkommen zwischen der DDR und der Bundesrepublik vom 17. Dezember 1971 und die Vereinbarungen zwischen dem Senat von Berlin und der Regierung der DDR über Reise- und Besucherverkehr und über Gebietsaustausch vom 20. Dezember 1971. Alle diese Ergebnisse wurde jedoch am Ende nochmals auf Eis gelegt, weil die Sowjetunion das deutsche Junktim zwischen der Ratifizierung der Ostverträge und dem Abschluß des Viermächte-Abkommens mit einem «Gegen-Junktim» beantwortete: Erst nachdem die Verträge ratifiziert waren, konnte das Berlin-Abkommen mit der Unterzeichnung des Schlußprotokolls am 3. Juni 1972 in Kraft gesetzt werden.[208]

Ausgangspunkt des Viermächte-Abkommens war die Feststellung, daß die Westsektoren Berlins «so wie bisher kein Bestandteil (konstitutiver Teil) der Bundesrepublik Deutschland sind und auch weiterhin nicht von ihr regiert werden». Dafür erkannte die Sowjetunion erstmals die staatlichen Bindungen zwischen der Bundesrepublik und West-Berlins an, die «aufrechterhalten und entwickelt» werden sollten. Als Gegenleistung stimmten die Westmächte einer Einschränkung der Bundespräsenz in Berlin zu; staatlichen Organen der Bundesrepublik sowie den Bundestagsausschüssen und -fraktionen waren danach Verfassungsakte und Amtsakte, mit denen unmittelbare Staatsgewalt über die Westsektoren Berlins ausgeübt wurde, untersagt. Die Abhaltung der Bundesversammlung – wie noch 1969 bei der Heinemann-Wahl –, Sitzungen des Bundeskabinetts, des Bundestages und des Bundesrates sowie gleichzeitige Sitzungen mehrerer Fraktionen waren dadurch ausgeschlossen. Allerdings blieb die Bundesrepublik in Berlin durch eine «ständige Verbindungsbehörde» vertreten; Dienststellen des Bundes und Bundesgerichte durften hier auch weiterhin tätig sein, soweit sie keine unmittelbare Staatsgewalt über die Westsektoren ausübten.[209] Zum rechtlich bisher nicht gesicherten Landzugang zwischen West-Berlin und der Bundesrepublik erklärte die Sowjetunion im Viermächte-Abkommen, daß der zivile Transitverkehr «ohne Behinderungen sein wird, daß dieser Verkehr erleichtert wird, damit er in der einfachsten und schnellsten Weise vor sich geht und daß er Begünstigungen erfahren wird». Die Einzelheiten wurden durch das Transitabkommen zwischen der Bundesrepublik und der DDR geregelt. Hinsichtlich der Außenvertretung West-Berlins behielten die

Westmächte ihre Rechte grundsätzlich weiterhin bei, übertrugen deren Ausübung – etwa die konsularische Betreuung der West-Berliner oder deren Vertretung in internationalen Organisationen und auf internationalen Konferenzen – aber teilweise auf die Bundesrepublik Deutschland.[210]

Zusammen mit den innerdeutschen Folgevereinbarungen, die in das Schlußprotokoll vom 3. Juni 1972 inkorporiert wurden, schuf das Viermächte-Abkommen somit die rechtlichen Voraussetzungen dafür, daß die Bindungen und Verbindungen zwischen der Bundesrepublik und West-Berlin in den Grenzen des fortbestehenden besatzungsrechtlichen Status aufrechterhalten und entwickelt werden konnten und die Überlebensfähigkeit der Stadt durch praktische Maßnahmen gesichert wurde. Streitpunkte blieben dabei die Außenvertretung, die in Anlage IV als Kann-Vorschrift formuliert war («ausgedehnt werden können») und in jedem Einzelfall ausdrücklich vereinbart werden mußte, und die interpretatorische Auslegung der Frage, was genau unter «Bindungen» oder «Verbindungen» zu verstehen sei. Hier bestand das Problem darin, daß das Viermächte-Abkommen im Original nur in englischer, französischer und russischer Sprache vorlag. Eine deutsche Übersetzung als authentische Fassung war vom französischen Botschafter Jean Sauvagnargues mit dem Hinweis abgelehnt worden, daß die vereinbarten Regelungen *(règles agréées)* eine ausschließliche Angelegenheit der Vier Mächte seien. Eine deutsche Übersetzung berge die Gefahr, einen *aspect interallemand* in das Abkommen hineinzubringen – eine Absicht, die Sauvagnargues besonders Egon Bahr unterstellte, der ohnehin als «aktives Kommunikationszentrum» bei den Verhandlungen fungierte, sowohl über den Geheimkanal mit Kissinger als auch über seine geheime Verbindung zu Alexandrow direkte Kontakte zu den beiden Supermächten pflegte und schließlich mit den Geheimverhandlungen der Bonner Dreier-Gruppe Rush-Bahr-Falin sogar direkt – wenngleich nur informell – an den Verhandlungen beteiligt wurde.[211] Zwar kannte der französische Botschafter, der von den Einzelheiten dieser Aktivitäten nichts wußte und über deren Ausmaß von den Beteiligten im Dunkeln gelassen wurde, nur einen Bruchteil der tatsächlichen Rolle Bahrs. Aber der deutsche Einfluß war überall spürbar. Sauvagnargues, von dem im übrigen der Vorschlag stammte, Statusfragen von der Regelung praktischer Aspekte zu trennen[212], wollte Bahr deshalb wenigstens die Möglichkeit nehmen, über eine deutsche Übersetzung nochmals sprachlich-redaktionell auf das Abkommen einzuwirken. Auch die DDR, die in die Verhandlungen überhaupt nicht einbezogen gewesen war, hätte bei einer deutschen Übersetzung versucht sein können, fürchtete Sauvagnargues, Interpretationen zu ihren Gunsten vorzunehmen.

Tatsächlich sollte die Frage, ob mit dem Begriff «Bindungen» *(ties, liens, svjazi)* politisch-rechtliche Bindungen – wie die Bundesrepublik erklärte – oder nur «Verbindungen» verkehrs- und kommunikationstechnischer Art – wie die DDR behauptete – gemeint waren, in den folgenden Jahren zu einem ständigen Stein des Anstoßes werden. Die Logik des Abkommens bestätigte

2. Neue Ostpolitik und Entspannung 549

zwar eindeutig die bundesrepublikanische Sichtweise. Die von Bonn betriebene extensive Auslegung der Formulierung, daß die Bindungen nicht nur aufrechterhalten, sondern auch «entwickelt» werden könnten, ließ sich jedoch aus den internen Abreden (den geheimen *understandings*) der Verhandlungspartner nicht ableiten.[213] Die offene Formulierung bestimmter Sachverhalte, die auch für die Kann-Bestimmung der Außenvertretung und besonders für die Definition des Geltungsbereichs des Abkommens als «betreffendes Gebiet» galt, war indessen Teil der diplomatischen Strategie, ohne die eine Einigung nicht möglich gewesen wäre. Jede Seite mußte die Möglichkeit behalten, in gewissen Bereichen eigene Interpretationen vorzunehmen, um das Abkommen politisch und rechtlich annehmbar zu machen. Insofern handelte es sich beim Viermächte-Abkommen nicht um eine Lösung des Berlin-Problems, sondern lediglich um die Vereinbarung eines Modus vivendi, der den Einstieg in den Entspannungsprozeß auch an diesem sensiblen Punkt des Ost-West-Gegensatzes erlauben sollte.

Die Tatsache, daß man überhaupt so weit gekommen war, lag nicht nur an der Bonner Ostpolitik und dem Interesse der Sowjetunion am Moskauer Vertrag, sondern auch an der Annäherung zwischen den USA und der Sowjetunion im Rahmen der allgemeinen Entspannungspolitik und an der besonderen Situation in der DDR und in der Sowjetunion im Frühjahr und Sommer 1971. Die amerikanisch-sowjetischen Verhandlungen über die Begrenzung strategischer Rüstungen (SALT) und der für Mitte Juni 1971 angekündigte Besuch des amerikanischen Präsidenten Nixon in China waren für die Sowjetunion Anlaß, sich noch intensiver als bisher um einen Ausgleich mit den USA zu bemühen. Da Berlin dabei auch von den USA zum Testfall der sowjetischen Verständigungsbereitschaft erhoben wurde, wirkte sich dies positiv auf die Berlin-Verhandlungen aus. Auch die Ablösung Walter Ulbrichts als Erster Sekretär des Zentralkomitees der SED durch Erich Honecker am 3. Mai 1971 ist – wenngleich nicht ausschließlich – vor diesem Hintergrund zu sehen; anders als sein Vorgänger, der sich der Berlin-Regelung nachdrücklich widersetzt hatte, sträubte sich Honecker, um ein gutes Einvernehmen mit der Sowjetunion bemüht, nicht länger gegen Konzessionen in der Berlin-Frage, obwohl sie für die DDR eine erhebliche Verschlechterung ihrer Position bedeuteten. Die innenpolitischen Probleme der Bundesregierung bei der Ratifizierung des Moskauer und Warschauer Vertrages taten schließlich ein übriges, um die sowjetische Kompromißbereitschaft zu fördern. Das Berlin-Abkommen verknüpfte somit Bonns neue Ostpolitik mit der allgemeinen Ost-West-Entspannung und bildete für alle Beteiligten einen gelungenen Test, der zu weiteren Schritten auf dem Weg zu einer Verständigung ermutigte.

Mißtrauensvotum und Ratifizierung der Ostverträge

Nach dem erfolgreichen Abschluß der Berlin-Verhandlungen, der von Bonner Seite zur Vorbedingung für die Ratifizierung des Moskauer Vertrages erklärt worden war, gab es keinen Grund mehr, die parlamentarische Beratung der Ostverträge, die seit August bzw. Dezember 1970 vorlagen, noch länger hinauszuzögern. Der Streit um die neue Ostpolitik, der bereits die Sondierungen Bahrs in Moskau überschattet und auch die Polen-Verhandlungen von Staatssekretär Duckwitz belastet hatte, trat damit in ein neues Stadium. Zwar deckten sich die Meinungen nur teilweise mit den Parteifronten. Aber anders als Adenauer, der sich in den fünfziger Jahren beim Kampf um die Durchsetzung der Westpolitik auf eine ausreichende Mehrheit im Bundestag hatte stützen können, verfügte die sozialliberale Koalition nur über einen knappen Vorsprung vor der Opposition, der zudem noch durch Parteiübertritte und Fraktionswechsel einzelner Abgeordneter ständig weiter abbröckelte. Die ursprüngliche Mehrheitsdecke von 12 Stimmen (254 zu 242) bei der Bundestagswahl 1969, die von Wehner und Schmidt schon für bedenklich dünn gehalten worden war, gehörte daher zu Beginn des Jahres 1972 längst der Vergangenheit an.

Diese Schrumpfung der Koalition war keineswegs nur auf den Widerstand gegen die neue Ostpolitik zurückzuführen. Wie bereits erwähnt, hatten sich eine Reihe von FDP-Abgeordneten von vornherein gegen das Bündnis mit der SPD gewandt, so daß Brandt bei der Kanzlerwahl nur 251 der 254 Stimmen der Koalitionsparteien erhalten hatte. Die Mehrheit war also in Wirklichkeit noch geringer, als es das Wahlergebnis aussagte. Die Opposition hatte deshalb von Anfang an die Taktik verfolgt, einzelne Abgeordnete aus der Koalition herauszubrechen – sie «abzuwerben», wie man damals sagte –, um die Regierung ihrer Mehrheit im Parlament zu berauben und sie damit zum vorzeitigen Rücktritt zu zwingen. Aber auch der konservative Flügel der FDP hatte sich frühzeitig gegen die eigene Partei gewandt. Ein wichtiges Datum war in diesem Zusammenhang der 14. Juni 1970, als die FDP bei Landtagswahlen in Niedersachsen und im Saarland unter die Fünf-Prozent-Hürde rutschte. Erich Mende schied danach aus dem Parteivorstand aus, und Siegfried Zoglmann, wie Mende von Krieg und Nationalstaat geprägt, gründete am 17. Juni 1970 die Nationalliberale Aktion (NLA), die nach seinen eigenen Worten den Versuch einer «Fraktionsbildung von rechts» darstellte und eine Antwort auf den seiner Meinung nach unerträglichen Linkstrend der FDP geben sollte.[214] Als Walter Scheel daraufhin trotz des Widerspruchs von Josef Ertl und Knut von Kühlmann-Stumm am 5. September 1970 ein Parteiausschlußverfahren gegen Zoglmann einleitete, zog dieser von sich aus die Konsequenzen, trat aus der FDP aus und wurde Hospitant bei der CDU/CSU-Fraktion. Erich Mende und Heinz Starke, der 1961/62 unter Adenauer für kurze Zeit Bundesfinanzminister gewesen war, folgten seinem Beispiel nur einen Tag später; der in Bad Go-

2. Neue Ostpolitik und Entspannung 551

desberg wohnende Mende ging zur CDU, der Bayreuther Starke zur CSU. Die sozialliberale Mehrheit im Bundestag betrug damit nur noch sechs Stimmen (251 zu 245).

Dabei war es allerdings vorerst geblieben. Obwohl es sowohl in der FDP als auch in der SPD mehrere Abgeordnete gab, denen man einen Parteiwechsel ebenfalls zutrauen konnte, hatten Brandt und Scheel sowie die Fraktionsvorsitzenden Herbert Wehner und Wolfgang Mischnick es lange Zeit verstanden, weitere Übertritte zu verhindern. Einzige Ausnahme war der Wechsel des Berliner SPD-Abgeordneten Klaus-Peter Schulz zur CDU am 14. Oktober 1971, dem jedoch aufgrund des eingeschränkten Berliner Stimmrechts für die Mehrheitsverhältnisse im Bundestag keine große Bedeutung zukam. Die Stunde der Opposition schlug daher erst, als am 23. Februar 1972 die Ratifizierungsdebatte über die Ostverträge begann. Die Auseinandersetzungen um die Ostpolitik sollten nun nach dem Wunsch des Fraktionsvorsitzenden und Kanzlerkandidaten der CDU/CSU, Rainer Barzel, der im Oktober 1971 auch die Nachfolge von Kurt Georg Kiesinger als Parteivorsitzender der CDU angetreten hatte, das Schicksal der Regierung Brandt endgültig besiegeln. Bereits im Vorfeld der Ersten Lesung im Bundestag war am 29. Januar 1972 Herbert Hupka – SPD-Abgeordneter, stellvertretender Bundesvorsitzender des Bundes der Vertriebenen und Bundesvorsitzender der Landsmannschaft Schlesien, die er mitbegründet hatte – zur CDU übergetreten. Da ihm, wie jeder ahnen konnte, die neue Ostpolitik besonders schmerzlich sein mußte, kam sein Schritt nicht völlig unerwartet. Dennoch war man in der Koalition überrascht, weil man ihm erst kurz zuvor die goldene Brücke gebaut hatte, ihm zuzubilligen, bei der Abstimmung über die Verträge mit Nein zu votieren.

Hupkas Frontenwechsel traf die Koalition deshalb unvorbereitet und wurde überdies sofort als ein besonders schwerer Schlag empfunden, weil die Mehrheit der Koalition in diesem entscheidenden Augenblick, in dem die gesamte Ostpolitik der Regierung auf dem Spiel stand, auf zwei Stimmen (250 zu 246) zusammengeschmolzen war. Wenn nur noch zwei weitere Mandate verlorengingen, war die Koalition ihrer Regierungsfähigkeit beraubt. Noch schlimmer erschien allerdings die Tatsache, daß die Namen dafür bereits offen gehandelt wurden: Gerhard Kienbaum und Knut von Kühlmann-Stumm – beide vom konservativen Flügel der FDP –, deren Austritt seit langem nur als eine Frage der Zeit galt und die Hupkas Schritt nun womöglich als Signal zum eigenen Handeln verstanden. Andere, denen dergleichen ebenfalls zuzutrauen war, saßen auf den Hinterbänken des Parlaments – politische Randfiguren, deren Namen kaum jemand jemals gehört hatte, denen aber jetzt, da es auf jede Stimme ankam, eine Bedeutung zuwuchs, die sie unter normalen Umständen niemals erhalten hätten. Für manche ging es dabei nicht nur ums politische Überleben – etwa bei einer vorzeitigen Auflösung des Bundestages –, sondern auch um die finanzielle Zukunft, um Haus und Hof, Einkommen und Alterssicherung.[215]

Zudem begann nun eine erregte öffentliche Diskussion, ob Abgeordnete ihr Mandat mitnehmen durften, wenn sie die Partei wechselten, oder es an die Partei zurückgeben mußten, der sie es verdankten. Zumindest diejenigen Abgeordneten, die über die Landeslisten in den Bundestag gelangt waren, so hieß es, müßten schon aus Gründen der politischen Fairness und Moral ihr Mandat niederlegen, wenn sie es mit ihrem Gewissen nicht mehr vereinbaren könnten, die Politik ihrer Partei mitzutragen. Die Diskussion war müßig: Artikel 38 GG gestand dem einzelnen Abgeordneten ausdrücklich das Recht auf eine eigene Meinung zu; ein imperatives Mandat, das ihn an einen bestimmten Willen des Wählers oder seiner Partei gebunden hätte, gab es nicht. Die Unabhängigkeit des Abgeordneten schloß im Extremfall selbst die Möglichkeit eines Parteiwechsels ein; eine Verpflichtung, in einem solchen Fall das Mandat zurückzugeben, bestand nicht und hätte im übrigen dem Grundsatz der Unabhängigkeit des Abgeordneten widersprochen. Eine Entwicklung, durch die sich – wie bei den Mandatswechseln zwischen 1970 und 1972 – nicht nur die Mehrheitsverhältnisse im Bundestag verschoben, sondern auch ein Regierungswechsel in den Bereich des Möglichen rückte, war zwar im Grundgesetz nicht vorgesehen, wurde hier aber ebensowenig ausgeschlossen. In Verbindung mit Artikel 67 GG über ein konstruktives Mißtrauensvotum, wonach der Kanzler zurücktreten muß, wenn der Bundestag ihm das Mißtrauen ausspricht und zugleich mit der erforderlichen Kanzlermehrheit einen Nachfolger wählt, ließ sich sogar die gegenteilige Auffassung vertreten, daß ein solcher Regierungswechsel von der Verfassung ausdrücklich zugelassen wurde.[216]

Dieser Punkt war am 23. April 1972 erreicht, als nach Landtagswahlen in Baden-Württemberg, bei denen die CDU unter Hans Filbinger die absolute Mehrheit errang, der FDP-Bundestagsabgeordnete Wilhelm Helms seine Fraktion verließ, zur CDU überwechselte und damit das Stimmenverhältnis zwischen Koalition und Opposition auf 249 zu 247 schrumpfen ließ. Da Barzel, der von Helms bereits am Vorabend über seinen Schritt informiert worden war, sich überdies zumindest der Unterstützung von Kienbaum und Kühlmann-Stumm sicher sein konnte – von einigen anderen durfte er diese wenigstens erhoffen –, entschloß er sich unverzüglich zum Handeln. Es hätte daher nicht des Anrufes von Franz Josef Strauß bedurft, der sich noch in der Nacht vom 23. zum 24. April telefonisch bei Barzel zu Hause meldete, um ihn zum sofortigen Sturz der Regierung zu drängen. Barzel war von seiner Sache längst selbst überzeugt. Am nächsten Morgen ließ er sich daher im CDU-Bundesvorstand auch nicht durch Einwände von Hans Katzer, Gerhard Stoltenberg und Richard von Weizsäcker (der erklärte, ihm sei die Sache zu unsicher; man könne mit einer Stimme Mehrheit nicht regieren) von seinem Vorhaben abbringen, das ohnehin von einer überwältigenden Mehrheit der Unionsspitze getragen wurde. Am Donnerstag, den 27. April, also drei Tage später, sollte Willy Brandt gestürzt und er, Rainer Barzel, zum neuen Kanzler der Bundesrepublik Deutschland gewählt werden. Der Sturz der sozialliberalen Regierung schien unabwendbar. Die Union schwelgte in Euphorie. Sie wurde noch dadurch angefacht, daß SPD und FDP durch den Sieg der CDU in Baden-Württemberg ihre Mehrheit im Bundesrat verloren hatten, wo die unionsgeführten Länder nunmehr über einen Vorsprung von einer Stimme verfügten. Dies gab nicht nur Barzel zusätzlich Auftrieb, sondern ließ auch die Ratifizierung der Ostverträge, die der Zustimmung des Bundesrates bedurften, in völlig neuem Licht erscheinen. Gegen die bisherige Opposition, die nun wohl bald selbst die Regierung stellen würde, lief – so oder so – nichts mehr.[217]

Um so überraschender war das Ergebnis der Abstimmung am 27. April, bei der Barzel nur 247 Stimmen erhielt – zwei weniger als erforderlich. Zehn Abgeordnete stimmten mit nein, drei enthielten sich der Stimme, der Rest – fast alle Abgeordneten der Koalition – blieben der Abstimmung fern. Da Kienbaum und Kühlmann-Stumm und vermutlich auch der Münchner SPD-Abgeordnete Günther Müller, der dort isoliert war und bereits Kontakte zur CSU unterhielt, für Barzel gestimmt hatten, mußten also mindestens zwei, vielleicht sogar drei CDU/CSU-Abgeordnete ihm ihre Stimme vorenthalten haben. Barzel schüttelte nach der Auszählung den Kopf. In seinen Erinnerungen bemerkte er später: «Drei Stimmen aus dem eigenen Lager fehlten. Dabei hatten sich alle vorher unmißverständlich erklärt! ... Da war nichts Flüchtiges zufällig oder unbedacht geschehen. Von keiner Seite. Da war ein anderer Wille am Werk. Eine andere Überzeugung ... Drei Männer und Frauen hatten Geschichte gemacht. Ein seit langem gefaßter Entschluß und ein wohlberechneter Plan waren – gescheitert ... Wer war es? Warum zwei mit Bleistift besonders gekennzeichnete Stimmkarten? Ich weiß es nicht. Man wird es wohl nie wissen.»[218]

Tatsächlich war es – von allen Seiten – nicht immer mit rechten Dingen zugegangen. «Manipulative Abwerbungen» mit einem sicheren Mandat nach der nächsten Wahl, sogenannte «Beraterverträge» und auch Bargeld halfen den politischen Überzeugungen im einen oder anderen Fall auf die Sprünge. Sogar das Ministerium für Staatssicherheit der DDR war, zumindest indirekt, mit im Spiel, als der CDU-Abgeordnete Julius Steiner nach eigenem Eingeständnis vom Geschäftsführer der SPD-Fraktion, Karl Wienand, 50000 DM für die Bereitschaft erhielt, Barzel seine Stimme zu verweigern. Wie man erst nach 1989 erfuhr, pflegte Steiner, ein schwäbischer Katholik aus Stuttgart, der 1969 eher zufällig über einen eigentlich aussichtslosen Platz der baden-württembergischen Landesliste in den Bundestag gekommen war und nicht hoffen konnte, daß sich sein Glück nach Neuwahlen noch einmal wiederholen würde, lockere Verbindungen zum MfS. Selbst das Geld, mit dem Steiner bestochen wurde, um die Kanzlerschaft Barzels zu verhindern, soll aus Quellen der Stasi stammen. Die ganze Wahrheit wird man jedoch, wie Barzel zu Recht vermutete, wohl nie erfahren. Auch Herbert Wehner äußerte sich zu den Vorgängen im Umfeld des 27. April 1972 nur in der für ihn typischen Verschachtelung, als er am 5. Januar 1980 in der

NDR-Fernsehreihe *Zeugen der Zeit* mit der Annahme konfrontiert wurde, daß beim Mißtrauensvotum vieles wohl nicht mit rechten Dingen zugegangen sei: «Was sind rechte Dinge? Daß man Leute bezahlt, nicht? Wie das gemacht worden ist? Es gibt doch heute Leute; ich könnte sie aufzählen. Ich denke nicht daran, weil dann die besondere Seite unserer Demokratie zum Vorschein kommt; dann werde ich fortgesetzt vor Gerichte geschleppt. Ich kann ja nicht mal das verwenden, was ich damals von Anverwandten solcher Leute bekommen habe: ein ganzer Stapel von Sachen. Nein, nein, dies war schmutzig, und das mußte man wissen. Ein Fraktionsvorsitzender muß wissen, was geschieht und was versucht wird, um einer Regierung den Boden unter den Füßen zu entziehen. Die Regierung selber muß das alles gar nicht wissen.»[219]

Das konstruktive Mißtrauensvotum war gescheitert. Zum Schaden des Mißerfolgs kam der Spott über die mangelnde innere Solidarität. Abwerbungen und Verrat, so sahen es weite Teile der Öffentlichkeit, hatten sich nicht ausgezahlt. Willy Brandt war dem Königsmord entgangen: ein Opfer, das den Anschlag abgefeimter Täter überlebt hatte. Zum Triumph des Friedensnobelpreises, den er für seine «Versöhnungspolitik zwischen alten Feindländern» am 20. Oktober 1971 vom Nobelkomitee des norwegischen Parlaments zugesprochen erhalten hatte, gesellte sich der Nimbus des edlen Helden im Sieg über seine hinterhältigen Feinde. Rainer Barzel hingegen, ein nüchtern kalkulierender Manager der Macht, der das Wagnis des Mißtrauensvotums siegesgewiß eingegangen war, weil es kein Wagnis zu sein schien, hatte verloren. Seine Niederlage am 27. April bedeutete für ihn – auch wenn er es lange nicht wahrhaben wollte – den Anfang vom Ende. Zwar hatten ihn alle in seinem Vorhaben bestärkt, voran die Konkurrenten Franz Josef Strauß und Helmut Kohl. Aber nur der Erfolg hat viele Väter. In der Niederlage war auch Barzel allein.

Das Scheitern des Mißtrauensvotums war allerdings auch für die Regierung nur ein halber Sieg. Barzel hatte keine Mehrheit erhalten, doch die Koalition hatte ihre eingebüßt. Vorzeitige Neuwahlen boten deshalb den einzigen Ausweg aus dem Patt im Bundestag; sie wurden schließlich für den 19. November 1972 anberaumt. Mit der Ratifizierung der Ostverträge, die den Auslöser für die innenpolitische Zuspitzung gebildet hatte, wollten jedoch weder die Regierung noch die Opposition bis nach den Wahlen warten: Brandt lag daran, sein Lebenswerk zu retten und zu verhindern, daß sich die Bundesrepublik in eine «Vereinsamung» begab, «in der es eiskalt werden könnte».[220] Barzel trachtete danach, seine Partei, die möglicherweise nach den Wahlen im November selbst wieder die Regierung stellen würde, vor einer solchen Schuldzuweisung zu bewahren und zugleich durch eine eindeutige Interpretation des Vertragswerks die künftige Politik im Sinne eines Modus vivendi festzulegen.[221] Schon im Oktober 1969 hatte er die eigene Fraktion gemahnt, nicht hinter die Positionen der Regierung Kiesinger zurückzufallen. Auch wenn die sozialliberale Koalition mit der Konti-

2. Neue Ostpolitik und Entspannung

nuität der Deutschlandpolitik gebrochen habe, dürfe man nicht in das «offene Messer» der Regierungsparteien rennen und sich in eine Ecke prinzipieller Obstruktion drängen lassen. Vielmehr müsse die Union bestrebt sein, «so viel wie möglich von vergangenen Gemeinsamkeiten als Pfähle noch einzurammen».[222] Es wäre, rief er seinen Bundestagskollegen zu, «ganz fundamental falsch, mit den Worten von gestern die Position von vorgestern zu beziehen. Sondern, unsere Position heißt: Verhandelt! Erreicht was für die Menschen! Und wenn ihr das tut, machen wir mit, sonst nicht!»[223]

Während Franz Josef Strauß meinte, mit einer selektiven Teilzustimmung oder Teilablehnung sei keine klare Gegenposition aufzubauen, wie er bereits im Mai 1970 in der Fraktion erklärte[224], suchte Barzel also nach Wegen, die Verträge zustimmungsfähig zu machen. Die Bedingungen dafür nannte er bei der Ersten Lesung der Verträge im Bundestag am 23. Februar 1972, als er betonte, daß die Union zustimmen könne, wenn die Vorläufigkeit der Regelung – im Sinne eines Modus vivendi – insbesondere durch drei Punkte deutlich werde: «1. durch eine positive Einstellung der Sowjetunion zur Europäischen Gemeinschaft, 2. durch die Aufnahme des Selbstbestimmungsrechtes in das Vertragswerk, 3. durch die verbindlich vereinbarte Absicht, in Deutschland Freizügigkeit stufenweise herzustellen.»[225] Breschnews Rede vom 20. März 1972, in der er die Europäische Gemeinschaft als Realität zur Kenntnis nahm, die Einfügung des Briefes zur deutschen Einheit in das Ratifizierungsverfahren im Obersten Sowjet und die Fortschritte bei den Verhandlungen mit der DDR kamen diesen Forderungen entgegen. Barzel konnte deshalb am 11. April 1972 vor der Fraktion erklären, die Lage des Vertragswerks sei «in einigen Punkten, die keineswegs genügen, ... in einigen Punkten anders als sie noch in der ersten Lesung war».[226] Zugleich behauptete er allerdings, die Gefahren einer Ratifikation seien größer als die möglichen Folgen einer Nichtratifizierung, so daß er in dieser Phase, in der sich gerade das konstruktive Mißtrauensvotum abzeichnete, noch zwischen Zustimmung und Ablehnung schwankte. Offenbar zielte seine «Strategie der Doppeldeutigkeit» darauf ab, die endgültige Entscheidung der Fraktion über die Verträge offenzuhalten.[227]

Nach dem Mißtrauensvotum und dem Patt im Bundestag hatte sich die Lage jedoch grundlegend geändert. Nun verständigte sich Barzel am 3. Mai mit Brandt darauf, eine Interpretation der Verträge im Sinne der Union durch eine Bundestagsresolution aller Parteien zu erreichen, wobei der Kanzler aufgefordert wurde, die sowjetische Regierung zu veranlassen, «in gehöriger Form die gemeinsame Willensäußerung verbindlich zu machen».[228] Die Entschließung wurde in drei interfraktionellen Kommissionen vorbereitet und schließlich von einem Redaktionskomitee, dem Horst Ehmke für die SPD, Hans-Dietrich Genscher für die FDP, Werner Marx für die CDU und Franz Josef Strauß für die CSU angehörten, am 9. Mai fertiggestellt und vom Bundestag bei nur fünf Enthaltungen angenommen. Barzels Hoffnung, daß dieser Fortschritt ausreiche, um die Ostverträge für die

Union annehmbar zu machen, schien sich im Bundesvorstand der CDU zu bestätigen, wo er am 15. Mai eine breite Zustimmung für seine Politik fand. Die Erwartung, er könne damit auch die Fraktion geschlossen zu einem Ja zu den Verträgen bewegen, erwies sich jedoch rasch als Illusion. Nicht nur einflußreiche CDU-Politiker, wie Walter Hallstein, Kurt Birrenbach, Bruno Heck und Gerhard Schröder, argumentierten gegen ein positives Votum, sondern auch Franz Josef Strauß, der die Entschließung selbst mit ausgearbeitet hatte. Um die Geschlossenheit der Fraktion zu wahren, plädierte Barzel nun für Stimmenthaltung. Aber auch dieses Ziel wurde nicht erreicht: 10 Abgeordnete der Union stimmten gegen den Moskauer Vertrag, sogar 17 gegen den Warschauer Vertrag.

Barzels Taktik war – zum zweiten Mal innerhalb weniger Wochen – nicht aufgegangen. Nach dem Scheitern des Mißtrauensvotums bedeutete sein Fehlschlag, die CDU/CSU-Fraktion zu einem einheitlichen Abstimmungsverhalten bei den Ostverträgen zu bewegen, eine weitere persönliche Niederlage. Als er danach auch bei der Bundestagswahl gegen Brandt unterlag, waren seine Tage als Fraktionsvorsitzender und Bundesvorsitzender der CDU gezählt. Im Mai 1973 verlor er zunächst den Fraktionsvorsitz an Karl Carstens, kurz darauf, im Juni, ebenfalls den Bundesvorsitz der CDU, den er an Helmut Kohl übergab. Die Tatsache, daß die Diskussion um die Gemeinsame Entschließung nicht nur dazu geführt hatte, die Verträge im Bundestag vor einem möglichen Scheitern zu bewahren, sondern auch eine interfraktionelle Vertragsauslegung zuwege brachte, die geeignet war, die Kontinuität der neuen Ostpolitik über die Ära der sozialliberalen Koalition hinaus zu gewährleisten, wurde erst im nachhinein verstanden und gewürdigt. Für Barzel selbst kam diese Anerkennung allerdings zu spät.

Die Verträge mit der DDR

«Die neue Ostpolitik», schrieb Werner Link, sei «zugleich und in ihrer innersten Zielsetzung Deutschlandpolitik» gewesen.[229] Es sei darum gegangen, die Politik der Bundesrepublik an die bestehende Lage anzupassen, ohne – in den Worten Egon Bahrs – «das Ziel der Wiedervereinigung aufzugeben». Kernstück sollte dabei ein Rahmenvertrag zwischen den beiden Teilen Deutschlands sein, «der ihr Verhältnis untereinander und gegenüber Dritten regelt und bis zur Wiedervereinigung nicht mehr revisionsbedürftig ist».[230] Die Paradoxie dieser Politik – Überwindung des Status quo durch dessen Anerkennung – war bereits in den Tutzinger Ausführungen Bahrs vom Juli 1963 über das dort von ihm erstmals propagierte Konzept eines «Wandels durch Annäherung» formuliert worden. Jetzt ging es darum, diese Grundidee mit konkreten Inhalten zu füllen.

Bis zum Abschluß der Berlin-Verhandlungen kamen die deutsch-deutschen Gespräche allerdings kaum über erste Kontaktaufnahmen hinaus. Der Beginn war so mühsam, wie man es nach Jahrzehnten der Konfrontation

2. Neue Ostpolitik und Entspannung

erwarten konnte. Immerhin beantwortete der DDR-Staatsratsvorsitzende Walter Ulbricht die Formulierung Brandts in der Regierungserklärung vom 28. Oktober 1969, daß man «20 Jahre nach Gründung der Bundesrepublik Deutschland und der DDR ... ein weiteres Auseinanderleben der deutschen Nation verhindern» müsse und es daher gelte, «über ein geregeltes Nebeneinander zu einem Miteinander zu kommen»,[231] am 17. Dezember 1969 mit der Übersendung eines Vertragsentwurfs an Bundespräsident Heinemann, in dessen Mittelpunkt die völkerrechtliche Anerkennung der DDR stand. Verhandlungen darüber sollten schon im Januar beginnen. Brandt ignorierte Ulbrichts Entwuf, bot aber seinerseits am 22. Januar 1970 dem DDR-Ministerratsvorsitzenden Willi Stoph – analog zum vorangegangenen Notenwechsel mit Moskau – Verhandlungen über einen Gewaltverzicht und Abkommen zur praktischen Zusammenarbeit an. Im Rahmen dieser Verhandlungen sollte dann ein breiter Meinungsaustausch stattfinden, in dem unter anderem auch über die Frage «gleichberechtigter Beziehungen» gesprochen werden könne.[232]

Allein die zeitliche Differenz zwischen dem Angebot Ulbrichts und der Antwort Brandts an Stoph macht deutlich, daß die Bundesregierung es nicht eilig hatte, mit der DDR ins Gespräch zu kommen. Tatsächlich wollte man in Bonn zunächst den Ausgang der Verhandlungen mit Moskau abwarten, ehe man sich auf konkrete Schritte mit Ost-Berlin einließ. Im Bahr-Papier vom Frühjahr 1970 wurde in diesem Zusammenhang sogar ausdrücklich festgestellt, daß die zu vereinbarenden Abkommen und Verträge der Bundesrepublik mit der Sowjetunion, Polen, der DDR und der Tschechoslowakei «ein einheitliches Ganzes bilden» sollten. Im 6. Leitsatz des Bahr-Papiers waren selbst die Inhalte eines Grundlagenvertrages zwischen den beiden deutschen Staaten schon bis in begriffliche Details hinein vorformuliert.[233] Der Regierung in Ost-Berlin war diese Planung der sozialliberalen Ostpolitik, die zwangsläufig – und von Bonn durchaus beabsichtigt – den politischen Spielraum der DDR bei den Verhandlungen einschränken mußte, alles andere als recht. Sie reagierte daher erneut mit einem dramatisch formulierten Verhandlungsangebot (es gehe «um Krieg und Frieden»), um die Bonner Strategie zu unterlaufen, wagte es aber nicht, die eigene harte Linie beizubehalten und auf der Vorbedingung der Aufnahme völkerrechtlicher Beziehungen zu bestehen, als Brandt am 18. Februar ein lediglich allgemein gehaltenes Gesprächsangebot unterbreitete.

Auf dieser Grundlage kam es am 19. März 1970 zum ersten Treffen zwischen den Regierungschefs der beiden deutschen Staaten in Erfurt. Ursprünglich war Ost-Berlin als Ort der Begegnung vorgesehen gewesen. Da man sich jedoch – typisch für die schwierige politische Geographie – nicht über den Anriseweg (Brandt wollte über West-Berlin einreisen) einigen konnte, wurde das Treffen – auch dies symptomatisch für das damalige Verhältnis – auf Vermittlung der Sowjets nach Thüringen verlegt. Am 21. Mai folgte eine zweite Begegnung in Kassel. Beide Treffen waren äußerlich dramatisch, weil hier erstmals die Regierungschefs der beiden deutschen Staaten gleichberechtigt miteinander sprachen, doch inhaltlich ergebnislos. Brandt redete vor allem über die Normalisierung in Deutschland, der die Formalisierung der Zweistaatlichkeit folgen müsse; Stoph forderte umgekehrt zuerst die formale Anerkennung, die dann die praktische Verbesserung der Beziehungen nach sich ziehen werde. In Erinnerung geblieben ist hauptsächlich das Erfurter Treffen, weil dort unmittelbar nach der Ankunft Brandts Tausende von begeisterten und erwartungsvollen DDR-Bürgern die Absperrungen durchbrachen und mit den Rufen «Willy! Willy!» den Bundeskanzler ans Fenster des Hotels «Erfurter Hof» riefen. In seinen Memoiren berichtete Brandt darüber: «Wir erreichten das vom Bahnhof gut 50 m entfernte Hotel ‹Erfurter Hof›, ehe die Ordnung für geraume Zeit völlig zusammenbrach. [Regierungssprecher] Conrad Ahlers kam nach ein paar Minuten in mein Zimmer, in dem ich mich frisch machen wollte, um mir zu berichten, die Menge rufe in immer drängenderen Sprechchören: ‹Willy Brandt ans Fenster!› Ich zögerte; dann ging ich doch ans Fenster und blickte auf die erregten und hoffenden Menschen: sie hatten sich das Recht zu einer spontanen Kundgebung genommen. Für einen Augenblick fühlten sie sich frei genug, ihre Gefühle zu zeigen ... Ich war bewegt. Doch ich hatte das Geschick dieser Menschen zu bedenken: Ich würde anderentags wieder in Bonn sein, sie nicht ... So mahnte ich durch eine Bewegung meiner Hände zur Zurückhaltung. Man hat mich verstanden. Die Menge wurde stumm. Ich wandte mich schweren Herzens ab. Mancher meiner Mitarbeiter hatte Tränen in den Augen. Ich fürchtete, hier könnten Hoffnungen wach werden, die sich nicht würden erfüllen lassen.»[234]

Die DDR-Führung reagierte auf die spontanen Demonstrationen und die allgemein aufflammenden Einheitshoffnungen mit einer Pressekampagne gegen die «aggressiven Absichten» der Bundesregierung und beharrte auf dem zweiten Treffen in Kassel auf ihrer Forderung nach diplomatischer Anerkennung als Voraussetzung für eine Normalisierung der Beziehungen. Auch hier kam es zu Demonstrationen. Diesmal jedoch waren es Rechtsextremisten, die gleich zu Beginn die «Spalterflagge» herunterholten und verbrannten. Später, zum Teil im Kampf mit kommunistischen Gegendemonstranten, verhinderten sie eine gemeinsame Kranzniederlegung von Brandt und Stoph für die Opfer des Faschismus, die am Abend nachgeholt werden mußte. Die Eruptionen – in Erfurt deutsche, in Kassel antikommunistische – bewiesen, wie gefühlsbeladen der Start in die neue deutsch-deutsche Gemeinsamkeit sein würde. Allerdings präsentierte Brandt in Kassel auch ein Zwanzig-Punkte-Programm, das wesentliche Elemente des späteren Grundlagenvertrages enthielt, die Einheit der Nation in den Vordergrund stellte, Zusammenarbeit mit der DDR auf verschiedenen Gebieten vorschlug und zum Schluß den Austausch von Vertretern zwischen den beiden deutschen Staaten und die Mitgliedschaft der Bundesrepublik und der DDR in internationalen Organisationen ansprach. Stoph bat daraufhin um eine «Denkpause»

– offenbar um die Ergebnisse der Gespräche Bahrs mit Gromyko in Moskau abzuwarten[235] – und fand damit sofort Brandts Zustimmung. Eine Verständigung war angesichts der unterschiedlichen Ausgangspositionen ohnehin nicht in Kürze zu erwarten. Die «Denkpause» endete formell sogar erst nach dem Ende der Berlin-Verhandlungen. Doch schon Ende November 1970 begannen Egon Bahr und der Staatssekretär beim Ministerrat der DDR, Michael Kohl, einen «Meinungsaustausch», nachdem die DDR im Oktober Gespräche zur Entspannung «im Herzen Europas» – das hieß im Klartext: über Berlin – angeboten hatte.[236] Sie behandelten dabei vor allem Verkehrsfragen, so daß sie nach der Unterzeichnung des Viermächte-Abkommens am 3. September 1971 in der Lage waren, innerhalb von nur gut drei Monaten, am 17. Dezember, das geforderte deutsch-deutsche Abkommen über den Transitverkehr vorzulegen. Die Gespräche verliefen offenbar aber auch deshalb so zügig, weil Kohl zwischendurch in Moskau gewesen war und dort, wie man in Bonn vermutete, eine «Spritze» erhalten hatte.[237] Danach konzentrierten sich Bahr und Kohl ganz auf den Verkehrsvertrag – den ersten Staatsvertrag zwischen den beiden deutschen Staaten –, der am 12. Mai 1972, also noch vor der Entscheidung des Bundestages über die Verträge von Moskau und Warschau, paraphiert und sogleich veröffentlicht wurde.[238] Da die Unterzeichnung des Verkehrsvertrages vom Schicksal der Ostverträge abhing, sollte jeder sehen können, was verloren zu gehen drohte, wenn die Regierung Brandt scheiterte.

Die politische Bedeutung des Verkehrsvertrages bestand darin, daß er als Staatsvertrag die politische Gleichberechtigung der DDR mit der Bundesrepublik anerkannte und somit der Ost-Berliner Position entgegenkam, während für die Bundesregierung vor allem die Reiseerleichterungen zählten, die die DDR in einem zum Vertrag gehörenden Brief von Staatssekretär Kohl zusagte. Sie ermöglichten die mehrmalige Einreise von Bundesbürgern in die DDR zu Verwandtenbesuchen sowie zu kommerziellen, kulturellen, sportlichen, religiösen und touristischen Zwecken, ließen es aber auch zu, daß DDR-Bürger «in dringenden Familienangelegenheiten» Reisen in die Bundesrepublik antreten konnten, sofern die DDR-Behörden dies gestatteten. Die Regelungen bedeuteten einen so großen Fortschritt gegenüber den früheren Bedingungen im innerdeutschen Reiseverkehr, daß der Verkehrsvertrag im Bundestag und Bundesrat nicht nur mit den Stimmen der Regierungsparteien, sondern auch mit Zustimmung der Opposition angenommen und am 17. Oktober 1972 in Kraft gesetzt wurde. Binnen eines Jahres stieg danach die Zahl der DDR-Reisen von Bundesbürgern von 1,4 auf 2,3 Millionen; immerhin 52 000 DDR-Bürger konnten 1973 in dringenden Familienangelegenheiten in die Bundesrepublik Deutschland reisen.[239] Die Überwindung der deutschen Teilung durch praktizierte Zusammengehörigkeit im Alltag, die in den folgenden Jahren bis zur Wiedervereinigung 1989/90 die deutsch-deutschen Beziehungen zunehmend prägen sollte, nahm langsam Gestalt an.

Der Verkehrsvertrag war jedoch nur ein Anfang. Nach der Ratifizierung des Moskauer und Warschauer Vertrages am 12. Mai setzten sich Bahr und Kohl bereits am 15. Juni wieder zusammen, um nunmehr auch in einen Meinungsaustausch über die «Grundfragen des Verhältnisses zwischen beiden deutschen Staaten» einzutreten, wie Bahr bereits anläßlich der Paraphierung des Verkehrsvertrages erklärt hatte.[240] Da hierbei auch Rechte der Alliierten tangiert wurden, mußten die Gespräche allerdings auf verschiedenen Ebenen mit der DDR, der Sowjetunion und den Westmächten gleichzeitig geführt werden. Sie erhielten dadurch einen ähnlichen Schwierigkeitsgrad wie die Berlin-Verhandlungen. Vor allem die Kontakte innerhalb der Bonner «Vierer-Gruppe» – der Bundesregierung mit den Botschaftern der drei Westmächte – erwiesen sich als mühselig, weil die Briten lange Zeit auf einem förmlichen neuen Vier-Mächte-Vertrag über Deutschland beharrten, der weder für die Bundesrepublik noch für die Sowjetunion akzeptabel war. Die eigentlichen Fortschritte wurden im übrigen nicht in den Direktverhandlungen zwischen Bahr und Kohl erzielt, sondern in den bilateralen Gesprächen Bahrs mit den Westmächten und der Sowjetunion, wobei er wieder auf seinen Geheimkanal zu Breschnew zurückgreifen konnte. Der entscheidende Durchbruch erfolgte am 10. Oktober 1972 in einem vierstündigen persönlichen Gespräch Bahrs mit Breschnew, der einen raschen Abschluß der Verhandlungen – noch vor der Bundestagswahl am 19. November – wünschte, weil der Sowjetunion an einer Fortsetzung der sozialliberalen Koalition gelegen war.[241]

Tatsächlich war der «Vertrag über die Grundlagen der Beziehungen zwischen der Bundesrepublik Deutschland und der Deutschen Demokratischen Republik» am 6. November fertig. Nach Zustimmung des Bundeskabinetts wurde er am 8. November in Bonn paraphiert und unmittelbar danach veröffentlicht, so daß er noch in der heißen Phase des Wahlkampfes verwendet werden konnte. Der Vertrag, der schließlich zwei Tage nach der Wahl, am 21. Dezember, unterzeichnet wurde, stellte einen wichtigen Baustein im Gesamtwerk der Grenz- und Gewaltverzichtsabkommen dar, die die Bundesregierung seit 1970 geschlossen hatte. Er brachte der DDR nicht nur die politische Gleichberechtigung, sondern fügte sie auch in das von Brandt anvisierte europäische Netzwerk der Entspannung ein, das wenig später mit der Konferenz über Sicherheit und Zusammenarbeit in Europa (KSZE) und den Gesprächen über beiderseitige ausgewogene Truppenreduzierungen in Mitteleuropa (MBFR) auf multilateraler Ebene fortgesetzt wurde. Zwar sah der Grundlagenvertrag keine volle völkerrechtliche Anerkennung vor, wie nicht zuletzt die Errichtung «Ständiger Vertretungen» statt «Botschaften» in Ost-Berlin und Bonn deutlich machte. Aber die Beziehungen sollten auf der Basis und nach den Grundsätzen des Völkerrechts geregelt werden. Die Tatsache, daß Fragen der Staatsangehörigkeit ausgeklammert wurden, war ein weiteres Zeichen für das von Bundeskanzler Brandt in der Regierungserklärung vom 28. Oktober 1969 benannte deutsch-deutsche Sonderverhältnis:

2. Neue Ostpolitik und Entspannung

«Auch wenn zwei Staaten in Deutschland existieren, sind sie doch füreinander nicht Ausland; ihre Beziehungen zueinander können nur von besonderer Art sein.»[242] Die divergierenden Haltungen zur Wiedervereinigung wurden durch den Vertrag ebenfalls gewahrt. Sie kamen zum einen in der Präambel zum Ausdruck, in der es hieß, daß der Vertrag «unbeschadet der unterschiedlichen Auffassung der Bundesrepublik Deutschland und der Deutschen Demokratischen Republik zu grundsätzlichen Fragen, darunter zur nationalen Frage», vereinbart werde. Zum anderen wurden sie durch die Überreichung und quittierte Entgegennahme des Briefes zur Deutschen Einheit *vor* der Unterzeichnung des Vertrages bestätigt. Die Bundesrepublik konnte sich dadurch weiterhin zur Wiedervereinigung bekennen, ohne in Gegensatz zum Grundlagenvertrag zu geraten.[243] Die rechtliche Beschränkung der Souveränität beider deutscher Staaten in dieser Frage, die für die Bundesrepublik beispielsweise in den Pariser Verträgen vom Oktober 1954 festgelegt war, wurde durch einen Hinweis auf die Rechte der Vier Mächte auch in den Grundlagenvertrag übernommen. Andererseits gab der Grundlagenvertrag förmlich den Zugang der DDR zu internationalen Organisationen frei. Dazu gehörte der Beitritt der beiden deutschen Staaten zur UNO, der nun eingeleitet wurde. Auch hierzu hatten sich die Botschafter der Vier Mächte zuvor, am 5. November 1972, auf die gemeinsame Erklärung geeinigt, daß ihre Regierungen entschlossen seien, die Aufnahmeanträge der Bundesrepublik und der DDR zur Erlangung der Mitgliedschaft in der UNO zu unterstützen, daß jedoch durch «diese Mitgliedschaft die Rechte und Verantwortlichkeiten der Vier Mächte und die entsprechenden diesbezüglichen Vier-Mächte-Vereinbarungen, -Beschlüsse und -Praktiken in keiner Weise berührt» würden.[244]

Neben diesen formalen Festlegungen waren es aber vor allem die Vereinbarungen zu praktischen und humanitären Fragen, wie Erleichterungen im Reiseverkehr und bei der Familienzusammenführung, die Verbesserung der Arbeitsmöglichkeiten für Journalisten sowie Regelungen zu einer verstärkten Zusammenarbeit in den Bereichen Wirtschaft, Wissenschaft, Technologie, Kultur, Sport und Umweltschutz – um nur diese zu nennen –, die den Wert des Grundlagenvertrages ausmachten. Der Vertrag wurde damit zum Ausgangspunkt für eine dynamische Entwicklung in den innerdeutschen Beziehungen, die entscheidend dazu beitrug, die während des Kalten Krieges bereits stark in Gefahr geratene «nationale Substanz» zu wahren. Die Gegner der neuen Ostpolitik, die gerade in diesem Punkt besondere Risiken zu erkennen meinten, wurden damit durch die Praxis dieser Politik widerlegt. Die Einschätzung, daß der Grundlagenvertrag kein Teilungsvertrag war, sondern sich mit der Verpflichtung des Grundgesetzes, auf die Wiederherstellung der staatlichen Einheit Deutschlands hinzuwirken, durchaus vereinbaren ließ, wurde im übrigen durch ein Urteil des Bundesverfassungsgerichts vom 31. Juli 1973 bestätigt.[245]

Plebiszit für die neue Ostpolitik

Nach dem konstruktiven Mißtrauensvotum und den Auseinandersetzungen um die Ratifizierung der Ostverträge wurde die Bundestagswahl vom 19. November 1972 zum Plebiszit über die Ostpolitik der sozialliberalen Koalition. Der von beiden Seiten äußerst emotional geführte Wahlkampf war der härteste seit 1957. Entgleisungen waren an der Tagesordnung, persönliche Anfeindungen und Verunglimpfungen die Regel. Außenstehende kamen den Parteien mit Anzeigen- und Werbekampagnen sowie einer bisher nicht gekannten Zahl von Wählerinitiativen zu Hilfe. Die Medien und die darin tätigen Journalisten wandelten sich – mehr noch als sonst in Wahlkampfzeiten – von Berichterstattern zu Meinungsmachern.

Den größten Nutzen aus dieser Emotionalisierung und Polarisierung zog Brandt, für den sich auch Intellektuelle und Künstler, wie schon 1969, erneut stark engagierten. Er war – zumal nach dem Friedensnobelpreis und dem gescheiterten Mißtrauensvotum – zur Symbolfigur des «moralischen Politikers» aufgestiegen, der die seltene Einheit von Macht und Geist, aber auch von Macht und Moral verkörperte. Während Karikaturisten ihn bereits als sein eigenes Denkmal porträtierten, schrieb der *Spiegel* am 13. November 1972, also in der letzten Ausgabe vor der Wahl, Brandt sei ein Mann «mit festen Grundsätzen, an dessen Lauterkeit nicht einmal seine Gegner zweifeln». Rainer Barzel dagegen erschien als der «unsympathische Prototyp des aalglatten Ehrgeizlings, dem der Chef die Prokura nur ungern erteilt, und dem die Erbtante nur den Pflichtteil hinterläßt».[246] Hermann Schreiber fügte an gleicher Stelle hinzu, Willy Brandt könne sogar «eine Wahlversammlung heute nach Belieben in eine Art Weihestunde verwandeln». Er rede fast immer largo, den Ton ganz zurückgenommen, die Hände wie suchend ausgestreckt. Die Intonation habe manchmal etwas von der «erhabenen Monotonie der Gregorianik».[247]

In der *Süddeutschen Zeitung* wußte Hans Ulrich Kempski zu berichten, ältere Frauen versuchten oft, mit «Tränen in den Augen», den Kanzler zu berühren, «ihm sogar Rosenkränze und Amulette zu geben». Brandt selbst, so Kempski, pflege den Stil «sanfter Seelenmassage».[248] Tatsächlich hatte Brandt auf dem Dortmunder Wahlparteitag am 12./13. Oktober in Dortmund mit dem Begriff der *compassion*, den er bei den Gebrüdern Kennedy, die beide einem Mordanschlag zum Opfer gefallen waren, entlehnt hatte, Töne angestimmt, die eher den Prediger als den Politiker hervorkehrten: «Für John F. Kennedy und seinen Bruder Robert gab es ein Schlüsselwort, in dem sich ihre politische Leidenschaft sammelte, und es wird von ihren Landsleuten, die ihre Trauer um den Tod dieser beiden Männer noch nicht abgeschüttelt haben, wieder und wieder zitiert: es heißt ‹compassion›. Die Übersetzung ist nicht einfach Mitleid, sondern: die Bereitschaft, mitzuleiden; die Fähigkeit, barmherzig zu sein, ein Herz für den anderen zu haben. Liebe Freunde, ich sage Ihnen und ich sage den Bürgern und Bürgerinnen unseres Volkes: Habt doch den Mut zu dieser Art Mitleid! Habt Mut zur Barmherzigkeit! Habt Mut zum Nächsten! Besinnt euch auf diese so oft verschütteten Werte! Findet zu euch selbst!»[249]

Gegen diese moralische Überhöhung und Selbststilisierung des Kanzlers hatte die Opposition um Barzel einen schweren Stand. Auch Verunglimpfungen durch unionsnahe Wählerinitiativen und Presseorgane, die Brandt an seine uneheliche Geburt und seine Emigrationszeit erinnerten, ihm persönliche Schwächen vorwarfen oder ihn als vermeintlichen Kommunisten und «Agenten» Moskaus abstempelten, halfen nichts. Im Gegenteil, je stärker die Polarisierung zunahm, um so größer wurde die Identifikation mit dem Kanzler. Der Wahlkampf von 1972 war deshalb in hohem Maße ein «Bekenntniswahlkampf», bei dem auch viele Normalbürger ihre Haltung durch *buttons*, Autoaufkleber und Kleinanzeigen nach außen zu erkennen gaben – bemerkenswerterweise jedoch nahezu ausschließlich zugunsten der Koalition, die zudem durch den ansteckenden Mobilisierungseffekt praktisch ihr gesamtes Wählerpotential ausschöpfen konnte.[250] Die CDU/CSU befand sich dagegen in einem «Legitimitätsdefizit», wie es ein Wahlforscher formulierte – einer geistig-politischen Defensive, die um so überraschender war, als die Union bei sämtlichen Landtagswahlen seit 1970 mit Gewinnen abgeschnitten hatte.[251]

Entscheidend für den Wahlausgang war aber die Tatsache, daß es der Regierung gelang, die Ostpolitik, der die große Mehrheit der Bevölkerung inzwischen zustimmte, zu einem zentralen Wahlkampfthema zu machen. Der Besuch Außenminister Scheels in China in der heißen Wahlkampfphase mit der Aufnahme diplomatischer Beziehungen zwischen Bonn und Peking sowie die Paraphierung des Grundlagenvertrages mit der DDR am 8. November trugen zusätzlich dazu bei, diese Politik in einem günstigen Licht erscheinen zu lassen. So konnte die SPD ihren Stimmenanteil am 19. November bei einer Rekordwahlbeteiligung von 91,1 Prozent (der höchsten Beteiligung, die es bei freien Wahlen in Deutschland jemals gab) auf 45,8 Prozent verbessern, die FDP erreichte 8,4 Prozent, die CDU/CSU nur noch 44,9 Prozent. Die Kanzlermehrheit der Koalition wuchs dadurch auf 271 Stimmen (gegenüber 230 der Opposition) an. SPD und FDP konnten der neuen Legislaturperiode gelassen entgegensehen. Der Sieg jedoch war vor allem Willy Brandt und seiner neuen Ostpolitik zu verdanken. Der Kanzler befand sich auf dem Höhepunkt seines Prestiges und seiner Ausstrahlung – und es gab niemanden, der dies ernsthaft bestritt.

3. Tendenzwende

Die siebziger Jahre begannen mit dem Versprechen politischer Entspannung und wirtschaftlicher Sicherheit und endeten in einer von Grund auf veränderten Weltsituation mit enttäuschten Erwartungen, einer Wirtschaftskrise globalen Ausmaßes und zunehmenden politischen Spannungen, die nach dem Einmarsch sowjetischer Truppen in Afghanistan im Dezember 1979 sogar einen Rückfall in den Kalten Krieg befürchten ließen. Die hoffnungsvollen Perspektiven der «Ära der Verhandlungen» und umfassender Strukturreformen in Staat, Wirtschaft und Gesellschaft wichen einer desillusionierten Einsicht in die Begrenztheit menschlicher und irdischer Ressourcen, von der auch die Bundesrepublik nicht verschont blieb. Die internationalen Entwicklungen wurden dabei durch innere Probleme, wie eine beginnende Rezession und die Zunahme des Terrorismus, noch verstärkt. Zusammengenommen bewirkten sie eine «Tendenzwende», bei der der Elan der frühen siebziger Jahre rasch erlahmte. Bereits Bundeskanzler Willy Brandt wurde im Krisenjahr 1973 mit der neuen Konstellation konfrontiert. Erst recht galt dies für Helmut Schmidt, der in seiner ersten Regierungserklärung vom 17. Mai 1974 – einen Tag, nachdem er Brandt als Regierungschef abgelöst hatte – erklärte, angesichts der bestehenden und noch zu erwartenden Schwierigkeiten müsse man mit seinen Kräften haushalten und diese «auf das Wesentliche konzentrieren». Die Leitworte seiner Regierung lauteten deshalb «Kontinuität und Konzentration».[252]

Reformpolitik im Dilemma

Wer nach dem Triumph der sozialliberalen Koalition bei der Wahl am 19. November 1972 einen ebenso strahlenden Auftakt der zweiten Amtszeit Brandts erwartet hatte, sah sich daher bald getäuscht. Die Regierungsbildung verlief schleppend und litt unter der allgemeinen Erschöpfung nach dem Sieg. Der Kanzler selbst erkrankte und mußte am Kehlkopf operiert werden, fürchtete sogar, Krebs zu haben, und ließ die Dinge treiben. Während wichtige Entscheidungen anstanden, lag er im Krankenhaus, erlitt einen seiner periodischen Anfälle von Depressionen und war seiner Sprache – dieses wichtigsten Instruments eines Politikers – beraubt. Andere als er stellten daher die Weichen für die Zusammensetzung des Kabinetts und die Grundorientierung seiner Politik. «Meine Abwesenheit», so räumte er später ebenso lakonisch wie vieldeutig ein, «wurde da und dort als Schwäche gesehen und genutzt.»[253] Dabei ließen sich auch Namen nennen: Helmut Schmidt und Herbert Wehner hielten sich zwar während Brandts Klinikaufenthalt an die Bitte seines Arztes Professor Becker, den kranken Kanzler zu schonen, zögerten aber nicht, daraus politisches Kapital zu schlagen. So «vergaß» Wehner glatt die ihm von Brandt schriftlich übermittelten Anweisungen für die Koalitionsverhandlungen samt dem Durchschlag für Schmidt in seiner Rocktasche.[254]

Vor allem die inneren Reformen gerieten dabei unter die Räder. Unter dem Druck ökonomischer Zwänge, personeller Widerstände und bürokratischer Erstarrung endete der Neuanlauf zu einer Zeit, als er noch gar nicht richtig begonnen hatte, und hinterließ ein Erbe reformerischer Halbheiten,

3. Tendenzwende

die oft mehr Schaden anrichteten, als Nutzen zu stiften. Die erste sozialliberale Regierung habe «viele einzelne Reformvorhaben verwirklicht», bilanzierte daher Horst Ehmke, der im Kanzleramt für die Koordinierung der Reformpolitik zuständig gewesen war, in seinen Erinnerungen, aber das Ganze sei «Stückwerk» geblieben, «eine ‹neue Qualität› von Politik, eine Politik, die die Veränderungen der Gesellschaft mitgestaltet, statt sie nur zu erleiden, wurde nicht entwickelt». Selbst die kühnsten Reformideen und der größte Reformeifer könnten «praktikable Reformprogramme, Durchsetzungsstrategien und Teamgeist nicht ersetzen».[255] Genau daran hatte es im ersten Kabinett Brandt offenbar gemangelt. Die Fachressorts, so Ehmke, seien wenig geneigt gewesen, sich in ihre Arbeit hinein-»pfuschen» zu lassen; die meisten seien «schließlich dem großen Ressortherren Helmut Schmidt in seinem feudalen Widerstand gegen die ‹Zentrale› gefolgt». Auch die Unterstützung durch Kanzler und Vizekanzler hielt sich in Grenzen. Zwar wies Brandt die wiederholte Kritik von Schmidt an den «Planungsplanern» zurück. «Umgetrieben» – so Ehmke – habe «ihn die Angelegenheit aber nicht», und Walter Scheels Frohnatur habe ohnehin nur dazu beigetragen, Witzchen über die Planer beizusteuern. Beide, Brandt und Scheel, seien «primär an der Außenpolitik interessiert» gewesen.[256]

Die Konzentration auf die Ostpolitik, die der Koalition in ihrer ersten Legislaturperiode zu ihrem großen Erfolg verholfen hatte, war somit offenbar zu Lasten der inneren Reformen gegangen. Der mit der Regierungserklärung vom 28. Oktober 1969 erweckte Eindruck, das sozialliberale Bündnis werde sich vor allem Themen der Innen-, Wirtschafts- und Gesellschaftspolitik zuwenden, erwies sich als falsch. Von den wichtigsten Eckpunkten des Reformprogramms – dem Ausbau der sozialen Sicherheit, Reformen der Betriebsverfassung und der Mitbestimmung, der Änderung des Paragraphen 218, einem neuen Ehe- und Familienrecht sowie einer umfassenden Bildungsreform – wurde am Ende nur wenig in die Tat umgesetzt. So bestand etwa der Ausbau der sozialen Sicherung vorrangig darin, Leistungsverbesserungen zu beschließen. Dies betraf besonders die Einführung der flexiblen Altersgrenze bei Renten und Änderungen in der gesetzlichen Krankenversicherung, durch die Vorsorgeuntersuchungen, Rehabilitation, Ansprüche auf Haushaltshilfen sowie die Versicherung von Landwirten und Studenten in den Leistungskatalog aufgenommen wurden. Die Sozialausgaben stiegen danach von 174,7 Milliarden DM 1970 auf 334,1 Milliarden DM 1975; die Sozialquote – d. h. der Anteil der Sozialausgaben am Bruttosozialprodukt – erhöhte sich von 25,5 Prozent 1970 auf 32,1 Prozent 1975. Bereits 1974/75 war angesichts der steigenden Belastungen von einem «Loch» in der Rentenfinanzierung und von einer «Kostenexplosion im Gesundheitswesen» die Rede. Die «Reformen» zur sozialen Sicherung hatten sich also auf Ausgabensteigerungen beschränkt und dabei inhaltliche Überlegungen für sinnvolle Strukturänderungen vermissen lassen.[257]

Anderen Reformvorhaben erging es kaum besser. Die Wünsche der Gewerkschaften nach einer neuen Betriebsverfassung und einer erweiterten Mitbestimmung wurden unter dem Einfluß der FDP und nach heftigen Auseinandersetzungen mit der Opposition im Bundestag nur sehr eingeschränkt erfüllt. Die Vorstellungen der Bundesregierung zur Reform des § 218 im Sinne einer Fristenregelung scheiterten zunächst am Einspruch des Bundesrates und danach am Bundesverfassungsgericht, das am 25. Februar 1975 abschließend feststellte, die Fristenregelung werde der sich aus Artikel 2 Abs. 2 des Grundgesetzes ergebenden Verpflichtung, «das werdende Leben wirksam zu schützen, nicht in dem gebotenen Umfang gerecht».[258] Beim Ehe- und Familienrecht wurden zwar große Pläne geschmiedet, um die im Grundgesetz verankerte Gleichberechtigung von Mann und Frau zu verwirklichen, den Begriff der «elterlichen Gewalt» durch den der «elterlichen Sorge» zu ersetzen und die gewachsene Selbständigkeit und Eigenverantwortlichkeit von Jugendlichen und Heranwachsenden durch eine rechtliche Neuregelung ihres Verhältnisses zu den Eltern und ihrer Stellung in der Gesellschaft stärker zu berücksichtigen. Verwirklicht wurde davon bis zur Bundestagswahl 1972 aber nur die schon erwähnte Herabsetzung des Wahlalters.[259]

Das krasseste Beispiel einer gescheiterten Reform bot jedoch die Bildungspolitik. Sie erschien 1969 besonders dringlich, um der Unruhe an den Universitäten zu begegnen und eine deutsche «Bildungskatastrophe», für die Georg Picht 1964 das Stichwort geliefert hatte, abzuwenden. Bereits im Juni 1970 legte die Bundesregierung deshalb ihren «Bildungsbericht '70» vor, in dem ein demokratisches sowie leistungs- und wandlungsfähiges Bildungssystem als Ziel bezeichnet wurde, das Chancengleichheit und individuelle Förderung gewährleisten sollte. Eine Bund-Länder-Kommission für Bildungsplanung, die ebenfalls noch im Juni 1970 eingesetzt wurde, sollte über die notwendigen Schritte dorthin beraten. Als Sofortmaßnahme wurde die bisher auf Studenten begrenzte Ausbildungsförderung auf Schüler der weiterführenden allgemeinbildenden Schulen ab Klasse 11, der Fachoberschulen, der Ausbildungsstätten des Zweiten Bildungsweges, der Berufsfachschulen und Fachschulen sowie auf Praktikanten ausgedehnt, bevor am 1. September 1971 ein neues Bundesausbildungsförderungsgesetz (BAFöG) die individuelle Förderung der Ausbildung im Förderungsbereich und im Umfang nochmals ergänzte.

Zugleich wurde mit großem Aufwand und erheblichen finanziellen Mitteln der Ausbau der Hochschulen in Angriff genommen. Ein am 19. Juli 1971 von Bund und Ländern verabschiedeter Rahmenplan für die Jahre 1972 bis 1975 ging von einem Anstieg der Studentenzahlen von 1969 bis 1975 um 45 Prozent auf 665 000 aus und sah zur Bereitstellung der hierfür erforderlichen Studienplätze Ausgaben von über 16 Milliarden DM vor, die je zur Hälfte vom Bund und von den Ländern aufzubringen waren. Da der Bund aufgrund fehlender Zuständigkeit kaum Möglichkeiten besaß, auf die praktische Verwirklichung der Bildungsreform Einfluß zu nehmen, blieb es jedoch den Ländern überlassen, über die Entwicklung ihrer Bildungseinrichtungen selbständig und unabhängig voneinander zu entscheiden. Die Bildungsreform wurde damit zum Zankapfel zwischen SPD- und Union-geführten Ländern. Symptomatisch waren die Auseinandersetzungen um die Einführung der Gesamtschule und die Diskussion um die hessischen Rahmenrichtlinien für die Fächer Deutsch und Gesellschaftslehre 1972/73.[260] Außerdem ließen ökonomische Zwänge immer weniger Spielraum für kostspielige Vorhaben. Das ehrgeizige Projekt der Bildungsreform öffnete zwar die Bildungseinrichtungen einer immer größeren Zahl von Schülern und Studenten, trug jedoch wenig dazu bei, den Folgen dieser Expansion zu entsprechen. Die Bildungspolitik galt daher schon bald als Musterbeispiel einer gescheiterten Reform.[261]

Resignation bei Möller und Schiller

Als die sozialliberale Koalition 1969 die Macht übernahm, befand sich die Bundesrepublik in einer glänzenden wirtschaftlichen Lage. Die im Stabilitätsgesetz festgelegten vier Ziele – Preisstabilität, hoher Beschäftigungsgrad, außenwirtschaftliches Gleichgewicht und befriedigendes wirtschaftliches Wachstum – waren in nahezu idealer Weise verwirklicht. Mit 7,5 Prozent erzielte die deutsche Wirtschaft ihr höchstes Wachstum seit zehn Jahren, das Vertrauen in die politische Lenkbarkeit der Volkswirtschaft war unbegrenzt, und die vorausschauende Konjunkturpolitik mit den Instrumenten der Globalsteuerung schien auch für die Zukunft eine positive Gesamtentwicklung zu versprechen. Doch schon zu Beginn der siebziger Jahre kehrte sich der Trend um, ohne daß die Steuerungsinstrumente griffen. Schuld daran waren in erster Linie die Länder und Gemeinden, die ihre Investitionen während der Rezession 1967 gesenkt hatten und jetzt durch ein maßloses Ausgabengebaren den Anschein erweckten, als wären sie dem Druck der Reformerwartungen hilflos ausgeliefert. Insbesondere die Länder, die durch das konjunkturbedingt hohe Steueraufkommen und die am 21. Dezember 1966, also während der Großen Koalition, beschlossene Neuverteilung der Einkommens- und Körperschaftssteuer finanziell gut ausgestattet waren, glaubten, sich beinahe alles leisten zu können. Leichtfertig schlugen sie dabei die Warnungen des Finanzplanungsrates, der im Interesse der gesamtwirtschaftlichen Stabilität zur Zurückhaltung mahnte, in den Wind.[262] Ähnlich «prozyklisch» – d. h. konjunkturverschärfend – verhielten sich auch die Gewerkschaften, die sich 1968/69 mit Lohnforderungen zurückgehalten hatten, jetzt aber übermäßig hohe Einkommenszuwächse durchsetzten, um die «soziale Symmetrie» wiederherzustellen.[263]

Die Zuwachsrate des Bundeshaushalts lag dagegen 1970 noch deutlich unter der Zunahme des Bruttosozialprodukts. Aber auch die Bundesregierung hatte es zunehmend schwer, sich in ihrer Haushaltspolitik diszipliniert

V. Umgründung der Republik

und stabilitätsgerecht zu verhalten. Reformpolitik und Stabilitätspolitik standen sich im Wege. Reformeuphorie und das Vertrauen in die Beherrschbarkeit der wirtschaftlichen Probleme, insbesondere der Glaube an ein stetiges Wirtschaftswachstum, führten zu einem Verhalten, bei dem der vorsichtige, auf eine solide Finanzpolitik drängende Finanzminister Alex Möller bald als «schwarzseherische Kassandra» galt.[264] Im Frühjahr 1971, als die einzelnen Minister nach Abschluß ihrer Planungen meinten, mit ihrer finanzintensiven Reformpolitik endlich ernst machen zu können, geriet Möller dadurch in eine schwierige Lage. Seit Februar 1971, so berichtete er nach seinem Rücktritt, habe er die Kollegen gebeten, ihre Haushaltsforderungen für 1972 zu reduzieren. Selbst ein unterstützendes Schreiben des Bundeskanzlers habe jedoch nichts genützt. Die Forderungen, so Möller, «sind nicht reduziert worden, die Forderungen wurden immer höher, jeden Tag bekam ich neue Wünsche, zum Teil auch für das Jahr 1971 auf den Tisch gelegt, so daß es für mich ausweglos war, hier nun Lösungen zu finden, die vom gesamten Kabinett hätten getragen werden können.»[265]

Die Befürchtung Möllers, daß ein zu stark überdehnter Haushalt die Inflation anfachen könnte, wurde noch dadurch verschärft, daß man angesichts der konjunkturellen Abflachung, die für das Jahr 1972 geringere Steuereinnahmen erwarten ließ, zusätzlich mit einer Verschuldung des Staatshaushaltes rechnen mußte. Die Opposition im Bundestag warf Möller deshalb bereits im Herbst 1970 eine unsolide Haushaltsführung vor. Wie erbittert die Auseinandersetzungen geführt wurden, zeigt die Behauptung der Union vom 23. September 1970 während der Diskussion des Haushaltsgesetzes 1971, Möller sei mit seiner Politik im Begriff, «die dritte deutsche Inflation» zu verursachen.[266] Als Möller daraufhin erregt entgegnete, diejenigen, die die beiden Weltkriege und die darauffolgenden Inflationen zu verantworten hätten, stünden der CDU/CSU «geistig näher als der SPD», verließ die Opposition unter «Pfui-Rufen» protestierend den Plenarsaal.[267] Doch sogar im Kabinett sah sich Möller Anfeindungen ausgesetzt. Vor allem mit Helmut Schmidt, der immer hart für sein Ressort focht, und Karl Schiller, der als Wirtschaftsminister für die Stabilitätspolitik zuständig war, gab es ständig Konflikte. Empfindliche Persönlichkeitsstrukturen dreier Primadonnen mit Starallüren mögen dabei eine Rolle gespielt haben. Hauptsächlich waren es jedoch die unterschiedlichen Perspektiven des Finanzministers einerseits und der Ressortchefs und des Wirtschaftsministers andererseits, die zu sachlichen Differenzen führten, die ohne ein Machtwort des Kanzlers nicht zu überbrücken waren.

Möller sah sich in erster Linie als Haushaltsminister, der das staatliche Handeln vor allem unter fiskalischen Aspekten betrachtete, Schiller dagegen verstand sich als Konjunkturminister, für den die finanzwirtschaftlichen Tugenden der Sparsamkeit und eines ausgeglichenen Haushalts keine Ziele an sich, sondern nur Teil des wirtschaftspolitischen Instrumentariums waren. Möller hätte in diesem Konflikt – einer gegen alle – seine verfassungsrechtlich starke Stellung, die ihm ein Veto bei ausgabenwirksamen Beschlüssen einräumte, politisch nur dann durchstehen können, wenn er die Unterstützung des Kanzlers erhalten hätte. Doch Brandt, den seit seiner Berliner Zeit ein besonderes Vertrauensverhältnis mit Schiller verband, setzte ganz auf den Wirtschaftsminister, der seine überragenden Fähigkeiten zuletzt bei der Bewältigung der Rezession 1966/67 wieder unter Beweis gestellt hatte. Da Brandt in wirtschaftlichen Fragen kein Fachmann war und sich auch kaum dafür interessierte, ließ er sich bei seiner Parteinahme für Schiller weitgehend von seinem persönlichen Vertrauen leiten.[268]

In dieser Weise auf sich allein gestellt und vom Kanzler allein gelassen, meinte Möller sich nur noch durch seinen Rücktritt helfen zu können, den er Brandt am 12. Mai 1971 anbot und den dieser ohne Zögern annahm. Welche Wertschätzung Brandt für Schiller empfand, bewies danach seine Entscheidung, das Wirtschafts- und Finanzministerium zusammenzulegen und das neue «Superministerium» Schiller anzuvertrauen, der sich in seiner Eitelkeit geschmeichelt fühlte und über die sachlichen Probleme, die diese Ressortzusammenlegung mit sich bringen mußte, hinwegsah. Tatsächlich gelang es Schiller, einen Haushaltsentwurf für 1972 vorzulegen, der auch den Beifall des zurückgetretenen Finanzministers fand.[269] Doch schon auf dem – an anderer Stelle bereits erwähnten – Steuerparteitag der SPD im November 1971 mußte er erfahren, daß er gegen den innerparteilichen Strom schwamm. Bei der Präsentation seiner Vorstellungen einer modernen Marktwirtschaft sah er sich einer Mauer «eisiger Ablehnung» gegenüber. Die dominierende Figur des Parteitages war der von der Parteilinken unterstützte Vorsitzende der Steuerreformkommission, Entwicklungsminister Erhard Eppler, der Steuerreformen vor allem als Hebel zur gesellschaftlichen «Systemüberwindung» begriff.[270]

Zu den Zweifeln, die Schiller seither hinsichtlich seiner eigenen Partei hegte, kam im Frühjahr 1972 schließlich der unvermeidliche Zusammenstoß mit Helmut Schmidt. Ausgangspunkt waren große Deckungslücken, die sich Anfang 1972 für das schon laufende Haushaltsjahr abzeichneten und in der mittelfristigen Finanzplanung unvertretbare Ausmaße anzunehmen drohten. Schiller, der inzwischen in die Rolle des «Haushaltshüters» geschlüpft war, die zuvor Möller gespielt hatte, forderte daraufhin am 16. Mai das Kabinett auf, entweder die Steuern zu erhöhen oder den Haushalt nachträglich zu kürzen. Doch Schmidt, wie auch andere Minister, hielten seinen Vorstoß vor allem zeitlich für verfehlt. Inmitten der existentiellen Auseinandersetzungen mit der Opposition, nach dem Verlust der Regierungsmehrheit und angesichts der zu erwartenden Neuwahlen, erschienen seine Vorschläge einfach nicht opportun. Schiller sah sich daher «disziplinlosen Attacken» ausgesetzt, bei denen auch diesmal Helmut Schmidt der Wortführer war. Erbost über seine uneinsichtigen Kollegen, arbeitete Schiller daraufhin eine Kabinettsvorlage mit dem Ziel aus, den Haushalt 1972 um 2,5 Milliarden DM zu kürzen, wobei allein 800 Millionen im Verteidigungsetat Schmidts gestrichen werden sollten. Um diesen Forderungen mehr Gewicht zu verleihen, ließ er seine Vorlage auch gleich in 131 Exemplaren umlaufen, was praktisch einer Veröffentlichung gleichkam und der Opposition willkommene Munition für ihre Angriffe gegen die Regierung bot. Schmidt drängte daraufhin Brandt, Schiller zu entlassen. Doch Brandt mochte dem Rat angesichts des bevorstehenden Wahlkampfes nicht folgen, und Schiller setzte sich durch. Am 9. Juni wurde sein Haushaltsentwurf mit den von ihm geforderten Minderausgaben beschlossen, so daß die Nettoneuverschuldung von 7,3 auf 6 Milliarden DM reduziert wurde.[271]

Die Probleme, die Schiller sich mit der Übernahme des Doppelministeriums aufgeladen hatte, waren damit jedoch keineswegs gelöst. So kam es bereits drei Wochen nach der Haushaltskrise zu einem weiteren Konflikt, als das Kabinett am 28./29. Juni über die Frage diskutierte, wie man angesichts der Schwäche anderer europäischer Währungen unliebsame Devisenzuflüsse, die die Stabilität der D-Mark gefährdeten, eindämmen könne. Schiller schlug dazu vor, die Wechselkurse einfach freizugeben – also ein «Floating» der europäischen Währungen einzuführen –, um ein marktkonformes Mittel gegen die inflationsfördernde Aufblähung der Geldmenge durch Devisenzuflüsse zu erhalten; Bundesbankpräsident Karl Klasen riet dagegen ohne vorherige Absprache mit Schiller zu Devisenkontrollen und versprach damit «Ruhe an der Währungsfront bis zur Bundestagswahl».[272] Das Kabinett folgte nicht Schiller, sondern Klasen. Der Wirtschafts- und Finanzminister unterlag dem einstimmigen Votum seiner Kollegen, bei denen offenbar, wie Regierungssprecher Conrad Ahlers hinterher resümierte, die «Aufwertungsmüdigkeit» ebenso groß gewesen sei wie die «Schillermüdigkeit».[273] Schiller kündigte daraufhin für den 7. Juli seinen Rücktritt an, ließ in einem zusätzlichen Schreiben allerdings erkennen, daß er bei bestimmten Zusicherungen für die Regierungsbildung nach der Bundestagswahl seinen Entschluß noch einmal überdenken könnte. Doch Brandt nahm das Rücktrittsgesuch – auf Drängen der eigenen Parteispitze – an, obwohl er, ebenso wie die FDP, Schiller gerne weiter im Amt gesehen hätte. Vor allem Horst Ehmke redete ihm diesmal zu. «So billig werden wir Karl niemals mehr los», hatte Ehmke die Lage bereits am Abend des 28. Juni in aller Kürze zusammengefaßt.[274]

Regierungssprecher Ahlers erschien Schillers Rücktritt deshalb im nachhinein «wie ein unabwendbarer Vorgang» – als Schicksal. Auch in diesem Fall hatte die persönliche Rivalität mit Schmidt, dem nicht nur Schillers Stabilitätspolitik, sondern auch dessen herausgehobene Position in der Regierung mißfiel, zu der Demission beigetragen. Der Dauerkonflikt zwischen Schmidt und Schiller war schließlich – in den Worten von Ahlers – so etwas wie «die Cause célèbre der letzten Bundesregierung» geworden; er sei insbesondere von Schmidt «zuweilen in derart unangenehmen Formen» ausgetragen worden, daß der Bundeskanzler mehr als einmal den Kabinettssaal verlassen und an Rücktritt gedacht habe.[275] Aber neben dieser persönlichen

Seite hatte der Rücktritt wie bei Möller in erster Linie sachliche Gründe. Schiller hatte seit dem Steuerparteitag nicht nur das Vertrauen in die innere Entwicklung der SPD verloren, sondern sah auch – wie Möller – keine Möglichkeit mehr, die Ansprüche der Ressorts mit den Erfordernissen einer soliden Wirtschafts- und Finanzpolitik in Einklang zu bringen. Übertriebene Zuversicht in die Planbarkeit und Belastbarkeit der Wirtschaft war zur Quelle unverantwortlicher Forderungen geworden, die im Bund, aber auch bei den Ländern und Gemeinden sowie den Tarifpartnern um nahezu jeden Preis durchgesetzt wurden. Die wirtschaftliche Basis für die Reformpolitik, die noch 1969 so breit und verläßlich erschienen war, drohte binnen weniger Jahre ihre Tragfähigkeit zu verlieren. Tatsächlich sollte sich dieser von Möller wie von Schiller prognostizierte Trend, dem sie durch ihren Rücktritt entgegenzuwirken suchten, schon bald bestätigen: Die Inflationsrate, die 1969 2,0 Prozent betragen hatte, stieg bis zum Ende der Ära Brandt 1974 auf 6,9 Prozent, das wirtschaftliche Wachstum ging von 7,5 Prozent auf 0,5 Prozent zurück, und die Zahl der Arbeitslosen nahm von knapp 200 000 auf fast 600 000 zu.[276] Von Reformspielräumen konnte danach keine Rede mehr sein.

Ölkrise und «Ende des Wachstums»

Die ökonomischen Probleme der Reformpolitik, die in den Rücktritten von Möller und Schiller zum Ausdruck gekommen waren, erreichten jedoch erst 1973 ihren dramatischen Höhepunkt. Zwar trat Mitte März eine gewisse Beruhigung an der Währungsfront ein, als die Bundesrepublik und fünf weitere Staaten der Europäischen Gemeinschaft beschlossen, den Wechselkurs gegenüber dem Dollar freizugeben, wie Karl Schiller es bereits im Juni 1972 gefordert hatte. Aber ein Stabilitätsprogramm der Bundesregierung vom 9. Mai 1973 zur Senkung der Inflation führte lediglich zu einer Abbremsung der Konjunktur, nicht jedoch, wie man es sich gewünscht hätte, zu mehr Stabilität. Das Ergebnis war vielmehr «Stagflation» – d. h. Rückgang des Wachstums und zunehmende Arbeitslosigkeit bei weiter steigender Inflationsrate. Die einst so hochgelobten wirtschaftspolitischen Instrumente der Globalsteuerung erwiesen sich damit erneut als trügerisch. Die bis dahin schärfste Rezession in der Geschichte der Bundesrepublik bahnte sich an.[277]

Ein Grund für diese Entwicklung war das Versagen der «Konzertierten Aktion». Vor allem die Gewerkschaften waren nicht länger bereit, sich den gesamtwirtschaftlichen Erfordernissen unterzuordnen. Sie hatten seit der Krise von 1966/67 große Lohndisziplin bewiesen und damit viel zum Erfolg der sozialdemokratisch geführten Wirtschaftspolitik unter Karl Schiller beigetragen. Die hohen Preissteigerungen, die 1973 in manchen Sektoren bereits die Marke von 8 Prozent überschritten, ließen solche Zurückhaltung nun aber nicht mehr zu, zumal die Unternehmen in einer überhitzten Konjunktur hohe Gewinne erzielten. Wilde Streiks in der Stahlindustrie im Februar und im Frühjahr 1973 und eine zweite Welle spontaner Arbeitsniederlegungen im August waren ein unmißverständliches Warnsignal für den Unmut an der Basis. So stiegen die Lohnforderungen schließlich auf über 10 Prozent. Warnungen der Regierung vor den stabilitätspolitischen Folgen wurden durch Stellungnahmen der Jungsozialisten konterkariert, die die wilden Streiks begrüßten und niedrigere Lohnabschlüsse als «Lohnraub» bezeichneten.[278] Am Ende des Jahres 1973 wurde eine durchschnittliche nominale Erhöhung der Einkommen aus unselbständiger Arbeit von 13,5 Prozent errechnet.[279] Man mußte kein Experte zu sein, um zu begreifen, was dies für die wirtschaftliche Stabilität der Bundesrepublik bedeutete.

Die Diskussion über das Für und Wider hoher Lohnabschlüsse war noch in vollem Gange, als im Oktober 1973 – zum jüdischen Yom Kippur – im Nahen Osten ein neuer Krieg zwischen Israel und seinen arabischen Nachbarn ausbrach. Als der arabische Angriff nicht zu dem erwarteten und von der eigenen Propaganda versprochenen raschen Sieg führte, sondern Israel nach schweren Verlusten allmählich militärisch die Oberhand gewann, faßten mehrere erdölexportierende arabische Länder den Beschluß, Öl als Waffe einzusetzen: Mit einem Lieferboykott gegen die USA und die Niederlande, der schrittweise auch auf andere westliche Staaten ausgedehnt wurde, sowie der Drosselung der Ölförderung um 25 Prozent sollte Druck auf das Ausland ausgeübt werden, die Unterstützung für Israel einzustellen, um auf diese Weise den arabischen Erfolg doch noch zu sichern. Zugleich wurde die Mengenverknappung des Erdöls auf dem Weltmarkt genutzt, um gemeinsam mit den anderen in der Organisation erdölexportierender Länder (OPEC) zusammengeschlossenen Staaten eine Vervierfachung der Rohölpreise bis zum Frühjahr 1974 durchzusetzen.

Eine solche Preisexplosion bei gleichzeitiger Verknappung des Angebots ließ sich auch von den relativ reichen Industrienationen wie der Bundesrepublik, die hochgradig von Öleinfuhren abhängig waren, nicht ohne weiteres verkraften. Der Deutsche Bundestag beschloß deshalb schon am 9. November 1973 einstimmig ein Energiesicherungsgesetz, das die rechtlichen Grundlagen schuf, um bei Gefährdungen oder Störungen der Energieversorgung Verbrauchsbeschränkungen bei Mineralöl und Erdgas einführen zu können. Eine daraufhin am 19. November vom Bundeswirtschaftsminister erlassene Verordnung zur Einsparung von Energie sah unter anderem ein allgemeines Fahrverbot an vier Sonntagen im November und Dezember 1973 vor. Die leeren, verödeten Straßen und Autobahnen und die plötzliche Stille in den Dörfern und Städten bedeuteten einen Schock. Der buchstäbliche Stillstand der sonst so mobilen Gesellschaft sowie das sprunghafte Ansteigen der Benzin- und Heizölkosten demonstrierten die Verwundbarkeit der Wirtschaft und die Störanfälligkeit der modernen Zivilisation. Erstmals wurde auch der breiten Öffentlichkeit bewußt, daß die sichere Versorgung mit billiger Energie keineswegs eine Selbstverständlichkeit war. Die von vielen für übertrieben gehaltenen Warnungen des «Club of Rome» vor den

Grenzen des Wachstums nur ein Jahr zuvor hatten sich überraschend schnell und überaus eindrucksvoll bestätigt.²⁸⁰ Schon 1974 mußte die Bundesrepublik 17 Milliarden DM mehr für ihre Öleinfuhren bezahlen als 1973, obwohl die Menge des eingeführten Erdöls um sechs Prozent gesunken war. Die durch hausgemachte Probleme ohnehin ansteigende Zahl der Arbeitslosen näherte sich dadurch 1975 fast der Millionengrenze, weil die plötzliche Verteuerung der Energiepreise weltweit einen Konjunktureinbruch nach sich zog. Die stark exportabhängige Bundesrepublik konnte sich von diesem Verfall der Weltkonjunktur nicht abkoppeln, sondern wurde bald in den Strudel hineingezogen. Bereits in der Kabinettssitzung vom 22. November 1973 bemerkte daher Helmut Schmidt, der inzwischen Karl Schiller als Wirtschafts- und Finanzminister abgelöst hatte, «zum Zwecke der Sicherung bzw. der Schaffung von Arbeitsplätzen» müßten die «öffentlichen Hände wahrscheinlich in einigen Bereichen mehr ausgeben» als bisher – Geld, das nun für kostspielige Reformen fehlte: Riesensummen. Noch unter Willy Brandt, berichtete später Egon Bahr, seien deshalb bereits im Herbst 1973 alle diese Reformgedanken stillschweigend aufgegeben worden.²⁸¹

Der Rücktritt Willy Brandts

Der Verlust an Zuversicht, der schon den Beginn der zweiten Amtszeit Willy Brandts in den Wochen nach dem Sieg vom November 1972 gekennzeichnet hatte, wurde durch die wirtschaftlichen Krisen des Jahres 1973 noch verschärft. Der Kanzler verlor zunehmend die Kontrolle über die Entwicklung. Verantwortlich dafür war nicht nur seine physisch weiterhin eingeschränkte Leistungskraft, sondern auch die Tatsache, daß er nach dem von Wehner und Schmidt bei der Regierungsbildung durchgesetzten Ausscheiden von Horst Ehmke aus dem Kanzleramt nicht mehr über ein leistungsfähiges Umfeld verfügte, das ihm zuarbeitete und seine Schwächen kompensierte. Viele, die sich früher über Ehmkes Planungseifer beschwert und sich über seinen nicht zu bremsenden Elan und Tatendrang lustig gemacht hatten, trauerten ihm jetzt nach. Seine Bedeutung für Brandt und die Regierung war ungleich größer gewesen, als manche es zu seinen Amtszeiten hatten wahrhaben wollen. Sein Nachfolger, der frühere Chef der Berliner Senatskanzlei und Bundessenator Horst Grabert, von Hause aus Bauingenieur, galt als zuverlässig und verwaltungstechnisch versiert, war bisher aber vor allem durch seine lautlose Art aufgefallen – also eigentlich gar nicht. Egon Bahr, der ihn vorgeschlagen hatte, mußte später zugeben, daß er als Chef des Kanzleramtes vielleicht nicht die glücklichste Wahl gewesen sei. Horst Ehmke hielt ihn «schlicht für eine Katastrophe».²⁸² Die Pannen häuften sich.

Brandt selbst verschärfte das Problem, indem er einen engen Kreis von Vertrauten um sich scharte, denen er bald immer mehr ausgeliefert war. Egon Bahr, Klaus Harpprecht und Günter Gaus waren, jeder für sich, gewiß angesehen und brillant. Aber sie bildeten kein Team. Persönliche Animositäten und Eifersüchteleien, wie sie in einem «Hofstaat», den die Presse schon im Dezember 1972 konstatierte[283], beinahe unvermeidlich sind, verschlechterten das Arbeitsklima. Vor allem Bahr, der nach dem Ende seiner Verhandlungsaufgaben unterbeschäftigt war, mischte sich in alles ein und machte Grabert das Leben zusätzlich schwer. Ehmkes starke, ordnende Hand wurde immer schmerzlicher vermißt. «Du bist hier schon Legende», schmeichelte ihm Brandt im Frühjahr 1973 und beschwerte sich anschließend bitter, er bekäme aus dem Amt nicht mehr die Hilfe, die er brauche.[284] Politisch ergab sich daraus eine «merkwürdige Abgeschlossenheit» des Palais Schaumburg; Realität wurde darin «nur noch in wohldosierten Portionen genossen».[285] Selbst Günter Grass kritisierte ein Jahr nach Brandts Wahl öffentlich, dieser lasse sich «Abschirmung durch übereifrige Berater» gefallen.[286]

Der Abkapselung Brandts im Kanzleramt entsprach seine Führungsschwäche im Kabinett. Schwatzhaftigkeit und Disziplinlosigkeit nahmen zu. Viele kleine Elemente fügten sich zu einem Gesamtbild, bei dem der Eindruck entstand, Brandt habe den Boden der Tatsachen unter den Füßen verloren. Karikaturisten zeichneten ihn bereits auf Wolken schwebend oder als Denkmal mit bröckelndem Fundament, den Kopf wiederum in den Wolken verschwindend. «Willy Wolke» wurde nun überhaupt zum geflügelten Wort für einen Mann, bei dem Verdienste und Schwächen so nahe beieinander lagen, daß man sie oft kaum zu trennen vermochte. So milde, nachsichtig oder gar liebevoll die persönliche Beurteilung dabei ausfallen mochte – die politische Kritik war fast immer unnachsichtig und mitleidlos. Ende September 1973 beteiligte sich daran auch Herbert Wehner. Lange hatte er verbissen geschwiegen. Um so stärker brach es nun aus ihm heraus. Während einer Reise mit einer Delegation des Deutschen Bundestages in der Sowjetunion nahm der Fraktionsvorsitzende vor deutschen Journalisten auf sowjetischem Boden kein Blatt vor den Mund. Er kritisierte die Ostpolitik, die «über das Unterschriften-Sammeln», also die Unterzeichnung der Verträge, nicht hinausgekommen sei, und hielt der «Nummer eins» vor, sie sei «entrückt» und «abgeschlafft», der Kanzler bade «gern lau – so in einem Schaumbad». Als der *Spiegel* in seiner Ausgabe vom 8. Oktober in großer Aufmachung über die Wehner-Äußerungen berichtete, prägte sich besonders das Zitat ein, mit dem der Beitrag überschrieben war: «Was der Regierung fehlt, ist ein Kopf.» Wehner behauptete später zwar, den Ausspruch so nicht getan zu haben, dementierte aber nicht, daß es von ihm so gemeint gewesen sei.[287]

Brandt erfuhr bereits vor der *Spiegel*-Veröffentlichung während einer USA-Reise von der Wehner-Kritik. Er hatte gerade in Aspen im Bundesstaat Colorado, am Rande der Rocky Mountains, einen Preis erhalten und war dort als großer Staatsmann gefeiert worden. Nun holte die harte Realität ihn wieder ein. Früher als geplant kehrte er deshalb nach Bonn zurück – entschlossen, endlich Konsequenzen zu ziehen. Für ihn war Wehner erledigt. «Der Kerl» müsse weg, hatte er dazu im engsten Kreis schon verlauten lassen. Wehner sollte als Fraktionsvorsitzender zurücktreten. Auch in einem Gespräch mit ihm unter vier Augen blieb Brandt unversöhnlich. Doch im Präsidium und in der Bundestagsfraktion der SPD mußte er bald einsehen, daß die Partei nicht ohne weiteres bereit war, Wehner fallenzulassen. Dessen Moskauer Kritik wurde von vielen geteilt; der Parteivorstand schloß sich ihr sogar mit 12 zu 11 Stimmen an, obwohl Brandt versucht hatte, eine Abstimmung zu verhindern. In der Fraktion war es vor allem Schmidt, der Wehner verteidigte. Und Brandt unterließ es, die innerparteiliche Vertrauensfrage zu stellen, die sicher zu seinen Gunsten ausgegangen wäre, weil niemand ihn zu dieser Zeit für ersetzbar hielt. So verlief die Sache im Sande – allerdings mit der Folge, daß nicht Wehner, sondern Brandt verloren hatte. Die Moskauer Episode wurde dadurch für ihn zum Wendepunkt: der Anfang vom Ende.[288] In seinen Memoiren merkte er dazu selbstkritisch an: «Wer sich in der politischen Führung nicht rechtzeitig zu wehren weiß, kommt unter die Räder.»[289]

Wie sehr der Kanzler die Zügel tatsächlich bereits aus der Hand gegeben hatte, zeigte sich erneut zur Jahreswende 1973/74, als der mächtige Chef der Gewerkschaft Öffentliche Dienste, Transport und Verkehr (ÖTV), Heinz Kluncker, die Bundesregierung mit Lohnforderungen konfrontierte, die man nur als maßlos bezeichnen konnte: 15 Prozent Lohnerhöhung, mindestens aber 185 DM und 300 DM Urlaubsgeld waren in einem Bereich, in dem es praktisch kein Arbeitsplatzrisiko gab, eine glatte Unverschämtheit. Doch Kluncker schätzte die Schwäche Brandts richtig ein. Wie schon zuvor bei einem als «Dienst nach Vorschrift» getarnten Bummelstreik der Fluglotsen während der Hauptreisezeit von Mai bis November 1973, bei dem eine kleine Elite von 1 600 Technikern im Streit um eine bessere Bezahlung den gesamten Verkehr in der Bundesrepublik nachhaltig gestört hatte, zeichnete sich das Verhalten der Bundesregierung auch jetzt wieder vor allem durch Hilflosigkeit aus, als der bullige und unnachgiebige Kluncker selbst vor einem bundesweiten Streik nicht zurückschreckte, um schließlich, am 13. Februar 1974, zweistellige Einkommensverbesserungen durchzusetzen. «Der Verlust an Staatsautorität», kommentierte Rolf Zundel danach in der *Zeit*, «läßt sich auf keine Weise rechtfertigen. Und er wiegt noch schwerer als das ramponierte Ansehen der gegenwärtigen Regierung.»[290] Bei der Suche nach den Verantwortlichen konzentrierte sich der Unmut jedoch nicht auf den Verhandlungsführer der Bundesregierung, Innenminister Hans-Dietrich Genscher, sondern auf den Kanzler, der im Duell mit dem harten ÖTV-Chef unterlegen war. Der SPD-Genosse Kluncker mußte sich daher später, nach dem Rücktritt Brandts, den – sicher übertriebenen – Vorwurf gefallen lassen, seinen eigenen Parteichef auf dem Gewissen zu haben.[291]

Die Quittung für die offensichtliche Führungsschwäche der Regierung erhielt die SPD bereits wenige Wochen nach der ÖTV-Entscheidung bei der

Hamburger Bürgerschaftswahl am 3. März 1974. Die Sozialdemokraten verloren erdrutschartig 10,4 Prozent, während die Christdemokraten 7,8 Prozent und die Liberalen 3,8 Prozent hinzugewannen. In einer Sitzung des SPD-Parteivorstandes, fünf Tage nach der Hamburger Wahl, trug Helmut Schmidt daraufhin eine beeindruckende Analyse vor, die an Deutlichkeit nichts zu wünschen übrig ließ und in der er dem Kanzler riet, die Regierung umzubilden. Zwei Tage zuvor, am 6. März, hatte er im Fernsehen sogar gemeint: «... eine Regierungsumbildung allein könnte möglicherweise bloß ein Trick sein. Es muß schon ein bißchen tiefer gehen, als ein paar Personen auszuwechseln.»[292] In der Umgebung Brandts wurde dies als Aufforderung zum Kanzlersturz interpretiert, bei dem Schmidt – der «Schattenkanzler» – als Nachfolger schon bereitzustehen schien. Doch zum Königsmord war in der SPD niemand bereit – noch nicht. Allein der Gedanke, das Denkmal zum Einsturz zu bringen, war unvorstellbar. Selbst Wehner signalisierte unter dem Druck der drohenden Gefahr neue Bereitschaft zum Schulterschluß mit der «Nummer eins». Nachdem Brandt und Wehner seit Moskau in der Fraktion zwei Stühle voneinander getrennt gesessen hatten, um ihre Distanz zu betonen, nahmen sie in der Sitzung am 12. März wieder nebeneinander Platz – «Backe an Backe», wie ein Genosse hinterher grinsend bemerkte.[293] Insgesamt fünfeinhalb Stunden lang hatten sie sich zuvor ausgesprochen und waren sich einig geworden: Man wollte – mußte – einen neuen Anfang wagen.

So war ein möglicher Rücktritt Brandts wieder in weite Ferne gerückt, als er am 24. April 1974 bei der Rückkehr von einer Reise nach Ägypten auf dem Bonner Flughafen von Staatssekretär Grabert unterrichtet wurde, daß sein persönlicher Referent, Günter Guillaume, unter Spionageverdacht verhaftet worden sei und sich bereits als «Offizier der NVA», der Nationalen Volksarmee der DDR, zu erkennen gegeben habe. Tatsächlich waren Guillaume und seine Frau Christel schon im Frühjahr 1973 enttarnt worden. Das Bundesamt für Verfassungsschutz (BfV) unter seinem Präsidenten Günther Nollau hatte jedoch in Abstimmung mit Innenminister Genscher und seinem Bürochef Klaus Kinkel entschieden, Guillaume an seinem Platz zu belassen und das Ehepaar lediglich zu observieren, um gerichtsverwertbare Beweise zu erhalten. Auch Brandt war am 29. Mai 1973 von Genscher über die Verdachtsmomente gegen Guillaume informiert worden. Aber danach geschah lange nichts, zumal sich die Untersuchungsergebnisse als äußerst mager erwiesen. Erst am 1. März 1974 entschieden Brandt und Genscher auf Vorschlag Nollaus trotz der dürftigen Observationsergebnisse, das Material dem Generalbundesanwalt zu übergeben, der schließlich die Vernehmung Guillaumes und die Durchsuchung seiner Wohnung einleitete. Zur großen Erleichterung der Untersuchungsbehörden gestand Guillaume sofort.

Für Brandt war der Fall unangenehm, da es sich um eine Person aus seiner unmittelbaren Umgebung handelte. Außerdem war es ärgerlich, daß der DDR-Geheimdienst es offenbar für angebracht gehalten hatte, ausge-

3. Tendenzwende

rechnet im Büro des Kanzlers der neuen Ostpolitik einen Spion zu plazieren. Aber Brandt dachte deswegen nicht an Rücktritt. Erst als ihm am 1. Mai in Hamburg, wohin er zu einer DGB-Kundgebung gereist war, ein mehrseitiger Vermerk von Horst Herold, dem Präsidenten des Bundeskriminalamtes (BKA), vorgelegt wurde, wonach die Ermittlungsbeamten bei ihren Nachforschungen Dinge aus Brandts Privatleben, insbesondere Beziehungen zu jüngeren Journalistinnen während seiner Wahlkampfreisen durch die Bundesrepublik, zu Tage gefördert hatten, nahm der Fall eine neue Wendung. Auch Günther Nollau, der am 3. Mai von Herold unterrichtet wurde, bemerkte sofort die Gefahr: «Wenn Guillaume diese pikanten Details in der Hauptverhandlung auftischt», erklärte er dem Chef des BKA, «sind Bundesregierung und Bundesrepublik blamiert bis auf die Knochen. Sagt er aber nichts, dann hat die Regierung der DDR, der Guillaume natürlich auch das berichtet hat, ein Mittel, jedes Kabinett Brandt und die SPD zu demütigen.»[294]

Vierzig Minuten nach dem Gespräch mit Herold saß Nollau bereits Herbert Wehner in dessen Wohnung gegenüber, um ihm über die Enthüllungen zu berichten. Seit dem ersten Verdacht gegen die Guillaumes im Frühjahr 1973 hatte er den SPD-Fraktionsvorsitzenden – seinen Gönner, dem er bei seinem Aufstieg im Amt viel verdankte und seither als seinen eigentlichen Chef zu betrachten schien – regelmäßig über die Observierungsergebnisse auf dem laufenden gehalten. Die jetzige Entwicklung des Falles stellte jedoch alles bisher Dagewesene in den Schatten. Am nächsten Tag, dem 4. Mai, als die engere Parteiführung sich zu einem seit langem anberaumten internen Meinungsaustausch «mit einigen Freunden aus den Gewerkschaften» in der Tagungsstätte der Friedrich-Ebert-Stiftung in Münstereifel versammelte, brachte Wehner das Thema beim Abendessen im Zimmer Brandts zur Sprache. Vermutungen, der Fraktionsvorsitzende habe Brandt dabei unter vier Augen zum Rücktritt geraten, lassen sich allerdings nicht bestätigen. Vielmehr besteht der Eindruck eines «an Ratschlägen enthaltsamen, hintersinnig taktierenden und nur vordergründig loyalen Wehner».[295] Aber er drängte Brandt zu einer Entscheidung. Innerhalb von 24 Stunden müsse er sich entschließen, ob er durchhalten wolle oder nicht. «Du mußt wissen und entscheiden, was jetzt zu tun ist», will er wörtlich zu Brandt gesagt haben. «Ich stehe zu Dir, das weißt Du – aber es wird hart werden.»[296]

Am nächsten Tag, noch in Münstereifel, gab Brandt im engsten Kreis der SPD-Führung seinen Entschluß zum Rücktritt bekannt und schlug Helmut Schmidt als seinen Nachfolger vor. Nach Hause auf den Venusberg zurückgekehrt, schrieb er, noch am gleichen Abend, aber unter dem Datum des 6. Mai, an den Bundespräsidenten, er «übernehme die politische Verantwortung für Fahrlässigkeiten im Zusammenhang mit der Agentenaffäre Guillaume» und erkläre seinen Rücktritt. Tatsächlich war die Guillaume-Affäre der Anlaß, aber nicht die Ursache für diesen Schritt. Dessen Gründe waren vielschichtig und reichten weit zurück. Nicht zuletzt dürfte dabei das unbestimmte, durch zahlreiche Vorgänge in den vorangegangenen Monaten genährte Gefühl eine Rolle gespielt haben, den neuen politischen Anforderungen, die sich durch die hauptsächlich wirtschaftlichen Herausforderungen seit der Ölkrise ergeben hatten, nicht mehr gewachsen zu sein. Die Tatsache, daß mit Helmut Schmidt ein Kandidat als Nachfolger bereitstand, dessen Kompetenz gerade in diesem Bereich unbestreitbar war, machte die Entscheidung etwas leichter.

Helmut Schmidt: Macher statt Visionär

Als Helmut Schmidt am 16. Mai 1974 zum neuen Kanzler der Bundesrepublik Deutschland gewählt wurde, hätte der Kontrast größer nicht sein können. Die Fähigkeiten, die man an Brandt zuletzt so sehr vermißt hatte, zeichneten Schmidt in hohem Maße aus. Er war eine starke Führungspersönlichkeit, besaß große Kompetenz in Fragen der Finanz- und Wirtschaftspolitik und war ein unermüdlicher, geradezu besessener Aktenarbeiter, der sich mit asketischer Disziplin auch in die kleinsten Details vertiefte. Zugleich war der gebürtige Hamburger, der 1953 erstmals in den Bundestag gewählt worden war, für seine schlagfertige Rhetorik bekannt. Sein aggressiver, bisweilen demagogischer Debattenstil war ebenso unterhaltsam wie gefürchtet. Er hatte bei Henry Kissinger in einem Seminar an der Harvard University gesessen und sich durch mehrere Bücher zur Verteidigungs- und Sicherheitspolitik internationale Anerkennung bei Politikern und Wissenschaftlern erworben. Auf das Amt, das er nun bekleidete, war er so gut vorbereitet wie keiner vor ihm. Als Abgeordneter im Bundestag, Innensenator von Hamburg, Fraktionsvorsitzender der SPD während der Großen Koalition, dann Verteidigungsminister und schließlich Wirtschafts- und Finanzminister hatte er Gelegenheit gehabt, jene Erfahrungen zu erwerben und die Kontakte zu knüpfen, die jetzt die Basis für seine Amtsführung bildeten.[297]

In der SPD gehörte Schmidt, seit er 1968 zum stellvertretenden Parteivorsitzenden gewählt worden war, neben Brandt und Wehner zum legendären Dreigestirn der Partei. Als einer der typischen Reformer von Godesberg wußte er mit den Neomarxisten der sechziger Jahre allerdings wenig anzufangen – wie er auch die jungen Akademiker, die aus der ausfransenden Studentenbewegung in immer größerer Zahl in die Partei drängten und diese von innen her veränderten, mit Mißtrauen betrachtete, das nicht selten in offene Abneigung umschlug. Eine Zukunft konnte sich Schmidt für die Sozialdemokratie stets nur vorstellen, wenn sie sich den Spielregeln der parlamentarischen Demokratie und der sozialen Marktwirtschaft unterwarf. Unbedachte Experimente oder auch nur lockeres, unverantwortliches «Theoretisieren» – etwa im wirtschaftlichen Bereich –, das die bestehende Ordnung in Frage stellte, mußte dagegen seiner Meinung nach die Chancen der SPD, an der Gestaltung von Staat und Gesellschaft mitzuwirken, entscheidend mindern. Im schlimmsten Fall würde es die Partei sogar wieder auf ein oppositionelles Rand- und Schattendasein zurückwerfen, das sie in den Zeiten Schumachers und Ollenhauers so schmerzlich erfahren hatte. Dabei war Schmidt Sozialdemokrat aus innerer Überzeugung. Er sah sich selbst in der Tradition von Ferdinand Lassalle, August Bebel und Eduard Bernstein. Seine Beschäftigung mit der politischen Ethik Kants, dem Kritischen Rationalismus Karl Poppers und den Schriften Max Webers, dessen kurzer Essay «Politik als Beruf» ihn schon früh berührte – insbesondere durch die Unterscheidung zwischen Verantwortungsethik und Gesinnungsethik –, führte bei ihm zu einem «starken ethischen Grundimpuls», der auch seine Tagespolitik prägen sollte.[298] Unter den zeitgenössischen Sozialwissenschaftlern beeindruckten ihn vor allem Richard Löwenthal und Karl Dietrich Bracher. Löwenthals Buch (unter dem Synonym «Paul Sering») *Jenseits des Kapitalismus* war für ihn – wie für viele seiner Altersgruppe – «eine Leuchtkugel, lange Zeit am Himmel hängend, die von oben herab das Gelände beleuchtete, die geistigen und gesellschaftlichen Strukturen beleuchtend und die Wesenselemente und Konturen der im Wiederaufbau befindlichen Sozialdemokratie sichtbar machend».[299] Später wurden die beiden persönliche Freunde, obwohl – oder gerade weil – Löwenthal den Weg der Sozialdemokratie voller Engagement, aber auch mit kritischer Distanz begleitete. Brachers Buch *Die Auflösung der Weimarer Republik* vermittelte Schmidt eine Vorstellung, «wie sehr auch die Schwäche und die Halbherzigkeit der Weimarer Sozialdemokraten im Ergebnis Hitler begünstigt haben». Allein dafür habe Bracher es verdient, «in den Orden des Pour le mérite aufgenommen zu werden».[300]

Schmidts Nähe zur Arbeiterschaft und zu den Gewerkschaften spiegelte sich nicht zuletzt in dem Kabinett wider, das er nach seiner Wahl zum Bundeskanzler zusammenstellte. Die politischen Intellektuellen Horst Ehmke, Egon Bahr und Klaus von Dohnanyi gehörten ihm nicht mehr an; Erhard Eppler schied nach zwei Monaten resigniert aus. Den Ton gaben nun andere an als unter Brandt: gestandene Sozialdemokraten der politischen Mitte, wie Schmidts Hamburger Freund Hans Apel, Karl Ravens und die Gewerkschafter Walter Arendt, Georg Leber, Kurt Gscheidle, Hans Matthöfer und Helmut Rohde. Egon Bahr kehrte allerdings nach wenigen Wochen in die Regierung zurück, um Erhard Eppler zu ersetzen. Beim liberalen Koalitionspartner löste Hans-Dietrich Genscher Walter Scheel als Außenminister ab, der am 15. Mai 1974 als Nachfolger Gustav Heinemanns zum Bundespräsidenten gewählt worden war; der liberale Marktwirtschaftler (und spätere Vorstandssprecher der Dresdner Bank) Hans Friderichs wurde Wirtschaftsminister, der linksliberale Werner Maihofer Innenminister.

Insgesamt war das erste Kabinett Schmidt alles andere als ein Klub konkurrierender Stars, vielmehr ein homogenes Gremium integrationsfähiger Politikarbeiter. Ideologische und visionäre Höhenflüge waren den meisten von ihnen fremd; was sie einte, war das Vertrauen auf den praktischen, gesunden Menschenverstand. Politik bedeutete – nach dem Selbstverständnis der neuen Regierung – das mühsame Tagesgeschäft des «hier und heute» Möglichen. Für staatsmännische Brillanz sorgte der Chef allein.[301] Auch das Kanzleramt erhielt mit dem 42jährigen Volkswirt Manfred Schüler einen Leiter, der für Schmidt eine ähnlich wertvolle Rolle spielte wie einst, von 1953 bis 1963, Hans Globke für Konrad Adenauer. Schüler hatte zunächst Erfahrungen in der Kommunalverwaltung gesammelt, war dann Vorstandsassistent in einem Großunternehmen geworden und schließlich als Staatssekretär bei Alex Möller im Finanzministerium gelandet. Dort hatte Schmidt ihn als hervorragenden Administrator kennengelernt, der den bürokratischen Apparat beherrschte und geradlinig, pragmatisch und effizient seine Arbeit verrichtete – Eigenschaften, die Schmidt nicht nur bei sich selber pflegte, sondern auch bei anderen schätzte. Von Schüler erhoffte er sich nun ein Kanzleramt als «gut geöltes Räderwerk» der Regierungsmaschine: zuverlässig, geräuscharm, ohne Knirschen und, wenn möglich, ohne größere Pannen oder gar Stillstand. Und Schüler hielt, was Schmidt sich von ihm versprach.[302]

Die Personalentscheidungen spiegelten wider, wie Schmidt sich seine Amtsführung als Regierungschef dachte. Gleichzeitig waren sie seine Antwort auf die Kritik, die er an Brandt und an der Partei geübt hatte. «Wir haben uns», erklärte er dazu noch einmal am 16. Mai nach seiner Wahl zum Kanzler vor der Fraktion, «sehr nahe an den Punkt herangebeben, an dem wir für die ganzen siebziger Jahre die Chance verspielen können, ein Mandat zur Gesetzgebung und zur Regierung überhaupt noch erlangen zu können.»[303] Viele Sozialdemokaten hätten nach der Wahl 1972 das Augenmaß verloren und befänden sich in der Gefahr, als Hochstapler und Illusionisten dazustehen. Doch er, so Schmidt, werde nicht dafür um Entschuldigung bitten, vielerlei Hoffnungen und Erwartungen reduzieren zu müssen, sondern bitte nur herzlich, «mit sich selber zu ringen», um die Einsicht in die Notwendigkeit zu erhalten, «auf dem Boden einer Zwischenbilanz etwas anders neu anzufangen, als es vor zehn Tagen aufgehört hat».[304] Schließlich redete er sich so in Rage, daß er eine halbe Stunde später als vorgesehen beim Bundespräsidenten erschien, um seine Ernennungsurkunde entgegenzunehmen.

Manchen der Abgeordneten erschien Schmidts Kritik, die gleichwohl alle betroffen machte, als unfair – zumal Brandt gegenüber, der nicht anwesend war.[305] Sie gab jedoch den Ton an, der auch seine Regierungserklärung, die er am folgenden Tag vor dem Bundestag abgab, kennzeichnete. Zwar war darin auch von «Kontinuität» die Rede. Unter dem Leitwort «Konzentration» wurde aber ein harter Neuanfang angekündigt. «In einer Zeit weltweit wachsender Probleme», so Schmidt, «konzentrieren wir uns in Realismus und Nüchternheit auf das Wesentliche, auf das, was jetzt notwendig ist, und lassen anderes beiseite.»[306] An die Stelle des Begriffs «Reform» trat «Stabilität». Spielraum für neue Projekte sah er nicht mehr – von Träumen und Visionen ganz zu schweigen. Er sei heilfroh, bemerkte er wenig später in einem Interview mit dem *Stern*, wenn er alles realisieren könne, «was nach wie vor auf der Speisekarte steht». Man könne aber nicht auf allen Gebieten des staatlichen Verbrauchs opulent daherwirtschaften. «Reformen sind nur machbar, wenn man sie finanzieren kann.»[307] Ein internes «Arbeitsprogramm der Bundesregierung für die 2. Hälfte der 7. Legislaturperiode» zählte zwar immer noch 251 «Vorhaben» auf. Aber sie waren nach Prioritäten geordnet, bei denen das Kriterium der «Machbarkeit» im Vordergrund stand. Nicht der große Zukunftsentwurf einer «Politik innerer Reformen» war jetzt gefragt, sondern der Alltag politischer Neuerungen als Antwort auf aktuelle Probleme, bei denen die Abschätzung der Folgen und die nüchterne Kalkulation von Kosten und Nutzen wieder zu ihrem Recht gelangten.

Diese neue «Sprache des Machers», die sich so eklatant von der Ausdrucksweise seines Vorgängers unterschied, fand allerdings keinen ungeteilten Beifall. Kritiker vermißten hinter dem «Maßnahmendeutsch» allzuoft eine Definition der angestrebten Ziele. Politik, so argumentierten sie, dürfe sich nicht in einer Aufzählung der Mittel erschöpfen.[308] In den Reihen der Sozialdemokratie verband sich damit oft zugleich die Enttäuschung über den Verlust eigener inhaltlicher und persönlicher Perspektiven nach dem Ende der Reformpolitik. So sprach Ulrich Lohmar, Bundestagsabgeordneter, Politikwissenschaftler und Bildungsexperte seiner Partei, nicht nur von einem «verbalen Aktivismus» des neuen Kanzlers, sondern auch von dessen Mangel an liberaler und freundlicher Offenheit, die Willy Brandt ausgezeichnet habe. Keineswegs an unscheinbarer Stelle, sondern im *Spiegel* erklärte er halb bewundernd, halb polemisch: «Helmut Schmidt packt zu, er entscheidet, er arbeitet wie zwei Pferde, er tut seine Pflicht. Und er wird selbst dort noch schwierige Aufgaben lösen, wo es gar keine gibt.»[309]

Ökonomische Krisenbewältigung als Programm

Zu den vorrangigen Aufgaben der Regierung Schmidt gehörte die Bewältigung des schweren Konjunktureinbruchs, der durch den Ölschock vom Herbst 1973 ausgelöst worden war und dessen Tiefpunkt erst nach dem Kanzlerwechsel erreicht wurde. So erlebte die Bundesrepublik 1975 die bis dahin schärfste Rezession seit dem Zweiten Weltkrieg. Das Bruttosozialprodukt schrumpfte real um 1,6 Prozent, die Zahl der Arbeitslosen stieg auf über eine Million.[310] Bereits im September 1974, als diese Entwicklung schon absehbar war, legte die neue Bundesregierung daher ein Konjunktur-Sonderprogramm «zur regionalen und lokalen Abstützung der Beschäftigung» vor. Im Dezember folgte ein zweites Programm mit direkten Investitionszulagen und Lohnzuschüssen bei Einstellung arbeitsloser Arbeitnehmer. Auch die Deutsche Bundesbank beteiligte sich mit einer Senkung des Diskontsatzes und der Mindestreservesätze an den Maßnahmen zur konjunkturellen Wiederbelebung. Tatsächlich führten die Bemühungen schon Ende 1975 zu einem leichten Aufschwung, der sich 1976 fortsetzte. Die Instrumente schienen wieder zu greifen, zumal auch die Gewerkschaften – nach dem «Aussetzer» 1973/74 – wieder mitspielten.[311] Der Erfolg dieser Krisenbewältigung wurde allerdings durch die anhaltend hohe Arbeitslosigkeit getrübt. Obwohl die Wachstumsrate 1976 wieder auf 5,6 Prozent anstieg, blieb dies erstaunlicherweise ohne größere Auswirkungen auf den Arbeitsmarkt. Die Zahl der Arbeitslosen ging kaum zurück. Trotz einer erneuten Aufschwungphase 1978/79 pendelte sie sich bei etwa einer Million ein. Nach dem zweiten Ölschock 1979, bei dem es nochmals zu einer dramatischen Verteuerung der Energiepreise kam, und der folgenden schweren Rezession schnellte ihre Zahl dagegen sofort weiter nach oben. Hohe Arbeitslosigkeit wurde zu einem Dauerthema der deutschen Politik, ohne daß sich Lösungsmöglichkeiten abzeichneten. Offenbar war der Königsweg der Globalsteuerung nun doch versperrt, weil strukturelle Veränderungen der Wirtschaft dazu führten, daß das keynesianische Instrumentarium staatlich finanzierter Nachfrageprogramme zur gegenläufigen Konjunktursteuerung im Sinne des Stabilitätsgesetzes nicht mehr funktionierte. Die Regierung Schmidt reagierte darauf mit einem Kurs, der einerseits – im Sinne der «klassischen» Krisenbewältigung von 1966/67 – die Nachfrage der privaten Haushalte, des Staates und des Auslandes zu beleben suchte, andererseits aber auch Elemente neuer wirtschaftswissenschaftlicher Theorien der *supply-side economics* aufgriff, um die Ertragskraft der Unternehmen zu stärken und dadurch deren Investitionsneigung zu fördern.[312]

Innerhalb der Bundesregierung forderte vor allem Wirtschaftsminister Friderichs angebotsorientierte Maßnahmen. Aber auch der Kanzler warnte frühzeitig vor einem weiteren Anstieg des staatlichen Verbrauchs und abnehmenden Erträgen in den Betrieben, die zu einem Rückgang der Investitionen führen müßten. Nicht zuletzt in seiner Regierungserklärung vom 17. Mai 1974 wies er auf diesen Zusammenhang hin, indem er dort unmißverständlich feststellte: «... angemessene Erträge sind Voraussetzung für die notwendigen Investitionen in der Wirtschaft ... Ohne Investitionen kein Wachstum; ohne Investitionen keine Arbeitsplatzsicherheit, keine höheren Löhne und auch kein sozialer Fortschritt.»[313] Die damit formulierte «Wende» in der sozialdemokratischen Wirtschaftspolitik ließ sich durch den Verweis auf die Weltrezession, die ein nationales Vorgehen nicht mehr zulasse, innenpolitisch überzeugend rechtfertigen. Schmidts eigenes Auftreten auf internationalem Parkett verhalf zusätzlich dazu, seiner Politik Legitimität zu verschaffen. Außerdem kam dem Kanzler zugute, daß er die Gewerkschaften frühzeitig in den Entscheidungsprozeß einbezogen und sogar einige ihrer führenden Repräsentanten ins Kabinett geholt hatte.[314] So forderte der DGB auf seinem Bundeskongreß im Mai 1975 zwar Investitionslenkung im Sinne eines «langfristigen Infrastrukturprogramms des Staates» und einen «regional und sektoral aufgegliederten Rahmenplan über die künftige Struktur der Volkswirtschaft».[315] In ihrer praktischen Politik spielten die Gewerkschaften die Rezession jedoch eher herunter und hofften auf eine rasche konjunkturelle Erholung.[316] Damit waren zugleich mögliche koalitionspolitische Auswirkungen der Debatte über den praxisfernen «Orientierungsrahmen '85» neutralisiert, in dem die Parteilinke ihre Erwartung von Investitionslenkung aussprach. Für die Liberalen – vor allem Wirtschaftsminister Friderichs und Otto Graf Lambsdorff, der 1977 die Nachfolge von Friderichs nach dessen Ausscheiden aus dem Kabinett antrat – hätte dieses Thema leicht schon Mitte der siebziger Jahre zum Spaltpilz der Koalition werden können.[317]

Ein ständiger Grund zur Sorge waren allerdings die Währungsturbulenzen, die zusammen mit den strangulierenden Auswirkungen der Energieverteuerung immer wieder für Unruhe sorgten. So bemühte sich Schmidt schon frühzeitig, auch international als Krisenmanager in Erscheinung zu treten. Regelmäßige Gipfeltreffen der Staaten der Europäischen Gemeinschaft sowie der führenden Weltwirtschaftsmächte boten ihm dafür die Gelegenheit. Er wurde dabei rasch zu einer führenden Persönlichkeit. Der Weltwirtschaftsgipfel im Sommer 1978 in Bonn wurde im In- und Ausland als «Schmidt-Gipfel» gefeiert: «Alle Welt schien sich beim deutschen Kanzler Rat zu holen.»[318] Zur Jahreswende 1978/79 stand er auf dem Höhepunkt seiner Karriere. Sein Ansehen erreichte demoskopische Spitzenwerte, die an die besten Zeiten Konrad Adenauers und Ludwig Erhards erinnerten. Von der Presse wurde er umjubelt. Seine Partei und die Koalition schwammen im Fahrwasser seiner Popularität, wie die Ergebnisse der Wahlen bewiesen, die vom Juni 1978 bis Mai 1980 in allen Bundesländern stattfanden: mit Ausnahme von Niedersachsen und Baden-Württemberg, wo es minimale Verluste gab, nur Erfolge für die SPD. Erst am 11. Mai 1980 in Nordrhein-Westfalen wurde der Trend gestoppt. Doch 1978 beurteilten 64 Prozent der Bundesbürger die Koalition positiv – ein Wert, den die Regierung Brandt selbst in ihren besten Tagen nicht erreicht hatte.[319]

Den größten inhaltlichen Erfolg verbuchte Schmidt dabei im Bereich der europäischen Währungspolitik. Nachdem die 1944 in Bretton Woods begründete, auf dem Gold/Dollar-Standard beruhende Währungsordnung 1971 zusammengebrochen war, hatten die westeuropäischen Regierungen im März 1972 den Europäischen Wechselkursverbund – die sogenannte «Währungsschlange» – geschaffen, um wenigstens im regionalen Rahmen eine gewisse Handlungssicherheit für die Wirtschaft wiederherzustellen. Die europäischen Währungen waren in der «Schlange» mit einer tolerablen Schwankungsbreite von 2,25 Prozent aneinandergekettet. Das System funktionierte jedoch mehr schlecht als recht, weil wichtige Staaten, wie Großbritannien, Italien und auch Frankreich, die ökonomischen Voraussetzungen für die notwendige Währungsstabilität nicht erfüllten und daher nur zeitweilig teilnahmen oder schon bald wieder ganz ausschieden. Schmidt erwog deshalb die Konstruktion eines neuen gemeinsamen Währungssystems, das nicht nur, wie er vor dem Bundestag ausführte, der deutschen Wirtschaft zugute kommen, sondern auch in bezug auf die EG «die wirtschaftspolitische Konvergenz innerhalb der Gemeinschaft erleichtern und dem Prozeß der Europäischen Union Impulse geben» sollte.[320] Mit dem französischen Staatspräsidenten Valéry Giscard d'Estaing, den er bereits aus gemeinsamen Tagen als Finanzminister kannte und mit dem ihn seither eine enge Freundschaft verband, hatte er dabei einen adäquaten Partner. Giscard d'Estaing hatte seit jeher für feste Wechselkurse plädiert und trug nun maßgeblich zur Konzeption, Entwicklung und Verwirklichung der neuen Idee bei.

Gegen den Widerstand der Deutschen Bundesbank und der meisten Währungssachverständigen, die fürchteten, daß die Bundesrepublik sich in eine Inflationsgemeinschaft hineinbegebe und zu deren Finanzier werde, setzte Schmidt den Plan schließlich durch.[321] Am 5. Dezember 1978 wurde das Europäische Währungssystem (EWS) vom Europäischen Rat verabschiedet. In Anknüpfung an die «Schlange» entstand damit ein westeuropäischer Währungsverbund mit festen, aber anpassungsfähigen Wechselkursen im Rahmen kleiner Schwankungsbreiten bis zu 2,25 Prozent, einer Europäischen Währungseinheit (Ecu) als gemeinsamem Nenner für die Bestimmung der Paritäten, die nur einvernehmlich geändert werden konnten, und einem über den Europäischen Fonds für währungspolitische Zusammenarbeit vermittelten Saldenausgleichs- und Kreditsystem.[322] Zwar war das EWS von dem ursprünglichen Plan der frühen siebziger Jahre, bis zum Ende des Jahrzehnts eine europäische Wirtschafts- und Währungsunion zu schaffen, noch weit entfernt. Es eröffnete jedoch, wie Giscard d'Estaing im Dezember 1978 weitsichtig erklärte, ein «notwendiges Durchgangsstadium» für «eine neue Etappe der Organisation Europas»,[323] aus der schließlich zu Beginn der neunziger Jahre mit dem Vertrag von Maastricht die Europäische Union und die einheitliche europäische Währung hervorgehen sollten.

Bedrohung durch Extremismus und Terrorismus

Seit der Studentenbewegung und der Außerparlamentarischen Opposition hatten Extremismus und Terrorismus in der Bundesrepublik eine neue, vorher unbekannte Bedeutung gewonnen. Die ideologische Radikalisierung eines großen Teils der jungen Generation hatte einen politischen Rigorismus bewirkt, der sich in seiner milden Form die Beseitigung der bestehenden Gesellschaftsordnung durch friedliche Veränderung – nach einem «Marsch durch die Institutionen» (Rudi Dutschke) – zum Ziel setzte, in seiner radikalen Variante jedoch auch die Bereitschaft zur Anwendung von Gewalt einschloß, wobei die anfängliche – ohnehin theoretische – Unterscheidung von «Gewalt gegen Sachen» und «Gewalt gegen Personen» nicht lange beibehalten wurde. Von hier war es dann nur noch ein kleiner Schritt zum spontanen und schließlich zum organisierten Terrorismus, der in den siebziger Jahren die Bundesrepublik erschütterte und seinen Höhepunkt im «deutschen Herbst» 1977 erreichte.

Die Parteien und staatlichen Institutionen reagierten auf diese Entwicklung bereits zu Beginn der siebziger Jahre mit Gegenmaßnahmen. So stellte

3. Tendenzwende

die SPD in ihrem schon erwähnten Beschluß zum Thema «Sozialdemokratie und Kommunismus» vom 14. November 1970 fest, daß die Verfolgung kommunistischer Ziele mit einer Mitgliedschaft in der SPD oder sozialdemokratisch geförderten Organisationen unvereinbar sei. Ungleich größere Brisanz erlangte indessen der auf einer Tagung der Regierungschefs der Länder unter Vorsitz von Bundeskanzler Brandt am 28. Januar 1972 gefaßte Beschluß über «Grundsätze über die Mitgliedschaft von Beamten in extremen Organisationen».[324] Dieser Extremisten-Beschluß, der bald unter der diffamierenden, einen autoritären Staatsakt suggerierenden Bezeichnung «Radikalen-Erlaß» bekannt wurde, sollte dazu dienen, die Unterwanderung des öffentlichen Dienstes durch extremistische Bewerber – vor allem aus den Reihen der Studentenbewegung – zu unterbinden. Die Initiative dazu war vom SPD-geführten Hamburger Senat ausgegangen. Aber der Beschluß selbst wurde vom Bund und allen Ländern gemeinsam getragen. Es hieß darin: «Ein Bewerber, der verfassungsfeindliche Aktivitäten entwickelt, wird nicht in den öffentlichen Dienst eingestellt. Gehört ein Bewerber einer Organisation an, die verfassungsfeindliche Ziele verfolgt, so begründet diese Mitgliedschaft Zweifel daran, ob er jederzeit für die freiheitliche demokratische Grundordnung eintreten wird. Diese Zweifel rechtfertigen in der Regel eine Ablehnung des Anstellungsantrages.»[325]

Diese Formulierungen waren im Grunde nicht mehr als eine Konkretisierung des Beamtenrahmengesetzes vom 19. September 1950, in dem es bereits hieß: «In das Beamtenverhältnis darf nur berufen werden, wer ... die Gewähr dafür bietet, daß er jederzeit für die freiheitliche demokratische Grundordnung im engeren Sinne des Grundgesetzes eintritt.» Der Beschluß vom 28. Januar 1972 war also eigentlich überflüssig und hätte wohl auch keine anhaltende Aufmerksamkeit gefunden, wenn die Einstellungsbehörden von Bund und Ländern nicht im Zuge seiner Umsetzung angewiesen worden wären, bei jeder halbwegs erfolgversprechenden Bewerbung eine sogenannte «Regelanfrage» zu stellen, um eine möglichst gerechte Einzelfallprüfung vornehmen zu können und nicht pauschal urteilen zu müssen. Bis 1976 wurden so beinahe eine halbe Million Bewerber auf ihre Verfassungstreue überprüft. Zwar kam es dabei nur zu 430 Ablehnungen. Aber die Ausuferung des Überprüfungsapparates und die unterschiedliche Handhabung der Überprüfungspraxis in den einzelnen Bundesländern, vor allem jedoch die Unklarheit darüber, was unter «Verfassungsfeindlichkeit» zu verstehen sei, schürte besonders unter Studenten und jungen Akademikern ein Klima der Angst vor Überwachung und der allgemeinen Verunsicherung.[326] Kritiker des Beschlusses sprachen deshalb bald von «Gesinnungsschnüffelei» und «Berufsverboten» und zogen sogar Vergleiche zur Unterdrückung politisch Andersdenkender während der nationalsozialistischen Herrschaft.

Der Extremisten-Beschluß führte also in seinen praktischen Folgen zu Erscheinungen, die man nicht vorhergesehen und schon gar nicht gewünscht hatte. Die Abschreckungswirkung, die damit ebenfalls verbunden sein mochte, stand jedenfalls – so sah man es bald zumindest in den Reihen von SPD und FDP – in keinem vertretbaren Verhältnis zu der negativen Auswirkung der möglichen Entfremdung einer ganzen Generation gegenüber dem Staat. Die Bundesregierung und die SPD/FDP-geführten Länder ersetzten den Beschluß von 1972 daraufhin am 19. Mai 1976 durch «Grundsätze für die Prüfung der Verfassungstreue», in denen die Regelanfrage aufgehoben wurde, während die CDU/CSU-regierten Länder an der alten Beschlußlage festhielten. Am 17. Januar 1979 wurden auch die «Grundsätze» von der Bundesregierung nochmals modifiziert, so daß jetzt beim Verfassungsschutz nur dann eine Anfrage erfolgen sollte, wenn «tatsächlich Anhaltspunkte darauf hindeuten, daß der Bewerber nicht die Voraussetzungen für die Einstellung in den öffentlichen Dienst erfüllt».[327] Zu diesem Zeitpunkt war das Risiko einer Gefährdung der inneren Ordnung der Bundesrepublik durch extremistische Unterwanderung allerdings längst nicht mehr vorhanden – wenn es in der überspitzten Form, in der es zeitweilig diskutiert worden war, überhaupt je bestanden hatte.

Ganz anders lagen die Dinge im Bereich des Terrorismus. Er entwickelte sich unmittelbar aus der Studentenbewegung heraus, wobei die Schwelle zur Gewalt zunächst von der «Gegenseite» überschritten wurde. So wurden der Tod Benno Ohnesorgs am 2. Juni 1967, vor allem jedoch das Attentat auf Rudi Dutschke am 11. April 1968 zu Auslösern einer Gewalt, die bereits während der Osterunruhen 1968 in den Aktionen gegen den Axel Springer Verlag dramatische Formen annahm. Auch die theoretische Schwelle zur Gewalt wurde nun überschritten, als sich führende SDS-Funktionäre im Frühjahr und Sommer 1968 zu «militanten Aktionen» bekannten, zu denen nach Äußerungen des SDS-Vorstandsmitgliedes Bernd Rabehl unter anderem «das Abbrennen von Autos» und «die Aufstellung von Straßenbarrieren» zählten.[328] Von «Terrorismus» konnte man dabei allerdings noch nicht sprechen.

Schon eher traf dies für die Brände in zwei Frankfurter Kaufhäusern zu, die am 2. April 1968 – also vor dem Dutschke-Attentat – durch Sprengkörper ausgelöst worden waren. Als Brandstifter wurden vier Personen, unter ihnen die Germanistik-Studentin Gudrun Ensslin und ihr Freund Andreas Baader, festgenommen. Ihre Verteidigung übernahm der Berliner Anwalt Horst Mahler. Publizistische Unterstützung leistete Ulrike Meinhof, die in der Hamburger Zeitschrift *Konkret* eine regelmäßige Kolumne schrieb. Der SDS distanzierte sich von den Warenhaus-Brandstiftern, war in dieser Frage aber offenbar gespalten, wie man einer Pressekonferenz seines ehemaligen stellvertretenden Bundesvorsitzenden Frank Wolff entnehmen konnte, der die offizielle Stellungnahme des SDS bedauerte und erklärte, es sei legitim, gegen die Gesellschaft anzukämpfen.[329] Tatsächlich gab es Anzeichen dafür, daß eine kleinere Gruppe innerhalb des SDS offen für «Terror» eintrat. Sie bildete den Kern der späteren «Baader-Meinhof-Gruppe», aus der dann die

«Rote Armee Fraktion» (RAF) hervorging. Rabehl sprach deshalb bereits im Oktober 1968 von der Existenz eines «Bakunistischen Geheimbundes» innerhalb des SDS.[330] Die Entstehung der RAF war somit vor allem aus der Enttäuschung über den Mißerfolg der Studentenbewegung zu erklären, ihre revolutionären Ziele mit den Mitteln der Massenmobilisierung durchzusetzen. Gewaltsame Aktionen einer «Stadtguerilla» nach dem Konzept des bolivianischen Revolutionärs Carlos Marighella sollten daher nun das angeblich vom staatlichen Herrschaftsapparat eingeschüchterte und von den Massenmedien manipulierte Volk zum bewaffneten Kampf ermutigen.[331] Eine erste Serie von Brand- und Sprengstoffanschlägen begann im Sommer 1970. Zwar wurden die führenden Köpfe der ersten Generation der Terroristenszene – Andreas Baader, Holger Meins, Jan-Carl Raspe, Gudrun Ensslin und Ulrike Meinhof – bereits im Juni 1972 verhaftet. Die Gewaltaktionen gingen jedoch unvermindert weiter. Die Ermordung des Berliner Kammergerichtspräsidenten Günter von Drenkmann am 10. November 1974, die Entführung des Berliner CDU-Politikers Peter Lorenz am 27. Februar 1975 (mit der anschließenden Freipressung fünf inhaftierter Terroristen) und die Besetzung der deutschen Botschaft in Stockholm am 24. April 1975, die mit der Erstürmung des Gebäudes und dem Tod zweier Terroristen endete, nachdem diese zwei Botschaftsangehörige erschossen hatten, markierten eine zweite Welle des Terrorismus in der Bundesrepublik.

Ihren Höhepunkt erreichten die Gewalttaten jedoch erst 1977, als Generalbundesanwalt Siegfried Buback, der Vorstandssprecher der Dresdner Bank, Jürgen Ponto, und schließlich auch der Präsident der Bundesvereinigung der Deutschen Arbeitgeberverbände und des Bundesverbandes der Deutschen Industrie, Hanns Martin Schleyer, dem Terrorismus zum Opfer fielen. Mit ihnen starben ihre Fahrer und mehrere Polizisten aus den Begleitkommandos. Schleyer war am 5. September zunächst nur entführt worden, um die Freilassung von elf inhaftierten mutmaßlichen oder verurteilten Terroristen zu erzwingen. Da die Bundesregierung unter Bundeskanzler Schmidt sich weigerte, der Forderung nachzugeben, vielmehr am 14. September beschloß, bis 1981 zusätzlich 870 Millionen DM für die Bekämpfung des Terrorismus aufzuwenden, und ein Kontaktsperregesetz im Bundestag einbrachte, das am 2. Oktober in Kraft trat und den Kontakt der in Haft befindlichen mutmaßlichen Terroristen untereinander und zur Außenwelt unterbinden sollte, wurde am 13. Oktober zur Unterstützung der deutschen Terroristen auch noch eine Boeing 737 der Lufthansa, die «Landshut», mit 86 Passagieren und Besatzungsmitgliedern an Bord auf dem Flug von Palma de Mallorca nach Frankfurt von arabischen Terroristen gekapert. Doch die Terroristen blieben weiter in Haft, und die Lufthansa-Maschine wurde am 18. Oktober von einem Sonderkommando des Bundesgrenzschutzes, der GSG 9, auf dem Flughafen von Mogadischu gestürmt. Andreas Baader, Gudrun Ensslin und Jan-Carl Raspe begingen danach in ihren Zellen der

Haftanstalt von Stuttgart-Stammheim Selbstmord. Am folgenden Tag wurde die Leiche Schleyers im Kofferraum eines Autos in Mülhausen im Elsaß gefunden.[332] Der «deutsche Herbst» war damit zu Ende. Zwar kam es auch in der Folge noch zu Anschlägen. Aber die schwere Belastung, die vom Terrorismus für das innenpolitische Klima der Bundesrepublik ausgegangen war, hatte nach den dramatischen Ereignissen um die Schleyer-Entführung ihren Schrecken verloren. Für Bundeskanzler Schmidt bedeutete die Befreiungsaktion von Mogadischu auch einen persönlichen Erfolg. Wäre sie mißlungen, hätte er seinen Rücktritt bekanntgegeben. Die Entscheidung, die Staatsräson über das Wohl eines einzelnen zu stellen, den Forderungen der Terroristen nicht nachzugeben und damit letztlich den Tod von Schleyer in Kauf zu nehmen, wurde dadurch jedoch auch in der Rückschau nicht leichter.[333]

Niedergang der Entspannung

Die Außenpolitik der Bundesrepublik in der zweiten Hälfte der siebziger Jahre schwankte, wie stets seit den fünfziger Jahren, zwischen der Pflege der Beziehungen zu den westlichen Verbündeten und den Bemühungen um einen Abbau der Spannungen im Osten. Dabei war die Zeit der großen Entwürfe, die Adenauers Politik der Westintegration und Brandts neue Ostpolitik gekennzeichnet hatten, jedoch vorbei. Für Bundeskanzler Schmidt blieb die undankbare Kleinarbeit der Ausfüllung vorgegebener Rahmen: in der Europa-Politik die Institutionalisierung eines «Europäischen Rates», um die Koordination zwischen der Gemeinschaftspolitik und der intergouvernementalen Europäischen Politischen Zusammenarbeit (EPZ) zu verbessern; im atlantisch-pazifischen Handlungskreis die Einrichtung eines «Weltwirtschaftsgipfels» der führenden westlichen Industriestaaten, der auf Einladung des französischen Staatspräsidenten Valéry Giscard d'Estaing zum ersten Mal vom 15. bis 17. November 1975 auf Schloß Rambouillet bei Paris zusammentrat; die Vorbereitung der ersten Direktwahlen zum Europäischen Parlament 1978; schließlich die schon erwähnte Errichtung des Europäischen Währungssystems (EWS).[334] Alle diese Maßnahmen – so wichtig sie insbesondere als Weichenstellungen für künftige Entwicklungen sein mochten – verblaßten jedoch hinter neuen weltpolitischen Konstellationen, die sich aus der Verschlechterung des Ost-West-Verhältnisses und deren Rückwirkungen auf die atlantischen Beziehungen zwischen den USA und der Bundesrepublik ergaben.

Das allgemeine Klima der Entspannung, das es Willy Brandt ermöglicht hatte, seine neue Ostpolitik binnen weniger Jahre zum Erfolg zu führen, war bereits vor dem Amtsantritt Schmidts einer Atmosphäre neuen Mißtrauens gewichen. So setzte die Sowjetunion trotz der Verhandlungen mit dem Westen nicht nur ihre Aufrüstung ungebremst fort, sondern startete auch im Frühjahr 1974, als die USA durch die Watergate-Affäre und das

Trauma des Rückzuges aus Vietnam in ihrer außenpolitischen Handlungsfähigkeit beeinträchtigt waren, eine neue weltpolitische Offensive. Offenbar war man in Moskau zu der Einschätzung gelangt, die Schwächung der westlichen Führungsmacht biete in Verbindung mit der gewachsenen Stärke der UdSSR neue Möglichkeiten für eine Ausweitung des sowjetischen Einflusses in der Welt. So wurde die Revolution in Portugal im April 1974 genutzt, um die kommunistische Partei in diesem NATO-Land zu fördern und anschließend beim Zerfall des portugiesischen Kolonialreiches in Afrika auch in dessen ehemaligen Kolonien Angola, Guinea-Bissau und Mocambique marxistische und sozialistische Befreiungsbewegungen zu unterstützen.

Dieses offensive Verhalten der Sowjetunion, das sich (zum Teil im Zusammenspiel mit Kuba) auch in anderen Staaten und Regionen zeigte – am Horn von Afrika, im Süd-Jemen, in der Karibik und im Mittleren Osten –, führte schließlich in den USA dazu, daß die Bereitschaft der amerikanischen Regierung, mit der UdSSR weiterhin zusammenzuarbeiten, immer mehr schwand, während neokonservative Kräfte, die nicht nur eine «neue Moral» und die Rückbesinnung auf die traditionellen Werte der amerikanischen Gesellschaft, sondern auch die Erneuerung des Kampfes gegen den Kommunismus forderten, immer mehr an Zulauf gewannen.

Immer wieder beklagten die Neokonservativen den Niedergang der amerikanischen Weltmachtrolle, wobei sie vor allem den sowjetisch-kubanischen Expansionismus und die kontinuierliche sowjetische Aufrüstung als Belege anführten. Zwar wurde die Politik der Rüstungskontrolle und der Zusammenarbeit mit der Sowjetunion zunächst fortgesetzt; der Nachfolger Präsident Nixons, Gerald R. Ford, traf sogar im Dezember 1974 mit Generalsekretär Breschnew in Wladiwostok zusammen, um den Abschluß eines SALT-II-Vertrages vorzubereiten. Aber bereits im Vorwahlkampf für die Nominierung des Präsidentschaftsbewerbers 1976 sah sich Ford innerhalb der Republikanischen Partei im Kampf gegen seinen neokonservativen Konkurrenten Ronald Reagan derart heftigen Angriffen ausgesetzt, daß er meinte, den Entspannungsgegnern ein Zugeständnis machen zu müssen. In einer Direktive an alle Regierungsmitglieder gab er deshalb die Anweisung, das Wort «détente» im amtlichen Sprachgebrauch der USA nicht mehr zu verwenden. Schließlich wurde die komplizierte Frage einer Neuordnung der Beziehungen zur Sowjetunion auch noch mit dem Thema Menschenrechte vermischt. So bestand der amerikanische Kongreß unter Führung von Senator Henry Jackson und dem Abgeordneten Charles Vanik Anfang 1975 darauf, die Gewährung der Meistbegünstigung im amerikanisch-sowjetischen Handelsverkehr an die Bedingung zu knüpfen, daß die sowjetische Regierung einer größeren Zahl von Juden die Ausreise aus der UdSSR erlaubte. Der Präsidentschaftskandidat der Demokratischen Partei, Jimmy Carter, der die Möglichkeiten des Themas erkannte, entschied sich danach spontan, die Menschenrechte ebenfalls zu einem herausragenden Gegenstand seines Wahlkampfes zu machen. Tatsächlich gelang ihm damit als krasser Außenseiter der Sieg gegen Ford und der Einzug ins Weiße Haus. Dort setzte er seine Menschenrechtskampagne fort, die vor allem die ersten hundert Tage seiner Amtszeit prägte, aber auch danach ein wichtiges Element seiner Politik blieb.[335] Für die Ost-West-Beziehungen waren alle diese Entwicklungen wenig hilfreich. Die Sowjetunion fühlte sich an den Pranger gestellt und reagierte mit außenpolitischer Verhärtung. Schon die Unterzeichnung der Schlußakte der Konferenz über Sicherheit und Zusammenarbeit in Europa (KSZE) am 1. August 1975 in Helsinki fand in gespannter Atmosphäre statt. Die Regierung Schmidt sah sich daher von Anfang an in der schwierigen Lage, die Stagnation, die in der Deutschland- und Berlin-Frage 1973/74 eingetreten war und die schon Wehner bei seiner Kritik an Brandt in Moskau beklagt hatte, trotz schlechter weltpolitischer Rahmenbedingungen zu überwinden. Bei seinem ersten Besuch in der Sowjetunion im Oktober 1974 mußte der neue Kanzler jedoch feststellen, daß Moskau nach Unterzeichnung der Verträge wenig Interesse zeigte, in den strittigen Fragen zu Lösungen zu gelangen. Lediglich in der langfristigen Absicherung der wirtschaftlichen Kooperation – etwa im Erdgas-Geschäft – waren Ergebnisse möglich.[336] Auch die militärischen Schatten, die sich aus der fortgesetzten sowjetischen Aufrüstung ergaben, wurden in Europa nun immer länger. Da die amerikanisch-sowjetischen Verhandlungen über ein SALT-II-Abkommen erfolgreich zu verlaufen schienen, drohte zudem die Gefahr, daß die Supermächte sich auf eine Begrenzung interkontinentaler Waffen einigten, ehe Gespräche über eurostrategische Rüstungen überhaupt begannen. Daraus ergab sich eine «Grauzone», die für Europa leicht zur «Sicherheitslücke» werden konnte.[337]

In einer Rede vor dem Internationalen Institut für Strategische Studien in London am 28. Oktober 1977 wies Schmidt schließlich auch öffentlich auf die «in Europa bestehenden Disparitäten» hin. Sorgen bereiteten ihm vor allem die neuen, mobilen SS-20-Mittelstreckenraketen, die die Sowjetunion soeben zu installieren begann. Deshalb bedürfe es, so Schmidts Forderung, in Westeuropa einer «Nachrüstung» mit nuklearen Mittelstreckenwaffen, falls nicht Rüstungsbeschränkungen eine solche Maßnahme überflüssig machten.[338] Schmidt ließ indessen keinen Zweifel daran, daß er Verhandlungen favorisierte, um durch beiderseitige Reduzierungen ein Gleichgewicht auf niedrigerem Niveau zu vereinbaren, und war sogar in der Lage, die Sowjetunion beim Besuch Breschnews in Bonn im Mai 1978 auf das Prinzip der Parität zu verpflichten. In der «Gemeinsamen deutsch-sowjetischen Deklaration» vom 6. Mai hieß es dazu: «Beide Seiten betrachten es als wichtig, daß niemand militärische Überlegenheit anstrebt. Sie gehen davon aus, daß annähernde Gleichheit und Parität zur Gewährleistung der Verteidigung ausreichen.»[339] Zugleich bekundete Breschnew intern die Bereitschaft, über die Mittelstreckenwaffen in Europa zu verhandeln. Dazu konnte es jedoch nur kommen, wenn es eine abgestimmte Politik im westlichen Bündnis gab, die zu einem gemeinsamen Gesprächsvorschlag führte.

3. Tendenzwende

Inzwischen hatten sich jedoch die deutsch-amerikanischen Beziehungen in einem Maße verschlechtert, daß von einer harmonischen, aufeinander abgestimmten Politik gegenüber der Sowjetunion nicht mehr die Rede sein konnte. Präsident Carters Menschenrechtspolitik und sein unentschlossenes Schwanken in nahezu allen Fragen der Rüstung und Abrüstung – bei den SALT-II-Verhandlungen mit der Sowjetunion ebenso wie bei der Diskussion um die umstrittene «Neutronenbombe» – hatten vom ersten Tage seiner Amtszeit an für Verstimmungen gesorgt. Daraus war inzwischen ein persönlicher Konflikt zwischen Schmidt und Carter erwachsen, in den auch Sicherheitsberater Zbigniew Brzezinski einbezogen war. So dehnten sich die internen Vorgespräche auf Expertenebene in die Länge, während die Sowjetunion fortfuhr, ihre SS-20 zu installieren. Erst am 12. Dezember 1979 kam es zu einem förmlichen Beschluß der Außen- und Verteidigungsminister der an der integrierten Verteidigungsstruktur beteiligten Mitgliedstaaten der NATO, der aus zwei Elementen bestand:

1. der Ankündigung, 108 Pershing-II-Raketen und 464 bodengestützte Marschflugkörper in Europa zu stationieren und zugleich 1 000 nukleare Gefechtsköpfe abzuziehen;
2. der Entscheidung der USA zuzustimmen, sobald wie möglich mit der Sowjetunion über die Begrenzung der eurostrategischen Waffen zu verhandeln, um «durch Rüstungskontrolle ein stabileres, umfassendes Gleichgewicht bei geringeren Beständen an Nuklearwaffen auf beiden Seiten zu erreichen».[340]

In Moskau war man allerdings inzwischen zu der Auffassung gelangt, daß der Westen sein Interesse an der Entspannung offenbar verloren habe. Die amerikanische Handels- und Menschenrechtspolitik wurde dafür ebenso als Indiz genommen wie das «Ultimatum» des NATO-Doppelbeschlusses. Insofern meinte man wohl auch, auf westliche Interessen und Empfindlichkeiten nicht länger Rücksicht nehmen zu müssen. Jedenfalls entschloß sich das Politbüro der KPdSU trotz fünfmaliger Warnungen aus Washington unmittelbar nach der NATO-Entscheidung dazu, am 26./27. Dezember 1979 in Afghanistan einzumarschieren, nachdem dort die erst im April 1978 durch eine Revolution an die Macht gekommene pro-kommunistische Regierung in Gefahr geraten war, von einer islamisch-fundamentalistischen Oppositionsbewegung gestürzt zu werden. Präsident Carter erklärte danach in einem Interview am 31. Dezember, die Regierungen der Welt müßten der Sowjetunion «klarmachen, daß sie nicht weiter den Weltfrieden gefährden kann, ohne ernstliche politische Konsequenzen tragen zu müssen». Am 3. Januar 1980 ersuchte er den amerikanischen Senat, die Ratifizierungsdebatte über den inzwischen unterzeichneten SALT-II-Vertrag zu verschieben. Und am 7. Januar teilte das amerikanische Außenministerium mit, daß die Sowjetunion das Verhandlungsangebot über Mittelstreckenwaffen in Europa abgelehnt habe. Die Entspannungspolitik und mit ihr die Rüstungskontrollpolitik waren in die tiefste Krise seit ihrem Beginn in den sechziger Jahren geraten.[341] Bundeskanzler Schmidt bemühte sich zwar gemeinsam mit dem französischen Staatspräsidenten Giscard d'Estaing, den neuen Ost-West-Konflikt einzudämmen, um dessen Eskalation zu einem zweiten Kalten Krieg zu verhindern, konnte aber die drastische Verschlechterung der amerikanisch-sowjetischen Beziehungen, die unter Präsident Ronald Reagan ab Januar 1981 noch zunahm, nicht aufhalten. Die Bundesrepublik war davon in doppelter Hinsicht betroffen: Zum einen sah sie sich nun mit der Perspektive der Stationierung atomarer Mittelstreckenwaffen konfrontiert; dies wiederum löste den Protest einer neuen «Friedensbewegung» aus, die bis zur tatsächlichen Stationierung 1983 das innenpolitische Klima in der Bundesrepublik maßgeblich beeinflußte. Zum anderen bestand die Gefahr, daß die erneute Verschlechterung der Ost-West-Beziehungen nicht nur das Verhältnis zur Sowjetunion und den USA, sondern auch zur DDR beeinträchtigen könnte. Bundeskanzler Schmidt betrieb deshalb eine Politik der Schadensbegrenzung, um wenigstens die Substanz der neuen Ost- und Deutschlandpolitik zu retten. Ein Treffen mit SED-Generalsekretär Erich Honecker vom 11. bis 13. Dezember 1981 am Werbellinsee und am Döllnsee in der Uckermark, mit einem abschließenden Besuch von Güstrow, sollte diesem Zweck dienen. Zu einer Wende im Ost-West-Verhältnis reichte aber auch das Gewicht des Kanzlers nicht aus, der sich auf internationalem Parkett ansonsten so glänzend präsentiert hatte. Einmal mehr wurde deutlich, daß deutsche Außenpolitik sich erfolgreich nur in den Bahnen vorgegebener Ost-West-Schemata zu bewegen vermochte.

Ende einer Ära

Der überzeugende Wahlsieg gegen Franz Josef Strauß bei der Bundestagswahl 1980 bedeutete einen letzten Höhepunkt in der Kanzlerschaft Schmidts. Danach ging es nur noch bergab. Vor allem die wirtschaftliche Talfahrt nach der zweiten Ölpreisexplosion 1979, die zu einem neuerlichen Konjunktureinbruch mit wachsender Arbeitslosigkeit, steigender Inflation und zunehmenden Firmenzusammenbrüchen führte, wurde den Bürgern nach den Ablenkungen des Wahlkampfes erst richtig bewußt. Aber auch die Regierungsbildung verlief nicht so, wie man es nach dem gemeinsamen Erfolg der Koalition hätte annehmen sollen. Zwar sei das personal- und sachpolitische Ringen «insgesamt nicht schwierig» gewesen, berichtete Schmidt dem Parteivorstand der SPD. Doch es gab eine «merkwürdig gereizte Atmosphäre» – eine allgemeine Unzufriedenheit, ja einen Hauch von Agonie. Keine der beiden Parteien konnte sich in den Ergebnissen bestätigt finden. Eine zukunftsweisende Aufbruchstimmung, die 1969 den Beginn der sozialliberalen Ära markiert hatte, war nirgendwo mehr zu erkennen.[342]
Vor allem die Spannungen zwischen der SPD-Linken, die unter Schmidt

bisher einen schweren Stand gehabt hatte, 1980 ihr Gewicht in der Fraktion mit jetzt etwa 70 Abgeordneten aber deutlich verstärken konnte, und der FDP nahmen an Schärfe zu. Einen ersten Vorgeschmack auf künftige Konflikte gab es bereits während der Koalitionsverhandlungen, als Wirtschaftsminister Otto Graf Lambsdorff mit den Gewerkschaften aneinandergeriet. Insbesondere DGB-Chef Heinz Oskar Vetter kritisierte dabei in einem *Spiegel*-Interview die wirtschaftspolitischen Vorstellungen der FDP und sprach gar von einer «anderen FDP», die jetzt in die Regierung gekommen sei.[343] Die Liberalen ihrerseits warnten vor einer Selbstzerstörung der Koalition. Diese dürfe «ihre Mehrheit auf keinen Fall verzetteln oder gar ausfransen lassen», so Genscher. «Bestimmte Gruppen der SPD» müßten allerdings wissen, daß es «eine Korrektur der Wahlentscheidung nach links über die Köpfe der Wähler hinweg» mit der FDP nicht geben werde.[344] Schmidt indessen sprach kein klärendes inhaltliches Wort, sondern mahnte lediglich seine eigene Partei zur Geschlossenheit, da es angesichts der «sich einebnenden Distance» zwischen FDP und CDU/CSU lebensgefährlich sei, eine «wachsende Distance innerhalb der eigenen Partei» zu schaffen. Es gehe um die «Regierungsfähigkeit für 1984».[345] Erste Anzeichen von Resignation waren nicht zu überhören.

Das eigentliche Problem bestand für den Kanzler nach 1980 aber darin, daß die Basis seines bisherigen Erfolges – seine unbestrittene Kompetenz in Fragen der Wirtschaft und Finanzen – unter dem Druck der neuen Ölpreisexplosion zunehmend ins Wanken geriet. Daraus ergaben sich nicht nur größere Reibungsflächen mit dem Koalitionspartner, der sich unter dem dominierenden Einfluß von Otto Graf Lambsdorff immer weiter von den Resten gemeinsamer sozialliberaler Wirtschaftspolitik zu entfernen begann, sondern auch zunehmende Angriffsflächen für Kritik aus den Reihen der SPD-Linken, die angesichts der offenkundigen Erfolglosigkeit rein marktwirtschaftlicher Konzepte keinen Grund mehr sah, den Vorschlägen ihres Kanzlers bedingungslos zu folgen. Bedenklich wurde es für Schmidt, als seine Politik nicht mehr nur von der Opposition – von der man dies erwarten konnte –, sondern auch von Medien, die der Koalition im Prinzip freundlich gegenüberstanden, negativ beurteilt wurde. So erbrachten zwei umfangreiche Serien des *Spiegel* 1980 und 1982 über die ökonomischen Folgen des Strebens nach sozialer Gerechtigkeit (unter dem vielsagenden Titel «Der Griff in die eigene Tasche») sowie über «Reformpolitik und Staatsschulden» eine vernichtende Bilanz der sozialliberalen Wirtschafts- und Sozialpolitik.[346]

Am schonungslosesten wurde die Kritik jedoch von Graf Lambsdorff formuliert, der – darin seinem Kanzler nicht unähnlich – ohnehin selten ein Blatt vor den Mund nahm: Am 9. September 1982 legte er auf Bitten Schmidts eine Zusammenfassung verschiedener Unmutsäußerungen vor, die von ihm während der Sommerpause in der Presse erschienen waren. Das Papier sollte dazu verhelfen, Wahres von Unwahrem zu trennen und den

Kern der Argumente Lambsdorffs herauszufinden. Das Memorandum unter dem Titel «Konzept für eine Politik zur Überwindung der Wachstumsschwäche und zur Bekämpfung der Arbeitslosigkeit»[347] war reines Dynamit und wurde bald als «Scheidungspapier» der SPD/FDP-Koalition bezeichnet. Tatsächlich war es die «wirtschaftspolitische Bankrotterklärung der sozialliberalen Ära», wobei es nicht einer gewissen Ironie entbehrte, daß die Kritik von einem Angehörigen der Partei kam, die seit 1974 die Verantwortung für das Wirtschaftsministerium getragen hatte.[348] Nach dem Lambsdorff-Papier war für die meisten Sozialdemokraten das Tischtuch mit den Liberalen endgültig durchschnitten.

Ein zweiter Bereich, in dem die frühere Kompetenz des Bundeskanzlers nach der Bundestagswahl 1980 mit den harten Realitäten der aktuellen Entwicklung kollidierte, war die Sicherheitspolitik. Mit dem maßgeblich von der DKP initiierten sogenannten «Krefelder Appell» vom 16. November 1980 begann die «Friedensbewegung» – genauer: der massive Protest gegen die Durchführung des von Schmidt selbst veranlaßten NATO-Doppelbeschlusses vom 12. Dezember 1979. Abgesehen von den gegenkulturellen Aspekten der Bewegung, die an anderer Stelle noch ausführlich behandelt werden, wurde damit vor allem der rationale Politikansatz Schmidts in Verteidigungs- und Sicherheitsfragen in Zweifel gezogen, der sein ganzes Denken seit den fünfziger Jahren bestimmt hatte. In seinen Büchern *Verteidigung oder Vergeltung* und *Strategie des Gleichgewichts* hatte er frühzeitig niedergelegt, was er zu diesem Thema zu sagen hatte. Den Kurs der SPD zur Anerkennung von Westintegration und NATO hatte er dadurch ebenso mitbestimmt wie die nüchterne Betrachtung der Möglichkeiten und Grenzen der Entspannungspolitik auf der Grundlage des Harmel-Berichts der Atlantischen Allianz aus dem Jahre 1967. Politische Entspannung und militärische Sicherheit müßten «eine gegenseitige Ergänzung bilden», so hieß es darin – für Schmidt geradezu eine Selbstverständlichkeit, über die man nicht erst zu diskutieren brauchte. Ohne Stabilität und Gleichgewicht konnte es erfolgversprechende Verhandlungen mit der Sowjetunion nicht geben, weil sonst ein vernünftiger Kompromiß, bei dem beide Seiten Zugeständnisse machen mußten, nicht zustande kommen würde.

Die Diskussion um den «Nachrüstungsbeschluß», wie er verkürzt genannt wurde, traf die SPD an einer empfindlichen Stelle. Die «Friedensbewegung» war eine traditionelle Domäne der europäischen Linken und hatte durch die rationale Anerkennung der Westintegration für die meisten Sozialdemokraten nichts von ihrer früheren Attraktivität verloren. Die Kämpfe der fünfziger Jahre gegen Wiederbewaffnung und Atomtod waren unvergessen, die Ostpolitik Willy Brandts erschien als ihre Fortsetzung mit anderen Mitteln. Ostpolitik bedeutete Friedenspolitik. Viele Sozialdemokraten, die ihrer Partei durch die taktischen Wendungen Wehners entfremdet worden waren, hatten sich dadurch wieder mit ihr versöhnt. Natürlich beruhte dies – gelinde gesagt – auf einem Mißverständnis. Auch Brandts Politik hatte stets die gesicherte Einbindung in die westliche Allianz vorausgesetzt. An der Basis der Partei wurde dies allerdings oft anders gesehen. Helmut Schmidts Nachrüstungspolitik galt nicht nur als allzu «rational», sondern erschien auch als Bedrohung und Infragestellung sozialdemokratisch-sozialistischer Ideale – als Gefährdung der «Friedenspolitik» Willy Brandts durch seinen Nachfolger. Umgekehrt besaß Schmidt wenig Verständnis für die Emotionalität und Irrealität, wie er es sah, einer Bewegung, die allzu einseitig die westliche Sicherheitspolitik kritisierte, ohne zu einer Betrachtung der Gegenseite auch nur willens zu sein: ein einäugiger Pazifismus ohne Realitätsbezug, mit dem er ebensowenig anzufangen wußte wie mit den neo-marxistischen Theorien der Studentenbewegung von 1968. Zu pragmatischer Politik taugte seiner Meinung nach beides nicht.

In der SPD verband sich das Problem der Friedensbewegung ab 1981 zudem mit dem Problem der Partei der Grünen, die Umfragen zufolge bereits von rund fünf Prozent der Wähler unterstützt wurde. Theoretisch lag das Potential der Grünen sogar bei 15 bis 20 Prozent. Andererseits drohten sozialdemokratische Traditionswähler aus der Arbeiterschaft und der technischen Intelligenz aus Enttäuschung über die Mißerfolge in der Wirtschaftspolitik zur Union abzuwandern.[349] Darüber hinaus bewiesen die Wahlen zum Berliner Abgeordnetenhaus vom Mai 1981, daß Abwanderungen in das Lager der Grünen nicht «durch Gewinne aus dem konservativen Potential» auszugleichen waren, wie der neue Bundesgeschäftsführer der SPD, Peter Glotz, erklärte.[350] Fügte man alle drei Elemente zusammen, ergab sich daraus nicht nur die Perspektive eines drohenden Machtverlustes nach der nächsten Bundestagswahl, sondern auch die Notwendigkeit einer Öffnung der Partei gegenüber den neuen politischen Strömungen. Die Diskussion darüber löste sich bald immer mehr von der Person des Kanzlers. Schmidt geriet «immer deutlicher in die Rolle des Nachlaßverwalters einer auslaufenden Phase in der Geschichte seiner Partei».[351]

Schmidts Bemühungen, der Erosion seiner Position mit einem «Fünf-Punkte-Papier» zu begegnen, das am 12. Februar 1981 auf Vorschlag Willy Brandts vom Vorstand der SPD verabschiedet wurde, vermochten an den sachlichen Problemen seiner Politik und den strukturellen Veränderungen innerhalb der Partei nichts zu ändern. Das Papier, das die Aufforderung zum inneren Frieden mit einem Bekenntnis zur NATO und zum NATO-Doppelbeschluß verband[352], erinnerte sogar fatal an die Zehn-Punkte-Erklärung Willy Brandts – die sogenannten «April-Thesen» –, mit der dieser seinem Sturz hatte entgegenwirken wollen, der dann wenige Wochen später erfolgt war. Doch während Brandt seinerzeit über einen äußeren Anlaß gestolpert war, bedurfte es bei Schmidt einer solchen Einwirkung von außen nicht. Er verlor vor allem innerhalb der eigenen Partei immer mehr an Boden. Auch wenn er sich auf dem Parteitag 1982 bei Androhung seines Rücktritts noch einmal mit seinen Auffassungen zum NATO-Doppelbeschluß behaupten konnte, war die Kluft nicht mehr zu überbrücken. Der Riß verlief längst auch quer durch die Troika. Wehner, inzwischen 75 Jahre alt, hielt sich bei Auseinandersetzungen häufiger als früher zurück; Unterstützung konnte Schmidt von ihm kaum noch erwarten. Brandt dagegen warnte nach einer Moskaureise im Sommer 1981 eindringlich vor einer sowjetischen «Nach-Nachrüstung» und näherte sich damit den Positionen der Nachrüstungsgegner Erhard Eppler und Oskar Lafontaine an.[353] Als Eppler am 10. Oktober 1981 auf einer großen Kundgebung der Friedensbewegung in Bonn sprechen wollte, während Schmidt sich gegen die «anti-amerikanische Aufputschung» verwahrte und darum bat, «Erhard Eppler zu ersuchen, sich von der Veranstaltung fernzuhalten», ergriff Brandt in der Fraktionssitzung am 29. September offen Partei für Eppler und fügte hinzu, er bekenne sich zu der Leistung der Sozialdemokratie, Ende der sechziger Jahre die APO integriert zu haben: «Ich fühle mich ... im Wort gegenüber denen, die damals zu uns gekommen sind. Hat die Partei doch nicht langweiliger gemacht.»[354]

Der Kanzler war bei der Sitzung nicht anwesend. Nach Schwindel- und Ohnmachtsanfällen als Folge lebensgefährlicher Herzrhythmusstörungen mußte er sich im Bundeswehrkrankenhaus Koblenz einen Herzschrittmacher einpflanzen lassen. Danach ging es gesundheitlich besser. Dennoch drohte er immer häufiger, zunehmend resigniert, «den Bettel hinzuschmeißen», zumal auch die FDP sich ständig weiter aus der Koalition zurückzog und nur nach einem Anlaß suchte, den Bruch zu vollziehen. Schmidt teilte nun das Schicksal Adenauers, Erhards und auch Brandts, am Ende der Kanzlerschaft zu vereinsamen. Nur Kiesinger war ein plötzlicher und daher vielleicht glücklicherer Abschied beschieden gewesen. Ende 1981 war Schmidt in seiner eigenen Partei schon so weit isoliert, daß sein Rücktritt nur noch eine Frage der Zeit zu sein schien. Dabei hatte nicht Schmidt die SPD verlassen, sondern sie ihn. Die Partei, die 1969 angetreten war, die Republik «umzugründen», hatte sich dabei nicht zuletzt selbst umgegründet und war eine andere geworden.

Sechster Teil
ZEITGEIST IM WANDEL

1. Die postindustrielle Gesellschaft

Die großen Veränderungen, die sich seit dem Aufbruch von 1968 im gesellschaftlichen Raum der Bundesrepublik vollzogen, fanden in den folgenden zwei Jahrzehnten im Begriff «Zeitgeist» ihren modischen Ausdruck. Der Begriff war bereits mehr als eineinhalb Jahrhunderte zuvor von Georg Wilhelm Friedrich Hegel geprägt worden. Hegel ging davon aus, daß sich hinter den verschiedenartigen Erscheinungen einer Zeit ein «objektiver Geist» entfalte, der für alle neu auftretenden Phänomene charakteristisch sei und auf den ersten Blick Unverbundenes miteinander vereine. Insofern lasse sich für jede Epoche ein «Zeitgeist» diagnostizieren, der die jeweiligen Entwicklungen nicht nur erklären helfe, sondern auch auf sie einwirke und in der Gleichartigkeit oder Ähnlichkeit der geistigen Haltung, des Stils, der Lebensform und der Ideen zum Ausdruck komme.[1]

Hegels Vokabel gewann in einer Zeit neue Popularität, die besonders geeignet erschien, seine Vorstellung zu überprüfen. Nicht nur in der Weltpolitik, sondern auch in der Wirtschaft, in der Arbeitswelt, im Freizeit- und Konsumverhalten vollzogen sich so bedeutende Umbrüche, daß die siebziger und achtziger Jahre als Schwellenjahrzehnte auf dem Weg zu einer neuen Epoche anzusehen sind.[2] Die Begriffe Posthistoire, Postmaterialismus und Postmoderne, die damals die intellektuelle Diskussion beherrschten, können daher als Kennzeichnungen eines besonderen «Zeitgeistes» gelten, der auf den Kern und das Wesen der modernen Industriegesellschaft zielt, die sich in Westeuropa und Nordamerika mit der industriellen Revolution seit dem Ende des 18. Jahrhunderts – in Deutschland erst seit Mitte des 19. Jahrhunderts – herausgebildet hatte. Der Wandel war so tiefgreifend, daß der amerikanische Soziologe Daniel Bell bereits 1973 die Entstehung einer ganz neuartigen Gesellschaftsform – der «postindustriellen Gesellschaft» – prophezeite, die in den nächsten Jahrzehnten dominieren und vor allem durch drei Merkmale gekennzeichnet sein werde: den Übergang von einer warenproduzierenden zu einer Informations- oder Wissensgesellschaft, die Ablösung der alten Wirtschaftseliten durch neue Wissenschaftsbürokratien und das Aufkommen einer antibürgerlichen Kultur.[3]

Dieser Übergang von der Moderne zur Post-Moderne, von der Industriegesellschaft zur nachindustriellen Gesellschaft, berührte die bisher prägenden Wertmuster und das Gefüge der etablierten politischen Institutionen in einem solchen Maße, daß die «Umgründung» der Bundesrepublik, von der im letzten Kapitel bereits die Rede war, nicht allein unter politischen Aspekten, sondern auch im Hinblick auf ihre ökonomischen, gesellschaftlichen und kulturellen Implikationen untersucht werden muß. Dabei läßt sich über die Frage, ob die Phänomene, die mit dem Begriff der «postindustriellen Gesellschaft» beschrieben werden, bereits eine Überwindung der Industriegesellschaft signalisieren oder noch in den Rahmen der Industriegesellschaft gehören und lediglich Konsequenzen und Folgeerscheinungen der industriellen Entwicklung sind, bisher nur spekulieren. Aber die empirischen Befunde, die eine Transformation zur postindustriellen Gesellschaft andeuten, sind unstrittig: die «Zentralität theoretischen Wissens» (Daniel Bell), also die zunehmende Bedeutung von Wissenschaft und Technologie, grundlegende strukturelle Veränderungen der Wirtschaft sowie die wachsende internationale Verflechtung von Wirtschaft und Politik bis hin zur «Globalisierung». Was bedeuteten diese Entwicklungen für die Bundesrepublik? Welche Konsequenzen ergaben sich daraus für Wirtschaft und Gesellschaft? Und welchen Einfluß hatten sie auf die Sphäre der Kultur, in der in den achtziger und neunziger Jahren eine «neue Subjektivität» das politische Engagement der sechziger und siebziger Jahre ablöste?

Aufbruch in die Postmoderne

Die Bürger der Bundesrepublik hatten sich seit den fünfziger Jahren im Zuge einer ungebrochen positiven Entwicklung der Wirtschaft an kontinuierlich steigenden Wohlstand, gesetzlich verbriefte Garantien sozialer Leistungen, die eherne Sicherheit ihrer Arbeitsplätze und den verbreiteten Konsens der freiheitlich-demokratischen Grundordnung gewöhnt. In den achtziger Jahren sahen sie sich plötzlich mit sinkenden Realeinkommen, einem drohenden Abbau des Sozialstaates und zunehmender Arbeitslosigkeit konfrontiert. Das Unbehagen an der gesamtwirtschaftlichen Entwicklung wuchs ebenso wie eine allgemeine Politikverdrossenheit.[4] Das bis dahin so beeindruckende «Modell Deutschland» hatte Kratzer bekommen. Über die Frage aber, inwiefern die Konzepte der Posthistoire, des Postmaterialismus oder der Postmoderne geeignet waren, die neue Situation angemessen zu charakterisieren, gab es in der Bundesrepublik kontroverse Diskussionen. So räumte der Frankfurter Philosoph Jürgen Habermas zwar ein, daß die Verhältnisse über die Maßen in Bewegung geraten seien und eine «neue Unübersichtlichkeit» hervorgebracht hätten; von einer angeblichen «Postmoderne» wollte er aber nichts wissen. Vielmehr hielt er das «Projekt der Moderne», das seiner Ansicht nach für eine Verwirklichung gemeinschaftlicher Visionen – wie den Abbau sozialer Ungleichheit und die Humanisierung der Arbeits- und Lebenswelt – stand, lediglich für «unvollendet».[5] Kritische Sozialwissenschaftler wie Barbara Riedmüller konstatierten dagegen bereits vor dem Machtwechsel von 1982 einen «konservativen Roll-back», der durch eine «tendenziell neo-liberale Politik» in der Bundesrepublik ausgelöst werde. «Vereinzelung», «Zwei-Drittel-Gesellschaft» und «Umvertei-

lung von unten nach oben» waren die Schlagworte, mit denen eine Entwicklung beschrieben wurde, die – nicht erst seit dem Scheitern des realsozialistischen Gesellschaftsentwurfs – auf das genaue Gegenteil einer Verwirklichung der «modernen» Idee der Konkretisierung einer sozialen Utopie hindeutete.[6]
Mit den genannten Konzepten wurden indessen nicht nur soziale Konflikte und negative gesellschaftliche Phänomene wie politische Radikalisierung, steigender Drogenmißbrauch und kulturelle Verödung, sondern auch die Erosion überkommener Dogmen und der damit verbundene Zuwachs an Liberalität und Lebenschancen angesprochen. Die Vertreter der Postmoderne – in der Bundesrepublik vor allem der Philosoph Wolfgang Welsch – waren durchaus erfolgreich bemüht, den zunächst in Kunst und Architektur geläufigen Begriff, der dann auch auf andere kulturelle und gesellschaftliche Bereiche übertragen wurde, mit positiven Inhalten zu füllen.[7] Seine größte Wirkung entfaltete er jedoch als ästhetisches Schlagwort.

Beispiel Architektur und Stadtplanung

Die Konsequenzen des Wertewandels und der Entwicklung zur Pluralität der Lebensstile und «entstrukturierten» Lebensformen in der postindustriellen Gesellschaft beschäftigten schon frühzeitig Architekten und Stadtplaner. So ging etwa in den achtziger Jahren eine Forschergruppe in Frankfurt am Main der Frage nach, welche neuen Anforderungen an Weichbild und Struktur der Städte aufgrund der Transformation der Arbeits- zur Freizeitgesellschaft gestellt werden. Ausgehend von der Beobachtung, daß der Mensch in spät- und nachindustriellen Gesellschaftsformen über wesentlich mehr Freizeit verfügt als in industriellen Gesellschaften, gelangte sie zu dem Ergebnis, daß die Städte sich den gewandelten Anforderungen ihrer Bürger anpassen müßten, indem sie den neuen Freizeitansprüchen zu entsprechen suchten und neben den herkömmlichen infrastrukturellen Anlagen insbesondere funktional wenig definierte «Freiräume» böten.[8] Dieses Programm einer «Neuen Urbanität» wurde in den achtziger Jahren in Frankfurt am Main wie in keiner anderen Stadt der Bundesrepublik verwirklicht. In postmoderner Beliebigkeit konnte darunter die Rückbesinnung auf Geschichte und Pracht ebenso verstanden werden wie das «Höher-Bunter-Lustiger» amerikanisierter High-tech-Architektur. Die Entwicklung zum attraktiven «Erlebnisraum» – mit einem historisch rekonstruierten Römer, dem Museumsufer am Main und der Skyline mit dem höchsten Büroturm Europas – bescherte den Frankfurtern teilweise enthusiastische Kritiken in Architekturzeitschriften, den Bewohnern aber auch überteuerte Mieten und verschärfte Wohnungsnot.

1933 hatten die Verfechter eines «modernen», der Industriegesellschaft angemessenen Städtebaus in der Charta von Athen noch kategorisch die Trennung von Wohnen, Arbeiten, Freizeit und Verkehr für absolut notwendig erklärt. Ihr architektonisches Dogma, wonach die Funktion die Form bestimmen müsse, hatte nach dem Zweiten Weltkrieg den deutschen Städten ihr eher sprödes Antlitz gegeben. Doch spätestens mit der Fertigstellung von James Stirlings Staatsgalerie in Stuttgart 1984 hielt die Postmoderne Einzug in die deutsche Architektur. Seither ist die Beherrschung von Vokabeln der architektonischen Postmoderne wie «Verdichtung», «Mischnutzung» und «Mehrfachkodierung» für kommunale Stadtplaner und Bauherrn zur verbindlichen Selbstverständlichkeit geworden. Die Postmoderne hat sich – allen konservativen Bemühungen um eine Wende in der architektonischen Wertediskussion zum Trotz – durchgesetzt.

Auf dem Weg zur Dienstleistungsgesellschaft

Voraussetzung für das Verständnis der historisch-philosophischen Debatte über Posthistoire, Postmoderne und Postmaterialismus ist die Kenntnis der ihr zugrundeliegenden sozialen und ökonomischen Entwicklungen. Der Übergang zu einer postindustriellen Gesellschaft wurde zunächst als soziologisches Konzept formuliert, das auf zwei grundlegenden Annahmen basiert:
– daß Fortschritte in Wissenschaft und Technik sowie die zunehmende Anwendung wissenschaftlicher Erkenntnisse und Verfahren in immer mehr Bereichen zu Verschiebungen in der Sozialstruktur führen und damit jene Personen, Gruppen und Organisationen oder Institutionen aufwerten, die über solche Kenntnisse und die entsprechenden Fähigkeiten verfügen;
– daß parallel dazu die Ausweitung des Dienstleistungssektors ebenfalls Veränderungen – besonders im Charakter der Arbeit – hervorruft, die immer weniger an industriellen Modellen und Maßstäben ausgerichtet sind, sondern statt dessen eine eigene Qualität gewinnen und damit der Gesellschaft zu einer grundsätzlichen Neuorientierung verhelfen.

Die Zunahme des «tertiären Sektors» ist für das Konzept der postindustriellen Gesellschaft von zentraler Bedeutung. Zwar stellt der tertiäre Sektor im Gegensatz zum primären und sekundären Bereich (Land- und Forstwirtschaft bzw. produzierendes Gewerbe) keine materiellen Güter her. Doch in dem Maße, in dem er quantitativ an Umfang und qualitativ an Bedeutung gewinnt, wächst auch sein Einfluß auf die Wirtschafts-, Struktur- und Beschäftigungsentwicklung. Obwohl erst Daniel Bell darin den Ausgangspunkt einer neuen, postindustriellen Gesellschaft erblickte, war der empirische Trend zu einer Dienstleistungsgesellschaft schon in der ersten Hälfte des 20. Jahrhunderts nicht mehr zu übersehen. So stieg der Anteil des tertiären Sektors in den USA, wo er um die Jahrhundertwende erst etwa ein Drittel der Erwerbstätigen umfaßte, bis 1970 auf über 60 Prozent. Dieser Trend ließ sich mit größerem oder geringerem zeitlichen Abstand für alle westlichen Industrienationen feststellen, wobei Kanada den amerikanischen Verhältnissen am nächsten kam (1970 knapp unter 60 Prozent), gefolgt von Schweden, Großbritannien und den Niederlanden, während die Bundesrepublik mit 41,5 Prozent noch deutlich zurücklag, hinter Frankreich mit 45 Prozent und beinahe so weit wie das besonders im südlichen Landesteil rückständige Italien mit 37,5 Prozent.[9] Zwar erhöhte sich die Zahl für die Bundesrepublik bis 1985 auf 49,4 Prozent, bis 1991 auf 55,8 Prozent und bis 1995 sogar auf 61,0 Prozent.[10] Doch im Vergleich zu den USA, wo 1997 die 73-Prozent-Marke erreicht wurde, blieb der Abstand weiterhin beträchtlich.

Außerdem war in der Bundesrepublik ein relativ großer Teil der Beschäftigten des Dienstleistungssektors nicht bei privaten Unternehmen – wie zumeist in den USA –, sondern beim Staat angestellt (5,3 Millionen oder 15,4 Prozent 1996). Deutschland war also von einer privatisierten Dienstleistungsgesellschaft noch weit entfernt. Relativ niedrige Löhne und Lohnnebenkosten sowie ein flexibleres Arbeitsrecht hatten dagegen in den USA die Rahmenbedingungen zur Etablierung eines effizienten Dienstleistungssektors geschaffen, der auch maßgeblich dazu beitrug, daß unter Präsident Bill Clinton innerhalb von vier Jahren – von 1992 bis 1996 – elf Millionen neue Arbeitsplätze entstanden. Die Arbeitslosenquote sank dadurch bis zum Ende der ersten Amtszeit Clintons im Januar 1997 in den USA auf 4,8 Prozent, während sie zum gleichen Zeitpunkt in Deutschland bei 11,4 Prozent (in Ostdeutschland sogar bei 19,5 Prozent) lag.[11]

Damit sind zugleich Studien aus den siebziger Jahren überholt, die davon ausgingen, daß es «eine auffallende Konstanz des Anteils der Erwerbstätigen am sekundären Sektor, also in der industriellen Produktion» gebe, und daß die postindustrielle Gesellschaft damit «auf einem breiten industriellen Fundament» ruhen werde.[12] Nicht nur in den USA, sondern auch in der Bundesrepublik ging der Anteil des sekundären Bereichs im Vergleich zum tertiären Sektor kontinuierlich zurück. Während er hier 1950 noch 43,4 Prozent betragen hatte (tertiärer Sektor: 33,4 Prozent), kehrte sich die Relation bereits bis 1980 um, als der sekundäre Sektor nur noch bei 45,3 Prozent lag, während der tertiäre Bereich inzwischen auf 49,4 Prozent angewachsen war.[13] Dieser Trend setzte sich auch danach fort, so daß der sekundäre Bereich 1995 nur noch bei 35,9 Prozent lag, während der tertiäre Sektor nun – wie schon gesagt – auf 61,0 Prozent angewachsen war.[14] Tatsächlich besteht auch in der Bundesrepublik nur im Dienstleistungsbereich das notwendige Potential zur Schaffung von zukunftssicheren Arbeitsplätzen, da industrielle Arbeitsplätze zunehmend aufgrund von Rationalisierungsmaßnahmen verlorengehen oder aus Kostengründen ins Ausland verlagert werden. Der Aufbau einer neuen, weitgehend privatisierten «Dienstleistungskultur», die mit der Entwicklung zur postindustriellen Gesellschaft zwangsläufig verbunden ist, steht in der Bundesrepublik allerdings noch bevor.

Wissenschaft und Technologie

Die zentrale Bedeutung von Wissenschaft und Technologie für die Entwicklung der postindustriellen Gesellschaft stützt sich auf empirische Daten, die im wesentlichen unstritten sind. Das exponentielle Wachstum der Wissenschaft mit einem Verdoppelungsintervall von 10 bis 15 Jahren je nach Disziplin ist seit den sechziger Jahren durch zahlreiche Untersuchungen belegt.[15] Schon dieser quantitative Faktor der Wissensvermehrung unterstreicht die Bedeutung von Wissen und Wissenschaft für die moderne Gesellschaft. Allerdings ist zwischen quantitativem Wachstum der Wissenschaft und qualitativen «Entwicklungssprüngen», wie sie mit der Erfindung der Dampfmaschine 1765, des Silicium-Chips 1965 und des Mikroprozessors 1971 erfolgten, zu differenzieren.

So basiert die eigentliche technologische Revolution in der zweiten Hälfte des 20. Jahrhunderts, mit der erst die technischen Voraussetzungen für den Übergang zu einer postindustriellen Gesellschaft geschaffen wurden, in entscheidendem Maße auf dem Schritt von der Elektronik zur Mikroelektronik. Die Erfindung der integrierten Schaltung und die Unterbringung einer Vielzahl bisheriger Einzelbauelemente in miniaturisierter Form auf einem kleinen Silicium-Kristall – dem «Chip» – wird nach Auffassung des Präsidenten des «Club of Rome», Alexander King, mindestens die gleichen Auswirkungen haben wie die Erfindung der Dampfmaschine. Während die industrielle Revolution vor 200 Jahren darauf abzielte, die Muskelkraft des Menschen zu ersetzen, geht es bei den gegenwärtigen technologischen Veränderungen darum, grundlegende intellektuelle Fähigkeiten, die bisher den Menschen vorbehalten waren, auf Computer zu übertragen. Nach Meinung von King befinden wir uns daher in einer der bedeutendsten Übergangsepochen der Menschheitsgeschichte, die zwar dreißig bis fünfzig Jahre dauern kann, an deren Ende aber ein völlig neuer Typ einer Weltgesellschaft stehen wird: mit veränderten Wertvorstellungen, neuen politischen und administrativen Strukturen und einer technologischen Basis, die auch den Lebensstil aller Kulturen und Nationen von Grund auf verwandeln dürfte.[16]

Silicium-Chip und Mikroprozessor ermöglichen bereits in den siebziger und achtziger Jahren die Entwicklung einer dritten und vierten Generation von Elektronenrechnern, die bald in die Büros einzogen und dort Buchungen im Reiseverkehr ebenso übernahmen wie Auftragsabwicklung, Buchhaltung und Konstruktionstätigkeiten in Unternehmen. Während der berühmte, zwei Millionen Dollar teure amerikanische Großcomputer ENIAC 1945 noch aus 18 000 Röhren bestanden hatte, 30 Tonnen wog, ein eigenes Gebäude zur Unterbringung benötigte und 150 Kilowatt Strom pro Stunde verbrauchte, mißt ein Ein-Chip-Mikrocomputer heute zu einem Preis von unter 50 DM nur noch wenige Quadratmillimeter, arbeitet 100mal schneller und 10 000mal zuverlässiger als ENIAC und benötigt nur noch 1 Watt Energie. Damit erreichte der technologische Fortschritt den persönlichen Alltag einer immer größeren Zahl von Menschen. Mikroelektronisch funktionierende Waagen und Kassen in Supermärkten, High-Fidelity-Anlagen sowie Werkzeugmaschinen für Industrie und Handwerk revolutionierten sowohl

1. Die postindustrielle Gesellschaft

die Arbeitswelt als auch den Freizeitbereich und bereiteten der postindustriellen Gesellschaft technologisch den Weg.

Die Mikroelektronik hielt in der Arbeitswelt zunächst vor allem dort ihren Einzug, wo es sich um wiederholte, standardisierbare und formalisierbare Arbeitsvorgänge handelte. Inzwischen ist man in der industriellen Produktion allerdings längst dazu übergegangen, die Arbeitsvorgänge «robotergerecht» zu gestalten.[17] Die Einsatzmöglichkeiten der Mikroelektronik werden daher ständig größer. Da die Computertechnologie praktisch universell einsetzbar ist, beeinflußt sie nahezu alle Arbeitsprozesse, Tätigkeiten und Branchen – mit entsprechenden wirtschaftlichen und sozialen Folgen. Konstruktion, Arbeitsvorbereitung und Produktion sind weithin computergestützt, Werkzeugmaschinen werden numerisch gesteuert und kontrolliert, Industrieroboter ersetzen nicht nur herkömmliche Werkzeugmaschinen aller Art, sondern auch menschliche Arbeitskraft.[18] Die Auswirkungen auf den Arbeitsmarkt sind beträchtlich. In der Automobilindustrie, in der die ersten Roboter 1974 eingeführt wurden, wird davon ausgegangen, daß etwa 50 Prozent der Arbeitsplätze betroffen sind. Im Einzelfall liegt der Anteil sogar noch darüber. So erzielte beispielsweise VW bei der Zylinderkopfmontage nach der Automatisierung dieses Produktionsbereichs eine Personaleinsparung von 77,5 Prozent. Ähnliche «Freisetzungseffekte» wurden in der Karosserieherstellung und in der Lackiererei erzielt. Aber auch in Verwaltung und Büro – bei der computergestützten Sach- und Textbearbeitung, im Personalwesen, bei der Betriebsdatenerfassung sowie in der Materialwirtschaft und Lagerhaltung – waren die Möglichkeiten zur Personaleinsparung enorm.

Bei den Auswirkungen des Einsatzes neuer Technologien auf die Wirtschaft ist zwischen den Folgen für den Arbeitsmarkt einerseits und der steigenden Produktivität andererseits zu unterscheiden. Obwohl der rasche Wandel der Wirtschafts- und Beschäftigungsstruktur, der sich nicht nur aus den Verschiebungen zwischen dem primären, sekundären und tertiären Sektor, sondern auch aus den Auswirkungen der Mikroelektronik ergibt, bereits seit Beginn der siebziger Jahre zu erkennen war, wurde den neuen Technologien lange Zeit keine besondere Beachtung geschenkt. So gab man Mitte der siebziger Jahre die Schuld an der zunehmenden Arbeitslosigkeit in den Industrieländern vor allem den Ölproduzenten, die 1973 durch die Vervierfachung des Ölpreises eine Rezession verursacht hatten, deren Folgen noch bis weit in die achtziger Jahre hinein spürbar waren. Erst als die arbeitssparenden und arbeitsersetzenden Effekte beim Einsatz der neuen Technologien immer unübersehbarer wurden, begann man sich für deren Konsequenzen eingehender zu interessieren. So ging eine 1985 erstellte Studie der Bundesanstalt für Arbeit davon aus, daß sich die Zahl der Erwerbstätigen bis zum Jahr 2000 in der Produktion, im Bereich Lager, Transport und Vertrieb sowie in der Verwaltung um insgesamt 2,48 Millionen Beschäftigte vermindern werde, während man in Forschung und Entwicklung sowie im Dienstleistungsbereich einen Zuwachs von 1,84 Millionen Stellen erwartete. Insgesamt wurde in der Bilanz aller Tätigkeiten allerdings ein Verlust von 969 000 Stellen prognostiziert.[19]

Wie die Bundesanstalt für Arbeit, so sahen auch die Schätzungen aller Wirtschaftsforschungsinstitute nunmehr voraus, daß mit der Einführung der neuen Technologien in erheblichem Maße Arbeitsplätze wegfallen würden. Die Annahme, durch die Entwicklung der neuen Technologien könnten andererseits neue Arbeitsplätze geschaffen werden, um damit die Freisetzungen zu kompensieren, erwies sich als verhängnisvolle Fehlkalkulation. Tatsächlich zeigen die Erfahrungen seit Mitte der siebziger Jahre, daß durch einen neugeschaffenen Arbeitsplatz bei der Herstellung, der Einführung und der Wartung von Industrierobotern und Computern etwa vier Arbeitsplätze verlorengehen.[20] So entsteht ein für die Unternehmen und deren Aktionäre äußerst lukrativer Rationalisierungseffekt, weil durch den Einsatz der neuen Technologien in aller Regel bei abnehmender Zahl der Beschäftigten die Arbeitsproduktivität und die Produktion erheblich steigen. Bei den Herstellern von Büromaschinen und Datenverarbeitungsanlagen, wo die Computerisierung sehr früh erfolgte, führte dies bereits von 1970 bis 1982 bei einer Verringerung der Zahl der Beschäftigten um 18,9 Prozent und sogar einer Verminderung des Kapitaleinsatzes um 8,4 Prozent zu einem Anstieg der Arbeitsproduktivität um 247,1 Prozent und der Produktion um 180,3 Prozent.[21]

Die Mitte der achtziger Jahre auch bei der Bundesregierung noch vielfach bestehende Erwartung, daß bei einem Wirtschaftswachstum von jährlich 4 Prozent, minimaler Beschäftigung von Ausländern und einem ab 1990 zu erwartenden demographisch bedingten Rückgang der Erwerbsbevölkerung Mitte der neunziger Jahre wieder mit Vollbeschäftigung zu rechnen sei, war deshalb von vornherein illusorisch. Angesichts der strukturellen, großenteils auf technologische und damit politisch nicht steuerbare Faktoren zurückgehenden Transformation der industriellen zur postindustriellen Gesellschaft war eine Trendwende in der Beschäftigung mit den klassischen Methoden der Wirtschaftslenkung nicht mehr zu erreichen.[22] Die von Wirtschaftsminister Karl Schiller 1966/67 eingeführten Instrumente der Globalsteuerung – die «Konzertierte Aktion» (bzw. deren Nachfolgeeinrichtung «Bündnis für Arbeit»), das Stabilitätsgesetz und die mittelfristige Finanzplanung – erwiesen sich nun als weitgehend wirkungslos. Auch die Bundesrepublik konnte sich in ihren ökonomischen und sozialen Grundlagen dem Trend zur Entwicklung einer postindustriellen Dienstleistungsgesellschaft nicht entziehen.

Die neuen Medien

Der Quantensprung in der Mikroelektronik sorgte auch für eine Revolution in den Informations- und Kommunikationstechniken. Neue Medien, vor allem die elektronische Nachrichtenübermittlung *(electronic mail)* und die

Einführung des Internet, ließen eine völlig neuartige «Kommunikationsgesellschaft» entstehen, die auf umfassender Computerisierung, Vernetzung der Informationskanäle und Teilhabe am globalen Datenaustausch in Echtzeit beruht. Befürworter dieser Entwicklung erhoffen sich davon eine «Demokratisierung» des Zugangs zu den neuen Medien und damit mehr «Kommunikationsgerechtigkeit». Kritiker befürchten dagegen, daß der in George Orwells utopischem Roman *1984* geschilderte totale Überwachungsstaat, der alles sieht und alles registriert, jetzt Wirklichkeit werden könne.

Wie in den fünfziger Jahren Kühlschrank und Waschmaschine, so eroberten nun Kabel- und Satellitenfernsehen, Videogeräte, akustische und visuelle Compact-Discs sowie Bildschirmtext und Internet die Haushalte und prägten – anders als der Computer während der ersten Phase der elektronischen Revolution – den Alltag der Menschen nicht mehr nur mittelbar, sondern ganz direkt. Videotext wurde von ARD und ZDF seit dem 1. Juni 1980 bundesweit angeboten; zusätzlich gab es regionale Texte über die Dritten Programme. Bildschirmtext (Btx) wurde nach einer Erprobungsphase im September 1983 von Bundespostminister Christian Schwarz-Schilling zur allgemeinen Einführung freigegeben. Beim Kabelfernsehen hatten die Ministerpräsidenten der Länder bereits 1978 die Durchführung von Pilotprojekten beschlossen. Pläne der Post, elf Großstädte flächendeckend zu verkabeln, wurden von der sozialliberalen Bundesregierung 1979 aus medienpolitischen Gründen zunächst gestoppt, um vor Abschluß der Pilotprojekte keine technischen Fakten zu schaffen, nach dem Regierungswechsel in Bonn 1982 jedoch freigegeben.

Das Satellitenfernsehen begann in der Bundesrepublik mit dem im Juni 1983 gestarteten Fernmeldesatelliten ECS (European Communication Satellite) der europäischen Fernmeldeverwaltungen. Der ECS-Satellit transportierte seit Juni 1984 zu Versuchszwecken TV-Programme in Kabelanlagen in Berlin und anderen Großstädten im Bundesgebiet. Den sogenannten «Ostbeam» dieses Satelliten (Ausstrahlungsbereich Bundesrepublik, Osteuropa, Österreich und Italien) belegte das ZDF, das gemeinsam mit dem österreichischen und Schweizer Fernsehen ab 1. Dezember 1984 das Gemeinschaftsprogramm «3 Sat» verbreitete. Zudem mietete der Bundespostminister auf dem 1985 betriebsfertigen internationalen Fernmeldesatelliten «Intelsat» sechs TV-Kanäle an; sieben weitere standen auf dem ersten bundesdeutschen Fernmeldesatelliten DFS ab 1987 bereit.

Im Fernsehen konnte damit eine fast grenzenlose Programmvielfalt angeboten werden, während die Medienindustrie zur größten Wachstumsbranche in der Bundesrepublik wurde. Das öffentlich-rechtliche Rundfunkmonopol, das noch Mitte der achtziger Jahre heftig umstritten war, ließ sich unter diesen Umständen nicht länger aufrechterhalten. Private Anbieter wie SAT 1, RTL und Pro 7 drängten auf den Markt, wo sie nicht nur zu einer massiven quantitativen Ausweitung des Programmangebotes beitrugen, sondern auch die systematische Kommerzialisierung des Fernsehens betrieben.

Kritikern, die daran Anstoß nahmen, entgegnete RTL-Chef Helmut Thoma 1990, der Zuschauer dürfe sich seine Regierung wählen, warum nicht auch sein Fernsehprogramm: «Ich wundere mich auch hin und wieder über die Wahl, aber der Wurm muß dem Fisch schmecken und nicht dem Angler. Und wir diskutieren aus der Angler-Perspektive. Es war das Mißverständnis in vielen öffentlich-rechtlichen Anstalten, daß sie glaubten, ihr eigener Geschmack müsse auch der der Masse sein. Die haben jetzt 40 Jahre Zeit gehabt, die Leute zu diesem höheren Geschmack zu erziehen, geholfen hat's nix.»[23]

Wie die Menschen das vermehrte (und veränderte) Programmangebot bei dieser Art von Wahlfreiheit nutzen würden, war vorhersehbar: Der Trend ging zur Unterhaltung, nicht zur Information. Innerhalb der Unterhaltung wiederum wurde anspruchslose Massenware bevorzugt, nicht gehobene Kultur. Selbst Informationssendungen mußten sich im «Infotainment» dem Druck der Unterhaltung beugen. Weniger klar war allerdings, ob mit der neuen Fernsehwelt auch eine grundlegende Veränderung der Sehgewohnheiten einhergehen würde. Ein Vergleich mit den USA, wo das kommerzielle Fernsehen schon seit den fünfziger Jahren zum Alltag gehört, zeigte jedenfalls Mitte der achtziger Jahre, daß die durchschnittliche Fernsehnutzungszeit dort mit fünf Stunden pro Tag etwa doppelt so hoch war wie in der Bundesrepublik vor der Einführung des Privatfernsehens. Kritiker warnten deshalb frühzeitig vor der «Droge Fernsehen», die vor allem für Kinder und Jugendliche, die immerhin 20 Prozent der Zuschauer stellen, zu einer Gefahr werden könne: Zuviel Fernsehen, so amerikanische Untersuchungen, machten die Kinder nervös und wortarm, phantasielos und ängstlich. Schon vor einem Jahrzehnt verbrachten amerikanische Kinder mehr als 5000 Stunden vor dem Fernseher, bevor sie in die Schule kamen und ihren ersten Unterricht im Lesen und Schreiben erhielten. Nur wenige Kinder lesen heute noch mit Vergnügen oder nehmen gar freiwillig ein Buch zur Hand. Die elektronischen Medien haben praktisch schon jetzt die Tür zum Lesen zugeschlagen. Der amerikanische Kulturkritiker Neil Postman glaubt deshalb nicht, «daß die Tür zum Lesen und das Tor zu einem von Büchern übermittelten, alternativen Weltbild in Amerika noch einmal aufgestoßen werden kann». Für ihn sind die graphischen Schnittstellen der Computer «zwar benutzerfreundlich, aber bücherfeindlich».[24]

Wie auch immer man diese Entwicklung bewertet, sie wird sich kaum noch rückgängig machen lassen. Es ist sogar fraglich, ob das duale System öffentlich-rechtlicher und privater Anbieter dem Konkurrenzdruck standhalten kann: Die Werbeeinnahmen der öffentlich-rechtlichen Anstalten sind seit 1984 um zwei Drittel gesunken, während sich die Lizenzpreise für Spielfilme verdreifachten und die Preise für besonders attraktive Sportübertragungen förmlich explodierten. So konnten ARD und ZDF die Übertragungsrechte für die Fußball-Bundesliga 1985/86 noch für zwölf Millionen DM erwerben, während SAT 1 dafür in der Saison 1997/98 bereits 180 Millionen DM bezahlte. Für die Übertragungsrechte an den Fußballweltmeisterschaften 2002 und 2006 brachte die Kirch-Gruppe 1998 sogar die Rekordsumme von 3,4 Milliarden DM auf. Unter solchen Bedingungen muß es den öffentlich-rechtlichen Sendeanstalten zwangsläufig immer schwerer fallen, ein attraktives Programm für ein Massenpublikum zu bieten.

In der neuen Informationsgesellschaft sind die öffentlich-rechtlichen Rundfunk- und Fernsehanstalten, die vierzig Jahre lang zusammen mit Zeitungen und Zeitschriften die Medienkultur der Bundesrepublik bestimmten, jedoch ohnehin nur noch ein Element unter vielen.[25] Digitalisierung und Datenkompression haben in den neunziger Jahren die Produktion, Speicherung und Verbreitung der audiovisuellen Medien so sehr erweitert und beschleunigt, daß die Vision von «Multimedia» – also die Verbindung von Telefon, Fernseher und Computer – längst Wirklichkeit geworden ist. Personalcomputer (PC), die mit einem Modem ausgerüstet sind, ermöglichen über das Telefonsystem den weltweiten Zugriff auf Datenbanken. Haushalte mit einem Decoder zur Entschlüsselung von Daten können am digitalen Fernsehen teilnehmen und aus einem beinahe unendlichen Angebot gegen Bezahlung ein individuelles Programm zusammenstellen (Pay-TV). Online-Dienste wie das «Internet» ermöglichen individualisierte Information für jedermann ohne zeitliche und räumliche Begrenzung. Die Zahl der Haushalte mit Online-Zugang, die in der Bundesrepublik 1997 erst vier Prozent betrug, wird nach Schätzungen von Experten schon bis zum Jahre 2010 auf etwa 40 Prozent steigen. Doch das ist erst der Anfang. Im Zeitalter des digitalen Multimedia werden bisher getrennte Kommunikationstechniken wie gesprochene Sprache, Text, Video, Audio, Telekommunikation, Unterhaltungselektronik und Computertechnologie zu einem gemeinsamen System integriert. Computerindustrie, Unterhaltungselektronik, Telefongesellschaften und Medienunternehmen, die bislang separat agierten, wachsen zusammen.

Die Medienlandschaft der Bundesrepublik ist also einem dramatischen Wandel unterworfen. Die Voraussetzungen für die Herausbildung einer auf Wissen, Information, Kommunikation und Dienstleistungen ausgerichteten postindustriellen Gesellschaft sind entweder bereits vorhanden oder im Entstehen begriffen. Dies erfordert nicht nur eine neue Medienkompetenz, die in den Schulen und Hochschulen sowie in der Weiterbildung zu vermitteln ist, sondern auch eine sozialökonomische Modernisierung, die den Ansprüchen der neuen Zeit gerecht wird.

Arbeitsmarkt und Beschäftigung

Welche Auswirkungen sich durch den Strukturwandel ergeben, zeigte sich nicht zuletzt im Bereich von Arbeitsmarkt und Beschäftigung. Auch hier war es mit dem «Wirtschaftswunder», das während der Rezession 1966/67 eine erste kurzfristige Erschütterung erfahren hatte, um nach der zweifachen

Explosion der Ölpreise 1973 und 1979 in eine wirkliche Krise zu geraten, Anfang der achtziger Jahre endgültig vorbei. Schon das Jahr 1974 brachte in dieser Hinsicht eine Zäsur, weil die Zahl der Arbeitslosen im Jahresdurchschnitt nun erstmals seit 1960 wieder über der Zahl der offenen Stellen lag. 582 500 Arbeitslosen standen jetzt nur noch 315 400 offene Stellen gegenüber. Damit war die Ära der Vollbeschäftigung in der Bundesrepublik beendet. Den Grund dafür bildete vor allem die Verteuerung der Energiepreise, während der tiefgreifende Strukturwandel, der zu diesem Zeitpunkt erst begann, sich noch nicht entscheidend auf den Arbeitsmarkt auswirkte. 1975 öffnete sich die Schere mit 1 074 200 Arbeitslosen bei nur noch 236 200 offenen Stellen noch weiter zugunsten der Arbeitslosigkeit. Insgesamt läßt sich feststellen, daß es 1974/75 zu einem ersten Sprung in der Arbeitslosenquote kam, die innerhalb von zwei Jahren von 0,7 auf 4,7 Prozent emporschnellte.[26]

Ein zweiter Sprung erfolgte zwischen 1980 und 1983 mit einer Steigerung von 3,8 auf 9,1 Prozent. In absoluten Zahlen bedeutete dies einen Anstieg der Arbeitslosen von 888 900 auf 2,2 Millionen. Grund dafür war nun eine Kombination zweier Faktoren: der drastischen Verteuerung der Energiepreise 1979/80 sowie des Strukturwandels, der sich immer deutlicher bemerkbar machte und trotz aller Bemühungen um eine konjunkturelle Gegensteuerung in den achtziger und neunziger Jahren keine nennenswerte Senkung der Arbeitslosenzahlen mehr zuließ. Im Gegenteil: Für den dritten Sprung der Arbeitslosenquote 1996/97 von 9,3 auf 11,4 Prozent waren sogar ausschließlich strukturelle Gründe maßgebend.[27] Bemerkenswert bei den drei Sprüngen ist die Tatsache, daß die Zwischenphasen – also die Zeiten von 1975 bis 1980 und von 1983 bis 1995 – durch ein bemerkenswert hohes Maß an Kontinuität gekennzeichnet waren. Man könnte deswegen auch von relativ stabilen «Arbeitslosigkeitsplateaus» sprechen. Sie führten nicht nur im Einzelfall zu Langzeitarbeitslosigkeit oder dauerhafter Nichtbeschäftigung, sondern veranlaßten die Arbeitsmarkt- und Beschäftigungspolitik auch zu sozialen Notmaßnahmen wie Frühverrentung oder Arbeitszeitverkürzungen. Das strukturelle Problem wird dadurch jedoch nicht gelöst. Vielmehr werden nur dessen Lasten auf kommende Generationen übertragen.

Die Diskussion über flexiblere Arbeitszeiten und eine Änderung des Ladenschlußgesetzes Mitte der neunziger Jahre gab erste Hinweise, daß die mit dem Fortschritt der Mikroelektronik eingeleitete technologische Revolution und die dadurch vorangetriebene Globalisierung ökonomischer Prozesse ein verändertes Klima in der Arbeitswelt schaffen. Wachsender Konkurrenzdruck und neue Formen der Erwerbstätigkeit stellen bisherige arbeitsrechtliche Bestimmungen und gewerkschaftlich geforderte Standards, über die in der Bundesrepublik weitgehend Konsens zu bestehen schien, mehr und mehr in Frage. Nationale Alleingänge im Arbeitsrecht und in der Sozialpolitik sind nicht länger möglich. Die umfassende Öffnung der Grenzen durch die europäische Integration, den Zusammenbruch des Kommu-

1. Die postindustrielle Gesellschaft

nismus und die moderne Informationstechnologie führt zu Veränderungen auf dem Arbeitsmarkt, wie sie seit der industriellen Revolution und der Entstehung der Arbeiterbewegung im 19. Jahrhundert nicht mehr zu verzeichnen waren. Im Meer der Globalisierung sind Inseln einer besonderen, nationalstaatlich orientierten sozialen Sicherheit kaum noch zu finden. Sozial- und Beschäftigungspolitik sind gezwungen, auf die Globalisierung mit internationalen Lösungen reagieren. Die zunehmende Neigung deutscher Unternehmen, zur Erhöhung ihrer «Konkurrenzfähigkeit im internationalen Wettbewerb» trotz guter Auftragslage – also ohne unmittelbaren Zwang – Produktionskapazitäten ins Ausland zu «verlagern» und dafür in der Bundesrepublik Stellen «abzubauen» sowie Arbeiter und Angestellte «freizusetzen», weist nicht nur erneut darauf hin, daß Investitionen unter den Bedingungen des freien Marktes primär nach betriebswirtschaftlichen Überlegungen und nicht nach nationalen Rücksichtnahmen getätigt werden, sondern signalisiert auch Skepsis, daß in der Bundesrepublik die politischen und ökonomischen Rahmenbedingungen für zukunftsträchtige Anlagen bestehen.

Die «gute alte Zeit», in der paternalistische Unternehmer und loyale Arbeiter gemeinsamen Nutzen aus Solidarpakt und verläßlichen Arbeitsverträgen zogen, war spätestens Anfang der achtziger Jahre vorbei. Seither dominieren flüchtige Trends und prekäre Beschäftigungsverhältnisse, denen eines gemeinsam ist: größtmögliche Flexibilität. Davon profitieren «Zeitarbeitsfirmen», die Arbeitnehmer unter Ausnutzung einer Lücke im bestehenden Arbeitsrecht an Unternehmen vermitteln, ohne daß dadurch feste Arbeitsverhältnisse mit entsprechender Vergütung und Kündigungsschutz entstehen. Der Soziologe Ralf Dahrendorf diagnostizierte deshalb bereits 1982 eine «Krise der Arbeitsgesellschaft».[28] Die Instabilität der sozio-ökonomischen Fundamente, auf denen das «Modell Bundesrepublik» – wie auch andere moderne Industriegesellschaften – beruhte, der Abschied von der Vollbeschäftigung und das Schreckgespenst der «Zwei-Drittel-Gesellschaft» wurden zur Arbeitsbeschaffungsmaßnahme für Soziologen, Politologen und Volkswirtschaftler, die nun den radikalen Umbruch der westlichen Industriegesellschaften und seine Auswirkungen auf Lebensführung, Werte und Normen ihrer Bürger untersuchten.

Dabei rückte bald die Frage in den Mittelpunkt, ob die Gesellschaft der Bundesrepublik überhaupt noch als «Arbeitsgesellschaft» zu bezeichnen sei. Zwar trug die Rationalisierung der Arbeitswelt durch fortschreitende Technisierung und Automatisierung zum weiteren Anwachsen des allgemeinen Wohlstandes bei. Aber sie spaltete zugleich den Arbeitsmarkt in begehrte, hochqualifizierte und stabile Arbeitsplätze einerseits sowie in prekäre, befristete Beschäftigungsverhältnisse und fluktuierend besetzte Stellen andererseits. Manche Sozialwissenschafler zogen daraus den Schluß, daß es mit dem Übergang der Bundesrepublik von einer arbeitsfixierten zu einer freizeitorientierten Gesellschaft nicht weit her sein könne. Sie hielten die zunehmende Bedeutung der Freizeit weniger für das Ergebnis einer bewußten Willensentscheidung der Bürger, als für das Resultat krisenhafter sozioökonomischer Verhältnisse, und plädierten deshalb für eine produktivitätsorientierte Arbeitszeitverkürzung bei vollem Lohnausgleich als adäquate Strategie zur Förderung einer zeitgemäßen Wirtschaftsentwicklung.[29] Von ähnlichen Überlegungen ließen sich auch die Gewerkschaften leiten, die 1984 mit langen Streiks in der Metall- und Druckindustrie für die Einführung der 35-Stunden-Woche fochten.

In dieser Situation zerbrach schließlich der in den fünfziger Jahren gebildete Konsens, daß ordnungspolitische Maßnahmen und gesetzliche Regelungen zu treffen seien, um eine soziale Deklassierung breiter Teile der Bevölkerung und damit die Gefahr des politischen Extremismus zu verhindern. Unter dem Druck eines sich verschärfenden Wettbewerbs in einer zunehmend globalisierten Weltwirtschaft hielt die konservativ-liberale Bundesregierung im Einvernehmen mit den Wirtschaftsverbänden eine «Deregulierung» des Sozialstaates für unabdingbar, um die Konkurrenzfähigkeit der deutschen Wirtschaft zu bewahren, während Gewerkschaften, Wohlfahrtsverbände, die SPD und die Grünen sowie die außerparlamentarische Opposition eine solche «neo-liberale» Wirtschaftspolitik ablehnten, die zur «Umverteilung von unten nach oben» und zur Herausbildung einer «Zwei-Drittel-Gesellschaft» führen würde, in der zwei Drittel der Menschen immer noch gut leben könnten, das andere Drittel jedoch unweigerlich durch die sich weitenden Maschen des sozialen Netzes fallen würde. Vor allem die Gewerkschaften standen dabei vor einem Dilemma: Einerseits waren sie gezwungen, die Interessen der beschäftigten Teile der Arbeitnehmerschaft zu vertreten und Forderungen zu erheben, die zu einer Verteuerung der Arbeit führten (höhere Löhne, Sicherung der Arbeitsplätze, Erweiterung der Mitbestimmung, Humanisierung der Arbeitswelt, Ausbau der Alterssicherung, Unfallschutz, Qualifizierung der Berufsausbildung). Andererseits sahen sie sich auch in der Verantwortung gegenüber den Arbeitslosen, denen sie durch eine Verkürzung der Arbeitszeit – mit einer weiteren Verteuerung der Arbeit und damit einer zusätzlichen Gefährdung bestehender Arbeitsplätze – gerecht zu werden trachteten.

Bund, Länder und Gemeinden versuchten der Arbeitslosigkeit durch Arbeitsbeschaffungsmaßnahmen und andere staatliche Förderprogramme zu begegnen. Doch der beschäftigungspolitische Effekt blieb insgesamt eher gering. Dennoch wurden die Etats der öffentlichen Hand in einem Maße belastet, daß die ohnehin durch eine Vielzahl anderer Ausgaben – nicht zuletzt im rapide expandierenden Sozialbereich – stark in Anspruch genommenen Kassen bald leer waren. Der öffentliche Dienst fiel somit als Arbeitgeber für Neueinstellungen praktisch aus. Hoch- und Fachhochschulabsolventen, die hier noch in den siebziger Jahren zu einem großen Teil untergekommen waren, sahen sich gezwungen, Beschäftigungsverhältnisse einzugehen, die nicht ihrer eigentlichen Qualifikation entsprachen, oder aus

1. Die postindustrielle Gesellschaft

der Not ihrer ungesicherten Existenz die Tugend einer selbstgetroffenen Entscheidung zu machen und die Lebensumstände avantgardistisch im Sinne des postmaterialistischen Wertewandels zu deuten.[30] Die «Arbeitsgesellschaft» Bundesrepublik wurde in den achtziger Jahren aber nicht nur durch das Phänomen der Massen- und Langzeitarbeitslosigkeit in Frage gestellt, sondern auch durch einen allgemeinen Rückgang der Lebensarbeitszeit. Für immer mehr Menschen dauerte die Zeit der Ausbildung immer länger, während die Verrentung oft früher begann. Bundeskanzler Kohl sah sich dadurch zu der überspitzten, aber nicht falschen Bemerkung veranlaßt, Deutschland leiste sich die ältesten Studenten und die jüngsten Rentner. Mit dem teils gewollten, teils unfreiwilligen Rückgang der Arbeitszeit veränderte sich für viele Menschen zudem die Wertigkeit, die sie dem Faktor Arbeit für ihr Leben beimaßen. Hatten sie sich vom Wirtschaftswunder bis zu den späten siebziger Jahren maßgeblich über ihre Arbeit, die von ihnen bekleidete Position oder das durch ihre Arbeitsleistung erzielte Einkommen definiert, so verlagerte sich dieser Prozeß der Selbstzuschreibung von Image und Prestige seit den achtziger Jahren verstärkt in den Freizeitbereich. In bezug auf die Entwicklung der postindustriellen Gesellschaft dürfte dies jedoch nicht mehr als ein Durchgangsstadium sein. Denn in einem technologisch bestimmten, durch Dienstleistungen geprägten sozialen Umfeld wird die Trennung zwischen «Arbeit» und «Freizeit» zunehmend aufgehoben. In der neuen Gesellschaft wird nicht weniger, sondern eher mehr gearbeitet. Aber die Arbeit wird flexibler und häufig nicht an einen festen Ort gebunden sein – mit weitreichenden Auswirkungen auf das Arbeitsrecht, die staatliche Beschäftigungspolitik und die Rolle der Gewerkschaften.[31]

Generatives Verhalten und Bevölkerungsstruktur

Die politische, soziale und kulturelle Entwicklung einer Gesellschaft hängt nicht nur von ihren ökonomischen Voraussetzungen, sondern auch in hohem Maße von ihrer Bevölkerungsstruktur ab. Heiratssitten, Geburten- und Sterberaten, aber auch kultuspolitische Fragen des Bildungssystems, der Siedlungsweise und des Mobilitätsverhaltens sind Faktoren, anhand derer historische Prozesse nachvollzogen und zukünftige Problemfelder prognostiziert werden können.[32] So betrug die Bevölkerungszahl der Bundesrepublik Deutschland am 31. Dezember 1997 nach Angaben des Statistischen Bundesamtes 82 057 379, von denen 66,7 Millionen in den alten und 15,4 Millionen in den neuen Bundesländern lebten. Die Einwohnerzahl überstieg damit den Stand vor Ausbruch des Zweiten Weltkrieges um mehr als 22 Millionen. Starke Zuwächse waren im ehemaligen Bundesgebiet vor allem zwischen 1945 und 1970 – wie schon an früherer Stelle geschildert – aufgrund von Flucht und Vertreibung sowie durch Übersiedlung aus der DDR mit einem Anstieg von 43,0 auf 61,0 Millionen zu verzeichnen. Einen zweiten Schub gab es dann noch einmal in den späten achtziger und frühen neunziger Jahren von 61,7 Millionen 1988 auf 66,3 Millionen 1995. Ursache hierfür waren die Aussiedler aus Osteuropa sowie die Übersiedler aus der DDR nach der Grenzöffnung durch Ungarn am 2. Mai 1989 bzw. die Maueröffnung am 9. November 1989. Die Bevölkerung auf dem Gebiet der ehemaligen DDR beziehungsweise der jetzigen neuen Bundesländer und Berlin-Ost reduzierte sich dadurch von 18,4 Millionen im Jahre 1950 auf 15,5 Millionen 1995.[33]

Der Altersaufbau, der in Deutschland zu Beginn des 20. Jahrhunderts noch die klassische Pyramidenform mit einem hohen Anteil von Kindern und Jugendlichen und einem nach oben hin immer geringer werdenden Anteil älterer Personen erkennen ließ, gleicht heute eher einer – in den Worten des Bevölkerungsstatistikers Flaskämper – «zerzausten Wettertanne». Es gibt nicht nur einen kriegsbedingten deutlichen Frauenüberschuß in der Altersgruppe über 60, sondern auch einen signifikanten Rückgang des Bevölkerungsanteils der unter 20jährigen, deren Anteil 1995 nur noch 21,5 Prozent betrug, während er 1955 noch bei 30,2 Prozent gelegen hatte. Der Anteil der über 60jährigen stieg dagegen im gleichen Zeitraum von 15,6 auf 20,7 Prozent, unter denen wiederum die Altersgruppe der über 80jährigen von 1,2 Prozent 1955 auf 4,1 Prozent 1995 wuchs. Der Altenquotient der Bevölkerung (Altersgruppe der 60jährigen und Älteren bezogen auf die Altersgruppe der 20- bis 59jährigen) erhöhte sich dadurch von 28,8 auf 35,8 Prozent, während der Jugendquotient (Altersgruppe der bis 19jährigen bezogen auf die Altersgruppe der 20- bis 59jährigen) von 55,6 auf 37,3 Prozent fiel. Diese Entwicklung ist deswegen so bedeutsam, weil sie zeigt, daß die Zahl der aus dem Arbeitsprozeß ausgeschiedenen Älteren gegenüber der Gruppe der Erwerbsfähigen von 20 bis 59 stark zugenommen hat, während die Zahl der Jüngeren, die dafür in diese Gruppe eintreten, erheblich gesunken ist.[34]

Die Zunahme der Bevölkerung in Deutschland in den vergangenen Jahren war somit nicht auf zusätzliche Geburten, sondern ausschließlich auf die Zuwanderung durch Aus- und Übersiedler zurückzuführen. Tatsächlich gibt es seit 1972 in der Bundesrepublik mehr Sterbefälle als Geburten. Allein 1995 betrug die Differenz 119 000. Die Zahl der Lebendgeborenen erreichte ihren höchsten Stand mit 1,36 Millionen im Jahre 1964. Sie ging dann aufgrund des «Pillenknicks» bis 1975 auf 782 000 zurück und hat sich seither trotz deutlicher Zunahme der Gesamtbevölkerung mit gewissen Schwankungen nach oben und unten bei dieser Zahl eingependelt. Die Geburtenquote je 1000 Einwohner sank dadurch von 17,3 im Jahre 1960 über 13,5 1970 auf jetzt 9,4. Mit dem Minusrekord von nur 576 468 lebendgeborenen Kindern im Jahre 1978 entwickelte sich die Bundesrepublik zu den Ländern mit der geringsten Geburtenrate der Erde.[35] Die zur Erhaltung der Bevölkerungszahl auf längere Sicht erforderliche Zahl von Kindern wird damit in Deutschland deutlich unterschritten.

1. Die postindustrielle Gesellschaft

Von einem «sterbenden Volk» kann zwar keine Rede sein, weil die Bevölkerungsentwicklung von vielen Faktoren – nicht zuletzt der zumindest teilweise politisch steuerbaren Migration – abhängig ist. Dennoch führten die Tatsache, daß die sozialen Systeme der Bundesrepublik seit Beginn der achtziger Jahre durch wachsende strukturelle Arbeitslosigkeit immer spürbarer belastet wurden, sowie der Umstand, daß die deutsche Bevölkerung durch Geburtenrückgang abnahm, während zugleich der ausländische Bevölkerungsanteil durch Geburtenüberschuß wuchs, zu heiklen Diskussionen über die demographischen Veränderungen. Schlagworte wie «Sterben die Deutschen aus?» und «Asylantenschwemme» veränderten das politische Klima in der Bundesrepublik, in der Deutsche und Ausländer, die zumeist als «Gastarbeiter» eingereist waren, seit den sechziger Jahren relativ problemlos zusammengelebt hatten.[36] Die vor allem migrationsbedingten Probleme bei der Aufnahme- bzw. Integrationsfähigkeit der sozialen Systeme – etwa des Wohnungs- und Arbeitsmarktes, der kommunalen Selbstverwaltung der Städte und Gemeinden sowie des Bildungssystems und der Sozialversicherung – bereiteten nun den Boden für überwunden geglaubte Fremdenfeindlichkeit. Dabei zeigte die Analyse der demographischen Daten längst, daß die Bundesrepublik auf den Zuzug vor allem jüngerer Einwanderer auf Dauer vermutlich gar nicht mehr verzichten kann, wenn die sozialen Sicherungssysteme funktionstüchtig bleiben sollen. Im übrigen stellt sich die Frage, was «Einwanderung» im Zeitalter der Europäisierung und wachsender internationaler Mobilität bei offenen Grenzen und sinkenden nationalen Barrieren überhaupt noch bedeutet.

In der Entwicklung der Kinderzahl spiegeln sich aber nicht nur individuelle, sondern auch soziale Verhaltensweisen wider. Während um 1900 noch in rund 44 Prozent aller Privathaushalte fünf oder mehr Personen lebten – in der Regel zwei Erwachsene und drei Kinder –, lag der entsprechende Wert 1995 nur noch bei 5 Prozent. Der Anteil der Zweipersonenhaushalte – zumeist zwei Erwachsene ohne Kinder – nahm von 15 Prozent im Jahre 1900 auf 32 Prozent 1995 zu. Der Anteil der Einpersonenhaushalte stieg im gleichen Zeitraum von 7 auf 36 Prozent. Somit lebten 1995 im früheren Bundesgebiet über 10,8 Millionen Personen, d. h. mehr als 16 Prozent der Bevölkerung, allein. In den neuen Ländern und Berlin-Ost lag der entsprechende Anteil mit 13,3 Prozent etwas niedriger.

Folgerichtig nahm die durchschnittliche Zahl der Kinder unter 18 Jahren in Familien kontinuierlich ab. Während sie im Jahre 1900 bei 4,1 und 1960 – vor dem «Pillenknick» – immerhin noch bei 2,1 lag, ist sie heute auf 1,65 gesunken.[37] Nur in knapp 56 Prozent der Mehrpersonenhaushalte lebten 1995 in Deutschland noch Kinder. Dabei gab es in der Hälfte (51 Prozent) dieser Haushalte nur ein Kind, in über einem Drittel (37 Prozent) zwei und in gut einem Zehntel (12 Prozent) drei und mehr Kinder. Bemerkenswert ist in diesem Zusammenhang auch die Tatsache, daß 1995 in Deutschland insgesamt 1,7 Millionen Mütter oder Väter ihre Kinder allein erzogen. In zwei

Drittel der Fälle war dies auf Scheidung oder Trennung zurückzuführen, in etwa zehn Prozent auf den Tod eines Partners und in einem Viertel der Fälle darauf, daß die Alleinerziehenden nie verheiratet waren.

Die Veränderung traditionaler Verhaltensweisen und Wertvorstellungen läßt sich ebenfalls an der Zahl der nichtehelichen Lebensgemeinschaften sowie an den Heirats- und Scheidungsquoten ablesen. So bestanden 1995 in Deutschland nach Schätzungen aus Ergebnissen des Mikrozensus mehr als 1,7 Millionen nichteheliche Lebensgemeinschaften. Ihre Zahl stieg damit gegenüber 1985, als etwa 700 000 solcher Partnerschaften existierten, um mehr als das Doppelte. Dementsprechend ging die Zahl der Eheschließungen je 1000 Einwohner von 11,0 im Jahre 1950 auf 5,4 im Jahre 1994 zurück, während die Zahl der Ehescheidungen im selben Zeitraum mit 2,0 je 1000 Einwohner bemerkenswert konstant blieb. Bezogen auf die Zahl der Eheschließungen nahm die Scheidungsquote jedoch erheblich zu. Sie lag 1960 bei 10,6 Prozent, 1980 bei 28,4 Prozent und 1994 schließlich bei 37,7 Prozent. Durch die Reform des Scheidungsrechts 1977 in den alten Bundesländern, die mit der deutschen Vereinigung am 3. Oktober 1990 auch in den neuen Ländern in Kraft trat, kam es zeitweilig zu einem Rückgang der Scheidungen um bis zu einem Drittel. Seit 1993 steigt die Zahl jedoch wieder deutlich an.[38]

Die Demographie der Bundesrepublik ist daher von einem allmählichen Rückgang der einheimischen Bevölkerung bei gleichzeitig starkem Zuzug von außen und einem kontinuierlichen Anwachsen der ausländischen Bevölkerung geprägt, deren Anteil an der Gesamtbevölkerung allein zwischen 1989 und 1995 von 6,4 auf 8,8 Prozent (nämlich um rund 2,1 Millionen auf etwa 7,2 Millionen) stieg.[39] Zugleich haben sich traditionelle Familienstrukturen und Wertvorstellungen zumindest teilweise aufgelöst. Zu mehr als einem Drittel ist die Bundesrepublik heute bereits eine «Single-Gesellschaft», in der sich die Zahl der Eheschließungen in den vergangenen viereinhalb Jahrzehnten nahezu halbiert hat (von 750 000 im Jahre 1950 auf 440 000 im Jahre 1994) und in der in weniger als der Hälfte aller Haushalte noch Kinder leben. Zudem sind alle diese Trends ungebrochen. Das heißt, daß nichts auf eine Wende in dem einen oder anderen Bereich hindeutet. Die Flexibilisierung und Dynamisierung der postindustriellen Gesellschaft, die bereits im Hinblick auf ökonomische Strukturen, Wissenschaft und Technologie, die neuen Medien und die Folgewirkungen für Arbeitsmarkt und Beschäftigung aufgezeigt wurden, gilt somit auch im Bereich des Zusammenhangs sozialer Strukturen. Die Auflösung der traditionellen Gesellschaft ist ganz offenbar der Preis, der für die Modernisierung zu zahlen ist.

Gesellschaft zwischen Risiko und Erlebnis

Über die Frage, wohin diese fragmentarisierte Gesellschaft treibt, wird seit den achtziger Jahren spekuliert. Der Soziologe Ulrich Beck legte 1986 mit seinem Buch *Die Risikogesellschaft* eine vielbeachtete Analyse vor, in der er

1. Die postindustrielle Gesellschaft

zu der Erkenntnis kam, daß die «selbstreflexive» Modernisierung die Gefahr einer Zerstörung der natürlichen Lebensgrundlagen beinhalte und daß damit die «Risikoproduktion» unvermeidlich an die Seite der «Reichtumsproduktion» trete.[40] Ein allgemeiner Verlust des Fortschrittsglaubens, schwindendes Vertrauen in die Wissenschaft, das Zerbröckeln verbürgter Lebensformen – etwa im Geschlechterverhältnis – und vielfältige Identitätskrisen sind nach Becks Meinung für die neue Gesellschaft ebenso symptomatisch wie die neuen Formen der politischen Kultur, das Aufkommen der Bürgerinitiativen und die Entstehung der neuen sozialen Bewegungen.

Wie Schelskys «nivellierte Mittelstandsgesellschaft» in den fünfziger Jahren, so wurde Becks «Risikogesellschaft» nun kennzeichend für die prekäre Verfaßtheit westlicher Industriegesellschaften in den achtziger und neunziger Jahren. Der Begriff und seine Inhalte beeinflußten die sozialwissenschaftliche Diskussion in der Bundesrepublik nachhaltig und trugen dazu bei, daß an die Stelle der in den siebziger Jahren variantenreich betriebenen Sezierung der «Klassengesellschaft» neue Themen – darunter vor allem die kaum beherrschbaren Risiken der atomaren und nichtatomaren Hochtechnologie – in den Blick gerieten. Neben den selbstgeschaffenen Gefahren der technischen Zivilisation am Ende des 20. Jahrhunderts waren es nach Meinung von Beck besonders die Entwicklungen auf dem Arbeitsmarkt, die eine allgemeine «Enttraditionalisierung» von Lebenslagen bewirkten. Individuen würden aus ihren tradierten Sozialbezügen freigesetzt und zur Selbstgestaltung ihres Lebens gezwungen. Durch die damit verbundene «Heterogenisierung» und zugleich «Homogenisierung» der Gesellschaft erodierten die bisherigen Sozialstrukturen, allen voran Ehe und Familie. Wie kein anderer personifiziere der «vollmobile Single» die Existenzweise der durchgesetzten Marktwirtschaft. «Risikogesellschaft» bezeichnete somit nach Beck den auf die klassische Moderne der Industriegesellschaft folgenden Gesellschaftstypus, in dem immer mehr Lebensrisiken alle Gesellschaftsmitglieder betreffen, weil die klassischen Grenzen von Stand, Klasse, ethnischer Zugehörigkeit und Nation gegenüber vielen von der Industriegesellschaft selbst produzierten Risiken – von der Atomenergie bis zum Ozonloch – keinen Schutz mehr bieten.

Auch der Bielefelder Soziologe Niklas Luhmann konstatierte eine Krisenhaftigkeit der Gegenwart. Allerdings enthielt er sich jeder Wertung und betrachtete die einzelnen Krisen der Gesellschaft nicht als potentiell zu lösende bzw. tendenziell unlösbare Probleme. Für ihn war die Gesellschaft vielmehr selbst das Problem. Die Krise, so meinte Luhmann, sei in ihr nicht die Ausnahme, sondern der Normalfall. Soziale Ordnung sei *per se* unwahrscheinlich.[41] Als Beleg für diese These konnte die Tatsache gelten, daß sich der Lebensstil in der Bundesrepublik trotz aller Diskussionen über den Umweltschutz keineswegs im ökologischen Sinne geändert hatte. So betrug beispielsweise Anfang der neunziger Jahre der Primärenergieverbrauch in Deutschland mit 186 Gigajoule pro Kopf und Jahr das Dreifache des Weltdurchschnitts. Gleiches galt für die Pro-Kopf-Emission von Luftschadstoffen – vor allem des mit rund 50 Prozent am Treibhauseffekt beteiligten CO_2 –, bei der die Bundesrepublik mit 12,7 Tonnen ebenfalls weit über dem Weltdurchschnitt von 4,1 Tonnen lag.[42] Im Verkehrsbereich gab es insbesondere beim Bestand der privat genutzten Automobile sogar eine regelrechte Explosion. Nachdem ihre Zahl bereits in den Jahren 1960 bis 1970 von 4,5 Millionen auf 13,9 Millionen gestiegen war, brachten weder die Ölkrisen von 1973 und 1979 noch die Umweltdiskussion eine Wende. 1980 betrug die Zahl der in der Bundesrepublik zugelassenen Pkw schon 23,2 Millionen. 1990 hatte sich ihre Zahl mit 30,7 Millionen gegenüber 1970 sogar mehr als verdoppelt – nicht eingerechnet die Pkw in den neuen Bundesländern, die einen weiteren Autoboom auslösten, so daß die Zahl der Pkw im vereinten Deutschland 1995 schließlich bei 40,4 Millionen lag.[43] Allein in Nordrhein-Westfalen waren damit mehr Autos zugelassen als in ganz Afrika, in Schleswig-Holstein mehr als in der gesamten Volksrepublik China. Ungeachtet aller Bekenntnisse zum Umweltschutz ist das weiterhin bestehende Ungleichgewicht der Lebensstile zwischen den «postmaterialistischen» Industriestaaten und den präindustriellen Entwicklungsländern nicht zu übersehen.

Generell kann das gewandelte Konsumverhalten, wie auch die Wachstumsdynamik der Werbebranche, als Beleg für eine widersprüchliche, gleichermaßen krisenhafte wie amüsierwütige Zeit gelten: Man geht in der neuen Gesellschaft nicht mehr nur einkaufen, sondern stilisiert in «Einkaufsparadiesen» den Konsum zum «Erlebnis», durch das der Kunde seine eigene Pracht und Individualität definiert. Der Soziologe Gerhard Schulze hat diese «Erlebnisgesellschaft»[44] damit erklärt, daß an die Stelle der alten ökonomischen Semantik der Klassengesellschaft mit ihrer «Außenorientierung des Mehr oder Weniger, Höher oder Tiefer» in der Erlebnisgesellschaft eine ausgeprägte Innenperspektive getreten sei, die alle Ereignisse auf ihren Erlebniswert untersuche. So sei beispielsweise das Auto, das in den fünfziger und sechziger Jahren in erster Linie als Fortbewegungsmittel diente und gegebenenfalls noch den Status seines Besitzers symbolisierte, in der Erlebnisgesellschaft auch dazu bestimmt, ein «schönes Fahrerlebnis» zu vermitteln. Konsumistische Dekadenz, so Schulze, sei zum «Markenzeichen» einer gesellschaftlichen Situation geworden, in der existentielle Probleme trotz hoher struktureller Arbeitslosigkeit und einer «neuen Armut» weitgehend unbekannt sind. Unreflektiertes Konsumverhalten wird von dem ursprünglichen Zweck materieller Bedürfnisbefriedigung abgekoppelt und gestaltet sich zum Ausdruck einer physischen und psychischen Sattheitskultur: «Für das Einschalten oder Nichteinschalten des Radios besteht kein dringender Bedarf; das gerade erstandene Buch wird vielleicht nie gelesen; man geht ins Restaurant, obwohl man gerade zu Abend gegessen hat. Es kommt nicht darauf an, aber man wählt dieses, macht jenes, nimmt irgendetwas im Vorbeigehen noch mit, findet etwas anderes ganz nett und holt es sich. Man muß sich nicht entscheiden, aber man entscheidet sich doch, wie jemand, der im Zustand der Sättigung gedankenverloren in eine volle Pralinenschachtel greift.»[45]

Der überforderte Staat

Trotz der Tendenzen zur Individualisierung und Flexibilisierung setzte sich die Ausweitung des staatlichen Sektors in der Bundesrepublik auch in den achtziger und neunziger Jahren fort. Er war bereits seit 1949 eines der bemerkenswertesten Kennzeichen der politischen und sozialen Entwicklung gewesen und läßt sich durch das kontinuierliche Anwachsen der staatlichen Ausgaben belegen. So stiegen die Ausgaben der öffentlichen Haushalte von 37,4 Millionen DM 1951 auf 1 154 619 Millionen – also knapp 1,2 Billionen – im Jahre 1995. Je Einwohner bedeutete dies eine Steigerung von 754 auf 10 325 DM pro Jahr. Die «Staatsquote», d. h. das Ausgabenvolumen der öffentlichen Haushalte in Relation zum Bruttosozialprodukt (dem Maß für die wirtschaftliche Gesamtleistung eines Staates), betrug damit 1995 33,5 Prozent. Unter Einrechnung der Sozialversicherungsleistungen lagen die öffentlichen Ausgaben 1995 sogar bei 1,85 Billionen bzw. 22 690 DM pro Kopf der Bevölkerung. Dies entsprach einer Staatsquote von nicht weniger als 53,8 Prozent.[46]

Etwa die Hälfte aller Ausgaben floß dabei in den neunziger Jahren in die soziale Sicherung. Zu Beginn der Bundesrepublik, als die materielle Not objektiv am größten war, hatten die Sozialleistungen nur etwa ein Sechstel der öffentlichen Ausgaben ausgemacht (1950 17,1 Prozent). Bis 1975 waren sie auf fast ein Drittel (32 Prozent) gestiegen. 1994 lagen sie schließlich bei 49,8 Prozent aller öffentlichen Ausgaben. Für Bildung, Wissenschaft, Forschung und Kultur wurden dagegen zusammen nur knapp 11 Prozent ausgegeben. Jeweils rund 4 Prozent standen für die Bereiche Gesundheit, Sport und Erholung sowie Wirtschaftsförderung zur Verfügung. Auf Polizei und Justiz entfielen 2,8 Prozent, auf die Verteidigung sogar nur 2,7 Prozent.[47] Die häufig erhobene Forderung, weiterhin vorhandene Löcher im Sozialetat durch Umschichtungen aus dem Verteidigungsetat zu stopfen, war damit kaum noch realistisch. Durchschnittlich ein Fünftel der Ausgaben (in den Ländern 39 Prozent, beim Bund 11 Prozent) waren Personalmittel, da viele Dienstleistungen der öffentlichen Hand, wie Schulen, Hochschulen, Polizei und Rechtspflege, Gesundheitswesen sowie Verteidigung, Bau-, Steuer- und Zollverwaltung, sehr personalintensiv sind. Der Personalbestand im öffentlichen Dienst wurde seit 1950 annähernd verdoppelt (1997 5,1 Millionen bzw. 17,1 Prozent aller abhängig Beschäftigten). Die personelle Expansion stand jedoch in keinem Verhältnis zur Explosion der Ausgaben.[48]

Am auffälligsten bei dieser Entwicklung waren der – im internationalen Vergleich – übermäßig hohe Anstieg der Staatsquote sowie der beispiellose Ausbau des Systems der sozialen Sicherung, das weltweit seinesgleichen suchte.⁴⁹ Dennoch wurde in den achtziger Jahren häufig von «Sozialabbau» und in den neunziger Jahren sogar von einer «neuen Armut» gesprochen, der das Statistische Bundesamt in seinen jährlichen Berichten sogar ein eigenes Kapitel widmete. Ein Indiz dafür war die zunehmende Zahl der Sozialhilfeempfänger, die Ende 1995 mit mehr als 2,5 Millionen in etwa 1,3 Millionen Haushalten einen neuen Höchststand erreichte. Die statistischen Untersuchungen zeigen jedoch, daß «Armut» ein relativer Begriff ist. Mittellosigkeit, Hunger und Obdachlosigkeit waren – außer bei extrem kleinen Randgruppen der Gesellschaft – praktisch unbekannt, und im Vergleich zur Dritten Welt oder zu Teilen Osteuropas nach dem Zusammenbruch des Kommunismus waren auch die Einkommensverhältnisse allgemein überdurchschnittlich. Gemessen an den eigenen Standards bestand «Armut» jedoch bereits dann, wenn das Haushaltseinkommen 50 Prozent des Durchschnittseinkommens unterschritt; in einem Zwei-Personen-Haushalt entsprach dies in den achtziger und neunziger Jahren etwa einer Summe von 1500 DM pro Monat. «Strenge Armut» lag vor, wenn das Einkommen unter 40 Prozent – etwa 1000 DM pro Monat – sank.

Selbst nach diesen Kriterien waren die Armutsraten in der Bundesrepublik in den achtziger Jahren und auch zu Beginn der neunziger Jahre indessen rückläufig. Erst ab 1993 stiegen sie leicht an. «Strenge Armut» mit einer 40-Prozent-Einkommensgrenze herrschte bei etwa 4 bis 5 Prozent der Bevölkerung (1984 5,2 Prozent, 1989 4,8 Prozent, 1992 4,4 Prozent). 1995 lag die Quote bei 6,1 Prozent. Von «Armut» mit einer 50-Prozent-Grenze des Durchschnittseinkommens waren in dieser Zeit etwa 10 bis 11 Prozent der Bevölkerung betroffen. Auch hier stieg die Quote 1995 an und betrug nun 13 Prozent. In den meisten Fällen handelte es sich bei der Armut aber um einen vorübergehenden Zustand. Gemessen an der strengen Armutsgrenze von 40 Prozent kam eine andauernde Armut von fünf und mehr Jahren mit einer Quote von weniger als 1 Prozent im Zeitraum von 1984 bis 1995 praktisch nicht vor. Bei der Armutsgrenze von 50 Prozent waren jedoch immerhin 5 Prozent der Bevölkerung betroffen, und im armutsnahen Bereich (mit 60 Prozent des monatlichen Durchschnittseinkommens) befanden sich dauerhaft zwischen 10 und 11 Prozent der Bundesbürger.⁵⁰

Hauptverantwortlich für die Zunahme der Armut in den neunziger Jahren war weniger die Arbeitslosigkeit, deren Niveau auch in den achtziger Jahren – bei sinkenden Armutsraten – relativ hoch war, als vielmehr die große Zuwanderung. Dies erklärt ebenfalls, warum Armut zumeist nur ein vorübergehender Zustand war, der mit vollzogener Integration beendet wurde. Die Diskussion über «Neue Armut» und die These der «Zwei-Drittel-Gesellschaft», wonach eine wachsende, stabile Minderheit der Gesellschaft möglicherweise auf Dauer ausgegrenzt wird, waren daher nach Meinung des Statistischen Bundesamtes weniger zahlenmäßig nachweisbare Entwicklungen, als vielmehr «Ausdruck gesellschaftlicher Auseinandersetzungen».⁵¹ Dies gilt nicht zuletzt in bezug auf Ostdeutschland, wo die Ar-

1. Die postindustrielle Gesellschaft 619

mutswerte – bezogen auf ein kaufkraftbereinigtes Durchschnittseinkommen – in nahezu allen Bereichen sogar noch signifikant niedriger lagen als in Westdeutschland.[52] Erkauft wurde dieser allgemeine Wohlstand vor allem durch eine Kostenexplosion im Bereich der sozialen Sicherungssysteme. Die Überbelastung des Staates war dadurch bereits in den siebziger Jahren zu einer so offenkundigen Herausforderung für die westlichen Demokratien geworden, daß sich eine Arbeitsgruppe der «Trilateral Commission» – einer 1973 auf privater Basis gegründeten Kommission zur Erforschung der gemeinsamen Probleme Westeuropas, Japans und Nordamerikas – veranlaßt sah, die Frage zu stellen, ob die westlichen Industriegesellschaften überhaupt noch «regierbar» seien.[53] Seither hat sich das Problem der Überforderung des Staates durch Kosten – und Ansprüche – in der Bundesrepublik noch weiter verschärft, während andere Länder, wie die USA und Großbritannien, in den achtziger Jahren erfolgreich gegenzusteuern vermochten. In Deutschland wurde damals weder die notwendige Deregulierung staatlicher Reservate noch die längst überfällige Senkung der Abgaben und Steuern – einschließlich der Beschränkung der Sozialausgaben – in dem Maße durchgeführt, wie es notwendig gewesen wäre, um eine Trendwende in der Wirtschafts- und Gesellschaftspolitik zu vollziehen und den Staat – d. h. den Bürger – von der Überforderung zu entlasten.[54]

Vor allem die Umkehr im Denken fand in der Bundesrepublik bis 1989 nicht statt. Anders als in den angelsächsischen Staaten, wo eine nüchterne Bilanz der Entwicklungen und Fehlentwicklungen des modernen Sozialstaates gezogen wurde, stellten in Deutschland die Erfahrungen der beiden Weltkriege, der Weltwirtschaftskrise und zweier Währungsreformen innerhalb von 25 Jahren den Staat offenbar unter einen so enormen Erfolgszwang, daß der Wille zur Selbstbeschränkung gelähmt und die Allzuständigkeit des Staates noch verstärkt wurde. Auch die etatistische Staatstradition in Deutschland und der durch den technokratischen Optimismus der sechziger Jahre erzeugte Glaube an die regulative Omnipotenz des Staates dürften eine entschiedene Kurskorrektur erschwert haben. Nach 1989 waren dann vorübergehend alle Energien durch den Prozeß der Wiedervereinigung absorbiert, so daß Strukturmängel eher fortgeschrieben als beseitigt wurden. Erst Mitte der neunziger Jahre wurde unter dem Druck der internationalen Diskussion über die «Globalisierung» der Weltwirtschaft die Frage nach dem «Standort Deutschland» neu gestellt. Die USA und Großbritannien, deren konservative Wirtschaftspolitik man in den achtziger Jahren in der Bundesrepublik noch entschieden abgelehnt hatte, galten nun – zusammen mit einigen skandinavischen und westeuropäischen Ländern – vielen als Beispiele für eine gelungene Strukturreform.

Das Ordnungsmodell «Staat» steht jedenfalls angesichts der Entwicklung postindustrieller Gesellschaften und der zunehmenden Globalisierung der Wirtschaft auch in Deutschland vor tiefgreifenden Veränderungen. Staat,

Wirtschaft und Gesellschaft finden auf ihrem Weg in das 21. Jahrhundert grundlegend gewandelte Bedingungen vor. Die Suche nach geeigneten Strategien für eine Überwindung des staatlichen Modernisierungsdefizits dauert noch an. Notwendig ist allerdings auch eine Neubestimmung des Verhältnisses zwischen Individuum, Gesellschaft, Staat und Politik, weil eine globalisierte Wirtschaft mit postindustriellen Strukturen, die nur in ihrer technokratischen Organisation, nicht aber in ihren geistigen Fundamenten erneuert wäre, den Erwartungen ihrer Bürger ebensowenig gerecht werden könnte wie die industrielle Gesellschaft der Vergangenheit.

2. Neue soziale Bewegungen

In der zweiten Hälfte der siebziger Jahre, als die Reformpolitik Willy Brandts durch das Krisenmanagement Helmut Schmidts abgelöst wurde, wich die Aufbruchstimmung, die seit dem Machtwechsel 1969 geherrscht hatte, allmählich einem vielschichtigen Krisenbewußtsein. Zuvor hatte die neue Zunft der «Futurologie» den Erwartungshorizont sehr weit gesteckt. Weltraumforschung und Mondlandung, Elektronik und Computertechnik sowie die noch nicht in Zweifel gezogene Atomforschung und die erste Herztransplantation schienen Beispiele für die Fähigkeit des Menschen zu sein, die Zukunft «planbar» zu machen.

Nach der Ölkrise, den Warnungen des *Club of Rome* vor den «Grenzen des Wachstums» und den zunehmenden Turbulenzen auf den internationalen Wirtschafts- und Finanzmärkten wurde der optimistische Horizont der Hoffnungen und Erwartungen am Ende der siebziger Jahre jedoch düster. «Der ‹Zukunftsrummel› des letzten Jahrzehnts ist vorüber, die Zeit der Futurologen läuft ab ... Wie sich die Zukunftsforscher täuschten.» So lautete der Befund des Wissenschaftsjournalisten Thomas von Randow zum Jahreswechsel 1979/80 in der *Zeit*.[55] Nicht die Erreichung anspruchsvoller Ziele, sondern die Abwehr möglicher Katastrophen stand nun im Vordergrund. Der Philosoph Hans Jonas hoffte sogar, «daß kleine Katastrophen zeitig genug eintreten, um den Grad an Klugheit in den Menschen zu erzeugen, welcher zur Verhinderung der ganz großen Katastrophe erforderlich ist».[56] Bei den jugendlichen Subkulturen spiegelte sich diese Haltung in der Parole «No Future» wider. Eine Hamburger Punk-Band nannte sich «Abwärts».

Neben verschiedenartigen Formen jugendlicher Resignation entwickelten sich aus dem kulturkritischen Pessimismus der späten siebziger Jahre jedoch auch zahlreiche neue soziale Bewegungen, deren Entstehung nicht zuletzt mit der Ausweitung des Dienstleistungssektors, der Verlängerung der Ausbildungsphase und damit der Adoleszenz sowie der Öffnung der Bildungseinrichtungen für immer breitere Kreise der Bevölkerung zusammenhing, die einen Wertewandel in Richtung postmaterieller Orientierungen förderte und die Sensibilität gegenüber Sinnproblemen und Fragen der Lebensqualität erhöhte.[57] Zu den neuen sozialen Bewegungen zählten vor allem die Alternativbewegung, die Bürgerinitiativ- und Ökologiebewegung, die neue Frauenbewegung und die neue Friedensbewegung sowie spezifische Formen des Jugendprotestes und der Jugendrevolte, aber auch die Spontis, Autonomen, Hausbesetzer und Undogmatischen. Sie alle fühlten sich einer «neuen Bewegung» zugehörig, weil sie eine Überwindung des «bloßen Kampfes der traditionellen Linken gegen die kapitalistischen Eigentumsverhältnisse» anstrebten, wie Jürgen Bacia und Klaus-Jürgen Scherer aus einer Innenperspektive heraus 1981 erklärten: «Ausgehend von den subjektiven Erfahrungen und Bedürfnissen, abgestoßen von der allseitigen Kälte, Verlogenheit und Ziellosigkeit, erfolgt zunehmend die Abkehr von dieser ‹ersten Gesellschaft› schlechthin. Man weiß, daß man so nicht leben will: Im Plastik-Faschismus, in der Anonymität und Isolation. Seine begrenzte Lebenszeit will man nicht mit sinnloser Arbeit und sinnlosem Konsum vertun. Man versucht, ‹anders zu leben› oder, bescheidener, zumindest zu überleben, was angesichts der staatlichen Aufrüstung nach innen und außen sowie der drohenden Ökokatastrophe ja keine Selbstverständlichkeit mehr ist ... Auf die alten Illusionen und Versprechungen verläßt sich fast niemand mehr. Wer glaubt schon noch an die proletarische Revolution als Voraussetzung für ein neues System und einen neuen Menschen?»[58]

Die neuen sozialen Bewegungen verstanden sich somit zwar als Teil der Linken. Sie wollten sich jedoch mit keiner der bestehenden sozialistischen Gesellschaftsordnungen identifizieren, in deren politischen Systemen sie ähnliche Tendenzen festzustellen meinten wie in kapitalistischen Ordnungen. Eine Fixierung auf Fragen der Eigentumsverhältnisse lehnten sie deshalb ab. Tatsächlich ging es ihnen in einem postmaterialistischen Sinne hauptsächlich um die Veränderung des persönlichen Alltagslebens sowie um die Entwicklung eines konsumkritischen und als intensiv empfundenen Lebensstils. Marxistisches und anarchistisches Gedankengut stand dabei neben kulturkritischen Momenten, lebensphilosophischen und existentialistischen Ansätzen sowie einer Wunsch- und Bedürfnisideologie. Manche Angehörige der neuen sozialen Bewegungen vermochten allerdings mit solchen theoretischen Modellen und Denkstrukturen wenig anzufangen; sie zogen die praktische Erfahrung der theoretischen Spekulation vor, die ein so zentrales Merkmal der Generation von 1968 gewesen war.[59]

Wertewandel und Alternativkultur

Der Zusammenhang zwischen Wertewandel und Entwicklung der postindustriellen Gesellschaft wurde in den siebziger Jahren vor allem von dem amerikanischen Soziologen Ronald Inglehart untersucht. Inglehart kam dabei zu der Erkenntnis, daß in einer Gesellschaft, in der Fragen der materiellen und physischen Sicherheit weitgehend geklärt sind und daher nicht mehr im Vordergrund stehen, «postmaterialistische» Werthaltungen eine immer größere Bedeutung gewinnen. Die hohe materielle Versorgung der Bevölkerung, die Anhebung des Bildungsniveaus, die Ausbreitung der Massenkommunikation und die gestiegene Mobilität seien Faktoren einer «stillen Revolution» von der Präferenz materieller zu postmateriellen Wertprioritäten.[60] In der Bundesrepublik wurde diese Tendenz in den siebziger und achtziger Jahren vielfach mit den ideologischen Wirkungen der Studentenbewegung und des Aufbruchs von 1968 in Verbindung gebracht. Nach Inglehart ist eine solche Entwicklung jedoch kennzeichnend für alle westlichen Überflußgesellschaften.

Tatsächlich waren die strukturellen Voraussetzungen für eine stärkere Gewichtung postmaterieller Werte inzwischen auch in der Bundesrepublik gegeben.[61] Die Zunahme des Dienstleistungssektors, die alle Schichten der Bevölkerung erfassende Ausbreitung eines relativ hohen Wohlstandsniveaus, die wachsende Bedeutung der Freizeit durch Verkürzung der Wochenarbeitszeit und Verlängerung des Urlaubs sowie ein längeres Verweilen im Bildungssystem[62] führten zu einer individuelleren Lebensgestaltung und zur Pluralisierung und Liberalisierung der Lebensstile bei gleichzeitig geringerer Prägekraft sozialer Institutionen wie Parteien, Gewerkschaften oder Kirchen. Elisabeth Noelle-Neumann stellte aufgrund von Erhebungen des Instituts für Demoskopie Allensbach sogar fest, daß vor diesem Hintergrund ein dramatisches Absinken der «bürgerlichen Werte», ja sogar eine regelrechte Werterevolution stattgefunden habe.[63]

Bis Mitte der sechziger Jahre waren die bürgerlichen Werte nicht nennenswert in Frage gestellt worden. Dazu gehörten seit jeher vor allem Arbeit und Leistung, die Überzeugung, daß Anstrengung sich lohne, der Glaube an den Aufstieg und die Gerechtigkeit des Aufstiegs, die Bejahung des Wettbewerbs und der damit verbundenen Unterschiede zwischen den Menschen und ihrer Lage, Sparsamkeit als Fähigkeit, kurzfristige Wünsche zugunsten langfristiger Befriedigung zurückzustellen, Respekt vor Besitz, Streben nach Prestige und gesellschaftlicher Anerkennung sowie die Achtung der geltenden Normen von Sitte und Anstand. Bei einer ersten demoskopischen Messung des Allensbacher Instituts 1962 wurden diese Werte erwartungsgemäß von den ungelernten und angelernten Arbeitern am wenigsten und am anderen Ende der Skala von den leitenden Angestellten, Beamten und Selbständigen am stärksten unterstützt. Bei einer zweiten Messung 1972 ergab sich dann bereits der Befund, daß die Zahl der Menschen, die diese bürgerlichen Werte unterstützten, innerhalb von nur fünf Jahren in allen Schichten, aber besonders drastisch bei der jungen Generation der unter 30jährigen, signifikant gesunken war. Weitere Untersuchungen in den siebziger Jahren bestätigten den Trend.

Bei den Befragungen standen die Themen Arbeit, Leistung und Freizeit im Vordergrund. So erklärten 1972 31 Prozent der Berufstätigen (bei den unter 30jährigen sogar 39 Prozent) gegenüber lediglich 18 Prozent 1962, es wäre «am schönsten zu leben, ohne arbeiten zu müssen». Befriedigung aus ihrer Arbeit zogen in der jungen Generation 1972 nur noch 30 Prozent (gegenüber 42 Prozent zehn Jahre zuvor). Dagegen stieg die Bevorzugung der Freizeit gegenüber der Arbeit von 36 Prozent auf 45 Prozent, bei den Jüngeren sogar von 39 Prozent auf 53 Prozent, und auch das «Streben nach Egalisierung» – oder umgekehrt: die Ablehnung von Differenzierung – nahm zu: Auf die Testfrage, ob der Befragte gern in einem Land leben möchte, «in dem es keine Reichen und keine Armen gibt, sondern alle möglichst gleich viel haben», antworteten 1962 46 Prozent mit Ja, 1972 aber 54 Prozent. Demgegenüber hielten es 1972 nur noch 62 Prozent für gerecht, daß eine Sekretärin, die tüchtiger, zuverlässiger und rascher arbeitete als ihre Kollegin, dafür im Monat 100 DM mehr verdiente; 1962 hatten dies noch 73 Prozent als gerecht empfunden.[64]

Die Auffassung, in der Überflußgesellschaft sei Arbeit weniger wichtig und das Leistungsprinzip überholt, wurde im Übergang von den sechziger zu den siebziger Jahren immer häufiger vertreten. So argumentierte der Frankfurter Politikwissenschaftler Iring Fetscher unter Berufung auf das Jahresgutachten 1975 des Sachverständigenrates zur Begutachtung der gesamtwirtschaftlichen Entwicklung, das Leistungsprinzip sei mehr oder minder obsolet geworden, seitdem die Prämisse nicht mehr stimme: je mehr Anstrengung, desto mehr Lohn. In einer Welt, die sich der Grenzen des Wachstums bewußt würde, werde weniger die Anstrengung als die Knappheit belohnt.[65]

Die Ablehnung von Eliten und die zunehmend verbreitete Auffassung, es schade nichts, wenn die «individuelle Leistungsmotivation für Höchstleistungen erlahme» (Iring Fetscher), korrespondierte mit einer Veränderung der Ordnungsvorstellungen sowie einem Hedonismus, der sich vor dem Hintergrund geringer gewordener materieller Probleme entfaltete. So hatten zu der Frage nach Sorgen und Schwierigkeiten 1954 51 Prozent der Bevölkerung erklärt, daß sie Geldsorgen hätten; 1972 waren es nur noch 26 Prozent. «Überhaupt keine Sorgen» hatten 1954 9 Prozent, 1972 aber 34 Prozent, also jeder Dritte.[66] Ob man das Leben «als Aufgabe betrachten» oder es «hauptsächlich genießen» solle, wurde deshalb von immer mehr Menschen im hedonistischen Sinne entschieden. Während die Auffassungen darüber 1968 noch mehr oder minder geteilt gewesen waren (48 Prozent Aufgabe, 42 Prozent Genuß), hatten sich die Relationen 1972 deutlich verschoben (51 Prozent Genuß, 35 Prozent Aufgabe). Bei den unter 30jährigen war der Trend sogar noch ausgeprägter: Der Pflichtwert ging von 40 auf 27 Prozent zurück, während der hedonistische Wert von 50 auf 60 stieg. 1975 bestand schließlich in der jungen Generation zwischen beiden Werten ein Verhältnis von 3:1. Diejenigen, die ihr Leben weiterhin als Aufgabe betrachteten, waren zu einer klaren Minderheit von 35 Prozent zusammengeschrumpft, während eine Zweidrittelmehrheit (65 Prozent) erklärte, es komme ihr hauptsächlich darauf an, das Leben zu genießen.[67] «Ethos is slipping», kommentierte daher nicht ohne Schadenfreude die amerikanische und britische Presse, die zuvor stets den hohen Stand der deutschen Arbeitsmoral als Voraussetzung für das Markenzeichen «Made in Germany» gerühmt hatte.[68]

Dazu paßte schließlich auch, daß eine immer geringere Zahl von Deutschen es noch für wichtig hielt, sich «in eine Ordnung einzufügen, sich anzupassen». Hatten 1967 noch 59 Prozent der Arbeitnehmer dies für ein wichtiges Erziehungsziel gehalten, so waren es fünf Jahre später nur 43 Prozent, bei den unter 30jährigen sogar nur 28 Prozent (gegenüber 55 Prozent 1967). Elisabeth Noelle-Neumann bemerkte deshalb im Sommer 1975 in der *Zeit*: «Im materiellen Bereich verbürgerlichen die Arbeiter, ein bürgerlicher Lebensstandard in bezug auf Besitz und Sicherheit ist praktisch erreicht; im geistigen Bereich der Einstellungen, der Wertvorstellungen vollzieht sich umgekehrt eine Anpassung an Unterschichtsmentalität, den bürgerlichen Werten entgegengesetzte Haltungen: Arbeitsunlust, Ausweichen vor Anstrengung, auch der Anstrengung des Risikos, statt langfristiger Zielspannung unmittelbare Befriedigung, Egalitätsstreben, Zweifel an der Gerechtigkeit der Belohnungen, Statusfatalismus, das heißt, Zweifel an der Möglichkeit, durch Anstrengung den eigenen Status zu verbessern.» Die Redaktion der Zeitung versah den Artikel deswegen kurzerhand mit der provozierenden Überschrift: «Werden wir alle Proletarier?»[69]

Der Titel war zwar in doppelter Hinsicht irreführend, weil die Allensbacher Untersuchung sich zum einen nur auf die berufstätige Arbeiterschaft bezog und deshalb nicht für die gesamte Gesellschaft gelten konnte, und weil es zum anderen gar nicht um eine «Proletarisierung» der Wertvorstellungen, sondern um deren «postmaterialistische» Ausrichtung ging. Die Ergebnisse selbst jedoch wurden in den folgenden Jahren nicht nur für die USA – wie das Beispiel Inglehart zeigt –, sondern auch für die Bundesrepublik wiederholt bestätigt.[70] Der Wertewandel, der sich auf diese Weise in den siebziger und achtziger Jahren vollzog, läßt sich in mehreren Punkten zusammenfassen:

- Die traditionelle Pflichtorientierung, die Akzeptanz gesellschaftlicher Normen und damit auch die Leistungsbereitschaft trat gegenüber dem Streben nach persönlicher Freiheit und Selbstentfaltung in allen Lebensbereichen immer mehr in den Hintergrund.
- Der Bedeutungsverlust traditioneller Orientierungen bewirkte einerseits in wachsendem Maße eine Geringschätzung eigener Risikobereitschaft, während andererseits die Meinung zunahm, der Staat müsse das Streben nach Sicherheit befriedigen.
- Beim Bildungs- und Erziehungsverständnis wurden direkte, «repressive», d. h. auch mit Mitteln von «Strafe» versehene Erziehungshaltungen abgelehnt, während das Ziel, Kinder so früh wie möglich zur Selbständigkeit zu erziehen, in den Vordergrund rückte.
- Im Verhältnis der Geschlechter untereinander wurde die traditionelle Rollenverteilung mehr und mehr in Frage gestellt, so daß Frauen zuneh-

mend auch in «männliche» Berufe eindrangen, während Männer Aufgaben im Haushalt und bei der Kindererziehung übernahmen.

- Im politisch-gesellschaftlichen Rahmen erhielten Fragen der Umwelt einen höheren Stellenwert, wobei sich in Teilen der Bevölkerung zugleich eine starke antitechnische Grundstimmung bemerkbar machte.[71]

In der sogenannten «Potsdamer Elite-Studie 1995» wurde festgestellt, daß die postmaterialistischen Veränderungen, die Elisabeth Noelle-Neumann, vor allem aber Helmut Klages und Peter Kmieciak von den sechziger bis zu den achtziger Jahren für die Arbeiterschaft nachgewiesen und auf die Mittelschichten bzw. die Gesamtgesellschaft übertragen hatten, im Prinzip auch für die Einstellungen und Wertorientierungen der Eliten galten.[72] So bildeten die «Postmaterialisten» 1995 bei den Eliten in beiden Teilen Deutschlands die mit Abstand größte Gruppe (48 Prozent im Westen und 55 Prozent im Osten), während der Typ des «Materialisten» im Westen mit 5 Prozent verschwindend klein und im Osten mit 1 Prozent kaum existent war. Allerdings gab es in Ost- und Westdeutschland «zwei Gesichter des Postmaterialismus», weil bei den westdeutschen Postmaterialisten freiheitliche Werte im Vordergrund standen, während die ostdeutschen Eliten stärker sozialstaatliche Werte – wie soziale Gerechtigkeit, Chancengleichheit und soziale Sicherheit – betonten. Hinsichtlich der persönlichen Wertorientierungen fanden sich in der westdeutschen Elite größere Mehrheiten für die Pflicht- und Akzeptanzwerte; in Ostdeutschland wurde dagegen mehr Gewicht auf den Wert des idealistischen Engagements gelegt.[73]

In der Bevölkerung war demgegenüber in den neunziger Jahren vielfach bereits eine Abkehr von «postmateriellen» Werten zu beobachten. Vor allem in der jungen Generation wurden «traditionelle» Werte wieder stärker vertreten, die jedoch – entgegen dem Eindruck, den der Begriff des «Postmaterialismus» suggeriert – ohnehin in aller Regel über rein materielle Vorstellungen hinausgehen. Selbst das Streben nach materieller Sicherheit bleibt zumeist an ideelle Werte gebunden. So zeigten Jugendumfragen 1994, daß ein erfülltes und glückliches Familienleben nach wie vor ein wichtiges Lebensziel für viele darstellt, auch wenn gleichzeitig die Bindung und Verantwortlichkeit innerhalb der Familie dem Trend zur Individualisierung zuwiderlief und viele Jugendliche einer positiven Bewertung von Ehe und Familie skeptischer gegenüberstanden als vor der Werterevolution in den sechziger Jahren.[74] Sogar die Leistungsbereitschaft der Jugendlichen erwies sich in den Untersuchungen der neunziger Jahre nach wie vor – oder wieder – als hoch. Bei einer gesamtdeutschen Schülerbefragung im Jahre 1990 gaben 53 Prozent der westdeutschen und 55 Prozent der ostdeutschen Schüler an, daß sie alles tun würden, um die Schule mit dem bestmöglichen Erfolg abzuschließen.[75] Nach der Shell-Studie *Jugend '92* betrachteten sogar 64 Prozent der weiblichen und 56 Prozent der männlichen Jugendlichen in den neuen Ländern das Leben als wichtige Aufgabe, für die sie «alle Kräfte einsetzen» möchten; sie wollen «etwas leisten, auch wenn das oft schwer und mühsam ist».[76]

Spezifische Lebensstile der jungen Generation, die sich stark von der etablierten Kultur und insbesondere von der Erwachsenenwelt absetzen und deshalb von den Medien, aber auch in der sozialwissenschaftlichen Forschung verstärkt wahrgenommen werden, waren somit zumindest in den neunziger Jahren keineswegs «repräsentativ». Der Wertewandel verlief nicht einheitlich, sondern differenziert. Nach wie vor blieb ein großer Teil, wenn nicht sogar die Mehrheit der deutschen Bevölkerung weiterhin an traditionellen Werten orientiert. Dies galt besonders für die älteren Generationen, aber auch für viele Jugendliche. In den siebziger und achtziger Jahren trug die Tendenz zu postmateriellen Werten jedoch maßgeblich zur Ausprägung einer Alternativkultur bei, die sich in zahlreichen neuen sozialen Bewegungen auf ganz unterschiedliche Weise artikulierte.

Das Ende der Reformeuphorie

Ein zweiter Grund für die Entstehung der neuen sozialen Bewegungen – neben den veränderten gesellschaftlichen Wertvorstellungen – war die zunehmende Diskrepanz zwischen Wunsch und Wirklichkeit der Reformeuphorie der sozialliberalen Koalition. Spätestens 1973 wich der programmatische Eifer im Zuge der schon beschriebenen «Tendenzwende» einer pragmatischen Ernüchterung, die im Wechsel von Brandt zu Schmidt auch personell zum Ausdruck kam. Obwohl die Bundesregierung für die Ursachen der Entwicklung, die zur explosionsartigen Verteuerung von Energien und Rohstoffen führte und damit die finanzielle Basis für Reformen ruinierte, kaum Verantwortung trug, wurde das politisch-administrative System der Bundesrepublik für die Folgen haftbar gemacht. Nachdem die Regierung sich mit der wirtschaftlichen Globalsteuerung 1966/67 und der Planungsbesessenheit zu Beginn der sozialliberalen Koalition freiwillig in die Position einer allzuständigen Regulationsinstanz begeben hatte, konnte sie sich den selbst gelegten Erwartungsschlingen nun nicht mehr entziehen. Das Vertrauen der Bürger, daß eine umfassende Erneuerung der Gesellschaft «von oben» möglich sei, schwand. Die apokalyptischen Warnungen des *Club of Rome* vor den «Grenzen des Wachstums» wurden bereits ein Jahr nach ihrer Veröffentlichung durch die leergefegten Straßen an den autofreien Sonntagen während der Ölkrise im Herbst 1973 eindrucksvoll bestätigt.[77]

Zugleich brach die Entspannungspolitik zwischen Ost und West zusammen. Die tiefgreifende Krise der westlichen Führungsmacht nach dem sich endlos dahinziehenden Vietnamkrieg und der Watergate-Affäre, die im Frühjahr 1973 begann, gab der Sowjetunion die Chance zu einer umfassenden außen- und rüstungspolitischen Offensive, von der auch die Ostpolitik der Bundesrepublik nicht verschont wurde. Das Anwachsen des französischen und italienischen Eurokommunismus, die Konflikte in Portugal und Zypern, der Kampf um die Macht nach der Unabhängigkeit der portugiesischen Kolonien in Afrika sowie die Krisenherde in Äthiopien, Süd-Jemen und schließlich Afghanistan ließen die Ost-West-Konfrontation wieder auf ein Maß ansteigen, das man zu Beginn des Jahrzehnts bereits endgültig für überwunden geglaubt hatte. Selbst ein Krieg zwischen Ost und West schien nicht mehr undenkbar, als sowjetische Truppen im Dezember 1979 in Afghanistan einmarschierten und Ronald Reagan im November 1980 als Nachfolger Jimmy Carters zum Präsidenten der USA gewählt wurde. Die neue Kriegsgefahr, so übertrieben sie vielleicht sein mochte, kam nicht nur unerwartet, sondern wirkte auch ebensosehr als Schock wie die Ölkrise und das Ende der Reformeuphorie im Innern.

Die labilen Wachstumsaussichten der industriellen Wirtschaft verbanden sich deshalb mit den Wertvorstellungen der postindustriellen Gesellschaft zu einer ökologischen Debatte, die in den USA bereits in vollem Gange war und nun auch in der Bundesrepublik begann. Diffuse Ängste angesichts der Risiken einer hochkomplexen und undurchschaubaren modernen Technologie und vielfach verdrängte Erfahrungen der Verwundbarkeit einer hochdifferenzierten, industriell-technokratischen Wachstumsgesellschaft wurden hier für viele erstmals auf einen systematischen und ernstzunehmenden Nenner gebracht. Dadurch wurde nicht nur die dunkle Kehrseite des bislang kaum in Frage gestellten Fortschritts sichtbar, sondern auch eine globale und langfristige Perspektive aufgezeigt, wohin hemmungsloses Wachstum und eine gedankenlose Anwendung der Technik führen konnten.

Im Einklang mit den Warnungen des *Club of Rome* stellte deshalb der Psychologe und Publizist Frederic Vester 1972 dem Wachstumsgedanken ein «Überlebensprogramm» gegenüber, welches das Wachstum nicht länger als alleingültigen Maßstab des Fortschritts sah, sondern in ihm den Ausgangspunkt einer fundamentalen Bedrohung erkannte.[78] Weitere wachstumskritische Schriften erschienen in dichter Folge. Ihre Autoren, wie Ivan Illich, Ernst F. Schumacher und Robert Jungk, waren Pädagogen, Ökonomen, Soziologen und Naturwissenschaftler. 1975 meldeten sich auch Politiker beider großer Parteien – Erhard Eppler von der SPD und Herbert Gruhl von der CDU – mit vielbeachteten Büchern zu Wort, deren Titel *Ende oder Wende?* und *Ein Planet wird geplündert* bald als Slogans der Wachstumsdiskussion in den allgemeinen Sprachschatz übergingen.[79] Danach war es nur noch ein kurzer Weg zur Tat: Die Besetzung des Bauplatzes für das geplante Atomkraftwerk im badischen Wyhl gab 1975 das Signal für die Verschärfung der energiepolitischen Auseinandersetzung in der Bundesrepublik. Mit der Gründung des «Oberrheinischen Aktionskomitees gegen Umweltgefährdung durch Kernkraftwerke» war bereits 1972 der Aufbruch zu einer außerparlamentarischen Bewegung vollzogen worden, die nicht nur eine sehr viel breitere Zustimmung und Unterstützung erfuhr als die Studentenbewegung einige Jahre zuvor, sondern sich auch langfristig als politische Kraft etablierte und mit der Partei «Die Grünen» schließlich den Schritt zur Parlamentarisierung wagte.

Bürgerinitiativen als Korrektiv

Der Begriff «Bürgerinitiativen», schrieb der Berliner Politikwissenschaftler und Befürworter eines «gewaltfreien Widerstandes» Theodor Ebert im Jahre 1977, habe sich «erst etwa 1969» durchgesetzt, «populär gemacht durch Journalisten, die davon berichteten, daß diese Initiativen überall ‹wie Pilze aus dem Boden sprießen›».[80] Tatsächlich entstanden die ersten Bürgerinitiativen schon 1966/67 während der Großen Koalition, als CDU/CSU und SPD die Regierung bildeten und eine Außerparlamentarische Opposition mit unkonventionellen Methoden ihren Protest gegen Mißstände an den Universitäten, die Notstandsgesetze, den Vietnamkrieg und das Machtmonopol in Bonn zum Ausdruck brachte. Zwar war die kopflastige Studentenbewegung von der übrigen Bevölkerung weit entfernt. Aber ihre Aktionen und die bewußte Verletzung politischer Spielregeln zeigten, welche Möglichkeiten sich boten, wenn man ein medienwirksames, ungewohnt forderndes und herausforderndes Verhalten praktizierte. Bis dahin war der Begriff «Bürgerinitiative» meist nur im Singular gebraucht worden, um das moralisch angeleitete, stille Engagement sozial benachteiligter Gruppen oder von Privatpersonen im Dienste der Allgemeinheit zu charakterisieren; er bezeichnete somit eine staatsbürgerliche Tugend und nicht eine kollektive Form der Selbstorganisation in Abgrenzung gegenüber den etablierten Parteien und Verbänden. Jetzt kam darin eine neue Lebensform zum Vorschein, bei der sich auf der Grundlage einer weitgehenden Sättigung primärer materieller Bedürfnisse die «Sensibilität für qualitative Fragen jenseits der Maximierung des Bruttosozialprodukts und der Konsumchancen» mit einem basisorientierten, partizipatorischen Demokratieverständnis verband.[81]

Die Bürgerinitiativen knüpften auf lokaler Ebene an konkret erfahrbare Probleme an und vertrauten – anders als die Studentenbewegung, die eine Maximallösung mit dem Umsturz der bestehenden kapitalistischen Gesellschaft postulierte – auf die Reformfähigkeit des Sozialstaates. Schon in ihrem Status und Verhaltensstil waren ihre Mitglieder von den studentischen Aktivisten weit entfernt. Darüber hinaus verstanden sich die Gruppen – zumindest am Anfang – auch in ihren inhaltlichen Anliegen als Vorreiter einer staatlichen Reformpolitik, zu der sie meist in einem komplementären und nicht in einem oppositionellen Verhältnis standen. Häufig ging es um Fragen von Erziehung und Bildung, um Verkehr, Stadtentwicklung und Umweltschutz. Eine gemeinschaftliche Strategie oder organisatorische Verbindung gab es selten, weil die Gruppen sich auf sogenannte «Ein-Punkt-Aktionen» beschränkten und gar nicht beabsichtigten, sich als Teil einer größeren Bewegung zu betrachten oder sich in deren Zwänge einzuordnen.

Die meisten Initiativen wurden von jüngeren Angehörigen der Mittelschichten mit hoher Bildungsqualifikation getragen. Dies betraf Personen in der Ausbildungsphase (Gymnasiasten und Studenten) ebenso wie Vertreter aus dem Humandienstleistungsbereich (Lehrer, Sozialarbeiter und Medizi-

2. Neue soziale Bewegungen 629

ner), freien Berufen (Architekten, Rechtsanwälte, Kaufleute) sowie Angestellte und Beamte.[82] Aber auch Mitglieder der Jugendorganisationen von SPD und FDP – vor allem die Jungsozialisten – spielten darin oft eine wichtige Rolle. Im Rahmen einer «Doppelstrategie» suchten sie ihr allgemeines Engagement in der Partei mit themenspezifischer Basisarbeit vor Ort zu verknüpfen, um damit der gesamtpolitischen Reform den Weg zu weisen.

Andere Teile der Neuen Linken, insbesondere die Radikalen unter den Studenten, die jedem «Reformismus» fernstanden, wandten sich dagegen verstärkt der Stadtteil- und Randgruppenarbeit sowie den psychosozialen Initiativen zu, während orthodoxe K-Gruppen sich nach ihren vergeblichen Bemühungen, das Proletariat zu agitieren, ersatzweise mit den Befreiungsbewegungen in der Dritten Welt solidarisierten.

Die Bürgerinitiativen entstanden hauptsächlich in der «Unwirtlichkeit der Städte» (Alexander Mitscherlich) – also in städtischen Ballungsräumen, wo Kahlschlagsanierungen, Schneisen für Ring- und Schnellstraßen, die Verdrängung sozial Schwächerer durch Bodenspekulation und Mietpreiserhöhungen sowie einzelne Großprojekte eine breite Betroffenheit schufen. Die spürbare Zunahme von Lärm und Luftverschmutzung ließ hier überdies die Skepsis gegenüber technokratisch-funktionalistischen Planungskonzepten wachsen und die Forderung nach mehr «Lebensqualität» laut werden. Soziale Bedürfnisse rückten in den Vordergrund, die wiederum nicht nur abstrakt formuliert wurden, sondern sich auch konkret in der Interessenvertretung unterprivilegierter Gruppen – etwa von Behinderten, psychisch Kranken, Gastarbeitern, Mietern oder Obdachlosen – und in konstruktiven Selbsthilfeaktionen, wie dem Bau von Spielplätzen, der Einrichtung von Kinderläden oder der Gründung von selbstverwalteten Jugendzentren, artikulierten.

Wichtigste Kontrahenten der Bürgerinitiativen waren die staatlichen bzw. kommunalen Verwaltungen, gegen die sich die meisten Forderungen und Maßnahmen richteten. Allein aufgrund der langen Planungsphasen waren viele Bürgerinitiativen deshalb gezwungen, ihre Arbeit zu verstetigen, wenn sie ihr Ziel erreichen wollten. Viele Gruppen blieben jedoch schon nach kurz aufflammenden, spektakulären Massenaktionen resigniert auf der Strecke oder gaben sich mit begrenzten Erfolgen zufrieden. Nur ein geringer Teil war von einer weitergehenden Gesellschaftskritik getragen. Dazu gehörten die Aktion «Roter Punkt» 1969/70 gegen Fahrpreiserhöhungen der Hannoveraner Nahverkehrsgesellschaft, die bald auch in Heidelberg, Dortmund und Bonn praktiziert wurde und noch im Februar 1981 eine entsprechende Initiative in Bielefeld inspirierte, sowie die Hausbesetzungen im Frankfurter Westend zwischen 1970 und 1974, antifaschistische Bürgerkomitees gegen das Auftreten der NPD und erste Initiativen gegen den 1972 beschlossenen «Radikalenerlaß». Die weitaus meisten Bürgerinitiativen beschränkten sich indessen auf konkrete Fragen vor Ort, operierten weitgehend unabhängig voneinander und arbeiteten im Blickpunkt einer nur eng begrenzten Öffentlichkeit.

Erst als das Vertrauen in die Reformfähigkeit der «etablierten» Politik schwand und die Sensibilität gegenüber Fragen der Lebensqualität und des Umweltschutzes wuchs, erschienen die Bürgerinitiativern mehr und mehr als ein wirksames Korrektiv gegenüber den starren Strukturen von Parteien und Verwaltungen. Sie verbanden «den Anspruch einer undogmatischen, offenen, flexiblen, bedürfnisorientierten Politik mit basisdemokratischen, egalitären und transparenten Formen».[83] Allerdings kam es in dieser zweiten Phase, die etwa 1972/73 begann, nicht nur zu einer zunehmenden Verflechtung und organisatorischen Formierung – bis hin zu einer «Bürgerinitiativbewegung» –, sondern durch den sich immer stärker ausbildenden Zweig der Anti-Atomkraftbewegung auch zu einer Radikalisierung. Im Widerstand gegen die friedliche Nutzung der Kernenergie fand die Kritik an Wachstumsideologie, großtechnischer Vergesellschaftung und Technokratie ihren symbolischen wie praktischen Ansatzpunkt. Hier war auch die Konfrontation mit «dem Staat» offensichtlicher als bei anderen Fragen, in denen der «Gegner» sich eher als anonyme Verwaltung darstellte.

Für die fortschreitende Kooperation und Koordination der lokalen Gruppen war das schon genannte «Oberrheinische Aktionskomitee gegen Umweltgefährdung durch Kernkraftwerke» 1972/73 ein erstes Beispiel. Zwar hatte es bereits wesentlich früher einzelne Zusammenschlüsse, wie die 1967 gegründete «Bundesvereinigung gegen Fluglärm» sowie die 1970 entstandene «Rhein-Main-Aktion gegen Umweltzerstörung» und eine entsprechende «Rhein-Ruhr-Aktion», gegeben. Doch hatten diese Einrichtungen entweder Verbandscharakter gehabt, wie die Bundesvereinigung, oder waren Ausnahmeerscheinungen geblieben. Die Gründung des Aktionskomitees im Rheintal 1972 bildete dagegen den Auftakt zu einer grenz- und themenübergreifenden Zusammenarbeit. Bürger der gesamten Region protestierten nicht nur gegen ein Atomkraftwerk in Wyhl, sondern forderten einen generellen Baustopp für alle atomaren Anlagen und leisteten auch Widerstand gegen ein geplantes Bleiwerk im benachbarten französischen Marckolsheim. Außerdem wurden die badisch-elsässischen Initiativen zusammen mit der Rhein-Main-Aktion gegen Umweltzerstörung und der Rhein-Ruhr-Aktion zum Ausgangspunkt des bis dahin bedeutendsten Zusammenschlusses von Bürgerinitiativen, des 1972 in Mörfelden bei Frankfurt gegründeten «Bundesverbandes Bürgerinitiativen Umweltschutz» (BBU), dem in den folgenden Jahren in dichter Folge einzelne Landesverbände der Bürgerinitiativen sowie weitere regionale Zusammenschlüsse folgten.

Der relative Erfolg der Bauplatzbesetzung des Atomkraftwerks in Wyhl 1975, der nicht zuletzt durch die regionale Verankerung des Widerstandes – insbesondere bei Bauern und Winzern – ermöglicht wurde, und die anschließenden Verhandlungen mit der Landesregierung machten auch anderen Initiativen Mut. Doch erst mit den massiven Konflikten und Großdemonstrationen in und um Brokdorf 1976/77 wurde das Potential der Anti-Atomkraftbewegung in vollem Umfang sichtbar. Die einzelnen Gruppen, wie die 1973/74 gegründete «Bürgerinitiative Umweltschutz Unterelbe» in Brokdorf, die 1974 entstandene «Bürgeraktion Küste» zur Abwehr des geplanten Reaktors bei Esensham an der Unterweser und die zahlreichen Anti-Atomkraft-Gruppen, die sich inzwischen in den Großstädten konstituiert hatten, begannen sich als Teil einer Bewegung zu verstehen. 1977 wurden die ersten Bundeskonferenzen organisiert, die auch die Breite des politischen Spektrums deutlich machten. Die atompolitische Kontroverse war damit nicht nur zum Fixpunkt der allgemeinen Umweltdebatte, sondern auch Ausdruck eines sich ausweitenden ökologischen Bewußtseins geworden, welches das moderne Industriesystem in seiner heutigen Ausprägung grundsätzlich in Frage stellte.

Ökologie und Anti-Atom-Protest

In der zweiten Hälfte der siebziger Jahre trat an die Stelle der Selbstbezeichnung «Bürgerinitiativbewegung» sehr häufig der Begriff «Ökologiebewegung». Für die sozialen Träger wohl unbewußt, kam darin ein Bewußtseinswandel zum Ausdruck, der den Übergang von der Betonung basisdemokratischer Organisationsformen zu einem inhaltlichen Prinzip bedeutete. «Ökologie» wurde für die Träger der sozialen Bewegung zum «Ausgangspunkt einer neuen Denkweise, eines gesamtgesellschaftlichen Gestaltungsprinzips und schließlich eines lebenspraktischen Verhaltens».[84] Die relative Unbestimmtheit des Begriffs erwies sich dabei für den ideologischen Zusammenhalt der Bewegung keineswegs als hinderlich, denn sie bot einen weiten Interpretationsspielraum und damit einer Vielzahl von Personen und Projekten einen konsensfähigen Rahmen. Die Faszinationskraft des Begriffs und die Idee der Ökologie reichten sogar beträchtlich über ökologische Aktivistengruppen in Form von Bürgerinitiativen hinaus und erfaßten nicht nur sich überlappende soziale Bewegungen, sondern auch einzelne Wissenschaftler sowie private Institutionen und Verbände, die sich als «ökologisch» verstanden und in einem weiten Sinne der Ökologiebewegung zurechneten.

Die seit 1974/75 zu beobachtende Konzentration und Verengung der Bürgerinitiativ- und Ökologiebewegung auf die atomare Kontroverse erwies sich jedoch bald zweischneidiges Schwert. Zum einen erfuhr die Bewegung dadurch eine Zentrierung und Dynamisierung. Zum anderen formierten sich jedoch auch starke Gegenkräfte. Nachdem die Bürgerinitiativen anfänglich bei den etablierten Parteien auf viel Wohlwollen und Verständnis gestoßen waren, schlug die Stimmung um, als es nicht mehr um begrenzte Vorhaben ging, sondern mit der Kernenergie ein zentrales Thema gefunden wurde, das überdies gesamtwirtschaftliche Bedeutung besaß. Besonders die SPD geriet dadurch in eine Zerreißprobe, weil sie den Versuch unternehmen mußte, konfligierende Flügel durch Kompromißformeln zu befrieden. «Mit Schmidt und Eppler für und gegen Kernenergie», brachten interne SPD-Kritiker den Kurs der Parteiführung ironisch auf den

Begriff. Nach dem Hamburger Parteitag 1978 zog eine Bremer Gruppe die Konsequenz, trat aus der SPD aus und bildete den Kern der späteren «Bremer Grüne Liste».[85]

Widerstand gegen die kernkraftorientierte Ökologiebewegung kam jedoch vor allem von den betroffenen Wissenschaftlern und – für die Bewegung noch gefährlicher – von den Gewerkschaften. So wandten sich im Januar 1976 aufgrund einer Initiative in den Kernforschungszentren 650 Atomwissenschaftler und Techniker mit einem offenen Brief an die Abgeordneten des Bundestages, um ihrer Besorgnis über den wachsenden antinuklearen Protest Ausdruck zu geben. Der Bundesminister für Forschung und Technologie, Hans Matthöfer, folgte daraufhin Ende des Jahres den Empfehlungen der sogenannten «Battele-Studie» – einem Auftragsgutachten über die Motive und Formen des Protests – und leitete den «Bürgerdialog Kernenergie» ein, um über Chancen und Risiken der Kernenergie zu informieren und aufzuklären.

Weniger moderat und verständnisvoll verhielten sich die Gewerkschaften. Gleichsam im Schulterschluß mit der Energiewirtschaft und den Unternehmerverbänden machten sie ab 1976/77 massiv Front gegen die Bürgerinitiativ- und Anti-Atomkraftbewegung. Scharf grenzten sie sich dabei von Wachstumskritikern und Umweltinitiativen ab und organisierten mit Unterstützung einzelner Unternehmensleitungen Großkundgebungen in Bonn und Dortmund, um «für Kohle und Kernenergie» zu plädieren. Sie verwiesen vor allem auf das Arbeitsplatzargument und stellten Ökonomie und Ökologie dabei als Alternativen dar, bei denen man zwischen Arbeitsplätzen und Umweltschutz wählen müsse. Trotz differenzierterer Stellungnahmen von Einzelgewerkschaften und Einzelpersonen sahen sich die Bürgerinitiativen somit spätestens ab Herbst 1977 mit einer mächtigen Formation von Gegenkräften konfrontiert.

Die Ökologiebewegung wurde dadurch gezwungen, über ihre eigene Zukunft genauer nachzudenken. Bereits nach den heftigen Auseinandersetzungen zwischen Demonstranten und staatlichen Sicherungsorganen an den Bauzäunen von Brokdorf, Grohnde und Malville in Frankreich im Sommer 1977 war den meisten Bürgerinitiativen klar geworden, daß paramilitärische Kraftproben mit einem hochgerüsteten und taktisch flexiblen Polizeiapparat nicht nur aussichtslos waren, sondern auch das eigene Anliegen in der breiten Öffentlichkeit diskreditierten. Auch die Kalkar-Demonstration im September 1977, bei der Zehntausende auf den Zugangswegen von Polizeikräften abgedrängt oder zurückgeschickt wurden, unterstrich noch einmal die Problematik von Massenaufmärschen. Der «deutsche Herbst» 1977, der durch Terroranschläge der RAF – einschließlich der Entführung der «Landshut» – und eine erfolgreiche Gegenwehr des Sicherheitsapparates gekennzeichnet war, tat ein übriges, um bei den Bürgerinitiativen die Diskussion über «politische Gewalt» in Gang zu bringen.

Tatsächlich verlor der atomare Protest nun an Bedeutung, obwohl in den folgenden Jahren noch immer große Massendemonstrationen – etwa im März 1979 in Hannover, im November 1979 in Bonn und im Januar 1981 in Brokdorf – stattfanden. Der Widerstand gegen die Nutzung der Kernenergie blieb dabei der kleinste gemeinsame Nenner, auf den sich das Gros der Bürgerinitiativbewegung einigen konnte. Daneben führten die internen Strategiediskussionen aber auch zu Überlegungen, nicht nur auf der außerparlamentarischen Bühne zu agieren, sondern auch in die Parlamente vorzudringen. Nachdem bei Kreistagswahlen am 23. Oktober 1977 eine «Grüne Liste Umweltschutz» in Hildesheim und die «Wählergemeinschaft Atomkraft-Nein-Danke» in Hameln/Pyrmont (unweit von Gorleben und Grohnde) sowie am 5. März 1978 bei Kreistagswahlen in Schlewig-Holstein zwei «Grüne Listen Umweltschutz» in den Bezirken Steinfurt (mit Brokdorf) und Nord-Friesland teilweise spektakuläre Erfolge erzielt hatten, begann 1977/78 die parteipolitische Formierung des grünen Protests. Zahlreiche weitere «Grüne Listen» und Parteien entstanden, von denen manche sich bald zu lokalen Wahlbündnissen zusammenschlossen und aus denen schließlich die Bundespartei «Die Grünen» hervorging.[86] Sie verstand sich als «parlamentarischer Arm einer außerparlamentarischen Bewegung» und blieb den ökologischen Forderungen als zentralem – nicht selten sogar einzigem – Programmpunkt treu. Dennoch wurde sie von jenen Gruppen, die sich bewußt in Abgrenzung zur «Formaldemokratie» und zum etablierten Parteiensystem gebildet hatten und die auch weiterhin auf die Kraft und den Sinn außerparlamentarischer Aktionen setzten, mit Skepsis und teilweise sogar mit offener Ablehnung betrachtet.[87]

Damit war zugleich eine gewisse Spaltung oder doch eine «Ausdifferenzierung» der Ökologiebewegung verbunden. Sie betraf vor allem die Trennung zwischen parteipolitischen und außerparlamentarischen Formierungen. Allerdings ist bei den außerparlamentarischen Kräften zu unterscheiden zwischen denen, die ausschließlich für gewaltfreie Aktionen eintraten und einen Weg des «zivilen Ungehorsams» verfolgten, dessen Konzept auch Die Grünen nachhaltig beeinflußte, sowie großen Teilen der «Autonomen», der Sponti-Szene und der verstreuten K-Gruppen, die sich mehr oder weniger unverhüllt zu militanten öffentlichen Konfrontationen und vereinzelt auch zu gezielten Sabotageanschlägen bekannten.[88] Während die Grenzen zwischen den gewaltfreien außerparlamentarischen Kräften und den grünen Listen und Parteien fließend waren, wurde die Abschottung der grünen Listen und Parteien gegenüber gewaltbereiten Strömungen relativ streng vollzogen und eingehalten.

Manche Vertreter der Ökologiebewegung zogen sich angesichts der zunehmenden Zersplitterung und Polarisierung aber auch völlig aus der politischen Auseinandersetzung zurück. Sie bemühten sich statt dessen – etwa in Form von Projektgruppen – um die Ausarbeitung alternativer Energieversorgungskonzepte auf kommunaler Basis und propagierten eine «mittlere

Technologie» mit regenerierbaren und technisch relativ einfach zu handhabenden Energiequellen im Sinne der Idee einer «sanften» Technik, die insbesondere für die Dritte Welt empfohlen wurde. Andere suchten durch eine Änderung des eigenen Lebensstils – mit bewußter Auswahl von Konsumgütern, dem sparsamen Umgang mit Energie und einer sinnvollen Nutzung von Verkehrsmitteln – ein Beispiel zu geben und damit letztlich auch das Sozialverhalten der Gesellschaft insgesamt in einem postmaterialistischen Sinne zu verändern. Die Intentionen von Bürgerinitiativbewegung und Alternativbewegung flossen dabei zusammen, wobei die arbeits- und lebenspraktischen Gemeinschaften der Alternativprojekte die Möglichkeiten der zeitlich eng begrenzten «Freizeitinitiativen» bei weitem überschritten.

Die neue Frauenbewegung

Aus denselben sozialen Trägergruppen wie die übrigen neuen sozialen Bewegungen rekrutierte sich im Übergang von den sechziger zu den siebziger Jahren auch die «neue Frauenbewegung». Einer – allerdings nicht repräsentativen – Leserumfrage der für die Bewegung kennzeichnenden Zeitschrift *Emma* zufolge waren drei Viertel ihrer Mitglieder zwischen 20 und 39 Jahre alt, 55 Prozent besaßen Abitur oder einen Hochschulabschluß, jede zehnte stufte sich als aktives Mitglied der Frauenbewegung ein, jede vierte bezeichnete sich uneingeschränkt als «Feministin». 70 Prozent der wahlberechtigten Befragten hatten bei der letzten Bundestagswahl die SPD gewählt. 98 Prozent wollten jedoch allen Parteien den Kampf ansagen und betrachteten diese insgesamt als «frauenfeindlich».[89]

Während die alte Frauenbewegung aus dem bürgerlichen Emanzipationsdenken des 19. Jahrhunderts hervorgegangen und vor dem Hintergrund der ökonomischen und sozialen Umwälzungen der Industrialisierung entstanden war, entwickelte sich die neue Frauenbewegung in einem entsprechenden Umbruchprozeß bei der Herausbildung der postindustriellen Gesellschaft. Zu den strukturellen Ursachen gehörten
- die Zunahme der weiblichen Erwerbstätigkeit (vor allem in den Mittelschichten) und die erhöhte Bildungs- und Berufsqualifikation auch bei Frauen;
- Veränderungen der familiären Situation (Trend zu Kleinfamilie und Ein-Personen-Haushalten, Zunahme alleinstehender Mütter, relative Entlastung der häuslichen Arbeit durch technische Geräte und partielle Hilfeleistungen durch den Mann);
- die Entstehung neuer Anspruchshaltungen und Freiheitsräume auf der Grundlage einer weitgehenden Absicherung materieller Bedürfnisse, einer verlängerten Adoleszenz, mehr Freizeit sowie eines breiteren Informations- und Bildungsangebots;
- die Umwertung von kulturellen Werten (Neubelebung und Ausweitung des Emanzipationsgedankens, Demokratisierung und Partizipation, In-

dustrie- und Technikkritik, Erosion bürgerlicher Tugenden, Hedonismus) und Verhaltensstandards (Angleichung der Geschlechterrollen, sexuelle Liberalisierung, Zunahme von Scheidungen usw.).[90]

Ausgangspunkt der neuen Frauenbewegung in der Bundesrepublik war die internationale Studentenbewegung in der zweiten Hälfte der sechziger Jahre. Nachdem Frauen des amerikanischen SDS *(Students for a Democratic Society)*, die auf einer Versammlung 1966 die Frauenfrage diskutieren und eine diesbezügliche Resolution verabschieden wollten, von ihren männlichen Mitstreitern ausgelacht und mit Tomaten beworfen worden waren, flogen zwei Jahre später, auf der Frankfurter Delegiertenkonferenz des deutschen SDS (Sozialistischer Deutscher Studentenbund) im September 1968 Tomaten in die umgekehrte Richtung, als die Genossen geringschätzig über einen Redebeitrag von Helke Sander hinweggegangen waren.[91] Das Ereignis bildete den Auftakt für die eigenständige Formierung der Frauen innerhalb des SDS. Neben dem bereits seit Januar 1968 bestehenden Berliner «Aktionsrat zur Befreiung der Frau» wurden nun in mehreren Städten Gruppen gebildet, die sich halb ironisch, halb offensiv als «Weiberräte» bezeichneten. Auf der folgenden Delegiertenkonferenz im November 1968 in Hannover waren bereits acht solcher Gruppen vertreten, die nun gegenüber den Männern zunehmend entschiedener und selbstbewußter auftraten.[92]

Nach den Anfängen in relativer Isolierung innerhalb des studentischen Milieus Ende der sechziger Jahre öffnete sich diese neue Frauenbewegung erst in Verbindung mit der 1971 gestarteten Kampagne gegen den «Abtreibungsparagraphen» 218 einem breiteren Publikum. Was die Atomfrage für die Bürgerinitiativen- und Ökologiebewegung darstellte, war der § 218 für die Frauenbewegung. Die Mehrzahl der sozialistischen Gruppen begrüßte die Kampagne als «Rettung von außen»[93], und die Mitglieder des Frankfurter Weiberrates waren «alle heilfroh», daß sie sich «nicht mehr dazu verdonnert fühlen mußten, bis zum St. Nimmerleinstag ausschließlich trockene Texte lesen zu müssen».[94]

Die «Rettung» kam tatsächlich «von außen» – nämlich in Gestalt von Alice Schwarzer, die damals als Korrespondentin in Paris lebte und dort in der *Mouvement de la Liberation de la Femme* (MLF) aktiv war. Die MLF hatte in der Pariser Wochenzeitschrift *Le Nouvel Observateur* den Abdruck einer Selbstbezichtigung von 343 Frauen organisiert: «Wir haben abgetrieben und wir fordern das Recht auf freie Abtreibung für jede Frau!» Sie war das Ergebnis einer Kampagne radikalfeministischer Gruppen, die sich vor allem in den USA, Frankreich, Dänemark und den Niederlanden gebildet hatten. Alice Schwarzer initiierte nun eine analoge Aktion in der Bundesrepublik, wobei sie zunächst nur von drei Frauengruppen, darunter der Frankfurter «Frauenaktion 70», die sich bereits öffentlich gegen den § 218 ausgesprochen hatte («Mein Bauch gehört mir!»), unterstützt wurde. Die Veröffentlichung des Abtreibungsgeständnisses von 374 Frauen, darunter vielen Prominenten, am 6. Juni 1971 in der Illustrierten *Stern* löste jedoch eine regelrechte Lawine aus.

Neue Traueninitiativen entstanden, Unterschriften wurden gesammelt, Gegenkampagnen eingeleitet, Polizeidurchsuchungen durchgeführt. Kurz: Das Thema war gefunden, das politisch-ideologische Differenzen in den Hintergrund treten ließ und nun «den eigentlichen Schmelztiegel für das Entstehen der Neuen Frauenbewegung» bildete.[95] Erst jetzt konnte man überhaupt von einer Bewegung sprechen, die zwar weiterhin hauptsächlich Frauen aus dem intellektuellen Milieu und aus den Mittelschichten mobilisierte, aber auch betroffene Frauen aus anderen Schichten ansprach.

Die sozialliberale Koalition, die bereits 1969 eine Reform der Abtreibungsregelung in Aussicht genommen hatte, geriet in dieser Frage durch Tribunale, Straßenfeste, Demonstrationen, Beteiligung an Anhörungsverfahren, öffentlich angekündigte Fahrten zu ausländischen Abtreibungskliniken sowie die Herausgabe von Handbüchern zur Abtreibung unter starken Druck. Vielleicht war die Gesetzesreform, die 1974 von der SPD/FDP-Mehrheit des Bundestages verabschiedet wurde und eine sogenannte «Fristenlösung» vorsah, auch deshalb zu überhastet vorbereitet worden, so daß sie am 28. Februar 1975 vom Bundesverfassungsgericht für nichtig erklärt wurde. Dies war ein Rückschlag nicht nur für die Befürworter einer liberalen Abtreibungsregelung, sondern auch für die Frauenbewegung, die danach nie wieder die Aktionsbreite und Massenwirkung erreichte wie zur Zeit der Kampagne gegen den § 218.[96]

Die Bewegung wandte sich nun stärker «nach innen», wurde «lyrisch», indem sie sich in kleinen Gesprächskreisen verstärkt der Aufarbeitung feministischer Literatur (zum Beispiel von Simone de Beauvoir, Betty Friedan oder Kate Millet) widmete, Frauenseminare an den Universitäten veranstaltete und Frauenzentren einrichtete, die als Anlaufstelle, Treffpunkt und Diskussionsforum dienen konnten. Darüber hinaus wurden nationale Delegiertenkonferenzen abgehalten und die Internationalisierung der Bewegung gefördert – etwa durch die Beteiligung an den jährlichen Frauensommerlagern auf der dänischen Insel Femo oder an internationalen Kongressen, wie dem Feministinnenkongreß im Dezember 1974 in Frankfurt. Die Bewegung erlebte jetzt – ebenso wie die Ökologiebewegung – eine stärkere «Ausdifferenzierung» mit der Ausprägung eines radikal-feministischen Flügels («feministischer Feminismus») und der Bildung erster Lesben-Gruppen mit einem wachsenden Selbstbewußtsein weiblicher Homosexueller.

Dieser «Rückzug nach innen» wurde durch die Ernüchterung der sozialliberalen Reformeuphorie und die allgemeine «Tendenzwende» 1973/74 noch gefördert. Selbsterfahrungsgruppen gewannen dadurch ebenso an Bedeutung wie die Verlagerung des Engagements auf Frauengesundheitszentren, feministische Therapie, Frauenwohngemeinschaften und Müttergruppen, während andererseits die radikalen Feministinnen sowie vor allem die Aktivitäten der Lesbengruppen – wie des «Lesbischen Aktionszentrums West-Berlin» – für interne Konflikte sorgten und dem bösen Wort vom «Lesbenterror» zu zweifelhafter Konjunktur verhalfen.[97]

2. Neue soziale Bewegungen

In der öffentlichen Aufmerksamkeit überwog jedoch die konstruktive Arbeit der Frauenbewegung, die sich ab Mitte der siebziger Jahre auch in konkreten Projekten niederschlug, wie der Einrichtung von Frauenbuchläden (1975 in München und Berlin, später in zahlreichen anderen Städten), der Gründung von Frauenverlagen (zuerst die «Frauenoffensive» 1975 in München), der Abhaltung der jährlichen Frauensommeruniversität in Berlin (ab 1976) und vor allem der Einrichtung von Frauenhäusern (das erste im November 1976 in Berlin, kurz darauf in Bremen und Köln). Insbesondere die Frauenhäuser, die nicht nur einen Zufluchtsort für geschlagene und mißhandelte Frauen boten, sondern auch das Ausmaß der alltäglichen Gewalt gegen Frauen in Ehen und Zweierbeziehungen publik machten, waren ein bedeutender Erfolg.[98]

Alle diese Aktivitäten wurden allmählich zu einer Art «Netzwerk» verknüpft, obwohl es auch in der Folgezeit nicht zu einer repräsentativen nationalen Organisation kam. Eine koordinierende Funktion übernahmen vielmehr die beiden großen überregionalen Zeitschriften *Courage* und *Emma*. Die erste entstand 1976 in Berlin und war zunächst lokal orientiert, die zweite wurde 1976/77 von Alice Schwarzer mit einer Startauflage von 300 000 Exemplaren ins Leben gerufen und besaß von Anfang an eine professionelle, stark von ihrer Gründerin bestimmte Ausrichtung. Ihr gemeinsames Ziel war die Umsetzung der «Theorie der feministischen Revolution», wie Herrad Schenk sie formulierte: «Abschaffung der geschlechtsspezifischen Arbeitsteilung in der Familie, Abbau der auf ihr basierenden psychischen Geschlechtsrollendifferenzierung und Feminisierung des gesamtgesellschaftlichen Normen- und Wertesystems.»[99]

Tatsächlich war die Frauenbewegung Teil eines komplexen sozialen Individualisierungsprozesses. Durch das Aufkommen postmaterialistischer Orientierungen und die enge Verknüpfung der neuen sozialen Bewegungen vermochte sie sich in den siebziger und achtziger Jahren nicht nur zunehmend zu stabilisieren, sondern auch ein dichtes infrastrukturelles Netz zu knüpfen und dabei teilweise ein gegenkulturelles Milieu auszubilden. Die subtile Wirkung, die von der neuen Frauenbewegung auf traditionelle Werte, Rollenmuster und alltägliche Verhaltensformen ausging, ist daher kaum zu überschätzen, zumal es dem neuen Feminismus – anders als der Frauenbewegung des 19. und frühen 20. Jahrhunderts – nicht in erster Linie um formale Rechte, sondern um Emanzipation im Sinne einer «kulturrevolutionären Frauenbefreiung» ging.[100]

Spontis und Autonome

Um die Mitte der siebziger Jahre tauchten an den Hochschulen der Bundesrepublik immer mehr undogmatische Gruppen auf, die sich selbst als «Spontis» bezeichneten und von den marxistisch-leninistischen Konzeptionen, die bis dahin beinahe überall dominiert hatten, strikt abgrenzten. Die Spontis traten für Autonomie und Selbstorganisation der «Unterdrückten» sowie für größtmögliche Spontaneität eigener Gefühlsäußerungen und Aktionen ein. Sie wollten nicht geplant und kalkuliert, sondern «mehr aus dem Bauch heraus» als «aus dem Kopf» leben, fühlen und handeln. Ihr Protest richtete sich ebenso gegen die Nüchternheit der materialististischen Gesellschaft wie gegen das rationale Polit-Kalkül der eigenen Kommilitonen. Mit provozierend-witzigen Sprüchen («Kommt Zeit, kommt Rat, kommt Attentat» – «Legal, illegal, scheißegal» – «Lieber Instandbesetzen als Kaputtbesitzen» – «Was lange gärt, wird endlich Wut» – «Wir sind die Leute, vor denen uns unsere Eltern immer gewarnt haben»), an Hauswände gesprüht oder in Sponti-Postillen gedruckt, fanden die erfrischend unkonventionell auftretenden Spontis auch Sympathie bei denen, die ihre politischen Grundüberzeugungen nicht teilten. In den Studentenparlamenten der Hochschulen und Universitäten waren sie bald sogar mehrheitsfähig. An der Universität Frankfurt stellten sie die Hälfte der Abgeordneten, in Bochum waren sie die stärkste Fraktion, in Oldenburg die zweitstärkste. Bereits Anfang 1979 waren sie in den studentischen Parlamenten etwa gleichstark wie die Hochschulgruppen der Jungsozialisten; im «Verband Deutscher Studentenschaften» (VDS) stellten sie die stärkste Einzelfraktion und waren jahrelang im Vorstand repräsentiert. Doch damit hatte die Bewegung ihren Höhepunkt auch schon überschritten, ihre Initiativen zerfielen, und die Spontis wurden zu Wegbereitern der ab 1980 einsetzenden Hausbesetzerbewegung, aber auch der «Alternativen» im weitesten Sinne.[101]

Höhepunkt der Sponti-Bewegung war ein sogenannter «Nationaler Widerstandskongreß: Reise nach TUNIX» vom 27. bis 29. Januar 1978 in Berlin. Die etwa 6000 Teilnehmer wollten «neue Ideen für einen neuen Kampf entwickeln, den wir selbst bestimmen». Sie wollten bereden, «wie wir unsere Ausreise aus dem ‹Modell Deutschland› organisieren», «wie wir das ‹Modell Deutschland› zerstören und durch TUNIX ersetzen» können. Der Aufruf zu dem Kongreß gipfelte in der Forderung: «Wir wollen alles und wollen es jetzt!»[102] Für Juni 1978 wurde in der von Daniel Cohn-Bendit herausgegebenen Zeitung *Pflasterstrand* zu einem weiteren Sponti-Treffen – einem sogenannten «Anti-Repressionskongreß» – nach Frankfurt eingeladen, wo «ein Beben stattfinden» sollte, «eine Explosion der Irren, Arbeiter, Dissidenten, Frauen, Schwulen, Musikanten, Militanten, Stadtindianer, Lesben, Kommunisten, Sozialisten, Makrobioten, Ökologen, Beamten, Freaks, Künstler, Träumerinnen, Fantasten, Fortschrittsgegner, Kiffer, Kämpfer und Chaoten». Dem Aufruf unter der Überschrift «Wir rufen die Irren Europas» folgten über 14000.[103] Der TUWAT-Kongreß – in Umkehr zu TUNIX – Ende August 1981 in Berlin stand dagegen bereits unter dem Einfluß der Berliner Hausbesetzerbewegung und sollte die «Stadt erzittern lassen» und «die nackte Furcht lehren».[104] Statt der erwarteten 50000 Teilnehmer kamen jedoch nur etwa 2500 nach Berlin, unter anderem aus den Niederlanden, der Schweiz, Frankreich und Dänemark.

2. Neue soziale Bewegungen 639

Den Spontis ging es vor allem um das Ausleben eines extremen Individualismus und Voluntarismus. Sie wandten sich gegen einen «emotionalen Geiz», wie Michael Schneider im *Kursbuch* bemerkte, den sie der «zur bürgerlichen Sparsamkeit» verurteilten Generation der Älteren ebenso vorwarfen wie dem «psychischen Klima in studentischen Gruppen und Organisationen».[105] Gefühle von Zukunftsangst verbanden sich mit der tiefen Sehnsucht «nach Geborgenheit, Liebe und Angstlosigkeit».[106] Ihrem neuen Hedonismus verliehen die Frankfurter Spontis auf dem «Anti-Repressionskongreß» des Sozialistischen Büros zu Pfingsten 1976 Ausdruck, indem sie dort erklärten: «Uns treibt nicht mehr der Hunger nach Essen, uns treibt der Hunger nach Freiheit, Liebe, Zärtlichkeit, nach anderen Arbeits- und Verkehrsformen.»[107] Mit Blick auf die Universitäten sprachen die Spontis dagegen von «zunehmender fabrikmäßiger Organisierung», die zur «Unterordnung unter das Prinzip der Zweckrationalität» zwinge und die Studenten zu «Technologen und Un-Sinnproduzenten» degradiere. Von der bisherigen Studentenbewegung könne man daher nichts mehr erwarten: «Wie Arbeiter anderer Produktionsbereiche leben und realisieren wir uns nur noch in der Freizeit.» Oder, in der Formel der Sponti-Sprache: «Uni – Knast – Fabrik: macht kaputt, was euch kaputtmacht.»[108]

Gegenüber dem «Machtkartell des Staates» sollte nun durch «Autonomie» ein eigenes Milieu entwickelt werden, um «die Totalität zu verändern, also auch den Alltag, die Subjektivität an die erste Stelle zu setzen» und damit «den Staat zu unterlaufen, zu zerbröckeln, brüchig zu machen».[109] Die bestehenden Institutionen seien «zu Packeis erstarrt», der Staat galt als «Megamaschine» und Hauptfeind jeder Menschlichkeit und des Friedens, gegen den man teilweise auch mit Gewalt vorgehen wollte, zu der sich viele Sponti-Gruppen bekannten, soweit es sich dabei um «Gewalt gegen Sachen» handelte. «Du kennst eben dieses befreiende Gefühl nicht», erklärte dazu ein junger Demonstrant, «wenn die Fenster einer Pelz-Boutique oder einer Bank zerknallen.»[110] Für den ehemaligen SDS-Aktivisten Jörg Bopp war dies «kein besinnungsloses Randalieren», sondern der Versuch, «in einer verwalteten, verglasten und zubetonierten Umwelt einen Handlungsspielraum aufzubrechen».[111] Im Jugendprotest würden mächtige Triebimpulse wach, um die Zähmung durch eine Zivilisation, die Sinnlichkeit, Spontaneität und Phantasie erdrücke, abzuschütteln.

Die Grenze zur «Gewalt gegen Personen» und zum Terrorismus schien jedoch überschritten, als ein Mitglied der Göttinger Sponti-Gruppe «Bewegung Undogmatischer Frühling» unter dem Pseudonym «Mescalero» nach der Ermordung des Generalbundesanwalts Siegfried Buback im April 1977 einen zynischen «Buback-Nachruf» veröffentlichte, in dem von einer «klammheimlichen Freude» über die Tat die Rede war. Die Empörung über diesen Artikel war in der gesamten Bundesrepublik groß; manche wollten ihn aber auch als verklausulierte Absage an den Terrorismus verstehen, weil er sich lediglich der Diktion der Terroristen bediene, um diese «in ihrer eigenen Sprache und Gedankenwelt davon (zu) überzeugen, daß der Weg des Terrorismus falsch sei».[112] Ein solche Beurteilung ist allerdings schon deshalb mit Vorsicht zu betrachten, weil sie ein Maß an rationalem Kalkül und politischer Strategiefähigkeit unterstellt, das bei der undogmatischen, diffusen Sponti-Bewegung, die in erster Linie ihre eigene Befindlichkeit und ihre persönlichen individualistischen Neigungen betonte, kaum anzutreffen war. Darin lag auch einer der wesentlichen Unterschiede zur früheren Studentenbewegung: Während diese mit dem «langen Marsch durch die Institutionen» an die Gestaltungsmöglichkeit der eigenen Zukunft geglaubt hatte, verband sich die Zukunftsangst der Spontis und Autonomen mit einem ausschließlichen Hier-und-Jetzt-Denken. Da sie überzeugt waren, daß die Zeit gegen sie arbeitete, wollten sie «alles, und zwar subito!»[113] Der ehemalige SDS-Funktionär Günter Amendt griff diese Selbstcharakterisierung der Spontis auf, um sie gegen sie zu verwenden: «Sie wollen nichts. Und das nie.»[114]

Den «Autonomen» innerhalb der Spontiszene, die sich zu Beginn der achtziger Jahre mit beträchtlicher Radikalität und Gewaltbereitschaft stärker Geltung verschafften, genügte ein solcher passiver Hedonismus jedoch nicht. Sie plädierten für einen «aktiven Kampf gegen den Staat» und eine «Anarchie als Minimalforderung»[115] sowie für den Aufbau «einer diffusen Guerilla von autonomen und revolutionären Zellen, um den Staat überall da anzugreifen, wo er gerade verwundbar ist».[116] Wie ernst man es damit meinte, zeigte das in verschiedenen Strategiepapieren der Autonomen enthaltene Bekenntnis zum internationalen Terrorismus und zur Rote-Armee-Fraktion (RAF) in der Bundesrepublik. Die Autonomen begriffen sich dabei selbst als Unterstützer und unmittelbares Umfeld des harten Kerns der Terrorgruppen, denn – so konnte man im Dezember 1982 in der autonomen Zeitschrift *Vorwarnzeit* lesen – es sei «keine Frage, daß wir die Guerilla brauchen, so wie sie uns, wenn wir siegreich sein wollen».[117] Als «Partisanen im besetzten Land» wollten die Autonomen den «illegalen Widerstand» organisieren und als ein «eigenständiges Bindeglied zwischen den Massenbewegungen und dem bewaffneten Kampf» fungieren.[118] Auch wenn es übertrieben wäre, alle Autonomen in die Nähe der Terroristen zu rücken, so ging die Saat der Gewalt doch bald auf – etwa bei einer Demonstration gegen den Bau des Schnellen Brüters in Kalkar am 2. Oktober 1982, im Anschluß an eine Demonstration gegen das geplante Endlager für radioaktive Abfälle bei Salzgitter am 30. Oktober 1982 oder anläßlich des Besuchs von US-Vizepräsident George Bush in Krefeld am 25. Juni 1983, als jeweils Brandsätze und Pflastersteine flogen und Barrikaden errichtet wurden. Ein wichtiges Aktionsfeld war auch der «Häuserkampf» als Teil der revolutionären Auseinandersetzung, wobei sich die Autonomen zu militanten Aktionen wie «brennende Bagger, Bauwagen, zerbrochene Scheiben, Angriffe auf Verantwortliche und Bürogebäude» bekannten.[119]

2. Neue soziale Bewegungen 641

Anders als für die Spontis stellte sich die Frage der Gewalt für die Autonomen somit nicht. Welche Ziele damit erreicht werden sollten, blieb bei dem extremen Voluntarismus der Autonomen allerdings meist im Dunkeln. Als Vertreter eines «diffusen Anarchismus» lehnten sie nicht nur jegliche «Fremdbestimmung», sondern auch fest umrissene Ziele oder Führungshierarchien ab. Einig war man sich nur im allgemeinen Ziel des Aussteigertums, da eine «tendenzielle Befreiung» von der Lohnarbeit als «eine der Grundvoraussetzungen für ein selbstbestimmtes Leben» angesehen wurde. In der Zeitschrift *Radikal* hieß es dazu im Januar 1982:
«Daß ein Leben ohne Lohnarbeit, oder besser gesagt, mit so wenig entfremdeter Arbeit wie möglich, realisierbar ist, das beweist die Existenz von mehreren tausend arbeitsscheuen Aussteigern, Chaoten, Hausbesetzern und umherreisenden Berufsrevolutionären. Ein Minimum an Konsumbedürfnissen – was sich mit der Zeit von ganz alleine einstellt – und ein Maximum an Aneignung von produzierten Überflüssen macht ein solches Leben nicht nur theoretisch möglich. Praktisch heißt das, hier ein bißchen Bafög oder Arbeitslosenunterstützung, klauen, dort ein bißchen Obst von Kaisers, keine Miete mehr zahlen, jedes Jahr ein kleiner Versicherungsbetrug (es müssen ja nicht immer gleich Banken sein), nicht mehr so anfällig sein für die Ersatzbefriedigungsscheiße, die uns überall von Plakatwänden anschreit, in größeren Gruppen zusammen leben, Kommunen und Banden bilden – und wenn's gar nicht mehr anders geht, ein paar Tage jobben gehen.»[120]

Die alternative Szene

Parallel zur Sponti-Bewegung entstand in der zweiten Hälfte der siebziger Jahre eine sogenannte «Alternativszene», die allerdings – wie fast alle neuen sozialen Bewegungen – ihre historischen Vorläufer hatte. In diesem Fall waren dies nicht nur eine Reihe sub- und gegenkultureller Strömungen der fünfziger und sechziger Jahre, zu denen etwa die «Beatniks» sowie die Gammler, Hippies und sogar die Punks gehörten, sondern auch die frühsozialistischen, genossenschaftlich organisierten Produktions- und Lebensgemeinschaften des 19. Jahrhunderts sowie religiös geprägte Modelle kommunitären Lebens, die Lebensreformbewegung und die Bohème. Diese früheren gegenkulturellen Modelle und Bewegungen lassen sich als «antimodernistische» Reaktion auf den industriellen Modernisierungsprozeß begreifen. Mit ihnen wurde versucht, der eingetretenen gesellschaftlichen Erschütterung überkommener Wertvorstellungen und Lebensweisen durch die Revitalisierung der Traditionen des dörflichen, vorindustriellen Lebens, Stadtflucht und Naturromantik, das Festhalten an ganzheitlichen Prinzipien der Lebensführung oder die Stilisierung eines spontaneistisch-expressiven Lebensstils zu begegnen. Angesichts der Dynamik der industriellen Revolution und des im 19. Jahrhundert noch vorherrschenden emphatischen Glaubens an den technischen Fortschritt befand sich die «antimodernistische» Zivilisations- und Kapitalismuskritik jedoch zunächst in der Defensive. Eine nennenswerte Wirkung auf das ökonomische und gesellschaftliche Umfeld ging davon nicht aus, zumal die Kritik durch sozialstaatliche Versorgungssysteme oder kapitalistisch-bürokratische Institutionen (Bank für Gemeinwirtschaft, Neue Heimat) weitgehend entwertet wurde. Anthroposophische Gemeinschaften oder die Bohème nahmen dadurch den Charakter von Subkulturen an.

Als der Lebensstandard sich mit der Entwicklung der postindustriellen Gesellschaft nachhaltig besserte, die asketischen frühbürgerlichen Pflicht- und Arbeitstugenden an Geltung verloren, hedonistische Werte stärker in den Vordergrund traten und eine neue Konsum- und Freizeitkultur den Alltag zu prägen begann, erhielt der gegenkulturelle Protest jedoch eine neue Bedeutung. Im Gegensatz zur politischen Neuen Linken der «68er» ging es der Alternativbewegung nicht um Theorie und Parteiaufbau, sondern um die praktische und sofortige Veränderung der eigenen Lebenssituation, die weniger einer allgemeinen Protesthaltung als dem Bedürfnis nach Identitätsfindung der neuen Generation entsprach.[121] So bildete sich bald eine ganz eigenständige, neue Alternativkultur heraus: mit einer eigenen Infrastruktur, Ärztekollektiven, Rechtsanwaltskollektiven, Frauenhäusern, Frauen- und Männergruppen, linken Kunstausstellungen und linkem Theater.

Obwohl der Aufbau der alternativen Projekte sich oftmals in bewußter Abgrenzung vom studentisch-intellektuellen Milieu vollzog und nicht selten von dem Wunsch geprägt war, sich auf sich selbst und die Unmittelbarkeit der Gemeinschaft oder sogar auf den Mythos des erdnahen, organischen Lebens zurückzuziehen, wurde der Anspruch auf gesellschaftliche Veränderung somit aufrechterhalten. Diese sollte jedoch auf dem Wege der praktischen Emanzipation, nicht durch theoriegeleitete Politikstrategien erreicht werden. Die Alternativszene befand sich daher in einem ständigen Spannungsverhältnis zwischen der Flucht in eine neue Innerlichkeit und der Politisierung des Alltags durch ein soziokulturelles Gegenmodell.[122]

Eines der wichtigsten Kennzeichen der Alternativbewegung waren die Kommunen und Wohngemeinschaften. Sie waren aus dem antiautoritären Protest der sechziger Jahre hervorgegangen und speisten sich als «konkrete Utopie einer kommunitären Praxis» sowohl aus der Kritik an der traditionellen Kleinfamilie als auch aus dem «Einklagen des Lustgewinns», den die Kommerzialisierung der Sexualität und die Lockerung der rigiden Sexualnormen versprach.[123] Die erste Kommune (K I) wurde am 1. Januar 1967 in Berlin-Charlottenburg am Stuttgarter Platz 13, Ecke Kaiser-Friedrich-Straße, in der – alsbald demolierten – Dachwohnung des nach Amerika gereisten Schriftstellers Uwe Johnson gegründet. Bereits zehn Jahre später rechnete man mit 600000 Menschen, die alternativ zur bürgerlichen Kleinfamilie in solchen Gemeinschaftswohnungen lebten. Darin wurde der Wunsch nach einer neuen Sensibilität im Umgang miteinander erprobt und gelebt. Geschlechtsspezifische Rollenzuweisungen sowie individuelles Besitzdenken und Leistungsstreben sollten abgebaut, kollektive Besitz- und

2. Neue soziale Bewegungen 643

Nutzungsformen entwickelt werden. Man bemühte sich um die Entwicklung eines entspannteren, weniger von Berührungsängsten und Konkurrenzdenken geprägten Verhältnisses zur Sexualität. Die Kinder wurden gemeinschaftlich und «repressionsfrei» erzogen. Der Bruch mit der Vergangenheit war so radikal, daß «die Kommunarden kaum einen Schritt machen konnten, ohne daß ein Artikel darüber verzapft wurde».[124]

In den «politischen» Wohngemeinschaften – wie der K I – lebten hauptsächlich Studenten; Arbeiter wie «Bommi» Baumann, die darin das «Proletariat» repräsentierten, waren eher die Ausnahme und bildeten beinahe einen Fremdkörper.[125] In den «subkulturellen» Formen der Kommunen waren dagegen die verschiedensten Utopien und Lebensformen vertreten – darunter religiöse Gemeinschaften mit christlichem oder fernöstlichem Ideengut, wie die Jesus People, Hare Krishna-Anhänger und Zen-Buddhisten, oder Gemeinschaften, die mit Drogen experimentierten. Den weitaus größten Anteil stellten jedoch, vor allem ab 1972, die «pragmatischen» Wohngemeinschaften, in denen ökonomische Motive eine größere Rolle spielten als politische Ziele oder ideologische Überzeugungen.

Einen Sonderfall bildeten in diesem Zusammenhang die «Hausbesetzungen», die sich 1980/81 boomartig ausbreiteten. Zu den ersten Fällen dieser Form der «Selbstversorgung mit Wohnungen» war es bereits Ende der sechziger Jahre gekommen, als Studenten sich bemühten, die an den Universitäten einsetzenden Prozesse einer gesellschaftsverändernden Demokratisierung nun auch subversiv in die Gesellschaft hineinzutragen. Der «Frankfurter Häuserkampf», bei dem im Herbst 1970 Studenten und Sozialarbeiter daran gingen, ein gemeinsames Wohnprojekt mit Gastarbeitern und kinderreichen Familien in drei besetzten Häusern im Frankfurter Westend zu verwirklichen, nachdem sie zuvor keinen geeigneten Wohnraum hatten finden können, ist dafür ein prominentes Beispiel.[126] Weitere Besetzungen folgten an zahlreichen Orten in der gesamten Bundesrepublik, so in Köln, München, Hamburg, Kassel, Hannover, Aachen, Darmstadt und Bremen. Oft wurden leerstehende Häuser oder Fabriken besetzt, um «autonome» Jugendzentren einzurichten. Ende April 1981 waren auf diese Weise im Bundesgebiet 244 Häuser besetzt.

Schwerpunkt der Hausbesetzerbewegung war jedoch Berlin. Allein hier waren von 1979 bis 1982 249 Häuser das Ziel von 286 versuchten oder vollendeten Besetzungsaktionen; im August 1982 waren noch 122 Häuser besetzt, davon 62 in Kreuzberg und 25 in Schöneberg.[127] Hausbesetzer aus der ganzen Bundesrepublik und dem Ausland pilgerten zu dieser Zeit hierher, um sich auszuleben. So waren von den 1096 Personen, die im ersten Halbjahr 1981 als Hausbesetzer oder Störer bei Demonstrationen polizeilich in Erscheinung getreten waren, 67,6 Prozent entweder erst nach 1975 in die Stadt gezogen oder hatten ihren Wohnsitz immer noch außerhalb Berlins.[128]

Allerdings waren die Motive für Hausbesetzungen sehr unterschiedlich. Während die einen sich über Leerstand entrüsteten und gewaltfrei Häuser besetzen wollten, um sie in einer jugendlich geprägten Alternativkultur wieder mit Leben zu füllen, ging es den Extremisten in erster Linie darum, den «Häuserkampf» zur politischen Agitation und als Instrument im Kampf gegen Staat und Gesellschaft zu nutzen.[129] Ein «Nationaler Instandbesetzer-Kongreß» mit 700 Teilnehmern, der am 28./29. März 1981 in den Räumen der Universität Münster stattfand, endete somit nicht zufällig im Chaos, weil die verschiedenen Gruppen untereinander heillos zerstritten waren. Die «Autonomen Häuserkämpfer» luden deshalb für den 16./17. Mai 1981 zu einem eigenen «nationalen Erfahrungsaustausch» nach Gießen ein. Da der Einladung nur 70 Personen folgten, war die Stimmung jedoch eher resigniert. Die Ermüdung war unverkennbar. Im Frühjahr 1982 bezeichnete das Kölner *Autonomen-Info* die Hausbesetzerbewegung schließlich als «ziemlich eingepennt».[130]

Hausbesetzungen, die in der Alternativbewegung ohnehin stets nur eine marginale Rolle gespielt hatten, versanken danach bald wieder in politischer Bedeutungslosigkeit und blieben – wie die Hamburger Hafenstraße – isolierte Einzelfälle. Dagegen wurden die alternativen «Netzwerke» mit Projekten wie Kinderläden, Kinos, Werkstätten, Druckereien, Theatergruppen, Jugendzentren, Cafés und Kneipen, Bücherläden und Gesundkostläden immer wichtiger. Bereits 1981 wurde die Zahl der Alternativprojekte allein in Berlin auf etwa 1500 geschätzt. Das «Netzwerk Mehringhof e. V.» in Berlin war sogar ein eingetragener Verein, bei dem etwa 20 verschiedene Projekte in einem 5000 Quadratmeter großen ehemaligen Fabrikgelände untergebracht waren. Die Gründung der Berliner «Netzbau Gemeinnützige Stadtentwicklungsgesellschaft mbH» im Juni 1982 deutete zudem darauf hin, daß in der «Szene» weitreichende Vorstellungen und Absichten über die künftige Beteiligung alternativer Gruppen an der Planung und Gestaltung ihrer Stadt bestanden.[131] «Netzwerke» gab es in den achtziger Jahren praktisch in allen größeren deutschen Städten – von Aachen bis Augsburg, Hamburg bis Heidelberg und Würzburg bis Wuppertal.

Darüber hinaus gewannen die Jugendzentrumsbewegung, die Landkommune-Bewegung und Dritte-Welt-Initiativen in den siebziger und achtziger Jahren immer mehr an Bedeutung, auch wenn deren Forderungen nicht immer spektakulär vorgetragen wurden. In Selbsterfahrungs-, Encounter- und Meditationsgruppen wurde die Hinwendung zu einer ganzheitlichen Welterfahrung postuliert, um Körper, Seele und Geist wieder miteinander in Einklang zu bringen. Religiöse Sekten und ein neuer Spiritualismus breiteten sich aus, und auch Okkultismus-Strömungen kamen wieder auf. Partiell wurden sogar symbolisch sogenannte «befreite, autonome Gebiete» ausgerufen, wie die «Freie Republik Kreuzberg» oder – am Rande der Anti-Atombewegung – in Gorleben die «Republik Freies Wendland», die im Mai und Juni 1980 für 33 Tage bestand. Daneben vollzog sich die Entwicklung einer alternativen Presseinfrastruktur. Dazu zählten in den achtziger Jahren neben einer kaum zu übersehenden Flut von Alternativblättern vor allem die etwa 240 Stadtteilzeitungen, die alternativen Stadtillustrierten – wie die Berliner *zitty* – und nicht zuletzt die seit dem 22. September 1978 erscheinende *die tageszeitung*, mit der die Idee einer von den Parteien und dem «Kapital» unabhängigen Tageszeitung verwirklicht wurde, die schon im Kampf gegen die «Springer-Presse» Ende der sechziger Jahre entstanden war.

Insgesamt war die «Alternativbewegung» somit weit mehr als die Addition der verschiedenen neuen sozialen Bewegungen. In ihr verbanden sich postmaterialistische Wertvorstellungen mit dem Bedürfnis nach einer neuen Identität zu einer Lebensperspektive, die weniger auf die Formulierung allgemeiner politischer Forderungen als auf konkrete Veränderungen im Alltag abzielte. Zwar existierten enge Verbindungen und auch personelle Verflechtungen mit den Bürgerinitiativen und der Ökologiebewegung ebenso wie mit der neuen Frauenbewegung und später der neuen Friedensbewegung und teilweise sogar mit den Spontis und den Autonomen. Aber die Suche nach alternativen Lebensformen besaß dennoch ihr eigenes Gewicht, weil sie nicht auf einem «Ein-Punkt-Programm» (nur Ökologie, nur Frauen, nur Frieden) beruhte, sondern das menschliche Dasein in seiner ganzen Vielfalt zu erfassen und zu verändern suchte. Die soziale Transformation, die von der Alternativbewegung ausging und von der Entwicklung der postindustriellen Gesellschaft nicht zu trennen ist, dürfte sich deshalb auch als dauerhaft erweisen. Die soziale Ordnung der Bundesrepublik wurde davon zumindest partiell beeinflußt, weil die Alternativkultur sich für viele als attraktives Gegenmodell zur industriellen Leistungsgesellschaft erwies.

Die neue Friedensbewegung

Mit der Friedensbewegung, die im Sommer 1980 entstand und ihren ersten Höhepunkt mit einer Großdemonstration in Bonn am 10. Oktober 1981 erreichte, an der sich nach Schätzungen zwischen 200 000 und 300 000 Menschen beteiligten, gewannen die neuen sozialen Bewegungen eine qualitativ andere Dimension. Bürger unterschiedlicher Herkunft und politischer Präferenz beteiligten sich am Protest gegen die Stationierung neuer Atomraketen in Mitteleuropa und erweiterten die Bemühungen um Ökologie und alternative Lebensformen auf den Bereich der Außen- und Sicherheitspolitik. Auch hierbei hatte es Vorläufer gegeben: die «Ohne-mich-Bewegung» aus der Frühzeit der Wiederbewaffnung der Bundesrepublik zwischen 1949 und 1955, die «Paulskirchen-Bewegung» gegen den NATO-Beitritt 1955, vor allem aber die Bewegung «Kampf dem Atomtod» 1957 und die nach dem britischen Vorbild der Campaign for Nuclear Disarmament (CND) organisierte «Ostermarsch-Bewegung» ab 1960. Alle diese Bewegungen hatten ihre Anhänger und auch ihr Publikum gehabt. Aber sie waren nie zu einem politisch bedeutenden Faktor geworden.[132]

Die neue Friedensbewegung war jedoch im Gegensatz zu ihren Vorläufern in den fünfziger und sechziger Jahren nicht ausschließlich militärisch bzw. politisch motiviert und erzielte deshalb eine sehr viel größere Wirkung. Zwar spielte vordergründig der NATO-Doppelbeschluß vom 12. Dezember 1979, der die Aufstellung neuer Raketensysteme vorsah, falls gleichzeitig eingeleitete Ost-West-Verhandlungen über eine beiderseitige Rüstungsbegrenzung scheiterten, eine Auslöserrolle. Aber die psychologischen Gründe für die Friedensbewegung lagen tiefer: Sie waren zum einen in der rapiden Verschlechterung der weltpolitischen Lage an der Wende von den siebziger zu den achtziger Jahren begründet, die generell Kriegsfurcht auslöste und ein «Bedrohungspanorama» schuf, in das sich die NATO-Entscheidung plausibel einfügte. Zum anderen aber war – wichtiger noch – der Boden für die Friedensbewegung schon durch die anderen sozialen Bewegungen bereitet. Die Kritik an den Kehrseiten des technischen Fortschritts und vor allem der Kampf gegen die zivile Nutzung der Kernenergie hatten die Menschen sensibilisiert. Vom Selbstverständnis der Ökologiebewegung als «Lebensbewegung» war es nur ein kleiner Schritt zur Friedensbewegung als «Überlebensbewegung».[133] Selbst der CDU-Politiker und spätere sächsische Ministerpräsident Kurt Biedenkopf bemerkte zu diesem Zusammenhang im Oktober 1981: «Die Aufhebung der Existenz der Gattung oder die Aufhebung der Natur als Ganzes sind Grenzen, deren auch nur mögliche Überschreitung nicht konsensfähig ist. Technologische Optionen, die solche Möglichkeiten begründen, sind gesellschaftlich nicht auf Dauer integrierbar.»[134]

Dieser Feststellung konnten sich damals viele anschließen, zumal das Ende der Entspannung nach dem sowjetischen Einmarsch in Afghanistan im Dezember 1979 und die Politik des neuen amerikanischen Präsidenten Ronald Reagan, der im Januar 1981 sein Amt antrat, für zusätzliche Verunsicherung in Europa sorgten. Äußerungen der Reagan-Administration über einen auf Europa begrenzten Atomkrieg, einen möglichen atomaren Ersteinsatz und die Absicht, die Sowjetunion «totzurüsten», förderten einen Nuklearpazifismus, der bald nicht mehr auf die Realitäten des Ost-West-Konflikts ausgerichtet war, sondern sich mit hoher Emotionalität überwiegend gegen die Politik der USA – des eigenen Bündnispartners also – wandte. Träger des Protestes waren praktisch alle Gruppen der neuen sozialen Bewegungen, darüber hinaus aber auch viele andere Bürger aus allen Schichten und Altersgruppen der Bevölkerung. Unter Schülern und Studenten war die Ablehnung der amerikanischen Pershing II und Cruise Missiles (von den auf Westeuropa gerichteten sowjetischen SS-20-Raketen, die der eigentliche Anlaß für die NATO-Entscheidung gewesen waren, sprach so gut wie niemand) nahezu einhellig; gegen die Friedensbewegung zu sein, war hier aufgrund des Drucks der *peer groups* beinahe unmöglich. Ein weiterer wichtiger Faktor waren die Kirchen. Der protestantisch geprägte Pazifismus, dessen Wortführer Pastor Martin Niemöller war, trat mit wichtigen Initiativen wie «Ohne Rüstung leben», «Frieden schaffen ohne Waffen» und der

«Aktion Sühnezeichen/Friedensdienst e. V.» hervor. Auf katholischer Seite beteiligte sich vor allem die 1944 in Frankreich gegründete «Weltfriedensbewegung Pax Christi».

Formaler Ausgangspunkt der neuen Friedensbewegung war jedoch der von der Deutschen Kommunistischen Partei (DKP) initiierte «Krefelder Appell» vom 16. November 1980, zu dessen Erstunterzeichnern unter anderem Martin Niemöller, die Grünen-Politikerin Petra Kelly und der Bundeswehr-General Gert Bastian gehörte. Bereits nach einem halben Jahr war der Appell dann von mehr als 800 000 Bürgern aus dem ganzen Bundesgebiet unterschrieben worden. Das Krefelder Forum unter dem Motto «Der Atomtod bedroht uns alle – Keine Atomraketen in Europa», auf dem der Aufruf verabschiedet wurde, sowie weitere Aktivitäten der «Krefelder Initiative» waren wesentlich von der «Deutschen Friedens-Union» (DFU) finanziert und organisiert worden, die damals – wie es im Verfassungsschutzbericht 1980 hieß – «eines der Hauptinstrumente kommunistischer Bündnispolitik» darstellte.[135] Das ebenfalls kommunistisch beeinflußte «Komitee für Frieden, Abrüstung und Zusammenarbeit» (KOFAZ) trat seit Anfang Dezember 1980 als Unterstützer der Unterschriftenkampagne zum Krefelder Appell auf. Es wunderte daher nicht, daß der Aufruf keinen Hinweis auf eine Verurteilung der sowjetischen SS-20-Raketen enthielt, sondern sich einseitig gegen die «Nachrüstung» der NATO richtete.

Ungeachtet der Tatsache, daß die neue Friedensbewegung somit zumindest in bezug auf den Krefelder Appell mit kommunistischer Hilfe entstanden war und von Anfang an durch ein weites Netz von geschlossenen Organisationen mit verbindlicher Parteidisziplin maßgeblich beeinflußt wurde, wäre es doch übertrieben, von einer generellen Steuerung der Bewegung durch diese Kräfte zu sprechen. Nicht nur die Millionen von Menschen, die an den Demonstrationen, Menschenketten und zahllosen Versammlungen und Diskussionen in Kirchen, Schulen und Universitäten teilnahmen, sondern auch die weit überwiegende Mehrzahl der Organisatoren sorgten dafür, daß es sich um eine «weitgehend autonome, überparteiliche und außerparlamentarische Basis- und Massenbewegung» handelte, die sich aus vielen kleinen lokalen Initiativen ebenso zusammensetzte wie aus den institutionalisierten überregionalen Komitees und Einrichtungen.[136] Auf einer anderen Ebene läßt sich der «Aufstand gegen den Rüstungswahn» auch «als Spitze eines Eisberges von postmaterialistischen, gegenkulturellen und antitechnokratischen Strömungen in der jüngeren Generation» interpretieren, so daß mit der Friedensbewegung zugleich die qualitative Forderung nach einer neuen solidarischeren, friedfertigeren und ökologisch angepaßteren Lebensweise erhoben wurde.[137] Diese Ausrichtung wurde durch Umfragen bestätigt, wonach etwa 70 Prozent der Wähler der Grünen zu den aktiven Befürwortern der Friedensbewegung gehörten, die im übrigen lediglich von 9 Prozent der Gesamtbevölkerung, aber von 40,9 Prozent der unter 36jährigen mit höherer Schulbildung unterstützt wurde.[138]

Nach der erwähnten Großdemonstration in Bonn im Oktober 1981 folgte am 10. Juni 1982 noch einmal eine ähnliche Veranstaltung mit etwa 300000 Teilnehmern, die sich gegen ein Gipfeltreffen der NATO und den Besuch des amerikanischen Präsidenten Reagan in der Bundeshauptstadt am 9. /10. Juni richtete. Bei den Vorbereitungen zu diesem Großereignis wurden jedoch bereits ernsthafte ideologisch-politische Differnzen innerhalb der Friedensbewegung erkennbar. So wurde ein für März 1982 nach Osnabrück einberufener «Bundeskongreß Autonomer Friedensinitiativen» wegen «unüberbrückbarer politischer Differenzen» mit den sich ebenfalls «autonom» verstehenden «anti-imperialistischen Gruppen» im Februar 1982 abgesagt, weil diese Gruppen die terroristische RAF als einen «gleichwertigen Teil der Friedensbewegung» betrachteten, die sich von den Befürwortern der Gewaltfreiheit lediglich durch ihre «militärische Kampfform» unterscheide.[139] Zwar fand das Arbeitstreffen dann doch noch statt. Aber der Riß, der sich von nun an durch die Friedensbewegung zog, war nicht mehr zu übersehen. Das Ende der Friedensbewegung war jedoch erst gekommen, als sich nach dem Regierungswechsel in Bonn im Oktober 1982 die Durchführung des NATO-Doppelbeschlusses nicht mehr verhindern ließ und die angekündigte Stationierung der amerikanischen Raketen im November 1983 tatsächlich begann.

Die Partei der Grünen

Eines der nachhaltigsten Ergebnisse der Protestbewegung von 1968 und der neuen sozialen Bewegungen war in den siebziger Jahren die Entwicklung der Grünen, die sich am 13. Januar 1980 in Karlsruhe als Bundespartei konstituierten und denen am 6. März 1983 der Sprung in den Deutschen Bundestag gelang. Über ihre Ursprünge in den Bürgerinitiativen und der Ökologiebewegung sowie über den Beginn der parteipolitischen Formierung 1977/78 ist an anderer Stelle bereits einiges gesagt worden.

Neben den schon erwähnten spektakulären Gewinnen bei Kreistagswahlen in Hildesheim und Hameln sowie in zwei Regierungsbezirken Schleswig-Holsteins 1977/78 erzielten Grüne und Alternative Listen 1978 auch in Hamburg, Hessen und Berlin zumindest Achtungserfolge. In Hamburg erreichte die «Bunte Liste/Wehrt Euch – Initiative für Umweltschutz und Demokratie» bei der Bürgerschaftswahl am 4. Juni 1978 auf Anhieb 3,5 Prozent der Stimmen. Die «Grüne Liste Hessen» kam bei der Landtagswahl am 8. Oktober 1978 auf 1,1 Prozent. Und die erst am 5. Oktober 1978 gegründete «Alternative Liste für Demokratie und Umweltschutz Berlin» (AL) errang bei Abgeordnetenhauswahlen am 18. März 1979 immerhin 3,7 Prozent und zog mit insgesamt 10 Abgeordneten in vier Bezirksverordnetenversammlungen (Kreuzberg, Schöneberg, Tiergarten und Wilmersdorf) ein. Bereits zwei Jahre später, am 10. Mai 1981, schaffte die AL bei vorgezogenen Neuwahlen zum Abgeordnetenhaus mit einem Stimmenanteil von nunmehr

2. Neue soziale Bewegungen 649

7,2 Prozent auch den Einzug ins Berliner Stadtparlament, wobei sie 9 Mandate erreichte. Offenbar nahmen die Berliner der AL nicht übel, daß sie es ablehnte, sich gegenüber kommunistischen oder anarchistischen Gruppen abzugrenzen, und keinen Unvereinbarkeitsbeschluß kannte. «Bei uns kann jeder mitarbeiten und Mitglied sein», erklärte dazu Klaus-Jürgen Schmidt, Mitglied des Geschäftsführenden Vorstandes der AL, im Mai 1981, «ob er Sozialdemokrat, Grüner, Kommunist oder sonstwo organisiert ist.»[140]

Auf Bundesebene begann die parteipolitische Formierung der Grünen im März 1979, als die sogenannte «Sonstige Politische Vereinigung (SVP), Die Grünen» gegründet wurde. Bei ihrer ersten Beteiligung an einem bundesweiten Urnengang erzielte sie anläßlich der Wahl zum Europäischen Parlament im Juni 1979 auf Anhieb 3,2 Prozent. Die eigentliche Parteigründung der Grünen erfolgte dann, wie schon erwähnt, am 12./13. Januar 1980 in Karlsruhe, nachdem es zuvor zu Auseinandersetzungen zwischen den «Wertkonservativen» um Herbert Gruhl und den von Hamburg und Berlin dominierten «Alternativen» und «Bunten» gekommen war. Der frühere CDU-Bundestagsabgeordnete Gruhl hatte am 13. Juli 1978 die «Grüne Aktion Zukunft» (GAZ) ins Leben gerufen, die sich in erster Linie als Umweltschutzbewegung verstand und innerhalb der Grünen ein Gegengewicht gegen die ideologisch linksorientierten Alternativen und «Bunten Listen» bilden sollte. Auf dem ersten Programmkongreß der Grünen am 22./23. März 1980 in Saarbrücken kam es zur Machtprobe, die damit endete, daß Gruhl schließlich von seiner Kandidatur für den Vorstand zurücktrat. Die Grünen bezeichneten sich danach als «die Alternative zu den herkömmlichen Parteien», die «aus dem Zusammenhang von Grünen, Bunten und Alternativen Listen und Parteien» hervorgegangen sei.[141] Für Herbert Gruhl und die GAZ war darin kein Platz mehr.

Bei der Bundestagswahl am 4. Oktober 1980 reichte es für die Grünen jedoch nur zu enttäuschenden 1,5 Prozent der Stimmen. Dennoch konnten sich die Alternativen und Bunten gegenüber den Ökologen auf der Bundesversammlung vom 12. bis 14. November 1982 in Hagen behaupten. Rainer Trampert, der vorher zur «Gruppe Z» – einer Abspaltung vom «Kommunistischen Bund» – gehört hatte, wurde zum neuen Bundesvorsitzenden gewählt, während die beiden bisherigen Sprecher, Petra Kelly und Dieter Burgmann, aufgrund des bei den Grünen praktizierten «Rotationsprinzips» der Funktionsträger aus dem Bundesvorstand ausschieden. Die Wähler indessen honorierten diesen Kurs – ungeachtet der damit verbundenen inhaltlichen und personellen Auseinandersetzungen – und ermöglichten den Grünen bei der vorgezogenen Bundestagswahl am 6. März 1983 mit 5,6 Prozent und 28 Sitzen den Einzug ins Parlament. Ende des Jahres 1983 waren die Grünen damit nicht nur in sechs Landtagen, sondern auch im Bundestag vertreten.

Wie schwierig es trotz dieser Erfolge in der neuen und ungewöhnlichen Partei am Anfang zuging, beschrieb der frisch gewählte Bundestagsabgeordnete Joschka Fischer im April 1983 in einem Interview mit der Frankfurter Sponti-Zeitschrift *Pflasterstrand*: «Die verschiedenen grünen Fraktionen machen sich vor allen Dingen in einer gewaltigen Psychokiste Luft ... Du hast das Gefühl, 28 Abgeordnete plus einer noch nicht näher fixierten Zahl von Nachrückern beginnen einen gewaltigen Kampf untereinander, jeder gegen jeden, manche gegen manche. Stunde für Stunde. Tag für Tag.»[142] Ihm sei es ja gelungen, so Fischer, «diese ganze Psychophase der 70er Jahre zu überstehen, ohne einmal in eine solche Gruppe, sei es Männergruppe, Psychogruppe oder so was, reinzugeraten». Aber nun müsse er mit Bestürzung feststellen, daß ihn «die Strafe Wilhelm Reichs mit um so größerer Macht ereilt» habe: «Für mich stellen sich die letzten drei Wochen wie ein permanenter Vereinigungsparteitag der verschiedenen K-Sekten, Spontifreaks, Ökofreaks und Feministinnen dar: Ich lege besonderen Wert auf den Begriff der Permanenz. Man tagt da in Permanenz-plenar.»[143]

Mit einer gehörigen Portion Selbstironie wußte Fischer den Schwierigkeiten jedoch auch eine gute Seite abzugewinnen, von der er fünfzehn Jahre später, als Die Grünen nach der Bundestagswahl vom September 1998 an der Seite der SPD die Regierung stellten und er selbst Außenminister im Kabinett von Bundeskanzler Gerhard Schröder wurde, noch profitieren konnte: «Um eine Entscheidung durchzubringen, mußt du bis zur vollständigen physischen und psychischen Erschöpfung von dir selbst und den anderen gehen, und dann noch ein Quentchen Reserve haben, damit du die Entscheidung noch schaffst. Du mußt den Konsens aussitzen. Wenn von den Grünen nichts bleibt, dann bleibt für die Bundesrepublik Deutschland zumindest eines übrig: ein Potential von Unterhändlern für die EG in Brüssel, denn ich kann mir vorstellen, nach 2 oder 4 Jahren grüner Fraktionsarbeit sitze ich jeden in Brüssel aus.»[144]

Tatsächlich sollte von den Grünen mehr als nur ein «Unterhändler-Potential» für Brüssel bleiben. Die Partei war nicht nur ein Produkt der neuen sozialen Bewegungen im Zuge der Entwicklung zur postindustriellen Gesellschaft, sondern sie entsprach auch dem gewandelten Zeitgeist, der ihr eine politische Perspektive und solide Wahlchancen in Bund und Ländern bot. Die Regierungsbeteiligung auf Bundesebene 1998 war demzufolge nur das logische Ergebnis eines langfristigen sozialen Wandels, der die Gesellschaft ebenso wie das Parteiensystem der Bundesrepublik seit den späten sechziger und frühen siebziger Jahren erfaßt hatte.

Konservative Gegenströmung?

Die «konservative Wende», die sich bereits abgezeichnet hatte, bevor die sozialliberale Koalition 1982 immer stärker unter Druck geriet und schließlich durch eine von Helmut Kohl geführte CDU/CSU-FDP-Regierung abgelöst wurde, hätte die Vermutung aufkommen lassen können, daß mit dem erneuten politischen Machtwechsel in Bonn auch eine soziale Wende verbunden sein würde. Doch schon der Einzug der Grünen in den Bundestag, denen zunächst weithin «Politikunfähigkeit» und «Unwählbarkeit» attestiert worden waren, deutete darauf hin, daß sich die Erneuerung der politischen und sozialen Landschaft in der Bundesrepublik fortsetzte. In Wirklichkeit waren die Entwicklungen der siebziger Jahre durch die konservative Gegenströmung ohnehin nicht mehr umkehrbar, weil sie einerseits auf kaum zu beeinflussenden Veränderungen in den ökonomischen Grundlagen der Gesellschaft beruhten und andererseits mit den neuen sozialen Bewegungen zu Ausdrucksformen gefunden hatten, die inzwischen in ihrem gegenkulturellen Kern ein hohes Maß an innerer Stabilität aufwiesen.

Symptomatisch für die gewandelte Situation war allerdings auch eine wachsende Staatsverdrossenheit speziell der jüngeren Generation, die sich nicht zuletzt in ihrer auffallend geringen Wahlbeteiligung ausdrückte.[145] Bereits 1979 hatte eine Untersuchung des Münchner Instituts für Jugendforschung ergeben, daß die öffentlichen Belange, die Jugendlichen besonders interessant und wichtig erschienen, mit den vom politischen «Establishment» verhandelten Politikfeldern nicht mehr übereinstimmten.[146] Auch zehn Jahre später hatte sich daran offenbar nichts Wesentliches geändert, wie die Ergebnisse einer im Juli 1988 vom Allensbacher Institut für Demoskopie durchgeführten Umfrage zum Wahlverhalten zeigten. Während 54 Prozent der Bevölkerung angaben, beim Wählen das Gefühl der Mitentscheidung zu haben, waren es in der Altersgruppe der 16–29jährigen lediglich 44 Prozent.[147]

Wie wenig die politische Wende auch im Bewußtsein verändert hatte, zeigte das Verhalten der Automobilindustrie, die als eine der Hauptverantwortlichen für die Umweltproblematik stark in die Kritik geraten war, und nun einen Kongreß zu den «Zukunftschancen unserer Gesellschaft» veranstaltete, auf dem sie eine Krise des sozio-kulturellen Systems diagnostizierte und die Rolle der Werteliten in einer pluralistischen Gesellschaft hinterfragte. Bislang kaum als relevant betrachtete Faktoren wie «Umwelt» und «Lebensqualität» galten jetzt sogar der Automobilindustrie als grundlegende Werte, die mit wirtschaftlichem Wachstum und materiellem Wohlstand «in Einklang» gebracht werden müßten. Der Kongreß behandelte demzufolge Themen wie «Umweltbelastungen im zeitlichen Wandel», «Energieszenarien für die nächsten zwanzig Jahre», «Bevölkerung und Arbeitsmarkt» sowie die «Evolution des technischen Fortschritts».[148]

Die Diskussion kehrte deshalb Mitte der achtziger Jahre durch die Anstöße, die dazu von den neuen sozialen Bewegungen bereits gegeben worden waren, zu den Ursprüngen der Modernisierung und ihren Folgen für die Entwicklung der Gesellschaft zurück. Wenn – wie es offensichtlich geschah – das Leitbild der Arbeitsgesellschaft seine bisherige soziale Bindewirkung verlor, so erforderte dieser Wertewandel eine neue, flexiblere Form der Erwerbsarbeit, aber auch ein neues Verständnis von Gesellschaft und Staat. Die gesellschaftlichen Folgen zunehmender Technisierung aller Lebensbereiche führten jedenfalls zu einem Bindungs- und Sinnverlust, der neue Protest-

und Widerstandsformen hervorbrachte und sich «zwischen Flucht in Depression und Apathie und der aktiven Suche nach neuen Lebensformen» bewegte, solange eine Neudefinition der sozialen Beziehungen ausblieb. Der Trend ging dabei, wie man auf allen Ebenen beobachten konnte, zu postmaterialistischen Werten wie Lebenssinn, Lebensqualität, Suche nach «Unverfälschtem» und «Selbstverwirklichung» – zu einem «Kult der Unmittelbarkeit», dessen politische Durchsetzungschance davon abhing, inwieweit es einzelnen Gruppen gelang, einen gemeinsamen Zukunftsentwurf zu entwickeln.[149]

Die gesellschaftliche Entwicklung der Bundesrepublik von den frühen Jahren des «Wirtschaftswunders» bis zur Postmoderne kann deshalb mit den Worten des Soziologen Stefan Hradil als Weg «vom Mangel an Mitteln zum Zweifeln an Zielen» beschrieben werden.[150] Doch lagen diesem Wandel des Zeitgeistes nicht allein Krisenempfindungen und von der bisherigen Norm abweichende gesellschaftspolitische Überlegungen zugrunde. Einstellungen und Überzeugungen änderten sich vielmehr auch aufgrund neuer generativer Verhaltensweisen der Bevölkerung. Spätere Eheschließungen, ein größerer Anteil von Kleinfamilien und Ein-Personen-Haushalten sowie die zunehmende gesellschaftliche Akzeptanz gleichgeschlechtlicher Liebesbeziehungen sind dafür nur einige Beispiele.[151] Die abnehmende Determinationskraft soziokultureller Ungleichheit und die teilweise Auflösung bzw. schwindende Bedeutung herkömmlicher Sozialmilieus, wie Familie, Stand, Schicht und Klasse, brachten der Gesellschaft der Bundesrepublik einen spürbaren Individualisierungsschub, der die Freiheit des Einzelnen vergrößerte und das Selbstbewußtsein der Menschen erhöhte. Die Tatsache, daß «lechts und rinks» dabei leicht zu verwechseln waren, wie der Lyriker Ernst Jandl feststellte, weil die traditionellen Denkmuster bei den neuen sozialen Bewegungen und in der Gesellschaft des Postmaterialismus nicht mehr passen wollten, gehört zu den Überraschungen, die diese Entwicklung für alle Beteiligten bereithielt.

3. Kultur zwischen Engagement und Selbstbezogenheit

Nach den betriebsamen Jahren der Ära Adenauer und des «Wirtschaftswunders» öffnete sich in der zweiten Hälfte der sechziger Jahre eine Kluft in der bundesrepublikanischen Gesellschaft. Eine neue Generation empfand sich im eigenen Land als fremd und entfremdet. Peter Schneider entwarf 1973 in der Novelle *Lenz* ein Psycho- und Soziogramm dieser Generation: «An einem Nachmittag ging Lenz durch die Einkaufsstraßen der Stadt ... Er betrachtete die Auslagen in den Schaufenstern. Er wunderte sich, daß dort immer noch jeden Monat neue Autos, Pelzmäntel, Schuhe, Fernsehgeräte, Abendkleider und Anzüge ausgestellt waren. Es gab immer noch Salonlöwen, die wie vor drei Jahren aus roten Sportwagen stiegen, immer noch

Verkäuferinnen, die bei Bally viel zu teure Schuhe kauften, immer noch James-Bond-Filme, immer noch Leute, die auf das neue VW-Modell mit derselben Ungeduld warteten wie er und seine Freunde auf politische Neuigkeiten.»[152]

Diese innere Distanz zu dem zur Gewohnheit gewordenen Wirtschaftswunder und die Erwartung eines politischen Umschwungs waren allerdings nicht die Negation, sondern – auch wenn dies später oft anders gesehen wurde – die logische Ergänzung der seit den fünfziger Jahren zu beobachtenden Modernisierung der Bundesrepublik. Der kulturrevolutionäre Protest von 1968 mit der Auflockerung starrer Strukturen und Veränderungen vor allem im Erziehungswesen (besonders in den Hochschulen), in Politik und Bürokratie, aber auch in den Künsten, folgte dem materiellen Wandel und wäre ohne diesen kaum vorstellbar gewesen. Doch erst zusammengenommen bewirkten beide die Lösung der westdeutschen Gesellschaft von der autoritären und totalitären Vergangenheit vor 1945 und die «Umgründung» der Bundesrepublik, von der bereits die Rede war.

Wider die «affirmative» Kultur

Als Herbert Marcuse, deutscher Emigrant und Professor für Philosophie an der University of California in San Diego, Mitte der sechziger Jahre den Begriff der «affirmativen Kultur» prägte[153], meinte er damit die ästhetische Kaschierung des brutalen Egoismus in kapitalistischen Gesellschaften. Die Studenten, Künstler und Intellektuellen, die sich zur gleichen Zeit – nicht nur in der Bundesrepublik, sondern zunächst vor allem in den USA (und hier besonders im postindustriell fortgeschrittenen Kalifornien) – auf den Weg machten, ihre Kritik an dieser Gesellschaft zu artikulieren, entdeckten darin eine plausible Erklärung für ihr diffuses Unbehagen, das durch politische Ereignisse wie den Vietnamkrieg zwar geschürt, aber nicht eigentlich ausgelöst worden war. Die Protestbewegung der sechziger Jahre war von Anfang an auch eine Kulturrevolution, die in verschiedenen subkulturellen Entwicklungen – den *alternative cultures* – der USA ihre Ursprünge hatte. Der amerikanische Underground lieferte erst die emotionale Folie, auf der sich die analytische Gesellschaftskritik entfalten konnte.[154] «Drop out» wurde zur zentralen Losung. Wer die Gesellschaft verließ, ihren Ritualen und Lügen entfloh, war «hip». Jenseits der Repression war «Hippieland», ein «künstliches Arkadien», das man nicht zuletzt durch den Konsum von «bewußtseinserweiternden» Drogen wie LSD explorierte. Der bürgerlichen «Verhüllungsideologie» wurde mit demonstrativer Nacktheit begegnet, dem Bürstenhaarschnitt des smarten Kapitalismus die lässige und provozierende Langhaarigkeit gegenübergestellt. Mit dem Popmusik-Festival in Woodstock nahe der Ortschaft Bethel im amerikanischen Bundesstaat New York, wo Mitte August 1969 drei Tage lang mehr als eine halbe Million junger Menschen zusammenkamen, um Jimi Hendrix, Joan

Baez und andere Stars zu hören, erreichte diese Jugendbewegung ihren symbolischen Höhepunkt.

Auch die gegenkulturelle Bewegung in der Bundesrepublik wurde maßgeblich durch Herbert Marcuse beeinflußt. Auf der Grundlage von Sigmund Freuds Triebtheorie entwickelte er die «Vorstellung einer Kultur ohne Unterdrückung», bestimmt durch «libidinöse Moral». Unter Bezug auf Friedrich Schillers Überlegungen zur ästhetischen Erziehung des Menschen stellte er fest: «In einer wahrhaft menschlichen Kultur wird das Dasein viel mehr Spiel als Mühe sein, und der Mensch wird in der spielerischen Entfaltung statt im Mangel leben.»[155] Diese mehr philosophisch als soziologisch und ökonomisch begründete Vision war mit einem revolutionären Anspruch verbunden: dem Ziel der Verwirklichung einer antiautoritären, basisdemokratisch organisierten Gesellschaft, die irdisches, vor allem auch sinnliches Glück verhieß. Der Kunst kam dabei, wie Marcuses Weggefährte Theodor W. Adorno bereits 1953 im Hinblick auf die Musik erklärt hatte, eine besondere Rolle und Verantwortung zu. Funktion der Kunst sei es nicht, so Adorno, «ein Zahnrad im Getriebe abzugeben, sondern eines Zustandes sich zu erwehren, in dem alles nur für irgend etwas ‹funktioniert›». Seitdem es überhaupt eine entwickelte Tauschgesellschaft gebe, opponiere Kunst gegen die immer weiter fortschreitende institutionelle Umklammerung des Lebens und halte dieser «ein Bild des Menschen als eines freien Subjekts» entgegen.[156]

Über das Engagement der Protestbewegung in der zweiten Hälfte der sechziger Jahre gewannen diese «systemkritischen» Überlegungen unmittelbaren Einfluß auf Kunst und Literatur. So wurden etwa die Arbeiten von Peter Weiss, der mit seinen Dramen, vor allem dem *Viet Nam Diskurs* (1968), die Politisierung der Kunst in der Bundesrepublik maßgeblich vorantrieb und sich 1975 in seinem Roman *Die Ästhetik des Widerstands* kritisch mit Fragen des Faschismus, Kapitalismus und Imperialismus auseinandersetzte, davon stark geprägt. In seinem Stück *Hölderlin* aus dem Jahre 1970 ließ er Schiller zu Hölderlin sagen:

> Der Begriff des Schönen
> geht der Freyheit voraus ...
> Eh die Structuren der Gesellschaft
> sich verändern lassen
> muß erst der Mensch
> verändert werden.[157]

Die Verbindung von Ästhetik und politischer Freiheit, die Weiss in diesen wenigen Zeilen formulierte, erhielt eine zusätzliche Dimension durch das Bekenntnis zum praktischen Engagement – zur «Erfahrung». So erklärte Marx im gleichen Stück gegenüber Hölderlin mit den Worten von Weiss:

> Zwei Wege sind gangbar
> zur Vorbereitung
> grundlegender Veränderungen.

> Der eine Weg ist
> die Analyse der konkreten
> historischen Situation.
> Der andere Weg ist
> die visionäre Formung
> tiefster persönlicher Erfahrung.[158]

Für Adorno war der Schritt von der Ästhetik zur praktischen Politik allerdings keineswegs so zwingend, wie es Weiss hier zu suggerieren suchte. Als das Frankfurter Institut für Sozialforschung, dessen Leitung Adorno – gemeinsam mit Ludwig von Friedeburg und Rudolf Gunzert – innehatte, am 31. Januar 1969 von Studenten besetzt wurde, rief er die Polizei, die mehrere Demonstranten festnahm, darunter seinen Doktoranden Hans-Jürgen Krahl, der im Frankfurter SDS eine führende Rolle spielte. In der Folge wurden seine Vorlesungen gestört, Studentinnen veranstalteten einen Striptease in dem Hörsaal, in dem er gerade dozierte, er selbst sah sich schweren Anfeindungen ausgesetzt, die er als einen «Rückfall ins Unaufgeklärte» empfand. In einem *Spiegel*-Interview sah er sich dadurch zu der Feststellung veranlaßt, daß er in seinen Schriften niemals ein Modell für irgendwelche Handlungen und zu irgendwelchen Aktionen gegeben habe.[159] Tief betroffen von den Angriffen gegen ihn, starb er nur wenig später, bis zuletzt schwankend zwischen Sympathie und Abneigung gegenüber der Bewegung, zu deren intellektuellen Wegbereitern er gehört hatte und die in ihren Handlungen doch so bedenkenlos über ihn hinweggeschritten war.

Nicht viel anders erging es Max Horkheimer, der das Frankfurter Institut bereits 1931 mitgegründet und es nach seiner Rückkehr aus der Emigration 1950 gemeinsam mit Adorno wiederaufgebaut hatte. Acht Jahre älter als Adorno, war Horkheimer, der als einer der Hauptvertreter der «Kritischen Theorie» der Frankfurter Schule galt, allerdings schon 1958 aus der Leitung des Instituts ausgeschieden, so daß ihm die praktische Konfrontation erspart blieb. Aus dem Tessin, wohin er sich zurückgezogen hatte, meldete er sich jedoch mit der Schrift *Gegen den Linksradikalismus* zu Wort, in der er die studentischen Aktivisten besorgt darauf hinwies, daß die «Attacke gegen den Kapitalismus heute» sich der Gefahr «des Umschlags linksradikaler Opposition in terroristischen Totalitarismus bewußt sein» müsse.[160]

Vom Konstruktivismus zum Neodadaismus

In der modernen Kunst und Literatur der Bundesrepublik nach 1965 dominierte zunächst jene Avantgarde, die sich schon seit den frühen fünfziger Jahren im Umgang mit dem «Material» der Farben, Linien, Formen und Klängen subjektiv frei und autonom gefühlt hatte. «Modern» wurde als nicht-abbildlich, nicht-widerspiegelnd, kurz: als nicht-mimetisch definiert. Dieser bewußte Antirealismus äußerte sich nicht nur als Kritik am Widerspiegelungsrealismus der modernen Massenmedien, sondern auch am gesellschaftskritischen Realismus oder Dokumentarismus der Linksliberalen und der Neuen Linken und natürlich an allen Formen des Sozialistischen Realismus hinter dem Eisernen Vorhang.[161] Zwar handelte es sich dabei um einen elitären Teilbereich innerhalb des Kulturbetriebs, für den sich nur ein sehr kleiner Prozentsatz der Bevölkerung interessierte. Aber er blieb über Jahre hinweg durch Zeitschriften, Konzerte, Ausstellungen, Lesungen und Kleinkunstbühnen sowie durch die Feuilletons überregionaler Zeitungen gegenwärtig. Hinzu kamen die staatliche Unterstützung sowie die Präsenz im öffentlich-rechtlichen Rundfunk, auf der halbstaatlichen Kasseler *Documenta*, Foren wie den Darmstädter Musiktagen oder auch im «Kulturkreis» des Bundesverbandes der deutschen Industrie. So wurde der ins Unverbindliche verflachte Modernismus, der zwischen 1910 und 1913 einmal mit dem Anspruch angetreten war, die Welt oder zumindest die Gesellschaft zu verändern, «zur halbamtlichen Vorzeigekunst der Bundesrepublik».[162]

In der Malerei gehörten dazu zunächst die «konstruktivistischen» Tendenzen mit streng durchmathematisierten Formelementen wie Diagonalen, Rechtecken, Spiralen, Kreisen und Linien, wie sie etwa von Wilhelm Wissel, Horst Lerche, Günter Frühtrunk und Walter Drexel vertreten wurden. Um 1965 wurde dann auch die von Viktor Vasarely entwickelte, mit optischen Täuschungen operierende *Op Art*-Variante dieses Konstruktivismus aufgegriffen, für die Beispiele in den Werken von Hartmut Böhm, Wolfgang Ludwig oder Gerhard Wendland zu finden sind. Für eine Trendwende sorgten amerikanische Einflüsse, die Massen- und Medienprodukte aus der Welt der Supermärkte in Kunst übersetzten und als *New Realism, New Vulgarism* oder einfach als *Pop Art* ausgaben. Seit 1965 tauchte diese Pop Art auch in bundesdeutschen Galerien auf, und 1966 begann der amerikanische Konzern Philip Morris die große Welttournee seiner Ausstellung *11 Pop Artists* in München. Ihren Durchbruch erzielte die Pop Art in der Bundesrepublik schließlich 1968 auf der vierten «Documenta», wobei Max Imdahl im Vorwort des Katalogs deren formalen Charakter hervorhob und trotz ihrer «Objektbezogenheit» einen deutlich konstruktivistischen Charakter zu erkennen meinte.[163]

Der Versuch, Pop Art für die modernistisch-elitäre Kunstpraxis des Konstruktivismus zu vereinnahmen, wurde danach noch häufiger unternommen – etwa bei der Ausstellung *Neue Figuration USA* 1969 in Köln und Baden-Baden sowie im Jahr darauf bei Präsentationen der Pop-Art-Sammlungen von Karl Ströher und Peter Ludwig, die den Kunstkritiker der *Frankfurter Allgemeinen Zeitung* veranlaßten, noch einmal auf die innere Verwandtschaft von «Pop, Op und Minimal» hinzuweisen.[164] Der Aufstand gegen den bildungsbürgerlichen Kulturkonsum war dadurch jedoch nicht mehr aufzuhalten. So forderte Peter Weiss ein Engagement der Kunst und allgemeine «Belesenheit» («Du mußt lesen, Du mußt dich bilden, Du mußt dich auseinandersetzen mit den Dingen, die auf dich zukommen. Du mußt Stellung ergreifen!»[165]), um daraus politische Schlußfolgerungen abzuleiten. Wolf-

3. Kultur zwischen Engagement und Selbstbezogenheit

gang Fritz Haug entwickelte eine «Theorie der Warenästhetik», in der er auf den Zusammenhang zwischen der Produktion und Propagierung von Waren einerseits und dem Bewußtsein sowie den Bedürfnissen der Menschen andererseits hinwies und deutlich machte, daß in modernen Gesellschaften nur noch die äußere Inszenierung – und die damit geweckte Begehrlichkeit – zählte, nicht der Gebrauchswert, d. h. die Frage nach der «inneren Wahrheit».[166] Dieser Zusammenhang sollte nun nicht zuletzt mit Hilfe der Kunst aufgezeigt («bewußt gemacht») werden, um die Voraussetzungen für eine Umkehrung des Verhältnisses von Begehrlichkeit und Bedürfnis zu schaffen. Kunst und Kultur wurden dadurch zu einem wichtigen Bestandteil der allgemeinen Protestbewegung in den späten sechziger Jahren.

Die These vom «Ende der Kunst», die um 1968/69 von manchen der anarchistischen Aktionisten ausgegeben wurde, fand in der politischen Bewegung von 1968 daher ebensowenig Verständnis wie das Beharren auf dem modernistischen Konstruktivismus. Im Zuge einer breit angelegten Volksbildung und ästhetischen Schulung wollte man vielmehr den «kleinen Kreis der Kenner» zu einem «großen Kreis der Kenner» (Bertolt Brecht) erweitern – zu einer «Kultur für alle».[167] Daher setzte nicht nur eine Renaissance von Künstlern wie Brecht, Hanns Eisler, John Heartfield und George Grosz ein, sondern auch eine Auseinandersetzung mit Theoretikern einer marxistischen Ästhetik wie Georg Lukács, Walter Benjamin, Ernst Fischer, Roger Garaudy, Christopher Caudwell und Moissej Kagan. In den bildenden Künsten wogte die neue Realismus-Debatte vor allem in der Zeitschrift *Tendenzen*, die Kunst als «Instrument der Befreiung von Herrschaft» verstand. In scharfer Abgrenzung gegen den «Dingfetischismus» der Pop Art, den amerikanischen Photorealismus und natürlich den schönfärberischen Realismus der Nazi-Malerei, aber auch gegen den mit sensationalistischen Schockerelementen durchsetzten West-Berliner Realismus von Wolfgang Petrick, Klaus Vogelsang und Johannes Grützke sowie den Phantastischen Realismus der Wiener Ernst Fuchs und Rudolf Hausner, bemühte man sich in diesem Kreis um eine progressiv interpretierte Wirklichkeit mit gesellschaftskritischen Bezügen selbst im Detail. Beispiele dafür sind die Cartoons von Rainer Hachfeld, Walter Kurowski, Stefan Siegert, Guido Zingerl, Arno Ploog und Chlodwig Poth sowie die linken Fotomontagen, die ab 1967 mit der Wiederentdeckung John Heartfields in der Bundesrepublik einsetzten und für die vor allem Klaus Staeck, Jürgen Holtfreter und Ernst Volland zu nennen sind.[168]

Hauptziel dieser Kunstrichtung war die «Bewußtmachung» der Gesellschaft als politische Forderung. Jürgen Habermas hatte zur Beziehung von Kultur und Öffentlichkeit bereits 1962 die These aufgestellt, daß die Entwicklung der bürgerlichen Gesellschaft und die Herausbildung der Massendemokratie einen Zerfall der literarischen Öffentlichkeit bewirkt hätten, die durch den pseudo-öffentlichen oder schein-privaten Bereich des Kulturkonsums ersetzt worden sei. Aus dem «kulturräsonierenden Publikum» sei damit ein «kulturkonsumierendes» geworden. Zwar sei der Zugang zu den Kulturgütern durch das liberal-kapitalistische Kommunikationssystem nicht nur ökonomisch verbilligt, sondern auch psychologisch erleichtert worden. Doch erwerbe sich die «Massenkultur» ihren zweifelhaften Namen eben dadurch, daß ihr erweiterter Umsatz durch Anpassung an die Entspannungs- und Unterhaltungsbedürfnisse von Verbrauchergruppen mit relativ niedrigem Bildungsstand erzielt werde, anstatt umgekehrt das erweiterte Publikum zu einer in ihrer Substanz unversehrten Kultur heranzubilden.[169] Wiederum unter Berufung auf Herbert Marcuse, der «das Durchbrechen des falschen Bewußtseins» als «archimedischen Punkt ... für eine umfassendere Emanzipation» bezeichnet hatte[170], erklärte Rudi Dutschke, gerade mit dieser «Durchbrechung des falschen Bewußtseins» hätten die Studenten begonnen: «Die Kontrolle und Verwaltung der Individuen durch das System wird durch unsere politische Arbeit, durch unsere Aufklärung, durch unsere Provokationen und Massenaktionen strukturell in Frage gestellt.»[171] Einer in ihrem Kern erneuerten Kunst und Literatur kam dabei eine zentrale Bedeutung zu. Linke Autoren veranstalteten deshalb 1968 erstmals eine «Gegen-Buchmesse», um sich der gesellschaftlichen Manipulation zu entziehen, und konstituierten sich als – wie es umständlich im Organisationsstatut hieß – «politische Vertretung aller sozialistischen Gruppen und berufsspezifische Sektion aus dem Bereich der Literaturproduktion».[172] In der Kunst gerieten die Modernisten zunehmend unter den Druck der neu formierten Linken und versuchten, sich den Forderungen nach einer «Politkunst» anzupassen. Dabei entwickelten sich zwei Haupttendenzen: eine aktionistische, die Happenings, Fluxus-Kunst, Kinetik, Video und Performance bevorzugte, und eine eher konzeptionelle, bei der Installationen, Land Art, Individuelle Mythologie, Environments und Neo-Dada-Objekte im Vordergrund standen.

Happenings, wie sie in New York bereits zwischen 1958 und 1961 von Allan Kaprow veranstaltet worden waren und in der Bundesrepublik erstmals 1961 von Wolf Vostell in Köln nachgeahmt wurden, waren meist Straßenaktionen, bei denen man bestimmte «Realitätsabläufe» improvisierte und die Zuschauer aktiv in das Geschehen hineinzuziehen versuchte, um die Kluft zwischen Künstler und Publikum aufzuheben und die Kunst endlich «öffentlich» zu machen. Allerdings war das Publikum aufgrund der Verfremdungen zumeist nur belustigt oder peinlich berührt, so daß es kaum zu aufklärenden Bewußtseinsvorgängen kam. Auch pseudospektakuläre Einzelaktionen trugen kaum zur «Bewußtseinserweiterung» des Publikums bei – sofern es ein solches überhaupt gab: etwa wenn Bazon Brock 1964 in Frankfurt statt der *Bild-Zeitung* die *Bloom-Zeitung* verteilte, in der alle Nomina aus dem Wort «Bloom» bestanden, HA Schult 1970 drei Wochen lang täglich 1000 Kilometer auf bundesrepublikanischen Straßen und Autobahnen herumfuhr, Wolf Vostell im gleichen Jahr in der Kölner Kunsthalle 12000 Gabeln und Löffel zu einem *Besteck-Teppich* auslegte und dabei an die Besucher Kaugummi verteilte, Joseph Beuys sich 1974 bei Düsseldorf in einem Einbaum über den Rhein rudern ließ oder Hansjörg Voth 1976 eine *Supermumie* baute, die er, nachdem sie den Rhein hinuntergetrieben war, in Rotterdam als «Dynamische Skulptur» verbrannte. Die neoavantgardistische Absicht, auf dem Weg der Dekonstruktion und Decollage die bisher autonom aufgefaßte Kunst in Lebenspraxis umzusetzen, wurde jedenfalls kaum wahrgenommen und auch von den Medien nur selten in dieser Form dargestellt.[173]

Anspruchsvoller waren dagegen jene Abende, die von der internationalen Fluxus-Gruppe um John Cage, Earl Brown, Emmet Williams, Joseph Beuys, Daniel Spoerri, Wolf Vostell und Allan Kaprow veranstaltet wurden und meist aus einem Arrangement von Happenings, Environments, Poetry Readings, Musikdarbietungen, Multimedia-Effekten, Decollagen und bewußten Antikunst-Aktionen in neofuturistischer oder neodadaistischer Art bestanden. Da manche dieser Aktionen bis zu 24 Stunden dauerten, setzten sie ein Publikum voraus, das in solchen inszenierten Handlungsabläufen weitgehend interessante Gesellschaftsspiele sah. Dabei war der Übergang zu dem, was man seit den frühen siebziger Jahren «Performance» nannte, fließend – etwa wenn Beuys 1965 in Wuppertal 24 Stunden lang sein Ohr mit einer horchenden Gebärde an einen Fettkasten legte und dabei einen Spaten vor seine Brust hielt. Bei der entsprechenden «Video»-Richtung ging es meist um gefilmte Performance-Veranstaltungen, bei denen Sequenzen langsamer menschlicher Bewegungsabläufe sowie bunte Bilderreigen abstrakter Strukturelemente im Vordergrund standen, die an die Neugier jener kulturellen In-Groups appellierten, die auch von dieser Kunstart vornehmlich Ungegenständliches erwarteten. Andy Warhol hatte dafür 1963 in *Sleep* ein frühes Beispiel gegeben, in dem ein älterer Mann sechs Stunden lang aus ein und derselben Perspektive beim Schlafen gefilmt wurde.[174]

In der Bundesrepublik war es jedoch vor allem Joseph Beuys, der seine künstlerische Tätigkeit aus dem Atelier in den Bereich der praktischen Politik verlagerte und das gesellschaftspolitische Ideenpotential von 1968 mit den anthroposophischen Vorstellungen Rudolf Steiners, aber auch mit der deutschen Klassik und Romantik verband. Schon 1965 hatte er mit seinem «nicht mehr besitzbaren Stuhl» – ähnlich wie Günther Uecker mit seinem «benagelten Klavier» – auf der Suche nach neuen Figurationen vorgeprägte Sichtweisen in Frage gestellt. Das Alltägliche wurde «seiner alltäglichen Funktion entfremdet» und zum ironischen «Fetisch, der denen, die sich die ‹Ausdrucksformen unseres Lebens› bequem ersitzen wollen, das Ruhekissen verweigert». Die «Zeit der Verweigerung» begann.[175] 1971 gründete Beuys, ausgehend von der Gleichung «Kunst = Leben, Leben = Kunst», die «Organisation für direkte Demokratie durch Volksabstimmung» und stellte seine Professur an der Düsseldorfer Kunstakademie – im Dauerkonflikt mit der nordrhein-westfälischen Landesregierung und Wissenschaftsminister Johannes Rau, jedoch unterstützt von studentischen Teach-ins – unter das Postulat des «offenen Zugangs» zur Akademie für alle und jedermann.

Beuys' Schüler Jörg Immendorff persiflierte am 21. Januar 1968 mit einem an seinem linken Bein befestigten schwarz-rot-gold bemalten Holzklotz vor dem Bonner Bundeshaus die ideenarme Politik der Bundesregierung, nachdem er sich drei Jahre zuvor offen zur Anti-Kunst bekannt und ein Bild wie ein Transparent mit der Aufschrift gemalt hatte: «Hört auf zu malen!» HA Schult verwandelte 1969 gemeinsam mit Günter Sarée die Münchner Schackstraße für einen Tag in ein riesiges Papierabfalldepot und prangerte ein Jahr später mit «Biokinetischen Situationen» – wuchernden Algen- und Pilzkulturen – die Verschwendungssucht des Massenkonsums an. Der «Totalkünstler» Timm Ulrich gründete in Hannover ein Verkaufsbüro für künstlerische Ideen und deklarierte sich selbst zur künstlerischen Ware, die er dem Kunsthandel anbot.[176]

Die Künstler der 68er Generation ließen also kaum ein Mittel aus, um durch neodadaistische Clownerien und Ironie den Wohlstandsbürger zu irritieren. Allerdings wurden sie schon bald wieder von der «Kunst als Kunst» eingeholt. Mit dem Niedergang der Studentenbewegung versank auch der Neodadaismus in der Bedeutungslosigkeit.

In die Zukunft wies dagegen eine neue Kunstrichtung, die als «Konzeptkunst» im Sinne einer *ars povera* mit einfachsten Mitteln der Assemblage, Collage, Montage, Decollage oder gar dem bloßen Fundstück, dem *Objet trouvé*, also dem «Ding an sich», operierte. Mit Vorliebe erklärte man dabei Abfallprodukte der modernen Konsumgesellschaft zum Kunstwerk: von weggeworfenen Zigarettenstummeln oder anderen Mülltonneninhalten bis zu alten Öfen, ausrangierten Bügeleisen und verrosteten Gartenwerkzeugen, die durch ihre Obsolenz oder durch die Kombination mit anderen, zum Teil völlig unvermuteten Objekten ins Groteske verfremdet wurden. Neben den reinen Fundstückkünstlern standen dabei jene, die ihre Objekte durch Zusätze und Bearbeitungen in eine konzeptionelle «Zeichen»-Kunst verwandelten. Zu ihnen zählten zum Beispiel Christo, der die Gegenstände verpackte, oder Daniel Spoerri, der sie auf vertikal aufgehängte Tischplatten klebte. Die erste Ausstellung mit Kunst dieser Art, die den Namen *Concept Art* trug, fand 1968 in New York statt. Joseph Beuys zeigte im gleichen Jahr auf der «Documenta» seinen *Filzraum*. 1969 folgten zwei bedeutende Ausstellungen mit Objekten dieser «kargen Kunst» im europäischen Ausland: In der Kunsthalle Bern präsentierte Harald Szeemann *Live in Your Head. Wenn Attitüden Form werden. Werke – Konzepte – Prozesse – Situationen – Informationen*; im Stedelijk Museum Amsterdam lief zugleich die von Wim Beeren konzipierte Ausstellung *Op Losse Schroeven. Situaties en cryptostructuren*. Die Bundesrepublik war hier unter anderem mit Arbeiten von Beuys, seinem Schüler Bernd Lohaus sowie Michael Buthe und Reiner Ruthenbeck vertreten. Ihre Installationen und ästhetisch umgestalteten Objekte prägten auch die 1969 in Schloß Morsbroich und in der Düsseldorfer Kunsthalle gezeigte Ausstellung *Konzeption – Conception*, die an das New Yorker Kunstereignis vom Vorjahr anknüpfte.

3. Kultur zwischen Engagement und Selbstbezogenheit

Beuys wurde damit endgültig zur Zentralfigur der bundesrepublikanischen Kunstszene in den siebziger Jahren. Stets mit Hut und Anglerweste auftretend, gewann er eine Popularität wie kein anderer Künstler seiner Zeit. Für den «Mann auf der Straße» war er allerdings zugleich der Inbegriff des Unverständlichen und Provokanten an der neuen Kunst. Schwer zugänglich waren seine Arbeiten und Aktionen jedoch nicht nur für Laien, sondern auch für Experten, wie Lucius Grisebach 1985 im Katalog zur Ausstellung *1945–1985. Kunst in der Bundesrepublik Deutschland* in der Berliner Nationalgalerie bemerkte: «Seine Werke, die auf den ersten Blick eher wie Abfall aussahen, bedeuteten auch für denjenigen, der sich der modernen Kunst gegenüber als aufgeschlossen empfand, die heftigste Provokation. Sie eröffneten Assoziationen, die als beängstigend und beklemmend empfunden wurden. Seine Übertragung der ‹plastischen Theorie›, eines künstlerischen Modells, auf Gesellschaft, Politik und Wirtschaft und seine Tätigkeit als Lehrer an der Düsseldorfer Kunstakademie packten die ‹Sinnfrage› der Kunst am rigorosesten an. Von alledem ist die eher oberflächliche und negative Popularität nur ein schwacher Abklatsch.»[177]

Bei der «Concept Art» wurde die Kunst selbstkritisch und selbstanalytisch in Frage gestellt und mit umfassenden theoretisch-philosophischen Deutungen versehen. Die Künstler begannen zu argumentieren wie die Philosophen. Sie übernahmen die Sprache der Intellektuellen. Theoretische Durchdringung war ebenso wichtig wie das Kunstwerk selbst. Hinsichtlich der politischen Wirksamkeit von Kunst war man allerdings inzwischen skeptischer als zu den phantasievollen und optimistischen Zeiten der Pop Art. Dazu gehörte auch, daß unter kritischen Kunsthistorikern die Theorie von der affirmativen Wirkung aller Kunst um sich griff und so etwas wie eine «Kunstfeindlichkeit der Kunstgeschichte» auslöste.[178] Nach solch politisierter Überspitzung war eine Gegenbewegung nur eine Frage der Zeit. Sie bewirkte schließlich die Rückkehr zu einem weitgehend subjektiven Kunstverständnis und leitete zu einer neuen Romantik und einer neuen Wildheit über, bei denen wieder ein «Hunger nach Bildern» im Vordergrund stand.

«Neuer deutscher Film» und emanzipiertes Theater

Wie in der Kunst, so begann auch im Film die Hinwendung zu gesellschaftskritischen Themen und Darstellungsformen bereits relativ früh in den sechziger Jahren. Signal für einen Neubeginn war hier das im Februar 1962 während der Westdeutschen Kurzfilmtage in Oberhausen verfaßte Manifest, in dem sich 25 Filmemacher, Kameraleute und Schauspieler unter dem Motto «Der alte Film ist tot» zu einem «Neuen deutschen Film» bekannten. Frei von den branchenüblichen Konventionen sowie der Beeinflussung durch kommerzielle Partner und Interessengruppen sollte der neue Film – in Anknüpfung an die Tradition der Trümmerfilme aus der Nachkriegszeit – wirkliche Probleme aufgreifen, Konflikte in der Gesellschaft behandeln, Tabus zerbrechen und damit wieder «relevant» werden. Zu den Unterzeichnern des Manifests gehörten Herbert Vesely, Hans-Jürgen Pohland, Harro Senft, Alexander Kluge, Edgar Reitz, Hans Rolf Strobel, Ulrich Schamoni und Franz Josef Spieker. Als Vorbild galt Veselys Film *Das Brot der frühen Jahre* nach einem Roman von Heinrich Böll aus dem Jahre 1961. Um für derartige Produktionen in der Zukunft eine solidere Basis zu schaffen, errichtete Alexander Kluge noch 1962 in Ulm ein «Institut für Filmgestaltung», in dem der Nachwuchs für den «Neuen deutschen Film» ausgebildet werden sollte. 1965 entstand das «Kuratorium Junger deutscher Film», das vornehmlich der finanziellen Förderung begabter junger Filmemacher diente und von der Bundesregierung mit einem Etat von fünf Millionen DM ausgestattet wurde.

In rascher Folge erschienen danach wichtige Filme, die sich von den politisch, gesellschaftlich und künstlerisch durchweg bedeutungslosen Kitschproduktionen der fünfziger Jahre grundlegend unterschieden. Im Vordergrund standen nun Themen der Vergangenheitsbewältigung, die Emanzipation der Frau, die Beseitigung moralischer Tabus, Randgruppen und Außenseiter, Konflikte zwischen den Generationen, Bildungsfragen oder Entgleisungen der Wirtschaftswundermentalität. Ausgehend vom «Skandal der Tatsachen», verstärkten die Regisseure häufig die Intensität ihrer Darstellung durch dokumentarische Einblendungen und verzichteten auf ein versöhnliches Happy End, um die Zuschauer zum Nachdenken herauszufordern. Beispiele waren Alexander Kluges *Abschied von gestern* (1966) und Ulrich Schamonis *Alle Jahre wieder* (1967) sowie Rainer Werner Fassbinders *Katzelmacher* (1969) und *Händler der vier Jahreszeiten* (1972). Konflikte der Sexualität und der sexuellen Befreiung behandelten – nach dem Vorbild von Ingmar Bergmans *Das Schweigen* – Ulrich Schamonis *Es* (1966) über Abtreibung, Horst Manfred Adloffs *Die goldene Pille* (1967), in dem eine Gruppe von Abiturientinnen eine Abtreibung organisierte, sich für sexuelle Aufklärung einsetzte und die Verbreitung der Pille propagierte, sowie Volker Schlöndorffs *Der junge Törless* (1966) nach der gleichnamigen Erzählung von Robert Musil. In *Jagdszenen aus Niederbayern* (1968), nach einem Drama von Martin Sperr, beschrieb Peter Fleischmann den Haß auf sexuelle Außenseiter, in diesem Fall einen jungen Homosexuellen. Rainer Werner Fassbinder wagte sich in *Angst essen Seele auf* (1973) an das doppelt heikle Thema der sexuellen Bedürfnisse einer gealterten Frau und deren Liebe zu einem Gastarbeiter. Ulrich Schamoni stellte in *Schonzeit für Füchse* (1969) den Konflikt zwischen der erstarrten Wirtschaftswundergeneration und ihren Kindern dar, die zwar «anders» sein wollten, aber noch nicht wußten, worin dieses Andere eigentlich bestehen sollte.[179]

Anerkennung unter den neuen Filmemachern fand vor allem Rainer Werner Fassbinder. Er kam wie seine Mitarbeiter und Darsteller Hanna Schygulla, Ingrid Caven, Peer Raben oder Kurt Raab vom «Münchner Action-Theater», das Anfang 1968 zum «Antitheater» wurde, beharrte jedoch darauf, «daß eine einfache Handlung nötig ist, um das zu sagen, was ich sagen will»[180]. Sein

3. Kultur zwischen Engagement und Selbstbezogenheit 663

Einbruch in Tabuzonen, die brutale Direktheit und Intensität seiner Filme sowie nicht zuletzt die «Ästhetik des Engagements», das durch die rücksichtslos-exzessive eigene Lebensführung noch unterstrichen wurde, machten ihn im deutschen Film zu einer Ausnahmeerscheinung seiner Zeit.

In den siebziger Jahren war die filmische Aufbruchstimmung jedoch bereits wieder verflogen. Vor allem die Off- und Off-Off-Produktionen, die von vornherein jedem Kommerz abschworen und schon aufgrund ihrer 16-mm-Formate nicht in die Kinos gelangen konnten, verloren mit dem Abebben der Protestbewegung rasch an Bedeutung. Allerdings waren sie ohnehin allzu häufig der Gefahr des Dilettantismus erlegen, so daß selbst Kritiker, die dem Trend zur Antiästhetik im Prinzip positiv gegenüberstanden und reiner Komposition und Narration mißtrauten, das handwerkliche Ungeschick vieler Produktionen bemängelt hatten.

Mit dem Niedergang der Studentenbewegung sank aber auch das politische Engagement der seriösen Filmemacher, zumal die Kassenerfolge ausgeblieben waren. Die Strömungen der «Neuen Subjektivität» und der «Neuen Romantik» setzten sich damit auch im Film zunehmend durch. Ausnahmen, in denen Gesellschaftskritik, künstlerische Brillanz und Publikumswirksamkeit zusammentrafen, waren *Die verlorene Ehre der Katharina Blum* (1975) von Volker Schlöndorff und Margarethe von Trotta, *Die Ehe der Maria Braun* (1979) von Rainer Werner Fassbinder und *Die Blechtrommel* (1979) von Volker Schlöndorff. Eher zum Defätistisch-Narzißtischen neigte dagegen *Deutschland im Herbst* (1978), eine Gemeinschaftsproduktion mehrerer Regisseure, die gegen staatliche Zensur und Überwachung als Folge der Terrorismusbekämpfung protestierten, dabei aber ebenfalls bereits zur Melancholie neigten und deutliche Ohnmachts- und Hilflosigkeitsgefühle erkennen ließen.

Subjektivistisch orientierte Regisseure konzentrierten sich nach 1972/73 zunächst auf literarische Vorlagen, die eine besondere Ich-Bezogenheit besaßen oder diese in ihrer Verfilmung zuließen. Beispiele dafür waren Rainer Werner Fassbinders *Effi Briest* (1974) nach Theodor Fontane, Eric Rohmers *Marquise von O.* (1975) nach Heinrich von Kleist sowie der Kleist-Film *Heinrich* (1976) von Helma Sanders, aber auch der Kaspar-Hauser-Streifen, den Werner Herzog 1974 unter dem Titel *Jeder für sich und Gott gegen alle* drehte. Die *Unendliche Geschichte* (1984) nach dem gleichnamigen Roman von Michael Ende überschritt dagegen bereits die Grenzen des Realistischen und stieß in den Bereich des Märchenhaften und Romantischen vor, wo nur noch die Gesetze der «Fantasy» zu herrschen schienen. Als überragender Vertreter der Neuen Romantik und der Neuen Subjektivität im Film galt indessen lange Zeit Hans-Jürgen Syberberg, der eine weitgespannte filmische Mythologie entwickelte, die von den Nibelungen bis Hitler reichte und in der er – wie in *Unser Hitler* (1978) oder *Parsifal* (1982) – alle Träume, Hoffnungen, Ängste und Wahnvorstellungen der deutschen Seele unterzubringen suchte.[181]

Im Theater verlief die Entwicklung beinahe parallel. Gesellschaftlichen Fortschritt versprachen sich engagierte Theaterleute hier vom «Aktionstheater»: Der Zuschauer sollte aus seiner Passivität erlöst, der Schauspieler aus den Machtstrukturen des Theaterbetriebs befreit werden. Als Gegenmodell wurden das Straßentheater und das «Antitheater», aber auch Happenings und sogar Demonstrationen, Veranstaltungsstörungen, Sitzstreiks und Besetzungen von Gebäuden propagiert. Selbst die Dramaturgie von tumultuösen Podiumsgesprächen in überfüllten Arenen galt vielen als revolutionäres Gesamtkunstwerk, «komponiert» nach den Regeln der Agitationskunst.[182] Judith Malina (einst Schülerin Erwin Piscators in dessen New Yorker Workshop) meinte 1968 allen Ernstes, sie «glaube, daß Piscators Idee vom politischen Theater sich in der Besetzung des Théâtre de l'Odéon durch Studenten während der Mai-Revolution vollendet hat».[183]

Neben neodadaistischen Happenings und farbsprühenden Multimedia-Aktionen, die vor allem außerhalb der Theater veranstaltet wurden, herrschte auf der Bühne nun die Neigung, historische und aktuelle Figuren bunt und in scheinbar sinnloser Zusammenstellung zu mischen oder die Bühne einfach mit *Objets trouvées* zu überschütten. In der neodadaistischen *Comic Opera* (1967) von Hans Carl Artmann und Gerhard Lampersberger traten neben Wilhelm II. auch Dracula, Rotkäppchen und Vampir-Mann auf. Wilfried Minks ließ in seiner Pop-Revue *Gewidmet: Friedrich dem Großen* (1968) nicht nur von der Straße aufgelesene Hippies und ein Oben-ohne-Girl erscheinen, sondern auch einen Zwerg, der Puppen zersägte, sowie die Königin der Nacht aus Mozarts *Zauberflöte*, die ihre Koloraturen übte, und einen lächelnden Mao mit ein paar modischen Op-Art-Elementen. Vangelis Tsakiridis stieß 1969 im Berliner Forum-Theater eine «zufällig» herumliegende Gitarre mit dem Fuß vor sich her, erst durch den Zuschauerraum und dann um den ganzen Block herum, wobei ihm das Publikum wie eine Hammelherde folgte. Und Hans-Georg Behr behauptete im gleichen Jahr von seinem Stück *Ich liebe die Oper* selbstbewußt und stolz, daß kein einziger Satz von ihm selber stamme, sondern daß er das meiste von «Rilke und Oswalt Kolle, aus *BILD* und *Bravo* und von der lieben Micky-Maus» übernommen habe. Hellmuth Karasek meinte deshalb anmerken zu müssen, hier werde in einer hektischen «Sommerschlußverkaufpsychose» oder auch einem «Kulturverschleuderungsprozeß» der arg strapazierte Weiße Riese zum Superhelden eines Stücks gemacht, in dem selbst die *Zauberflöte* und die Texte Becketts und Ionescos wie Versandartikel wirkten, die man auch bei Neckermann kaufen könnte.[184]

Im Juli 1971 berichtete die Zeitschrift *Theater heute* über «Straßentheater» jedoch bereits unter der Überschrift «Ende der Experimente?» In einem Beitrag über die vierte «Experimenta», ein Forum progressiven Theaters in Frankfurt, hieß es, wer gekommen sei, «zu schauen, kunstsüchtig, auf theatralische Offenbarungen hoffend, auf Entdeckungen von Autoren und Spielweisen aus, der mußte sich betrogen fühlen». Abgesehen von Franz

Xaver Kroetz und Konrad Bayer hätten sich nur Dramatiker präsentiert, die
«mit Theater gar nichts im Sinn» hätten, verunsichert seien über die Möglichkeiten des Theaters oder im Begriff seien, «das Theater endgültig zu
verlassen und Theaterspielen nur noch als praktische Sozialarbeit zu begreifen».[185]

So fand die eigentliche Erneuerung auf der Bühne nicht in den experimentellen Gruppen, sondern im klassischen «bürgerlichen» Theater statt.
Sie war in erster Linie der Arbeit von Kurt Hübner und seiner Mannschaft
in Bremen von 1962 bis 1973 zu verdanken. Wilfried Minks, Hans Peter
Doll und Burkhard Mauer sowie vor allem Peter Zadek, die mit Hübner in
Bremen zusammenarbeiteten, betrieben hier kein experimentelles Studio,
sondern konzentrierten sich darauf, mit vollem Risiko neugierig zukunftsorientiertes großes Theater zu machen. Peter Zadek, der später von sich
sagte, er sei «damals in 17 Richtungen gleichzeitig losgerast», Wilfried
Minks, der vom Bühnenbildner zum ersten Regisseur avancierte, und an
anderem Ort Peter Stein, der 1970 die Leitung der «Schaubühne» am Halleschen Ufer in Berlin übernahm, schufen jenes «emanzipierte Theater», das
im Umfeld der Protestbewegung von 1968 stets gefordert worden war.

In Anknüpfung an Traditionen der Weimarer Republik kam dabei auch
das «Zeitstück» wieder zur Geltung, das nach den absurden und existentialistischen Dramen der fünfziger Jahre von Theaterbesuchern als eine durchaus erwünschte Wende zum Verständlichen empfunden wurde. Besonders
Martin Walser setzte sich in Essays wie *Vom erwarteten Theater* (1962) und
Imitation oder Realismus (1964) für Zeitstücke ein, in denen aktuelle Probleme der heutigen «Werktags-Demokratie» abgehandelt werden sollten
und die auch vor Tabus der nationalsozialistischen Vergangenheit oder der
Ost-West-Spannung nicht zurückschrecken dürften. Walser selbst stellte
diesen Aktualitätsbezug vornehmlich in seinen Stücken *Eiche und Andorra*
(1962), *Überlebensgroß Herr Krott* (1964) und *Der schwarze Schwan* (1964)
her, in denen er das Vorleben einzelner Vertreter der bundesrepublikanischen Wirtschaft in der Zeit des Dritten Reiches thematisierte. Rolf Hochhuth bezog 1963 in seinem Drama *Der Stellvertreter* sogar Papst Pius XII.
in die Abrechnung mit dem Faschismus ein. Für Aufsehen sorgte auch Peter
Weiss mit seinem Stück *Die Ermittlung* (1965), in dem er in einer dramatischen Bearbeitung des Frankfurter Auschwitz-Prozesses das Thema der Judenvernichtung behandelte. In «kritischen Volksstücken» griff zunächst
Martin Sperr mit seinen *Jagdszenen aus Niederbayern* (1966) und den *Landshuter Erzählungen* (1967) das Thema der «bösen Provinz» auf. Franz Xaver
Kroetz folgte 1970 mit seinen Stücken *Heimarbeit* und *Männersache*, in
denen er nicht nur die moralische Rigidität und sprachliche Beschränktheit
der sogenannten «einfachen», in Wirklichkeit aber lediglich unaufgeklärten
und darum aggressiven Menschen anprangerte, sondern auch deren Tölpelhaftigkeit als Ausdruck ihrer gesellschaftlichen Unterprivilegiertheit deutete.
Obwohl Kroetz sich bald darauf politisch der DKP verschrieb, hielt er in

Werken wie *Stallerhof* (1971), *Österreich* (1972) und *Münchner Kindl* (1973) am Sujet der Provinz fest.[186]

Aufbruch und «neue Subjektivität» in der Literatur

In der Literatur bedurfte es im Grunde nicht des Impulses von 1968, um zu zeit- und gesellschaftskritischen Themen und Darstellungsformen zu gelangen. Vor allem im Roman hatten Hans Werner Richter, Alfred Andersch, Walter Kolbenhoff und Wolfgang Koeppen, aber auch Heinrich Böll, Günter Grass, Martin Walser und Uwe Johnson längst eine breite Basis für eine kritische Auseinandersetzung mit Gegenwartsfragen geschaffen. Nicht nur das Dritte Reich, sondern auch die Bundesrepublik, vor allem die Mentalität des Wirtschaftswunders, spielte in ihren Werken – wie in Walsers *Halbzeit* (1960) oder Bölls *Ansichten eines Clowns* (1963) – eine Rolle. Die «Gruppe 47», von der an anderer Stelle bereits ausführlich die Rede war, galt bis zum Beginn der Studentenbewegung geradezu als Sprachrohr linken Protestes in der Bundesrepublik und sah sich deshalb von konservativer Seite entsprechenden Angriffen ausgesetzt. Das böse Wort Ludwig Erhards von den «Pinschern» war auf ihre Mitglieder gemünzt.

In der Lyrik hatte sich dagegen eine Wendung zum «absoluten Gedicht» durchgesetzt. Zu den entschiedensten Vertretern dieser Richtung zählte der Kreis um Max Bill und Eugen Gomringer, der seit Mitte der fünfziger Jahre an der Ulmer Hochschule für Gestaltung tätig war und in Malerei, Design und Literatur an die konstruktivistischen Tendenzen des frühen Bauhauses anzuknüpfen suchte. In ihrer «Konkreten Poesie» schufen sie sogenannte «Augentexte», Textbilder, visuelle Gedichte und symmetrisch angelegte Buchstaben- und Wortgebilde, die in den Grenzbereich des Kinetischen oder einer Op Art à la Vasarely gehörten. Außerhalb der Ulmer Gruppe trat Ferdinand Kriwett 1970 mit seinem Band *Buchstabenbilder* hervor, der weitgehend auf Augentexten basierte, die an Op Art-Gebilde erinnerten und auf spätere Computergedichte vorauswiesen.

Zur Konkreten Poesie zählte auch die Lyrik, die aus dem Umkreis der Wiener Gruppe um Hans Carl Artmann, Friedrich Achleitner, Konrad Bayer und Gerhard Rühm hervorging. Neben konstruktivistischen Elementen wies sie bereits erste neodadaistische Anklänge sowie aktionistische Tendenzen auf und trat sogar mit Happenings sowie Jazz & Lyrik Readings hervor. Als ihr Hauptvertreter galt in den sechziger Jahren Ernst Jandl, der außer rein parodistischen Wortspielen im Zuge der steigenden Relevanzforderungen schließlich auch politische Elemente in seine eher absurden oder verspielten Wortgebilde aufnahm. Damit wurde eine literarische Richtung entwickelt, die bis zu den großen Literaturcollagen wie Helmut Heißenbüttels *D'Alemberts Ende* (1970) und *Zettels Traum* (1970) von Arno Schmidt ihren Einfluß geltend machte. Aus dem Bereich des Hörspiels sind vor allem der *monolog* (1964) von Wolfgang Hildesheimer und *Das gras wies wächst*

(1969) von Franz Mon sowie die Sprachstücke Peter Handkes anzuführen, der sich in seinem *Hörspiel* von 1968 auf wortreiche Satzreihen beschränkte, mit denen er sich im Gestrüpp der Sprache verstrickte, um immer wieder in peinlichen Momenten des Schweigens zu enden und so das Sprechen als eine besonders problematische Form der allgemeinen Kommunikationslosigkeit zu entlarven. Anklänge an die Sprachphilosophie Ludwig Wittgensteins sowie gewisse Tendenzen in der modernen Linguistik waren dabei zumindest zu erahnen.[187]

Mit dem *Patio-Magazin* von Karl Riha aus dem Jahre 1968 oder dem im gleichen Jahr erschienenen skurrilen Ringelbüchlein *Brust raus! oder die befreite Brust* von Bazon Brock sowie dem Band *Bazon Brock, was machen Sie jetzt so?* von 1969, der fast ausschließlich aus Fundstücken – Fotos, Zeitungsausschnitten und Rezensionen – bestand, wurde der Anspruch auf Literatur schließlich ganz aufgegeben. Brock machte den «Abfall» öffentlich, um sich damit als «Dichter ohne Literatur» auszuweisen, als jemand, der nicht krankhaft «sublimiert», sondern lediglich «findet» und das Gefundene mit pseudopopulärer Geste wieder von sich gibt. Peter Handke bewies 1969 mit *Die Innenwelt der Außenwelt der Innenwelt,* daß sich die Methode der Suchtexte oder bloßen «Fund-Worte» in die Lyrik einführen ließ. Zwischen reinen Formalismen und grammatischen Spielereien, die noch aus der konkretistisch-experimentellen Phase der späten fünfziger Jahre zu stammen schienen, tauchten darin unvermutet völlig ungedeutete Realitätsfragmente wie der Vorspann zu *Bonnie & Clyde* oder die Mannschaftsaufstellung des 1. FC Nürnberg auf. Rein collagehaft verfuhr dagegen Rolf Dieter Brinkmann in seinem lyrischen Opus magnum *Vanille* (1969), das lediglich – wie auch Horst Bieneks *Vorgefundene Gedichte* (1969) – aus scheinbar unzusammenhängenden Bildchen, Werbesprüchen, Briefen, Zeitungsausschnitten, Todesanzeigen, Aktfotos, Kinotiteln, Obszönitäten, Zitaten, einem Hinweis auf Marcel Duchamp und dem fett gedruckten Wort «Objet trouvé» bestand. Noch einen Schritt weiter ging Peter Handke 1969 in seinen *Deutschen Gedichten,* die nur aus zugeklebten Briefumschlägen bestanden, die man regelrecht zerstören mußte, um sich ihres «inhaltslosen Inhalts» – wiederum nur «Fundstücke» wie Reklamen, Dramentitel, Börsenkurse, Jubiläumsglückwünsche und Lottozahlen – zu bemächtigen. Damit war der Gipfel der idealen «Wegschmeißkunst» erreicht: die Kunst der «geplanten Obsolenz», die sich im Akt des Konsumierens von selbst aufhob und damit jeden Anspruch auf einen ästhetischen Ewigkeitswert von vornherein eliminierte.[188]

Mit der Politisierung der Gesellschaft am Ende der sechziger Jahre wurden jedoch auch sämtliche Formen der Literatur, die ins Unpolitische auswichen, an die Seite gedrängt. Statt dessen verstärkten sich – wie im Film oder im Theater – die dokumentarischen und informierenden, aber auch die kritischen, satirischen und polemischen Elemente. Nicht zuletzt das politische Kabarett erlebte nun eine neue Blüte: die «Wühlmäuse» und die «Stachelschweine» in Berlin, das Düsseldorfer «Kom(m)ödchen», die Münchner

«Lach- und Schießgesellschaft», das Kölner Studentenkabarett «Floh de Cologne» und die Frankfurter «Schmiere», vor allem jedoch das 1964 von Ekkehard Kühn und Rainer Uthoff gegründete Münchner «Rationaltheater», das zeitweilig auch von Martin Walser, Heinar Kipphardt und Günter Wallraff mit Beiträgen versorgt wurde.

Im zeit- und gesellschaftskritischen Roman kam es durch die Protestbewegung von 1968 zu einer regelrechten Spaltung und Polarisierung: Während einige, wie Rolf Hochhuth, Martin Walser und Heinrich Böll, weiter nach links ausschwenkten, blieben andere, wie Siegfried Lenz, Peter Härtling und Günter Grass, ihren reformistisch-linksliberalen Überzeugungen treu oder gaben sich resigniert einer «neuen Subjektivität» hin.

Besonders deutlich werden die Unterschiede am Beispiel der beiden wohl prominentesten Nachkriegsschriftsteller der Bundesrepublik: Heinrich Böll und Günter Grass. Während Böll in vielen Aufsätzen, Reden und Stellungnahmen, aber auch in Romanen wie *Die verlorene Ehre der Katharina Blum* (1975) und *Frauen vor Flußlandschaft* (1985, posthum) die «konspirative» Politik in der Bundesrepublik und das Verhalten der Massenpresse scharf kritisierte und vor dem Hintergrund des «deutschen Herbstes» 1977 zu immer radikaleren Formulierungen fand, die durch die Wirklichkeit kaum noch zu rechtfertigen waren, läutete Grass in *Kopfgeburten oder Die Deutschen sterben aus* (1980) das «Orwellsche Jahrzehnt» ein und verfiel angesichts der ökologischen und nuklearen Bedrohung in *Die Rättin* (1986) schließlich in tiefen Pessimismus. Martin Walser, der in seinen Romanen *Die Gallistl'sche Krankheit* (1972) und *Jenseits der Liebe* (1976) noch einmal sozialkritische Töne angeschlagen hatte, vollzog mit der Novelle *Das fliehende Pferd* (1978) und erst recht mit dem Roman *Die Brandung* (1985) eine unübersehbare Wendung zu einer stärkeren Ich-Bezogenheit.

Es erscheint nur logisch, daß am Ende eines derart starken Politisierungsprozesses, wie ihn die Studentenbewegung ausgelöst hatte, nach gewisser Zeit eine Entpolitisierung eintreten mußte – eine resignative Abkehr von gesellschaftlichen Institutionen, ein verständliches Mißtrauen gegenüber den etablierten Parteien und sozialen Hierarchien.[189] Michael Rutschky bescheinigte den siebziger Jahren daher einen durch die Suche nach Authentizität und Identität charakterisierten «Erfahrungshunger», der in Theoriefragmenten und Filmen, literarischen Zeugnissen und autobiographischen Dokumenten, subkulturellen Bewegungen und alternativen Zusammenhängen zum Ausdruck gekommen sei. In der Frauenliteratur, der Literatur von Strafgefangenen, im Kinder- und Straßentheater sowie im Autorenfilm sah Rutschky das Entstehen einer zweiten nationalen Kultur: «Der ‹Erfahrungshunger› der 70er Jahre ist Ausdruck einer neugewonnenen, wiederentdeckten und ihrer selbst bewußt gewordenen Subjektivität, für die sich rasch das Schlagwort ‹Neue Subjektivität› eingebürgert hat.»[190]

So begrüßten ab 1973/74 vor allem konservative Feuilletons unter dem Motto «Jetzt dichten sie wieder!» die Abwendung der Schriftsteller von

Gesellschaftskritik und politischem Engagement. Die Restituierung des «Poetischen» in der Literatur wurde allgemein für lobenswert erklärt. Dichtung solle keinen «Geschichtsunterricht» ersetzen oder sich als Anheizer eines «Epochenumbruchs» verstehen, sondern sich in den Bereich jener authentischen Ichhaftigkeit zurückziehen, wo sie sich ganz ihren Träumen, Wünschen und Sehnsüchten hingeben könne. In diesen Zusammenhang gehört auch das Plädoyer Marcel Reich-Ranickis für ein bürgerlich-traditionelles Konzept eines Schriftstellers, der im Grunde «immer ein Einzelgänger» gewesen und daher zur «Subjektivität» angehalten sei.[191]

Im Drama der Neuen Subjektivität waren es vor allem Peter Handke und Botho Strauß, die Stücke der Selbstfindung schrieben. Handke, der sich in den sechziger Jahren vornehmlich durch seine handlungsarmen «Sprechstücke» einen Namen gemacht hatte, wandte sich erstmals 1973 mit dem Drama *Die Unvernünftigen sterben aus* diesem Stücktypus zu. Strauß schilderte schon 1971 in *Hypochonder* das neurotisch-gestörte Verhalten von Individuen, das sich vor allem in Sensibilität, Überempfindlichkeit, Orientierungsverlust und schließlich Ohnmacht oder Wahnsinn äußerte. Dem gleichen Muster folgte er in seinen Stücken *Bekannte Gesichter, gemischte Gefühle* (1974), *Trilogie des Wiedersehens* (1976), *Groß und Klein* (1978), *Der Park* (1984) und *Rumor* (1985). Stets befinden sich seine Menschen aufgrund des völligen Sinnentzugs im Zustand einer Dauerkatastrophe, in dem sie zwischen Rollenfixierungen und existentiellen Ausbrüchen unschlüssig hin und her schwanken. Ähnliche Versuche, aus dem Zustand der allgemeinen Entfremdung, der Rollenfixierungen und des Selbstverlusts auszubrechen, waren bei Dramatikern wie Herbert Achternbusch, Tankred Dorst und Thomas Bernhard oder den Tanzstücken *Kontakthof* (1978) und *Keuschheitslegende* (1979) der Choreografin Pina Bausch zu beobachten.

In der Prosa wurde das Subjektive vor allem in Form von Briefen, Tagebüchern, Selbsterfahrungstexten, Jugenderinnerungen, Memoiren und autobiographischen Romanen thematisiert, die nun die Protokolle, Dokumentationen und Berichte der linken Literatur um 1970 ablösten. Beispiele waren Karin Strucks *Klassenliebe* (1973), Jakov Linds *Selbstporträt* (1973), Peter Schneiders *Lenz* (1973), Herbert Achternbuschs *Der Tag wird kommen* (1973), Thomas Bernhards *Ursache* (1975), Max Frischs *Montauk* (1975), Gabriele Wohmanns *Schönes Gehege* (1975), Nicolas Borns *Die erdabgewandte Seite der Geschichte* (1976), Heinar Kipphardts *März* (1976), Botho Strauß' *Die Widmung* (1977) und Bernward Vespers *Die Reise* (1977). Die Reihe ließe sich noch lange fortsetzen. Im Mittelpunkt dieser Selbsterfahrungsprosa stand meist eine als radikal ausgegebene Ichsuche, in der fast alle Autoren die einzige Möglichkeit des Widerstands gegen eine zusehends als anonym empfundene feindliche Gegenwelt erblickten.

Wohl den überraschendsten Erfolg im Rahmen dieses Genres erzielte Karin Struck mit ihrem Roman *Klassenliebe* (1973), in dem sich die Autorin als eine Arbeitertochter aus dem linken Milieu vorstellte, die in der «Neuen Sensibilität» ihre Befreiung aus Klassenschranken und ideologischen Umgrenzungen erlebt. Einen ähnlichen Wandlungsprozeß stellte Peter Schneider in seinem *Lenz* dar, in dem ein junger Linksintellektueller aus Berlin auf einer Reise nach Rom und Triest vor dem Marx-Bild an der Wand seines Zimmers und dem «Mädchen aus dem Volk», mit dem er bisher zusammengelebt hat, flieht. In Bernward Vespers autobiographischem Roman *Die Reise* schließt sich der Held aus Protest gegen seinen Nazi-Vater zunächst der Berliner Studentenbewegung an, wird jedoch aus Haß gegen alles, was ihn «zur Sau macht», zum Aussteiger und begibt sich auf eine äußerlich wie innerlich ziellose Reise, auf der er von einer Stadt zur anderen fährt, Drogen nimmt und auf einem immer hektischeren «Trip» schließlich als letzten Protest gegen ein der eigenen Maßlosigkeit nicht genügendes «System» nur noch den Selbstmord als Ausweg sieht.[192]

Eine glückhafte Erfüllung leistete sich die Selbstfindungsliteratur zumeist nur innerhalb der «Fantasy»-Romane, die der bösen Realität auf neuromantische Weise eine Welt des Traums, des Märchens und der Magie entgegensetzten. So schmökert in Michael Endes *Die unendliche Geschichte* (1979) ein kleiner Junge so lange in einem alten Abenteuerroman herum, bis er unversehens aus seinem eigenen farb- und ereignislosen Dasein in das Wunderland «Phantasien» entrückt wird, wo er den seltsamsten Wesen begegnet. Wie John Ronald Tolkien in *Der Herr der Ringe*, so schrieb auch Ende damit ein Märchen nicht nur für Kinder, sondern ebenso für Erwachsene, die wenigstens in ihrer Phantasie durch den Rückgriff auf einen längst entschwundenen Mythenschatz dem Utopie- und Sinnverlust im realen Leben entgehen konnten.

Hunger nach Bildern

Auch im Bereich der bildenden Kunst machte sich um 1973/74 die Tendenzwende allerorten bemerkbar. Nach der Überfrachtung mit Theorie und gesellschaftskritischen Relevanz- und Deutungsforderungen setzten sich nun verstärkt jene sinnlichen Wahrnehmungsformen durch, die ihre Anhänger gerne mit Begriffen wie Neue Sensibilität, New Age, Neue Wildheit, Neue Mythologie, Neuer Manierismus oder Postmodernismus umschrieben. Nicht nur der Marxismus, sondern auch das sogenannte «Projekt der Moderne» – die Vision einer aufgeklärten und mündig gewordenen Menschheit, die sich in politischer und künstlerischer Offenheit über sich selbst verständigt – geriet im Zuge dieser Subjektivitätswelle unter Beschuß. Was sich dabei als Gegenbegriff einstellte, war jener *Post Modernism*, der jetzt als eine Richtung verstanden wurde, die sich um Spontaneität, Authentizität und unmittelbare Gratifikation bemühte und bei der eher das Romantisch-Mythische, Existentialistische und Sinnlich-Erotisierende im Vordergrund stand als die auf purer Zweckrationalität beruhende Kultur der «Hirnis», wie es im Anklang an die Szenesprache hieß, der man mit einer sensibilisierenden und kreativitätsweckenden *New Age*-Kunst entgegentreten müsse. So kam es auch in der Ästhetik zu einem durchgreifenden Wechsel von den radikaldemokratischen Traditionen zu jener irrationalistisch-romantischen Tradition, welche die beste Grundlage für eine positive «Zerstörung der Vernunft» abzugeben schien. In der bildenden Kunst der frühen siebziger Jahre kristallisierte sie sich zunächst als Trend zu einer offenen Sexualität, oft mit der Neigung zur Brutalität, heraus, die sich an den aktionistischen Opferriten eines Hermann Nitsch orientierte. Eine zweite Subjektivitätswelle fand 1972 auf der «Documenta 5» unter dem Stichwort «Individuelle Mythen» ihren Weg in die Kunstszene. Sie bediente sich meist sorgfältig arrangierter Environments, die sie sowohl mit mythisch-esoterischen als auch mit autobiographisch-esoterischen Einzelbestandteilen ausstattete. Eine dritte Richtung verkörperte Joseph Beuys, der nach seinen Happenings, den Aktivitäten in der «Fluxus»-Bewegung, in der Konzeptkunst und im Neodadaismus nun auch das Aktionstheater und die Individuellen Mythen in seine Werke und Auftritte einbezog. In seiner «Radikaldemokratischen Partei», die nur aus ihm selber bestand, trieb er diesen Subjektivismus auch ideologisch auf die Spitze. Er selbst erklärte dazu, daß ihm seit seiner Kindheit alles «mythisch» vorkomme, daß er also – wie die Menschen der Naturvölker in Fett und Filz – noch fetischhafte Zeichen der Wärme erblicke und mit der Anthroposophie eines Rudolf Steiner sympathisiere, an die regenerierenden Kräfte der Yoga-Techniken glaube und daher allem «Intellektuellen, Verkopften, Abstrakten» höchst mißtrauisch gegenüberstehe.[193]

Die vierte Richtung dieser Neuen Subjektivität schließlich wird meist mit dem Schlagwort der «Neuen Wildheit» umschrieben. Ihr Beginn ist ziemlich genau auf das Jahr 1977 zu datieren, als in Berlin einige Studenten der Kunsthochschule um Karl Horst Hödicke die Galerie am Moritzplatz gründeten, die als Keimzelle dessen gelten kann, was später unter dem Namen «Wilde Malerei» weltweit bekannt wurde. Im gleichen Jahr konstatierte eine Kritikerin anläßlich der Ausstellung *Forum junger Kunst* in Recklinghausen, nach dem Boom intellektuell unterkühlter Kunst der letzten Jahre sei es «eine Lust, malerisch und farbig so vollblütige Bilder ... zu sehen».[194] Tatsächlich wurde nun auch für Galerien und Kunsthändler wieder etwas geboten, das man nicht nur ausstellen und vertreten, sondern auch an viele «bilderhungrige» Interessenten verkaufen konnte. Der Titel eines Buches, das 1982 erschien, *Hunger nach Bildern*, traf daher in mehrfacher Hinsicht genau ins Schwarze.[195]

Die neue Malerei erlebte ihre erste größere Ausstellung 1980 im «Haus am Waldsee» in Berlin-Zehlendorf unter dem Titel *Heftige Malerei*. Danach etablierte sie sich schnell als «Wilde Malerei» oder als Malerei der «Neuen Wilden», womit vor allem die emotionsgeladenen Bilder von Georg Baselitz, Rainer Fetting, Karl Horst Hödicke, Jörg Immendorff, Markus Lüpertz,

Walter Stöhrer, Ter Hell und Helmut Middendorf gemeint waren, die 1982 auf der Kasseler «Documenta» und auf der West-Berliner Ausstellung *Zeitgeist* für Aufsehen sorgten. Zwar nannte der *Spiegel* diese Richtung 1980 noch mit leicht ironischem Unterton «scheußlich anzusehen, grell und ausgefranst, robust energiegeladen, rücksichtslos subjektiv und unerbittlich geschmacklos».[196] Danach wurde sie in Blättern der modernistisch-elitären Kunst wie *Kunstforum, Kunstreport, art, Das Kunstmagazin* und *Das Kunstwerk* jedoch gerade wegen ihrer Neigung zum «Spontanen», «Egozentrischen», «Expressiven» und «Ungeschlachten» als der gelungenste Ausdruck einer «absoluten Originalität» und als Kunst einer subjektiv revoltierenden Nach-Moderne gepriesen.[197] Stillosigkeit und Eklektizismus waren dabei durchaus konstitutive Elemente, weil die Künstler sich – auch dies ein typisches Phänomen der achtziger Jahre – dem Zwang zur Konsequenz und zur stilistischen Festlegung entziehen wollten. Obwohl sich die Berliner Gruppe der Galerie am Moritzplatz ausdrücklich auf Ernst Ludwig Kirchner und die Großstadtmalerei des Expressionismus berief, war somit eine einheitliche Tradition der «neuen Wilden» kaum festzustellen. Im übrigen handelte es sich auch nicht um eine rein deutsche Stilrichtung. Parallele Entwicklungen vollzogen sich in Italien und wenig später in der ganzen westlichen Welt. Deutsche Postmoderne wie Markus Lüpertz, Jörg Immendorff, Gerhard Richter und Anselm Kiefer reüssierten in den Galerien New Yorks nun ebenso wie in Berlin oder Düsseldorf.

Widerstand der Ästhetik

Gegenüber den siebziger Jahren boten die beiden folgenden Jahrzehnte ein stark gewandeltes Bild. Der Philosoph Odo Maquard sprach nunmehr von einem «Zeitalter einer vielnamigen Orientierungskrise», Jürgen Habermas prägte das Wort von der «neuen Unübersichtlichkeit», die er als das Hautpcharakteristikum der achtziger Jahre bezeichnete, da der Subjektivitätsgewinn der siebziger Jahre ihrem Orientierungsverlust entspreche, der seine Erfüllung und Bestätigung in der willentlichen Preisgabe aller Verbindlichkeiten gefunden und damit indirekt den befreienden Schlachtruf der «postmodernen» achtziger Jahre vorweggenommen habe: «Anything goes!» Waren die tonangebenden deutschen Philosophen sowie ihre französischen Kollegen bei aller Differenz bis dahin doch von den gemeinsamen «modernen» Standpunkten der sechziger und siebziger Jahre ausgegangen, so hatten sich ihre Positionen in den achtziger Jahren bis an die «Grenzen der Verständigung» durch eine Vielzahl unterschiedlicher Konzepte verwirrt.[198] Innerhalb weniger Jahre kamen unter dem Oberbegriff «Postmodernismus» unter anderem Poststrukturalismus, Neostrukturalismus, Konstruktivismus und Dekonstruktivismus als Denk- und Sprachspiele in die Diskussion. Vor allem die fortschrittsgläubige Idee der «großen Erzählungen» der Moderne vom vernünftigen Subjekt erschien nunmehr endgültig obsolet. Übrig blieb

3. Kultur zwischen Engagement und Selbstbezogenheit 673

eine Erosion der Maßstäbe, deren befreiende und zugleich desorientierende Folgen vor allem in der bildenden Kunst sichtbar wurden. Bereits in den sechziger und siebziger Jahren hatte es genügend Anlaß gegeben, angesichts der Fülle nebeneinander bestehender Kunstformen der Malerei – wie Land art, Arte povera, Minimal Art, Concept Art und Fotorealismus – von einem «Pluralismus der Künste» zu sprechen.[199] Dieser unterschied sich aber zumindest der Absicht nach von der mit dem Schlagwort der «Postmoderne» umschriebenen Gegenwart dadurch, daß er sich als Alternative zur Leere der technokratischen Zivilisation verstanden wissen wollte. Häufig spiegelte sich in ihr gesellschaftliches Engagement, das den Versuch unternahm, die Kunstinteressierten auf die Probleme der Gegenwart aufmerksam zu machen, sie zum Denken anzuregen und dadurch zur Beseitigung von Mißständen und zum gesellschaftlichen Fortschritt beizutragen. All dies war am Ende der siebziger und zu Beginn der achtziger Jahre so gut wie vorbei, als an die Stelle des bewußten Engagements der Kunst vielfach der Rückzug in die Welt der individuellen Wünsche und Befindlichkeiten trat. Die «neuen Wilden» waren dafür nur ein Beispiel, wie der Kunsthistoriker Christoph Schreier angemerkt hat: «Zwar werden dadurch die Rechte des Individuums auf eine radikale Weise eingeklagt, doch wird dies auf der anderen Seite mit einem Triumpf der Empirie in Gestalt des vorästhetischen Affekts und mit der Rekonstitution einer Sphäre des Scheins, seiner Darstellung, bezahlt. Mit der Wilden Malerei hat die Avantgarde also vorerst abgedankt; Orientierungspunkt ist nicht mehr die ästhetische Realität von Innovationen oder Utopien, sondern die Darstellung von Individualität, die als einer der letzten Eckpfeiler künstlerischen Schaffens gegen Mitte/Ende der 80er Jahre verlorenzugehen droht.»[200]

Den «Selbstausdruck des Künstlers», für Habermas eines der zentralen Merkmale der Moderne, vermochten viele Kritiker in den Erzeugnissen der postmodernen Kunst und Malerei nicht mehr zu erkennen. Statt dessen glaubten sie einen «Selbstlauf der Bilderproduktion» wahrzunehmen, der je nach Standpunkt als «Pluralismus» der Stile bzw. Medien gefeiert oder als «Chaos» und «Identitätsverlust» der Kunst bedauert wurde. Gerhard Richter, der zu den bedeutendsten deutschen Gegenwartskünstlern zählt, bekannte sich offensiv zu dieser «Immanenz der reinen Virtuosität» – jenseits ästhetischer Experimente in der Zwischenwelt der Bilder: «Ich verfolge keine Absichten, kein System, keine Richtung. Ich habe kein Programm, keinen Stil, kein Anliegen. Ich halte nichts von fachlichen Problemen, von Arbeitsthemen, von Variationen bis zur Meisterschaft. Ich fliehe jeder Festlegung, ich weiß nicht, was ich will, ich bin inkonsequent, gleichgültig, passiv; ich mag das Unbestimmbare und Uferlose und die fortwährende Unsicherheit.»[201]

So bestätigte sich auch in der Malerei Baudrillards These von der Auflösung von Subjekt und Objekt in einer Zwischenwelt der Simulakren: «Heute gibt es weder Szene noch Spiegel mehr, sondern Bildschirm und Vernetzung.

Keine Transzendenz oder Tiefe mehr, sondern die immanente Oberfläche der Kommunikation. Im Verhältnis zum Fernsehbild, dem schönsten, prototypischen Objekt dieser Epoche, werden das gesamte uns umgebende Universum und unser eigener Körper zu Kontrollbildschirmen. Wir projizieren uns nicht mehr mit den gleichen Affekten, den gleichen Phantasmen von Besitz, Verlust, Trauer, Eifersucht in unsere Objekte hinein: die psychologische Dimension hat sich verflüchtigt, selbst wenn man sie noch immer nachvollziehen kann.»[202]

In der politischen Publizistik äußerte sich diese Neubesinnung zum Beispiel in der neuen Zeitschrift *Konkursbuch* (im Gegensatz zum *Kursbuch*, dem theoretischen Organ der Studentenbewegung), die ab 1978 erschien. Im ersten Band behauptete Gerd Bergfleth unter dem Titel *Kritik der Emanzipation*, die Anschauungen von Marx und Habermas hätten zu einer Vernunftgläubigkeit, einem Arbeitsethos und damit einer «Vergesellschaftung» des Menschen geführt, deren zwangsläufiges Endprodukt jener technokratische Ungeist sei, der heutzutage auf einen globalen «Gulag» hinsteuere. Die neue Systemkritik oder Revolte, erklärte Bergfleth, müsse daher von der These ausgehen, «daß ich ein Selbst bin, das nur mir gehört». Eine wirkliche Befreiung könne heute nicht mehr über die Vernunft, sondern nur noch über jenes «souveräne Ich» laufen, das sich jeder «Vernunftsnötigung» entziehe und in der «erhabenen Willkür der Anarchie» die einzige Möglichkeit sehe, der allgemeinen «Entfremdung» des Menschen von sich selbst zu entgehen. «Selbstsein» wurde daher von Bergfleth mit «Absolutsein» gleichgesetzt.[203]

Andere Blätter plädierten in ähnlicher Weise für einen gegenrationalistischen, gegenplanerischen und gegenorganisatorischen Entwurf, der auf die Verklärung einer einzelpersönlichen Identität hinauslief, die immer stärker mit Phänomenen wie Substanz, Wesen, Authentizität, Gefühl, Instinkt, Sinnlichkeit oder entschiedener Leibhaftigkeit gleichgesetzt wurde. Psychologische Selbstversenkung, Sensory Awareness Classes oder Yoga- und Tantra-Übungen bis ins Erotisch-Spiritualistische hinein wurden popularisiert, um dem rein Körperlichen oder Seelischen einen gewissen überweltlichen Schimmer zu geben. Spiritualistische Modebücher wie *Wendezeit* von Fritjof Capra vom kalifornischen Esalen Institute, das mit Begriffen wie «New Age», «Holistik» und «Durchseeltheit des Körpers» operierte, unterstützten solche Tendenzen.[204]

Unter den Philosophen waren es vor allem André Glucksmann und Bernard-Henri Lévy, die sich unter den Anhängern der neuen Subjektivität großer Beliebtheit erfreuten. Aber auch Michel Foucault, der vor allem den institutionalisierten Unterdrückungsmechanismen in den Machtstrukturen der gesellschaftlichen Systeme nachgegangen war, genoß bei ihnen hohes Ansehen. Zum eigentlichen Kultbuch dieser Bewegung wurde jedoch 1983 die *Kritik der zynischen Vernunft* von Peter Sloterdijk, das sich in seiner Synthese aus französischem Poststrukturalismus und deutscher Neuromantik gegen den zweckrationalen Herrschaftsanspruch aller sogenannten

3. Kultur zwischen Engagement und Selbstbezogenheit

«Herrenideologien» wandte und sich dabei auf eine Ahnenfolge «philosophierender Drop-outs» und Außenseiter von Diogenes bis Nietzsche berief, die Sloterdijk als Kyniker bzw. Neo-Kyniker bezeichnete.[205] In der Literatur kam es dagegen in den achtziger Jahren zu einer «Rückeroberung» des Ästhetischen durch Autoren, denen die allzusehr auf Verarbeitung persönlicher Beschädigungen und Leiderfahrungen fixierte «neue Subjektivität» der siebziger Jahre mit zu vielen ästhetischen Defiziten behaftet gewesen war und die nun die Beschränkungen des ego-zentrierten Wahrnehmungshorizonts zu «entgrenzen» suchten. Dieser «Widerstand der Ästhetik» (in Umkehrung der von Peter Weiss propagierten «Ästhetik des Widerstands») gegen einen «organisierten Dilettantismus» der Ich-Bezogenheit wurde zu Beginn der achtziger Jahre allerdings durch ein nochmaliges politisches Engagement vieler Schriftsteller in der Friedensbewegung überlagert. Zum ersten Mal seit 1947 trafen sich auf Einladung Stephan Hermlins im Dezember 1981 auch wieder Autoren aus beiden Teilen Deutschlands in Ost-Berlin, um über gemeinsame Probleme zu diskutieren. Man hatte sich jedoch nicht viel zu sagen, redete meist aneinander vorbei, wie besonders auf einem zweiten Treffen ein Jahr später deutlich wurde, so daß die ostdeutschen Schriftsteller an weiteren Begegnungen schon gar nicht mehr teilnahmen.

In der Bundesrepublik setzte die Entgrenzung des Ich bereits in der zweiten Hälfte der siebziger Jahre ein. Beispiele dafür sind Elisabeth Plessens *Mitteilung an den Adel* (1976) und Birgit Pauschs *Die Verweigerungen der Johanna Glauflügel* (1977). In den achtziger Jahren folgten Karin Reschke mit *Verfolgte des Glücks* (1982), Brigitte Arens mit *Katzengold* (1982), Brigitte Kronauer mit *Rita Münster* und Anne Duden mit *Übergang* (1983). Die Texte verbanden eigenes Erleben und eine individuelle Lebensgeschichte mit Elementen der psychologisch reflektierten Zeitgeschichte. Dabei ging es nicht um Innerlichkeit, sondern um die kritische Innenansicht einer Individualität. Der Verlust an Sicherheiten und Gewißheiten, der sich in dieser Prosa vornehmlich weiblicher Autoren – aber auch in Nicolas Borns schon erwähntem Buch *Die erdabgewandte Seite der Geschichte* aus dem Jahre 1976 – mitteilte, fand seine Entsprechung in einer Lyrik, die in ihrer Formensprache den Kunstcharakter nicht verleugnete, sondern ausdrücklich betonte. So fiel bei den Themen, Stoffen, Motiven und Bilderwelten der Lyrik von Sarah Kirsch, Günter Kunert, Michael Krüger und Hans Magnus Enzensberger eine Rück- und Neubesinnung auf die «Eigenart des Ästhetischen» (Georg Lukács) auf, die sogar wieder verstärkt auf die Widerstandskraft der Poesie zu setzen schien. Schriftsteller wie Peter Weiss, Alexander Kluge und Herbert Achternbusch, die seit Anfang der sechziger Jahre konsequent auf der Fähigkeit der Literatur bestanden hatten, Wirklichkeit fassen, verarbeiten und formen zu können, fügten sich daher mühelos über die zeitlichen, methodischen und inhaltlichen Brüche der siebziger Jahre hinweg in die neue literarische Wirklichkeit jenseits der «neuen Subjektivität» ein.

Eine Ausnahme bildete Botho Strauß, der seine Kultur- und Sozialkritik fortsetzte und dabei dem Generalthema der siebziger Jahre – der Entfremdung innerhalb der Gesellschaft und des Leidens an ihr – verhaftet blieb. Im Widerstand der Ästhetik als Formel der Literatur der achtziger Jahre waren die Zukunftshoffnungen der sechziger Jahre somit ebenso in den Hintergrund gerückt wie die ich-zentrierte Wahrnehmungsperspektive der «neuen Subjektivität» in den siebziger Jahren. An ihre Stelle trat das Wissen um drohende ökologische, atomare und soziale Katastrophen, das die Autoren nicht unberührt ließ. Die Entgrenzung des Ich, die Lyrik einer beschädigten Welt, die Rückeroberung der Sinnlichkeit sowie die Rückgewinnung geschichtlichen Denkens und Handelns waren daher die wesentlichen Faktoren der literarischen Arbeit in den achtziger Jahren, die auch die «Wende» von 1989 überdauerten und in einer veränderten Welt die Suche nach neuer Orientierung begleiteten.

Von der Avantgarde zur musikalischen «Mitte»

Die dreifache Tendenzwende, die sich in den bildenden Künsten ebenso wie in der Literatur in den Umbrüchen vom Modernismus zur Politisierung Mitte der sechziger Jahre, vom politischen Engagement zur «neuen Subjektivität» in den siebziger Jahren und von der Ich-Bezogenheit zur postmodernen Beliebigkeit in den achtziger Jahren vollzog, läßt sich auch in der E-Musik feststellen. Im Gegensatz zu Kunst und Literatur befand sich die moderne Musik (für die sich, rundweg gesagt, kaum jemand interessierte) jedoch in einem künstlerischen Ghetto, so daß der Veränderungsdruck sich hier weitaus geringer auswirkte und überhaupt nur von einer elitären Minderheit wahrgenommen und diskutiert wurde. Die Neue Musik war, mit den Worten von Hans Heinz Stuckenschmidt, eine «Musik gegen jedermann», die nur von den wahrhaft Interessierten goutiert werden konnte oder – im Sinne Theodor W. Adornos – als «letztmögliche Form der Irritation» empfunden wurde: eine Musik ohne «Zeichen-Charakter», die, wie bestimmte Werke der Concept Art, in ihrer Schwerverständlichkeit sowohl gegen Kommerzialisierung als auch gegen ideologische Vereinnahmung protestierte.[206] Ihre Vertreter, unter denen Karlheinz Stockhausen, Mauricio Kagel, Dieter Schnebel und Helmut Lachenmann besonders hervorzuheben sind, waren einer breiteren Öffentlichkeit in der Regel völlig unbekannt.

Die Forderung nach mehr Verständlichkeit und gesellschaftlicher Relevanz brachte zwar in den späten sechziger Jahren in Anlehnung an amerikanische Vorbilder wie Terry Riley, Philip Glass und Steve Reich neue Werke hervor, die unter der Bezeichnung «Minimal Music» oder «Hard Edge Music» – gelegentlich sogar mit dem Etikett einer «Neuen Einfachheit» – einen Wandel suggerierten. Die neuen Werke erinnerten in ihrer monotonen Aneinanderreihung oder langhingezogenen stufenweisen Veränderung bestimmter Klangfiguren allerdings unverkennbar an die monochrome Malerei

3. Kultur zwischen Engagement und Selbstbezogenheit

oder Farbstreifenbilder, so daß in Wirklichkeit ein musikalischer Konstruktivismus praktiziert wurde, der den gesellschaftsverändernden Anspruch offenbar gründlich mißverstanden hatte (oder mißverstehen wollte). Eine Ausnahme bildeten die Kompositionen Hans Werner Henzes, deren stärkere Inhaltlichkeit von linken Musikkritikern seit 1968/69 als vorbildlich begrüßt wurde. Zu seinen Arbeiten, die zwischen 1970 und 1975 entstanden, zählten vor allem das Che-Guevara-Oratorium *Das Floß der Medusa*, die *Kubanische Symphonie* sowie die mit *Voices* überschriebenen Lieder der internationalen Solidarität.

Doch Henzes Vorbild fand kaum Nachahmer. Mauricio Kagel bemerkte dazu 1975 in seiner Schrift *Tamtam*, daß er für den Versuch, die «Neue Musik als Mittel politischer oder gesellschaftlicher Veränderungen» einzusetzen, nur ein «müdes Lächeln» übrig habe. Henze, so empfahl er in einem *Spiegel*-Interview 1976, solle sich lieber weiterhin für die «Elite der Neuen Musik» engagieren, statt mit dem Anspruch eines «Kultusministers» aufzutreten.[207] In gleichem Sinne schrieb Helmut Lachenmann 1972 in *Melos*, der Glaube an eine gesellschaftsverändernde Kraft der Musik sei eine irreführende «Heuchelei»; dem bewußt elitären Modernismus müsse vielmehr eine «Ästhetik der emanzipierenden Reflexion» zugrunde liegen.[208]

Zu den wenigen Konzessionen, die von den modernen Musikern an die Verständlichkeits- und Relevanzpostulate gemacht wurden, gehörten einige Happenings- und Aktionskompositionen, die sich in Richtung einer «Concept Art» in der Musik bewegten. Beispiele dafür sind die *Atemzüge für Artikulationsorgane und Reproduktionsgeräte* (1970/71) von Dieter Schnebel, die er wegen ihres unartikulierten Stöhnens und Ächzens als «Mund-Stücke» oder «Maul-Werke» bezeichnete, und Mauricio Kagels *Atem für einen Bläser* aus dem Jahre 1970, bei dem ein Bläser lediglich mit dem Säubern seines Instruments begann, dabei Selbstgespräche führte, das Instrument an den Mund setzte und tief Luft holte – um das Instrument dann wieder abzusetzen, ohne eine Note gespielt zu haben, und mit dem Vorgang von vorne zu beginnen.[209]

Größere Bedeutung für die E-Musik gewann jedoch die Rückbesinnung auf den «subjektiven Faktor» in der zweiten Hälfte der siebziger Jahre. Unter Leitbegriffen wie Neue Expressivität, Neue Romantik oder Neue Subjektivität kam es zu einer «Remusikalisierung», bei der Gefühlsintensität und provozierende Ichhaftigkeit wieder verstärkt Geltung erlangten. In einer Zitier- und Verarbeitungstechnik, die Mauricio Kagel bereits in den späten sechziger Jahren entwickelt hatte, wurden meist Kompositionen aus dem Umkreis der deutschen Romantik von Schubert bis zu Wagner und Mahler zu einer Musik verarbeitet, die in ihrer Tonalität und Melodik in bewußtem Widerspruch zu allen rein «intellektuell» aufgefaßten Strukturelementen stand. Beispiele dafür sind das von Kagel auf den Tod Strawinskys komponierte Werk *Fürst Igor, Strawinsky* (1972), das sich auf die Arie des gefangenen Fürsten aus dem 2. Akt von Borodins *Fürst Igor* stützt, und Kagels

Variationen und Fuge über ein Thema von Händel für Klavier von Johannes Brahms (1973). Dazu zählen aber auch der Zyklus An John Field. Nocturnes (1975) von Wilhelm Killmayer, die Schubert-Phantasie (1978) von Dieter Schnebel, das Streichsextett (1978) von Wolfgang von Schweinitz sowie das Idyll für Orchester (1982) von Volker David Kirchner.

Eine zweite Richtung dieser ichhaften E-Musik bezog ihr Klangmaterial weniger aus der Tradition der deutschen Romantik als aus außereuropäischen, «exotischen» Klangwelten. Auch die Minimal Music sowie jene Syntheziser-Musik, die sich als akustisches Hypnotikum verstand und mit dem Stilmittel stundenlanger Wiederholungen den Eindruck des Psychedelischen oder Halluzinatorischen erwecken wollte, wurden nun von deutschen Komponisten aufgegriffen. So stellte der Syntheziser-Komponist Klaus Schulze 1978 auf seiner Doppel-LP X «Phantasien» vor, die wie im Zustand der Trance aufgenommen zu sein schienen und sich in ihren hypnotisch ansaugenden Wiederholungen stilistisch zwischen Space Rock und Mahlers Symphonie der Tausend bewegten. Peter Michael Hamel, der in Indien lange Raga-Musik studierte und an Meditationsübungen teilnahm, suchte nach seiner Rückkehr in die Bundesrepublik mit der Gruppe «Between» den Hörern das Gefühl einer außerirdischen Trance zu vermitteln. Hans Zender verwandte 1980 für seine Kantante nach Texten von Meister Eckehart die zwölfstufige Tonleiter der klassischen chinesischen Musik.

Eine dritte Richtung verlieh dagegen vor allem der Emotionalität von Trauer, Schmerz, Wahnsinn und Selbstmord musikalischen Ausdruck. Ein frühes Beispiel dafür war Wilhelm Killmayers Tonpoem Schumann in Endenich von 1972. In den Jahren 1977 bis 1980 kamen noch die vier Sätze seines Poème symphonique hinzu. Hans-Jürgen von Bose setzte 1974 mit seinem Stück Erstes Streichquartett und 1978 mit den Vertonungen von Liedern aus Des Knaben Wunderhorn sowie den Variationen für Kammerorchester bei Schumann und Mahler an. In diese Reihe gehören ebenfalls die Oper Lear (1978) von Aribert Reimann und Volker David Kirchners Nachtstück für Viola und kleines Orchester aus dem Jahre 1981. Der wohl bekannteste Vertreter dieser ins Expressive drängenden Gruppe war jedoch Wolfgang Rihm, der sich 1974 als Zweiundzwanzigjähriger bei den Donaueschinger Musiktagen mit der Aufführung seiner Morphonie für Streichquartett und großes Orchester bereits als ein Ausdrucksmusiker vorgestellt hatte, dem es in bewußter Ablehnung aller älteren «Rationalsysteme» und in Anlehnung an Wagner, Bruckner und Mahler um eine erneute «Freilegung des Gefühls» sowie um den Ausgleich der Dissonanzen durch «Jovialität» ging. Seine Kammeroper Jakob Lenz (1978) nach Büchner, die Nietzsche-Fragmente (1981) sowie die Wölffli-Lieder (1982) waren Ausdruck einer kompositorischen Eigendynamik, bei der Rihm hinter allem rationalen «Besser-Wissen» sein eigentliches «Gegen-Ich» zu entdecken suchte.[210]

Folgt man der Einteilung von Hermann Danuser, der neben der «Moderne» (als Zeitraum von etwa 1890 bis zum Ersten Weltkrieg, mit Arnold

Schönberg und Alban Berg als den wichtigsten Repräsentanten) drei «Kulturen der Musik» im 20. Jahrhundert unterschied – die Tradition, die Avantgarde als Teil der Moderne sowie die «mittlere Musik»[211] –, so läßt sich das stark ichbezogene Schaffen der Rihm-Generation in den siebziger Jahren bereits zur «mittleren Musik» zählen. Noch stärker gilt dies allerdings für die postmodernen Tendenzen in den achtziger und neunziger Jahren. Sogar Karlheinz Stockhausen, der sich 1955 dezidiert auf Anton Webern als Vorbild und Maßstab berufen und diese Position jahrzehntelang hartnäckig verteidigt hatte, fügte sich beim Metzer Musikfest 1986 mit *Evas Zauber* in diese neue Tendenz ein, nachdem er sich schon vorher schrittweise wieder aufs «Kompositorische» zurückgezogen hatte.[212]

Hans Werner Henze hatte sich in diesem Sinne – abgesehen von einer kurzen Phase der Annäherung an die Zwölf-Ton-Technik Schönbergs – schon lange als Repräsentant und Verfechter einer «mittleren Musik» betrachtet. Nachdem er Ende der sechziger Jahre in die Nähe von Rom gezogen war, hatte er sich unter dem Einfluß italienischer «Sinnlichkeit» von der seriellen Musik abgewandt und in raffinierten Arrangements Atonalität mit Tonalität verbunden. Den frühen Werken im Geiste Strawinskys und Hindemiths, zu denen neben Symphonien, Klavier- und Violinkonzerten, Werken für Kammerorchester und zahlreichen Ballettmusiken vor allem die Opern *König Hirsch* (1952/1955), *Der Prinz von Homburg* (1958, mit einem Libretto von Ingeborg Bachmann), *Elegie für junge Liebende* (1959/61), *Der junge Lord* (1964), *Die Bassariden* (1965) sowie die Kinderoper *Pollicino* (1980) gehörten, folgte nach dem schon erwähnten Zwischenspiel der Zuwendung zur politischen Linken *(Floß der Medusa)* eine neue Phase mit neuromantischen und neoklassizistischen Anklängen, auch wenn diese weiterhin von atonalen Elementen durchsetzt blieben. Beispiele dafür waren wiederum vor allem Opern wie *Wir erreichen den Fluß* (1974–76, nach einem Libretto von Edward Bond) und *Die englische Katze* (1983).

Auch in der populären Musik setzte sich in den achtziger Jahren mit der «Neuen Deutschen Welle» ein Trend durch, der einerseits postmoderne Beliebigkeit (in diesem Fall die Durchbrechung der absoluten Dominanz englischsprachiger Produktionen) erkennen ließ, andererseits der Neigung zu verstärkter Emotionalität und Subjektivität entsprach. Im Gegensatz zu dem aus Großbritannien importierten Punk war die Neue Deutsche Welle nicht die musikalische Lebensform sozial benachteiligter Arbeiterkinder, sondern künstlerischer Ausdruck einer nivellierten Mittelschichtsjugend, die antrat, den von ihr bisher verabscheuten deutschen Schlager mit dessen eigenen Waffen zu schlagen. Im ironischen Umgang mit der Tradition, in der spielerischen Beliebigkeit der Texte sowie der gewollten Abwesenheit «tieferen» Sinns und dem unbekümmerten Mut zur Simplizität wurde die populäre Alltagsware der Postmoderne hergestellt.[213]

Zwar spiegelten sich in den Texten teilweise durchaus noch die politischen Auseinandersetzungen und gesellschaftlichen Spannungen wider. Der Übergang zur Nonsens-Ironie der Sponti-Bewegung war jedoch fließend, wie etwa das D. A. F.-Lied «Der Mussolini» zeigt, in dessen Text es heißt: «Dreh dich nach rechts, dreh dich nach links/Geh in die Knie, wackle mit den Hüften/Klatsch in die Hände/und tanz den Mussolini/Tanz den Adolf Hitler/Beweg deinen Hintern/und tanz den Jesus Christus.»[214] Wichtige Repräsentanten waren Gruppen wie *Die Ärzte* und *Trio*, aber auch die Punk-Band *Die toten Hosen*. Internationalen Erfolg konnte vorübergehend Nena («99 Luftballons») verbuchen, während *Bap*, Klaus Lage und Ina Deter («Neue Männer braucht das Land») die Tradition sozialkritisch engagierter Rockmusik fortsetzten. Herbert Grönemeyer und Marius Müller-Westernhagen schließlich kreierten einen persönlichen Stil, bei dem sich intelligente Texte und *Mainstream*-Popmusik zu einer kommerziell höchst erfolgreichen Mischung verbanden.

Vom Überleben des Schriftlichen

In der Bundesrepublik war der Siegeszug der neuen Medien, wie an anderer Stelle bereits erörtert, in den siebziger und achtziger Jahren Bestandteil der Entwicklung zur postindustriellen Gesellschaft. Entgegen den Erwartungen mancher Kulturpessimisten führte er jedoch nicht dazu, das gedruckte Wort zu verdrängen. Das Überleben der Schriftlichkeit gehört sogar zu den erstaunlichsten Phänomenen der vergangenen Jahrzehnte. Weder die bundesweite Einführung des Fernsehens 1954 noch die Zulassung des Privatfernsehens mit dem dramatischen Anwachsen der Zahl der Sender und Programme ab Mitte der achtziger Jahre bewirkte einen Schwund an Zeitungen, eine personelle Verringerung der Redaktionen oder auch nur eine Senkung der Auflagen. Das Gegenteil war der Fall. Die Gesamtzahl der verkauften Exemplare von Tageszeitungen, die am Beginn des Fernsehzeitalters 1954 in der Bundesrepublik 13,4 Millionen betragen hatte, lag 1997 bei 31,7 Millionen. Auch die zusätzliche Dimension des Privatfernsehens seit dem 1. Januar 1984 ließ zunächst keinen unmittelbaren Einfluß erkennen: Während 1984 in der Bundesrepublik insgesamt 1267 Tageszeitungen – betreut von 125 Vollredaktionen («Kopfblätter») – mit einer verkauften Auflage von 21,1 Millionen Exemplaren erschienen, waren es 1997 – allerdings auf das wiedervereinigte Deutschland bezogen – 1580 Ausgaben von 135 Vollredaktionen mit der erwähnten Gesamtauflage von 31,7 Millionen Exemplaren.[215] Bei den zwei größten überregionalen Abonnementszeitungen – der *Frankfurter Allgemeinen Zeitung* und der *Süddeutschen Zeitung* – stieg die Auflage in der gleichen Zeit von 355 500 bzw. 343 600 auf jeweils etwa 400 000 Exemplare. *Die Welt* und die *Frankfurter Rundschau* lagen 1998 nahezu unverändert bei rund 217 000 bzw. 188 000 Exemplaren.[216]

Große Kontinuität bewies auch das von Rudolf Augstein gegründete und herausgegebene Nachrichtenmagazin *Der Spiegel*, das 1987 durchschnittlich pro Woche 900 000 Exemplare, davon 130 000 im Ausland, absetzte.[217] Zur politischen Rolle des Magazins bemerkte der Schriftsteller Martin Walser anläßlich des 40. Jubiläums, der *Spiegel* sei nie eine dauernde Verbindung mit irgendeiner gesellschaftlichen Macht eingegangen, sondern «schnell Opposition der Regierung und genauso Opposition der Opposition» gewesen, habe sich also «mit keiner Seite, keiner Partei, keiner Machtclique dauerhaft befreundet» und dadurch die Öffentlichkeit in vielfacher Hinsicht geschützt: vor den Anmaßungen des Offiziellen, dem Falschgeld der Autorität und den Peinlichkeiten des Personenkults.[218] Die jahrzehntelange Konkurrenz mit dem von Henri Nannen geleiteten *Stern* wurde endgültig zugunsten des *Spiegel* entschieden, als der *Stern* in seiner Ausgabe vom 28. April 1983 verkündete, Hitlers Tagebücher entdeckt zu haben. Nach der ebenso raschen wie peinlichen Entlarvung der Tagebücher als Fälschung gingen nicht nur die Auflage und das Anzeigengeschäft um beinahe 15 Prozent zurück, der *Stern* war auch «publizistisch entmythologisiert».[219] Aber der *Stern* ging daran nicht zugrunde, er veränderte lediglich sein Gesicht und sein Image. Dafür erhielt der *Spiegel* 1993 mit dem in München erscheinenden Nachrichtenmagazin *Focus* (Auflage 1998: 750 000) neue starke Konkurrenz.

Das «Paradies der Zeitschriften», das während der späten vierziger und teilweise auch noch in den frühen fünfziger Jahren bestanden hatte, gab es in den siebziger und achtziger Jahren allerdings nicht mehr. Vor allem bei den Kultur- und Literaturzeitschriften herrschte ein ständiges Kommen und Gehen.[220] Nur der *Merkur* konnte sich über Jahrzehnte hinweg halten. Die *Frankfurter Hefte* verschmolzen 1985 mit der sozialdemokratisch orientierten *Neuen Gesellschaft*. Der politisch-kulturelle *Monat*, der 1978 von Melvin Lasky und Helga Hegewisch als Themenheft wiederbelebt wurde, konnte nicht an seine Erfolge in den fünfziger Jahren anknüpfen und scheiterte ebenso wie die von Hans Magnus Enzensberger ins Leben gerufene *TransAtlantik*, die 1987 eingestellten *Westermann's Monatshefte* und die ursprünglich als *L'76* von Heinrich Böll, Günter Grass und Johano Strasser begründete Literaturzeitschrift *L'80*.[221]

Nicht besser erging es den gesellschaftskritischen Zeitschriften, die im Umfeld der Protestbewegung von 1968 entstanden. Von den wichtigsten unter ihnen – *Alternative, Das Argument, Kürbiskern, Kursbuch, Ästhetik und Kommunikation* – überlebte nur das *Kursbuch*, das sich thematisch als genügend flexibel erwies, um die Tendenzwende zu überstehen.[222] Im Gegensatz zu den theoriefixierten Repräsentanten der Studentenbewegung waren die Vertreter der neuen Alternativbewegung eher theoriemüde, so daß die Herausgeberin der *Alternative*, Hildegard Brenner, im Editorial zur letzten Ausgabe der Zeitschrift 1982 resigniert feststellte: «Die sich innerhalb der sozialen Protestbewegung zur Wehr setzen, machen keinen Gebrauch von dem, was wir produzieren. Damit verliert eine Zeitschrift wie *Alternative* nicht nur ihr Publikum, sondern auch ihre Funktion.»[223]

Eine gewisse Ausnahme unter den Magazinen der neuen sozialen Bewegungen bildeten die feministischen Zeitschriften. Hier erschien als erste schon 1970 *Pelagea* (nach Bertolt Brechts *Die Mutter. Leben der Pelagea Wlassowa*), gefolgt von *Courage* 1976, die bald eine Auflage von 55 000 Exemplaren erreichte, und der im Februar 1977 von Alice Schwarzer gegründeten *Emma*, die Ende der siebziger und zu Beginn der achtziger Jahre mit 200 000 Exemplaren zur zweitgrößten feministischen Zeitschrift der Welt avancierte. Auf dem Höhepunkt der Frauenbewegung erschienen 1983 schließlich 59 periodische Publikationen dieser Art, bevor die Frauenpresse innerhalb von drei Jahren auf den Stand von 1977 zurückfiel. *Courage* mußte ihr Erscheinen 1984 einstellen. *Emma* verkaufte 1986 nur noch 60 000 Exemplare pro Heft.[224] Erfolgreiche Beispiele für alternative Publikationen waren neben der schon erwähnten *tageszeitung* (taz) vor allem die Stadtmagazine, wie *Pflasterstrand* in Frankfurt am Main, die *Münchner Stadtzeitung*, der *Plärrer* in Nürnberg sowie *zitty* und *tip* in Berlin. Da sie ihre Themen im unmittelbaren Umfeld ihrer Leser suchten, waren sie zugleich zuverlässige Barometer der jeweiligen politischen und gesellschaftlichen Stimmungslage der jungen Generation und ihrer Veränderungen.

Den größten Boom erlebten allerdings die Publikumszeitschriften, die sich im Gegensatz zu den Fach- und Zielgruppenzeitschriften an eine bildungs-, alters- und einkommensmäßig breite Leserschaft richten. 1997 wurden davon bei über 750 Titeln etwa 130 Millionen Exemplare verkauft. Die Gesamtzahl der Zeitschriftentitel in der Bundesrepublik betrug zu dieser Zeit rund 20 000. Die geschätzte Auflage dürfte, da genaue Statistiken fehlen, Ende der neunziger Jahre bei etwa 200 Millionen Exemplaren gelegen haben. Das Angebot in der Bundesrepublik zählte damit zu einem der vielfältigsten in der Welt. Der gewachsene «Erfahrungshunger» und die gestiegene Freizeit kamen darin zum Ausdruck. Nicht nur aktuelle Illustrierte und die Programmpresse, sondern vor allem Zeitschriften über Gesundheit, Sport, Mode, Lifestyle und Hobbys, aber auch Umwelt, Ökologie, Emanzipation und Esoterik sowie in den neunziger Jahren zunehmend Titel über Computer und audiovisuelle Medien bestimmten den Markt. Die Zahl der Titel stieg seit Anfang der siebziger Jahre um mehr als das Dreifache, die Auflage um mehr als das Vierfache. Von einer Ablösung der Printmedien durch die elektronischen Medien kann also bislang nicht die Rede sein. Die Schriftlichkeit überlebte nicht nur. Sie erreichte sogar neue Dimensionen der Popularität und des Konsums.

Fragen an das 21. Jahrhundert

Am Beginn des 21. Jahrhunderts steht die von Ulrich Beck beschriebene «Risikogesellschaft» der Industrialisierung und des technischen Fortschritts vor der Notwendigkeit einer grundlegenden Veränderung. Die «reflexive Modernisierung», deren innere Dynamik weitgehend sich selbst überlassen und nicht durch korrigierende Eingriffe von außen vor ihren größten Risi-

3. Kultur zwischen Engagement und Selbstbezogenheit 683

ken bewahrt wurde, droht aufgrund immanenter Entwicklungen in Stillstand umzuschlagen und im «Modernisierungsinfarkt» zu enden.[225] Vom Niedergang der Arbeitsgesellschaft über den Verkehrsstau bis zur Informationsüberflutung sind die Warnsignale unübersehbar, daß Grenzen der Zumutbarkeit erreicht oder bereits überschritten wurden. In der Bundesrepublik bestand die Reaktion darauf seit der «Tendenzwende» 1973/74 in allen Bereichen von Kultur und Gesellschaft häufig in einem Rückzug in soziale Idylle-Nischen, Subjektivität und Selbstfindung oder – keineswegs selten – der Zuflucht zu Esoterik oder religiösen Sekten. Der Kultursoziologe Joseph Huber meinte deshalb neben der «Konservativismusfalle», die den technischen Fortschritt unwidersprochen hinnehme, auch eine «Romantizismusfalle» zu erkennen, die darin bestehe, daß unter Berufung auf mythisch überhöhte Begriffe wie «Leben», «Gemeinschaft» oder «Natur» technische Errungenschaften und mühsam erreichte Fortschritte beim Aufbau demokratischer und sozialstaatlicher Institutionen leichtfertig preisgegeben würden.[226]

Der Ausweg besteht für Huber in einer «Selbstmodernisierung der Moderne», bei der es vorrangig um den «Übergang vom ökonomischen Aufbau zum sozialökologischen Umbau» gehe. Mit dem Systemaufbau so weiterzumachen wie bisher, sei faktisch unhaltbar geworden. Die weltweite Bevölkerungsexplosion, die Atomenergie und die Erkenntnis, daß man bei einer «industrietraditionalistischen Gangart» an die Grenzen des Wachstums stoße und nicht mehr kontrollierbare Risiken schaffe, führten zwangsläufig zum Thema der Ökologie: Was die soziale Frage für die Epoche der traditionellen Modernisierung gewesen sei, werde die ökologische Frage für die Epoche des selbstmodernisierenden Umbaus sein.[227] Optimistisch geht Huber dabei von der Annahme aus, daß der Mensch nicht nur in einem technischen Sinne – etwa in der Gentechnik und bei der Künstlichen Intelligenz – zu Innovationen fähig, sondern auch zu einem schöpferischen antizipatorischen Denken «begabt» sei. Der Mensch selber hat es daher seiner Meinung nach in der Hand, mögliche Fehlentwicklungen in der Zukunft vorauszusehen und rechtzeitig gegenzusteuern.

Eine besondere Herausforderung ist dabei die bereits beschriebene Revolution in der Mikroelektronik, durch die nicht nur der von Rainer Maria Rilke beschworene «in stiller Fabrik ölend sich selber gehörende Automat» Wirklichkeit wurde, sondern die Arbeitsgesellschaft insgesamt ihren Charakter veränderte.[228] Routinearbeiten werden von Robotern zunehmend schneller, zuverlässiger und kostengünstiger erledigt als von Menschen. In der postindustriellen Gesellschaft ist deshalb nicht mehr der ungelernte Arbeiter, sondern der flexible, qualifizierte Spezialist bzw. der kommunikative Dienstleistungstyp gefragt. Die Frage stellt sich daher, ob die Entwicklung weiterhin in den Bahnen eines technozentrischen Taylorismus verläuft, bei dem mit Hilfe künstlicher Intelligenz der Eigen-Sinn «lebendiger Arbeit» mehr und mehr ausgeschaltet wird, oder ob eine anthropozentrische Wendung eintritt, die die dauerhafte Bewahrung humaner Identität am Arbeitsplatz gewährleistet.[229]

Selbst wenn dies gelänge, würde sich allerdings die zunehmende Entbehrlichkeit menschlicher Arbeitskraft als Folge der Chip-Revolution nicht rückgängig machen lassen. Der durch die Mikroelektronik ausgelöste Rationalisierungsschub ist in seinen Dimensionen noch gar nicht zu ermessen. Die Industriesoziologen Horst Kern und Michael Schumann haben am Beispiel der Automobilindustrie gezeigt, daß aus den dort getätigten Modernisierungsinvestitionen zur Rationalisierung der Planungs- und Produktionsabläufe ein «immenses Freisetzungspotential» erwächst.[230] Vergleichbare Entwicklungen sind in allen Sparten der Wirtschaft zu beobachten, in denen sich die Leitung, Steuerung und Ausführung industrieller Prozesse oder die Abwicklung von Dienstleistungsgeschäften automatisieren läßt.

Dennoch bleibt der kulturelle Beitrag des Computers begrenzt, weil menschliche Intelligenz nur zu einem geringen Teil aus Anlagen zur Informationsverarbeitung besteht. Daten als manchmal nützliche, manchmal triviale und oft überflüssige Tatsachenbündel bilden nur eine Voraussetzung, aber nicht die Substanz menschlichen Denkens. Der Computer «denkt» in Informationen; der assoziative Geist des Menschen denkt in Ideen. Die Unterlegenheit des Menschen gegenüber dem Computer im Umgang mit quantitativen Daten ist daher nur von relativer Bedeutung.[231]

Solche Einsichten in Möglichkeiten und Grenzen technologischer Prozesse führen nicht nur zu Überlegungen über die Neugestaltung der Arbeitswelt in einer postindustriellen Gesellschaft, sondern auch zu Schlußfolgerungen über Entwicklungen im Bereich der Kultur. Die bisherige Industriegesellschaft mit langfristigen Arbeitsverhältnissen, festen Arbeitszeiten und tarifvertraglich vereinbarten Arbeitslöhnen gehört offensichtlich der Vergangenheit an. Die Zukunft wird durch eine in hohem Maße flexible und global vernetzte Wirtschaftsform bestimmt sein, in der dem Dienstleistungsbereich eine immer größere Bedeutung zukommt, das Eigentum an Produktionsmitteln kaum noch eine Rolle spielt und die Aufteilung in Arbeits- und Freizeitgesellschaft durch die Mischform einer «Tätigkeitsgesellschaft» abgelöst wird. Wirtschaft und Gesellschaft der Bundesrepublik sind diesem Strukturwandel bereits seit den achtziger Jahren ausgesetzt, der sich auf das Leben aller Bürger nachhaltig auswirkt. Der Kultur fällt dabei die zentrale Aufgabe zu, die Veränderungen nicht nur durch die Sinnfrage immer wieder kritisch zu begleiten und zu beeinflussen, sondern auch in einer scheinbar beliebigen und haltlosen Welt selbst Sinn und Orientierung zu vermitteln. Zwar verfügen Literatur, bildende Kunst, Film und Musik ebenso wie die Geistes- und Sozialwissenschaften weder über ein direktes Mandat zur geistigen Pfadfindung in der neuen Welt des raschen Wandels, noch könnten sie ein solches für sich allein beanspruchen. Aber neben der Spaßfunktion der Unterhaltung, Ablenkung und Zerstreuung, die in einer freizeitorientierten Gesellschaft besonders hoch zu veranschlagen ist, haben die verschiedenen Bereiche der Kultur immer auch eine erklärende, interpretierende, vorausschauende und vorausdenkende Bedeutung. Für das 21. Jahrhundert erscheint diese Rolle notwendiger als je zuvor.

Wichtige Fragen sind dabei bisher gänzlich unbeantwortet oder noch kaum gestellt: Wie könnte es gelingen, den rapiden Wandlungsprozeß so zu verlangsamen, daß ein neuer «Lebensrhythmus der Gleichgewichtigkeit» (Hermann Glaser) entsteht, bei dem nicht nur den ökonomischen Zwängen und technologischen Möglichkeiten, sondern auch den ökologischen wie kulturellen und anthropologischen Bedürfnissen Rechnung getragen wird? Wie ist das Bildungssystem zu verändern, damit es auf die neuen Anforderungen der vermischten Arbeits- und Freizeitwelt mit ihrem lebenslangen Lernen und dem Erwerb wechselnder Spezialkenntnisse und Schlüsselqualifikationen angemessen reagieren kann? Wie läßt sich der Sozialstaat zukunftsgerecht transformieren, ohne seinen Kern zu beschädigen? Wie könnte das neue Zusammenspiel der politischen und gesellschaftlichen Kräfte aussehen, wenn nicht nur der Nationalstaat als Ordnungsrahmen an Bedeutung verliert, sondern auch die gesellschaftliche Binnenstruktur durch Flexibilisierung und Globalisierung in Frage gestellt wird? Wie muß – auf der Grundlage der Subsidiarität – das Verhältnis zwischen globalen Superstrukturen und kleineren, überschaubaren Einheiten auf lokaler bzw. regionaler Ebene gestaltet werden, um anonymisierte Entscheidungsabläufe und Fremdbestimmung zu begrenzen und die Loyalität der Bürger zu sichern? Und welchen Stellenwert wird die Ästhetik in der Rationalität der Postmoderne besitzen, wenn sie zwischen politischem Protest und subjektivem Rückzug einen neuen Zugang zur Gesellschaft sucht?

Auf manche dieser Fragen haben die Entwicklungen der letzten zwei Jahrzehnte erste Umrisse von Antworten bereits erkennen lassen. So sind das – hier nicht zufällig so stark betonte – Überleben des Schriftlichen und der «Widerstand der Ästhetik» in der Literatur Anzeichen dafür, daß die neuen Medien und die Computerisierung nicht zwangsläufig zum Absterben älterer Kulturtechniken führen müssen, ja daß sogar ein unverkennbares Bedürfnis nach einem produktiven Nebeneinander besteht. Die «neuen sozialen Bewegungen», die keineswegs nur von politischem Protest oder sozialem Eskapismus getragen waren, sondern Grundzüge einer alternativen Gegenkultur zur technisierten Postmoderne entworfen haben (ohne in der Regel zu bemerken, daß sie selbst bereits Bestandteil einer postmodernen Kultur waren), lassen phantasievolle Strategien erkennen, mit denen der in allen Denk-, Lebens- und Tätigkeitsbereichen feststellbare Gleichgewichtsverlust zwischen Mensch, Technik und Natur ausgeglichen werden soll. Und in der Malerei kam seit den frühen achtziger Jahren nicht nur ein neuer Hunger nach Bildern, sondern auch ein Bedürfnis nach expressiver Vitalität zum Ausdruck, das nach der Kunst- und Kulturkritik der sechziger und frühen siebziger Jahre geradezu eine Renaissance der bildenden Kunst vermuten läßt. Alle diese Entwicklungen bieten Anlaß zu der Hoffnung, daß der Wandel im 21. Jahrhundert sich auf einem breiten kulturellen Fundament vollziehen wird, dessen Tragfähigkeit durch das Wiederaufleben der Kultur in Deutschland nach 1945 ebenso wie durch ihre Anpassung an die veränderten Bedingungen der Postmoderne bereits erfolgreich erprobt wurde.

Siebenter Teil
EINHEIT UND NEUBEGINN

1. Rückkehr der Union an die Macht

Das Ende der sozialliberalen Koalition, die 1969 begonnen hatte, kam nach den vorangegangenen Querelen innerhalb der SPD und dem Streit zwischen den Koalitionspartnern über Grundfragen der Politik nicht mehr überraschend. So herrschte während der Aussprache und der Abstimmung im Bundestag über das konstruktive Mißtrauensvotum gegen Bundeskanzler Helmut Schmidt am 1. Oktober 1982 – anders als 1972 beim versuchten Sturz Willy Brandts durch Rainer Barzel – «im Plenum konzentrierte Aufmerksamkeit, aber keine Spannung», wie der Korrespondent der *Süddeutschen Zeitung* notierte.[1] Mit der erforderlichen «Kanzlermehrheit», allerdings nur sieben Stimmen über dem Minimum, wählten CDU/CSU und FDP den Oppositionsführer und früheren rheinland-pfälzischen Ministerpräsidenten Helmut Kohl zum neuen Kanzler der Bundesrepublik Deutschland. Dieser nach 1969 zweite Machtwechsel war in der Geschichte der Bundesrepublik ohne Beispiel: Noch nie zuvor war ein amtierender Kanzler durch ein konstruktives Mißtrauensvotum gestürzt, ein anderer dadurch in sein neues Amt befördert worden. Aber die Wähler bestätigten bei vorgezogenen Bundestagswahlen am 6. März 1983 die neue Koalition, indem sie ihr eine deutliche Mehrheit verschafften und damit ein Mandat zum Weiterregieren gaben.

Für die SPD bedeuteten der Machtverlust in Bonn, die Talfahrt in zahlreichen Bundesländern und nicht zuletzt die Ablösung langjähriger Führungsfiguren wie Helmut Schmidt, Herbert Wehner und schließlich auch Willy Brandt, der am 23. März 1987 nach innerparteilichen Auseinandersetzungen um die Besetzung der Position des SPD-Pressesprechers seinen Rücktritt vom Parteivorsitz ankündigte und auf einem Sonderparteitag am 14. Juni 1987 durch Hans-Jochen Vogel ersetzt wurde, den Zwang zu einem Neubeginn. Mit Vogel trat jedoch zunächst ein Mann an die Spitze, der sich mehr durch Fleiß und solide Sachkenntnis als durch Charisma und politische Visionen auszeichnete. Erst der Generationswechsel, der am Ende der achtziger Jahre mit Oskar Lafontaine, Björn Engholm und Gerhard Schröder neue Hoffnungsträger in den Blickpunkt rückte, leitete den eigentlichen Wandel ein, der schließlich auch die Voraussetzungen für den nächsten Machtwechsel 1998 – mit einer Regierungsbeteiligung von Bündnis 90/Die Grünen – schuf.

Die konservative Wende

Die Rückkehr der Union an die Macht in Bonn 1982 sollte dem Anspruch nach mehr sein als ein bloßer Regierungswechsel, nämlich Auftakt einer «konservativen Wende». Helmut Kohl sah sich dabei selber als den politischen Enkel und Erben Konrad Adenauers. Bereits im Bundestagswahlkampf 1980 hatte Kohl von der Notwendigkeit einer «geistigen Wende» gesprochen und der Regierung Schmidt vorgeworfen, vor dem Zeitgeist zu kapitulieren, anstatt durch moralisch fundierte, entschiedene Handlungsweisen «politisch-geistige Führung» zu beweisen.[2] Auch in seiner Regierungserklärung diagnostizierte der neue Kanzler eine «geistig-moralische Krise», die es zu überwinden gelte, und versprach «einen historischen Neuanfang».[3]

Die geistig-moralische Erneuerung, die Kohl forderte, verlangte den «leistungsbereiten Normalbürger». Er wollte nicht Minderheiten aufwerten, wie es seiner Meinung nach während der sozialliberalen Koalition in zu hohem Maße geschehen war, sondern der «Normalität bürgerlichen Lebens» wieder zu ihrem Recht verhelfen. Es ging ihm nicht um «den Stadtstreicher, Punker, Stadtindianer, jugendlichen Drückeberger, der in Discotheken mit Wehrdienstverweigerung prahlt, oder gar den Faustrecht übenden Hausbesetzer, den Demonstranten, der sein Gesicht vermummt», sondern um die große Mehrheit der lebensbejahenden, einfachen Leute, die ohne viel Aufhebens ihrer täglichen Arbeit nachgingen und damit der Gesellschaft mehr nutzten als anarchistische Aussteiger oder professionelle Miesepeter. Denn, so Kohl, es imponiere ihm «überhaupt nicht, wenn Leute dafür hoch bezahlt werden, in der Bundesrepublik Pessimismus und Weltuntergangsstimmung zu verbreiten».[4]

Der Korrespondent des Pariser *Le Figaro*, Jean-Paul Picaper, verglich den neuen Kanzler mit einem «Riesen», der «etwas von einem Bruder ‹Jean des Entommeures›» habe, einer Figur aus Rabelais' *Gargantua* – mit einem «überschäumenden Optimismus» und «brüderlicher Stärke». Außerdem, so meinte Picaper, würden ihn seine Vorstellung vom «Europa der Nationen» im Sinne de Gaulles und Adenauers sowie sein «Sinn für Geschichte und die poetisch-kulturelle Vision ... näher an Mitterrand heranrücken lassen».[5] Tatsächlich standen für Kohl neben der Überwindung der «schwersten Wirtschaftskrise seit Bestehen der Bundesrepublik Deutschland», wie es bereits im ersten Satz der Regierungserklärung hieß, zwei Kernfragen der Außenpolitik im Mittelpunkt seines Programms: die Durchsetzung des NATO-Doppelbeschlusses vom Dezember 1979 sowie die Entwicklung der Europäischen Union unter besonderer Berücksichtigung der deutsch-französischen Beziehungen. Zum Doppelbeschluß bemerkte Kohl, eine «schwankende Position» sei «für die Bundesrepublik Deutschland – geopolitisch mitten in Europa – lebensgefährlich», denn dadurch würde das Bündnis gefährdet, das den «Kernpunkt deutscher Staatsräson» darstelle.[6] Da die

1. Rückkehr der Union an die Macht

Regierung Schmidt den Beschluß 1979 erwirkt hatte, bedeutete der Machtwechsel in dieser Hinsicht keinen Bruch in der deutschen Außenpolitik, sondern gewährleistete im Gegenteil deren Kontinuität. Beim zweiten außenpolitischen Schwerpunkt ging es um die Überwindung der damals so genannten «Eurosklerose», eines nachhaltigen Tiefs im europäischen Einigungsprozeß, der seit Jahren stagnierte und kaum noch Perspektiven erkennen ließ. Die Tatsache, daß im Jahr zuvor François Mitterrand das Amt des französischen Staatspräsidenten übernommen hatte, war dabei für Kohl durchaus von Vorteil, da er mit dem neuen Präsidenten – obwohl Sozialist – erheblich besser harmonierte als mit dessen Vorgänger Giscard d'Estaing.

Den Sozialdemokraten fiel es nach den langen Jahren an der Macht begreiflicherweise schwer, die Rückkehr auf die Oppositionsbänke zu verkraften. Schon die Tatsache, daß der weltmännische Hanseat Schmidt durch den pfälzischen Provinzler Kohl zu Fall gebracht worden war, war schwer zu verwinden. «Kohl ist Kanzler. Das Unvorstellbare, schier Unglaubliche ist geschehen», klagte der SPD-Pressedienst: «Der national und international angesehene Staatsmann Helmut Schmidt ist von einem eitlen, linkischen Provinzpolitiker gestürzt worden.» Allerdings sei Kohl kaum mehr als ein «Übergangskanzler», der bald nicht nur zeigen werde, «daß er diesem Amt nicht gewachsen ist», sondern darüber hinaus auch «die nützliche Funktion» habe, «dem Volk zu beweisen, um wieviel besser, gerechter, vertrauenswürdiger und erfolgreicher Helmut Schmidt war». Kohls «historische Aufgabe» werde es sein, «die Bedeutung Schmidts zu Bewußtsein zu bringen».[7] Willy Brandt erklärte herablassend, die SPD werde Kohl «so ernst nehmen, wie er es verdient».[8]

Die Medien, die Kohl jahrelang unterschätzt hatten, taten sich ebenfalls schwer, ihre Voreingenommenheit gegen den neuen Kanzler abzulegen. Der *Stern* nannte ihn das «Phänomen eines Zwei-Zentner-Nichts», und in der Zürcher *Weltwoche* hieß es, Kohl sei zwar der jüngste Kanzler der Bundesrepublik, nachdem er schon der jüngste Ministerpräsident und davor der jüngste Fraktionsvorsitzende in Rheinland-Pfalz gewesen sei. Aber der äußere Schein sei trügerisch: «Diese Karriere war und ist zweifellos erfolgreich, doch ihr fehlte bisher der Glanz, es fehlte das mitreißende intellektuelle Potential des Politikers, der neue Zeichen zu setzen vermag.»[9]

Tatsächlich hatte Kohl seine Karriere nicht mit, sondern trotz der Presse gemacht. Seine Stärke beruhte nicht auf medialer Wirksamkeit, sondern auf innerparteilicher Durchsetzungsfähigkeit und zäher politischer Arbeit. Daß beides öffentlich kaum zur Kenntnis genommen wurde, lag auch an der Struktur der deutschen Presselandschaft. Die Übermacht des linksintellektuellen Journalismus im überregionalen Presse- und Zeitschriftenwesen sowie im Hörfunk und später auch im Fernsehen war schon in den vierziger und fünfziger Jahren spürbar gewesen. Zwar hatten sich ihre Vertreter an Adenauer zumeist die Zähne ausgebissen. Doch bereits Erhard war von ihnen nach anfänglicher Schonung verspottet und verlacht worden, und Kie-

singer hatte man gern als «schöngeistigen Girlandenredner» abgetan. Mit
Brandt und Schmidt hatten dann allerdings zwei Kanzler regiert, die nicht
nur im weiteren Sinne der «Linken» zugerechnet wurden, sondern auch
sonst ganz nach dem Geschmack der Medien waren: visionär der eine, brillant der andere – beide zudem charismatisch, optisch präsentabel, wortgewandt und auf hohem intellektuellen Niveau. Solchen Maßstäben schien
Helmut Kohl kaum gewachsen.[10]

Aufstieg in der Provinz

Die öffentliche Unterschätzung des neuen Kanzlers ist um so erstaunlicher,
als der am 3. April 1930 in Frankenthal bei Ludwigshafen geborene Aufsteiger aus der Provinz sich nicht nur bereits im jugendlichen Alter entschieden
hatte, die Politik zu seinem Beruf zu machen, sondern den Weg dorthin auch
mit bemerkenswerter Zielstrebigkeit verfolgte. Kohl war immer das, was
man einen «Berufspolitiker» nennen würde. Zwar trat er nach seiner Promotion 1958 als «Direktionsassistent» zunächst in eine Ludwigshafener Eisengießerei ein und übernahm im Jahr darauf eine Tätigkeit als Referent für
den Landesverband Chemische Industrie Rheinland-Pfalz e. V., die er bis zu
seiner Ernennung zum rheinland-pfälzischen Ministerpräsidenten im Mai
1969 ausübte. Doch sein eigentliches Interesse galt immer der Politik, für
die ihm aufgrund einer großzügigen Arbeitszeitregelung auch genügend
Spielraum blieb. So hatte er bereits als 17jähriger Anfang 1947 in Ludwigshafen die Junge Union mit aus der Taufe gehoben und war ein Jahr später
der CDU beigetreten, deren Satzung ein Mindestalter von 18 Jahren vorschrieb. Konrad Adenauer, auf den er sich später immer wieder berief, hatte
er zum ersten Mal im Bundestagswahlkampf 1949 auf dem Heidelberger
Schloß erlebt, damals allerdings als «sehr alt», sogar «zu alt» empfunden.[11]
Dagegen hinterließ die Begegnung mit Kurt Schumacher, den er 1947 im
Mannheimer «Rosengarten» als Redner gehört hatte, einen günstigeren Eindruck. Obwohl er politisch mit Schumacher in vielen Fragen nicht übereinstimmte, war er von der Persönlichkeit des SPD-Vorsitzenden fasziniert. Er
sei damals, berichtete er später, «ein Schumacher-Fan geworden, bin es eigentlich geblieben».[12]

Nach dem Abitur im Juni 1950 absolvierte er sein Studium in Frankfurt
am Main und Heidelberg. Er begann in Frankfurt mit Nationalökonomie,
Rechtswissenschaft und Psychologie und hörte Vorlesungen bei Walter
Hallstein, Franz Böhm und Carlo Schmid, die weniger als Wissenschaftler
denn als Politiker von sich reden gemacht hatten. Weil Frankfurt von seinem
Heimatort nur mühsam zu erreichen war, wechselte Kohl bereits ein Jahr
später nach Heidelberg, wo es ihn zu Alfred Weber, Alexander Rüstow,
Willy Hellpach und vor allem zu Dolf Sternberger zog. Ab 1952 studierte
Kohl dann Geschichte, Staatsrecht, Politische Wissenschaft und Öffentliches
Recht, um schließlich über ein historisches Thema zu promovieren. Schon

zu dieser Zeit galt Kohl nicht als «gewöhnlicher Student», sondern als Exponent der Ludwigshafener CDU. Zwar wollte er das Studium unbedingt abschließen, weil er es für einen Fehler hielt, sofort die Politik zum Beruf zu machen, «ohne Boden unter den eigenen Füßen zu haben». Aber «daß Kohl nach der Promotion in die Politik gehen würde», so sein Doktorvater Walther Peter Fuchs rückblickend, «war mir aufgrund seiner Biographie klar. Er selbst ließ auch darüber keinen Zweifel».[13]

1958 promovierte Kohl mit einer regionalgeschichtlichen Untersuchung über *Die politische Entwicklung der Pfalz und das Wiedererstehen der politischen Parteien nach 1945*. Für Kohl war die Promotion indessen nur ein zeitweilig beschrittener Nebenpfad auf einem Karriereweg, der ihn vor allem rasch zum politischen Erfolg führen sollte. Er war seit 1954 Mitglied des Landesvorstandes der CDU, wurde 1959 zusätzlich Vorsitzender des CDU-Kreisverbandes Ludwigshafen und, wenige Monate nach dem Doktorexamen, Abgeordneter des rheinland-pfälzischen Landtages. Zwar hielt er dort am 19. Januar 1960 eine gründlich mißlungene Jungfernrede – das Mikrofon war für seine Größe viel zu niedrig eingestellt, er sprach überhastet und schweifte so weit vom Thema ab, daß seine Freunde im Plenum sich betroffen anblickten, während seine Gegner schadenfroh grinsten[14] –, aber sein Aufstieg wurde dadurch nicht gebremst. Die politische Reifeprüfung kam sogar schneller als erwartet, als der Fraktionsvorsitzende Wilhelm Boden im Oktober 1961 nach schwerer Krankheit starb und sein bisheriger Stellvertreter Hermann Matthes nachrückte. Damit war der Posten des stellvertretenden Fraktionsvorsitzenden frei, dem um so größere Bedeutung beigemessen werden mußte, als Matthes sich hauptsächlich für kulturelle Fragen interessierte und seinem Stellvertreter deshalb künftig in der Landespolitik eine Schlüsselrolle zufallen würde.

Obwohl er erst seit zwei Jahren im Landtag saß und dort in der letzten Reihe des Plenarsaals plaziert worden war, bewarb Kohl sich sofort ganz offen um das Amt. Gegen den Widerstand von Ministerpräsident Altmeier, der andere Pläne hatte, gelang es ihm, sich durchzusetzen. Am 25. Oktober 1961 wurde er zum Stellvertretenden Vorsitzenden der CDU-Fraktion im Mainzer Landtag gewählt.

Kohl hatte es binnen kurzer Zeit verstanden, sich in der Fraktion zahlreicher Hilfstruppen – der «Kohlisten» oder «Kohlianer», wie sie sich nannten – zu versichern, die bald zu einem festen Bestandteil seines Politik- und Karriereverständnisses wurden. Wirkliche Macht leitete sich für Kohl nicht aus theoretischen Programmen oder zeitweiligen, kurzfristig geschmiedeten Koalitionen ab, sondern aus sorgsam geknüpften persönlichen Verbindungen und beiderseits gepflegter Loyalität. Da es Kohl überdies gelang, sich nach der Abstimmung mit den meisten innerparteilichen Gegnern zu versöhnen, war seine Wahl zum Fraktionsvorsitzenden am 9. Mai 1963 mit 38 von 41 Stimmen (ohne Gegenstimme) kaum noch eine Überraschung. Der *Rheinische Merkur* bescheinigte Kohl daraufhin eine «ausgesprochene Begabung für die Politik» sowie für den «Umgang mit der Macht». Nicht «Gönner oder Förderer aus der höheren Parteihierarchie» seien für seinen Aufstieg verantwortlich. Vielmehr habe Kohl auf seine «Mannschaft» aus der Jungen Union und auf die Unterstützung aus der CDU-Basis seines «Stammlandes» Pfalz vertraut.[15]

Rasch baute Kohl nun den Fraktionsvorstand und die Fraktion zu einem zweiten Machtzentrum neben dem Ministerpräsidenten und der Staatskanzlei aus und strebte ohne große Atempause eine «Wachablösung» in Mainz an, bei der es nicht nur einen politischen Wandel, sondern auch einen Generationswechsel geben sollte. Die junge Generation, so die *Frankfurter Allgemeine Zeitung* im April 1965, sehe in Kohl «so etwas wie einen jugendlichen Helden auf der politischen Bühne, auf der die ältere Generation anderthalb Jahrzehnte nahezu unumschränkt die Handlung bestimmte».[16] Um den Aufstieg an die Spitze von Rheinland-Pfalz wirklich vollziehen zu können, mußte er sich jedoch nicht nur der Wiederwahl zum Vorsitzenden des Bezirksverbandes der pfälzischen CDU stellen, sondern auch den Landesvorsitz übernehmen. Letzteres geschah auf einem Landesparteitag der CDU am 6. März 1966 mit 415 von 477 Delegiertenstimmen. Damit war er zugleich automatisch Mitglied des Bundesvorstandes der CDU. Drei Jahre später löste er Altmeier als Ministerpräsident von Rheinland-Pfalz ab.

Personelle Weichenstellungen

In Mainz scharte Kohl nun jene Personen um sich, die ihn auf seinem weiteren politischen Weg begleiten sollten. Bernhard Vogel, den Kohl aus gemeinsamen Heidelberger Studientagen kannte, kandidierte 1965 mit seiner Unterstützung im Wahlkreis Neustadt-Speyer erfolgreich für den Bundestag, wo Vogel sich regelmäßig mit den neuen Abgeordneten traf. Einer von ihnen war Heiner Geißler, Abgeordneter für den Wahlkreis Tübingen, der bald ebenso wie Vogel auf Initiative Kohls Minister in Rheinland-Pfalz wurde. Zu den «Entdeckungen» Kohls in dieser Zeit gehörten neben Vogel und Geißler noch Heinrich Holkenbrink, zunächst Staatssekretär im Ministerium für Wirtschaft und Verkehr und von 1971 bis 1985 Wirtschaftsminister, Otto Meyer, der ab 1968 17 Jahre lang das Amt des Landwirtschaftsministers versah, sowie Johann Wilhelm Gaddum, der Kohls Nachfolger als Fraktionsvorsitzender im Mainzer Landtag wurde und ab 1971 zehn Jahre lang Finanzminister seines Landes war.

Auch zu Richard von Weizsäcker nahm Kohl nun erste Fühlung auf. Weizsäcker war von 1950 bis 1958 Leiter der Wirtschaftspolitischen Abteilung der Mannesmann AG in Düsseldorf und bis 1962 Teilhaber des Bankhauses Waldthausen in Essen und Düsseldorf gewesen und gehörte seither zu den geschäftsführenden Gesellschaftern der Ingelheimer Firma Boehringer. Seit 1964 war er nebenamtlich Präsident des Deutschen Evangelischen Kirchentages, in dessen Präsidium er auf Bitten des Gründers und langjäh-

1. Rückkehr der Union an die Macht 693

rigen Präsidenten Reinhold von Thadden-Trieglaff ab November 1962 mitgearbeitet hatte. 1964 suchte ihn Kohl, den er bis dahin gar nicht kannte, auf, um zu sondieren, ob er 1965 mit seiner Unterstützung für den Bundestag kandidieren wolle. Doch Weizsäcker lehnte ab, weil das Amt des Kirchentagspräsidenten «mit den Positionen politischer Parteien nichts zu tun haben durfte».[17] Immerhin: Man verabredete sich «für später».

Trotz der Absage stieg von Weizsäcker auf Betreiben Kohls bereits 1966 in den CDU-Bundesvorstand auf, obwohl er in der Partei über keine Hausmacht verfügte, überhaupt kein richtiger Parteigänger war und als engagierter Protestant nicht einmal engere Kontakte zum Evangelischen Arbeitskreis der Union pflegte. Die Zustimmung, die er erfuhr, beruhte vor allem auf seinem hohen persönlichen Ansehen. Für Kohl war er aber nicht zuletzt deswegen interessant, weil er über die Parteigrenzen der CDU/CSU hinweg Sympathien zu mobilisieren vermochte. Wer für die Zeit nach der Großen Koalition über eine neue bürgerliche Regierung mit der FDP nachdachte, stieß daher beinahe zwangsläufig auf ihn. Aus Sicht der Union galt er als geradezu ideales Bindeglied zu den Liberalen. Über seine Rolle als möglicher Kandidat der Union für die Wahl zum Bundespräsidenten im März 1969 ist an anderer Stelle schon einiges gesagt worden. Doch von Weizsäcker wäre auch als Außenminister einer CDU/CSU-FDP-Regierung gut vorstellbar gewesen. Sein Pech war es, daß die Union ausgerechnet zu dem Zeitpunkt die Macht in Bonn verlor, als er – wiederum mit Unterstützung Kohls – nach der Bundestagswahl im September 1969 über einen sicheren Listenplatz in den Bundestag einzog und sich dort ein einflußreiches Staatsamt erhoffte. Zwar stellte er sich 1974 erneut als Kandidat für das Amt des Bundespräsidenten zur Verfügung. Doch wie 1968 innerhalb der Union, so war er nun aufgrund der parteipolitischen Mehrheitsverhältnisse in der Bundesversammlung und der Tatsache, daß SPD und FDP sich längst für Walter Scheel entschieden hatten, nicht mehr als ein tapferer Zählkandidat.

Weizsäcker entschloß sich deshalb im Herbst 1978, als Spitzenkandidat der Berliner CDU in die Stadt zurückzukehren, in der er praktisch seine gesamte Jugendzeit verbracht hatte. Am 21. März 1981 wurde er Landesvorsitzender der CDU Berlin und nach den Abgeordnetenhauswahlen am 10. Mai 1981 auch Regierender Bürgermeister. Vermutlich hätte er hier seine politische Karriere beendet, wenn Bundespräsident Karl Carstens zu einer zweiten Amtsperiode angetreten wäre. Nach dessen Verzicht war der Weg für von Weizsäcker in das höchste Staatsamt jedoch endlich frei, das er am 23. Mai 1984 übernahm.[18] In den Augen Kohls war er dafür ohnehin die Idealbesetzung, auch wenn es im Vorfeld der Nominierung im Herbst 1983 vorübergehend zu Unstimmigkeiten kam, weil es dem Kanzler schwerfiel, die Tatsache zu akzeptieren, daß von Weizsäcker sich diesmal selbst von Anfang an entschlossen um das Amt bemüht und nicht zuvor den Konsens mit ihm gesucht hatte.

Die Zeit Kohls als Fraktionsvorsitzender im Mainzer Landtag und danach als Ministerpräsident war indessen nicht nur durch weitreichende personelle Weichenstellungen geprägt. Sie war auch in politischer Hinsicht bemerkenswert erfolgreich. Unter seiner Führung begann eine grundlegende Erneuerung der rheinland-pfälzischen Union, die ihr bereits acht Jahre später erstmals in der Geschichte des Landes zur absoluten Mehrheit verhalf. 1975 konnte Kohl das Ergebnis sogar noch einmal verbessern, ehe er 1976 nach Bonn übersiedelte. Am Ende dieser Phase hatte sich die Mitgliederzahl der CDU in Rheinland-Pfalz verdoppelt, und die Parteiorganisation war umfassend reformiert worden. Die inzwischen durchgeführte Verwaltungsreform besaß Vorbildcharakter für die ganze Bundesrepublik. Konfessionsschule und konfessionelle Lehrerbildung waren abgeschafft, Bildung und Wissenschaft erhielten neue Beachtung. Das Sozialministerium und das Wirtschaftsministerium, die bis 1967 nur von Staatssekretären verwaltet und von anderen Kabinettsmitgliedern nebenher mitgeführt worden waren, hatten eigene Zuständigkeiten erhalten. Wirtschaftlich war Rheinland-Pfalz vom Schlußlicht in die Spitzengruppe der Bundesländer aufgestiegen.

Das waren gute Referenzen für Bonn, wo die rheinland-pfälzischen Erfolge der CDU allerdings nicht ohne Mißtrauen zur Kenntnis genommen wurden. Vor allem die von Kohl erzwungene Parteireform war vielen nicht geheuer. Wenn der Mainzer «Kurfürst», wie man ihn inzwischen nannte, auch im Bund praktizierte, was ihm in seinem Lande bereits gelungen war, konnte dies manchem Hierarchen leicht gefährlich werden. Als Kohl im Sommer 1971 das Amt des Bundesvorsitzenden der CDU anstrebte, nachdem Kurt Georg Kiesinger vorab darauf verzichtet hatte, auf dem Saarbrücker Parteitag im Oktober nochmals für dieses Amt zu kandidieren, verspürte er daher zum ersten Mal in seiner Karriere Gegenwind. Sein Gegenkandidat Rainer Barzel, der Vorsitzende der CDU/CSU-Bundestagsfraktion, stellte die Delegierten in Saarbrücken taktisch geschickt vor die Wahl, ihm entweder Parteivorsitz *und* Kanzlerkandidatur zu übertragen oder ganz auf ihn zu verzichten. Damit setzte er sie unter Zugzwang: Da Kohl außerhalb von Rheinland-Pfalz immer noch relativ unbekannt war, konnten sie gar nicht umhin, sich für Barzel zu entscheiden. Das Votum für ihn fiel mit 344 zu 174 Stimmen sogar noch deutlicher aus als erwartet.[19]

Kohl betrachtete seine Niederlage im Rückblick als Ergebnis eigener «amateurhafter Fehler».[20] Dazu zählte nicht nur seine Entscheidung, auf dem Düsseldorfer Parteitag der CDU im Januar 1971 den von ihm selbst mitformulierten Entwurf des Vorstandes zur Mitbestimmung zu opfern und den Vorschlag des Wirtschaftsflügels seiner Partei zu unterstützen, um den Arbeitgebern und vor allem der Parteirechten um Alfred Dregger und Hans Filbinger entgegenzukommen, zu der er selbst gar nicht gehörte.[21] Wichtiger noch war seine Mißachtung der Tatsache, daß die Landesverbände und das Parteipräsidium sich bereits im August 1971 eindeutig für Barzel als Nachfolger Kiesingers ausgesprochen hatten. Von den Landesverbänden waren nur Hamburg, Niedersachsen und Rheinland-Pfalz bereit gewesen, Kohl ihre Unterstützung zuzusagen, die er außerdem noch von der Jungen Union und den Sozialausschüssen des Rheinlandes erwarten konnte. Eine Mehrheit ließ sich daraus, wie immer man die Zahlen auch wendete, nicht konstruieren. So kam die Niederlage keineswegs überraschend.

Barzels Strategie des «Alles oder Nichts», die er auf dem Saarbrücker Parteitag mit Erfolg praktiziert hatte, besaß jedoch ebenfalls ihre Tücken. Als ihm im April 1972 zunächst das konstruktive Mißtrauensvotum gegen Bundeskanzler Brandt mißlang, er danach im Dezember 1972 die vorgezogene Bundestagswahl verlor und schließlich im Mai 1973 auch bei der Ratifizierung der Ostverträge glücklos taktierte, kehrte sich die Strategie gegen ihn: Aus dem Alles wurde ein Nichts. In einem Rückzug in Raten übergab er im Mai 1973 zuerst die Führung der Bundestagsfraktion an Karl Carstens und verlor einen Monat später auch seine Spitzenposition in der Partei. Am 12. Juni 1973 wurde Kohl auf dem 21. Bundesparteitag der CDU in Bonn von 520 der insgesamt 600 Delegierten zum neuen Bundesvorsitzenden gewählt. Einen Gegenkandidaten gab es nicht. Das von Barzel 1971 aufgestellte Junktim zwischen Parteivorsitz und Kanzlerkandidatur war für die CDU längst kein Thema mehr.[22]

Die Erneuerung der Union

Schon im Vorfeld des Saarbrücker Parteitages hatte Kohl erkennen lassen, daß er ähnlich wie in Mainz eine gründliche Erneuerung von Programm und Organisation der CDU in Angriff nehmen würde. Nach seiner Wahl zum Parteivorsitzenden holte er zu diesem Zweck Kurt Biedenkopf als Generalsekretär an seine Seite, der sich ganz der Parteireform widmen und dabei sowohl in organisatorischer als auch in inhaltlicher Hinsicht neue Akzente setzen sollte. Biedenkopf, der wie Kohl in Ludwigshafen geboren war, hatte an verschiedenen Hochschulen in Deutschland und den USA Jura, Politikwissenschaft und Volkswirtschaft studiert und war in den turbulenten sechziger Jahren Professor für Bürgerliches Recht sowie für Handels-, Wirtschafts- und Arbeitsrecht an der Ruhr-Universität Bochum geworden. Mit erst 35 Jahren hatte man ihn dort 1967 auch zum Rektor gewählt. Zusätzlich war er im Jahr darauf Vorsitzender der von der Bundesregierung eingesetzten Mitbestimmungs-Kommission geworden und hatte 1970 ein wesentlich von ihm selbst erarbeitetes Mitbestimmungsmodell vorgelegt. Jetzt gehörte er zur Geschäftsleitung der Henkel GmbH in Düsseldorf, wo sich ihm ebenfalls glänzende Aussichten boten. Dennoch war er bereit, Kohls Ruf zu folgen und das schwierige Amt des CDU-Generalsekretärs zu übernehmen.

Bereits im Wissen um seine künftige Rolle veröffentlichte Biedenkopf am 16. März 1973 in der Zeit unter der Überschrift «Eine Strategie für die Opposition» einen längeren Beitrag, der mit den lakonischen Sätzen begann: «Die CDU ist keine Richtungspartei, sondern eine Volkspartei. Ihre Zukunft hängt von ihrer Fähigkeit ab, Volkspartei zu bleiben. Volksparteien sind nicht aus Prinzip, sondern aus Gründen der praktischen Politik Parteien der Mitte. Die CDU kann nur eine Partei der Mitte bleiben, wenn sie Volkspartei bleibt.»[23] Das war nicht nur einfach professoral dahingeschrieben, sondern ging von der Tatsache aus, daß die CDU zu Beginn der siebziger Jahre unter Führung Barzels in Gefahr geraten war, zu einer Rechtspartei zu werden. Nicht nur die Debatten über die neue Ostpolitik, sondern auch die Mitbestimmungsdiskussionen hatten bedenkliche Einseitigkeiten offenbart – etwa wenn der hessische CDU-Vorsitzende Dregger auf dem Düsseldorfer Mitbestimmungsparteitag 1971 die traditionsreichen Sozialausschüsse der CDU pauschal dem «Sozialismus-Verdacht» aussetzte.[24] Für Biedenkopf waren solche Tendenzen nicht nur inhaltlich falsch, sondern auch machtpolitisch gefährlich. Eine Volkspartei mußte die Mitte besetzen und von dort aus die Regierungsverantwortung anstreben.

Doch Biedenkopf empfahl auch, neue Themen anzusprechen: Während er die Ostpolitik als «weitgehend vollzogen und international anerkannt» abhakte und – mit einem Zitat von Kohl – erklärte, sie sei «zum wesentlichen Teil bereits unwiderruflich geworden», solle man sich nun Fragen der Umwelt und Technik, den sozialen Diensten und der Dritten Welt zuwenden. Die CDU, so meinte er, müsse «eine Sprache der Mitte» entwickeln, da die «neue Linke» die «politische Sprache besetzt und damit einen wesentlichen Einbruch in die politische Substanz unseres Volkes erzielt» habe. Dabei müsse die Organisation der Partei «so beschaffen sein, daß die Partei ihre Führungsrolle im programmatischen und grundsätzlichen Bereich beanspruchen und durchsetzen kann». Eine «personelle Trennung von Fraktionsvorsitz und Parteivorsitz» sei «unerläßlich». Ihre Verwirklichung sei «eine Sachfrage, nicht eine Personalfrage».[25]

Was aus dem Artikel nicht hervorging, sich aber logisch aus der Wahl Biedenkopfs zum Generalsekretär ergab, war die Forderung nach einer Umgestaltung des Parteiapparats. Solange die CDU an der Regierung beteiligt gewesen war und dort Zugang zu den Einrichtungen und Instrumenten gehabt hatte, deren sie zu ihrer Arbeit bedurfte, war es darauf nicht sonderlich angekommen. Jetzt, in der Opposition, war ein Apparat, wie ihn die fast immer außerhalb der Regierung stehende SPD schon seit hundert Jahren besaß, für die Partei lebenswichtig. Ein «Stück Manager-Modernität» – mit viel Technik und neuer Infrastruktur – sollte deshalb im Konrad-Adenauer-Haus Einzug halten.[26] Da Kohl, der vorerst Ministerpräsident in Rheinland-Pfalz zu bleiben gedachte, die Partei von Mainz aus führen mußte, bedurfte er in Bonn auch außerhalb der Parteizentrale eines politischen und personellen Umfeldes, auf das er sich ohne jede Einschränkung verlassen konnte. So brachte er neben Biedenkopf ebenfalls bewährte «Kohlianer» in Stellung: Der rheinland-pfälzische Innenminister Heinz Schwarz wurde Vorsitzender der Innenministerkonferenz, Finanzminister Gaddum finanzpolitischer Sprecher der von der Union regierten Länder, und Professor

1. Rückkehr der Union an die Macht

Roman Herzog unterbrach sogar seine äußerst vielversprechende Karriere als Staatsrechtler, um die Leitung der rheinland-pfälzischen Landesvertretung in Bonn zu übernehmen und diese für Kohl zur Plattform bundesweiter Selbstdarstellung auszubauen.

Kohls unangefochtene Position in Mainz sowie der erneute hohe Sieg der CDU bei den Landtagswahlen 1975 trugen dazu bei, die Werbung für ihn zu erleichtern. So wurde er nicht nur am 20. Mai 1975 im Mainzer Landtag in seinem Amt als Ministerpräsident bestätigt, sondern auch vier Wochen später zum gemeinsamen Kanzlerkandidaten von CDU und CSU gewählt. Die Abstimmung war – wie auch seine Wiederwahl zum CDU-Bundesvorsitzenden – nur eine Formalität. 696 der 707 Delegierten stimmten auf dem Mannheimer Parteitag für ihn. Zum Bundeskanzler reichte es am 3. Oktober 1976 dennoch nicht: Zwar erreichte er mit 48,6 Prozent der Wählerstimmen das zweitbeste Ergebnis für die Union nach Adenauers Triumph 1957. Bis zur absoluten Mehrheit der CDU/CSU fehlten jedoch rund 350000 Stimmen. Helmut Schmidt, der nicht nur den Kanzlerbonus, sondern auch den Großteil der Medien auf seiner Seite hatte, blieb im Amt. Trotz der Niederlage erfüllte Kohl aber sein vor der Wahl gegebenes Versprechen und wechselte von Mainz nach Bonn. Am 1. Dezember 1976 wählte die CDU-Bundestagsfraktion ihn zu ihrem Vorsitzenden. Am Tag darauf trat er von seinem Amt als Ministerpräsident zurück.

Kohl zwischen Strauß und Schmidt

Überschattet wurde der Wechsel nach Bonn aber nicht nur durch die Wahlniederlage, sondern auch durch Konflikte mit der CSU. So hatte die CSU-Landesgruppe auf einer Klausurtagung in Wildbad Kreuth am Tegernsee am 19. November 1976 mit 30 gegen 18 Stimmen bei einer Enthaltung und einer ungültigen Stimme beschlossen, der CDU die seit 1949 bestehende Fraktionsgemeinschaft aufzukündigen und in der neuen Legislaturperiode eine eigene Fraktion zu bilden.[27] Franz Josef Strauß, der überzeugt war, daß die Union mit ihm als Kanzlerkandidaten die Bundestagswahl am 3. Oktober gewonnen hätte, hielt die Trennung von der «Kohl-Partei» für notwendig und hatte die Abspaltung empfohlen: Da sich die FDP offensichtlich für lange Zeit an die SPD gekettet habe, sei es dringend nötig, die eigene Partei von der Verpflichtung zur Gemeinsamkeit zu entbinden und sie dadurch in größtmöglichem Umfang zu selbständigen politischen Aktionen zu befähigen.

Bei Strauß saß der Zorn über Kohl seit langem tief. Er war nicht nur auf die persönliche Konkurrenz im Kampf um die Kanzlerkandidatur 1975/76 zurückzuführen, sondern reichte zurück bis in die Zeit der Debatten um die neue Ostpolitik. Während Kohl sich dabei um eine pragmatische Annäherung an die unvermeidlichen Realitäten bemüht hatte, war Strauß bei seiner strikten Ablehnung geblieben und hatte den am 21. Dezember 1972 mit der DDR abgeschlossenen Grundlagenvertrag sogar vor das Bundesverfassungsgericht gebracht. Zudem hatte Strauß die von Kohl nach seiner Wahl zum CDU-Bundesvorsitzenden 1973 eingeleitete Parteireform durchaus richtig als Affront gegen sich und die Ultrakonservativen in der Union gedeutet. Besonders unerquicklich erschien dabei aus der Sicht von Strauß die Tatsache, daß Kohl mit der Vergrößerung der Parteizentrale und der Verdoppelung der CDU-Mitgliedschaft auf über 600000 seine Machtposition entscheidend verstärkt und dadurch seinen bundespolitischen Aufstieg organisiert hatte.[28]

Als Kohl dann bei der Bundestagswahl 1976 denkbar knapp scheiterte, sahen sich beide Kontrahenten in ihren Annahmen bestätigt: Kohl glaubte sich auf dem richtigen Weg, weil er immerhin 3,7 Prozent hinzugewonnen hatte und der Macht bereits sehr nahe gekommen war; Strauß verwies auf die Tatsache, daß die CSU in Bayern bei der Bundestagswahl 60,0 Prozent (bei der Landtagswahl zwei Jahre zuvor sogar 62,1 Prozent) erreicht hatte und daß auch Hans Filbinger im April 1976 in Baden-Württemberg mit dem Slogan «Freiheit oder Sozialismus» erfolgreich gewesen war. Noch ein bißchen weiter auf dem jeweiligen Weg, so glaubten beide, und die Rückkehr der Union auf die Bänke der Regierung wäre gesichert. Strauß behauptete jedoch, daß die Wiedergewinnung der Macht auch 1976 schon möglich gewesen wäre, wenn Kohl nicht den Fehler begangen hätte, am 12. März 1976 im Bundesrat – wo die Union die Mehrheit besaß – eine Reihe von Vereinbarungen mit Polen vom Oktober 1975 passieren zu lassen, bei denen es um einen Finanzkredit, ein Abkommen zur Renten- und Unfallversicherung sowie um ein Protokoll über Ausreisen von 120000 Angehörigen der deutschen Volksgruppe ging. In seinen Memoiren erklärte Strauß dazu später rückblickend, er habe sich mit Kohl in zwei Unterredungen ausdrücklich darauf geeinigt, an der bisherigen Ablehnung durch die CDU/CSU-Bundestagsfraktion festzuhalten. Doch Kohl habe FDP-Außenminister Hans-Dietrich Genscher einen Gefallen tun wollen, um ihn für eine spätere Koalition mit der Union zu motivieren.[29] Statt auf Genscher zu setzen, hätte Kohl den Vertrag im Bundesrat besser scheitern lassen sollen, weil – so das Kalkül von Strauß – die Bundesregierung dann auch die Wahlen wenig später verloren hätte.[30]

Der Stachel gegen Kohl saß somit tief. Die Aufkündigung der Fraktionsgemeinschaft mit der CDU am 19. November 1976 war eine logische Konsequenz der inhaltlichen und persönlichen Gegensätze. Die Situation wurde noch dadurch verschärft, daß seit Januar 1976 eine «Aktionsgemeinschaft Vierte Partei» (AVP) in der überregionalen Presse für die Gründung einer «Vierten Partei» warb, die «bundesweit für die Ziele der CSU» kämpfen sollte. In Werbeanzeigen und auf Plakaten wurde behauptet, daß nach Befragungen des Wickert-Instituts etwa 2,5 Millionen Bundesbürger – rund 6 Prozent der Wahlberechtigten – bei der Bundestagwahl 1976 die «Vierte Partei» gewählt hätten. Bis an die Grenze der Erpressung gehende Überlegungen, sich demnächst im ganzen Bundesgebiet zu etablieren, waren aus

München schon seit 1973 – dem Jahr der Wahl Kohls zum CDU-Bundesvorsitzenden – immer wieder zu hören gewesen. Aber jetzt schien es damit ernst zu werden. In einer Klausurtagung auf Schloß Eichholz bei Bonn wurde deshalb erörtert, wie man die Schwesterpartei zur Rücknahme des Kreuther Beschlusses bewegen konnte. Schätzungen zufolge würde die CSU 15 der 35 Wahlkreise verlieren, wenn die CDU ihrerseits in Bayern einmarschierte.[31] Kohl hielt sich in Eichholz – wie übrigens auch Strauß in Kreuth – auffällig zurück, lehnte jedoch alle Gesprächsangebote seitens der CSU ab und traf statt dessen Vorbereitungen für den Einzug der CDU in Bayern, der in dem Augenblick vollzogen werden sollte, in dem die CSU endgültig beschloß, sich selbständig zu machen. So bemühte er sich um die Abwerbung namhafter CSU-Politiker, die mit dem Trennungsbeschluß nicht einverstanden waren, und ließ sich vom Bundesvorstand die Vollmacht für einen Auftrag an eine Werbeagentur geben, Plakate für einen CDU-Landesverband Bayern zu entwerfen – alles halböffentlich, so daß man in der CSU nicht genau wußte, was geschah, aber doch merkte, daß die Schwesterpartei Vorkehrungen für den Ernstfall traf.

Ob es tatsächlich dieser Gegendruck der CDU war oder ob man in der CSU selbst die Risiken einer Spaltung – nicht zuletzt für die eigene Position – erkannte, ist auch im nachhinein schwer zu entscheiden. Jedenfalls waren es die Abgeordneten der CSU-Landtagsfraktion, die am 25. November 1976 die CSU-Landesgruppe aufforderten, den Beschluß zurückzunehmen. Zur Begründung wurde auf einen Passus der Parteisatzung verwiesen, wonach es der CSU untersagt war, sich über Bayern hinaus auszudehnen. Zwei Tage später zog der CSU-Landesvorstand gemeinsam mit den 111 Kreisverbänden daraus die Konsequenz und erklärte in einem Kommuniqué vom 27. November kurz und bündig, die CSU sei «eine laut ihrer Satzung in ihrer Organisation ausschließlich auf Bayern festgelegte Partei». Niemand in der CSU habe die Absicht, «diesen Zustand ohne Einvernehmen mit der CDU zu ändern».[32]

Franz Josef Strauß, der von dieser Entwicklung offenbar überrollt wurde, ließ daraufhin in einem langen Monolog vor dem Landesausschuß der Jungen Union im Münchner Restaurant «Wienerwald» noch am selben Tag seinem Zorn freien Lauf. Die Schmährede, in der er Kohl im Bewußtsein seiner Unterlegenheit mit einer Flut von Beleidigungen überschüttete, wurde heimlich auf Tonband mitgeschnitten und einer erstaunten Nachwelt überliefert. Wörtlich hieß es darin: «Und ich sage auch hier jetzt verbindlich: a) ich will nicht und ich werde nie Kanzler werden, b) ich habe Herrn Kohl trotz meines Wissens um seine Unzulänglichkeit um des Friedens willen als Kanzlerkandidat unterstützt. Er wird nie Kanzler werden. Er ist total unfähig, ihm fehlen die charakterlichen, die geistigen und die politischen Voraussetzungen. Ihm fehlt alles dafür. Aber man kann unter Umständen mit jedem regieren. Das geht da auch noch. Aber nicht mehr in dem Zustand. Das Kapitel ist mit dem 3. Oktober abgemeldet.»[33]

In zweiwöchigen Verhandlungen wurde der Streit zwischen CDU und CSU zumindest oberflächlich beigelegt. Am Sonntag, dem 12. Dezember 1976, verständigten sich die Kommissionen der beiden Parteien, die die Gespräche geführt hatten, auf zwei Vereinbarungen über die «Grundlage der politischen Zusammenarbeit» und die «Fortführung der gemeinsamen Fraktion». Schon am Tag darauf zogen die Abgeordneten wieder zusammen in den gemeinsamen Fraktionssaal ein. Das Ergebnis kam praktisch einem Rückzieher von Strauß gleich. Die Kompromißformel – Wahrung der Fraktionsgemeinschaft bei gleichzeitiger Eigenständigkeit der CSU-Abgeordneten in Abstimmungen mit bundesweiten Ansprüchen – und der damit geschlossene Burgfrieden waren allerdings trügerisch. Strauß hatte Kohls Siegeszug zwar nicht aufhalten können, sich selbst aber noch keineswegs aufgegeben. Für Kohl ging es jetzt indessen vorerst darum, sich in Bonn zu etablieren. Dazu nutzte er vor allem Mitarbeiter, die er schon in Mainz schätzen gelernt hatte. Juliane Weber, Wolfgang Bergsdorf, Horst Teltschik und der 1976 neu hinzugekommene Eduard Ackermann bildeten einen treuen und zuverlässigen Stab. Im März 1977 wurde die Runde noch um Heiner Geißler erweitert, der als Nachfolger Kurt Biedenkopfs das Amt des CDU-Generalsekretärs übernahm.

Biedenkopf hatte Kohl bereits wenige Wochen nach der Bundestagswahl 1976 eröffnet, daß er an einer weiteren vollen Amtszeit von vier Jahren nicht interessiert sei, sondern sich auf die Wahrnehmung seines Bundestagsmandats konzentrieren wolle. Zwar hatte Biedenkopf die ihm gestellte Aufgabe glänzend gelöst. Aber er bemängelte an Kohl, daß dieser sich «niemals auf die Richtigkeit eines gedanklichen Konzepts» verlasse, sondern sich «auf die einzige überlebende Alternative konzentriere und sie durchsetze». Dabei lasse er sich nicht vom «gedanklich richtigen» leiten, sondern von dem, was machbar sei. Er dagegen, so Biedenkopf über sich selbst, nähere sich einer Lösung «vom Problem» her.[34] Solange Kohl den Parteivorsitz von Mainz aus wahrgenommen hatte, waren diese Gegensätze nicht übermäßig hervorgetreten. Mit seiner Übersiedlung nach Bonn machten sie sich nun um so deutlicher bemerkbar. Kohl wünschte an der Spitze des Parteiapparates keinen «General», sondern einen «Sekretär», wie er ihn sich von Heiner Geißler versprach, der diese Rolle beinahe ein Jahrzehnt lang auch spielte.

Eine letzte wichtige personelle Weichenstellung dieser Zeit war die Wahl von Norbert Blüm zum Vorsitzenden der CDU-Sozialausschüsse als Nachfolger von Hans Katzer im Juni 1977. Blüm, bereits seit sechs Jahren Hauptgeschäftsführer der Sozialausschüsse der CDU und seit 1974 Landesvorsitzender der Sozialausschüsse in Rheinland-Pfalz, war nicht nur ein Protegé Kohls, sondern verfügte auch über großes Ansehen bei der FDP und beim DGB. Er hatte in Rüsselsheim bei Opel gelernt, danach auf dem Bau, als Bierfahrer, im Straßenbau in Griechenland und in einer Kunstschmiede in der Türkei gearbeitet, nebenbei das Abitur gemacht, studiert und den Doktortitel erworben. Zur Sozialpolitik hatte sich Blüm zuletzt im *Spiegel* öffentlich geäußert und dabei mit wirtschafts- und sozialpolitischen Vorstellungen aufgewartet, die von den Gewerkschaften kaum noch zu überbieten waren.[35] Für Kohl war er dadurch um so wertvoller, weil er neue Wählerschichten für die Union zu gewinnen versprach.

Mit seiner Jungfernrede als Oppositionsführer im Bundestag hatte Kohl dagegen ebensowenig Glück wie als Neuling im Mainzer Landtag 1960. Bei der Eröffnung der Aussprache über die rhetorisch ausgefeilte Regierungserklärung Helmut Schmidts am 17. Dezember 1976 verirrte er sich in Schlagworten und mißglückten Sprachbildern. Als er bei der Abrechnung mit der «Rentenlüge» der Koalition ausrief «Wer so die Axt an die Wurzeln des Vertrauens legt, ist dabei, den Lebensnerv der Demokratie zu gefährden, wenn nicht gar zu zerstören», sah sich Herbert Wehner zu einem seiner berüchtigten Zwischenrufe veranlaßt. Mit Grabesstimme bemerkte er laut in eine Pause hinein: «Morgenstunde hat Kohl im Munde.»[36] Franz Josef Strauß, der anschließend sprach, machte das Desaster für Kohl vollkommen, als er zu einer seiner rhetorischen Glanzleistungen ansetzte. Kohl meldete sich danach im gesamten Parlamentsjahr 1977 nur dreimal im Bundestag zu Wort. Meistens saß er stumm auf seinem Platz – sofern er überhaupt im Plenarsaal erschien.

Strauß sah sich dadurch in seinem negativen Urteil über den Oppositionsführer bestätigt. Obwohl er bei demoskopischen Umfragen regelmäßig schlecht abschnitt und weit abgeschlagen hinter Kohl landete, hielt er deshalb an seinem Anspruch, der nächste Bundeskanzler zu werden, unbeirrt fest. Kohl dagegen sah sich bei allen nur denkbaren Anlässen der Kritik seiner eigenen Partei ausgesetzt. Die Tatsache, daß er dabei bereitwillig «Schuld» auf sich nahm, wurde ihm zwar wohlwollend angerechnet, nicht aber, daß er danach auch weiterhin Auffassungen vertrat, die er zuvor als richtig erkannt hatte. Schon damals machte in Bonn das Wort die Runde, daß Kohl dazu neige, Probleme lediglich «auszusitzen», anstatt sie zu lösen. Im Vergleich zu Schmidt wirkte er zudem hausbacken und plump. Der theatralisch-staatsmännische Hanseat stilisierte die Präsenz der Staatsmacht in einem Maße, daß die Person Schmidt dahinter nahezu völlig verschwand. Wo Schmidt Unnahbarkeit demonstrierte, verbreitete Kohl Jovialität. Während Schmidt hinter seinem Schreibtisch wie ein absoluter Monarch thronte, wenn Besucher kamen, ging Kohl ihnen mit einladender Geste entgegen. In der öffentlich-medialen Präsentation zählte jedoch die Selbststilisierung Schmidts, nicht die Umgänglichkeit Kohls. Die Provinz hatte den Pfälzer noch lange nicht aus ihrem Griff entlassen.

Schließlich zeigte die pausenlose Kritik ihre Wirkung. So kam eine erneute Kanzlerkandidatur Kohls schon im Frühjahr 1979 nicht mehr in Frage. Auch mit seiner Empfehlung, den niedersächsischen Ministerpräsidenten Ernst Albrecht zu nominieren, konnte er sich lediglich in der CDU-Spitze, nicht aber in der CDU/CSU-Fraktion durchsetzen. So wurde in einer Kampfabstimmung am 2. Juli 1979 Franz Josef Strauß als Kanzlerkandidat der Union für die Bundestagswahl 1980 aufgestellt. Kohl setzte sich dagegen nicht ernsthaft zur Wehr, obwohl er überzeugt war, daß der CSU-Vorsitzende nicht einmal das Barzel-Ergebnis von 44,9 Prozent aus dem Jahre 1972 erreichen werde. Tatsächlich hatte er sich vor dem Hintergrund der unaufhörlichen Anfeindungen längst entschlossen, Strauß «bis zur voraussehbaren Niederlage bei den Bundestagswahlen» zu stützen, um ihn dann «endgültig los» zu sein, wie er dem *Spiegel* im Mai 1980 durch einen Vertrauten hinterbringen ließ, um etwaige Zweifel an seiner Strategie zu zerstreuen.[37]

Der Weg ins Kanzleramt

Als die Stimmen am Wahlabend des 5. Oktober 1980 ausgezählt waren, hatte der Kanzlerkandidat Strauß – wie von Kohl vorhergesehen – mit 44,5 Prozent für die CDU/CSU in der Tat noch schlechter abgeschnitten als Rainer Barzel 1972. Es war das schlechteste Wahlergebnis für die Union seit 1949. In Niedersachsen hatte die CDU gegenüber 1976 5,9 Prozent verloren, in Schleswig-Holstein 5,2 Prozent und in Baden-Württemberg 4,8 Prozent. Im Durchschnitt betrugen die Verluste 4,1 Prozent. Die SPD hingegen erhielt 42,9 Prozent und die FDP sogar 10,6 Prozent. Während Strauß daraufhin trotzig bemerkte, daß er bayerischer Ministerpräsident sei und dies auch bleibe, war Kohl rehabilitiert. Unter der Überschrift «Kohls neuer Glanz» schrieb der *Münchner Merkur*, nach dieser «Wahlschlacht» stehe der CDU-Vorsitzende als «nahezu einzige Führungspersönlichkeit völlig unbeschädigt da» und gelte seit Sonntagabend «wieder als unbestritten erster Mann der CDU/CSU-Opposition».[38] Die *Bild*-Zeitung kommentierte, Kohl sei «der Verlierer, der gewonnen hat».[39]

Zwei Tage nach der Wahl wurde er mit 210 von 214 Stimmen als Fraktionsvorsitzender wiedergewählt. Auch die CSU-Abgeordneten votierten ganz offensichtlich mehrheitlich für ihn. Die politische Wende, die sich in den folgenden Monaten durch den schon beschriebenen Streit innerhalb der Regierungskoalition immer deutlicher abzeichnete und durch das gute Abschneiden der FDP noch gefördert wurde, fand Kohl daher gut gerüstet. Allerdings war die Ungeduld in der Union so groß, daß der Regierende Bürgermeister von Berlin, Richard von Weizsäcker, im Frühjahr 1981 seine beiden norddeutschen Kollegen aus Niedersachsen und Schleswig-Holstein, die Ministerpräsidenten Ernst Albrecht und Gerhard Stoltenberg, sowie CDU-Generalsekretär Heiner Geißler zu einem Geheimtreffen in das Gästehaus des Senats einlud, um über die Möglichkeit einer Ablösung der Bundesregierung zu beraten. Die Tatsache, daß dies hinter dem Rücken Kohls geschah, hatte natürlich damit zu tun, daß vor allem die Kanzlerfrage erörtert werden sollte.

In Berlin war Richard von Weizsäcker im Juni 1981 mit Rückendeckung der FDP, insbesondere Hans-Dietrich Genschers, zum Regierenden Bürgermeister gewählt worden. Diese neue Partnerschaft der FDP mit der CDU, die auch in Niedersachsen schon praktiziert wurde, sollte im Bund bald ebenfalls zustande kommen. Noch war es dafür aus Sicht Genschers jedoch zu früh, weil er seine eigenen Truppen erst in Position bringen mußte. In dieser Lage war es für ihn überaus hilfreich, daß von Weizsäcker in Berlin das Modell einer liberalen Regierung praktizierte. Das Modell erschien so erfolgversprechend, daß von Weizsäcker sich bei dem vertraulichen Treffen im Gästehaus des Senats sogar selbst als möglichen Kanzlerkandidaten ins Gespräch brachte.[40]

Innerhalb der FDP erwogen Genscher und Otto Graf Lambsdorff bereits im Sommer 1981, die Koalition mit der SPD aufzukündigen. Zwar war der FDP-Fraktionsvorsitzende Wolfgang Mischnick entschieden gegen einen Bruch. Aber eigentlich fehlte nur der «große Anlaß», ihn wirklich zu vollziehen. Genscher bereitete daher vorsichtshalber den Boden für den Absprung von der SPD vor, indem er unter dem Datum des 20. August 1981 einen sogenannten «Wendebrief» an die FDP-Mitglieder schrieb. Er verwies darin auf die schwierige Haushaltslage und machte deutlich, wie dringend es geboten sei, alte Denkmuster zu verlassen. Wörtlich bemerkte er: «Eine Wende ist notwendig, im Denken und im Handeln. Es gilt, eine Anspruchsmentalität zu brechen, die nicht deshalb entstand, weil die heute lebende und arbeitende Generation weniger leistungsbereit wäre als ihre Vorgänger, sondern weil manches Gesetz geradezu zur Inanspruchnahme auffordert, um nicht zu sagen: verleitet. Eine Wende ist notwendig. Jetzt geht es darum, die Weichen deutlich auf mehr Selbstverantwortung, auf Leistung und Selbstbestimmung zu stellen, das heißt eben auf mehr Freiheit. Die Grundtendenz in unserer Gesellschaft ist nicht auf mehr Staat gerichtet. Wir entscheiden ... über unsere Zukunftschancen schlechthin.»[41]

Zugleich pflegte Genscher weiterhin seine stillen Kontakte zur Union, ohne allerdings Konkretes zu versprechen. Umsichtig, wie er war, sprach er ebenso mit von Weizsäcker und Stoltenberg wie mit Kohl. Als Kanzlerkandidat kam jedoch ernsthaft nur Kohl in Betracht, der nach dem Wahldebakel von Strauß keine innerparteiliche Konkurrenz mehr zu fürchten hatte. In Kohls Gesprächen mit Genscher war von der «Bildung einer neuen Koalition unter der Führung Helmut Kohls» jedoch nie die Rede. Man wahrte die Usancen und sprach, wie Eduard Ackermann berichtet, nur allgemein «über Notwendigkeiten in der praktischen Politik».[42]

Der Zerfall der SPD-FDP-Koalition wurde im Frühjahr 1982 beschleunigt, als die FDP bei der Landtagswahl in Niedersachsen mit 5,9 Prozent zwar wieder ins Parlament gelangte, aber trotzdem aus der Regierung vertrieben wurde, weil Ministerpräsident Albrecht die absolute Mehrheit erreichte. Lambsdorffs Warnungen vor einer tödlichen Bedrohung der FDP durch die Unsicherheit in Bonn erhielt dadurch neue Nahrung. Genscher vertiefte daraufhin seine Kontakte zu Kohl und entwickelte mit ihm die Idee einer «Überlebensgarantie», bei der die FDP, die bei einem Wechsel zur

Union einen Teil ihrer sozialliberalen Wähler verlieren würde, dennoch mit der gleichen Anzahl von Ministern und den gleichen Ministerien wie in der Koalition mit der SPD in der Regierung vertreten sein sollte. Auf diese Weise, so hoffte man bei den Liberalen, werde eine ausreichende Profilierung möglich sein, um für die Zukunft wieder bessere Chancen zu haben.[43]

Als am 30. Juni 1982, in der letzten Sitzung vor der Sommerpause, erstmals seit Beginn der sozialliberalen Koalition sechs Abgeordnete der FDP gegen den Haushaltsentwurf der Regierung stimmten, war das Ende der Koalition absehbar. Kohl fuhr bereits «mit der Überzeugung in die Sommerferien..., daß die Regierung Schmidt Weihnachten 1982 nicht erreichen» werde.[44] Auch eine private Einladung des Ehepaares Genscher in das Haus Schmidts nach Hamburg-Langenhorn Anfang August 1982 konnte das Koalitionsklima nicht mehr verbessern.[45] Am 17. September war das Ende gekommen – von Bundeskanzler Schmidt in einer großen Rede vor dem Bundestag selbst effektvoll inszeniert. Nun war Kohl am Zug, der sich jedoch nicht auf Schmidts Vorschlag eines Procederes für kontrollierte Neuwahlen einließ, sondern den Weg des konstruktiven Mißtrauensvotums beschritt und erst für die Zeit danach baldige Neuwahlen ankündigte.

Wende in der Wirtschaftspolitik

Als die neue Regierung am 1. Oktober 1982 ihr Amt antrat, zählte die Überwindung der Wirtschaftskrise mit Massenarbeitslosigkeit, kritischer Staatsverschuldung, hoher Inflation und anhaltender Wachstumsschwäche zu ihren wichtigsten und vordringlichsten Aufgaben. Der alte und neue Wirtschaftsminister, Otto Graf Lambsdorff, wies dafür mit dem Papier, das er Anfang September auf Wunsch Bundeskanzler Schmidts verfaßt hatte, die Richtung. Die Koalitionsvereinbarungen, die zwischen dem 20. und 25. September ausgehandelt worden waren, folgten im wirtschaftspolitischen Teil im wesentlichen den Leitlinien des Lambsdorff-Papiers, das allerdings auch innerhalb der Union durchaus umstritten blieb. Vor allem Lambsdorffs Vorschläge für Einsparungen bei der Beamtenbesoldung, dem Arbeitslosengeld, beim Mutterschaftsurlaub und beim BAFöG sowie seine Pläne zur Erhöhung der Beiträge in der Kranken- und Rentenversicherung bei gleichzeitiger schrittweiser Abschaffung der Gewerbesteuer, Abflachung der Steuerprogression bei mittleren Einkommen und der Lockerung der Arbeits- und Jugendarbeitsschutzbestimmungen stießen über alle Parteigrenzen hinweg auf Kritik.[46]

Der DGB nannte das Lambsdorff-Papier einen «wirtschafts- und sozialpolitischen Amoklauf» und sah darin eine Art Kriegserklärung an die Gewerkschaften, die am 23. und 30. Oktober mit ersten Protestkundgebungen beantwortet wurde. Der Reichsbund der Kriegsopfer, Behinderten, Sozialrentner und Hinterbliebenen sprach von einem «Gruselkatalog» von Eingriffen in die sozialen Leistungen, die die «soziale Demontage zur sozialpolitischen Barbarei» steigern würden.[47] Der SPD-Vorstand erklärte am 13. September, das Papier kombiniere «wirtschaftspolitische Unkenntnis und Unverständnis für den sozialen Konsens» und fragte die FDP, «ob sie sich mit dem Konzept des Grafen Lambsdorff identifiziert und sich damit aus der erfolgreichen Tradition der Sozial- und Wirtschaftspolitik der Bundesrepublik Deutschland verabschieden» wolle.[48] Nach Meinung der Finanzexpertin der FDP-Bundestagsfraktion, Ingrid Matthäus-Maier, die bald darauf zur SPD übertrat, strebte Lambsdorff eine massive Umverteilung von unten nach oben an und mißachtete dabei unentbehrliche liberale Grundsätze wie die Gleichheit der Bildungschancen und die Gleichberechtigung zwischen Mann und Frau. Kurt Biedenkopf bezeichnete die sozialpolitischen Überlegungen Lambsdorffs als «Radikalvorstellungen» ohne wirkliche Perspektive. Sie hätten zwar die Wirkung eines Paukenschlages, könnten aber nicht als «Gründungsurkunde für neue Mehrheiten» genommen werden.[49]

Das FDP-Präsidium würdigte das Papier indessen am 13. September als «Vorwärtsstrategie zur Bekämpfung der Arbeitslosigkeit, die auf private und öffentliche Investitionen setzt»[50], und betrachtete es als gute Grundlage für die Wirtschaftspolitik der neuen Bundesregierung. In gleichem Sinne kündigte auch Kohl in seiner Regierungserklärung einen Monat später an, daß er durch eine Wiederbelebung der Marktkräfte die schwere Erblast seines Vorgängers abtragen wolle: «weg von mehr Staat, hin zu mehr Markt», «weg von kollektiven Lasten, hin zur persönlichen Leistung», «weg von verkrusteten Strukturen, hin zu mehr Beweglichkeit, Eigeninitiative und verstärkter Wettbewerbsfähigkeit».[51] Ohne große Verzögerungen wurde nun nicht nur innerhalb von elf Wochen der unter der Regierung Schmidt liegengebliebene Haushalt 1983 über die Bühne gebracht, sondern auch eine Reihe von Begleitgesetzen initiiert, die Signale für eine Wiederbelebung der Konjunktur setzen und die Voraussetzungen für eine allmähliche Verbesserung der Leistungsbilanz schaffen sollten. Auch wenn diese Ziele nicht immer erreicht wurden – etwa beim Abbau von Subventionen oder im Bereich des dirigistischen Agrarmarktes –, waren die wirtschaftspolitischen Erfolge der neuen Regierung dennoch beträchtlich. So lag das Wachstum des Bruttosozialproduktes, das 1982 noch um 1,0 Prozent abgenommen hatte, ab 1983 wieder über 2,5 Prozent. Durch eine restriktive Haushaltspolitik unter dem neuen Finanzminister Gerhard Stoltenberg wurde die öffentliche Verschuldung deutlich vermindert.[52] Ein Rekordaußenhandelsüberschuß von 110 Milliarden DM machte die Bundesrepublik bereits ab 1986 zur stärksten Handelsnation der Welt. Die Inflationsrate wurde von 5 Prozent 1982 auf minus 0,2 Prozent 1986 gedrückt (zuletzt waren die Preise 1953 gesunken).

Ein dunkler Schatten auf dieser Erfolgsbilanz war allerdings die Arbeitslosigkeit. Zwar wurden seit dem Sommer 1983 etwa 600 000 neue Arbeitsplätze geschaffen. Aber die Zahl der Arbeitslosen, die 1982 1,83 Millionen und 1983 2,26 Millionen betragen hatte, verringerte sich dadurch kaum. Sie lag 1989 weiterhin bei 2,04 Millionen und sank erst im Zuge der deutschen

Einigung 1990 bis 1993 vorübergehend unter die Zwei-Millionen-Marke.[53] Die Beseitigung der Arbeitslosigkeit blieb daher ein Dauerthema. In den achtziger Jahren hoffte man dabei seitens der Bundesregierung, daß die Verbesserung der wirtschaftlichen Rahmenbedingungen letztlich auch zu mehr Investitionen und damit zur Schaffung neuer Arbeitsplätze führen würde. Außenwirtschaftliche Faktoren gaben dieser Hoffnung zusätzlichen Auftrieb: Der Preisverfall beim Erdöl bewirkte Mitte der achtziger Jahre einen Kaufkraftschub von etwa 40 Milliarden DM und kam damit einem gigantischen Konjunkturprogramm gleich, dessen Umfang in der Geschichte der Bundesrepublik beispiellos war. Der Exportboom, der die Konkurrenzfähigkeit deutscher Waren auf dem Weltmarkt bewies, würde, wenn er anhielt, der deutschen Wirtschaft die nötige Stärkung auch im Innern geben. Die wirtschafts- und finanzpolitische Solidität der Regierung Kohl würde sich dann auch für die Arbeitnehmer auszahlen, die zunächst durch Arbeitslosigkeit und Leistungseinschränkungen in der Sozialpolitik einen erheblichen Teil der Lasten tragen mußten.

Ende der achtziger Jahre erschien die wirtschaftliche Lage insgesamt somit wieder in einem günstigen Licht. Die wirtschaftlichen Rahmendaten boten auch gute Voraussetzungen für den gewaltigen staatlichen Finanzierungsbedarf im Zuge der deutschen Einigung. Wenngleich die Umstellung der ostdeutschen Wirtschaft ökonomische und soziale Folgelasten erwarten ließ, deren Auswirkungen nur schwer abschätzbar waren, versprach man sich von ihr doch zugleich neue Impulse für die gesamtdeutsche Konjunktur, die sich ebenfalls auf dem Arbeitsmarkt niederschlagen würden. Der Optimismus, mit dem die Einigung begann, war also begründet.

Kontinuität in der Außenpolitik

In der Außen- und Deutschlandpolitik war die Wende von 1982 zunächst kaum spürbar. Der Bruch, der in der Spätphase der sozialliberalen Koalition angesichts des Einflusses der Friedensbewegung und deutlich erkennbarer Positionsverschiebungen innerhalb der SPD drohte, wurde durch den Regierungswechsel vielleicht sogar erst vermieden. Dabei sorgte nicht nur Hans-Dietrich Genscher, der sein Außenministeramt behielt, für Kontinuität. Auch sonst zeigte die neue Regierung wenig Neigung, von bisherigen Konstanten westdeutscher Außenpolitik abzurücken. Die von der SPD besonders in der Ostpolitik prognostizierte «Eiszeit» blieb daher aus. Die Rede, mit der Helmut Schmidt sich als Bundeskanzler vom Diplomatischen Corps verabschiedete, konnte Genscher «in allen ihren Elementen unterschreiben». Sie zeigte, daß beide in der Außen- und Sicherheitspolitik unverändert übereinstimmten, und machte auf beinahe tragische Weise deutlich, daß Schmidt auf dem Gebiet, das er als seine ureigene Domäne betrachtete, inzwischen in der neuen Regierungskoalition mehr Unterstützung fand als in seiner eigenen Partei.[54]

1. Rückkehr der Union an die Macht

Die Außen- und Sicherheitspolitik der Regierung Kohl bekannte sich weiterhin zur Doppelstrategie des Harmel-Berichts von 1967, derzufolge Sicherheit und Entspannung eine «gegenseitige Ergänzung» bilden sollten. Diese gemeinsame Strategie des Westens hatte zu Beginn der siebziger Jahre nicht nur eine solide Basis für die amerikanische und europäische Entspannungspolitik geschaffen, sondern auch den Rahmen für die neue Ostpolitik der Bundesrepublik abgesteckt. So war das außenpolitische Handeln der sozialliberalen Koalition unter Brandt wie danach unter Schmidt bei allen entspannungspolitischen Visionen von einem nüchternen Realismus gekennzeichnet gewesen, der beispielsweise dazu geführt hatte, die Rüstungsausgaben jährlich um real drei Prozent zu steigern und die Bundeswehr zu einer der am besten ausgerüsteten und ausgebildeten Armeen der Welt zu machen. Andere Länder, nicht zuletzt auch die USA und Großbritannien, hatten dagegen ihre Verteidigungsanstrengungen im Vertrauen auf Fortschritte in der Entspannung zum Teil drastisch zurückgeschraubt. Nach Auffassung des neuen amerikanischen Präsidenten Ronald Reagan hatte die Entspannungspolitik dadurch indirekt das sowjetische Hegemoniestreben ermutigt.[55]

Während viele Amerikaner nach dem sowjetischen Einmarsch in Afghanistan im Dezember 1979 die Entspannung als gescheitert ansahen und diese Meinung bei den Präsidentschaftswahlen 1980 durch ihr Votum für Ronald Reagan zum Ausdruck brachten, ging die Bundesregierung unter Schmidt wie unter Kohl davon aus, daß die Entspannung durchaus noch zu retten sei. Allerdings schien es großer Anstrengungen zu bedürfen, um der Aufrüstung der Sowjetunion energischer als in den siebziger Jahren zu begegnen und auf diese Weise die Geschäftsgrundlage der Entspannung wiederherzustellen.[56] Die Bundesregierung geriet mit dieser Auffassung in eine doppelte Frontstellung: Sie mußte sich nicht nur der Kritik der Entspannungsgegner im Ausland erwehren, sondern sah sich auch den stürmischen Protesten der neuen Friedensbewegung im eigenen Land gegenüber.

Die Regierung Kohl/Genscher hielt gleichwohl aus prinzipiellen Erwägungen an der Doppelstrategie von Sicherheit und Entspannung fest, die sich für die Außenpolitik der Bundesrepublik durchaus als erfolgreich erwiesen hatte. Sie bekannte sich unverzüglich zum NATO-Doppelbeschluß vom Dezember 1979 und bekräftigte nachdrücklich, daß neue amerikanische Mittelstreckenraketen in Europa stationiert werden sollten, falls die in Genf geführten Verhandlungen über einen beiderseitigen Abbau des Mittelstreckenpotentials bis Ende 1983 ohne Ergebnis verliefen. Zugleich trug Kohl durch eine Entkrampfung des Verhältnisses zu Präsident Reagan dazu bei, die deutsch-amerikanischen Beziehungen, die im Zuge der deutschen Nachrüstungsdebatte und aufgrund persönlicher Animositäten zwischen Schmidt und der Führung in Washington zuletzt gelitten hatten, wieder zu verbessern.[57]

Überraschend für viele war jedoch nicht die Haltung der Regierung Kohl in der Frage der Nachrüstung und das uneingeschränkte Bekenntnis zum westlichen Bündnis, sondern ihre aktive Ost- und Deutschlandpolitik. Die Ablehnung der neuen Ostpolitik der sozialliberalen Koalition durch die CDU/CSU zu Beginn der siebziger Jahre war noch ebenso in Erinnerung wie der Bundestagswahlkampf von 1980, in dem Franz Josef Strauß sich nach anfänglicher Zurückhaltung dazu hatte hinreißen lassen, von «gewissen Aktionsgemeinschaften zwischen Kommunisten und dem linken Bereich der SPD» zu sprechen und sich selbst als das «letzte gefährliche Hindernis aus der alten Generation» zu stilisieren, das der neuen «den Weg in den Sozialismus» verstelle.[58] Dagegen war das Bemühen Helmut Kohls, sich stillschweigend mit den Ergebnissen der neuen Ostpolitik zu arrangieren, weitgehend verblaßt. Tatsächlich bedurfte es aus der Sicht Außenminister Genschers auch in der Ostpolitik, wie im Verhältnis zu den Verbündeten im Westen, keiner nennenswerten Korrekturen. Als er im Oktober 1982 in Moskau mit Andrej Gromyko und anderen Vertretern der Sowjetunion sprach, gingen alle Beteiligten von einem «Höchstmaß an Kontinuität und Berechenbarkeit» aus.[59]

Die Kontakte zur Sowjetunion und zu Polen wurden deshalb in der bisherigen Weise aufrechterhalten. Im Verhältnis zur DDR gab es nach Jahren der Stagnation sogar eine Intensivierung der Beziehungen. Bundeskanzler Kohl erneuerte telefonisch eine bereits von Helmut Schmidt ausgesprochene Einladung an Staats- und Parteichef Erich Honecker, die Bundesrepublik zu besuchen. Die 1975 unterbrochenen Verhandlungen über ein Kulturabkommen zwischen der Bundesrepublik und der DDR wurden im Frühjahr 1983 wieder aufgenommen und führten am 6. Mai 1986 zur Unterzeichnung in Ost-Berlin. Zudem übernahm die Bundesregierung im Juli 1984 Bürgschaften für Kredite deutscher Banken an die DDR in Höhe von insgesamt 1,95 Milliarden DM, wobei der erste Kredit über 1 Milliarde DM im Juli 1983 sogar vom bayerischen Ministerpräsidenten und CSU-Vorsitzenden Franz Josef Strauß persönlich «vermittelt» wurde.[60] Die DDR honorierte dieses Entgegenkommen mit menschlichen Erleichterungen. Es kam zu Verbesserungen bei der Grenzabfertigung, zum Abbau der Selbstschußanlagen und Bodenminen an der innerdeutschen Grenze, zur Verringerung der Verdachtskontrollen im Berlin-Verkehr sowie zu einer Senkung des Mindestumtausches für Rentner und einer Erweiterung der Ausreisemöglichkeiten für DDR-Bürger.[61]

Diese Entwicklung der innerdeutschen Beziehungen, die im Besuch Honeckers in der Bundesrepublik im September 1987 ihren symbolischen Höhepunkt fand, schien die Dauerhaftigkeit der Teilung zu unterstreichen. Dennoch dürfte sie indirekt sogar den Weg zur deutschen Wiedervereinigung erleichtert haben, der sich im Sommer und Herbst 1989 anbahnte. Die mühelose Selbstverständlichkeit, mit der sich westdeutsche Politiker nach der Öffnung der Mauer in der DDR bewegten und an den Diskussionen in Ostdeutschland beteiligten, wäre ohne die vorherige Kontinuität in der Entspannungspolitik zwischen beiden deutschen Staaten kaum vorstellbar gewesen.

Affären und Pannen

Ungeachtet aller politischen Erfolge war die Kanzlerschaft Kohls vor allem in ihrer Anfangsphase von peinlichen Affären und Pannen überschattet, die das Ansehen der neuen Regierung beschädigten. Manche persönlichen Vorbehalte gegen Kohl aus den siebziger Jahren schienen sich dabei zu bestätigen. Im Mittelpunkt der ersten Affäre stand Bundesverteidigungsminister Manfred Wörner, der den Bundeskanzler im September 1983 über Informationen des Amtes für Sicherheit der Bundeswehr (ASBw) unterrichtete, wonach der Vier-Sterne-General Günter Kießling in Lokalen der Homosexuellen-Szene in Köln verkehrte. Traf dies zu, dann stellte er wegen potentieller Erpreßbarkeit ein Sicherheitsrisiko dar. Kießling war kurz vor dem Regierungswechsel 1982 von Wörners Vorgänger Hans Apel zum Stellvertreter des Obersten Alliierten Befehlshabers der NATO in Europa ernannt worden und hatte damit am Ende einer glänzenden Karriere die höchste Stufe erklommen, die ein Offizier der Bundeswehr erreichen konnte. Für 1986 stand seine Pensionierung bevor. Als er nun von Generalinspekteur Wolfgang Altenburg und Minister Wörner von den Vorwürfen gegen ihn erfuhr, gab er beiden sein «Ehrenwort, daß daran nichts Wahres ist». Doch zugleich erklärte er sich einverstanden, mit Ablauf des März 1984 in den vorzeitigen Ruhestand zu gehen, um die «Affäre» ohne weitere Klärung gar nicht erst in die Öffentlichkeit gelangen zu lassen.[62]

Die Angelegenheit war also bereits beigelegt, als der Staatssekretär im Verteidigungsministerium, Joachim Hiehle, zwei Wochen später aus dem Urlaub zurückkehrte und aufgrund der geltenden Sicherheitsbestimmungen darauf beharrte, die Ermittlungen gegen Kießling unverzüglich wiederaufzunehmen. Wörner widersprach nicht, und auch Kohl – vom Verteidigungsminister informiert – sprach kein klärendes Machtwort. So nahm die Affäre ihren bürokratischen Gang, an dessen Ende Wörner den General zunächst am Tag vor Weihnachten, dem 23. Dezember 1983, unehrenhaft entließ, um ihn im März 1984 wieder zu rehabilitieren, nachdem eine Prüfung durch den Wehrdisziplinaranwalt ergeben hatte, daß alle Behauptungen aus Kreisen der Homosexuellen «unzutreffend» gewesen waren.[63] Der eigentliche Skandal war also nicht die angebliche Homosexualität eines Bundeswehrgenerals, sondern daß der Verteidigungsminister einen hoch angesehenen Offizier über Monate hinweg einem öffentlichen Kesseltreiben aussetzte, anstatt die Angelegenheit so lange vertraulich zu behandeln, bis dessen «Schuld» oder «Unschuld» zweifelsfrei erwiesen war. Kohls Versäumnis bestand darin, daß er selbst dann noch nicht eingriff, als bereits Mitte Januar immer neue Einzelheiten über die mehr als fragwürdigen Umstände der Ermittlungen Wörners an die Öffentlichkeit drangen.

Kohl führte später zu seiner Entschuldigung an, daß er sich auf seine Reise nach Israel habe vorbereiten müssen, zu der er am 24. Januar 1984 aufbrach. Dort kam es jedoch gleich zur nächsten Panne, als der Kanzler am folgenden Tag in Jerusalem vor der Knesset im Zusammenhang mit der nationalsozialistischen Vergangenheit von der «Gnade der späten Geburt» sprach. Im Schwall der Begrüßungs- und Dankesreden, die Kohl unentwegt zu halten hatte, fiel die mißverständliche Formulierung zunächst niemandem auf. Erst als sie von einer niederländischen Menschenrechtskommission aufgegriffen und in der Zeit zitiert wurde, erhielt sie in der erregten Debatte einer moralisch entrüsteten Öffentlichkeit die Bedeutung, die Kritiker nun Kohl vorwarfen. Dabei spielte es auch keine Rolle, daß die Formulierung gar nicht von Kohl selbst stammte, sondern von Günter Gaus, der sie in einem Gespräch mit Martin E. Süskind von der Süddeutschen Zeitung geprägt hatte.[64]

Die weitaus bedeutendste Affäre, die Kohl 1984 beschäftigte, reichte allerdings bis in die Zeit vor der Wende zurück. Dabei ging es um ein Amnestiegesetz der Bundesregierung, das rechtswidrige Parteispenden rückwirkend von der Strafverfolgung ausnehmen sollte. Ein entsprechendes Vorhaben war von den vier Parteien CDU, CSU, SPD und FDP bereits Ende 1981 gemeinsam erwogen, kurz darauf vom damaligen Bundeskanzler Helmut Schmidt jedoch gestoppt worden. Am 3. Mai 1984 kam das Thema erneut zur Sprache, als Kohl, Genscher und Strauß die Öffentlichkeit mit dem Entwurf eines «Gesetzes zur Regelung steuerlicher Zweifelsfragen bei der Parteienfinanzierung» überraschten. Dabei ging es vor allem um Graf Lambsdorff, der von 1968 bis 1978 Schatzmeister der FDP im Landesverband Nordrhein-Westfalen gewesen war. Zwar hatten sich alle Parteien beim Einsammeln von Spenden aus der Wirtschaft in einer rechtlichen Grauzone bewegt. Aber Lambsdorff war besonders phantasievoll zu Werke gegangen. Er hatte Vereine gegründet, die faktisch keinem anderen Zweck dienten, als Spendengeld zu transferieren, das dann in die Parteikasse der FDP floß. Alle Vereine waren ordnungsgemäß im Vereinsregister eingetragen, besaßen Vorstände, die immer aus den gleichen Leuten bestanden, die sich in stets gleicher Besetzung und oft mehrmals am Tag hintereinander für einige Minuten an wechselnden Orten zu den vorgeschriebenen Jahresversammlungen trafen und die Geschäftsberichte billigten, die von immer demselben Notar aufgestellt wurden. Vorsitzender war stets Lambsdorff.[65] Der Gesellschafter der Firma Flick, Eberhard von Brauchitsch, der bereits über Jahre hinweg mit den Steyler Missionaren der «Societas Verbi Divini» (Soverdia) beiderseits lohnende Spendengeschäfte auf Kosten des Steuerzahlers abgewickelt hatte, war dabei Lambsdorffs Partner. Da Brauchitsch und sein Buchhalter Rudolf Diehl alle Vorgänge penibel protokollierten, hatten die Steuerfahnder wenig Mühe bei der Aufdeckung der Manipulationen. Auch Helmut Kohls Name tauchte in den Unterlagen auf. Er war vor allem im Bundestagswahlkampf 1976 mit Spendengeldern aus der Industrie gut versorgt wor-

1. Rückkehr der Union an die Macht

den. Doch Kohl hatte lediglich, wie alle anderen Parteichefs, Generalsekretäre und Schatzmeister, die Augen vor der Tatsache verschlossen, «daß die Parteien, die gehalten waren, am Aufbau des Staates mitzuwirken, ihn dadurch schädigten, daß sie ihm Geld vorenthielten, das ihm zustand».[66] Lambsdorffs Verstrickung indessen war von einem anderen Kaliber. Da sich die Beweise gegen ihn immer mehr verdichteten und eine Anklage nicht mehr zu vermeiden war, drängte Kohl ihn am 14. Juni 1984 – kurz bevor das Gericht das Hauptverfahren eröffnete – öffentlich zum Rücktritt, den Lambsdorff zehn Tage später vollzog. Im Februar 1987 wurde er wegen Steuerhinterziehung zu einer Geldstrafe von 187 000 DM verurteilt. Eine Anklage wegen Bestechlichkeit gegen ihn wurde fallengelassen.[67] Ein Regierungsamt übernahm Lambsdorff danach nicht mehr. Statt dessen wurde er 1988 Vorsitzender der FDP und blieb es bis zu seinem altersbedingten Ausscheiden im Jahre 1993. Das «Gesetz zur Regelung steuerlicher Zweifelsfragen bei der Parteienfinanzierung» – von Rudolf Augstein nur ironisch «Lex Lambsdorff» genannt – war von den Koalitionsparteien angesichts der öffentlichen Kritik schon Mitte 1984 wieder vom Tisch genommen worden.

Für Kohl war damit die Serie der Pannen und Skandale aber noch nicht zu Ende. So wurde im Oktober 1984 bekannt, daß Bundestagspräsident Rainer Barzel sich auf Umwegen ebenfalls von der Firma Flick lukrative Nebeneinnahmen verschafft hatte. Insgesamt handelte es sich dabei um einen Betrag von 1,6 Millionen DM.[68] Wie sich im Verlauf der Affäre herausstellte, war Barzel nach dem Verlust seiner Ämter in Partei und Fraktion im Frühjahr 1973 in die Sozietät des Frankfurter Rechtsanwalts Albert Paul eingetreten, wo er ein Gehalt von jährlich einer Viertelmillion Mark bezogen hatte. Das Geld kam von der Firma Flick, die es als Betriebsausgabe von der Steuer absetzte.[69] Kurt Biedenkopf hatte sich in einem Schreiben an Eberhard von Brauchitsch persönlich für Barzel verwandt, um «zu vermeiden, daß Herr Dr. Barzel zu einem sozialen Fall wird».[70] Zusätzlich hatte Barzel aber auch noch zwei Jahre lang erhebliche Summen aus der Fraktionskasse als eine Art «Übergangsgeld» erhalten, um seinen politischen Sturz ein wenig abzufedern und ihn nicht auch finanziell zu einem einfachen Bundestagsabgeordneten zu degradieren. Für die Öffentlichkeit waren diese Vorgänge, als sie 1984 bekannt wurden, jedoch nicht nachvollziehbar. Barzel war nun auch als Bundestagspräsident nicht länger zu halten und mußte von seinem Amt zurücktreten.

Nach der Barzel-Affäre zog Kohl endlich die notwendigen Konsequenzen und trennte sich vom Chef des Bundeskanzleramtes, Waldemar Schrekkenberger. Der Mainzer «Kohlianer» war zwar unbedingt loyal, doch mit seiner Aufgabe völlig überfordert. Zu seinem Nachfolger wählte Kohl den parlamentarischen Geschäftsführer der Unionsfraktion, Wolfgang Schäuble, der als erstes durchsetzte, daß er zum «Minister für besondere Aufgaben im Bundeskanzleramt» ernannt wurde. Kompetent, ehrgeizig und zielstrebig baute er das Amt nach seinen Vorstellungen um und entlastete so den Bundeskanzler von vielen Routinetätigkeiten. Auch von der Tagesordnung der Kabinettssitzungen wurde der gesamte «Kleinkram», der im Umlaufverfahren erledigt werden konnte, gestrichen. Bereits in der ersten Sitzung nach Schäubles Amtsantritt am 15. November 1984 ging es im Kabinett nur noch um wirklich Wichtiges: einen Bericht des Bundeskanzlers über seine Reise nach Washington und seine Teilnahme am Europäischen Rat in Dublin. Damit war der «neue Kohl» geboren: der Außenpolitiker und Staatsmann, der – erst jetzt – die Provinz abstreifte und sich auf die Ebene der internationalen Politik begab.[71]

Zwar gab es auch in der Folgezeit noch Pannen. So geriet ein gemeinsamer Besuch von Bundeskanzler Kohl und Präsident Reagan auf dem Soldatenfriedhof Bitburg in der Eifel am 5. Mai 1985 in die Schlagzeilen der Kritik, weil man bei der Vorbereitung zu spät bemerkt hatte, daß zwischen den dort bestatteten 2000 Soldaten, die in der Ardennenschlacht im Frühjahr 1945 gefallen waren, auch 48 Mitglieder der Waffen-SS lagen. Und Anfang November 1986 löste ein Interview Kohls mit dem amerikanischen Magazin *Newsweek* heftige Reaktionen aus, weil der Bundeskanzler darin den sowjetischen Generalsekretär Michail Gorbatschow mit Joseph Goebbels verglich. Danach aber gewann Kohl zunehmend an Souveränität. In der Regierungsarbeit stellte sich Routine ein.

Mit der wohl schmutzigsten Affäre der deutschen Nachkriegspolitik hatte Kohl allerdings weder direkt noch indirekt zu tun. Sie betraf den schleswig-holsteinischen Ministerpräsidenten Uwe Barschel (CDU), der unmittelbar vor der Landtagswahl am 13. September 1987 von seinem eigenen Medienreferenten Reiner Pfeiffer beschuldigt wurde, einen illegalen Wahlkampf gegen seinen SPD-Konkurrenten Björn Engholm betrieben zu haben. Mit einer anonymen, von ihm selbst diktierten Steueranzeige, der Überwachung von Engholms Privatleben durch Detektive sowie der Beschaffung einer Abhörwanze, deren Anbringen in seinem Dienstzimmer Engholm angelastet werden sollte, hatte Barschel gehofft, seinen Konkurrenten ausschalten zu können. Doch das Komplott mißlang. Die CDU verlor ihre absolute Mehrheit, und Barschel verhedderte sich bei seinem Versuch, Pfeiffer zu widerlegen, zunehmend in Widersprüche. Nachdem er noch am 18. September öffentlich erklärt hatte, er gebe sein «Ehrenwort, daß die gegen mich erhobenen Vorwürfe haltlos sind», kam die Wahrheit rasch ans Licht. Am 25. September trat er von seinem Amt als Ministerpräsident zurück und wurde wenig später von seinem Urlaub auf Gran Canaria nach Kiel zurückgerufen, um vor einem Untersuchungsausschuß Rede und Antwort zu stehen. Zu diesem Zeitpunkt war längst offenkundig geworden, daß Pfeiffer die Wahrheit gesagt und Barschel gelogen hatte. Auf dem Rückweg nach Deutschland wurde der schwer medikamentenabhängige Politiker schließlich am 11. Oktober 1987 tot in der Badewanne seines Zimmers im Hotel «Beau Rivage» in Genf aufgefunden. Alles weist darauf hin, daß er dort Selbstmord beging. Für eine Ermordung Barschels, über die immer wieder spekuliert wurde, gibt es dagegen bis heute keinen konkreten Anhaltspunkt.

Besuch Honeckers in Bonn

Eine Woche vor der Landtagswahl in Schleswig-Holstein mußte sich Helmut Kohl in Bonn einer Situation stellen, die er lange zu vermeiden gesucht hatte: Am 7. September 1987 kam der Generalsekretär der SED und Vorsitzende des Staatsrates der DDR, Erich Honecker, zu einem Staatsbesuch in die Bundesrepublik. Die Einladung dazu war bereits 1980 durch Helmut Schmidt ausgesprochen worden. Zwar hatte Kohl sie, wie erwähnt, nach dem Machtwechsel 1982 spontan erneuert, um die Kontinuität der Bonner Ost- und Deutschlandpolitik zu signalisieren. Aber besonders glücklich war er darüber nicht gewesen. Es war ihm deshalb durchaus entgegengekommen, daß Honecker den Besuch mehrfach – zunächst am 29. April 1983 und dann noch einmal am 4. September 1984 – verschoben hatte, weil der Streit über die Nachrüstung und der Beginn der westlichen Raketenstationierung eine deutschdeutsche Begegnung auf höchster Ebene nicht opportun erscheinen ließen. Erst nach dem Machtantritt Michail Gorbatschows in der Sowjetunion und dem Beginn der «Perestroika» hatte sich das Klima im Ost-West-Verhältnis wieder so weit entspannt, daß Honecker seine Reise antreten konnte.[72]

Für Kohl blieb der Besuch gleichwohl eine lästige Pflichtübung, die er nur auf sich nahm, weil es sich im Interesse der innerdeutschen Beziehungen – und damit der Menschen in den beiden Teilen Deutschlands – nicht vermeiden ließ. Die Reise war so terminiert, daß Wolfgang Schäuble die Vorbereitungen dafür zu Beginn der Sommerpause hatte treffen können, als die rechtskonservativen «Stahlhelmer» in der CDU/CSU sich zumeist im Urlaub befanden und wenig Neigung verspürten, das Thema aufzugreifen. Die öffentliche Ankündigung erfolgte erst, als die Stationen des Besuchs und der protokollarische Ablauf bereits in allen Einzelheiten festgelegt waren. Viel Spielraum gab es dabei ohnehin nicht. Da es sich um einen Staatsakt handelte und Honecker mit allen Ehren eines Staatsgastes empfangen werden mußte, war das Zeremoniell praktisch vorgegeben. So wehten im Hof des Kanzleramtes nebeneinander die Fahnen der DDR und der Bundesrepublik, die Hymnen der beiden deutschen Staaten wurden gespielt, und der Chef des Wachbataillons empfing den Gast mit den obligatorischen Worten: «Exzellenz, ich melde eine Ehrenformation der Bundeswehr zu Ihrer Begrüßung angetreten.»

Kohls Unbehagen war jedoch unverkennbar. Im Rückblick erklärte er später, er habe den Besuch «in Kauf genommen», um «das innerdeutsche Tor noch weiter öffnen zu können». Wer die Bilder gesehen habe, wie Honecker und er die Ehrenformation des Wachbataillons abschritten und wie ihm zumute war, als die DDR-Hymne vor dem Kanzleramt gespielt wurde, der könne sich «gut vorstellen, welche Gedanken mir an diesem Tag durch den Kopf gingen».⁷³ Allerdings war das Ende der DDR zu diesem Zeitpunkt noch keineswegs absehbar. Deutschlandpolitik war nach wie vor das geduldige Bohren dicker Bretter. So lag in dem Besuch Honeckers eine Chance, nach der Wiederannäherung an die Sowjetunion unter Gorbatschow auch mit Ost-Berlin wieder intensiver ins Gespräch zu kommen, als dies in den Jahren zuvor möglich gewesen war. Kohls Hoffnungen richteten sich dabei auch auf die ostdeutsche Bevölkerung, der er seinen Standpunkt möglichst direkt mitteilen wollte. Nachdem Präsident Reagan am 12. Juni 1987 bei seinem Besuch in Berlin vor dem Brandenburger Tor ausgerufen hatte «Herr Gorbatschow, öffnen Sie dieses Tor, reißen Sie diese Mauer nieder», wollte auch Kohl, wie er intern immer wieder sagte, die «Druckkulisse gegenüber der DDR» aufrechterhalten.⁷⁴ Einer der wichtigsten Diskussionspunkte bei der Vorbereitung des Honecker-Besuchs war deshalb die Frage, ob die Tischreden beim Festbankett in der Bad Godesberger Redoute in beiden Teilen Deutschlands live im Fernsehen übertragen werden sollten. Die DDR-Funktionäre hatten dies unbedingt vermeiden wollen; die Bonner Vertreter waren bereit gewesen, den Besuch an diesem Punkt scheitern zu lassen. So hatte Ost-Berlin schließlich nachgegeben.

Was Kohl bei dieser Gelegenheit sagen würde, war vorhersehbar. Bereits im Mai 1987 hatte er sich anläßlich der 750-Jahrfeier Berlins mit seiner öffentlichen Erklärung, Berlin sei trotz Mauer und Stacheldraht weiterhin *eine* Stadt, den Unwillen der ostdeutschen Führung zugezogen. Die im Ostteil erscheinende *Berliner Zeitung* hatte daraufhin von einem «Mißbrauch der Berlin-Feierlichkeiten in Berlin (West) zur Bekräftigung der Bonner Politik auf Neufestlegung der europäischen Grenzen» gesprochen und bemerkt, Kohl habe sich «durch seine Behauptung, die Bürger der DDR seien nicht frei», sowie durch deren «Vereinnahmung als Bürger der BRD» in die Rolle eines Politikers hineingesteigert, der «seine Kräfte maßlos überschätzt».⁷⁵ Jetzt, am 7. September 1987, beim gemeinsamen Essen in der Godesberger Redoute, sprach Kohl nicht weniger offen als im Mai in Berlin. Wörtlich erklärte er während der Live-Übertragung des Fernsehens neben einem zur Maske erstarrten Honecker: «Die Menschen in Deutschland leiden unter der Trennung. Sie leiden an einer Mauer, die ihnen buchstäblich im Wege steht und die sie abstößt. Wenn wir abbauen, was Menschen trennt, tragen wir dem unüberhörbaren Verlangen der Deutschen Rechnung: Sie wollen zueinander kommen können, weil sie zusammengehören. Daher müssen Hindernisse jedweder Art abgeräumt werden. Die Menschen in Deutschland erwarten, daß nicht Barrieren aufgetürmt werden. Sie wollen, daß wir – gerade auch in diesen Tagen – neue Brücken bauen ... Künftige Generationen der Deutschen werden uns danach beurteilen, wie wir unter schwierigen Gegebenheiten mit den praktischen und moralischen Aufgaben fertig geworden sind, die uns die Teilung und die Sorge um den Frieden stellen.»⁷⁶

Die SED-Führung behauptete nach Honeckers Rückkehr, daß sowohl durch das Protokoll als auch durch das Verhalten des Bundeskanzlers während des Besuchs eine «endgültige völkerrechtliche Anerkennung» vollzogen worden sei. Außerdem habe der Besuch dazu beigetragen, eine neue Phase «in den bilateralen Beziehungen zwischen den beiden deutschen Staaten» einzuleiten, für deren Wiedervereinigung es keinerlei Grundlagen mehr gebe.[77] SED-Politbüromitglied Werner Felfe schrieb dazu im *Neuen Deutschland*: «Die Tatsache, daß das Staatsoberhaupt der DDR den internationalen Gepflogenheiten entsprechend mit Hymne, Staatsflagge und militärischem Zeremoniell in Bonn empfangen wurde, gibt wohl den Kommentaren der Weltagenturen recht, daß sich damit ‹der Realismus endgültig durchgesetzt hat›. Träume sind Schäume. Das hat sich ein weiteres Mal erwiesen, besonders in bezug auf die Träumereien am Kamin über eine ‹Wiedervereinigung›. Das erkennen auch immer mehr die maßgeblichen politischen Kreise der BRD, der Kultur und des Geisteslebens. Die vom Genossen Erich Honecker betonte Wahrheit, daß sich Sozialismus und Kapitalismus ebensowenig vereinigen lassen wie Feuer und Wasser, ist nunmehr bereits überall ins politische Vokabular eingegangen.»[78]

Zur Realität gehörte aber auch, daß nach dem Honecker-Besuch zahlreiche politische Häftlinge aus DDR-Gefängnissen freigelassen wurden. Der Schießbefehl an der Grenze zur Bundesrepublik wurde zumindest vorübergehend außer Kraft gesetzt.[79] Der Reiseverkehr zwischen den beiden Teilen Deutschlands erreichte eine Dimension, die es seit dem Mauerbau von 1961 noch nicht gegeben hatte. Allein fünf Millionen DDR-Bürger – eine Million mehr als 1986 – durften 1987 in die Bundesrepublik reisen; nur 0,03 Prozent von ihnen kehrten nicht wieder zurück. Darüber hinaus wurden über 500 Anträge auf Städtepartnerschaften registriert, von denen schließlich 35 realisiert werden konnten. Mehr als hundert Maßnahmen im Zusammenhang mit sportlichen Begegnungen, Jugend- und Kulturaustausch sowie zur Rückführung von Kulturgütern, die während des Krieges verlagert worden waren, wurden in Gang gesetzt. Diese praktischen Ergebnisse wurden auch von der SPD-Führung in Bonn gewürdigt. Nur die Grünen forderten, die DDR endlich voll anzuerkennen und das in der Präambel des Grundgesetzes enthaltene Wiedervereinigungsgebot nicht mehr als Verpflichtung anzusehen.[80]

2. Der Zusammenbruch der DDR

Die Hoffnung der DDR-Führung, daß ihr Bemühen um internationale Anerkennung letzlich auch zu einer Stabilisierung der politischen Verhältnisse in Mitteleuropa beitragen werde, erwies sich jedoch bald als Illusion. Gerade die Entspannungspolitik, die der DDR zur äußeren Anerkennung verholfen hatte, sowie die positive Entwicklung der innerdeutschen Beziehungen trugen in erheblichem Maße dazu bei, die innere Machtbasis des SED-Regimes zu erschüttern.

Entspannung und Abgrenzung

In den frühen siebziger Jahren war die DDR-Führung noch zuversichtlich gewesen, die humanitären Aspekte der Entspannung, die der DDR gefährlich werden konnten, durch eine Politik der «Abgrenzung» neutralisieren zu können. Schon bald war es der Regierung in Ost-Berlin jedoch schwergefallen, die Übersicht zu behalten. Während 1970 nur etwa zwei Millionen Menschen aus der Bundesrepublik und West-Berlin die DDR und Ost-Berlin besucht hatten, stieg diese Zahl bereits 1973 auf über acht Millionen. Die Zahl der Telefongespräche zwischen Ost und West, die 1970 lediglich 700 000 betragen hatte, explodierte förmlich auf über 23 Millionen pro Jahr bis 1980. Außerdem trug die Berichterstattung der westlichen Medien – vor allem des westdeutschen Fernsehens, das außer im Raum Dresden und im nordöstlichen Teil von Mecklenburg-Vorpommern überall in der DDR empfangen werden konnte – zu einem Abbau bisheriger Feindbilder bei, so daß die SED-Führung sich nicht mehr, wie in der Zeit des Kalten Krieges, auf den inneren Zusammenhalt verlassen konnte, der aus äußerem Druck entsteht.[81]

Die SED suchte der neuen Herausforderung durch Verstärkung der «Abgrenzung» zwischen den beiden deutschen Staaten zu begegnen. Schon am 13. September 1970, kurz nach den ersten beiden Begegnungen zwischen Bundeskanzler Willy Brandt und DDR-Ministerpräsident Willi Stoph in Erfurt und Kassel, erklärte das für die Außenpolitik zuständige Mitglied des SED-Politbüros, Hermann Axen, die DDR habe «die Pflicht, sich weiterhin in allen Bereichen von der imperialistischen Bundesrepublik abzugrenzen».[82] Wenige Tage später, am 6. Oktober, wies auch Stoph die «Fiktion der sogenannten Einheit der Nation» zurück und behauptete, «angesichts des Gegensatzes der Systeme des Staates und der Gesellschaft» sei «ein objektiver Prozeß der Abgrenzung, nicht dagegen der Annäherung, unausweichlich».[83] Schlüsselgruppen, wie Partei- und Staatsfunktionären sowie Wehrpflichtigen, war es künftig untersagt, Kontakte zu Ausländern zu unterhalten. In einem eigens eingeführten «Besucherbuch» mußten die Namen aller ausländischen Besucher in den Wohnungen von DDR-Bürgern notiert werden.

Auf dem VIII. Parteitag der SED im Juni 1971 stellte Honecker zudem der in der Bundesrepublik fortlebenden «bürgerlichen Nation» die seiner Auffassung nach höhere Stufe der in der DDR verwirklichten «sozialistischen Nation» gegenüber und bestritt damit die Bonner Auffassung, daß die deutsche Nation aufgrund der gemeinsamen Geschichte und des weiter vorhandenen Zusammengehörigkeitsgefühls fortbestehe. In einer Entschließung des Parteitages vom 19. Juni wurde die DDR nunmehr als «sozialistischer deutscher Nationalstaat» bezeichnet.[84] So war es auch kein Zufall, daß das SED-Politbüro einen Tag vor der Paraphierung des Grundlagenvertrages am 8. November 1972 eine Resolution mit neuen Prinzipien für Agitation und Propaganda verabschiedete. Zehn Tage später, am 16. und 17. November, fand eine «Agitationskonferenz» statt, auf der das Politbüromitglied Werner Lambertz erklärte, daß es «an der ideologischen Front keinen Waffenstillstand, sondern verschärften Kampf» gebe und daß «friedliche Koexistenz nicht ideologische Koexistenz» bedeute.[85]

Zugleich wurde der Staatssicherheitsapparat, der bereits im Kalten Krieg eine wichtige Funktion für den Schutz des Regimes besessen hatte, zu einem Instrument der flächendeckenden Kontrolle der DDR-Bevölkerung ausgebaut. Erst während der Entspannungspolitik erhielt die «Stasi» somit die Bedeutung, die man seither mit ihrem Namen verbindet. Der Etat des Ministeriums für Staatssicherheit, der 1968 noch bei 5,8 Milliarden Mark lag, stieg bis 1989 um etwa 400 Prozent auf 22,4 Milliarden. Die Zahl der hauptamtlichen Mitarbeiter, die in den fünfziger Jahren nur bei rund 4000 gelegen hatte, expandierte von 32900 im Jahre 1967 auf 81 500 am Ende des Jahres 1982.[86] Das Netz der «Inoffiziellen Mitarbeiter» wurde allein in der Anfangszeit der Entspannungspolitik von rund 100000 im Jahre 1968 auf etwa 180000 im Jahre 1975 verstärkt.[87]

Alle Anstrengungen der Stasi konnten indessen nicht verhindern, daß die Bürger der DDR das Klima der Entspannung zum Anlaß nahmen, auch im eigenen Lande eine Lockerung der strengen Zensur und Überwachung zu fordern. In den ersten beiden Jahrzehnten der DDR, von 1949 bis zu den frühen siebziger Jahren, hatte es für Schriftsteller, Künstler und Oppositionsgruppen kaum regimekritische Entfaltungsmöglichkeiten gegeben. Mochten der Philosoph Wolfgang Harich in den fünfziger Jahren oder Schriftsteller wie Stefan Heym, Stephan Hermlin und Christa Wolf in den sechziger Jahren auch gelegentlich den «Provinzialismus» der DDR-Kulturpolitik kritisieren, so gab es doch kaum Perspektiven der Veränderung. Selbst dezidiert sozialistische Autoren wie Wolf Biermann und Stefan Heym oder der Wissenschaftler Robert Havemann sahen sich erheblichen Repressionen der Staatsmacht ausgesetzt, sobald sie das Recht für sich in Anspruch nahmen, auf Mißstände hinzuweisen.[88] So erklärte Erich Honecker auf dem 11. Plenum des Zentralkomitees der SED am 15. Dezember 1965, die DDR sei «ein sauberer Staat», in dem es «unverrückbare Maßstäbe der Ethik und Moral, für Anstand und gute Sitte» gebe. Biermann verrate mit seinen Liedern und Gedichten «sozialistische Grundpositionen».[89]

Nach Beginn der Entspannungspolitik gestand Honecker zwar im Mai 1973 «ein weites Feld für künstlerische Kreativität» zu.[90] Doch die Grenzen der Autonomie für Intellektuelle, Schriftsteller und Künstler wurden bald erneut sichtbar, als Biermann 1976 nach einer Konzerttournee in der Bundesrepublik nicht wieder in die DDR zurückkehren durfte und Freunde und Bekannte, die gegen diese Maßnahme protestierten, verfolgt wurden. Viele andere prominente DDR-Schriftsteller und Künstler wurden danach ebenfalls ausgewiesen oder erhielten «langfristige Ausreiseerlaubnisse», wie Bernd Jentzsch, Jürgen Fuchs, Jurek Becker und Hans-Joachim Schädlich, der populäre Schauspieler Manfred Krug oder die Liedermacher Christian Kunert und Gerulf Panach. Später folgten noch Günter Kunert, Erich Loest, Rolf Schneider und Joachim Seyppel – um nur diese zu nennen. Der Exodus der Schriftsteller und Künstler bedeutete nicht nur einen schweren intellektuellen Verlust für die DDR, sondern war bezeichnend für das Dilemma der DDR-Kulturpolitik, die sich nicht anders zu helfen wußte, als unliebsame Geister abzuschieben, um die Stabilität des Regimes zu sichern.[91]

Unruhe und Opposition gab es in den siebziger Jahren in der DDR aber auch in anderen gesellschaftlichen Bereichen. Pastoren begannen sich gegen die Diskriminierung ihrer Kirchen aufzulehnen und jungen Menschen unter dem Dach der Gotteshäuser ein Forum zu bieten. Von den Kirchen veranstaltete Diskussionen über Sexualität, Alkoholismus, Rock-Musik, das Leben in der DDR oder auch über die Militarisierung der Gesellschaft führten dazu, daß sich vor allem die evangelischen Kirchen zu einem Sammelbecken der Opposition entwickelten.[92] Zwar wurde bei einem Treffen zwischen Honecker und den Kirchenführern der DDR am 6. März 1978 eine Art «Waffenstillstand» zwischen Staat und Kirche vereinbart.[93] Doch die Einigung stellte nicht mehr als eine Arbeitsgrundlage dar, zumal der Staatssekretär für Kirchenfragen Klaus Gysi 1981 einschränkend erklärte, eine Zusammenarbeit in den Bereichen, in denen Kirche und Staat übereinstimmten, sei wünschenswert, die Kirche müsse aber bei Nichtübereinstimmung die staatlichen Entscheidungen respektieren.[94]

Die Beruhigung, die sich die SED-Führung von ihrem Arrangement erhofft hatte, trat jedenfalls nicht ein. Die Kirchen blieben ein wichtiger Angelpunkt der Opposition. Die Selbstverbrennungen von Pastor Oskar Brüsewitz 1976 und der Pastoren Rolf Günther und Gerhard Fischer 1978 hatten das Ausmaß der Erbitterung und die Protestbereitschaft bereits erkennen lassen. Das Verhältnis zwischen Staat und Kirche verschärfte sich erneut, als die Kirchen zu Weihnachten 1979 öffentlich den Einmarsch sowjetischer Truppen in Afghanistan kritisierten und der Ost-Berliner Pastor Rainer Eppelmann im Januar 1982 den von mehreren hundert DDR-Bürgern unterzeichneten «Berliner Appell» an Honecker sandte, in dem nicht nur vor den Gefahren des Wettrüstens zwischen Ost und West gewarnt, sondern auch die Militarisierung der Kindererziehung in der DDR angeprangert wurde.[95] Überdies gewann die in Westeuropa und vor allem der Bundesrepublik seit 1980 aktive Friedensbewegung in der DDR nun ebenfalls an Bedeutung. Unter der Parole «Schwerter zu Pflugscharen» nahmen Zehntausende von zumeist jungen Ostdeutschen an einer Vielzahl von pazifistischen Veranstaltungen teil, ehe die SED-Führung 1983 dagegen vorging und Ausweisungen und Verhaftungen vornehmen ließ.

Schließlich war es mit der Ausweisung einzelner Oppositioneller nicht mehr getan. Anfang 1984 beschloß die DDR-Regierung, 31 000 Bürgern die Ausreise zu erlauben. Verglichen mit den 7729 Personen, die 1983 die DDR verlassen hatten, war dies ein bemerkenswerter Vorgang. Die veränderte

Stimmungslage zeigte sich auch darin, daß es im Juli 1984 zur ersten «Botschaftsbesetzung» kam, als 50 Ostdeutsche in der Ständigen Vertretung der Bundesrepublik in Ost-Berlin Zuflucht suchten, um die Genehmigung zu erhalten, die DDR zu verlassen. Das SED-Regime geriet nun zunehmend unter Druck.

Aufbruchstimmung in Polen und Ungarn

Die Enttäuschung der ostdeutschen Bevölkerung über den Mangel an Reformen in der DDR wurde noch vergrößert durch die Entwicklung in Polen, Ungarn und der Sowjetunion. Als Arbeiterunruhen auf den Werften von Danzig und Gdingen im Sommer 1980 eskalierten und die unabhängige Gewerkschaftsbewegung «Solidarität» die etablierte kommunistische Einparteiherrschaft herausforderte, schien auch die innere Stabilität der DDR bedroht. Die Regierung in Ost-Berlin hob deshalb am 30. Oktober 1980 den visafreien Verkehr zwischen der DDR und Polen auf und erließ strenge Auflagen für den Reiseverkehr zwischen den beiden Staaten. Die Abgrenzung gegenüber dem Westen wurde somit durch eine Abschirmung gegenüber dem Osten ergänzt. Der Prozeß der Selbstisolierung der DDR begann.

Tatsächlich waren die Auswirkungen der polnischen Ereignisse auf die DDR geringer als erwartet. Bis zum Sommer 1981 hatten sich die Ostdeutschen als vergleichsweise resistent gegen den polnischen Virus erwiesen. Es gab sogar Ressentiments gegenüber den Polen, wobei alte Vorurteile – auf beiden Seiten der Grenze – neu aufbrachen. Aber die Atempause, die sich daraus für die SED-Führung ergab, war nur von kurzer Dauer. Selbst die Verhängung des Kriegsrechts durch General Wojciech Jaruzelski am 13. Dezember 1981 bedeutete keine wirkliche Entlastung, denn Jaruzelski nutzte seine Macht weit weniger konsequent im Sinne der kommunistischen Orthodoxie, als die DDR-Führung gehofft hatte. Das Übergreifen der polnischen Unruhen auf andere Länder des Ostblocks war deshalb nur eine Frage der Zeit.

In Ungarn kam es bereits zwischen 1982 und 1984 zu einer intensiven Diskussion über die wirtschaftlichen und politischen Ziele des Landes, nachdem sich der hier seit 1956 praktizierte «Gulasch-Kommunismus» (die Trennung ökonomischer Reformen von politischer Liberalisierung) zunehmend als Modernisierungshemmnis erwiesen hatte. Obwohl diese Debatte, anders als in Polen, nicht durch Streiks und soziale Unruhen ausgelöst wurde und am Anfang kaum mehr war als eine theoretische Erörterung auf Expertenebene, sah sich das Regime von János Kádár dadurch schließlich doch gezwungen, einer Liberalisierung des Wahlgesetzes, Maßnahmen zur Stärkung der unternehmerischen Freiheit, der Auflösung der durch die staatliche Planungsbürokratie geschaffenen ineffektiven industriellen Trusts und Konglomerate sowie dem Prinzip der persönlichen Verantwortung für ökonomische Leistung zuzustimmen.[96] Mátyás Szürös, Sekretär im Zentralkomitee der Ungarischen Sozialistischen Arbeiterpartei und früherer Botschafter Ungarns in der Sowjetunion, plädierte darüber hinaus im Januar 1984 im theoretischen Organ seiner Partei, *Társadalmi Szemle*, für größere Bewegungsfreiheit in der ungarischen Außenpolitik, um neue Partner zur Sanierung der ungarischen Wirtschaft – insbesondere im westlichen Ausland – zu gewinnen.[97]

Unterstützt wurde das Streben Ungarns nach mehr Eigenständigkeit zunächst vor allem von der DDR, wo das *Neue Deutschland* den Szürös-Artikel im vollen Wortlaut nachdruckte – eine Sympathiebekundung, die jedoch nicht ideologischer Übereinstimmung, sondern lediglich dem Bemühen Honeckers zu verdanken war, den Schaden zu begrenzen, den die DDR durch die Verschlechterung der Ost-West-Beziehungen seit dem sowjetischen Einmarsch in Afghanistan erlitten hatte. Da die DDR aus wirtschaftlichen Gründen auf die in der Ära der Entspannung entstandenen Kontakte nicht mehr verzichten konnte und wie Ungarn auf weitere Kooperation mit dem Westen setzte, schien ein Schulterschluß mit Budapest in der Außenpolitik wünschenswert zu sein. Die Konstellation war indessen nicht ohne historische Ironie, da Honecker sich mit Ungarn ausgerechnet zu einer Zeit verbündete, als man dort einen Kurs innerer Reformen und der Öffnung nach außen einschlug, der am Ende wesentlich dazu beitragen sollte, das Regime der SED zu beseitigen.

Der Gorbatschow-Faktor

Solange der Bestand der DDR von der Sowjetunion garantiert wurde, blieben die Risiken osteuropäischer Reformbemühungen aus der Sicht Ost-Berlins jedoch begrenzt. Schon die bloße Anwesenheit sowjetischer Truppen gab dem SED-Regime die notwendige Stabilität, ohne die es schwerlich überdauern konnte. Ohne die militärische Präsenz sowjetischer Streitkräfte in Ostdeutschland war jedoch auch das sowjetische Imperium in Osteuropa nicht zu halten. Die Beziehung beruhte also auf Gegenseitigkeit. Die disziplinierende Präsenz der 380 000 Soldaten der «Westgruppe der sowjetischen Streitkräfte in Deutschland» (wie die Truppen der Roten Armee in der DDR offiziell hießen) war eine Voraussetzung sowohl für die Sicherung der DDR als auch für den Zusammenhalt des sowjetischen Herrschaftsbereichs im ostmitteleuropäischen Raum.

Mit der Ernennung Michail Gorbatschows zum Generalsekretär der KPdSU am 10. März 1985 wurde die Selbstverständlichkeit dieser Konstellation in Frage gestellt. Der neue starke Mann in Moskau besaß zwar kein Gesamtkonzept für Reformen. Aber seine Abkehr vom Stil und von den Denkweisen seiner Vorgänger war nicht zu übersehen. Dabei ging es ihm nicht um die Beseitigung des Sozialismus, sondern um dessen langfristige Sicherung und Stärkung. Gorbatschow hatte erkannt, daß das sowjetische System in seiner bisherigen Form zwar geeignet gewesen war, das rück-

2. Der Zusammenbruch der DDR

ständige Rußland zu industrialisieren und die Produktion von Massengütern zu organisieren, jedoch nicht mehr den Anforderungen entsprach, die das postindustrielle Zeitalter an sein Land stellen würde. «Glasnost» und «Perestroika» sollten deshalb – in enger Zusammenarbeit mit dem Westen – der Sowjetunion den Weg in das 21. Jahrhundert ebnen.

Aus Sicht der SED war Gorbatschows Kurs, den der Generalsekretär selber vieldeutig als «zweite Revolution» bezeichnete, mehr als problematisch.[98] Er schwächte die repressive Funktion des Partei- und Staatsapparates, die für den Machterhalt der kommunistischen Regime unerläßlich war, und gefährdete die Breschnew-Doktrin, ohne die eine Abwehr innerer Oppositionsbewegungen in den osteuropäischen Ländern nicht möglich war. Die Auswirkungen auf Polen, Ungarn, die Tschechoslowakei und die DDR, aber auch auf Bulgarien und Rumänien, deren politische Legitimität sich in keinem Fall auf freie Wahlen, sondern nur auf einen ideologischen Anspruch stützte, waren vorhersehbar. Gorbatschow indessen war sich dieser Zusammenhänge entweder nicht bewußt oder glaubte nicht daran, daß seine Politik zum Zusammenbruch des gesamten Imperiums führen könnte. Er hielt die Breschnew-Doktrin für ein Relikt aus einer vergangenen Zeit. Auch in den Beziehungen zu den osteuropäischen Ländern waren nach seiner Meinung Reformen überfällig. Von der Neugestaltung des Verhältnisses der sozialistischen Länder untereinander versprach er sich sogar eine Stärkung des Sozialismus.[99]

In den ersten beiden Jahren der Amtszeit Gorbatschows blieben die Konturen seiner Politik gegenüber Osteuropa allerdings noch vage und widersprüchlich. Bekenntnisse zu größerer nationaler Eigenständigkeit wechselten mit Forderungen nach Aufrechterhaltung der sozialistischen Gemeinschaft. Doch am 10. April 1987 deutete sich erstmals eine Positionsveränderung an, als Gorbatschow in einer Rede in Prag erklärte: «Wir sind weit davon entfernt, von jedem zu erwarten, uns zu kopieren. Jedes sozialistische Land hat seine spezielle Gestalt, und jede Bruderpartei entscheidet vor dem Hintergrund der jeweiligen nationalen Bedingungen selbst über ihre politische Linie … Niemand hat das Recht, einen Sonderstatus in der sozialistischen Welt für sich zu beanspruchen. Die Unabhängigkeit jeder Partei, ihre Verantwortung für ihr Volk, und das Recht, die Probleme der Entwicklung ihres Landes auf souveräne Weise zu lösen – das sind für uns unumstößliche Prinzipien.»[100]

Eine ähnliche Auffassung vertrat Gorbatschow auch bei den Feierlichkeiten zum 70. Jahrestag der Oktoberrevolution am 2. November 1987, als er bemerkte, Einheit bedeute «weder Identität noch Einförmigkeit», sowie bei einem Besuch in Jugoslawien im März 1988, als im abschließenden Kommuniqué ausdrücklich «Respekt für verschiedene Wege zum Sozialismus» bekundet und das Recht aller Länder auf «ungehinderte Unabhängigkeit» hervorgehoben wurde.[101] In einer Rede vor dem Europarat in Straßburg am 7. Juli 1989 erklärte Gorbatschow schließlich unter direkter Bezugnahme auf die Breschnew-Doktrin (ohne sie allerdings beim Namen zu nennen), «jede Einmischung in innere Angelegenheiten, alle Versuche, die Souveränität von Staaten – sowohl von Freunden und Verbündeten als auch von jedem sonst – zu beeinträchtigen», seien «unzulässig». Die «Philosophie des gemeinsamen europäischen Hauses» schließe die Möglichkeit eines bewaffneten Zusammenstoßes und «die Anwendung von Gewalt, vor allem militärischer Gewalt, zwischen den Bündnissen, innerhalb der Bündnisse oder wo auch immer» aus.[102]

Was jetzt noch fehlte, war ein ausdrücklicher Widerruf der Doktrin. Dafür sorgte im Oktober 1989 der Sprecher des sowjetischen Außenministeriums, Gennadi Gerassimow, der am Rande eines Besuches von Gorbatschow in Finnland in lockerer Rede verkündete, die Breschnew-Doktrin sei «tot» und werde durch die «Sinatra-Doktrin» ersetzt. Gerassimow spielte damit auf den Song «My Way» des amerikanischen Sängers Frank Sinatra an, dessen Refrain «I did it my way» nun aufschlußreiche Analogien nahelegte. Die Bemerkung konnte als indirekter Hinweis verstanden werden, daß die Länder im sowjetischen Machtbereich ohne Furcht vor Intervention eigene politische, wirtschaftliche und soziale Wege beschreiten durften. Die Kontrolle, aber auch die Bestandsgarantie der sozialistischen Regime durch Moskau wurde damit aufgegeben.

Die Selbstisolierung der DDR

In der DDR riefen diese Entwicklungen größte Besorgnis hervor. Zwar war die Regierung in Ost-Berlin mehr als ein Jahrzehnt lang in der Lage gewesen, die destabilisierenden Folgen der Entspannung durch eine Mischung aus sozialer Befriedung und politischer Kontrolle aufzufangen, so daß westliche Beobachter dazu verleitet wurden, die innere Stabilität und den relativen Erfolg der DDR zu überschätzen.[103] Aber nachdem die Sowjetunion, die für die Rückendeckung des SED-Regimes in jeder Hinsicht unverzichtbar war, nun selber eine «Revolution von oben» forderte und andere Ostblockstaaten, wie Polen, Ungarn und die Tschechoslowakei, bedenkliche Auflösungserscheinungen zeigten, wurde die Lage für die DDR kritisch.

Natürlich sah sich die DDR-Führung durch diese «reformistische Einkreisung» bedroht. Aber sie reagierte darauf nicht mit eigenen Reformen, sondern mit Selbstisolierung: Das SED-Regime wurde zu einer Insel der Orthodoxie in einem Meer politischer, ökonomischer und ideologischer Veränderungen. Honecker bestand sogar ausdrücklich darauf, daß die DDR nicht gezwungen werden dürfe, dem sowjetischen Modell zu folgen, sondern daß es ihr erlaubt sein müsse, einen Sozialismus «in den Farben der DDR» zu entwickeln. Kurt Hager, Mitglied des Politbüros der SED und Chefideologe der Partei, stellte in diesem Zusammenhang in einem Interview mit der Illustrierten *Stern* im April 1987 die vielzitierte rhetorische Frage, ob man sich verpflichtet fühlen müsse, es seinem Nachbarn nachzutun, wenn dieser beschließe, in seinem Haus die Wände neu zu tapezieren.[104] Die DDR-Führung jedenfalls verspürte eine derartige Verpflichtung zu inneren Reformen offenbar nicht.

Als es im April und Mai 1988 in Polen zu neuen Streiks der Stahl- und Werftarbeiter kam, die sich zu einer Kraftprobe zwischen der immer noch verbotenen Gewerkschaft «Solidarität» und dem Regime von General Jaruzelski entwickelten, sah man sich in Ost-Berlin in seinen Auffassungen bestätigt. Die polnischen Kommunisten mußten schließlich im Februar 1989 Gesprächen am «Runden Tisch» zustimmen, bei denen Innenminister Ceslaw Kiszak, Vertreter des offiziellen Gewerkschaftsbundes und der Führer der «Solidarität», Lech Walesa, im April 1989 nicht nur die Wiederzulassung der «Solidarität», sondern auch eine Verfassungsreform vereinbarten, auf deren Grundlage im Juni 1989 in Polen erstmals seit 1946 wieder Parlamentswahlen mit freier Kandidatenaufstellung abgehalten wurden. In Ungarn wurde Ministerpräsident Károly Grosz am 22. Mai 1988 als Verfechter weitreichender politischer und wirtschaftlicher Reformen zum neuen Generalsekretär der Ungarischen Sozialistischen Arbeiterpartei ernannt, während der langjährige Partei- und Staatschef János Kádár zunächst auf das neugeschaffene Amt eines Ehrenpräsidenten abgeschoben wurde, ehe man ihn im Mai 1989 aller Ämter enthob. Zugleich wurde Imre Nagy, der 1958 in einem Geheimprozeß zum Tode verurteilte und hingerichtete Führer des ungarischen Volksaufstandes von 1956, rehabilitiert und feierlich neu bestattet. In der Tschechoslowakei war Staats- und Parteichef Gustáv Husák bereits im Dezember 1987 durch den jüngeren und flexibleren Milós Jakés ersetzt worden.

Schon 1987/88 war es deshalb fraglich, ob sich das SED-Regime noch lange gegen die Öffnungs- und Liberalisierungstendenzen würde sperren können, die auch im eigenen Lande immer sichtbarer wurden. Wie groß die Nervosität der Ost-Berliner Regierung inzwischen war, zeigte sich im November 1988, als sie fünf sowjetische Filme und die – im Sinne der Perestroika – kritische sowjetische Zeitschrift *Sputnik* in der DDR verbot. Diese Selbstisolierung sowie der antireformistische Kurs Honeckers waren allerdings innerhalb der SED-Führung nicht unumstritten. So argumentierte Alfred Kosing von der Akademie für Gesellschaftswissenschaften des SED-Zentralkomitees im Juli 1988 in der *Deutschen Zeitschrift für Philosophie*, es sei ein schwerer Fehler, davon auszugehen, daß die DDR bereits alle notwendigen Veränderungen vorgenommen habe und daß nur die anderen sozialistischen Länder noch handeln müßten. Doch die Debatte blieb begrenzt. Die meisten Funktionäre zogen es vor zu schweigen, auch wenn sie insgeheim mit der offiziellen Politik ihrer Regierung nicht immer übereinstimmten.

Selbsttäuschung und falsche Signale

Als ungarische Soldaten am 2. Mai 1989 nahe der Ortschaft Köszeg mit dem Abbau der elektronischen Sicherungsanlagen und des Stacheldrahtverhaus an der Grenze zu Österreich begannen, wurde es für die DDR allmählich ernst. Um so bereitwilliger schenkte man im SED-Politbüro am 4. Mai der Mitteilung von DDR-Verteidigungsminister Heinz Keßler Glauben, daß es sich nach «gesicherten Erkenntnissen» aus Budapest nur um «technische Maßnahmen» handele, von denen die eigentlichen Grenzkontrollen nicht betroffen seien. Erleichtert setzte man danach die Politbürositzung mit einer Diskussion über die Aussichten der Pottasche-Industrie in der DDR und einigen Spekulationen über den Ausgang der für den 7. Mai angesetzten Kommunalwahlen fort.[105]

Tatsächlich hatte Ungarn mit seiner Demontage der Grenzbefestigungen praktisch die Solidarität der Ostblockstaaten bei der Abriegelung des kommunistischen Herrschaftsbereichs gegenüber dem Westen aufgekündigt. Zum ersten Mal seit 1945 war der «Eiserne Vorhangs» prinzipiell in Frage gestellt. Schon jetzt – nicht erst am 9. November – war die Grenze zum Westen offen. Obwohl man, wie Günter Schabowski berichtet, im Politbüro durchaus ahnte, welche Sprengkraft in dem Vorgang lag, zog man es vor, sich selbst zu beschwichtigen. «Erschrocken und hilflos», so Schabowski, habe man beobachtet, «wie der sozialistische Block in die Brüche ging». Schon im Frühsommer 1989 waren die Sorgen so wenig zu verscheuchen «wie Wespen vom Pflaumenkuchen». Die Flüchtlingszahlen stiegen dramatisch an. Aus dem Rinnsal wurde ein Strom. Neben Gorbatschow war es somit vor allem Ungarn, das den Untergang der DDR heraufbeschwor.

Dennoch hielt die SED-Führung an ihrem starren Kurs fest, wie sowohl ihre Manipulation der Kommunalwahlen vom 7. Mai 1989 als auch die demonstrative Unterstützung der chinesischen Regierung nach dem Massaker auf dem Tiananmen-Platz in Peking am 4. Juni 1989 zeigten. Während die durch die Wahlfälschung erzielten Resultate die Zustimmung der Bevölkerung zu ihrem Regime unterstreichen sollten, war der Schulterschluß mit den repressiven Kräften in China ein Warnsignal an innenpolitische Gegner. Das Ergebnis der Kommunalwahl, bei der 95,98 Prozent der Stimmen auf die Kandidaten der Nationalen Front entfielen und nach Angaben des Vorsitzenden der Wahlkommission, Egon Krenz, im gesamten Land trotz einer kritischen Grundstimmung nur 142301 Gegenstimmen zu verzeichnen gewesen waren, wurde von Erich Honecker als «eindrucksvolles Bekenntnis zu der auf Frieden und Sozialismus gerichteten Politik der SED» gewürdigt.[106] In Wirklichkeit bezweifelte kaum jemand, daß die Wahlen wie üblich manipuliert worden waren.

Doch diesmal war die Bevölkerung nicht mehr gewillt, das Ergebnis einfach hinzunehmen. Augenscheinlich ermutigt durch die Vorbilder in Polen, Ungarn und auch der Sowjetunion, reagierte sie mit offen geäußerter Entrüstung und Protest. Gerüchte, daß die Regierung die Wahldokumente gefälscht habe, um die erwünschten Resultate zu erhalten, machten die Runde. Oppositionsgruppen gingen daran, die Manipulationen aufzudecken. Der Minister für Staatssicherheit, Erich Mielke, wurde nach eigenen Angaben

2. Der Zusammenbruch der DDR

mit Berichten über «Aktivitäten feindlicher, oppositioneller und anderer negativer Kräfte», die versuchten, «‹Beweise› über eine angebliche Fälschung der Wahlergebnisse» zu erbringen, regelrecht bombardiert und wies deshalb die Sicherheitsorgane an, jeden Bürger, der sich über die Inkorrektheit des Wahlverfahrens beschwere, darüber zu informieren, daß «keine Anhaltspunkte für den Verdacht einer Straftat vorliegen».[107] In Wirklichkeit waren die Manipulationen am 7. Mai kaum gravierender gewesen als bei früheren Wahlen in der DDR. Aber das innen- und außenpolitische Umfeld hatte sich verändert: Die wichtigsten Verbündeten befanden sich inzwischen auf Reformkurs, und die meisten DDR-Bürger hielten ihre Regierung nicht mehr nur für reformunwillig, sondern auch für reformunfähig. Die SED-Führung war deshalb weithin isoliert; ihr Verhalten stieß nahezu überall auf Kritik, ja Verständnislosigkeit.

Massenflucht und Demonstrationen

Vor diesem Hintergrund faßten immer mehr DDR-Bewohner den Entschluß, ihrem Land so bald wie möglich den Rücken zu kehren. Allein 120000 von ihnen stellten im Sommer 1989 einen Antrag auf Ausreise in die Bundesrepublik. Im Juli und August versuchten darüber hinaus Hunderte, die mit ihrer Geduld am Ende waren, ihre Ausreise durch die Besetzung westlicher – vor allem westdeutscher – diplomatischer Vertretungen in Budapest, Warschau, Ost-Berlin und Prag zu erzwingen. Die Ständige Vertretung der Bundesrepublik in Ost-Berlin und die Botschaft in Prag mußten sogar wegen Überfüllung geschlossen werden.[108] Etwa 600 DDR-Urlauber nutzten am 19. August ein Fest der «Paneuropa-Union» bei Sopron an der ungarisch-österreichischen Grenze zur Flucht nach Österreich, während die ungarischen Grenzposten die Massenflucht zwar beobachteten, aber untätig blieben.

Erich Honecker, der sich einer Gallenblasenoperation unterziehen mußte, die ihn für den Rest des Sommers von seinen Amtsgeschäften fernhielt, hatte in dieser kritischen Situation Günter Mittag mit der Wahrnehmung der Amtsgeschäfte beauftragt. Doch Mittag, der ohnehin nicht zu den Aktiven unter den DDR-Politikern zählte, war der Lage nicht gewachsen. Der Flüchtlingsstrom aus der DDR über Ungarn und Österreich in die Bundesrepublik schwoll immer mehr an. Täglich trafen zwischen 100 und 200 Ostdeutsche in Aufnahmelagern in Bayern ein, bis die DDR-Regierung am 5. September von der ungarischen Regierung darüber informiert wurde, daß es vom 11. September an DDR-Bürgern erlaubt sein werde, die Grenze nach Österreich legal zu überschreiten. Jetzt flohen nicht nur Hunderte, sondern Tausende täglich. Bis Ende September waren es bereits 32500.

Im SED-Politbüro beschuldigte Mittag die Ungarn des «Verrats am Sozialismus» und konnte doch nur resigniert den Bericht eines Abgesandten entgegennehmen, der nach Budapest geschickt worden war, um «die Dinge zu verlangsamen», und von dort mit leeren Händen zurückkehrte: Die Ungarn hatten die Kontrolle verloren und, schlimmer noch, offenbar gar nicht die Absicht, sie zurückzuerlangen. Außenminister Gyula Horn, so hieß es, sei dort jetzt die «treibende Kraft», während das ungarische Militär den «Erwartungen der DDR» zwar loyal gegenüberstehe, aber aufgrund innerer Uneinigkeit nicht mehr handlungsfähig sei. Die Bitte von DDR-Außenminister Fischer, ein Warschauer-Pakt-Treffen einzuberufen, um die Ungarn zur Räson zu bringen, wurde von Gorbatschow mit dem Hinweis abgelehnt, die Zeit, als eine Abweichung von der allgemeinen Linie durch den Druck der Mehrheit habe korrigiert werden können, sei vorüber. Die DDR stand allein.[109]

Zugleich nahmen die Proteste und Demonstrationen innerhalb der DDR zu. Seit Juni wurden am 7. jeden Monats Protestaktionen veranstaltet, um an die Manipulation der Kommunalwahl vom 7. Mai zu erinnern. Darüber hinaus begannen am 4. September in Leipzig nach einem Friedensgebet in der Nikolaikirche etwa 1200 Menschen mit den «Montagsdemonstrationen», auf denen Forderungen nach Reise- und Versammlungsfreiheit laut wurden. Bis zum 25. September war die Teilnehmerzahl auf 5000 angewachsen, am 2. Oktober waren es bereits 20000. Ermutigt durch den Erfolg dieser Aktionen bildeten sich nun auch politische Organisationen, die sich zum Teil als Parteien, zum Teil als Bürgerbewegungen begriffen. Am 26. August entstand die «Sozialdemokratische Partei in der DDR», am 9./10. September das «Neue Forum», am 12. September «Demokratie jetzt» und am 14. September der «Demokratische Aufbruch». Erstmals in ihrer Geschichte sah sich die SED damit einer organisierten innenpolitischen Opposition gegenüber, die darüber hinaus durch die Liberalisierungstendenzen in Osteuropa und die wachsende Fluchtbewegung zunehmend Auftrieb erhielt.[110]

Der Sturz Honeckers

In dieser Situation kam das festliche Ereignis des 40. Jahrestages der DDR am 6. Oktober 1989 durchaus ungelegen. Die öffentlichen Demonstrationen und Aktivitäten der Oppositionsgruppen erreichten am Vorabend dieses Tages einen neuen Höhepunkt. Besonders Dresden, wo die Durchfahrt eines Zuges mit DDR-Flüchtlingen aus der Bonner Botschaft in Prag am 4. Oktober Unruhen ausgelöst hatte, war Schauplatz schwerer Auseinandersetzungen. Die Proteste, die zunächst auf Berlin, Leipzig und Dresden konzentriert gewesen waren, breiteten sich rasch aus. Währenddessen erwartete die Führung in Ost-Berlin mehr als 4000 geladene Gäste aus der DDR und über 70 ausländische Delegationen, unter ihnen auch eine sowjetische Abordnung mit Michail Gorbatschow an der Spitze. Man hoffte, vom Glanz des international angesehenen Generalsekretärs der KPdSU zu profitieren. Doch Gorbatschow war auch ein Hoffnungsträger für die ostdeutschen Dissidenten, die sich von ihm ein Signal für den Reformprozeß in der DDR versprachen.

Am 6. Oktober, dem ersten Tag der Feierlichkeiten, beschränkte man sich noch auf den Austausch von Höflichkeiten, die dem festlichen Anlaß angemessen waren. Honecker, der einen geradezu gespenstischen Eindruck machte, erwähnte in seiner Festrede am Nachmittag im Palast der Republik die Flüchtlinge und die innenpolitischen Probleme mit keinem Wort.[111] Zwar gab es bei einem Fackelzug Unter den Linden spontane Ovationen der Menschenmenge für Gorbatschow. Doch erst am folgenden Tag wurde der sowjetische Generalsekretär bei einem persönlichen Gespräch mit Honecker und in einer Unterredung mit den Mitgliedern des SED-Politbüros im Schloß Niederschönhausen deutlicher: «Kühne Entscheidungen» seien notwendig, jede Verzögerung politischer und ökonomischer Reformen werde zur Niederlage führen.[112]

Während am Abend des gleichen Tages ein Empfang im Palast der Republik stattfand, versammelten sich auf dem Alexanderplatz, nur wenige Meter entfernt, etwa 15000 bis 20000 Menschen, die dort von «Agitatoren» der Partei in Diskussionen verwickelt wurden. Die Strategie der SED-Bezirksleitung erwies sich als erfolgreich: Niemand wurde geschlagen oder mußte verhaftet werden. Doch als die Menge sich bereits zu zerstreuen begann, skandierten einige Demonstranten am Ufer der Spree «Gorbi, Gorbi»-Rufe und den Slogan «Wir sind das Volk».[113] Kurze Zeit später war die Situation völlig verändert: Einheiten der Polizei und der Staatssicherheit, die sich auf dem Alexanderplatz zurückgehalten hatten, erwarteten die auf dem Heimweg befindlichen Demonstranten in den Straßen auf dem Prenzlauer Berg. Die Gewalt, die in der Stadtmitte vermieden worden war, wurde nun mit großer Härte angewandt.[114]

Für die SED-Spitze waren die Ereignisse im Umfeld der Jahrestag-Feierlichkeiten ein weiterer Rückschlag. Vor allem Honecker hatte offenbar jeglichen politischen Instinkt verloren, der ihn früher einmal ausgezeichnet hatte. Zwei Tage nach dem Jubiläum, am 8. Oktober, ergriff Egon Krenz daher am Rande eines Treffens, bei dem Erich Mielke vor leitenden Parteifunktionären über die Vorgänge am Jahrestag berichtete, die Initiative und erörterte mit Günter Schabowski ein fünfseitiges Papier, das vom Politbüro verabschiedet und als Proklamation der Parteiführung veröffentlicht werden sollte. Es enthielt keine Sensationen, aber doch einen Anflug von Selbstkritik.[115] Da nur der Generalsekretär das Recht hatte, Vorlagen im Politbüro zur Diskussion zu stellen, mußte Honecker zustimmen, wenn der Text überhaupt zur Sprache kommen konnte. Wie nicht anders zu erwarten, lehnte er ab. Doch Krenz beharrte darauf, daß die Parteiführung nicht länger schweigen dürfe, und kam schließlich telefonisch mit Honecker überein, die Angelegenheit am folgenden Tag nochmals zu besprechen.[116]

Als der Text am 12. Oktober in leicht veränderter Form im *Neuen Deutschland* veröffentlicht wurde, war das Ergebnis enttäuschend: Die erhoffte positive Resonanz blieb aus. Zu wenig war zu spät vom Politbüro geäußert worden.[117] So war die Glaubwürdigkeit offenbar nicht wiederzuerlangen. Allerdings war auch der Sturz Honeckers inzwischen kaum noch aufzuhalten. Am selben Tag, als die Proklamation des Politbüros im *Neuen Deutschland* erschien, wurde der Generalsekretär in einer Sitzung mit den Bezirkschefs der SED derart scharf kritisiert, wie es im Politbüro noch nie vorgekommen war. Vor allem Hans Modrow aus Dresden, der durch die Flüchtlingszüge aus Prag schwer in Bedrängnis geraten war, tat sich hervor.[118] Krenz fühlte sich dadurch ermutigt, in der folgenden Politbürositzung am 17. Oktober den Sturz zu wagen.[119] Gemeinsam mit Schabowski und dem FDGB-Vorsitzenden Harry Tisch verabredete er am 15. Oktober, daß Honecker zu Beginn der Sitzung von Ministerpräsident Willi Stoph zum Rücktritt aufgefordert werden solle. Tisch wurde beauftragt, am Tag zuvor, dem 16. Oktober, anläßlich eines seit langem geplanten Besuchs bei seinem sowjetischen Kollegen Stepan Shalayev in Moskau Gorbatschow über die geplante Aktion zu informieren.[120]

Da die Situation in den Bezirken eindeutig zu sein schien und auch aus Moskau keine Einwände kamen, brachte Stoph am 17. Oktober die Rücktrittsforderung vor, die sich ebenfalls auf Mittag und den im ZK der SED für Agitation und Propaganda zuständigen Joachim Herrmann erstreckte. Honecker leistete kaum Widerstand. Alle Politbüromitglieder, einschließlich Günter Mittag und Erich Mielke, plädierten für seinen sofortigen Rücktritt. Bei der anschließenden Abstimmung war das Ergebnis einstimmig: Honekker, Mittag und Herrmann votierten gegen sich selber. Nur Verteidigungsminister Heinz Keßler fehlte; er befand sich auf Dienstreise in Nicaragua.[121]

Krenz und Modrow übernehmen

Nach dem Ende der Ära Honecker wurde Egon Krenz bereits am folgenden Tag auf Vorschlag des Politbüros vom Zentralkomitee der SED zum neuen Generalsekretär der Partei gewählt. Die vorhergehende Aussprache war kurz, gefühlsbeladen und zusammenhanglos. Während Hans Modrow eine umfassende Debatte über den künftigen Kurs der Partei forderte, waren die meisten ZK-Mitglieder nur daran interessiert, so rasch wie möglich in ihre lokalen Organisationen zurückzukehren, um über die dramatischen Veränderungen in Berlin zu berichten. Alle hielten ein öffentliches Wort des neuen Parteivorsitzenden für wichtiger als endlose interne Auseinandersetzungen. So erstickten die Diskussionen bald in dem Ruf: «Egon muß ins Fernsehen.» Als Krenz daraufhin am Abend im Fernsehen auftrat, wiederholte er lediglich, was er tagsüber vor den ZK-Mitgliedern erklärt hatte – als ob er zu einem gigantisch vergrößerten Zentralkomitee spräche. Die Wirkung war verheerend: Krenz vermittelte das typische Negativ-Image der alten SED-Elite: dunkler Anzug, steife Haltung, monotone Rhetorik. Die «Reformer», die geglaubt hatten, mit Honeckers Absetzung seien alle Voraussetzungen für einen Neuanfang erfüllt, sahen sich getäuscht: Sie hatten die Chance, ihrem Versuch zur Erneuerung Glaubwürdigkeit zu verschaffen, schon im ersten Anlauf vertan.

Tatsächlich war mit dem Sturz Honeckers keines der Probleme gelöst, die das Dilemma der DDR verursacht hatten. Zwar versprach die neue Führung, daß Demonstrationen künftig toleriert, neue Reisegesetze erlassen, die Berichterstattung in den Medien geändert und Ausgereiste bzw. Flüchtlinge und Demonstranten amnestiert werden sollten; überdies wurde alles binnen weniger Tage auf den Weg gebracht. Doch die Glaubwürdigkeit war damit nicht zurückzugewinnen. Die Proteste gegen das SED-Regime hielten unvermindert an. Während der ersten Montagsdemonstration nach der Ernennung von Krenz zum Generalsekretär gingen allein in Leipzig mehr als 300 000 Menschen auf die Straße. Auf den Plakaten las man Parolen wie «Demokratie unbekrenzt» und «Sozialismus krenzenlos». Weitere Großdemonstrationen gab es in Plauen, Dresden, Halle, Zwickau, Neubrandenburg und Jena – um nur diese zu nennen. In Ost-Berlin versammelten sich 5000 Demonstranten vor dem Palast der Republik. Sie forderten: «Demokratie – jetzt oder nie».[122]

Als Krenz am 1. November in Moskau mit Michail Gorbatschow zusammentraf, war von einer Krise der DDR allerdings kaum noch die Rede. In Moskau hielt man den SED-Staat offenbar wieder für stabil, nachdem Honecker gestürzt und der Weg für eine «Perestroika» in der DDR frei war.[123] Doch als in der Nacht zum 1. November die Anfang Oktober von den DDR-Behörden verhängten Beschränkungen im Reiseverkehr mit der Tschechoslowakei wieder aufgehoben wurden, überquerten binnen weniger Stunden mehr als 8000 DDR-Bürger die Grenze zur ČSSR. Ehe der Tag zu Ende war, hatten bereits wieder 1200 Ostdeutsche in der Bonner Botschaft in Prag Zuflucht gesucht, um ihre Ausreise in die Bundesrepublik zu erzwingen. Auch die Demonstrationsbewegung erreichte in dieser Woche ihren Höhepunkt, als sich am 4. November mehr als eine halbe Million Menschen auf dem Berliner Alexanderplatz versammelten und am 6. November ebenfalls wieder eine halbe Million in Leipzig, 60 000 in Halle, 50 000 in Karl-Marx-Stadt, 10 000 in Cottbus und 25 000 in Schwerin. Daraufhin trat am 7. November zunächst der gesamte Ministerrat (die Regierung der DDR) und am 8. November auch das Politbüro geschlossen zurück, um einer neuen Führung zu weichen, die im wesentlichen aus Anti-Honecker-Leuten bestand – unter ihnen Krenz, Modrow und Schabowski sowie Wolfgang Herger.[124]

Hans Modrow wurde aus dieser Riege zum neuen Ministerpräsidenten der DDR bestimmt. Anders als Krenz, der keinen Ruf als Reformer besaß, erschien Modrow als eine glaubwürdige Alternative zur alten Garde der Partei, auch wenn es stark übertrieben war, ihn als Dissidenten oder gar als Oppositionellen zu bezeichnen. Der 61jährige Modrow war seit vier Jahrzehnten Mitglied der SED. Bereits 1967 war er in das Zentralkomitee der Partei gewählt worden und hatte von 1971 bis 1973 die Abteilung für Agitation und Propaganda geleitet, ehe Honecker ihn nach Dresden abgeschoben hatte – offenbar um ihn von mächtigeren Positionen in der Hauptstadt fernzuhalten. In Dresden hatte Modrow sich jedoch durch einen unideologischen Pragmatismus Achtung und Popularität verschafft, die noch angewachsen waren, als seine Vorgesetzten in Berlin ihm wiederholt, wenn auch ohne Erfolg, Kontrollkommissionen ins Haus schickten, um seine Organisation zu überprüfen und ihn selbst unter Druck zu setzen. Nun glaubten manche, er habe das Zeug, der «Gorbatschow der DDR» zu werden. Im übrigen war es ein offenes Geheimnis, daß Modrow das Vertrauen Moskaus besaß. Er war deshalb eine durchaus logische Wahl als Nachfolger Stophs im Wandlungsprozeß der DDR.[125]

Die Öffnung der Mauer

Noch bevor Modrow am 13. November von der Volkskammer offiziell zum Ministerpräsidenten gewählt wurde, überschlugen sich jedoch die Ereignisse an den Grenzen. Nachdem die Reisebeschränkungen gegenüber der Tschechoslowakei am 1. November aufgehoben worden waren und die DDR-Regierung erklärt hatte, daß ihre Bürger direkt von der CSSR in die Bundesrepublik fahren könnten – ein Schritt, der die Mauer praktisch irrelevant werden ließ –, machten innerhalb einer Woche nicht weniger als 48 177 DDR-Bürger von dieser Möglichkeit Gebrauch.[126] Der Massenexodus, der nach der ungarischen Grenzöffnung am 2. Mai 1989 begonnen hatte, setzte sich nun mit immer neuen Rekordzahlen fort. Selbst die Bundesrepublik geriet dadurch allmählich in Schwierigkeiten. Bis zum Ende der ersten Novemberwoche hatten allein 1989 über 225 000 Ostdeutsche ihren Weg hierher gefunden. Dazu kamen noch etwa 300 000 deutschstämmige Umsiedler aus Osteuropa. Innenminister Wolfgang Schäuble warnte deshalb vor falscher Euphorie: Zwar werde die Bundesrepublik weiterhin alle Übersiedler aufnehmen, diese müßten jedoch damit rechnen, für längere Zeit in relativ bescheidenen Verhältnissen zu leben. Bundeskanzler Kohl bot der neuen DDR-Führung in seinem «Bericht zur Lage der Nation» am 8. November sogar an, ihr bei der Umsetzung der Reformen zu helfen. Wenn es einen wirklichen Reformprozeß gebe, werde man «eine neue Dimension wirtschaftlicher Unterstützung» für die DDR erwägen.[127] Hilfen vor Ort, so konnte man daraus entnehmen, waren ihm lieber als ein weiteres Ansteigen der Übersiedlerflut in die Bundesrepublik. Allerdings sprach Kohl auch von der «nationalen Verpflichtung» seiner Regierung, das «Recht auf Selbstbestimmung für alle Deutschen» zu fordern.[128]

Doch während Kohl im Bundestag sprach, schwoll die Zahl der Flüchtlinge aus der DDR auf nicht weniger als 500 pro Stunde an. Innerhalb eines Tages, vom Morgen des 8. November bis zum Morgen des 9. November, flohen mehr als 11 000 Ostdeutsche über die Tschechoslowakei in die Bundesrepublik. Krenz und die neue SED-Führung waren sich zwar durchaus darüber im klaren gewesen, daß die Frage der Reisefreiheit von größter Bedeutung sein würde, wenn die Stabilisierung des Regimes gelingen sollte.

2. Der Zusammenbruch der DDR

Aber mit solchen Ausmaßen hatte niemand gerechnet. Das neue Reisegesetz, das Innenminister Friedrich Dickel bereits seit dem 19. Oktober im Auftrag von Ministerpräsident Stoph vorbereitete, war deshalb längst überfällig. Die Ankündigung des Politbüros vom 24. Oktober, daß es «in der Zukunft allen DDR-Bürgern erlaubt sein wird, ohne Behinderungen zu reisen», hatte offenbar nicht genügt, um die Situation zu entschärfen.[129]

Dies galt auch für den ersten Entwurf des neuen Gesetzes, der am 31. Oktober vorgelegt und nach Beratungen in der Spitze von Partei und Regierung am 6. November veröffentlicht wurde. Dem Entwurf zufolge sollten alle Bürger der DDR das Recht haben, ohne harte Währung für einen Monat im Jahr ins Ausland zu reisen, aber nur unter der Voraussetzung, daß sie einen gültigen Reisepaß und ein Visum besaßen, das von der Polizei innerhalb von dreißig Tagen nach Antragstellung zu erteilen war.[130] Dies erschien vielen allzu bürokratisch und verdächtig verklausuliert. Noch am Tage der Veröffentlichung des Entwurfs forderten daher mehrere Hunderttausend Menschen auf einer Demonstration in Leipzig «ein Reisegesetz ohne Einschränkungen». Vertretern der SED wurde es nicht mehr erlaubt, auf der Versammlung zu sprechen. «Zu spät, zu spät», erscholl es aus der Menge. Und, zum ersten Mal: «Wir brauchen keine Gesetze – die Mauer muß weg!»[131]

Auch in anderen Städten der DDR gab es Protestaktionen. Sogar das zensierte Fernsehen brachte kritische Stimmen von Bürgern. Überall im Land kam es zu spontanen Warnstreiks von Arbeitern, die sich durch das geplante Gesetz diskriminiert fühlten, weil es ihnen die Devisen vorenthielt, die für Reisen ins Ausland unabdingbar waren. Der Entwurf wurde daraufhin am 7. November vom Rechtsausschuß der Volkskammer als «unzureichend» verworfen.[132] Gleichzeitig erfuhr Krenz vom tschechoslowakischen Parteichef Milós Jakés, daß die CSSR nicht länger bereit sei, DDR-Bürgern zu gestatten, die westdeutsche Botschaft in Prag zu betreten oder ohne Verzug über die tschechoslowakische Grenze nach Bayern in die Bundesrepublik einzureisen, weil dies Wasser auf die Mühlen der eigenen Opposition sei. Wenn die Regierung in Ost-Berlin nicht umgehend Maßnahmen ergreife, um das Problem zu lösen, werde die CSSR ihre Grenze zur DDR schließen.[133]

Das SED-Politbüro stand daher unter großem inneren und äußeren Druck, als es – noch am 7. November – die Beratungen über die Gewährung der Reisefreiheit fortsetzte. Düster malte man sich aus, daß Tausende von DDR-Familien entlang der geschlossenen tschechoslowakischen Grenze kampierten oder versuchen würden, auf die andere Seite zu kommen. Niemand würde eine solche Situation ohne Anwendung von Gewalt über längere Zeit hinweg aushalten. Deshalb war es unvermeidlich, die ersehnte Reisefreiheit in einem Schritt vorab zu gewähren und das erforderliche Gesetz vom Parlament nachträglich beschließen zu lassen.[134] Ministerpräsident Stoph, der an diesem Tage zurücktrat, aber noch im Amt blieb, bis das neue

Kabinett unter Hans Modrow am 17. November gebildet war, wurde beauftragt, eine entsprechende Entscheidung der Regierung herbeizuführen. Zwei Tage später, am Nachmittag des 9. November, informierte Krenz das Zentralkomitee der SED, daß die Regierung soeben eine Entscheidung über die neuen Reisebestimmungen getroffen habe.[135] Gegen 18 Uhr übergab Krenz dem neuen ZK-Sekretär für Information, Günter Schabowski, der gerade auf dem Weg ins Internationale Pressezentrum am Alexanderplatz war, um die dort versammelten Journalisten über die Ergebnisse der ZK-Tagung zu unterrichten, ein zweiseitiges Papier, das die neuen Bestimmungen enthielt. Es war nur eine Vorlage der Regierung, kein gültiger Beschluß, der immer noch ausstand – was Schabowski aber, wie er heute behauptet, damals nicht wußte.[136] Bei der Aushändigung des Textes bemerkte Krenz nur knapp: «Gib das bekannt. Das wird ein Knüller für uns.» Natürlich hoffte er, daß das Einlenken in dieser zentralen Frage die Lage entspannen werde.

Entsprechend groß war die Aufregung, als Schabowski wenig später – genau um 19.07 Uhr, kurz vor Ende der Pressekonferenz, die vom Hörfunk und Fernsehen live übertragen wurde – mit bemühter Routine bekanntgab, die DDR habe ihre Grenzen geöffnet. «Bedeutet dies», fragte ein Reporter, «daß jeder DDR-Bürger jetzt frei in den Westen reisen kann?» Schabowski zitierte danach aus dem Text, daß Anträge auf Reisen ins Ausland ohne Vorbedingungen gestellt werden könnten, daß jeder DDR-Bürger ab dem kommenden Morgen um 8 Uhr ein Visum erhalten könne und daß die Behörden angewiesen seien, Pässe und Visa «schnell und unbürokratisch» auszustellen. Die Regelung trete «sofort» in Kraft.[137]

Natürlich glaubte danach jeder, die Grenzen seien offen. Die westlichen Medien berichteten ausführlich. Im Bundestag, wo eine Plenarsitzung noch über 19 Uhr hinaus andauerte, wich der CSU-Abgeordnete Karl-Heinz Spilker vom Text seiner vorbereiteten Rede ab und gab seinen Kolleginnen und Kollegen die Nachricht weiter, die er soeben erhalten hatte. Die meisten Abgeordneten – mit Ausnahme der Grünen – erhoben sich spontan von ihren Plätzen und sangen die Nationalhymne: «Einigkeit und Recht und Freiheit». Viele Ostdeutsche und Ostberliner, die die Nachricht ebenfalls in den Medien gehört hatten, machten sich noch in der Nacht auf den Weg zur Grenze, um sich dort an Ort und Stelle einen Eindruck von der Lage zu verschaffen. Hier war die Verwirrung allerdings groß, denn die Grenzposten hatten von der angeblichen Grenzöffnung ebenfalls erst aus dem Fernsehen erfahren. Tatsächlich gab es – wie gesagt – noch gar keinen Beschluß, sondern nur eine Regierungsvorlage über die vorgezogene Grenzregelung, die Krenz von Innenminister Dickel während der ZK-Tagung zur Prüfung erhalten hatte. Nach der Zustimmung des Politbüros sollte sie dann im Umlaufverfahren von den Mitgliedern der noch amtierenden Regierung verabschiedet werden. Erst nach dieser Runde im Ministerrat, so das Verfahren, würden auch die entsprechenden Ausführungsbestimmungen erlassen. Dies brauchte indessen Zeit, die man nun aber nicht mehr hatte, weil die auf öffentliche Wirkung angelegte Aktion von Krenz den Terminplan durcheinandergebracht hatte. Die Grenzposten konnten deshalb am Abend des 9. November noch gar keine neuen Weisungen erhalten haben und mußten improvisieren. Als der Druck zu groß wurde, entschieden sie spontan, die Schlagbäume aufzumachen. Auch Krenz, der gegen 21 Uhr von Mielke telefonisch unterrichtet wurde, daß mehrere Hundert Menschen an der Grenze die sofortige Ausreise verlangten, plädierte dafür, sie «durchzulassen», da die Öffnung der Mauer ohnehin nicht mehr zu vermeiden war.[138]

Der Jubel und das Chaos, die in den folgenden Tagen herrschten, ließen eine nüchterne politische Bestandsaufnahme kaum zu.[139] Vor allem war unklar, ob die Verwirklichung der so lange geforderten Reisefreiheit nur den Druck beseitigte, unter dem die DDR-Führung so lange gestanden hatte, so daß eine Stabilisierung des SED-Regimes wieder in den Bereich des Möglichen rückte, oder ob die Maueröffnung den Massenexodus noch weiter förderte und die DDR damit ökonomisch endgültig in den Ruin trieb. Einer derjenigen, die die Lage richtig beurteilten, war Willy Brandt, der am Abend des 10. November vor dem Rathaus Schöneberg erklärte, nun sei eine neue Beziehung zwischen den beiden deutschen Staaten entstanden – eine Beziehung in Freiheit. Damit sei die Zusammenführung der Deutschen in Ost und West auf Dauer nicht mehr aufzuhalten. «Jetzt», so Brandts berühmte Worte, «wächst zusammen, was zusammengehört.»[140]

3. Der Weg zur Einheit

Die Wende vom Herbst 1989 traf Ost und West unvorbereitet.[141] Obwohl es bei näherer Betrachtung zahlreiche Hinweise und Vorboten gegeben hatte, wurde man in Bonn und den westlichen Hauptstädten ebenso überrascht wie in Ost-Berlin und Moskau. Dementsprechend unsicher waren anfangs die Reaktionen: Während Großbritannien und Frankreich sich besorgt zeigten, daß eine Wiedervereinigung Deutschlands neue Risiken für die europäische Ordnung heraufbeschwören könnte, empfanden die USA Genugtuung, daß die Befreiung Osteuropas vom Kommunismus nun greifbar nahe schien. In der Bundesrepublik neigte man dagegen zur Zurückhaltung, um die komplizierte Situation nicht durch unbedachte eigene Schritte noch weiter zu verwirren. Allerdings ließ Bundeskanzler Kohl sich die Gelegenheit nicht entgehen, auf der Veranstaltung am 10. November vor dem Rathaus Schöneberg in Berlin, auf der auch Brandt gesprochen hatte, den Ostdeutschen zu versichern, sie seien «in dieser großen und historischen Stunde» nicht allein und sollten deshalb ihren Kampf um die Freiheit fortsetzen. Denn, so Kohl: «Wir sind an eurer Seite. Wir sind eine Nation.»[142]

In der Sowjetunion bemühten sich Generalsekretär Gorbatschow und Außenminister Eduard Schewardnadse zur gleichen Zeit, in Kontakten mit den Regierungen in Washington, Bonn und Ost-Berlin eine unkontrollierte

Eskalation der Entwicklung – etwa eine spontane Wiedervereinigung durch die Bevölkerung in beiden Teilen Deutschlands – zu verhindern und einen «friedlichen Übergang» in der DDR zu ermöglichen.[143] Es gab auch Stimmen, die mehr oder minder offen für die Anwendung von Gewalt plädierten, um die Situation unter Kontrolle zu bringen. So drohte der ehemalige sowjetische Botschafter in Bonn, Valentin Falin, der inzwischen zum Leiter der internationalen Abteilung des Zentralkomitees der KPdSU aufgestiegen war, bei einem Empfang in Ost-Berlin in kleinem Kreis, man werde «eine Million Truppen schicken, um die Grenzen wieder zu schließen». In einem Artikel in der *Prawda* forderte er öffentlich dazu auf, die «Notbremse» gegen die deutsche Einigung zu ziehen. Falin fand mit dieser Position viel Unterstützung bei der Generalität und beim orthodoxen Flügel der KPdSU unter Führung von Jegor Ligatschow, die zu Recht befürchteten, daß die DDR als Bastion des sozialistischen Lagers verlorengehen könnte. Gorbatschow und vor allem Schewardnadse wiesen jedoch auf die möglichen Konsequenzen einer Militäraktion in der Mitte Europas hin. Später meinte Schewardnadse sogar, in diesen Stunden habe man sich «am Rande eines Dritten Weltkrieges» bewegt. Glücklicherweise habe er in der Auseinandersetzung mit den Befürwortern einer Intervention jedoch Rückendeckung von Gorbatschow erhalten, so daß ein militärischer Konflikt habe vermieden werden können.[144]

Modrows Plädoyer für eine Vertragsgemeinschaft

Am 13. November 1989 wurde Hans Modrow zum neuen Ministerpräsidenten der DDR gewählt. Damit begann, nach einer kurzen Phase überschwenglicher Euphorie, der Alltag der Wende. Seit Beginn der Krise im Sommer hatte Modrow wiederholt erklärt, daß er hoffe, während der unsicheren Zeit des Übergangs der DDR zu einer «sozialistischen Demokratie» ein stabilisierender Faktor zu werden. Den neuen Generalsekretär Egon Krenz dagegen bezeichnete er in privatem Kreis nur als «Übergangslösung».[145] Modrows eigentliche Ziele blieben jedoch im dunkeln. Manches spricht dafür, daß er das SED-Regime grundlegend reformieren wollte, um es nicht nur als Eckpfeiler des sowjetischen Imperiums in Osteuropa zu erhalten, sondern auch die Wettbewerbsfähigkeit der DDR gegenüber dem Westen zu erhöhen. In jedem Falle war es unvermeidlich, das SED-Regime wirtschaftlich und finanziell zu sanieren – notfalls sogar im Rahmen einer Konföderation mit der Bundesrepublik. Modrow stand damit einerseits fest auf dem Boden des Sozialismus in der DDR, den er lediglich den aktuellen Anforderungen anzupassen suchte. Andererseits bekannte er sich ebenso unverbrüchlich zum Bündnis mit der Sowjetunion, ohne deren Unterstützung die DDR keine Überlebenschance besaß. Zugleich war er jedoch nüchtern und pragmatisch genug, die ökonomischen Grenzen der DDR zu erkennen und daraus die notwendigen Schlüsse im Sinne gesamtdeutscher Initiativen zu ziehen.[146]

Unter günstigeren innen- und außenpolitischen Umständen hätte Modrow mit dieser Politik vielleicht sogar Erfolg gehabt. Ende 1989 war es dafür allerdings zu spät. Nicht nur die ostdeutsche Bevölkerung war inzwischen für eine solche Lösung nicht mehr empfänglich. Auch die ostdeutsche Wirtschaft, die praktisch bankrott war, ließ ihm kaum noch Handlungsspielraum. Neben einem Haushaltsdefizit von 120 Milliarden DM und einer Auslandsverschuldung von 20 Milliarden Dollar war vor allem die Tatsache besorgniserregend, daß die Produktivität der ostdeutschen Betriebe seit 1980 um etwa 50 Prozent gesunken und ein Ende der Talfahrt noch nicht in Sicht war. Modrow schlug deshalb in seiner Regierungserklärung am 17. November 1989 eine «Vertragsgemeinschaft» zwischen den beiden deutschen Staaten vor und sprach in einem Interview mit dem *Spiegel* am 4. Dezember sogar von der Möglichkeit einer «deutschen Konföderation».[147] Die DDR, so Modrow zur Begründung, könne ihre wirtschaftliche Entwicklung nicht ohne «Blick auf den europäischen Markt» betrachten. Wenn Ungarn, Polen und die anderen osteuropäischen Staaten auf dem Weg nach Straßburg und Brüssel seien, dürfe die DDR nicht abseits stehen. Offenbar wollte Modrow versuchen, massive wirtschaftliche Unterstützung von der Bundesrepublik und der Europäischen Gemeinschaft zu erhalten, ohne sich vom Westen politisch absorbieren zu lassen. Die DDR sollte zu einer «sozialistischen Marktwirtschaft» umgestaltet werden, in der es nicht nur gemischte Besitzverhältnisse, sondern auch ein «sozialistisches Unternehmertum» geben werde. An eine freie, kapitalistische Wirtschaftsordnung dachte er dabei allerdings kaum.

Doch Modrow fehlte die Zeit, seine Pläne zu verwirklichen. Täglich verließen mehr als 2000 Menschen das Land. Die neuen politischen Kräfte, wie das Neue Forum und die ostdeutsche SPD, trafen sich mit anderen Reformern nach polnischem Vorbild zu Gesprächen am «Runden Tisch», wo sie eine Art Nebenregierung bildeten[148], während die SED innerhalb von zwei Monaten nach dem Sturz Honeckers mehr als die Hälfte ihrer zuvor drei Millionen Mitglieder verlor. Gefördert wurde der Schwund nicht zuletzt durch die Enthüllung von Korruptionsskandalen, bei deren Aufdeckung sich Modrow ebenso auffällig zurückhielt wie bei der Auflösung des Ministeriums für Staatssicherheit, das für die DDR-Bevölkerung inzwischen zu einem der Hauptangriffspunkte ihrer Kritik gegen das SED-Regime geworden war. Immerhin wurde mit der Auflösung des gesamten Politbüros und des Zentralkomitees der SED am 3. Dezember 1989 der Machtwechsel in der DDR personell abgeschlossen. Egon Krenz verlor nicht nur seinen Posten als SED-Generalsekretär, sondern trat am 6. Dezember auch als Vorsitzender des Staatsrates und Vorsitzender des Nationalen Verteidigungsrates zurück. Alle Schlüsselpositionen wurden mit Anhängern Modrows besetzt. Vorsitzender der SED, die sich nun «Sozialistische Einheitspartei – Partei des Demokratischen Sozialismus» (SED-PDS) nannte, wurde der Rechtsanwalt Gregor Gysi, der sich als Verteidiger von Regimegegnern – darunter

Bärbel Bohley – einen Namen gemacht hatte, sich nun aber als loyaler Parteigänger Modrows erwies. Modrow selbst blieb Vorsitzender des Ministerrates und damit Regierungschef.

Kohls «Zehn-Punkte-Plan»

Bei der Montagsdemonstration in Leipzig am 6. November waren erstmals Sprechchöre mit dem Ruf «Deutschland, einig Vaterland» zu hören gewesen. Eine Woche später war diese Parole bereits auf den Transparenten in den Vordergrund gerückt. Außenminister Hans-Dietrich Genscher sah sich deshalb am 13. November veranlaßt, in Brüssel seine Amtskollegen in der Westeuropäischen Union (WEU) zu beruhigen, daß die Bundesrepublik keinen «nationalen Alleingang in der Außenpolitik» unternehmen werde.[149] Auch Bundeskanzler Kohl bekräftigte bei seinem Besuch in Polen am Tag darauf «die Buchstaben und den Geist» des Warschauer Vertrages vom 7. Dezember 1970 und unterzeichnete mit Ministerpräsident Tadeusz Masowiecki eine Gemeinsame Erklärung, in der noch einmal eine Garantie für die polnische Westgrenze abgegeben wurde.[150] Zu einer weitergehenden Zusicherung für den Bestand der Oder-Neiße-Grenze, wie sie die Polen gerne gehabt hätten, war Kohl aus innenpolitischen Gründen zu diesem Zeitpunkt noch nicht bereit, um der rechtsgerichteten Partei der Republikaner, die zuvor regional beträchtliche Wahlerfolge erzielt hatten, keine unnötige Schützenhilfe zu leisten.

Auch vor dem Deutschen Bundestag agierte Kohl mit größter Vorsicht. Selbst die Abgeordneten der Grünen zollten ihm Beifall, als er am 16. November zur Entwicklung in der DDR erklärte, die Bundesrepublik werde selbstverständlich jede Entscheidung respektieren, die das Volk der DDR in freier Selbstbestimmung treffe.[151] Doch als am Tag darauf bekannt wurde, daß Generalsekretär Gorbatschow bei einer Rede vor Studenten in Moskau am 15. November ausdrücklich von einer «Wiedervereinigung» Deutschlands gesprochen hatte – wenn auch nur mit dem beiläufigen Hinweis, daß sie eine «interne Angelegenheit» der Bundesrepublik und der DDR sei –, wurde man in Bonn hellhörig.[152] Offenbar dachte man in dieser Hinsicht in Moskau bereits weiter als in der Bundeshauptstadt. So überraschte es kaum noch, daß vier Tage später einer der führenden sowjetischen Deutschlandexperten, Nikolai Portugalow, im Kanzleramt erschien, um die Haltung der Bundesregierung zur Entwicklung in der DDR zu erkunden, und dabei die Möglichkeit andeutete, daß die Sowjetunion mittelfristig einer deutschen Konföderation «grünes Licht» geben könne.[153] Nun war das Thema endgültig auf dem Tisch, zumal Portugalow bei seinem Besuch einen Fragenkatalog überreichte und Antworten erwartete.

In einer nächtlichen Runde im Kanzleramt am 23. November und einer weiteren Sitzung am folgenden Morgen wurden in aller Eile die notwendigen Überlegungen angestellt: zur Frage der Kooperation zwischen den beiden

3. Der Weg zur Einheit

deutschen Staaten und besonders zur Wiedervereinigung, zur Aufnahme der DDR in die Europäische Gemeinschaft, zur Mitgliedschaft in NATO und Warschauer Pakt sowie zur Möglichkeit des Abschlusses eines Friedensvertrages. Am Ende der Beratungen waren zehn Punkte zusammengekommen, die der Kanzler in der Haushaltsdebatte am 28. November vortragen sollte. Nur die amerikanische Regierung wurde vorab über die Ausführungen Kohls unterrichtet, deren Kern der Plan für eine deutsch-deutsche Konföderation bildete. Der sowjetische Botschafter in Bonn, Julij Kwizinsky, erhielt den Text der Rede, während Kohl im Bundestag sprach.[154]

Pläne einer Konföderation zwischen den beiden deutschen Staaten waren nicht neu. Bereits in den fünfziger Jahren war gelegentlich darüber diskutiert worden. 1989 hatten zunächst Egon Krenz und dann auch Hans Modrow entsprechende Ideen ins Spiel gebracht. Aber die Konzepte waren stets vage geblieben und hatten schon deshalb ihre Wirkung verfehlt. Die Ausführungen Kohls vom 28. November, die sogleich als «Zehn-Punkte-Plan» der Bundesregierung zur Wiedervereinigung Deutschlands hochstilisiert wurden, lösten dagegen heftige politische Reaktionen aus.[155] Die Vorschläge waren konkret, sie enthielten einen präzisen Stufen-Plan und kamen direkt vom Bundeskanzler. Außerdem stellten sie eine mutige Richtungsentscheidung der ansonsten in dieser Frage bisher eher zögerlichen Bundesregierung dar, auf die viele gewartet hatten.[156]

Im einzelnen sah der Plan eine Reihe von Maßnahmen vor, die von «sofortiger konkreter Hilfe» für die DDR über die Errichtung der von Modrow vorgeschlagenen «Vertragsgemeinschaft» bis zur Einführung «konföderativer Strukturen zwischen den zwei Staaten in Deutschland mit dem Ziel der Schaffung einer Föderation, einer föderativen staatlichen Ordnung in Deutschland» reichten. Niemand wisse, so Kohl, wie ein wiedervereinigtes Deutschland aussehen werde. Er sei jedoch sicher, daß die Einheit kommen werde, wenn die deutsche Nation dies wünsche. Eine unabdingbare Voraussetzung dafür sei eine «legitime demokratische Regierung» in der DDR. Nach freien Wahlen könnten dann verschiedene gesamtdeutsche Institutionen gebildet werden – einschließlich eines gemeinsamen Regierungsausschusses zur ständigen Konsultation und politischen Harmonisierung, gemeinsamer technischer Komitees und einer gemeinsamen parlamentarischen Körperschaft. Wenn diese Politik erfolgreich sei, könne das deutsche Volk schließlich in einem freien Europa in freier Selbstbestimmung seine Einheit wiedererlangen.[157]

Die Reaktion war bei allen Parteien des Bundestages mit Ausnahme der Grünen grundsätzlich positiv.[158] Die Sozialdemokraten glaubten in Kohls Plan sogar viele eigene Ideen wiederzuentdecken, die sie über die Jahre hinweg zur Deutschlandpolitik geäußert hatten. Allerdings zögerten einige sozialdemokratische Führer, allen voran der Parteivorsitzende Hans-Jochen Vogel, sich den Vorschlägen des Kanzlers vorbehaltlos anzuschließen, weil sie der Meinung waren, daß die DDR-Bürger nicht nur das Recht, sondern auch den Freiraum haben müßten, über ihre Zukunft selber zu entscheiden. Eine Wiedervereinigung Deutschlands, so die SPD, stünde ohnehin noch nicht auf der Tagesordnung. Sogar das Wort «Wiedervereinigung» wurde deshalb in den Stellungnahmen der SPD vermieden und durch Begriffe wie «Einheit» oder «Einigung» ersetzt.

Auch in den USA stimmte man den Ausführungen des Kanzlers weithin zu. Zwar wurde die mangelnde vorherige Konsultation beklagt, aber sowohl Präsident George Bush als auch Außenminister James Baker erklärten sich mit den von Kohl angeregten Schritten zur Wiedervereinigung Deutschlands prinzipiell einverstanden. Allerdings wurde diese Zustimmung an die Bedingung geknüpft, daß die dauerhafte Einbindung Deutschlands in die westliche Allianz gesichert bleibe. Bei einem Besuch Bakers in Berlin am 12. Dezember verwies der amerikanische Außenminister deshalb vorsorglich noch einmal auf die alliierten Vorbehaltsrechte in der Deutschlandpolitik, um Bonn von einem Alleingang abzuhalten. Die Bundesregierung solle, wie Baker intern verlauten ließ, «an den Anker gelegt» werden. In Paris hieß es sogar, man müsse die Deutschen wohl «daran erinnern, wer für Berlin verantwortlich» sei.[159] In Moskau, von wo aus – vielleicht ungewollt – die Initialzündung für den Zehn-Punkte-Plan erfolgt war, brachte Gorbatschow am 10. Dezember in einem Telefonat mit dem Vorsitzenden der SED-PDS, Gregor Gysi, sein Mißfallen über Kohls Vorschläge zum Ausdruck. Jeder Versuch des Westens, die «Souveränität der DDR» einzuschränken, werde von der Sowjetunion zurückgewiesen. Zwischen der Stabilität der DDR und der Stabilität auf dem europäischen Kontinent bestehe ein enger Zusammenhang.[160]

Die Erfahrung von Dresden

Über die Zukunft der DDR wurde inzwischen jedoch vor allem in Ostdeutschland selber entschieden. So zogen am 11. Dezember nicht weniger als 300 000 Menschen durch die Straßen Leipzigs, viele von ihnen mit schwarz-rot-goldenen Fahnen, darunter einige mit dem Bundesadler, «Deutschland! Deutschland!» skandierend. Einer Umfrage der *Leipziger Volkszeitung* zufolge sprachen sich an diesem Tag etwa drei Viertel der 547 000 Einwohner der Stadt für die Wiedervereinigung aus.[161]

Acht Tage später reiste Helmut Kohl zu einem Treffen mit Ministerpräsident Modrow nach Dresden. Mitarbeiter Kohls haben diesen Besuch in Dresden kurz vor Weihnachten 1989 immer wieder als ein Schlüsselerlebnis des Kanzlers beschrieben, der von da an instinktiv den Weg zur Wiedervereinigung beschritten habe. Die Verhandlungen zwischen Kohl und Modrow waren demgegenüber von untergeordneter Bedeutung, auch wenn man sich auf eine gemeinsame Erklärung zur Vertragsgemeinschaft, die Einführung des visafreien Verkehrs zwischen den beiden deutschen Staaten nach dem 24. Dezember und die Öffnung des Brandenburger Tores für den Fußgängerverkehr am 22. Dezember 1989 verständigte. Verhandlungen auf Ministerebene über die Ausgestaltung der Vertragsgemeinschaft sollten nach dem 1. Januar beginnen. Für die finanziellen Verluste, die der DDR durch die neuen Reisebestimmungen entstanden, sollte von der Bundesrepublik eine Kompensation gezahlt werden.[162]

Erstmals wurde Kohl auch mit der Forderung Modrows konfrontiert, die DDR-Wirtschaft allein 1990 mit «einer Art Lastenausgleich» in Höhe von 15 Milliarden DM zu unterstützen. Modrow begründete seine Forderung mit dem Hinweis, daß die DDR nach der Öffnung der Grenzen stark unter den Druck von Westdeutschen geraten sei, die von den für sie günstigen Wechselkursen und der hohen staatlichen Subventionierung ostdeutscher Güter profitierten. Außerdem brauche die DDR das Geld dringend, um Industrie und Landwirtschaft zu modernisieren und die Infrastruktur wiederaufzubauen.[163] Kohl bemerkte dazu lediglich, man solle lieber von einem «Solidaritätsbeitrag» als von einem «Lastenausgleich» sprechen, sah sich jedoch nicht in der Lage, konkrete Zusagen zu geben.[164] Innenminister Schäuble hatte zwar bei der Vorbereitung des Dresden-Besuchs einige Tage zuvor bereits angeregt, Modrow die sofortige Errichtung einer Wirtschafts- und Währungsunion zwischen den beiden deutschen Staaten anzubieten. Doch den meisten Beratern Kohls war dieser Vorschlag noch zu weit gegangen: Die Zeit dafür schien nicht reif. Der Kanzler war deshalb ohne präzise Vorstellungen über die künftige Entwicklung nach Dresden gefahren und konnte auf Modrows Forderung nur ausweichend reagieren.[165]

Modrow hat später den Kanzler beschuldigt, seine in Dresden gemachten Versprechungen nicht eingelöst zu haben. Bonn habe weder einen «Solidaritätsbeitrag» geleistet, noch Kompensationen für den visafreien Reiseverkehr gezahlt. Auch die vereinbarten Gespräche über die Vertragsgemeinschaft hätten nie stattgefunden.[166] In der Tat änderte Kohl nach Dresden die Richtung seiner Politik und verlor nahezu jedes Interesse an Verhandlungen mit dem DDR-Ministerpräsidenten, der noch als Repräsentant des alten, verbrauchten und nicht durch freie Wahlen legitimierten SED-Regimes erschien. Er setzte von nun an auf die Kräfte der Geschichte, die ihm am Nachmittag des 19. Dezember in Gestalt einer jubelnden Menschenmenge vor der Ruine der Dresdner Frauenkirche begegnet waren. Ein DDR-Entwurf für einen «Vertrag über Zusammenarbeit und gute Nachbarschaft zwischen der Deutschen Demokratischen Republik und der Bundesrepublik Deutschland», der Kanzleramtsminister Rudolf Seiters am 25. Januar übergeben wurde, wirkte dagegen bereits wie ein Anachronismus.[167] Die politische Entwicklung war längst darüber hinweggeschritten, und Kohl gehörte zu den wenigen, die dies nach Dresden erkannt hatten.

«Deutschland, einig Vaterland»

Selbst in der Sowjetunion, wo man der Idee eines vereinten Deutschlands besonders skeptisch gegenüberstand, ließ sich die dramatische Verschlechterung der Lage in der DDR nicht länger ignorieren. Auch die sowjetische Führung mußte sich auf die neuen Bedingungen einstellen. In einem als sensationell empfundenen Interview mit der *Bild*-Zeitung erklärte Nikolai Portugalow am 24. Januar, wenn die Menschen in der DDR die Wiedervereinigung wollten, werde sie auch kommen. Die Sowjetunion werde sich einer solchen Entscheidung nicht widersetzen. Wörtlich bemerkte er: «Wir werden nicht intervenieren.»[168]

In Bonn wurden die Äußerungen Portugalows als Zeichen eines grundsätzlichen Wandels der sowjetischen Haltung gegenüber einer möglichen deutschen Wiedervereinigung gedeutet. Unterdessen malte Ministerpräsident Modrow bei einem Besuch von Seiters am 25. Januar in Ost-Berlin ein düsteres Bild von der Situation in seinem Lande: Die staatliche Autorität sei in rascher Auflösung begriffen, Streiks weiteten sich aus, das öffentliche Klima sei zunehmend aggressiv. Die Verhandlungen über die Errichtung einer Vertragsgemeinschaft müßten deshalb unverzüglich beginnen, massive Finanzhilfe und industrielle Kooperation seien unbedingt notwendig, um den bevorstehenden Zusammenbruch abzuwenden.[169] In seinen Memoiren bekannte Modrow später, aus dieser Lage und den Illusionen, die man sich in den anderen RGW-Ländern über die wirtschaftliche Lage damals noch machte, die Schlußfolgerung gezogen zu haben, «daß für uns nur die Orientierung auf die Bundesrepublik eine reale Alternative war». Gemeinsam mit den Kräften am Runden Tisch habe er es daher als notwendig betrachtet, «die Stabilisierung der DDR mit einer stufenweisen Vereinigung der beiden deutschen Staaten zu verbinden».[170]

Am 29. Januar trat Modrow vor die Abgeordneten der Volkskammer und wiederholte auch öffentlich, was er zuvor Seiters intern mitgeteilt hatte. Unmittelbar danach reiste er nach Moskau, wo am 30. Januar ein Treffen mit Generalsekretär Gorbatschow vorgesehen war. Den Moskau-Besuch hatte Modrow in mehreren Unterredungen mit dem sowjetischen Botschafter in Ost-Berlin, Wjatscheslaw Kotschemassow, vorbereitet. Dabei war ein Papier entstanden, das den beziehungsreichen Titel «Für Deutschland, einig Vaterland» trug – ein Vers aus der ersten Strophe der Nationalhymne der DDR, die seit den siebziger Jahren bei offiziellen Anlässen nicht mehr gesungen, sondern nur noch gespielt wurde, weil sie den Hinweis auf ein vereintes Deutschland enthielt. Der Entwurf, der eine Initiative für eine stufenweise Vereinigung Deutschlands mit Berlin als Hauptstadt enthielt, sah vor, die deutsche Einheit in vier Schritten zu verwirklichen:

1. Abschluß eines Vertrages über Zusammenarbeit und gute Nachbarschaft zur Bildung einer «Vertragsgemeinschaft», die bereits wesentliche konföderative Elemente, wie eine Wirtschafts-, Währungs- und Verkehrsunion sowie eine Rechtsangleichung, enthalten sollte.
2. Bildung einer «Konföderation» mit gemeinsamen Organen und Institutionen, wie einem parlamentarischen Ausschuß, einer Länderkammer sowie gemeinsamen Exekutivorganen für bestimmte Bereiche.

3. Der Weg zur Einheit

3. Übertragung von Souveränitätsrechten beider Staaten an die Machtorgane der Konföderation.
4. Bildung eines einheitlichen deutschen Staates in Form einer «Deutschen Föderation» oder eines «Deutschen Bundes» durch Wahlen in beiden Teilen der Konföderation sowie Zusammentreten eines einheitlichen Parlaments, das eine einheitliche Verfassung und eine einheitliche Regierung mit Sitz in Berlin beschließen sollte.[171]

Der Plan war für Modrow jedoch an bestimmte Voraussetzungen gebunden. Dazu zählte nicht nur die Absicht, bis zum Abschluß einer gemeinsamen Regelung an den Vier-Mächte-Rechten in Deutschland festzuhalten, sondern auch die Forderung, daß die Bundesrepublik und die DDR «sich gegenseitig nicht in innere Angelegenheiten einzumischen» hätten und beide deutschen Staaten auf dem Weg zur Föderation «militärische Neutralität» wahren sollten.[172]

Am Morgen des 30. Januar wurde Modrows Entwurf in Moskau mit Gorbatschow, Ministerpräsident Nikolai Ryschkow, Außenminister Schewardnadse und dem Leiter der internationalen Abteilung des Zentralkomitees der KPdSU, Falin, diskutiert.[173] Viel gab es dabei nicht zu besprechen. Angesichts der katastrophalen Situation in der DDR war jeder Plan gleich gut – oder gleich schlecht. Gorbatschow bemerkte lediglich, daß ähnliche Maßnahmen auch von seiner Regierung erwogen würden; die deutsche Wiedervereinigung könne jedenfalls nicht länger als «eine Möglichkeit in der Zukunft» ausgeschlossen werden. Die Sowjetunion werde das Recht des deutschen Volkes auf Selbstbestimmung respektieren. Allerdings müßten bald Verhandlungen mit den USA, Großbritannien und Frankreich beginnen, um einen Vier-Mächte-Rahmen für die eintretenden Veränderungen zu entwickeln und eine Lösung zu finden, die auch die Interessen der DDR berücksichtige.[174]

In Bonn wurden diese Nachrichten aus Moskau, die noch am gleichen Tag von den Medien verbreitet wurden, aufmerksam registriert. Gorbatschow schien sich demnach mit der deutschen Einigung prinzipiell abgefunden zu haben, und Modrow hatte erneut bestätigt, daß er zu einer Konföderation – oder gar zu einer vollständigen Wiedervereinigung – keine Alternative mehr sah.[175] Auf einer Kabinettssitzung am 31. Januar stellte der Bundeskanzler deshalb fest, nun könne «die staatliche Einheit noch schneller kommen, als wir alle bisher angenommen hatten». Er kündigte die Einrichtung von Stäben an, die Vorschläge für die praktische Umsetzung der Wiedervereinigung erarbeiten sollten. Eine «Arbeitsgruppe Deutschlandpolitik», die sich unmittelbar nach der Kabinettssitzung im Kanzleramt konstituierte, sollte die Aktivitäten der verschiedenen Regierungsstellen koordinieren.[176]

Der Konföderationsplan, den Modrow am 1. Februar in Ost-Berlin der Öffentlichkeit vorstellte, wurde in Bonn allerdings mit Skepsis aufgenommen. Vor allem die Neutralisierungsabsichten stießen auf Widerstand. Die Idee eines neutralen Deutschlands wurde nicht nur von den Regierungsparteien, sondern auch von der SPD verworfen. Doch Modrow hatte ganz andere Sorgen, als eine neue Neutralisierungsdebatte zu beginnen, die schon in den fünfziger Jahren zu nichts geführt hatte. Bei einem Zusammentreffen mit Kohl am 2. Februar auf dem «World Economic Forum» im schweizerischen Davos informierte er den Kanzler, daß der Zerfall der DDR sich täglich beschleunige. Bis Ende 1989 sei die Lage noch einigermaßen stabil gewesen. Aber jetzt sei die Autorität der Regierung auch auf der lokalen Ebene im Schwinden begriffen. Eine rasche Zusammenführung der beiden deutschen Staaten sei deshalb unvermeidlich. Geld spiele ebenfalls eine Rolle: Die DDR brauche sofort 15 Milliarden DM, um eine finanzielle Katastrophe im März abzuwenden. Darüber hinaus sei es möglich, die D-Mark zur alleinigen Währung der DDR zu machen.[177] In einem Interview mit dem schweizerischen Radio gestand er, offenbar tief erschüttert, darüber hinaus zu, daß eine Wiedervereinigung Deutschlands auch ohne Neutralisierung denkbar sei.[178]

Ankündigung der Währungsunion

Modrows Auskünfte korrespondierten mit Nachrichten aus anderen Quellen. So hatte der baden-württembergische Ministerpräsident Lothar Späth am Abend des 1. Februar 1990 nach seiner Rückkehr von einem Besuch in Ostdeutschland den Kanzler aus Stuttgart angerufen und ihm mitgeteilt, die DDR sei «erledigt», Modrow sehe «keinen Ausweg mehr».[179] Noch ehe Kohl sich am 2. Februar nach Davos auf den Weg machte, hatte er deshalb mit seinen engsten Beratern und mehreren Ministern im Kanzleramt nach möglichen Lösungen gesucht. Die Alternative, die auch von Modrow bereits angedeutet worden war, lag auf der Hand: die Errichtung einer Wirtschafts- und Währungsunion zwischen der Bundesrepublik und der DDR.[180] Die Frage war nur, ob sie praktisch durchführbar war und wie hoch die Kosten sein würden. Selbst Bundesfinanzminister Theo Waigel, der in der Vorwoche noch geäußert hatte, die D-Mark könne erst dann in Ostdeutschland eingeführt werden, wenn die DDR-Wirtschaft durch eine lange Phase der Anpassung gegangen sei, sprach sich jetzt für eine sofortige Währungsunion aus. Bonn solle nun «in die politische Offensive gehen». Alle Pläne für eine schrittweise Vereinigung seien durch den bevorstehenden Zusammenbruch der DDR zu «Müll» geworden.[181]

Vor dem Hintergrund des gerade beginnenden Wahlkampfes für die Wahlen zur Volkskammer am 18. März kündigte der Kanzler deshalb am 6. Februar Gespräche zur Einführung der D-Mark in der DDR an. Die Entscheidung war politischer Natur. Vorangegangene Beratungen mit dem Direktor der Bundesbank, Karl Otto Pöhl, am 5. Februar hatten keineswegs eine solche Entscheidung nahegelegt. Pöhl hatte vielmehr eine sofortige Währungsunion für «ungeeignet und unmöglich» erklärt und sich für einen schrittweisen Prozeß ausgesprochen, der Jahre in Anspruch nehmen könne.[182] Als

Kohl sich am nächsten Tag ungeachtet aller Warnungen trotzdem öffentlich für die sofortige Einführung der D-Mark in der DDR aussprach[183], war Pöhl «unangenehm überrascht». Weder der Kanzler noch der Finanzminister hatten ihn vorab über die weitreichende Ankündigung unterrichtet. Doch als diese am 7. Februar vom Kabinett in Anwesenheit Pöhls bestätigt werden sollte, um der DDR nunmehr auch offiziell die Errichtung einer Währungsunion zwischen den beiden deutschen Staaten anbieten zu können, schwieg der Bundesbankchef. Was vom ökonomischen Standpunkt aus gesehen unvernünftig sein mochte, war politisch kaum noch zu vermeiden. Zu deutlich waren inzwischen die Sturmsignale aus der DDR. Nicht nur die weiterhin hohe Zahl von 2000 Übersiedlern täglich, sondern auch die sich verdichtenden Anzeichen eines finanziellen Zusammenbruchs ließen keine Wahl. Inzwischen war man nicht einmal mehr sicher, ob die Modrow-Regierung überhaupt bis zum 18. März durchhalten würde. Der Vorsitzende der FDP-Fraktion im Bundestag, Wolfgang Mischnick, erklärte deshalb, die Einführung der D-Mark in der DDR sei «die einzige Perspektive». Dem folgte auch das Kabinett. Früher oder später würde die Bundesrepublik die Verantwortung für die Wirtschaft der DDR ohnehin übernehmen müssen. Dieser Tatsache konnte sich selbst Pöhl nicht verschließen.[184]

Dennoch blieb die Währungsunion ein Sprung ins Ungewisse. Einen Präzedenzfall gab es nicht. Theoretisch hätte die Währungsunion den letzten Schritt einer politischen und wirtschaftlichen Integration bilden müssen. Durch die konkreten Umstände war man jedoch gezwungen, «den ökonomischen Karren vor das politische Pferd zu spannen».[185] Rasch gebildete Arbeitsgruppen im Kanzleramt und in den Ministerien für Finanzen, Wirtschaft, Arbeit und Soziales suchten deshalb nach Lösungen für die Zusammenführung der unterschiedlichen Wirtschaften in Ost- und Westdeutschland und nach Wegen, um in Rekordzeit die Ausweitung der D-Mark zu einer gesamtdeutschen Währung vorzubereiten. Bereits Mitte Februar, beim Besuch Modrows in Bonn, der noch in Dresden vereinbart worden war, sollten die ersten Entwürfe vorliegen.

Die Ergebnisse liefen auf eine vollständige wirtschafts- und finanzpolitische Übernahme der DDR durch die Bundesrepublik hinaus. Bonn bot an, die Verantwortung für die DDR-Wirtschaft, die Währungsstabilität, Beschäftigung, Renten, das Sozialwesen und die Infrastruktur zu übernehmen, forderte jedoch, daß der gesamte wirtschaftliche Ordnungrahmen der Bundesrepublik in Ostdeutschland eingeführt werden müsse. Die Anpassung der DDR an das westliche System sollte in einem Staatsvertrag zwischen den beiden deutschen Staaten verankert werden. Danach würden selbst Haushaltsentscheidungen der DDR-Volkskammer von der westdeutschen Zustimmung abhängig sein.[186]

Als die DDR-Delegation unter Ministerpräsident Modrow am 13. Februar in Bonn eintraf, stellte sie sogleich fest, daß der Spielraum für weitere Verhandlungen äußerst begrenzt war. Wirtschaftsministerin Christa Luft, die sich gegen eine rasche Einführung der Währungsunion ausgesprochen hatte und statt dessen von der Bundesregierung ein Hilfsprogramm in Höhe von 10 bis 15 Milliarden DM forderte, um die ostdeutsche Wirtschaft zu sanieren, beklagte deshalb später mit Blick auf die Volkskammerwahl vom 18. März 1990, «daß das edle Thema ‹deutsche Einheit› dem gefräßigen Tier ‹Wahlkampf› vorgeworfen» worden sei.[187] Tatsächlich ließ sich beides kaum trennen. Aber die dramatische Lage der DDR-Wirtschaft machte es unausweichlich, wie auch Modrow in Bonn feststellte, große Lösungen an die Stelle von Flickschusterei zu setzen. Er stimmte deshalb der Wirtschafts- und Währungsunion im Prinzip zu und erklärte sich einverstanden, Expertenkommissionen zu bilden, die über die Einzelheiten beraten sollten.[188]

Strittig war vor allem der Kurs, zu dem die Mark der DDR in D-Mark umgetauscht werden sollte. Die Bundesbank, die um die Stabilität ihrer Währung fürchtete, wenn Hunderte von Milliarden Ost-Mark plötzlich als D-Mark in den Währungskreislauf gelangten, plädierte deshalb – entsprechend dem tatsächlichen Wert der Mark der DDR – für eine Relation von 2:1 oder 3:1, während die DDR-Bürger aus verständlichen Gründen einen Umtauschkurs von 1:1 wünschten. Erneut war es Bundeskanzler Kohl, der die Entscheidung durch eine öffentliche Ankündigung herbeiführte: Fünf Tage vor der Wahl, am 13. März, versprach er auf einer Wahlkundgebung in Cottbus, daß die Guthaben der kleinen Sparer zum Kurs von 1:1 umgetauscht würden. Bundeskabinett und Bundesbank konnten die Entscheidung am folgenden Tag nur noch zur Kenntnis nehmen.

Die Volkskammerwahl vom 18. März 1990

Die Wahl in der DDR vom 18. März 1990 wurde nicht nur durch die Diskussion über die Errichtung der Wirtschafts- und Währungsunion zwischen den beiden deutschen Staaten bestimmt, sondern stand auch sonst stark unter dem Einfluß westdeutscher Parteien und Politiker. Diese «politische Invasion» aus dem Westen war allerdings eine direkte Folge des Autoritätsverfalls des ostdeutschen Staates und des Meinungsumschwungs zugunsten der Wiedervereinigung. Anfang Februar ergab eine vom Leipziger Zentralinstitut für Jugendforschung und dem westdeutschen Nationalen Marktforschungsinstitut gemeinsam durchgeführte Umfrage, daß 75 Prozent der Ostdeutschen sich nunmehr für die Wiedervereinigung aussprachen – 27 Prozent mehr als im November 1989.[189]

Der Wahlkampf für die ersten freien Parlamentswahlen der DDR am 18. März 1990 wurde von dieser Stimmungsveränderung beherrscht. Die Wahl war ursprünglich für den 6. Mai geplant gewesen, aber die Modrow-Regierung und die Oppositionsvertreter am Runden Tisch hatten am 28. Januar entschieden, den Termin vorzuverlegen, da sich die politische und wirtschaftliche Situation so rapide verschlechterte, daß es fraglich war, ob die DDR im Mai überhaupt noch existieren würde. Nun bewarben sich neben der SED, die unter dem Namen «Partei des Demokratischen Sozialismus» (PDS) antrat und als lange eingespielte Organisation kaum Probleme hatte, den Wahlkampf aufzunehmen, mehr als fünfzig neue politische Bewegungen und Parteien um die Gunst der Wähler. Die SED/PDS verfügte Ende Januar 1990 zwar nur noch über 890 000 Mitglieder. Sie war den politischen Amateuren der neuen politischen Gruppierungen im Hinblick auf Organisation, Parteidisziplin und politische Erfahrung jedoch weit überlegen.[190]

Das «Neue Forum» war ein besonders gutes Beispiel für die Schwäche idealistischer Kräfte in der Sphäre der Parteipolitik.[191] Gegründet am 9./10. September 1989 von einer Initiativgruppe unter Führung von Bärbel Bohley und Jens Reich, sollte es dazu verhelfen, aus dem Volk heraus ein neues, humanes und sozialistisches Ostdeutschland zu schaffen. Zweck des Neuen Forums war es, dem Willen der Menschen Ausdruck zu verleihen, ohne ihnen bereits vorgegebene Strukturen oder Konzeptionen überzustülpen. Unter Honecker war dieser Ansatz kühn und herausfordernd gewesen. Inzwischen wurde er jedoch weithin für überholt gehalten. Sebastian Pflugbeil, der das Neue Forum in der Regierung Modrow als Minister ohne Geschäftsbereich vertrat, erklärte später, die Öffnung der Mauer am 9. November habe den Anfang vom Ende der Hoffnungen in der Bewegung bedeutet. «Unsere Motivation am Anfang war es, die Ketten zu zerreißen und frei zu werden, unseren eigenen Kurs zu bestimmen.» Der Mauerfall habe dann den Weg für die Übernahme der DDR durch mächtige westdeutsche Geschäftsleute und Politiker geebnet. Die Ostdeutschen dagegen hätten «ihren Kopf verloren» und seien «ihrem Magen gefolgt». Mit Galgenhumor fügte Pflugbeil schließlich in Anlehnung an ein Zitat von Bertolt Brecht hinzu: «Wir werden uns wohl ein neues Volk suchen müssen.»[192]

Andere Bürgerbewegungen, wie «Demokratie Jetzt» und die «Initiative für Frieden und Menschenrechte», litten unter ähnlichen Motivationsproblemen und konzeptionellen Schwächen. Die Ursprünge von Demokratie Jetzt, die ihre Wurzeln in der evangelischen Kirche der DDR hatte, reichten bis 1986 zurück. Die eigentliche Gründung erfolgte jedoch erst am 12. September 1989 mit einem «Aufruf zur Einmischung», der unter anderem von Hans-Jürgen Fischbeck, Ludwig Mehlhorn, Wolfgang Ullmann und Konrad Weiß unterzeichnet worden war.[193] In einem «Bündnis aller reformwilligen Menschen, auch von Christen und kritischen Marxisten», wurde zur «demokratischen Umgestaltung der DDR» aufgefordert, in der – erst jetzt – ein genuiner Sozialismus verwirklicht werden sollte.[194] Die Forderungen schlossen auch die Bundesrepublik ein: Beide deutschen Staaten sollten sich «um der Einheit willen aufeinander zureformieren».[195]

Die Initiative für Frieden und Menschenrechte (IFM) war aus der internationalen Friedensbewegung der frühen achtziger Jahre hervorgegangen und hatte sich 1986 als erste unabhängige Oppositionsgruppe in der DDR etabliert, um die Abrüstung zu fördern und politische Dissidenten zu unterstützen.[196] Sie ließ sich mit ähnlichen Gruppierungen im Westen vergleichen und unterhielt Arbeitsbeziehungen zur Alternativen Liste in West-Berlin und zur Partei der Grünen in der Bundesrepublik. Im Hinblick auf die Volkskammerwahlen am 18. März schloß sich die IFM mit dem Neuen Forum und Demokratie Jetzt zu einem Wahlbündnis unter der Bezeichnung «Bündnis 90» zusammen.[197] Die gemeinsame Schwäche aller drei Gruppierungen war jedoch ihr Fehlen einer funktionierenden vertikalen Parteiorganisation. Sie waren als Bürgerbewegungen gegründet worden und stützten sich auf ein horizontales Netzwerk von «Basisgruppen», die mehr oder weniger unabhängig voneinander – ohne festes Parteiprogramm und strenge Parteidisziplin – operierten. Hintergrund dieses Bemühens um größtmöglichen Bewegungsspielraum und innere Pluralität war natürlich die Erfahrung von nahezu sechs Jahrzehnten nationalsozialistischer und kommunistischer Diktatur. «Basisdemokratie» erschien deshalb als magische Formel für ein alternatives Regierungskonzept, das die meisten Anhänger der Initiativgruppen – viele von ihnen Intellektuelle, Künstler, Kirchenmitglieder und frühere Dissidenten – für ideal hielten, um das SED-Regime zu ersetzen. Die Frage war nur, ob auch eine Mehrheit der DDR-Bürger nach vierzig Jahren Kommunismus bereit war, ein weiteres Experiment zu wagen, oder ob sie eher den bewährten Konzepten zuneigen würden, welche die politischen Profis der etablierten Parteien aus der alten Bundesrepublik anboten.[198]

Die Sozialdemokratische Partei (SDP), im Januar 1990 umbenannt in SPD der DDR, die am 7. Oktober 1989 von 43 Dissidenten, unter ihnen der Dramaturg Ibrahim Böhme und Pastor Markus Meckel, in Schwante, einem kleinen Dorf nahe Oranienburg, gegründet wurde, verfügte über ein solches bewährtes Programm. Die ostdeutschen Sozialdemokraten konnten sich nicht nur auf die lange Tradition der deutschen Arbeiterbewegung berufen, sondern erhielten auch frühzeitig Unterstützung von ihrer Schwesterpartei aus dem Westen. Ein gemeinsamer «Verbindungsausschuß» wurde eingerichtet, SPD-Politiker unterstützten ihre ostdeutschen Kollegen beim Aufbau einer effektiven Parteiorganisation, die Werbeagentur der SPD leistete kostenlose Wahlkampfhilfe für die Volkskammerwahl, und Willy Brandt wurde Ehrenvorsitzender. So konnte die Ost-SPD der Wahl zuversichtlich entgegensehen. Nahezu alle politischen Beobachter gingen davon aus, daß die Sozialdemokraten überlegen gewinnen und die neue Regierung stellen würden.

Dagegen zögerte die CDU der Bundesrepublik bis zum letzten Augenblick, ihr ostdeutsches Pendant zu unterstützen. Da die Ost-CDU keine Neugründung war, sondern vierzig Jahre lang als «Blockpartei» mit der SED kollaboriert hatte, gab es berechtigte Berührungsängste. Auch nach der Ablösung des Vorsitzenden der Ost-CDU, Gerald Götting, durch Lothar de Maizière am 11. November 1989 und ergänzenden personellen und programmatischen Veränderungen auf einer Sitzung des Parteivorstandes in Burgscheidungen am 20./21. November sowie auf einem Sonderparteitag am 15. Dezember in Berlin ließen sich die Belastungen der Vergangenheit nicht so leicht abstreifen.[199] Die westdeutschen Christdemokraten hielten sich jedenfalls weiterhin mit Kooperationsangeboten zurück. Dazu trugen auch Äußerungen de Maizières bei, der am 19. November in einem Interview mit *Bild am Sonntag* erklärte, er halte «Sozialismus für eine der schönsten Visionen menschlichen Denkens» und teile nicht die Auffassung, «daß die Forderung nach Demokratie zugleich die Forderung nach Abschaffung des Sozialismus beinhaltet». Und was die Einigung Deutschlands anbetreffe, so sei sie nicht «das Thema der Stunde», sondern eine Überlegung, «die vielleicht unsere Kinder oder unsere Enkel anstellen können».[200] So etwas, meinte man in der West-CDU, dürfe man nicht einmal laut denken. Kopfzerbrechen bereitete es ferner, daß die ostdeutsche Schwesterpartei aktiv in der Modrow-Regierung mitarbeitete und sich noch am 19. Januar entschied, diese Tätigkeit fortzusetzen, um «die Situation im Lande nicht weiter zu destabilisieren».[201] Vor allem Bundeskanzler Kohl war darüber verstimmt und verurteilte intern de Maizières Taktik mit großer Schärfe.

Der Kanzler zögerte deshalb lange, ehe er zum ersten Mal mit de Maizière zusammentraf, um seine Hilfe anzubieten. Inzwischen waren mit dem Demokratischen Aufbruch (DA) und der Deutschen Sozialen Union (DSU) zwei weitere konservative Bewegungen entstanden, die als Bündnispartner in Frage kamen. Der DA war teils christlich-ökologisch, teils christlich-konservativ orientiert und wurde personell vor allem von Pastor Friedrich Schorlemmer aus Wittenberg, Rechtsanwalt Wolfgang Schnur aus Rostock und dem Ost-Berliner Pastor Rainer Eppelmann getragen.[202] Die DSU war eine Vereinigung liberaler, konservativer und christlich-sozialer Kräfte vornehmlich aus dem Süden der DDR. Sie wurde, unter dem Vorsitz von Hans-Wilhelm Ebeling, stark von der bayerischen CSU unterstützt und forderte «Freiheit statt Sozialismus».[203] Die wahre Stärke des DA, der DSU und der Ost-CDU war schwer zu beurteilen. Da die konservativen Kräfte gespalten waren, befürchtete die West-CDU bei der bevorstehenden Volkskammerwahl einen Erdrutschsieg der SPD. Nicht zuletzt aus diesem Grunde ließ sich Kohl bewegen, am 2. Februar trotz erheblicher Bedenken zu einer persönlichen Begegnung mit Lothar de Maizière zusammenzukommen, um Möglichkeiten für ein konservatives Wahlbündnis zu erörtern. Kohl, Kanzleramtsminister Seiters und der neue Generalsekretär der West-CDU, Volker Rühe, trafen danach am 5. Februar nochmals mit de Maizière, Schnur und Ebeling zusammen, um die «Allianz für Deutschland» zu gründen, die im folgenden Wahlkampf als Wahlbündnis von DA, DSU und Ost-CDU antreten sollte.

Auch die FDP wartete bis zum 12. Februar, ehe sie sich entschloß, eine ostdeutsche Koalition – den «Bund Freier Demokraten» – zu unterstützen, während die Grünen einer ganzen Reihe von Umweltgruppen und Linksparteien Beistand leisteten, darunter der Grünen Liga, der Grünen Partei in der DDR und der Vereinigten Linken.[204] Die extreme Rechte der Bundesrepublik wurde indessen durch einen Beschluß der Volkskammer von einem

Engagement in der DDR abgehalten: Die Republikaner wurden verboten, ihr Gründer Franz Schönhuber an der Einreise in die DDR gehindert. Am 18. März konnten sich 12,2 Millionen Wahlberechtigte in der DDR zwischen 19 Parteien und fünf Listenverbindungen, die weitere 14 Parteien repräsentierten, entscheiden. Meinungsumfragen zufolge lag die SPD in der Wählergunst Anfang Februar noch mit 54 Prozent der Stimmen weit in Führung, gefolgt von der PDS mit 12 Prozent und der CDU mit 11 Prozent.[205] Doch nachdem Bundeskanzler Kohl am 6. Februar – einen Tag nach Gründung der «Allianz für Deutschland» – die baldige Errichtung einer Wirtschafts- und Währungsunion angekündigt hatte, während der SPD-Vorsitzende Hans-Jochen Vogel am 15. Februar im Deutschen Bundestag vor einem solchen Schritt warnte, schlug das Pendel um. Als Kohl wenige Tage später zu seinem ersten Wahlkampfauftritt in der DDR erschien, erwarteten ihn auf dem Platz vor der gotischen Kathedrale in Erfurt, einer Stadt von 220000 Einwohnern, mehr als 100000 Menschen. Bei weiteren Auftritten in Cottbus und Leipzig waren es ebenfalls Hunderttausende, in Leipzig sogar 300000, die auf die Straße gingen, um den Bundeskanzler zu hören.

Am Ende stimmten 48,1 Prozent für die Parteien der «Allianz für Deutschland», nur 21,8 Prozent für die SPD, 16,3 Prozent für die PDS und 5,3 Prozent für den «Bund Freier Demokraten». Die Bürgerrechtler der DDR, die bei der Wahl als «Bündnis 90» – einer Vereinigung von Neuem Forum, Demokratie Jetzt und der Initiative für Frieden und Menschenrechte – angetreten waren, mußten sich mit nur 2,9 Prozent der Stimmen begnügen. Obwohl sie mit ihrem mutigen Engagement die «Wende» erst möglich gemacht hatten, waren sie deren politischen Folgen überraschend schnell erlegen. Ähnliches galt für die Sozialdemokraten, die die Wiedervereinigungserwartungen vieler Ostdeutscher mit unklugen Äußerungen – vor allem von Hans-Jochen Vogel und Oskar Lafontaine – enttäuscht hatten und dafür von den Wählern mit einer bitteren Niederlage bestraft wurden. Der Wunsch nach Wiedervereinigung und sofortiger Einführung der Marktwirtschaft sowie die Zurückweisung jeglicher Form von Sozialismus, die in dem Wahlergebnis zum Ausdruck kamen, bedeuteten zugleich den endgültigen Abschied von der DDR. In den ersten und einzigen freien Wahlen, die den Bürgern der DDR je zugebilligt worden waren, hatte die große Mehrheit von ihnen dem sozialistischen Experiment eine klare Absage erteilt. Damit endete auch der zweite deutsche Sonderweg, der mit der Ost-West-Spaltung nach 1945 begonnen hatte. Ostdeutschland wurde Teil der nun gemeinsamen Geschichte der Bundesrepublik.

Währungsunion und Debatte über Artikel 23

Nach dem 18. März 1990, als die deutsche Frage von der ostdeutschen Bevölkerung im Sinne der Wiedervereinigung entschieden worden war, wurden die Verhandlungen zur deutschen Einheit parallel auf zwei Ebenen geführt. Während die zwei deutschen Staaten gemeinsam mit den Vier Mächten über die außenpolitischen Aspekte der Wiedervereinigung konferierten, wurden zwischen Bonn und Ost-Berlin bilateral die Probleme der inneren Einigung besprochen. Vordringlich war die Klärung der Bedingungen für die Wirtschafts- und Währungsunion, die bereits zum 1. Juli 1990 in Kraft treten sollte. Aber auch die politischen und rechtlichen Aspekte der Vereinigung bedurften einer genauen Regelung. Die vertraglichen Grundlagen der Wiedervereinigung umfaßten schließlich neben dem «Vertrag über die abschließende Regelung in bezug auf Deutschland», der am 12. September 1990 von den beiden deutschen Staaten und den Vier Mächten in Moskau unterzeichnet wurde, den «Vertrag über die Schaffung einer Währungs-, Wirtschafts- und Sozialunion zwischen der Bundesrepublik Deutschland und der Deutschen Demokratischen Republik» (unterzeichnet am 18. Mai 1990 in Bonn) sowie den «Vertrag zwischen der Bundesrepublik Deutschland und der Deutschen Demokratischen Republik über die Herstellung der Einheit Deutschlands – Einigungsvertrag» (unterzeichnet am 31. August 1990 in Berlin). Erst die Kombination der drei Vertragswerke machte die Wiedervereinigung Deutschlands möglich.

Die Verhandlungen über die Einführung der Wirtschafts- und Währungsunion, die am 7. Februar 1990 mit ersten Vorklärungen begonnen hatten, wurden nach dem Sieg der «Allianz für Deutschland» am 18. März sogleich erheblich beschleunigt. Bundeskanzler Kohl war überzeugt, daß eine rasche und anhaltende Verbesserung der Lebensbedingungen in Ostdeutschland durch wirtschaftlichen Wiederaufbau politisch notwendig war, um die deutsche Einheit glaubwürdig zu verwirklichen. Zugleich ging er davon aus, daß dieser Wiederaufbau in relativ kurzer Zeit bewerkstelligt werden könnte. Dieser Optimismus basierte auf der Annahme, daß die wirtschaftliche Entwicklung der Bundesrepublik – entsprechend einer Analyse der fünf führenden westdeutschen Wirtschaftsforschungsinstitute – in den Jahren 1990 und 1991 durch Stabilität und zusätzliches Wachstum bestimmt sein würde. Die Prognosen der Institute sagten für 1990 3,75 Prozent Wachstum und für 1991 sogar nahezu 4 Prozent voraus. Zugleich, so die Erwartung, werde der «Wiedervereinigungsboom» die Arbeitslosigkeit reduzieren, ohne die Inflation über die 3-Prozent-Grenze zu treiben. Die Bundesrepublik werde damit über genügend finanzielle Reserven verfügen, um die Lasten der Vereinigung – etwa bei der Anpassung der Renten, der Modernisierung der Infrastruktur und der Beseitigung der Umweltschäden in Ostdeutschland – übernehmen zu können.[206] Außerdem versprach die deutsche Privatwirtschaft, in der bisherigen DDR großzügig zu investieren. Sofort nach Ankündigung der Währungsunion und erst recht nach dem Ausgang der Volkskammerwahl vom 18. März wurden in allen Teilen der Wirtschaft Absichtserklärungen für ein verstärktes Engagement in Ostdeutschland abgegeben. Einer Zählung der Bundesvereinigung der Handelskammern in Köln zufolge lagen Ende März 1990 bereits 1100 derartige Erklärungen vor – vor allem aus der Automobilindustrie, dem Maschinenbau, dem Elektronikbereich, dem Großhandel und dem Dienstleistungssektor. Kohls Hoffnungen, daß die Wiedervereinigung nicht nur von der öffentlichen Hand, sondern auch von der starken Privatwirtschaft getragen werden würde, erschienen daher durchaus berechtigt.

Nachdem Lothar de Maizière am 12. April 1990 Hans Modrow als Ministerpräsident der DDR abgelöst hatte, wurde sogleich ein Treffen zwischen Kohl und de Maizière vereinbart, um die Verhandlungen über die Wirtschafts- und Währungsunion zwischen den beiden deutschen Staaten formell zu eröffnen. Die eigentlichen Arbeitsgespräche fanden allerdings zwischen Hans Tietmeyer, einem der Direktoren der Bundesbank, der zeitweilig von seinen Verpflichtungen in Frankfurt entbunden worden war, um als persönlicher Berater Kohls ins Kanzleramt zu wechseln, und Günther Krause, Staatssekretär im Büro de Maizières, statt. Grundlage war das Angebot Kohls vom Vorabend der Volkskammerwahl, die ostdeutsche Mark im wesentlichen zum Kurs von 1:1 umzutauschen. Zwar ließ die ostdeutsche SPD in de Maizières Koalitionsregierung erkennen, daß sie noch bessere Bedingungen wünschte. Aber der Verhandlungsspielraum war begrenzt. Vor allem die Bundesbank warnte vor den Folgen für die Geldwertstabilität. Bereits die von Kohl vorgeschlagene Lösung speiste etwa 118 Milliarden DM an Bargeld und zusätzlicher Liquidität in den Geldkreislauf ein und führte damit zu einer nominalen Kaufkrafterhöhung für Güter und Dienstleistungen von etwa 236 bis 240 Milliarden DM. Bei einem Bruttosozialprodukt von 2,3 Billionen DM war dies alles andere als ein kleiner Betrag, der nach Meinung der Bundesbank nicht ohne Auswirkungen auf die Stabilität der Währung bleiben konnte. Jede weitergehende Lösung hätte die Risiken noch erhöht. Die Tietmeyer-Krause-Kommission verständigte sich deshalb am 2. Mai 1990 darauf, alle Löhne und Gehälter sowie Renten, Pensionen, Stipendien und bestimmte Sozialleistungen zum Kurs von 1:1 umzustellen. DDR-Renten sollten an das Niveau der Bundesrepublik angeglichen werden. Bei Bargeld und Sparkonten sollten Kinder bis zu 14 Jahren 2000 DDR-Mark zum 1:1-Kurs umtauschen können, Personen zwischen 15 und 59 bis 4000 Mark und Personen über 60 bis 6000 Mark. Beträge oberhalb dieser Grenzen würden zum Kurs 2:1 getauscht werden.[207]

Damit war ein wichtiger Punkt der künftigen Wirtschafts- und Währungsunion in einer für die östliche Seite durchaus befriedigenden Weise geklärt. Sogar die sowjetische Führung reagierte danach positiver, zumal de Maizière ihr bei einem Besuch in Moskau Ende April versichert hatte, daß das geeinte Deutschland die von der DDR eingegangenen Handelsverpflichtungen gegenüber der Sowjetunion einhalten werde.

Wichtige andere Probleme waren jedoch weiterhin ungelöst. Dazu zählten der Finanzausgleich zwischen den «alten» und «neuen» Ländern, Einzelheiten der Sozialunion und vor allem die Frage von Eigentumsrechten und Landbesitz. Allerdings war der Zeitplan für weitere Verhandlungen eng, da der Vertragsentwurf am 18. Mai vom Bundeskabinett verabschiedet und am 22. Mai in erster Lesung vom Bundestag beraten werden sollte. Tatsächlich wurden die Verhandlungen abgeschlossen, ohne zwei der heikelsten Fragen entschieden zu haben: die Regelung der Ansprüche früherer Eigentümer in Ostdeutschland und die Reprivatisierung verstaatlichten Besitzes, einschließlich der Ländereien und landwirtschaftlichen Betriebe. Beide Problembereiche konnten erst nach Inkrafttreten der Wirtschafts- und Währungsunion im Rahmen der Verhandlungen über den Einigungsvertrag geregelt werden. Dagegen kamen die Bundesregierung und die elf westdeutschen Länder überein, einen «Fond Deutsche Einheit» zu bilden, aus dem bis Ende 1994 insgesamt 155 Milliarden DM als Wiederaufbauhilfe für Ostdeutschland bereitgestellt werden sollten, so daß zumindest eine solide finanzielle Basis für den Vertrag gegeben schien, der daraufhin am 18. Mai 1990 durch Bundesfinanzminister Theo Waigel und DDR-Finanzminister Walter Romberg in Bonn unterzeichnet wurde.[208]

Die Auswirkungen des Vertrages wurden indessen von Anfang an zwiespältig eingeschätzt. Einerseits gab es zu den darin enthaltenen Regelungen kaum Alternativen, um die deutsche Einigung finanziell abzusichern. Andererseits sagten Ökonomen angesichts der «Schocktherapie», der die ostdeutsche Wirtschaft damit ausgesetzt wurde, den Zusammenbruch vieler Unternehmen voraus, die dem freien Wettbewerb nicht gewachsen waren oder von ihrer westdeutschen Konkurrenz einfach beseitigt würden. Nach Prognosen der Wirtschaftsforschungsinstitute würde die Zahl der Arbeitslosen in Ostdeutschland, die bereits von März bis April 1990 innerhalb eines Monats von 38 313 auf 64 948 gestiegen war, damit bis Ende 1991 eine Größenordnung zwischen 500 000 und zwei Millionen erreichen. DDR-Arbeitsministerin Regine Hildebrandt (SPD) erklärte deshalb am 17. Mai 1990 in einem Interview mit dem *Stern*, sie «rechne mit dem Schlimmsten».[209]

Neben der Wirtschafts- und Währungsunion zählte die Frage der künftigen Verfassung zu den Hauptthemen der Diskussion im Frühjahr 1990. Staatsrechtlich konnte die Wiedervereinigung auf zweierlei Weise erfolgen: entweder nach Artikel 23 GG, der besagte, daß die Verfassung außer in den bereits bestehenden Ländern der Bundesrepublik auch in «anderen Teilen Deutschlands ... nach deren Beitritt in Kraft zu setzen» sei, oder nach Artikel 146 GG, demzufolge das Grundgesetz an dem Tage seine Gültigkeit verlor, «an dem eine Verfassung in Kraft tritt, die von dem deutschen Volke in freier Entscheidung beschlossen worden ist». Während die Bundesregierung von Anfang an für die Anwendung des Artikels 23 plädierte, der eine rasche und unkomplizierte Lösung versprach, befürworteten vor allem die Bürgerrechtler in der DDR, aber auch viele Sozialdemokraten in beiden Teilen Deutschlands die Ausarbeitung einer neuen Verfassung gemäß Artikel 146, um den Anschein einer «Annektion» Ostdeutschlands zu vermeiden. Eine Umfrage des Wickert-Instituts, die am 26. Februar veröffentlicht wurde, machte indessen deutlich, daß 89,9 Prozent der Westdeutschen und selbst

84,1 Prozent der Ostdeutschen für die Übernahme des Grundgesetzes als gesamtdeutsche Verfassung plädierten.[210] Nach der Volkskammerwahl vom 18. März war auch diese Frage politisch entschieden. Bundesinnenminister Wolfgang Schäuble, der im Kabinettsausschuß «Deutsche Einheit» die Arbeitsgruppe «Staatsstrukturen und öffentliche Ordnung» leitete und in seinem Ministerium einen eigenen Arbeitsstab zu diesem Thema gebildet hatte, der sich später als «eine Art Keimzelle für den Vertrag zur deutschen Einheit erweisen sollte», hielt bereits am 6. April eine erste Ressortbesprechung ab, um ein «Gesetz über die Einführung von Bundesrecht in der DDR (1. Überleitungsgesetz)» vorzubereiten. Am 18. April sprach er darüber mit seinem ostdeutschen Amtskollegen Peter-Michael Diestel, wobei es nur noch um praktische Fragen ging.[211] Parallel dazu trafen sich die Justizminister der beiden deutschen Staaten, Hans Engelhard und Kurt Wünsche, um Einzelheiten der Harmonisierung der beiden Rechtssysteme auszuarbeiten. Die eigentliche Beschlußfassung erfolgte jedoch in der DDR-Volkskammer, in der eine Mehrheit der Abgeordneten am 26. April eine neue Verfassung ablehnte und nach Beratungen im Verfassungs- und Rechtsausschuß am 23. August 1990 entschied, der Bundesrepublik Deutschland nach Artikel 23 beizutreten. Erst danach konnte zwischen den beiden deutschen Regierungen formal ein Staatsvertrag «über die Herstellung der Einheit Deutschlands» ausgehandelt werden.

Die Überlegungen zu diesem sogenannten «Einigungsvertrag» reichten allerdings bis in das Frühjahr 1990 zurück. Um für die absehbare «Eventualität» einer Wiedervereinigung nach Artikel 23 gerüstet zu sein, hatte das Bundesinnenministerium am 25. Mai erste «Grundstrukturen eines Staatsvertrages zur Herstellung der deutschen Einheit» formuliert. Dieser Entwurf war vier Tage später in Ost-Berlin Günther Krause übergeben worden, der seinerseits ein knappes Papier unter der Überschrift «Einheit Deutschlands» vorlegte. Die eigentlichen Verhandlungen, bei denen es nicht nur um Fragen der Rechtsangleichung, sondern auch um die Behandlung der Stasi-Akten, das Problem der Eigentums- und Besitzverhältnisse, die Vermögen der ostdeutschen Parteien sowie um den Länderfinanzausgleich ging, begannen am 6. Juli und endeten am 31. August 1990 mit der Unterzeichnung des Einigungsvertrages durch Bundesinnenminister Schäuble und Staatssekretär Krause im Kronprinzenpalais Unter den Linden in Berlin-Mitte.[212]

Unbehagen und Unsicherheit im Ausland

Wie groß die Unsicherheiten und Sorgen im Ausland über die Perspektiven einer deutschen Wiedervereinigung waren, zeichnete sich bereits unmittelbar nach der Maueröffnung ab, als der französische Staatspräsident Mitterrand am 14. November 1989 ein Gipfeltreffen der Staats- und Regierungschefs der zwölf Länder der Europäischen Gemeinschaft forderte, um «die jüngsten Entwicklungen in Europa zu diskutieren» und «eine gewisse Kontrolle über die Veränderungen zu gewinnen».[213] Nach der Vorlage des Zehn-Punkte-Plans von Bundeskanzler Kohl am 28. November teilte Mitterrand einer Gruppe französischer Journalisten mit, er halte eine deutsche Wiedervereinigung für eine «rechtliche und politische Unmöglichkeit». Gegenüber Außenminister Genscher äußerte er, ein wiedervereinigtes Deutschland «als eine eigenständige Macht, unkontrolliert», sei unerträglich für Europa; es dürfe niemals wieder eine Situation eintreten wie vor Ausbruch des Ersten Weltkrieges.[214] Mitterrands langjähriger Vertrauter Régis Debray drohte sogar mit einer Wiederbelebung «der alten französisch-russischen Allianz», falls ein wiedervereinigtes Deutschland zu sehr an Gewicht gewinnen sollte.[215]

In der Tradition klassischen britischen Gleichgewichtsdenkens sah auch die britische Premierministerin Margaret Thatcher in einem geeinten, starken Deutschland eine ernsthafte Gefahr für die seit dem Zweiten Weltkrieg erreichte Stabilität in Europa. Zwar sei Deutschland keine militärische Bedrohung mehr, wohl aber eine wirtschaftliche Herausforderung, die durch die Einbindung in die Europäische Gemeinschaft noch vervielfacht werde. Daher dürfe man die deutsche Wiedervereinigung «nicht übereilen». Ähnlich sah es der italienische Ministerpräsident Giulio Andreotti: Der Zehn-Punkte-Plan des Bundeskanzlers komme «zum falschen Zeitpunkt»; eine deutsch-deutsche Konföderation oder gar eine Wiedervereinigung seien nicht aktuell.[216] In den USA dagegen wurde die Wiedervereinigung, die man seit 1945 ja stets gefordert hatte, als Erfüllung eines langfristigen Ziels westlicher Politik ausdrücklich begrüßt. Präsident Bush und Außenminister Baker hoben lediglich hervor, daß sich die Vereinigung der beiden deutschen Staaten innerhalb der Institutionen von NATO und Europäischer Gemeinschaft vollziehen und die Rechte und Verantwortlichkeiten der Vier Mächte berücksichtigen müsse.

Vordergründig wurden die Gegensätze zwischen den westlichen Standpunkten schon auf der Sitzung des NATO-Rates am 15. Dezember überwunden, als die Mitglieder der Allianz, einschließlich Frankreich, eine Erklärung verabschiedeten, die auf dem Wiedervereinigungsgebot des Grundgesetzes basierte und in der es hieß, die NATO wolle «auf einen Zustand des Friedens in Europa hinwirken, in dem die deutsche Nation in freier Selbstbestimmung ihre Einheit wiedererlangt».[217] Tatsächlich waren die Bedenken einiger Verbündeter damit aber noch keineswegs ausgeräumt. Vor allem Frankreich und Großbritannien blieben zurückhaltend, auch wenn Mitterrand eine Woche später bei einem demonstrativen Besuch in der DDR einräumte, daß die Deutschen das Recht hätten, über ihren Wunsch nach Einheit selbst zu entscheiden. Ausschlaggebend für die französische Haltung war allerdings die gesicherte Einbindung Deutschlands in westliche Institutionen. So erklärte Mitterrand während eines «privaten» Treffens mit Bundeskanzler Kohl am 4. Januar 1990 auf seinem Landsitz in Latché in der Gascogne, das größte Hindernis für eine deutsche Wiedervereinigung sei «die Gefahr einer Neutralisierung Deutschlands», die als Ausweg aus der Mitgliedschaft der beiden deutschen Staaten in verschiedenen Militärbündnissen gesehen werden könnte. Deshalb müsse die deutsche Einigung mit einer Intensivierung der europäischen Integration einhergehen.[218] Da Kohl ebenfalls von der Notwendigkeit einer gesicherten Westintegration als Basis deutscher Politik überzeugt war, erwuchs daraus jedoch kein Gegensatz. Vielmehr arbeiteten Kohl und Mitterrand gemeinsam auf eine «Europäische Union» und eine gemeinsame europäische Währung hin. Der Vertrag von Maastricht vom 7. Februar 1992, die Einführung des «Euro» zum 1. Januar 1999 sowie die Verabschiedung der «Agenda 2000» waren nicht zuletzt auf die deutsch-französischen Absprachen im Vorfeld der deutschen Wiedervereinigung zurückzuführen. Mitterrands Zustimmung zur deutschen Einheit wurde durch die Haltung Kohls maßgeblich erleichtert, während Premierministerin Thatcher bis zum Schluß skeptisch blieb und selbst den Maastricht-Vertrag als mögliches Instrument zur Erringung einer deutschen Hegemonie auf dem europäischen Kontinent im Grunde ablehnte.

Im Vergleich zum Westen, wo man angesichts des bevorstehenden Zusammenbruchs der DDR mit einem weiteren Machtzuwachs rechnen konnte und allenfalls über die Konsequenzen der wachsenden Stärke Deutschlands stritt, befand sich die Sowjetunion seit der Maueröffnung in einer ausweglosen Situation: Nach dem absehbaren Verlust der DDR ließen sich auch Polen, Ungarn und die Tschechoslowakei kaum noch halten, so daß der Kollaps des gesamten sowjetischen Imperiums in Osteuropa drohte. Dementsprechend argwöhnisch verfolgte man in Moskau die Vorgänge zwischen Rhein und Oder und hielt sich anfänglich auch mit ablehnenden Kommentaren nicht zurück. In dem Maße jedoch, in dem sich die Wiedervereinigung als Realität abzeichnete, weil das SED-Regime immer weniger in der Lage war, ein Minimum an politischer und wirtschaftlicher Stabilität zu gewährleisten, wurden die sowjetischen Reaktionen vorsichtiger. Überdies stürzte die Sowjetunion nun auch selbst immer tiefer in die Krise. Eine vertrauliche Lageanalyse, die Bundeskanzler Kohl am 16. Januar 1990 vorgelegt wurde, enthielt unter anderem die Mitteilung, daß zwischen 60 und 100 Millionen Sowjetbürger am Rande oder bereits unterhalb des Existenzminimums lebten und daß sich die Stimmung in der Armee und bei den Sicherheitskräften gefährlich verschlechtere. Gorbatschows Bemerkung, im Falle einer deutschen Vereinigung werde es «eine Zwei-Zeilen-Meldung geben, daß ein Marschall meine Position übernommen hat», wurde deshalb in Bonn keineswegs nur als Drohung gegen Deutschland aufgefaßt.[219]

Die schwierige Lage der sowjetischen Führung erlaubte es auf der anderen Seite Kohl, im Umgang mit der UdSSR und den Westmächten selbstbewußter aufzutreten, zumal die Wiedervereinigung kaum noch auf Widerstand stieß, nachdem die USA frühzeitig ihre Zustimmung signalisiert hatten und Frankreich dazu gebracht worden war, seine ablehnende Haltung zu revidieren. So konnte der Kanzler unter Hinweis auf das Selbstbestimmungsrecht der Deutschen auch relativ mühelos eine von der Sowjetunion vorgeschlagene Vier-Mächte-Konferenz blockieren und die westlichen Verbündeten dazu verpflichten, mit der UdSSR nur nach vorheriger Konsultation der Bundesregierung über Deutschland zu sprechen. Zugleich schuf er durch die Lieferung großer Mengen von Lebensmitteln und durch Vorschläge für eine langfristige Zusammenarbeit ein günstiges Klima im deutsch-sowjetischen Verhältnis, das in den folgenden Monaten die Grundlage für konstruktive Verhandlungen in der Wiedervereinigungsfrage bildete.

Die «Zwei-plus-Vier»-Verhandlungen

Während somit allgemein die Erkenntnis wuchs, daß die Wiedervereinigung kaum noch abzuwenden war, schritt der Niedergang der DDR unaufhaltsam voran. Als der zentrale Runde Tisch in Ost-Berlin am 28. Januar den Termin für die Volkskammerwahlen vom 6. Mai auf den 18. März vorverlegte, damit die Wahlen überhaupt noch stattfinden konnten, war dies ein unübersehbares Signal für den Ernst der Lage. Noch am selben 28. Januar, einem Sonntag, begannen deshalb in Washington interne Gespräche über den Verhandlungsrahmen zur außenpolitischen Absicherung der Wiedervereinigung. Hintergrund war das von der Sowjetunion vorgeschlagene Vier-Mächte-Treffen, das der Bundeskanzler entschieden ablehnte, weil es die Bundesrepublik von den Verhandlungen ausschloß.[220]

Tatsächlich kam man aus rechtlichen Gründen nicht umhin, die Siegermächte des Zweiten Weltkrieges an der abschließenden Regelung der deutschen Frage zu beteiligen. Da es nach 1945 keinen Friedensvertrag mit Deutschland gegeben hatte, waren die alliierten Vorbehaltsrechte, deren Ursprung auf die «Übernahme der obersten Regierungsgewalt hinsichtlich Deutschlands» durch die Siegermächte zurückging (Berliner Erklärung vom 5. Juni 1945), nie vollständig revidiert worden. Auch in den Pariser Verträgen zwischen der Bundesrepublik und den Westmächten vom 23. Oktober 1954 war noch einmal ausdrücklich auf die «Rechte und Verantwortlichkeiten der Vier Mächte in bezug auf Deutschland als Ganzes einschließlich der Wiedervereinigung Deutschlands und einer friedensvertraglichen Regelung» verwiesen worden. Zudem bedeutete eine Wiedervereinigung unter den Bedingungen des Jahres 1989/90 mehr als nur die Zusammenführung der beiden deutschen Teilstaaten. Da sie auf eine Neugestaltung der gesamten europäischen Ordnung hinauslief, waren im Prinzip alle Staaten Europas betroffen. Zugleich war es inzwischen jedoch undenkbar geworden, die Bundesrepublik bei solchen Verhandlungen zu übergehen. Im übrigen war nicht auszuschließen, daß der starke Einigungsdruck aus Ostdeutschland die Bundesregierung veranlassen könnte, die Wiedervereinigung ohne Mitwirkung der Westmächte – lediglich gestützt auf bilaterale Absprachen mit der Sowjetunion – zu vollziehen. Die Westmächte wären dann vor vollendete Tatsachen gestellt worden, ohne die Entwicklung bremsen oder beeinflussen zu können.

Zur Klärung der außenpolitischen Aspekte der Wiedervereinigung bedurfte es daher eines Verhandlungsrahmens, der nicht nur die beiden deutschen Staaten, sondern auch die Vier Mächte einschloß. Der Politische Planungsstab im amerikanischen Außenministerium unter seinem Leiter Dennis Ross hatte dazu im Laufe des Januars 1990 eine erste Version der Idee entwickelt, die sich später als «Zwei-plus-Vier»-Konzept durchsetzen sollte: Danach sollten zunächst die beiden deutschen Staaten die ökonomischen, politischen und rechtlichen Fragen der inneren Einigung erörtern, ehe in einer zweiten Phase die USA, Großbritannien, Frankreich und die Sowjetunion zusammen mit der Bundesrepublik und der DDR die außenpolitischen Aspekte des Einigungsprozesses behandeln würden – darunter die Garantie der Grenzen, den Umfang der deutschen Armee, die Mitgliedschaft des wiedervereinigten Deutschlands in Bündnissen und die Sicherheitsvorkehrungen für die europäischen Nachbarn.[221]

Als Außenminister Baker die Idee am 29. Januar mit seinem britischen Amtskollegen Douglas Hurd besprach, stimmte dieser dem Konzept prinzipiell zu, ließ jedoch zugleich erkennen, daß seine Regierung eine «Vier-plus-Null»-Lösung – also Verhandlungen ohne deutsche Beteiligung – vorziehen würde. Bundesaußenminister Genscher lehnte diesen Vorschlag auf Anfrage allerdings ebenso ab wie den Gedanken eines «2-plus-15»-Rahmens – der beiden deutschen Staaten mit den Mitgliedern der NATO – oder ein Forum der 35 Staaten der Konferenz über Sicherheit und Zusammenarbeit in Europa (KSZE). Die «Zwei-plus-Vier»-Idee gefalle ihm dagegen gut, so Genscher, aber man müsse sichergehen, daß es «zwei plus vier» seien, nicht «vier plus zwei». Unter solchen Bedingungen seien die Bundesrepublik und die DDR auch bereit, «die deutsche Angelegenheit» nach Ausarbeitung einer gemeinsamen Lösung auf dem für den Herbst 1990 geplanten Gipfeltreffen der KSZE zu präsentieren – voraussichtlich im Oktober oder November.[222]

Genschers Plan, die deutsche Einigung nur von den beiden deutschen Staaten und den Vier Mächten aushandeln zu lassen, danach aber alle Teilnehmer der KSZE in die Entscheidung einzubinden, besaß den Vorteil, daß die eigentlichen Verhandlungen auf wenige Mächte begrenzt blieben, während die Ergebnisse von allen ratifiziert wurden. Auf diese Weise hoffte man, die Verhandlungen beschleunigen und zugleich eine Isolierung Deutschlands ausschließen zu können. Bundeskanzler Kohl stimmte diesem Vorschlag nachdrücklich zu. Allen Befürchtungen, ein wiedervereinigtes Deutschland könne eines Tages zu einer Politik des Expansionismus und des Strebens nach Hegemonie zurückkehren, sollte damit von vornherein der Boden entzogen werden.

Dennoch ließen sich nicht alle Bedenken ausräumen. Vor allem Moskau fiel es weiterhin schwer, die deutsche Wiedervereinigung nicht nur zu tolerieren, sondern auch zu unterstützen. Zumindest wollte die Sowjetunion sich maximale Einflußmöglichkeiten vor und nach der Vereinigung sichern.

3. Der Weg zur Einheit

Die «Zwei-plus-Vier»-Formel, die nach der britischen Zustimmung auch von Paris gebilligt worden war – wo man ebenfalls eine «Vier-plus-Null»-Lösung vorgezogen hätte –, wurde deshalb von der Sowjetunion zunächst abgelehnt. Erst am Rande eines Treffens der Außenminister der NATO und des Warschauer Paktes am 13. Februar in Ottawa, bei dem es vordergründig um die Vereinbarung eines «offenen Himmels» – der Erlaubnis zu gegenseitigen Luftinspektionen – ging, stimmte Moskau zu.

Die Vorbereitungen für die Zwei-plus-Vier-Verhandlungen begannen auf der Ebene der politischen Direktoren der Außenministerien der beiden deutschen Staaten und der Vier Mächte mit zwei Treffen in Bonn und Berlin am 14. März und 16. April. Dabei ging es inhaltlich um vier Themenfelder:
– die Bündniszugehörigkeit des vereinigten Deutschlands sowie die Stärke der Bundeswehr und Sicherheitsgarantien für die Nachbarn Deutschlands,
– die endgültige Festlegung der polnischen Westgrenze,
– den Abzug der alliierten Streitkräfte sowie
– die Aufhebung der alliierten Vorbehaltsrechte und die Wiederherstellung der vollen völkerrechtlichen Souveränität Deutschlands.

Die Sowjetunion versuchte ursprünglich noch einen fünften Punkt («Friedensvertrag») einzufügen, nahm davon jedoch wieder Abstand, als der Leiter der Bonner Delegation, Dieter Kastrup, darauf hinwies, daß Gespräche über dieses Thema auch viele andere Staaten einbeziehen müßten, die dem Dritten Reich formell den Krieg erklärt hatten, so daß die Veranstaltung leicht zu einem erniedrigenden Schauspiel für Deutschland werden könnte. Polen dagegen sollte zu der Konferenz hinzugezogen werden, wenn das Thema Oder-Neiße-Linie auf der Tagesordnung stand.

Die erste Runde der Verhandlungen auf Außenministerebene fand am 5. Mai 1990 in Bonn statt. Danach traf man sich erneut im Juni in Berlin, im Juli gemeinsam mit dem polnischen Außenminister in Paris und ein letztes Mal Anfang September in Moskau. Dort wurde am 12. September 1990 auch der «Vertrag über die abschließende Regelung in bezug auf Deutschland» unterzeichnet, der als eine Art «Ersatzfriedensvertrag» die seit 1945 offene deutsche Frage klärte.

Die Diskussion über den künftigen militärischen Status Deutschlands war bereits vor Beginn der Zwei-plus-Vier-Verhandlungen intensiv geführt worden. Die amerikanische Regierung hatte von Anfang an keinen Zweifel daran gelassen, daß sie sich eine Wiedervereinigung nur «im Rahmen der fortbestehenden Verpflichtungen Deutschlands gegenüber der NATO» vorzustellen vermochte, während die Sowjetunion dem Konzept Ministerpräsident Modrows vom 1. Februar 1990 zuneigte, wonach ein «vereinigtes deutsches Vaterland» neutral sein müsse und weder der NATO noch dem Warschauer Pakt angehören dürfe.[223] Bundesaußenminister Genscher versuchte zwischen beiden Positionen zu vermitteln, als er am 31. Januar erklärte, daß ein vereinigtes Deutschland zwar in der NATO verbleiben müsse, NATO-Streitkräfte aber nicht in Ostdeutschland stationiert werden sollten, so daß der Westen aus einer deutschen Wiedervereinigung keinen militärischen Vorteil erzielen würde.[224] Dieser Vorschlag wurde in Kreisen der amerikanischen Regierung als positiver Beitrag zur Überbrückung der Differenzen zwischen Ost und West begrüßt, während die Neutralisierungsideen Modrows sowohl von den USA als auch von den anderen westlichen Ländern einmütig verworfen wurden. Selbst in Osteuropa fand Modrows Konzept wenig Zustimmung. So ließ der tschechoslowakische Präsident Vaclav Havel am 6. Februar US-Außenminister Baker wissen, daß er ein neutrales Deutschland ablehne. Der polnische Außenminister Krzysztof Skubizewski bemerkte in ähnlicher Weise am folgenden Tag gegenüber dem Bundeskanzler, er teile Kohls Auffassung, daß Deutschland nicht neutralisiert werden dürfe. «Für uns Polen», so Skubizewski, «ist die Einbindung Deutschlands entscheidend.»[225]

In Ottawa war es für eine Entscheidung in dieser Frage jedoch noch zu früh, da Moskau sich noch nicht mit der vollständigen Einbeziehung eines wiedervereinigten Deutschlands in die westlichen Institutionen, einschließlich der NATO, abgefunden hatte. Statt dessen erwog Außenminister Schewardnadse eine gesamteuropäische Sicherheitslösung im Rahmen der KSZE, die auch von Genscher und seinem italienischen Amtskollegen Gianni De Michelis vorübergehend aufgegriffen wurde: Eine «zweite Schlußakte von Helsinki» solle «paneuropäische Institutionen» schaffen, um langfristig die bestehenden Militärbündnisse zu ersetzen.[226] Nach dem Treffen von Ottawa wurde allerdings rasch deutlich, daß Moskau angesichts der entschiedenen Haltung der Westmächte und der raschen Erosion der eigenen Machtbasis in der DDR keine andere Wahl mehr blieb, als ein wiedervereinigtes Deutschland in der NATO zu akzeptieren. Bereits am 15. Februar verlautete dazu aus sowjetischen Regierungskreisen, daß die Forderung nach entmilitarisierter Neutralität inoffiziell bereits aufgegeben worden sei. So erklärte ein hochrangiger Funktionär der KPdSU: «Wir haben unsere Fähigkeit eingebüßt, auf die deutsche Innenpolitik Einfluß zu nehmen. Wir haben keine Zeit mehr, eine langfristige außenpolitische Strategie zu praktizieren.»[227]

Da die Tschechoslowakei, Ungarn und Polen ebenfalls auf einen baldigen Abzug der sowjetischen Streitkräfte aus ihren Ländern drängten, wuchs außerdem der Druck, möglichst schnell eine Vereinbarung mit dem Westen über einen generellen Truppenrückzug zu schließen. Überdies drohte inzwischen nicht nur der Zerfall des sowjetischen Imperiums in Osteuropa, sondern auch die Auflösung der Sowjetunion selbst. Nachdem das Zentralkomitee der KPdSU am 7. Februar 1990 Artikel 6 der sowjetischen Verfassung geändert und damit das Machtmonopol der Partei beseitigt hatte, stieg die Kritik an den innersowjetischen Verhältnissen dramatisch an. In Aserbeidschan, Tadschikistan und Armenien war es bei ethnischen Auseinandersetzungen bereits zu blutigen Kämpfen gekommen. Moskau war erstmals seit 1917 wieder Schauplatz unkontrollierter Massendemonstrationen. Am

12. Februar 1990 – einen Tag vor Modrows Besuch in Bonn und noch vor der Konferenz von Ottawa – ließ Gorbatschow deshalb den DDR-Ministerpräsidenten telefonisch wissen, daß es fraglich sei, ob die sowjetische Führung noch in der Lage sein werde, an der Forderung nach Nichtmitgliedschaft eines vereinigten Deutschlands in der NATO festzuhalten. In Ottawa drang dies zwar noch nicht nach außen. Drei Tage später jedoch hatte sich Moskau in das Unvermeidliche gefügt.

Anerkennung der polnischen Westgrenze

Die Frage der endgültigen Anerkennung der Oder-Neiße-Linie als polnische Westgrenze war bereits im Sommer 1989 zu einem Thema geworden, als die rechtsradikale Partei der «Republikaner» bei Kommunalwahlen in West-Berlin 7,5 Prozent und bei den Wahlen zum Europa-Parlament 7,1 Prozent (mit einem Spitzenergebnis von 14,6 Prozent in Bayern) errungen hatte. Um weitere Erfolge der Rechten zu verhindern, hatten konservative Politiker daraufhin argumentiert, die Gebiete östlich der Oder und Neiße müßten in die Verhandlungen einbezogen werden, wenn die deutsche Frage demnächst wieder auf die Tagesordnung kommen sollte. Genscher hatte sich dadurch veranlaßt gesehen, in einer Rede vor der UNO am 27. September 1989 im Namen der Bundesregierung zu versichern, daß das Recht des polnischen Volkes, «in sicheren Grenzen zu leben, von uns Deutschen weder jetzt noch in Zukunft durch Gebietsansprüche in Frage gestellt wird».[228] Der Bundestag hatte diese Stellungnahme am 8. November durch eine eigene Resolution bekräftigt.

Tatsächlich war die politische Konstellation ebenso eindeutig wie die Rechtslage: Völkerrechtlich konnte eine endgültige Fixierung der Grenzen nur in einem künftigen Friedensvertrag oder einer entsprechenden Regelung mit beiden deutschen Staaten bzw. einem wiedervereinigten Deutschland erfolgen. Andererseits hatten die Bundesrepublik und die DDR die Oder-Neiße-Grenze wiederholt als für sie verbindlich anerkannt: die DDR in der Warschauer Deklaration vom 6. Juni 1950 und im Görlitzer Vertrag vom 6. Juli 1950, die Bundesrepublik in ihrer allgemeinen Gewaltverzichtserklärung vom 3. Oktober 1954 und besonders im Warschauer Vertrag vom 7. Dezember 1970. Eine Revision der Oder-Neiße-Grenze wurde mithin weder von der DDR noch von der Bundesrepublik angestrebt.

Dennoch geriet das Thema im November 1989 erneut in die Diskussion, als Bundeskanzler Kohl es trotz Genschers Worten vor der UNO und der Bundestagsresolution vermied, bei seinem Polen-Besuch zum Zeitpunkt der Maueröffnung die Grenzgarantie zu wiederholen. Ungeachtet öffentlicher Kritik blieb der Kanzler bei seiner Position, daß eine endgültige Festlegung erst durch «eine frei gewählte gesamtdeutsche Regierung und ein frei gewähltes gesamtdeutsches Parlament» vorgenommen werden könne.[229] Kohl zog sich somit auf den juristischen Standpunkt zurück, wobei das eigentliche Motiv für sein Verhalten die Absicht war, den Republikanern im Vorfeld mehrerer Landtagswahlen und der ebenfalls bevorstehenden nächsten Bundestagswahl keine Schützenhilfe zu leisten.

In Polen sorgte dieses Verhalten jedoch für Unruhe und Aufregung, die durch die Perspektive einer baldigen deutschen Wiedervereinigung noch zusätzlich geschürt wurden. Die polnische Regierung begann deshalb einen regelrechten diplomatischen Feldzug, um bei den Zwei-plus-Vier-Verhandlungen einen Platz am Konferenztisch zu erhalten. Aber der Kanzler weigerte sich nicht nur weiterhin, ein klärendes Wort zu sprechen, sondern lehnte auch die Teilnahme Polens an den Verhandlungen ab. Lediglich eine weitere Resolution des Bundestages zur Oder-Neiße-Frage wurde am 8. März ohne Gegenstimme, bei nur fünf Enthaltungen, verabschiedet. Als der französische Staatspräsident Mitterrand daraufhin am 10. März anläßlich eines Staatsbesuchs von Jaruzelski und Mazowiecki in Paris erklärte, daß vor einer Vereinigung der beiden deutschen Staaten ein deutsch-polnischer Grenzvertrag geschlossen werden müsse, kündigte Kohl in zwei langen Telefongesprächen mit Mitterrand sowie dem Präsidenten der Kommission der Europäischen Gemeinschaft, Jacques Delors, seine Absicht an, den deutschen Einigungsprozeß nunmehr zu beschleunigen; von den Verbündeten erwarte er, «daß sie sich nicht verstecken, wenn Sturm aufkommt».[230] Das amerikanische Außenministerium wurde noch einmal offiziell darüber in Kenntnis gesetzt, daß die Bundesregierung eine direkte polnische Beteiligung an den Zwei-plus-Vier-Verhandlungen ablehne und ein deutsch-polnischer Grenzvertrag erst nach der Wiedervereinigung möglich sei.

Nach den Volkskammerwahlen am 18. März fühlte Kohl sich auch in dieser Frage in seiner entschlossenen Linie bestätigt. Als Präsident Bush dem Kanzler zum Wahlsieg seiner Partei in Ostdeutschland gratulierte, fügte er hinzu, daß er Mazowiecki am folgenden Tag in Washington sagen werde, daß er der westdeutschen Regierung vertraue und daß der polnische Ministerpräsident dies ebenfalls tun solle.[231] Danach mußten die Polen erkennen, daß eine gleichberechtigte Teilnahme an den Zwei-plus-Vier-Verhandlungen nicht mehr durchsetzbar war. Außenminister Skubizewski konzedierte deshalb am 26. März in einem Gespräch mit Genscher, daß die Oder-Neiße-Frage eine deutsch-polnische Angelegenheit und ihre Behandlung durch die Vier Mächte daher unpassend sei. Zudem ließen die Polen ihre Forderung fallen, daß ein Zwei-plus-Vier-Treffen in Warschau abgehalten werden solle.

Der Wahlausgang in der DDR führte auch bei den Regierungen in Paris und Moskau zu einer Revision ihrer Politik. Die Franzosen, offensichtlich besorgt, daß ein wiedervereinigtes Deutschland das Interesse an der Europäischen Gemeinschaft verlieren könnte, drängten nun sogar darauf, daß die Bundesrepublik die DDR so schnell wie möglich «schlucken» möge. Außenminister Dumas erklärte, daß es am besten wäre, wenn «die ostdeutschen

3. Der Weg zur Einheit 761

Provinzen» einfach in die Bundesrepublik übernommen würden, um den «komplizierten Prozeß der Aufnahme eines dreizehnten Staates» in die Europäische Gemeinschaft zu vermeiden.[232] Mitterrands außenpolitischer Berater Jacques Attali informierte Kohl, daß die Franzosen jetzt «mit Hochdruck» an einer EG-Initiative zur Errichtung einer Europäischen Union arbeiteten, um das vereinigte Deutschland fest in die europäische Integration einzubetten.[233]

Auch Moskau suchte sich mit den neuen Realitäten zu arrangieren. So bemerkte Nikolai Portugalow am Tag nach der Volkskammerwahl, daß die Mitgliedschaft eines geeinten Deutschland in der NATO zwar offiziell immer noch abgelehnt werde; aber das sei nur «die Ausgangsposition bei den Zwei-plus-Vier-Verhandlungen».[234] Wjatscheslaw Daschitschew, einer der führenden sowjetischen Deutschland- und Osteuropaexperten, ging sogar noch einen Schritt weiter, als er am 20. März in einem Interview mit der Tageszeitung *Die Welt* feststellte, es sei geradezu unerläßlich, das geeinte Deutschland in den Rahmen der NATO einzufügen, denn es gebe «das Bild einer Kanone, die an Bord eines Schiffes nicht festgezurrt ist, und einige Leute vergleichen ein neutrales Deutschland mit einer solchen Kanone».[235] Mit anderen Worten: Auch in der Sowjetunion wurde eine deutsche NATO-Mitgliedschaft inzwischen für ungefährlicher gehalten als ein frei vagabundierendes Deutschland in der Mitte Europas. Außenminister Schewardnadse bestätigte diesen Eindruck bei einem Treffen mit seinen Amtskollegen Baker und Genscher am Rande der Unabhängigkeitsfeiern für Namibia am 22. März in Windhoek: Die Sowjetunion strebe jetzt nach Sicherheitsgarantien innerhalb der NATO.[236]

Bei der Vorbereitung der ersten Zwei-plus-Vier-Konferenz am 5. Mai in Bonn fühlte sich der Kanzler deshalb stark genug, die deutschen Forderungen in der Frage der NATO-Mitgliedschaft zu spezifizieren. In einem Treffen mit Verteidigungsminister Gerhard Stoltenberg am 2. April beharrte Kohl darauf, daß

1. die Schutzklauseln in Artikel 5 und 6 des NATO-Vertrages für ganz Deutschland gelten müßten,
2. für den Abzug der sowjetischen Truppen ein festes Datum zu vereinbaren sei und
3. die Bundeswehr in Gesamtdeutschland stationiert werden solle und die Wehrpflicht überall gelten müsse.[237]

Im Gegenzug sollte Moskau auf Vorschlag Boris Meissners, eines erfahrenen Bonner Sowjetunionexperten, der vielen Bundesregierungen mit seinem Rat gedient hatte, ein umfassender bilateraler Vertrag über Kooperation und Gewaltverzicht angeboten werden. Als Kohl die Idee Meissners am 23. April gegenüber dem sowjetischen Botschafter Julij Kwizinskij präsentierte und dabei bemerkte, er wolle eine «Charta der Zusammenarbeit mit der Sowjetunion im Sinne der großen geschichtlichen Tradition vereinbaren», reagierte dieser geradezu euphorisch. Ein Vertrag, wie ihn der Bundeskanzler vorschlage, sei ganz im Sinne von Gorbatschow. Bei den Zwei-plus-Vier-Verhandlungen komme es Moskau vor allem darauf an, eine deutliche Verringerung der Stärke der Bundeswehr zu erreichen. Auch die Truppen der Vier Mächte sowie die Zahl der Kernwaffen auf deutschem Boden müßten reduziert werden. Über alles dies – wie über die polnische Westgrenze – könne man sich jedoch leicht einigen. Wichtig sei jetzt vor allem, daß der Kanzler mit seinem Angebot eines umfassenden bilateralen Vertrages einen Vorschlag unterbreitet habe, der in Moskau die Vertrauensbasis für eine Regelung der Einzelfragen schaffe.[238] Horst Teltschik, Kohls außenpolitischer Berater, notierte daraufhin in sein Tagebuch, offenbar habe die sowjetische Führung nur auf einen derartigen «weiterführenden Vorschlag von uns gewartet».[239]

Einigung im Kaukasus

Mit dem Vorschlag vom 23. April begann ein deutsch-sowjetisches «Sonderverhältnis», das den ganzen Sommer 1990 hindurch andauerte und mit dem Treffen zwischen Kohl und Gorbatschow in dessen Jagdhütte im Kaukasus am 15./16. Juli seinen Höhepunkt erreichte.[240] Dabei wurde auch der Durchbruch zur deutschen Wiedervereinigung erzielt, bei dem Geld eine nicht unerhebliche Rolle spielte, da die Sowjetunion aus ihrer tiefen ökonomischen und sozialen Krise nur mit westlicher Hilfe herausfinden konnte. So äußerte Außenminister Schewardnadse bereits am Rande der ersten Runde der Zwei-plus-Vier-Verhandlungen am 4. und 5. Mai in Bonn in Hintergrundgesprächen den Wunsch nach einem neuen deutschen Kredit für die UdSSR und verband damit den Hinweis, ein Kompromiß in der Frage der deutschen NATO-Mitgliedschaft sei danach nicht ausgeschlossen.[241] Nachdem schon die umfangreichen Lebensmittellieferungen im Januar wesentlich zur Verbesserung der deutsch-sowjetischen Beziehungen beigetragen und die Irritationen nach der Maueröffnung beseitigt hatten, bot sich nun eine neue Chance, das Verhältnis zu entspannen und den Boden für Kompromisse zu bereiten.

Der sowjetische Kreditbedarf war allerdings nicht gerade gering. Er belief sich nach Auskunft von Botschafter Kwizinskij auf 20 Milliarden DM für einen Zeitraum von fünf bis sieben Jahren. Da die Gefahr bestand, daß Gorbatschow auf dem im Juli 1990 bevorstehenden Parteitag der KPdSU gestürzt wurde, wenn die Sowjetunion nicht zusätzliche Finanzmittel aus dem Westen erhielt, hatte Kohl jedoch kaum eine Wahl. Am 13. Mai entsandte er deshalb Horst Teltschik zusammen mit Hilmar Kopper von der Deutschen Bank und Wolfgang Röller von der Dresdner Bank in geheimer Mission nach Moskau, um den Kredit einzufädeln. Dort wurden sie von Ministerpräsident Ryschkow mit den konkreten sowjetischen Wünschen konfrontiert: Die UdSSR benötige kurzfristig einen ungebundenen Finanzkredit in der Größenordnung von 1,5 bis 2 Milliarden DM, um ihre Zahlungsfähigkeit zu sichern und nicht international ins Gerede zu kommen. Darüber hinaus sei ein langfristiger Kredit in Höhe von 10 bis 15 Milliarden DM zu Vorzugsbedingungen erforderlich, dessen Tilgungsfrist zehn bis fünfzehn Jahre bei fünf Freijahren betragen solle.[242]

Die sowjetischen Wünsche bewiesen, wie groß die sowjetischen Zahlungsprobleme waren und welches Gewicht die Moskauer Führung in diesem Zusammenhang den deutsch-sowjetischen Beziehungen beimaß. Tatsächlich waren Gorbatschow und Schewardnadse in ihrem politischen Überleben praktisch auf Bonn angewiesen, so daß Kohl in einem weiteren Gespräch mit Röller und Kopper am 21. Mai im Kanzleramt seine Bereitschaft, Gorbatschow mit einem Kredit zu helfen, mit dem Bild des Bauern begründete, «der vor einem heraufziehenden Gewitter seine Ernte rechtzeitig in die Scheune einbringen» müsse.[243] Natürlich meinte er mit der «Ernte» die Wiedervereinigung. Kohl bot der Sowjetunion daher bereits am folgenden Tag in einem Brief an Gorbatschow einen ungebundenen Finanzkredit bis zur Höhe von fünf Milliarden DM an, verband damit allerdings die Erwartung, «daß die Regierung der UdSSR im Rahmen des Zwei-plus-Vier-Prozesses im gleichen Geiste alles unternimmt, um die erforderlichen Entscheidungen herbeizuführen, die eine konstruktive Lösung der anstehenden Fragen noch in diesem Jahr ermöglichen».[244] Der Kreditvertrag wurde am 18. Juni in Moskau unterzeichnet und von der Bundesregierung Anfang Juli mit den erforderlichen Garantien versehen. Bereits am 13. Juli informierte Finanzminister Theo Waigel den Kanzler, daß die fünf Milliarden in vollem Umfang ausgeschöpft worden seien.

Die Lösung der Wiedervereinigungsfrage wurde allerdings nicht nur mit Kreditzusagen erkauft, sondern auch durch politisches Entgegenkommen ermöglicht. So bewegte sich die Sowjetunion noch im Juni schrittweise auf eine Zustimmung zur NATO-Mitgliedschaft des wiedervereinigten Deutschland zu. Die Bundesregierung bot im Gegenzug eine deutliche Reduzierung der Stärke der Bundeswehr an, wobei Außenminister Genscher gegenüber Schewardnadse von einer Gesamtzahl von 350 000 Mann sprach, während Verteidigungsminister Stoltenberg zunächst eine Friedensstärke von 400 000 Mann befürwortete. Die NATO ihrerseits kam der Sowjetunion entgegen, als sie auf einer Gipfelkonferenz der Staats- und Regierungschefs der NATO-Mitgliedstaaten am 5. und 6. Juli 1990 in London eine Erklärung verabschiedete, in der ein grundlegender Wandel der Atlantischen Allianz angekündigt wurde: NATO und Warschauer Pakt sollten sich «nicht länger als Gegner betrachten». Die NATO werde ihre Streitkräftestruktur und Strategie den veränderten Bedingungen der Welt nach dem Ende des Kalten Krieges anpassen. Die Zahl der Nuklearwaffen werde reduziert und die Strategie der «flexiblen Erwiderung» so umgestaltet werden, daß sie nur noch «eine verminderte Abstützung auf Nuklearwaffen» benötige. Damit wolle die Allianz dazu beitragen, «die Hinterlassenschaft von Jahrzehnten des Mißtrauens zu überwinden».[245]

Während sich die Staats- und Regierungschefs der NATO in London versammelten, fand in Moskau vom 2. bis 13. Juli der 28. Parteitag der KPdSU statt, auf dem über das Schicksal Gorbatschows und damit auch über die sowjetische Deutschlandpolitik entschieden wurde. Die «Londoner Erklärung» mit ihrem versöhnlichen Ton kam deshalb ebenso gelegen wie der Milliardenkredit aus Bonn, der genau zu diesem Zeitpunkt von der Sowjetunion in Anspruch genommen werden konnte. Schewardnadse bemerkte später in seinen Memoiren, die Erklärung der NATO habe möglicherweise seine Politik «gerettet»; andernfalls wäre es für Gorbatschow und ihn unmöglich gewesen, sich in ihrem eigenen Lande durchzusetzen.[246] Besonders die Deutschlandpolitik war auf dem Parteitag heftig umstritten. Doch Gorbatschow und Schewardnadse gewannen den Kampf. Mit klarer Mehrheit wurde Gorbatschow am 10. Juli in seinem Amt als Staats- und Parteichef bestätigt.

Für das weitere Schicksal des Wiedervereinigungsprozesses war diese Entwicklung von entscheidender Bedeutung. Unmittelbar nach dem Parteitag lud ein dankbarer Gorbatschow, der jetzt den Titel «Präsident» führte, Bundeskanzler Kohl in seinen Heimatort Stavropol im Kaukasus ein. Die persönliche Einladung war ein Ausdruck des Vertrauens und ein Hinweis auf mögliche weitere Fortschritte in den deutsch-sowjetischen Beziehungen. Schon in Moskau, wo Gorbatschow am 14. Juli den Kanzler in kleinem Kreis im Gästehaus des Außenministeriums empfing, wurde der Durchbruch erreicht, als der sowjetische Präsident zugestand, daß Deutschland weiterhin Mitglied der NATO bleiben könne. Die NATO müsse lediglich für eine Übergangsperiode berücksichtigen, daß ihr Geltungsbereich nicht auf das DDR-Territorium übertragen werden dürfe, solange dort noch sowjetische Truppen stationiert seien. Eine solche Entscheidung, so Gorbatschow, stelle beide Seiten zufrieden. Im übrigen werde das Abschlußdokument der Zwei-plus-Vier-Verhandlungen die Aufhebung der Viermächteverantwortung für Deutschland ohne Übergangszeit feststellen. Es sei nur ein separater Vertrag über den Aufenthalt der sowjetischen Streitkräfte auf dem bisherigen DDR-Territorium für die Dauer von drei bis vier Jahren erforderlich.[247]

Im Jagdhaus Gorbatschows im engen Flußtal des Selemtschuk im Kaukasus, oberhalb von Stavropol, herrschte danach eine gelöste Stimmung. Bei den formalen Verhandlungen, die am 16. Juli begannen, bewies Gorbatschow eine «erfreuliche Konsequenz», wie Horst Teltschik notierte[248], und bestätigte, was er am Vortag bereits erklärt hatte: Die Zwei-plus-Vier-Verhandlungen sollten mit einem völkerrechtlich verbindlichen Vertrag abgeschlossen werden. Das geeinte Deutschland würde die Bundesrepublik, die DDR und Berlin umfassen und Mitglied der NATO sein können. Bedingung war lediglich der Verzicht auf ABC-Waffen und die Nichtausdehnung der militärischen Strukturen der NATO auf das Gebiet der bisherigen DDR, solange dort noch sowjetische Truppen standen. Nachdem man sich schließlich auch auf 370000 Mann als Obergrenze für die Truppenstärke der Bundeswehr geeinigt hatte, waren alle wesentlichen Hindernisse, die einer Vereinigung der beiden deutschen Staaten noch im Wege gestanden hatten, ausgeräumt. Aus deutscher Sicht waren die Ergebnisse mehr als bemerkenswert: Deutschland würde wiedervereinigt. Es würde vollständig souverän sein. Es konnte Mitglied der NATO bleiben. Deutsche Streitkräfte würden in ganz Deutschland stationiert werden. Die Sicherheitsgarantien der Artikel 5 und 6 des Nordatlantischen Vertrages würden unverzüglich für ganz Deutschland gelten, sobald das Schlußdokument der Zwei-plus-Vier-Verhandlungen in Kraft getreten war.

Für die Sowjetunion waren der Verlauf und das Resultat der Gespräche im Kaukasus dagegen weniger erfreulich. Als Außenminister Schewardnadse in Mineralnie Wodi das Flugzeug nach Paris bestieg, wo am nächsten Tag eine weitere Runde der Zwei-plus-Vier-Verhandlungen stattfinden sollte, sah er sich einem «hochnotpeinlichen Verhör» durch seine Mitarbeiter und mitreisende sowjetische Journalisten ausgesetzt, die wissen wollten, warum alle Fragen so blitzschnell gelöst worden seien. Schewardnadse bestritt zunächst, daß man – so die unausgesprochene Unterstellung – übereilt gehandelt habe. Schließlich antwortete er doch unumwunden und erklärte zu den Motiven, von denen Gorbatschow und er selbst sich hatten leiten lassen: «Wir sind außerstande, Deutschlands Vereinigung zu stoppen, es sei denn mit Gewalt. Doch das käme einer Katastrophe gleich. Wenn wir uns einer Beteiligung an diesem Prozeß entziehen würden, so würden wir vieles einbüßen. Wir würden keine Grundlagen für das neue Verhältnis zu Deutschland schaffen und die gesamteuropäische Situation beeinträchtigen.»[249]

Der Abschluß der Zwei-plus-Vier-Verhandlungen war nach der Einigung im Kaukasus praktisch nur noch eine Formsache. Am 17. Juli fand in Paris die dritte Runde der Außenministergespräche mit zeitweiliger polnischer Beteiligung statt. Die polnische Forderung nach einer endgültigen Anerkennung der Oder-Neiße-Linie als polnische Westgrenze wurde nun erfüllt, indem man vereinbarte, diese in das völkerrechtlich verbindliche Abschlußdokument der Verhandlungen aufzunehmen.[250] Danach handelten die Bundesrepublik und die Sowjetunion die bilateralen Verträge aus, die im Rahmen des Zwei-plus-Vier-Prozesses vereinbart worden waren. Dies betraf vor allem den sogenannten «Generalvertrag» über eine umfassende deutsch-sowjetische Kooperation sowie den «Überleitungsvertrag» über die Stationierung sowjetischer Truppen auf dem Territorium der bisherigen DDR für weitere drei bis vier Jahre und ihre anschließende Rückführung in die UdSSR. Trilaterale Gespräche mit der DDR-Regierung bezogen sich auf die Fortsetzung der Zusammenarbeit von DDR-Unternehmen mit sowjetischen Firmen.

Ein größeres Problem ergab sich noch einmal Ende August, als Schewardnadse seinen deutschen Amtskollegen brieflich darüber informierte, daß ein sowjetischer Truppenabzug nicht innerhalb von drei bis vier Jahren, sondern frühestens in fünf bis sieben Jahren möglich sei. Der Abzug hinge «vom

Umfang der deutschen materiellen und finanziellen Unterstützung» ab.[251] Die Bundesrepublik, erläuterte Julij Kwizinskij, inzwischen stellvertretender Außenminister, am 28. August im Kanzleramt, solle sowohl für die Transportkosten des Truppenabzuges als auch für den Bau neuer Unterkünfte für die zurückkehrenden Soldaten in der Sowjetunion aufkommen. Außerdem müsse Bonn den Aufenthalt der noch in der DDR verbleibenden Truppen bezahlen. Sonst, so Kwizinskij, werde es in der sowjetischen Armee zum Aufruhr kommen.[252] Botschafter Wladislaw Terechow präzisierte am 5. September die finanziellen Forderungen der Sowjetunion. Sie beliefen sich auf 3,5 Milliarden DM Stationierungskosten für die Zeit von 1990 bis 1994, 3 Milliarden DM Transportkosten, 11,5 Milliarden DM für den Bau von 72 000 Wohnungen einschließlich der notwendigen Infrastruktur mit Kindergärten, Läden, Apotheken usw., 500 Millionen DM für ein Programm zur Weiterbildung und Erziehung sowie bis zu 17,5 Milliarden DM für die Rückgabe der sowjetischen Immobilien in der DDR.[253]

Bundeskanzler Kohl, der mit Außenminister Genscher, Finanzminister Waigel und Wirtschaftsminister Haussmann übereingekommen war, auch in diesem Fall Großzügigkeit zu beweisen, bot Gorbatschow in einem Telefongespräch am 7. September einen Gesamtbetrag von 8 Milliarden DM an – alles inklusive. Doch Gorbatschow beharrte auf einer weit höheren Summe. Allein für den Wohnungsbau müsse man 11 Milliarden DM veranschlagen. Dazu kämen noch die Transport- und Aufenthaltskosten. Der sowjetische Präsident schilderte die Situation als sehr alarmierend. Es sei jetzt wichtig, «den Knoten zu zerschlagen». Am 10. September bot Kohl deshalb 11 bis 12 Milliarden DM an. Gorbatschow erklärte dazu, er hoffe, daß man sich auf 15 bis 16 Milliarden einigen könne. Er habe «viele Kämpfe mit der Regierung, mit den Militär- und Finanzfachleuten ausgefochten». Das Ergebnis seien die von ihm genannten 15 Milliarden DM. Wenn dieses Ziel nicht zu erreichen sei, müsse «praktisch alles noch einmal von Anfang an erörtert werden». Danach hielt der Kanzler den Zeitpunkt für gekommen, zusätzlich zu den 12 Milliarden DM einen zinslosen Kredit in Höhe von 3 Milliarden DM anzubieten. Schon am folgenden Tag könnten Mitarbeiter in Moskau darüber verhandeln. Gorbatschow war erleichtert: So könne das Problem gelöst werden.[254] Einige Stunden später rief Kwizinskij aus Moskau im Kanzleramt an und teilte der Bundesregierung mit, daß Gorbatschow die Weisung erteilt habe, den Überleitungsvertrag mit der Bundesrepublik abzuschließen.

Zwei Tage darauf, am 12. September, endeten auch die Zwei-plus-Vier-Verhandlungen der Außenminister mit einem abschließenden Treffen in Moskau und der Unterzeichnung des «Vertrages über die abschließende Regelung in bezug auf Deutschland».[255] Der Vertrag regelte in zehn Artikeln die außenpolitischen Aspekte der deutschen Vereinigung und kam damit einem Friedensvertrag zwischen Deutschland und den Siegermächten des Zweiten Weltkrieges gleich, auch wenn der Begriff selbst vermieden wurde.

Das Ergebnis war die Wiederherstellung der deutschen Einheit und die «volle Souveränität Deutschlands über seine inneren und äußeren Angelegenheiten». Da der Vertrag erst nach Hinterlegung der letzten Ratifikations- bzw. Annahmeurkunde in Kraft trat (als letzte Vertragspartei ratifizierte die Sowjetunion den Vertrag am 3. März 1991), wurden die Vorbehaltsrechte der Alliierten durch Erklärung der Außenminister der Vier Mächte bei ihrem Treffen in Moskau am 12. September 1990 vom Tage der Vereinigung Deutschlands bis zum Inkrafttreten des Vertrages ausgesetzt. Deutschland wurde daher schon am 3. Oktober 1990 wieder ohne Einschränkungen ein souveräner Staat, nachdem am Vortag auch die alliierte Kommandantur in Berlin ihre Arbeit beendet hatte.

Völkerrechtlich bedeutete die Wiedergewinnung der vollen Souveränität für Deutschland, daß es keines speziellen Friedensvertrages mehr bedurfte. Da bei den Zwei-plus-Vier-Verhandlungen neben den beiden deutschen Staaten nur die vier Siegermächte des Zweiten Weltkrieges teilgenommen hatten, nicht jedoch die zahlreichen anderen Staaten, die sich mit Deutschland im Kriegszustand befunden hatten, wurden am 2. Oktober 1990 – entsprechend dem Vorschlag von Bundesaußenminister Genscher vom Januar – die 35 Mitgliedsstaaten der KSZE von den Vereinbarungen auf ihrer Konferenz in New York offiziell in Kenntnis gesetzt. Die deutsche Einigung, die sich am 3. Oktober durch den Beitritt der DDR zum Geltungsbereich des Grundgesetzes vollzog, kam auf diese Weise nicht nur mit dem Einverständnis der Vier Mächte, sondern mit der Zustimmung aller Staaten Europas und Nordamerikas zustande. Das wiedervereinigte Deutschland war demnach vom ersten Tage an ein integriertes und von allen akzeptiertes Mitglied der neuen Ordnung, die sich nun im europäisch-nordatlantischen Raum entwickelte. Der doppelte «deutsche Sonderweg», der seit Mitte des 19. Jahrhunderts die europäische und internationale Politik geprägt und belastet hatte, fand damit sein Ende.

4. Kärrnerarbeit und neue Perspektiven

Das mitternächtliche Feuerwerk über dem Reichstag in Berlin, mit dem am 3. Oktober 1990 Hunderttausende das wiedervereinigte Deutschland begrüßten, war kein Ausdruck eines übersteigerten Nationalismus, sondern Zeichen aufrichtiger Freude und Erleichterung. Die offiziellen Sprecher betonten ausnahmslos die europäische Dimension des deutschen Einigungsprozesses sowie die Notwendigkeit, ein neues Kapitel in der Geschichte Europas aufzuschlagen. Es werde, schrieb Bundeskanzler Kohl am Vorabend der Einigung in der *Frankfurter Allgemeinen Zeitung*, «keine deutschen Sonderwege und keine nationalistischen Alleingänge geben – und auch kein ‹ruheloses Reich› mehr». Mit der Überwindung der Teilung sei gewährleistet, «daß Deutschland in der Mitte Europas ein Faktor der Stabilität sein wird». Der 3. Oktober sei deshalb «ein europäisches, ja weltpolitisches Ereignis von historischem Rang».[256]

Tatsächlich ließ die erstaunliche Bilanz, die aus deutscher Sicht am Ende des «Wendejahres» 1989/90 gezogen werden konnte, leicht übersehen, welche Probleme sich daraus schon bald ergeben würden. Die Wiedervereinigung war wie im Rausch errungen worden. Der Niedergang der Sowjetunion und der Zusammenbruch der DDR hatten sich innerhalb so kurzer Zeit vollzogen, daß Politik und Wirtschaft mit den geschichtlichen Veränderungen kaum Schritt zu halten vermochten. Erst allmählich wurde erkennbar, daß die epochale Zäsur weit über Deutschland hinausreichte – und daß deren Konsequenzen deshalb um so stärker hierher zurückwirkten. Der abrupte Wandel nahezu aller politischen, ökonomischen und sozialen Rahmenbedingungen zwang die Bundesrepublik deshalb zu einer Anpassung, auf die sie nicht vorbereitet war und auf die sie sich angesichts der Kärnerarbeit des Alltags der Wiedervereinigung auch nicht binnen kurzem einstellen konnte.

«Blühende Landschaften»

Die größte negative Überraschung barg der Prozeß der deutschen Einigung selbst. Vor allem die 1989/90 gehegte Erwartung, daß die Verbesserung der Lebensbedingungen in Ostdeutschland ohne größere Probleme zu bewerkstelligen sein würde, erwies sich als Illusion. Zwar befanden sich die Wirtschaft und auch die öffentlichen Finanzen der Bundesrepublik 1989 in einem guten Zustand. Doch die Kosten, die durch die Einheit entstanden, überstiegen alle Voraussagen um ein Vielfaches. Die Annahme, die deutsche Einheit werde sich praktisch «von selbst» – durch Privatisierung und Vereinigungsboom – finanzieren, erfüllte sich nicht. «Blühende Landschaften», die Bundeskanzler Kohl im Bundestagswahlkampf 1990 versprochen hatte, stellten sich nur langsam ein, und sie wurden teuer erkauft.

Wie groß der ökonomische Einbruch in Ostdeutschland war, zeigt die Tatsache, daß die Zahl der hier tätigen zivilen Erwerbspersonen von 1989 bis Mitte der neunziger Jahre um etwa ein Drittel auf 6,3 Millionen sank. Durchschnittlich waren in den neunziger Jahren 1,1 Millionen Ostdeutsche arbeitslos; eine weitere Million nahm an Arbeitsbeschaffungs- und Qualifizierungsmaßnahmen teil. Nicht weniger als 57 Prozent aller erwerbsfähigen Ostdeutschen waren in den ersten fünf Jahren nach der Wiedervereinigung in derartige Fördermaßnahmen einbezogen – teilweise sogar mehrfach. Die tatsächliche Quote der Arbeitslosen – einschließlich der verdeckten Arbeitslosigkeit – wurde noch in der zweiten Hälfte der neunziger Jahre auf etwa 25 Prozent geschätzt (alte Bundesländer rund 10 Prozent). Trotz aller Anstrengungen reichte das Ausmaß an Investitionen zur Erneuerung der Industrieanlagen und der Infrastruktur offenbar nicht aus, um einen selbsttragenden wirtschaftlichen Aufschwung zu gewährleisten. Da zudem die

4. Kärrnerarbeit und neue Perspektiven 769

Lohnkostenentwicklung regelmäßig über dem Zuwachs der Produktivität lag, war eine Besserung auch nicht in Sicht. So betrug der Anteil Ostdeutschlands am Bruttoinlandsprodukt der Bundesrepublik noch Ende der neunziger Jahre nur etwa 10 Prozent, die Produktivität erreichte kaum mehr als die Hälfte (1997 60,4 Prozent) des westdeutschen Standards, die ostdeutsche Industrie produzierte lediglich ein Zwanzigstel aller deutschen Güter, und der Anteil der ostdeutschen Exporte an der Gesamtwarenausfuhr belief sich 1997 auf magere 5,4 Prozent.[257]

Für die Bevölkerung Ostdeutschlands brachte die Transformation der Wirtschaftsordnung und der Sozialstruktur somit nicht nur Vorteile – etwa durch die überfällige Erneuerung der Produktion und die Verbesserung der Konsumchancen –, sondern sie führte auch zu hoher Dauerarbeitslosigkeit und zur Deindustrialisierung ganzer Landstriche. Andererseits wurden die Folgen des Totalzusammenbruchs der DDR-Wirtschaft, der mit der Einführung der Währungsunion am 1. Juli 1990 und dem Kollaps der Ostmärkte nach dem Umbruch in Osteuropa einherging, durch hohe Kapitaltransfers von West- nach Ostdeutschland aufgefangen, die auch für die alten Bundesländer eine erhebliche Belastung bedeuteten. Der durchschnittliche Nettotransfer in den neunziger Jahren lag zwischen 128 und 160 Milliarden DM pro Jahr. Dies entsprach etwa 4,5 bis 5,5 Prozent des westdeutschen Bruttoinlandsprodukts.[258] Wie sehr der Finanzbedarf für Ostdeutschland anfänglich unterschätzt worden war, zeigt das Beispiel des Fonds «Deutsche Einheit», der ursprünglich mit 115 Milliarden DM für den Zeitraum 1990 bis 1994 ausgestattet war. Für die Zeit danach erwartete man aufgrund der prognostizierten wirtschaftlichen Erholung stark sinkende Transfers, so daß die Belastungen sich automatisch verringern würden. Doch das Gegenteil trat ein: Der Kapitalbedarf stieg in der zweiten Hälfte der neunziger Jahre sogar nochmals an.[259]

Eine realistische Alternative zu der in Ostdeutschland praktizierten ökonomischen «Schocktherapie» gab es indessen kaum, weil es nach der Maueröffnung vom 9. November 1989 politisch unmöglich gewesen wäre, neue Barrieren zu errichten, um die DDR-Betriebe durch Abschirmung gegenüber der Konkurrenz auf dem Weltmarkt vor dem Untergang zu retten.[260] Allerdings trug auch die westdeutsche Privatwirtschaft zum Niedergang bei, weil sie sich entgegen anderslautenden Zusagen mit Investitionen in Ostdeutschland zurückhielt und oft nur den Zweck verfolgte, unliebsame Mitbewerber auszuschalten. Die gesamtwirtschaftlich fest einkalkulierten Löhne und Steuern blieben daher in den neuen Bundesländern weitgehend aus, so daß die öffentliche Hand erheblich höhere Beträge aufwenden mußte als ursprünglich geplant. Nach Schätzungen von Experten wird der Kapitaltransfer auch noch längere Zeit benötigt, um den Wohlstand in Ostdeutschland zu sichern. Erst im Jahre 2010 dürfte die ostdeutsche Wirtschaft in der Lage sein, den westlichen Lebensstandard in den neuen Ländern aus eigener Kraft zu finanzieren. Allein in dem Jahrzehnt von 1995 bis 2005 werden deshalb noch einmal rund 2,2 Billionen DM netto von West nach Ost fließen, davon die Hälfte aus staatlichen Kassen.[261]

Ernüchterung nach dem Rausch

Trotz der enormen finanziellen Zuwendungen, die zu einer wesentlichen materiellen Verbesserung der Lebensverhältnisse in Ostdeutschland führten, wurde der tiefgreifende soziale Wandel nach der Wende von 1989 in den neuen Ländern oft als schmerzhaft empfunden.[262] Der Verlust an gewohnter Sicherheit – vor allem infolge der früher unbekannten Arbeitslosigkeit – rief bei vielen ehemaligen DDR-Bürgern Krisenfurcht und Existenzangst hervor, auch wenn diese mit der objektiven Lebenssituation oft wenig zu tun hatten. Umgekehrt wuchs in den alten Bundesländern der Verdruß über die hohen Kosten der Einigung und die daraus folgenden steuerlichen Mehrbelastungen. Die zunächst durchaus vorhandene Bereitschaft, für den wirtschaftlichen und sozialen Wiederaufbau in den neuen Ländern die notwendigen finanziellen Mittel aufzubringen, wurde um so geringer, je länger die Gesundung der ostdeutschen Wirtschaft auf sich warten ließ und die Kosten stiegen. Hinzu kam vielfach Unverständnis für die «Undankbarkeit» der Ostdeutschen, die im Rückblick die DDR verklärten oder der PDS den Rücken stärkten. Neben der Überforderung der finanziellen Ressourcen der Bundesrepublik war es vor allem dieser aus einer doppelten Frustration in Ost- und Westdeutschland resultierende Pessimismus, der die Situation nach der Wende kennzeichnete.[263]

Sozialwissenschaftliche Untersuchungen zeigen, daß die Eigen- und Fremdstereotype der beiden deutschen Bevölkerungsteile sich in den neunziger Jahren nicht auflösten, sondern vor dem Hintergrund der wirtschaftlichen und sozialen Spannungen bei der Bewältigung der Vereinigungsfolgen sogar noch verfestigten. Beide Seiten neigten dazu, sich gegenseitig den «schwarzen Vereinigungspeter» zuzuschieben.[264] Von einer Annäherung der Standpunkte konnte nach den empirischen Befunden vor allem in der ersten Hälfte der neunziger Jahre nicht die Rede sein. 1995 kam es sogar zu einer weiteren Verschärfung der Polarisierung.[265] Zwar boten die Verfassungsordnung und die politischen Institutionen eine sichere Grundlage für die weitere Entwicklung. Eine emotionale Identifikation mit dem vereinigten Deutschland – als Beleg für den Vollzug der inneren Einheit – gab es jedoch höchstens in Ansätzen.[266]

Zu den besonders umstrittenen Kapiteln der Entwicklung in Ostdeutschland gehörte die Arbeit der Treuhandanstalt, die alle negativen Klischees des westlichen Kapitalismus zu bestätigen schien.[267] Befürworter rühmten sie als effizient arbeitende Privatisierungsagentur, Kritiker hingegen warfen ihr eine in vielen Fällen unnötige Zerstörung wirtschaftlicher Substanz der neuen Bundesländer vor. Für eine endgültige Bewertung ist es allerdings noch zu früh.[268] Die Einrichtung war bereits im März 1990 noch unter Ministerprä-

4. Kärrnerarbeit und neue Perspektiven 771

sident Hans Modrow als Instrument der staatlichen Industriepolitik in einer quasi-sozialistischen Gesellschaft gegründet worden und betrieb nach der Volkskammerwahl vom 18. März mit Vorrang die Privatisierung der DDR-Unternehmen. Sie wuchs dabei rasch zu einer Großorganisation mit 3000 Mitarbeitern an, die teils in der Berliner Zentrale, teils in einem der 15 Regionalbüros tätig waren, und verwaltete als größte Staatsholding der Welt einen geschätzten Vermögenswert von 200 bis 600 Milliarden DM. Im Sommer 1990 gab die Anstalt den Verkaufswert der Unternehmenseinheiten sogar mit 800 bis 1000 Milliarden DM an. Als die Treuhandanstalt zum 31. Dezember 1994 ihre Arbeit beendete, hatte sie jedoch lediglich Privatisierungserlöse von ca. 67 Milliarden DM vorzuweisen. Zu den veräußerten Vermögenswerten zählten etwa 46 500 Liegenschaften und 67 700 ha Land und forstwirtschaftliche Fläche sowie 127 zentrale und 95 regionale Kombinate mit über 15 000 Unternehmen. Hinzu kamen noch einmal etwa 25 000 Handelsgeschäfte, Gaststätten, Hotels usw., die bereits bis Ende 1991 im Rahmen «kleiner Privatisierungen» vergeben worden waren. Da die Verkäufe in aller Regel mit öffentlichen Mitteln subventioniert werden mußten, um Altschulden abzutragen oder Umweltschäden zu beseitigen, war aus ihnen allerdings kein Nettogewinn zu erzielen. Ohne diesen öffentlichen Beitrag hätte es angeblich kaum Interessenten für die meisten DDR-Unternehmen gegeben, da sich die Erwerbungen betriebswirtschaftlich nicht gerechnet hätten. Jeder Privatisierungserfolg vergrößerte daher das finanzielle Defizit der Treuhand, das am Ende schließlich 256,4 Milliarden DM betrug und in den sogenannten «Erblastentilgungsfonds» einging, der letztlich vom Steuerzahler zu begleichen sein wird.[269]

Als eine schwierige Hinterlassenschaft des SED-Regimes erwiesen sich ferner die komplizierten Eigentums- und Vermögensfragen, die den inneren Einigungsprozeß ebenfalls belasteten. Im Vertrag über die Wirtschafts- und Währungsunion war diese Problematik zunächst ausgeklammert worden, weil die Verhandlungen unter äußerstem Zeitdruck standen, um die Währungsunion zum 1. Juli 1990 zu ermöglichen. Da die Behandlung dieser Fragen durch das SED-Regime zumeist unter Mißachtung rechtsstaatlicher Grundsätze geschehen war, kam man im Einigungsvertrag jedoch nicht mehr umhin, eine Lösung zu versuchen. Dazu wurde am 15. Juni 1990 zunächst eine «Gemeinsame Erklärung» der Bundesregierung und der Regierung der DDR abgegeben, in der allgemeine Grundsätze formuliert wurden. Die Erklärung wurde dem Einigungsvertrag als Anlage III beigefügt und ist damit Bestandteil des Vertrages. Ein «Gesetz zur Regelung offener Vermögensfragen», das erst am 31. August, also am Tage der Unterzeichnung des Einigungsvertrages, ohne das übliche Gesetzgebungsverfahren in der Volkskammer als Anlage II in den Vertrag aufgenommen wurde, präzisiert diese Gemeinsame Erklärung und enthält detaillierte Ausführungsbestimmungen.[270]

Die Lösung, auf die man sich nach langwierigen Gesprächen zwischen den Regierungen der beiden deutschen Staaten einigte, ging vor allem von zwei Grundsätzen aus:

– Eingriffe in das Eigentum von der Kapitulation bis zur Gründung der DDR, also für die Zeit zwischen dem 8. Mai 1945 und dem 7. Oktober 1949, sollten nicht rückgängig gemacht werden. Enteignungen und Eigentumsbeschränkungen, die in dieser Zeit nach Besatzungsrecht – auch im Rahmen der sogenannten «Bodenreform» – erfolgten, behielten ebenfalls ihre Gültigkeit.
– Vermögen, einschließlich Grundbesitz, das nach dem 7. Oktober 1949 enteignet bzw. unter staatliche Treuhandverwaltung der DDR gestellt worden war, sollte grundsätzlich den ehemaligen Eigentümern oder ihren Erben zurückgegeben werden. Von Ausnahmen abgesehen galt das Prinzip «Rückgabe vor Entschädigung».

Strittig war zunächst vor allem der erste Punkt, der als Eingriff in das nach Artikel 14 GG geschützte Grundrecht auf Eigentum angesehen wurde. Das Bundesverfassungsgericht bestätigte jedoch am 23. April 1991 die Bestimmung des Einigungsvertrages, daß «Enteignungen auf besatzungsrechtlicher oder besatzungshoheitlicher Grundlage» aus den Jahren 1945 bis 1949 in der damaligen SBZ nicht rückgängig gemacht werden. Vierzehn Verfassungsbeschwerden wurden vom Gericht einstimmig als unbegründet zurückgewiesen. Aber auch der zweite Grundsatz war nicht unproblematisch, weil sich das Prinzip «Rückgabe vor Entschädigung» nicht nur als Hindernis für Investitionen, sondern ebenso als Ursache für Mißstimmung in Ostdeutschland erwies. Zwar wäre eine andere Regelung aus verfassungsrechtlichen Gründen vermutlich nicht möglich gewesen. Doch nun sahen sich Menschen, die viele Jahre lang Nutzer eines Besitzes gewesen waren, für den jetzt Rückübertragungsansprüche angemeldet wurden, plötzlich von Kündigung und Existenzverlust bedroht.

Die vom SED-Regime geschaffenen Eigentums- und Vermögensverhältnisse auf dem Gebiet der ehemaligen DDR waren damit ein besonders trauriges und gravierendes Kapitel der deutschen Teilung. Dessen Folgen mußten nun vom wiedervereinigten Deutschland aufgearbeitet und geklärt werden, wobei langwierige Rechtsstreitigkeiten oft nicht zu vermeiden waren. Das Unrecht der Enteignungen aus DDR-Zeiten war dabei gegen die Möglichkeit neuen Unrechts bei Eingriffen in langfristig gewachsene Strukturen, die in den vergangenen vier Jahrzehnten entstanden waren, abzuwägen. Die im Einigungsvertrag getroffenen Bestimmungen ließen allerdings bei der Prüfung des Einzelfalles wenig Spielraum.

Vereinigungskrise: Ein Staat, zwei Gesellschaften

Auf das Ende der Euphorie folgte somit eine «Vereinigungskrise» (Jürgen Kocka), die sich nicht nur auf die Wirtschaft beschränkte, sondern weite Bereiche von Politik und Gesellschaft erfaßte.[271] Deutschland nach der Vereinigung – das hieß deshalb in den neunziger Jahren: ein Staat, aber zwei Gesellschaften.[272] Symptomatisch für das Verhältnis zwischen den beiden

4. Kärrnerarbeit und neue Perspektiven 773

Teilen Deutschlands war bereits der Verzicht auf die Ausarbeitung einer gemeinsamen neuen Verfassung im Frühjahr 1990. Sie wäre schon aus Zeitgründen schwer möglich gewesen. Aber die Tatsache, daß die Gemeinsame Verfassungskommission von Bundestag und Bundesrat am 27. Oktober 1994 lediglich marginale Änderungen des Grundgesetzes beschloß und – wiederum aus juristisch nachvollziehbaren Gründen – die Wünsche vieler Ostdeutscher nach Aufnahme sogenannter «sozialer Errungenschaften» der DDR, wie des Rechts auf Arbeit und Wohnung oder plebiszitärer Elemente, unberücksichtigt ließ, trug in Verbindung mit der Vereinigung nach Artikel 23 GG dazu bei, daß ein Verfassungspatriotismus, wie er in der alten Bundesrepublik durchaus vorhanden war, in den neuen Bundesländern zunächst ausblieb.

Dementsprechend wurden auch der Umbau der politischen und gesellschaftlichen Institutionen und die Übernahme eines neuen Rechtssystems weithin als Akte der Fremdbestimmung begriffen. Zwar vollzog sich dieser Transformationsprozeß der neuen Bundesländer mit Unterstützung durch ihre jeweiligen westdeutschen «Partnerländer» in einem technischen Sinne relativ zügig und reibungslos. Aber die Tatsache, daß eine große Zahl von westdeutschen Beamten und anderen Fachkräften nicht nur «ausgeliehen» wurde, sondern auf Dauer in den Osten übersiedelten, führte aufgrund des damit verbundenen weitgehenden Elitenwechsels zu sozialen Verwerfungen, die nur langfristig zu überwinden sein werden. So stammten in Sachsen und Brandenburg, wo genauere Untersuchungen aus dem Jahre 1991 vorliegen, von den Abteilungs- und Referatsleitern im Innenministerium 78,8 Prozent aus dem Westen, im Umweltministerium 47,6 Prozent und im Sozialministerium immerhin noch 45,1 Prozent.[273] Ob die Alternative einer größeren ostdeutschen Elitenkontinuität bessere Resultate erbracht hätte, ist indessen zweifelhaft. Tatsächlich hat eine solche Möglichkeit schon deshalb nie bestanden, weil auch hier aufgrund der Bestimmungen des Einigungsvertrages ein sofortiger nahtloser Übergang gefordert wurde.

Unter den Abgeordneten der am 14. Oktober 1990 in den neuen Ländern gewählten Landtage spielten Westdeutsche mit 2,4 Prozent allerdings keine Rolle. Hier fand jedoch ein weitgehender Elitenwechsel unter den Ostdeutschen selbst statt. Nur fünf der 509 neuen Landtagsabgeordneten hatten vor 1989 der sozialistischen Volkskammer angehört. 77 Prozent waren vor dem Fall der Mauer politisch überhaupt nicht aktiv gewesen.[274] Ähnliches galt für die Kommunen, wo sich sowohl in den Kommunalvertretungen als auch an der Spitze der Kommunalverwaltungen weitgehend neue Eliten durchsetzten. Etwa drei Viertel der hier gewählten Volksvertreter waren «Neupolitiker». Von den rund 4000 Räten der 26 kreisfreien Städte und der 191 Landkreise wurde nur etwa ein Drittel – zumeist in niedrigeren Positionen – weiterbeschäftigt.[275] Bei Richtern und Staatsanwälten wurden trotz fast ausnahmsloser SED-Mitgliedschaft zwischen 26,1 Prozent (Mecklenburg-Vorpommern) und 55,4 Prozent (Brandenburg) übernommen. Die Angehörigen des diplomatischen Dienstes der DDR wurden dagegen vollständig entlassen. Aus der Nationalen Volksarmee der DDR gab es Übernahmen von 3027 Offizieren – darunter jedoch keine Generäle – und 7639 Unteroffizieren in eine in ihrem Personalbestand ebenfalls stark reduzierte Bundeswehr.[276]

Die Annahme, daß Ostdeutsche unter den Eliten in Deutschland nach der Wiedervereinigung – zumindest vorübergehend – unterrepräsentiert waren, wird durch eine großangelegte Potsdamer Studie aus dem Jahre 1995 bestätigt, in der systematisch die Inhaber der Spitzenstellungen in den jeweiligen Bereichen (insgesamt ein Kreis von knapp 4000 Personen) untersucht wurden. Die Auswertung ergab, daß nur etwa 12 Prozent der Spitzenstellungen von Ostdeutschen (bei einem Bevölkerungsanteil von rund 20 Prozent) eingenommen wurden.[277] In den neuen Bundesländern lag ihr Anteil allerdings bei immerhin 60 Prozent der 402 Elitenpositionen, so daß der oft erhobene Vorwurf der «personellen Kolonisierung des Ostens durch westliche Eliten» insgesamt nicht aufrechtzuerhalten ist.[278] Am stärksten waren Ostdeutsche auf gesamtdeutscher Ebene mit 32,1 Prozent in der politischen Elite vertreten, zu der unter anderem die Spitzen der Fraktionen der Landtage und Parteien der Länder gerechnet wurden, während sie bei den Gewerkschaften, in den Massenmedien und im Bereich der Kultur mit etwa 12 Prozent genau im Durchschnitt aller untersuchten Eliten lagen. Bemerkenswert bei den politischen Eliten war die Tatsache, daß im Westen die «Staatswissenschaftler», fast ausschließlich Juristen, mit 39 Prozent überwogen, gefolgt von den Wirtschaftswissenschaftlern mit knapp 20 Prozent, während im Osten Staatswissenschaftler nur 1,9 Prozent der politischen Eliten ausmachten, Wirtschaftswissenschaftler ebenfalls nur 7,6 Prozent, der Anteil der Theologen mit 8,1 Prozent jedoch ungewöhnlich hoch war (im Westen 2,1 Prozent). Mit 23 Prozent stellten sie sogar ein Viertel der ostdeutschen Regierungsmitglieder.[279]

Die größten Schwierigkeiten im Transformationsprozeß gab es jedoch im Bereich der Wirtschaft. Die forcierte Privatisierung und partielle Deindustrialisierung sowie die damit verbundenen Probleme auf dem Arbeitsmarkt wurden schon angesprochen. Hinzu kamen Defizite bei privaten Investitionen und der Einkommensentwicklung. Zwar wurden bis 1998 5,7 Millionen modernste Telefonanschlüsse installiert, 11 500 Kilometer Fernstraßen modernisiert und ausgebaut sowie 5 300 Kilometer Schienenwege überholt, so daß die Infrastruktur für Investitionen im Prinzip vorhanden war. Aber die Schaffung von neuen Arbeitsplätzen hielt mit dieser Entwicklung auch nicht annähernd Schritt, so daß ein erhebliches Mißverhältnis zwischen öffentlichen Leistungen und privaten Arbeitschancen bestand. Ein großer Teil der offenkundigen Unzufriedenheit in Ostdeutschland war daraus zu erklären. Andererseits war ein Silberstreif am Horizont der ostdeutschen Wirtschaft durchaus zu erkennen, da bis 1998 immerhin 510 000 mittelständische Unternehmen errichtet wurden, in denen 3,2 Millionen Menschen – mehr als die Hälfte aller Erwerbstätigen im Osten – beschäftigt waren.[280] Allerdings lag das Bruttoeinkommen aus unselbständiger Arbeit je Beschäftigtem, das 1991 lediglich 46,7 Prozent eines durchschnittlichen Westeinkommens betragen hatte, auch 1997 noch bei nur 74,3 Prozent des Westniveaus. Und selbst diese Einkommen waren nur zu erzielen, weil die Transferleistungen aus Westdeutschland für den Ausbau der Infrastruktur, die Wirtschaftsförderung und vor allem für das System der sozialen Sicherheit nach Ostdeutschland flossen. Insgesamt handelte es sich dabei, nach Abzug aller Rückflüsse, von 1991 bis 1998 um einen Betrag von nicht weniger als 1031 Milliarden DM.[281]

Die Tatsache, daß der weit überwiegende Teil dieser Transferleistungen vor allem in den ersten Jahren in den Konsum und nicht in Investitionen flossen, ist zugleich einer der Gründe für die anhaltende Krise der ostdeutschen Wirtschaft. Entsprechendes gilt für die Fehlleitung privater Mittel, die aufgrund hoher steuerlicher Subventionen bevorzugt in den Immobilienbereich gingen und damit gleichfalls nicht zur Schaffung von Arbeitsplätzen, außer im Bausektor, beitrugen. Entscheidend für den Zusammenbruch der ostdeutschen Wirtschaft war jedoch die Umstellung der Währung zum 1. Juli 1990, die nach dem geheimgehaltenen Umrechnungskurs der DDR für Exporterlöse von 4,4:1 einer abrupten Aufwertung von 340 Prozent entsprach.[282] Was dem einzelnen Bürger in Ostdeutschland einen plötzlichen Sprung in die westliche Konsumgesellschaft ermöglichte, war wirtschaftlich verheerend. Auch die rasche Anhebung der tariflichen Grundentlohnung der ostdeutschen Arbeitnehmer von etwa 35 auf 80 Prozent in den Jahren 1990 bis 1993 und ihr weiterer kontinuierlicher Anstieg auf 89,5 Prozent bis Ende 1997, so notwendig und verständlich sie aus der Sicht des einzelnen sein mochte, war angesichts der Entwicklung der Produktivität, die nur von rund 30 Prozent 1991 auf 60,4 Prozent 1997 gesteigert werden konnte, unter gesamtwirtschaftlichen Aspekten ein schwerwiegender Fehler. Da die Lohnstückkosten damit um durchschnittlich 23 Prozent über dem Niveau in den alten Bundesländern lagen, wurde die Wettbewerbsfähigkeit der ostdeutschen Wirtschaft dadurch weiter eingeschränkt. Die offenen Grenzen nach Osteuropa trugen zusätzlich zur wirtschaftlichen Stagnation Ostdeutschlands bei.

Einen erheblichen Beitrag zu dieser Stagnation leistete auch die – an sich positive – Ausdehnung des sozialen Netzes der alten Bundesrepublik auf die neuen Länder. Im Vertrag über die Währungs-, Wirtschafts- und Sozialunion vom 18. Mai 1990 heißt es dazu in Art. 1 Abs. 4: «Die Sozialunion bildet mit der Währungs- und Wirtschaftsunion eine Einheit. Sie wird insbesondere bestimmt durch eine der Sozialen Marktwirtschaft entsprechende Arbeitsrechtsordnung und ein auf den Prinzipien der Leistungsgerechtigkeit und des sozialen Ausgleichs beruhendes umfassendes System der sozialen Sicherung.»[283] Der Einigungsvertrag vom 31. August 1990 behandelt in Kapitel VII ausführlich die Ausdehnung des «soziales Netzes» der Bundesrepublik auf das Gebiet der ehemaligen DDR. Damit wurde festgelegt, daß die Gesetze und Bestimmungen, die in der alten Bundesrepublik seit 1949 entwickelt und in Kraft gesetzt worden waren, um im Rahmen der sozialen Marktwirtschaft den Sozialstaat zu verwirklichen, nach der Wiedervereinigung ungeschmälert auf Ostdeutschland übertragen wurden. Im Prinzip sollte es für die neuen Länder keine Sonderregelungen geben, sondern von Anfang an die uneingeschränkte Mitwirkung und Teilhabe an den sozialen Errungenschaften des westlichen Systems.

Dabei war man sich durchaus der Tatsache bewußt, daß der Zusammenbruch des SED-Regimes wesentlich durch die soziale und wirtschaftliche Attraktivität der alten Bundesrepublik beschleunigt worden war. Für die DDR-Bürger waren deshalb mit der Wiedervereinigung große materielle Hoffnungen und Erwartungen verbunden gewesen, die möglichst nicht enttäuscht werden durften. Es gab auch kaum ein ernstzunehmendes Argument, das es gerechtfertigt hätte, die Deutschen im Osten von jenen Vorzügen des Sozialstaates auszuschließen, die die Deutschen im Westen seit langem genossen. Im übrigen war zu bedenken, daß die Bürger der DDR ein Höchstmaß an sozialer Sicherheit gewöhnt waren – auch wenn dies nicht immer mit hohen Geldzuwendungen verbunden gewesen war –, so daß ein Abbau des Sozialstaates zu einem Glaubwürdigkeitsverlust des neuen Systems geführt hätte.

Bei der neuen Sozialrechtsordnung ging es nicht nur um die Absicherung des Bürgers gegen Gefahren, Unsicherheiten und Härten des privaten und beruflichen Lebens, sondern auch um Fragen der Mitbestimmung, des Tarifrechts und der Vermögensbildung. So wurden nun Koalitionsfreiheit, Tarifautonomie, Arbeitskampfrecht, Betriebsverfassung, Unternehmensmitbestimmung und Kündigungsschutz entsprechend den in der Bundesrepublik geltenden Bestimmungen eingeführt. Beim Arbeitsvertragsrecht wurde der gesamtdeutsche Gesetzgeber in Art. 30 Abs. 1 des Einigungsvertrages angewiesen, möglichst bald zu einheitlichen Regelungen zu kommen. Für bestehende Tarifverträge und die Lohnfortzahlung im Krankheitsfall wurden Übergangsregelungen vereinbart. Die Mitbestimmungs- und Vermögensbildungsgesetze der Bundesrepublik traten auch in Ostdeutschland in Kraft.

Das Sozialversicherungsrecht der Bundesrepublik wurde ebenfalls übernommen. An die Stelle der Einheitssozialversicherung trat das gegliederte System der Sozialversicherung mit getrennter Renten-, Kranken-, Unfall- und Arbeitslosenversicherung. Bei den Renten wurde vorgesehen, mit der Angleichung der Löhne und Gehälter in Ostdeutschland an das Niveau in den alten Bundesländern auch die Renten entsprechend anzupassen, d.h. zu erhöhen. Die Bundesregierung erklärte sich zu einer vorübergehenden «Anschubfinanzierung» bereit, solange die Beiträge und Staatszuschüsse die Ausgaben für die erhöhten Leistungen der Rentenversicherung nicht zu decken vermochten. Entsprechendes galt für die Arbeitslosenversicherung,

4. Kärrnerarbeit und neue Perspektiven

die rasch zu einem Problem wurde, weil der Zusammenbruch der DDR-Wirtschaft zu einem sprunghaften Anstieg der Arbeitslosigkeit führte, dessen soziale Folgen von der Bundesregierung aufgefangen werden mußten, um politischen Fehlentwicklungen vorzubeugen. Arbeitslosengeld, Kurzarbeitergeld und Arbeitsbeschaffungsmaßnahmen, die in den alten Ländern seit langem vertraut waren, wurden daher nun auch in Ostdeutschland zu Begriffen, die für viele den Alltag prägten.

Trotz der Probleme, die mit dem tiefgreifenden sozialen Wandel nach der Wende von 1989 für die DDR und die ostdeutsche Gesellschaft verbunden waren, trug diese Ausdehnung des sozialen Netzes der alten Bundesrepublik auf die neuen Länder maßgeblich dazu bei, die negativen Auswirkungen des Umbruchs für die betroffenen Menschen in Grenzen zu halten. Anders als in Osteuropa oder der ehemaligen Sowjetunion führte der Transformationsprozeß nur selten in die soziale Katastrophe. Die Schattenseite – neben den mentalen Belastungen – war eine Explosion der Kosten, die durch das hohe Ausmaß der Transferleistungen und das zumindest vorübergehende Nebeneinander einer Leistungsgesellschaft im Westen und einer Anspruchsgesellschaft im Osten verursacht wurde. Der Sozialhistoriker Gerhard A. Ritter hat gleichwohl die Notwendigeit weiterer Transferleistungen in großem Umfang betont, da ansonsten die Gefahr bestehe, daß in Deutschland zwischen dem Westen und dem Osten ein ökonomisches und soziales Gefälle erhalten bleibe. «Sollten aber», so Ritter, «die östlichen Länder – vielleicht ohne Sachsen und Ostberlin – zum Armenhaus der Bundesrepublik werden, würde das auf Dauer den inneren Zusammenhalt des Staates und die Solidarität der Gesellschaft gefährden.»[284]

Wiedervereinigung der Kultur

Die deutsche «Kulturnation», die sich seit der Herausbildung einer deutschen kulturellen Identität im 18. Jahrhundert entwickelt hatte und der Reichsgründung vorangegangen war, wurde durch die politische Teilung nach 1945 keineswegs aufgelöst. Die gemeinsame Geschichte und Tradition, die einheitliche Sprache, die verbindende Wirkung grenzüberschreitender Medien und nicht zuletzt die Ost-West-Wanderung von Intellektuellen – vor allem seit Mitte der siebziger Jahre – verhalfen dazu, zwischen den beiden deutschen Staaten eine kulturelle Gemeinsamkeit zu bewahren, die im politischen Raum nicht mehr bestand. Gleichwohl führten vierzig Jahre deutscher Teilung zu einer kulturellen Differenzierung, die auch im Bereich von Kunst, Literatur und Musik sowie der Museen, Bibliotheken, Bildung und Wissenschaft besondere Anstrengungen notwendig machte, um die Wiedervereinigung tatsächlich zu vollziehen. Der Einigungsvertrag vom 31. August 1990 trug dieser Situation Rechnung, indem er in Artikel 35 einerseits darauf hinwies, daß «Kunst und Kultur – trotz unterschiedlicher Entwicklung der beiden Staaten in Deutschland – eine Grundlage der fortbestehenden Einheit der deutschen Nation» gewesen seien, andererseits aber durchaus «Auswirkungen der Teilung Deutschlands» konstatierte, denen durch entsprechende Maßnahmen entgegengewirkt werden sollte.[285]

Eine dieser Auswirkungen betraf die grundlegende Frage der staatlichen Zuständigkeit. Sie war in der DDR weitgehend zentralisiert, in der Bundesrepublik dagegen eine Angelegenheit der Länder und Kommunen. Im Einigungsvertrag wurde dazu vereinbart, das föderalistische Prinzip auf ganz Deutschland zu übertragen. Schutz und Förderung von Kultur und Kunst sollten «entsprechend der Zuständigkeitsverteilung des Grundgesetzes» auch im Beitrittsgebiet den neuen Ländern und Kommunen obliegen. Da diese voraussichtlich mit dem für sie neuen Aufgabenbereich zumindest kurzfristig überlastet sein würden, bekundete der Bund zugleich seine Bereitschaft, «übergangsweise zur Förderung der kulturellen Infrastruktur einzelne kulturelle Maßnahmen und Einrichtungen» in den neuen Ländern mitzufinanzieren, damit die «kulturelle Substanz» dort keinen Schaden nehme.[286]

So wurden von 1991 bis 1994 Bundesmittel in Höhe von rund 3,3 Milliarden DM zur Finanzierung der kulturellen Sonderprogramme in den neuen Bundesländern zur Verfügung gestellt. Der seit 1949 bestehende DDR-Kulturfonds zur Förderung von Kultur, Kunst und Künstlern wurde unter Beteiligung des Bundes bis zum 31. Dezember 1994 weitergeführt und danach in eine Stiftung umgewandelt.[287] Durch die Übergangsfinanzierung des Bundes erhielten die neuen Länder und Kommunen einen zeitlichen Spielraum für Strukturveränderungen und die Bereitstellung von Mitteln zur Kulturpflege in den eigenen Haushalten. Ab 1995 trat der neue Bund-Länder-Finanzausgleich in Kraft, der den neuen Bundesländern Mehreinnahmen garantieren und damit trotz erheblicher wirtschaftlicher und finanzieller Probleme die Aufgabe der Kulturförderung ermöglichen sollte. Darüber hinaus beteiligte sich der Bund auch weiterhin mit zusätzlichen Mitteln an der Erhaltung national bedeutsamer Kultureinrichtungen wie den Luther-Gedenkstätten in Wittenberg und Eisleben, den Franckeschen Stiftungen in Halle, der Stiftung Fürst-Pückler-Park Muskau und dem Pückler-Park in Branetz/Cottbus. Allerdings wurden durch die Kulturförderung des Bundes Einrichtungen der sogenannten «Hochkultur» – zumal wenn sie einen nationalen Traditionsaspekt besaßen – begünstigt, während DDR-spezifische Kultureinrichtungen wie betriebliche oder gewerkschaftliche Kulturhäuser, Jugendclubs und Kulturzirkel in der Regel aus den Förderlisten ausgespart blieben und finanziellen Zwängen zum Opfer fielen.

Von großer Bedeutung für die Kultur in Deutschland war die ebenfalls im Einigungsvertrag geregelte Wiedervereinigung von Sammlungen und Museen. Davon betroffen waren in erster Linie die ehemals staatlichen preußischen Sammlungen in Berlin, die durch die Nachkriegsereignisse getrennt worden waren. Unter der vorläufigen Trägerschaft der «Stiftung Preußischer Kulturbesitz» wurden die während des Zweiten Weltkrieges nach Westdeutschland ausgelagerten Teile, die nach 1945 in West-Berlin ihren Platz gefunden hatten, mit den nach Mitteldeutschland ausgelagerten Beständen, die in der DDR verblieben waren, wieder zusammengeführt. Auch die Büste der ägyptischen Königin Nofretete kehrte auf diese Weise wieder an ihren früheren Ort an der Seite ihres Gemahls Echnaton und ihrer Kinder auf die Berliner Museumsinsel zurück.

Im Bildungswesen wurde die Anerkennung der in der früheren DDR erworbenen schulischen, beruflichen und akademischen Abschlüsse und Befähigungsnachweise im Einigungsvertrag grundsätzlich geregelt.[288] Die Hochschulen und Hochschuleinrichtungen wurden in die Liste zum Hochschulbauförderungsgesetz und in das Hochschulrahmengesetz aufgenommen. Probleme bereitete jedoch die Überleitung des Personals, das in der DDR häufig nicht nur nach fachlichen Kriterien, sondern auch nach politischen Gesichtspunkten ausgewählt worden war. Die «Evaluierung» vorhandener Lehrkräfte mußte deshalb mit einem teilweisen Neuaufbau einhergehen. In der wissenschaftlichen Forschung, die in der DDR großenteils nicht an den Universitäten und Hochschulen, sondern in eigenständigen Akademien und Instituten stattfand, wurde eine gemeinsame Struktur für ganz Deutschland geschaffen, wobei jedoch leistungsfähige Einrichtungen der früheren DDR nach einer Begutachtung durch den Wissenschaftsrat erhalten blieben. Zugleich wurde indessen die Akademie der Wissenschaften der DDR – mit über 20 000 Beschäftigten – als Gelehrtensozietät von den Forschungseinrichtungen und anderen Instituten getrennt.[289]

Der Einigungsvertrag stellte damit wichtige Weichen für die Neuorganisation der Kultur im wiedervereinigten Deutschland. Allerdings gingen die Einflüsse der Maueröffnung und der Wiedervereinigung, die 1989/90 zunächst als Selbstbefreiung und als Chance zur demokratischen Erneuerung begriffen wurden, in Ostdeutschland bald mit einem Kultur- und Konsumschock einher, der auch einen Verlust an kultureller Orientierung bewirkte. Heiner Müller sprach deshalb von der «Qualität der Verlangsamung», von der Möglichkeit zur Konzentration, die in der Verwestlichung Ostdeutschlands abhanden zu kommen drohe. Was die westeuropäische Gesellschaft gegenüber dem Osten ausgezeichnet hatte und in der Zeit der Teilung vielen DDR-Bürgern erstrebenswert erschienen war, verlor unter dem Druck beschleunigter Anpassungsprozesse beträchtlich an Reiz. Das Verlangen nach Bewahrung des ostdeutschen Lebensgefühls und eine gewisse nostalgische Verklärung der Verhältnisse in der DDR nahmen zu. Unter dem Ansturm der westlichen Konsumgesellschaft wurden jetzt die durchaus vorhandenen positiven Aspekte der DDR-Gesellschaft wieder stärker wahrgenommen. Wie verbreitet das Gefühl der Bedrohung der eigenen Identität in Ostdeutschland war, zeigten nicht nur Meinungsumfragen, sondern auch die Wahlerfolge der PDS.[290]

Das entgrenzte Europa

Die Öffnung der Grenzen zwischen Ost und West sowie das Ende des Kommunismus in Osteuropa markierten den Beginn einer neuen Phase der europäischen Geschichte, die einerseits von der Hoffnung auf Überwindung der bisherigen Spaltung geprägt war, andererseits aber auch eine Renaissance traditioneller Verhaltensmuster europäischer Politik auslöste. Nationalismus, ethnische Konflikte, religiöse Gegensätze und Grenzstreitigkeiten erlebten eine traurige Wiedergeburt. Eine dramatische Zuspitzung erfuhr das Wiederaufleben historischer Spannungen und Streitigkeiten im früheren Jugoslawien, wo es zu einem erbitterten Bürgerkrieg kam, während sich die Aufspaltung der Tschechoslowakei in die beiden Teilrepubliken unblutig vollzog und der Zerfall der Sowjetunion ebenfalls größtenteils ohne kriegerische Auseinandersetzungen verlief.

In Deutschland waren es vor allem Übergriffe auf Ausländer und Brandanschläge gegen Asylbewerberheime, die zu Beginn der neunziger Jahre die Befürchtung aufkommen ließen, daß sich ein neuer, radikaler Nationalismus mit neonazistischer Grundhaltung entwickeln könne. Auf dem Höhepunkt dieser Entwicklung wurden allein 1992 insgesamt 1639 Gewalttaten – Tötungsdelikte, Brandanschläge, Körperverletzungen und schwere Sachbeschädigungen – mit rechtsextremistischem Hintergrund begangen. Zu den schlimmsten Vorfällen kam es in Rostock und Mölln. Allerdings waren die verübten Gewaltakte, die durch ein erschreckendes Maß an Brutalität gekennzeichnet waren und zwischen 1990 und 1994 nicht weniger als 21 Menschen das Leben kosteten, in den meisten Fällen mehr die Folge sozialer Frustration und Verunsicherung als das Ergebnis eines systematischen Terrorismus von rechts. Vor allem junge Menschen, die sich zu neonazistischen Gruppierungen zusammenfanden oder «Skinheads» anschlossen, reagierten damit auf Arbeitslosigkeit, fehlende Perspektiven und eine negative Einschätzung der Politik, der man eine Lösung der gesellschaftlichen Probleme immer weniger zutraute. Ausländer, insbesondere Asylbewerber, wurden dabei als Ursache einer zunehmenden «Überfremdung» stigmatisiert und zu Sündenböcken der allgemeinen Überforderung der Wirtschafts- und Sozialordnung der Bundesrepublik nach Grenzöffnung und Wiedervereinigung gestempelt.

Unbestreitbar hatte die Migration aus Osteuropa und der Dritten Welt über die offenen Grenzen 1992 mit 438 191 Asylbewerbern eine neue Dimension erreicht. Viele Antragsteller waren in Wirklichkeit jedoch Armutsflüchtlinge, die eine politische Verfolgung lediglich vortäuschten, um ein Bleiberecht in der Bundesrepublik zu erwirken. Zwischen den großen Parteien bildete sich deshalb ein Konsens für die Änderung des geltenden Asylrechts, um seinen Mißbrauch zu verhindern oder zumindest einzuschränken. Die Diskussion darüber hatte bereits 1980 begonnen, als erstmals die Schwelle von 100 000 Asylbewerbern überschritten worden war. Bis 1991

4. Kärrnerarbeit und neue Perspektiven

stieg der Zustrom auf 256 112 Asylbewerber, doch 1992 hatte er sich binnen eines Jahres nahezu verdoppelt. Zwar wurde nur ein geringer Prozentsatz der gestellten Asylanträge als berechtigt anerkannt (zum Beispiel 1992 4,3 Prozent und 1993 3,2 Prozent). Aber nur wenige abgelehnte Bewerber kehrten tatsächlich in ihre Herkunftsländer zurück. Nach der heftig diskutierten Änderung des Asylrechts 1993 nahm die Zahl der Asylbewerber deutlich ab. Sie liegt jedoch immer noch bei etwa 100000 pro Jahr.[291] Hinzu kommt ein Kontingent von jährlich etwa 200000 deutschstämmigen Aussiedlern aus Osteuropa.[292]

Die Öffnung der Grenzen nach Osten und die nahezu gleichzeitige Liberalisierung des Arbeitsmarktes in der Europäischen Union bewirkten darüber hinaus, daß Deutschland zunehmend unter den Druck billiger ausländischer Arbeitskräfte geriet. Während sich das Lohnniveau und die Höhe der Lohnnebenkosten in der Bundesrepublik weiterhin an den Standards der Zeit vor 1989 orientierten, drängten Osteuropäer, aber auch Arbeiter aus Randzonen der westeuropäischen Wirtschaft nach Deutschland, um sich hier – legal oder illegal – für Löhne zu verdingen, mit denen deutsche Fachkräfte nicht konkurrieren konnten. Allein die für einheimische Arbeitnehmer gesetzlich zu entrichtenden Abgaben zur Finanzierung des deutschen Sozialsystems überstiegen die an Ausländer gezahlten Löhne bei weitem. Die zunehmende Beschäftigung ausländischer Arbeitskräfte führte daher in der Bundesrepublik trotz «Wiedervereinigungsboom» zu einem weiteren Anstieg der Arbeitslosigkeit, die 1997 einen neuen Höchststand nach dem Kriege erreichte. Dazu trug auch die Tatsache bei, daß deutsche Unternehmen ihre Produktion zunehmend ins Ausland verlagerten, während ausländische Firmen kaum noch in Deutschland investierten. So flossen 1997 nur etwa 1 Milliarde DM an Auslandsinvestitionen nach Deutschland; deutsche Unternehmen wandten dagegen im gleichen Zeitraum über 60 Milliarden DM für die Errichtung von Produktionsstätten und die Schaffung von Arbeitsplätzen außerhalb der deutschen Grenzen auf. Die Struktur ökonomischer und sozialer Beziehungen in Europa und der Welt war – nicht zuletzt als Folge der «Wende» von 1989 – aus den Fugen geraten. Der Wirtschaftsstandort Deutschland war erstmals seit dem «Wirtschaftswunder» ernsthaft bedroht.

Diese «Entgrenzung» Europas bedeutete zugleich das faktische Ende des territorial definierten Nationalstaates klassischer Prägung. Schon 1960 hatte der Philosoph Karl Jaspers dazu weitsichtig geschrieben: «Die Geschichte des deutschen Nationalstaats ist zu Ende, nicht die Geschichte der Deutschen. Was wir als große Nation uns und der Welt leisten können, ist die Einsicht in die Weltsituation heute: daß der Nationalstaatsgedanke das Unheil Europas und nun auch aller Kontinente ist. Während der Nationalstaatsgedanke die heute übermächtig zerstörende Kraft der Erde ist, können wir beginnen, ihn in der Wurzel zu durchschauen und aufzuheben.»[293] Nicht die Wiederherstellung, sondern die Überwindung des Nationalstaates wurde also von Jaspers gefordert – eine Auffassung, die sich in der Bundesrepublik in den siebziger und achtziger Jahren weitgehend durchgesetzt hatte.[294] Anfang der neunziger Jahre ließ die Unterstützung für eine weitergehende Integration Europas jedoch überall – auch bei den Deutschen – nach.[295] Eine der Ursachen für die neue Skepsis gegenüber der europäischen Einigung waren paradoxerweise die strukturellen Prozesse der Entgrenzung, die der Renaissance nationalstaatlichen Denkens Vorschub leisteten. Die Flucht in die «Festung Nationalstaat» erschien vielen als einzig möglicher Schutz vor den unübersehbaren Folgen nicht beherrschbarer demographischer und ökonomischer Veränderungen, die mit der Öffnung der Grenzen und dem Zerfall vormals gesicherter Macht- und Herrschaftsverhältnisse nach 1989 einhergingen. Was Jaspers als wichtigen Schritt zur Überwindung einer zweihundertjährigen Fehlentwicklung der europäischen Geschichte deutete, betrachteten andere nun als Gefährdung für ihre soziale Existenz und kulturelle Identität.

Tatsächlich war der Nationalstaat an eine bestimmte Epoche der historischen Entwicklung gebunden. Aufklärung und Säkularisierung, die Herausbildung einer bürgerlichen Öffentlichkeit, der Aufstieg des Kapitalismus und seiner überregionalen Märkte sowie indirekt die Politik der absolutistischen Staaten trugen im 18. Jahrhundert zu seiner Entstehung bei. In der ersten Hälfte des 19. Jahrhunderts waren nationale Zielsetzungen ein Antrieb der wirtschaftlichen und politischen Modernisierung, ehe sie in der Zeit vor 1914 in den etablierten großen Nationalstaaten zu einem antiliberalen, antidemokratischen und antisozialistischen Prinzip umgestaltet wurden, das sich «nach innen intolerant und nach außen aggressiv» gab und maßgeblich zu den großen Katastrophen im Zeitalter der Weltkriege beitrug.[296] Zumal in Deutschland wurde der Nationalismus dabei nicht nur zur Legitimation einer völkischen Eroberungspolitik, sondern auch zur ideologischen Begründung der Unterdrückung und physischen Vernichtung von Minderheiten – vor allem der Juden – mißbraucht. In den «erwachsenen Nationalstaaten» des späten 20. Jahrhunderts wurde der Nationalstaat dagegen zur normalen politischen Organisationsform moderner Gesellschaften, in denen einerseits die Identifikation mit der eigenen Nation überall «eine mächtige Grundlage der Politik und ein wichtiges Element kollektiven Selbstverständnisses» darstellte und in denen sich andererseits «die übernationalstaatliche Verflechtung der Welt» mit einer stürmischen Expansion der Wirtschafts- und Kommunikationsbeziehungen verstärkte.[297] Die kapitalistische Wirtschaft, die sich in engem Zusammenhang mit dem Aufstieg und der Entfaltung des Nationalstaates entwickelt hat, trägt nun – weitgehend unabhängig vom Willen einzelner «nationaler» Regierungen – durch die Globalisierung bzw. «Entgrenzung» ihrer ökonomischen und sozialen Strukturen zum Ende des Nationalstaates bei, der bislang ihren Erfolg begleitete, wenn nicht garantierte.

Neue Verantwortung in der Außenpolitik

Die Außenpolitik der Bundesrepublik sah sich durch diese Entwicklung am Beginn der neunziger Jahre vor große Herausforderungen gestellt, die mit der Wiedervereinigung nur teilweise in Zusammenhang standen. Nach der Wiedererlangung der vollen staatlichen Souveränität am 3. Oktober 1990 wuchs ihr dabei jedoch eine Eigenverantwortung zu, die sie während des Kalten Krieges im Schatten der Supermächte nie besessen hatte. In einer Phase schwieriger weltpolitischer Entscheidungen sowie des Zusammenbruchs der europäischen Nachkriegsordnung, deren Hauptmerkmale – der Ost-West-Konflikt und die deutsche Teilung – nicht länger existierten, nahm Deutschland damit seine traditionelle geopolitische Mittellage im Zentrum Europas wieder ein.[298]

Angesichts des fundamentalen Wandels nahezu aller Faktoren griff die Bundesrepublik während des Einigungsprozesses allerdings zunächst auf die bewährten außenpolitischen Grundsätze aus der Zeit vor 1989 zurück: die Weiterentwicklung der europäischen Integration, die besondere Betonung der deutsch-französischen Zusammenarbeit, die Sicherung der transatlantischen Beziehungen zu den USA und eine aktive Stabilitätspolitik gegenüber Osteuropa und Rußland. Im Mittelpunkt standen weiterhin die Stärkung der NATO und der Europäischen Gemeinschaft sowie die «Kultur der Zurückhaltung», die nicht nur im militärischen Bereich, sondern auch mit der «an Souveränitätsabbau orientierten, betont nicht-nationalen Ausrichtung» der deutschen Außenpolitik unterstrichen wurde.[299] Unter den Bündnispartnern wurde diese Zurückhaltung allerdings nicht immer mit Beifall aufgenommen. Vor allem die USA forderten eine aktive deutsche Rolle zur Unterstützung westlicher Positionen. Präsident George Bush hatte in diesem Zusammenhang bereits im Mai 1989 davon gesprochen, die Bundesrepublik müsse ein «partner in leadership» sein.[300]

Wie schwierig die Wahrnehmung der gewachsenen internationalen Verantwortung des wiedervereinigten Deutschland sein konnte, wurde im Golfkrieg 1991 und bei der verfrühten völkerrechtlichen Anerkennung der jugoslawischen Teilrepubliken Slowenien und Kroatien als unabhängige Staaten im Winter 1991/92 deutlich. Im Golfkrieg sah sich die Bundesregierung mit der Forderung der USA konfrontiert, zum Schutz gemeinsamer Interessen und Werte im Rahmen gemeinsamer Risikobereitschaft logistische Unterstützung zu gewähren und eigene Truppen an den Golf zu entsenden. Bonn lehnte den direkten Einsatz deutscher Soldaten am Golf aus verfassungspolitischen Gründen zwar ab, erklärte sich jedoch zu finanzieller und materieller Hilfe bereit, so daß die Bundesrepublik am Ende mit 17 Milliarden DM – nahezu einem Drittel des jährlichen Verteidigungsetats – den Golfkrieg großenteils finanzierte und sich gleichwohl den Vorwurf der «Scheckbuch-Diplomatie» gefallen lassen mußte.[301] Im Falle der Anerkennung Sloweniens und Kroatiens verhielt es sich genau umgekehrt: Die Bundesregierung setzte sich im Dezember 1991 gegen den Widerstand Frankreichs, Großbritanniens, der USA und der UNO durch, handelte im Alleingang und stellte die Verbündeten – darunter den britischen Vermittler im Jugoslawien-Konflikt, Lord Carrington – vor vollendete Tatsachen. Dessen Warnung, insbesondere die Anerkennung Kroatiens werde die Zündschnur des Krieges weiter nach Bosnien-Herzegowina verlängern, wurde unbedacht in den Wind geschlagen. Doch Lord Carrington sollte recht behalten, während Kohl und Genscher mit der völkerrechtlichen Anerkennung der Regierung in Zagreb einen folgenschweren Fehler begingen: Der Krieg in Bosnien dehnte sich aus, die Politik «ethnischer Säuberungen» eskalierte. Es sollte Jahre dauern, bis die Kritik der Verbündeten an diesem Versagen der deutschen Diplomatie verstummte. Der Schock darüber saß auf deutscher Seite so tief, daß weitere Alleingänge unterblieben und der vom neuen Außenminister Klaus Kinkel 1992 vor der UN-Vollversammlung erhobene Anspruch auf einen ständigen deutschen Sitz im UN-Sicherheitsrat ebenfalls nur mit begrenztem Nachdruck vorgetragen wurde.[302]

Erfolgreicher war die deutsche Außenpolitik bei ihrer behutsamen Mitwirkung an friedenserhaltenden und friedensschaffenden Maßnahmen der Vereinten Nationen. Vor allem Bundesverteidigungsminister Volker Rühe war bestrebt, im Interesse des internationalen Ansehens und der Gleichberechtigung der deutschen Politik mit den Verbündeten nach der Wiedervereinigung die zum Teil selbst auferlegten Restriktionen bei Auslandseinsätzen der Bundeswehr zu verringern. Der Einsatz von Sanitätseinheiten in Kambodscha 1992 sowie die Entsendung von Pionieren, Fernmeldern, Sanitätern und anderen Blauhelmsoldaten nach Somalia 1993 trugen dazu bei, den Erwartungen der UNO und verschiedener Dritte-Welt-Organisationen an ein größeres internationales Engagement Deutschlands gerecht zu werden.[303] Mit dem Urteil des Bundesverfassungsgerichts vom 12. Juli 1994 wurden humanitäre und militärische Einsätze der Bundeswehr schließlich auch außerhalb des NATO-Gebiets *(out of area)* verfassungsrechtlich und politisch abgesichert. Danach war es der Bundesrepublik möglich, im Zuge des Ausbaus ihrer sicherheitspolitischen Handlungsfähigkeit auch im militärischen Bereich ordnungspolitische Verantwortung zu übernehmen. Dementsprechend wurde die Beteiligung der Bundeswehr am Einsatz der NATO auf dem Balkan am 6. Dezember 1995 von einer großen Mehrheit des Bundestages (563 zu 107 Stimmen bei 6 Enthaltungen) getragen, die wenige Jahre zuvor noch undenkbar gewesen wäre.

Eine Führungsrolle fiel Deutschland schließlich bei den Bemühungen um die Stabilisierung Osteuropas zu. Der Erfolg der demokratischen und marktwirtschaftlichen Reformen lag sogar im besonderen Interesse der Bundesrepublik, weil Deutschland als angrenzender westlicher Nachbar von einem Mißlingen der Stabilisierung unmittelbar betroffen wäre. Die Möglichkeiten politischer und wirtschaftlicher Kooperation, aber auch das Ausmaß der Migration hängen maßgeblich von der Entwicklung des osteuropäischen

4. Kärnerarbeit und neue Perspektiven

Konsolidierungsprozesses ab. Die Bundesrepublik bemühte sich daher auf vielfältige Weise um die Festigung der Demokratie, den Aufschwung der Wirtschaft und die Verbesserung der Lebensbedingungen in den osteuropäischen Ländern. Deutschland trug mit 37 Prozent ebenfalls die Hauptlast der westlichen Finanzhilfen, gefolgt von den USA mit 11 Prozent und Japan mit 5 Prozent,[304] und war stärkster westlicher Befürworter einer Osterweiterung von NATO und EU. Außerdem wurde die Bundesrepublik für fast alle osteuropäischen Staaten einschließlich Rußland zum wichtigsten Handelspartner.

Die konstruktive Gestaltung des Verhältnisses zwischen Rußland und dem wiedervereinigten Deutschland genoß in diesem Zusammenhang besondere Priorität. Die vertraglichen Voraussetzungen dafür waren bereits mit den Verträgen von 1990 geschaffen worden. In den neunziger Jahren pflegte die Bundesrepublik aber nicht nur die bilateralen Beziehungen, sondern wurde auch zum Befürworter einer engen Einbeziehung Rußlands in die Tätigkeit der Organisation für Sicherheit und Zusammenarbeit in Europa (OSZE), in verschiedene NATO-Programme (u. a. «Partnerschaft für den Frieden») sowie in die multilateralen Bemühungen zur Lösung des Balkankonflikts. Allerdings brachten der politische und wirtschaftliche Zusammenbruch der Sowjetunion und die Erschütterung des Selbstverständnisses der Menschen in der ehemaligen UdSSR neue Belastungen mit sich, deren Folgen sich auch auf das deutsch-russische Verhältnis auswirkten. Das Dilemma der deutschen Außenpolitik nach der Wiedervereinigung, die sich sowohl mit Forderungen nach einem größeren internationalen Engagement als auch mit der Furcht vor einem erneuten deutschen Vormachtstreben in Europa konfrontiert sah, zeigte sich jedenfalls am Beispiel des deutsch-russischen Verhältnisses besonders deutlich. Die Erinnerung an die deutschen Verbrechen in der ersten Jahrhunderthälfte blieb auch in der aktuellen Macht- und Interessenpolitik lebendig. Deutschlands Rückkehr auf die Bühne der internationalen Politik durfte nicht ohne Rücksicht auf die Erfahrungen der Vergangenheit erfolgen. Die Bundesregierung rückte deshalb die Europäisierung bewußt in den Mittelpunkt ihrer Außenpolitik und besaß dafür mit dem Vertrag von Maastricht auch das geeignete Instrumentarium.

Der Vertrag von Maastricht

Die Diskussion um die Vertiefung der europäischen Integration wurde durch die Wiedervereinigung Deutschlands 1990/91 zwar nicht ausgelöst, jedoch maßgeblich beschleunigt.[305] Insbesondere für Frankreich stand dabei der Gedanke im Vordergrund, die finanzielle und wirtschaftliche Macht des wiedervereinigten Deutschland einer stärkeren europäischen Kontrolle zu unterwerfen. Aus deutscher Sicht bot dies den Vorteil, der seit langem gewünschten Politischen Union Europas einen Schritt näherzukommen. Auf

der Konferenz der Staats- und Regierungschefs der Europäischen Gemeinschaft im Dezember 1991 in Maastricht wurde deshalb ein «Vertrag über die Europäische Union» verabschiedet, in dem wichtige Weichen für die Zukunft Europas gestellt wurden. Als Ziele wurden darin genannt:
- die Förderung eines ausgewogenen und dauerhaften wirtschaftlichen und sozialen Fortschritts, insbesondere durch Schaffung eines Raumes ohne Binnengrenzen, durch Stärkung des wirtschaftlichen und sozialen Zusammenhalts und vor allem durch die Errichtung einer Wirtschafts- und Währungsunion, die ab 1999 auch zu einer gemeinsamen Währung führen sollte;
- die Einleitung einer gemeinsamen Außen- und Sicherheitspolitik, wozu auf längere Sicht ebenfalls eine gemeinsame Verteidigungspolitik, einschließlich einer gemeinsamen Verteidigung, gehören könnte;
- die Einführung einer Unionsbürgerschaft;
- engere Zusammenarbeit in den Bereichen Justiz und Inneres;
- gemeinsame Fortschritte in der Sozialpolitik;
- zusätzliche Rechte und Aufgaben für das Europäische Parlament;
- die Einsetzung eines Regionalausschusses und einer Konferenz der Parlamente zur Dezentralisierung der Struktur der Union.

Aus der Europäischen Gemeinschaft wurde damit die «Europäische Union». Die gesamten Beziehungen untereinander sollten dadurch in eine gemeinsame Politik überführt werden. Die Rechte und Interessen der Angehörigen der Mitgliedstaaten wurden geschützt und erweitert. Jeder EU-Bürger konnte sich in allen EU-Staaten frei bewegen und aufhalten sowie in seinem Wohnsitzland das Wahlrecht für die kommunalen Wahlen und die Wahlen zum Europäischen Parlament erhalten. Die angestrebte «Unionsbürgerschaft» war ein weiterer Schritt zur Bildung einer europäischen Staatsqualität und kam bereits im neu eingeführten Europäischen Reisepaß oder der EU-Zulassung von Fahrzeugen zum Ausdruck.

Wichtigster Einzelaspekt war jedoch die Einführung des «Euro» als gemeinsame Währung und die Errichtung einer Europäischen Zentralbank zum 1. Januar 1999. Durch die damit verbundene festere und dauerhafte Integration Deutschlands in europäische Strukturen wurden Befürchtungen der europäischen Nachbarn, das wiedervereinigte Deutschland könne erneut einen nationalen Alleingang starten, entkräftet. Darüber hinaus bietet die Union einen allgemein akzeptierten Rahmen für die Heranführung osteuropäischer Staaten an westliche Institutionen, die nicht zuletzt dem Ziel dient, die Entwicklung in Osteuropa zu stabilisieren und das politische, ökonomische und soziale Gefälle an der Ostgrenze Deutschlands zu vermindern. Seitens der Bundesrepublik hofft man, daß den Menschen in Osteuropa damit eine konkrete Perspektive für die Verbesserung ihrer sozialen Lage gegeben wird und größere Wanderungsbewegungen – wie 1989/90 von Ost- nach Westdeutschland – vermieden werden können. Wie die westeuropäische Integration nach dem Zweiten Weltkrieg zur Aussöhnung zwi-

4. Kärrnerarbeit und neue Perspektiven 787

schen den Völkern und zum wirtschaftlichen Wiederaufbau beitrug, soll die Europäische Union nun in Osteuropa zum Katalysator der Erneuerung politischer, ökonomischer und sozialer Strukturen werden und einer Renationalisierung der Politik Einhalt gebieten.[306] Schließlich besteht in Deutschland aber auch deshalb großes Interesse an der Einbettung seiner Osteuropapolitik in den Rahmen der Europäischen Union, weil diese Politik sonst als nationalistisches Hegemoniestreben mißverstanden werden könnte.[307] Schon die hohe Investitionsneigung deutscher Unternehmen in den «Billiglohngebieten» östlich der Oder und Neiße und des Bayerischen Waldes ließ Kritiker des deutschen Engagements in den neunziger Jahren eine «Germanisierung» Osteuropas beklagen. Tatsächlich spielt Deutschland in Ostmitteleuropa gegenwärtig eine ähnliche Rolle wie die USA nach dem Zweiten Weltkrieg in Westeuropa, als die amerikanischen Kapitalinvestitionen einerseits als notwendiger Beitrag zur wirtschaftlichen Entwicklung begrüßt und andererseits als Ausdruck amerikanischer Überfremdung kritisiert wurden. Auch hier kann die Europäische Union politisch entlastend wirken, indem sie der deutschen Politik einen europäischen Rahmen verleiht.

Nicht die Germanisierung Europas, sondern die Europäisierung Deutschlands war deshalb das Kennzeichen bundesrepublikanischer Außenpolitik nach der Wiedervereinigung. Ein besonderes Verdienst daran kam Bundeskanzler Kohl zu, der nach der Euphorie der Einigung jeder Versuchung aus dem Wege ging, die deutsche Politik in einem Bismarckschen Sinne zu renationalisieren. Künftige Generationen werden deshalb möglicherweise nicht die Wiedervereinigung der beiden deutschen Staaten als seine größte staatsmännische Leistung betrachten, die ohnehin in erster Linie den Bürgern Ostdeutschlands zu verdanken ist, sondern seinen Mut, der Rückkehr zum Reichsgedanken zu widerstehen und an der Vision der Einheit Europas festzuhalten.

Von der Bonner zur Berliner Republik

Die Wende von 1989 brachte aber nicht nur den Untergang der DDR, sondern auch das Ende der «Bonner Republik», die sich seit 1949 durch innere Stabilität, wirtschaftliche Prosperität und außenpolitische Berechenbarkeit ausgezeichnet hatte. Die nach einer spektakulären und hart umkämpften Debatte getroffene Entscheidung des Bundestages vom 20. Juni 1991, den Sitz von Parlament und Regierung größtenteils von Bonn nach Berlin zu verlegen, erfolgte nicht nur aus Gründen politischer Glaubwürdigkeit (nachdem seit 1945 in ungezählten Erklärungen immer wieder die Hauptstadtrolle Berlins beschworen worden war), sondern auch als Beitrag zur Vollendung der inneren Einheit Deutschlands.

Die Frage bleibt, ob mit diesem Wechsel weitergehende politische Veränderungen verbunden sind. Nicht umsonst erregte Fritz René Allemann in den fünfziger Jahren mit dem Titel seines Buches *Bonn ist nicht Weimar* Aufsehen. Orte standen für Inhalte: Weimar für Instabilität und eine gefährdete Republik, Bonn für Stabilität und eine zukunftsfähige Demokratie.[308] Wenn der Übergang von der Bonner zur Berliner Republik eine negative Verschiebung der deutschen Politik ankündigen würde, wäre Besorgnis angebracht.[309] Tatsächlich kann aber von einem vollständigen Ende der Bonner Republik keine Rede sein. Schon mit dem Fortbestand der Verfassung und der Westbindung verfügt die Bundesrepublik über zwei tragende Säulen, die ein hohes Maß an Kontinuität gewährleisten. Auch die Wirtschaftsordnung, die Struktur der Eliten, das Bildungswesen und die in fünfzig Jahren gewachsene demokratische politische Kultur gehören zum Traditionsbestand der Bundesrepublik, die damit eine eigenständige, dauerhafte Substanz besitzt. Der Regierungsumzug nach Berlin sollte deshalb in seiner Bedeutung nicht überschätzt werden.

Natürlich gibt es gewichtige Veränderungen, die zum Teil schon genannt wurden. Das geeinte Deutschland ist aus einer Randlage im Ost-West-Konflikt in das Zentrum des neuen Europa gerückt. Deutschland segelt nicht länger im Windschatten der Weltpolitik, sondern wird zur Übernahme von Verantwortung gedrängt. In der neuen Hauptstadt Berlin spiegeln sich wie in einem Brennglas die Probleme eines Kontinents, dessen Grenzen offener und dessen soziale Gegensätze größer geworden sind. Die Bundesregierung wird sich diesen Spannungen in der Metropole Berlin weniger entziehen können als im kleinstädtischen Bonn. Während Bonn oft nur die politische Arbeitsstätte von Wochenendheimfahrern war, wandelt sich Berlin zum nationalen Zentrum: von Ministern und Parlamentariern, Diplomaten und Journalisten, Verbandsvertretern und Lobbyisten, Wissenschaftlern und Künstlern – in dieser Hinsicht Paris, London oder Washington nicht unähnlich. Auch darin liegt ein Stück Symbolik.[310]

Dennoch wird sich die Berliner Republik kaum allzu weit von ihren Bonner Traditionen entfernen. Vor allem hinsichtlich der Grundorientierung der Politik dürfte sich die Befürchtung als unbegründet erweisen, mit der Rückkehr der Regierung an die Spree werde auch der Reichsgedanke wieder Einzug halten. Die Entstehung eines «Vierten Reiches» erscheint angesichts des inneren Strukturwandels und der äußeren Einbindung der Bundesrepublik ausgeschlossen. Die Bundesrepublik wird auch als Berliner Republik bleiben, was sie zu ihren Bonner Zeiten war: ein stabiler und verläßlicher Partner des Westens mit demokratischer Grundhaltung und einer politischen Kultur, die aus der verfehlten Nationalgeschichte von 1871 bis 1945 ihre Lehren gezogen hat. Deutschland erhält damit – in den Worten des deutsch-jüdischen Historikers Fritz Stern, der unter Hitler zur Emigration nach Amerika gezwungen wurde – eine «zweite Chance».[311]

ANHANG

ANMERKUNGEN

Erster Teil

1 Abgedruckt in: Joseph Goebbels, Tagebücher 1945. Die letzten Aufzeichnungen. Mit einer Einleitung von Rolf Hochhuth, Stuttgart o. J., S. 458 ff.

2 Die Wehrmachtsberichte 1939–1945, 3 Bde., Köln 1989, hier: 28. 4. 1945, Bd. 3, S. 559.

3 Vgl. Gerhard Boldt, Die letzten Tage der Reichskanzlei, Reinbek 1964, S. 128.

4 Ralf Georg Reuth, Goebbels, München 1990, S. 609.

5 Georgij K. Schukow, Erinnerungen und Gedanken, Bd. 2, 8. Aufl., Berlin (Ost) 1987, S. 353. Siehe auch Lew Besymenski, Die letzten Notizen von Martin Bormann. Ein Dokument und sein Verfasser, Stuttgart 1974, S. 276.

6 Reuth, Goebbels, S. 611.

7 Vgl. Wolfgang Jacobmeyer, Die Niederlage 1945, in: Westdeutschlands Weg zur Bundesrepublik 1945–1949. Beiträge von Mitarbeitern des Instituts für Zeitgeschichte, München 1976, S. 15.

8 Charles de Gaulle, Discours de Guerre, Bd. 3 (Mai 1944-September 1945), Paris 1945, S. 214.

9 Albert Speer, Erinnerungen, Frankfurt am Main 1969, S. 446. Vgl. auch Hans-Ulrich Thamer, Verführung und Gewalt. Deutschland 1933–1945, Berlin 1986, S. 748 ff.

10 Adolf Hitler, Mein Kampf, 37. Aufl., München 1933, S. 742.

11 Vgl. Ernst Deuerlein, Die Einheit Deutschlands. Bd. I: Die Erörterungen und Entscheidungen der Kriegs- und Nachkriegskonferenzen 1941–1949. Darstellung und Dokumente, 2. Aufl., Frankfurt am Main 1961, S. 304. Vgl. Robert Dallek, Franklin D. Roosevelt and American Foreign Policy, 1932–1945, Oxford u. a. 1979, S. 283 ff.

12 In den Aufzeichnungen Präsident Roosevelts heißt es dazu, nur eine «bedingungslose Kapitulation» könne «allem Ermessen nach den Weltfrieden für Generationen sichern». Zit. nach: Robert E. Sherwood, Roosevelt und Hopkins, Hamburg 1950, S. 570. Vgl. auch Department of State (Hrsg.), Foreign Relations of the United States (im folg. zit. als FRUS). Diplomatic Papers: The Conferences at Washington, 1941–1942, and Casablanca, 1943, Washington, DC 1968, S. 534.

13 Selbst die vielfach erörterte These, daß zumindest der deutsche Angriff auf die Sowjetunion im Juni 1941 ein Präventivschlag gewesen sei, läßt sich durch die inzwischen zugänglichen russischen Akten nicht belegen. Die Diskussion entzündete sich vor allem an der 1993 von dem Exilrussen Viktor Suworow in seinen Büchern «Der Eisbrecher» und «Der Tag M» aufgestellten Behauptung, Stalin habe gegenüber Deutschland konkrete Angriffspläne verfolgt und bereits in Form erster Aufmarschvorbereitungen umgesetzt. Vgl. Stefan Creuzberger, «Der sowjetische Mythos vom ‹Großen Vaterländischen Krieg›. Zur schwierigen Korrektur totalitärer Geschichtsschreibung», in: Neue Zürcher Zeitung, 19./20. September 1998, S. 57.

14 Cordell Hull, The Memoirs of Cordell Hull, New York 1948, Bd. II, S. 1265 f.

15 Ebd., S. 1287. Vgl. auch Robert Rhodes James, Anthony Eden, London 1986, S. 276 f.

16 FRUS, The Conferences at Cairo and Tehran 1943, Washington, DC 1961,

S. 510f. Siehe auch Winston Churchill, Der Zweite Weltkrieg, Bd. V: Der Ring schließt sich, Buch 2: Von Teheran bis Rom, Bern 1953, S. 46ff. u. S. 62ff.
  17 Lord Moran, Winston Churchill. The Struggle for Survival 1940–1965, London 1966, S. 193.
  18 The Post Hostilities Planning (PHP) Committee Report, PHP (44) 17 (o), 20. 7. 1944. CAB 79/78, Public Record Office (London).
  19 Warren F. Kimball (Hrsg.), Swords or Ploughshares? The Morgenthau Plan for Defeated Nazi Germany 1943–46, Philadelphia, PA 1976. Vgl. auch Morgenthau Diary (Germany), hrsg. von Anthony Kubek, Committee on the Judiciary, U.S. Senate, 2 Bde., Washington, DC 1967. Zum Verhältnis zwischen Präsident und Finanzminister siehe John Morton Blum, Roosevelt and Morgenthau, Boston, MA 1970.
  20 »Suggested Post-Surrender Program of Germany«, 2. September 1944, in: FRUS, The Conference of Quebec, 1944, S. 86f. Siehe ebenfalls Dirk Bavendamm, Roosevelts Krieg 1937–45 und das Rätsel von Pearl Harbor, München und Berlin 1993, S. 232. Zur Morgenthau-Debatte in den USA vgl. auch Wolfgang Krieger, General Lucius D. Clay und die amerikanische Deutschlandpolitik 1945–1949, Stuttgart 1987, S. 28ff. Krieger vertritt die These, daß eine «tiefe Kluft» zwischen den Ideen Morgenthaus und den Vorstellungen anderer Deutschlandplaner in der amerikanischen Regierung gar nicht bestanden habe. Die Konzeptionen seien sich in Wirklichkeit aufgrund der engen Handlungsspielräume «sehr viel näher als oft vermutet» gewesen (S. 29).
  21 Winston Churchill, Der Zweite Weltkrieg, Bd. VI: Triumph und Tragödie, Buch 1: Dem Sieg entgegen, Bern 1954, S. 192.
  22 Hull, The Memoirs, Bd. II, S. 1621.
  23 FRUS, The Conferences of Malta and Yalta, Washington, DC 1955, S. 155.
  24 Siehe Diane Shaver Clemens, Jalta, Stuttgart 1972, S. 172ff.
  25 Documents on Germany Under Occupation 1945–1954, hrsg. von Beate Ruhm von Oppen, London 1955, S. 12. Zum Folgenden siehe vor allem Hermann-Josef Rupieper, Die Wurzeln der westdeutschen Nachkriegsdemokratie. Der amerikanische Beitrag 1945–1952, Opladen 1993. Vgl. ebenfalls Anselm Doering-Manteuffel, Dimensionen von Amerikanisierung in der deutschen Gesellschaft, in: Archiv für Sozialgeschichte, 35. Jg., (1995), S. 1–34.
  26 Zit. nach: J. K. Korman, U. S. Denazification Policy in Germany, 1944–1950, o. O. (1952), S. 73. Vgl. hierzu ebenfalls Lutz Niethammer, Die Mitläuferfabrik. Die Entnazifizierung am Beispiel Bayerns, Berlin und Bonn 1982. Siehe auch Clemens Vollnhals (Hrsg.), Entnazifizierung. Politische Säuberung und Rehabilitierung in den vier Besatzungszonen 1945–1949, München 1991.
  27 Department of State Bulletin, 16. Dezember 1945. Vgl. hierzu John H. Backer, Priming the German Economy. American Occupation Policies 1945–1948, Durham, NC 1971, S. 77. Das wirtschaftliche Chaos nach Gebietsabtretungen, Umsiedlungen und Vertreibungen war im übrigen innerhalb der amerikanischen Administration vorhergesehen worden. Siehe hierzu J. B. Knapp, Memorandum «Economic Implications for Germany of Proposed Territorial and Populations Transfers in Eastern Europe», 24. Januar 1945, in: Clayton/Thorpe Files, Box 2, File Germany, Harry S. Truman Library (Independence, MO).
  28 Zahlenangaben nach: Dietrich Hilger, Die mobilisierte Gesellschaft, in: Richard Löwenthal und Hans-Peter Schwarz (Hrsg.), Die Zweite Republik. 25 Jahre Bundesrepublik Deutschland – eine Bilanz, Stuttgart 1974, S. 105. Vgl. hierzu vor allem Michael C. Krause, Flucht vor dem Bombenkrieg. «Umquartierungen» im Zweiten Weltkrieg und die Wiedereingliederung der Evakuierten in Deutschland 1943–1963, Düsseldorf 1997.

29 Zahlengaben nach: Justus Rohrbach, Im Schatten des Hungers. Dokumentarisches zur Ernährungspolitik und Ernährungswirtschaft in den Jahren 1945–1949, Hamburg 1955; Hubert Schmitz, Die Bewirtschaftung der Nahrungsmittel und Verbrauchsgüter 1939–1950. Dargestellt am Beispiel der Stadt Essen, Essen 1956. Zur sozialen Gesamtentwicklung dieser Zeit siehe vor allem Martin Broszat u. a. (Hrsg.), Von Stalingrad zur Währungsreform. Zur Sozialgeschichte des Umbruchs in Deutschland, München 1988.

30 Zur Entwicklung der Körpergewichtsstatistiken vgl. Monthly Report of the Military Governor, hrsg. von OMGUS, August 1945-September 1949, in: Archiv des Instituts für Zeitgeschichte, MA-560, S. 1 ff.

31 Gerhard Hay (Hrsg.), «Als der Krieg zu Ende war». Literarisch-politische Publizistik 1945–1950, 4., unveränd. Aufl., Marbach 1995, S. 127f. Vgl. auch Klaus-Jörg Ruhl (Hrsg.), Deutschland 1945. Alltag zwischen Krieg und Frieden in Berichten, Dokumenten und Bildern, Darmstadt und Neuwied 1984.

32 Siehe Jacobmeyer, Die Niederlage 1945, S. 23. Zum Wählerverhalten vgl. Gerhard A. Ritter und Merith Niehuss, Wahlen in Deutschland 1946–1991. Ein Handbuch, München 1991. Zu den Chancen und Grenzen radikaler Parteien siehe Hans Kluth, Die KPD in der Bundesrepublik. Ihre politische Tätigkeit und Organisation 1945–1956, Opladen 1959; Otto Büsch und Peter Furth, Rechtsradikalismus im Nachkriegsdeutschland. Studien über die «Sozialistische Reichspartei» (SRP), Berlin und Frankfurt am Main 1957; Oliver Sowinski, Die Deutsche Reichspartei 1950–1965. Organisation und Ideologie einer rechtsradikalen Partei, Frankfurt am Main u. a. 1998.

33 Deutsche Volkszeitung, Nr. 29, 15. Juli 1945, zit. nach: Manfred Koch, Der Demokratische Block, in: Hermann Weber (Hrsg.), Parteiensystem zwischen Demokratie und Volksdemokratie, Köln 1982, S. 301 f. Zu den Voraussetzungen und Zielen sowjetischer Politik vgl. Alexander Fischer, Sowjetische Deutschlandpolitik im Zweiten Weltkrieg 1941–1945, Stuttgart 1975; Walrab von Buttlar, Ziele und Zielkonflikte in der sowjetischen Deutschlandpolitik 1945–1947, Stuttgart 1980. Zur Entwicklung in der SBZ siehe vor allem Stefan Creuzberger, Die sowjetische Besatzungsmacht und das politische System der SBZ, Weimar u. a. 1996.

34 Der Morgen, Nr. 10, 14. August 1945. Vgl. auch den Leitartikel «Einheitsfront», in: Der Morgen, Nr. 112, 12. Dezember 1945.

35 Ernst Deuerlein (Hrsg.), Potsdam 1945. Quellen zur Konferenz der «Großen Drei», München 1963, S. 356.

36 Vgl. Thilo Vogelsang, Die Bemühungen um eine deutsche Zentralverwaltung 1945/46, in: Vierteljahrshefte für Zeitgeschichte, 18. Jg. (1970), S. 510ff.

37 Siehe Christoph Weisz, Deutsche Politik unter Besatzungsherrschaft, in: Westdeutschlands Weg zur Bundesrepublik 1945–1949. Beiträge von Mitarbeitern des Instituts für Zeitgeschichte, München 1976, S. 55 f. Vgl. auch Lia Härtel, Der Länderrat des amerikanischen Besatzungsgebietes, Stuttgart 1951.

38 Weisz, Deutsche Politik unter Besatzungsherrschaft, S. 57. Vgl. hierzu ebenfalls Marie Elise Foelz-Schroeter, Föderalistische Politik und nationale Repräsentation 1945–1947. Westdeutsche Länderregierungen, zonale Bürokratien und politische Parteien im Widerstreit, Stuttgart 1974.

39 Französische Dokumente über Deutschland (August 1945-Februar 1947), in: Europa-Archiv, 9. Jg. (1954), S. 6747.

40 Wolfgang Marienfeld, Konferenzen über Deutschland. Die alliierte Deutschlandplanung und -politik 1941–1949, Hannover 1962, S. 308. Vgl. hierzu ebenfalls Raymond Poidevin, Die französische Deutschlandpolitik 1943–1949, in: Die Deutschlandpolitik Frankreichs und die französische Zone 1945–1949, hrsg. von

Claus Scharf und Hans-Jürgen Schröder, Wiesbaden 1983, S. 15 ff. Das sowjetische Verhalten im Kontrollrat untersucht Jochen Laufer, Konfrontation oder Kooperation? Zur sowjetischen Politik in Deutschland und im Alliierten Kontrollrat 1945–1948, in: Alexander Fischer (Hrsg.), Studien zur Geschichte der SBZ/DDR, Berlin 1993, S. 57 ff.

41 Vgl. Hermann Weber, Geschichte der DDR, 2. Aufl., München 1986, S. 110 ff. Siehe auch Gerhard Wettig, All-German Unity and East German Separation in Soviet Policy 1947–1949, in: Jahrbuch für Historische Kommunismusforschung 1994, Berlin 1994, S. 122 ff.; Jan Foitzik, Die Sowjetische Militäradministration in Deutschland. Organisation und Wirkungsfelder in der SBZ 1945–1949, in: Aus Politik und Zeitgeschichte, H. B 11, 1990, S. 43 ff.; Harold Hurwitz, Zwangsvereinigung und Widerstand der Sozialdemokraten in der Sowjetischen Besatzungszone, Köln 1990. Grundlegend zur Gesamtentwicklung jetzt Norman M. Naimark, The Russians in Germany. A History of the Soviet Zone of Occupation 1945–1949, Cambridge, MA und London 1995.

42 Vgl. hierzu Lothar Kettenacker, Die anglo-amerikanischen Planungen für die Kontrolle Deutschlands, in: Josef Foschepoth (Hrsg.), Kalter Krieg und Deutsche Frage. Deutschland im Widerstreit der Mächte 1945–1952, Göttingen und Zürich 1985, S. 81 f.

43 Vgl. Charles E. Bohlen, Witness to History 1929–1969, New York 1973.

44 George F. Kennan, Memoirs 1925–1950, Boston und Toronto 1967, S. 258.

45 Ebd.

46 Wörtlich erklärte Truman gegenüber Byrnes: «I'm tired of babying the Soviets.» Zit. nach: Public Papers of the Presidents of the United States: Harry S. Truman, 1945 ff., Washington, DC 1961 ff., hier: 1946, S. 116. Vgl. auch Harry S. Truman, The Memoirs of Harry S. Truman, Vol. I: Year of Decisions, Garden City, NY 1955, S. 552.

47 FRUS 1946/II, S. 204. Zur Position des amerikanischen Außenministers siehe James F. Byrnes, Speaking Frankly, New York 1947, S. 123 ff.

48 FRUS 1946/II, S. 204.

49 COS (46) 105, 5. 4. 1946. CAB 80/101, Public Record Office (London).

50 CAB 129/9, Public Record Office (London).

51 Ebd. Siehe auch Rolf Steininger, Westdeutschland ein «Bollwerk gegen den Kommunismus»? Großbritannien und die deutsche Frage im Frühjahr 1946, in: Militärgeschichtliche Mitteilungen, 38. Jg. (1985), S. 163–207.

52 Archiv der Gegenwart, 1946–1947, S. 669 ff. Vgl. auch Joseph Parker Morray, From Yalta to Disarmament. Cold War Debate, London 1961, S. 43 ff. Siehe ebenfalls Walter LaFeber, America, Russia, and the Cold War 1945–1996, 8. Aufl., New York u. a. 1997. Eine Neuinterpretation alter Fragen bietet John Lewis Gaddis, We Know Now. Rethinking Cold War History, Oxford 1998.

53 FRUS 1946/II, S. 842 ff. u. S. 869 ff.

54 Jean Edward Smith (Hrsg.), The Papers of General Lucius D. Clay. Germany 1945–1949, Bloomington, IN 1974, S. 213. Siehe auch Lucius D. Clay, Decision in Germany, Garden City, NY 1950.

55 FRUS 1946/V, S. 897.

56 Wortlaut in: Die Neue Zeitung, Berliner Ausgabe, Nr. 72, 9. September 1946.

57 Vgl. Tilman Pünder, Das bizonale Interregnum. Die Geschichte des Vereinigten Wirtschaftsgebiets 1946–1949, Spich bei Köln 1955; Werner Abelshauser, Wirtschaft in Westdeutschland 1945–1948. Rekonstruktion und Wachstumsbedingungen in der amerikanischen und britischen Zone, Stuttgart 1975; Klaus-Dietmar Henke, Die amerikanische Besetzung Deutschlands, München 1995.

58 «X» (George F. Kennan), The Sources of Soviet Conduct, in: Foreign Affairs, 25. Jg. (1946/47), Juli 1947, S. 566 ff.
59 Public Papers of the Presidents of the United States: Harry S. Truman, 1947, S. 176 ff.
60 Walter Lippmann, The Cold War. A Study in US Foreign Policy, New York und London 1947 (zuvor als Artikelserie in der *New York Herald Tribune*). Vgl. auch Ernst Nolte, Deutschland und der Kalte Krieg, München und Zürich 1974, S. 31 ff.
61 Zit. nach: LaFeber, America, Russia, and the Cold War, S. 62. Siehe auch Harry S. Truman, Memoirs, Bd. 2: Years of Trial and Hope, Garden City, NY 1956, S. 113 ff. Vgl. ebenfalls Robert J. Donovan, Conflict and Crisis. The Presidency of Harry S. Truman, 1945–1948, New York 1977, S. 279 ff., und Forrest C. Pogue, George C. Marshall: Statesman, New York 1987, S. 197 ff.
62 Vgl. Charles L. Mee, Jr., The Marshall Plan. The Launching of the Pax Americana, New York 1984, S. 246 ff. Vgl. auch Alan S. Milward, The Reconstruction of Western Europe 1945–51, London 1984; Michael J. Hogan, The Marshall Plan. America, Britain, and the Reconstruction of Western Europe, 1947–1952, Cambridge 1987; Gerd Hardach, Der Marshall-Plan. Auslandshilfe und Wiederaufbau in Westdeutschland 1948–1952, München 1994.
63 The Marshall Plan, in: America in a Divided World 1945–1972, hrsg. von Robert H. Ferrell, Columbia, SC 1975, S. 34. Vgl. auch A Decade of American Foreign Policy: Basic Documents 1941–1949, Washington, DC 1950, S. 1268 ff.
64 Siehe Mee, The Marshall Plan, S. 134 f.
65 «Über die internationale Lage». Referat des Sekretärs des ZK der KPdSU, A. A. Shdanow, auf der Gründungstagung des Kominform im September 1947, in: Tägliche Rundschau, Nr. 249, 24. Oktober 1947, S. 3 f.
66 Vgl. Jörg K. Hoensch, Sowjetische Osteuropa-Politik 1945–1975, Kronberg i. Ts. 1977, S. 61 ff. Siehe auch Heinrich Machowski (Hrsg.), Der Rat für Gegenseitige Wirtschaftshilfe – Seine Aufgaben und seine Bedeutung für die Mitgliedstaaten, Düsseldorf 1987; Wlodzimierz Brus, Geschichte der Wirtschaftspolitik in Osteuropa, Köln 1987.
67 Wolfgang Benz, Wirtschaftspolitik zwischen Demontage und Währungsreform, in: Westdeutschlands Weg zur Bundesrepublik 1945–1949. Beiträge von Mitarbeitern des Instituts für Zeitgeschichte, München 1976, S. 81. Vgl. auch Klaus-Jörg Ruhl (Hrsg.), Deutschland 1945. Alltag zwischen Krieg und Frieden in Berichten, Dokumenten und Bildern, Darmstadt und Neuwied 1984.
68 Gustav Stolper, Die deutsche Wirklichkeit, Hamburg 1949, S. 119.
69 Von diesen Plänen sind 35, die als besonders wichtig angesehen werden, abgedruckt in: Hans Möller (Hrsg.), Zur Vorgeschichte der Deutschen Mark. Die Währungsreformpläne 1945–1948, Basel und Tübingen 1961.
70 Vgl. Hans Herzfeld, Berlin in der Weltpolitik 1945–1970 (= Veröffentlichungen der Historischen Kommission zu Berlin, Bd. 38), Berlin und New York 1973, S. 226 ff.
71 Lucius D. Clay, Entscheidung in Deutschland, Frankfurt am Main o. J. (1950), S. 406. Vgl. Boris Meissner, Rußland, die Westmächte und Deutschland, 2. Aufl., Hamburg 1954.
72 Vgl. Walter Phillips Davison, Die Blockade von Berlin. Modellfall des Kalten Krieges, Frankfurt am Main u. a. 1959. Siehe ferner Avi Shlaim, The United States and the Berlin Blockade 1948–1949. A Study in Crisis Decision-Making, London 1983.
73 Vgl. Udo Wetzlaugk, Die alliierten Schutzmächte in Berlin (= Landeszentrale für politische Bildungsarbeit Berlin, H. 36), Berlin 1982, S. 14 ff. Ders., Die Alliierten

in Berlin, Berlin 1988, S. 47 ff. Siehe auch Berlin. Behauptung von Freiheit und Selbstverwaltung 1946–1948, Berlin 1959.
74 Text in: Dokumente zur Berlin-Frage 1944–1966, München 1967, S. 108 f.
75 Willy Brandt und Richard Löwenthal, Ernst Reuter. Ein Leben für die Freiheit. Eine politische Biographie, München 1957, S. 426.
76 So auch Alois Riklin, Das Berlinproblem. Historisch-politische und völkerrechtliche Darstellung des Viermächtestatus, Köln 1964, S. 217: «Indem die Luftbrücke den Druck auf Berlin abschwächte, neutralisierte sie zugleich die von Stalin erhoffte Hebelwirkung der Blockade. Mehr noch: die Blockade förderte genau das Gegenteil des beabsichtigten Zwecks. Der Zusammenschluß der Westzonen Deutschlands, die Ausarbeitung des Grundgesetzes und die Vorbereitungen zur Bildung einer westdeutschen Regierung wurden eher beschleunigt vorangetrieben. Das Verhältnis zwischen den westlichen Besatzungsmächten und der westdeutschen Bevölkerung verbesserte sich schlagartig. Aus Besatzungsmächten wurden Schutzmächte, aus Siegern und Besiegten Freunde und Verbündete ... Kurz: Die Blockade wurde zum Bumerang.» Vgl. ebenfalls Herzfeld, Berlin in der Weltpolitik, S. 212 ff.
77 SecState to Lovett, 6. Dezember 1947, in: FRUS, 1947, II, S. 750 ff.
78 SecState to Lovett, 8. Dezember 1947, in: Ebd., S. 754 f.
79 Hermann Graml, Die Alliierten und die Teilung Deutschlands. Konflikte und Entscheidungen 1941–1948, Frankfurt am Main 1985, S. 195.
80 Memorandum of Conversation Marshall-Bidault, 17. Dezember 1947, in: FRUS, 1947, II, S. 813 ff.; British Memorandum of Conversation Marshall-Bevin, o. D. (Dezember 1947), in: Ebd., S. 815 ff.
81 Siehe dazu Department of State Policy Paper, o. D. (Februar 1948), in: FRUS, 1948, II, S. 60 ff.
82 SecState to Caffery, 19. Februar 1948, in: Ebd., S. 70 f.
83 Memorandum of Conversation Achilles-Bérard, 13. Februar 1948, in: Ebd., S. 63 ff.
84 Ebd.
85 Vgl. Graml, Die Alliierten und die Teilung Deutschlands, S. 198.
86 Siehe hierzu die Beiträge von Raymond Poidevin und Wilfried Loth zur französischen Deutschlandpolitik 1943 bis 1949, in: Die Deutschlandpolitik Frankreichs und die französische Zone, S. 24 u. S. 44.
87 Graml, Die Alliierten und die Teilung Deutschlands, S. 199.
88 So eine Äußerung des britischen Militärgouverneurs Sir Brian Robertson gegenüber seinem französischen Amtskollegen General Koenig am 1. April 1948, zit. nach: Murphy to Hickerson, 1. April 1948, in: FRUS, 1948, II, S. 158.
89 Murphy to Hickerson, 8. April 1948, in: Ebd., S. 169.
90 Ebd.
91 Douglas to SecState, 2. März 1948, in: Ebd., S. 110 f.
92 Text in: America in a Divided World, S. 45 ff.
93 SecState to Douglas, 20. Februar 1948, in: FRUS, 1948, II, S. 72 f.
94 SecState to Douglas, 11. Mai 1948, in: Ebd., S. 233 f.
95 Sechsmächte-Empfehlung, 2. Juni 1948, in: Dokumente des geteilten Deutschland. Quellentexte zur Rechtslage des Deutschen Reiches, der Bundesrepublik Deutschland und der Deutschen Demokratischen Republik. Mit einer Einführung hrsg. von Ingo von Münch, 2., unv. Aufl., Stuttgart 1976, S. 82 ff.
96 Siehe Frankfurter Dokumente, 1. Juli 1948, in: Ebd., S. 88 ff.
97 Zit. nach: Thilo Vogelsang, Das geteilte Deutschland, 10. Aufl., München 1980, S. 66.
98 Vgl. ebd., S. 88.
99 SPD und Londoner Empfehlungen, in: SOPADE (349), Juni 1948, S. 61.

100 Konrad Adenauer, Die Empfehlungen von London, in: Die Welt, 10. Juni 1948.
101 Vgl. Theodor Eschenburg, Jahre der Besatzung 1945–1949. Mit einem einleitenden Essay von Eberhard Jäckel (= Geschichte der Bundesrepublik Deutschland, Bd. 1), Stuttgart und Wiesbaden 1983, S. 461.
102 Frankfurter Dokumente, in: Dokumente des geteilten Deutschland, S. 90.
103 Carlo Schmid, Erinnerungen, Bern u. a. 1979, S. 327 ff.
104 Vogelsang, Das geteilte Deutschland, S. 88 f.
105 Ebd., S. 89.
106 Schmid, Erinnerungen, S. 329.
107 Ebd., S. 330.
108 So der bayerische Ministerpräsident Ehard in einer Wiedergabe des Gesprächs, zit. nach: Vogelsang, Das geteilte Deutschland, S. 91.
109 Schmid, Erinnerungen, S. 331.
110 Konrad Adenauer und die Gründung der Bundesrepublik Deutschland, hrsg. von Rudolf Morsey (= Rhöndorfer Gespräche, Bd. III), Stuttgart 1979, S. 25.
111 Zit. nach: Eschenburg, Jahre der Besatzung, S. 465.
112 Konrad Adenauer an Erik Reger, 23. August 1948, in: Adenauer. Briefe 1947–1949, bearb. von Hans Peter Mensing, Berlin 1984, S. 300.
113 Konferenz Jagdschloß Niederwald, in: Der Parlamentarische Rat 1948–1949. Akten und Protokolle, hrsg. für den Deutschen Bundestag von Kurt Georg Wernicke, für das Bundesarchiv von Hans Booms unter Mitwirkung von W. Vogel, Bd. I: Vorgeschichte, bearb. von Johannes Volker Wagner, Boppard 1975, S. 196 f. Vgl. auch Marthina Koerfer, Louise Schroeder. Eine Frau in den Wirren deutscher Politik (= Berliner Forum 4/1987), Berlin 1987.
114 Schlußkonferenz der Militärgouverneure mit den Ministerpräsidenten am 26. Juli 1948, in: Der Parlamentarische Rat, Bd. I, S. 273 ff.
115 Vgl. Ernst Deuerlein, Die Einheit Deutschlands, Bd. 1.
116 Vgl. Eschenburg, Jahre der Besatzung, S. 482 f. Siehe auch Werner Sörgel, Konsensus und Interessen. Eine Studie zur Entstehung des Grundgesetzes für die Bundesrepublik Deutschland, Stuttgart 1969.
117 Schmid, Erinnerungen, S. 339 f.
118 Ebd., S. 338 f.
119 Süddeutsche Zeitung, 28. August 1948.
120 Zit. nach: SOPADE (349), September 1948, S. 12.
121 SPD-Pressedienst, 25. August 1948. Vgl. auch SOPADE (349), September 1948, S. 11.
122 Zit. nach: Vogelsang, Das geteilte Deutschland, S. 93.
123 Dem Parlamentarischen Rat gehörten insgesamt 65 stimmberechtigte Abgeordnete und fünf nichtstimmberechtigte Berliner Vertreter an. Die Abgeordneten wurden von den Landtagen im Proporz zur Bevölkerungszahl der Länder entsandt (ein Abgeordneter je 750 000 Einwohner). Die Verteilung der Mandate auf die Parteien entsprach der Zusammensetzung der Landtage.
124 Vgl. Eschenburg, Jahre der Besatzung, S. 485.
125 Schmid, Erinnerungen, S. 355.
126 Vogelsang, Das geteilte Deutschland, S. 99.
127 Schmid, Erinnerungen, S. 356. Vgl. auch Der Parlamentarische Rat 1948–1949. Akten und Protokolle. Bd. 8: Die Beziehungen des Parlamentarischen Rates zu den Militärregierungen. Bearb. von Michael F. Feldkamp. Hrsg. vom Deutschen Bundestag und vom Bundesarchiv unter Leitung von Rupert Schick und Friedrich P. Kahlenberg, Boppard am Rhein 1995.

128 Walter Henkels, Väter des Grundgesetzes, in: Südkurier, 12. Mai 1949.
129 Süddeutsche Zeitung, 26. Februar 1949.
130 Walter Henkels, Adenauer-Heuss-Schmid, in: Mannheimer Morgen, 25. Mai 1949.
131 Vgl. Eschenburg, Jahre der Besatzung, S. 488.
132 Ebd., S. 490. Vgl. auch Bettina Blank, Die westdeutschen Länder und die Entstehung der Bundesrepublik. Zur Auseinandersetzung um die Frankfurter Dokumente vom Juli 1948, München 1995.
133 Vgl. Hans Ehard, Tatsachen und Zusammenhänge aus meiner elfjährigen Ministerpräsidentschaft (= Die bayerischen Ministerpräsidenten der Nachkriegszeit, Bd. 3), München 1964.
134 Schmid, Erinnerungen, S. 365.
135 Der Parlamentarische Rat, Bd. II: Der Verfassungskonvent auf Herrenchiemsee, bearb. von Peter Bucher, Boppard 1981. Ein ähnlicher Vorschlag war auch in der späten Weimarer Verfassungsdiskussion schon einmal ins Auge gefaßt, damals aber – unter anderen konstitutionellen Rahmenbedingungen – verworfen worden. Rechtsanwalt Küster war sich dieser Tatsache allerdings nicht bewußt. Vgl. Adolf M. Birke, Das konstruktive Mißtrauensvotum in der Verfassungsdiskussion der Länder und des Bundes, in: Zeitschrift für Parlamentsfragen, H. 1, 1977, S. 77 ff.
136 Die SPD stellte dazu in ihrem Pressedienst fest, die Ausarbeitung eines offiziellen Entwurfs für das kommende Grundgesetz sei und bleibe «allein dem Parlamentarischen Rat vorbehalten, der durch die Vorschläge des Chiemsee-Ausschusses in keiner Weise präjudiziert wird». Zit. nach: Der Parlamentarische Rat, Bd. II, S. CXX. Konrad Adenauer behauptete sogar, die Ministerpräsidenten hätten überhaupt keinen «irgendwie gearteten Auftrag, dem Parlamentarischen Rat eine Verfassungsvorlage zu unterbreiten». Zit. nach: Ebd., S. CXXII.
137 Schmid, Erinnerungen, S. 361. Siehe auch Der Parlamentarische Rat, Bd. II. Vgl. ebenfalls Rainer Wahl und Frank Rottmann, Die Bedeutung der Verfassung und der Verfassungsgerichtsbarkeit in der Bundesrepublik – im Vergleich zum 19. Jahrhundert und zu Weimar, in: Werner Conze und M. Rainer Lepsius (Hrsg.), Sozialgeschichte der Bundesrepublik Deutschland. Beiträge zum Kontinuitätsproblem, Stuttgart 1983, S. 339–386.
138 Schmid, Erinnerungen, S. 360.
139 Vgl. hierzu Erhard H. M. Lange, Die Diskussion um die Stellung des Staatsoberhauptes 1945–1949 mit besonderer Berücksichtigung der Erörterungen im Parlamentarischen Rat, in: Vierteljahrshefte für Zeitgeschichte, 26. Jg. (1978), H. 4, S. 601–651, hier bes. S. 649 ff.
140 Eschenburg, Jahre der Besatzung, S. 491.
141 Siehe hierzu Adolf M. Birke, Nation ohne Haus. Deutschland 1945–1961, Berlin 1989, S. 237. Vgl. auch Rudolf Morsey, Die Rolle Konrad Adenauers im Parlamentarischen Rat, in: Aus Politik und Zeitgeschichte, H. B 8, 1970, S. 35.
142 Parlamentarischer Rat. Verhandlungen des Hauptausschusses, 9. Sitzung, 25. 11. 1948, Stenographische Berichte, Bonn 1948/49, S. 111.
143 Siehe Hans-Jürgen Grabbe, Die deutsch-alliierte Kontroverse um den Grundgesetzentwurf im Frühjahr 1949, in: Vierteljahrshefte für Zeitgeschichte, 26. Jg. (1978), H. 2, S. 393–418, bes. S. 397 f.
144 Birke, Nation ohne Haus, S. 238.
145 Siehe Communiqué Announcing Agreement on Questions Relating to Germany, Issued by the Foreign Ministers of the United States, the United Kingdom, and France, Washington, April 8, 1949, in: Department of State (Hrsg.), Documents on Germany 1944–1985, Washington, DC o. J. (1985), S. 216 ff.
146 Schmid, Erinnerungen, S. 394.

147 Communication from the Foreign Ministers of the United States, the United Kingdom, and France to the Bonn Parliamentary Council, April 22, 1949, in: Department of State, Documents on Germany, S. 218.
148 Parlamentarischer Rat. Stenographische Berichte, 10. Sitzung, 8. 5. 1949, S. 237. Vgl. auch Peter Jakob Kock, Bayerns Weg in die Bundesrepublik, Stuttgart 1983; Thomas Schlemmer, Aufbruch, Krise und Erneuerung. Die Christlich-Soziale Union 1945–1955, München 1998.
149 Vgl. hierzu Rudolf Amelunxen, Ehrenmänner und Hexenmeister. Erlebnisse und Betrachtungen, München 1960, S. 61.
150 Vgl. Reiner Pommerin, Von Berlin nach Bonn. Die Alliierten, die Deutschen und die Hauptstadtfrage nach 1945, Köln und Wien 1989, S. 31 ff.
151 Hermann Wandersleb, Erinnerungen an Konrad Adenauer, in: Bonner Geschichtsblätter, 27. Jg. (1975), S. 212.
152 Schmid, Erinnerungen, S. 398.
153 Konrad Adenauer an Frans van Cauwelaert, 8. Oktober 1948, in: Adenauer. Briefe 1947–1949, S. 318.
154 Zit. nach: Birke, Nation ohne Haus, S. 231 u. Eschenburg, Jahre der Besatzung, S. 517.
155 Schmid, Erinnerungen, S. 399.
156 Pommerin, Von Berlin nach Bonn, S. 159 ff.
157 Eschenburg, Jahre der Besatzung, S. 519.
158 Schmid, Erinnerungen, S. 404.
159 Eschenburg, Jahre der Besatzung, S. 518 f. Allerdings hatte man auch in Frankfurt vorsorglich mit Baumaßnahmen begonnen, um rechtzeitig für den Einzug von Parlament und Regierung gerüstet zu sein: In die Rundhalle, die hier für den Bundestag vorgesehen war, wurde später der Hessische Rundfunk einquartiert.
160 Schmid, Erinnerungen, S. 398.
161 Eschenburg, Jahre der Besatzung, S. 517. Carlo Schmid ging sogar noch einen Schritt weiter: Um klarzumachen, wie ernst man den provisorischen Charakter der Bundesrepublik nehme, solle man doch «in einer Barackenstadt an der Demarkationslinie tagen». Er wurde ausgelacht. Schmid, Erinnerungen, S. 354.
162 Eschenburg, Jahre der Besatzung, S. 519.
163 Bayerischer Landtag, 110. Sitzung, 19./20. 5. 1949, Stenographischer Bericht, S. 80 ff. Vgl. auch Eschenburg, Jahre der Besatzung, S. 510.
164 Schmid, Erinnerungen, S. 395.
165 Vgl. Erhard H. M. Lange, Der Parlamentarische Rat und die Entstehung des ersten Bundestagswahlgesetzes, in: Vierteljahrshefte für Zeitgeschichte, 20. Jg. (1972), S. 294 f. Siehe auch ders., Wahlrecht und Innenpolitik. Entstehungsgeschichte und Analyse der Wahlgesetzgebung und Wahlrechtsdiskussion im westlichen Nachkriegsdeutschland 1945–1956, Meisenheim am Glan 1975; Eckhard Jesse, Wahlrecht zwischen Kontinuität und Reform. Eine Analyse der Wahlrechtsdiskussion und der Wahlrechtsänderungen in der Bundesrepublik Deutschland 1949–1983, Düsseldorf 1985.
166 Schmid, Erinnerungen, S. 397.
167 Eschenburg, Jahre der Besatzung, S. 523.
168 Lange, Der Parlamentarische Rat und die Entstehung des ersten Bundestagswahlgesetzes, S. 302.
169 Eschenburg, Jahre der Besatzung, S. 524.
170 Stuttgarter Nachrichten, 25. Juni 1949.
171 Rheinischer Merkur, 30. Juli 1949.
172 Neue Zürcher Zeitung, 1. August 1949.

173 Vgl. Morsey, Konrad Adenauer und die Gründung der Bundesrepublik Deutschland, S. 35; Konrad Adenauer, Erinnerungen 1945–1953, Stuttgart 1965, S. 215 u. 220.
174 SPD-Pressedienst, 20. Juni 1949.
175 Kölnische Rundschau, 23. Juni 1949.
176 Dieser Eindruck wurde durch das Ergebnis der Wahl vom 14. August eindrucksvoll bestätigt: So hatten CDU und CSU am Ende mit 31,0 Prozent nur einen Vorsprung von 424 109 Wählerstimmen vor der SPD. Davon entfielen allein 372 341 auf Nordrhein-Westfalen.
177 Eschenburg, Jahre der Besatzung, S. 531.
178 Konrad Adenauer, Wahlrede bei einer CDU/CSU-Kundgebung im Heidelberger Schloß, 21. Juli 1949, in: Konrad Adenauer, Reden 1917–1967. Eine Auswahl, hrsg. von Hans-Peter Schwarz, Stuttgart 1975, S. 147f. Das Zitat Adenauers bezieht sich auf einen Artikel in: Sozialistische Rundschau, 1. Februar 1947.
179 Süddeutsche Zeitung, 7. Juni 1949.
180 Wahlrede im Heidelberger Schloß, 21. Juli 1949, in: Adenauer, Reden 1917–1967, S. 146f.
181 Adenauer spielte damit auf den Umstand an, daß die Politik der SPD offiziell immer noch auf dem Heidelberger Programm aus dem Jahre 1925 basierte, das noch stark marxistische Elemente enthielt. Es wurde erst 1959 durch das Godesberger Programm ersetzt.
182 Wahlrede im Heidelberger Schloß, in: Adenauer, Reden 1917–1967, S. 148.
183 Willy Brandt, Parolen und Überzeugungen, in: SPD-Pressedienst, 27. Juli 1949.
184 Wahlrede im Heidelberger Schloß, in: Adenauer, Reden 1917–1967, S. 146.
185 Rede Kurt Schumachers in Gelsenkirchen, 19. Juni 1949, in: Neuer Vorwärts, 25. Juni 1949.
186 Eschenburg, Jahre der Besatzung, S. 534.
187 Wahlaufruf der SPD, in: Neuer Vorwärts, 16. Juli 1949.
188 Gespräch mit Ludwig Erhard, 10. Dezember 1971, in: Klaus Dreher, Der Weg zum Kanzler. Adenauers Griff nach der Macht, Düsseldorf 1972, S. 358.
189 Arnulf Baring, Außenpolitik in Adenauers Kanzlerdemokratie. Bonns Beitrag zur Europäischen Verteidigungsgemeinschaft (= Schriften des Forschungsinstituts der Deutschen Gesellschaft für Auswärtige Politik e. V., Bd. 28), München und Wien 1969, S. 1.
190 Adenauer, Erinnerungen 1945–1953, S. 36.
191 Michael Thomas, Deutschland, England über alles. Rückkehr als Besatzungsoffizier, Berlin 1984, S. 137f.
192 Adenauer, Erinnerungen 1945–1953, S. 37.
193 Franz-Rudolph von Weiss, Bericht, 28. Dezember 1945, in: Bestand Franz-Rudolph von Weiss, StBKAH.
194 Thomas, Deutschland, England über alles, S. 137.
195 Hans-Peter Schwarz, Adenauer. Der Aufstieg: 1876–1952, 2. Aufl., Stuttgart 1986, S. 477.
196 Konrad Adenauer und die CDU in der britischen Besatzungszone 1946–1949. Dokumente zur Gründungsgeschichte der CDU Deutschlands, bearb. von Helmuth Pütz, Bonn 1975, S. 149f. Vgl. auch Günter Buchstab und Klaus Gotto (Hrsg.), Die Gründung der Union. Traditionen, Entstehung und Repräsentation, München und Wien 1981; Horstwalter Heitzer, Die CDU in der britischen Zone. Gründung, Organisation, Programm und Politik, Düsseldorf 1988; Hans-Otto Kleinmann, Geschichte der CDU 1945–1982, Stuttgart 1993.

197 1. Reichstagung der Rheinischen CDU in Bad Godesberg (= Schriftenreihe der CDU des Rheinlandes, H. 5), hrsg. von Karl Zimmermann, o. J. (1946). Vgl. auch Schwarz, Adenauer. Der Aufstieg, S. 501.
198 Schwarz, Adenauer. Der Aufstieg, S. 479.
199 Peter Koch, Konrad Adenauer. Eine politische Biographie, Reinbek 1985, S. 229.
200 Baring, Außenpolitik in Adenauers Kanzlerdemokratie, S. 3.
201 Paul Weymar, Konrad Adenauer. Die autorisierte Biographie, München 1955, S. 428.
202 Vgl. Adenauer, Erinnerungen 1945–1953, S. 225.
203 Koch, Konrad Adenauer, S. 232.
204 Ebd. Vgl. auch Franz Josef Strauß, Die Erinnerungen, Berlin 1989, S. 112.
205 Adenauer, Erinnerungen 1945–1953, S. 228.
206 Konrad Adenauer an Friedrich Holzapfel, 27. April 1948, in: Adenauer. Briefe 1947–1949, S. 221 f. Adenauer, der von Köhler nicht viel hielt, wußte, daß man ihn auch aus diesem Amt rasch wieder loswerden konnte, und schlug ihn bereits ein Jahr später für das Generalkonsulat in Australien vor.
207 Siehe hierzu besonders Rudolf Morsey, Die Rhöndorfer Weichenstellung vom 21. August 1949. Neue Quellen zur Vorgeschichte der Koalitions- und Regierungsbildung nach der Wahl zum ersten Deutschen Bundestag, in: Vierteljahrshefte für Zeitgeschichte, 1980, S. 508 ff. Vgl. ferner Morsey, Konrad Adenauer und die Gründung der Bundesrepublik Deutschland. Morsey weist auf die Bedeutung des Frankfurter Treffens hin, das er für gleichrangig mit der Rhöndorfer Konferenz hält.
208 Adenauer, Erinnerungen 1945–1953, S. 228.
209 Aufzeichnung Gebhard Müllers, 21. August 1949, in: Koalitionsverhandlungen und Regierungsbildung 1949 (= Quellen zur Geschichte des Parlamentarismus und der politischen Parteien, 4. Reihe, Bd. 3), bearb. von Udo Wengst, Düsseldorf 1985, S. 40 f. Hermann Finckh – wie er sich richtig schrieb – war Mitglied der Verfassunggebenden Landesversammlung von Baden-Württemberg und zog 1953 für die CDU in den Deutschen Bundestag ein.
210 Hermann Pünder, Von Preußen nach Europa. Lebenserinnerungen, Stuttgart 1968, S. 409.
211 Ebd., S. 409 f.
212 Adenauer, Erinnerungen 1945–1953, S. 228.
213 Koch, Konrad Adenauer, S. 233 f.
214 Zit. nach: Horst Osterheld, Konrad Adenauer, Bergisch Gladbach 1977, S. 39 f.
215 Zit. nach: Wilhelm von Sternburg, Adenauer. Eine deutsche Legende, Frankfurt am Main 1987, S. 23.
216 Koch, Konrad Adenauer, S. 29.
217 Vgl. Walter Henkels, ... gar nicht so pingelig, meine Damen und Herren ..., Düsseldorf und Wien 1965, S. 145. Vgl. auch Baring, Außenpolitik in Adenauers Kanzlerdemokratie, S. 53.
218 Ebd., S. 54.
219 Ebd., S. 50.
220 Hans-Peter Schwarz, Vom Reich zur Bundesrepublik. Deutschland im Widerstreit der außenpolitischen Konzeptionen in den Jahren der Besatzungsherrschaft 1945–1949, 2., erw. Aufl., Stuttgart 1980, S. 435.
221 Osterheld, Konrad Adenauer, S. 116.
222 Koch, Konrad Adenauer, S. 409.
223 Wilhelm Hausenstein, Pariser Erinnerungen. Aus fünf Jahren diplomatischen

Dienstes (1950–1955), München 1961, S. 72. Vgl. auch Koch, Konrad Adenauer, S. 410.
224 Rheinischer Merkur, 21. Februar 1948.
225 Baring, Außenpolitik in Adenauers Kanzlerdemokratie, S. 51.
226 Sternburg, Adenauer, S. 22. Vgl. Ute Schmidt, Zentrum oder CDU. Politischer Katholizismus zwischen Tradition und Anpassung, Opladen 1987.
227 Baring, Außenpolitik in Adenauers Kanzlerdemokratie, S. 52.
228 Vgl. Der Spiegel, Nr. 41, 1963, S. 87.
229 Baring, Außenpolitik in Adenauers Kanzlerdemokratie, S. 53.
230 Ansprache Adenauers vor der Versammlung der linksrheinischen Abgeordneten zur Nationalversammlung, der linksrheinischen Abgeordneten zur preußischen Landesversammlung und der Oberbürgermeister der besetzten rheinischen Städte vom 1. Februar 1919, in: Adenauer, Reden 1917–1967, S. 25 ff., hier bes. S. 32.
231 Ebd., S. 31.
232 Rheinischer Merkur, 21. Februar 1948.
233 Sternburg, Adenauer, S. 27.
234 Adenauer, Erinnerungen 1945–1953, S. 229.
235 Niedersächsische Stimmen, 2. August-Ausgabe 1949, Nr. 13/14.
236 Vgl. Rhein-Ruhr-Zeitung, 18. Juli 1949.
237 Eschenburg, Jahre der Besatzung, S. 526. Vgl. Alf Minzel, Die CSU. Anatomie einer konservativen Partei 1945–1972, 2. Aufl., Opladen 1978; ders., Geschichte der CSU. Ein Überblick, Opladen 1977.
238 Vgl. Birke, Nation ohne Haus, S. 248.
239 Zit. nach: Udo Wengst, Auftakt zur Ära Adenauer. Koalitionsverhandlungen und Regierungsbildung 1949, Düsseldorf 1985, S. 40, Anm. 41.
240 Theo Pirker, Die SPD nach Hitler. Die Geschichte der Sozialdemokratischen Partei Deutschlands 1945–1964, Berlin 1977, S. 113. Vgl. ebenfalls Peter Lösche und Franz Walter, Die SPD: Klassenpartei – Volkspartei – Quotenpartei. Zur Entwicklung der Sozialdemokratie von Weimar bis zur deutschen Vereinigung, Darmstadt 1992.
241 Birke, Nation ohne Haus, S. 248.
242 Jürgen Weber, Die Gründung des neuen Staates, München 1981, S. 176.
243 Sitzung der CDU/CSU-Bundestagsfraktion, 1. September 1949, in: Wengst, Auftakt zur Ära Adenauer, S. 191 u. S. 195.
244 Schwarz, Adenauer. Der Aufstieg, S. 627. Siehe auch Herbert Blankenhorn, Verständnis und Verständigung. Blätter eines politischen Tagebuchs 1949–1979, Frankfurt am Main u. a. 1980, S. 56.
245 Ebd., S. 54 f.
246 Schwarz, Adenauer. Der Aufstieg, S. 628.
247 Sitzung der CDU/CSU-Bundestagsfraktion, 1. September 1949, in: Wengst, Auftakt zur Ära Adenauer, S. 191.
248 Schwarz, Adenauer. Der Aufstieg, S. 630.
249 Herbert Blankenhorn, Tagebuch, 19. September 1949, in: NL Herbert Blankenhorn, Bundesarchiv Koblenz. In der publizierten Fassung ist diese Eintragung entschärft. Dort heißt es lediglich: «Nun hat sich die Fraktion doch einmütig für Heinemann als Innenminister erklärt. Adenauer möchte diese Entscheidung zugunsten Lehrs rückgängig machen. Vergeblich. Herr Heinemann wird zum Bundesinnenminister vorgeschlagen werden. Lehr zieht sich enttäuscht und grollend aus der Schlacht zurück.» Blankenhorn, Verständnis und Verständigung, S. 60.
250 Osterheld, Konrad Adenauer, S. 12 f.
251 Ebd., S. 17.
252 NL Pünder, Nr. 606, Bl. 84, Bundesarchiv Koblenz.

253 Blankenhorn, Verständnis und Verständigung, S. 61.
254 Text des Besatzungsstatuts vom 10. April 1949 (in Kraft getreten am 21. September 1949) in: Dokumente des geteilten Deutschland, S. 71 ff.
255 Vgl. Hans-Peter Schwarz, Die Ära Adenauer. Gründerjahre der Republik 1949-1957 (= Geschichte der Bundesrepublik Deutschland, Bd. 2), Stuttgart und Wiesbaden 1981, S. 42 f.
256 Monthly Report of the Control Commissioner for Germany (British Element), Vol. 5, July 1950, Appendix 20.
257 Zahlenangaben nach: Deutsche Zeitung und Wirtschafts-Zeitung, 4. November 1950.
258 Sechs Jahre Besatzungslasten. Eine Untersuchung des Problems der Besatzungskosten in den drei Westzonen und in Westberlin 1946-1950, hrsg. vom Institut für Besatzungsfragen, Tübingen 1951, S. 8 f. Vgl. Klaus-Jörg Ruhl, Die Besatzer und die Deutschen. Amerikanische Zone 1945-1948, Düsseldorf 1980; Claus Scharf u. a. (Hrsg.), Die Deutschlandpolitik Großbritanniens und die Britische Zone 1945-49, Wiesbaden 1979; Rainer Hudemann, Französische Besatzungszone 1945-1952, in: Scharf und Schröder (Hrsg.), Die Deutschlandpolitik Frankreichs und die Französische Zone 1945-1949, S. 205-248.
259 Siehe z. B. Konrad Adenauer an Ellen McCloy, 13. Juni 1949, in: Adenauer. Briefe 1949-1951, S. 34.
260 Vgl. hierzu ausführlich: Thomas Alan Schwartz, Die Atlantik-Brücke. John J. McCloy und das Nachkriegsdeutschland, Frankfurt am Main und Berlin 1992.
261 Günther Scholz, Kurt Schumacher, Düsseldorf u. a. 1988, S. 255. François-Poncet revanchierte sich, indem er seinerseits den «Patrioten» Adenauer mit dem «schizophrenen Faust» Schumacher verglich.
262 Vgl. Schwarz, Adenauer. Der Aufstieg, S. 676.
263 Birke, Nation ohne Haus, S. 253.
264 Adenauer, Erinnerungen 1945-1953, S. 233.
265 Blankenhorn, Verständnis und Verständigung, S. 63.
266 Siehe Karl Dietrich Bracher, Die Kanzlerdemokratie, in: Die zweite Republik, S. 179.
267 Ebd., S. 187.
268 Theodor Eschenburg, Staat und Gesellschaft in Deutschland, 2. Aufl., München 1963, S. 735.
269 Thomas Ellwein, Das Regierungssystem der Bundesrepublik Deutschland, 3., vollst. neu bearb. u. erw. Aufl., Opladen 1973, S. 325.
270 Vgl. vor allem Siegfried Schöne, Von der Reichskanzlei zum Bundeskanzleramt, Berlin 1968, passim. Siehe auch Baring, Außenpolitik in Adenauers Kanzlerdemokratie, S. 1 ff.
271 Ebd., S. 5.
272 Vgl. Wilhelm Hennis, Die Rolle des Parlaments und die Parteiendemokratie, in: Die zweite Republik, S. 203 f.
273 Vgl. hierzu Ralf Dahrendorf, Gesellschaft und Demokratie in Deutschland, München 1965, S. 43 ff., sowie David Schoenbaum, Die braune Revolution, Frankfurt am Main 1970, passim. Zu den Auswirkungen der nationalsozialistischen Revolution auf die Entwicklung der Demokratie in der Bundesrepublik siehe bes. Charles E. Frye, The Third Reich and the Second Republic: National Socialism's Impact upon German Democracy, in: Western Political Quarterly, 21. Jg. (1968), S. 668 ff.
274 Hennis, Die Rolle des Parlaments und die Parteiendemokratie, S. 206.
275 Vgl. Alfons Steiniger, Das Blocksystem. Beitrag zu einer demokratischen Verfassungslehre, Berlin (Ost) 1949.

276 Vgl. Joseph A. Schumpeter, Kapitalismus, Sozialismus und Demokratie, 4. Aufl., München 1975.
277 Hennis, Die Rolle des Parlaments und die Parteiendemokratie, S. 208. Leibholz blieb damit seinen Ideen treu, die er bereits während der Weimarer Republik entwickelt hatte. Siehe hierzu Gerhard Leibholz, Das Wesen der Repräsentation unter besonderer Berücksichtigung des Repräsentativsystems. Ein Beitrag zur allgemeinen Staats- und Verfassungslehre, Berlin und Leipzig 1929 (2. Aufl., Berlin 1960); ders., Die Repräsentation in der Demokratie, 3. Aufl., Berlin 1973.
278 Hennis, Die Rolle des Parlaments und die Parteiendemokratie, S. 209.
279 Vgl. hierzu ausführlich Werner Weber, Spannungen und Kräfte im westdeutschen Verfassungssystem, Stuttgart 1951, S. 20. Dort heißt es in der Schlußfolgerung sogar noch umfassender und radikaler: «Damit ist offenbar: Das Volk ist vollständig und ausnahmslos durch die politischen Parteien mediatisiert.»
280 Grundgesetz für die Bundesrepublik Deutschland vom 23. Mai 1949, in: Dokumente des geteilten Deutschland, S. 105.
281 Vgl. Schwarz, Die Ära Adenauer 1949–1957, S. 50.
282 Carlo Schmid, Bund und Länder, in: Die zweite Republik, S. 246.
283 Vgl. Peter Merkl, Die Entstehung der Bundesrepublik Deutschland, Stuttgart 1965. Siehe ebenfalls Thomas Nipperdey, Der Föderalismus in der deutschen Geschichte, in: Ders., Nachdenken über die deutsche Geschichte. Essays, München 1986, S. 60–109.
284 Schmid, Bund und Länder, S. 247. Vgl. hierzu auch Günter Kisker, Kooperation im Bundesstaat, Tübingen 1971.
285 Grundgesetz für die Bundesrepublik Deutschland, S. 109.
286 Ebd., S. 97.
287 Siehe hierzu vor allem Eberhard Konstanzer, Die Entstehung des Landes Baden-Württemberg, Stuttgart u. a. 1969.
288 Vgl. Burkhard Tiemann, Gemeinschaftsaufgaben von Bund und Ländern in verfassungsrechtlicher Sicht, Berlin 1970.

Zweiter Teil

1 Detmolder Memorandum, 17. November 1945, in: Hans Möller (Hrsg.), Zur Vorgeschichte der Deutschen Mark. Die Währungsreformpläne 1945–1948. Eine Dokumentation, Tübingen 1961, S. 117. Vgl. auch Otmar Emminger, Deutsche Geld- und Währungspolitik im Spannungsfeld zwischen innerem und äußerem Gleichgewicht 1948–1975, in: Deutsche Bundesbank (Hrsg.), Währung und Wirtschaft in Deutschland 1876–1975, Frankfurt am Main 1976.
2 Vgl. hierzu Dietrich Staritz, Die Gründung der DDR. Von der sowjetischen Besatzungszone zum sozialistischen Staat, München 1984, S. 48 ff.
3 Zit. nach: Werner Abelshauser, Probleme des Wiederaufbaus der westdeutschen Wirtschaft 1945–1953, in: Heinrich August Winkler (Hrsg.), Politische Weichenstellungen im Nachkriegsdeutschland 1945–1953, Göttingen 1979, S. 216.
4 Potsdamer Abkommen, 2. August 1945, zit. nach: Dokumente des geteilten Deutschland. Quellentexte zur Rechtslage des Deutschen Reiches, der Bundesrepublik Deutschland und der Deutschen Demokratischen Republik. Mit einer Einführung hrsg. von Ingo von Münch, 2., unv. Aufl., Stuttgart 1976, S. 37.
5 Ebd., S. 38.
6 Vgl. Herbert Feis, Between War and Peace. The Potsdam Conference, Princeton, NJ 1960, S. 247f. Vgl. auch Charles L. Mee, Jr., Meeting at Potsdam, New York 1975;

Michael Antoni, Das Potsdamer Abkommen – Trauma oder Chance? Geltung, Inhalt und staatsrechtliche Bedeutung, Berlin 1985.
7 Foreign Relations of the United States (im folg. zit. als FRUS). Diplomatic Papers: The Conference of Berlin (The Potsdam Conference) 1945, Bd. I, Washington, DC 1960, S. 507ff., bes. S. 606f.
8 Ebd., S. 447ff. Vgl. auch Ernst Deuerlein, Deklamation oder Ersatzfrieden? Die Konferenz von Potsdam 1945, Stuttgart u. a. 1970, S. 95 f.
9 FRUS, The Conference of Berlin, Bd. II, S. 183 f.
10 Ebd., S. 141 f. Zur sowjetischen Position vgl. auch Teheran, Jalta, Potsdam. Die sowjetischen Protokolle von den Kriegskonferenzen der «Großen Drei», hrsg. u. eingel. von Alexander Fischer, 3. Aufl., Köln 1985, S. 199ff.
11 Mitteilung über die Berliner Konferenz der drei Mächte, 2. August 1945, in: Teheran, Jalta, Potsdam, S. 393.
12 John Gimbel, The American Occupation of Germany. Politics and the Military 1945-1949, Stanford, CA 1968, S. 16.
13 Feis, Between War and Peace, S. 323.
14 Protokoll über die Verhandlungen der drei Regierungschefs auf der Krim-Konferenz zur Frage von Reparationen in Form von Naturalleistungen aus Deutschland (11. Februar 1945), in: Teheran, Jalta, Potsdam, S. 192 f.
15 Vgl. FRUS, The Conference of Berlin, Bd. I, S. 507ff.
16 Vgl. Hermann Graml, Die Alliierten und die Teilung Deutschlands. Konflikte und Entscheidungen 1941-1948, Frankfurt am Main 1985, S. 82f. Siehe ebenfalls Alec Cairncross, The Price of War. British Policy on German Reparations 1941-1949, Oxford 1986.
17 Mitteilung über die Berliner Konferenz der drei Mächte, S. 397f. Vgl. Josef Foschepoth, Konflikte in der Reparationspolitik der Alliierten, in: Ders. (Hrsg.), Kalter Krieg und Deutsche Frage. Deutschland im Widerstreit der Mächte 1945-1952, Göttingen 1985.
18 Vgl. Adolf M. Birke, Nation ohne Haus. Deutschland 1945-1961, Berlin 1989, S. 128. Siehe auch Hanns D. Ahrens, Demontage. Nachkriegspolitik der Alliierten, München 1982.
19 Staritz, Die Gründung der DDR, S. 51ff.
20 Mitteilung über die Berliner Konferenz der drei Mächte, S. 398.
21 The Papers of General Lucius D. Clay. Germany 1945-1949, hrsg. von Jean Edward Smith, Bloomington, IN 1974, S. 202.
22 FRUS 1946, Bd. V, S. 547.
23 Ebd., S. 548. Der Reparationsstopp betraf im übrigen nicht nur Lieferungen aus der amerikanischen Zone an die Sowjetunion, sondern galt ebenso für Exporte in andere Länder, vor allem nach Frankreich.
24 Vgl. John H. Backer, Die deutschen Jahre des Generals Clay. Der Weg zur Bundesrepublik 1945-1949, München 1983, S. 149; Wolfgang Krieger, General Lucius D. Clay und die amerikanische Deutschlandpolitik 1945-1949, Stuttgart 1987.
25 Directive From the Joint Chiefs of Staff to the Commander-in-Chief of the United States Forces of Occupation, 11. Juli 1947, in: Department of State (Hrsg.), Documents on Germany 1944-1985, Washington, DC 1985, S. 124ff.
26 Statement by the American Military Governor Before the Allied Control Council Respecting Economic Unity Among the Four Zones of Occupation, 20. Juli 1946, in: Department of State (Hrsg.), Documents on Germany, S. 90.
27 Ursachen und Folgen. Vom deutschen Zusammenbruch 1918 und 1945 bis zur staatlichen Neuordnung Deutschlands in der Gegenwart, hrsg. von Herbert Michaelis und Ernst Schraepler, Bd. 25, Berlin 1977, S. 26.

28 Memorandum of Agreement Between the United States and the United Kingdom on Economic Fusion of Their Respective Zones of Occupation in Germany, 2. Dezember 1946, in: Department of State (Hrsg.), Documents on Germany, S. 113.

29 Vgl. Theodor Eschenburg, Jahre der Besatzung 1945–1949 (= Geschichte der Bundesrepublik Deutschland, Bd. 1), Stuttgart und Wiesbaden 1983, S. 382.

30 Aufzeichnung Agartz, Institut für Zeitgeschichte, Nachlaß Hoegner, ED 120, Bd. 131.

31 Akten zur Vorgeschichte der Bundesrepublik Deutschland 1945–1949, hrsg. vom Bundesarchiv und Institut für Zeitgeschichte, Bd. 1, München und Wien 1976, S. 873.

32 Zit. nach: Eschenburg, Jahre der Besatzung, S. 381.

33 «Battle of Minden», in: The Economist, 26. April 1947.

34 Vgl. Jürgen Weber, Auf dem Weg zur Republik 1945–1947, München 1972, S. 203.

35 Lucius D. Clay, Entscheidung in Deutschland, Frankfurt am Main 1950, S. 200. Vgl. auch Manfred Knapp, Von der Bizone zur politisch-ökonomischen Westintegration, Frankfurt am Main 1983.

36 Zit. nach: Tilman Pünder, Das bizonale Interregnum. Die Geschichte des Vereinigten Wirtschaftsgebiets 1946–1949, Waiblingen 1966, S. 370f.

37 Wörtliche Berichte und Drucksachen des Wirtschaftsrats des Vereinigten Wirtschaftsgebiets 1947–1949, hrsg. vom Institut für Zeitgeschichte und dem Deutschen Bundestag, Bd. 1, München 1977, S. 36.

38 Die Neue Zeitung, 28. Juli 1947.

39 Süddeutsche Zeitung, 4. Oktober 1947.

40 Zahlenangaben nach: Eschenburg, Jahre der Besatzung, S. 396.

41 Prüfungsbericht, 8. Oktober 1947, Institut für Zeitgeschichte, Nachlaß Baumgartner, ED 132, Bd. 7.

42 Wörtliche Berichte und Drucksachen des Wirtschaftsrats des Vereinigten Wirtschaftsgebiets 1947–1949, S. 210. Vgl. auch Georg Müller, Die Grundlegung der westdeutschen Wirtschaftsordnung im Frankfurter Wirtschaftsrat 1947–49, Frankfurt am Main 1982.

43 Von der Gesamtzahl der Bizonenbeschäftigten entfielen sogar nur 530 Beamte und Angestellte auf die Verwaltung für Ernährung, Landwirtschaft und Forsten. Der größte Teil mit 2 225 Personen war im Bereich der Wirtschaftsverwaltung tätig. Vgl. Süddeutsche Zeitung, 16. Dezember 1947. Siehe auch Günter J. Trittel, Hunger und Politik. Die Ernährungskrise in der Bizone 1945–1949, Frankfurt am Main 1990.

44 Vgl. Eschenburg, Jahre der Besatzung, S. 399. Siehe auch Klaus-Jörg Ruhl (Hrsg.), Deutschland 1945. Alltag zwischen Krieg und Frieden in Berichten, Dokumenten und Bildern, Darmstadt und Neuwied 1984.

45 Bericht in: Herbert Hoover, American Epic, Bd. 4, New York 1963, Kap. 34 u. 35. Siehe auch Gustav Stolper, Die deutsche Wirklichkeit. Ein Beitrag zum künftigen Frieden Europas, Hamburg 1949. Vgl. ferner Louis Lochner, Herbert Hoover and Germany, London 1961; Gary Dean Best, Herbert Hoover. The Post-Presidential Years 1933–1964, Stanford, CA 1983.

46 Krieger, General Lucius D. Clay und die amerikanische Deutschlandpolitik, S. 234.

47 Hoover, American Epic, Bd. 4, Kap. 34 u. 35.

48 CAB 129/13 CP(46) 384 (17 Oct 46), Public Record Office (London).

49 CAB 128/6 CM 89(46) (21 Oct 46), Public Record Office (London). Vgl. Charles S. Maier, Produktion und Rehabilitation. Die wirtschaftlichen Grundlagen der amerikanischen Förderung Westdeutschlands in der atlantischen Gemeinschaft

der Nachkriegszeit, in: Frank Trommler (Hrsg.), Amerika und die Deutschen. Bestandsaufnahme einer 300jährigen Geschichte, Opladen 1986.
50 The Papers of General Lucius D. Clay. Germany 1945-1949, S. 341.
51 Siehe Eschenburg, Jahre der Besatzung, S. 401.
52 Wortlaut in: Institut für Zeitgeschichte, MA 90 bzw. ED 94, Bd. 114.
53 Vgl. Hanns D. Ahrens, Demontage. Nachkriegspolitik der Alliierten, München 1982, S. 217 ff. Vgl. auch Süddeutsche Zeitung, 3. Jg., Nr. 88 v. 18. Oktober 1947, S. 1.
54 Wörtliche Berichte und Drucksachen des Wirtschaftsrats des Vereinigten Wirtschaftsgebiets 1947-1949, S. 352.
55 Protokolle der Konferenzen am 7. und 8. Januar 1948 in: Akten zur Vorgeschichte der Bundesrepublik Deutschland 1945-1949, Bd. 4, Dok. 3 und 4.
56 Ludwig-Erhard-Stiftung Bonn, NE/01. Vgl. auch Volker Hentschel, Ludwig Erhard. Ein Politikerleben, München und Landsberg am Lech 1996, S. 15-18. Zu Franz Oppenheimer vgl. Franz Oppenheimer, Erlebtes, Erstrebtes, Erreichtes. Lebenserinnerungen, Düsseldorf 1964.
57 Hentschel, Ludwig Erhard, S. 21 ff.
58 Ebd., S. 25.
59 Vgl. Ludwig Erhard, Marktordnung und Betriebswirtschaft, in: Der praktische Betriebswirt, 17. Jg. (1937), Nr. 2, S. 111 f.; Ludwig Erhard, Voraussetzungen und Prinzipien der Marktforschung, in: Andreas Predöhl (Hrsg.), Marktforschung als Gemeinschaftsaufgabe von Wissenschaft und Wirtschaft. Festschrift für Conrad Herrmann, Wuppertal 1939, S. 31 ff.; Ludwig Erhard, Einfluß der Preisbildung und Preisbindung auf die Qualität und die Quantität des Angebots und der Nachfrage, in: Georg Bergler und Ludwig Erhard (Hrsg.), Marktwirtschaft und Wirtschaftswissenschaft. Festschrift zum 60. Geburtstag für Wilhelm Vershofen, Berlin 1939, S. 47 f.; Ludwig Erhard, Die Marktordnung, in: Karl Theisinger (Hrsg.), Die Führung des Betriebes. Festschrift für Wilhelm Kalveram, Berlin 1942, S. 274 f.
60 Zit. nach: Hentschel, Ludwig Erhard, S. 25.
61 Ebd., S. 26.
62 Die Denkschrift, die lange als verschollen galt, wurde Mitte der siebziger Jahre wieder aufgefunden und zu Erhards 80. Geburtstag veröffentlicht. Siehe Ludwig Erhard, Kriegsfinanzierung und Schuldenkonsolidierung. Faksimiledruck der Denkschrift von 1943/44 mit Vorbemerkungen von Ludwig Erhard, Theodor Eschenburg und Günter Schmölders, Frankfurt am Main u. a. 1977.
63 Ludwig-Erhard-Stiftung Bonn, NE 729.
64 Vgl. Die Neue Zeitung, 23. September 1946, 14. Oktober 1946, 23. Juni 1947, 18. August 1947, 23. August 1947.
65 Vgl. Jesse M. Lukomski, Ludwig Erhard. Der Mensch und der Politiker, Düsseldorf und Wien 1965, S. 59 f.
66 Siehe Schriftwechsel im Archiv der Ludwig-Maximilians-Universität München, E II – NL. Erhard.
67 Erich Preiser, Politische Ökonomie im 20. Jahrhundert. Probleme und Gestalten, München 1981, S. 179.
68 Vgl. Tilman Pünder, Das bizonale Interregnum, S. 175.
69 Daniel Koerfer, Kampf ums Kanzleramt. Erhard und Adenauer, Stuttgart 1987, S. 34.
70 Ludwig Erhard, Deutsche Wirtschaftspolitik. Der Weg zur sozialen Marktwirtschaft, Düsseldorf u. a. 1962, S. 40.
71 Ebd., S. 43 f. Siehe auch Gerold Ambrosius, Die Durchsetzung der Sozialen Marktwirtschaft in Westdeutschland 1945-1949, Stuttgart 1977, S. 109; Christoph Buchheim, Die Währungsreform in Westdeutschland im Jahre 1948. Einige ökono-

mische Aspekte, in: Wolfram Fischer (Hrsg.), Währungsreform und soziale Marktwirtschaft. Erfahrungen und Perspektiven nach 40 Jahren, Berlin 1990.
72 Erhard, Deutsche Wirtschaftspolitik, S. 60 f.
73 Ambrosius, Die Durchsetzung der Sozialen Marktwirtschaft in Westdeutschland, S. 162.
74 Vgl. Ludwig Erhard, «Was uns trennte, was uns einte», in: Deutsche Zeitung, 26. Dezember 1975, S. 3.
75 Zit. nach: Ambrosius, Die Durchsetzung der Sozialen Marktwirtschaft in Westdeutschland, S. 162.
76 Eschenburg, Jahre der Besatzung, S. 430.
77 Zit. nach: Ambrosius, Die Durchsetzung der Sozialen Marktwirtschaft in Westdeutschland, S. 171–181 (Das Leitsätzegesetz als Grundlage einer liberalen Wirtschaftspolitik nach der Währungsreform).
78 Ebd. Vgl. auch Bernd Klemm und Günter J. Trittel, Vor dem «Wirtschaftswunder»: Durchbruch zum Wachstum oder Lähmungskrise?, in: Vierteljahrshefte für Zeitgeschichte, 35. Jg. (1987), S. 571–624.
79 Eschenburg, Jahre der Besatzung, S. 431.
80 Wörtliche Berichte und Drucksachen des Wirtschaftsrats des Vereinigten Wirtschaftsgebiets 1947–1949, S. 629.
81 Hermann Pünder, Die Entstehung der Sozialen Marktwirtschaft, in: Ludwig Erhard – Beiträge zu seiner politischen Biographie. Festschrift zum 75. Geburtstag, hrsg. von Rüdiger Altmann u. a., Frankfurt am Main 1972, S. 190.
82 Vgl. Müller, Die Grundlegung der westdeutschen Wirtschaftsordnung im Frankfurter Wirtschaftsrat, S. 121.
83 Lukomski, Ludwig Erhard, S. 59 f.
84 Vgl. Lucius D. Clay, Entscheidung in Deutschland, S. 225 ff. u. 237 ff. (Der wirtschaftliche und finanzielle Aufbau vor und nach der Währungsreform).
85 Hentschel, Ludwig Erhard, S. 60. Siehe auch Müller, Die Grundlegung der westdeutschen Wirtschaftsordnung, S. 33 f., sowie Rolf Wenzel, Wirtschafts- und Sozialordnung, in: Josef Becker, Theo Stammen und Peter Waldmann (Hrsg.), Vorgeschichte der Bundesrepublik Deutschland. Zwischen Kapitulation und Grundgesetz, München 1979, S. 300 ff.
86 Alfred Müller-Armack, Auf dem Weg nach Europa. Erinnerungen und Ausblicke, Tübingen und Stuttgart 1971, S. 14 f.
87 Ebd., S. 12.
88 Joseph Schumpeter, Kapitalismus, Sozialismus und Demokratie. Einleitung von Edgar Salin, 4. Aufl., München 1975, S. 103–264 u. S. 265–370.
89 Vgl. Eschenburg, Jahre der Besatzung, S. 424.
90 Alfred Müller-Armack, Auf dem Weg nach Europa, S. 49. Siehe auch Wilhelm Röpke, Gesellschaftskrisis der Gegenwart, Erlenbach-Zürich 1942; Erich Ott, Die Wirtschaftskonzeption der SPD nach 1945, Marburg 1978.
91 Müller-Armack, Auf dem Weg nach Europa, S. 50.
92 Ebd., S. 50 ff.
93 Alexander Rüstow, Das Versagen des Wirtschaftsliberalismus als religionsgeschichtliches Problem, Zürich und New York 1945, S. 94.
94 Wilhelm Röpke, Jenseits von Angebot und Nachfrage, 5. Aufl., Bern und Stuttgart 1979, S. 150 ff.
95 Walter Eucken, Wettbewerb als Grundprinzip der Wirtschaftsverfassung, in: Günter Schmölders, Der Wettbewerb als Mittel volkswirtschaftlicher Leistungssteigerung und Leistungsauslese (= Schriften der Akademie für deutsches Recht, Gruppe Wirtschaftswissenschaft, H. 6), Berlin 1942.

96 Rüstow, Das Versagen des Wirtschaftsliberalismus, S. 94.
97 Wilhelm Röpke, Die Lehre von der Wirtschaft, 12. Aufl., Bern 1979, S. 302.
98 Alfred Müller-Armack, Wirtschaftslenkung und Marktwirtschaft, Hamburg 1946 (unv. Abdr. in: Ders., Wirtschaftsordnung und Wirtschaftspolitik. Studien und Konzepte zur Sozialen Marktwirtschaft und zur Europäischen Integration, Freiburg 1966; 2., unveränd. Aufl., Bern und Stuttgart 1976), S. 19–170.
99 Eschenburg, Jahre der Besatzung, S. 426.
100 Alfred Müller-Armack, Die Anfänge der Sozialen Marktwirtschaft – Zugleich eine Dokumentation ihrer Entwicklung in den Jahren 1945, 1946, 1947, 1948, in: Die zweite Republik. 25 Jahre Bundesrepublik Deutschland – eine Bilanz, hrsg. von Richard Löwenthal und Hans-Peter Schwarz, Stuttgart 1974, S. 126. Vgl. auch A. J. Nicholls, Freedom with Responsibility. The Social Market Economy in Germany 1918–1963, Oxford 1994.
101 Eschenburg, Jahre der Besatzung, S. 439.
102 Vgl. Müller-Armack, Wirtschaftslenkung und Marktwirtschaft, S. 59 ff.
103 Alfred Müller-Armack, Wirtschaftspolitiker zwischen Wissenschaft und Politik, in: Ludwig Erhard – Beiträge zu seiner politischen Biographie, S. 473. Vgl. auch Christoph Heusgen, Erhards Lehre von der Sozialen Marktwirtschaft. Ursprünge, Kerngehalt, Wandlungen, Bern und Stuttgart 1981.
104 Ambrosius, Die Durchsetzung der Sozialen Marktwirtschaft, S. 200.
105 Hentschel, Ludwig Erhard, S. 60 ff.
106 Birke, Nation ohne Haus, S. 145.
107 Eschenburg, Jahre der Besatzung, S. 435. Vgl. Martin Broszat u. a. (Hrsg.), Von Stalingrad zur Währungsreform. Zur Sozialgeschichte des Umbruchs in Deutschland, München 1988.
108 Zit. nach: Müller, Die Grundlegung der westdeutschen Wirtschaftsordnung, S. 168.
109 Zum Gesamtkatalog der Forderungen der Gewerkschaften siehe Theo Pirker, Die blinde Macht. Die Gewerkschaftsbewegung in Westdeutschland. I. Teil: 1945–1952. Vom Ende des Kapitalismus bis zur Zähmung der Gewerkschaften, München 1960, S. 108 f. Vgl. ebenfalls Hans Limmer, Die deutsche Gewerkschaftsbewegung, Geschichte und Staat, München 1998.
110 Pirker, Die blinde Macht, S. 108 f.
111 Eschenburg, Jahre der Besatzung, S. 436.
112 Konflikte gab es beispielsweise im September 1948 mit dem Direktor der Verwaltung für Ernährung, Landwirtschaft und Forsten, Hans Schlange-Schöningen, der der CDU angehörte, sowie im Länderrat mit dem nordrhein-westfälischen Ministerpräsidenten Karl Arnold (CDU), der noch im November 1948 die Einrichtung eines unabhängigen «Preisamtes» forderte.
113 Birke, Nation ohne Haus, S. 146 f. Vgl. auch R. Klump, Wirtschaftsgeschichte der Bundesrepublik Deutschland. Zur Kritik neuerer wirtschaftshistorischer Interpretationen aus ordnungspolitischer Sicht, Wiesbaden 1985, S. 58 f.
114 Birke, Nation ohne Haus, S. 147.
115 Martin Walser, Die Alternative oder Brauchen wir eine neue Regierung?, Reinbek 1961.
116 Vgl. H. Wallich, Triebkräfte des deutschen Wirtschaftsaufstiegs, Frankfurt am Main 1955; Michael Wildt, Am Beginn der «Konsumgesellschaft». Mangelerfahrung, Lebenshaltung, Wohlstandshoffnung in Westdeutschland in den fünfziger Jahren, Hamburg 1994.
117 Vgl. Joseph Schumpeter, Konjunkturzyklen. Theoretische, historische und statistische Analyse des kapitalistischen Prozesses, 2 Bde., Göttingen 1961, S. 171 ff.

Zur Wellenhypothese vgl. Nikolai Dimitrejewitsch Kondratieff, Die langen Wellen der Konjunktur, in: Archiv für Sozialwissenschaften und Sozialpolitik, Bd. 56, Berlin 1926.

118 Vgl. Franz Janossy, Das Ende des Wirtschaftswunders. Erscheinung und Wesen der wirtschaftlichen Entwicklung, Frankfurt am Main 1969.

119 Vgl. Helmut Schelsky, «Über das Restaurative in unserer Zeit», in: Frankfurter Allgemeine Zeitung, 9. April 1955, abgedruckt in: Ders., Auf der Suche nach Wirklichkeit. Gesammelte Aufsätze, Düsseldorf und Köln 1965, S. 405 ff.

120 Vgl. Abdolreza Scheybani, Handwerk und Kleinhandel in der Bundesrepublik Deutschland. Sozialökonomischer Wandel und Mittelstandspolitik in der Bundesrepublik Deutschland 1949–1961, München 1996.

121 Vgl. Wolfgang Köllmann, Die Bevölkerungsentwicklung der Bundesrepublik, in: Werner Conze und M. Rainer Lepsius (Hrsg.), Sozialgeschichte der Bundesrepublik Deutschland, Stuttgart 1985, S. 66 ff.; Deutschland-Daten, in: Werner Weidenfeld und Karl-Rudolf Korte (Hrsg.), Handbuch zur deutschen Einheit, Bonn 1996, S. 771 f.

122 Verhandlungsprotokoll der Konferenz von Potsdam, 2. August 1945, in: Deuerlein, Deklamation oder Ersatzfrieden?, S. 199.

123 Vgl. Robert Hettlage, Wirtschaft als Mythos. Wirtschaftsordnung, Wirtschaftsstruktur und Wirtschaftsentwicklung der Bundesrepublik, in: Robert Hettlage (Hrsg.), Die Bundesrepublik. Eine historische Bilanz, München 1990, S. 57 ff. Siehe auch Michael C. Krause, Flucht vor dem Bombenkrieg. «Umquartierungen» im Zweiten Weltkrieg und die Wiedereingliederung der Evakuierten in Deutschland 1943–1963, Düsseldorf 1997.

124 Vgl. Kurt Sontheimer, Die Adenauer-Ära. Grundlegung der Bundesrepublik, München 1991, S. 73.

125 Zahlenangaben nach: Bundesministerium für innerdeutsche Beziehungen (Hrsg.), DDR-Handbuch, 3. überarb. u. erw. Aufl., Köln 1985, S. 419. Vgl. Weidenfeld und Korte, Handbuch zur deutschen Einheit, S. 473. Siehe ebenfalls Helge Heidemeyer, Flucht und Zuwanderung aus der SBZ/DDR 1945/49–1961. Die Flüchtlingspolitik der Bundesrepublik Deutschland bis zum Bau der Berliner Mauer, Düsseldorf 1994.

126 Der Tagesspiegel, 10. Oktober 1996, S. 7.

127 Vgl. Weidenfeld und Korte, Handbuch zur deutschen Einheit, S. 22 f. 1994 lebten damit in Deutschland insgesamt 6,99 Millionen Ausländer (8,6 Prozent der Bevölkerung), von denen sich aber 59 Prozent bereits zehn Jahre oder länger in Deutschland aufhielten. 73,8 Prozent der Ausländer waren im erwerbsfähigen Alter; 23,4 Prozent waren unter 18 Jahre alt. Die Zahl der Geburten ausländischer Kinder im Bundesgebiet lag in den neunziger Jahren bei etwa 100 000 pro Jahr. Siehe dazu ebenfalls Karl-Heinz Meier-Braun, Integration und Rückkehr? Zur Ausländerpolitik des Bundes und der Länder, insbesondere Baden-Württembergs, Mainz und München 1988; Klaus J. Bade, Ausländer, Aussiedler, Asyl. Eine Bestandsaufnahme, München 1994; Rainer Münz u. a., Zuwanderung nach Deutschland. Strukturen, Wirkungen, Perspektiven, Frankfurt am Main und New York 1997.

128 Vgl. M. Rainer Lepsius, Sozialstruktur und soziale Schichtung in der Bundesrepublik Deutschland, in: Die zweite Republik, S. 263.

129 Vgl. ebd., S. 264.

130 Vgl. ebd.

131 Vgl. hierzu ausführlich Karl Martin Bolte (Hrsg.), Deutsche Gesellschaft im Wandel, Bd. 1, Opladen 1966.

132 Vgl. Sontheimer, Die Adenauer-Ära, S. 76.

133 Zum Begriff der «negativen Integration» vgl. Günther Roth, The Social Democrats in Imperial Germany, Ottawa 1963. Siehe auch Dieter Groh, Negative Integration und revolutionärer Attentismus. Die deutsche Sozialdemokratie am Vorabend des Ersten Weltkrieges, Frankfurt am Main und Berlin 1973.

134 Vgl. Peter Iblher, Hauptstadt oder Hauptstädte? Die Machtverteilung zwischen den Großstädten der Bundesrepublik Deutschland, Opladen 1970.

135 Lepsius, Sozialstruktur und soziale Schichtung in der Bundesrepublik Deutschland, S. 267.

136 Vgl. Bericht der Sachverständigenkommission für die Neugliederung des Bundesgebietes, hrsg. vom Bundesministerium des Innern, Bonn 1973.

137 Vgl. Lepsius, Sozialstruktur und soziale Schichtung in der Bundesrepublik Deutschland, S. 268.

138 Gesetz über die Angelegenheiten der Vertriebenen und Flüchtlinge vom 19. Mai 1953 in der Fassung vom 2. Juni 1993, in: Bundesgesetzblatt 1993 I, S. 829. Vgl. Klaus Peter Krause, «Der Lastenausgleich – was er war und was er heute noch ist», in: Frankfurter Allgemeine Zeitung, 24. Februar 1996.

139 Vgl. Alfred-Maurice de Zayas, Vertriebene, in: Weidenfeld und Korte, Handbuch zur deutschen Einheit, S. 713 f.

140 Vgl. Köllmann, Die Bevölkerungsentwicklung der Bundesrepublik, S. 73.

141 Bericht zum Referat von Pastor Girgensohn (Bethel), in: Unsere Hilfe. Die Sendung der Rotkreuz-Schwester (Schwestern-Sonderheft mit Bericht über die Tagung des Verbandes Deutscher Mutterhäuser vom Roten Kreuz am 16./17. Mai 1950 in Frankfurt am Main), S. 9 ff.

142 Ebd.

143 Vgl. Sontheimer, Die Adenauer-Ära, S. 74.

144 Ebd. Vgl. auch Dieter Blumenwitz (Hrsg.), Flucht und Vertreibung, Köln 1987.

145 Vgl. Karl Heinz Schäfer, Lastenausgleich 1949 bis 1991. Wiederaufbau – Integration – Vermögensrückgabe, in: Wohnungswirtschaft zwischen Markt und Staat. Festschrift für Theodor Paul, Düsseldorf 1991.

146 Vgl. Peter Borowsky, Deutschland 1945–1969, Hannover 1993, S. 100 ff.

147 Vgl. Hettlage, Wirtschaft als Mythos, S. 68. Siehe hierzu exemplarisch Josef Reindl, Die elektrotechnische Industrie der Bundesrepublik Deutschland und Großbritanniens zwischen 1945 und den späten 1960er Jahren, Dissertation, München 1996.

148 Vgl. Borowsky, Deutschland 1945–1969, S. 135 ff.

149 Vgl. Hettlage, Wirtschaft als Mythos, S. 70.

150 Siehe Christoph Kleßmann, Zwei Staaten, eine Nation. Deutsche Geschichte 1955–1970, Bonn 1988, S. 57 f. Vgl. Egon Hölder (Hrsg.), Im Zug der Zeit. Ein Bilderbogen durch vier Jahrzehnte, Wiesbaden 1989; Hannes Siegrist u. a. (Hrsg.), Europäische Konsumgeschichte. Zur Gesellschafts- und Kulturgeschichte des Konsums (18. bis 20. Jahrhundert), Frankfurt am Main und New York 1997.

151 Vgl. Karl R. Popper, The Open Society and Its Enemies, 2 Bde., London 1945.

152 Ralf Dahrendorf, Gesellschaft und Demokratie in Deutschland, München 1965, S. 467.

153 Jens Alber, Continuity and Change in German Social Structure: Why Bonn is not Weimar, in: Ursula Hoffmann-Lange (Hrsg.), Social and Political Structures in West Germany, Boulder, CO 1992, S. 15–41; Jens Alber, Germany, in: Peter Flora (Hrsg.), Growth to Limits. The Western European Welfare States Since World War II, Bd. 2, Berlin und New York 1986, S. 1–154.

154 Vgl. Hettlage, Wirtschaft als Mythos, S. 63 f. Siehe auch Wolfgang Zapf, Die

Wohlfahrtsentwicklung in Deutschland seit Mitte des 19. Jahrhunderts, in: Conze und Lepsius (Hrsg.), Sozialgeschichte der Bundesrepublik Deutschland, S. 46-65.
155 Josef Mooser, Abschied von der Proletarität. Sozialstruktur und Lage der Arbeiterschaft in der Bundesrepublik in historischer Perspektive, in: Ebd., S. 143 ff.
156 Vgl. ebd., S. 163.
157 Vgl. Helmut Schelsky (Hrsg.), Auf der Suche nach Wirklichkeit. Gesammelte Aufsätze, Düsseldorf und Köln 1965.
158 Vgl. hierzu bes. Ludwig Reichhold, Abschied von der proletarischen Illusion. Das Ende eines revolutionären Mythos, Frankfurt am Main 1972, S. 218 ff.
159 Stefan Hradil, Individualisierung, Pluralisierung, Polarisierung: Was ist von den Schichten und Klassen geblieben?, in: Hettlage (Hrsg.), Die Bundesrepublik, S. 112.
160 Siehe Wolfgang Zapf (Hrsg.), Beiträge zur Analyse der deutschen Oberschicht, 2. Aufl., München 1965, S. 17. Der von Helge Pross stammende Ausdruck «Nachfolgebürgertum» wird als Synonym für «obere Mittelschicht» verwendet.
161 Vgl. Hermann Adam, Die Einkommensverteilung in der Bundesrepublik Deutschland, Köln 1976, S. 16.
162 Zit. nach: Harald Winkel, Die deutsche Wirtschaft seit Kriegsende. Entwicklung und Probleme, Mainz 1974, S. 138.
163 Vgl. Christoph Kleßmann, Die doppelte Staatsgründung. Deutsche Geschichte 1945-1955, 3., erg. Aufl., Bonn 1984, S. 37.
164 Vgl. Winkel, Die deutsche Wirtschaft seit Kriegsende, S. 139 f.
165 Siehe Dieter Häring, Zur Geschichte und Wirkung staatlicher Interventionen im Wohnungssektor. Gesellschaftliche und sozialpolitische Aspekte der Wohnungspolitik in Deutschland, Frankfurt am Main 1974, S. 246.
166 Hradil, Individualisierung, Pluralisierung, Polarisierung, S. 113.
167 Vgl. Mooser, Abschied von der Proletarität, S. 174.
168 Vgl. Joseph A. Schumpeter, Die sozialen Klassen im ethnisch homogenen Milieu, in: Ders., Aufsätze zur Soziologie, Tübingen 1953, S. 171.
169 Vgl. Erwin K. Scheuch, Sozialprestige und soziale Schichtung, in: David W. Glass und René König (Hrsg.), Soziale Schichtung und soziale Mobilität, in: Kölner Zeitschrift für Soziologie und Sozialpsychologie, Sonderheft 5 (1961), S. 65-103; Harriet Moore und Gerhard Kleining, Das soziale Selbstbild der Gesellschaftsschichten, in: Kölner Zeitschrift für Soziologie und Sozialpsychologie, 12. Jg. (1960), S. 91.
170 Vgl. Lepsius, Sozialstruktur und soziale Schichtung, S. 271.
171 Statistisches Bundesamt (Hrsg.), Bevölkerung und Wirtschaft 1872-1972, Stuttgart und Mainz 1972, S. 142. Vgl. Jürgen Kocka und Michael Prinz, Vom «neuen Mittelstand» zum angestellten Arbeitnehmer. Kontinuität und Wandel der deutschen Angestellten seit der Weimarer Republik, in: Conze und Lepsius (Hrsg.), Sozialgeschichte der Bundesrepublik Deutschland, S. 210-255.
172 Vgl. Horst Kern und Michael Schumann, Industriearbeit und Arbeiterbewußtsein. Eine empirische Untersuchung über den Einfluß der aktuellen technischen Entwicklung auf die industrielle Arbeit und das Arbeiterbewußtsein, Frankfurt am Main 1977, S. 233.
173 Vgl. Eckart Pankoke, Arbeit und Kultur. Moralökonomie, Wohlfahrtskultur und Gesellschaftspolitik in Deutschland 1945-1990, in: Hettlage (Hrsg.), Die Bundesrepublik, S. 88 ff.
174 Vgl. Ulrich Beck, Jenseits von Klasse und Stand? Soziale Ungleichheit, gesellschaftliche Individualisierungsprozesse und die Entstehung neuer Formationen und Identitäten, in: Reinhard Kreckel (Hrsg.), Soziale Ungleichheiten und Identitäten. Soziale Welt, Sonderband 2, Göttingen 1983, S. 35-74; Karl Martin Bolte, Struktur-

typen sozialer Ungleichheit. Soziale Ungleichheit in der Bundesrepublik Deutschland im historischen Vergleich, in: Peter A. Berger und Stefan Hradil (Hrsg.), Lebenslagen, Lebensläufe, Lebensstile. Soziale Welt, Sonderband 7, Göttingen 1990, S. 27–50.

175 Vgl. Gerhard Schulze, Die Erlebnisgesellschaft. Kultursoziologie der Gegenwart, Frankfurt am Main und New York 1992, S. 532 ff. Siehe auch Axel Schildt, Moderne Zeiten. Freizeit, Massenmedien und «Zeitgeist» in der Bundesrepublik der 50er Jahre, Hamburg 1995.

176 Vgl. Schulze, Die Erlebnisgesellschaft, S. 533 f.

177 Richard Kaufmann, «Die Generation der Gefährdeten», in: Süddeutsche Zeitung, Nr. 280, 22./23. November 1958, S. 49.

178 Gerhard Sanden, «Die Zwanzig- bis Dreißigjährigen tarnen sich», in: Handelsblatt, 12. März 1954, S. 4.

179 Helmut Schelsky, Die skeptische Generation. Eine Soziologie der deutschen Jugend, Düsseldorf und Köln 1957 (Sonderausg., Düsseldorf und Köln 1963), S. 488.

180 Heddy Neumeister, in: Frankfurter Allgemeine Zeitung, 27. August 1957.

181 Otto Zoff, «Wir glauben noch nicht an uns selbst. Was die amerikanische Universitätsjugend liest, denkt und diskutiert», in: Frankfurter Allgemeine Zeitung, 11. Juli 1957.

182 Helmut Schelsky, Wandlungen der deutschen Familie in der Gegenwart. Darstellung und Deutung einer empirisch-soziologischen Tatbestandsaufnahme, 5., unveränd. Aufl., Stuttgart 1967, S. 347–357.

183 Ebd., S. 350.

184 Frankfurter Allgemeine Zeitung, 28. Oktober 1955, S. 5.

185 Vgl. Friedrich Heer, Jugend im Aufbruch. Die Jugendbewegung vom Sturm und Drang bis zur Gegenwart, München u. a. 1973, S. 119 ff.

186 Vgl. Donald V. McGranahan und Karl Lenz, Mehr Chancen, mehr Risiken. Zum Wandel der Jugendphase in der Bundesrepublik, in: Hettlage (Hrsg.), Die Bundesrepublik, S. 214 ff.

187 Vgl. ebd., S. 226.

188 Siehe Ulrich Buczylowski, Kurt Schumacher und die deutsche Frage. Sicherheitspolitik und strategische Offensivkonzeption vom August 1950 bis September 1951, Stuttgart 1973, S. 108.

189 Vgl. Hans-Peter Schwarz, Die Ära Adenauer. Gründerjahre der Republik 1949–1957. Mit einem einleitenden Essay von Theodor Eschenburg (= Geschichte der Bundesrepublik Deutschland, Bd. 2), Stuttgart und Wiesbaden 1981, S. 123. Siehe ebenfalls James Bentley, Martin Niemöller. Eine Biographie, München 1985, S. 162 ff.

190 Archiv der Gegenwart, 20. Dezember 1949, S. 2173 C.

191 Kirchliches Jahrbuch für die Evangelische Kirche in Deutschland, Gütersloh 1950, S. 240 f.

192 Deutsches Manifest, 29. Januar 1955, in: Kirchliches Jahrbuch für die Evangelische Kirche in Deutschland (1955), S. 14 f. Vgl. auch Theo Pirker, Die SPD nach Hitler. Die Geschichte der Sozialdemokratischen Partei Deutschlands 1945–1964, München 1965, S. 206.

193 Siehe Karl A. Otto, Vom Ostermarsch zur APO. Geschichte der außerparlamentarischen Opposition in der Bundesrepublik 1960–1970, Frankfurt am Main und New York 1977, S. 56.

194 Abgedruckt in: Carl Friedrich von Weizsäcker, Der bedrohte Friede. Politische Aufsätze 1945–1981, München 1983, S. 29 f.

195 Siehe Hans Karl Rupp, Außerparlamentarische Opposition in der Ära Adenauer. Der Kampf gegen die Atombewaffnung in den fünfziger Jahren, Köln 1970, S. 46 u. S. 89.

196 Ebd., S. 140 f.
197 Verhandlungen des Deutschen Bundestages. Stenographische Berichte, 3. Wahlperiode, 21. Sitzung (25. März 1958), S. 1169.
198 Rupp, Außerparlamentarische Opposition in der Ära Adenauer, S. 202.
199 Vgl. Klaus Köhle, Bildungsrestauration, «Bildungskatastrophe», Bildungsexplosion. Die Entwicklung des Bildungssystems in der Bundesrepublik von 1945 bis heute, in: Hettlage (Hrsg.), Die Bundesrepublik, S. 234-254.
200 Ebenda, S. 219.
201 Helmut Schelsky, Soziologische Bemerkungen zur Rolle der Schule in unserer Gesellschaftsverfassung. Eine Denkschrift (1956), in: Ders., Auf der Suche nach Wirklichkeit, S. 131 ff. Siehe auch Ders., Beruf und Freizeit als Erziehungsziel in der modernen Gesellschaft, in: Ebd., S. 160 ff.
202 Willy Strzelewicz und Ferdinand Wiebecke, Bildungspolitik, in: Die zweite Republik, S. 866. Vgl. auch Theodor Litt, Das Bildungsideal der deutschen Klassik und die moderne Arbeitswelt, 7. Aufl., Bochum 1977.
203 Zit. nach: Fritz Blättner, Das Gymnasium, Heidelberg 1960, S. 114 ff.
204 Vgl. Georg Picht, Die deutsche Bildungskatastrophe, Freiburg i. Br. 1964.
205 Ralf Dahrendorf, Bildung ist Bürgerrecht, Bramsche-Osnabrück 1965.
206 Vgl. Friedrich H. Tenbruck, Alltagsnormen und Lebensgefühle in der Bundesrepublik, in: Die zweite Republik, S. 290.
207 Ebd., S. 298.

Dritter Teil

1 Vgl. Martin und Sylvia Greiffenhagen, Ein schwieriges Vaterland. Zur Politischen Kultur Deutschlands, München 1979. Wörtlich erklärte Heinemann: «Es gibt schwierige Vaterländer. Eins davon ist Deutschland. Aber es ist unser Vaterland. Hier leben und arbeiten wir. Darum wollen wir unseren Beitrag für die eine Menschheit mit diesem und durch dieses Land leisten.»
2 Gustav Heinemann im Gespräch mit Leo Bauer, in: Die neue Gesellschaft, H. 5, 1969. Siehe auch Helmut Lindemann, Gustav Heinemann. Ein Leben für die Demokratie, München 1978, S. 243 f.
3 Zit. nach: Greiffenhagen, Ein schwieriges Vaterland, S. 15.
4 Fred Luchsinger, «Blickpunkt Deutschland», in: Neue Zürcher Zeitung, Nr. 12, 13. Januar 1974, S. 1.
5 Siehe Lucian Wilmot Pye und Sidney Verba (Hrsg.), Political Culture and Development, Princeton, NJ 1965. Vgl. auch Norbert Frei, Vergangenheitspolitik. Die Anfänge der Bundesrepublik und die NS-Vergangenheit, München 1996.
6 Vgl. Robert Rhodes James, Anthony Eden. A Biography, New York u. a. 1987, S. 284 ff.
7 Kurt Schumacher, Konsequenzen deutscher Politik: Aufruf Sommer 1945, in: Kurt Schumacher. Reden und Schriften, hrsg. von Arno Scholz u. Walther G. Oschilewski, Berlin 1953, S. 31.
8 Siehe hierzu vor allem Karl Buchheim, Geschichte der christlichen Parteien in Deutschland, München 1953; Ludwig Bergstraesser, Geschichte der politischen Parteien in Deutschland, 11. Aufl., München 1965; Erich Matthias und Rudolf Morsey, Das Ende der Parteien 1933, Düsseldorf 1960.
9 Eine Ausnahme bildet u. a. die selbstkritische Schrift von Reinhold Schneider, Das Unzerstörbare, Freiburg 1945.
10 Vgl. Karl Gabriel, Von der «vordergründigen» zur «hintergründigen» Religio-

sität. Zur Entwicklung von Religion und Kirche in der Geschichte der Bundesrepublik, in: Robert Hettlage (Hrsg.), Die Bundesrepublik. Eine historische Bilanz, München 1990, S. 255 ff. Siehe auch Helmut Klages, Wertorientierungen im Wandel, Frankfurt am Main 1985 und Hermann Glaser, Deutsche Kultur 1945-2000, München und Wien 1997, S. 93 f.

11 Wilhelm Hoffmann, Nach der Katastrophe, Tübingen und Stuttgart 1946, S. 131.

12 Ein Beispiel dafür war sein Auftreten auf einer Konferenz von 88 protestantischen Kirchenführern in der hessischen Stadt Treysa vom 27. August bis 1. September 1945, wo Niemöller leidenschaftlich dafür eintrat, daß die Kirche sich erst selber säubern und einem vollständigen geistlichen Wandlungsprozeß unterziehen müsse, ehe sie das gesamte deutsche Volk zur Reue aufrufen könne. Siehe James Bentley, Martin Niemöller. Eine Biographie, München 1985, S. 207. Vgl. Clemens Vollnhals, Evangelische Kirche und Entnazifizierung 1945-1949. Die Last der nationalsozialistischen Vergangenheit, München 1989; Hans-Erich Volkmann (Hrsg.), Ende des Dritten Reiches – Ende des Zweiten Weltkriegs. Eine perspektivische Rückschau, München und Zürich 1995.

13 Vgl. Joachim Fest, Staatsstreich. Der lange Weg zum 20. Juli, Berlin 1994, S. 38.

14 Jost Hermand, Kultur im Wiederaufbau. Die Bundesrepublik Deutschland 1945-1965, München 1986, S. 50.

15 Vgl. Carl H. Mueller-Graaf, Irrweg und Umkehr. Betrachtungen über das Schicksal Deutschlands, Stuttgart 1948, S. 208.

16 Hermand, Kultur im Wiederaufbau, S. 78.

17 Michael Brink, Revolutio humana, Heidelberg 1946.

18 August Blume, Der Geist der Mitte. Das andere Deutschland, Stuttgart 1946; Johannes Hessen, Der geistige Wiederaufbau Deutschlands, Stuttgart 1946. Vgl. auch Glaser, Deutsche Kultur 1945-2000, S. 91.

19 Vgl. z. B. Alexander Abusch, Der Irrweg einer Nation, Berlin 1946; Ernst Niekisch, Deutsche Daseinsverfehlung, Berlin 1946; sowie Fritz Helling, Der Katastrophenweg der deutschen Geschichte, Frankfurt am Main 1947.

20 Walter A. Berendsohn, Thomas Mann. Künstler und Kämpfer in bewegter Zeit, Lübeck 1965, S. 165 f. Vgl. Hans Dieter Schäfer, Das gespaltene Bewußtsein. Über deutsche Kultur und Lebenswirklichkeit 1944-1945, München 1981.

21 Thomas Mann, hrsg. von Hans Wysling und Marianne Fischer, Bd. III: 1944-1955 (= Dichter über ihre Dichtungen, Bd. 14), Frankfurt am Main 1981, S. 308. Thomas Mann, Gesammelte Werke, Bd. XI, Frankfurt am Main 1990, S. 1146 u. S. 1148.

22 Fritz Harzendorf, So kam es. Der deutsche Irrweg von Bismarck bis Hitler, Konstanz 1946.

23 Paul Wilhelm Wenger, Die Philosophie des deutschen Idealismus im Gericht der Geschichte, in: Das goldene Tor. Monatsschrift für Literatur und Kunst, 2. Jg., H. 1, Januar 1947.

24 Alfred von Martin, Geistige Wegbereiter des deutschen Zusammenbruchs. Hegel, Nietzsche, Spengler, Recklinghausen 1948.

25 Georg Lukács, Die Zerstörung der Vernunft. Der Weg des Irrationalismus von Schelling zu Hitler, Berlin 1954.

26 José Ortega y Gasset, Der Aufstand der Massen, Stuttgart 1977, S. 59 ff.

27 Wilhelm Röpke, Die deutsche Frage, 2., verm. Aufl., Erlenbach-Zürich 1945, S. 31 ff. u. S. 44 ff. Vgl. auch die ähnliche Argumentation einer «verführten Masse» ohne «Persönlichkeitsgefühl» durch einen geschickt taktierenden Cäsar bei Albert Erich Brinckmann, Geist im Wandel. Rebellion und Ordnung, Hamburg 1946.

28 Friedrich Meinecke, Die deutsche Katastrophe. Betrachtungen und Erinnerungen, Wiesbaden 1946. Vgl. auch Glaser, Deutsche Kultur 1945-2000, S. 26.
29 Gerhard Ritter, Europa und die deutsche Frage, München 1948. In der Tradition dieses Denkens befindet sich in jüngerer Zeit auch Ernst Nolte, der in der «Epoche des Faschismus» eine enge Wechselwirkung zwischen Nationalsozialismus und Bolschewismus zu erkennen glaubt. Vgl. Ernst Nolte, Der europäische Bürgerkrieg 1917-1945. Nationalsozialismus und Bolschewismus, Frankfurt am Main und Berlin 1987.
30 Umfrage des Instituts für Demoskopie Allensbach 1951, zit. nach: Alfred Grosser, Die Bonner Demokratie. Deutschland von draußen gesehen, Düsseldorf 1960, S. 22.
31 Max Kaase, Demokratische Einstellungen in der Bundesrepublik Deutschland, in: Rudolf Wildenmann (Hrsg.), Sozialwissenschaftliches Jahrbuch für Politik, Bd. 2, München 1971, S. 325.
32 Dieter Boßmann, «Was ich über Adolf Hitler gehört habe ...» Folgen eines Tabus: Auszüge aus Schüler-Aufsätzen von heute, Frankfurt am Main 1977.
33 Vgl. Lothar Kettenacker, The Planning of Re-education during the Second World War, in: Nicholas Pronay und K. Wilson (Hrsg.), The Political Re-education of Germany and Her Allies after World War II, London und Sidney 1985, S. 59 ff. Vgl. auch Glaser, Deutsche Kultur 1945-2000, S. 72 f.
34 James F. Tent, Education and Religious Affairs Branch. OMGUS und die Entwicklung amerikanischer Bildungspolitik 1944 bis 1949, in: Manfred Heinemann (Hrsg.), Umerziehung und Wiederaufbau. Die Bildungspolitik der Besatzungsmächte in Deutschland und Österreich, Stuttgart 1981, S. 71 f. Vgl. Hansjörg Gehring, Amerikanische Literaturpolitik in Deutschland 1945 bis 1953. Ein Aspekt des Re-Education-Programms, Stuttgart 1976; Karl-Heinz Füssl, Die Umerziehung der Deutschen. Jugend und Schule unter den Siegermächten des Zweiten Weltkriegs 1945-1955, Paderborn 1995.
35 Adolf M. Birke, Nation ohne Haus. Deutschland 1945-1961, Berlin 1989, S. 84 f.
36 Grundsätze für die demokratische Erneuerung der deutschen Schule. Gemeinsamer Aufruf der KPD und SPD zur demokratischen Schulreform, 18. Oktober 1945, in: Siegfried Baske und Martha Engelbert (Hrsg.), Zwei Jahrzehnte Bildungspolitik in der Sowjetzone Deutschlands, Bd. 1, Berlin 1966, S. 5 ff.
37 Zit. nach: Dietrich Staritz, Sozialismus in einem halben Lande, Berlin 1976, S. 149. Vgl. Bernard Genton und Cyril Buffet, Die vier Besatzungsmächte und die Kultur in Berlin 1945-1949, Berlin 1997.
38 Siehe Hans Edgar Jahn, An Adenauers Seite. Sein Berater erinnert sich, München und Wien 1987, S. 19 f.
39 Vgl. Hermand, Kultur im Wiederaufbau, S. 92.
40 Programm des «Kulturbundes zur demokratischen Erneuerung Deutschlands», in: Der Kulturbund in Berlin, Berlin 1948, S. 5 ff. Vgl. auch Christoph Kleßmann, Die doppelte Staatsgründung. Deutsche Geschichte 1945-1955, 3., erg. Aufl., Bonn 1984, S. 440 f.; Magdalena Heider, Politik – Kultur – Kulturbund. Zur Gründungs- und Frühgeschichte des Kulturbundes zur demokratischen Erneuerung Deutschlands 1945-1954 in der SBZ/DDR, Köln 1993. Ebenso Manfred Jäger, Kultur und Politik in der DDR 1945-1990, Köln 1994.
41 Vgl. Unsere Kultur. DDR-Zeittafel 1945-1987, Berlin (Ost) 1989, S. 9; Hermand, Kultur im Wiederaufbau, S. 102 f.
42 Vgl. hierzu vor allem H. Müller, Das Exempel Kulturbund – Anatomie eines Verbots, in: Frankfurter Kunstverein (Hrsg.), Zwischen Krieg und Frieden. Gegenständliche und realistische Tendenzen in der Kunst nach 1945, Berlin 1980, S. 179 f.

43 Zahlenangaben nach: Horst Möller, Exodus der Kultur. Schriftsteller, Wissenschaftler und Künstler in der Emigration nach 1933, München 1984, S. 38 f.
44 Biographisches Handbuch der deutschsprachigen Emigration nach 1933, hrsg. vom Institut für Zeitgeschichte München und der Research Foundation for Jewish Immigration, Inc. New York. Bd. II, 1 u. 2: The Arts, Sciences, and Literature, München u. a. 1983.
45 Carl Zuckmayer, Als wär's ein Stück von mir. Horen der Freundschaft, Frankfurt am Main 1966.
46 Vgl. Donald A. Prater, Thomas Mann. Deutscher und Weltbürger. Eine Biographie, München und Wien 1995, S. 519 ff. Vgl. auch Glaser, Deutsche Kultur 1945–2000, S. 48.
47 Zit. nach: Möller, Exodus der Kultur, S. 104.
48 Prater, Thomas Mann, S. 518. Vgl. auch Peter Mertz, Und das wurde nicht ihr Staat. Erfahrungen emigrierter Schriftsteller mit Westdeutschland, München 1985, S. 87 ff.
49 Möller, Exodus der Kultur, S. 103.
50 Vgl. ebd., S. 112.
51 Vgl. Bernard Bailyn und Donald Fleming (Hrsg.), The Intellectual Migration: Europe and America 1930–1960, Cambridge, MA 1969.
52 Hermand, Kultur im Wiederaufbau, S. 95 f. Vgl. dazu exemplarisch Friedrich Prinz (Hrsg.), Trümmerzeit in München. Kultur und Gesellschaft einer deutschen Großstadt im Aufbruch 1945–1949, München 1984.
53 Hermand, Kultur im Wiederaufbau, S. 98 f. Siehe auch Peter Demetz, Die süße Anarchie. Deutsche Literatur seit 1945. Eine kritische Einführung, Berlin 1970. Einen Überblick bietet Franz Schonauer, Die Prosaliteratur der Bundesrepublik, in: Literatur nach 1945. Bd. I: Politische und regionale Aspekte, hrsg. von Jost Hermand (= Neues Handbuch der Literaturwissenschaft, Bd. 21), Wiesbaden 1979, S. 195 ff. Schonauer nennt diese Phase «Die Jahre der ‹schönen Not›».
54 Vgl. Alfred Kantorowicz, Im 2. Drittel unseres Jahrhunderts. Illusionen, Irrtümer, Widersprüche, Einsichten, Voraussichten, Köln 1967, S. 102 ff.
55 Axel Eggebrecht (Hrsg.), Die zornigen alten Männer. Gedanken über Deutschland seit 1945, Reinbek 1979, S. 13. Vgl. Hans Bausch, Rundfunkpolitik nach 1945. Erster Teil: 1945–1962, München 1980; Wolf-Dietrich Nahr, Die befohlene Pressefreiheit. Deutsche und amerikanische Medienpolitik 1946–1953, Berlin 1991.
56 Vgl. Hans Bausch (Hrsg.), Rundfunk in Deutschland. Bd. 3: Nachkriegszeit, München 1979, S. 153. Siehe auch Sabine Friedrich, Rundfunk und Besatzungsmacht. Organisation, Programm und Hörer des Südwestfunks 1945 bis 1949, Baden-Baden 1991, sowie Glaser, Deutsche Kultur 1945–2000, S. 142–148.
57 Maunz-Dürig-Herzog-Scholz, Grundgesetz-Kommentar, München 1958 ff., Bd. 1, Artikel 5, Randnummer 213.
58 Theodor Eschenburg, Jahre der Besatzung 1945–1949. Mit einem einleitenden Essay von Eberhard Jäckel (= Geschichte der Bundesrepublik Deutschland, Bd. 1) Stuttgart und Wiesbaden 1983, S. 142 f.
59 Harold Hurwitz, Die Stunde Null der deutschen Presse. Amerikanische Pressepolitik in Deutschland 1945 bis 1949, Köln 1972, S. 93. Ebenso Glaser, Deutsche Kultur 1945–2000, S. 149 f.
60 Gerhard Hay (Hrsg.), «Als der Krieg zu Ende war». Literarisch-politische Publizistik 1945–1950, 4., unveränd. Aufl., Marbach 1995, S. 25.
61 Eschenburg, Jahre der Besatzung, S. 147.
62 Hans Habe, Im Jahre Null, rev. u. erw. Ausgabe, München 1977, S. 101 f.
63 Eschenburg, Jahre der Besatzung, S. 148 f.
64 Vgl. ebd., S. 150.

65 Hans Dieter Müller, Der Springer-Konzern, München 1968, S. 131f. Vgl. Dietrich Oppenberg (Hrsg.), Handbuch Deutsche Presse 1947. Reprint des Zeitungsteils, Düsseldorf 1996.

66 Die Intervention des Kanzlers war nach einer Unterredung Axel Springers mit Adenauer zustande gekommen, die durch den Hamburger CDU-Politiker Erik Blumenfeld, einen persönlichen Freund Springers, vermittelt worden war.

67 Vgl. Müller, Der Springer-Konzern, S. 158–168.

68 Vgl. Eschenburg, Jahre der Besatzung, S. 155.

69 Siehe Wilhelm Rey, «Die Frankfurter Zeitung nach 1933», in: Neue Zürcher Zeitung, Nr. 65, 1947, sowie Reto Caratsch, «Die letzten zehn Jahre der Frankfurter Zeitung», in: Neue Zürcher Zeitung, Nr. 112, 1947. Vgl. Benno Reifenberg u. a., Hundert Jahre Frankfurter Zeitung, in: Die Gegenwart, Sonderheft 1956.

70 Vgl. Kurt Koszyk, Deutsche Presse 1914–1945. Geschichte der deutschen Presse, Teil III, Berlin 1972; ders., Pressepolitik für Deutschland 1945–1949. Geschichte der deutschen Presse, Teil IV, Berlin 1986. Siehe auch Norbert Frei, Die Presse, in: Wolfgang Benz (Hrsg.), Die Geschichte der Bundesrepublik Deutschland. Bd. 4: Kultur, Frankfurt am Main 1989, S. 370–416, bes. S. 370–383.

71 Heinz Dietrich Fischer, Reeducations- und Pressepolitik unter britischem Besatzungsstatus. Die Zonenzeitung «Die Welt», Düsseldorf 1978, S. 524.

72 Frankfurter Allgemeine Zeitung, 12. Mai 1982.

73 Hay (Hrsg.), «Als der Krieg zu Ende war», S. 37.

74 Vgl. Eschenburg, Jahre der Besatzung, S. 162f.

75 Martin Stankowski, Die linkskatholische Presse in Deutschland nach 1945, Berlin 1974, S. 72.

76 Franz Focke, Sozialismus aus christlicher Verantwortung. Die Idee eines christlichen Sozialismus in der katholisch-sozialen Bewegung und in der CDU, Wuppertal 1978, S. 207.

77 Zit. nach: Ebd., S. 205.

78 Hans Werner Richter, Wie entstand und was war die Gruppe 47?, in: Hans Werner Richter und die Gruppe 47. Mit Beiträgen von Walter Jens u. a., München 1979, S. 47. Vgl. auch Hans A. Neunzig (Hrsg.), Hans Werner Richter und die Gruppe 47, Frankfurt am Main u. a. 1981. Siehe ebenfalls Glaser, Deutsche Kultur 1945–2000, S. 256ff.

79 Der Ruf. Unabhängige Blätter für die junge Generation, Nr. 1, 15. August 1946 (Reprint, hrsg. von Hans A. Neunzig, München 1976, S. 19ff.).

80 Redaktionsartikel, Warum schweigt die junge Generation?, in: Der Ruf, Nr. 2, 1946, S. 3f.

81 Eschenburg, Jahre der Besatzung, S. 164. Vgl. auch Jérôme Vaillant, Der Ruf. Unabhängige Blätter der jungen Generation 1945–1949. Eine Zeitschrift zwischen Anpassung und Illusion, München 1978, S. 64.

82 Ende und Anfang, Nr. 14, S. 11f.

83 Kleßmann, Die doppelte Staatsgründung, S. 164.

84 Der Aufbau, 1. Jg. (1945), S. 9f.

85 Klaus Gysi, Symptom, in: Der Aufbau, 4. Jg. (1948), S. 642.

86 Zit. nach: Greiffenhagen, Ein schwieriges Vaterland, S. 56. Zur Problematik von Kontinuität und Wandel siehe auch den zeitgenössischen Roman von Wolfgang Koeppen, Tauben im Gras, Stuttgart 1951.

87 Hans Werner Richter und die Gruppe 47, S. 62.

88 Ebd., S. 71.

89 Vgl. Heinz Friedrich, Das Jahr 47, in: Lesebuch der Gruppe 47, hrsg. und mit einem Nachwort von Hans A. Neunzig, 2. Aufl., München 1997, S. 20.

90 Lesebuch der Gruppe 47, S. 504.
91 Vgl. Rheinische Kunst gestern und heute, Ausstellungskatalog Braunschweiger Kunstverein, Haus Salve hospes, 1947, o. S.
92 Alfred Hentzen, Werner Gilles, Köln 1960, S. 115.
93 Werner Haftmann, Malerei im 20. Jahrhundert, München 1954, S. 432.
94 Götz Adriani (Hrsg.), Baumeister, Köln 1971, S. 189.
95 Eduard Trier, 1945-1955. Fragmentarische Erinnerungen, in: 1945-1985. Kunst in der Bundesrepublik Deutschland, Ausstellungskatalog Nationalgalerie, Staatliche Museen Preußischer Kulturbesitz, Berlin 1985, S. 10.
96 Werner Hofmann, Kunst in Deutschland 1898-1973, Ausstellungskatalog Hamburger Kunsthalle, 10. 11. 1973 bis 6. 1. 1975, o. S.
97 Karl Otto Götz, Autobiographie, in: Karl Otto Götz, Ausstellungskatalog, Kunsthalle Düsseldorf, Düsseldorf u. a. 1984, S. 14.
98 Trier, 1945-1955. Fragmentarische Erinnerungen, S. 11.
99 Peter Hielscher, Unbewältigte Gegenwart. Von der Schwierigkeit, Wirklichkeiten abzubilden, in: Grauzonen Farbwelten. Kunst und Zeitbilder 1945-1955, Ausstellungskatalog Neue Gesellschaft für bildende Kunst Berlin, hrsg. von Bernhard Schulz, Berlin 1983, S. 225 ff.
100 Eduard Trier, Historische Perspektiven - Eine Chronik der retrospektiven Ausstellungen, in: Jahresring 56/57, Stuttgart 1956, S. 340 ff.
101 Vgl. Trier, 1945-1955. Fragmentarische Erinnerungen, S. 12 f.
102 Bruno E. Werner, in: Die Neue Zeitung, 28. Mai 1949.
103 Trier, 1945-1955. Fragmentarische Erinnerungen, S. 14.
104 Dieter Bänsch (Hrsg.), Die fünfziger Jahre. Beiträge zu Politik und Kultur, Tübingen 1985, S. 286. Vgl. auch Klaus Kreimeier, Kino und Filmindustrie in der BRD. Ideologieproduktion und Klassenwirklichkeit nach 1945, Kronberg i. Ts. 1973.
105 Hermand, Kultur im Wiederaufbau, S. 142.
106 Rudolf Flügel, Der zeitnahe Film ist ohne Publikum, in: Glanz, 1. Jg. (1949), H. 1, S. 29.
107 Vgl. ebd.
108 Christoph Kleßmann, Zwei Staaten, eine Nation. Deutsche Geschichte 1955-1970, Bonn 1988, S. 45.
109 Hermand, Kultur im Wiederaufbau, S. 144.
110 Siegfried Kracauer, From Caligari to Hitler, Princeton, NJ 1947, S. 6, zit. nach: Bänsch (Hrsg.), Die fünfziger Jahre, S. 287.
111 Ebd., S. 283.
112 Joe Hembus, Die Illustrierte Filmbühne als Wachsfiguren-Kabinett des deutschen Nachkriegsfilms. Vorwort zu: Illustrierte Film-Bühne II. Fünfzig deutsche Nachkriegsfilme von 1946-1960, München 1977.
113 Helmut Coing, Der Wiederaufbau und die Rolle der Wissenschaft, in: Wissenschaftsgeschichte seit 1900. 75 Jahre Universität Frankfurt, Frankfurt am Main 1992, S. 87.
114 Stifterverband für die deutsche Wissenschaft, Jahrbuch 1951, Essen 1952, S. 82. Siehe auch Thomas Stamm, Zwischen Staat und Selbstverwaltung. Die deutsche Forschung im Wiederaufbau 1945-1965, Köln 1981, S. 42.
115 Vgl. ebd., S. 43.
116 Vgl. Coing, Der Wiederaufbau und die Rolle der Wissenschaft, S. 88. Siehe auch Eberhard Holtmann (Hrsg.), Wie neu war der Neubeginn? Zum deutschen Kontinuitätsproblem nach 1945, Erlangen 1989.
117 «Materialien zum Vortrag in der Sitzung des Forschungsrates», 25. 2. 1949,

Hauptstaatsarchiv Düsseldorf, Ministerialarchiv Nordrhein-Westfalen, Nw 25-217. Vgl. Stamm, Zwischen Staat und Selbstverwaltung, S. 42.

118 Rainer A. Müller, Geschichte der Universität. Von der mittelalterlichen Universitas zur deutschen Hochschule, Hamburg 1986, S. 102.

119 Walter Dirks, Der restaurative Charakter der Epoche, in: Frankfurter Hefte, 5. Jg. (1950), S. 951. Ähnlich auch Eugen Kogon, Die Aussichten der Restauration. Über die gesellschaftlichen Grundlagen der Zeit, in: Frankfurter Hefte, 7. Jg. (1952), S. 165 ff. Aus DDR-Sicht vgl. Rolf Badstübner, Restauration in Westdeutschland 1945-1949, Berlin (Ost) 1965. Die starre Fixierung auf die Restaurationsthese ist in der Forschung inzwischen weitgehend aufgegeben worden. Vielmehr wird anerkannt, daß bereits in den fünfziger Jahren eine umfassende Modernisierung einsetzte. Vgl. hierzu Hans-Peter Schwarz, Modernisierung oder Restauration? Einige Vorfragen zur künftigen Sozialgeschichtsforschung über die Ära Adenauer, in: Kurt Düwell und Wolfgang Köllmann (Hrsg.), Rheinland-Westfalen im Industriezeitalter. Bd. 3: Vom Ende der Weimarer Republik bis zum Land Nordrhein-Westfalen, Wuppertal 1984, S. 278-293. Siehe auch Michael Prinz, Demokratische Stabilisierung. Problemlagen von Modernisierung im Selbstbezug und historische Kontinuität – Leitbegriffe einer Zeitsozialgeschichte, in: Westfälische Forschungen, 43. Jg (1993), S. 655-675.

120 Vgl. Robert Conroy Goldston, The American Nightmare, Indianapolis, IN 1973.

121 Kleßmann, Die doppelte Staatsgründung, S. 167f.

122 Der Autor, H. 8, 1947/48, S. 3f.

123 Kurt Sontheimer, Die Adenauer-Ära. Grundlegung der Bundesrepublik, München 1991, S. 135f.

124 Helmut L. Müller, Die literarische Republik. Westdeutsche Schriftsteller und die Politik, Weinheim und Basel 1982, S. 50.

125 Vgl. Konrad Jarausch und Hannes Siegrist (Hrsg.), Amerikanisierung und Sowjetisierung in Deutschland 1945-1970, Frankfurt am Main und New York 1997.

126 Vgl. hierzu ausführlich Müller, Das Exempel Kulturbund, S. 179f.

127 The New York Times, 28. Oktober 1947. Vgl. auch Jean Edward Smith (Hrsg.), The Papers of General Lucius D. Clay. Germany 1945-1949, 2 Bde., Bloomington, IN 1974, S. 451 u. S. 458; Wolfgang Krieger, General Lucius D. Clay und die amerikanische Deutschlandpolitik 1945-1949, Stuttgart 1987, S. 302ff.

128 Walter Dirks, Ein falsches Europa?, in: Frankfurter Hefte, 3. Jg. (1947), S. 698-711.

129 Siehe Gerhard Hay, Wiederkehr und Aufbruch in der Literatur, in: Westdeutschlands Weg zur Bundesrepublik 1945-1949. Beiträge von Mitarbeitern des Instituts für Zeitgeschichte, München 1976, S. 147.

130 Die Wandlung, 4. Jg. (1949), S. 703f.

131 Vgl. Louis J. Halle, Der Kalte Krieg. Ursachen, Verlauf, Abschluß, Frankfurt am Main 1969. Eine «realistische» Theorie der internationalen Beziehungen formulierte Hans J. Morgenthau, Macht und Frieden. Grundlegung einer Theorie der internationalen Politik, Gütersloh 1963.

132 Vgl. hierzu die Publikationen des Forschungsprojekts «Westernization», das von 1992 bis 1996 an der Universität Tübingen durchgeführt wurde. Einen Problemaufriß und Überblick bietet Anselm Doering-Manteuffel, Dimensionen von Amerikanisierung in der deutschen Gesellschaft, in: Archiv für Sozialgeschichte, 35. Jg. (1995), S. 1-34.

133 Vgl. Anselm Doering-Manteuffel, Westernisierung und Amerikanisierung. Politische Ideen, Kulturtransfer und die Transformation der westdeutschen Gesellschaft 1945-1970, Tübingen 1998, Typoskript, S. 6.

134 Ebd., S. 15. Vgl. auch Tony Smith, America's Mission. The United States and the Worldwide Struggle for Democracy in the Twentieth Century, Princeton, NJ 1994.
135 Vgl. Michael Hochgeschwender, Freiheit in der Offensive? Der Kongreß für Kulturelle Freiheit und die Deutschen (= Ordnungssysteme. Studien zur Ideengeschichte der Neuzeit, Bd. 1), München 1998.
136 Vgl. ebd., S. 122 ff.
137 Doering-Manteuffel, Westernisierung und Amerikanisierung, S. 24.
138 Der Begriff «fellow-travellers» stammt ursprünglich von Alexander Herzen und wurde 1923 von Trotzki übernommen. Vgl. David Caute, The Fellow-Travellers. A Postscript to the Enlightenment, New York 1973, S. 1 f.
139 Vgl. Peter Coleman, The Liberal Conspiracy, New York 1989, S. 42 f.
140 Vgl. Doering-Manteuffel, Westernisierung und Amerikanisierung, S. 26.
141 Vgl. Julia Angster, Konsenskapitalismus und Sozialdemokratie. Zur Rolle der Arbeiterbewegung in der Westorientierung der Bundesrepublik Deutschland 1945–1968, Dissertation, Tübingen 1998, Kap. I.2.c.
142 Erik von Kuehnelt-Leddihn, Wahlrecht und Falottentum, in: Neues Abendland. Zeitschrift für Politik, Kultur und Geschichte, 8. Jg., H. 8, 1953, S. 461.
143 Hans Grimm, Warum – Woher – aber Wohin?, 5. Aufl., Lippoldsberg 1954.
144 Peter Rassow, Die geschichtliche Einheit des Abendlandes, Köln 1960.
145 Gerhard Ritter, Europa und die deutsche Frage, München 1948; Hans Rothfels, Deutschland und Europa. Historische Studien zur Völker- und Staatenordnung des Abendlands (Festschrift für Hans Rothfels), hrsg. von Werner Laute, Düsseldorf 1951.
146 Zit. nach: Hermand, Kultur im Wiederaufbau, S. 242 f.
147 Ebd., S. 243.
148 William S. Schlamm, In eigener Sache, in: Der Stern, H. 21, Mai 1960, S. 96 f.; ders., Kann Berlin gehalten werden?, in: Der Stern, H. 42, Oktober 1960, S. 112 f.
149 Hermand, Kultur im Wiederaufbau, S. 241.
150 Karl Jaspers, Freiheit und Wiedervereinigung, 2. Aufl., München 1990. Vgl. Hermand, Kultur im Wiederaufbau, S. 238.
151 Horst Krüger, Ein frühes Nein – ein spätes Ja. Ein deutscher Intellektueller und sein Staat, in: Nach dreißig Jahren. Die Bundesrepublik Deutschland. Vergangenheit, Gegenwart, Zukunft, hrsg. von Walter Scheel, Stuttgart 1979, S. 246 ff.
152 Paul Sethe, Ferdinand Fried und Hans Schwab-Felisch, Das Fundament unserer Zukunft, Düsseldorf 1964, S. 250.
153 Sontheimer, Die Adenauer-Ära, S. 137 f. Vgl. auch Müller, Die literarische Republik, S. 49–63.
154 Hans Werner Richter, Zwischen Freiheit und Quarantäne, in: Ders. (Hrsg.), Bestandsaufnahme. Eine deutsche Bilanz, München 1962, S. 11–28.
155 Wolfgang Weyrauch (Hrsg.), Ich lebe in der Bundesrepublik. Fünfzehn Deutsche über Deutschland, München 1960, S. 7 f.
156 Sontheimer, Die Adenauer-Ära, S. 140.
157 Weyrauch (Hrsg.), Ich lebe in der Bundesrepublik, S. 114.
158 Martin Walser (Hrsg.), Die Alternative oder Brauchen wir eine neue Regierung?, Reinbek bei Hamburg 1961.
159 Vgl. Hermand, Kultur im Wiederaufbau, S. 154 f.
160 Hermann Nohl, Vom Sinn der Kunst, in: Die Sammlung. Zeitschrift für Kultur und Erziehung, 2. Jg. (1947), H. 8, S. 412–418.
161 Karl Laux, Musik und Musiker der Gegenwart. Bd. 1: Deutschland, Essen 1949.

162 Gunter Groll, De Profundis. Deutsche Lyrik dieser Zeit. Eine Anthologie aus zwölf Jahren, München 1946.
163 Vgl. Wilhelm Hausenstein, Licht unter dem Horizont. Tagebücher von 1942 bis 1946, München 1967; ders., Impressionen und Analysen. Letzte Aufzeichnungen, München 1969.
164 Vgl. Hermand, Kultur im Wiederaufbau, S. 159.
165 Michael Boblenz, Vorwort, in: Aussaat, H. 1, 1946.
166 Ebd.
167 Theodor W. Adorno, Auferstehung der Kultur in Deutschland?, in: Frankfurter Hefte. Zeitschrift für Kultur und Politik, 5. Jg. (1950), H. 5, S. 469–472.
168 Ebd., S. 476.
169 Wilhelm Worringer, Problematik der Gegenwartskunst, München 1948.
170 Hans Heinz Stuckenschmidt, Was ist bürgerliche Musik?, in: Stimmen. Monatsblätter für Musik, 1. Jg. (1948), H. 7, S. 212.
171 Vgl. Hermand, Kultur im Wiederaufbau, S. 195.
172 Ebd., S. 196.
173 F. A. Th. Winter, Verteidigung der abstrakten Kunst, in: Neues Abendland, 4. Jg. (1949), S. 146–148.
174 Der Monat, November 1949.
175 Gottfried Benn, Ausgewählte Briefe. Mit einem Nachwort von Max Rycher, 2. Aufl., Wiesbaden 1959.
176 Gottfried Benn, Sämtliche Werke (Stuttgarter Ausgabe), in Verbindung mit Ilse Benn hrsg. von Gerhard Schuster, 5 Bde., Stuttgart 1986–1991.
177 Ernst Jünger, Atlantische Fahrt, Tübingen 1949; ders., Myrdun. Briefe aus Norwegen, Tübingen 1949; ders., Heliopolis. Rückblick auf eine Stadt, Tübingen 1949; ders., Ein Inselfrühling. Ein Tagebuch aus Rhodos, Tübingen 1949.
178 Hermand, Kultur im Wiederaufbau, S. 208.
179 Benn, Ausgewählte Briefe.

Vierter Teil

1 Zu den außenpolitischen Vorstellungen Adenauers und ihren Ursprüngen vgl. bes. Hans-Peter Schwarz, Vom Reich zur Bundesrepublik. Deutschland im Widerstreit der außenpolitischen Konzeptionen in den Jahren der Besatzungsherrschaft 1945–1949, 2., erw. Aufl., Stuttgart 1980, S. 423 ff.
2 Adenauer an Frau Wessel, 27. August 1949, StBKAH, 10.02. Vgl. Rudolf Morsey u. Hans-Peter Schwarz (Hrsg.), Adenauer. Briefe 1949–1951 (= Rhöndorfer Ausgabe), bearb. von Hans Peter Mensing, Berlin 1985, S. 96 f.
3 Konrad Adenauer, Reden 1917–1967. Eine Auswahl, hrsg. von Hans-Peter Schwarz, Stuttgart 1975, S. 167. Vgl. auch Deutscher Bundestag. Stenographische Protokolle, 1. Wahlperiode, 5. Sitzung (20. September 1949), S. 22–30.
4 Konrad Adenauer an Heinrich Weitz, 31. Oktober 1945, zit. nach: Konrad Adenauer, Erinnerungen 1945–1953, Stuttgart 1965, S. 39 f.
5 Vgl. Schwarz, Vom Reich zur Bundesrepublik, S. 295 ff. Siehe auch Waldemar Besson, Die Außenpolitik der Bundesrepublik. Erfahrungen und Maßstäbe, Frankfurt am Main u. a. 1973, S. 31 ff.
6 Siehe Ekkehart Krippendorff, Die Liberal-Demokratische Partei Deutschlands in der Sowjetischen Besatzungszone 1945/48. Entstehung, Struktur, Politik (= Beiträge zur Geschichte des Parlamentarismus und der politischen Parteien, Bd. 21), Düsseldorf 1961, S. 45 ff.

7 Hauptreferat der Jahresversammlung der Ost-CDU, in: Neue Zeit, 7. September 1947.
8 Neue Zeit, 12. Mai 1946.
9 Deutschland und die Union. Die Berliner Tagung 1946. Reden und Aussprache, Berlin 1946, S. 16f.
10 Ebd., S. 17.
11 Neue Zeit, 18. Juni 1946.
12 Jakob Kaiser, Deutscher Weg, in: Neue Zeit, 1. Januar 1947.
13 Wiederholte Äußerungen dieser Art sind z. B. wiedergegeben in: Neue Zeit, 20. Juni 1947, 13. Juli 1947 und 6. September 1947.
14 Schwarz, Vom Reich zur Bundesrepublik, S. 311.
15 Wilhelm Gries, Zwischen Ost und West, in: Neue Zeit, 19. April 1947.
16 Schwarz, Vom Reich zur Bundesrepublik, S. 314 u. 347. Vgl. hierzu auch Werner Conze, Jakob Kaiser. Politiker zwischen Ost und West 1945–1949, Stuttgart 1969.
17 Neue Zeit, 1. Juni 1947.
18 Neue Zeit, 7. September 1947.
19 Vgl. Johann Baptist Gradl, Anfang unter dem Sowjetstern. Die CDU 1945–1948 in der sowjetischen Besatzungszone Deutschlands, Köln 1981, S. 130ff.
20 Hans Werner Richter, Für deutsche Außenpolitik, in: Neues Europa, H. 17, September 1948, S. 6ff.
21 Hans Werner Richter, Die Lösung: Zieht euch zurück!, in: Neues Europa, H. 19, Oktober 1948, S. 17ff.
22 Vgl. hierzu Die Nauheimer Protokolle. Diskussionen über die Neutralisierung Deutschlands, hrsg. im Auftrag des «Nauheimer Kreises» von Prof. Dr. Ulrich Noack, o. J. (1950).
23 Ulrich Noack, Die Sicherung des Friedens durch Neutralisierung Deutschlands und seine ausgleichende weltwirtschaftliche Aufgabe, Köln 1948, S. 32f.
24 Mitteilungen des Nauheimer Kreises für die Freunde des Neutralisierungsgedankens (= Protokoll des Vortrages vor dem Rhein-Ruhr-Klub mit anschließender Diskussion, 27. Mai 1949), S. 16. Vgl. Schwarz, Vom Reich zur Bundesrepublik, S. 373.
25 Noack, Die Sicherung des Friedens durch Neutralisierung, S. 40.
26 Richter, Für deutsche Außenpolitik, S. 6.
27 Hans-Peter Schwarz, Die Ära Adenauer. Gründerjahre der Republik 1949–1957. Mit einem einleitenden Essay von Theodor Eschenburg (= Geschichte der Bundesrepublik Deutschland, Bd. 2), Stuttgart und Wiesbaden 1981, S. 59.
28 Vincent Auriol, Journal du Septennat, Bd. III, Paris 1973, S. 456.
29 Ebd.
30 Schwarz, Die Ära Adenauer 1949–1957, S. 59.
31 Ebd., S. 60.
32 Winston Churchill, Rede in Zürich, 19. September 1946, in: Europa. Dokumente zur Frage der europäischen Einigung. Hrsg. v. Auswärtigen Amt, Bonn 1953, S. 84.
33 Adenauer, Reden 1917–1967, S. 167.
34 Deutscher Bundestag. Stenographische Protokolle, 1. Wahlperiode, 5. Sitzung (20. September 1949), S. 29.
35 Vgl. hierzu Hanns D. Ahrens, Demontage. Nachkriegspolitik der Alliierten, München 1982, S. 217ff.
36 Vgl. Dean Acheson, Present at the Creation. My Years in the State Department, New York 1969, S. 338.
37 Zit. nach: Schwarz, Die Ära Adenauer 1949–1957, S. 64.

38 Kurt Schumacher, Interview mit United Press International, 12. November 1949.
39 Acheson, Present at the Creation, S. 341 f. Vgl. auch Adenauer, Erinnerungen 1949-1953, S. 263 ff.
40 Vgl. Inter-Allied Reparation Agency: Report to the Assembly, Brüssel 1951. Siehe auch Henry C. Wallich, Triebkräfte des deutschen Wiederaufstiegs, Frankfurt am Main 1955, S. 260 ff.
41 Deutscher Bundestag. Stenographische Protokolle, 1. Wahlperiode, 18. Sitzung (24./25. November 1949).
42 Adenauer, Erinnerungen 1945-1953, S. 286 ff.
43 Statistisches Jahrbuch für die Bundesrepublik Deutschland 1952, hrsg. vom Statistischen Bundesamt Wiesbaden, Stuttgart und Köln 1952, S. 90.
44 Harmssen-Bericht. Reparationen, Sozialprodukt, Lebensstandard. Heft 3, Bremen 1948, S. 44.
45 Bulletin des Presse- und Informationsamtes der Bundesregierung, 15. Januar 1954, S. 65; Deutschland-Jahrbuch 1953, hrsg. von Klaus Mehnert und Heinrich Schulte, Essen 1953, S. 445.
46 Schwarz, Die Ära Adenauer 1949-1957, S. 91.
47 Siehe Erich Kosthorst, Jakob Kaiser. Bundesminister für gesamtdeutsche Fragen 1949-1957, Stuttgart u. a. 1972, S. 317 ff.; Archiv der Gegenwart, 21. Januar 1950, S. 2229 C.
48 Adenauer, Erinnerungen 1945-1953, S. 296 ff.
49 Neue Zürcher Zeitung, 6. März 1950. Einen Tag später wurde er sogar noch deutlicher: Die deutsche Regierung sei im Stich gelassen, wenn nicht betrogen worden. Von Autonomie könne nicht die Rede sein: «Der Name ‹Protektorat› wäre vielleicht noch zu gut. Man könne eher von einer ‹Kolonie› sprechen – doch das werde ich nicht tun.» Neue Zürcher Zeitung, 7. März 1950.
50 Archiv der Gegenwart, 8. März 1950, S. 2291 D.
51 Regierungserklärung vom 10. März 1950, in: Deutscher Bundestag. Stenographische Protokolle, 1. Wahlperiode, 46. Sitzung, S. 1555 ff.
52 Archiv der Gegenwart, 22. März 1950, S. 2307 E. Siehe auch Adenauer, Erinnerungen 1945-1953, S. 312 ff.
53 Siehe Schwarz, Die Ära Adenauer 1949-1957, S. 95.
54 Jean Monnet, Erinnerungen eines Europäers, München 1980, S. 368.
55 Ebd., S. 371.
56 Ebd., S. 376. Vgl. Klaus Schwabe (Hrsg.), Die Anfänge des Schuman-Plans, Baden-Baden 1988.
57 Monnet, Erinnerungen eines Europäers, S. 380. Bereits am 30. Oktober 1949 hatte Acheson an den amerikanischen Botschafter in Paris, David K. E. Bruce, gekabelt, nun sei «die Zeit für französische Initiative und Führerschaft gekommen, die notwendig sei, um die deutsche Bundesrepublik unverzüglich und entscheidend in Westeuropa zu integrieren». FRUS 1949, Vol. III, S. 623.
58 Vgl. FRUS 1949, Vol. III, S. 305 ff.; Schwarz, Die Ära Adenauer 1949-1957, S. 101.
59 Ebd., S. 102. Erklärung der französischen Regierung über eine gemeinsame deutsch-französische Schwerindustrie vom 9. Mai 1950, in: Europa-Archiv, 5. Jg. (1950), S. 3091 f. Siehe auch Der Aufbau Europas. Pläne und Dokumente 1945-1980, hrsg. von Jürgen Schwarz, Bonn 1980, S. 107 ff.
60 Text des Vertrages über die Gründung der Europäischen Gemeinschaft für Kohle und Stahl vom 18. April 1951 in: Bundesgesetzblatt, 1952, II, S. 447 ff. Auszug in: Die Auswärtige Politik der Bundesrepublik Deutschland, hrsg. vom Auswärtigen Amt, Köln 1972, S. 174 f. Siehe auch Curt Gasteyger, Europa zwischen Spaltung und

Einigung 1945–1990, Köln 1990, S. 85–94. Vgl. ebenfalls Hermann Dichgans, Montanunion. Menschen und Institutionen, Düsseldorf 1980.
61 FRUS 1950, Bd. IV, S. 686 f.
62 Ebd., S. 687.
63 Ebd., S. 688.
64 Ebd., S. 689.
65 Ebd., S. 690.
66 Ebd., S. 691 ff.
67 Ebd., S. 702 f.
68 Siehe hierzu ausführlich Norbert Wiggershaus, Die Entscheidung für einen westdeutschen Verteidigungsbeitrag, in: Anfänge westdeutscher Sicherheitspolitik 1945–1956. Bd. 1: Von der Kapitulation bis zum Pleven-Plan, hrsg. vom Militärgeschichtlichen Forschungsamt, München und Wien 1982, S. 325 ff.
69 Weekly Hansard, Bd. 472, S. 1288 f.; Conseil de l'Europe, Assemblée Consultative, 2 e session (I), Comptes rendus, Bd. I, S. 142 ff.
70 Siehe Gerhard Wettig, Entmilitarisierung und Wiederbewaffnung in Deutschland 1943–1955. Internationale Auseinandersetzungen um die Rolle der Deutschen in Europa, München 1967, S. 318.
71 Hans Speidel, Aus unserer Zeit. Erinnerungen, Frankfurt am Main und Wien 1977, S. 468 ff.
72 United Press, 21. März 1949; West-Echo, 29. April 1949. Siehe auch Wettig, Entmilitarisierung und Wiederbewaffnung in Deutschland, S. 251.
73 Zit. nach: Klaus von Schubert (Hrsg.), Sicherheitspolitik der Bundesrepublik Deutschland. Dokumentation 1945–1977, Teil 1, Köln 1978, S. 79 ff.
74 Ebd., S. 84.
75 Vgl. Schwarz, Die Ära Adenauer 1949–1957, S. 116.
76 Vgl. ebd., S. 107.
77 Zit. nach: Harry S. Truman, Memoirs. Vol. II: Years of Trial and Hope, Garden City, NY 1956, S. 255.
78 John J. McCloy, Telegram No. 962 for Acheson and Byroade, 3. August 1950, in: Record Group 466, Top Secret General Records, Box No. 2, File August 1950, John J. McCloy Papers, National Archives.
79 Henry A. Byroade, Telegram No. 943 (Eyes Only for McCloy), 4. August 1950, in: Ebd.
80 Dean Acheson, Telegram No. 955 (Personal for Douglas, McCloy and Bruce from the Secretary), 21. August 1950, in: Ebd.
81 Report by the Joint Strategic Survey Committee to the Joint Chiefs of Staff on Rearmament of Western Germany, J. C. S. 2124/16, 26. August 1950, in: Record Group 218, CCS 092 Germany (5–4–49), Sec. 3, Records of the United States Joint Chiefs of Staff, National Archives, S. 149 f.
82 A Plan for the Development of West German Security Forces, submitted by the Chief of Staff, U.S. Army, at the Joint Chiefs of Staff meeting, 1. September 1950, in: Ebd., S. 1 f.
83 Vgl. Acheson, Present at the Creation, S. 439.
84 Monnet, Erinnerungen eines Europäers, S. 429 f.
85 Ebd., S. 433.
86 Ebd., S. 439.
87 Schwarz, Die Ära Adenauer 1949–1957, S. 135.
88 Telegram No. 3572 (McCloy for Byroade), 28. Oktober 1950, in: Record Group 466, Top Secret General Records, Box No. 3, File October 1950, John J. McCloy Papers, National Archives.

89 Monnet, Erinnerungen eines Europäers, S. 441.
90 Vgl. Acheson, Present at the Creation, S. 557f.
91 Text der Note in: Dokumente zur Deutschlandpolitik der Sowjetunion, Bd. 1, Ost-Berlin 1957, S. 289-293 (Zitat: S. 289).
92 Die Bemühungen der Bundesrepublik um eine Wiedervereinigung Deutschlands durch freie Wahlen, 4. Aufl., Bonn 1958, Bd. 1, S. 35-38.
93 Paul Sethe, «Stalins jähe Wendung», in: Frankfurter Allgemeine Zeitung, 11. März 1952.
94 Rolf Steininger, Eine Chance zur Wiedervereinigung? Darstellung und Dokumentation auf der Grundlage unveröffentlichter britischer und amerikanischer Akten, Bonn 1985.
95 Vgl. hierzu ausführlich Gerhard Wettig, Die Deutschland-Note vom 10. März 1952 auf der Basis diplomatischer Akten des russischen Außenministeriums. Die Hypothese des Wiedervereinigungsangebots, in: Deutschland Archiv, H. 7, 1993, S. 786 ff.
96 M. Gribanov an A. A. Gromyko, 24. Februar 1951, in: AVPRF, fond 082, opis' 38, delo 112, papka 250, A-387/Zeo.
97 M. Gribanov an A. Ja. Vyšinskij, 27. August 1951, in: AVPRF, fond 082, opis' 38, delo 112, papka 250, A-1642/Zeo.
98 A. Gromyko an I. V. Stalin, 25. Januar 1952, in: AVPRF, fond 082, opis' 40, delo 11, papka 255, 101 a-Ge.
99 Postavnovlenie CK VKP (b): O meroprijatjach po uskoreniju zakljucenija mironogo dogovora s Germaniej i sozdanija edinogo, demokraticeskogo miroljubivogo germanskogo gosudarstva, 8. Februar 1952, in: AVPRF, fond 07, opis' 25, delo 100, papka 13, A-1633ss/6 u. E-1499/ag.
100 Gromyko an Stalin, 25. 1. 1952, in: AVPRF, fond 082, opis' 40, delo 11, papka 255, E-101 a-Ge.
101 Gribanov an Cujkov und Semënov, o. D., in: AVPRF, fond 082, opis' 40, delo 11, papka 225, E-101 a/Ge, und papka 225, A-45/Zeo.
102 Vgl. hierzu ausführlich Wettig, Die Deutschland-Note vom 10. März 1952, S. 798 ff.
103 Ebd., S. 801.
104 Siehe Wilfriede Otto, Sowjetische Deutschlandnote 1952. Stalin und die DDR. Bisher unveröffentlichte handschriftliche Notizen Wilhelm Piecks, in: Beiträge zur Geschichte der Arbeiterbewegung, H. 3, 1991, S. 382 ff.; Wettig, Die Deutschland-Note vom 10. März 1952, S. 802 f.
105 Vgl. hierzu u. a. Hermann Graml, Nationalstaat oder westlicher Teilstaat, in: Vierteljahrshefte für Zeitgeschichte, 25. Jg. (1977), S. 638 ff.; ders., Die Legende von der verpaßten Gelegenheit, in: Vierteljahrshefte für Zeitgeschichte, 29. Jg. (1981), S. 310 ff.; Boris Meissner, Die Sowjetunion und die deutsche Frage 1949-1955, in: Dietrich Geyer (Hrsg.), Osteuropa-Handbuch. Band Sowjetunion, Teil Außenpolitik I, Köln und Wien 1972, S. 482 f.
106 Rede des Vorsitzenden des Ministerrats der UdSSR, G. M. Malenkow, auf der Sitzung des Obersten Sowjets der UdSSR am 8. August 1953, in: Neue Zeit (Beilage), 12. August 1953.
107 Brief Churchill an Eisenhower, 11. März 1953, PREM 11/422, Paper 146, Public Record Office (London).
108 Winston Churchill, Rede vor dem Unterhaus, 11. Mai 1953, in: Europa-Archiv, 8. Jg. (1953), S. 5743 f.
109 Vgl. Walt Whitman Rostow, Europe after Stalin. Eisenhower's Three Decisions of March 11, 1953, Austin, Tx 1982, S. 47 f.

110 Rede Präsident Eisenhowers vor der American Society of Newspaper Editors, 16. April 1953, in: Europa-Archiv, 8. Jg. (1953), S. 5731 f.
111 Eisenhower an Churchill, 12. März 1953, in: PREM 11/422, Public Record Office (London). Vgl. Rolf Steininger, Ein vereintes unabhängiges Deutschland?, in: Militärgeschichtliche Mitteilungen, H. 2, 1984, S. 109.
112 Vgl. Gladwynn Jebb an das Foreign Office, 12. März 1953, PREM 11/422, Paper 137, Public Record Office (London).
113 Siehe Victor Rothwell, Anthony Eden. A Political Biography 1931–1957, Manchester 1992, S. 136 ff. Zur Haltung des Foreign Office und seiner Einstellung zu den Friedensbemühungen Churchills vgl. Bernd Ebersold, Machtverfall und Machtbewußtsein. Britische Friedens- und Konfliktstrategien 1918–1956, hrsg. vom Militärgeschichtlichen Forschungsamt, Bd. 31, München 1992, S. 369 ff.
114 John Foster Dulles, War or Peace, New York 1950, S. 236.
115 John Foster Dulles, The Pursuit of Liberty, Address at Town Hall, New York, 13. Dezember 1949, in: John Foster Dulles Papers, Selected Correspondence and Related Material 1949, Folder Re «Liberation Policy», Seeley J. Mudd Manuscript Library (Princeton), S. 8.
116 Dulles, War or Peace, S. 175.
117 John Foster Dulles, Memorandum für Dwight D. Eisenhower, März 1952 (repr. «A New Foreign Policy», in: Life, 19. Mai 1952), in: John Foster Dulles Papers, Selected Correspondence and Related Material 1952, Folder Re Massive Retaliation, Seeley J. Mudd Manuscript Library (Princeton), S. 14.
118 Schwarz, Die Ära Adenauer 1949–1957, S. 210.
119 Adenauer, Erinnerungen 1953–1955, S. 240. Zur amerikanischen Reaktion auf die Wiederwahl Adenauers siehe auch Detlef Felken, Dulles und Deutschland. Die amerikanische Deutschlandpolitik 1953–1959, Bonn und Berlin 1993, S. 190.
120 NSC 160/1, 17. August 1953, in: FRUS 1952–1954, Vol. VII: Germany and Austria, Washington, DC 1986, S. 510 ff.
121 FRUS 1952–1954, Vol. VII, S. 868.
122 James Conant an Secretary of State, 27. Juli 1953, RG 59, 762 A. 00/7–2753, Box 3863, National Archives.
123 The New York Times, 4. September 1953.
124 Felix von Eckardt, Oral History Interview, Transcript, John Foster Dulles Oral History Project, Seeley G. Mudd Manuscript Library (Princeton), S. 8.
125 Vgl. Rudolf Morsey und Hans-Peter Schwarz (Hrsg.), Adenauer. Briefe 1951–1953 (= Rhöndorfer Ausgabe), Berlin 1987, S. 399.
126 Schwarz, Die Ära Adenauer 1949–1957, S. 212.
127 Europa-Archiv, 8. Jg. (1953), S. 5913.
128 Vgl. Adenauer, Erinnerungen 1953–1955, S. 226.
129 Vgl. ebd., S. 266 ff.
130 Wortlaut der Noten vom 4. und 15. August 1953 in: Die Bemühungen der Bundesrepublik um Wiederherstellung der Einheit Deutschlands durch Gesamtdeutsche Wahlen, 1. Teil, Oktober 1949-Oktober 1953, Bonn 1958, S. 134 ff. u. 137 ff.
131 Vgl. Hermann-Josef Rupieper, Die Berliner Außenministerkonferenz von 1954. Ein Höhepunkt der Ost-West-Propaganda oder die letzte Möglichkeit zur Schaffung der deutschen Einheit?, in: Vierteljahrshefte für Zeitgeschichte, 34. Jg. (1986), S. 427 ff.
132 Vgl. Meissner, Die Sowjetunion und die Deutsche Frage 1949–1955, S. 473 ff.
133 Lagebeurteilung (vermutlich) von Außenminister Bidault am 5. Januar 1954, zit. nach: Eckart Lohse, Östliche Lockungen und westliche Zwänge. Paris und die deutsche Teilung 1949–1955, München 1995, S. 154.

134 Eine Dokumentation über den Verlauf der Berliner Konferenz und die behandelten Fragen, einschließlich des Eden-Plans vom 29. Januar 1954, findet sich in: Eberhard Jäckel, Die deutsche Frage 1952–1956. Notenwechsel und Konferenzdokumente der vier Mächte, Dokumente Bd. XXIII, Frankfurt am Main und Berlin 1957, S. 61ff. Siehe auch Europa-Archiv, 9. Jg. (1954), S. 6372ff.
135 Vgl. Rupieper, Die Berliner Außenministerkonferenz, S. 442.
136 Vgl. Wilfried Loth, Die Teilung der Welt. Geschichte des Kalten Krieges 1941–1955, München 1980, S. 305.
137 Steininger, Ein vereintes unabhängiges Deutschland?, S. 122.
138 Vgl. Jacques Bariéty, Frankreich und das Scheitern der EVG, in: Raymond Poidevin u. a., Frankreich und Deutschland. Die Geschichte ihrer Beziehungen 1815–1975, München 1982, S. 114.
139 Le Monde, 26. Februar 1954.
140 Vgl. René Rémond, Frankreich im 20. Jahrhundert. Erster Teil: 1918–1958 (= Geschichte Frankreichs, Bd. 6, hrsg. von Jean Favier), Stuttgart 1994, S. 537.
141 Vgl. Jacques Bariéty, Die deutsche Frage aus französischer Sicht, in: Die deutsche Frage in der Nachkriegszeit, hrsg. von Wilfried Loth, Berlin 1994, S. 176 u. 179.
142 Zit. nach: Ernst Weisenfeld, Welches Deutschland soll es sein? Frankreich und die deutsche Einheit seit 1945, München 1986, S. 63.
143 Vgl. hierzu Gilbert Ziebura, Die deutsch-französischen Beziehungen seit 1945. Mythen und Realitäten, Pfullingen 1970, S. 74ff.
144 Jacques Fauvet, Von de Gaulle bis de Gaulle. Frankreichs Vierte Republik, Tübingen 1959/60, S. 231.
145 Zahlenangaben nach: Neue Zürcher Zeitung, 19. Januar 1954.
146 Vincent Auriol, Journal du Septennat, Bd. VII, Paris 1979, S. 419.
147 Tagebuch der Abteilung II/1, 18. August 1954, 2-2/527-5, Bundesarchiv-Militärarchiv. Siehe auch Paul Noack, Das Scheitern der Europäischen Verteidigungsgemeinschaft. Entscheidungsprozesse vor und nach dem 30. August 1954, Düsseldorf 1977, S. 69.
148 Schwarz, Die Ära Adenauer 1949–1957, S. 229.
149 Cyrus L. Sulzberger, Auf schmalen Straßen durch die dunkle Nacht. Erinnerungen eines Augenzeugen der Weltgeschichte 1934–1954, Wien u. a. 1971, S. 516f (Eintrag vom 19. Oktober 1954).
150 Mme. Mendès-France, Oral History Interview, John Foster Dulles Oral History Project, Seeley G. Mudd Manuscript Library (Princeton).
151 Vgl. Sir Ivone Kirkpatrick, Anglo-American Study Group on Germany: Policy in the Event of the French Parliament Delaying or Rejecting the E.D.C., in: FO 371/69580, Public Record Office (London).
152 Selwyn Lloyd an Churchill, 22. Juni 1953, in: PREM 11/449, Public Record Office (London).
153 Zit. nach: Rolf Steininger, Das Scheitern der EVG und der Beitritt der Bundesrepublik zur NATO, in: Aus Politik und Zeitgeschichte, H. B 17/1985, S. 11. Eine ausführliche Darstellung der britischen EVG-Politik bietet Hans-Heinrich Jansen, Großbritannien, das Scheitern der EVG und der NATO-Beitritt der Bundesrepublik Deutschland, Bochum 1992.
154 Vgl. Kabinettsvorlage des Außenministers vom 10. Dezember 1952, in: Ebersold, Machtverfall und Machtbewußtsein, S. 355.
155 Vgl. Adenauer, Erinnerungen 1953–1955, S. 315ff.
156 Nine Power Conference, Lancaster House, 28. September 1954, in: FO 371/109774, Public Record Office (London).
157 Ebd.

158 Das Gespräch wurde zufällig von dem Journalisten Lothar Ruehl mitgehört und eine Woche später, als die Konferenz im Lancaster House allerdings bereits beendet war, veröffentlicht. Siehe Der Spiegel, 6. Oktober 1954, S. 5 f.
159 Adenauer, Erinnerungen 1953–1955, S. 339.
160 Ebd., S. 347.
161 Ebd., S. 377.
162 Ebd., S. 428. Siehe auch Adolf M. Birke, Nation ohne Haus. Deutschland 1945–1961, Berlin 1989, S. 338.
163 Ebd., S. 339.
164 Dokumente des geteilten Deutschland. Quellentexte zur Rechtslage des Deutschen Reiches, der Bundesrepublik Deutschland und der Deutschen Demokratischen Republik. Mit einer Einführung hrsg. von Ingo von Münch, 2., unv. Aufl., Stuttgart 1976, S. 232.
165 Vgl. Jäckel, Die deutsche Frage, S. 83–89.
166 Europa-Archiv, 10. Jg. (1955), S. 7345.
167 Adenauer, Erinnerungen 1953–1955, S. 411.
168 Ebd., S. 410.
169 Verhandlungen des Deutschen Bundestages. Stenographische Berichte, 2. Wahlperiode, 72. Sitzung (27. Februar 1955), S. 3898.
170 Jahrbuch der Sozialdemokratischen Partei Deutschlands, 1954–1955, Hannover und Bonn o. J., S. 354.
171 Verhandlungen des Deutschen Bundestages. Stenographische Berichte, 2. Wahlperiode, 80. Sitzung (5. Mai 1955), S. 4415.
172 Archiv der Gegenwart, 10. Juni 1955, S. 5196 D 2.
173 Vgl. Programm der SPD zu den bevorstehenden Viermächte-Verhandlungen über die Wiedervereinigung vom 9. Mai 1955, in: Dokumente zur Deutschlandpolitik, S. 22 ff.
174 Wilhelm G. Grewe, Rückblenden 1976–1951, Frankfurt am Main 1979, S. 225.
175 Europa-Archiv, 10. Jg. (1955), S. 8122.
176 Vgl. Hans-Peter Schwarz, Adenauer. Der Staatsmann: 1952–1967, Stuttgart 1991, S. 201 ff.
177 Vgl. Besprechung Heuss-Adenauer, 14. Juli 1955, BPräs. Amt., VS-Vertraulich, zit. nach: Ebd., S. 201.
178 Vgl. Memorandum of a Conversation, President's Villa, Geneva, 17. Juli 1955, in: FRUS 1955–1957, Vol. V, S. 358 ff.
179 Public Papers of the Presidents of the United States. Dwight D. Eisenhower, Washington, DC 1959, S. 161.
180 FRUS 1955–1957, Vol. V, S. 359 f.
181 Siehe Dwight D. Eisenhower, The White House Years. Mandate for Change 1953–1956, Garden City, NY 1963, S. 506 ff.
182 Vgl. Hermann-Josef Rupieper, Deutsche Frage und europäische Sicherheit. Politisch-strategische Überlegungen 1953/1955, in: Bruno Thoß (Hrsg.), Zwischen Kaltem Krieg und Entspannung. Sicherheits- und Deutschlandpolitik in der Bundesrepublik Deutschland im Mächtesystem der Jahre 1953–1956, Boppard a. Rh. 1988, S. 179–209.
183 Vgl. Schlußerklärung des Vorsitzenden des Ministerrats der Sowjetunion, Nikolai A. Bulganin, 23. Juli 1955, in: Europa-Archiv, 10. Jg. (1955), S. 8117 ff.
184 Vgl. ebd., S. 8118 f.
185 Telegramm Herbert Blankenhorn an Konrad Adenauer, 23. Juli 1955, in: Nachlaß Herbert Blankenhorn, Bd. 351/22, Bundesarchiv (Koblenz).
186 Vgl. Helga Haftendorn, Abrüstungs- und Entspannungspolitik zwischen

Sicherheitsbefriedigung und Friedenssicherung. Zur Außenpolitik der BRD 1955–1973, Düsseldorf 1974, S. 29 ff.
187 Vgl. ebd.
188 Grewe, Rückblenden 1976–1951, S. 226.
189 FRUS 1955–1957, Vol. V, S. 147 f.
190 Hans-Peter Schwarz (Hrsg.), Entspannung und Wiedervereinigung. Deutschlandpolitische Vorstellungen Konrad Adenauers 1955–1958 (= Rhöndorfer Gespräche, Bd. 2), Stuttgart 1979, S. 32.
191 Adenauer, Erinnerungen 1953–1955, S. 507.
192 Ebd., S. 506.
193 Ebd., S. 529.
194 Carlo Schmid, Erinnerungen, Bern u. a. 1979, S. 576.
195 Adenauer, Erinnerungen 1953–1955, S. 542.
196 Ebd., S. 545.
197 Birke, Nation ohne Haus, S. 451.
198 Siehe hierzu ausführlich Kurt W. Böhme, Die deutschen Kriegsgefangenen in sowjetischer Hand. Eine Bilanz, München 1966, S. 141. Vgl. ferner Helmut Bohn, Die Letzten. Was wurde und was wird aus den deutschen Gefangenen in Sowjetrußland?, Köln 1954, S. 60.
199 Vgl. Elisabeth Noelle-Neumann, Die Verklärung. Adenauer und die öffentliche Meinung 1949–1976, in: Konrad Adenauer und seine Zeit. Politik und Persönlichkeit des ersten Bundeskanzlers. Bd. II: Beiträge der Wissenschaft, hrsg. von Dieter Blumenwitz u. a., Stuttgart 1976, S. 552. Noelle-Neumann zufolge erreichte die Popularität Adenauers nach den Moskauer Verhandlungen mit 55 Prozent Zustimmung einen zweiten Höhepunkt nach 1953 mit 57 Prozent. Im Mai 1967, kurz nach Adenauers Tod, bezeichneten 75 Prozent, also drei Viertel aller Befragten, die Heimführung der deutschen Kriegsgefangenen aus Rußland als seine größte politische Leistung.
200 Vgl. Grewe, Rückblenden 1976–1951, S. 251 ff.
201 Verhandlungen des Deutschen Bundestages. Stenographische Berichte, 2. Wahlperiode, 101. Sitzung (22. September 1955), S. 5644 f.
202 Grewe, Rückblenden 1976–1951, S. 253 f.
203 Vgl. hierzu Kurt Fett, Die Grundlagen der militärischen Planungen, in: Militärgeschichtliches Forschungsamt (Hrsg.), Aspekte der deutschen Wiederbewaffnung bis 1955, Boppard am Rhein 1975, S. 169 ff.
204 Archiv der Gegenwart, 21. September 1955, S. 5372 C.
205 Vgl. Wolf Graf von Baudissin, Soldat für den Frieden. Entwürfe für eine zeitgemäße Bundeswehr, hrsg. u. eingel. von Klaus von Schubert, München 1969.
206 Schwarz, Die Ära Adenauer 1949–1957, S. 292.
207 Vgl. Jürgen Domes, Das Freiwilligengesetz im zweiten Deutschen Bundestag. Eine Studie zum Oppositionsverhalten des Parlaments, Dissertation, Heidelberg 1960, S. 52 ff.
208 Ebd., S. 66.
209 Archiv der Gegenwart, 31. August 1955, S. 5326 B 2.
210 Vgl. Hans-Gert Pöttering, Adenauers Sicherheitspolitik 1955–1963. Ein Beitrag zum deutsch-amerikanischen Verhältnis, 2. Aufl., Düsseldorf 1978, S. 62 ff.
211 Franz Josef Strauß, Die Erinnerungen, Berlin 1989, S. 271.
212 Ebd., S. 272.
213 Vgl. Der Spiegel, 2. Januar 1957, S. 19 f. Über die Fraktionssitzung wurde augenscheinlich kein Protokoll angefertigt, so daß eine genaue Überprüfung der Aussagen nicht möglich ist.

214 Strauß, Die Erinnerungen, S. 275.
215 Henry A. Kissinger, Nuclear Weapons and Foreign Policy, New York 1957 (dt.: Kernwaffen und Auswärtige Politik, München 1958).
216 Konrad Adenauer, Erinnerungen 1955–1959, Stuttgart 1967, S. 296.
217 Ebd., S. 296 f.
218 Archiv der Gegenwart, 1957, S. 6385.
219 Vgl. hierzu ausführlich Manfred Dormann, Demokratische Militärpolitik. Die alliierte Militärstrategie als Thema deutscher Politik 1949–1968, Freiburg i. Br. 1970, S. 212 ff.
220 Verhandlungen des Deutschen Bundestages. Stenographische Berichte, 2. Wahlperiode, 209. Sitzung (10. Mai 1957), S. 12070.
221 Ebd., S. 12069.
222 Vgl. Helmut Schmidt, Verteidigung oder Vergeltung. Ein deutscher Beitrag zum strategischen Problem der NATO, Stuttgart 1961, S. 11 f.
223 Zit. nach: Herbert Wehner, Wandel und Bewährung. Ausgewählte Reden und Schriften 1930–1975, erw. Aufl., hrsg. von Gerhard Jahn, Frankfurt am Main und Berlin 1976, S. 247.
224 Zit. nach: Adenauer, Erinnerungen 1955–1959, S. 267. Vgl. hierzu auch Walter Hallstein und Hans-Jürgen Schlochauer (Hrsg.), Zur Integration Europas. Festschrift für Carl Friedrich Ophüls aus Anlaß seines siebzigsten Geburtstages, Karlsruhe 1965.
225 Adenauer, Erinnerungen 1955–1959, S. 269.
226 Vgl. Birke, Nation ohne Haus, S. 466.
227 Schwarz, Die Ära Adenauer 1949–1957, S. 339.
228 Monnet, Erinnerungen eines Europäers, S. 508.
229 Ebd.
230 Vgl. Hanns Jürgen Küsters, Die Gründung der Europäischen Wirtschaftsgemeinschaft, Baden-Baden 1982, S. 103 ff. Siehe auch Adenauer, Erinnerungen 1955–1959, S. 27 ff.
231 Vgl. Küsters, Die Gründung der Europäischen Wirtschaftsgemeinschaft, S. 205 ff.; Birke, Nation ohne Haus, S. 464.
232 Paul-Henri Spaak, Memoiren eines Europäers, Hamburg 1969, S. 312.
233 Ebd., S. 311.
234 Schwarz, Die Ära Adenauer 1949–1955, S. 342.
235 Ebd., S. 341. Siehe auch Franz Eichner, Wie steht die Industrie zum Gemeinsamen Markt?, in: Der Gemeinsame Markt. Grundgedanken, Probleme und Tatsachen zur Europäischen Wirtschaftsgemeinschaft, Bonn 1957, S. 115 ff.
236 Birke, Nation ohne Haus, S. 444 ff.
237 Text des Euratom-Vertrages, in: Europa-Archiv, 12. Jg. (1957), S. 10357–10364.
238 Schwarz, Die Ära Adenauer 1949–1957, S. 344.
239 Ebd. Siehe auch Karl Carstens, Das Eingreifen Adenauers in die Europa-Verhandlungen im November 1956, in: Konrad Adenauer und seine Zeit. Politik und Persönlichkeit des ersten Bundeskanzlers. Bd. I: Beiträge von Weg- und Zeitgenossen, hrsg. von Dieter Blumenwitz u. a., Stuttgart 1976, S. 592 ff.
240 Küsters, Die Gründung der Europäischen Wirtschaftsgemeinschaft, S. 421.
241 Pierre Guillen, Frankreich und der europäische Wiederaufschwung, in: Vierteljahrshefte für Zeitgeschichte, 28. Jg. (1980), S. 9 f.
242 Schwarz, Die Ära Adenauer 1949–1957, S. 348.
243 Vgl. Wolfgang Leonhard, Sowjetideologie heute. Bd. II: Die politischen Leh-

ren, Frankfurt am Main 1962, S. 226 ff; Valerij N. Egorow, Friedliche Koexistenz und revolutionärer Prozeß, Ost-Berlin 1972; Richard Löwenthal, Chruschtschow und der Weltkommunismus, Stuttgart 1963, S. 26 ff.

244 Vgl. die Rede Chruschtschows im Moskauer Sportpalast vom 10. November 1958, in: Neues Deutschland, 11. November 1958, sowie – exemplarisch – die Note der sowjetischen Regierung an die amerikanische Regierung vom 27. November 1958, in: Europa-Archiv, 13. Jg. (1958), S. 11306 ff.

245 Vgl. Peter Bender, Die «Neue Ostpolitik» und ihre Folgen. Vom Mauerbau bis zur Vereinigung, 3., überarb. u. erw. Aufl., München 1995, S. 56.

246 Ebd., S. 57.

247 Vgl. Hans Herzfeld, Berlin in der Weltpolitik 1945–1970 (= Veröffentlichungen der Historischen Kommission zu Berlin, Bd. 38), Berlin und New York 1973, S. 446. Siehe auch Alois Riklin, Das Berlinproblem. Historisch-politische und völkerrechtliche Darstellung des Viermächtestatus, Köln 1964, S. 196.

248 Bender, Die «Neue Ostpolitik» und ihre Folgen, S. 29.

249 Ebd.

250 Schwarz, Entspannung und Wiedervereinigung, S. 15. Vgl. hierzu auch Klaus Gotto, Adenauers Deutschland- und Ostpolitik 1954–1963, in: Klaus Gotto u. a., Konrad Adenauer. Seine Deutschland- und Außenpolitik 1945–1963. Mit einem Vorwort von Hans Maier, München 1975, S. 156 ff.

251 Vgl. Schwarz, Entspannung und Wiedervereinigung, S. 16; Adenauer, Erinnerungen 1953–1955, S. 444.

252 Sir Ivone Kirkpatrick, Memorandum «German Unity», 16. Dezember 1955, Top Secret, WG 1071/G/374, Public Record Office (London).

253 Adenauer. Teegespräche 1950–1954, hrsg. von Rudolf Morsey und Hans-Peter Schwarz, bearb. von Hanns Jürgen Küsters, Berlin 1984, 3. 6. 1952, S. 301.

254 Protokoll der Sitzung des Bundesparteivorstandes der CDU, 11. Juli 1958, StBKAH, 05. 08. 58.

255 Bulletin, 9. Juni 1956, S. 1014, und 23. Juni 1956, S. 1117.

256 Heinrich Krone, Tagebuchaufzeichnungen, ACDP, S. 152.

257 Ebd., S. 148.

258 Adenauer, Erinnerungen 1955–1959, S. 377 ff. Siehe hierzu auch Gotto, Adenauers Deutschland- und Ostpolitik 1954–1963, S. 203 ff.

259 Ebd., S. 226 f.

260 Abgedruckt in: Deutschlandpläne. Dokumente und Materialien zur deutschen Frage, hrsg. von Kurt Hirsch mit einer Einleitung von Dr. Harry Pross, München 1967, S. 278 f. (FDP) und S. 279 ff. (SPD). Zur SPD-Position vgl. auch Deutschlandplan der SPD – Kommentare, Argumente, Begründungen, hrsg. vom Vorstand der Sozialdemokratischen Partei Deutschlands, Bonn 1959.

261 Deutschlandpläne, S. 279.

262 Heinrich Krone, Aufzeichnungen zur Deutschland- und Ostpolitik 1954–1969, in: Rudolf Morsey und Konrad Repgen (Hrsg.), Adenauer-Studien III, Mainz 1974, S. 170.

263 Willy Brandt, Begegnungen und Einsichten. Die Jahre 1960–1975, Hamburg 1976, S. 64.

264 Krone, Tagebuchaufzeichnungen, 9. Oktober 1962, ACDP, S. 171.

265 Brandt, Begegnungen und Einsichten, S. 65.

266 Bender, Die «Neue Ostpolitik» und ihre Folgen, S. 59.

267 AVPRF, fond 082, opis' 40, papka 266, delo 98, l. 15. Spravka obustavlenii ochrany na sektornoj granice v Berline, 4. Dezember 1952. Siehe hierzu auch Stefan Creuzberger, Abschirmungspolitik gegenüber dem westlichen Deutschland im Jahre

1952, in: Gerhard Wettig (Hrsg.), Die sowjetische Deutschland-Politik in der Ära Adenauer (= Rhöndorfer Gespräche, Bd. 16), Bonn 1997, S. 123 ff.
268 Brandt, Begegnungen und Einsichten, S. 13.
269 Diethelm Prowe, Der Brief Kennedys an Brandt vom 18. August 1961, in: Vierteljahrshefte für Zeitgeschichte, 33. Jg. (1985), S. 373.
270 Report by President Kennedy to the Nation on the Berlin Crisis, 25. Juli 1961, in: Department of State (Hrsg.), Documents on Germany 1944-1985, Washington, DC o. J. (1985), S. 762 ff.
271 Walt W. Rostow, The Diffusion of Power. An Essay in Recent History, New York 1972, S. 231.
272 Bender, Die «Neue Ostpolitik» und ihre Folgen, S. 69.
273 Wilhelm Grewe, «Angriff auf Berlin. Das Chruschtschow-Ultimatum von 1958 in historischer Perspektive». Diskussion im Deutschlandfunk, 2. Dezember 1983, Typoskript, S. 20.
274 Hans-Peter Schwarz, Die Ära Adenauer 1957-1963. Epochenwechsel. Mit einem einleitenden Essay von Johannes Gross (= Geschichte der Bundesrepublik Deutschland, Bd. 3), Stuttgart und Wiesbaden 1983, S. 177.
275 Siehe Theodor Heuss, Tagebuchbriefe 1955-1963, hrsg. u. eingel. von Eberhart Pikart, Tübingen 1970.
276 Theodor Heuss, Denkschrift «Bemerkungen zur Bundespräsidenten-Frage», Dezember 1958, zit. nach: Adenauer, Erinnerungen 1955-1959, S. 484.
277 Die Welt, 27. Februar 1959.
278 Siehe Schwarz, Die Ära Adenauer 1957-1963, S. 182.
279 Vgl. hierzu ausführlich Daniel Koerfer, Kampf ums Kanzleramt. Erhard und Adenauer, Stuttgart 1987, passim.
280 Adenauer, Erinnerungen 1955-1959, S. 496 ff.
281 Ebd., S. 525.
282 Ebd., S. 530 f.
283 Ebd., S. 532.
284 Hans Globke an Heinrich Krone, 21. Mai 1959, in: Nachlaß Heinrich Krone, ACDP I-028-028/1.
285 Schwarz, Die Ära Adenauer 1957-1963, S. 190.
286 Heuss, Tagebuchbriefe 1955-1963, 26. Juni 1959, S. 446.
287 Vgl. Kurt Klotzbach, Der Weg zur Staatspartei. Programmatik, praktische Politik und Organisation der deutschen Sozialdemokratie 1945 bis 1965, Berlin und Bonn 1982.
288 Theo Pirker, Die SPD nach Hitler. Die Geschichte der Sozialdemokratischen Partei Deutschlands 1945-1964, Berlin 1977, S. 167. Vgl. auch Brigitte Seebacher-Brandt, Ollenhauer. Biedermann und Patriot, Berlin 1984, S. 251.
289 Vgl. Susanne Miller, Die SPD vor und nach Godesberg, in: Die zweite Republik. 25 Jahre Bundesrepublik Deutschland – eine Bilanz, hrsg. von Richard Löwenthal und Hans-Peter Schwarz, Stuttgart 1974, S. 389.
290 Pirker, Die SPD nach Hitler, S. 259.
291 Hartmut Soell, Fritz Erler. Eine politische Biographie, Bonn 1976, S. 300.
292 Vgl. Heinz-Joachim Mann, Das Godesberger Programm als Ergebnis innerparteilicher Willensbildung, in: Geist und Tat, 24. Jg. (1969), H. 4.
293 Vorwärts, 4. Oktober 1957.
294 Protokoll des Parteitages der SPD vom 18. bis 23. Mai 1958 in Stuttgart, Bonn 1958, S. 488.
295 Ebd., S. 489.
296 Seebacher-Brandt, Ollenhauer, S. 305. Allerdings fügt sie am Schluß den viel-

leicht etwas zu freundlichen Hinweis an: «Wenn es Väter des Godesberger Programms gegeben hat, dann waren es, jeder auf seine Weise, Willi Eichler und Erich Ollenhauer.»

297 Zit. nach: Ossip K. Flechtheim (Hrsg.), Die Parteien der Bundesrepublik Deutschland, 3. Aufl., Hamburg 1973, S. 217.

298 Ebd. Vgl. auch Miller, Die SPD vor und nach Godesberg, S. 391.

299 Christoph Kleßmann, Zwei Staaten, eine Nation. Deutsche Geschichte 1955–1970, Bonn 1988, S. 116.

300 Willi Eichler, Grundwerte und Grundforderungen im Godesberger Grundsatzprogramm der SPD. Beitrag zu einem Kommentar, hrsg. vom Vorstand der SPD, Bonn o. J. (1962), S. 7.

301 Zit. nach: Flechtheim, Die Parteien in der Bundesrepublik, S. 223.

302 Eichler, Grundwerte und Grundforderungen im Godesberger Grundsatzprogramm der SPD, S. 16.

303 Ebd.

304 Alfred Freudenhammer und Karlheinz Vater, Herbert Wehner. Ein Leben mit der Deutschen Frage, München 1978, S. 205.

305 Vgl. «Mit der Kirche leben». Ansprache in der Michaeliskirche zu Hamburg, 18. Oktober 1964, in: Wehner, Wandel und Bewährung, S. 331 ff.

306 Zit. nach: Klaus Hildebrand, Von Erhard zur Großen Koalition 1963–1969. Mit einem einleitenden Essay von Karl Dietrich Bracher (= Geschichte der Bundesrepublik Deutschland, Bd. 4), Stuttgart und Wiesbaden 1984, S. 77.

307 Schwarz, Die Ära Adenauer 1957–1963, S. 109.

308 Aufzeichnung einer Unterredung Adenauers mit Antonio Segni, 21. Januar 1960 (Geheim), StBKAH III 88.

309 Ebd.

310 Felix von Eckardt, Ein unordentliches Leben. Lebenserinnerungen, Düsseldorf und Wien 1962, S. 614.

311 John Kenneth Galbraith, Leben in entscheidender Zeit, München 1984, S. 195 ff. Vgl. auch Arthur M. Schlesinger, Jr., A Thousand Days. John F. Kennedy in the White House, Boston und Cambridge 1965.

312 Grewe, Rückblenden 1976–1951, S. 463.

313 George W. Ball, The Past has another Pattern. Memoirs, New York 1982, S. 271.

314 Botschafter Karl-Heinrich Knappstein, Telegramm an Konrad Adenauer, 30. Januar 1963 (Geheim), StBKAH III 7.

315 Unterredung Konrad Adenauers mit Walter Dowling, 4. Februar 1963 (Geheim), StBKAH III 62. Siehe auch Horst Osterheld, «Ich gehe nicht leichten Herzens ...» Adenauers letzte Kanzlerjahre – ein dokumentarischer Bericht (= Adenauer-Studien, Bd. V. Veröffentlichungen der Kommission für Zeitgeschichte, Reihe B: Forschungen, Bd. 44), Mainz 1986, S. 199 f.

316 Ebd., 6. August 1963, S. 246.

317 Heinrich Krone, Tagebuchaufzeichnungen, 4. und 5. August 1963, ACDP.

318 «Der Endkampf», in: Der Spiegel, 5. April 1961, S. 14–30. Siehe auch Schwarz, Die Ära Adenauer 1957–1963, S. 261 ff.

319 «Bedingt abwehrbereit», in: Der Spiegel, 10. Oktober 1962, S. 32–53.

320 Siehe hierzu ausführlich David Schoenbaum, «Ein Abgrund von Landesverrat». Die Affäre um den *Spiegel*, Wien u. a. 1968; Joachim Schöps (Hrsg.), Die *Spiegel*-Affäre des Franz Josef Strauß, Hamburg 1983.

321 Im Mai 1965 lehnte der Bundesgerichtshof die Eröffnung des Hauptverfahrens gegen Ahlers und Augstein wegen Mangels an Beweisen ab. Ebenso wurden die

meisten Ermittlungsverfahren gegen Personen, die in die Affäre verwickelt zu sein schienen, eingestellt. Auch die Bonner Staatsanwaltschaft stellte ihr Ermittlungsverfahren wegen Freiheitsberaubung und Amtsanmaßung gegen Strauß und seinen ehemaligen Staatssekretär Volkmar Hopf ein. Das Bundesverfassungsgericht wies 1966 eine Verfassungsbeschwerde des *Spiegel* gegen die Haft- und Durchsuchungsbefehle zurück.

322 Zit. nach: Jürgen Seifert (Hrsg.), Die Spiegelaffäre. Bd. 2: Die Reaktion der Öffentlichkeit, Olten und Freiburg i. Br. 1966, S. 107.

323 Schwarz, Die Ära Adenauer 1957–1963, S. 272.

324 Strauß, Die Erinnerungen, S. 378.

325 Schwarz, Die Ära Adenauer 1957–1963, S. 276.

326 Vgl. Soell, Fritz Erler, Bd. II, S. 1043.

327 Heinrich Krone, Tagebuchaufzeichnungen, 6. Dezember 1962, zit. nach: Schwarz, Die Ära Adenauer 1957–1963, S. 282.

328 Kleßmann, Zwei Staaten, eine Nation, S. 155 f.

329 Frankfurter Allgemeine Zeitung, 30. Oktober 1962.

330 Zit. nach: Seifert, Bd. 2, S. 464.

331 Adenauer, Erinnerungen 1955–1959, S. 434.

332 Vgl. Schwarz, Die Ära Adenauer 1957–1963, S. 114.

333 Ebd., S. 116. Siehe ebenfalls Adenauer, Erinnerungen 1955–1959, S. 59; François Seydoux, Beiderseits des Rheins. Erinnerungen eines französischen Diplomaten, Frankfurt am Main 1975, S. 244 f.

334 Memorandum von Rambouillet, 30. Juli 1960. Abdruck in: Jean-R. Tournoux, Jamais dit, Paris 1971, S. 218 f.

335 Aufzeichnung Krones vom 1. August 1960 u. Krone an Adenauer, 2. August 1960, in: Nachlaß Heinrich Krone, ACDP I–028–006/4.

336 Vgl. Ziebura, Die deutsch-französischen Beziehungen seit 1945, S. 114.

337 Europa-Archiv, 18. Jg. (1963), S. D 84.

338 Vgl. Thomas Jansen, Die Entstehung des deutsch-französischen Vertrages vom 22. Januar 1963, in: Konrad Adenauer und seine Zeit. Bd. II: Beiträge der Wissenschaft, S. 266.

339 Zit. nach: Schwarz, Die Ära Adenauer 1957–1963, S. 292.

340 Süddeutsche Zeitung, 6. Februar 1963.

341 Blankenhorn, Verständnis und Verständigung, S. 439.

342 Schwarz, Die Ära Adenauer 1957–1963, S. 293.

343 Der Spiegel, 17. April 1963, S. 18.

344 Koerfer, Der Kampf ums Kanzleramt, passim.

345 Stenographische Sitzungsprotokolle der CDU/CSU-Fraktion, 23. April 1963, ACDP, S. 367.

346 Deutscher Bundestag. Stenographische Protokolle, 4. Wahlperiode, 86. Sitzung (15. Oktober 1963), S. 4165.

347 Walter Henkels, 111 Bonner Köpfe, 5. Aufl., Düsseldorf und Wien 1963.

348 Krone, Tagebuchaufzeichnungen, 18. Oktober 1963, ACDP.

349 Walter Henkels, Adenauers gesammelte Bosheiten. Eine anekdotische Nachlese, Bergisch Gladbach 1986, S. 162.

350 Hildebrand, Von Erhard zur Großen Koalition 1963–1969, S. 29.

351 Volker Hentschel, Ludwig Erhard. Ein Politikerleben, München und Landsbech am Lech 1996, S. 435.

352 Ludwig Erhard an Heinrich von Brentano, 28. Februar 1963, in: Nachlaß Ludwig Erhard I.2.14, LESt.

353 Horst Osterheld, Außenpolitik unter Bundeskanzler Ludwig Erhard 1963–1966. Ein dokumentarischer Bericht aus dem Kanzleramt, Düsseldorf 1992, S. 16.

354 Stenographisches Protokoll der Fraktionssitzung der CDU/CSU, 17. Oktober 1963, ACDP VIII-01-1009/3, S. 91.
355 Hentschel, Ludwig Erhard, S. 437.
356 Interview: Bundeskanzler Prof. Erhard und Werner Höfer, Deutsches Fernsehen, 21. März 1964, in: Nachlaß Ludwig Erhard 411, LESt.
357 Ebd.
358 Protokoll des Bundesvorstandes der FDP, 20. Dezember 1963, in: AdDL-FNSt
359 Verhandlungen des Deutschen Bundestages. Stenographische Berichte, 4. Wahlperiode, 90. Sitzung (18. Oktober 1963), S. 4192 ff.
360 Hentschel, Ludwig Erhard, S. 437.
361 Verhandlungen des Deutschen Bundestages. Stenographische Berichte, 4. Wahlperiode, 90. Sitzung (18. Oktober 1963), S. 4192 ff.; Hildebrand, Von Erhard zur Großen Koalition 1963–1969, S. 46 f.
362 Verhandlungen des Deutschen Bundestages. Stenographische Berichte, 4. Wahlperiode, 92. Sitzung (24. Oktober 1963), S. 4285.
363 Herbert Wehner an Paul Lücke, 9. Dezember 1962, in: Nachlaß Paul Lücke, ACDP I-077-096/III/ 3/3.
364 John F. Kennedy, Rede über neue Friedensbemühungen der Vereinigten Staaten vor der Washington University, 10. Juni 1963, in: Ernst-Otto Czempiel und Carl-Christoph Schweitzer, Weltpolitik der USA nach 1945. Einführung und Dokumente, Bonn 1984, S. 277.
365 Ebd., S. 280.
366 Walter LaFeber, The American Age. United States Foreign Policy at Home and Abroad since 1750, New York und London 1987, S. 563.
367 Sitzungsprotokolle des Bundesparteivorstandes der CDU Deutschlands, 25. Februar 1964, ACDP.
368 Eintragung im Tagebuch Heinrich Krones vom 5. August 1965, zit. nach: Klaus Gotto, Neue Dokumente zur Deutschland- und Ostpolitik Adenauers, in: Rudolf Morsey und Konrad Repgen (Hrsg.), Adenauer-Studien III. Untersuchungen und Dokumente zur Ostpolitik und Biographie, Mainz 1974, S. 186.
369 Quick, 3. Mai 1964.
370 Sitzungsprotokolle des Bundesparteivorstandes der CDU Deutschlands, 17. Januar 1964, ACDP.
371 Interview im Deutschlandfunk, 6. Oktober 1963, in: Dokumente zur Deutschlandpolitik, IV. Reihe, Bd. 9, hrsg. vom Bundesministerium für gesamtdeutsche Beziehungen, Frankfurt am Main und Berlin 1978, S. 760 ff.
372 Dokumente zur Deutschlandpolitik, IV/11, S. 595.
373 Klaus Körner, Die deutsche Frage, in: Handbuch der deutschen Außenpolitik, hrsg. von Hans-Peter Schwarz, München und Zürich 1975, S. 606.
374 Sitzungsprotokolle der SPD-Fraktion des Deutschen Bundestages, 3. Juni 1964, ASD-FESt.
375 Ebd.
376 Dokumente zur Deutschlandpolitik, IV/11, S. 17.
377 Ebd., IV/10, S. 1053.
378 «Besuch Adschubej», in: Nachlaß Ludwig Erhard 490, LESt; «Herrn Dr. Hohmann», 21. Juli 1964, in: Nachlaß Ludwig Erhard 490, LESt. Siehe hierzu auch die Ansprache Erhards vor dem Council on Foreign Relations in New York am 11. Juni 1964, in: Bulletin, Nr. 93, 12. Juni 1964, S. 852.
379 Hildebrand, Von Erhard zur Großen Koalition 1963–1969, S. 91.
380 Vgl. Zbigniew K. Brzezinski, Deutsche Einheit durch europäische Verflech-

tung, in: Theo Sommer (Hrsg.), Denken an Deutschland. Zum Problem der Wiedervereinigung – Ansichten und Einsichten, Hamburg 1966, S. 99.
381 Archiv der Gegenwart, 35. Jg. (1965), S. 11 969.
382 Bender, Die «Neue Ostpolitik» und ihre Folgen, S. 110.
383 Dokumente zur Deutschlandpolitik, IV/10, S. 555.
384 Besson, Die Außenpolitik der Bundesrepublik, S. 289.
385 Vgl. Henry A. Kissinger, The Troubled Partnership, New York 1965 (dt.: Was wird aus der westlichen Allianz?, Wien und Düsseldorf 1965).
386 Zur Geschichte der MLF vgl. Alastair Buchan, The Multilateral Force. An Historical Perspective, in: Henry A. Kissinger (Hrsg.), Problems of National Strategy, New York u. a. 1965, S. 264–287. Siehe hierzu auch grundsätzlich Dieter Mahncke, Nukleare Mitwirkung. Die Bundesrepublik Deutschland in der atlantischen Allianz 1954–1970, Berlin und New York 1972.
387 Europa-Archiv, 18. Jg. (1963), S. D 571.
388 Siehe Gerd Schmückle, Ohne Pauken und Trompeten. Erinnerungen an Krieg und Frieden, Stuttgart 1982, S. 273 ff.
389 Die Zeit, 8. November 1963.
390 Zit. nach: Besson, Die Außenpolitik der Bundesrepublik, S. 297.
391 Vgl. Marion Gräfin Dönhoff, «Münchner Hebel zur Bonner Macht. Die bayerische Fronde – Gaullismus als Sprungbrett», in: Die Zeit, 10. Juli 1964.
392 Strauß, Die Erinnerungen, S. 434. Strauß bezieht sich dabei auf ein Gespräch im Kanzlerbungalow nach der Bundestagswahl 1965, an dem er selbst sowie Erhard, Barzel, Gerstenmaier und Westrick teilgenommen hätten. Zum Hintergrund vgl. auch Rainer Barzel, Im Streit und umstritten. Anmerkungen zu Adenauer, Erhard und den Ostverträgen, Frankfurt am Main und Berlin 1986, S. 72 f.
393 Strauß, Die Erinnerungen, S. 433.
394 Vgl. Mahncke, Nukleare Mitwirkung, S. 180–202. Zur Haltung Präsident Johnsons vgl. auch Philip Geyelin, Lyndon B. Johnson and the World, New York 1966, S. 170–177.
395 Besson, Die Außenpolitik der Bundesrepublik, S. 298.
396 George McGhee, At the Creation of a New Germany. From Adenauer to Brandt – An Ambassador's Account, New Haven und London 1989, S. 186.
397 «So schafft Erhard es nicht», in: Bild am Sonntag, 1. November 1964.
398 Archiv der Gegenwart, 34. Jg. (1964), S. 11 562–11 563.
399 Archiv der Gegenwart, 32. Jg. (1962), S. 9660–9661 (Rundfunk- und Fernsehansprache de Gaulles, Zitat S. 9660: «Weil wir jetzt einen eigenen Willen bekunden, eine eigene Macht aufbauen und eine eigene Politik betreiben, stört dieser neue Kurs das System früherer Konventionen, das unserem Land die Rolle einer integrierten, d. h. untergeordneten Nation zuteilte.»)
400 Bulletin, 13. November 1964. Siehe auch Heinrich von Siegler (Hrsg.), Europäische politische Einigung. Dokumente von Vorschlägen und Stellungnahmen 1949–1968, Bonn u. a. 1968, S. 280 ff.
401 Europa-Initiative der deutschen Bundesregierung, 13. November 1964, in: Der Aufbau Europas, S. 389 f.
402 F. Roy Willis, France, Germany, and the New Europe 1945–1963, Stanford, CA, und London 1965, S. 336.
403 Thilo Vogelsang, Das geteilte Deutschland, 10. Aufl., München 1980, S. 293.
404 Vgl. Alfred Grosser, Frankreich und seine Außenpolitik 1944 bis heute, München und Wien 1986, S. 233–239.
405 Zit. nach: Besson, Die Außenpolitik der Bundesrepublik, S. 323.
406 Grosser, Frankreich und seine Außenpolitik, S. 237. Vgl. auch Ernst Weisen-

feld, Frankreichs Geschichte seit dem Krieg. Von de Gaulle bis Mitterrand 1944–1980, 2. überarb. u. erg. Aufl., München 1982, S. 155 ff.
407 Le Figaro, 7. Februar 1966.
408 «Informationsgespräch. Bundeskanzler Professor Dr. Erhard und StS v. Hase mit Chefredakteuren der CDU-Presse, Donnerstag, 18. Februar 1965, 15 Uhr, im Bundeskanzleramt», in: Nachlaß Ludwig Erhard 244, LESt.
409 Eugen Gerstenmaier, Streit und Friede hat seine Zeit. Ein Lebensbericht, Frankfurt am Main u. a. 1981, S. 497 f.
410 Protokolle des Bundeshauptausschusses der FDP, 13. März 1965, in: AdDL-FNS.
411 «Informationsgespräch. Bundeskanzler Professor Dr. Erhard und StS v. Hase», in: Nachlaß Ludwig Erhard 244, LESt.
412 Gerstenmaier, Streit und Friede hat seine Zeit, S. 499.
413 Ebd., S. 501.
414 Zum Ablauf der Krise vgl. Wolfgang Wagner, Der Rückschlag der Bonner Politik in den arabischen Staaten, in: Europa-Archiv, 20. Jg. (1965), S. 359 ff.
415 Besson, Die Außenpolitik der Bundesrepublik, S. 330.
416 Vgl. Kurt Birrenbach, Meine Sondermissionen. Rückblick auf zwei Jahrzehnte bundesdeutscher Außenpolitik, Düsseldorf und Wien 1984, S. 101 ff.
417 Wolfgang Wagner, Überprüfung des deutschen politischen Instrumentariums, in: Europa-Archiv, 20. Jg. (1965), S. 163.
418 Besson, Die Außenpolitik der Bundesrepublik, S. 332.
419 Europa-Archiv, 21. Jg. (1966), S. 645.
420 Hildebrand, Von Erhard zur Großen Koalition 1963–1969, S. 118.
421 Rüdiger Altmann an Karl Hohmann, 23. September 1964, in: Nachlaß Ludwig Erhard, NE 228, LESt.
422 Vgl. Rolf Schroers, «Mit Männern des Geistes». Erhard läßt bitten, in: Christ und Welt, 21. August 1964.
423 Vgl. hierzu die Protokolle der Sitzungen des «Sonderkreises», in: Nachlaß Ludwig Erhard, NE 420, 559, 562, 599, LESt.
424 Hentschel, Ludwig Erhard, S. 561.
425 Jahrbuch der öffentlichen Meinung 1965–1967, hrsg. von Elisabeth Noelle und Erich Peter Neumann, Allensbach 1968, S. 198 f.
426 Hentschel, Ludwig Erhard, S. 561 f.
427 Akten zur Auswärtigen Politik der Bundesrepublik Deutschland 1965, hrsg. im Auftrag des Auswärtigen Amts vom Institut für Zeitgeschichte, Bd. III, München 1996, S. 1925.
428 Vgl. Hildebrand, Von Erhard zur Großen Koalition 1963–1969, S. 121.
429 Hentschel, Ludwig Erhard, S. 562.
430 «Das Streiflicht», in: Süddeutsche Zeitung, 2. April 1965.
431 Ebd.
432 Zit. nach: Barzel, Im Streit und umstritten, S. 67.
433 «'Der Klassenkampf ist nicht zu Ende'. Rolf Hochhuth über die sozialen Verhältnisse in der Bundesrepublik», in: Der Spiegel, Nr. 22, 26. Mai 1965, S. 28–44. Vgl. hierzu auch «Erhard und die ‹Intellektuellen›», in: Neue Zürcher Zeitung, 17. Juli 1965.
434 Zit. nach: Dr. Hohmann an Professor Dr. Hans Buchheim, 9. Februar 1977, in: Nachlaß Ludwig Erhard 228, LESt.
435 Ebd.
436 Ebd.
437 Hildebrand, Von Erhard zur Großen Koalition 1963–1969, S. 128.

Anmerkungen 839

438 Frankfurter Neue Presse, 18. September 1965; Hans-Peter Schwarz, Adenauer. Der Staatsmann: 1952–1967, Stuttgart 1991, S. 910f.
439 Kai-Uwe von Hassel an Konrad Adenauer, 5. Oktober 1965, in: ACDP I-157-011/1.
440 Hentschel, Ludwig Erhard, S. 488.
441 Ebd., S. 534
442 Heinrich Krone, Tagebuchaufzeichnungen, 26. Juni 1964, ACDP.
443 Osterheld, Außenpolitik unter Bundeskanzler Ludwig Erhard 1963–1966, S. 79.
444 Hentschel, Ludwig Erhard, S. 534f.
445 Helmut Thielicke an Eugen Gerstenmaier, 12. November 1964, in: ACDP I-210-017/1.
446 Müller-Armack an Erhard, 10. November 1964, in: NE I 2) 22, LESt.
447 Ebd.
448 Hentschel, Ludwig Erhard, S. 589; Osterheld, Außenpolitik unter Bundeskanzler Ludwig Erhard 1963–1966, S. 264.
449 Fritz René Allemann, Interview mit Bundespräsident Lübke, in: Weltwoche, 24. Dezember 1965.
450 Erhard an Lübke, 30. Dezember 1965, in: NE I 2) 21, LESt.
451 Hentschel, Ludwig Erhard, S. 594.
452 Barzel, Im Streit und umstritten, S. 87.
453 Siehe Hans-Peter Schwarz, Adenauer. Der Staatsmann, S. 871–902 (Der Frondeur) und S. 902–920 (Abstieg). Vgl. ebenso Ludger Westrick, Adenauer und Erhard, in: Konrad Adenauer und seine Zeit. Politik und Persönlichkeit des ersten Bundeskanzlers. Beiträge von Weg- und Zeitgenossen. Hrsg. v. Dieter Blumenwitz u. a., Stuttgart 1976, S. 169–176.
454 Erhard an Adenauer, 15. Februar 1966, in: Nachlaß Ludwig Erhard, NE I 1) 10 u. 11, LESt.
455 Barzel, Im Streit und umstritten, S. 86.
456 Vgl. Der Spiegel, 7. November 1966; ferner Hellmut Diwald, Geschichte der Deutschen, Berlin 1981, S. 46; Karl-Georg von Stackelberg, Attentat auf Deutschlands Talisman, Stuttgart 1967, S. 205f.; Karl Hohmann (Hrsg.), Ludwig Erhard – Erbe und Auftrag, Düsseldorf 1977, S. 156ff. Anders dagegen Hildebrand, Von Erhard zur Großen Koalition 1963–1969, S. 63 u. S. 217.
457 Franz Josef Strauß an Ludwig Erhard, 8. Oktober 1965, in: Nachlaß Ludwig Erhard, NE I 2) 24, LESt.
458 Kultusminister a. D. Simpfendörfer (CDU), in: Der Spiegel, 15. Dezember 1965; Dokumente zur Deutschlandpolitik, IV/11, S. 1008; Helmut Schmidt, in: Kölner Stadt-Anzeiger, 4. März 1966.
459 Die Zeit, 8. April 1966. Siehe auch Dokumente zur Deutschlandpolitik IV/12, S. 435ff.
460 Hildebrand, Von Erhard zur Großen Koalition 1963–1969, S. 188.
461 Ebd.
462 Dokumente zur Deutschlandpolitik, IV/12, S. 381ff.
463 Bender, Die «Neue Ostpolitik» und ihre Folgen, S. 116f.
464 Richard Löwenthal, Vom kalten Krieg zur Ostpolitik, Stuttgart 1974, S. 69. Außenminister Schröder hatte deshalb im Jahr zuvor nicht zufällig davon gesprochen, daß «viel Geduld» nötig sei, um Verständnis und Vertrauen auch im Osten wiederzugewinnen. Siehe Gerhard Schröder, «Germany Looks at Eastern Europe», in: Foreign Affairs, Vol. 44 (1965), S. 15ff.
465 Bender, Die «Neue Ostpolitik» und ihre Folgen, S. 117.

466 Hildebrand, Von Erhard zur Großen Koalition 1963–1969, S. 189.
467 Ebd. Siehe hierzu auch Karl Kaiser, German Foreign Policy in Transition. Bonn Between East and West, London u. a. 1968, S. 88 f.
468 Vgl. Besson, Die Außenpolitik der Bundesrepublik, S. 338 f.
469 Vgl. hierzu besonders die zeitgenössische Analyse von Henry Kissinger, Die deutsche Frage als Problem der europäischen und der internationalen Sicherheit, in: Europa-Archiv, 21. Jg. (1966), S. 831 ff.
470 Hentschel, Ludwig Erhard, S. 593 f.
471 Ebd., S. 591 f. Das Gespräch ist verschiedentlich dokumentiert. Zu den Inhalten vgl. Akten zur Auswärtigen Politik, 1965, Bd. III, S. 1938 ff. Zur Atmosphäre und zum Verlauf siehe vor allem den authentischen Bericht des amerikanischen Botschafters in der Bundesrepublik, George McGhee, der bei der Auseinandersetzung zugegen war: McGhee, At the Creation of a New Germany, S. 184 f. Vgl. ebenfalls Osterheld, Außenpolitik unter Bundeskanzler Ludwig Erhard 1963–1966, S. 268 ff., und Adrian W. Schertz, Die Deutschlandpolitik Kennedys und Johnsons, Köln 1992, S. 341 f.
472 Osterheld, Außenpolitik unter Bundeskanzler Ludwig Erhard 1963–1966, S. 271.
473 Archiv Kurt Georg Kiesinger, Gespräche mit Journalisten 008: Informationsgespräch vom 5. Dezember 1966, zit. nach: Hildebrand, Von Erhard zur Großen Koalition 1963–1969, S. 177.
474 Hentschel, Ludwig Erhard, S. 632.
475 Schertz, Die Deutschlandpolitik Kennedys und Johnsons, S. 355.
476 Zu den Ergebnissen siehe Europa-Archiv, 21. Jg. (1966), S. Z 521 ff.
477 Franz Josef Strauß an Ludwig Erhard, 5. Juli 1966, in: Nachlaß Ludwig Erhard, NE II 1) 39, LESt.
478 Rainer Barzel an Ludwig Erhard, 21. Juli 1966, in: Ebd., NE II 1) 38, LESt.
479 Hentschel, Ludwig Erhard, S. 624.
480 Referat II/2, Vermerk vom 3. Oktober 1966, in: Nachlaß Ludwig Erhard, NE II 1) 12, LESt.
481 Erhard an Barzel, 12. August 1966, in: Ebd., NE I 2) 12, LESt, sowie Ludwig Erhard an Franz Josef Strauß, 15. August 1966, in: Ebd., NE I 2) 24, LESt.
482 Neue Zürcher Zeitung, 15. August 1966.
483 Sitzung des Fraktionsvorstandes, 8. September 1966, in: Nachlaß Ludwig Erhard, NE 502, LESt.
484 Hentschel, Ludwig Erhard, S. 638.
485 Hildebrand, Von Erhard zur Großen Koalition 1963–1969, S. 219.
486 Osterheld, Außenpolitik unter Bundeskanzler Ludwig Erhard 1963–1966, S. 365.
487 Archiv der Gegenwart, 36. Jg. (1966), S. 12 777.
488 Notiz Otto Friedrich, «Besuch bei Herrn Prof. Erhard am 3. 1. 1967», in: ACDP I-093-013/4.
489 Deutscher Bundestag. Stenographische Protokolle, 5. Wahlperiode, 70. Sitzung (8. November 1966), S. 3303.
490 Sitzung des CDU-Vorstandes, 8. November 1966, in: ACDP VII-001-015/7.
491 Ebd.
492 Hentschel, Ludwig Erhard, S. 648.
493 Protokolle des Bundesparteivorstandes der CDU, 29. November 1966, ACDP.
494 Brandt, Begegnungen und Einsichten, S. 174.
495 Ebd., S. 173.

496 Herbert Wehner, in: Sitzungsprotokolle der SPD-Fraktion des Deutschen Bundestages, 26. November 1966, FESt.
497 Archiv der Gegenwart, 1. Dezember 1966, S. 12 838.
498 Arnulf Baring, Machtwechsel. Die Ära Brandt-Scheel, Stuttgart 1982, S. 46.
499 Ebd.
500 Ebd., S. 46 f.
501 Annemarie Renger, in: Sitzungsprotokolle der SPD-Fraktion des Deutschen Bundestages, 26. November 1966, FESt.
502 Helmut Schmidt, in: Ebd.
503 Günther Scholz, Herbert Wehner, Düsseldorf und Wien 1986, S. 113.
504 Ebd.
505 Der Spiegel, 18. März 1968.
506 Heinrich von Brentano an Konrad Adenauer, 23. Mai 1964, zit. nach: Baring, Machtwechsel, S. 35 f.
507 Herbert Wehner, in: Sitzungsprotokolle der SPD-Fraktion des Deutschen Bundestages, 22. November 1966, FESt.
508 Brandt, Begegnungen und Einsichten, S. 176.
509 Vorwärts, 30. November 1966. Siehe auch Archiv der Gegenwart, 36. Jg. (1966), S. 12 840 f.
510 Ebd., S. 12 841.
511 Hildebrand, Von Erhard zur Großen Koalition 1963-1969, S. 240 f.
512 Scholz, Herbert Wehner, S. 121.
513 Zit. nach: Ebd.
514 Hildebrand, Von Erhard zur Großen Koalition 1963-1969, S. 250.
515 Beitrag Kurt Georg Kiesinger, Sitzungsprotokolle der CDU/CSU-Fraktion des Deutschen Bundestages, 22. November 1966, ACDP.
516 Heribert Knorr, Der parlamentarische Entscheidungsprozeß während der Großen Koalition 1966 bis 1969. Struktur und Einfluß der Koalitionsfraktionen und ihr Verhältnis zur Regierung der Großen Koalition, Meisenheim am Glan 1975, S. 90.
517 Hildebrand, Von Erhard zur Großen Koalition 1963-1969, S. 268.
518 Beitrag Helmut Schmidt, Sitzungsprotokolle der SPD-Fraktion des Deutschen Bundestages, 26. November 1966, FESt.
519 Regierungserklärung des Bundeskanzlers vor dem Deutschen Bundestag am 13. 12. 1966, in: Bulletin, 14. Dezember 1966, S. 1265.
520 Ebd., S. 1266 f.
521 Archiv der Gegenwart, 37. Jg. (1967), S. 12907, 12997, 13 106 u. 13163.
522 Hildebrand, Von Erhard zur Großen Koalition 1963-1969, S. 286.
523 Deutscher Bundestag. Stenographische Protokolle, 5. Wahlperiode, 95. Sitzung (17. Februar 1967), S. 4329 f.
524 Beitrag Karl Schiller, Sitzungsprotokolle der SPD-Fraktion des Deutschen Bundestages, 14. September 1966, FESt.
525 Text des Stabilitätsgesetzes in: Archiv der Gegenwart, 37. Jg. (1967), S. 13 210.
526 Hildebrand, Von Erhard zur Großen Koalition 1963-1969, S. 290.
527 Zit. nach: Reinhard Schmoeckel, Der Kampf um den Haushaltsausgleich und die Mittelfristige Finanzplanung 1967, unveröff. Manuskript, Archiv Kurt Georg Kiesinger, S. 16. Siehe auch Hildebrand, Von Erhard zur Großen Koalition 1963-1969, S. 290.
528 Turm der früheren Zitadelle in Spandau, in dem bis 1914 der aus der französischen Kriegsentschädigung von 1870/71 stammende Reichskriegsschatz (120 Millionen Mark in Gold) aufbewahrt wurde. Im übertragenen Sinne wurde darunter die in der Bundesrepublik zwischen 1952 und 1956 bei der Deutschen Bundesbank (Bank

deutscher Länder) gebildete Rücklage der öffentlichen Hand verstanden, die besonders zur Deckung der Verteidigungskosten vorgesehen war. Sie war bis 1956 auf etwa sieben Milliarden DM angewachsen und wurde danach ratenweise in den Bundeshaushalt übernommen und schließlich aufgelöst.

529 Hildebrand, Von Erhard zur Großen Koalition 1963–1969, S. 295.
530 Ebd., S. 296 f.
531 Bundesgesetzblatt 1955, II, S. 306 ff.
532 Beitrag Erich Ollenhauer, in: Protokolle des Parteitages der SPD vom 21. bis 25. November 1960 in Hannover, FESt. Siehe auch Karl A. Otto, Vom Ostermarsch zur APO. Geschichte der außerparlamentarischen Opposition in der Bundesrepublik 1960–1970, Frankfurt am Main und New York 1977, S. 155.
533 Abgedruckt in: Informationen zur Abrüstung, hrsg. von der Kampagne für Abrüstung – Ostermarsch der Atomwaffengegner, Nr. 19, 1965, S. 3.
534 Otto, Vom Ostermarsch zur APO, S. 157.
535 Ebd.
536 Bruno Kaiser, Notstandsgesetzgebung in der Großen Koalition, unveröff. Manuskript, Archiv Kurt Georg Kiesinger, S. 15; Hildebrand, Von Erhard zur Großen Koalition 1963–1969, S. 370.
537 Fritz René Allemann, Bonn ist nicht Weimar, Köln und Berlin 1956.
538 Zit. nach: Baring, Machtwechsel, S. 36.
539 Ebd., S. 33.
540 Beitrag Theodor Blank, Bundesparteivorstand der CDU, 29. November 1966, ACDP.
541 Sitzungsprotokolle der SPD-Fraktion des Deutschen Bundestages, 26. November 1966, FESt.
542 Beitrag Kurt Georg Kiesinger, Bundesparteivorstand der CDU, 29. Januar 1968. Siehe auch Hildebrand, Von Erhard zur Großen Koalition 1963–1969, S. 355.
543 Die Regierungserklärung der Großen Koalition, in: Kurt Georg Kiesinger, Die Große Koalition 1966–1969. Reden und Erklärungen des Bundeskanzlers, hrsg. von Dieter Oberndörfer, Stuttgart 1979, S. 7.
544 Hildebrand, Von Erhard zur Großen Koalition 1963–1969, S. 360.
545 Ebd., S. 360 f.
546 Text der Rede in: Europa-Archiv, 21. Jg. (1966), S. D 517 ff.
547 Ebd.
548 Brandt, Begegnungen und Einsichten, S. 107.
549 Zit. nach: Bender, Die «Neue Ostpolitik» und ihre Folgen, S. 134.
550 Ebd., S. 135.
551 Die Regierungserklärung der Großen Koalition, in: Kiesinger, Die Große Koalition 1966–1969, S. 7 ff.
552 Ebd.
553 Besson, Die Außenpolitik der Bundesrepublik, S. 346.
554 Bender, Die «Neue Ostpolitik» und ihre Folgen, S. 142.
555 Dokumente zur Deutschlandpolitik V/1, S. 442.
556 Vgl. Ebd., S. 417. Vgl. auch Tischrede zu Ehren des Außenministers der Sozialistischen Republik Rumänien, Corneliu Manescu, in Bonn am 30. Januar 1967, in: Willy Brandt, Der Wille zum Frieden. Perspektiven der Politik, Frankfurt am Main 1973, S. 183 ff.
557 Zum Ablauf siehe Hansjakob Stehle, Nachbarn im Osten, Frankfurt am Main 1971, S. 225 ff.
558 Bender, Die «Neue Ostpolitik» und ihre Folgen, S. 143.
559 Ebd., S. 144.

560 Vgl. Boris Meissner (Hrsg.), Die deutsche Ostpolitik 1961–1970. Kontinuität und Wandel. Dokumentation, Köln 1970, S. 431 und S. 440.
561 Bender, Die «Neue Ostpolitik» und ihre Folgen, S. 149.
562 Besson, Die Außenpolitik der Bundesrepublik, S. 361 f.
563 Neue Zürcher Zeitung, 20. Februar 1967. Vgl. auch «Bonner Diskussionen um den Atomsperrvertrag auf dem Höhepunkt», in: Stuttgarter Zeitung, 20. Februar 1967. Ferner Marcel Hepp, Der Atomsperrvertrag. Die Supermächte verteilen die Welt, Stuttgart 1968, S. 12.
564 Rudolf Augstein, «Das Schanddiktat», in: Der Spiegel, 27. Februar 1967. Vgl. zum Beispiel auch Marcel Hepp, «Deutschland Nation dritter Klasse. Von der Zukunft abgeschnitten», in: Bayernkurier, 22. Juni 1968.
565 Frankfurter Allgemeine Zeitung, 21. Februar 1967.
566 Neue Zürcher Zeitung, 3. März 1967.
567 Ebd.
568 Siehe Robert Strobel, «Vorfahrt auf der Pariser Chaussee?», in: Die Zeit, 24. Februar 1967.
569 Vgl. «Stimmen der Genugtuung», in: Neue Zürcher Zeitung, 9. März 1967.
570 Erich Mende, Die FDP. Daten, Fakten, Hintergründe, Stuttgart 1972, S. 217 f.
571 Heino Kaack, Zur Geschichte und Programmatik der Freien Demokratischen Partei. Grundriß und Materialien, Meisenheim am Glan 1976, S. 34.
572 Wolfgang Schollwer, Der Weg zur Entspannung. Deutschlandpolitik der F.D.P. seit 1952, hrsg. von der Bundesgeschäftsstelle der Freien Demokratischen Partei, Referat für innerdeutsche Beziehungen, Bonn 1972, S. 19.
573 Vgl. Rüdiger Zülch, Von der FDP zur F.D.P., Bonn 1972.
574 Mende, Die FDP, S. 220.
575 Ebd.
576 Archiv der Gegenwart, 37. Jg. (1967), S. 13 109.
577 Text in: Kaack, Zur Geschichte und Programmatik der Freien Demokratischen Partei, S. 88 ff.
578 Hildebrand, Von Erhard zur Großen Koalition 1963–1969, S. 281.
579 «FDP: Zum Schießen», in: Der Spiegel, Nr. 6, 5. Februar 1968, S. 32.

Fünfter Teil

1 Verhandlungen des Deutschen Bundestages. 6. Wahlperiode. Stenographische Berichte, 5. Sitzung, 28. Oktober 1969, S. 20 ff. Vgl. auch Klaus von Beyme (Hrsg.), Die großen Regierungserklärungen der deutschen Bundeskanzler von Adenauer bis Schmidt, München und Wien 1979, S. 251 ff.
2 Herbert Marcuse, Das Ende der Utopie, Berlin 1967, S. 48. Zu den Grundlagen der amerikanischen Protestbewegung siehe vor allem die Untersuchungen von Kenneth Keniston, Young Radicals. Notes on Committed Youth, New York 1968; ders., Youth and Dissent. The Rise of a New Opposition, New York 1971. Vgl. auch Gerd Langguth, Protestbewegung. Entwicklung – Niedergang – Renaissance. Die Neue Linke seit 1968, Köln 1983, S. 16 ff. Vgl. ebenfalls Robert Steigerwald, Herbert Marcuses dritter Weg, Köln 1969.
3 Siehe Max Kaase, Die politische Mobilisierung von Studenten in der Bundesrepublik, in: Klaus R. Allerbeck und Leopold Rosenmayr (Hrsg.), Aufstand der Jugend, München 1971, S. 171 ff.
4 Emnid-Institut, Erhebung «Junge Intelligenzschicht 1968/69», Bielefeld, Juni 1969.
5 Erwin K. Scheuch, Bereiten die Studenten den Bürgerkrieg vor?, Itzehoe 1968,

S. 7 ff. Siehe auch Ders., «Die Jugend – ein auserwähltes Volk?», in: Christ und Welt, Nr. 16, 17. April 1970.

6 Vgl. Kenneth Keniston, Neue empirische Forschungen zu den Studentenrevolten. Die amerikanische Studentenbewegung, in: Allerbeck und Rosenmayr (Hrsg.), Aufstand der Jugend, S. 102; Langguth, Protestbewegung, S. 19. Vgl. auch Susanne Kleemann, Ursachen und Formen der amerikanischen Studentenopposition, Frankfurt am Main 1971.

7 Ludwig von Friedeburg, Jugend in der modernen Gesellschaft, Köln und Berlin 1965, S. 18.

8 Helmut Schelsky, Die skeptische Generation. Eine Soziologie der deutschen Jugend, 2. Aufl., Düsseldorf und Köln 1963, S. 381.

9 Siehe Jerry Rubin, Do It – Scenarios of the Revolution. Introduction by Eldridge Cleaver, New York 1970.

10 Vgl. Helmut Salzinger, Rock Power oder Wie musikalisch ist die Revolution?, Reinbek 1982, S. 98 f. Salzinger schrieb dort: «In ihren Anfängen hatten die Beatles es nicht nötig, das System offen anzugreifen: allein ihr Erfolg war Kritik. Sich zu isolieren und ‹unpolitisch› zu sein, bedeutete eine Absage an die Wertvorstellungen der älteren Generation.»

11 Siehe Karl-Werner Brand u. a., Aufbruch in eine andere Gesellschaft. Neue soziale Bewegungen in der Bundesrepublik, Frankfurt am Main und New York 1983, S. 57. Siehe ebenfalls Dennis McNally, Desolate Angel: Jack Kerouac, the Beat Generation, and America, New York 1979. Vgl. auch Fred W. McDarrah, Beat Generation. Glory Days in Greenwich Village, New York 1996.

12 Walter Hollstein, Die Gegengesellschaft. Alternative Lebensformen, Bonn 1979, S. 27.

13 Ebd., S. 51. Siehe dazu besonders den zeitgenössischen Erfahrungsbericht von Lewis Yablonsky, The Hippie Trip, New York 1968. Vgl. auch Timothy Miller, The Hippies and American Values, Knoxville, TN 1991.

14 Brand u. a., Aufbruch in eine andere Gesellschaft, S. 58.

15 Ebd., S. 59.

16 Siehe Bernd Rabehl, Von der antiautoritären Bewegung zur sozialistischen Opposition, in: Uwe Bergmann u. a., Rebellion der Studenten oder Die neue Opposition, Reinbek 1968. Vgl. ebenfalls Josef Oelinger, Die Neue Linke und der SDS, Köln 1969, sowie René Ahlberg, Die politische Konzeption des Sozialistischen Deutschen Studentenbundes, Bonn 1968. Zur Selbsteinschätzung Dutschkes siehe Rudi Dutschke, Mein langer Marsch, hrsg. von Gretchen Dutschke-Klotz, Helmut Gollwitzer und Jürgen Miermeister, Hamburg 1983.

17 Zit. nach: Wulf Schönbohm u. a., Die herausgeforderte Demokratie, Mainz 1968, S. 45.

18 Vgl. hierzu ausführlich Tilman Fichter und Siegward Lönnendonker, Kleine Geschichte des SDS. Der Sozialistische Deutsche Studentenbund von 1946 bis zur Selbstauflösung, Berlin 1977. Siehe ebenfalls Ernst Richert, Die Radikale Linke von 1945 bis zur Gegenwart, Berlin 1969.

19 Brand u. a., Aufbruch in eine andere Gesellschaft, S. 63. Siehe auch Andreas von Weiss, Die Neue Linke, Boppard 1969; Gerhard Bauss, Die Studentenbewegung der sechziger Jahre, Köln 1977; Hans Manfred Bock, Geschichte des «linken Radikalismus» in Deutschland, Frankfurt am Main 1976.

20 Richard Löwenthal, Der romantische Rückfall. Wege und Irrwege einer rückwärts gewendeten Revolution, 2. Aufl., Stuttgart u. a. 1970, S. 33 f. Ähnlich auch die Argumentation bei Hans Mathias Kepplinger, Rechte Leute von links. Gewaltkult und Innerlichkeit, Olten und Freiburg i. Br. 1970.

21 Ulrich Lohmar, Die «Neue Linke» und die Institutionen der Demokratie, in: Erwin K. Scheuch (Hrsg.), Die Wiedertäufer der Wohlstandsgesellschaft. Eine kritische Untersuchung der «Neuen Linken» und ihrer Dogmen, Köln 1968, S. 27.
22 Ebd., S. 27 f.
23 Zit. nach: Bergmann u. a., Rebellion der Studenten, S. 14.
24 Vgl. Langguth, Protestbewegung, S. 25 f.
25 Fichter und Lönnendonker, Kleine Geschichte des SDS, S. 88.
26 Siehe ebd., S. 90 f.
27 Zu den Wechselwirkungen siehe vor allem Jürgen Habermas, Protestbewegung und Hochschulreform, Frankfurt am Main 1969, sowie Ernst Nolte, Sinn und Widersinn der Demokratisierung der Universität, Freiburg 1968. Vgl. ebenfalls René Ahlberg, Studenten im Normenkonflikt der Massenuniversität, in: Hans Julius Schoeps und Christopher Dannenmann (Hrsg.), Die rebellischen Studenten. Elite der Demokratie oder Vorhut eines linken Faschismus?, München und Esslingen/Neckar 1968, S. 18 ff.
28 Siehe Rolf Seeliger, Die Außerparlamentarische Opposition, München 1968.
29 Brand u. a., Aufbruch in eine andere Gesellschaft, S. 66.
30 Vgl. Knut Nevermann/Verband Deutscher Studentenschaften (Hrsg.), Der 2. Juni 1967. Studenten zwischen Notstand und Demokratie. Dokumente zu den Ereignissen anläßlich des Schahbesuchs, Köln 1967.
31 Siehe Klaus-Uwe Benneter u. a., Februar 1968 – Tage, die Berlin erschütterten, Frankfurt am Main 1968.
32 So Ernst Benda in der Bundestagsdebatte vom 30. April 1968. Zit. nach: Langguth, Protestbewegung, S. 28 u. S. 289 (Anm. 20).
33 Vgl. Klaus R. Allerbeck, Soziologie radikaler Studentenbewegungen, München und Wien 1972, S. 28.
34 Heinz Grossmann, Der Pogrom und der einzelne, in: Heinz Grossmann und Oskar Negt (Hrsg.), Die Auferstehung der Gewalt. Springer-Blockade und politische Reaktion in der Bundesrepublik, Frankfurt am Main 1968, S. 10.
35 Bernd Rabehl, «Karl Marx und der SDS», in: Der Spiegel, Nr. 18, 1968, S. 86.
36 Vgl. Alexander Schwan und Kurt Sontheimer (Hrsg.), Reform als Alternative – Hochschullehrer antworten auf die Herausforderung der Studenten, Köln und Opladen 1969.
37 Vgl. Habermas, Protestbewegung und Hochschulreform, S. 10. Nach erneuten gewaltsamen Auseinandersetzungen am Tegeler Weg in Berlin am 4. November 1968 erklärte Habermas darin, daß sich «die Gewaltrhetorik der Ostertage in eine Taktik des begrenzten Vandalismus umgesetzt» habe. Besonders sein Vorwurf eines «linken Faschismus» löste dabei heftige Reaktionen aus. Siehe hierzu vor allem Wolfgang Abendroth u. a., Die Linke antwortet Jürgen Habermas, Frankfurt am Main 1968. Vgl. auch Günter Albrecht Zehm, Gibt es einen linken Faschismus?, in: Schoeps und Dannenmann (Hrsg.), Die rebellischen Studenten, S. 116–123.
38 Als typisches Beispiel der damaligen Kritik am Parlamentarismus der Bundesrepublik siehe Johannes Agnoli und Peter Brückner, Die Transformation der Demokratie, Berlin 1967.
39 Frankfurter Allgemeine Zeitung, 1. Dezember 1966.
40 Arnulf Baring, Machtwechsel. Die Ära Brandt-Scheel, Stuttgart 1982, S. 40.
41 Brand u. a., Aufbruch in eine andere Gesellschaft, S. 67.
42 Vgl. Karl A. Otto, Vom Ostermarsch zur APO. Geschichte der außerparlamentarischen Opposition in der Bundesrepublik 1960–70, Frankfurt am Main und New York 1977, S. 174 f.
43 Bundestagsdrucksache VI/2974, 5. April 1971.

44 So beantragten von 1969 bis 1973 mehr als 100 000 junge Erwachsene, meist Studenten und Jungakademiker, ihre Mitgliedschaft bei den Jungsozialisten.
45 Siehe Baring, Machtwechsel, S. 27 ff.
46 Vgl. hierzu ausführlich Helmut Lindemann, Gustav Heinemann. Ein Leben für die Demokratie, München 1978.
47 Ebd., S. 227 f.
48 Vgl. hierzu Diether Koch, Heinemann und die Deutschlandfrage, München 1972.
49 Zur Person Richard von Weizsäckers siehe Werner Filmer und Heribert Schwan (Hrsg.), Richard von Weizsäcker. Profile eines Mannes, Düsseldorf und Wien 1984. Vgl. ebenfalls Richard Freiherr von Weizsäcker, Vier Zeiten. Erinnerungen, Berlin 1997.
50 Vgl. Filmer und Schwan (Hrsg.), Richard von Weizsäcker, S. 91 f.
51 Neue Zürcher Zeitung, 6. März 1969.
52 Lindemann, Gustav Heinemann, S. 241. Wörtlich erklärte Heinemann in seinem Interview mit der «Stuttgarter Zeitung»: «Es hat sich jetzt ein Stück Machtwechsel vollzogen, und zwar nach den Regeln der parlamentarischen Demokratie. Man hat oft, und ich glaube mehr aus gutem Grund, gesagt, daß eine solche Demokratie ihre Bewährungsprobe erst dann bestanden habe, wenn eben nach ihren Regeln auch einmal ein Machtwechsel zustande gekommen ist. Das ist hier nicht in breiter Front der Fall, das wird sich erst bei der Bundestagswahl ergeben, aber immerhin doch in einem beachtlichen Stück.» Zur Person und Amtsführung Heinemanns siehe Ruth Bahn-Flessburg, Leidenschaft mit Augenmaß. Fünf Jahre mit Hilda und Gustav Heinemann, München 1984. Vgl. auch Gustav W. Heinemann, Reden und Schriften. Bd. 1: Allen Bürgern verpflichtet. Reden des Bundespräsidenten 1969–1974, Frankfurt am Main 1975.
53 Baring, Machtwechsel, S. 27 ff.
54 Günter Grass, Aus dem Tagebuch einer Schnecke, Neuwied und Darmstadt 1972, S. 329.
55 Baring, Machtwechsel, S. 160.
56 Erich Mende, Die FDP. Daten, Fakten, Hintergründe, Stuttgart 1972, S. 231.
57 Wolfgang F. Dexheimer, Koalitionsverhandlungen in Bonn 1961–1965–1969. Zur Willensbildung in Parteien und Fraktionen, Bonn 1973, S. 143; Baring, Machtwechsel, S. 157.
58 Brandt, Begegnungen und Einsichten, S. 294.
59 Zit. nach: Dexheimer, Koalitionsverhandlungen in Bonn, S. 103.
60 Vgl. Wolfgang Jäger, Die Innenpolitik der sozial-liberalen Koalition 1969–1974, in: Karl Dietrich Bracher u. a., Republik im Wandel 1969–1974. Die Ära Brandt (= Geschichte der Bundesrepublik Deutschland, Bd. 5/I), Stuttgart und Mannheim 1986, S. 16.
61 Brandt, Begegnungen und Einsichten, S. 173.
62 Reinhard Appel, Bonner Machtwechsel, in: Roderich Klett und Wolfgang Pohl (Hrsg.), Stationen einer Republik, Stuttgart 1979, S. 161.
63 Udo Bermbach, Stationen der Regierungsbildung 1969, in: Zeitschrift für Parlamentsfragen, 1. Jg. (1970), S. 16.
64 Ebd., S. 18. Vgl. auch Baring, Machtwechsel, S. 170.
65 Zit. nach: Jäger, Die Innenpolitik der sozial-liberalen Koalition 1969–1974, S. 19.
66 Mende, Die FDP, S. 232.
67 Vgl. hierzu Helmut Schmidt, Verteidigung oder Vergeltung. Ein deutscher Beitrag zum strategischen Problem der NATO, Stuttgart 1961; ders., Strategie des Gleichgewichts. Deutsche Friedenspolitik und die Weltmächte, Stuttgart 1969.

68 Vgl. Dirk Bavendamm, Bonn unter Brandt. Machtwechsel oder Zeitenwende, Wien u. a. 1971, S. 304.
69 Jäger, Die Innenpolitik der sozial-liberalen Koalition 1969–1974, S. 24.
70 Willy Brandt, Regierungserklärung vor dem Bundestag am 28. Oktober 1969, in: Bundeskanzler Brandt, Reden und Interviews, hrsg. vom Presse- und Informationsamt der Bundesregierung, Bonn 1971, S. 13.
71 Ebd., S. 13 f.
72 Ebd., S. 14.
73 Ebd., S. 30.
74 Ebd., S. 19.
75 Brandt, Begegnungen und Einsichten, S. 296.
76 Wilhelm Hennis, Machtwechsel – oder der Versuch einer zweiten Gründung, in: Zeitschrift für Parlamentsfragen, 14. Jg. (1983), S. 160.
77 Vgl. Jäger, Die Innenpolitik der sozial-liberalen Koalition 1969–1974, S. 24.
78 Vgl. hierzu ausführlich Terence Prittie, Willy Brandt. Portrait of a Statesman, New York 1974, S. 6 ff.
79 Marxistische Tribüne, Juli 1937.
80 Det Zoda Arhundre, Januar 1940.
81 Während dieser Zeit in Schweden entstanden bis 1945 allein sechs Bücher, davon vier über Norwegen, die nur in norwegischer Sprache erschienen: Kriget i Norge, Stockholm 1941; Norge fortsätter kampen, Stockholm 1941; Norges tredje krigsar, Stockholm 1943; Norges väg mot Friheten, Stockholm 1945. Die Bücher über Norwegen wurden später zu einer einbändigen deutschen Ausgabe zusammengefaßt: Norwegens Freiheitskampf, Hamburg 1948. Zwei Bücher behandelten die Kriegsziele der Großmächte und den Partisanenkrieg: Nach dem Siege. Die Diskussion über Kriegs- und Friedensziele, Stockholm 1944; Partisanenkrieg, Stockholm 1942. Vgl. hierzu auch Yvonne Jerlin, Willy Brandt. Die Stockholmer Jahre, Stockholm 1970.
82 Vgl. hierzu bes. Ernst Paul, Die Kleine Internationale in Stockholm, Bielefeld 1968.
83 Siehe Prittie, Willy Brandt, S. 52 ff. Zum Hintergrund siehe ausführlich Helmut Müssener, Die deutschsprachige Emigration in Schweden nach 1933, Stockholm 1971. Vgl. auch Lewis Edinger, German Exile Politics, Berkeley, CA 1956.
84 Vgl. Willy Brandt, In Exile, London 1971, S. 246 ff.
85 Zit. nach: Prittie, Willy Brandt, S. 36 f. Vgl. auch Klaus Harpprecht, Willy Brandt. Porträt und Selbstporträt, München 1970.
86 Siehe David Binder, The Other German. Willy Brandt's Life and Times, Washington, DC 1975.
87 Besonderen Anstoß erregte sein Buch «Verbrecher und andere Deutsche» (Oslo 1946), in dem er über die Nürnberger Prozesse berichtete und angeblich alle Deutschen pauschal für die Verbrechen des Hitler-Regimes verantwortlich machte. Vgl. hierzu bes. Birgit Kraatz, Willy Brandt ... wir sind nicht zu Helden geboren. Ein Gespräch über Deutschland, Zürich 1986. Siehe ebenfalls Ralph Giordano, Die zweite Schuld oder Von der Last, Deutscher zu sein, Hamburg und Zürich 1987.
88 Gunter Hofmann, Willy Brandt. Porträt eines Aufklärers aus Deutschland, Reinbek 1988, S. 48.
89 Vgl. hierzu Philip Windsor, City on Leave, London 1963, S. 129.
90 Siehe hierzu die Zahlenangaben in: David Childs, From Schumacher to Brandt. The Story of German Socialism, London 1966, S. 32 ff.
91 Der Spiegel, 9. Oktober 1957.
92 Zit. nach: Prittie, Willy Brandt, S. 108. Zur persönlichen Charakterisierung

vgl. auch Willy Brandt. Ein Essay von Konrad R. Müller und Hermann Schreiber, Hamburg 1978.
93 Prittie, Willy Brandt, S. 109. Siehe ebenfalls Carola Stern, Willy Brandt, Reinbek 1975.
94 Hofmann, Willy Brandt, S. 70f.
95 Ebd., S. 10.
96 Baring, Machtwechsel, S. 174.
97 Vgl. Hofmann, Willy Brandt, S. 71ff.
98 Willy Brandt, People and Politics. The Years 1960–1975, Boston und Toronto 1976, S. 222.
99 Hofmann, Willy Brandt, S. 72.
100 Grass, Aus dem Tagebuch einer Schnecke, S. 304.
101 Zit. nach: Jäger, Die Innenpolitik der sozial-liberalen Koalition 1969–1974, S. 28.
102 Reimut Jochimsen, Zum Aufbau und Ausbau eines integrierten Aufgabenplanungssystems und Koordinierungssystems der Bundesregierung, in: Bulletin, Nr. 97, 16. Juli 1970, S. 953.
103 Brandt, Begegnungen und Einsichten, S. 303.
104 Vgl. Jäger, Die Innenpolitik der sozial-liberalen Koalition 1969–1974, S. 29. Siehe hierzu auch ausführlich Horst Ehmke, Mittendrin. Von der Großen Koalition zur Deutschen Einheit, Berlin 1994, S. 107ff.
105 Horst Ehmke, «Computer helfen der Politik. Zwei Jahre Planung in Bonn – ein Erfahrungsbericht (II)», in: Die Zeit, 17. Dezember 1971.
106 Ehmke, Mittendrin, S. 116.
107 Heribert Schatz, Das politische Planungssystem des Bundes – Idee, Entwicklung, Stand, in: Hans-Christian Pfohl und Bert Rürup (Hrsg.), Anwendungsprobleme moderner Planungs- und Entscheidungstechniken, Königstein i. Ts. 1978, S. 252.
108 Vgl. Rolf Zundel, «Bonn, Adenauerallee Nr. 141. Das Kanzleramt – Schaltzentrale der Macht», in: Die Zeit, 4. September 1970; Jäger, Die Innenpolitik der sozial-liberalen Koalition 1969–1974, S. 33; Baring, Machtwechsel, S. 520ff.
109 Vgl. Peter M. Bode, «Grau und korrekt im Niemandsland», in: Der Spiegel, 6. Oktober 1975; Baring, Machtwechsel, S. 522f.
110 Adolf Arndt, Demokratie als Bauherr, Berlin 1961. Vgl. auch Hans Otto Mühleisen, Politik und Kunst, in: Freiburger Universitätsblätter 19 (1980), H. 68, S. 11ff.; Jäger, Die Innenpolitik der sozial-liberalen Koalition 1969–1974, S. 34.
111 Willy Brandt, Über den Tag hinaus. Eine Zwischenbilanz, Hamburg 1974, S. 108.
112 Ebd., S. 109.
113 Susanne Miller und Heinrich Potthoff, Kleine Geschichte der SPD, Bonn 1981, S. 221; Jahrbuch der Sozialdemokratischen Partei Deutschlands 1968/69, Bonn-Bad Godesberg 1969, S. 256ff.; Jahrbuch der Sozialdemokratischen Partei Deutschlands 1970–72, Bonn-Bad Godesberg 1972, S. 305ff.
114 Vgl. Jost Küpper, Die SPD und der Orientierungsrahmen '85, Bonn-Bad Godesberg 1977, S. 18.
115 Vgl. Horst Heimann, Theoriediskussion in der SPD. Ergebnisse und Perspektiven, Frankfurt am Main und Köln 1975, S. 67ff., u. Peter Arend, Die innerparteiliche Entwicklung der SPD 1966–1975, Bonn 1975, S. 72ff. Siehe ferner Alexander Schwan und Gesine Schwan, Sozialdemokratie und Marxismus. Zum Spannungsverhältnis von Godesberger Programm und marxistischer Theorie, Hamburg 1974; Christian Fenner, Demokratischer Sozialismus und Sozialdemokratie. Realität und Rhetorik der Sozialismusdiskussion in Deutschland, Frankfurt am Main und New York

1977. Um eine neue Synthese bemühte sich dagegen Peter Glotz, Der Weg der Sozialdemokratie. Der historische Auftrag des Reformismus, Wien u. a. 1975.

116 Siehe hierzu besonders Ferdinand Müller-Rommel, Innerparteiliche Gruppierungen in der SPD. Eine empirische Studie über informell-organisierte Gruppierungen von 1960 bis 1980, Opladen 1982, S. 70 f.

117 Brandt, Begegnungen und Einsichten, S. 310. Zum Wortlaut der Debatten vgl. Parteitag der SPD vom 11. bis 14. Mai 1970 in Saarbrücken. Protokoll der Verhandlungen. Anlagen, Bonn-Bad Godesberg 1970, S. 508 ff.

118 Jäger, Die Innenpolitik der sozial-liberalen Koalition 1969–1974, S. 37.

119 Parteitag der SPD vom 11. bis 14. Mai 1970 in Saarbrücken. Protokoll der Verhandlungen. Angenommene und überwiesene Anträge, Antrag 1335, S. 1204.

120 Zu den Münchner Ereignissen siehe ausführlich Georg Kronawitter, Mit allen Kniffen und Listen. Strategie und Taktik der dogmatischen Linken in der SPD, Wien u. a. 1979, S. 19 ff. Kronawitter war selbst von 1972 bis 1978 und erneut ab 1984 Oberbürgermeister von München.

121 Text in: Jahrbuch der Sozialdemokratischen Partei Deutschlands 1970–72, S. 555. Siehe auch Joseph Rovan, Geschichte der deutschen Sozialdemokratie, Frankfurt am Main 1980, S. 427, Anm. 29.

122 Hans Apel, Bonn, den ... Tagebuch eines Bundestagsabgeordneten, Köln 1972, S. 100.

123 Vgl. Langguth, Protestbewegung, S. 183 ff.

124 Zit. nach: Helmut Bilstein u. a., Jungsozialisten – Junge Union – Jungdemokraten. Die Nachwuchsorganisationen der Parteien in der Bundesrepublik, Opladen 1971, S. 79.

125 Helmut Schmidt, Rede vor dem Parteirat, 26. Februar 1971, in: Reihe Parteien 2 (o. J.), S. 15 ff. u. S. 34, sowie Zwischenbilanz (Juli 1971), in: Helmut Schmidt, Auf dem Fundament des Godesberger Programms, Bonn-Bad Godesberg 1973, S. 74.

126 Vgl. Arend, Die innerparteiliche Entwicklung der SPD, S. 59 ff. Zu den Richtlinien der AfA siehe Jahrbuch der Sozialdemokratischen Partei Deutschlands 1970–72, S. 583 ff.

127 Vgl. Jäger, Die Innenpolitik der sozial-liberalen Koalition 1969–1974, S. 40.

128 Zwischenbilanz (Juli 1971), in: Schmidt, Auf dem Fundament des Godesberger Programms, S. 65 ff.

129 Außerordentlicher Parteitag der SPD 1971 in Bonn. 1. Teil: Protokoll der Verhandlungen. Anlagen, Bonn-Bad Godesberg 1971, S. 318 u. S. 344.

130 Arend, Die innerparteiliche Entwicklung der SPD, S. 127. Vgl. auch Udo Bergdoll und Uwe-Karsten Heye, «SPD-Parteitag: Steuerreform», in: Süddeutsche Zeitung, 20./21. November 1971.

131 Außerordentlicher Parteitag der SPD 1971 in Bonn, S. 74.

132 Jäger, Die Innenpolitik der sozial-liberalen Koalition 1969–1974, S. 41.

133 Langzeitprogramm 1. Texte, Bonn-Bad Godesberg 1972, Teilziffer 28.

134 Joachim Steffen, Elf Thesen zum Langzeitprogramm. Vorgelegt auf dem Landesparteitag der SPD Bremen am 17. Juni 1972, in: Langzeitprogramm 2. Kritik zum «Entwurf eines ökonomisch-politischen Orientierungsrahmens für die Jahre 1973–1985», hrsg. von Horst Heidermann, Bonn-Bad Godesberg 1972, S. 92 ff.

135 Brandt, Begegnungen und Einsichten, S. 17.

136 Egon Bahr, Zu meiner Zeit, München 1996, S. 125. Vgl. hierzu ausführlich Andreas Vogtmeier, Egon Bahr und die deutsche Frage. Zur Entwicklung der sozialdemokratischen Ost- und Deutschlandpolitik vom Kriegsende bis zur Vereinigung, Bonn 1996.

137 BGBl. 1955, S. 305.

138 Peter Bender, Die «Neue Ostpolitik» und ihre Folgen. Vom Mauerbau bis zur Vereinigung (= Deutsche Geschichte der neuesten Zeit vom 19. Jahrhundert bis zur Gegenwart), 3., überarb. u. erw. Aufl., München 1995, S. 29.
139 Ebd.
140 Bulletin, 9. Juni 1956, S. 1014, und 23. Juni 1956, S. 1117.
141 Bahr, Zu meiner Zeit, S. 105.
142 Siehe hierzu Sir Anthony Eden, Memoiren 1945–1957, Köln und Berlin 1960, S. 349f.
143 So die Formulierung einer offiziellen Polemik des Auswärtigen Amtes gegen den französischen Ministerpräsidenten vom 6. April 1956. Zit. nach: Bundesministerium für gesamtdeutsche Fragen (Hrsg.), Dokumente zur Deutschlandpolitik, III. Reihe, Bd. 2, Frankfurt am Main und Berlin 1955, S. 238.
144 Wahlrede auf einer Großkundgebung in Regensburg, 14. August 1961, in: Hans-Peter Schwarz (Hrsg.), Konrad Adenauer. Reden 1917–1967. Eine Auswahl, Stuttgart 1975, S. 422.
145 Konrad Adenauer, Erinnerungen 1955–1959, Stuttgart 1967, S. 377ff. Siehe hierzu auch Klaus Gotto, Adenauers Deutschland- und Ostpolitik 1954–1963, in: Konrad Adenauer. Seine Deutschland- und Außenpolitik 1945–1963, München 1975, S. 203ff.
146 Ebd., S. 226f.
147 Abgedruckt in: Deutschlandpläne. Dokumente und Materialien zur deutschen Frage, hrsg. von Kurt Hirsch mit einer Einleitung von Dr. Harry Pross, München 1967, S. 278f. u. S. 279ff. Zur SPD-Position vgl. auch Deutschlandplan der SPD – Kommentare, Argumente, Begründungen, hrsg. vom Vorstand der Sozialdemokratischen Partei Deutschlands, Bonn, April 1959.
148 Deutschlandpläne, S. 279.
149 Heinrich Krone, Aufzeichnungen zur Deutschland- und Ostpolitik 1954–1969, in: Rudolf Morsey und Konrad Repgen (Hrsg.), Adenauer-Studien III, Mainz 1974, S. 170.
150 Brandt, Begegnungen und Einsichten, S. 64.
151 Krone, 9. Oktober 1962, S. 171.
152 Brandt, Begegnungen und Einsichten, S. 65.
153 Ebd., S. 17.
154 Siehe «Plädoyer für eine gemeinsame Politik». Rede vor dem Deutschen Bundestag nach dem Scheitern der Pariser Gipfelkonferenz, 30. Juni 1960, in: Herbert Wehner, Wandel und Bewährung. Ausgewählte Reden und Schriften 1930–1975, erw. Aufl., hrsg. von Gerhard Jahn. Mit einer Einleitung von Günter Gaus, Frankfurt am Main u. a. 1976, S. 232ff.
155 Bender, Die «Neue Ostpolitik» und ihre Folgen, S. 76.
156 Dokumente zur Deutschlandpolitik, IV. Reihe, Bd. 7, S. 233.
157 Aussage Sorensens in: Lutz Lehmann und Peter Schultze, «Ein Sonntag im August. Zur Geschichte der Berliner Mauer», Norddeutscher Rundfunk und Sender Freies Berlin, Fernsehdokumentation, 12. August 1976, S. 84. Zit. nach Bender, S. 79.
158 Zit. nach: Willy Brandt, Der Wille zum Frieden. Perspektiven der Politik, Frankfurt am Main 1973, S. 74. Vgl. auch Dokumente zur Deutschlandpolitik, IV. Reihe, Bd. 9, S. 567, sowie ebd., IV. Reihe, Bd. 12, S. 812.
159 Brandt, Der Wille zum Frieden, S. 73.
160 Willy Brandt, Erinnerungen, Frankfurt am Main und Zürich 1989, S. 63f.
161 Rede des Präsidenten John F. Kennedy vor der Universität Washington am 10. Juni 1963, in: Europa-Archiv, 18. Jg. (1963), S. D 289ff.
162 Dokumente zur Deutschlandpolitik, IV. Reihe, Bd. 9, S. 465. Die amerikanischen Hintergründe der Brandtschen Ostpolitik beleuchtet sehr stark – die eigenstän-

digen deutschen Wurzeln vielleicht unterschätzend – Diethelm Prowe, Die Anfänge der Brandtschen Ostpolitik 1961–1963. Eine Untersuchung zur Endphase des Kalten Krieges, in: Wolfgang Benz und Hermann Graml (Hrsg.), Aspekte deutscher Außenpolitik im 20. Jahrhundert. Aufsätze. Hans Rothfels zum Gedächtnis (= Schriftenreihe der Vierteljahrshefte für Zeitgeschichte, Sonderheft), Stuttgart 1977.

163 Dokumente zur Deutschlandpolitik, IV. Reihe, Bd. 9, S. 572 ff.

164 Brandt, Erinnerungen, S. 73. Brandt hielt die Rede in Tutzing trotzdem. Siehe «Denk ich an Deutschland». Rede vor der Evangelischen Akademie in Tutzing, 15. Juli 1963, in: Brandt, Der Wille zum Frieden, S. 89 ff.

165 Vgl. Bender, Die «Neue Ostpolitik» und ihre Folgen, S. 133.

166 Brandt, Begegnungen und Einsichten, S. 108.

167 Siehe hierzu exemplarisch das «Tübinger Memorandum der Acht» vom November 1961, in: Dokumente zur Deutschlandpolitik, IV. Reihe, Bd. 7, S. 919 ff.; Richard von Weizsäckers Beitrag von 1962, nachgedruckt in: Richard von Weizsäcker, Die deutsche Geschichte geht weiter, Berlin 1983, S. 183 ff.; Karl Hermann Flach, Erhards schwerer Weg, Stuttgart 1963; Marion Gräfin Dönhoff u. a., Reise in ein fernes Land. Bericht über Kultur, Wirtschaft und Politik in der DDR, Hamburg 1964; Eberhard Schulz, An Ulbricht führt kein Weg mehr vorbei. Provozierende Thesen zur deutschen Frage, Hamburg 1967; Wilhelm Wolfgang Schütz, Deutschland-Memorandum. Eine Denkschrift und ihre Folgen, Frankfurt am Main 1968; sowie Hanns Werner Schwarze, Die DDR ist keine Zone mehr, Köln 1969. Eine weitere Denkschrift und eine Übersicht über die Meinungen am Ende der sechziger Jahre bieten Heinrich Albertz und Dietrich Goldschmidt (Hrsg.), Konsequenzen oder Thesen, Analysen und Dokumente zur Deutschlandpolitik, Reinbek 1969.

168 Vgl. ausführlich Baring, Machtwechsel, S. 197 ff.

169 Zit. nach: Boris Meissner (Hrsg.), Die deutsche Ostpolitik 1961–1970. Kontinuität und Wandel. Dokumentation, Köln 1970, S. 107 f.

170 Ebd., S. 99.

171 Zit. nach: Texte zur Deutschlandpolitik, hrsg. vom Bundesministerium für gesamtdeutsche Fragen, Bd. I, 2. Aufl., Bonn 1968, S. 19 ff.

172 Ebd., S. 78 ff.

173 Brandt, Erinnerungen, S. 64.

174 Zit. nach: Ebd.

175 Rede vor dem National Press Club am 8. August 1969 in Washington. Zit. nach: Meissner (Hrsg.), Die deutsche Ostpolitik 1961–1970, S. 374.

176 Vgl. Bahr, Zu meiner Zeit, S. 224 ff.

177 Vgl. Manfred Görtemaker, Die unheilige Allianz. Die Geschichte der Entspannungspolitik 1943–1979, München 1979. Zur historischen und systematischen Einordnung der neuen Ostpolitik siehe auch Richard Löwenthal, Vom kalten Krieg zur Ostpolitik, in: Richard Löwenthal und Hans-Peter Schwarz (Hrsg.), Die zweite Republik. 25 Jahre Bundesrepublik Deutschland – eine Bilanz, Stuttgart 1974, S. 604 ff. Die neue Ostpolitik vor dem Hintergrund der Geschichte Mittel- und Osteuropas beleuchtet William E. Griffith, Die Ostpolitik der Bundesrepublik Deutschland. Vorwort von Richard Löwenthal, Stuttgart 1981. Vgl. ebenfalls Gerhard Wettig, Die Sowjetunion, die DDR und die Deutschland-Frage 1965–1976. Einvernehmen und Konflikt im sozialistischen Lager, Stuttgart 1976.

178 Zu den Motiven und «Triebkräften» der neuen Ostpolitik siehe im einzelnen auch Egbert Jahn und Volker Rittberger (Hrsg.), Die Ostpolitik der BRD. Triebkräfte, Widerstände, Konsequenzen, Opladen 1974.

179 Vgl. Werner Link, Außen- und Deutschlandpolitik in der Ära Brandt 1969–1974, in: Bracher u. a., Republik im Wandel, S. 179 f.

180 Siehe hierzu ausführlich Helmut Allardt, Moskauer Tagebuch. Beobachtungen, Notizen, Erlebnisse, Düsseldorf und Wien 1973, S. 260 ff.
181 Vgl. Link, Außen- und Deutschlandpolitik in der Ära Brandt, S. 180.
182 Dettmar Cramer, gefragt: Egon Bahr, Bornheim 1975, S. 55.
183 Link, Außen- und Deutschlandpolitik in der Ära Brandt, S. 181.
184 Henry A. Kissinger, Memoiren, Bd. I, München 1981, S. 524 f.
185 Abgedruckt u. a. in: Boris Meissner (Hrsg.), Moskau – Bonn. Die Beziehungen zwischen der Sowjetunion und der Bundesrepublik Deutschland 1955–1973. Dokumentation, Köln 1975, S. 1220 ff.
186 Ebd. Zu den politischen und rechtlichen Folgen vgl. auch Claus Arndt, Die Verträge von Moskau und Warschau. Politische, verfassungsrechtliche und völkerrechtliche Aspekte, 2. Aufl., Bonn-Bad Godesberg 1982.
187 Günther Schmid, Entscheidung in Bonn. Die Entstehung der Ost- und Deutschlandpolitik 1969/1970, Köln 1979, S. 281; Hilde Purwin, «Bahrs Moskau-Papier 'fast unterschriftsreif'», in: Neue Ruhr Zeitung, 29. Mai 1970.
188 Vgl. Benno Zündorf, Die Ostverträge. Die Verträge von Moskau, Warschau, Prag, das Berlin-Abkommen und die Verträge mit der DDR, München 1979, S. 35 ff. Hinter dem Pseudonym «Benno Zündorf» verbirgt sich Antonius Eitel, Beamter des Auswärtigen Amtes, der Egon Bahr von 1970 bis 1973 als dessen persönlicher Referent diente.
189 Siehe Bender, Die «Neue Ostpolitik» und ihre Folgen, S. 175.
190 Ebd., S. 176. Vgl. auch Andrej Gromyko, Erinnerungen, Düsseldorf 1989.
191 Text in: Ostverträge 1: Deutsch-sowjetische Verträge, zusammengest. von Ingo von Münch, Berlin 1971, S. 141.
192 Abgedruckt in: Ebd., S. 138–141.
193 Meissner (Hrsg.), Moskau – Bonn, S. 1221.
194 Bender, Die «Neue Ostpolitik» und ihre Folgen, S. 180; Schmid, Entscheidung in Bonn, S. 114 ff.
195 Presse- und Informationsamt der Bundesregierung, Der Vertrag zwischen der Bundesrepublik Deutschland und der Volksrepublik Polen, Bonn, Dezember 1970, S. 7 ff.
196 Nach den Listen des Deutschen Roten Kreuzes gab es zu dieser Zeit tatsächlich noch etwa 300 000 Ausreisewillige. Vgl. Zündorf, Die Ostverträge, S. 73.
197 Ostverträge 2: Deutsch-polnische Verträge, zusammengest. von Ingo von Münch, Berlin 1971, S. 106 f. Wie unbefriedigend die Frage tatsächlich geregelt war, zeigte sich nach der Ratifizierung des Warschauer Vertrages, als die Genehmigung von Ausreiseanträgen seit 1972 spürbar gedrosselt wurde und Ausreisewillige mit drastischen administrativen Maßnahmen, wie der Entlassung aus dem Arbeitsverhältnis, zu rechnen hatten. Erst am Rande der Unterzeichnung der Schlußakte der Konferenz über Sicherheit und Zusammenarbeit in Europa (KSZE) am 1. August 1975 in Helsinki konnte zwischen Bundeskanzler Helmut Schmidt und Staats- und Parteichef Edward Gierek eine Verständigung erzielt werden, die von deutscher Seite allerdings mit der Zahlung von 1,3 Milliarden DM zur Abgeltung polnischer Rentenansprüche und der Zusage eines Finanzkredits von einer Milliarde DM verbunden war. Dafür sicherte Polen Ausreisegenehmigungen für weitere 120 000 bis 125 000 Personen in den folgenden vier Jahren zu.
198 Wortlaut in: Ebd., S. 103–105. Vgl. hierzu auch ausführlich Zündorf, Die Ostverträge, S. 62 ff. Siehe ebenfalls Baring, Machtwechsel, S. 482 ff.
199 Brandt, Begegnungen und Einsichten, S. 525.
200 Zündorf, Die Ostverträge, S. 125.
201 Die gleichlautenden Noten der Westmächte an die Sowjetunion vom 6./7.

August 1969 gingen unmittelbar auf dieses Drängen Brandts zurück. Vgl. Link, Außen- und Deutschlandpolitik in der Ära Brandt, S. 198.
202 Protokollnotizen, veröffentlicht in: Die Welt, 18. April 1972, zit. nach: Meissner (Hrsg.), Moskau-Bonn, S. 1475.
203 Zit. nach: Link, Außen- und Deutschlandpolitik in der Ära Brandt, S. 198.
204 Vgl. Bender, Die «Neue Ostpolitik» und ihre Folgen, S. 190f.
205 Siehe Peter Borowsky, Deutschland 1969–1982, Hannover 1987, S. 27.
206 Vgl. Peter Bender, Die «Neue Ostpolitik» und ihre Folgen, S. 192. Zur Komplexität des Vertragswerkes siehe die anschauliche Schilderung von Henry Kissinger, Memoiren 1968–1973, München 1979, S. 857ff.
207 Information von Botschafter Kornblum vom Dezember 1998.
208 Vgl. hierzu ausführlich James S. Sutterlin und David Klein, Berlin. From Symbol of Confrontation to Keystone of Stability, New York u. a. 1989.
209 Text in: Presse- und Informationsamt der Bundesregierung (Hrsg.) Dokumentation zur Entspannungspolitik der Bundesregierung, 7. Aufl., Bonn 1979. Siehe auch Honoré M. Catudal, Jr., The Diplomacy of the Quadripartite Agreement on Berlin. A New Era in East-West Politics, Berlin 1978, Appendix II. Vgl. ebenfalls Zündorf, Die Ostverträge, S. 148ff.
210 Vgl. Ingo von Münch (Hrsg.), Dokumente des geteilten Deutschland. Bd. II: Seit 1968, Stuttgart 1974, S. 94ff.
211 Vgl. Link, Außen- und Deutschlandpolitik in der Ära Brandt, S. 202.
212 Tel. No. 61 69/78, Sauvagnargues (Bonn) an Ministre des Affaires Etrangères, 8. Oktober 1970, zit. nach: Link, Außen- und Deutschlandpolitik in der Ära Brandt, S. 203. Dieser Vorschlag vom Oktober 1970, der häufig Bahr zugeschrieben wird, erwies sich als eine strukturelle und prozedurale Weichenstellung von größter Bedeutung, die den entscheidenden Durchbruch bei den Verhandlungen brachte und den Abschluß des Viermächte-Abkommens überhaupt erst ermöglichte.
213 Vgl. Zündorf, Die Ostverträge, S. 135, und Catudal, The Diplomacy of the Quadripartite Agreement on Berlin, S. 230ff., u. S. 250ff.
214 Baring, Machtwechsel, S. 397.
215 Vgl. ebd., S. 399f.
216 Es ist bemerkenswert, daß diese Diskussion 1982 mit umgekehrten Fronten neu geführt wurde, als die FDP nach dem Ende der sozialliberalen Regierung unter Bundeskanzler Helmut Schmidt eine Koalition mit der CDU/CSU einging, ohne daß zuvor durch Neuwahlen ein entsprechender «Wählerauftrag» eingeholt worden wäre. Vgl. hierzu bes. Martin Müller, Das konstruktive Mißtrauensvotum. Chronik und Anmerkungen zum ersten Anwendungsfall des Art. 67 GG, in: Zeitschrift für Parlamentsfragen, 3. Jg. (1972), S. 277ff.
217 Wie genau man auf sowjetischer Seite die Entwicklung beobachtete, zeigt das Beispiel des sowjetischen Botschaftsrats und hohen KGB-Mannes, der am Nachmittag nach der CDU-Bundesvorstandssitzung am 24. April 1972 Richard von Weizsäcker zu seinem tapferen Verhalten am Vormittag lobte. Offenbar hatte man in Moskau schon begonnen, sich auf die neue Situation einzustellen.
218 Rainer Barzel, Auf dem Drahtseil, München und Zürich 1978, S. 60.
219 Abgedruckt in: Frankfurter Rundschau, 17. Januar 1980.
220 Willy Brandt, in: Sitzungsprotokoll der SPD-Fraktion des Deutschen Bundestages, 20. März 1972, ASD-FESt.
221 Vgl. Link, Außen- und Deutschlandpolitik in der Ära Brandt, S. 210.
222 Rainer Barzel, in: Sitzungsprotokoll der CDU/CSU-Fraktion des Deutschen Bundestages, 28. Oktober 1969, ACDP.
223 Ebd.

224 Franz Josef Strauß, in: Sitzungsprotokoll der CDU/CSU-Fraktion des Deutschen Bundestages, 25. Mai 1970, ACDP.
225 Zit. nach: Barzel, Auf dem Drahtseil, S. 156.
226 Rainer Barzel, in: Sitzungsprotokoll der CDU/CSU-Fraktion des Deutschen Bundestages, 11. April 1972, ACDP.
227 Siehe Christian Hacke, Die Ost- und Deutschlandpolitik der CDU/CSU. Wege und Irrwege der Opposition seit 1969, Köln 1975, S. 77.
228 Unterredung mit dem Bundeskanzler am 3. 5. 1972, 16.00 Uhr, Aufzeichnung, verlesen von Dr. Barzel in der Sitzung der CDU/CSU-Fraktion am 3. 5. 1972, 17.30 Uhr, in: Sitzungsprotokoll der CDU/CSU-Fraktion des Deutschen Bundestages, 3. Mai 1972, ACDP.
229 Link, Außen- und Deutschlandpolitik in der Ära Brandt, S. 214.
230 Vertrauliche Aufzeichnung von Egon Bahr: «Zur Außenpolitik einer künftigen Bundesregierung» vom 1. Oktober 1969, zit. nach: Ebd.
231 Brandt, Regierungserklärung vor dem Bundestag am 28. Oktober 1969, S. 14.
232 Brandt, People and Politics, S. 368 ff.
233 Vgl. Meissner (Hrsg.), Moskau – Bonn, S. 1221 f.
234 Brandt, Begegnungen und Einsichten, S. 491.
235 Siehe Bender, Die «Neue Ostpolitik» und ihre Folgen, S. 184.
236 Vgl. Zündorf, Die Ostverträge, S. 181.
237 Egon Franke, in: Sitzungsprotokoll des Präsidiums der SPD, 27. Oktober 1971, ASD-FESt.
238 Texte zur Deutschlandpolitik, Reihe I, Bd. 10, S. 421. Vgl. auch Zündorf, Die Ostverträge, S. 188–201.
239 Zahlenangaben nach: Ebd., S. 209.
240 Erklärung von Staatssekretär Bahr bei der Paraphierung des Verkehrsvertrages am 12. 5. 1972, zit. nach: Texte zur Deutschlandpolitik, Reihe I, Bd. 10, S. 534.
241 Siehe hierzu ausführlich (mit Aktenbelegen) Link, Außen- und Deutschlandpolitik in der Ära Brandt, S. 222.
242 Brandt, Regierungserklärung vor dem Bundestag am 28. Oktober 1969, S. 14.
243 Vgl. Zündorf, Die Ostverträge, S. 275 f.
244 Erklärung der Regierungen der Vier Mächte vom 9. November 1972, zit. nach: Ernst R. Zivier, Der Rechtsstatus des Landes Berlin. Eine Untersuchung nach dem Viermächte-Abkommen vom 3. September 1971, 3. Aufl., Berlin 1977, S. 381.
245 Vgl. Reinhard Fenner, Recht oder Politik? Die deutsche Frage vor dem Bundesverfassungsgericht, Diss. phil., Bonn 1980.
246 »Hier stehe ich, der Wähler helfe mir», in: Der Spiegel, 13. November 1972, S. 30.
247 Hermann Schreiber, «Und Barzel ist ein ehrenwerter Mann», in: Der Spiegel, 13. November 1972, S. 41 f.
248 Hans Ulrich Kempski, «Der Kanzler macht sanfte Seelenmassage», in: Süddeutsche Zeitung, 15. November 1972.
249 Außerordentlicher Parteitag der Sozialdemokratischen Partei Deutschlands vom 12. /13. Oktober 1972 in Dortmund. Protokoll der Verhandlungen. Bonn o. J., S. 76. Vgl. auch Willy Brandt, Über den Tag hinaus. Eine Zwischenbilanz, Hamburg 1974, S. 437 f.
250 Vgl. Jäger, Die Innenpolitik der sozial-liberalen Koalition 1969–1974, S. 87 f.
251 Max Kaase, Die Bundestagswahl 1972. Probleme und Analysen, in: Politische Vierteljahresschrift, 14. Jg. (1973), S. 145 ff.
252 Deutscher Bundestag. Stenographische Protokolle, 7. Wahlperiode, 100. Sitzung, 17. Mai 1974, S. 6593.

253 Brandt, Begegnungen und Einsichten, S. 579.
254 Baring, Machtwechsel, S. 514 f.
255 Ehmke, Mittendrin, S. 116.
256 Ebd., S. 115.
257 Vgl. Borowsky, Deutschland 1969–1982, S. 58.
258 Entscheidungen des Bundesverfassungsgerichts, Bd. 39, Tübingen 1975, S. 1–68.
259 Borowsky, Deutschland 1969–1982, S. 72 f.
260 Zur Gesamtthematik (mit zahlreichen Einzelbeiträgen) siehe bes. Bildung in der Bundesrepublik Deutschland. Daten und Analysen, hrsg. vom Max-Planck-Institut für Bildungsforschung, 2 Bde., Reinbek 1980. Zur Diskussion um die hessischen Rahmenrichtlinien vgl. G. Köhler und E. Reuter (Hrsg.), Was sollen Schüler lernen? Die Kontroverse um die hessischen Rahmenrichtlinien für die Unterrichtsfächer Deutsch und Gesellschaftslehre, Frankfurt am Main 1973. Siehe hierzu ebenfalls Erwin Stein, Gesellschaftslehre als fächerübergreifender Unterricht im Lande Hessen, Frankfurt am Main 1982.
261 Tatsächlich stieg zum Beispiel die Zahl der Studenten sehr viel schneller als von den Bildungsplanern vorhergesehen. 1970 hatte sie noch 510 500 betragen. 1974, am Ende der Ära Brandt, lag sie bereits bei 790 500, 1982 – am Ende der Ära Schmidt – sogar bei 1 203 100. Zahlenangaben nach: Grund- und Strukturdaten 1983/84, hrsg. vom Bundesminister für Bildung und Wissenschaft, Bonn 1984, S. 108 f.
262 Vgl. hierzu ausführlich Werner Abelshauser, Wirtschaftsgeschichte der Bundesrepublik Deutschland 1945–1980, Frankfurt am Main 1983, S. 112 ff.
263 Ebd., S. 115.
264 Jäger, Die Innenpolitik der sozial-liberalen Koalition 1969–1974, S. 49.
265 Alex Möller, Genosse Generaldirektor, München und Zürich 1978, S. 483.
266 Apel, Bonn, den ... Tagebuch eines Bundestagsabgeordneten, S. 80.
267 Möller, Genosse Generaldirektor, S. 472.
268 Vgl. Jäger, Die Innenpolitik der sozial-liberalen Koalition 1969–1974, S. 49 f. Siehe ebenfalls Baring, Machtwechsel, S. 654.
269 Möller, Genosse Generaldirektor, S. 487 ff.
270 Außerordentlicher Parteitag der SPD 1971 in Bonn. Erster Teil, Protokoll der Verhandlungen, Bonn-Bad Godesberg 1971. Zur Atmosphäre vgl. Rudolf Dreher, «Großer Jubel, beredtes Schweigen, eine gewisse Chance», in: Süddeutsche Zeitung, 19. November 1971; Friedrich Karl Fromme, «Auflehnung – aber gedämpft», in: Frankfurter Allgemeine Zeitung, 19. November 1971.
271 Vgl. Jäger, Die Innenpolitik der sozial-liberalen Koalition 1969–1974, S. 50 f. Siehe ebenfalls Lothar Ruehl, «Als Doppelminister: Garant der Marktwirtschaft», in: Die Welt, 19. Juli 1972. Abgedruckt in: Hart am Wind. Helmut Schmidts politische Laufbahn. Einführung von Marion Gräfin Dönhoff, München 1980, S. 57 ff.
272 Conrad Ahlers, in: Wirtschaftswoche, 9. Februar 1973, S. 18.
273 Ebd.
274 Ebd. Vgl. hierzu ebenfalls Ehmke, Mittendrin, S. 210 ff. Ehmke berichtet, daß er in jenen Wochen gemeinsam mit Herbert Wehner «die Entwicklung des 'Falles Schiller'» laufend mit Brandt erörtert habe.
275 Ahlers, in: Wirtschaftswoche, 9. Februar 1973, S. 18.
276 Zahlenangaben nach: Jäger, Die Innenpolitik der sozial-liberalen Koalition 1969–1974, S. 48 u. S. 108.
277 Abelshauser, Wirtschaftsgeschichte der Bundesrepublik Deutschland 1945–1980, S. 117.
278 Jäger, Die Innenpolitik der sozial-liberalen Koalition 1969–1974, S. 109.

279 Jahresbericht der Bundesregierung 1973, Bonn 1973, S. 207.
280 Denis Meadows (Hrsg.), Die Grenzen des Wachstums. Bericht des «Club of Rome» zur Lage der Menschheit, Hamburg 1974.
281 Vgl. Baring, Machtwechsel, S. 689.
282 Ebd., S. 525. Ehmke, Mittendrin, S. 225.
283 Eduard Neumaier, «Der Kanzler und sein Hofstaat», in: Die Zeit, 7. Dezember 1973.
284 Ehmke, Mittendrin, S. 229.
285 Klaus Dreher, «Warum es mit dem Kanzleramt nicht funktioniert», in: Süddeutsche Zeitung, 18. Oktober 1973. Vgl. auch Eduard Neumaier, «Sand knirscht im Getriebe», in: Die Zeit, 16. März 1973.
286 Günter Grass in einer Fernsehsendung des NDR, 26. November 1973. Wortlaut abgedruckt in: Vorwärts, 29. November 1973. Siehe auch Unsere Republik. Politische Statements westdeutscher Autoren, hrsg. von Alfred Estermann u. a., Wiesbaden 1980, S. 228 f.
287 »Was der Regierung fehlt, ist ein Kopf», in: Der Spiegel, 8. Oktober 1973. Zu Wehners Darstellung seiner Moskauer Äußerungen vgl. sein Gespräch in der NDR-Fernsehreihe «Zeugen der Zeit» vom 6. Januar 1980. Wortlaut in: Frankfurter Rundschau, 17. Januar 1980.
288 Vgl. hierzu ausführlich Baring, Machtwechsel, S. 621 ff.
289 Brandt, Begegnungen und Einsichten, S. 583.
290 Die Zeit, 15. Februar 1974.
291 Vgl. Jäger, Die Innenpolitik der sozial-liberalen Koalition 1969–1974, S. 111.
292 Wortlaut des Interviews in: Helmut Schmidt, Kontinuität und Konzentration, 2. Aufl., Bonn 1976, S. 53 ff. Vgl. auch «Die SPD ist keine Seminareinrichtung» (Diskussionsbeitrag Schmidts im Parteivorstand am 8. März 1974), in: Ebd., S. 62 ff.
293 Vgl. Baring, Machtwechsel, S. 713 f.
294 Günther Nollau, Das Amt. 50 Jahre Zeuge der Geschichte, München 1978, S. 268.
295 Jäger, Die Innenpolitik der sozial-liberalen Koalition 1969–1974, S. 123.
296 Baring, Machtwechsel, S. 750.
297 Zum biographischen Hintergund vgl. Jonathan Carr, Helmut Schmidt, Düsseldorf und Wien 1985; Sibylle Krause-Burger, Helmut Schmidt. Aus der Nähe gesehen, Düsseldorf und Wien 1980; Hans Georg Lehmann, Helmut Schmidt. A Biographical Political Profile, in: Wolfram F. Hanrieder (Hrsg.), Helmut Schmidt. Perspectives on Politics, Boulder, CO 1982; Theo Sommer, Helmut Schmidt, in: Wilhelm von Sternburg (Hrsg.), Die deutschen Kanzler von Bismarck bis Schmidt, Königstein i. Ts. 1985.
298 Siehe Peter Christian Ludz, «Was der Staat für Helmut Schmidt bedeutet. Die Philosophie seiner Politik», in: Vorwärts, 16. September 1976. Abgedruckt in: Hart am Wind, S. 196 ff. Vgl. auch Helmut Schmidt, Vorwort zu Georg Lührs u. a. (Hrsg.), Kritischer Rationalismus und Sozialdemokratie, Berlin und Bonn 1975, S. VII ff.
299 Helmut Schmidt, Weggefährten. Erinnerungen und Reflexionen, Berlin 1996, S. 125.
300 Ebd., S. 129.
301 Krause-Burger, Helmut Schmidt, S. 210 ff. Siehe ebenfalls Wolfgang Jäger, Die Innenpolitik der sozial-liberalen Koalition 1974–1982, in: Wolfgang Jäger und Werner Link, Republik im Wandel 1974–1982. Die Ära Schmidt. Mit einem abschließenden Essay von Joachim C. Fest (= Geschichte der Bundesrepublik Deutschland, Bd. 5/II), Stuttgart und Mannheim 1987, S. 10.
302 Siehe hierzu vor allem Carl-Christian Kaiser, «Die Seele des Computers», in: Die Zeit, 2. November 1978.

303 Helmut Schmidt, Das Vertrauen zurückgewinnen. Diskussionsbeitrag in der Sitzung der SPD-Bundestagsfraktion vom 16. 5. 1974 unmittelbar nach der Wahl zum Bundeskanzler, in: Schmidt, Kontinuität und Konzentration, S. 31 ff.
304 Ebd.
305 Siehe Hans Ulrich Kempski, Kanzlerwechsel in Bonn, in: Hart am Wind, S. 78 ff.
306 Deutscher Bundestag. Stenographische Protokolle, 7. Wahlperiode, 100. Sitzung, 17. Mai 1974, S. 6593.
307 Helmut Schmidt, Interview mit dem «Stern», 12. Juni 1974. Abgedruckt in: Schmidt, Kontinuität und Konzentration, S. 92 f.
308 Ludolf Herrmann, «Die Sprache des Machers. Helmut Schmidt setzt keine Prioritäten», in: Deutsche Zeitung/Christ und Welt, 24. Mai 1974.
309 Ulrich Lohmar über Helmut Schmidt, in: Der Spiegel, 27. Mai 1974.
310 Statistisches Bundesamt (Hrsg.), Lange Reihen zur Wirtschaftsentwicklung, Stuttgart und Mainz 1984, S. 200.
311 Vgl. Dieter Grosser, Ökonomische Rationalität und politische Entscheidungslogik, in: Norbert Achterberg u. a. (Hrsg.), Recht und Staat im sozialen Wandel. Festschrift für Hans Ulrich Scupin, Berlin 1983, S. 32 f.
312 Siehe hierzu vor allem Gerhard Willke, Wirtschaftspolitische Optionen gegen strukturelle Arbeitslosigkeit, in: Aus Politik und Zeitgeschichte, H. B 12/84, S. 3 ff.
313 Deutscher Bundestag. Stenographische Protokolle, 7. Wahlperiode, 100. Sitzung, 17. Mai 1974, S. 6600 D.
314 Die Verflechtung von SPD und DGB zeigt sich auch daran, daß zum Beispiel von den 228 SPD-Abgeordneten des 9. Deutschen Bundestages, der 1980 gewählt wurde, nicht weniger als 217 – also mehr als 95 Prozent – dem DGB angehörten. Nur 10 Gewerkschafter dieses Parlaments waren nicht Mitglied der SPD. Umgekehrt waren die Vorstände des DGB und seiner 17 Einzelgewerkschaften überwiegend oder sogar ausschließlich mit SPD-Mitgliedern besetzt. Der SPD-Anteil lag hier insgesamt bei etwa 82 Prozent. Zahlenangaben nach: Jäger, Die Innenpolitik der sozial-liberalen Koalition 1974–1982, S. 176.
315 Deutscher Gewerkschaftsbund (Hrsg.), Angenommene Anträge und Entschließungen des 10. Ordentlichen Bundeskongresses vom 25. bis 30. Mai 1975 in Hamburg, Frankfurt am Main 1975, S. 59 ff.
316 Vgl. Eberhard Schmidt, Gewerkschaften als Garanten des sozialen Friedens, in: Frank Grube und Gerhard Richter (Hrsg.), Der SPD-Staat, München 1977, S. 89.
317 Siehe hierzu ausführlich Carola Schulz, Der gezähmte Konflikt. Zur Interessenverarbeitung durch Verbände und Parteien am Beispiel der Wirtschaftsentwicklung und Wirtschaftspolitik in der Bundesrepublik (1966 bis 1976), Opladen 1984, S. 162 ff. Zur Diskussion um den Orientierungsrahmen, der schließlich noch eine integrierende Funktion erhielt, vgl. Jost Küpper, Die SPD und der Orientierungsrahmen '85, Bonn 1977. Auf dem Mannheimer Parteitag der SPD 1975 wurde unter die Diskussion schließlich – so der SPD-Theoretiker und spätere Bundesgeschäftsführer Peter Glotz – «ein Schlußstrich gezogen» und die Investitionslenkung «ad acta gelegt». Siehe hierzu Peter Glotz, Der Mannheimer Parteitag der SPD 1975, in: Aus Politik und Zeitgeschichte, H. B 11/76, S. 11.
318 Jäger, Die Innenpolitik der sozial-liberalen Koalition 1974–1982, S. 111.
319 Ebd., S. 112. Siehe auch Heinz Vielein, «Traum-Noten für den Kanzler», in: Die Welt, 9. Februar 1979 (EMNID-Untersuchung).
320 Deutscher Bundestag. Stenographische Protokolle, 8. Wahlperiode, 6. Dezember 1978, S. 9 485.
321 Siehe Werner Link, Außen- und Deutschlandpolitik in der Ära Schmidt 1974–1982, in: Jäger und Link, Republik im Wandel, S. 286.

322 Ebd., S. 289.
323 «Spiegel»-Gespräch mit Valéry Giscard d'Estaing, in: Der Spiegel, 1. Januar 1979, S. 48.
324 Wortlaut in: Erhard Denninger (Hrsg.), Freiheitliche Demokratische Grundordnung. Materialien zum Staatsverständnis und zur Verfassungswirklichkeit in der Bundesrepublik, Bd. 2, Frankfurt am Main 1977, S. 518 f. Vgl. auch Baring, Machtwechsel, S. 389 ff.
325 Denninger (Hrsg.), Freiheitliche Demokratische Grundordnung, S. 518.
326 Siehe Borowsky, Deutschland 1969–1982, S. 119.
327 Wortlaut in: Irmgard Wilharm (Hrsg.), Deutsche Geschichte 1962–1983. Dokumente in zwei Bänden, Bd. II, Frankfurt am Main 1985, S. 101 ff. Vgl. auch Eckart Jesse, Streitbare Demokratie. Theorie, Praxis und Herausforderung in der Bundesrepublik Deutschland, Berlin 1980, S. 64.
328 Neue Kritik, Nr. 50, Oktober 1968, S. 51.
329 Frankfurter Neue Presse, 1. November 1968.
330 Neue Kritik, Nr. 50, Oktober 1980, S. 50.
331 Vgl. Borowsky, Deutschland 1969–1982, S. 123. Zur Ideologie des Terrorismus siehe auch Iring Fetscher u. a., Ideologien der Terroristen in der Bundesrepublik, in: Iring Fetscher und Günter Rohrmoser (Hrsg.), Ideologien und Strategien (= Analysen zum Terrorismus, Bd. 1), Opladen 1981, S. 16 ff. Vgl. ebenfalls Stefan Aust, Der Baader Meinhof Komplex, Hamburg 1985.
332 Zu den Ereignissen um die Schleyer-Entführung siehe Presse- und Informationsamt der Bundesregierung (Hrsg.), Dokumentation zu den Ereignissen und Entscheidungen im Zusammenhang mit der Entführung von Hanns Martin Schleyer und der Lufthansa-Maschine «Landshut», Bonn 1977. Vgl. auch Thomas Wittke, Terrorismusbekämpfung als rationale politische Entscheidung. Die Fallstudie Bundesrepublik, Frankfurt am Main und Berlin 1983. Als Reportage siehe Kai Hermann und Peter Koch, Entscheidung in Mogadischu. Die 50 Tage nach Schleyers Entführung. Dokumente, Bilder, Zeugen, Hamburg 1977.
333 Vgl. Thomas Meyer, Am Ende der Gewalt? Der deutsche Terrorismus. Protokoll eines Jahrzehnts, Frankfurt am Main u. a. 1980.
334 Siehe hierzu ausführlich Link, Außen- und Deutschlandpolitik in der Ära Schmidt 1974–1982, S. 277 ff.
335 Vgl. Friedbert Pflüger, Die Menschenrechtspolitik der USA, München 1981. Vgl. auch allgemein Ernst-Otto Czempiel, Machtprobe. Die USA und die Sowjetunion in den achtziger Jahren, München 1989.
336 Siehe die Regierungserklärung von Bundeskanzler Helmut Schmidt vor dem Deutschen Bundestag am 9. November 1974 zu den Ergebnissen seines Besuches in der Sowjetunion, in: Europa-Archiv, 29. Jg. (1974), S. D 605 f.
337 Vgl. hierzu ausführlich Helga Haftendorn, Sicherheit und Stabilität. Außenbeziehungen der Bundesrepublik zwischen Ölkrise und NATO-Doppelbeschluß, München 1986, S. 11 ff.
338 Wortlaut der Rede in: Bulletin, 8. November 1977, S. 1013 ff.
339 Zit. nach: Europa-Archiv, 33. Jg. (1978), S. D 516.
340 Kommuniqué vom 12. Dezember 1979, zit. nach: Europa-Archiv, 35. Jg. (1980), S. D 35 ff.
341 Vgl. Link, Außen- und Deutschlandpolitik in der Ära Schmidt 1974–1982, S. 321.
342 Vgl. Jäger, Die Innenpolitik der sozial-liberalen Koalition 1974–1982, S. 191; Günter Verheugen, Der Ausverkauf. Macht und Verfall der FDP, Reinbek 1984, S. 110.

343 Der Spiegel, 10. November 1980.
344 Süddeutsche Zeitung, 15. Oktober 1980. Zit. nach: Udo Bermbach, Regierungs- und Oppositionsbildung 1980, in: Zeitschrift für Parlamentsfragen, 12. Jg. (1981), S. 70.
345 Helmut Schmidt, in: Sitzungsprotokoll der SPD-Fraktion des Deutschen Bundestages, 31. Oktober 1980, ASD-FESt.
346 Renate Merklein, «Der Griff in die eigene Tasche», in: Der Spiegel, 26. Mai bis 23. Juni 1980; dies., «Die Deutschen werden immer ärmer», in: Der Spiegel, 12. Juli bis 9. August 1982. Vgl. auch Jäger, Die sozial-liberale Innenpolitik 1974–1982, S. 197.
347 Abgedruckt in: Klaus Bölling, Die letzten 30 Tage des Kanzlers Helmut Schmidt. Ein Tagebuch, Reinbek 1982, S. 121–141.
348 Jäger, Die sozial-liberale Innenpolitik 1974–1982, S. 198.
349 Vgl. Peter Glotz, «Partei oder Kreuzzug?», in: Der Spiegel, 7. Dezember 1981; Robert Leicht, «Das strategische Dilemma der SPD», in: Süddeutsche Zeitung, 22. Juni 1981.
350 Peter Glotz, Die Beweglichkeit des Tankers. Die Sozialdemokratie zwischen Staat und neuen sozialen Bewegungen, München 1982, S. 17.
351 Jäger, Die Innenpolitik der sozial-liberalen Koalition 1974–1982, S. 202.
352 Abgedruckt in: Jahrbuch der Sozialdemokratischen Partei Deutschlands 1979–1981, Bonn-Bad Godesberg 1981, S. 564 ff. Siehe auch Frankfurter Allgemeine Zeitung, 13. Februar 1981.
353 »Spiegel«-Gespräch mit Willy Brandt, in: Der Spiegel, 6. Juli 1981.
354 Willy Brandt, in: Sitzungsprotokoll der SPD-Fraktion des Deutschen Bundestages, 29. September 1981, ASD-FESt.

Sechster Teil

1 Georg Wilhelm Friedrich Hegel, Phänomenologie des Geistes, in: Ders., Werke in zwanzig Bänden., Frankfurt am Main 1969 ff., Bd. 3, S. 584 f.
2 Vgl. Christian W. Thomsen (Hrsg.), Aufbruch in die Neunziger. Ideen, Entwicklungen, Perspektiven der achtziger Jahre, Köln 1991.
3 Daniel Bell, Die nachindustrielle Gesellschaft, Frankfurt am Main und New York 1975, S. 374 (Orig.: The Coming of Post-Industrial Society. A Venture in Social Forecasting, New York 1973).
4 Vgl. Soziologie und gesellschaftliche Entwicklung. Verhandlungen des 22. Deutschen Soziologentages in Dortmund 1984, hrsg. im Auftrag der Deutschen Gesellschaft für Soziologie von Burkhart Lutz, Frankfurt am Main und New York 1985.
5 Jürgen Habermas, Die Moderne – ein unvollendetes Projekt, in: Ders., Kleine Politische Schriften, Frankfurt am Main 1981, S. 444 ff.
6 Barbara Riedmüller, Marginalisierung als Sozialpolitische Alternative?, in: Soziologie und gesellschaftliche Entwicklung, S. 169 ff.
7 Siehe Wolfgang Welsch, Unsere postmoderne Moderne, Weinheim 1987. Ders., Die Philosophie der Mehrsprachlichkeit. Postmoderne und technologisches Zeitalter, in: Politische Meinung, 32. Jg. (1987), H. 231, S. 58–68.
8 Vgl. Michael Denkel, Die zukünftige Integration der Funktion Freizeit in die Konzepte der Stadtplanung, Kaiserslautern 1991.
9 Constance Sorrentino, Comparing Employment Shifts in 10 Industrialized Countries, in: Monthly Labor Review, 94 (1971), S. 3–11.

10 Statistisches Bundesamt (Hrsg.), Datenreport 1997. Zahlen und Fakten über die Bundesrepublik Deutschland, Bonn 1997, S. 83 u. S. 257.
11 Vgl. Margarita Mathiopoulos, Die geschlossene Gesellschaft und ihre Freunde, Hamburg 1997, S. 45.
12 Probleme der postindustriellen Gesellschaft, hrsg. von Lucien Kern, Köln 1976, S. 25. Vgl. bes. auch Robert L. Heilbroner, Economic Problems of a «Postindustrial» Society, in: Dissent, 20. Jg. (1973), S. 163–176.
13 Statistisches Bundesamt (Hrsg.), Datenreport 1987. Zahlen und Fakten über die Bundesrepublik Deutschland, Bonn 1987, S. 83.
14 Statistisches Bundesamt (Hrsg.), Datenreport 1997, S. 83.
15 Vgl. grundlegend Derek J. de Solla Price, Science Since Babylon, New Haven, CN 1961 und G. L. Pandit, The Structure and Growth of Scientific Knowledge. A Study in the Methodology of Epistemic Appraisal, Dordrecht und Boston, MA 1983. Siehe auch Richard H. Schlagel, From Myth to Modern Mind. A Study of the Origins and Growth of Scientific Thought, New York 1975, und Daniel Rothbart, Explaining the Growth of Scientific Knowledge. Metaphors, Models, and Meanings, Lewiston, NY 1997.
16 Auf Gedeih und Verderb – Mikroelektronik und Gesellschaft. Bericht an den «Club of Rome», hrsg. von Günter Friederich und Adam Schaff, Wien u. a. 1982, S. 32.
17 Vgl. Stefan M. Gergeley, Mikroelektronik – Computer, Roboter und neue Medien erobern die Welt, München 1985.
18 Die technische Revolution und ihre Folgen, hrsg. von Willy Erlwein u. a., Stuttgart u. a. 1985.
19 Christoph von Rothkirch und Inge Weidig, Zukunft der Arbeitslandschaft. Zum Arbeitskräftebedarf nach Umfang und Tätigkeiten bis zum Jahre 2000 (Textband), hrsg. vom Institut für Arbeitsmarkt- und Berufsforschung der Bundesanstalt für Arbeit, Nürnberg 1985.
20 Vgl. Günter Scharfenberg, Die technologische Revolution. Wirtschaftliche, soziale und politische Folgen, Berlin 1987, S. 63.
21 Ebd., S. 64.
22 Vgl. Horst Siebert, Geht den Deutschen die Arbeit aus? Wege zu mehr Beschäftigung, München 1994.
23 Der Spiegel, Nr. 42, 1990, S. 165.
24 Neil Postman, «Allein zu Haus. Kultureller Niedergang durch Fernsehen», in: Bertelsmann Briefe, Juni 1995, S. 4f. Vgl. auch Neil Postman, Wir amüsieren uns zu Tode, Frankfurt am Main 1985.
25 Siehe hierzu grundsätzlich Mediengeschichte der Bundesrepublik Deutschland, hrsg. von Jürgen Wilke, Köln und Weimar 1999. Vgl. ferner Hermann Meyn, Massenmedien in der Bundesrepublik Deutschland, Berlin 1994.
26 Statistisches Bundesamt (Hrsg.), Datenreport 1987, S. 89f.
27 Statistisches Bundesamt (Hrsg.), Datenreport 1997, S. 88f.
28 Vgl. Die Krise der Arbeitsgesellschaft. Verhandlungen des 21. Deutschen Soziologentages in Bamberg 1982, hrsg. im Auftrag der Deutschen Gesellschaft für Soziologie von Burkhart Lutz, Frankfurt am Main und New York 1985.
29 Thomas Achatz und Franz Haslinger, «Postmaterialismus», Arbeitslosigkeit und Arbeitszeitverkürzung. Analysen und Anmerkungen zur gegenwärtigen Diskussion, in: Hans-Joachim Hoffmann-Nowotny und Friedhelm Gehrmann (Hrsg.), Ansprüche an die Arbeit. Umfragedaten und Interpretationen, Frankfurt am Main 1984, S. 221–239.
30 Vgl. Harald Martenstein, «Glückliche Arbeitslose», in: Der Tagesspiegel, 14. März 1998.

31 Vgl. Horst W. Opaschowski, Feierabend? Von der Zukunft ohne Arbeit zur Arbeit mit Zukunft, Opladen 1998. Siehe auch «Ein bis zwei Generationen werden geopfert». Interview mit Horst W. Opaschowski, in: Der Tagesspiegel, 30. November 1998, S. 17. Opaschowski bezeichnet die künftige Gesellschaft als «Rund-um-die-Uhr-Gesellschaft», die nicht nur in der Arbeitswelt das «traditionelle Zeitsystem» beseitige: «Das Prinzip der Flexibilität beherrscht sämtliche Lebensbereiche. Nichts hat Bestand, alles ist rund um die Uhr abrufbar. Auf Stabilität kann man sich kaum noch verlassen.» Mit der Flexibilität führe der Trend weg von der «Arbeit» und hin zum «Job» – einem englischen Begriff aus dem 14. Jahrhundert für einen Klumpen, den man einfach hin und her schieben kann. Dazu Opaschowski: «So ist es heute mit den Arbeitnehmern wieder. Man ist flexibel, geht keine Bindungen ein, bringt kein Opfer. Wir befinden uns ständig im Aufbruch.»

32 Vgl. Bernhard Schäfers, Sozialstruktur und Wandel der Bundesrepublik Deutschland. Ein Studienbuch zu ihrer Soziologie und Sozialgeschichte, 4., akt. Ausg., Stuttgart 1985, S. 95 ff.

33 Statistisches Bundesamt (Hrsg.), Datenreport 1997, S. 21.

34 Ebd., S. 28.

35 Vgl. Schäfers, Sozialstruktur und Wandel der Bundesrepublik Deutschland, S. 105.

36 Siehe Hermann Korte und Alfred Schmidt, Migration und ihre sozialen Folgen, Göttingen 1983.

37 Vgl. Schäfers, Sozialstruktur und Wandel der Bundesrepublik Deutschland, S. 211 ff.

38 Statistisches Bundesamt (Hrsg.), Datenreport 1997, S. 38.

39 Ebd., S. 39.

40 Ulrich Beck, Die Risikogesellschaft. Auf dem Weg in eine andere Moderne, 5. Aufl., Frankfurt am Main 1988, S. 25–66.

41 Vgl. Niklas Luhmann, Am Ende der kritischen Soziologie, in: Zeitschrift für Soziologie, 20. Jg. (1990), H. 2, S. 148 f.

42 Fritz Reusswig, Lebensstile und Ökologie, in: Gesellschaft im Übergang. Perspektiven kritischer Soziologie, hrsg. von Christoph Görg, Darmstadt 1994, S. 218–238, hier S. 224.

43 Statistisches Bundesamt (Hrsg.), Datenreport 1997, S. 352.

44 Vgl. Gerhard Schulze, Die Erlebnisgesellschaft, 2. Aufl., Frankfurt am Main 1992.

45 Ebd. S. 58. Vgl. auch Hasso von Recum, Dimensionen des Wertewandels, in: Aus Politik und Zeitgeschichte, H. B 25/84, S. 3–13.

46 Statistisches Bundesamt (Hrsg.), Datenreport 1997, S. 237.

47 Ebd., S. 236.

48 Vgl. Schäfers, Sozialstruktur und Wandel der Bundesrepublik Deutschland, S. 197; Statistisches Bundesamt (Hrsg.), Datenreport 1997, S. 236.

49 Vgl. hierzu grundlegend Gerhard A. Ritter, Der Sozialstaat. Entstehung und Entwicklung im internationalen Vergleich, 2. Aufl., München 1991.

50 Statistisches Bundesamt (Hrsg.), Datenreport 1997, S. 518 ff.

51 Ebd., S. 515.

52 Ebd., S. 518 f.

53 Vgl. The Crisis of Democracy. Report on the Governability of Democracies to the Trilateral Commission, hrsg. von Michael Crozier, Samuel P. Huntington und Joji Watanuki, New York 1975.

54 Vgl. Herbert Giersch (Hrsg.), Deregulierung in Deutschland. Eine empirische Analyse des Instituts für Weltwirtschaft an der Universität Kiel, Tübingen 1986.

55 Die Zeit, 28. Dezember 1979.
56 Hans Jonas, Diskussionsbeitrag, in: Reinhard Löw u. a. (Hrsg.), Fortschritt ohne Maß? Eine Ortsbestimmung der technisch-wirtschaftlichen Zivilisation, München 1981, S. 272.
57 Karl-Werner Brand u. a., Aufbruch in eine andere Gesellschaft. Neue soziale Bewegungen in der Bundesrepublik, Frankfurt am Main und New York 1983, S. 76.
58 Jürgen Bacia und Klaus-Jürgen Scherer, Paßt bloß auf! Was will die neue Jugendbewegung?, Berlin 1981, S. 20.
59 Vgl. Gerd Langguth, Protestbewegung. Entwicklung–Niedergang–Renaissance. Die Neue Linke seit 1968, Köln 1983, S. 234.
60 Ronald Inglehart, The Silent Revolution – Changing Values and Political Styles Among Western Publics, Princeton, NJ 1977. Vgl. auch Ronald Inglehart, Kultureller Umbruch. Wertewandel in der westlichen Welt, Frankfurt am Main und New York 1989.
61 Siehe Thomas Gensicke, Sozialer Wandel durch Modernisierung, Individualisierung und Wertewandel, in: Aus Politik und Zeitgeschichte, H. B 42/96, S. 3 ff.
62 Während 1965 nur 75 Prozent des Jahrgangs die Schule mit der Hochschul- oder Fachhochschulreife verließen, waren es 1970 bereits 113 Prozent. Diese Zahl stieg bis 1980 auf 217 Prozent und liegt seit 1990 relativ konstant zwischen 30 und 32 Prozent (1995 30, 4 Prozent). Wichtig ist in diesem Zusammenhang auch die Tatsache, daß der Studienabschluß im Durchschnitt in Deutschland erst mit 28,7 Jahren erreicht wird (in Großbritannien mit 23, in Frankreich mit 24), so daß sich die Tendenz ergibt, daß immer mehr junge Menschen studieren und die Ausbildungszeiten insgesamt zunehmen. Die Zwischenphase der «Postadoleszenz», die sich in modernen Industriegesellschaften in den letzten Jahrzehnten entwickelt hat, ist damit in Deutschland besonders lang.
63 Elisabeth Noelle-Neumann, Werden wir alle Proletarier? Wertewandel in unserer Gesellschaft, Zürich 1977, S. 10 ff.
64 Ebd., S. 17 f.
65 Iring Fetscher, in: Neue Rundschau, H. 4, 1976.
66 Noelle-Neumann, Werden wir alle Proletarier?, S. 14.
67 Ebd., S. 49 f.
68 New York Post, 2. Oktober 1975.
69 Die Zeit, 27. Juni 1975. Siehe auch Noelle-Neumann, Werden wir alle Proletarier?, S. 20 f.
70 Vgl. vor allem Helmut Klages, Wertorientierungen im Wandel. Rückblick, Gegenwartsanalyse, Prognosen, Frankfurt am Main und New York 1984. Siehe auch Peter Kmieciak, Wertstrukturen und Wertewandel in der Bundesrepublik Deutschland, Göttingen 1976; Helmut Klages und Peter Kmieciak (Hrsg.), Wertewandel und gesellschaftlicher Wandel, Frankfurt am Main 1979; Günther Rüther (Hrsg.), Wertverzicht in der Industriegesellschaft?, Bonn 1976.
71 Gerd Langguth, Suche nach Sicherheiten. Ein Psychogramm der Deutschen, Stuttgart 1994, S. 27.
72 Siehe Viktoria Kaina, Wertorientierungen im Eliten-Bevölkerungsvergleich. Vertikale Distanzen, geteilte Loyalitäten und das Erbe der Trennung, in: Wilhelm Bürklin und Hilke Rebenstorf (Hrsg.), Eliten in Deutschland. Rekrutierung und Integration, Opladen 1997, S. 351 ff.
73 Wilhelm P. Bürklin, Einstellungen und Wertorientierungen ost- und westdeutscher Eliten 1995. Gesellschaftliches Zusammenwachsen durch Integration der Elite?, in: Oscar W. Gabriel (Hrsg.), Politische Orientierungen und Verhaltensweisen im vereinigten Deutschland, Opladen 1997, S. 246 ff.

74 Vgl. Hans-Joachim Veen u. a., Eine Jugend in Deutschland, Opladen 1994, S. 46f.
75 Imbke Behnken, Schülerstudie '90. Jugendliche im Prozeß der Vereinigung, Weinheim und München 1991, S. 125.
76 Shell-Jugendwerk (Hrsg.), Jugend '92. Lebenslagen, Orientierungen und Entwicklungsperspektiven im vereinigten Deutschland, Opladen 1992, Bd. 1, S. 265.
77 Vgl. Dennis Meadows u. a., Die Grenzen des Wachstums. Bericht des «Club of Rome» zur Lage der Menschheit, Stuttgart 1972.
78 Vgl. Frederic Vester, Das Überlebensprogramm, München 1972.
79 Erhard Eppler, Ende oder Wende? Von der Machbarkeit des Notwendigen, Stuttgart 1975; Herbert Gruhl, Ein Planet wird geplündert. Die Schreckensbilanz unserer Politik, Frankfurt am Main 1975.
80 Theodor Ebert, Von den Bürgerinitiativen zur Ökologiebewegung, in: Ders. u. a., Ökologiebewegung und ziviler Widerstand, in: Vorgänge 3, 1977, S. 64.
81 Brand, Aufbruch in eine andere Gesellschaft, S. 87.
82 Dieter Rucht, Bürgerinitiativen als Teil einer intermediären politischen Kultur, in: Journal für Sozialforschung 4, 1981, S. 402.
83 Brand, Aufbruch in eine andere Gesellschaft, S. 92. Siehe auch Udo Kempf, Bürgerinitiativen – Der empirische Befund, in: Bernd Guggenberger und Udo Kempf (Hrsg.), Bürgerinitiativen und repräsentatives System, Opladen 1978; Fred Karl, Die Bürgerinitiativen. Soziale und politische Aspekte einer neuen sozialen Bewegung, Frankfurt am Main 1981.
84 Ebd., S. 96.
85 Peter Willers, Den Tiefschlaf der Altparteien stören. Vom Auf und Ab der «Grünen Liste» in Bremen, in: Jörg R. Mettke (Hrsg.), Die Grünen. Regierungspartner von morgen?, Reinbek 1982, S. 168.
86 Vgl. Gerd Langguth, Der grüne Faktor. Von der Bewegung zur Partei?, Zürich 1984 (erg. Fassung: The Green Factor in German Politics, Boulder, CO und London 1986). Siehe auch Thomas Scharf, The German Greens. Challenging the Consensus, Oxford und Providence 1994. Zur weiteren Entwicklung und zu den Wählern der Grünen vgl. Wilhelm Bürklin und Russel J. Dalton, Das Ergrauen der Grünen, in: Dieter Klingemann und Max Kaase (Hrsg.), Wahlen und Wähler. Analysen aus Anlaß der Bundestagswahlen 1990, Opladen 1994, S. 264ff.
87 Brand, Aufbruch in eine andere Gesellschaft, S. 99.
88 Siehe Dieter Rucht, Planung und Partizipation. Bürgerinitiativen als Reaktion und Herausforderung politisch-administrativer Planung, München 1982, S. 218ff.
89 Emma, H. 1, 2 u. 3, 1980. Zur Struktur der Frauengruppen vgl. auch Extra journal: Gewalt gegen Frauen, hrsg. vom Verlag Frauenoffensive, München 1976, S. 10.
90 Brand, Aufbruch in eine andere Gesellschaft, S. 123f.
91 Vgl. Ursula Linnhoff, Die Neue Frauenbewegung. USA–Europa seit 1968, Köln 1974, S. 18.
92 Vgl. Frauenjahrbuch 1, hrsg. und hergest. von Frankfurter Frauen, Frankfurt am Main 1975, S. 18.
93 Lottemi Doormann (Hrsg.), Keiner schiebt uns weg. Zwischenbilanz der Frauenbewegung in der Bundesrepublik, Weinheim und Basel 1979, S. 32.
94 Frauenjahrbuch 1, S. 37.
95 Herrad Schenk, Die feministische Herausforderung. 150 Jahre Frauenbewegung in Deutschland, 2. Aufl., München 1981, S. 87.
96 Vgl. Doormann, Keiner schiebt uns weg, S. 37.

97 Vgl. Alice Schwarzer, 10 Jahre Frauenbewegung. So fing es an!, Köln 1981, S. 64.
98 Vgl. Carol Hagemann-White u. a., Hilfen für mißhandelte Frauen. Abschlußbericht der wissenschaftlichen Begleitung des Frauenhauses Berlin, Stuttgart 1981. Siehe auch Carol Hagemann-White, Die Frauenhausbewegung, in: Peter Grottian und Wilfried Nelles (Hrsg.), Großstadt und neue soziale Bewegungen, Basel 1983, S. 167 ff.
99 Schenk, Die feministische Herausforderung, S. 204.
100 Brand, Aufbruch in eine andere Gesellschaft, S. 152.
101 Vgl. Langguth, Protestbewegung, S. 234 ff.
102 Aufruf zum Treffen in TUNIX, abgedr. in: Gerd Stein, Bohemien – Tramp – Sponti, Frankfurt am Main 1982, S. 296 ff.
103 Ebd., S. 292 ff. Siehe auch Pflasterstrand, Nr. 20, 1977.
104 Aufruf in: Die Tageszeitung, 7. August 1981, S. 3.
105 Michael Schneider, Von der alten Radikalität zur neuen Sensibilität, in: Kursbuch 49, 1977, S. 178.
106 Weder Kader noch Flipper, in: Konsequer. Zeitung des UStA, Nr. 3, Januar/Februar 1978, zit. nach: Johannes Schütte, Revolte und Verweigerung, Gießen 1980, Dokumentation, S. XI ff.
107 Links, Nr. 85, Februar 1977, S. 18.
108 Langguth, Protestbewegung, S. 238.
109 Autonomie, Materialien gegen die Fabrikgesellschaft, Nr. 10, 1/78, S. 119.
110 Zit. nach: Jörg Bopp, Trauer-Power. Zur Jugendrevolte, in: Kursbuch 65, 1981, S. 158.
111 Ebd.
112 Uwe Schlicht, Vom Burschenschaftler bis zum Sponti. Studentische Opposition gestern und heute, Berlin 1980, S. 139.
113 Bopp, Trauer-Power, S. 161.
114 Günter Amendt, Sie wollen nichts. Und das nie, in: Konkret, H. 3, 1978, S. 16.
115 Radikal, Nr. 98, September 1981, S. 4.
116 Radikal, Nr. 100, Januar 1982, S. 13.
117 Vorwarnzeit. Diskussionsforum autonomer Gruppen, Nr. 2, Dezember 1982, S. 5.
118 Langguth, Protestbewegung, S. 244.
119 Ebd.
120 Radikal, Nr. 100, Januar 1982, S. 14.
121 Vgl. Marie-Luise Weinberger, Jugendprotest 1981, in: Dieter Dowe (Hrsg.), Jugendprotest und Generationenkonflikt in Europa im 20. Jahrhundert. Deutschland, Frankreich und Italien im Vergleich (Vorträge eines internationalen Symposiums des Instituts für Sozialgeschichte Braunschweig-Bonn und der Friedrich-Ebert-Stiftung 17.–19. Juni 1985 in Braunschweig), Bonn 1986, S. 233–240.
122 Vgl. Josef Huber, Wer soll das alles ändern. Die Alternativen der Alternativbewegung, Berlin 1981.
123 Brand, Aufbruch in eine andere Gesellschaft, S. 158. Vgl. auch Peter Brückner, Nachruf auf die Kommunebewegung, in: Diethart Kerbs (Hrsg.), Die hedonistische Linke, Neuwied und Berlin 1970.
124 Inga Buhmann, Ich habe mir eine Geschichte geschrieben, korr. und durchges. Ausgabe, Frankfurt am Main 1983, S. 304.
125 Vgl. «Bommi» Baumann, Wie alles anfing, München 1975.
126 Vgl. Roland Roth, Leben scheuert am Beton, in: Volkhard Brandes und Bernhard Schön, Wer sind die Instandbesetzer?, Bensheim 1981, S. 47.

127 Senator für Inneres, Berlin, Pressemitteilung Nr. 14 b/82, 31. August 1982.
128 Stuttgarter Zeitung, 15. August 1981. Siehe hierzu auch Joseph Scheer und Jan Espert, «Deutschland, Deutschland, alles ist vorbei». Alternatives Leben oder Anarchie? Die neue Jugendrevolte am Beispiel der Berliner «Scene», München 1982, bes. S. 23 ff.
129 Zum Verhältnis von Protest und Gewalt bei Jugendlichen zu Beginn der achtziger Jahre vgl. Matthias Wissmann und Rudolf Hauck (Hrsg.), Jugendprotest im demokratischen Staat. Enquete-Kommission des Deutschen Bundestages, Stuttgart 1983.
130 Kölner Autonomen-Info, 1. Quartal 1982, Nr. 1.
131 Huber, Wer soll das alles ändern, S. 29.
132 Vgl. Hans Karl Rupp, Außerparlamentarische Opposition in der Ära Adenauer. Der Kampf gegen die Atombewaffnung in den fünfziger Jahren, Köln 1970; Karl A. Otto, Vom Ostermarsch zur APO. Geschichte der außerparlamentarischen Opposition in der Bundesrepublik 1960–1970, Frankfurt am Main und New York 1977.
133 Vgl. Brand, Aufbruch in eine andere Gesellschaft, S. 206 f.
134 Kurt Biedenkopf, «Rückzug aus der Grenzsituation», in: Die Zeit, 30. Oktober 1981.
135 Verfassungsschutzbericht 1980. Bundestagsdrucksache 9/10/57, 16. November 1981, S. 87.
136 Brand, Aufbruch in eine andere Gesellschaft, S. 213.
137 Ebd., S. 214.
138 EMNID-Untersuchung (*Spiegel*-Umfrage), in: Der Spiegel, Nr. 48–50, 1981. Vgl. auch Manfred Küchler, «18 bis 35 + Abitur = Aktivgruppe», in: Der Spiegel, Nr. 48, 1981, S. 68.
139 Erklärung der Vorbereitungsgruppe der Osnabrücker Friedensinitiative vom 15. Februar 1982.
140 Interview mit Klaus-Jürgen Schmidt, in: Kommunistische Volkszeitung, 4. Mai 1981, S. 4.
141 Zit. nach: Die Tageszeitung, 21. März 1980.
142 Interview mit Joschka Fischer, in: Pflasterstrand, Nr. 155, 9. April bis 22. April 1983, S. 13.
143 Ebd.
144 Ebd., S. 15.
145 Vgl. Schäfers, Sozialstruktur und Wandel der Bundesrepublik Deutschland, S. 278 ff. Siehe auch Klaus R. Allerbeck und Wendy Hoag, Jugend ohne Zukunft? Einstellungen, Umwelt, Lebensperspektiven, München und Zürich 1985.
146 Schäfers, Sozialstruktur und Wandel der Bundesrepublik Deutschland, S. 278 ff.
147 Allensbacher Jahrbuch der Demoskopie 1984–1992, Bd. 9, hrsg. von Elisabeth Noelle-Neumann und Renate Köcher, München u. a. 1993, S. 697.
148 Burghard Freudenfeld (Bearb.), Die Zukunftschancen unserer Gesellschaft. Kolloquium des Verbandes der Automobilindustrie e. V. (VDA) in Zusammenarbeit mit dem Institut der deutschen Wirtschaft Köln vom 7. bis 9. Juli 1982 in Rottach-Egern. Referate und Resümee (Schriftenreihe des Verbandes der Automobilindustrie, H. 39), Frankfurt am Main 1983.
149 Rolf Eickelpasch, Flucht oder Aufbruch? Zum soziokulturellen Hintergrund der neuen sozialen Bewegungen, in: Sozialwissenschaftliche Informationen für Unterricht und Studium, 13. Jg. (1984), H. 3, S. 21 ff.

150 Stefan Hradil, Vom Mangel an Mitteln zum Zweifeln an Zielen. Die «Postmoderne» zwischen Modernisierungserfolg und Modernitätskritik, in: Brunhilde Scheuringer (Hrsg.), Wertorientierungen und Zweckrationalität. Soziologische Gegenwartsbestimmungen. Friedrich Fürstenberg zum 60. Geburtstag, Opladen 1990, S. 253–265.

151 Vgl. den Themenbereich I «Gesellschaftliche Entwicklung von Lebenszusammenhängen», in: Soziologie und gesellschaftliche Entwicklung. Verhandlungen des 22. Deutschen Soziologentages, S. 103 ff.

152 Peter Schneider, Lenz. Eine Erzählung, Berlin 1982, S. 37 ff.

153 Herbert Marcuse, Über den affirmativen Charakter der Kultur. Kultur und Gesellschaft I, Frankfurt am Main 1965.

154 Vgl. Rolf Dieter Brinkmann und Ralf-Rainer Rygulla (Hrsg.), ACID. Neue amerikanische Szene, Darmstadt 1969. Siehe auch Hermann Glaser, Deutsche Kultur 1945–2000, München und Wien 1997, S. 312 ff.

155 Herbert Marcuse, Triebstruktur und Gesellschaft. Ein philosophischer Beitrag zu Sigmund Freud, Frankfurt am Main 1965, S. 186.

156 Theodor W. Adorno, Die gegängelte Musik, in: Der Monat, H. 56, 1953, S. 182.

157 Peter Weiss, Hölderlin. Stück in zwei Akten, Frankfurt am Main 1971, S. 70.

158 Ebd., S. 191.

159 «Keine Angst vor dem Elfenbeinturm». *Spiegel*-Gespräch mit Theodor W. Adorno, in: Der Spiegel, Nr. 19, 1969, S. 204.

160 Max Horkheimer, Dämmerung. Notizen in Deutschland, hrsg. von Werner Brede, Frankfurt am Main 1974, S. 210. Vgl. auch Alfred Schmidt (Hrsg.), Max Horkheimer heute. Werk und Wirkung, Frankfurt am Main 1986.

161 Jost Hermand, Die Kultur der Bundesrepublik Deutschland 1965–85, München 1988, S. 278 f.

162 Ebd., S. 282.

163 Vgl. auch Heinz Ohff, Pop und die Folgen oder Die Kunst, Kunst auf der Straße zu finden, Düsseldorf 1969.

164 Frankfurter Allgemeine Zeitung, 13. März 1970.

165 Zit. nach: Ralf Schnell, Die Literatur der Bundesrepublik. Autoren, Geschichte, Literaturbetrieb, Stuttgart 1986, S. 343. Typisch dafür war die Flut von theoretischen und gesellschaftskritischen Abhandlungen, etwa in der «edition suhrkamp».

166 Wolfgang Fritz Haug, Zur Kritik der Warenästhetik, in: Kursbuch 20, 1970, S. 140. Siehe auch Ders., Kritik der Warenästhetik, Frankfurt am Main 1971.

167 Carlo Schellemann, Wer hat Kultur? Aber wer macht sie?, in: Kürbiskern. Literatur und Kritik 2, 1969, S. 282–291.

168 Vgl. Hermand, Die Kultur der Bundesrepublik Deutschland 1965–85, S. 448 ff.

169 Jürgen Habermas, Strukturwandel der Öffentlichkeit. Untersuchungen zu einer Kategorie der bürgerlichen Gesellschaft, Neuwied 1962. Vgl. auch Glaser, Deutsche Kultur 1945–2000, S. 330.

170 Herbert Marcuse, Repressive Toleranz, Frankfurt am Main 1966, S. 122.

171 Rudi Dutschke, Die geschichtlichen Bedingungen für den internationalen Emanzipationskampf, in: Uwe Bergmann u. a., Rebellion der Studenten oder Die neue Opposition, Reinbek 1968, S. 89. Vgl. auch Friedrich Mager und Ulrich Spinnarke, Was wollen die Studenten?, Frankfurt am Main 1967, S. 60 ff.

172 Zit. nach: Schnell, Die Literatur der Bundesrepublik, S. 33.

173 Hermand, Die Kultur der Bundesrepublik Deutschland 1965–85, S. 295 f.

174 Ebd., S. 298. Siehe hierzu auch Karl Ruhrberg, Die Gleichzeitigkeit des Ge-

gensätzlichen, in: Hilmar Hoffmann und Heinrich Klotz (Hrsg.), Die Sechziger. Die Kultur unseres Jahrhunderts, Düsseldorf u. a. 1987.
175 Werner Hofmann u. a. (Hrsg.), Kunst in Deutschland 1898–1973, Hamburg 1973, Blatt 1963.
176 Vgl. Karin Thomas, Zweimal deutsche Kunst nach 1945. 40 Jahre Nähe und Ferne, Köln 1985, S. 159ff.
177 Lucius Grisebach, 1971–1985. Von der «Kargen Kunst» zum «Hunger nach Bildern», in: 1945–1985. Kunst in der Bundesrepublik Deutschland, hrsg. von der Nationalgalerie Staatliche Museen Preußischer Kulturbesitz, Berlin 1985, S. 25.
178 Ebd., S. 26.
179 Hermand, Die Kultur der Bundesrepublik Deutschland 1965–85, S. 372f.
180 Rainer Werner Fassbinder, Die Anarchie der Phantasie. Gespräche und Interviews, hrsg. von Michael Töteberg, Frankfurt am Main 1986.
181 Hermand, Die Kultur der Bundesrepublik Deutschland 1965–85, S. 490ff.
182 Glaser, Deutsche Kultur 1945–2000, S. 338.
183 Hans Daiber, Deutsches Theater seit 1945. Bundesrepublik Deutschland, Deutsche Demokratische Republik, Österreich, Schweiz, Stuttgart 1976, S. 257.
184 Zit. nach Hermand, Die Kultur der Bundesrepublik Deutschland 1965–85, S. 326.
185 Erich Wendt über die Vierte Experimenta. Pfingsten, Fest der Rezipienten, in: Theater heute 7, 1971, S. 189f.; Glaser, Deutsche Kultur 1945–2000, S. 338.
186 Hermand, Die Kultur der Bundesrepublik Deutschland 1965–85, S. 378f.
187 Ebd., S. 321f.
188 Ebd., S. 324.
189 Vgl. Schnell, Geschichte der deutschsprachigen Literatur seit 1945, S. 396f.
190 Michael Rutschky, Erfahrungshunger. Essay über die siebziger Jahre, Köln 1980, S. 263.
191 Marcel Reich-Ranicki, Anmerkungen zur Literatur der siebziger Jahre, in: Merkur. Deutsche Zeitschrift für europäisches Denken, H. 2, 1979, S. 169.
192 Bernward Vesper, Die Reise. Romanessay, nach dem unvollendeten Manuskript hrsg. und mit einer Editions-Chronologie versehen von Jörg Schröder, Jossa 1977. Vgl. hierzu auch Martin J. Christoph, Schreiben – Harakiri. Über Bernward Vespers Romanessay «Die Reise». Mit einem Anhang «philosophischer Tagebücher Bernward Vespers», Graz 1982.
193 *Spiegel*-Gespräch mit Joseph Beuys, in: Der Spiegel, Nr. 23, 1984, S. 178–186.
194 Zit. nach: Grisebach, Von der «Kargen Kunst» zum «Hunger nach Bildern», S. 29.
195 Wolfgang Max Faust und Gerd de Vries, Hunger nach Bildern. Deutsche Malerei der Gegenwart, Köln 1982.
196 Der Spiegel, Nr. 48, 1980.
197 Hermand, Die Kultur der Bundesrepublik Deutschland 1965–85, S. 489f.
198 Manfred Frank, Die Grenzen der Verständigung. Ein Geistergespräch zwischen Lyotard und Habermas, Frankfurt am Main 1988.
199 Christoph Schreier, Krise oder Agonie der Avantgarde? Thesen zur Malerei und Plastik der 80er Jahre, in: Thomsen (Hrsg.), Aufbruch in die Neunziger, S. 286.
200 Ebd.
201 Zit. nach: Faust und de Vries, Hunger nach Bildern, S. 47.
202 Jean Baudrillard, Das Andere selbst, Wien 1987, S. 11.
203 Gerd Bergfleth, Kritik der Emanzipation, in: Konkursbuch. Zeitschrift für Vernunftskritik, H. 1: Vernunft und Emanzipation, 1978, S. 31–34.
204 Fritjof Capra, Wendezeit. Bausteine für ein neues Weltbild, Bern u. a. 1984.

Vgl. hierzu auch Franz Xaver Kaufmann, Religion und Modernität, in: Johannes Berger (Hrsg.), Die Moderne – Kontinuitäten und Zäsuren, Göttingen 1986, sowie Peter Jennrich, Die Okkupation des Willens. Macht und Methoden der neuen Kultbewegungen, Hamburg 1985.

205 Peter Sloterdijk, Kritik der zynischen Vernunft, Frankfurt am Main 1983; Hermand, Die Kultur der Bundesrepublik Deutschland 1965–85, S. 482.

206 Ebd., S. 307f.

207 Mauricio Kagel, Tamtam. Monologe und Dialoge zur Musik, hrsg. von Felix Schmidt, München und Zürich 1975, S. 67.

208 Helmut Lachenmann, in: Melos. Jahrbuch für zeitgenössische Musik, Mainz 1972.

209 Hermand, Die Kultur der Bundesrepublik Deutschland 1965–85, S. 313f.

210 Ebd., S. 498; Glaser, Deutsche Kultur 1945–2000, S. 419.

211 Hermann Danuser, «Vier Kulturen der Musik. Paradigmen der Musikgeschichte des 20. Jahrhunderts», in: Neue Zürcher Zeitung, 19./20. Juli 1986.

212 Siehe Hans-Klaus Jungheinrich, «Von Smokingherren dezent umschwärmt. Ein neues Stockhausen-Werk beim Metzer Musikfest», in: Frankfurter Rundschau, 2. Dezember 1986.

213 Vgl. Welsch, Die Philosophie der Mehrsprachlichkeit, S. 58–68.

214 D. A. F., Der Mussolini, zit. nach: Angela Krewani, «Die Welt ist schlecht, das Leben ist schön», in: Thomsen (Hrsg.), Aufbruch in die Neunziger, S. 62f.

215 Zahlenangaben nach: Reinhold Krämer, Nachliterarische Zeiten? Schreiben und Lesen in der Computer- und Mediengesellschaft, in: Bertelsmann Briefe, Nr. 121, 1987, S. 14ff.; Hanni Chill und Hermann Meyn, Massenmedien (= Informationen zur Politischen Bildung, H. 260), Bonn 1998, S. 15.

216 Ebd., S. 18f.

217 Vgl. «ZEIT-Dossier: Die Magazin-Maschine. Der ‹Spiegel› von innen», in: Die Zeit, 25. September 1987. Siehe auch Erich Kuby, «Der Spiegel» im Spiegel. Das deutsche Nachrichten-Magazin – kritisch analysiert, München 1987.

218 «Martin Walser über Rudolf Augstein und den ‹Spiegel›: Mit keiner Seite dauerhaft befreundet», in: Der Spiegel, Nr. 88, 1987, S. 248. Vgl. auch Hellmuth Karasek, Das Magazin, Reinbek 1998.

219 Glaser, Deutsche Kultur 1945–2000, S. 394.

220 Vgl. Hermann Kurzke, «Die Dauerhaftigkeit der Kurzlebigen. Eine geht, eine kommt: Zur Lage der Kultur- und Literaturzeitschriften», in: Frankfurter Allgemeine Zeitung, 21. März 1988.

221 Vgl. Glaser, Deutsche Kultur 1945–2000, S. 393.

222 Ebd., S. 392.

223 Alternative, H. 12, 1982. Vgl. auch Jürgen Busche, «Das Ende eines Anfangs. ‹Alternative› – Zur Einstellung einer Zeitschrift», in: Frankfurter Allgemeine Zeitung, 16. Dezember 1982.

224 Glaser, Deutsche Kultur 1945–2000, S. 393.

225 Ulrich Beck, Die Erfindung des Politischen. Zu einer Theorie reflexiver Modernisierung, Frankfurt am Main 1993, S. 169.

226 Vgl. Joseph Huber, Die Regenbogengesellschaft. Ökologie und Sozialpolitik, Frankfurt am Main 1985.

227 Ders., Zukunftsfragen der Sozialdemokratie, in: Frankfurter Hefte, H. 8, 1987, S. 676ff. Vgl. auch Glaser, Deutsche Kultur 1945–2000, S. 504f.

228 Vgl. Klaus Kemper, «Der Tod des klassischen Industriearbeiters. Die Mikroelektronik schafft eine ganz neue Arbeitswelt», in: Frankfurter Allgemeine Zeitung, 15. März 1986.

Anmerkungen 869

229 Peter Brödner, Fabrik 2000, Berlin 1985, S. 118.
230 Horst Kern und Michael Schumann, Das Ende der Arbeitsteilung? Rationalisierung in der industriellen Produktion, München 1984, S. 44 ff.
231 Theodore Roszak, Der Verlust des Denkens. Über die Mythen des Computer-Zeitalters, München 1986. Vgl. auch Willi Köhler, Der Verlust des Denkens, in: Frankfurter Hefte, H. 5, 1987, S. 475 ff.; Hubert L. Dreyfus, Künstliche Intelligenz. Von den Grenzen der Denkmaschine und dem Wert der Intuition, Reinbek 1987, S. 99 ff.

Siebenter Teil

1 Hans Ulrich Kempski, «Das neue Kapitel wird aufgeschlagen», in: Süddeutsche Zeitung, 2. Oktober 1982.
2 Neue Zürcher Zeitung, 17. September 1980. Ähnlich auch im Bundestag am 30. Januar 1981. Siehe Deutscher Bundestag. Stenographische Protokolle, 9. Wahlperiode, 19. Sitzung (30. 1. 1981), S. 845 f. Vgl. hierzu auch Konrad Adam, Kohl und die geistig-moralische Wende, in: Reinhard Appel (Hrsg.), Helmut Kohl im Spiegel seiner Macht, Bonn 1990, S. 21–31.
3 Presse- und Informationsamt der Bundesregierung (Hrsg.), Bulletin, Nr. 93, 14. Oktober 1982, S. 855. Vgl. auch Helmut Kohl, Ich wollte Deutschlands Einheit. Dargestellt von Kai Diekmann und Ralf Georg Reuth, Berlin 1996, S. 26.
4 Heinz-Joachim Melder, Endstation: Bundeskanzleramt, in: Werner Filmer und Heribert Schwan (Hrsg.), Helmut Kohl, Düsseldorf und Wien 1985, S. 185.
5 Le Figaro, 5. Oktober 1982.
6 Bulletin, 14. Oktober 1982, S. 860.
7 SPD-Pressedienst «ppp», 1. Oktober 1982.
8 Zit. nach: Werner Maser, Helmut Kohl. Der deutsche Kanzler, akt. u. erw. Aufl., Frankfurt am Main und Berlin 1993, S. 204.
9 Stern, 23. September 1982; Die Weltwoche, 6. Oktober 1982.
10 Siehe hierzu Bernhard Vogel, Das Phänomen. Helmut Kohl im Urteil der Presse, Stuttgart 1990. Vgl. auch Wolfgang Wiedemeyer, Kohl und die Medien, in: Appel (Hrsg.), Helmut Kohl im Spiegel seiner Macht, S. 271–283.
11 Maser, Helmut Kohl, S. 45.
12 Ebd., S. 64 f.
13 Ebd., S. 57.
14 Vgl. Klaus Dreher, Helmut Kohl. Leben mit Macht, Stuttgart 1998, S. 60.
15 Rheinischer Merkur, 4. Oktober 1963.
16 Frankfurter Allgemeine Zeitung, 30. April 1965.
17 Richard von Weizsäcker, Vier Zeiten. Erinnerungen, Berlin 1997, S. 188.
18 Werner Filmer und Heribert Schwan (Hrsg.), Richard von Weizsäcker. Profile eines Mannes, Düsseldorf und Wien 1984, S. 90 f.; Dreher, Helmut Kohl, S. 348 ff. Von Weizsäcker selbst hat den Wechsel in seinen Memoiren mit eher dürren Worten beschrieben. Vgl. von Weizsäcker, Vier Zeiten, S. 301 ff. Zur Person Richard von Weizsäckers siehe vor allem die tagebuchartigen Aufzeichnungen seines langjährigen Mitarbeiters Friedbert Pflüger, Richard von Weizsäcker. Ein Portrait aus der Nähe, Stuttgart 1990.
19 Vgl. Rainer Barzel, Im Streit und umstritten. Anmerkungen zu Konrad Adenauer, Ludwig Erhard und den Ostverträgen, Frankfurt am Main und Berlin 1986, S. 153.
20 Maser, Helmut Kohl, S. 93.

21 Vgl. Hans-Otto Kleinmann, Geschichte der CDU, Stuttgart 1993, S. 312.
22 Wolfgang Wiedemeyer, Marsch auf Bonn – Strategie einer Karriere, in: Filmer und Schwan (Hrsg.), Helmut Kohl, S. 155.
23 Kurt Biedenkopf, «Eine Strategie für die Opposition. Zurück zu den Grundsätzen – Mehr Spielraum für die Partei», in: Die Zeit, 16. März 1973, S. 3.
24 Jürgen Busche, Helmut Kohl. Anatomie eines Erfolgs, Berlin 1998, S. 61.
25 Biedenkopf, «Eine Strategie für die Opposition», S. 3.
26 Busche, Helmut Kohl, S. 70. Zur Umorganisation des Apparats unter Biedenkopf siehe Kleinmann, Geschichte der CDU, S. 355 ff.
27 Die Rheinpfalz, 20. November 1976.
28 Vgl. Wolfgang Krieger, Franz Josef Strauß. Der barocke Demokrat aus Bayern, Göttingen und Zürich 1995, S. 69. Siehe auch Manfred Behrendt, Franz Josef Strauß. Eine politische Biographie, Köln 1995.
29 Franz Josef Strauß, Die Erinnerungen, Berlin 1989, S. 458 ff.
30 Ebd., S. 461.
31 Dreher, Helmut Kohl, S. 192. Die Angaben beziehen sich auf Äußerungen Richard von Weizsäckers.
32 Erklärung des CSU-Landesvorstandes vom 27. November 1976, in: Süddeutsche Zeitung, 29. November 1976.
33 Der Spiegel, 29. November 1976. Vgl. auch Wiedemeyer, Marsch auf Bonn, S. 158.
34 Kurt Biedenkopf im Gespräch mit Klaus Dreher, zit. nach: Dreher, Helmut Kohl, S. 198.
35 Der Spiegel, 10. Januar 1977.
36 Deutscher Bundestag. Stenographische Protokolle, 8. Wahlperiode, 6. Sitzung (17. 12. 1976), S. 56.
37 Der Spiegel, 18. Mai 1980.
38 Münchner Merkur, 9. Oktober 1980.
39 Bild-Zeitung, 6. Oktober 1980.
40 Siehe Dreher, Helmut Kohl, S. 241 f.
41 Zit. nach: Hans-Dietrich Genscher, Erinnerungen, Berlin 1995, S. 447 f.
42 Eduard Ackermann, Mit feinem Gehör. Vierzig Jahre in der Bonner Republik, Bergisch Gladbach 1995, S. 176.
43 Helmut Kohl, in: Manfred Schell, Die Kanzlermacher, Mainz 1986, S. 94 ff.
44 Ebd., S. 71 ff.
45 Genscher, Erinnerungen, S. 450 f.
46 Wortlaut in: Schell, Die Kanzlermacher, S. 27–47; Klaus Bölling, Die letzten 30 Tage des Kanzlers Helmut Schmidt: Ein Tagebuch, Reinbek 1982, S. 121–141.
47 Archiv der Gegenwart, 1982, S. 25 960.
48 Zit. nach: Klaus Bohnsack, Die Koalitionskrise 1981/82 und der Regierungswechsel 1982, in: Zeitschrift für Parlamentsfragen, 14. Jg. (1983), S. 22.
49 Archiv der Gegenwart, 1982, S. 25 960. Vgl. auch Peter Borowsky, Deutschland 1969–1982, Hannover 1987, S. 226.
50 Bohnsack, Die Koalitionskrise 1981/82, S. 22.
51 Bulletin, Nr. 93, 14. Oktober 1982, S. 855.
52 Vgl. Gerhard Stoltenberg, Wendepunkte. Stationen deutscher Politik 1947–1990, Berlin 1997, S. 277 ff.
53 Statistisches Bundesamt (Hrsg.), Datenreport 1997. Zahlen und Fakten über die Bundesrepublik Deutschland, Bonn 1997, S. 89.
54 Vgl. Genscher, Erinnerungen, S. 476.
55 Vgl. Manfred Görtemaker, Auferstehung des Containment. Die Politik der

USA gegenüber der Sowjetunion nach den Präsidentschaftswahlen 1980, in: Osteuropa, 31. Jg. (1981), S. 445 ff. Siehe auch Ernst-Otto Czempiel, Machtprobe. Die USA und die Sowjetunion in den achtziger Jahren, München 1989, S. 127 ff.; ders. (Hrsg.), Amerikanische Außenpolitik im Wandel. Von der Entspannungspolitik Nixons zur Konfrontation unter Reagan, Stuttgart u. a. 1982.

56 Vgl. Genscher, Erinnerungen, S. 475 f.
57 Vgl. Christian Hacke, Von Kennedy bis Reagan. Grundzüge der amerikanischen Außenpolitik 1960–1984, Stuttgart 1984, S. 204 ff.
58 Zit. nach: Dreher, Helmut Kohl, S. 233 ff.
59 Genscher, Erinnerungen, S. 477.
60 Vgl. hierzu ausführlich Strauß, Die Erinnerungen, S. 470 ff. Siehe auch Krieger, Franz Josef Strauß, S. 85 f. Die Hintergründe des zwischen Strauß und dem DDR-Unterhändler Alexander Schalck-Golodkowski eingefädelten Milliardenkredits aus ostdeutscher Sicht erhellen anhand der geheimen Schalck-Akten Wolfgang Seiffert und Norbert Treutwein, Die Schalck-Papiere. DDR-Mafia zwischen Ost und West. Die Beweise, Rastatt und München 1991.
61 Siehe hierzu umfassend Karl-Rudolf Korte, Deutschlandpolitik in Helmut Kohls Kanzlerschaft. Regierungsstil und Entscheidungen 1982–1989 (= Geschichte der deutschen Einheit, Bd. 1), Stuttgart 1998.
62 Siehe hierzu ausführlich Günter Kießling, Versäumter Widerspruch, Mainz 1993.
63 Vgl. Dreher, Helmut Kohl, S. 339.
64 Martin E. Süskind, «Sagen Sie jetzt nichts, Herr Kohl», in: Süddeutsche Zeitung (Magazin), Januar 1984.
65 Dreher, Helmut Kohl, S. 345 f. Vgl. auch Wolfram Bickerich, Helmut Kohl. Kanzler der Einheit, Düsseldorf 1996, S. 81 ff.
66 Dreher, Helmut Kohl, S. 346.
67 Siehe Hans Leyendecker (Hrsg.), Das Lambsdorff-Urteil, Göttingen 1988.
68 Der Spiegel, 15. Oktober 1984; Süddeutsche Zeitung, 15. Oktober 1984.
69 Dreher, Helmut Kohl, S. 355.
70 Zit. nach: Wiedemeyer, Marsch auf Bonn, S. 156.
71 Dreher, Helmut Kohl, S. 359 f.
72 Zur Vorgeschichte und den Bedingungen des Besuchs siehe ausführlich Korte, Deutschlandpolitik in Helmut Kohls Kanzlerschaft, S. 324 ff. Ausschlaggebend für die zweimalige Absage, so Korte, sei die ablehnende Haltung der sowjetischen Führung gewesen. Umgekehrt sei die Reise Honeckers nach Bonn möglich geworden, nachdem Gorbatschow im Mai 1987 die DDR besucht und Bundespräsident Richard von Weizsäcker sich vom 6. bis 11. Juli 1987 in Moskau um eine Verbesserung der deutsch-sowjetischen Beziehungen bemüht habe.
73 Kohl, Ich wollte Deutschlands Einheit, S. 31.
74 Korte, Deutschlandpolitik in Helmut Kohls Kanzlerschaft, S. 328.
75 Berliner Zeitung, 6. Mai 1987.
76 Wortlaut der Rede in: Bundesministerium für innerdeutsche Beziehungen (Hrsg.), Texte zur Deutschlandpolitik, Bd. III/5, S. 272–288.
77 Vgl. Maser, Helmut Kohl, S. 259.
78 Neues Deutschland, 17. Dezember 1987.
79 Vgl. Karl Wilhelm Fricke, Der Besuch Erich Honeckers in der Bundesrepublik Deutschland, in: Europa-Archiv, 42. Jg. (1987), S. 683 ff., hier bes. S. 686.
80 Zur Bewertung vgl. Peter Jochen Winters, Erich Honecker in der Bundesrepublik, in: Deutschland Archiv, 1987, S. 1009 ff.
81 Neues Deutschland, 14. September 1970. Vgl. auch Mike Dennis, The German Democratic Republic. Politics, Economics and Society, London 1988, S. 37 f.

82 Siegfried Kupper, Politische Beziehungen zur Bundesrepublik Deutschland 1955–1977, in: Hans-Adolf Jacobsen u. a. (Hrsg.), Drei Jahrzehnte Außenpolitik der DDR. Bestimmungsfaktoren, Instrumente, Aktionsfelder, 2. Aufl., München 1980, S. 438.

83 Manfred Rexin, Koexistenz auf deutsch. Aspekte der deutsch-deutschen Beziehungen 1970–1987, in: Gert-Joachim Glaeßner (Hrsg.), Die DDR in der Ära Honecker. Politik – Kultur – Gesellschaft, Opladen 1988, S. 47.

84 Bericht des Zentralkomitees an den VIII. Parteitag der Sozialistischen Einheitspartei Deutschlands, in: Protokoll der Verhandlungen des VIII. Parteitages der Sozialistischen Einheitspartei Deutschlands 15.–19. Juni 1971, Berlin (Ost) 1971, Bd. 2, S. 288 ff.

85 Siehe Rexin, Koexistenz auf deutsch, S. 47.

86 Zahlenangaben nach: Jens Gieseke, Das Ministerium für Staatssicherheit (1950–1990), in: Im Dienste der Partei. Handbuch der bewaffneten Organe der DDR. Im Auftrag des Militärgeschichtlichen Forschungsamtes hrsg. von Torsten Diedrich u. a., Berlin 1998, S. 391. Am 31. Oktober 1989, dem letzten Stichtag der Mitarbeiterstatistik unter gewohnten Bedingungen, verfügte das MfS über einen Personalbestand von 91 015 Mitarbeitern. Siehe ebd., S. 406.

87 Ebd., S. 393. Vgl. hierzu vor allem David Gill und Ulrich Schröter, Das Ministerium für Staatssicherheit. Anatomie des Mielke-Imperiums, Berlin 1991; Manfred Schell und Werner Kalinka, Stasi und kein Ende. Die Personen und Fakten, Frankfurt am Main und Berlin 1991; sowie Karl Wilhelm Fricke, Die Staatssicherheit, 3., akt. u. erg. Aufl., Köln 1989.

88 Vgl. Hermann Weber, Geschichte der DDR, München 1985, S. 367.

89 Erich Honecker, Bericht des Politbüros an die 11. Tagung des ZK der SED, 15.–18. Dezember 1965, Berlin (Ost) 1966, S. 56 ff.

90 Peter Lübbe (Hrsg.), Dokumente zur Kunst-, Literatur- und Kulturpolitik der SED 1975–1980, Stuttgart 1984, S. 460.

91 Peter Uwe Hohendahl und Patricia Herminghouse (Hrsg.), Literatur der DDR in den siebziger Jahren, Frankfurt am Main 1983, S. 7.

92 Siehe vor allem Gerhard Besier, Der SED-Staat und die Kirche. Der Weg in die Anpassung, München 1993. Zur Situation der evangelischen Kirche in der DDR in den vierziger und fünfziger Jahren vgl. Martin Georg Goerner, Die Kirche als Problem der SED. Strukturen kommunistischer Herrschaftsausübung gegenüber der evangelischen Kirche 1945 bis 1958, Berlin 1997. Zur Entwicklung am Beginn der achtziger Jahre siehe auch Interview mit Stefan Heym, in: Der Spiegel, 31. Mai 1982, S. 100.

93 «Konstruktives, freimütiges Gespräch beim Vorsitzenden des Staatsrates», in: Neues Deutschland, 7. März 1978. Siehe auch DDR. Dokumente zur Geschichte der Deutschen Demokratischen Republik 1945–1985, hrsg. von Hermann Weber, München 1986, S. 370 ff.

94 Siehe Reinhard Henkys (Hrsg.), Die evangelischen Kirchen in der DDR. Beiträge zu einer Bestandsaufnahme, München 1982, S. 25.

95 Abgedruckt in: Klaus Ehring und Martin Dallwitz, Schwerter zu Pflugscharen. Friedensbewegung in der DDR, Reinbek 1982, S. 227. Vgl. auch Clemens Richter, Aus christlicher Verantwortung? Die DDR-CDU zur Friedenserziehung und zum Wehrunterricht, in: Deutschland Archiv, H. 12, 1979, S. 237. Die katholische Kirche, die sich bis zu den späten siebziger Jahren mit politischen Stellungnahmen zurückgehalten hatte, begann jetzt ebenfalls gegen die Militarisierung der DDR-Gesellschaft zu protestieren. Siehe hierzu Clemens Richter, Veränderte Haltung der DDR-Katholiken, in: Deutschland Archiv, H. 16, 1983, S. 454.

96 Vgl. Rudolf L. Tökés, Hungarian Reform Imperatives, in: Problems of Communism, Vol. 33, September/Oktober 1984, S. 6 ff.
97 Siehe Bela Csikos-Nagy, Position and Future of the Hungarian Economy, in: Volosag (Budapest), 9. Jg. (1984), S. 91. Vgl. auch Imre Kovacs, The Present and Future of the Hungarian Economy, in: Figyelo (Budapest), 21. Juli 1988, S. 3.
98 Michael Gorbatschow, Perestroika. Die zweite russische Revolution – Eine neue Politik für Europa und die Welt, München 1987.
99 Vgl. Marc Kramer, Beyond the Brezhnev Doctrine: A New Era in Soviet-East European Relations, in: International Security, Winter 1989, S. 25–67.
100 Zit. nach: Europa-Archiv, 42. Jg. (1987), S. D 673 ff.
101 Europa-Archiv, 43. Jg. (1988), S. D 238 ff.
102 Rede Gorbatschows vor der Parlamentarischen Versammlung des Europarates am 7. Juli 1989, in: Europa-Archiv, 44. Jg. (1989), S. D 588.
103 Siehe A. James McAdams, East Germany and Détente. Building Authority after the Wall, Cambridge und New York 1985, passim. Vgl. auch dessen revidierte Einschätzung in ders., Germany Divided. From the Wall to Reunification, Princeton, NJ 1993.
104 Interview mit Kurt Hager, in: Stern, 9. April 1987. Abgedr. in: Neues Deutschland, 10. April 1987.
105 Vgl. Cordt Schnibben, «Ich bin das Volk». Wie Erich Honecker und sein Politbüro die Konterrevolution erlebten», in: Der Spiegel, 16. April 1990, S. 73.
106 Zit. nach: Ebd., S. 77.
107 VVS-Nr. 0008, MfS-Nr. 38/89, «Maßnahmen zur Zurückweisung und Unterbindung von Aktivitäten feindlicher, oppositioneller und anderer negativer Kräfte zur Diskreditierung der Ergebnisse der Kommunalwahlen am 7. Mai 1989», 19. Mai 1989, zit. nach: Armin Mitter und Stefan Wolle (Hrsg.), Ich liebe euch doch alle! Befehle und Lageberichte des MfS Januar-November 1989, Berlin 1990, S. 42–45.
108 Siehe Vorlage des Ministerialdirigenten Stern an den Chef des Bundeskanzleramtes Seiters vom 7. August 1989 (Schließung der Ständigen Vertretung in Ost-Berlin), in: Dokumente zur Deutschlandpolitik. Deutsche Einheit. Sonderedition aus den Akten des Bundeskanzleramtes 1989/90, bearb. von Hanns Jürgen Küsters und Daniel Hofmann, München 1998, S. 351 ff.; sowie Fernschreiben des Ministerialdirigenten Duisberg an Staatssekretär Bertele vom 29. August 1989, in: Ebd., S. 382 f.
109 Vgl. Schnibben, «Ich bin das Volk», S. 87 ff.
110 Vgl. Berndt Musiolek und Carola Wuttke (Hrsg.), Parteien und politische Bewegungen im letzten Jahr der DDR (Oktober 1989 bis April 1990), Berlin 1991. Siehe auch Helmut Müller-Enbergs u. a. (Hrsg.), Von der Illegalität ins Parlament. Werdegang und Konzept der neuen Bürgerbewegungen, Berlin 1991.
111 Ansprache des Generalsekretärs des ZK der SED und Vorsitzenden des Staatsrates der DDR, Erich Honecker, auf der Festveranstaltung zum 40. Jahrestag der Gründung der DDR in Ost-Berlin, 6. Oktober 1989, in: Europa-Archiv, 44. Jg. (1989), S. D 573 ff.
112 Zit. nach: Günter Schabowski, Der Absturz, Berlin 1991, S. 241.
113 Vgl. Hannes Bahrmann und Christoph Links (Hrsg.), Wir sind das Volk. Die DDR zwischen dem 7. Oktober und 17. Dezember 1989. Eine Chronik, Berlin 1990, S. 7 f.
114 Ebd., S. 8 f. Die meiste Gewalt ereignete sich nahe der Gethsemane-Kirche in der Schönhauser Allee, wo seit dem 2. Oktober eine «Mahnwache» für politische Gefangene gehalten wurde. Vgl. Und diese verdammte Ohnmacht. Report der unabhängigen Untersuchungskommission zu den Ereignissen vom 7./8. Oktober 1989 in Berlin, Berlin 1991, S. 15 ff.

115 Siehe Schabowski, Der Absturz, S. 247.
116 Ebd., S. 248 f. Vgl. auch Egon Krenz, Wenn Mauern fallen. Die friedliche Revolution – Vorgeschichte, Ablauf, Auswirkungen, Wien 1990, S. 203 f.
117 Siehe «Erklärung des Politbüros: Sozialismus steht nicht zur Disposition», in: Neues Deutschland, 12. Oktober 1989.
118 Vgl. Hans Modrow, Aufbruch und Ende, Hamburg 1991, S. 18 f.
119 Vgl. Krenz, Wenn Mauern fallen, S. 139.
120 Vgl. Schabowski, Der Absturz, S. 261 f. Zur Rolle Moskaus siehe auch Gerhard Wettig, Die Rolle der UdSSR bei der Vereinigung Deutschlands, in: Konrad Löw (Hrsg.), Ursachen und Verlauf der deutschen Revolution 1989, Berlin 1991, S. 45–63.
121 Siehe Krenz, Wenn Mauern fallen, S. 144 f.; Schabowski, Der Absturz, S. 268. Mielkes Rolle beim Sturz Honeckers ist noch immer unklar. Während der Politbürositzung am 17. Oktober drohte er offenbar mit der Veröffentlichung kompromittierenden Materials, das er über Honecker gesammelt hatte. Vgl. Karl Wilhelm Fricke, Honeckers Sturz mit Mielkes Hilfe, in: Deutschland Archiv, 21. Jg. (1991), S. 5 ff.
122 Siehe Neue Chronik DDR, hrsg. von Zeno und Sabine Zimmerling, 2. Folge, Berlin 1990, S. 14. Vgl. auch Bahrmann und Links (Hrsg.), Wir sind das Volk, S. 42.
123 Siehe Krenz, Wenn Mauern fallen, S. 222 f.
124 Neue Chronik DDR, 2. Folge, S. 74 ff. Zum Hintergrund der Nominierung Modrows als Ministerpräsident siehe Karl-Heinz Arnold, Die ersten hundert Tage des Hans Modrow, Berlin 1990, S. 16 ff.
125 Vgl. Der Spiegel, Nr. 40, 1989, S. 27.
126 Siehe Neues Deutschland, 4. November 1989.
127 Helmut Kohl, Politische Erklärung zur Lage der Nation im geteilten Deutschland, in: Bulletin, Nr. 123, 1989, S. 1058 f.
128 Ebd., S. 1058.
129 Schabowski, Das Politbüro, S. 113.
130 Neue Chronik DDR, 2. Folge, S. 71 f.
131 Bahrmann und Links (Hrsg.), Wir sind das Volk, S. 83.
132 Neues Deutschland, 8. November 1989.
133 Vgl. Schabowski, Der Absturz, S. 305.
134 Ebd. Vgl. auch Modrow, Aufbruch und Ende, S. 24 f.
135 Hintergründe und Details in: Schabowski, Der Absturz, S. 306.
136 Ebd., S. 307. Krenz hatte den Text von Innenminister Dickel erst während der Sitzung des Zentralkomitees zur Billigung erhalten. Nach der Zustimmung durch das Politbüro sollte der Entwurf an die Regierung zurückgehen, um dann von den Kabinettsmitgliedern in einem routinemäßigen Umlaufverfahren endgültig verabschiedet zu werden.
137 Bahrmann und Links (Hrsg.), Wir sind das Volk, S. 91.
138 Schabowski, Der Absturz, S. 309 f.
139 Siehe hierzu vor allem Hans-Herrmann Hertle, Chronik des Mauerfalls. Die unbeabsichtigte Selbstauflösung des SED-Staates, Opladen und Wiesbaden 1996.
140 Der Tagesspiegel, 11. November 1989.
141 Zum Folgenden vgl. ausführlich Manfred Görtemaker, Unifying Germany 1989–1990, New York und London 1994. Siehe ferner Konrad H. Jarausch, The Rush to German Unity, New York und Oxford 1994 (dt.: Die unverhoffte Einheit 1989–1990, Frankfurt am Main 1995), sowie Elizabeth Pond, Beyond the Wall. Germany's Road to Unification, Washington, DC 1993. Zu den innerdeutschen Aspekten vgl. die umfassende Untersuchung auf der Basis der amtlichen Akten von Wolfgang Jäger,

Die Überwindung der Teilung. Der innerdeutsche Prozeß der Vereinigung 1989/90 (= Geschichte der deutschen Einheit, Bd. 3), Stuttgart 1998.

142 «Ein historischer Tag für Berlin und Deutschland». Rede von Bundeskanzler Kohl vor dem Schöneberger Rathaus in Berlin, 10. November 1989, in: Bulletin, Nr. 125, 1989, S. 1065.

143 Vgl. Mündliche Botschaft des Generalsekretärs Gorbatschow an Bundeskanzler Kohl, 10. November 1989, in: BK, 213 – 30130 S 25 So 28 Bd. 4 – Aktenvermerk des MD Teltschik, 8. Dezember 1989.

144 Vgl. Eduard Schewardnadse, Die Zukunft gehört der Freiheit, Reinbek 1991, S. 214 ff.

145 Vgl. Schabowski, Der Absturz, S. 284.

146 Vgl. Modrow, Aufbruch und Ende, S. 91 ff.

147 «‹Nur in den Grenzen von heute› – DDR-Ministerpräsident Hans Modrow über die Lage in seinem Land und die deutsch-deutsche Zukunft», in: Der Spiegel, 4. Dezember 1989, S. 34.

148 Das erste Treffen des zentralen «Runden Tisches» fand am 7. Dezember 1989 im Dietrich-Bonhoeffer-Haus in Ost-Berlin statt. Siehe hierzu Neue Chronik DDR, 3. Folge, S. 57 ff. Vgl. ebenfalls Uwe Thaysen, Der Runde Tisch. Oder: Wo blieb das Volk?, Opladen 1990; Walter Süß, Mit Unwillen zur Macht. Der Runde Tisch in der DDR der Übergangszeit, in: Deutschland Archiv, 21. Jg. (1991), S. 470–478.

149 «Genscher: Germans Will Not Go It Alone», in: The Week in Germany, 17. November 1989, S. 2.

150 Gemeinsame Erklärung, unterzeichnet vom Bundeskanzler der Bundesrepublik Deutschland, Helmut Kohl, und vom Ministerpräsidenten der Volksrepublik Polen, Tadeusz Mazowiecki, in Warschau, 14. November 1989, in: Europa-Archiv, 44. Jg. (1989), S. D 679 ff.

151 Erklärung der Bundesregierung zum offiziellen Besuch des Bundeskanzlers in Polen und zur Lage in der DDR, 16. November 1989, in: Bulletin, Nr. 129, 1989, S. 1108.

152 Vgl. Horst Teltschik, 329 Tage. Innenansichten der Einigung, Berlin 1991, S. 37.

153 Ebd., S. 42 ff. Bereits am 1. November 1989 hatte der neue SED-Generalsekretär Egon Krenz bei seinem Besuch in Moskau festgestellt, daß Gorbatschow «selbst damals dem Status quo der deutschen Frage keinen Ewigkeitswert beimaß». Siehe Krenz, Wenn Mauern fallen, S. 150.

154 Vgl. Teltschik, 329 Tage, S. 57 f.

155 Siehe Vorlage des Ministerialdirektors Teltschik an Bundeskanzler Kohl (Reaktionen aus den wichtigsten Hauptstädten auf den 10-Punkte-Plan), 30. November 1989, in: BK, 212 – 34500 De 39 Bd. 1. Abgedr. in: Dokumente zur Deutschlandpolitik, Sonderedition, S. 574 ff.

156 Vgl. hierzu ausführlich Kohl, Ich wollte Deutschlands Einheit, S. 157 ff.

157 Siehe Zehn-Punkte-Programm zur Überwindung der Teilung Deutschlands und Europas, vorgelegt von Bundeskanzler Helmut Kohl in der Haushaltsdebatte des Deutschen Bundestages, 28. November 1989, in: Europa-Archiv, 44. Jg. (1989), S. D 731 ff.

158 Vgl. Deutscher Bundestag. Stenographische Berichte, 11. Wahlperiode, 177. Sitzung (28. 11. 1989), S. 13520 ff. Siehe auch «Bundestag Parties Voice Approval of Kohl Initiative», in: The Week in Germany, 1. Dezember 1989, S. 2.

159 «Baker Says Unification Isn't Just a German Issue», in: The New York Times, 12. Dezember 1989, S. A 16.

160 Allgemeiner Deutscher Nachrichtendienst (ADN), Bericht, 11. Dezember 1989.

161 Leipziger Volkszeitung, 11. Dezember 1989. Vgl. auch Neue Chronik DDR, 3. Folge, S. 80.

162 Siehe Gemeinsame Mitteilung über die Gespräche zwischen dem Bundeskanzler der Bundesrepublik Deutschland, Helmut Kohl, und dem Vorsitzenden des Ministerrats der Deutschen Demokratischen Republik, Hans Modrow, in Dresden, 20. Dezember 1989, in: Europa-Archiv, 45. Jg. (1990), S. D 90ff.

163 Modrow, Aufbruch und Ende, S. 97f.

164 Siehe Gespräch des Bundeskanzlers Kohl mit Ministerpräsident Modrow im erweiterten Kreis, Dresden, 19. Dezember 1989, in: BArch, B 136/20578, 221 – 35014 Ge 31 Bd. 2. Abgedr. in: Dokumente zur Deutschlandpolitik, Sonderedition, S. 668 ff.

165 Vgl. Wolfgang Schäuble, Der Vertrag. Wie ich über die deutsche Einheit verhandelte, Stuttgart 1991, S. 21.

166 Modrow, Aufbruch und Ende, S. 99.

167 Siehe Entwurf des Vertrages über Zusammenarbeit und gute Nachbarschaft zwischen der Deutschen Demokratischen Republik und der Bundesrepublik Deutschland, 17. Januar 1990, in: Modrow, Aufbruch und Ende, Anlage 4, S. 170–183.

168 Bild-Zeitung, 24. Januar 1990, S. 1.

169 Vgl. Teltschik, 329 Tage, S. 115.

170 Modrow, Aufbruch und Ende, S. 119.

171 Vgl. Erklärung des Ministerpräsidenten auf der Pressekonferenz am 1. Februar 1990 zur Erläuterung seiner Konzeption «Für Deutschland, einig Vaterland», in: Modrow, Aufbruch und Ende, Anlage 5, S. 184f. Siehe auch Ingo von Münch (Hrsg.), Dokumente der Wiedervereinigung Deutschlands. Quellentexte zum Prozeß der Wiedervereinigung von der Ausreisewelle aus der DDR über Ungarn, die CSSR und Polen im Spätsommer 1989 bis zum Beitritt der DDR zum Geltungsbereich des Grundgesetzes der Bundesrepublik Deutschland im Oktober 1990, Stuttgart 1991, S. 79ff.

172 Erklärung des Ministerpräsidenten auf der Pressekonferenz am 1. Februar 1990, S. 185.

173 Modrow, Aufbruch und Ende, S. 119f.

174 Ebd., S. 122f. Vgl. auch Arnold, Die ersten hundert Tage, S. 97f., sowie Francis X. Clines, «Wary Gorbachev Sees Momentum Toward Germans' Reunification», in: The New York Times, 31. Januar 1990, S. A 1.

175 Frankfurter Allgemeine Zeitung, 31. Januar 1990, S. 1. Vgl. auch «Einheit in diesem Jahr», in: Der Spiegel, 5. Februar 1990, S. 17.

176 Teltschik, 329 Tage, S. 121.

177 Ebd., S. 126. Siehe auch «Wir brechen bald zusammen», in: Der Spiegel, 12. Februar 1990, S. 16 ff. Vgl. ebenfalls Hans-Herrmann Hertle, Staatsbankrott. Der ökonomische Untergang des SED-Staates, in: Deutschland Archiv, H. 10, 1992, S. 1019–1030.

178 Zit. nach: Teltschik, 329 Tage, S. 128.

179 Mitteilung des Persönlichen Referenten von Ministerpräsident Späth, Hans-Peter Mengele, gegenüber dem Autor vom 1. Oktober 1991.

180 Zur Geschichte der Währungsunion auf der Grundlage der amtlichen Akten siehe umfassend Dieter Grosser, Das Wagnis der Währungs-, Wirtschafts- und Sozialunion. Politische Zwänge im Konflikt mit ökonomischen Regeln (= Geschichte der deutschen Einheit, Bd. 2), Stuttgart 1998.

181 «Milliarden auf Jahre hinaus. Gefahr für die Mark: Wiedervereinigung wird zum Wirtschaftsabenteuer», in: Der Spiegel, 12. Februar 1990, S. 25.

182 Craig R. Whitney, «Bonn's Top Banker Urges Caution», in: The New York Times, 3. März 1990, S. D 1.

183 Vermerk des Regierungsdirektors Nehring zur Wirtschafts- und Währungs-

union (WWU) mit der DDR, 6. Februar 1990, in: BArch, B 136/26447, 422 – 52602 Bu 48 Bd. 5. Abgedr. in: Dokumente zur Deutschlandpolitik, Sonderedition, S. 761.

184 «Milliarden auf Jahre hinaus», S. 26.

185 Peter Passell, «Monetary Union: Would It Help?», in: The New York Times, 9. Februar 1990, S. D 1.

186 «Milliarden auf Jahre hinaus», S. 26 f.

187 Christa Luft, Zwischen Wende und Ende. Eindrücke, Erlebnisse, Erfahrungen eines Mitglieds der Modrow-Regierung, Berlin 1991, S. 167.

188 Siehe Modrow, Ich wollte ein neues Deutschland, S. 418 ff.

189 Frankfurter Allgemeine Zeitung, 2. Februar 1990.

190 Musiolek und Wuttke (Hrsg.), Parteien und politische Bewegungen im letzten Jahr der DDR, S. 56. Vgl. auch Daniel Hamilton, After the Revolution. The New Political Landscape in East Germany, in: German Issues (American Institute for Contemporary German Studies), Vol. 7, 1990. Zur Vorgeschichte vgl. umfassend Ehrhart Neubert, Geschichte der Opposition in der DDR 1949–1989, Berlin 1997.

191 Zu Einzelheiten siehe Marianne Schulz, Neues Forum. Von der illegalen Opposition zur legalen Marginalität, in: Müller-Enbergs u. a., Von der Illegalität ins Parlament, S. 11–104.

192 Henry Kamm, «Some East Germans See Their Hopes Eclipsed by Bonn's Ascendancy», in: The New York Times, 28. Februar 1990, S. A 12. Ähnlich argumentierte auch Bärbel Bohley in einem Gespräch mit dem Autor am 5. Dezember 1991, in dem sie ihrer Frustration über die Maueröffnung Ausdruck verlieh, da diese «das Ende des sozialistischen Experiments in der DDR» markiert habe.

193 Vgl. Jan Wielgohs und Helmut Müller-Enbergs, Die Bürgerbewegung Demokratie Jetzt. Vom innerkirchlichen Arbeitskreis zur politischen Opposition, in: Müller-Enbergs u. a., Von der Illegalität ins Parlament, S. 105–147. Siehe auch Bernhard Maleck und Wolfgang Ullmann, «Ich werde nicht schweigen». Gespräche mit Wolfgang Ullmann, Berlin 1991, S. 67 ff.

194 Vgl. Wolfgang Templin und Reinhard Weißhuhn, Initiative Frieden und Menschenrechte. Die erste unabhängige DDR-Oppositionsgruppe, in: Müller-Enbergs u. a., Von der Illegalität ins Parlament, S. 148–165.

195 Vgl. Gründungsaufruf «Demokratie Jetzt», 12. September 1989, in: Neue Chronik DDR, 1. Folge, S. 38.

196 Templin und Weißhuhn, Initiative Frieden und Menschenrechte, S. 148 ff.

197 Vgl. Musiolek und Wuttke (Hrsg.), Parteien und politische Bewegungen, S. 46 f.

198 Siehe Volker Gransow und Konrad H. Jarausch, Die deutsche Vereinigung. Dokumente zu Bürgerbewegung, Annäherung und Beitritt, Köln 1991.

199 Vgl. Musiolek und Wuttke (Hrsg.), Parteien und politische Bewegungen, S. 28 f. Das Motto des Parteitages mit etwa 800 Delegierten lautete: «Erneuerung und Zukunft». Siehe auch Neue Chronik DDR, 3. Folge, S. 89 f.

200 Vgl. Teltschik, 329 Tage, S. 38 f.

201 Musiolek und Wuttke (Hrsg.), Parteien und politische Bewegungen, S. 29.

202 Ebd., S. 35. Am 5. Januar 1990 erklärten Pastor Schorlemmer und andere Mitglieder des linken Flügels des Demokratischen Aufbruchs ihren Austritt aus dem DA und ihren Übertritt zur SPD.

203 Ebd., S. 39.

204 Ebd., S. 42 ff.

205 Schmemann, «Bonn's Politicians Invade East Germany», S. A 10.

206 Siehe «Wachstumsschub dank Wirtschaftsunion: Frühjahrsgutachten der deutschen Forschungsinstitute», in: Neue Zürcher Zeitung, 14. April 1990, S. 13.

207 «Einigung über die Einführung der Währungs-, Wirtschafts- und Sozialunion». Erklärung von Minister Seiters in Bonn, 2. Mai 1990, in: Bulletin, Nr. 50, 1990, S. 393 f.

208 Siehe Vertrag über die Schaffung einer Währungs-, Wirtschafts- und Sozialunion zwischen der Bundesrepublik Deutschland und der Deutschen Demokratischen Republik, 18. Mai 1990, in: Bulletin, Nr. 63, 1990, S. 517–544.

209 «‹Ich rechne mit dem Schlimmsten›. Interview mit der Ost-Berliner Arbeitsministerin Regine Hildebrandt über die Folgen der bevorstehenden Währungsunion für die DDR», in: Stern, 17. Mai 1990, S. 216 ff.

210 Zit. nach: Serge Schmemann, «How to Hammer Germany Back Together: The Nuts and Bolts», in: The New York Times, 27. Februar 1990, S. A 8.

211 Frankfurter Allgemeine Zeitung, 19. April 1990. Vgl. auch Schäuble, Der Vertrag, S. 297.

212 Vertrag zwischen der Bundesrepublik Deutschland und der Deutschen Demokratischen Republik über die Herstellung der Einheit Deutschlands – Einigungsvertrag – vom 31. August 1990, in: Dokumente der Wiedervereinigung Deutschlands, S. 327–354.

213 Siehe Youssef M. Ibrahim, «Hastily Arranged European Community Summit to Discuss the Extraordinary Changes in East Bloc», in: The New York Times, 15. November 1989, S. A 14.

214 «Ein Staatenbund? Ein Bundesstaat?», in: Der Spiegel, 11. Dezember 1989, S. 25.

215 Ebd. Siehe auch Teltschik, 329 Tage, S. 61.

216 «Die Siegermächte warnen Bonn», S. 17 f.; «Ein Staatenbund? Ein Bundesstaat?, S. 25.

217 Siehe Kommuniqué der Konferenz des NATO-Ministerrats vom 14./15. Dezember 1989, in: Europa-Archiv, 45. Jg. (1990), S. D 152. Die Formulierung war dem Brief Außenminister Walter Scheels vom 12. August 1970 an seinen sowjetischen Amtskollegen Andrej Gromyko entnommen.

218 Gespräch des Bundeskanzlers Kohl mit Staatspräsident Mitterrand in Latché, 4. Januar 1990, in: BK, 21 – 30 100 (56) Ge 28 (VS) Bd. 80, Bl. 8/1–8/12. – Vermerk des MDg Neuer, 8. Januar 1990. Abgedr. in: Dokumente zur Deutschlandpolitik, Sonderedition, S. 682 ff. Vgl. auch Karl Kaiser, Deutschlands Vereinigung. Die internationalen Aspekte, Bergisch Gladbach 1991, S. 61. Siehe ebenfalls Teltschik, 329 Tage, S. 96 ff.

219 Siehe Teltschik, 329 Tage, S. 109. Gorbatschow machte diese Bemerkung in einem Telefongespräch mit Präsident Mitterrand im Dezember 1989. Vgl. auch «Psychische Narben», in: Der Spiegel, 9. April 1990, S. 158.

220 Siehe Elizabeth Pond, Die Entstehung von Zwei-plus-Vier, in: Europa-Archiv, 47. Jg. (1992), S. 622. Vor allem den amerikanischen Entscheidungsprozeß beschreiben Philip Zelikow und Condoleeza Rice, Germany Unified and Europe Transformed. A Study in Statecraft, Cambridge, MA und London 1995.

221 Thomas L. Friedman und Michael R. Gordon, «Steps to German Unity: Bonn as a Power», in: The New York Times, 16. Februar 1990, S. A 9. Siehe hierzu umfassend Elke Bruck und Peter M. Wagner (Hrsg.), Wege zum «2+4»-Vertrag. Die äußeren Aspekte der deutschen Einheit, München 1996.

222 Friedman und Gordon, «Steps to German Unity», S. A 9. Siehe hierzu auch Genscher, Erinnerungen, S. 709 ff.

223 Siehe hierzu ausführlich James A. Baker, Drei Jahre, die die Welt veränderten. Erinnerungen, Berlin 1995, S. 171 ff.

224 Vgl. hierzu die Ausführungen Genschers in seiner Rede in der Evangelischen

Akademie Tutzing am 31. Januar 1990, in: Der Bundesminister des Auswärtigen informiert, Mitteilung für die Presse, Nr. 1026/90, 31. Januar 1990.

225 Teltschik, 329 Tage, S. 132. Vgl. auch «Bizarres Szenario. Das Bonner Außenministerium entwirft Pläne für den Status eines vereinten Deutschlands», in: Der Spiegel, 12. Februar 1990, S. 23.

226 Eduard Shevardnadze, Address before the External Affairs and Defense Committees of the Canadian Parliament, 15. Februar 1990, in: Paul Lewis, «Shevardnadze Calls for Meeting This Year on German Unification», in: The New York Times, 16. Februar 1990, S. A 9. Zum Hintergrund vgl. auch Schewardnadse, Die Zukunft gehört der Freiheit, S. 235 f.

227 Craig R. Whitney, «Moscow's Last Hope: Diplomats Believe Gorbachev Wants to Salvage Access to West's Economy», in: The New York Times, 16. Februar 1990, S. A 8.

228 Hans-Dietrich Genscher, Rede vor der Vollversammlung der Vereinten Nationen, 27. September 1989, in: Europa-Archiv, 44. Jg. (1989), S. D 654.

229 Siehe Teltschik, 329 Tage, S. 160.

230 Ebd., S. 172 ff.

231 Siehe ebd., S. 181. Siehe auch Telefongespräch des Bundeskanzlers Kohl mit Präsident Bush, 20. März 1990, in: BK, 21 – 30100 (56) Ge 28 (VS) Bd. 80, Bl. 192–197. Abgedr. in: Dokumente zur Deutschlandpolitik, Sonderedition, S. 961 ff.

232 Zit. nach: Alan Riding, «France Urges West Germany to Speed Unification», in: The New York Times, 21. März 1990, S. A 17. Siehe ebenfalls «Don't Panic: The EC and a United Germany», in: The Economist, 24. März 1990, S. 51 f.

233 Teltschik, 329 Tage, S. 179.

234 Siehe Robert Pear, «Neutral-Germany Stand By Soviets Is Softening», in: The New York Times, 21. März 1990, S. A 16.

235 Die Welt, 20. März 1990.

236 «Kritische Gemütslage», in: Der Spiegel, 26. März 1990, S. 25.

237 Vgl. Teltschik, 329 Tage, S. 190. Siehe auch Kohl, Ich wollte Deutschlands Einheit, S. 356 f.

238 Vgl. Gespräch des Bundeskanzlers Kohl mit Botschafter Kwizinskij, Bonn, 23. April 1990, in: BK, 21 – 30130 S 25 – De 2/5/90, Bd. 20, Bl. 1266–133. Abgedr. in: Dokumente zur Deutschlandpolitik, Sonderedition, S. 1026 ff.

239 Teltschik, 329 Tage, S. 207.

240 Vgl. hierzu ausführlich Görtemaker, Unifying Germany, S. 180 ff.

241 Siehe Schewardnadse, Die Zukunft gehört der Freiheit, S. 244 ff. In seinen Memoiren vermied Schewardnadse allerdings jeden Hinweis auf die Hintergrundgespräche über finanzielle Aspekte des Einigungsprozesses. Vgl. dazu Teltschik, 329 Tage, S. 220 f.

242 Siehe ebd., S. 227 ff.

243 Zit. nach: Ebd., S. 243.

244 Schreiben des Bundeskanzlers Kohl an Präsident Gorbatschow, Bonn, 22. Mai 1990, in: BK, 213 – 30130 S 25 So 38 Bd. 1. Abgedr. in: Dokumente zur Deutschlandpolitik, Sonderedition, S. 1136 f.

245 «Londoner Erklärung» der Gipfelkonferenz der Staats- und Regierungschefs der NATO-Mitgliedsstaaten am 5. und 6. Juni 1990, in: Europa-Archiv, 45. Jg. (1990), S. D 456 f.

246 Schewardnadse, Die Zukunft gehört der Freiheit, S. 251.

247 Siehe Teltschik, 329 Tage, S. 319 ff.

248 Ebd., S. 334.

249 Schewardnadse, Die Zukunft gehört der Freiheit, S. 253.

250 Erklärung zum Abschluß der dritten Runde der Zwei-plus-Vier-Verhandlungen, abgegeben vom Bundesminister des Auswärtigen der Bundesrepublik Deutschland, Hans-Dietrich Genscher, in Paris am 17. Juli 1990, in: Europa-Archiv, 45. Jg. (1990), S. D 352 f.

251 Zit. nach: Teltschik, 329 Tage, S. 352.

252 Ebd., S. 352 f. Die Position der Bundesregierung wurde noch dadurch erschwert, daß US-Präsident Bush nur einen Tag später einen angemessenen finanziellen Beitrag der Bundesrepublik zu den Kosten des Wirtschaftsembargos und der Stationierung amerikanischer Streitkräfte gegen den Irak forderte. Vgl. hierzu Europa-Archiv, 45. Jg. (1990), S. Z 190. Insgesamt beliefen sich die deutschen Aufwendungen 1990/91 schließlich auf 17 Milliarden DM. Vor allem der Golf-Krieg 1991 wurde dadurch zum großen Teil von Deutschland finanziert.

253 Siehe Teltschik, 329 Tage, S. 358.

254 Ebd., S. 359 ff.

255 Vertrag über die abschließende Regelung in bezug auf Deutschland vom 12. September 1990, in: Dokumente der Wiedervereinigung Deutschlands, S. 372 ff.

256 Helmut Kohl, «Die Erfüllung eines geschichtlichen Auftrags», in: Frankfurter Allgemeine Zeitung, 2. Oktober 1990.

257 Siehe Everhard Holtmann, Neue Bundesländer, in: Werner Weidenfeld und Karl-Rudolf Korte (Hrsg.), Handbuch zur deutschen Einheit, Bonn 1996, S. 511; Statistisches Bundesamt (Hrsg.), Datenreport 1997, S. 254 u. S. 76 ff. Jahresbericht der Bundesregierung zum Stand der Deutschen Einheit 1998, Deutscher Bundestag, 13. Wahlperiode, Drucksache 13/10823, 27. Mai 1998, S. 21.

258 Vgl. Alfred Boss und Astrid Rosenschon, Öffentliche Transferleistungen zur Finanzierung der deutschen Einheit. Eine Bestandsaufnahme, Kiel 1996.

259 Siehe Uwe Andersen, Die Finanzierung der deutschen Einheit, in: Hans-Hermann Hartwich und Göttrik Wewer (Hrsg.), Regieren in der Bundesrepublik. Teil IV: Finanz- und wirtschaftspolitische Bestimmungsfaktoren des Regierens im Bundesstaat – unter besonderer Berücksichtigung des deutschen Vereinigungsprozesses, Opladen 1992, S. 227 ff.

260 Siehe hierzu Winfried Fuest und Rolf Kroker, Entscheidung ohne Alternativen? Die Wirtschafts-, Finanz- und Sozialpolitik im deutschen Vereinigungsprozeß 1989/90, Mainz 1994.

261 Vgl. Rudolf Hickel und Jan Priewe, Nach dem Fehlstart. Ökonomische Perspektiven der deutschen Einigung, Frankfurt am Main 1994.

262 Zu den psychologischen Voraussetzungen und Folgen der Vereinigung vgl. Hans-Joachim Maaz, Das gestürzte Volk. Die verunglückte Einheit, Berlin 1991. Maaz, der als Chefarzt der Psychotherapeutischen Klinik im Evangelischen Diakoniewerk Halle arbeitet, kritisierte darin die Entmündigung der Ostdeutschen durch die Arroganz des Westens. Zuvor hatte er bereits die «Deformation» der DDR-Bürger aufgrund der jahrzehntelangen Diktatur des SED-Regimes beschrieben. Siehe Hans-Joachim Maaz, Der Gefühlsstau. Ein Psychogramm der DDR, Berlin 1990.

263 Vgl. hierzu Oskar Niedermayer und Klaus von Beyme (Hrsg.), Politische Kultur in Ost- und Westdeutschland, Berlin 1994. Siehe ebenfalls Petra Bauer-Kaase und Max Kaase, Five Years of Unification: The Germans on the Road to Inner Unity?, in: German Politics, H. 5, 1996, S. 1–25.

264 Max Kaase, Innere Einheit, in: Weidenfeld und Korte (Hrsg.), Handbuch zur deutschen Einheit, S. 393.

265 Ebd., S. 393 ff. Die Daten wurden vom GFM-GETAS Institut im Auftrag des Wissenschaftszentrums Berlin für Sozialforschung und des Zentrums für Umfragen, Methoden und Analysen Mannheim erhoben.

266 Zum Parteien- und Wählerverhalten vgl. Petra Bauer-Kaase, Die Entwicklung politischer Orientierungen in Ost- und Westdeutschland seit der deutschen Vereinigung, in: Oskar Niedermayer und Richard Stöss (Hrsg.), Parteien und Wähler im Umbruch, Opladen 1994, S. 266-297.

267 Vgl. exemplarisch Michael Jürgs, Die Treuhänder. Wie Helden und Halunken die DDR verkauften, München 1997; Heinz Suhr, Der Treuhandskandal. Wie Ostdeutschland geschlachtet wurde, Frankfurt am Main 1991; Frank Ebbing, Die Verkaufspraxis der Treuhandanstalt, Köln 1995.

268 Jan Priewe, Die Folgen der schnellen Privatisierung der Treuhandanstalt, in: Aus Politik und Zeitgeschichte, H. B 43-44/97, S. 21 ff.

269 Vgl. Jürgen Turek, Treuhandanstalt, in: Weidenfeld und Korte (Hrsg.), Handbuch zur deutschen Einheit, S. 662 ff. Siehe ebenfalls Birgit Breuel, Treuhandanstalt. Bilanz und Perspektiven, in: Aus Politik und Zeitgeschichte, H. B 43-44/94, S. 14 ff.

270 Text des Gesetzes (DDR) zur Regelung offener Vermögensfragen vom 31. August 1990 (Auszug) in: Dokumente der Wiedervereinigung Deutschlands, S. 354 ff. Zur Problematik siehe ausführlich Grosser, Das Wagnis der Währungs-, Wirtschafts- und Sozialunion, S. 330 ff.

271 Vgl. Jürgen Kocka, Vereinigungskrise. Zur Geschichte der Gegenwart, Göttingen 1995.

272 Gerhard A. Ritter, Über Deutschland. Die Bundesrepublik in der deutschen Geschichte, München 1998, S. 194.

273 Vgl. Hellmut Wollmann, Institutionenbildung in Ostdeutschland. Neubau, Umbau und «schöpferische Zerstörung», in: Max Kaase u. a., Politisches System. Bericht der Kommission für die Erforschung des sozialen und politischen Wandels in den neuen Bundesländern e. V. (KSPW), Bericht 3, Opladen 1996, S. 84. In den brandenburgischen Ministerien entfielen im Mai 1991 über die Hälfte der Stellen des höheren Dienstes auf Westdeutsche. Im Justiz-, Finanz-, Wirtschafts- und Innenministerium lag der Anteil sogar bei zwei Drittel und darüber. Vgl. Jürgen Linde, Der Neuaufbau eines Landes. Das Beispiel Brandenburg, in: Staatswissenschaft und Staatspraxis, 2, 1991, S. 282-303.

274 Siehe Wollmann, Institutionenbildung in Ostdeutschland, S. 77 ff.

275 Ebd., S. 120 ff.

276 Angaben nach: Ritter, Über Deutschland, S. 202 f.

277 Wilhelm Bürklin und Hilke Rebenstorf u. a., Eliten in Deutschland. Rekrutierung und Integration, Opladen 1997, S. 67.

278 Ritter, Über Deutschland, S. 210.

279 Hilke Rebenstorf, Karrieren und Integration – Werdegänge und Common language, in: Bürklin und Rebenstorf, Eliten in Deutschland, S. 163 ff.

280 Jahresbericht der Bundesregierung zum Stand der Deutschen Einheit 1998, S. 4, 33, 39 ff.

281 Ebd., S. 30.

282 Norbert Kloten, Deutsche Einheit. Die wirtschaftliche Last der Folgen für Ost und West. Vortrag im Rahmen einer Ringvorlesung der Universität Tübingen am 11. Januar 1996, in: Deutsche Bundesbank, Auszüge aus Presseartikeln, Nr. 8, 5. Februar 1996, S. 11 ff. Siehe auch Ritter, Über Deutschland, S. 212 f.

283 Dokumente der Wiedervereinigung Deutschlands, S. 214.

284 Ritter, Über Deutschland, S. 221.

285 Dokumente der Wiedervereinigung Deutschlands, S. 347 f.

286 Ebd., S. 347.

287 Ebd., S. 348. Siehe hierzu Stiftung Kulturfonds (Hrsg.), 5 Jahre Kunstförde-

rung in den neuen Ländern, Berlin 1995. Vgl. auch Norbert Sievers und Andreas Liedtke, Reform der Kulturverwaltungen in den neuen Bundesländern, Hagen 1995.
288 Zur Entwicklung des Bildungssystems vgl. Irmhild Rudolph, Vielfalt statt Einheitlichkeit. Zur Umgestaltung des Bildungssystems in den östlichen Bundesländern, in: Gert-Joachim Glaeßner (Hrsg.), Der lange Weg zur Einheit. Studien zum Transformationsprozeß in Ostdeutschland, Berlin 1993, S. 275–309.
289 Siehe hierzu vor allem Jürgen Kocka und Renate Mayntz (Hrsg.), Wissenschaft und Wiedervereinigung. Disziplinen im Umbruch, Berlin 1998; Gertraude Buck-Bechler und Heidrun Jahn (Hrsg.), Hochschulerneuerung in den neuen Bundesländern. Bilanz nach vier Jahren, Weinheim 1994; Renate Mayntz (Hrsg.), Aufbruch und Reform von oben. Ostdeutsche Universitäten im Transformationsprozeß, Frankfurt am Main und New York 1994.
290 Vgl. Hermann Glaser (Hrsg.), Was bleibt – was wird. Der kulturelle Umbruch in den neuen Bundesländern, Bonn 1994.
291 Statistisches Bundesamt (Hrsg.), Datenreport 1997, S. 43.
292 Vgl. V. Ronge, Ost-West-Wanderung nach Deutschland, in: Aus Politik und Zeitgeschichte, H. B 7/93, S. 17 ff. Siehe grundsätzlich Klaus J. Bade, Ausländer, Aussiedler, Asyl in der Bundesrepublik Deutschland, München 1994.
293 Karl Jaspers, Freiheit und Wiedervereinigung. Über Aufgaben deutscher Politik, München 1960, S. 53.
294 Siehe Jürgen Kocka, Die Ambivalenz des Nationalstaats und die Perspektive der Einheit Europas, in: Ders., Vereinigungskrise, S. 151.
295 Hans-Wolfgang Platzer und Walter Ruhland, Welches Deutschland in welchem Europa? Demoskopische Analysen, politische Perspektiven, gesellschaftliche Kontroversen, Bonn 1994, S. 28 ff.
296 Kocka, Die Ambivalenz des Nationalstaats, S. 155. Vgl. auch Wolfgang Hardtwig, Nationalismus und Bürgerkultur in Deutschland 1500–1914, Göttingen 1994, S. 191 ff.
297 Kocka, Die Ambivalenz des Nationalstaats, S. 157 f.
298 Vgl. bes. Werner Weidenfeld (Hrsg.), Was ändert die Einheit? Deutschlands Standort in Europa, Gütersloh 1993. Siehe auch Jeffrey J. Anderson und John B. Goodman, Mars or Minerva? A United Germany in a Post-Cold War Europe, in: Robert O. Keohane u. a. (Hrsg.), After the Cold War. International Institutions and State Strategies in Europe 1989–1991, Cambridge, MA und London 1993, S. 23–62; Arnulf Baring (Hrsg.), Germany's New Position in Europe. Problems and Perspectives, Oxford und Providence 1994.
299 Thomas Paulsen, Außenpolitik, in: Weidenfeld und Korte (Hrsg.), Handbuch zur deutschen Einheit, S. 39. Siehe auch Hanns W. Maull, Zivilmacht Bundesrepublik Deutschland. Vierzehn Thesen für eine neue deutsche Außenpolitik, in: Europa-Archiv, 47. Jg. (1992), S. 269–278.
300 Vgl. Christian Hacke, Die Außenpolitik der Bundesrepublik Deutschland. Weltmacht wider Willen? Mit einem Vorwort von Gordon A. Craig, akt. u. erw. Neuaufl., Frankfurt am Main und Berlin 1993, S. 333.
301 Siehe ebd., S. 391 ff. Vgl. auch Michael Inacker, Unter Ausschluß der Öffentlichkeit. Die Deutschen und der Golfkrieg, Bonn und Berlin 1991.
302 Vgl. John Newhouse, Bonn, der Westen und die Auflösung Jugoslawiens, in: Blätter für deutsche und internationale Politik, Nr. 10, 1992, S. 1190–1205. Siehe auch Michael Brenner, The E. C. in Yugoslavia. A Debut Performance, in: Security Studies, Vol. 1, Nr. 4, Sommer 1992, S. 586–609.
303 Der Einsatz in Somalia war allerdings für das Land selbst – wenn auch aus Gründen, die von den Deutschen nicht allein zu vertreten waren – alles andere als

ein Erfolg. Siehe hierzu ausführlich Walter Michler, Somalia – Ein Volk stirbt. Der Bürgerkrieg und das Versagen des Auslands, Bonn 1993.

304 Zahlenangaben nach: Jörg M. Winterberg, Westliche Unterstützung der Transformationsprozesse in Osteuropa (Konrad-Adenauer-Stiftung, Interne Studien und Berichte, Nr. 92), Sankt Augustin 1994, S. 13.

305 Vgl. besonders Josef Janning, Deutschland und die Europäische Union: Integration und Erweiterung, in: Karl Kaiser und Joachim Krause (Hrsg.), Deutschlands neue Außenpolitik, Bd. 3: Interessen und Strategien, München 1996, S. 31–54. Siehe ebenfalls Renata Fritsch-Bournazel, Europe and German Unification, New York und Oxford 1992, bes. S. 152 ff., sowie Barbara Lippert u. a., German Unification and EC Integration. German and British Perspectives (Chatham House Papers), London 1993.

306 Vgl. Werner Weidenfeld (Hrsg.), Mittel- und Osteuropa auf dem Weg in die Europäische Union. Bericht zum Stand der Integrationsfähigkeit, Gütersloh 1995. Zum Verfahren der Integration siehe Roland Freudenstein, Die neuen Demokratien in Ostmitteleuropa und die Europäische Union, in: Karl Kaiser und Hanns W. Maull (Hrsg.), Deutschlands neue Außenpolitik, Bd. 2: Herausforderungen, München 1995, S. 103–119.

307 Vgl. Hans-Peter Schwarz, Die Zentralmacht Europas. Deutschlands Rückkehr auf die Weltbühne, Berlin 1994. Zur deutschen Interessenlage siehe Michael Stürmer, Deutsche Interessen, in: Karl Kaiser und Hanns W. Maull (Hrsg.), Deutschlands neue Außenpolitik, Bd. 1: Grundlagen, München 1994, S. 39–61.

308 Fritz René Allemann, Bonn ist nicht Weimar, Köln und Berlin 1956.

309 Johannes Gross, Begründung der Berliner Republik. Deutschland am Ende des 20. Jahrhunderts, Stuttgart 1995.

310 Vgl. ebd., S. 93 ff.

311 Fritz Stern, Verspielte Größe. Essays zur deutschen Geschichte, München 1996, S. 9.

AUSGEWÄHLTE LITERATUR

Abelshauser, Werner: Wirtschaftsgeschichte der Bundesrepublik Deutschland 1945–1980, Frankfurt am Main 1983.
Adenauer, Konrad: Erinnerungen. Bd. 1: 1945–1953, Stuttgart 1965; Bd. 2: 1953–1955, Stuttgart 1966; Bd. 3: 1955–1959, Stuttgart 1967; Bd. 4: 1959–1963, Stuttgart 1968.
Adomeit, Hannes: Imperial Overstretch. Germany in Soviet Policy from Stalin to Gorbachev, Baden-Baden 1988.
Ahrens, Hanns D.: Demontage. Nachkriegspolitik der Alliierten, München 1982.
Albrecht, Ulrich: Die Abwicklung der DDR. Die «2+4»-Verhandlungen. Ein Insider-Bericht, Opladen 1992.
Arend, Peter: Die innerparteiliche Entwicklung der SPD 1966–1975, Bonn 1975.
Ash, Timothy Garton: Im Namen Europas. Deutschland und der geteilte Kontinent, München 1993.
Aust, Stefan: Der Baader Meinhof Komplex, Hamburg 1986.

Backer, John H.: Die deutschen Jahre des Generals Clay. Der Weg zur Bundesrepublik 1945–1949, München 1983.
Bahr, Egon: Zu meiner Zeit, München 1996.
Bänsch, Dieter (Hrsg.): Die fünfziger Jahre. Beiträge zu Politik und Kultur, Tübingen 1985.
Baring, Arnulf: Außenpolitik in Adenauers Kanzlerdemokratie. Bonns Beitrag zur Europäischen Verteidigungsgemeinschaft, München und Wien 1969.
–: Sehr verehrter Herr Bundeskanzler! Heinrich von Brentano im Briefwechsel mit Konrad Adenauer 1949–1964, Hamburg 1974.
–: Der 17. Juni 1953. Mit einem Vorwort von Richard Löwenthal, 2. Aufl., Stuttgart 1983.
– (in Zusammenarbeit mit Manfred Görtemaker): Machtwechsel. Die Ära Brandt-Scheel, Stuttgart 1982.
Barzel, Rainer: Im Streit und umstritten. Anmerkungen zu Adenauer, Erhard und den Ostverträgen, Frankfurt am Main 1986.
Beck, Ulrich: Die Risikogesellschaft. Auf dem Weg in eine andere Moderne, Frankfurt am Main 1986.
Bender, Peter: Die «Neue Ostpolitik» und ihre Folgen. Vom Mauerbau bis zur Vereinigung, 3., überarb. u. erw. Aufl., München 1986.
Benz, Wolfgang: Die Gründung der Bundesrepublik. Von der Bizone zum souveränen Staat, München 1984.
– (Hrsg.): Die Geschichte der Bundesrepublik Deutschland, 4 Bde., Frankfurt am Main 1989.
Beschloss, Michael R. und Strobe Talbott: Auf höchster Ebene. Das Ende des Kalten Krieges und die Geheimdiplomatie der Supermächte 1989–1991, Düsseldorf 1993.
Besson, Waldemar: Die Außenpolitik der Bundesrepublik. Erfahrungen und Maßstäbe, München 1970.
Beyme, Klaus von: Das politische System der Bundesrepublik Deutschland. Eine Einführung, München 1985.
Birke, Adolf M.: Nation ohne Haus. Deutschland 1945–1961, Berlin 1989.

–: Die Bundesrepublik Deutschland. Verfassung, Parlament und Parteien, München 1996.
Birrenbach, Kurt: Meine Sondermissionen. Rückschau auf zwei Jahrzehnte bundesdeutscher Außenpolitik vom Mauerbau bis heute, Düsseldorf 1984.
Blankenhorn, Herbert: Verständnis und Verständigung. Blätter eines politischen Tagebuchs 1949 bis 1979, Frankfurt am Main u. a. 1980.
Bohn, Volker: Deutsche Literatur seit 1945. Texte und Bilder, Frankfurt am Main 1993.
Bölling, Klaus: Die letzten 30 Tage des Kanzlers Helmut Schmidt. Ein Tagebuch, Reinbek 1982.
Bracher, Karl Dietrich u. a.: Republik im Wandel 1969–1974. Die Ära Brandt (= Geschichte der Bundesrepublik Deutschland, Bd. 5/I), Stuttgart und Mannheim 1986.
Brand, Karl-Werner u. a.: Aufbruch in eine andere Gesellschaft. Neue soziale Bewegungen in der Bundesrepublik, Frankfurt am Main 1984.
Brandt, Willy: Über den Tag hinaus. Eine Zwischenbilanz, Hamburg 1974.
–: Begegnungen und Einsichten. Die Jahre 1960–1975, München und Zürich 1975.
–: Erinnerungen, Berlin und Frankfurt am Main 1990.
Breuel, Birgit (Hrsg.): Treuhand intern. Tagebuch, Frankfurt am Main 1993.
Broszat, Martin u. a. (Hrsg.): Von Stalingrad zur Währungsreform. Zur Sozialgeschichte des Umbruchs in Deutschland, München 1989.
Buchheim, Hans: Deutschlandpolitik 1949–1972. Der politisch-diplomatische Prozeß, Stuttgart 1984.
Bürklin, Wilhelm P.: Grüne Politik. Ideologische Zyklen, Wähler und Parteiensystem, Opladen 1984.

Carr, Jonathan: Helmut Schmidt, Düsseldorf und Wien 1985.
Catudal, Honoré M.: Kennedy in der Mauer-Krise. Eine Fallstudie zur Entscheidungsfindung in den USA, Berlin 1981.
Clay, Lucius D.: Entscheidung in Deutschland, Frankfurt am Main 1950.
Conze, Werner: Jakob Kaiser. Politiker zwischen Ost und West 1945–1949, Stuttgart u. a. 1969.
Czempiel, Ernst-Otto: Weltpolitik im Umbruch. Das internationale System nach dem Ende des Ost-West-Konflikts, München 1991.

Deuerlein, Ernst: Deklamation oder Ersatzfriede? Die Konferenz von Potsdam, Stuttgart 1970.
Doering-Manteuffel, Anselm: Die Bundesrepublik Deutschland in der Ära Adenauer. Außenpolitik und innere Entwicklung, Darmstadt 1983.
Dohnanyi, Klaus von: Das deutsche Wagnis. Über die wirtschaftlichen und sozialen Folgen der Einheit, München 1991.
Döring, Herbert und Gordon Smith (Hrsg.): Parteienstaat und politische Kultur in der Bundesrepublik Deutschland, Opladen 1987.
Dreher, Klaus: Helmut Kohl. Leben mit Macht, Stuttgart 1998.

Eckardt, Felix von: Ein unordentliches Leben. Lebenserinnerungen, Düsseldorf und Wien 1967.
Elbe, Frank und Richard Kiessler: Ein runder Tisch mit scharfen Ecken. Der diplomatische Weg zur deutschen Einheit, Baden-Baden 1993.
Erhard, Ludwig: Wohlstand für alle, Düsseldorf 1957 (Neuaufl. Düsseldorf 1990).
Eschenburg, Theodor: Jahre der Besatzung 1945–1949. Mit einem einleitenden Essay

von Eberhard Jäckel (= Geschichte der Bundesrepublik Deutschland, Bd. 1), Stuttgart und Wiesbaden 1983.

Falkner, Thomas: Absturz in die Marktwirtschaft. Der schwere Gang durch die ostdeutsche Wirtschaftskrise, München 1994.
Felken, Detlef: Dulles und Deutschland. Die amerikanische Deutschlandpolitik 1953–1959, Bonn und Berlin 1993.
Fenske, Hans: Deutsche Parteiengeschichte. Von den Anfängen bis zur Gegenwart, Paderborn 1994.
Fetscher, Iring: Terrorismus und Reaktion, Frankfurt am Main 1977.
Filmer, Werner und Heribert Schwan (Hrsg.): Richard von Weizsäcker, Düsseldorf 1989.
Foschepoth, Josef (Hrsg.): Kalter Krieg und Deutsche Frage. Deutschland im Widerstreit der Mächte 1945–1952, Göttingen 1985.
– (Hrsg.): Adenauer und die deutsche Frage, Göttingen 1988.
Frei, Norbert: Vergangenheitspolitik. Die Anfänge der Bundesrepublik und die NS-Vergangenheit, München 1996.
Freudenhammer, Alfred und Karlheinz Vater: Herbert Wehner. Ein Leben mit der deutschen Frage, München 1978.
Friedrich, Wolfgang: Die USA und die deutsche Frage 1945–1990, Frankfurt am Main 1991.

Gaddum, Eckart: Die deutsche Europapolitik in den 80er Jahren. Interessen, Konflikte und Entscheidungen der Regierung Kohl, Paderborn 1994.
Gaus, Günter: Wo Deutschland liegt. Eine Ortsbestimmung, Hamburg 1983.
Gawel, Erik: Die deutsch-deutsche Währungsunion, Baden-Baden 1994.
Gedmin, Jeffrey: The Hidden Hand. Gorbachev and the Collapse of East Germany, Washington, DC 1992.
Geißler, Heiner: Zugluft. Politik in stürmischer Zeit, München 1990.
Genscher, Hans-Dietrich: Erinnerungen, Berlin 1995.
Gerstenmaier, Eugen: Streit und Friede hat seine Zeit. Ein Lebensbericht, Frankfurt am Main u. a. 1981.
Glaser, Hermann: Kulturgeschichte der Bundesrepublik Deutschland, 3 Bde., München 1985–1989.
–: Deutsche Kultur 1945–2000, München 1998.
– (Hrsg.): Bundesrepublikanisches Lesebuch. Drei Jahrzehnte geistiger Auseinandersetzung, München und Wien 1978.
– (Hrsg.): Was bleibt – es wird. Der kulturelle Umbruch in den neuen Bundesländern, Bonn 1994.
Görtemaker, Manfred: Unifying Germany 1989–1990, New York und London 1994.
Grabbe, Hans-Jürgen: Unionsparteien, Sozialdemokratie und Vereinigte Staaten von Amerika 1945–1966, Düsseldorf 1983.
Graml, Hermann: Die Alliierten und die Teilung Deutschlands 1945–1948, Frankfurt am Main 1985.
Grewe, Wilhelm G.: Rückblenden 1976–1951. Aufzeichnungen eines Augenzeugen deutscher Außenpolitik von Adenauer bis Schmidt, Frankfurt am Main u. a. 1979.
Grosser, Alfred: Das Deutschland im Westen. Eine Bilanz nach 40 Jahren, München 1985.
Grosser, Dieter: Das Wagnis der Währungs-, Wirtschafts- und Sozialunion. Politische Zwänge im Konflikt mit ökonomischen Regeln (= Geschichte der deutschen Einheit, Bd. 2), Stuttgart 1998.

Hacke, Christian: Die Ost- und Deutschlandpolitik der CDU/CSU. Wege und Irrwege der Opposition seit 1969, Köln 1975.
–: Weltmacht wider Willen. Die Außenpolitik der Bundesrepubik Deutschland, akt. u. erw. Neuaufl., Frankfurt am Main und Berlin 1993.
Hacker, Jens: Integration und Verantwortung. Deutschland als europäischer Sicherheitspartner, Bonn 1995.
Haftendorn, Helga: Sicherheit und Entspannung. Zur Außenpolitik der Bundesrepublik Deutschland 1955–1982, Baden-Baden 1983.
–: Sicherheit und Stabilität. Außenbeziehungen der Bundesrepublik zwischen Ölkrise und NATO-Doppelbeschluß, München 1986.
Hanrieder, Wolfram F.: Deutschland – Europa – Amerika. Die Außenpolitik der Bundesrepublik Deutschland 1949–1994, Paderborn 1995.
Henke, Klaus-Dietmar: Die amerikanische Besetzung Deutschlands, München 1995.
Hentschel, Volker: Geschichte der deutschen Sozialpolitik 1880–1980, Frankfurt am Main 1983.
–: Ludwig Erhard. Ein Politikerleben, München und Landsberg 1996.
Herbst, Ludolf: Option für den Westen. Vom Marshallplan bis zum deutsch-französischen Vertrag, München 1989.
Herles, Helmut: Machtverlust oder Das Ende der Ära Brandt, Stuttgart 1983.
Hermand, Jost: Kultur im Wiederaufbau. Die Bundesrepublik Deutschland 1945–1965, Frankfurt am Main 1989.
–: Die Kultur der Bundesrepublik Deutschland 1965–85, München 1988.
Hertle, Hans-Hermann: Der Fall der Mauer. Die unbeabsichtigte Selbstauflösung des SED-Staates, Opladen 1996.
Herzfeld, Hans: Berlin in der Weltpolitik 1945–1970, Berlin und New York 1973.
Hockerts, Hans Günter: Sozialpolitische Entscheidungen im Nachkriegsdeutschland. Alliierte und deutsche Sozialversicherungspolitik 1945–1957, Stuttgart 1980.
Hubert, Michel: Deutschland im Wandel. Geschichte der deutschen Bevölkerung seit 1815, Stuttgart 1998.
Huf, Hans-Christian (Hrsg.): Das Land der großen Mitte. Gespräche über die Kultur der Bundesrepublik, Düsseldorf u. a. 1989.

Jäckel, Hartmut (Hrsg.): Die neue Bundesrepublik, Baden-Baden 1994.
Jäger, Wolfgang: Entscheidung im Kanzleramt. Helmut Kohl und die deutsche Wiedervereinigung, Stuttgart 1996.
–: Die Überwindung der Teilung. Der innerdeutsche Prozeß der Vereinigung 1989/90 (= Geschichte der deutschen Einheit, Bd. 3), Stuttgart 1998.
– und Werner Link: Republik im Wandel 1974–1982. Die Ära Schmidt. Mit einem abschließenden Essay von Joachim C. Fest (= Geschichte der Bundesrepublik Deutschland, Bd. 5/II), Stuttgart und Mannheim 1987.
Jansen, Hans Heinrich: Großbritannien, das Scheitern der EWG und der NATO-Beitritt der Bundesrepublik Deutschland, Bochum 1992.
Jarausch, Konrad: Die unverhoffte Einheit 1989–1990, Frankfurt am Main 1995.
Jesse, Eckhard (Hrsg.): Politischer Extremismus in Deutschland und Europa, München 1993.
– und Armin Mitter (Hrsg.): Die Gestaltung der deutschen Einheit. Geschichte, Politik, Gesellschaft, Bonn und Berlin 1992.

Kaiser, Karl: Deutschlands Vereinigung. Die internationalen Aspekte. Mit den wichtigsten Dokumenten, bearb. von Klaus Becher, Bergisch Gladbach 1991.
Karasek, Hellmuth: «Go West!» Eine Biographie der fünfziger Jahre, Hamburg 1996.

Kelleher, Catherine McArdle: Germany and the Politics of Nuclear Weapons, New York und London 1975.
Kemmler, Marc: Die Entstehung der Treuhandanstalt, Frankfurt am Main und New York 1994.
Kiesinger, Kurt Georg: Dunkle und helle Jahre. Erinnerungen 1904–1958, Stuttgart 1989.
Kistler, Helmut (Hrsg.): Die Bundesrepublik Deutschland. Vorgeschichte und Geschichte 1945 bis 1983, Bonn 1990.
Kleinert, Hubert: Vom Protest zur Regierungspartei. Die Geschichte der Grünen, Frankfurt am Main 1992.
Kleinmann, Hans Otto: Geschichte der CDU 1945–1982, Stuttgart 1993.
Kleßmann, Christoph: Die doppelte Staatsgründung 1945–1955, 5. Aufl., Bonn 1991.
–: Zwei Staaten, eine Nation. Deutsche Geschichte 1955–1970, Göttingen und Bonn 1988.
Knittel, Manfred: Die Legende von der «Zweiten Schuld». Vergangenheitsbewältigung in der Ära Adenauer, Berlin und Frankfurt am Main 1993.
Koerfer, Daniel: Kampf ums Kanzleramt. Erhard und Adenauer, Stuttgart 1987.
Kogon, Eugen: Die restaurative Republik. Zur Geschichte der Bundesrepublik Deutschland, Weinheim 1996.
Kohl, Helmut: Ich wollte Deutschands Einheit. Dargestellt von Kai Diekmann und Ralf Georg Reuth, Berlin 1998.
Köhler, Henning: Adenauer. Eine politische Biographie, Frankfurt am Main und Berlin 1994.
Korte, Hermann: Eine Gesellschaft im Aufbruch. Die Bundesrepublik Deutschland in den sechziger Jahren, Frankfurt am Main 1987.
Korte, Karl-Rudolf: Deutschlandpolitik in Helmut Kohls Kanzlerschaft. Regierungsstil und Entscheidungen 1982–1989 (= Geschichte der deutschen Einheit, Bd. 1), Stuttgart 1998.
–: Die Chance genutzt? Die Politik zur Einheit Deutschlands, Frankfurt am Main und New York 1994.
Krenz, Egon: Wenn Mauern fallen. Die friedliche Revolution. Vorgeschichte – Ablauf – Auswirkungen, Wien 1990.
Krieger, Wolfgang: General Lucius D. Clay und die amerikanische Deutschlandpolitik 1945–1949, Stuttgart 1987.
–: Franz Josef Strauß. Der barocke Demokrat aus Bayern, Göttingen und Zürich 1995.
Krockow, Christian Graf von: Die Deutschen in ihrem Jahrhundert 1890–1990, Reinbek 1990.

Laitenberger, Volkhard: Ludwig Erhard. Der Nationalökonom als Politiker, Göttingen und Zürich 1986.
Langguth, Gerd: Suche nach Sicherheiten. Ein Psychogramm der Deutschen, Stuttgart 1995.
Lehmann, Hans Georg: Öffnung nach Osten. Die Ostreisen Helmut Schmidts und die Entstehung der Ost- und Entspannungspolitik, Bonn-Bad Godesberg 1984.
Lemke, Michael: Die Berlinkrise 1958 bis 1963. Interessen und Handlungsspielräume der SED im Ost-West-Konflikt, Berlin 1995.
Lietsch, Fritz und Bernhard Michalowski (Hrsg): Die Bananenrepublik. Skandale und Affären in der Bundesrepublik – Eine Chronik, München 1997.

Limmer, Hans: Die deutsche Gewerkschaftsbewegung. Geschichte, Gegenwart, Zukunft. Ein kritischer Grundriß (= Geschichte und Staat, 279), 13., völlig überarb. Aufl., München 1996.
Lindemann, Helmut: Gustav Heinemann. Ein Leben für die Demokratie, München 1978.
Löwenthal, Richard und Hans-Peter Schwarz (Hrsg.), Die zweite Republik. 25 Jahre Bundesrepublik Deutschland – eine Bilanz, Stuttgart 1974.

Mahncke, Dieter: Berlin im geteilten Deutschland, München und Wien 1973.
Maier, Hans: Die Deutschen und die Freiheit. Perspektiven der Nachkriegszeit, Stuttgart 1985.
Maier, Reinhold: Erinnerungen 1948–1953, Tübingen 1966.
Maizière, Lothar de: Die deutsche Einheit – eine kritische Betrachtung, Fürstenfeldbruck 1994.
Mathiopoulos, Margarita: Das Ende der Bonner Republik, Stuttgart 1993.
Mayer, Hans: Die umerzogene Literatur. Deutsche Schriftsteller und Bücher 1945–1967, Berlin 1988.
Mee, Charles L., Jr.: The Marshall Plan. The Launching of the Pax Americana, New York 1984.
Meissner, Boris: Rußland, die Westmächte und Deutschland. Die sowjetische Deutschlandpolitik 1943–1953, Hamburg 1954.
Mende, Erich: Die neue Freiheit. 1945–1961, München 1984.
–: Von Wende zu Wende. 1962–1982, München 1986.
Meyer, Christoph: Die deutschlandpolitische Doppelstrategie. Wilhelm Wolfgang Schütz und das Kuratorium Unteilbares Deutschland, München 1998.
Meyer, Thomas: Am Ende der Gewalt? Der deutsche Terrorismus. Protokoll eines Jahrzehnts, Frankfurt am Main u. a. 1980.
Miller, Susanne: Die SPD vor und nach Godesberg, Bonn-Bad Godesberg 1974.
Milward, Alan S., The Reconstruction of Western Europe 1945–51, London und Berkeley, CA 1984.
Möller, Alex: Genosse Generaldirektor, München und Zürich 1978.
Möller, Horst: Exodus der Kultur. Schriftsteller, Wissenschaftler und Künstler in der Emigration nach 1933, München 1984.
Morsey, Rudolf: Die Bundesrepublik Deutschland. Entstehung und Entwicklung bis 1969, München 1995.
–: Heinrich Lübke. Eine politische Biographie, Paderborn 1996.
– (Hrsg.): Konrad Adenauer und die Gründung der Bundesrepublik Deutschland, Bonn 1986.
Mosler, Peter (Hrsg.): Was wir wollten, was wir wurden. Zeugnisse der Studentenrevolte, Reinbek 1988.
Müller, Georg: Die Grundlegung der westdeutschen Wirtschaftsordnung im Frankfurter Wirtschaftsrat 1947–1949, Frankfurt am Main 1982.
Müller, Guido (Hrsg.): Deutschland und der Westen. Festschrift für Klaus Schwabe zum 65. Geburtstag, Stuttgart 1998.

Neumann, Lothar F. und Klaus Schaper: Die Sozialordnung der Bundesrepublik Deutschland, Bonn 1985.
Neunzig, Hans A. (Hrsg.): Hans Werner Richter und die Gruppe 47, Frankfurt am Main u. a. 1981.
Niclauß, Karlheinz: Der Weg zum Grundgesetz. Demokratiegründung in Westdeutschland 1945–1949, Paderborn 1998.

–: Das Parteiensystem der Bundesrepublik Deutschland. Eine Einführung, Paderborn 1995.
Niedenhoff, Horst Udo: Mitbestimmung in der Bundesrepublik Deutschland, Köln 1979.
Niethammer, Lutz: Die Mitläuferfabrik. Die Entnazifizierung am Beispiel Bayern, Berlin und Bonn 1982.
Noll, Heinz Herbert und Wolfgang Glatzer (Hrsg.): Lebensverhältnisse in Deutschland. Ungleichheit und Angleichung, Frankfurt am Main 1992.
Nolte, Ernst: Deutschland und der Kalte Krieg, München und Zürich 1974.

Osterheld, Horst: Außenpolitik unter Bundeskanzler Ludwig Erhard 1963–1966. Ein dokumentarischer Bericht aus dem Kanzleramt, Düsseldorf 1992.
Otto, Karl A.: Vom Ostermarsch zur APO.Geschichte der außerparlamentarischen Opposition in der Bundesrepublik 1960–1970, Frankfurt am Main und New York 1977.

Pflüger, Friedbert: Richard von Weizsäcker. Ein Porträt aus der Nähe, Stuttgart 1990.
Pikart, Eberhard: Theodor Heuss und Konrad Adenauer. Die Rolle des Bundespräsidenten in der Kanzlerdemokratie, Stuttgart 1976.
Pohl, Manfred: Wiederaufbau. Kunst und Technik der Finanzierung 1947–1953, Frankfurt am Main 1973.
Pohl, Rüdiger (Hrsg.): Herausforderung Ostdeutschland, Berlin 1995.
Poidevin, Raymond: Robert Schumans Deutschland- und Europapolitik, München 1976.
– und Jacques Bariéty: Frankreich und Deutschland. Die Geschichte ihrer Beziehungen 1815–1975, München 1982.
Pommerin, Reiner: Von Berlin nach Bonn. Die Alliierten, die Deutschen und die Hauptstadtfrage nach 1945, Köln und Wien 1989.
Poppinga, Anneliese: Konrad Adenauer. Geschichtsverständnis, Weltanschauung und politische Praxis, Stuttgart 1975.
–: Meine Erinnerungen an Konrad Adenauer, Stuttgart 1970.
Pöttering, Hans-Gert: Adenauers Sicherheitspolitik 1955–1963. Ein Beitrag zum deutsch-amerikanischen Verhältnis, Düsseldorf 1975.
Pötzsch, Horst: Deutsche Geschichte von 1945 bis zur Gegenwart. Die Entwicklung der beiden deutschen Staaten, München 1998.

Ritter, Gerhard A.: Über Deutschland. Die Bundesrepublik in der deutschen Geschichte, München 1998.
Roeper, Hans: Die D-Mark. Vom Besatzungskind zum Weltstar. Eine deutsche Wirtschaftsgeschichte der Gegenwart, Frankfurt am Main 1978.
Rosner, Siegfried: Gesellschaft im Übergang? Zum Wandel von Arbeit, Sozialstruktur und Politik in der Bundesrepublik, Frankfurt am Main 1990.
Roth, Margit: Zwei Staaten in Deutschland. Die sozialliberale Deutschlandpolitik und ihre Auswirkungen 1969–1978, Opladen 1981.
Roth, Roland und Dieter Rucht (Hrsg.), Neue soziale Bewegungen in der Bundesrepublik Deutschland, Bonn 1987.
Rovan, Joseph: Geschichte der deutschen Sozialdemokratie, Frankfurt am Main 1980.
Rudolph, Hermann: Die Herausforderung der Politik. Innenansichten der Bundesrepublik, Stuttgart 1985.
Rupieper, Hermann-Josef: Der besetzte Verbündete. Die amerikanische Deutschlandpolitik 1945–1955, Opladen 1991.
Rütten, Theo: Der deutsche Liberalismus 1945 bis 1955, Baden-Baden 1984.

Schabowski, Günter: Das Politbüro – Ende eines Mythos, Reinbek 1990.
Schäuble, Wolfgang: Der Vertrag. Wie ich über die deutsche Einheit verhandelte, Stuttgart 1991.
Scheel, Walter (Hrsg): Nach dreißig Jahren. Die Bundesrepublik Deutschland. Vergangenheit, Gegenwart, Zukunft, Stuttgart 1970.
Schildt, Axel: Moderne Zeiten. Freizeit, Massenmedien und «Zeitgeist» in der Bundesrepublik der 50er Jahre, Hamburg 1995.
Schmid, Carlo: Erinnerungen, Bern u. a. 1979.
Schmidt, Helmut: Menschen und Mächte, Berlin 1987.
–: Die Deutschen und ihre Nachbarn. Menschen und Mächte II, Berlin 1990.
–: Weggefährten. Erinnerungen und Reflexionen, Berlin 1996.
Schmitz, Thomas (Hrsg.): Geschichte der Gewerkschaften in der Bundesrepublik Deutschland. Von den Anfängen bis heute, Köln 1990.
Schmoekel, Reinhard und Bruno Kaiser: Die vergessene Regierung. Große Koalition 1966 bis 1969 und ihre langfristigen Wirkungen, Bonn 1991.
Schneider, Michael: Demokratie in Gefahr. Der Konflikt um die Notstandsgesetze – Sozialdemokratie, Gewerkschaften und intellektueller Protest (1958–1968), Bonn 1986.
Schnell, Ralf: Die Literatur der Bundesrepublik. Autoren, Geschichte, Literaturbetrieb, Stuttgart 1986.
Schöllgen, Gregor: Angst vor der Macht. Die Deutschen und ihre Außenpolitik, Frankfurt am Main 1993.
Scholz, Günter: Die Bundespräsidenten. Biographien eines Amtes, Heidelberg 1992.
Schönbohm, Wulf: CDU. Porträt einer Partei, München und Wien 1979.
–: Die CDU wird moderne Volkspartei, Stuttgart 1985.
Schöps, Joachim: Die «Spiegel»-Affäre des Franz Josef Strauß, Hamburg 1983.
Schulze, Rainer u. a.: Flüchtlinge und Vertriebene in der westdeutschen Nachkriegsgeschichte, Hildesheim 1987.
Schwabe, Klaus und Francesca Schinzinger (Hrsg.): Deutschland und der Westen im 19. und 20. Jahrhundert, Stuttgart 1994.
Schwartz, Thomas Alan: America's Germany. John J. McCloy and the Federal Republic of Germany, Cambridge, MA 1991.
Schwarz, Hans-Peter: Vom Reich zur Bundesrepublik. Deutschland im Widerstreit der außenpolitischen Konzeptionen in den Jahren der Besatzungsherrschaft 1945–1949, erw. Neuaufl., Stuttgart 1980.
–: Die Ära Adenauer. Gründerjahre der Republik 1949–1957 (= Geschichte der Bundesrepublik Deutschland, Bd. 2), Stuttgart und Wiesbaden 1981.
–: Die Ära Adenauer 1957–1963. Epochenwechsel (= Geschichte der Bundesrepublik Deutschland, Bd. 3), Stuttgart und Wiesbaden 1983.
–: Die gezähmten Deutschen. Von der Machtbesessenheit zur Machtvergessenheit, Stuttgart 1985.
–: Adenauer. Der Aufstieg 1876–1952, Stuttgart 1986.
–: Adenauer. Der Staatsmann 1952–1967, Stuttgart 1991.
–: Die Zentralmacht Europas. Deutschlands Rückkehr auf die Weltbühne, Berlin 1994.
Schwinn, Oliver: Die Finanzierung der Einheit, Opladen 1996.
Seebacher-Brandt, Brigitte: Ollenhauer. Biedermann und Patriot, Berlin 1984.
–: Die Linke und die Einheit, Berlin 1991.
Seydoux, François: Beiderseits des Rheins. Erinnerungen eines französischen Diplomaten, Frankfurt am Main 1975.
Shlaim, Avi: The United States and the Berlin Blockade 1948–1949. A Study in Crisis Decision-Making, Berkeley, CA 1983.

Siebenmorgen, Peter: Gezeitenwechsel. Aufbruch zur Entspannungspolitik, Bonn 1990.
Sinn, Hans-Werner und Gerlinde Sinn: Kaltstart. Volkswirtschaftliche Aspekte der deutschen Vereinigung, Tübingen 1993.
Soell, Hartmut: Fritz Erler. Eine politische Biographie, 2 Bde., Berlin u. a. 1976.
Sontheimer, Kurt: Grundzüge des politischen Systems der Bundesrepublik Deutschland, München 1976.
–: Deutschlands politische Kultur, München 1990.
–: Die Adenauer-Ära. Grundlegung der Bundesrepublik, München 1991.
– u. a. (Hrsg.): Die verunsicherte Republik. Die Bundesrepublik nach 30 Jahren, München 1979.
Spotts, Frederic: Kirchen und Politik in Deutschland, Stuttgart 1976.
Steininger, Rolf: Deutsche Geschichte 1945–1961, 2 Bde., Frankfurt am Main 1983.
–: Eine Chance zur Wiedervereinigung? Die Stalin-Note vom 10. März 1952, Bonn 1985.
–: Wiederbewaffnung. Die Entscheidung für einen westdeutschen Verteidigungsbeitrag – Adenauer und die Westmächte 1950, Erlangen u. a. 1989.
Sternburg, Wilhelm von (Hrsg.): Die deutschen Kanzler von Bismarck bis Schmidt, Königstein im Taunus 1985.
Strauß, Franz Josef: Die Erinnerungen, Berlin 1989.
Stürmer, Michael: Die Grenzen der Macht. Begegnungen der Deutschen mit der Geschichte, Berlin 1992.

Teltschik, Horst: 329 Tage. Innenansichten der Einigung, Berlin 1991.
Thaysen, Uwe: Der Runde Tisch oder Wo blieb das Volk? Der Weg der DDR in die Demokratie, Opladen 1990.
Thies, Jochen: Helmut Schmidts Rückzug von der Macht. Das Ende der Ära Schmidt aus nächster Nähe, Bonn 1988.

Vogel, Hans-Jochen: Nachsichten. Meine Bonner und Berliner Jahre, München und Zürich 1996.
Vogel, Walter: Westdeutschland 1945–1950. Der Aufbau von Verfassungs- und Verwaltungseinrichtungen in den Ländern der drei westlichen Besatzungszonen, Boppard 1983.
Volkmann, Hans-Erich (Hrsg.): Ende des Dritten Reiches – Ende des Zweiten Weltkrieges. Eine perspektivische Rückschau, München 1995.

Waigel, Theo und Manfred Schell (Hrsg.): Tage, die Deutschland und die Welt veränderten – Vom Mauerfall zum Kaukasus. Die deutsche Währungsunion, München 1994.
Weber, Hermann: Die DDR 1945–1990, München 1993.
Weber, Jürgen (Hrsg.): Die Republik der fünfziger Jahre, München 1989.
Weber, Petra: Carlo Schmid 1896–1979. Eine Biographie, München 1996.
Weidenfeld, Werner: Außenpolitik für die deutsche Einheit. Die Entscheidungsjahre 1989/90 (= Geschichte der deutschen Einheit, Bd. 4), Stuttgart 1998.
– (Hrsg.): Politische Kultur und deutsche Frage. Materialien zum Staats- und Nationalbewußtsein in der Bundesrepublik Deutschland, Köln 1989.
– und Karl-Rudolf Korte (Hrsg.): Handbuch zur deutschen Einheit, akt. Neuausg., Frankfurt am Main und New York 1996.
Weizsäcker, Richard von: Vier Zeiten. Erinnerungen, Berlin 1997.
Wengst, Udo: Staatsaufbau und Regierungspraxis 1948–1953. Zur Geschichte der Verfassungsorgane der Bundesrepublik Deutschland, Düsseldorf 1984.

Wettig, Gerhard: Entmilitarisierung und Wiederbewaffnung in Deutschland 1943–1955. Internationale Auseinandersetzungen um die Rolle der Deutschen in Europa, München 1967.
–: Das Vier-Mächte-Abkommen in der Bewährungsprobe. Berlin im Spannungsfeld von Ost und West, Berlin 1981.
Wilke, Jürgen: Mediengeschichte der Bundesrepublik Deutschland, Köln und Weimar 1998.
Wilker, Lothar: Die Sicherheitspolitik der SPD 1956–1966. Zwischen Wiedervereinigungs- und Bündnisorientierung, Bonn-Bad Godesberg 1977.
Winkler, Heinrich August (Hrsg.): Politische Weichenstellungen im Nachkriegsdeutschland 1945–1953, Göttingen 1979.

Zayas, Alfred M. de: Die Anglo-Amerikaner und die Vertreibung der Deutschen. Vorgeschichte, Verlauf, Folgen, München 1977.
Zelikow, Philip und Condoleezza Rice: Germany Unified and Europe Transformed. A Study in Statecraft, Cambridge, MA u. a. 1995.
Ziebura, Gilbert: Die deutsch-französischen Beziehungen seit 1945. Mythen und Realitäten, Pfullingen 1970.
Zimmer, Matthias: Nationales Interesse und Staatsräson. Zur Deutschlandpolitik der Regierung Kohl 1982–1989, Paderborn 1992.

ABKÜRZUNGSVERZEICHNIS

AA	Auswärtiges Amt
ACDP	Archiv für Christlich-Demokratische Politik der Konrad-Adenauer-Stiftung, St. Augustin
AdDL-FNSt	Archiv des Deutschen Liberalismus der Friedrich-Naumann-Stiftung, Gummersbach
AfA	Arbeitsgemeinschaft für Arbeitnehmerfragen
AFN	American Forces Network
AL	Alternative Liste für Demokratie und Umweltschutz Berlin
APO	Außerparlamentarische Opposition
ARD	Arbeitsgemeinschaft der öffentlich-rechtlichen Rundfunkanstalten der Bundesrepublik Deutschland
ASBw	Amt für Sicherheit der Bundeswehr
ASD-FESt	Archiv der sozialen Demokratie der Friedrich-Ebert-Stiftung, Bonn-Bad Godesberg
AStA	Allgemeiner Studentenausschuß
AVP	Aktionsgemeinschaft Vierte Partei
AVPRF	Archiv für Außenpolitik der Russischen Föderation (Moskau)
BAFöG	Bundesausbildungsförderungsgesetz
BArch	Bundesarchiv
BBC	British Broadcasting Corporation
BBU	Bundesverband Bürgerinitiativen Umweltschutz
BDIS	Bundesverband Deutsch-Israelischer Studenten
BfV	Bundesamt für Verfassungsschutz
BHE	Bund der Heimatvertriebenen und Entrechteten
BICO	Bipartite Control Office
BKA	Bundeskriminalamt
BRD	Bundesrepublik Deutschland
CCF	Congress for Cultural Freedom
CDA	Christlich-Demokratische Arbeitnehmerschaft
CDP	Christlich-Demokratische Partei
CDU	Christlich-Demokratische Union
CIA	Central Intelligence Agency
CLT	Compagnie Luxembourgeoisie de Télédiffusion
CND	Campaign for Nuclear Disarmament
CSSR	Tschechoslowakische Sozialistische Republik
CSU	Christlich-Soziale Union
DA	Demokratischer Aufbruch
DDR	Deutsche Demokratische Republik
DEFA	Deutsche Film-AG
DFU	Deutsche Friedens-Union
DGB	Deutscher Gewerkschaftsbund
DKP	Deutsche Kommunistische Partei
DKP/DRP	Deutsche Konservative Partei/Deutsche Rechtspartei
DP	Deutsche Partei

dpd	Deutscher Presse-Dienst
DSU	Deutsche Soziale Union
DVP	Deutsche Volkspartei
EAC	European Advisory Commission
ECS	European Communication Satellite
Ecu	European currency unit
EG	Europäische Gemeinschaft(en)
EGKS	Europäische Gemeinschaft für Kohle und Stahl
EKD	Evangelische Kirche in Deutschland
EPZ	Europäische Politische Zusammenarbeit
ERP	European Recovery Program
EU	Europäische Union
Euratom	Europäische Atomgemeinschaft
EVG	Europäische Verteidigungsgemeinschaft
EWG	Europäische Wirtschaftsgemeinschaft
EWS	Europäisches Währungssystem
EZU	Europäische Zahlungsunion
FAZ	Frankfurter Allgemeine Zeitung
FDGB	Freier Deutscher Gewerkschaftsbund
FDP/F.D.P.	Freie Demokratische Partei
FO	Foreign Office
FRUS	Foreign Relations of the United Staates
FU (Berlin)	Freie Universität Berlin
GAL	Grün-Alternative Liste
GAZ	Grüne Aktion Zukunft
GB/BHE	Gesamtdeutscher Block/Bund der Heimatvertriebenen und Entrechteten
GG	Grundgesetz
GSG	Grenzschutzgruppe
GVP	Gesamtdeutsche Volkspartei
HICOG	Allied High Commission for Germany
HSU	Humanistische Studentenunion
IARA	Inter-Allied Reparations Agency
IFM	Initiative für Frieden und Menschenrechte
IG	Industriegewerkschaft
JCS	Joint Chiefs of Staff
K I	Kommune I
KGB	Komitet Gossudarstwennoj Besopasnosti (Komitee für Staatssicherheit, sowjetischer Geheimdienst)
KOFAZ	Komitee für Frieden, Abrüstung und Zusammenarbeit
Kominform	Kommunistisches Informationsbüro
Komintern	Kommunistische Internationale
KPD	Kommunisitische Partei Deutschlands
KPdSU	Kommunistische Partei der Sowjetunion
KSZE	Konferenz über Sicherheit und Zusammenarbeit in Europa
LAG	Lastenausgleichsgesetz
LDP	Liberaldemokratische Partei
LDPD	Liberaldemokratische Partei Deutschlands
LPG	Landwirtschaftliche Produktionsgenossenschaft
LESt	Ludwig-Erhard-Stiftung
LSD	Liberaler Studentenbund Deutschlands

MBFR	Mutual Balance Force Reductions
MLF	Multilateral Force
MRP	Mouvement Républicain Populaire
MSB	Marxistischer Studentenbund
MSzMP	Ungarische Sozialistische Arbeiterpartei
NATO	North Atlantic Treaty Organization
NC	North Carolina (USA)
NDR	Norddeutscher Rundfunk
NL	Nachlaß
NLA	Nationalliberale Aktion
NPD	Nationaldemokratische Partei Deutschlands
NS	Nationalsozialismus
NSC	National Security Council
NSDAP	Nationalsozialistische Deutsche Arbeiterpartei
NVA	Nationale Volksarmee
NWDR	Nordwestdeutscher Rundfunk
OEEC	Organization for European Economic Cooperation
o. J.	ohne Jahr
o. O.	ohne Ort
OPEC	Organization of Petroleum Exporting Countries
OMGUS	Office of the Military Government of the United States
OSZE	Organisation für Sicherheit und Zusammenarbeit in Europa
ÖTV	Gewerkschaft Öffentliche Dienste, Transport und Verkehr
PDS	Partei des Demokratischen Sozialismus
PEN	Poets, Playwrights, Editors, Essayists and Novelists (internationale Schriftstellervereinigung)
PG	Parteigenosse
POUM	Partito Obrero Unificada Marxista
RAF	Rote Armee Fraktion
RFE	Radio Free Europe
RGW	Rat für Gegenseitige Wirtschaftshilfe
RIAS	Rundfunk im amerikanischen Sektor
RPF	Rassemblement du Peuple Français
RSHA	Reichssicherheitshauptamt
RSP	Radikalsozialistische Freiheitspartei
RLT	Radio-Télé Luxembourg
RWVP	Rheinisch-Westfälische Volkspartei
SAJ	Sozialistische Arbeiterjugend
SALT	Strategic Arms Limitation Talks
SAP	Sozialistische Arbeiterpartei
SAPMO	Stiftung Archiv der Parteien und Massenorganisationen der DDR (im Bundesarchiv)
SAT I	Satelliten Fernsehen GmbH
SBZ	Sowjetische Besatzungszone
SDP	Sozialdemokratische Partei
SDS (dt.)	Sozialistischer Deutscher Studentenbund
SDS (am.)	Students for a Democratic Society
SED	Sozialistische Einheitspartei Deutschlands
SHB	Sozialdemokratischer Hochschulbund (ab März 1971 Sozialistischer Hochschulbund)
SMAD	Sowjetische Militäradministration in Deutschland

SOPADE	Sozialdemokratische Partei Deutschlands (Exilorganisation)
SPD	Sozialdemokratische Partei Deutschlands
SRP	Sozialistische Reichspartei
SSW	Südschleswigscher Wählerverband
Stamokap	Staatsmonopolistischer Kapitalismus
StBKAH	Stiftung Bundeskanzler-Konrad-Adenauer-Haus (Rhöndorf)
SVP	Sonstige Politische Vereinigung
SWP	Stiftung Wissenschaft und Politik
TASS	Telegrafnoje Agenstwo Sowjetskogo Sojusa (sowjetische Nachrichtenagentur)
UdSSR	Union der sozialistischen Sowjetrepubliken
UFA	Universum Film Aktiengesellschaft
UNESCO	United Nations Educational, Scientific and Cultural Organization
UN(O)	United Nations (Organization)
US(A)	United States (of America)
USPD	Unabhängige Sozialdemokratische Partei Deutschlands
VDA	Verband der deutschen Automobilindustrie
VEG	Volkseigenes Gut
WAV	Wirtschaftliche Aufbau-Vereinigung
WDR	Westdeutscher Rundfunk
WEU	Westeuropäische Union
YIP	Youth International Party
ZDF	Zweites Deutsches Fernsehen
ZK	Zentralkomitee

PERSONENREGISTER

Acheson, Dean 104, 281, 283, 292, 295 f., 299, 301–4, 380, 390
Achleitner, Friedrich 666
Achternbusch, Herbert 669, 675
Ackermann, Anton 213
Ackermann, Eduard 700, 703
Adenauer, Konrad 33, 51, 54, 59, 61–64, 68 f., 71–74, 76, 79–102, 104 ff., 108, 115, 117, 133, 139, 141, 148, 161, 188, 190, 227, 250, 260 ff., 271 f., 276–80, 282–89, 293, 297 ff., 303 f., 309 f., 314–18, 322–40, 342–49, 351, 353, 357–63, 365–71, 373, 377–82, 384–95, 397, 401, 403 f., 406, 408 f., 413 f., 416, 418 ff., 422 ff., 441 ff., 446, 457 f., 461, 468, 475, 491, 495, 501, 504, 510, 513, 526–31, 533, 550, 580, 583, 588, 596, 652, 688 ff., 697
Adenauer, Konrad (Sohn) 90
Adler, Alfred 215
Adloff, Horst Manfred 662
Adorno, Theodor W. 247, 265, 269, 654 f., 676
Adschubej, Alexej 399
Agartz, Viktor 130 f.
Ahlers, Conrad 383, 444, 446, 469, 502 f., 540, 558, 570
Aichinger, Ilse 237
Alber, Jens 175
Albertz, Heinrich 485, 531 f., 542
Albrecht, Ernst 701 ff.
Alexandrow, A. M. 539, 548
Allardt, Helmut 538
Allemann, Fritz René 422, 457, 787
Altenburg, Wolfgang 709
Altmann, Rüdiger 200, 414 ff.
Altmeier, Peter 54, 86 f., 691 f.
Amendt, Günter 640
Amery, Carl 238
Anders, Günther 191
Andersch, Alfred 232 f., 236 f., 276, 666
Anderson, Sir John 124
Andreotti, Giulio 753

Andres, Stefan 255
Apel, Hans 522 f., 579, 709
Arendt, Hannah 231, 255, 260
Arendt, Walter 502, 579
Arens, Brigitte 675
Armstrong, Louis 186
Arndt, Adolf 512, 519
Arnold, Karl 60 f., 71, 86, 96, 98, 100, 293, 334, 336
Aron, Raymond 256, 408
Artmann, Hans Carl 664, 666
Ärzte, die 680
Attali, Jacques 761
Augstein, Josef 383
Augstein, Rudolf 90, 235, 381–84, 469, 473, 680, 711
Auriol, Vincent 278, 321
Axen, Hermann 716

Baader, Andreas 586 f.
Bach, Johann Sebastian 263
Bachmann, Ingeborg 237 ff., 679
Bachmann, Josef 486
Bacia, Jürgen 621
Baez, Joan 477, 653 f.
Bagehots, Walter 113 f.
Bahr, Egon 225, 355, 439, 446, 525, 531–34, 536, 538–43, 545 f., 548, 550, 556 f., 559 f., 573 f., 579
Baker, James 738, 753, 756, 758, 761
Ball, George 380, 402
Bamm, Peter 221
BAP 680
Baring, Arnulf 83, 91 f., 515
Barlach, Ernst 217, 242
Barraclough, John 83 f.
Barschel, Uwe 712
Bartók, Béla 215, 218, 243, 269
Baruch, Bernard 127, 201
Barzel, Rainer 393, 412, 419, 422 f., 432 ff., 436 f., 445 f., 458, 465, 551–56, 562 f., 687, 694 ff., 702, 711
Baselitz, Georg 671
Bastian, Gert 647

Baudissin, Wolf Graf 339
Baudrillard, Jean 673
Bauer, Leo 200
Baumann, «Bommi» 643
Baumeister, Willi 213, 218, 239–42
Baumgarten, Hans 229
Bausch, Pina 669
Bautz, Franz Josef 234
Bayer, Konrad 665 f.
Beatles 477
Beauvoir, Simone de 636
Bebel, August 506, 579
Bech, Joseph 324
Becher, Johannes R. 213, 215, 219 f., 234, 251
Bechert, Karl 191
Beck, Ulrich 614 f., 682
Becker, Detlev 383
Becker, Jurek 717
Becker, Jürgen 238
Becker, Walter 564
Beckett, Samuel 664
Beckmann, Max 213, 215, 242
Beeren, Wim 660
Behr, Hans-Georg 664
Bell, Daniel 597 f., 600
Below, Nicolaus von 15
Ben Gurion, David 409
Benda, Ernst 454 f., 486
Bender, Peter 357, 362, 526
Benjamin, Walter 657
Benn, Gottfried 266 f., 269 f.
Bennett, Jack 146
Bense, Max 220
Berendsohn, Walter A. 212
Berg, Alban 218, 269, 679
Bergengruen, Werner 264
Bergfleth, Gerd 674
Berghan, Karl Wilhelm 373
Bergmann, Ingmar 662
Bergsdorf, Wolfgang 700
Berija, Lawrentij P. 310 f., 317
Berking, Willy 268
Bermann-Fischer, Gottfried 215
Bernadotte, Graf Folke 16
Bernanos, Georges 219
Bernhard, Thomas 669
Bernstein, Eduard 376, 579
Beuys, Joseph 658–61, 671
Bevin, Ernest 36 f., 45, 105, 129, 137, 281, 292, 299

Beyen, Johann Wilhelm 350
Beyerle, Josef 65
Bichsel, Peter 238
Bidault, Georges 35, 45, 316, 319 f.
Biedenkopf, Kurt 646, 695 f., 700, 705, 711
Bienek, Horst 238, 667
Biermann, Wolf 717
Bill, Max 666
Binding, Rudolf G. 264
Birkenfeld, Günther 254
Birrenbach, Kurt 412, 556
Bischoff, Friedrich 222
Bismarck, Otto Graf von 12, 81, 92, 100, 206, 214, 259, 274, 787
Bissier, Julius 242
Blacher, Boris 243, 257
Blank, Theodor 109, 150, 322, 339 f., 342 ff., 359
Blankenhorn, Herbert 86, 101, 106, 316, 332 f., 339 f., 344
Blech, Leo 243
Blessing, Karl 448
Bloch, Ernst 220
Blok, Alexander 219
Blücher, Franz 102, 148, 287
Blum, Léon 256
Blüm, Norbert 700
Blume, August 205
Boblenz, Michael 265
Bobrowski, Johannes 238
Böckler, Hans 98, 158
Bode, Arnold 241
Boden, Wilhelm 691
Bogomolow, A. J. 308
Bohlen, Charles 35
Bohley, Bärbel 736, 745
Böhm, Franz 152, 690
Böhm, Hartmut 656
Böhme, Ibrahim 746
Böll, Heinrich 237, 488, 515, 662, 666, 668, 681
Bond, Edward 679
Bondy, Francois 257
Bonhoeffer, Dietrich 204
Bopp, Jörg 639
Borchert, Wolfgang 236
Borkenau, Franz 254, 256
Bormann, Martin 15–18, 27
Born, Max 346
Born, Nicolas 238, 609, 675

Börner, Holger 373
Borodin, Aleksandr P. 677
Bose, Hans-Jürgen von 678
Bowles, Chester 379
Bracher, Karl Dietrich 414, 579
Bradford, A. L. 297
Brandt, Willy 81f., 193, 254, 256, 258, 313, 355ff., 362ff., 372f., 398, 418, 438f., 441, 443–46, 453, 456, 458, 460f., 463–68, 470, 475, 490–93, 496, 498–517, 519–22, 5224f., 529–39, 542, 544f., 550ff., 554f., 557–60, 562–65, 568–71, 573–78, 580f., 583, 585, 588, 590, 594ff., 620, 687, 689f., 695, 707, 716, 733, 746
Brauchitsch, Eberhard von 710f.
Brauer, Max 52, 55, 60, 254
Braun, Eva 15ff.
Braune, Alfred 244
Bräutigam, Otto 333
Brecht, Bertolt 215, 219f., 231, 244, 250, 252, 657, 682, 745
Bredel, Willi 213, 219f.
Brenner, Hildegard 681
Brentano, Clemens von 64
Brentano, Heinrich von 74, 334–37, 365, 387, 390, 397, 411, 419, 441f., 458
Breschnew, Leonid 542, 555, 560, 589ff., 721f.
Brink, Michael 205
Brinkmann, Rolf Dieter 667
Brock, Bazon 667
Brod, Max 215
Brost, Erich 509, 512
Brown, Earl 659
Brown, Irving 256
Bruckner, Anton 678
Brüning, Heinrich 98f., 506
Brüsewitz, Oskar 718
Brzezinski, Zbigniew 399, 591
Buback, Siegfried 576, 587, 639
Buber-Neumann, Margarete 257
Bucerius, Gerd 100, 235, 367
Bucher, Ewald 435, 442
Büchner, Georg 236, 678
Buck, Pearl S. 219
Bulganin, Nikolai 329f., 332, 334–37
Bultmann, Rudolf 231
Burgdorf, Wilhelm 15, 18
Burgmann, Dieter 649

Burke, Edmund 111
Bush, George 640, 738, 753, 760, 783
Buthe, Michael 660
Byrnes, James F. 35ff., 128f.
Byroade, Henry A. 300ff.

Cage, John 659
Camaro, Alexander 240
Campendonk, Heinrich 242
Camus, Albert 219
Canetti, Elias 215
Capra, Fritjof 674
Carossa, Hans 264
Carrington, Lord Peter Alexander Rupert 784
Carstens, Karl 354, 426, 535, 556, 693, 695
Carter, Jimmy 589ff., 627
Cassady, Neal 477
Caudwell, Christopher 657
Caven, Ingrid 662
Celan, Paul 237
Ceram, C. W. 227
Chagall, Marc 218
Chamberlain, Neville 102
Chaplin, Charlie 250
Christo 660
Chruschtschow, Nikita 329f., 334ff., 355ff., 359–65, 379f., 399, 405, 468, 513, 526, 529f., 545
Churchill, Winston 19, 21ff., 36, 202, 227, 279, 297, 312, 319, 323, 331, 508
Claudius, Eduard 219, 251
Clay, Lucius D. 36f., 42ff., 47, 53, 70, 88, 127–30, 132, 137–40, 146, 151, 225, 251
Clinton, Bill 601
Cocteau, Jean 250
Cohn-Bendit, Daniel 638
Conant, John 315
Cornides, Wilhelm 235
Couve de Murville, Maurice 47, 387f., 406f.
Croce, Benedetto 256
Cyrankiewicz, Jozef 543

D. A. F. 680
Dahlgrün, Rolf 428, 435
Dahrendorf, Gustav 59, 213
Dahrendorf, Ralf 175, 196, 474, 500, 609

Danuser, Hermann 678
Daschitschew, Wjatscheslaw 761
Dawes, Charles G. 22, 124
De Michelis, Gianni 758
Debray, Régis 753
Dechamps, Bruno 385
Dehler, Thomas 32, 64, 96, 100, 102, 287, 382
Deist, Heinrich 372 ff., 375
Delors, Jacques 760
Delp, Alfred 204
Dertinger, Georg 272
Deter, Ina 680
Dewey, John 256
Dibelius, Friedrich Karl Otto 259
Dickel, Friedrich 731 f.
Diehl, Günter 333
Diehl, Rudolf 710
Diestel, Peter-Michael 752
Dirks, Walter 231 f., 249 f., 252, 261
Dix, Otto 213, 218, 242
Döblin, Alfred 215 f., 220, 228
Dobrynin, Anatoli 546
Dohnanyi, Klaus von 579
Doll, Hans Peter 665
Dombrowski, Erich 229
Dönhoff, Marion Gräfin 534
Dönitz, Karl 15–18
Dor, Milo 237
Döring, Wolfgang 382 f.
Döring-Manteuffel, Anselm 258
Dorst, Tankred 669
Douglas, Lewis W. 47 f.
Dowling, Walter 380, 390
Dregger, Alfred 694, 696
Drenkmann, Günter von 587
Drews, Richard 212
Drexel, Walter 656
Duchamp, Marcel 667
Duckwitz, Ferdinand 542 ff.
Duden, Anne 675
Dufhues, Josef Hermann 391, 403, 416, 419, 422, 434, 437
Dulles, John Foster 312–16, 323 f., 331, 333, 357, 359, 378 ff., 386 f., 390
Dumas, Roland 760
Dutschke, Rudi 474, 480, 486, 488 f., 584, 586, 658

Ebeling, Hans-Wilhelm 747
Ebert, Theodor 628

Eckardt, Felix von 315, 333, 379
Edelhagen, Kurt 268
Eden, Anthony 20, 23, 202, 313, 317 f., 324, 326, 331, 351, 527
Eggebrecht, Axel 221
Egk, Werner 243
Ehard, Hans 33, 50, 52, 55 f., 68, 88, 98 f., 145
Ehlers, Hermann 100
Ehmke, Horst 444, 502, 516–19, 555, 565, 570, 573 f., 579
Ehrenburg, Ilja 219
Eich, Günter 237
Eichendorff, Joseph von 264
Eichler, Willi 374 ff.
Einem, Gottfried von 244
Einstein, Albert 215, 250
Eisenhower, Dwight D. 18, 202, 225, 305, 312 f., 329, 331, 357, 378 f., 468
Eisler, Hanns 218, 243 f., 250, 657
Eliot, T. S. 219, 265
Ellwein, Thomas 108
Ende, Michael 663, 670
Enderle, Luiselotte 225
Engelhard, Hans 752
Engels, Friedrich 153
Engholm, Björn 687, 712
Ensslin, Gudrun 586 f.
Enzensberger, Hans Magnus 238, 675, 681
Eppelmann, Rainer 718, 747
Eppler, Erhard 523, 569, 579, 596, 627, 631
Erhard, Ludwig 82 f., 86 f., 97, 99, 101 f., 131, 141–52, 154, 156, 158 f., 282, 285 f., 350, 366–70, 373, 384 ff., 389–95, 397–401, 403–10, 412–37, 439, 442, 447 f., 451 f., 458, 461 ff., 466 f., 470, 495, 501, 516, 535, 583, 596, 666, 689
Erler, Fritz 31, 191, 193, 340, 347, 367, 372 f., 375, 377 f., 395, 397 f., 439, 513
Ernst, Max 215, 240
Ertl, Josef 473, 501 f., 550
Eschenburg, Theodor 108, 150, 156, 459
Etzel, Franz 349, 368 f., 390
Eucken, Walter 152–55
Eugen von Savoyen 259

Falin, Valentin 546, 548, 734, 741
Faßbender, Joseph 242

Fassbinder, Rainer Werner 662 f.
Faulhaber, Michael 204
Faulkner, William 211
Faure, Edgar 320, 330 f.
Fay, Fritz 72
Fechter, Paul 227
Federer, Georg 411
Fegelein, Hermann 16
Feininger, Lyonel 213
Feis, Herbert, 123
Felfe, Werner 715
Fetscher, Iring 623
Fetting, Rainer 671
Feuchtwanger, Lion 215
Fichte, Johann Gottlieb 206
Fichtner, Otto 374
Filbinger, Hans 552, 694, 698
Finck, Albert 88
Finck von Finckenstein, Hans Werner Graf 430
Fischbeck, Hans-Jürgen 745
Fischer, Ernst 657
Fischer, Eugen 133 f.
Fischer, Fritz 20
Fischer, Gerhard 718
Fischer, Joschka 650
Fischer, Oskar 726
Flach, Karl-Hermann 500
Flaskämper, Paul 612
Fleischmann, Peter 662
Flick, Friedrich 27
Flügel, Rudolf 245
Foerster, Friedrich Wilhelm 206
Foertsch, Friedrich 382
Fontane, Theodor 663
Ford, Gerald R. 589 f.
Foucault, Michel 674
Fouchet, Christian 405
Fowler, Henry 430
Fraenkel, Ernst 112
Frahm, Martha 506
Franck, Benno 251
Franco, Francisco 260
Francois-Poncet, André 70, 104 ff., 278, 287, 324
Franke, Egon 502
Franken, Paul 85
Freud, Sigmund 215, 654
Freund, Michael 231
Friderichs, Hans 579, 583
Fried, Erich 238

Friedan, Betty 636
Friedeburg, Ludwig von 476 f., 479, 655
Friedensburg, Ferdinand 213, 272
Friedmann, Werner 227
Friedrich II. von Preußen 259
Frings, Joseph Kardinal 91, 259
Frisch, Max 669
Fritzsche, Hans 27
Frohne, Edmund 134
Frühtrunk, Günter 656
Fry, Christopher 219
Fuchs, Ernst 657
Fuchs, Jürgen 717
Fuchs, Walther Peter 691

Gaddum, Johann Wilhelm 692, 696
Gaitskell, Hugh 361, 528
Galbraith, John Kenneth 379
Galen, Clemens Graf von 204
Garaudy, Roger 657
Gaulle, Charles de 18, 290, 297, 320 f., 326, 355, 379 f., 386-90, 401 ff., 405-8, 423 f., 461 f., 469 f., 688
Gaus, Günter 515, 573, 710
Geiler, Karl 33
Geißler, Heiner 692, 700
Genscher, Hans-Dietrich 473 f., 497, 501, 555, 575 f., 579, 698, 702-7, 710, 736, 753, 756 f., 761, 763, 765 ff., 784
Gentz, Friedrich von 259
Gerassimow, Gennadi 722
Gerstenmaier, Eugen 100, 235, 365, 367, 390, 403 f., 410 f., 419, 421, 424, 434-37, 441
Gide, André 219, 256
Gimbel, John 123
Ginsberg, Allen 477
Girgensohn, Pastor 170
Giscard d'Estaing, Valéry 354, 584, 588, 592, 689
Glaeser, Ernst 90
Glaser, Hermann 685
Glass, Philip 676
Globke, Hans 108, 360, 368, 370, 387, 391, 394, 409, 528, 580
Glotz, Peter 595
Glucksmann, André 674
Goebbels, Joseph 15 ff., 27, 210, 712
Goebbels, Magda 15, 17

Goerdeler, Carl 508
Goethe, Johann Wolfgang von 263
Goetz, Curt 215
Gollwitzer, Helmut 190
Gomringer, Eugen 666
Gomulka, Wladyslaw 543
Goppel, Alfons 435
Gorbatschow, Michail 11, 712 ff., 720 ff., 724, 726–30, 733 f., 736, 738, 740 f., 754, 759, 762–66
Göring, Hermann 15 f.
Götting, Gerald 746
Götz, Karl Otto 240
Grabert, Horst 573 f., 576
Graham, Billy 91
Grandval, Gilbert 287
Grass, Günter 238, 417, 444 f., 487 f., 497, 515, 574, 666, 668, 681
Greene, Graham 219, 221
Greene, Hugh Carlton 221 f.
Grewe, Wilhelm G. 330, 333, 335–38, 365, 379 f.
Gries, Wilhelm 274
Grieshaber, HAP 240
Grimme, Adolf 256
Grisebach, Lucius 661
Gröber, Conrad 204
Groeben, Hans von der 352
Grohmann, Will 240
Groll, Gunter 263
Gromyko, Andrej 308 f., 406, 538–42, 545, 559, 708
Grönemeyer, Herbert 680
Gropius, Walter 215
Gross, Johannes 414
Grosz, George 213, 657
Grosz, Károly 723
Grotewohl, Otto 63, 81 f., 305 f., 308 f.
Gruhl, Herbert 627, 649
Grundmann, Konrad 422
Grützke, Johannes 657
Gscheidle, Kurt 579
Guevara, Che 484, 486, 677
Guillaume, Christel 576
Guillaume, Günter 576 f.
Günther, Rolf 718
Gunzert, Rudolf 655
Guth, Karl 143
Guthrie, Woody 477
Guttenberg, Karl Theodor Freiherr von und zu 384, 403, 434, 440 f., 535 f.
Guttmann, Bernhard 231
Gyptner, Richard 333
Gysi, Gregor 735, 738
Gysi, Klaus 234, 718

Habe, Hans 216, 224 ff.
Habermas, Jürgen 416, 487, 598, 657, 672 ff.
Hachfeld, Rainer 657
Haerdter, Robert 231
Haffner, Sebastian 534
Haftmann, Werner 239, 241
Hagelstange, Rudolf 255, 264
Hager, Kurt 722
Hahn, Otto 346
Hallstein, Walter 231, 293 f., 335–38, 348, 362, 370, 399, 407, 411 ff., 464, 529, 535, 556, 690
Hamel, Peter Michael 678
Hamm-Brücher, Hildegard 500
Handke, Georg 333
Handke, Peter 238, 667, 669
Harich, Wolfgang 717
Harlan, Veit 244
Harmel, Pierre 537, 594, 707
Harpprecht, Klaus 573
Härtling, Peter 238, 668
Hartmann, Alfred 134
Hartmann, Karl Amadeus 244
Hartung, Hans 240 f.
Harzendorf, Fritz 206
Hase, Karl-Günther von 389
Hassel, Kai-Uwe von 366, 403, 419, 423
Haug, Wolfgang Fritz 656 f.
Hauptmann, Gerhard 213
Hausenstein, Wilhelm 91, 264
Hausmann, Manfred 220, 264
Hausner, Rudolf 657
Haussmann, Helmut 766
Havel, Vaclav 758
Havemann, Robert 213, 717
Hayek, Friedrich August von 153
Heartfield, John 657
Heck, Bruno 434, 446, 474, 497, 556
Heckel, Erich 213, 218, 242
Hegel, Georg Wilhelm Friedrich 206, 597
Hegemann, Werner 215

Hegewisch, Helga 681
Hegner, Jakob 215
Heidegger, Martin 206
Heiliger, Bernhard 240
Heinemann, Gustav 100, 190, 200, 299, 309, 372f., 444, 447, 456, 491–96, 500, 502f., 519, 547, 557, 579
Heisenberg, Werner 346, 417
Heißenbüttel, Helmut 666
Heldt, Werner 240f.
Hell, Ter 672
Hellman, Lillian 252
Hellpach, Willy 690
Hellwege, Heinrich 95
Helms, Wilhelm 552
Hembus, Joe 246
Hemingway, Ernest 219
Hendrix, Jimi 653
Henkel, Walter 62f., 391
Hennis, Wilhelm 505
Hensel, Walther 84
Hentschel, Volker 393, 428
Hentzen, Alfred 239
Henze, Hans Werner 677, 679
Herburger, Günter 238
Herger, Wolfgang 729
Hermes, Andreas 32, 85, 273, 275f.
Hermlin, Stephan 215, 220, 238, 251, 675, 717
Herold, Horst 577
Herrmann, Joachim 728
Herter, Christian 378, 401
Herzog, Roman 696f.
Herzog, Werner 663
Hesse, Hermann 264
Hessen, Johannes 205
Heusinger, Adolf 332, 346
Heuss, Theodor 32, 62, 77, 89, 97ff., 226, 287, 365f., 368, 370, 439, 442, 491f., 495, 504
Heym, Stefan 215, 225, 251, 717
Hiehle, Joachim 709
Hildebrandt, Regine 751
Hildesheimer, Wolfgang 237, 666
Hilpert, Werner 87
Himmler, Heinrich 15f.
Hindemith, Paul 215, 218, 243, 265, 679
Hindenburg, Paul von 111
Hirsch, Etienne 292
Hitler, Adolf 11, 15–19, 21, 31, 57, 100, 102, 105, 109ff., 116, 124, 190, 199, 201, 203, 205f., 208, 214, 236, 254, 259, 265, 277, 310, 335, 342, 389, 440, 505, 507, 542, 579, 663, 681
Ho Tschi-minh 484, 486
Hobbes, Thomas 457
Höcherl, Hermann 367, 383, 454f.
Hochhuth, Rolf 417, 665, 668
Hödicke, Karl Horst 671
Hoegner, Wilhelm 33, 144f.
Hofer, Karl 213, 215, 218, 240f.
Höffer, Paul 213
Hoffmann, Heinrich 15
Hoffmann, Johannes 287f., 325
Hoffmann, Wilhelm 204
Hohmann, Karl 367, 393, 414f., 420
Holkenbrink, Heinrich 692
Hollands, Heinrich 224
Höllerer, Walter 238
Hollstein, Walter 478
Holtfreter, Jürgen 657
Hölzel, Adolf 242
Honecker, Erich 363, 546, 549, 592, 708, 713–18, 720, 722, 724–29, 735, 745
Hook, Sidney 256
Hoover, Herbert 41, 137
Hopf, Volkmar 383
Horkheimer, Max 247, 481, 655
Horlacher, Michael 86
Horn, Gyula 726
Horowitz, Kurt 215
Hoyer Millar, Sir Frederick 323
Hradil, Stefan 652
Huber, Joseph 683
Hübner, Kurt 665
Huch, Ricarda 213, 250
Hull, Cordell 20, 23f.
Humboldt, Wilhelm von 195, 248
Hupka, Herbert 551
Hurd, Douglas 756
Husák, Gustáv 723
Huxley, Julian 256

Ihering, Herbert 213
Illich, Ivan 627
Immendorff, Jörg 660, 671f.
Inglehart, Ronald 621f., 624
Ionesco, Eugen 664

Jäckel, Eberhard 515
Jäckel, Hartmut 515

Jackson, Henry 589
Jaeger, Richard 340
Jahn, Gerhard 502
Jakés, Milós 723
Jandl, Ernst 652, 666
Jaruzelski, Wojciech 719, 723, 760
Jary, Michael 268
Jaspers, Karl 205, 230, 255 f., 260, 483, 534, 781 f.
Jawlensky, Alexej von 242
Jebb, Sir Gladwynn 312
Jendrychowski, Stefan 544
Jentzsch, Bernd 717
Jessen, Jens 154
Jessup, Philip C. 44
Jochimsen, Reimut 517
Jodl, Oberst Alfred 16
Johnson, Lyndon B. 364, 379, 397, 410, 415, 427–30, 434, 462, 470
Johnson, Uwe 238, 418, 642, 666
Johst, Hanns 211
Jonas, Hans 620
Josselson, Michael 255 f.
Joyce, James 219
Junge, Gertrud 15
Jünger, Ernst 211, 266, 270, 414
Jungk, Robert 191, 627

Kádár, János 719, 723
Kafka, Franz 218 ff.
Kagan, Moissej 657
Kagel, Mauricio 676 f.
Kaisen, Wilhelm 52, 55
Kaiser, Jakob 32, 85, 88, 100, 102, 109, 141, 272–76, 287, 289, 306, 365
Kalinke, Margot 95
Kandinsky, Wassily 215, 218, 239
Kant, Immanuel 206, 263, 579
Kantorowicz, Alfred 212, 220, 235, 251
Kaprow, Allan 658 f.
Karasek, Helmut 664
Kardorff, Ursula von 63
Karl der Große 259
Kasack, Hermann 30, 220
Kaschnitz, Marie Luise 231
Kästner, Erich 225, 231, 233
Kastrup, Dieter 757
Katzer, Hans 434, 552, 700
Kaufmann, Edmund 149
Kaufmann, Richard 184

Käutner, Helmut 245
Keitel, Oberst Wilhelm 16
Kellermann, Bernhard 213
Kelly, Petra 647, 649
Kempski, Hans Ulrich 562
Kennan, George F. 35, 38, 361, 528 f.
Kennedy, John F. 283, 362 ff., 378–82, 386, 388, 396 f., 468, 504, 510, 513, 527, 531 ff., 562
Kennedy, Robert 562
Kern, Horst 182, 684
Kerouac, Jack 477
Keßler, Heinz 724, 728
Kesten, Hermann 215
Keynes, John Maynard 253, 447, 582
Kiefer, Anselm 672
Kienbaum, Gerhard 551 ff.
Kiesinger, Kurt Georg 334, 434, 436 f., 443–48, 453, 456, 459, 461, 463–67, 469 f., 484, 487 f., 491 f., 497 f., 500, 502, 517, 535 f., 551, 554, 596, 689 f., 694
Kießling, Günter 709
Killmayer, Wilhelm 678
King, Alexander 602
King, Martin Luther 477
Kingsbury-Smith, Joseph 288
Kinkel, Klaus 576, 784
Kipphardt, Heiner 668 f.
Kirch, Leo 607
Kirchner, Ernst Ludwig 242, 672
Kirchner, Volker David 678
Kirkpatrick, Ivone 104 f., 358
Kirsch, Sarah 675
Kissinger, Henry A. 345, 402, 537, 539, 546, 548, 578
Klages, Helmut 625
Klarsfeld, Beate 488
Klasen, Karl 570
Klee, Paul 213, 215, 218, 239, 242
Kleining, Gerhard 180
Kleist, Heinrich von 663
Klemperer, Otto 215
Klemperer, Victor 213
Klett, Arnulf 31, 72
Klingelhöfer, Gustav 510
Kluge, Alexander 238, 662, 675
Kluncker, Heinz 575
Kmieciak, Peter 625
Knoeringen, Waldemar von 372 f., 440
Koch, Manfred 414

Koch, Thilo 221
Koch, Waldemar 32
Kocka, Jürgen 772
Koenig, General Pierre 53, 55 f., 70
Koeppen, Wolfgang 236, 666
Koestler, Arthur 233, 254, 256
Kogon, Eugen 231 f., 256 f.
Kohl, Helmut 434, 436, 446, 493 f., 497, 554, 556, 611, 650, 687–714, 730, 733, 736–39, 741–44, 747–50, 753–56, 758–64, 766 ff., 784, 787
Kohl, Michael 559 f.
Köhler, Erich 88, 132 f.
Kokoschka, Oskar 213
Kolb, Walter 72
Kolbe, Georg 213, 242
Kolbenhoff, Walter 237, 666
Kolle, Oswald 664
Kollwitz, Käthe 217
Kondratieff, Nikolai 160
Kopf, Hinrich 60, 64
Kopf, Hugo 150
Kopper, Hilmar 762 f.
Korn, Karl 229
Kornblum, John 547
Kosing, Alfred 723
Kossygin, Alexej 538, 542
Kotschemassow, Wjatscheslaw 740
Kracauer, Siegfried 246
Krahl, Hans-Jürgen 655
Kramer, Franz Albert 235
Kraske, Konrad 391
Krause, Günther 750, 752
Krebs, Hans 15, 17 f.
Kreisky, Bruno 508
Krenz, Egon 724, 727–35, 737
Kressmann, Willi 512
Kreuder, Ernst 220
Krippendorff, Ekkehard 482 f.
Kriwett, Ferdinand 666
Kroetz, Franz Xaver 664 f.
Krolow, Karl 220
Kronauer, Brigitte 675
Krone, Heinrich 360, 362, 366–36, 381, 383, 387, 390 f., 394, 419 f., 441, 529
Krug, Manfred 718
Krüger, Horst 260
Krüger, Michael 675
Krupp von Bohlen-Halbach, Gustav 27

Kubel, Alfred 133
Kuby, Erich 482
Kuehnelt-Leddhin, Erik von 259
Kühlmann-Stumm, Knut von 500–3
Kühn, Eckehard 668
Kühn, Heinz 499
Külz, Wilhelm 272
Kunert, Christian 718
Kunert, Günter 238, 675, 718
Kunzelmann, Dieter 479 f., 485
Kurella, Alfred 220
Kurowski, Walter 657
Kusnezow, Wassilij 426
Küster, Otto 65
Küstermeier, Rudolf 227
Kwizinsky, Julij 737, 761 f., 766

Lachenmann, Helmut 676 f.
Lafontaine, Oskar 596, 687, 748
Lage, Klaus 680
Lambertz, Werner 717
Lambsdorff, Otto Graf 583, 593 f., 703 ff., 710 f.
Lampersberger, Gerhard 664
Landauer, Walter 215
Lange, Halvard 509
Langer, Wolfram 367
Langgässer, Elisabeth 215
Langhans, Rainer 485
Langhoff, Wolfgang 213
Lasker-Schüler, Else 215
Lasky, Melvin J. 232, 251 f., 254, 257, 681
Lassalle, Ferdinand 579
Laue, Max von 346
Laux, Karl 263
Leary, Timothy 478
Leber, Georg 373, 377, 493 f., 516, 579
Leber, Julius 506, 508, 511
Lehár, Franz 243
Lehmbruch, Wilhelm 242
Lehr, Robert 100
Leibholz, Gerhard 111 f.
Lemmer, Ernst 32, 213, 272 f., 306
Lenin 487
Lenz, Aloys 98
Lenz, Carl Otto 456
Lenz, Otto 108
Lenz, Siegfried 238, 515, 668
Leonhardt, Rudolf Walter 414

Lepsius, Rainer M. 180
Lerche, Horst 656
Lettau, Reinhard 238
Leussink, Hans 502
Levi, Carlo 256
Lévy, Bernard-Henri 674
Ley, Robert 27
Lie, Haakon 256
Lieber, Hans-Joachim 482 f.
Ligatschow, Jegor 734
Lincoln, Abraham 536
Lind, Jakov 669
Linde, Erdmann 515
Link, Werner 556
Lippmann, Walter 39
Lloyd, Selwyn 323
Loest, Erich 718
Lohaus, Bernd 660
Lohmar, Ulrich 482, 581
Löns, Josef 86
Lorenz, Peter 587
Loritz, Alfred 95
Löwenthal, Richard 254, 481, 487, 522, 579
Lübke, Heinrich 370, 415, 418, 422, 437, 441 f., 484, 491 ff., 495
Luce, Henry 202
Luchsinger, Fred 200
Lücke, Paul 383 f., 395, 419, 423, 434, 440 f., 458 ff.
Lüdemann, Hermann 60
Ludwig, Peter 656
Ludwig, Wolfgang 656
Luft, Christa 743
Luft, Friedrich 225, 255
Luhmann, Niklas 615
Lukács, Georg 206, 220, 657, 675
Lüpertz, Markus 671 f.
Luther, Martin 259

Macke, August 242
Macmillan, Harold 363, 379, 388, 401
Madariaga, Salvador de 256
Mahler, Gustav 677 f.
Mahler, Horst 586
Maier, Reinhold 32 f., 51, 60, 223, 439
Maihofer, Werner 500, 579
Maiskij, I. M. 122
Maizière, Lothar de 746 f., 750
Malenkow, Georgij S. 311
Malik, Jakow 44

Malina, Judith 664
Mann, Golo 255, 534
Mann, Heinrich 215, 220, 245
Mann, Klaus 216
Mann, Thomas 205 f., 215, 219, 250
Mansfield, Mike 427, 470
Manstein, Bodo 191
Manziarly, Constanze 15
Mao Tse-tung 244, 484, 486 f., 664
Maquard, Odo 672
Marc, Franz 265
Marchwitza, Hans 251
Marcuse, Herbert 476, 481, 485, 653 f., 658
Marek, Kurt W. 227
Marighella, Carlos 587
Maritain, Jacques 256
Marjolin, Robert 354
Marshall, George C. 39 ff., 45, 47 ff., 126, 132, 136 ff., 140, 146, 148, 173, 275, 277, 279 ff., 285, 291 f., 303
Martin, Alfred 206, 383 f.
Martini, Paul 89
Marx, Franz 80
Marx, Karl 153, 182, 674
Marx, Werner 555
Massigli, René 46
Mataré, Ewald 240
Matisse, Henri 250, 265
Matthäus-Maier, Ingrid 705
Matthes, Hermann 691
Matthöfer, Hans 579, 632
Mauer, Burkhard 665
May, Ernst 215
Mayer, Hans 212, 251
Mazowiecki, Tadeusz 736, 760
McCarthy, Joseph 250
McCloy, John J. 104 f., 202, 295, 297–305, 358, 364, 390, 470, 512
McCullers, Carson 220
McGovern, William Montgomery 205
McNamara, Robert 430
McNarney, Joseph T. 128 f.
Meckel, Markus 746
Mehlhorn, Ludwig 745
Mehnert, Klaus 235
Mehring, Walter 215
Meinecke, Friedrich 207, 230
Meinhof, Ulrike 586 f.
Meins, Holger 587

Meissner, Boris 761
Meistermann, Georg 240
Meitner, Lise 215
Mellies, Wilhelm 372 f.
Mende, Erich 383, 390, 394, 398, 409, 424, 435, 439 f., 470–74, 497 f., 500, 502 f., 550 f.
Mendelssohn-Bartholdy, Felix 218
Mendès-France, Pierre 320, 322–26
Menzel, Walter 59 f., 63 f., 67 f., 192
Merchant, Livingston 315
Merkatz, Hans-Joachim von 383
Metternich, Fürst Clemens von 259
Meyer, Otto 692
Middendorf, Helmut 672
Mielke, Erich 724, 727 f., 733
Mikojan, Anastas 360, 527
Miksch, Leonhard 149, 152
Miller, Arthur 252
Millet, Kate 636
Minks, Wilfried 664 f.
Mischnick, Wolfgang 465, 474, 551, 703, 743
Mitchell, Margaret 268
Mitscherlich, Alexander 255, 629
Mittag, Günter 725, 728
Mitterrand, François 689, 752 ff., 760 f.
Moch, Jules 304
Modrow, Hans 728 ff., 732, 734–45, 747, 750, 757 ff., 771
Moe, Finn 507
Möller, Alex 496, 499, 501 f., 515, 567 ff., 571, 580
Möller, Alfred 372 f.
Molo, Walter von 215, 220
Molotow, Wjatscheslaw 20 f., 36, 39, 45, 128, 318 f., 330, 334 f.
Mon, Franz 667
Monnet, Jean 289 f., 292 f., 302–5, 349 f., 352
Montesquieu, Charles de 116
Moore, Harriet 180
Mooser, Josef 176
Morgenthau, Henry 22 ff., 123, 137, 201, 325, 468
Morrien, Adriaan 238
Morrison, Herbert 137
Morsey, Rudolf 146
Mozart, Wolfgang Amadeus 664
Mueller, Rudolf 131
Mueller-Graaf, Carl H. 204

Muhr, Ella 143
Müller, Gebhard 72, 86 ff.
Müller, Günther 553
Müller, Hermann (Reichskanzler) 475
Müller, Hermann (stellv, FDP-Vorsitzender) 474
Müller, Josef 54, 146
Müller-Armack, Alfred 149, 152, 154 ff., 414, 421, 432 f.
Müller-Hildebrandt, Burkhart 381
Müller-Marein, Josef 227
Müller-Westernhagen, Marius 680
Murphy, Robert 72
Musil, Robert 215, 219, 662

Nagel, Otto 213
Nagy, Imre 723
Nannen, Henri 472, 681
Napoleon Bonaparte 92, 236, 286
Nasser, Gamal Abd el 410 ff.
Nau, Alfred 372
Nawiasky, Hans 56
Nay, Ernst Wilhelm 240, 242
Nena 680
Nerlinger, Oskar 241
Neumann, Franz 510–13
Neumeister, Hedy 185
Niebuhr, Reinhold 256
Niemöller, Martin 190, 204, 646 f.
Niermann, Gustav 42
Nietzsche, Friedrich 206, 269
Nitsch, Hermann 671
Nixon, Richard M. 489, 537, 545, 549, 589
Noack, Ulrich 276
Noelle-Neumann, Elisabeth 622, 624 f.
Nohl, Hermann 263
Nolde, Emil 218
Nollau, Günther 576 f.
Nossack, Hans-Erich 30
Nuschke, Otto 82

Odets, Clifford 252
Ohnesorg, Benno 586
Ollenhauer, Erich 54, 190, 192, 327 f., 341, 365, 371–75, 438, 444, 454 f., 508, 511, 513, 579
Oppenheimer, Franz 141
Orff, Carl 243
Ortega y Gasset, José 206, 269
Orwell, George 605

Osterheld, Horst 380
Otto I. 259

Padley, Walter 509
Panach, Gerulf 718
Panitzki, Werner 429
Papen, Franz von 27
Paul VI., Papst 377f.
Paul, Albert 711
Paul, Rolf 412
Pauley, Edwin W. 124
Pausch, Birgit 675
Pechel, Rudolf 255, 257
Pechstein, Max 213, 218
Petrick, Wolfgang 657
Pfeiffer, Anton 57, 60
Pfeiffer, Reiner 712
Pferdmenges, Robert 86f., 100, 368ff.
Pflugbeil, Sebastian 745
Picaper, Jean-Paul 688
Picasso, Pablo 218, 250
Picht, Georg 196, 484
Pieck, Wilhelm 309
Pineau, Christian 359, 526
Pirker, Theo 97, 234
Piscator, Erwin 664
Pius XII, Papst 665
Plessen, Elisabeth 238, 675
Pleven, René 300–4
Plivier, Theodor 215, 256f.
Ploog, Arno 657
Pöhl, Karl Otto 742f.
Pohland, Hans-Jürgen 662
Poincaré, Raymond 277
Polgar, Alfred 215
Pollock, James K. 51
Pompidou, Georges 545
Ponto, Jürgen 587
Popper, Karl R. 175, 579
Portugalow, Nikolai 736, 740, 761
Postman, Neil 606
Poth, Chlodwig 657
Presley, Elvis 477
Preysing, Kardinal Konrad Graf von 109, 204
Prokofjew, Sergej 218, 335
Pünder, Hermann 86, 88f., 101, 150, 159

Raab, Kurt 662
Rabehl, Bernd 480, 486, 586f.

Rabelais, Francois 688
Raben, Peer 662
Radbruch, Gustav 264
Radford, Arthur 342
Randow, Thomas von 620
Rapacki, Adam 347, 361, 528
Raspe, Jan-Carl 586f.
Rathenau, Walther 147
Rau, Johannes 659
Ravens, Karl 579
Reagan, Ronald 589, 592, 627, 646, 648, 707, 712
Redslob, Edwin 254, 256
Reger, Erik 54, 226
Reich, Jens 745
Reich, Steve 676
Reich, Wilhelm 650
Reich-Ranicki, Marcel 669
Reifenberg, Benno 231
Reimann, Aribert 678
Reimann, Max 33, 74
Reitz, Edgar 662
Remarque, Erich Maria 215
Renger, Annemarie 440
Renn, Ludwig 213, 219
Renner, Heinz 74
Reschke, Karin 675
Reuter, Ernst 44, 55, 73, 254, 256, 306, 510f., 531
Reuter, Georg 190
Reuter, Paul 292
Reuth, Ralf Georg 17
Reynaud, Paul 321
Richter, Gerhard 672f.
Richter, Hans Werner 232f., 236–39, 261, 276f., 418, 666
Richter, Willi 192, 508
Ridder, Helmut 455
Riedmüller, Barbara 598
Riha, Karl 667
Rihm, Wolfgang 678f.
Riley, Terry 676
Rilke, Rainer Maria 264, 664, 683
Ritter, Gerhard 207, 259
Ritter, Gerhard A. 777
Robertson, Sir Brian 47, 53, 69, 74, 104f., 130, 139f.
Robolsky, Otto 225
Rohde, Helmut 523, 579
Röhm, Ernst 443
Rohmer, Eric 663

Röller, Wolfgang 762 f.
Rolling Stones 477
Romains, Jules 256
Romberg, Walter 751
Rommel, Erwin 410 f.
Roon, Albrecht Graf von 90
Roosevelt, Franklin D. 19 ff., 23 f., 38, 123, 137, 201
Röpke, Wilhelm 153–56, 206, 231
Rosen, Gerd 240
Ross, Dennis 756
Rostow, Walt W. 364, 379, 430
Rothfels, Hans 259
Rougemont, Denis de 256
Rousseau, Jean-Jacques 111
Rousset, David 256
Rubin, Hans Wolfgang 472 f.
Ruf, Sep 420
Rühe, Volker 747, 784
Rühm, Gerhard 666
Rush, Kenneth 546, 548
Rusk, Dean 402, 404
Russell, Bertrand 256
Rust, Josef 343
Rüstow, Alexander 155, 690
Ruthenbeck, Reiner 660
Rutschky, Michael 668
Ryschkow, Nikolai 741, 762

Sachs, Nelly 215
Sadat, Anwar as 411
Salisbury, Lord Robert 316 f.
Sander, Helke 635
Sanders, Helma 663
Sarée, Günter 660
Sartre, Jean-Paul 219
Sauvagnargues, Jean 548
Schabowski, Günter 724, 727 ff., 732
Schacht, Hjalmar 27
Schädlich, Hans-Joachim 717
Schäffer, Fritz 99 f., 102, 144, 368, 452
Schamoni, Ulrich 662
Schanzenbach, Martha 372 f.
Scharnhorst, General Gerhard J. D. von 339
Schasar, Salam 412
Schäuble, Wolfgang 711 f., 730, 739, 752
Schauer, Helmut 455, 485
Scheel, Walter 435, 439, 473 f., 493–98, 500–3, 538–42, 544, 546, 550 f., 563, 565, 579, 693

Scheljepin, Alexander 411
Schelling, Friedrich Wilhelm von 206
Schelsky, Helmut 160, 177 ff., 184 ff., 189, 195, 477, 479, 615
Schenk, Herrad 637
Scherchen, Hermann 215, 244
Scherer, Klaus-Jürgen 621
Scheuch, Erwin K. 180, 476
Scheuner, Ulrich 414
Schewardnadse, Eduard 733 f., 741, 758, 761–65
Schiller, Friedrich 654
Schiller, Karl 373, 447–52, 458, 499, 501, 515 f., 523, 567–71, 604
Schlamm, William S. 259
Schlange-Schöningen, Hans 98, 133, 135, 149
Schlemmer, Oskar 213, 239, 242
Schleyer, Hanns Martin 587 f.
Schlöndorff, Volker 662 f.
Schmid, Carlo 53, 55, 59, 62–67, 72, 76, 97 f., 113, 115 f., 193, 256 f., 278 f., 334 f., 366 f., 370, 372 f., 502, 513, 690
Schmidt, Arno 267, 666
Schmidt, Helmut 258, 340, 347, 372 f., 440, 445 f., 458, 463, 480, 491, 496, 498 f., 501 f., 514 f., 519, 522–25, 535 f., 550, 564 f., 568 ff., 573, 575, 587 f., 590–96, 631, 687–690, 697, 701, 704–8, 710
Schmidt, Klaus-Jürgen 649
Schmidt-Rottluff, Karl 213, 218
Schmitt, Carl 111
Schnabel, Ernst 221
Schnebel, Dieter 676 ff.
Schneider, Lambert 231
Schneider, Michael 639
Schneider, Peter 652, 669 f.
Schneider, Rolf 238, 718
Schneider-Lengyel, Ilse 237
Schniewind, Otto 133 f.
Schnitzler, Karl-Eduard von 221
Schnur, Wolfgang 747
Schnurre, Wolfdietrich 237
Schoettle, Erwin 133
Schöfberger, Rudolf 522
Schollwer, Wolfgang 471 ff., 534
Schönberg, Arnold 215, 218, 269, 678 f.
Schönhuber, Franz 748

Schopenhauer, Arthur 206
Schorlemmer, Friedrich 747
Schörner, Ferdinand 18
Schostakowitsch, Dimitri 218
Schreckenberger, Waldemar 711
Schreiber, Hermann 562
Schreiber, Walther 273, 275
Schreier, Christoph 673
Schrimpf, Georg 242
Schröder, Georg 367
Schröder, Gerhard (Bundeskanzler) 650, 687
Schröder, Gerhard (CDU-Minister) 342, 366, 368, 388ff., 397–406, 408ff., 412, 419, 423–26, 434, 436f., 445, 454f., 461f., 464, 468, 493ff., 516, 535, 556
Schröder, Rudolf Alexander 264
Schroeder, Louise 55
Schroers, Rolf 414
Schubert, Franz 677
Schuberth, Hans 133
Schukow, Marschall Georgij 17, 330
Schüler, Manfred 580
Schult, HA 658, 660
Schulz, Klaus-Peter 551
Schulze, Gerhard 183, 616
Schulze, Klaus 678
Schumacher, Kurt 32f., 54f., 61, 69, 73, 79–82, 97f., 105, 115, 131, 133f., 189f., 232, 277ff., 282ff., 287, 306, 371f., 440, 504, 508–11, 513, 578, 690
Schuman, Robert 70, 281, 287–90, 292ff., 296, 299, 302ff., 320, 326, 329, 350
Schumann, Michael 182, 684
Schumann, Robert 678
Schumpeter, Joseph 111, 153, 160, 179
Schütz, Klaus 373, 531f., 542, 545
Schwab-Felisch, Hans 260
Schwalber, Josef 70f.
Schwarz, Hans-Peter 91, 99, 275, 358
Schwarz, Heinz 696
Schwarzer, Alice 635, 637, 682
Schwarz-Schilling, Christian 605
Schweinitz, Wolfgang von 678
Schwelien, Joachim 337
Schygulla, Hanna 662
Seebacher-Brandt, Brigitte 375
Seebohm, Hans-Christoph 64, 95, 141

Seeger, Pete 477
Seghers, Anna 213, 215, 219
Seibt, Dankmar 367, 393
Seidel, Hanns 141, 381
Seiters, Rudolf 739f., 747
Seitz, Gustav 240
Selbmann, Eugen 542
Semjonow, Wladimir 426
Semler, Johannes 133, 138–41, 146
Senft, Harro 662
Sethe, Paul 229, 307
Seyppel, Joachim 718
Shalayev, Stepan 728
Shdanow, Andrej 39, 254
Sherwood, Robert 212
Sieburg, Friedrich 211, 231, 385
Siegel, Ralph Maria 243
Siegert, Stefan 657
Silone, Ignazio 233, 254, 256
Sinatra, Frank 722
Sintenis, Renée 213
Skubizewski, Krzysztof 757f., 760
Sloterdijk, Peter 674f.
Smirnow, Andrej 360, 527
Sobolew, A. A. 122
Sokolowskij, Wassilij 42
Solschenizyn, Alexander 310
Sommer, Theo 402
Sontheimer, Kurt 515
Sorensen, Theodore 531
Spaak, Paul-Henri 324, 350ff.
Spangenberg, Dietrich 512, 531f.
Späth, Lothar 742
Speer, Albert 18
Speidel, Hans 297, 346
Spender, Stephen 256
Sperber, Manès 215, 254
Sperr, Martin 662, 665
Spieker, Franz Josef 662
Spilker, Karl-Heinz 732
Spoerri, Daniel 659f.
Spranger, Eduard 213
Springer, Axel 227, 485f., 586
Staeck, Klaus 657
Stalin, Joseph 21f., 24, 38ff., 47, 254, 261, 277, 305, 307–12, 314f., 317f., 329, 356f., 507
Stammberger, Wolfgang 383
Starke, Heinz 503, 550f.
Staudte, Wolfgang 245
Steckel, Leonard 252

Steffen, Jochen 522 ff.
Stein, Peter 665
Steinbeck, John 211 f.
Steiner, Julius 553
Steiner, Rudolf 659, 671
Steiniger, Alfons 111
Steininger, Rolf 307
Steltzer, Theodor 63, 508
Stendhal 236
Stern, Fritz 788
Sternberger, Dolf 230 f., 252, 255 f., 690
Stettinius, Edward R. 202
Stimson, Henry 23, 202
Stirling, James 600
Stock, Christian 33, 60 f.
Stockhausen, Karlheinz 676, 679
Stoecker, Adolf 190
Stöhrer, Walter 672
Stolper, Gustav 41
Stolper, Toni 366
Stoltenberg, Gerhard 552, 702 f., 705, 761, 763
Stone, Shepard 512
Stoph, Willi 466, 557 f., 716, 730 f.
Strang, Sir William 46 f.
Strasser, Johano 681
Strauß, Botho 669, 676
Strauß, Franz Josef 31, 86 ff., 263, 340, 342–46, 365, 381–85, 390, 403 f., 418 f., 424, 432–37, 440, 443 f., 446, 448 f., 451 f., 468, 498, 510, 552, 554 ff., 592, 697–702, 708, 710
Strauss, Richard 265
Strawinsky, Igor 218, 243, 269, 677, 679
Stresemann, Gustav 100
Strobel, Hans Rolf 662
Strobel, Käte 372
Ströher, Karl 656
Stroux, Johannes 213
Struck, Karin 669
Stuckenschmidt, Hans Heinz 266, 269, 676
Stücklen, Richard 446
Suhr, Otto 56, 64, 254, 256, 481 f., 510, 512
Sulzberger, Cyrus L. 321 f.
Süskind, Martin E. 710
Süsterhenn, Adolf 63
Syberberg, Hans-Jürgen 663
Szeemann, Harald 660

Szolz, Robert 243
Szürös, Mátyás 719 f.

Tau, Max 215
Teltschik, Horst 700, 762, 764
Tenenbaum, Edward 146
Terechow, Wladislaw 766
Tern, Jürgen 228
Teufel, Fritz 485
Thadden-Trieglaff, Reinhold von 693
Thatcher, Margaret 753 f.
Thielicke, Helmut 204, 420
Thiess, Frank 215, 264
Thoma, Helmut 606
Tietmeyer, Hans 750
Tisch, Harry 728
Tito, Josip Broz 40, 47, 329
Tocqueville, Alexis de 443
Tolkien, John Ronald 670
Toten Hosen, die 680
Trakl, Georg 218
Trampert, Rainer 649
Trenker, Luis 268
Trettner, Heinz 429
Trio 680
Trökes, Heinz 242
Troll, Thaddäus 515
Trott zu Solz, Adam von 508
Trotta, Margarethe von 663
Truman, Harry S. 24, 35, 38 f., 250, 295 f., 302 f., 312 f.
Truscott, Lucien K. 145
Tsakiridis, Vangelis 664
Tschombé, Moise 482 f.
Tschuikow, Wassilij 17
Tucholsky, Kurt 215

Uecker, Günther 659
Uhlmann, Hans 240, 242
Ulbricht, Walter 210, 309, 356, 363, 400, 412, 465, 531, 546, 549, 557
Ullmann, Wolfgang 745
Ulrich, Timm 660
Unseld, Siegfried 414
Uri, Pierre 352
Uthoff, Rainer 668

Vack, Klaus 455
Valéry, Paul 219
Vandenberg, Arthur H. 48, 202
Vanik, Charles 589

Vansittart, Sir Robert 207
Varain, Heinz-Josef 515
Vasarely, Viktor 656, 666
Verba, Sidney 201
Vercors (Jean Bruller) 220
Vershofen, Wilhelm 143
Vesely, Herbert 662
Vesper, Bernward 669f.
Vester, Frederic 627
Vetter, Heinz Oskar 593
Vogel, Bernhard 692
Vogel, Hans-Jochen 522, 687, 737, 748
Vogelsang, Klaus 657
Voigt, Karsten 521
Volland, Ernst 657
Vostell, Wolf 658f.

Wagner, Richard 677f.
Wagner, Walter 15
Wagner, Wolfgang 413
Waigel, Theo 742f., 751, 763, 766
Walcher, Jacob 509
Walesa, Lech 723
Wallenberg, Hans 225f.
Wallenberg, Jakob 508
Wallraff, Günter 668
Walser, Martin 159, 238, 262, 418, 665f., 668, 681
Walter, Bruno 215
Wandersleb, Hermann 60, 71ff.
Warhol, Andy 659
Wartner, Johann 99
Waugh, Evelyn 219
Weber, Adolf 145, 152
Weber, Alfred 156, 190, 230f., 255f.
Weber, Juliane 700
Weber, Max 230, 579
Webern, Anton 218, 679
Wegener, Paul 213
Wehner, Herbert 193, 347, 372f., 377f., 384f., 395, 425, 438–43, 445f., 458–61, 463, 470, 491, 493, 496, 498f., 502, 512–15, 520, 522, 525, 530f., 534ff., 550f., 553, 564, 573–78, 590, 594, 596, 687, 701
Weidling, Helmuth 16
Weill, Kurt 215
Weinheber, Josef 264
Weisenborn, Günther 213
Weiskopf, Franz Carl 212
Weiß, Konrad 745

Weiss, Peter 238, 654, 656, 665, 675
Weiss, Rudolf von 84f.
Weitz, Heinrich 100
Weizsäcker, Carl Friedrich von 346, 493, 534
Weizsäcker, Ernst von 493
Weizsäcker, Richard von 493, 495, 552, 692f., 702f.
Wellershoff, Dieter 270
Welles, Sumner 201
Wels, Otto 216
Welsch, Wolfgang 599
Welter, Erich 228f.
Wenck, Walther 18
Wendland, Gerhard 656
Wenger, Paul-Wilhelm 79, 206
Werfel, Franz 215, 219
Werner, Theodor 242
Wessel, Helene 95, 309
Westrick, Ludger 393, 420, 429f.
Weyer, Willi 437, 473, 494
Weyrauch, Wolfgang 220, 236, 261, 263
Wicht, Adolf 383
Wickert, Erwin 425
Widmann, Kurt 268
Wiechert, Ernst 220, 264
Wienand, Karl 340, 553
Wildenmann, Rudolf 414
Wilder, Thornton 219
Wilhelm II. 12, 90
Williams, Emmet 659
Wilson, Harold 404, 545
Winckler, Gerhard 243
Winiewicz, Jozef 543f.
Winter, Fritz 213, 218, 240
Winterstein, Eduard von 213
Wirsing, Giselher 446
Wischnewski, Hans-Jürgen 373, 518
Wissel, Wilhelm 656
Witsch, Josef 414
Witter, Ben 227
Wittgenstein, Ludwig 667
Wohmann, Gabriele 238, 669
Wolf, Christa 717
Wolf, Friedrich 219
Wolfe, Thomas 219
Wolff, Frank 586
Wolff, Kurt 215
Wols (Wolfgang Schulze) 240
Wörner, Manfred 709

Worringer, Wilhelm 266
Wuermeling, Franz-Josef 383
Wünsche, Kurt 752
Wyschinskij, Andrej 308

Young, Owen D. 22, 124

Zadek, Peter 665
Zahn, Peter von 221
Zehrer, Hans 227 f.

Zender, Hans 678
Zingerl, Guido 657
Zinn, Georg August 64
Zinsser, Gussie 90, 105
Zoglmann, Siegfried 503, 550
Zorn, Rudolf 145
Zuckmayer, Carl 212, 215, 219
Zundel, Rolf 575
Zweig, Arnold 215, 219
Zweig, Stefan 215, 219

ANZEIGEN

DEUTSCHE GESCHICHTE

Hagen Schulze
Kleine deutsche Geschichte
Mit Bildern aus dem Deutschen Historischen Museum
100. Tausend. 1998.
276 Seiten mit 122 Abbildungen, davon 60 in Farbe.
Gebunden

Heinrich August Winkler
Weimar 1918–1933
Die Geschichte der ersten deutschen Demokratie
20. Tausend. 1998. 709 Seiten. Leinen

Saul Friedländer
Das Dritte Reich und die Juden
Band 1: Die Jahre der Verfolgung 1933–1939
Aus dem Englischen von Martin Pfeifer
2., durchgesehene Auflage.
1998. 458 Seiten. Leinen

Gerhard A. Ritter
Über Deutschland
Die Bundesrepublik in der deutschen Geschichte
1998. 303 Seiten. Leinen

Otto Pflanze
Bismarck

Band 1: Der Reichsgründer
Aus dem Englischen von Peter Hahlbrock
1997. 906 Seiten mit 87 Abbildungen und 2 Karten.
Leinen

Band 2: Der Reichskanzler
Aus dem Englischen von Peter Hahlbrock
1998. 808 Seiten mit 79 Abbildungen und 1 Karte.
Leinen

VERLAG C. H. BECK MÜNCHEN

DEUTSCHE GESCHICHTE

Thomas Nipperdey
Deutsche Geschichte 1800–1866
Bürgerwelt und starker Staat
51. Tausend. 1994. 838 Seiten mit 36 Tabellen.
Leinen

Thomas Nipperdey
Deutsche Geschichte 1866–1918

Band I
Arbeitswelt und Bürgergeist
36. Tausend. 1994. 885 Seiten. Leinen

Band II
Machtstaat vor der Demokratie
3., durchgesehene Auflage. 1995. 948 Seiten.
Leinen

Hans-Ulrich Wehler
Deutsche Gesellschaftsgeschichte

Band 1
1700–1815
Vom Feudalismus des Alten Reiches
bis zur Defensiven Modernisierung der Reformära
3. Auflage. 1996. XII, 676 Seiten. Leinen

Band 2
1815–1845/49
Von der Reformära
bis zur industriellen und politischen «Deutschen Doppelrevolution»
3. Auflage. 1996. XII, 914 Seiten. Leinen

Band 3
1849–1914
Von der «Deutschen Doppelrevolution»
bis zum Beginn des 1. Weltkrieges
1995. XVIII, 1.515 Seiten. Leinen

VERLAG C.H. BECK MÜNCHEN